O Zaratustra de Nietzsche

Dados Internacionais de Catalogação na Publicação (CIP)
(Câmara Brasileira do Livro, SP, Brasil)

Jung, C.G., 1875-1961
  O Zaratustra de Nietzsche : II. Notas do seminário dado entre 1936 e 1939 / C.G. Jung ; tradução de Caio Liudvik ; edição de James L. Jarrett. – Petrópolis, RJ : Vozes, 2024.

  Título original: Nietzsche's Zarathustra : notes of the seminar
  Bibliografia
  ISBN 978-85-326-6626-0

  1. Espiritualidade 2. Filosofia e psicologia 3. Nietzsche, Friedrich Wilhelm, 1844-1900. Assim falava Zaratustra I. Jarrett, James L. II. Título.

23-183365   CDD-193

Índices para catálogo sistemático:
1. Nietzsche : Filosofia alemã   193

Eliane de Freitas Leite – Bibliotecária – CRB 8/8415

C.G. JUNG

O Zaratustra de Nietzsche

II. Notas do seminário dado entre 1936 e 1939

Edição de James L. Jarrett

Tradução de Caio Liudvik

EDITORA VOZES

Petrópolis

© 1988 Princeton University Press.
© 2007 Foundation of the Works of C.G. Jung, Zürich.
Tradução realizada a partir do original em inglês intitulado
Nietzsche's Zarathustra – Notes of the seminar given in 1934-1939 – in two volumes.

Direitos de publicação em língua portuguesa – Brasil:
2024, Editora Vozes Ltda.
Rua Frei Luís, 100
25689-900 Petrópolis, RJ
www.vozes.com.br
Brasil

Todos os direitos reservados. Nenhuma parte desta obra poderá ser reproduzida ou transmitida por qualquer forma e/ou quaisquer meios (eletrônico ou mecânico, incluindo fotocópia e gravação) ou arquivada em qualquer sistema ou banco de dados sem permissão escrita da editora.

CONSELHO EDITORIAL

Diretor
Volney J. Berkenbrock

Editores
Aline dos Santos Carneiro
Edrian Josué Pasini
Marilac Loraine Oleniki
Welder Lancieri Marchini

Conselheiros
Elói Dionísio Piva
Francisco Morás
Gilberto Gonçalves Garcia
Ludovico Garmus
Teobaldo Heidemann

Secretário executivo
Leonardo A.R.T. dos Santos

PRODUÇÃO EDITORIAL

Aline L.R. de Barros
Marcelo Telles
Mirela de Oliveira
Otaviano Cunha
Rafael de Oliveira
Samuel Rezende
Vanessa Luz
Verônica M. Guedes

Conselho de projetos editoriais
Isabelle Theodora R.S. Martins
Luísa Ramos M. Lorenzi
Natália França
Priscilla A.F. Alves

Editoração: Rafaela Milara
Diagramação: Raquel Nascimento
Revisão gráfica: Alessandra Karl
Ilustração de capa: Estúdio 483

ISBN 978-85-326-6626-0 (Brasil)
ISBN 0-691-09953-8 (Estados Unidos)

Este livro foi composto e impresso pela Editora Vozes Ltda.

Sumário

Membros do seminário, 7
Lista de abreviaturas bibliográficas, 9

Período do inverno: janeiro a março de 1936, 13
   Palestra I – 22 de janeiro de 1936, 15
   Palestra II – 29 de janeiro de 1936, 33
   Palestra III – 5 de fevereiro de 1936, 50
   Palestra IV – 12 de fevereiro de 1936, 67
   Palestra V – 19 de fevereiro de 1936, 85
   Palestra VI – 26 de fevereiro de 1936, 102
   Palestra VII – 4 de março de 1936, 118
Período da primavera: maio a junho de 1936, 135
   Palestra I – 6 de maio de 1936, 137
   Palestra II – 13 de maio de 1936, 154
   Palestra III – 20 de maio de 1936, 169
   Palestra IV – 27 de maio de 1936, 188
   Palestra V – 3 de junho de 1936, 206
   Palestra VI – 10 de junho de 1936, 223
   Palestra VII – 17 de junho de 1936, 239
   Palestra VIII – 24 de junho de 1936, 257
Período da primavera: maio a junho de 1937, 273
   Palestra I – 5 de maio de 1937, 275
   Palestra II – 12 de maio de 1937, 292
   Palestra III – 19 de maio de 1937, 311
   Palestra IV – 26 de maio de 1937, 328
   Palestra V – 2 de junho de 1937, 347
   Palestra VI – 9 de junho de 1937, 365
   Palestra VII – 16 de junho de 1937, 382
   Palestra VIII – 23 de junho de 1937, 402
   Palestra IX – 30 de junho de 1937, 420

Período da primavera: maio a junho de 1938, 437
   Palestra I – 4 de maio de 1938, 439
   Palestra II – 11 de maio de 1938, 458
   Palestra III – 18 de maio de 1938, 474
   Palestra IV – 25 de maio de 1938, 489
   Palestra V – 8 de junho de 1938, 505
   Palestra VI – 15 de junho de 1938, 521
   Palestra VII – 22 de junho de 1938, 538
Período do outono: outubro a dezembro de 1938, 557
   Palestra I – 19 de outubro de 1938, 559
   Palestra II – 26 de outubro de 1938, 575
   Palestra III – 2 de novembro de 1938, 591
   Palestra IV – 9 de novembro de 1938, 608
   Palestra V – 16 de novembro de 1938, 623
   Palestra VI – 30 de novembro de 1938, 638
   Palestra VII – 7 de dezembro de 1938, 653
Período do inverno: janeiro a fevereiro de 1939, 671
   Palestra I – 18 de janeiro de 1939, 673
   Palestra II – 25 de janeiro de 1939, 690
   Palestra III – 1 de fevereiro de 1939, 707
   Palestra IV – 8 de fevereiro de 1939, 725
   Palestra V – 15 de fevereiro de 1939, 740

Membros do seminário

Nenhum registro dos membros veio à tona. A lista seguinte reúne as pessoas cujos nomes aparecem na transcrição; outros, cujos nomes não foram registrados, mas que se sabe terem participado, são Mary Bancroft, *Mary Briner, Helena Cornford (mais tarde Sra. Joseph Henderson), Mary Foote, *Aniela Jaffé, *Riwkah Scärf e *Jane Wheelwright. Apenas sobrenomes aparecem na transcrição, e os prenomes são apresentados na medida do possível. Um asterisco indica um membro que, segundo o que atualmente se sabe, era ou, mais tarde, se tornou psicólogo(a) analítico(a).

Adler, Sra. Grete
Allemann, Sr. Fritz
Bahadurji, Dr.
Bailward, Sra.
*Bash, Sr. K. W.
Baumann, Sr. Hans H.
Baumann, Sra.
Baynes, Sra. Cary F.
Bennett, Sra.
*Bertine, Dra. Eleanor
Bianchi, Srta. Ida
*Brunner, Sra. Cornelia
Burgers, Sra. Dra.
Case, Sra.
Crowley, Sra. Alice Lewisohn
Dürler, Sra. Helen
*Elliot, Dra. Lucille
Escher, Dr. Heinrich H.
Fabisch, Srta.
*Fierz, Sra. Linda (Fierz-David)
Fierz, Prof. Hans
Flower, Sra.

*Franz, Srta. Marie-Louise von
*Frey, Dra. Liliane (Frey-Rohn)
Frobe-Rapteyn, Sra. Olga
Frost, Sra.
*Hannah, Srta. Barbara
*Harding, Dra. M. Esther
*Henderson, Dr. Joseph L.
*Henley, Dr. Eugene H.
*Henley, Sra. Helen
Hohenzollern-Sigmaringen, Princesa Marie-Alix
*Howells, Dra. Mary
Hughes, Srta.
*Jaeger, Sra. Manuela
James, Dr.
Jay, Sra.
*Jung, Sra. Emma
Kaufmann, Srta.
Kirsch, Sra. Hilda
*König, Srta. von: Olga, Baronesa von König Fachsenfeld
Layard, Sr. J. W.

Leon, Sra. Frances Goodrich
Lohmann, Sra.
Martin, Sr. P. W.
Maxwell, Sra. Scott
*Mehlich, Sra. Rose
Mellon, Sra. Mary Conover
Naeff, Sra. Erna
Neumann, Dr. Erich
Nuthall-Smith, Sr.
Reichstein, Prof. Tadeus
Roques, Sra. Hedwig von
*Sachs, Sra.
Schevill, Mrs. Margaret E.
Schlegel, Sra. Erika
Schlegel, Dr. J. E.
*Scott-Maxwell, Sra. Florida

Sigg, Sra. Martha
Stauffacher, Sra. Anna
* Strong, Dr. Archibald Mclntyre
Strong, Sra.
Stutz, Sra.
Taylor, Srta. Ethel
Taylor, Srta. N.
van Waveren, Sr.
von Barnhard, Sr.
Volkhardt, Sra.
Welsh, Srta. Elizabeth
*Wheelwright, Dr. Joseph
*Whitney, Dr. James Lyman
*Whitney, Dra. Elizabeth Goodrich
*Wolff, Srta. Toni
Zinno, Sra. Henri F.

Lista de abreviaturas bibliográficas

Apocrypha = *The Apocryphal New Testament*. M. R. James (ed.). Oxford, 1924.

B.S. = Bollingen Series.

BG&E = Friedrich Nietzsche, *Beyond Good and Evil: Prelude to a Philosophy of the Future*. Trad. Walter Kaufmann. Nova York, 1966.

CW = *The Collected Works of C.G. Jung*. G. Ed. Gerhard Adler, Michael Fordham e Herbert Read; editor-executivo William McGuire; trad. R. F. C. Hull. Nova York e Princeton (B.S. XX) e Londres, 1953-1979. 20 vols. [OC (*Obra Completa de C.G. Jung*, lançada no Brasil pela editora Vozes].

Daybreak [Aurora] = Friedrich Nietzsche, *Daybreak: Thoughts on the Prejudices of Morality*. Trad. R. J. Hollingdale. Cambridge e Nova York, 1982.

Dream Sem. = *C.G. Jung: Dream Analysis. Notes of the Seminar Given in1928-1930*. William McGuire (ed.). Princeton (B.S. XCIX), 1984 [*Seminários sobre análise de sonhos – Notas do Seminário dado em 1928-1930 por C.G. Jung*. Petrópolis: Vozes, 2014].

Ecce Homo = Friedrich Nietzsche, *Ecce Homo*. In: *The Complete Works of Friedrich Nietzsche*. v. XVII.

Freeman* = *Ancilla to the Pre-Socratic Philosophers*. Kathleen Freeman (ed.). Oxford, 1948.

Gay Science [A gaia ciência] = Friedrich Nietzsche, *The Gay Science*. Trad. Walter Kaufmann. Nova York e Toronto, 1974.

Genealogy = Friedrich Nietzsche, *The Birth of Tragedy and the Genealogy of Morals*. Trad. Francis Goffing. Nova York, 1956.

Hollingdale* = Friedrich Nietzsche, *Thus Spoke Zarathustra: A Book for Everyone and No One*. R. J. Hollingdale (ed.). Harmondsworth, Middlesex,1961 [*Assim* *falava Zaratustra: um livro para todos e para ninguém*. Trad. Mário Ferreira dos Santos. Petrópolis: Vozes, 2007].

Hume* = *The Thirteen Principal Upanishads*. 2. ed. rev. Robert Ernest Hume (ed.). Oxford, Nova York e Londres, 1975.

I Ching = *The I Ching, or Book of Changes*. 3. ed. Trad. Richard Wilhelm convertida para o inglês por Cary F. Baynes. Princeton (B.S. XIX) e Londres, 1967.

Kaufmann* = *The Portable Nietzsche*. Trad. Walter Kaufmann (ed.). Nova York e Canadá, 1954.

Letters = C.G. Jung, *Letters*. Ed. Gerhard Adler em colaboração com Aniela Jaffe. Trad. do alemão por R. F. C. Hull. Princeton (B.S. XCV) e Londres, 1973, 1975. 2 vols. [*Cartas*. Petrópolis: Vozes, 2018].

Letters/Middleton = *Selected Letters of Friedrich Nietzsche*. Trad. Christopher Middleton (ed.). Chicago, 1961.

MDR = *Memories, Dreams, Reflections by C.G. Jung*. Registro e edição por Aniela Jaffé; trad. Richard e Clara Winston. Nova York e Londres, 1957. (Como as edições têm paginações diferentes, é feita uma dupla citação de páginas).

Mead* = G. R. S. Mead, *Fragments of a Faith Forgotten*. New Hyde Park, Nova York, n.d.

N/Complete = *The Complete Works of Friedrich Nietzsche*. Oscar Levy (ed.). Edinburgh e Londres, 1915.

N/Letters/Fuss = *Nietzsche: A Self-Portrait from His Letters*. Trad. Peter Fuss e Henry Shapiro (eds.). Cambridge, Mass., 1971.

N/Letters/Levy = *Selected Letters of Friedrich Nietzsche*. Ed. Oscar Levy; trad. Anthony M. Ludovici. Nova York e Toronto, 1921.

N/Life = Elizabeth Forster-Nietzsche. *The Life of Nietzsche*. Nova York, 1912. 2 vols.

N/Works = *The Philosophy of Nietzsche*. Nova York, n.d. (Essa antologia inclui a tradução por Thomas Common do *Zaratustra*, usada pelo seminário, juntamente com uma introdução por Elizabeth Forster-Nietzsche.)

Tibetan = *The Tibetan Book of the Dead*. Compilado e editado por W. Y. Evans-Wentz, com um Comentário Psicológico pelo Dr. C.G. Jung. Londres, Oxford, Nova York, 1960.

Twilight = Friedrich Nietzsche, *Twilight of the Idols*, e *The Anti-Christ*. R. J. Hollingdale (ed.). Harmondsworth, Middlesex, 1968.

Untimely Meditations [Considerações extemporâneas] = Friedrich Nietzsche, *Untimely Meditations*. Trad. R. J. Hollingdale. Cambridge e Nova York, 1983.

WP = Friedrich Nietzsche, *The Will to Power*. Ed. Walter Kaufmann; trad. Walter Kaufmann e R. J. Hollingdale. Nova York, 1968.

Zimmer/Myths = Heinrich Zimmer, *Myths and Symbols in Indian Art and Civilization*. Joseph Campbell (ed.). Princeton (B.S. VI), 1946.

Zimmer/Philosophies = Heinrich Zimmer, *Philosophies of India*. Joseph Campbell (ed.). Princeton (B.S. XXVI), 1951.

Período do inverno:

janeiro a março de 1936

Palestra I
22 de janeiro de 1936

Prof. Jung: Temos uma questão do Sr. Allemann: "No último seminário, você disse que, segundo a psicologia analítica, Jesus errou quando o tentador o colocou no topo do templo, ao não se atirar para baixo e, assim, entrar em contato com a terra. Essa opinião leva em conta o fato de que Jesus, de modo totalmente deliberado e consciente, tinha rejeitado 'este mundo' e que tinha dito que 'o reino dele não é deste mundo'? Não teria Ele abandonado *seu próprio caminho* se aceitasse a sugestão do tentador? E isso não teria sido errado mesmo do ponto de vista da psicologia analítica?"

Bem, tudo depende de qual aspecto de Jesus estamos falando. Esse é o problema. Veja, Jesus, é uma figura tão simbólica que é inevitável uma pessoa misturá-la à sua própria psicologia. Se o tomarmos como uma figura histórica, certamente Ele não poderia ter agido de outro modo; Ele tinha de ser Ele mesmo e naturalmente rejeitou o mundo e a carne. Teria sido completamente errado se atirar para baixo do topo do templo; e isso teria sido um terrível *nonsense*, porque é evidente que alguém tentado pelo demônio a fazer uma coisa dessas seria esmagado: o demônio só faz promessas para nos destruir. Mas se falamos de Jesus como uma figura simbólica, um deus ou um símbolo que tem importância efetiva, então evidentemente a situação é muito diferente, pois, nesse caso, o demônio faz parte do jogo e o mundo não pode ser excluído. Nós aprendemos que não se trata de excluir o mundo, o que, além do mais, seria impossível; mesmo as pessoas que pregam a exclusão do mundo, a supressão da carne e assim por diante, são incapazes de fazê-lo. Isso é uma mentira, uma ilusão. Esse tipo de solução não funciona; não acreditamos mais nisso. Portanto a ideia ou a figura de um salvador deve agora ser algo ou alguém familiarizado com a vida da terra, e que aceite a vida da terra. Um jovem que ainda não viveu e experienciou o mundo, que nem sequer se casou nem teve uma profissão, não pode ser um modelo de como viver. Se todos os homens imitassem Cristo, perambulando e falando com sabedoria e não fazendo nada, às vezes buscando um jumento para dar um passeio, isso não funcionaria; tais pessoas hoje em dia seriam levadas para o manicômio. É impossível para uma figura dessas ser agora um modelo ou uma solução ou uma resposta. Chegaremos em breve a uma passagem em que Nietzsche diz que Jesus morreu cedo demais, quando ainda era um jovem sem experiência de vida. Portanto, para nós, Ele é um símbolo. E, na medida em que se supõe que Jesus seja a chave, a verdadeira *clavis hermetica*, pela qual os portais dos grandes problemas e segredos são destrancados, então o mundo e o demônio não podem ser excluídos – nada pode ser excluído. Logo devemos indagar ao *símbolo* Jesus: "Pois bem, não seria melhor se você se atirasse, se você provasse uma vez a terra e descobrisse o que o demônio pretende ao desempenhar um papel tão curioso? Não há alguma coisa bem razoável no que ele propõe? Você talvez não deveria estar mais perto da terra e menos no ar?" Claro, o Jesus histórico não existe mais; falar assim com Jesus significa que certamente você já não é cristão, mas um filósofo discutindo com Cristo; assim que Cristo se torna um símbolo real, você é um filósofo, pois o cristianismo chegou ao fim. No cristianismo, Cristo é uma entidade, com substância; Ele é uma figura histórica antes de tudo, e depois uma figura dogmática. É um terço de Deus, e nada pode ser dito sobre Ele.

Sra. Sigg: Não sei se temos tanta certeza de que aquilo que os evangelistas narram é absolutamente verdadeiro; eles podem ter omitido alguma coisa da vida real de Cristo.

Prof. Jung: Bem, como podemos julgar isso? Não sabemos se o relato é confiável porque não podemos checá-lo. A única fonte é o relato evangélico, e não temos nenhum meio de comparação, por isso não podemos dizer se ele é historicamente satisfatório ou não.

Sra. Sigg: Não temos tanta certeza se Ele não provou a terra de algum modo; há espaço para uma pequena esperança.

Prof. Jung: Nada sabemos, e sua doutrina não aponta para essa direção. A única coisa que conhecemos é seu batismo por João – nada mais, exceto aquela cena no templo, quando Ele era um garoto.

Sr. Allemann: Não é curioso que os fundadores das duas maiores religiões tenham rejeitado o mundo? Buda fez a mesma coisa.

Prof. Jung: De fato. É espantoso, mas Buda não o rejeitou no mesmo grau. Ele o reconhece mais, na medida em que admite a necessidade de um longo desenvolvimento. A atitude cristã é muito mais ressentida; o mundo é negado como pecador. A atitude budista o é menos; claro, a atitude *final* de Buda é negativa, mas ele concorda mais com o mundo ao aceitá-lo como uma ilusão.

Srta. Wolff: A vida de Buda começou quando a de Cristo terminou; ele tinha cerca de 30 anos de idade e tinha estado no mundo. Tinha se casado e inclusive tinha tido um filho, e sua doutrina era de que um homem deveria primeiro viver; só na segunda metade da vida lhe era permitido "retirar-se".

Sra. Crowley: Não poderíamos dizer, de um ponto de vista psicológico, que a ideia do eremita, isolando-se ou negando o mundo, era projetada para se encontrar o mundo de dentro – em outras palavras, para se individuar? Não seria esse o verdadeiro propósito interior de rejeitar o mundo?

Prof. Jung: Isso seria muito óbvio no budismo, mas não no cristianismo.

Sra. Crowley: Mas eu quero dizer a partir do ângulo de Cristo, não conforme o cristianismo tardio pregou; na sua própria atitude, Ele estava rejeitando o mundo tal como era naquela época. Estava rejeitando a realidade literal.

Prof. Jung: Se você fala do Jesus histórico, isso é verdade.

Sra. Crowley: Sim, pois estávamos falando do Buda histórico.

Prof. Jung: Ah, sim, mas a vida de Buda foi muito mais histórica; não foi um drama. Buda realmente viveu uma vida humana. Não chegou ao fim aos trinta e 33 anos, mas viveu o bastante para ser um ancião. Isso evidentemente faz uma tremenda diferença.

Prof. Fierz: Na primeira parte do Evangelho, Jesus espera pelo Messias, sem saber se Ele próprio é o Messias. Quando os discípulos o indagam, Ele os proíbe de formular a questão, e então são enviados para dizerem que o Messias virá. Mas não vem, e parece como se então Ele mudasse de opinião e decidisse não esperar por um rei deste mundo, mas de outro. Há uma mudança em sua doutrina. Quando nada acontece, Ele volta a si, e o último Evangelho talvez seja o resultado dessa decepção, uma desilusão; Ele sucumbe e então morre. Penso que há muito a dizer a esse respeito, exceto em São João.

Prof. Jung: Há vários lugares no Evangelho em que se pode ver essa decepção, mas os Evangelhos gnósticos contêm muita coisa de verdade histórica sobre Jesus, enquanto o Evangelho de São João é inteiramente filosófico. Ali Ele é um símbolo. Claro, obtemos então uma imagem inteiramente diferente do *Christus*, ali Ele realmente é Deus, não humano.

Pois bem, vamos agora para o próximo capítulo, "Dos filhos e do casamento". Nesse último capítulo, havia a história da serpente que morde Zaratustra, e vocês se lembram de que esse *rencontre* entre Zaratustra e a serpente teve o sentido de que Zaratustra, sendo mais ou menos o Logos, apenas uma mente, tinha se ligado à serpente; ou que essa serpente, representando os centros nervosos inferiores, o mundo instintivo, tinha se ligado a ele. A serpente representaria o corpo, e, com isso, certo elemento de instintividade entra na situação. Claro, Zaratustra, é sempre idêntico a Nietzsche; ele nunca está claramente diferenciado, e assim praticamente cada figura em *Assim falava Zaratustra* é sempre, de certo modo, o próprio Nietzsche. Não há discriminação psicológica; não é uma obra analítica. Zaratustra é uma criação inconsciente da qual Nietzsche é tanto a vítima quanto o autor. Assim, quando a serpente morde Zaratustra, o próprio Nietzsche é mordido.

Para Zaratustra, não é perigoso, pois ele também é a serpente, mas Nietzsche é humano, e presumivelmente é envenenado. E podemos estar certos de que tudo o que a serpente traz das profundezas de seu próprio mundo obscuro seriam coisas *deste* mundo. Não surpreende, pois, que o capítulo seguinte tenha a ver com um problema que deve ter estado muito próximo de Nietzsche, embora não estivesse em nada próximo de Zaratustra. Por que Zaratustra deveria falar de filhos e casamento? Ele não se casa e nada tem a ver com filhos. Isso é problema de Nietzsche, e é um problema muito negativo; há perturbação no caso de Nietzsche. Que a serpente emerja e morda Zaratustra significa que o próprio Nietzsche é relembrado da questão de seu possível casamento, de uma possível família etc. Pois bem, esse capítulo começa assim:

Tenho uma pergunta somente para ti, irmão [...].

É como se a serpente estivesse falando com Nietzsche.

[...] como um prumo eu a lanço em tua alma, para saber o quão profunda ela é.

És jovem e desejas casamento e filhos. Mas eu te pergunto: és alguém que *pode* desejar um filho?

Ele estava infectado, como vocês sabem, o que evidentemente era um tremendo problema para ele. E sua relação com as mulheres era extremamente pobre. Ele não sabia como abordá-las. Era terrivelmente desastrado e tolo quando se tratava de mulheres.

És o vitorioso, o conquistador de si mesmo, o dominador de tuas paixões, o senhor de tuas virtudes? Assim te pergunto.

Ou em teu desejo fala o animal e a necessidade? Ou o isolamento? Ou a discórdia contigo?

Esse é um exame. A serpente o está testando, tentando conscientizá-lo dos possíveis motivos a favor ou contra.

Quero que tua vitória e tua liberdade anseiem por um filho. Monumentos vivos deves construir à tua vitória e à tua libertação.

Para além de ti deves construir. Mas primeiro tens de construir a ti mesmo, quadrado de alma e de corpo.

Não deves apenas te propagar, mas te elevar! Para esse propósito possa te ajudar o jardim do casamento!

Aqui vemos a peculiar psicologia de solteiro de Nietzsche, e uma tentativa de tornar esse problema do casamento, muito difícil e espinhoso, mais aceitável para ele próprio – contaminando-o com filosofia, por exemplo. Isso o torna muito mais agradável, como veem. Ele pode lidar com a filosofia, e se o casamento pudesse ser ligado a ela – se o casamento pudesse ter um propósito filosófico e ser uma técnica ou uma forma de criar um corpo superior – então ele poderia ser capaz de lidar com isso também.

> Um corpo superior deves criar, um primeiro movimento, uma roda que gire por si mesma – um criador deves criar.

Então o casamento pareceria promissor; caso contrário, não poderia ser tocado.

> Casamento: assim chamo à vontade a dois de criar um que seja mais do que aqueles que o criaram.

Com uma definição dessas ele poderia ser considerado.

> A reverência de um pelo outro, daqueles animados de tal vontade, chamo eu ao casamento.
>
> Que seja este o sentido e a verdade de teu casamento. Mas aquilo que os demasiados, os supérfluos, chamam de casamento – ah, como o chamarei eu?
>
> Ah, essa pobreza de alma a dois! Ah, essa sujeira de alma a dois! Ah, essa deplorável autocomplacência a dois!
>
> Tudo isso chamam de casamento; e dizem que seus casamentos são contraídos no céu.

Como veem, para dar importância ao casamento, eles devem supor que [os casamentos] são contraídos no céu, assim como devem considerá-los um assunto filosófico; algo deve ser dito a favor do casamento para que ele possa ser abordado. Pois bem, essa ideia particular é que esse casamento deveria fornecer um corpo superior, o nascimento de um primeiro movimento. A qual ele alude aqui – nessa roda que gira por si mesma?

Sra. Crowley: Diria que ele se referia ao si-mesmo.

Prof. Jung: Sim, o que ele quer dizer por "casamento" seria que dois se juntam e criam um super-homem, talvez na forma de um filho. Mas isso evidentemente, na verdade, é um equívoco; esse seria, para começar, um filho muito comum, e a questão do super-homem viria muito mais tarde, se é que viria. Mesmo Nietzsche não poderia imaginar que, se tivesse se casado com Lou Salomé, teriam criado juntos algo mais do que um bebê comum, e talvez um pouco mais patológico do que outro.

Sra. Sigg: O fato é que, no momento em que Nietzsche escrevia esse capítulo, sua irmã estava tentando estragar a imagem de Lou Salomé. Ele diz: "Minha irmã trata Lou como um verme venenoso". Ele tinha feito uma oferta de casamento a Lou, mas uma oferta muito fraca, e depois de um tempo suspeitou que a saúde dela não era satisfatória.

Prof. Jung: Eu a conheci e confirmo que ela era perfeitamente saudável e vigorosa.

Sra. Sigg: Mas ela não teve filhos depois, e Nietzsche disse: "Acho que Lou não conseguirá viver muitos anos"[1].

Prof. Jung: *Ele* não teria vivido, *ele* teria desistido. Bem, obviamente Nietzsche conecta o casamento com uma ideia filosófica de individuação que evidentemente é equivocada; com uma ideia dessas na cabeça, ele não poderia ir adiante. Seria um tremendo erro, porque isso não receberia a aprovação do homem biológico comum. E ele tinha uma dúvida quanto à sua ideia ser muito consistente; projeta então a outra possibilidade em todos aqueles "demasiados" que também se casam – se casam como animais. Claro que ele não faria isso, ainda assim a suspeita de que o casamento possa ser algo que pessoas comuns também fazem se infiltra em algum lugar; ele insulta os casamentos delas e tenta se defender contra esse fracasso do ideal. Mas, se ele tivesse se casado, teria acontecido basicamente a mesma coisa, e ele logo o descobriria. Também teria descoberto que tinha insultado o casamento. *Não* é assim.

> Bem, não gosto desse céu dos supérfluos! Não, não gosto desses animais presos numa rede celeste!
>
> Que fique longe de mim o deus que vem coxeando para abençoar o que ele não uniu!
>
> Não riais desses casamentos!

É melhor não!

> Que criança não teria motivo para chorar por seus pais?
>
> Digno me pareceu este homem, e maduro para o sentido da terra: mas, quando vi sua mulher, a terra me pareceu uma casa para doidos.
>
> Sim, eu queria que a terra tremesse em convulsões quando um santo cruzasse com uma gansa.*

Isso é exatamente o que eles fazem, e está certo. Vejam, é a sabedoria profunda da natureza que, onde quer que haja um santo, há também uma gansa pronta para ele, e certamente eles se acasalam. Essa é a necessária lei da compensação;

---

1. Em suas cartas, Nietzsche, repetidamente, relatava a intensa aversão, até mesmo inimizade mortal, de sua irmã por Lou Salomé. Cf., p. ex., a carta a Franz Overbeck, em setembro de 1882. A preocupação de Nietzsche com a fragilidade de Lou, como na carta aqui citada (a Peter Gast, 17 de julho de 1882), era completamente infundada: ela mostrou-se uma mulher saudável e vigorosa, que sobreviveu a Nietzsche cerca de 37 anos (cf. N/Letters/Fuss).

* "Gansa", como explica Paulo César de Souza, é tradução literal de *eine Gans*, mas o termo tem também o sentido figurado de "mulher burra" (cf. Nietzsche, F. *Assim falou Zaratustra*. Trad. Paulo César de Souza. São Paulo: Companhia das Letras, 2011, p. 320, n. 38) [N.T.].

o alto deve ser rebaixado e o baixo deve ser elevado. Por isso aquele maravilhoso santo, ou o que quer que ele fosse, tinha uma *anima* que era um ganso.

> Este saiu como um herói em busca de verdades, e acabou capturando uma pequena mentira enfeitada. Chama a isso seu casamento.

Nos ditirambos dionisíacos no fim de *Zaratustra*, há um fato muito interessante sobre Dudu e Zuleika, que aparentemente não eram mais do que pequenas mentiras enfeitadas[2].

> Aquele outro era esquivo no trato e exigente na escolha. Mas de súbito estragou para sempre a sua companhia: chama a isso seu casamento.
>
> Aquele procurava uma servente com as virtudes de um anjo. Mas de súbito se tornou a servente de uma mulher, e agora seria preciso tornar-se também um anjo.
>
> Cautelosos me pareceram todos os compradores, e todos têm olhos astutos. Mas inclusive o mais astuto compra sua mulher com nabos em saco.

Isso deve ser assim. Isso é muito sábio, porque, se uma mulher pudesse ver o que um homem era, e se um homem pudesse ver o que uma mulher era, eles nunca se casariam, ou apenas sob as restrições mais extremas. Vejam, mal tocaríamos outro ser humano se nos conhecêssemos melhor, ou se os conhecêssemos melhor. Podemos ficar apavorados.

> Muitas breves tolices – isto se chama amor entre vós. E vosso casamento acaba com muitas breves tolices, como uma única, prolongada estupidez.

Ou, como no caso de Nietzsche, com uma completa ausência de qualquer tipo de relacionamento.

> Vosso amor à mulher, e o amor da mulher ao homem: ah, fossem eles compaixão por deuses sofredores e ocultos!

Isso parece muito profundo. Muitas pessoas têm especulado sobre o que esses deuses sofredores e ocultos poderiam ser. O que vocês pensam? Quem são eles?

Sra. Jung: Os si-mesmos das pessoas.

Prof. Jung: Sim, os deuses nelas, os si-mesmos nelas, são essas divindades sofredoras e ocultas. Vejam, Nietzsche junta esses problemas ao problema muito prático na vida, o casamento. Sempre que uma filosofia está envolvida, ou que ocorre uma mistura muito pouco prática, o problema em si se torna praticamente impossível; não podemos lidar com um problema tão grande indo ao *Standesamt*[3],

---

2. "Entre as filhas do deserto", Parte IV, cap. 76.

3. *Standesamt*: registro.

em que certificamos por nossas assinaturas que estamos casados, com o propósito de redimir, por exemplo, deuses sofredores e ocultos. Somos Sr. e Sra. Tal e Tal, e se dissermos que somos deuses sofredores e ocultos, seremos enviados ao manicômio: se misturarmos essas duas coisas, a vida comum prática se torna inadministrável. Porque tantas pessoas a misturam com um problema filosófico, uma questão simples como o casamento se torna desastrada. Elas supõem que naturalmente casarão aquele homem ou mulher com quem vai subir ao céu, mas com essa ideia nunca se casarão, ou cometerão um tremendo desatino. E a ideia de que o casamento existe para melhorar um ao outro é pior: ele, então, se torna uma espécie de sala de aula em que somos ensinados para sempre. Ou qualquer outro ideal. Isso não deve ser feito; o casamento é muito diferente. É uma proposta muito prática e sóbria que deve ser encarada de maneira sóbria e cuidadosa. E então não devemos temer os animais, um ponto que Nietzsche cuidadosamente exclui, pois o casamento, em primeiro lugar, apesar do que as pessoas idealistas dizem a respeito, é o que os animais também fazem, e é preciso muito trabalho e muito sofrimento até que as pessoas descubram que há algo mais por trás dele. Quanto mais as pessoas exaltarem o casamento, menos se casarão; elas serão cuidadosas para não atrapalhar a harmonia de sua conversa.

Em geral, porém, são dois animais que se descobrem.

Isso não é tão ruim.

E mesmo o vosso melhor amor é apenas símile arrebatado e doloroso ardor. É uma tocha que vos deve iluminar os caminhos mais elevados.

Um dia deveis amar além de vós mesmos! Então *aprendei* primeiro a amar! Por isso tivestes de beber o amargo cálice do vosso amor.

Há amargor até no cálice do melhor amor; assim ele produz anseio pelo super-homem, assim ele produz sede em ti, ó criador!

Sede para o criador, flecha e anseio para o super-homem: diz-me, meu irmão, é essa a tua vontade de casamento?

Sagrados são, para mim, tal vontade e tal casamento.

Assim falava Zaratustra.

O desafortunado é que tal casamento não tem lugar; por coisas grandes desse tipo terem sido ditas antes, a pessoa não se casa. É a coisa mais triste comparar o destino de Nietzsche com tal ensinamento maravilhoso: a diferença é grande demais. Pois bem, esse capítulo sobre filhos e casamento foi um capítulo muito esperançoso, um grande esforço na direção da vida e da continuação da vida. Mas chegamos agora a um capítulo chamado "Da morte voluntária". Como vocês explicam essa guinada súbita? Depois de um capítulo sobre filhos e casamento, por que deveríamos aportar em um capítulo sobre a morte voluntária?

Sra. Stutz: Às vezes é mais fácil morrer do que viver nossa vida.

Prof. Jung: Em que condições você consideraria a morte mais fácil do que a vida?

Sra. Stutz: Quando você não pode mais dar conta dos deveres da vida.

Srta. Hannah: Ele preferiria morrer a perder suas altas ilusões; se tentasse viver, teria de destruí-las.

Prof. Jung: Bem, suponham que encontremos realmente alguém que faz um grande discurso sobre o aspecto mais idealista do casamento e dos filhos, e que então começa a falar de suicídio – o que vocês pensariam?

Sra. Crowley: Que ele não estava convencido.

Prof. Jung: Sim, que ele evidentemente não estava muito convencido de sua própria conversa, que deve haver uma falha no cristal. Por isso ele se confessa tanto. Tem as ideias mais maravilhosas sobre o casamento e seu significado, sua meta etc., ainda assim está tão certo de que essa coisa não pode acontecer que prefere morrer. Vejam, uma coisa é exagerada e a outra também. Ele faz do casamento algo tão raro e maravilhoso que não pode acontecer facilmente, e decide que um casamento maravilhoso desses não é possível, ele deve escolher a morte. Essa é a *enantiodromia* pela qual ele chega a esse capítulo.

Sra. Crowley: Não seria possível que, no capítulo anterior "Dos filhos e do casamento", fosse Zaratustra quem realmente estivesse pregando, e que ele estivesse se referindo não a um casamento psíquico, mas ao casamento simbólico da alquimia, só usando isso como um símbolo?

Prof. Jung: Exatamente. Ele se identifica com o ponto de vista de Zaratustra, e uma coisa dessas é inadministrável.

Sra. Sigg: Na realidade, dos nove irmãos e irmãs na família de Nietzsche, cinco permaneceram solteiros. Isso significa alguma coisa.

Prof. Jung: Certamente!

Sra. Jung: Penso que se deveria também considerar um significado muito simples – que ele admoesta as pessoas para serem mais conscientes e responsáveis com relação ao casamento, e isso é realmente o que estão pregando na Alemanha agora: um melhoramento da *Rasse*[4]. As pessoas devem fazer uma escolha mais cuidadosa, e não são autorizadas a se casar sem um certificado. Em muitos outros lugares também penso que é interessante ver como as coisas aconteceram tal como Nietzsche disse, mas naturalmente de um modo mais objetivo, não do modo espiritual que ele prega.

Prof. Jung: Sim, há ainda a diferença de que na Alemanha é uma questão higiênica, e com Nietzsche é mais espiritual.

---

4. *Rasse*: raça.

Sra. Stutz: Penso que vemos isso no próprio Goethe, que se casou com uma mulher muito simples.

Prof. Jung: O que foi demasiado antagônico; o resultado não foi muito alentador.

Srta. Wolff: Mais como o santo e a gansa!

Prof. Jung: Sim. Bem, penso que vamos acelerar com esses capítulos, que não são particularmente interessantes.

> Muitos morrem tarde demais, e alguns morrem cedo demais. Ainda soa estranho o ensinamento: "Morre no tempo certo!"
>
> Morre no tempo certo: assim ensina Zaratustra.
>
> Sim, mas quem jamais vive no tempo certo, como poderia morrer no tempo certo? Oxalá não tivesse nascido! – Assim recomendo eu aos supérfluos.
>
> Mas até mesmo os supérfluos dão grande peso à sua morte, e também a noz mais vazia quer ser quebrada.
>
> Todos dão grande peso ao fato de morrer: mas a morte ainda não é uma festa. Os homens ainda não aprenderam como consagrar as mais bonitas festas.
>
> Eu vos mostrarei a morte consumadora, que se torna um aguilhão e uma promessa para os vivos.
>
> Aquele que consuma a sua vida morre a sua morte vitoriosamente, rodeado de esperançosos e prometedores.
>
> Assim se deveria aprender a morrer; e não deveria haver festa em que tal moribundo não consagrasse os votos dos vivos!
>
> Morrer assim é a melhor coisa; mas a segunda melhor é morrer em combate e sacrificar uma grande alma.
>
> Mas igualmente odiosa para o combatente e para o vencedor é vossa morte de sorriso amarelo, que se aproxima furtiva como um ladrão – e, no entanto, chega como um senhor.
>
> Eu vos faço o louvor da minha morte, a morte voluntária, que vem a mim porque *eu* quero.

Qual é a impressão de vocês sobre esse ensinamento? O que é notável?

Srta. Wolff: Parece a realização de um desejo. É como se ele tivesse uma intuição de que sua própria morte não seria assim, que sua morte não viria no momento que ele escolhesse.

Prof. Jung: Bem, é como uma superstição, ou quase uma convicção, de que ele era aquele que morreria quando quisesse, mas ele foi justamente aquele que não morreu quando quis. Ele morreu antes que seu corpo.

Sra. Sigg: Por muito tempo, quando era bem jovem, Nietzsche acreditou que morreria da mesma doença e na mesma idade que seu pai. Ele estava muito doente aos 36 anos, acho, e estava perfeitamente convencido de que morreria, e também estava convencido de que contrairia essa doença do cérebro[5].

Prof. Jung: Vejam, ele está agora fazendo a mesma complicação com a morte que estava fazendo antes com a vida: ele conecta ou contamina a morte, uma ocorrência natural, com uma filosofia. O fluxo natural dos acontecimentos que a vida é, e deve ser, inclui a morte; a morte é também uma ocorrência natural, que vem no fluxo. Mas ele a transforma em uma tarefa, quase em uma decisão. Diz que vai morrer quando quiser, exatamente como vai se casar quando achar melhor, não considerando isso como um evento que acontece como a vontade de Deus, que não é sua própria vontade. Podemos nos encaixar no fluxo dos acontecimentos só quando os aceitamos, não quando os fazemos. Aqui de novo é a identificação com o arquétipo; o arquétipo prescreve o que deveria ser, e Nietzsche o respalda. Sua inflação faz disso sua própria convicção, de modo que sua ideia é que nos casamos sob tais e tais condições e fazemos tal e tal coisa disso; e escolhemos o tipo certo de morte no momento certo, uma morte tal como desejarmos e com o significado que quisermos. Vejam, tudo isso está violando o fluxo dos acontecimentos que ele simplesmente não pode aceitar, de modo que até mesmo morrer se torna algo desajeitado e complicado. Tais pessoas não conseguem mais morrer naturalmente. É como se tivéssemos de engolir de um certo jeito solene; assim, evidentemente, não podemos engolir de jeito algum. As funções mais simples se tornam absolutamente impossíveis se estamos sobre palafitas; não podemos nem mesmo morrer. "E quando vou querer?" Mas não há escolha alguma. Ele pode se perguntar quando vai querer isso tão pouco quanto se perguntar quando vai se casar.

Prof. Fierz: Ele já fala de seu herdeiro, embora nunca o tenha tido.

Prof. Jung: Sim, ele diz:

> E quando vou querer? – Quem tem uma meta e um herdeiro, quer a morte no tempo certo para a meta e o herdeiro.
>
> E, por reverência à meta e ao herdeiro, não mais vai pendurar coroas ressequidas no santuário da vida.
>
> Em verdade, não quero semelhar-me aos cordoeiros: eles puxam seu fio ao comprido caminhando, eles próprios, sempre para trás.

Isso é trágico quando pensamos em como ele morreu.

> Alguns se tornam demasiado velhos para as suas verdades e vitórias; uma boca sem dentes não tem mais direito a todas as verdades.

---

5. Em uma carta a Carl von Gersdorff, de 18 de janeiro de 1876, Nietzsche recordou a morte de seu pai aos 36 anos, de uma inflamação cerebral, e disse que esse distúrbio poderia levá-lo ainda mais precocemente. Ele tinha então 31 anos.

E todo aquele que deseja alcançar a glória tem que se despedir a tempo da honra e exercer a difícil arte de, no tempo certo – ir-se embora.

É preciso cessar de deixar-se comer quando se é mais saboroso: isso sabem aqueles que desejam ser longamente amados.

É certo que existem maçãs ácidas, cuja sina requer que aguardem até o último dia do outono: e elas se tornam simultaneamente maduras, amarelas e enrugadas. Em alguns o coração envelhece primeiro, em outros, o espírito. E alguns são idosos na juventude: mas, quando se é jovem tardiamente, fica-se jovem longamente.

Para não poucos a vida é um fracasso: um verme venenoso lhes corrói o coração. Que cuidem, então, para que a morte lhes seja um sucesso.

Muitos não chegam a ficar doces, apodrecem já no verão. O que os prende ao galho é a covardia.

São demasiados os que vivem e por tempo demais permanecem presos aos seus galhos. Que venha uma tempestade e arranque da árvore tudo o que é podre e bichado!

Que venham os pregadores da morte *rápida*! Seriam, para mim, os verdadeiros temporais a sacudir as árvores da vida! Mas ouço apenas pregarem a morte lenta e a paciência com tudo o que é "terrestre".

Ah, vós pregais paciência com o que é terrestre? Mas é o terrestre que tem demasiada paciência convosco, ó blasfemadores!

Em verdade, morreu cedo demais aquele hebreu que é honrado pelos pregadores da morte lenta: e para muitos foi uma fatalidade, desde então, que ele morresse cedo demais.

Essa é a passagem que mencionei.

Ainda conhecia apenas lágrimas e a melancolia do hebreu, juntamente com o ódio dos bons e justos – o hebreu Jesus: então foi acometido pelo anseio da morte.

Tivesse ele permanecido no deserto, longe dos bons e justos! Talvez tivesse aprendido a viver e aprendido a amar a terra – e também o riso!

Crede em mim, irmãos! Ele morreu cedo demais, ele próprio teria renegado sua doutrina, se tivesse alcançado a minha idade! Era nobre o bastante para renegá-la!

Há um livro bem famoso de George Moore, *The Brook Kerith* [O arroio Kerith], no qual Cristo sobreviveu[6]. É um livro sumamente ruim – quase nos desespe-

---

6. Jung exagera a fama desse romance (1916) de George Moore (1852-1933), e provavelmente não estava familiarizado com uma pequena novela, melhor e mais famosa, sobre o mesmo tema: *The Man Who Died* [O homem que morreu], de D. H. Lawrence (Londres, 1932).

ramos antes de alcançarmos algo que tenha substância real –, mas há uma boa ideia substancial ali. Ele diz que Cristo foi retirado da cruz e colocado no túmulo por José de Arimateia, e então o túmulo foi aberto por alguns discípulos e descobriu-se que Cristo ainda estava vivo; assim, levaram-no de volta a José, e Ele se recuperou e se tornou um pastor novamente, como tinha sido antes – Ele pastoreou as ovelhas de José. Então, mais tarde, apareceu um homem muito fanático e entusiasmado que se chamava Paulo, um discípulo de Jesus que foi crucificado. Disseram-lhe que sabiam tudo sobre Jesus – Ele foi salvo, está aqui, você pode vê-lo –, e então mostraram Jesus com as cicatrizes nas mãos e nos pés, por conta da crucificação. Mas Paulo não acreditou nisso, pois o Jesus dele tinha dito que era o Filho de Deus, enquanto esse Jesus tinha compreendido que aquilo foi um erro.

Assim, o fato de que Nietzsche sinta que Cristo morreu cedo demais é apenas uma ideia geral; na realidade, precisamos perguntar: "O que Jesus teria ensinado se tivesse sido um homem casado, com oito filhos, por exemplo? Como teria lidado com certas situações na vida que só ocorrem quando estamos na vida, quando a partilhamos?" Claro que Ele estava em sua própria vida, mas era uma vida muito parcial – Ele não estava realmente na vida tal como a conhecemos. Ele talvez fosse um bom professor, na medida em que se é destinado a viver sua vida particular, a vida de um vagabundo filosófico que realmente tem o propósito idealista de ensinar uma nova verdade salvadora, que não reconhece qualquer outra responsabilidade. Vejam, Ele não tinha qualquer profissão nem quaisquer conexões humanas que fossem válidas para Ele. Separou-se de sua família, era o senhor de seus discípulos, que tinham de segui-lo enquanto Ele não tinha de seguir ninguém, não estando sob quaisquer obrigações. Essa é uma situação extremamente simples, tragicamente simples, que é tão rara que não podemos presumir que a doutrina, vindo de uma vida dessas, seja possível ou aplicável a um tipo inteiramente diferente de vida. Portanto podemos perguntar como teria sido se Cristo tivesse tido uma posição responsável. Ele a teria jogado fora? Como Ele teria se comportado se tivesse tido de ganhar dinheiro em vez de pescar um peixe com um estáter* na boca, ou se ele tão somente tivesse de desenganchar um jumento em algum lugar quando precisasse de locomoção? Isso é simples demais. Nós também não podemos viver da esmola dos outros; isso seria contra nossa natureza. Assim, de todas as maneiras, somos muito diferentes de um homem com esse tipo de atitude. Não acreditamos que a vida na terra logo chegará ao fim, que o reino dos céus está para chegar, e que as legiões de anjos descerão sobre a terra de modo que seu poder termine. E fazemos uma ideia inteiramente

---

* Estáter: moeda de ouro ou prata usada na Grécia antiga; Jung alude a Mt 17,24-27 [N.T.].

diversa da vida sob muitos outros aspectos. E disso deriva a ideia de Nietzsche: como seria se Cristo tivesse sido responsável por muitos filhos, ou se tivesse sido um empregado responsável na administração de Roma ou da Palestina, ou se tivesse nascido de um sacerdote que fosse responsável pelo credo tradicional – e assim por diante? Nietzsche exprime esse tipo de sentimento e assim exprime a necessidade de encontrar uma chave melhor para destravar os problemas que consideramos sem resposta.

Pois bem, a verdadeira essência desse capítulo está no seguinte parágrafo:

> Livre para a morte e livre na morte, um sagrado negador, quando já não é tempo de dizer "sim": assim entende ele da morte e da vida.

Ele evidentemente quer dizer uma liberdade completa, mesmo com relação à morte. Mas a morte certamente é um acontecimento que não é escolhido de maneira voluntária, não mais do que qualquer grande acontecimento na vida, que simplesmente surge e tem de ser aceito. Assim, o que Zaratustra diz aqui soa como um tremendo exagero, a não ser que consideremos que é tão somente Zaratustra que o diz. Um arquétipo observa a vida do ponto de vista de Zaratustra – que a vida certamente é um arranjo, que há certos momentos nos quais algo é escolhido para acontecer, que inclusive os acontecimentos são para determinado fim. "Em verdade, uma meta tem Zaratustra". Ele pode falar assim, pode ter uma meta porque é o sentido da vida em si, mas para um ser humano é evidentemente um exagero, causando uma complicação impossível. Então há um outro ponto nesse capítulo que requer alguma explicação:

> Em verdade, uma meta tinha Zaratustra, e lançou uma bola: agora sois os herdeiros de minha meta, amigos, e vos lanço a bola de ouro.
>
> Mais do que tudo, amigos, gosto de vos lançar a bola de ouro! Por isso me demoro ainda um pouco na terra: perdoai-me!
>
> Assim falava Zaratustra.

O que ele quer dizer com a bola de ouro?

Sra. Sigg: Você falou, em um seminário anterior, de uma cerimônia – acho que era uma cerimônia de ressurreição – na qual a bola era usada na igreja.

Sra. Crowley: Le jeu de pelote.

Sra. Sigg: Mas você deu um exemplo de determinada cerimônia em uma igreja.

Prof. Jung: Oh, sim, o enterro do Aleluia na Páscoa. Um pedaço de terra era enterrado, provavelmente simbolizando o sol morto que é enterrado e trazido à vida novamente. Como Cristo morre na Sexta-feira Santa, Ele é o sol do ano passado, e então sua ressurreição tem lugar no Domingo de Páscoa, marcando o retorno do sol.

Mas vocês podem ler sobre o *jeu de pelote* no relatório de um seminário anterior; lá eu dou uma explicação completa a respeito[7]. Era um jogo simbólico com um significado peculiar e jogado na igreja. Era um sistema de conexão entre as figuras do clero, o bispo e os diáconos e assim por diante. Na forma como jogavam a bola uns para os outros, eles faziam certo padrão; geralmente jogavam formando um círculo, e este tinha a ver com a construção de uma mandala em que o centro se move de um para o outro. O centro, essa bola que se move de um para o outro, é também um deus, o deus como uma função de relacionamento; ela rapidamente gira dentro do círculo e é a única coisa na qual todos estão concentrados. Vejam, essa bola de ouro é como a roda que gira por si mesma, outra analogia ou paralelo no *Zaratustra*, ou como a estrela dançante. É um símbolo do si-mesmo. Esse jogo de pelota também tem uma conexão peculiar com boatos depreciativos sobre o assassinato ritual que supostamente tinha lugar em círculos gnósticos, bem como entre os cristãos e os judeus; dizia-se, na Antiguidade, que eles realizavam o jogo de pelota com uma criança que atiravam um para o outro até que ela estivesse morta. A criança representava o deus. Era um sacrifício do deus e um sacrifício humano para renovar a vida do deus. Era como executar o deus do ano passado, como Cristo foi executado em vez de Barrabás, que o povo quis que fosse liberto como o deus do ano vindouro. Cristo foi condenado como o criminoso representando o deus do ano passado, segundo o velho costume babilônico. E o interessante é que Barrabás significa "filho do pai", exatamente como Cristo era o filho do Pai; de modo que era um e o mesmo – o deus em seu ocaso e em seu surgimento.

Pois bem, isso tudo é expresso pelo *jeu de pelote*, e a bola é um símbolo do sol; é a bola de ouro, uma coisa inteiramente redonda que exprime o estado de perfeição, do valor mais elevado, do ouro. No próximo capítulo, ela já aparece nessa perspectiva. Ali, é a parte superior dourada de um bastão que Zaratustra recebe de seus discípulos, um sol ou um globo com uma serpente enrolada nele. E o sol, o germe de ouro, o *Hiranyagarbha*, como é chamado nos *Upanishads*, é outro símbolo do si-mesmo; também é chamado de "criança de ouro", a substância preciosa, perfeita, que é feita pelo homem ou nascida do homem; e é evidentemente o ouro alquímico e a rotundidade plena do ser platônico e a *sphairos*, o deus mais abençoado de Empédocles[8]. Jogava-se com, ou se manejava, essa substância em um círculo místico, o sentido sendo que tal círculo de pessoas, onde há esse relaciona-

---

7. Cf. Dream Sem., p. 15-16, 21-22, 32-33, para uma explicação mais completa do *jeu de paume* ou *pelota basque*, um jogo ritual com bola, popular nos monastérios até o século XIII, e às vezes consentido posteriormente, mas como crescente desaprovação por parte do clero superior.

8. Empédocles, um contemporâneo de Sócrates que ensinava que os quatro elementos – terra, ar, fogo e água – eram separados e unificados pela força do ódio e do amor. Cf. tb. 4 de maio de 1938.

mento místico, é mantido pelo germe solar, essa bola de ouro perfeita – esse germe que se move em torno delas, movido em parte ou principalmente pelas próprias pessoas, mas de acordo com um padrão preexistente. Essa é uma imagem muito difícil, e evidentemente não poderíamos explicar tal imagem a partir do *Zaratustra* se não tivéssemos outros materiais pelos quais elucidar o simbolismo peculiar.

É a ideia de que o si-mesmo não é idêntico a um indivíduo particular. Nenhum indivíduo pode gabar-se de ter *o* si-mesmo: somente o si-mesmo pode gabar-se de ter muitos indivíduos. Vejam, o si-mesmo é uma unidade alheia na nossa existência. É um centro da personalidade, um centro de gravidade que não coincide com o eu; é como se fosse algo externo. Tampouco é *este* indivíduo, mas uma conexão com indivíduos. Assim, poderíamos dizer que o si-mesmo é o único, ainda assim nos muitos. Ele tem uma existência paradoxal que não podemos indicar o sentido nem limitar por nenhuma definição particular. É um conceito metafísico. Mas devemos criar tal conceito para exprimir o fato psicológico peculiar de que podemos nos sentir como o sujeito e podemos também nos sentir como o objeto: ou seja, posso sentir que estou fazendo isso e aquilo, e posso sentir que sou feito para fazer isso, sou o instrumento disso. Tal e tal ímpeto em mim faz minha decisão. Estou sentindo um princípio que não coincide com o eu. Assim, as pessoas frequentemente dizem que podem, até certo ponto, fazer o que gostam, mas que o principal é feito pela vontade de Deus. Deus está fazendo através delas; essa, evidentemente, é a forma religiosa de confessar a qualidade do si-mesmo. Por isso minha definição do si-mesmo é um centro não pessoal, o centro do não eu psíquico – de tudo o que na psique não é eu – e possivelmente é encontrado por toda parte, em todas as pessoas. Podemos chamá-lo de o centro do inconsciente coletivo. É como se nossa psicologia ou psique inconsciente fosse centrada, exatamente como nossa psique consciente é centrada na consciência do eu. A própria palavra *consciência* é um termo que exprime a associação dos conteúdos de um centro do eu, e o mesmo se daria com o inconsciente, embora obviamente não se trate do *meu* eu, pois o inconsciente *é* inconsciente; não está relacionado comigo. Eu estou muito relacionado com o inconsciente porque o inconsciente pode me influenciar o tempo todo, mas não posso influenciar o inconsciente. É como se eu fosse o *objeto* de uma consciência, como se alguém soubesse de mim embora eu não soubesse dele. Esse centro, essa outra ordem de consciência que para mim é inconsciente, seria o si-mesmo, e isso não se limita a mim mesmo, ao meu eu; pode incluir sei lá quantas outras pessoas. E esse fato psicológico peculiar de ser o mesmo si-mesmo com outras pessoas é expresso pela imagem da pelota, da bola que é jogada em um certo padrão dentro de um determinado círculo, simbolizando as relações indo de um lado para o outro.

Pois bem, Zaratustra diz aqui que sua meta está conectada com essa bola. Sua meta é, obviamente, colocar essa bola em movimento, criar essa roda que se move por si mesma. E ele lançou sua bola entre seus irmãos ou discípulos, o que significa que ele está trazendo à tona ou instigando o si-mesmo e colocando-o em movimento. Vejam, há uma clara conexão entre essa ideia e a ideia da roda em movimento na literatura budista; a doutrina da lei é comparada a uma roda em movimento, embora, na origem, provavelmente fosse a mesma ideia. Assim como Zaratustra lançou uma bola, Buda também traz uma roda entre os homens e a põe em movimento, um processo que acabará levando à ideia budista da condição mais perfeita – a condição do completo desapego, do nirvana[9]. Também é característico do budismo considerar-se um mérito espiritual descrever essa roda, desenhá-la. Isso tem valor espiritual por contribuir para nosso próprio aperfeiçoamento. Claro que uma mandala é uma roda dessas, embora, de novo, sob um aspecto um pouco diverso. Lá vemos muito claramente que as mandalas significam os deuses. Assim como uma mandala é o assento do deus, o centro da mandala é a divindade. Mas uma divindade é simplesmente uma visão projetada do si-mesmo. Assim, esse capítulo nos leva realmente a uma ideia muito profunda: ou seja, para Zaratustra, sendo o arquétipo, a vida é um arranjo preestabelecido, um sim e um não – pode ser escolhido – o começo e o fim e o caminho. E o significado principal de tudo isso é como lançar a bola entre um determinado grupo de pessoas que obviamente estão reunidas, escolhidas pelo destino ou por essa consciência inconsciente para estarem juntas de modo que produzam esse jogo da bola de ouro. Isso é – receio – muito obscuro, mas, quando se trata de questões do inconsciente, as coisas *ficam* obscuras porque só estamos parcialmente conscientes delas. Porém tenho total certeza de que tais símbolos se referem a coisas extraordinariamente importantes. Vejam, tais coisas foram expressas no *to en to pan* grego, que significa que o todo é o uno, ou o uno é o todo[10], representado pelo *ouroboros*, a serpente que faz o círculo perfeito ao morder seu próprio rabo. Essa é a mesma ideia, ligando os muitos no uno, e esse uno nos muitos.

Sr. Allemann: Acho que na Índia há a mesma ideia em *neti, neti*.

Prof. Jung: Sim, nem isso nem aquilo. É, em todos os lados, a mesma ideia. Por exemplo, na linguagem simbólica cristã, Cristo diz: "Eu sou a videira, vós sois os ramos". Vejam, a ideia suprema que Zaratustra está ensinando é que o super-homem é idêntico à bola, e a bola é o globo, a rotundidade perfeita exprimindo o

---

9. A proclamação por Buda do darma frequentemente foi formulada como a colocação em movimento da roda da lei.

10. O número um foi talvez elevado pela primeira vez a "O Uno" por Heráclito, e continuou importante pelo menos até o famoso "voo do só para o Só" de Plotino (Enéadas, 6.9.70).

homem primordial, o homem que *era* antes de ter sido desmembrado, cortado ou separado – antes de se tornar dois. E é a ideia do hermafrodita alquímico que unifica os sexos[11]. Portanto, o super-homem é uma ideia mística extremamente antiga, que sempre ressurge ao longo dos séculos. Claro que Nietzsche não estava ciente disso, ele não conhecia quase nada da literatura particular da Antiguidade que contém esses símbolos; isso ainda não tinha sido descoberto, muitas coisas foram desenterradas desde então; ele não conhecia os paralelos medievais, e nunca pensaria que essa bola tivesse alguma coisa a ver com o homem rotundo primordial de Platão, ou com a *sphairos* de Empédocles. Mesmo assim, essas ideias continuam retornando sempre, e a esse respeito poderíamos perguntar: "O que é Nietzsche, afinal de contas?" Ele é simplesmente uma repetição de um dos antigos alquimistas. Nietzsche prossegue a filosofia alquímica da Idade Média.

---

11. Uma alusão ao discurso de Aristófanes, no *Banquete* de Platão, sobre como os sexos foram criados pela divisão das criaturas esféricas e hermafroditas originais, cujo poder ameaçava os deuses. A história é uma das prediletas de Jung (cf. OC 11/1, § 47n; 9/1, § 138n etc.). Na Idade Média, Sol/Lua e mesmo a pedra filosofal eram frequentemente representadas como hermafroditas (cf. OC 13, figuras B1-B4). Nietzsche, é claro, conhecia bem os escritos dos filósofos gregos, mas provavelmente não os dos alquimistas.

Palestra II
29 de janeiro de 1936

Prof. Jung: Chegamos agora a um novo capítulo, muito famoso. O título, "Da virtude dadivosa", tornou-se uma espécie de *slogan*. Mas antes de mergulharmos nele, gostaria de saber como Nietzsche chega desse tema particular da morte voluntária à ideia da virtude dadivosa. Qual é a transição?

Srta. Hannah: Não seria na parte final, sobre lançar a bola de ouro?

Prof. Jung: Pode ser; geralmente no fim de um capítulo encontra-se a ideia que leva ao capítulo seguinte. Mas qual seria a conexão exatamente?

Sra. Sigg: Ele pode pensar que realmente tem de oferecer algo melhor ao mundo.

Prof. Jung: Do que a ideia da morte voluntária? Então você pensa que é uma espécie de compensação?

Sra. Sigg: Penso que, quando ele escreveu esse capítulo, em 1883, tinha realmente dado algumas boas ideias ao mundo, por isso desistiu dessa ideia de se matar, que tinha tido às vezes.

Prof. Jung: Certamente a ideia de morte voluntária é bem negativa. Significaria dizermos a nós mesmos: "Bem, se minha vida é inadequada, se não tenho nenhuma chance, se não contribuo para a vida no mundo, então é melhor acabar com ela". Uma ideia dessas, claro, é extremamente negativa; muitos indivíduos degenerados brincaram com esse capítulo sobre a morte voluntária. Ele tem uma qualidade negativa e uma influência negativa, e por isso encontramos no seu fim a ideia positiva da bola de ouro como uma espécie de compensação. A bola de ouro é, de fato, um símbolo extremamente positivo; mesmo se não sabemos exatamente o que ela significa, temos uma ideia sobre aquilo a que se refere. E ela deve ser positiva em si, ou Nietzsche não teria usado o atributo "de ouro", pois o ouro, como ele explica no início do capítulo seguinte, significa valor.

Sra. Sigg: Se a ideia de morte emerge do inconsciente, não é geralmente verdade que alguma coisa tem de morrer, não todo o indivíduo, mas alguma coisa que está errada dentro dele?

Prof. Jung: Isso mesmo, mas o que tem de morrer nesse momento particular do desenvolvimento de Nietzsche é uma questão difícil.

Prof. Reichstein: Em conexão com o que a Sra. Sigg disse, eu diria que o capítulo anterior se conectava ao casamento celestial, e essa ideia está sempre ligada à morte; algo tem de morrer antes. E a aparição da bola de ouro também seria um momento desses; essa ideia arquetípica está sempre conectada com algo que tem de morrer antes.

Prof. Jung: Por quê?

Prof. Reichstein: Porque é uma mudança muito grande de atitude. Talvez pudéssemos dizer que a mudança seria que o homem terreno tem de morrer.

Prof. Jung: Sim, o "homem terreno" sendo evidentemente o modo bíblico de formular; em termos psicológicos, seria o homem coletivo, porque a bola de ouro refere-se ao si-mesmo.

Srta. Wolff: Da última vez, falamos do significado do si-mesmo, e, no fim do capítulo sobre a morte, há uma ideia nova: ou seja, que Zaratustra pretende entregar seu propósito ou sua doutrina a seus discípulos, de modo que não seja o único a levar a ideia. E aparece aqui a ideia de que um homem sozinho não pode alcançar o si-mesmo. Em um dos últimos versos, ele diz: "Agora sois, amigos, os herdeiros de minha meta; a vós lanço a bola de ouro". Penso que isso é uma espécie de analogia com a ideia da criança, pois a criança, como Nietzsche a coloca, é também algo além, além dos pais. Assim, a ideia é de levar algo.

Prof. Jung: Portanto você conectaria essa passagem da bola de ouro com o simbolismo que encontramos antes, em "Dos filhos e do casamento"?

Srta. Wolff: É a mesma ideia, de que uma pessoa sozinha não pode realizar o si-mesmo. É formulado de modo muito diferente, mas se aproxima muito mais do significado do que o capítulo sobre a morte, embora ele aluda aqui a essa ideia de que o si-mesmo não é um indivíduo só.

Prof. Jung: Bem, quando recuamos nos capítulos, encontramos uma espécie de preparação, como uma iniciação preparatória, para essa ideia. Por exemplo, comecemos com o capítulo 15 – "Das mil e uma metas"; essa é a ideia de muitas metas sem nenhuma certeza sobre qual é a correta. Então o capítulo 16 é sobre o amor ao próximo, o que significa que algo mais deve aparecer, um parceiro, um relacionamento. O capítulo 17 é "Do caminho do criador": algo deve ser criado. Como podemos criar? Bem, "Das velhas e novas mulherezinhas", capítulo 18. Então, se temos a ver com mulheres, há o capítulo 19, "Da picada da víbora": seremos mordidos pela serpente que é a impregnação inversa – envenenamento. E qual é o resultado? "Dos filhos e do casamento", capítulo 20. É a morte voluntária; ou seja, afundamos nesse relacionamento e reaparecemos como um filho, pois é tudo o drama interior do desenvolvimento inconsciente. E assim chega o capítulo com o qual acabamos de lidar, a ideia da bola de ouro; esta é o símbolo daquilo que ele criou.

Sra. Frost: No terceiro verso antes do fim, Nietzsche diz: "Assim quero eu próprio morrer, de maneira que vós, amigos, ameis mais a terra por minha causa". Se ele morre para que possamos amar mais a terra, não é a reação contra Cristo, que morre para que possamos ir mais para o espírito? E o amor à terra é certamente esse amor à bola de ouro que ele passa adiante.

Prof. Jung: Exato. Essa é uma reação contra o espírito cristão, visto que Cristo realmente não morreu pela terra, mas pelo espírito. A bola de ouro tem esse significado; simboliza a ideia mais importante de Nietzsche, a relação com a terra. Mas isso não é tudo. É apenas o aspecto anticristão e pró-terra do simbolismo, e esse mesmo simbolismo também tem significado espiritual. Mas Nietzsche faz algo novo com isso, no qual chegaremos agora.

Sra. Sigg: Penso que Cristo não era exatamente antiterra, pois, se as pessoas realmente seguissem sua doutrina, seria possível que elas vivessem de um modo mais profundo também.

Prof. Jung: Bem, o que o próprio Cristo quis dizer é muito obscuro, com tremendas contradições, e é muito difícil de entender. Assim, ao falar do cristianismo, devemos falar do que se tornou essa doutrina, o espírito cristão tardio tal como expresso nas igrejas ou nas seitas, e não sermos influenciados por aqueles vestígios muito remotos da doutrina que Cristo pode ter dado ao mundo. Se estudarmos cuidadosamente a doutrina de Cristo, veremos que não é um sistema perfeitamente claro, mas cheio de alusões e profundidades que não compreendemos bem: *Wer Ohren hat zu hören, der höre*, "quem tem ouvidos para ouvir, que ouça". Era uma doutrina de mistério. Ele diz coisas curiosas às vezes; pensem na maldição da figueira e na parábola do intendente injusto, por exemplo. Isso não pode ser compreendido sem um conhecimento da doutrina de mistério daqueles dias. Os pastores cuidadosamente evitam essas coisas, e sabem muito bem o porquê.

Sra. Sigg: Penso que, em muitos casos, os pastores conhecem a verdade e fazem falsificações. Por exemplo, temos (Mt 5,22) a expressão "risco de ir para o fogo do inferno", embora a palavra *Gehenna* que Cristo usa aqui certamente não tem esse significado. É errado os pastores dizerem que é o fogo do inferno eterno.

Prof. Jung: Bem, faz pouca diferença se eles o explicam aqui como fogo do inferno ou não, pois há muitas outras passagens nos evangelhos em que o inferno é estabelecido como uma realidade.

Sra. Stutz: Penso que Zaratustra age deliberadamente demais. Ele pensa que pode arranjar as coisas de sua própria maneira; se ele desistisse, de modo que a bola de ouro pudesse cair do jeito *dela*, então as virtudes dela poderiam dar-lhe algo de que ele não teria podido desfrutar antes.

Prof. Jung: Você quer dizer que essa ideia da virtude dadivosa está em oposição à sua própria atitude deliberada? Decerto, essa é uma ideia nova e muito importante. Devemos agora realmente entrar no próximo capítulo.

> Quando Zaratustra se despediu da cidade cara ao seu coração, cujo nome era A Vaca Malhada, muitos que se denominavam seus discípulos o seguiram, fazendo-lhe companhia.

Aqui ficamos sabendo que o coração de Zaratustra estava apegado à cidade chamada de "A Vaca Malhada", uma impressão que não recebemos ao ler o capítulo sobre essa cidade anteriormente. E não se sabia que muitos discípulos o seguiram e lhe fizeram companhia quando abandonou aquela cidade, de modo que deve ser uma experiência inteiramente fantástica. Obviamente, Nietzsche está agora atacado de amor pelas pessoas, pelo mundo, pela humanidade – o que não é usual. Em muitas passagens anteriores, ele declarou muito abertamente seu desinteresse pela humanidade. Portanto podemos supor que, no curso do desenvolvimento dessas imagens, ele se tornou cada vez mais isolado e sente sua solidão, de modo que o fim é a ideia da morte voluntária, que é, frequentemente, o caso de pessoas que submergiram em uma completa solidão. Então, quando esse momento é passado, o outro lado emerge, o lado da vida, da humanidade. Onde temos um desenvolvimento similar – uma condição de total desespero e um ânimo suicida levando a uma transição similar? Há um caso famoso na literatura.

Prof. Fierz: No *Fausto*.

Prof. Jung: Sim, ele também submergiu em uma completa solidão, e então chega o momento do suicídio, e depois, subitamente, um novo ânimo surge, o ânimo da Páscoa, a ressurreição. Poderíamos chamá-lo de a ressurreição do espírito cristão da vida. A evidência de que é realmente um ânimo cristão em Fausto é que ele se identifica com outro famoso personagem de importância religiosa: Lutero. E ele traduz o Evangelho de João, o que é um tanto espantoso, porque Fausto tinha sido muito crítico do cristianismo antes. Mas, quando chega ao ponto do suicídio, subitamente o aspecto cristão volta a ele de maneira tão forte que ele até mesmo se identifica com Lutero, a última coisa que poderíamos ter esperado de um homem como ele. Pois bem, essa "virtude dadivosa" é evidentemente o sangue que é derramado pela humanidade; nesse amor abrangente, a pessoa se dá para todos; a pessoa é uma dádiva. Soa quase como o Movimento de Oxford. Vejam, de modo nenhum esse é um caso isolado; observamos na vida prática que, quando as pessoas chegam em um ponto crítico de sua existência, se elas não espremerem os miolos, reaparecerão em uma antiga vestimenta que considerem absolutamente nova. Como isso se dá?

Sra. Sigg: É uma lei natural que isso deve ocorrer desse modo; é o que chamamos de uma *enantiodromia*.

Prof. Jung: Certamente é uma *enantiodromia*. E como vocês a explicam? Como uma coisa dessas acontece? Suponha que você chegou a um estado de solidão e desespero e vai se suicidar, e então, no último instante, pensa melhor a respeito e volta à vida, reaparecendo em uma atitude completamente cristã.

Sr. Allemann: Seria uma atitude de coletividade total após o isolamento total.

Prof. Jung: Exatamente, esse é um aspecto. Primeiro você está absolutamente isolado, em seu extremo individualismo, arrancado do rebanho e a caminho da morte; você se sente como se já estivesse morto. E então, quando volta à vida, naturalmente começará de onde desistiu; em vez de voltar ao seu individualismo, você volta à terra – isso é totalmente evidente. E, de sua descrença ou criticismo anterior você volta à crença positiva, e nada há para crer senão o que estava ali antes, a crença geral que existe por toda parte. Você pode até ter o que as pessoas chamam de uma experiência de Cristo, ou de Deus, *ein Gotteserlebnis*; pode ter uma visão, e então ficaria totalmente convencido de que foi salvo por Cristo naquele momento. Infelizmente, não somos informados sobre o ânimo de Paulo quando estava viajando a Damasco; talvez ele estivesse nervoso e em uma espécie de desespero, e isso o tenha levado à visão de Cristo. Claro, isso tinha então um significado diferente, mas, em nos nossos dias, quando Cristo é uma verdade estabelecida, quando é *de rigueur* acreditar em Cristo, é mais provável que, quando você vai tão longe por um lado, irá, depois, longe em acreditar de novo no que acreditava antes. Isso é uma lei, quase um mecanismo, de modo que é muito compreensível que Fausto, tendo abandonado tudo em que sua época acreditava e tinha esperança, retornasse àquilo depois de ter desistido da ideia aparentemente inevitável da morte.

O tipo individualista de desenvolvimento leva ao isolamento e à morte porque a vida da pessoa não está mais conectada com a vida da humanidade. A vida em um indivíduo único, singular e isolado não pode ser mantida porque as raízes estão cortadas; nossas raízes estão na humanidade, e, se desistimos dessa conexão, somos simplesmente como uma planta sem raízes. Por isso, se a pessoa quer estabelecer sua vida, deve retornar ao rebanho e às condições dadas. E nossas condições dadas, como eram com Goethe ou Fausto e como eram com Nietzsche, é a humanidade cristã – essa é a coisa à qual a pessoa inevitavelmente retorna. Assim, esse capítulo e a ideia em si de virtude dadivosa têm não apenas um aspecto cristão, mas um *valor* cristão, não há dúvida disso. Vejam, quando Zaratustra, ou Nietzsche, retorna à vida, certamente será forçado a participar da vida da humanidade tal como é nesse momento, e então verá os valores positivos disso. Essa é a razão pela qual chegamos aqui a uma ideia cristã um tanto quanto inesperada – inesperada em se tratando de Nietzsche. Anteriormente, ele zombava dessa cidade, e agora aprendemos que ele a ama, que seu coração está apegado a ela. Ficamos impressionados com sua total solidão antes, e não sabíamos que ele tinha tantos discípulos. Esse é um aspecto inteiramente novo, pelo qual podemos concluir que ele se sentia muito bem ali e que tinha tido um grande público. Pois bem, regressar a essa situação o leva a uma encruzilhada: "Assim chegaram a uma encruzilhada". O que isso quer dizer?

Prof. Fierz: Ele é como Héracles, chega agora a um novo dilema.

Prof. Jung: Sim, e qual seria?

Prof. Reichstein: Prosseguir com todos os seus discípulos ou prosseguir sozinho.

Prof. Jung: Sim, ou prossegue com seus discípulos – o que significa prosseguir com a cidade de A Vaca Malhada, com as crenças anteriormente válidas –, ou prossegue sozinho; ele tem a escolha de ser absolutamente coletivo ou novamente só. Pois bem, as pessoas, diante de uma experiência dessas, muito frequentemente decidem não ficar sós, mas permanecer com o rebanho, que elas veem então em seu aspecto positivo, e pensam que é uma vantagem ter perdido a solidão. Mas então elas perderam seus últimos valores, para falar nas palavras de Nietzsche, pois a questão não é estar no rebanho ou isolado do rebanho; é estar no rebanho e sozinho.

> Então Zaratustra lhes disse que desejava continuar sozinho; pois era afeiçoado a andar sozinho. Ao se despedir, porém, seus discípulos lhe deram um bastão, em cujo cabo dourado havia uma serpente enrolada em torno do sol. Zaratustra se alegrou com o bastão e nele se apoiou…

Ele obviamente está se decidindo a seguir seu caminho novamente sozinho, porque esse é de fato seu primeiro amor; sua tendência mais forte é estar só, apesar do aspecto muito positivo da coletividade que ele descreve aqui. Pois bem, seus discípulos lhe dão um símbolo solar, a bola de ouro que ele lhes tinha lançado antes. Vejam, ao dar a seus discípulos algo tão precioso quanto a bola de ouro, ele lhes deu um valor positivo. Qual é esse presente, de fato?

Sra. Crowley: É o símbolo reconciliador.

Prof. Jung: Bem, ele lhes deu um símbolo importante; se é reconciliador ou não, ainda teremos de ver. Mas um símbolo é sempre uma ideia, portanto ele lhes deu um valor realmente positivo. E esse símbolo significa o quê?

Sr. Allemann: O si-mesmo.

Prof. Jung: Sim, e o si-mesmo parece ser uma ideia muito valiosa. A bola de ouro é o sol, também um símbolo divino; é o que o sol costumava ser quando era o deus central nos velhos cultos, a fonte do calor e da vida. Portanto deve ser uma ideia que tem a mesma virtude, o mesmo valor, quer acreditemos nisso ou não, que o sol realmente tem para nós, a fonte do calor e da vida. Logo *é* realmente um símbolo reconciliador, o símbolo que resolve conflitos, que supera as oposições que caracterizam nossas vidas – um símbolo que cria paz e totalidade. Realmente se espera do si-mesmo que seja capaz de fazer isso. Claro, no Ocidente não temos qualquer filosofia do si-mesmo, mas nos *Upanishads* encontraremos todos esses atributos; e veremos que a ideia do si-mesmo é a ideia mais essencial na filosofia deles do Atma, por exemplo. Um exemplo particularmente belo dessa filosofia é o diálogo entre Yajnavalkya e o rei. Não posso citá-lo literalmente, mas vocês se lembram, o rei lhe faz uma série de perguntas sobre a luz. Por exemplo, quando as pessoas saem para trabalhar, voltam na luz do sol, e então o rei pergunta: "Mas, quando a luz do sol se extinguir, por qual luz elas viverão?" E Yajnavalkya diz que pela luz da lua. Finalmente cada luz, cada fogo, chega ao fim, e seria então a escuridão total, mas ainda resta a luz do si-mesmo, que é a luz suprema[12]. Esse é o paralelo exato da ideia da bola de ouro. Assim, ao dar esse ensinamento a seus discípulos, Zaratustra realmente lhes dá um presente de ouro. E tudo o que damos retorna a nós; o que damos, ganhamos, mas o que adquirimos se perde. Ele dá a seus discípulos um presente, que então volta para ele. Isso não é dito por Nietzsche em tantas palavras. Não estou convencido sequer de que ele estivesse consciente disso; simplesmente acontece de seus discípulos serem capazes de lhe dar esse presente, e eles não teriam sido capazes se não tivessem os meios. Mediante o ouro que ele lhes tinha dado, eles podem devolver na mesma moeda, e com um acréscimo que vem realmente deles, a serpente enrolada em torno da bola de ouro.

Sra. Sigg: Nietzsche nunca foi particularmente inteligente quando se tratava de sua relação com as pessoas – não muito prático –, e a serpente, sendo um símbolo de astúcia e sabedoria, pode significar um princípio condutor para ele em suas relações com os seres humanos.

Prof. Jung: Bem, a serpente e o sol são símbolos gerais, e devemos primeiro saber algo a respeito disso antes de podermos fazer uma aplicação ao caso de Nietzsche; caso contrário, essa interpretação parece demasiado pessoal e arbitrária.

Sra. Baynes: Não seriam o *Yin* e o *Yang*?

Prof. Jung: Sim, na linguagem chinesa seriam o *Yin* e o *Yang*, mas há uma ideia muito mais próxima.

---

12. Yajnavalkya, um grande sábio dos *Upanishads*, que falou dos vários tipos de luz: sol, lua, fogo – e finalmente o Atma, o si-mesmo.

Sra. Sigg: O simbolismo egípcio do sol.

Prof. Jung: Essa é a analogia mais próxima, o disco do sol enrolado pelo *uraeus*[13].

Prof. Fierz: O universo chinês com o dragão ao redor?

Prof. Jung: Na China, é realmente a pérola e o dragão, e o estranho é que a pérola ali é a lua, o *Yin*, e o dragão é o *Yang*. O simbolismo é exatamente o inverso, sendo difícil traduzir, porque na China os valores estão invertidos de um modo sutil; é como se o verdadeiro mestre ali tivesse sido uma mulher. Todo mundo diria que *Yang* é o sol, mas o chinês diz: "De modo algum, é um dragão". Em qualquer outro lugar, o dragão é uma fera maligna e perigosa, mas na China é uma coisa amigável; o chinês é um amigo do dragão. O único amigo da serpente que nós conhecemos é a mulher; homem algum jamais foi amigo da serpente, a não ser que fosse um bruxo e instruído por uma mulher.

Sra. Baynes: Mas é verdade que o dragão chinês pode voar e a serpente não?

Prof. Jung: Sim, o dragão é uma serpente voadora. Temos dragões, mas todos são maus, enquanto o dragão chinês é um sinal de felicidade, de riqueza e de saúde, de tudo o que é bom. O sol é a coisa importante e positiva para nós, enquanto lá é o dragão, e uma lua que é muito pequena, quase uma pérola na boca do dragão. Em regra, a pérola está um pouco à frente, de modo que parece que, por toda a eternidade, o dragão não foi capaz de apanhar essa pérola, está sempre ao encalço dela, mas nunca totalmente feliz em sua posse. Se seguirmos esse pensamento e o aplicarmos ao simbolismo chinês em geral, veremos que funciona. A China tem um viés peculiar: a terra desempenha outro papel lá – é insuperável. No Egito, o corpo celestial positivo do sol é o que importa: por isso, na época de Amenófis IV, o símbolo já não era mais o disco e a serpente, mas o disco solar se alegrando com seus dois horizontes – a adoração ao princípio positivo *par excellence*. Enquanto o acréscimo da serpente é a terra à luz do sol, aquecendo seu corpo frio nos raios do sol; essa é a ideia do *uraeus*. Então temos outro paralelo muito direto ao símbolo positivo do sol e da serpente circundante.

Sra. Baynes: A ioga Kundalini.

Prof. Jung: Sim, o sol sendo o ponto criador, o *bindu*, e a Shakti está enrolada na figura fálica como na mandala *muladhara*. Então há o símbolo órfico do ovo em torno do qual a serpente está enrolada, que é talvez o paralelo mais próximo ao simbolismo do *Zaratustra*. Pois bem, o que os discípulos transmitem ao dar um presente desses a Zaratustra? O que isso quer dizer?

---

13. "O disco do sol... um vasto dragão com sua cauda na boca montado sobre sete poderes e tirado de outras quatro figuras como cavalos" ("The Books of the Savior". *In*: Mead*, p. 510).

Srta. Wolff: Talvez um lado do problema que o próprio Zaratustra não tinha visto. Pode ser aquela serpente que ele tinha lançado fora de sua boca para que outras pessoas manejassem, portanto a devolvem para ele, pois sem isso o círculo não está completo.

Prof. Jung: Sim, e além do capítulo sobre a picada da víbora, há um capítulo posterior em que a serpente rasteja para dentro da boca do pastor.

Srta. Wolff: Referi-me a esse capítulo em particular – antecipei-me.

Prof. Jung: Bem, a serpente é rejeitada por Zaratustra. Ele a despreza porque é a terra, a escuridão, o *Yin*, o princípio feminino. Zaratustra é inteiramente masculino, o arquétipo masculino do velho sábio *par excellence*; e ele é o *pneuma*, o deus-vento, e por isso tem de rejeitar a serpente. Essa é a razão pela qual ele lança apenas a bola de ouro para seus discípulos; *eles* acrescentam a serpente. E como acontece de eles poderem fazer isso? Vejam, é a *pelote* de novo.

Prof. Reichstein: Eles têm a conexão com a terra porque estão também com a coletividade.

Prof. Jung: Exatamente. Vejam, quando Zaratustra está no círculo de seus discípulos, já representa esse simbolismo; poderíamos dizer que o sol e a serpente simbolizavam essa relação com seus discípulos. Ele está no centro, o *pneuma* cercado pelo círculo da humanidade, e a humanidade é a terra; portanto, seus discípulos são sua terra. Zaratustra está enraizado em seus discípulos. E, ao lançar a bola de ouro a eles, Zaratustra lhes está dando ele próprio, seu próprio princípio, e seus discípulos a recebem como a terra recebe a semente. Eles formam um círculo em torno de Zaratustra como a serpente da terra que morde o próprio rabo. É a fêmea que forma um anel em torno do macho na ioga tântrica também; a Shakti no abraço perene com o deus Shiva é um símbolo eterno, e um dos símbolos mais completos do si-mesmo. O si-mesmo concebido como o Atma suprapessoal (ou o *Paramatman* ou *Prajapati* ou o *Purusha*) está sozinho, poderíamos dizer; por isso, ele emana um mundo que é seu espelho, o espelho sendo, evidentemente, uma substância diferente daquela que é espelhada. O espelho é a Shakti que cria a ilusão real, o véu de *maya*, em torno do deus; o deus vê todas as suas milhões de faces espelhadas no espelho mágico de *maya*[14].

Essa é a situação aqui, e realmente não poderia haver nenhum si-mesmo se não estivesse em relação; o si-mesmo e o individualismo se excluem um ao outro. O si-mesmo *é* relação. Só quando o si-mesmo se espelha em tantos espelhos ele realmente existe – ele então tem raízes. Você nunca pode chegar ao seu si-mesmo construindo uma cabana de meditação no topo do Everest; só será visitado por seus próprios fantasmas, e isso não é individuação; você está sozinho consigo

---

14. Atma se conhece por suas criações, ou, como Jung ensinou, pelas próprias projeções.

mesmo e *o* si-mesmo não existe. O si-mesmo só existe na medida em que você aparece. Não o que você *é*, mas o que você *faz* é o si-mesmo. O si-mesmo aparece em nossos feitos, e feitos sempre significam relacionamento; um feito é algo que você produz quando está praticamente fora de você, entre você e o seu entorno, entre sujeito e objeto – ali o si-mesmo é visível. Por isso o símbolo é o sol cercado pela serpente. Isso é o que os discípulos lhe dão de volta. É a resposta dos discípulos, e é um símbolo da união de Zaratustra e seus discípulos. Esse é o bastão* no qual ele se apoia.

Então falou assim a seus discípulos:

> Dizei-me: como adquiriu o ouro o valor mais alto? Por ser incomum, inútil, reluzente e de brilho suave; ele sempre se dá.

Essa é uma espécie de interpretação da ideia simbólica de ouro. O ouro real é simbólico, por isso tão altamente louvado. Tem valores definidos, mas o principal valor é o que o homem lhe dá; o uso ao qual é comumente destinado nunca explicaria o fascínio que o ouro tem em si para o homem. Na linguagem hierática do mundo todo, o ouro costumava designar algo que é valioso. É usado do mesmo modo na arte – certas coisas são pintadas em ouro. E na filosofia alquímica é conhecido como *aurum nostrum non vulgi*[15]. Por isso, quando o ouro aparece em sonhos, significa valor.

> Apenas como imagem da mais alta virtude adquiriu o ouro o valor mais alto. O olhar daquele que reluz como o ouro. O brilho do ouro reconcilia o sol e a lua. Incomum é a virtude mais alta, e inútil, reluzente e de brilho suave; uma virtude dadivosa é a virtude mais alta.

Temos aqui o símbolo reconciliador, e uma relação muito interessante com o simbolismo alquímico; ou seja, o ouro incomum, o ouro filosófico, é o filho do sol e da lua, do masculino e do feminino. O ouro da pedra filosofal é inclusive chamado de "filho do sol e da lua", ou filho hermafrodita do sol e da lua, o hermafrodita simbolizando, evidentemente, a união de macho e fêmea. Encontramos essa ideia praticamente por toda parte[16]. A ideia do si-mesmo sob o aspecto de uma coisa nascida do homem ou do mundo é chamada nos *Upanishads* de *Hirayagarbha*, que significa o filho dourado ou o germe dourado; é o ouro filosófico que vem da

---

* O termo do inglês, *staff*, tem uma polissemia interessante nesse contexto das reflexões de Jung: pode significar tanto o "bastão", o "cajado" – presente concreto dado a Zaratustra por seus discípulos – quanto o apoio, e este é um sentido bastante assimilado na língua portuguesa, uma equipe, um grupo de apoio em torno, por exemplo, de um artista [N.T.].

15. "Nosso ouro não é vulgar (o comum)."

16. Cf. OC 12, *passim*, para ampliar a discussão sobre os símbolos alquímicos da união hermafrodita de macho e fêmea.

união dos opostos. Assim, se o solitário Zaratustra pode ser unificado a um círculo de seres humanos, então a criança dourada, o deus, nasce, *Hirayagarbha*; então a bola de ouro aparece com a serpente. A ideia do ouro sendo o reconciliador e o pacificador é também frequentemente simbolizada pelo hermafrodita; por isso tantos deuses são representados dessa forma. Uma analogia muito próxima é o antigo deus órfico Fanes, cujo próprio nome denota o sol nascente. Fanes significa o que aparece, aquele que nasceu no início; é o ouro do início, hermafrodita, com dois corpos, e há quatro animais simbólicos. Isso é vagamente análogo ao *quaternium* da iconografia cristã, em que os quatro pilares dos evangelhos são representados como quatro animais e a figura de Cristo ocupa o centro; também é chamado de *tetramorfos*, mas esse a rigor é o tipo de animal monstruoso com quatro cabeças que vemos em antigos manuscritos iluminados, a cabeça de um leão, um boi, uma águia e um anjo – os quatro evangelistas. E tem uma perna do leão, uma do boi, uma da águia e uma humana, e então o salvador com uma bandeira ou emblema da igreja é posto sobre esse animal. Vejam, o Fanes órfico é similar[17]*.

Pois bem, a Dra. Burgers acabou de me dizer que, na China, o horóscopo se baseia em vinte e oito casas da *lua*, não do sol. E o Professor Reichstein assinalou-me que a moeda da China não se baseia no ouro, mas na prata. Estão tentando fazer algo assim nos Estados Unidos agora, e veremos como isso influenciará o bem-estar geral.

Sra. Crowley: Não é verdade que, no Oriente, a morte voluntária é um símbolo bastante positivo?

Prof. Jung: Sim, e a morte voluntária também era bem-recebida em Roma; era muito valorizada. Pois bem, temos uma pergunta da Sra. Baynes: "Quando você diz que o si-mesmo não pode ser alcançado em isolamento, isso significa que os 'filósofos da floresta' da Índia se iludiam ao pensar que tinham encontrado o si-mesmo?"

Oh, bem, quando eu disse que não podemos encontrar o si-mesmo sem relacionamento, não pretendi excluir o outro lado. Os filósofos da floresta não partem para as florestas, no início, para tentar encontrar o si-mesmo. Eles primeiro vivem uma vida humana plena no mundo, e depois vem a vida no bosque. Eles estão enraizados no mundo. Nunca rejeitavam a vida social individual, mas juntavam toda a experiência de sua existência mundana, e então a levavam para o bosque. E esse foi o caso na própria existência de Buda; ele era um príncipe, um homem do mundo, e tinha uma mulher, tinha concubinas, tinha um filho – e então partiu para a

---

17. Fanes, o resplandecente, é um Eros, mas bissexual. Cf. OC 5, fig. 31, para uma reprodução de um relevo órfico mostrando esse deus menino nascendo do ovo do mundo.

* Fanes é também uma figura de destaque no curso das fantasias, ou seja, no processo de individuação do próprio Jung em *O livro vermelho* [N.T.].

vida santa. Eu poderia igualmente dizer que jamais alcançaríamos o si-mesmo sem isolamento; é tanto estar só como em relacionamento. Mas, naturalmente, temos de enfatizar o relacionamento no caso de Zaratustra, que sempre estava no lado solitário; Nietzsche estar tão isolado foi a razão para as coisas darem tão errado, por isso ele caiu sob a possessão de *djins*. Claro, podemos racionalizar isso como vindo da infecção de sífilis que causou a paralisia. Mas abaixo disso era um caso de esquizofrenia; ele poderia ter se dado mal de outro modo, por estar sozinho demais, não ser capaz de estabelecer raízes – qualquer planta morre se não tem raízes. Não são, porém, apenas as raízes, que fazem a planta; a flor deve vir também. São as duas coisas, estar só e conectado.

> Em verdade, eu vos entendo, meus discípulos: vós buscais, como eu, a virtude dadivosa. Que podeis ter em comum com gatos e lobos?
>
> Tendes sede de tornar-vos vós mesmos sacrifícios e dádivas: daí a vossa sede de acumular todas as riquezas em vossa alma.

Isso de algum modo está envolvido. Ao lançar a bola de ouro para seus discípulos, ele obviamente supõe que são discípulos de valor, que são capazes de pegar seu presente e dar-lhe o uso correto. Confia em que eles anseiam, como ele, pela virtude dadivosa, a virtude do ouro que é brilhante, resplandecente, que dá sua beleza e seu fascínio para todos. "Que podeis ter em comum com gatos e lobos?" Vejam, esses são animais de rapina vorazes, que devoram e destroem. A sede dos discípulos não é a de se tornarem gatos e lobos, mas sim sacrifícios e dádivas. Aqui vem o ideal cristão de que não há nenhum instinto voraz de roubar, mas sim de dar, e dar ao máximo; dar-se a si mesmo como um sacrifício. Como Cristo deu-se a si mesmo para a humanidade, assim Zaratustra e seus discípulos anseiam tornar-se sacrifícios para a humanidade. "Daí a vossa sede de acumular todas as riquezas em vossa alma." Esse *daí* não está no lugar certo, não é uma conclusão lógica, mas sim uma associação imediata; algo deveria ser dito entre uma coisa e outra, pois, para serem dádivas valiosas, eles primeiramente devem ser ouro, e para serem ouro, eles devem comer o ouro no mundo; devem adquirir riquezas, apropriar-se delas, acumulá-las e armazená-las em sua alma para se tornarem uma dádiva rica. Muitas pessoas pensam que é uma dádiva elas darem-se. De modo algum! É um fardo. Quando um homem pobre me dá seu último centavo, eu me sinto terrivelmente sobrecarregado. Sim, se um homem rico me dá a partir de sua abundância, então eu realmente recebi uma dádiva, mas um mendigo não pode dar-se. O que é ele? Ele tem valor? Não, ele é um saco vazio. Que todos os sacos vazios queiram dar-se para serem preenchidos eu posso entender, mas isso não é nenhuma dádiva; é como se um tigre dissesse "eu me dou inteiramente a você" e, então, te comesse. Assim, para ser capaz de dar alguma coisa, temos de ser alguma coisa, temos de possuir, devemos consistir em ouro, e não em fome. Infelizmente, a maioria das pessoas que falam de dar-se é formada apenas por lobos famintos que querem comer nossas ovelhas. Vejam, isso deve ser dito entre aquelas duas sentenças.

> Insaciável busca a vossa alma por tesouros e joias, pois vossa virtude é insaciável na vontade de dar.

Se há uma virtude que tem a vontade de dar, deve haver também o meio pelo qual podemos dar; não podemos dar o vazio. Riquezas devem ser acumuladas primeiro. Devemos nos interessar por tesouros, joias. Devemos ser vorazes em acumular, para sermos capazes de dar. Caso contrário, nunca estaremos muito certos sobre não estar dando fome.

> Obrigais todas as coisas a ir para vós e estar em vós, para que venham a refluir da vossa fonte como dádiva do vosso amor.

Vejam, essa é a fórmula para o que aconteceu: ou seja, Zaratustra lançou a bola de ouro. Ele podia dá-la porque a tinha, e então a bola voltou para ele.

> Em verdade, ladrão de todos os valores se tornará esse amor dadivoso; mas eu declaro sadio e sagrado esse egoísmo.
>
> Há um outro egoísmo, demasiado pobre, faminto, que deseja furtar, o egoísmo dos doentes, o egoísmo doente.

Eis aqui uma importante diferença moral: quando falamos em egoísmo, soa como um vício, porque geralmente só conhecemos o que Nietzsche chama de egoísmo doente. Conhecemos o egoísmo como individualismo, como um tipo faminto ou sedento de anseio de se impor aos outros, de roubar os outros, de tomar seus valores; podemos chamá-lo de mórbido – egoísmo no sentido de egotismo. Mas há outro egoísmo que é sagrado, mas ninguém tem ideia do que se trata; essa ideia morreu para nós desde o início da Idade Média. Temos a ideia de que, quando alguém se recolhe em si mesmo, quando não permite que os outros o comam, ele é mórbido ou terrivelmente egotista. Isso simplesmente vem do fato de que o cristianismo tardio acredita no ensinamento inicial de Cristo: "Ama teu próximo", mas o que Cristo realmente ensinou, "como a ti mesmo", nunca é mencionado. Mas, se você não se ama, como pode amar outra pessoa? Você vai até ela com uma tigela suplicante, e ela tem de dar. Ao passo que, se você se ama, você é rico, é quente, tem abundância; então você pode dizer que ama, pois realmente é uma dádiva, é agradável. Portanto você deve sentir-se bem quando vai a seus amigos; deve ser capaz de dar alguma coisa, para ser um amigo amoroso. Caso contrário, você é um fardo. Se você está escuro, faminto e sedento, é apenas um maldito incômodo, apenas um saco vazio. Isso é o que esses cristãos são; são vazios e fazem exigências para os outros. Dizem: "Nós te amamos e você *tem de*" – esses demônios colocam a pessoa sob uma obrigação. Mas eu sempre aponto que Cristo disse: "Ama teu próximo *como a ti mesmo*"; portanto, ame-se primeiro.

E isso é tão difícil, porque, por muito tempo, você não pedirá a ninguém para te amar, pois você sabe o quanto isso é horrível. Você se odeia, é desprezível a si mesmo, não pode suportar duas horas em um quarto a sós. Como o clérigo sobre o qual lhes falei. Ele estava ocupado das sete da manhã até as onze da noite com pessoas, por isso estava totalmente vazio e, portanto, sofria de todos os tipos de perturbação. Vejam, devemos dar algo a nós mesmos. Como você pode dar às pessoas quando não entende a si mesmo? Aprenda a entender a si mesmo primeiro. Eu tive a maior dificuldade do mundo para ensinar àquele homem que ele devia às vezes ficar a sós consigo mesmo. Ele pensava que, se lesse um livro ou tocasse o piano com sua esposa, estaria sozinho, e que, se ficasse realmente sozinho uma hora por dia, ficaria louco e melancólico. Se você não pode suportar-se por algum tempo, pode ter certeza de que seu quarto está cheio de animais – você desenvolve um cheiro ruim. E ainda assim exige que seu próximo ame você. É como se nos fosse servido um jantar tão ruim que não pudéssemos comê-lo, e então dizemos a um amigo ou a nossa mãe ou a nosso pai: "Coma-o, amo você, está muito ruim". Mas não, nós lhe dizemos que está muito bom, enganamos as pessoas.

Vejam, aquele que não é capaz de se amar é indigno de amar outras pessoas, e as pessoas o rejeitam. E estão totalmente certas. É muito difícil amarmos a nós mesmos, como é muito difícil realmente amar os outros. Mas, na medida em que podemos nos amar, podemos amar os outros; a prova é se você pode se amar, se você pode suportar a si mesmo. Isso é extremamente difícil; não há refeição pior do que nossa própria carne. Tente comê-la de um modo ritual, tente celebrar a comunhão consigo mesmo, coma sua própria carne e beba seu próprio sangue – sinta o sabor. Você vai se maravilhar. Então verá o que você é para seus amigos e parentes; tão ruim quanto parece para você mesmo, assim também é para eles. Claro, eles estão de olhos vendados, cristãos tardios, por isso podem não ver o veneno que comem ao amar você; mas, se você sabe disso, pode entender o quanto é importante ficar sozinho às vezes. É o único modo de estabelecer relações decentes com outras pessoas. Caso contrário, é sempre uma questão não de dar ou tomar, mas de roubar.

> Com o olhar do gatuno olha para tudo que brilha; com a avidez da fome mede aquele que tem bastante de comer; e sempre se avizinha furtivamente da mesa dos que dão.

Essa é a sociedade dos sacos vazios.

> O que fala através dessa cobiça é doença, e invisível degeneração; a gatuna avidez desse egoísmo fala de um corpo enfermo.

O que dizer desse "corpo enfermo"? Não seria muito melhor dizer "de uma alma vazia"? Vocês sabem, para o cristão tardio podemos transmitir a ideia de que se deveria estar interessado em si mesmo à maneira, digamos, de um professor ou de um médico. Eles entendem que precisamos de alguma educação da alma, de algum cuidado amoroso por nosso próprio bem-estar espiritual, desde que o corpo esteja excluído. A coisa que as pessoas mais temem não é tanto a alma, que para elas é praticamente inexistente, mas o corpo. Isso é o que elas não querem ver, o animal ou mau espírito que está esperando para lhes dizer algo quando elas estiverem sozinhas. Isso é extremamente desagradável. Assim mesmo se elas concordam que poderíamos ser um pouco mais cuidadosos com nós mesmos, é só com a garantia de que o corpo seja excluído, e nada tem a ver com ele. O corpo é a escuridão, e coisas muito perigosas podem ser evocadas. É melhor tocar o piano para não ouvir o que o corpo diz. Portanto Zaratustra está totalmente certo: não é só uma alma doente, mas é realmente um corpo doente.

> Dizei-me, irmãos: o que é para nós ruim e pior que tudo? Não é a *degeneração*? – E sempre intuímos degeneração ali onde falta a alma dadivosa.

Como vocês sabem, falava-se muito em degeneração na época de Nietzsche. Houve um famoso livro francês sobre a degeneração (escrito por um judeu com um nome alemão do qual não consigo me lembrar neste momento), que foi uma grande coisa nos anos [18]80, e a palavra *degeneration* se tornou um *slogan*[18]. Pois bem, o significado de *degeneration* é que o desenvolvimento se desvia do padrão original. Um tigre degenerado seria um tigre que se desenvolvesse como um vegetariano, ou um macaco degenerado seria aquele especializado em salsichas – peculiaridades assim. Pássaros cantores às vezes mostram sinais de degeneração; pintarroxos ou mesmo melros na vizinhança de estradas de ferro começam a perder sua própria melodia e a imitar o apito da máquina, ou talvez aprendam melodias humanas; na guerra, pássaros que viviam perto das trincheiras foram vistos começando a imitar o ruído das balas. *Genus* – gênero – significa o tipo ao qual pertencemos, e se nos desviamos do padrão que constitui esse *genus*, sofremos de degeneração.

Nietzsche usa essa palavra, claro, em um sentido muito mais amplo. Ele se refere a um desvio do padrão que está no homem, e isso é o si-mesmo; essa é a condição ou o padrão ou a forma individual que pode ser realizada segundo seu significado. Ou podemos nos desviar dele. Se você realiza o padrão que é peculiar a você mesmo, você se ama, acumulou e tem abundância; você então dá virtude, porque tem brilho. Você irradia; de sua abundância, alguma coisa transborda. Mas

---

18. Jung devia ter em mente a obra *Entartung* de Max Simon Nordau, tão popular que quase imediatamente foi traduzido como *Degeneration* (Londres, 1920). Nesse livro, Nordau (cujo nome era originalmente Max Simon Sudfeld) caracterizou Nietzsche como um sádico imaginativo.

se você se odeia e se despreza – se não aceitou seu padrão –, então há animais famintos (gatos à espreita e outras feras e vermes) em sua constituição que se aproximam de seus vizinhos como moscas para satisfazer os apetites que você fracassou em satisfazer. Por isso Nietzsche diz às pessoas que não realizaram o padrão individual delas que a alma dadivosa está ausente. Não há irradiação, nenhum calor verdadeiro; há fome e roubo secreto.

> Por cima vai nosso caminho, além da espécie, rumo à superespécie. Mas um horror, para nós, é o senso degenerante, que diz: "Tudo para mim".

Vejam, esse senso degenerante que diz "tudo para mim" é destino não cumprido. É alguém que não viveu a si próprio, que não se deu o que precisava, que não trabalhou pela realização do padrão que lhe tinha sido dado quando nasceu, pois essa coisa é o *genus* da pessoa, deve ser realizado, e na medida em que não é, há essa fome que diz "tudo para mim". Isso não é amor a si, mas simplesmente uma fome que exige para si, e a pessoa não sacia a exigência; rouba-a, toma-a dos outros, espera-a como uma espécie de presente dos outros, pensa que é dever deles dá-la. Nossa doutrina cristã tardia tem sido assim. Ame seu próximo como Cristo ama você, e se você está oprimido por pecados e todo tipo de problemas mentais ou morais, coma o corpo dele e estará curado; coma Cristo na forma da comunhão e você estará purificado, alimentado e preenchido. As pessoas são educadas dessa forma. Se você tem problemas, lance-os sobre Cristo, como se Ele fosse o animal que carrega nossos fardos, um bode expiatório de nossos pecados; e se você tem fome, coma-o. Ele o alimentará. Vejam, assim nos ensinam uma eterna infância, em que a comida está sempre pronta; vem da mãe Igreja, que evidentemente tem um suprimento eterno de alimento na hóstia e no vinho. Se seguirmos exclusivamente uma doutrina como essa, nos acostumamos a ter as coisas mais importantes pré-fabricadas para nós; só temos de ir à igreja e pegar. Se alguma coisa for difícil demais de carregar, se fizemos alguma coisa em que não suportamos pensar, simplesmente a colocamos nas costas de Cristo, e Ele a levará embora. Ele a removerá.

A prática católica da condição e do arrependimento e da absolvição é precisamente isso: você se arrepende e então fala a respeito e recebe a absolvição. É lavado de seu pecado, então pode cometê-lo de novo – é um quadro limpo, de modo que pode escrever nele mais uma vez. Essa é a razão pela qual a Reforma acabou com a confissão – de certo modo felizmente, de outro, infelizmente –, pois as pessoas não podem se livrar de seus pecados. E essa é a razão *entre autres* para o sucesso do Movimento de Oxford, em que podemos entregar nosso pecado a outras pessoas e elas o levam embora. Mas isso é ruim. O protestante deve ficar a sós com seu pecado. Ele pode confessá-lo, mas sabe que isso não lhe traz absolvição; mesmo se ele confessá-lo dez mil vezes, só pode familiarizar-se com o fato de que não deveria jamais perder de vista o que fez. Isso é bom para ele. Ele deveria chegar a um nível em que pudesse dizer: "Sim, fiz isso e devo me amaldiçoar por isso". Mas não posso ser gentil com um homem que me ofendeu se não sou gentil comigo mesmo. Devo concordar com meu irmão, pois meu pior irmão sou eu mesmo. Por isso tenho de ser paciente, e tenho de ser muito cristão *dentro*. Se realizar meu padrão, então posso até mesmo aceitar minha pecaminosidade e posso dizer: "É ruim demais, mas é assim – tenho de concordar com isso". E assim estou preenchido, então o ouro começa a brilhar. Vejam, as pessoas que podem concordar consigo mesmas são como ouro. O sabor delas é muito bom. Todas as moscas a perseguem.

Palestra III
5 de fevereiro de 1936

Prof. Jung: Estávamos falando, na última vez, da ideia da degeneração. Pois bem, Nietzsche continua:

> Para cima voa nosso senso, assim é ele um símbolo do nosso corpo, o símbolo de uma elevação. Os símbolos de tais elevações são os nomes das virtudes.
>
> Assim o corpo atravessa a história, vindo a ser e lutando. E o espírito – o que é ele para o corpo? Arauto, companheiro e eco de suas lutas e vitórias.
>
> Símbolos são todos os nomes do bem e do mal: não enunciam, apenas acenam. É tolo quem deles espera o saber!
>
> Atentai, irmãos, para cada momento em que vosso espírito quer falar por símbolos: aí está a origem da vossa virtude.
>
> Elevado está aí vosso corpo, e ressuscitado; com seu enlevo arrebata o espírito, para que se torne criador, e avaliador, e amante e de tudo benfeitor.
>
> Quando o vosso coração transborda, largo e pleno como um rio, bênção e perigo para os habitantes das margens: aí está a origem da vossa virtude.
>
> Quando vos elevais acima do elogio e da censura, e vossa vontade quer em tudo mandar, como a vontade de um amante: aí está a origem da vossa virtude.
>
> Quando desprezais o agradável e o leito mole, e não podeis deitar-vos longe o bastante dos molengas: aí está a origem da vossa virtude.
>
> Quando quereis com um só querer, e essa transmutação de toda necessidade se chama necessidade para vós: aí está a origem da vossa virtude.
>
> Em verdade, ela é um novo bem e mal! Em verdade, é um novo, profundo rumor, a voz de uma nova fonte!
>
> Essa nova virtude é poder; é um pensamento dominante e, em torno dele, uma alma sagaz: um sol dourado e, em torno dele, a serpente do conhecimento.

A última parte desse capítulo é realmente difícil, mas temos uma pista nesta sentença: "Em verdade, ela é um novo bem e mal! Em verdade, é um novo, profundo rumor, a voz de uma nova fonte". Ao que isso se referiria?

Prof. Reichstein: A um centro impessoal, não à pessoa. Ele diz que é diferente daquele que fala "tudo para mim".

Prof. Jung: Você quer dizer que "tudo para mim" seria a tendência egoísta, e que esta seria uma versão altruísta?

Prof. Reichstein: Ele fala de uma nova fonte.

Prof. Jung: Mas isso pode simplesmente apontar para algo como uma nova fonte que outrora não atuou, uma nova origem.

Sr. Allemann: É uma nova energia, uma nova libido irrompendo do inconsciente.

Prof. Jung: Essa seria a formulação exata. Também poderíamos dizer que a nova forma de energia estava irrompendo de uma região diferente. E sob que condições uma coisa assim acontece?

Sra. Crowley: Quando há uma reconciliação dos dois lados opostos.

Prof. Jung: Sim, uma nova energia não poderia surgir se não tivesse havido um conflito antes, portanto deve ter havido uma oposição em algum lugar, e então subitamente os pares de opostos se reconciliaram, e a energia que estava investida naquela tensão está agora liberada. E qual foi essa oposição?

Prof. Reichstein: A bola de ouro com a serpente ao seu redor, significando o si-mesmo e a coletividade?

Prof. Jung: Esse é o simbolismo. Mas ao longo desse capítulo temos alusões a um dilema particular.

Sra. Frost: É a oposição entre a *Seele* que quer *ich will*, e a que diz: "Faça isto!"?

Prof. Jung: Sim, mas isso é dito aqui em demasiadas palavras.

Srta. Hannah: O corpo e o espírito.

Prof. Jung: Exatamente. Ele diz: "E o espírito – o que é ele para o corpo?" Portanto temos o ponto de vista do espírito e o ponto de vista físico ou corporal. Pois bem, espírito e corpo estiveram por muito tempo em oposição, como vocês sabem, mas aparentemente Nietzsche aqui encontrou uma reconciliação dos dois. Onde isso está indicado nesse capítulo?

Sra. Crowley: Não é na ideia do símbolo?

Prof. Jung: Sim. Ele diz: "Símbolos são todos os nomes do bem e do mal: não enunciam, apenas acenam. É tolo quem deles espera o saber". Portanto esses símbolos de fato não dão nada, não dão nenhum conhecimento em si mesmos, mas há outra resposta aqui, nas palavras de Zaratustra.

Srta. Hannah: Não seria: "Atentai, irmãos, para cada momento em que vosso espírito quer falar por símbolos"?

Prof. Jung: Exatamente. Ou seja, o símbolo em si mesmo não é uma fonte de conhecimento ou de compreensão. As palavras não significam nada, são meras palavras. O que importa é a hora na qual o espírito fala por símbolos. Em outras palavras, quando o espírito fala por símbolos, então uma nova fonte de energia se abriu, e então, como o fruto ou o resultado de uma determinada condição psicológica, os símbolos têm sentido. Não são os símbolos em si, pois, que têm sentido, mas que eles de fato ocorram; que a pessoa fale por parábolas é importante, pois isso é um sintoma de algo que tenha ocorrido. Pois bem, sob quais condições particulares falaríamos por símbolos?

Sra. Crowley: Em uma condição criativa. Parece-me que o símbolo é a coisa que emerge de uma revelação, e o fato é a coisa absolutamente abstrata, em grande parte um conceito. Assim, esse processo criativo que ocorre em símbolos é um tipo de forma reveladora; nada afirma, mas nos permite perceber.

Prof. Jung: Sim, falamos mediante símbolos ou analogias, por exemplo, quando incapazes de exprimir algo em linguagem clara, abstrata. Essa é uma condição, mas não exatamente a condição que Nietzsche tem em vista.

Sr. Allemann: Não seria um estado de *ekstasis*, exaltação?

Prof. Jung: Sim, em uma condição extática – como a Sra. Crowley disse, no estado de revelação –, ou seja, quando algo que antes não era conhecido ou compreendido lhe é revelado. Então, incapazes de exprimir a coisa totalmente pelas palavras que lhe são dadas, ele acrescentará uma longa série de analogias. Um exemplo excelente é o Sermão da Montanha, todos aqueles símbolos do reino dos céus. Vejam, a ideia do reino dos céus foi uma grande revelação, um símbolo reconciliador, a união dos opostos. E quando Cristo tenta transmitir essa revelação a seus companheiros, usa essa série de célebres analogias do reino dos céus, para caracterizar a essência daquela ideia peculiar que não pode ser expressa por uma palavra. Pois o que é o reino dos céus? Em que consiste o reino dos céus? É difícil dizer; e ainda hoje, se perguntarmos a pessoas diferentes sobre essa noção, elas não entrarão em acordo, nem mesmo os teólogos. Um dirá que deve ser encontrado entre os seres humanos, e outro, mais fiel à tradição, dirá que está dentro de nós, no nosso coração, por exemplo. Mas se um homem não tem ouvidos do coração ou da mente, não o capta, e então devemos usar várias outras analogias para transmitir a ideia. Por isso Nietzsche considera os símbolos, na medida em que são meros nomes do bem e do mal, como meras palavras, mas palavras que são sintomáticas de uma condição extática: ou seja, uma condição na qual o ser humano comum é subitamente tomado por conteúdos inconscientes e levado a falar. Ele produzirá símbolos como meros sintomas de um conteúdo inconsciente, e então eles têm seu valor. Assim, ele continua logicamente: "Elevado está aí vosso corpo, e ressuscitado; com seu enlevo arrebata o espírito, para que se torne criador, e avaliador, e amante e de tudo benfeitor". Isso significa que, a partir do inconsciente, que se localiza no corpo, flui a revelação e causa símbolos; a pessoa se torna criativa, cria símbolos, e assim transmite esse estado de graça, essa torrente de iluminação ou o que quer que seja, para seus companheiros. Torna-se benfeitora de tudo porque é então a fonte de uma nova vida, de uma nova energia. Pois bem, é interessante que Nietzsche diga que "elevado está aí vosso corpo"; todo mundo diria que é o espírito. Por que isso ocorre?

Prof. Reichstein: Porque ele se identifica com Zaratustra.

Prof. Jung: Mas então ele diria "elevado está aí o espírito", pois Zaratustra é o espírito *par excellence*; ele não é humano.

Sra. Crowley: Não seria porque o corpo é elevado quando tenha recebido essa revelação ou essa palavra?

Prof. Jung: Por que então em outros casos as pessoas sempre dizem "o espírito"?

Sra. Crowley: Não está apenas fazendo essa distinção? Quando é inconsciente, é o espírito, mas quando se torna consciente, esse inconsciente é então incorporado ao corpo.

Prof. Jung: É verdade, mas geralmente as pessoas não falam na elevação do corpo.

Sr. Allemann: Em um êxtase, parece como se o corpo fosse elevado: os santos aparentemente eram erguidos.

Prof. Jung: Sim, esse é um fenômeno peculiar que é relatado por São Francisco, por exemplo; em certos momentos, quando estavam rezando diante do altar, eles eram erguidos e mantidos suspensos no ar em uma espécie de manifestação exterior do *ekstasis*. Mas, no entendimento cristão, eles eram erguidos no espírito. Que o corpo físico pareça ter sido elevado, de certo modo confirma o que Nietzsche diz, mas nenhum santo dizia isso. Eles diziam que o espírito tinha sido elevado.

Sra. Jung: Não é que o corpo *precisa* de elevação?

Prof. Jung: Sim, essa é uma peculiaridade no caso de Nietzsche, que tem a ver com o tipo dele. Ele é predominantemente um tipo intuitivo com uma completa negligência do corpo; por isso seu corpo sempre sofreu com enfermidades físicas. Metade das doenças psicogênicas ocorre por conta de excesso de intuição, pois a intuição tem essa qualidade peculiar de tirar as pessoas de sua realidade ordinária. Os intuitivos estão sempre à frente de si mesmos, nunca totalmente no aqui e agora, pois ficam farejando possibilidades que estão por vir no futuro. O corpo é o aqui e agora *par excellence*, uma prisão na qual estamos aqui e agora; mas a intuição é essa faculdade que remove a pessoa do aqui e agora no espaço e no tempo.

Assim, como uma compensação, o corpo está sempre reagindo contra pessoas morbidamente intuitivas, que sofrem de todo tipo de enfermidades, particularmente de perturbações no abdômen e no estômago, úlceras no estômago ou no períneo, por exemplo; é como se o sistema nervoso simpático, particularmente o sistema nervoso vegetativo e o trato digestivo, estivessem produzindo espasmos. Podem ser demonstrados muitos casos desse tipo, que têm a intenção de chamar a atenção do indivíduo para a realidade do corpo. É quase perigoso ter tanta intuição; tais pessoas esquecem inteiramente que estão no aqui e agora, e não em outro país no maravilhoso futuro.

Esse é exatamente o caso de Nietzsche, por isso ele está sempre em desacordo com seu corpo; lidamos com isso em conexão com o equilibrista e em várias outras ocasiões. Por isso, quando ele tenta descrever um verdadeiro *ekstasis*, naturalmente coloca um peso particular no corpo, pois percebe aqui que não é o espírito, no seu caso, que dá a revelação. Para um intuitivo-intelectual, a fonte da revelação é o corpo; o inconsciente é então sobrecarregado com o corpo porque a mente e a intuição não cuidam dele. Como Nietzsche está totalmente identificado com Zaratustra, que é um ser pneumático, um sopro, naturalmente ele está sempre no ar, acima de seu corpo, e lá ele nada tem para comer senão sopro e ar. Assim, qualquer coisa de substancial que venha a ele deve vir do corpo, porque o inconsciente está identificado com o corpo. Claro que não é assim com um tipo de sensação, cuja mente e consciência estão muito no aqui e agora; num caso desses, vocês ouviriam que a revelação vem de cima, do espírito. Pois bem, na medida em que toda a época está demasiado hipnotizada ou fascinada pelo corpo, vocês naturalmente aprenderão que o espírito sempre vem de cima, a partir do ar. É uma luz que vem do céu, ou é um vento, e a revelação tem lugar a partir do sopro.

Srta. Wolff: Penso que a tradução não está muito boa aqui; *auferstanden* significa literalmente ressuscitado, e isso pode ser uma referência sutil a Cristo, pois Cristo foi elevado na cruz e então ressuscitado. Assim, talvez pudéssemos dizer que isso pode ser não apenas um problema da época de Nietzsche, mas um problema de toda a atitude cristã, que é uma atitude intuitiva.

Prof. Jung: Bem, isso é exatamente o que eu disse, que era um ensinamento cristão praticamente; que a revelação venha do espírito – e não do corpo – é um ensinamento que data da Antiguidade, por isso coincide com o espírito da doutrina cristã. Portanto Nietzsche é capaz de exprimir toda sua psicologia pessoal mediante alguma coisa que é geral, coletiva e tradicional. Pois bem, o interessante é que, quando uma revelação ocorre no reino do espírito, o espírito é ressuscitado ou curado, pois está então funcionando; e quando ocorre do lado do corpo, então este é ressuscitado e trazido de volta à vida. E assim, é claro, para

Nietzsche, como o intuitivo, ou para o bom cristão que ele representa, o funcionamento do corpo é uma verdadeira revelação. Que o corpo é o aqui e agora se compreendido adequadamente, é para o intuitivo uma verdadeira revelação; e, na medida em que o espírito da doutrina cristã é pensamento e intuição e identificado com o ar, é uma verdadeira revelação que exista um aqui e agora, e que ele contenha espírito, contenha vida, que seja algo que realmente funciona. Para o intuitivo, o aqui e agora é nada mais do que a desolação de uma prisão, e esse é, claro, exatamente o velho ensinamento cristão – que nosso corpo é a prisão da alma, que o aqui e agora é um vale de miséria e humilhação, e que estamos aqui em uma prisão na qual apenas sofremos, na qual não somos livres, e só alcançamos nossa existência em uma vida futura.

Sra. Frost: Nietzsche, em todos esses versos, não estaria sugerindo uma nova síntese? Até então, só havia o espírito, e aqui ele quer dizer que o corpo deveria se juntar ao espírito nessa nova síntese.

Prof. Jung: Justamente, essa é a grande revelação, a união dos pares de opostos, espírito e corpo. Ele provoca essa união por uma depreciação do espírito à maneira nominalista. O cristão diria que o espírito é o Logos, a palavra, e que é repleto de vida e revelação. Mas Nietzsche descobre e nos diz que o espírito é Logos, mas também que isso significa que é *nada mais do que* a palavra, e, nessa medida, o espírito é ar. Claro, poderíamos argumentar que essa é uma definição muito unilateral do conceito do espírito, e isso é exatamente o que *eu* diria; o significado tradicional de *spiritus*, Logos, é certamente uma ideia muito unilateral. O significado original da palavra *Geist* em alemão aponta para algo distinto da palavra latina *spiritus*, que é definitivamente um sopro de ar, assim como a palavra grega *pneuma* é apenas o vento, e assumiu o significado espiritual somente sob a influência do cristianismo; nos textos gregos contemporâneos, a palavra *pneuma* não significa espírito, mas sim vento ou ar. Portanto a concepção latina e grega, ou a palavra *espírito*, que nós usamos, significa definitivamente ar, enquanto *Geist* não. A palavra *Geist*, como expliquei várias vezes, tem a ver com algo dinâmico; é uma irrupção, uma nova manifestação, como a espuma que sai de uma garrafa de espumante. É a substância volátil contida no vinho, por exemplo, *Weingeist*; e *spiritus vini* é álcool, o espírito voltando do ar. *Geist* originalmente não tinha o significado de ar, sendo uma palavra que exprime um procedimento dinâmico, uma explosão de alguma coisa. No Novo Testamento, a descida do Espírito Santo na forma de línguas de fogo ou de um vento poderoso é a *dynamis* do espírito; quando ele aparece em um vento ou em uma tempestade, temos a qualidade dinâmica, mas ele perdeu essa qualidade, assim como a palavra alemã *Geist* perdeu esse significado, em grande medida. Ele talvez exista ainda no conceito de *Geistreich*, que significa que a pessoa está cheia de vitalidade, que a pessoa produz, que ela é brilhante;

então dizemos *Er hat Geist** ou *Geistreich*, mas isso é fraco. Assim, como veem, a concepção dinâmica original de *Geist* realmente desapareceu.

Sra. Jung: Acho que a palavra *Gischt* tem essa qualidade dinâmica.

Prof. Jung: Sim, a espuma produzida por uma cachoeira ou pelas ondas do mar é chamada de *Gischt*, e essa é a mesma palavra.

Sra. Baumann: A palavra inglesa *geyser* não vem daí?

Prof. Jung: Um gêiser é uma erupção de água quente; essa palavra tem provavelmente a mesma origem, mas não tenho certeza. É nórdica, vem de uma raiz escandinava[19]**.

Sra. Sigg: Penso que a proeza heroica de Nietzsche, que tenha escrito a primeira parte do *Zaratustra*, foi uma *Rehabilitierung* [reabilitação; em alemão no original (N.T.)] desse *Geist*.

Prof. Jung: Sim, o *Zaratustra* como um todo é uma tremenda explosão, seu *élan* e entusiasmo é *Geist*, mas em sua forma original. Ele [Nietzsche] foi subjugado, a vítima dessa explosão dinâmica. Como os discípulos no Pentecostes; quando saíram às ruas, as pessoas pensaram que eles estavam bêbados, mas eles estavam subjugados pela *dynamis* do espírito (Ef 5,18)***. Nossa ideia do espírito se tornou bem capenga; no cristianismo tardio, é capenga e abstrata. Pois bem, como vocês veem, ele sente nesse fenômeno que o corpo e o que se chamava de "espírito" se juntaram em uma revelação que de fato, para ele, vem do corpo. Assim, é uma espécie de redenção do corpo, algo que faltava ao cristianismo, em que o corpo, o aqui e agora, sempre foi depreciado. Poderíamos dizer que, no momento em que Nietzsche escreve essas palavras com sua intuição e todo seu mundo de pensamentos, ele sente que está acorrendo ao aqui e agora, e isso é uma revelação. Então as duas coisas se juntaram, e ele sente isso como portentoso. Por exemplo, ele diz: "Em verdade, ela é um novo bem e mal! Em verdade, é um novo, profundo rumor, a voz de uma nova fonte!" *Ein neues tiefes Rauschen* é traduzido por "*deep murmuring*"****, mas isso não é muito descritivo do verdadeiro som produzido por um rio subterrâneo correndo pelas pedras, de maneira que ouvimos um ruído como que de trovão nas profundezas. Essa sentença aponta para algo que está ainda abaixo do presente momento; é o futuro, e Nietzsche sente que ouviu algo

---

* *Er hat Geist*: ele tem espírito; *Geistreich*: "espirituoso" [N.T.].

19. *Geysir* (islandês): efusão, do nórdico antigo *geysa*, "acorrer".

** Gêiser, explica a Wikipedia, é uma "nascente termal que entra em erupção periodicamente, lançando uma coluna de água quente e vapor de água. A palavra 'gêiser' provém de *Geysir*, nome de uma nascente eruptiva em Haukadalur, na Islândia; esse nome deriva, por sua vez, do verbo *gjósa*, 'jorrar'" [N.T.].

*** Jung, na verdade, alude aqui a At 2,13 [N.T.].

**** "*deep murmuring*" "profundo murmúrio", na versão inglesa utilizada por Jung [N.T.].

do futuro. Assim, o que ele sente como um novo manancial que emerge do chão é uma espécie de sintoma, uma antecipação de algo muito grande que está por vir.

Sra. Frost: *Rumbling* [estrondo] seria a palavra adequada, que é algo que vem de baixo.

Prof. Jung: Você falaria em estrondo de um rio?

Sra. Baumann: *Roaring* [rugido]?

Prof. Jung: Quando há pedras ali, no fundo de um grande desfiladeiro, ouvimos um rugido trovejante, como as águas estrondosas do Niágara.

Pois bem, o trecho de que tratamos começava com a ideia da degeneração, e vocês se lembram que eu a expliquei como uma espécie de desvio do *genus*, o tipo particular ao qual o indivíduo pertence. Quando a pessoa se desviou da lei do *genus*, é como se tivesse abandonado o centro do fluxo da vida, em que a corrente é a mais rápida, e gradualmente vagou para a margem, encalhando e se imobilizando. Mas, de fora da vida, a pessoa pode observar e ver como o rio passa, mas já não se move nem vive, pois o processo efetivo de viver é uma mudança perpétua, uma mudança dia a dia, hora a hora. Por algum tempo podemos observar isso à distância, mas a vida cada vez mais nos escapa, e sentimos isso cada vez mais como uma perda; e no fim sentiremos que a vida está realmente nos abandonando, que estamos morrendo. A degeneração leva, portanto, em certa medida, à morte. Mas, assim que a falta de vida é sentida, o inconsciente, sendo o equilíbrio ou a compensação, busca reestabelecer a condição anterior, portanto se inicia uma busca inconsciente pela corrente principal. Então, no momento em que a pessoa entra na corrente, está também no meio do fluxo, na posição média em que direita e esquerda se reúnem, pois nesse ato de energia cinética está o que unifica os pares de opostos; os opostos se reúnem na corrente. A pessoa está então se movendo, e esse é um momento como Nietzsche descreve aqui. Ele sente que o manancial surgiu, que o rio está fluindo; ele é erguido e levado pela corrente. Por isso ele sente-se renovado; seu espírito tinha se divorciado do corpo, e agora ele o encontrou de novo. Está se movendo com o rio da vida.

Esse é um fenômeno intenso, dinâmico, e no caso de Nietzsche, é claro, uma ocorrência individual, mas, como eu disse, é também um fenômeno coletivo. Em sua origem, só um indivíduo percebeu isso claramente, mas ao mesmo tempo que esse indivíduo percebe que é erguido, ele também escuta o estrondo subterrâneo e o rugido de um fluxo muito mais poderoso, que é maior do que seu manancial individual. É desse fluxo que seu manancial individual veio. Esse é um fenômeno coletivo, que ainda está no inconsciente, não visível na superfície, mas veremos nos capítulos subsequentes que ele o sente muito, como a coisa que será no futuro; no futuro, muitas pessoas vão se deparar de novo com a corrente, e então ela talvez seja um rio muito poderoso, que se moverá irresistivelmente e arrastará tudo o que estiver em seu caminho. Assinalo isso em particular porque se refere ao que está acontecendo em nossos dias; estamos testemunhando, sob muitos aspectos diferentes, o começo de uma nova época e de um novo espírito, que pessoas mais velhas têm muita dificuldade de entender. Estamos cindidos, incertos sobre o significado de nossos tempos modernos, observamos muitos fenômenos bastante peculiares a nosso redor e não sabemos como avaliá-los. Por exemplo, esse fato de se abandonar o padrão ouro é um dos mais notáveis de todos os tempos. Que as nações possam quebrar sua palavra, conhecíamos antes, mas que o façam tão facilmente é notável, quando é tão evidente que a Inglaterra e os Estados Unidos se orgulham de serem muito morais e cristãos. É simplesmente como se eu estivesse devendo cem francos a um homem e dissesse: "Aqui está, pago cinquenta, isso é o que devo a você". Então o homem diz: "Não, você me deve cem". Mas eu digo que isso não importa, é pegar ou largar; tenho o poder de enganar as pessoas e faço uso desse poder. E sem me ruborizar! Ninguém sente nada particularmente errado a respeito – é tudo para a melhoria de nossa própria nação. O que a Igreja disse a respeito? Nada. Ninguém se ruborizou por isso.

Sra. Frost: Mas você disse que Deus também devia ser mau!

Srta. Hughes: Você não tem a parábola do intendente injusto?

Prof. Jung: Exato, exato, e isso eu chamo de novo espírito. Mas digo que se as Igrejas acreditam em seus próprios valores, elas deveriam ter dito uma palavra a respeito disso. Mas não o fizeram, ninguém ousou abrir a boca, e isso é uma coisa espantosa, embora essas mesmas nações tenham muito a dizer sobre a moralidade do procedimento quando os alemães fazem algo parecido, e todos abrimos nossas bocas quando os russos mataram um milhão de burgueses. Mas a diferença é tênue, um pouco mais ou menos. Pois bem, isso é definitivamente algo bastante novo. E quero mencionar o fato interessante de que a Alemanha tem ao menos o grande mérito de ter formulado esse novo espírito. Eles dizem que isso é o velho Wotan, dizem que se tornaram pagãos. E quando invadiram a Bélgica, disseram "sim, violamos o tratado; sim, *é cruel*". Isso é o que Bethmann-Hollweg sempre disse. "Nós *quebramos* nossa palavra", ele confessou[20]. E depois disse o quão cínico ele tinha sido, e que os alemães eram apenas pagãos, de todo modo. Mas eles simplesmente admitem o que os outros pensam e fazem. Portanto, aprendamos com isso. Façam, mas nunca digam, então vocês são sábios. Fiquem com o Arcebispo de Canterbury, e então isso é uma medida econômica; cortem a garganta

---

20. Theodore von Bethmann-Hollweg (1856-1921) se tornou o chanceler do Reich em 1900 e, apesar de muitos erros diplomáticos, permaneceu no cargo até 1917. Famoso sobretudo por rechaçar como um mero "pedaço de papel" o tratado que garantia a neutralidade da Bélgica, ele disse ao Reichstag, em 1914, que a Alemanha tinha sido injusta com a Bélgica.

de alguém e chamem isso de uma medida econômica. Acreditem na Igreja de vocês e então está tudo bem. Vejam, os alemães são movidos por esse novo e estranho espírito que não é bom, e são os maiores tolos por dizerem isso. Mas, para nós, é interessante que devo dizer que sou muito grato aos alemães por seu movimento pagão, à frente do qual está meu amigo, o Professor Hauer, que nos ensinou a ioga tântrica, e que se tornou agora um salvador dos tolos. E alguns deles são realmente tão agradáveis e honestos; que eles o chamem de Wotan significa, é claro, que estão em uma espécie de estado onírico, em que não podem evitar dizer a verdade. Wotan[21] é o que interessa. Um suíço, Martin Ninck, recentemente escreveu um livro muito interessante, chamado *Wodan und Germanischer Schicksalsglaube*[22], no qual reuniu todo o material sobre Wotan como evidência de que este é a personificação do espírito que se move por trás de Hitler. Wotan é o ruído na floresta, as águas correntes, aquele que causa catástrofes naturais e guerras entre os seres humanos. Ele é o grande feiticeiro. Muito corretamente, os romanos o identificavam com Mercúrio – claro, não como o deus dos comerciantes, mas dos feiticeiros, das pessoas que vão pelas trevas, que são de algum modo sub-reptícias, que são movidas por propósitos obscuros; e ele é também o psicopompo, o condutor das almas, aquele que leva as almas para a terra dos espíritos, o deus da revelação. Por isso podemos dizer que ele é muito similar ao Dionísio trácio, o deus do entusiasmo orgiástico. O velho Wotan está agora no centro da Europa; podemos ver todos os sintomas psicológicos que ele personifica, inclusive seu caráter romântico de feiticeiro, o deus dos mistérios – tudo isso está vivo de novo. Na medida em que a mentalidade alemã abarca a Europa – e a abarca, como vocês sabem, dos Urais à Espanha –, vemos a religião perturbada; no mais católico de todos os países, a Espanha, a Igreja está completamente derrotada. E isso é o velho Wotan, não poderíamos dar-lhe nome melhor, o vento veio e despedaçou as coisas. O fascismo na Itália é o velho Wotan de novo; é sangue alemão correndo por lá, sem nenhum vestígio dos romanos; eles são lombardos, e têm esse espírito alemão. Claro, a Suíça ainda é uma pequena exceção, vocês sabem! Oh, nós aderimos, mas não somos tão tolos para dizê-lo.

Prof. Fierz: Gostaria de assinalar que um dos primeiros atos do Rei Eduardo VIII foi receber Litvinov, um dos assassinos de seu primo. Se o pobre czar pudesse se revirar no túmulo, faria isso, mas não houve temor algum disso, porque ele foi

---

21. J. W. Hauer deu as palestras sobre a ioga Kundalini no outono de 1932, às quais Jung acrescentou um comentário psicológico. Cf. 6 de junho de 1934, n. 81. Hauer já se havia então identificado com os nazistas.

22. Ou seja, *Wotan e a crença alemã no destino*. Sua obra foi publicada em 1935.

queimado e enterrado em um poço. Não poderia se revirar, por isso o Rei Eduardo não precisou ter medo algum[23].

Prof. Jung: Sim, essa é uma medida econômica como aquelas que os italianos adotam na Abissínia. Pois bem, depois dessa revelação:

> Nesse ponto, Zaratustra silenciou por um momento [...].

Posso compreendê-lo!

> [...] e olhou para seus discípulos com amor. Então continuou falando – e sua voz estava mudada:

Teria mudado!

> Permanecei fiéis à terra, irmãos, com o poder da vossa virtude! Que vosso amor dadivoso e vosso conhecimento sirvam ao sentido da terra! Assim vos peço e imploro.
>
> Não os deixeis voar para longe do que é terreno e bater com as asas nas paredes eternas! Oh, sempre houve tanta virtude extraviada!
>
> Trazei, como eu, a virtude extraviada de volta para a terra – sim, de volta ao corpo e à vida: para que dê à terra seu sentido – um sentido humano!
>
> Uma centena de vezes, até agora, extraviaram-se e enganaram-se tanto o espírito como a virtude. Ah, em nosso corpo ainda vive todo esse delírio e engano: aí tornou-se ele corpo e vontade.
>
> Uma centena de vezes, até agora, extraviaram-se e enganaram-se tanto o espírito como a virtude. Sim, uma tentativa foi o homem. Ah, quanta ignorância e quanto erro se encarnaram em nós!
>
> Não apenas a razão de milênios – também a sua loucura irrompe em nós. É perigoso ser herdeiro.
>
> Ainda lutamos passo a passo contra o gigante acaso, e sobre toda a humanidade reinou até agora o absurdo, o sem-sentido.
>
> Que o vosso espírito e a vossa virtude sirvam ao sentido da terra, irmãos: e que o valor de todas as coisas seja novamente determinado por vós! Por isso deveis ser combatentes! E por isso deveis ser criadores!

---

23. Embora seu pai, o Rei George V, nunca tenha feito isso, Eduardo VIII, pouco depois de assumir o trono, recebeu o embaixador soviético, Maxim Litvinov (1875-1951), e teve uma longa conversa com ele, durante a qual Litvinov explicou por que considerou ter sido necessário matar o Czar Nicolau II, sua mulher Alexandra (neta da Rainha Vitória) e os filhos deles. (Não é, porém, de modo algum claro que ele próprio tenha tido algo a ver com essa execução.) Litvinov contou posteriormente a um repórter que Eduardo "deu a impressão de ser um inglês medíocre que folheia um jornal por dia" (*Time*, 10 de fevereiro de 1936).

Essa parte do capítulo mostra muito claramente o significado da revelação: ou seja, a terra e o corpo deveriam ter valor espiritual – aquele valor que anteriormente tinha sido a prerrogativa exclusiva do espírito. Pois bem, se a terra e o corpo assumem a dignidade da importância espiritual, então sua essência peculiar tem de ser considerada do mesmo modo como anteriormente eram consideradas as exigências e os postulados do espírito; e assim, naturalmente, muito do que tinha estado no ar com o espírito retornará à terra; muitas coisas que eram mantidas em suspenso, que estavam nas asas do espírito, se precipitarão agora na matéria. Vejam, que as pessoas possam se manter em suspenso é a razão pela qual elas preferem viver no espírito; elas podem viver uma vida provisória com relação à terra ou ao corpo; isso pode ocorrer no futuro, mas, por ora, elas estão muito felizes em protelar. É como construir nossa casa sobre um pássaro enorme que nunca se aninha; se nunca chegamos a ser, podemos estar em qualquer lugar. Não estamos no aqui e agora quando vivemos no espírito, por isso podemos protelar nossos problemas. Mas no momento em que o aqui e agora começa a sofrer, quando o corpo individual sofre, ou as circunstâncias políticas e econômicas se tornam ruins, somos forçados a aterrissar, e assim que o espírito toca a terra somos capturados. É como aquela ideia da gnose, o *nous*, que contempla sua própria face no oceano; ele vê a beleza da terra e a face encantadora daquela mulher, e é capturado, enredado no grande problema do mundo. Se tivesse permanecido o *nous* ou o pneuma, teria se mantido na asa, teria sido como a imagem de Deus que pairava sobre as águas sem nunca tocá-las; mas ele as tocou, e esse foi o início da vida humana, o início do mundo com todo seu sofrimento e sua beleza, seus céus e seus infernos[24]. Claro, o que a gnose representava nesse mito cosmogônico como céu e inferno é o que realmente acontece repetidamente na vida humana. É uma imagem arquetípica.

E o que acontece aqui é realmente o mesmo: o espírito contemplou sua imagem na matéria, tocou a matéria, e foi capturado; e foi um abraço apaixonado, aparentemente um momento de êxtase, e a consequência será que ele é mais uma vez enredado na terra. Isso se expressa também nas circunstâncias de nossa época; se compararmos nossas atuais condições predominantes com aquelas que prevaleciam antes da guerra, veremos a diferença. Já não podemos viajar de um país a outro sem um passaporte, e não temos o dinheiro que tínhamos antes; precisamos levar em conta que há uma diferença monetária, novas leis, e sabe Deus o quê – estamos, pois, simplesmente acorrentados. Nossas possibilidades têm sido tremendamente reduzidas; nosso livre-movimento, de maneiras bas-

---

24. No *Corpus Hermeticum, nous* ou razão, que leva o nome de Poimandres, "ao ver refletida na água essa forma semelhante a ele, que estava aparecendo na natureza, amou-a e desejou habitar ali!" (Doresse, J. *The Secret Books of the Egyptian Gnostics.* Trad. Phillip Mariet. Nova York, 1960, p. 215).

tante comuns, tem sido tremendamente cerceado. Tudo isso é somente uma expressão ou um sintoma do que aconteceu: que de certo modo estamos na prisão da terra. O homem desceu à terra mais uma vez. Todo mundo fala em reduzir e simplificar, viver uma vida mais natural e simples, e isso significa se aproximar da terra. Anteriormente, podíamos nos dar ao luxo de sobrevoar, mas agora temos de permanecer junto à terra, e somos muito dolorosamente lembrados da realidade do aqui e agora. Isso é simplesmente uma manifestação exterior do fato de que o *nous* uma vez mais desceu dos céus e abraçou a terra, onde foi capturado. Naturalmente, esse abraço parece, a princípio, ser lindo e maravilhoso, mas, se pensarmos nas consequências, já não é tão agradável. E veremos, no fim do *Zaratustra* – se chegarmos até lá –, o que acontece quando ele chega à questão de pagar a conta.

Parece algo ideal e belo: o corpo está sendo deificado, vivemos novamente no aqui e agora, na terra e em sua vizinhança, e somos amigos das coisas próximas. Mas esperem até as coisas próximas chegarem um pouco mais perto e verão se poderemos permanecer amigos delas. É muito duvidoso. Outrora, nada a não ser o acaso dominava o mundo, mas desde que o homem retornou ao seu lar natural na terra, sua mente domina o mundo, e vejam como isso funciona! Mais do que nunca, somos vítimas do mero acaso; nossa política, desde a guerra, tem sido nada mais do que um grande desatino. O homem se comprovou absolutamente inadequado para lidar com a situação. Todo mundo se surpreendeu com o desenvolvimento das coisas. Ninguém previu claramente o que aconteceria. Eles esqueceram tudo sobre o passado e sobre o que pessoas muito hábeis no passado sabiam que aconteceria. Assim, criaram uma situação em que nada mais do que o acaso pode nos safar. Pois bem, Nietzsche pensa que a mente do homem, tendo voltado para casa na terra, lidará com essa chance gigantesca e com o absurdo que dominou a humanidade até então, mas o absurdo é maior do que nunca, a falta de sentido. Essa união do espírito e do corpo, ou do espírito e da terra, forma algo que para o homem jamais terá sentido, pois ele é completamente inadequado. Ele nunca compreenderá o que isso é. Se compreendesse, saberia o que a vida é, e isso é um mistério. E não sabemos qual é o propósito da vida, não sabemos sequer se ela *tem* um propósito: temos bons motivos para acreditar que essa vida é um mero caos sem sentido, porque isto é o que vemos. Pode haver sentido aqui e acolá, e só podemos esperar que haja sentido em geral, mas não sabemos.

A única coisa que parece absolutamente certa é que a principal característica é o acaso, embora determinadas coisas aparentemente obedeçam a leis. Falamos mais em leis do que as obedecemos, e quando a lei não funciona – ela nunca funciona exatamente –, dizemos: "Oh, isso é um mero acaso". Minimizamos o acaso e não admitimos que ele é o senhor. E quando queremos estabelecer uma lei natural, construímos laboratórios e fazemos experimentos muito complicados para excluir o acaso que nos perturba. Assim, quando observamos a vida a céu aberto, por um curto trecho ela [a lei] funciona *mais ou menos*. É melhor que vejamos as coisas como parecem ser. Essa é nossa única realidade e é melhor do que se enfurecer com a não observância das leis, pois elas não funcionam muito claramente; as principais coisas são o caos e o acaso – essa é uma imagem bastante exata do mundo. Falamos tanto em lei e razão porque queremos ter algo disso; é tão difícil ser razoável, tão difícil observar a lei. Por isso falamos nela. Geralmente falamos nas coisas como elas devem ser e odiamos as pessoas que falam nas coisas como elas são; "você *deve*", "você *deveria*", nos dá paz de espírito. Se alguém nos diz como devemos fazer ou dizer uma coisa, então a razão ainda está dominando o mundo. Claro que não funciona; as coisas seguem seu próprio caminho, e somos singularmente impotentes para mudá-las. Nietzsche diz: "e que o valor de todas as coisas seja novamente determinado por vós". Mas quem está determinando as coisas? As pessoas se reconciliaram ao menos quanto ao padrão ouro, por exemplo? Daí Nietzsche dizer: "Por isso deveis ser combatentes". Vejam, isso leva diretamente à guerra e à destruição. "E por isso deveis ser criadores". Sim, quando somos capazes de criar algo.

Sr. Allemann: *Schaffende* não significaria o fazedor, o ativo, em vez de o criador?

Prof. Jung: Bem, *der Schaffende*, na linguagem de Nietzsche, é o criador, e nada pode ser criado sem destruição. Há uma antiga sentença latina que exprime isso de um modo muito interessante: *Creatio unius est corruptio alterius* (A criação de um é a corrupção do outro).

Sra. Crowley: Isso não é expresso também no mito da Fênix?

Prof. Jung: Sim, a Fênix se consome – isso é destruição – e depois volta recriada.

> Sabendo purifica-se o corpo; tentando com saber ele se eleva; para o homem do conhecimento, todos os instintos se tornam sagrados; para o elevado, a alma se torna alegre.

Bem, informemos aos homens do conhecimento que todos os impulsos se tornam sagrados e temos a condição da Europa tal como é hoje. "Para o elevado, a alma se torna alegre." Vejam, quando pares de opostos se reúnem, quando alcançamos novamente a corrente principal, há um manancial de entusiasmo e vida dentro de nós, que compensa em grande medida as dificuldades exteriores que criamos para nós mesmos. Em geral, temos de encarar o destino desse modo – que, em um grau muito maior do que supomos, estamos criando nosso destino. Mesmo as coisas que parecem vir causalmente de outra fonte que não nós mesmos são de um tipo tão habitual que devemos supor que têm relação com as raízes mais profundas de nosso próprio ser. Assim, podemos dizer com segurança tudo o que a pessoa experiencia na vida: "Essa é a *minha* experiência de vida, simplesmente a minha imagem; está espelhando o que eu sou". Vejam, quando algo ruim nos acontece, ainda podemos supor que vem de nossa própria fonte, pois simboliza exatamente o que somos. Por isso, para certas pessoas, sempre acontecem as mesmas coisas; são parte do seu cenário. São como um teatro com seus diferentes palcos, e um deles é tão somente uma série de coisas que habitualmente lhes acontece. Se encararmos as coisas desse modo, também teremos uma chance de talvez encontrar um modo de evitar esse destino habitual. Se isso acontece apenas a partir de fora, sem nenhuma conexão com nosso caráter, não teríamos absolutamente chance nenhuma de mudar qualquer coisa; só poderíamos fugir, e mesmo isso não nos ajudaria, pois fugindo para a próxima esquina cairíamos em uma situação que era habitualmente nossa de novo, apenas pior. Mas, se aceitamos esse fato, de que o destino é realmente criado pelo nosso próprio si-mesmo, estamos na corrente; e então, até mesmo se a situação externa é ruim, pelo menos temos o manancial fluindo dentro. Então podemos dizer: "Para o elevado, a alma se torna alegre", pois, se estamos no rio da vida, somos alegres e somos erguidos pelo rio.

Pois bem, a questão é, de modo evidente: é bom ou ruim estar na corrente da vida? Quero dizer, moralmente. E isso é difícil de dizer. Em regra, é bom para os outros quando não estou no rio da vida, pois então não faço nada. Simplesmente assisto, e isso pode ser melhor para os outros. Mas, se estou de fora, se apenas assisto, isso não é tão bom para mim mesmo. Talvez, às vezes, também seja bom, por certas razões, estar seguro na margem, e não tocar a corrente, e geralmente as pessoas que são espectadoras, que abandonaram a corrente principal, são menos ofensivas, porque estão inativas. Vejam, isso é assim no budismo. Tentam abandonar a corrente da vida porque tudo é ilusão, e assim se tornam inofensivas, e o mal que fazem é meramente por privação – não constroem hospitais, não observam a higiene pública etc. Preocupam-se sobretudo com seu bem-estar espiritual. Por isso, todo o mal que fazem é o mal por privação, a ausência do bem; e isso pode ser melhor do que fazer o bem à maneira dos ativos europeus, porque, para uma pessoa ativa, é mais provável causar dano, mesmo se a intenção era boa. As piores pessoas sempre têm boas intenções. Elas simplesmente são terríveis porque o diabo está por trás de sua conversa, o tempo todo sussurrando: "Agora faça o bem". E por acreditar nisso, elas forçam outras pessoas a fazerem o mesmo, e isso é evidentemente tirânico, com muito instinto de poder envolvido. Assim, poderíamos dizer que, para outras pessoas, a coisa boa para mim seria retirar-me da vida. Mas, para mim mesmo, isso não é bom. Para prosperar, talvez seja melhor estar na vida, embora os outros sofrerão, porque, assim que dou um passo, esmago um besouro na rua; se como uma fatia de pão, ninguém mais comerá aquela fatia; se me sento, ninguém mais poderá sentar-se no mesmo lugar. Sou um estorvo para uns e outros, e se tivesse uma grande compaixão, eu me retiraria da corrente da vida.

Pois bem, é claro, alguém poderia perguntar: "Mas nunca deveríamos nos retirar?" Claro que, quando o rio começa a declinar, naturalmente cessa de fluir, e então não podemos dizer se estamos na corrente principal ou à margem, em um pântano ou em uma lagoa – ou se estamos no mar. Então podemos e naturalmente iremos nos retirar, pois, se dependêssemos do movimento do rio, por que tentaríamos navegar em um rio que não flui mais? Então poderíamos igualmente ficar na margem. Vejam, quando começamos a ser estáticos, quando o mundo parece como sempre pareceu por toda a eternidade, assim que vemos isso em nosso próprio coração, então podemos ficar na montanha; não precisamos da corrente. Mas esse é um ensinamento bom só para pessoas mais velhas. Para os jovens, é errado; a corrente principal está então por toda parte e em tudo, e eles portanto deveriam estar em toda parte e em tudo. Assim, se um budista se retirasse à solidão muito jovem e vivesse uma vida passiva, a menos que fosse chamado por Deus ou fosse um santo particular, certamente estaria cometendo um erro. Mas se ele lentamente sai da vida, como o próprio Buda o fez, eu diria que isso foi natural e razoável e bom. Buda realmente foi bom para os outros, pois deixou de ser ativo. Na medida em que somos ativos, não somos bons para os outros, e sujaremos as mãos; não podemos permanecer bons. Se vocês pensam que podem ser bons e ativos, isso é uma grande ilusão: é simplesmente impossível.

Sra. Frost: E São Francisco de Assis, que era bom e ativo?

Prof. Jung: Bem, ele tinha tido uma forte dose de vida antes, pelo que sei. E sua atividade, mais tarde, é muito incerta. Foi a atividade da privação, um monge se tornando amigo de lobos e outros animais não está vivendo na corrente da humanidade. Isso não vale a pena, mas é um tipo de atividade espiritual que eu chamaria de negativa, no sentido europeu do termo.

Sr. Allemann: E pregar aos líderes da velha Europa para serem um pouco menos ativos?

Prof. Jung: Isso é muito perigoso. Já estamos restringidos em nossa atividade pelas circunstâncias, e sempre estaremos; e se alguém pregar alguma coisa aos europeus, eles provavelmente farão o uso errado disso.

Sr. Allemann: Refiro-me a pessoas na segunda parte da vida.

Prof. Jung: Então é outra coisa. É a necessidade absoluta. Somos forçados, pela constituição psicológica das pessoas quando são jovens, a ensiná-las um pouco da vida. E devemos ensinar às pessoas mais velhas a inatividade vital, que não é mera debilidade, mas a ausência de movimento. A inatividade que é característica na segunda parte da vida só é inatividade com referência a pessoas e circunstâncias. Vejam, quando alguém se senta em uma montanha e reflete sobre o que está acontecendo ao seu redor, é muito ativo – apenas os outros não veem isso.

Palestra IV
12 de fevereiro de 1936

Prof. Jung: Aqui está uma questão da Srta. Hannah: "No último seminário, você disse, em conexão com o verso sobre o gigante acaso, que a maior parte das coisas depende do acaso, e que podemos fazer muito pouco a esse respeito. Em conexão com o verso seguinte, você disse que nós próprios criamos o nosso destino, em um grau bem maior do que percebemos, e que, assim que conheçamos isso, podemos começar a modificá-lo. Isso é um paradoxo?" Sim, é um paradoxo. "Ou talvez nos modifiquemos de acordo com nosso estado de consciência? Ou o que chamamos de acaso é, na verdade, a obra do si-mesmo, e, assim que nos tornamos mais conscientes, vemos que o padrão dele é o nosso próprio, por menos que possamos gostar disso de um ponto de vista do eu?"

Alegra-me que a Srta. Hannah tenha trazido à tona esse ponto. Vejam, ao dizer "nós", falamos de um fato muito complexo, pois existe sempre o "nós" consciente e o "nós" total; deveríamos acrescentar isso para explicar o paradoxo. Quando observamos como as pessoas vivem, vemos como a totalidade delas vive, o que é inteiramente diferente do modo como a consciência vive. Em muitos casos, não podemos sequer saber se as pessoas estão conscientes do que fazem e vivem e dizem; temos de indagar e cuidadosamente investigar certos fatos para descobrir. É incrível o quão pouco as pessoas sabem sobre o que fazem; suporíamos que elas estão totalmente conscientes disso, mas, na verdade, não estão. É como se isso estivesse acontecendo com outra pessoa. Desse modo, nunca podemos dizer se nosso companheiro fez uma coisa conscientemente ou não; temos sempre de indagar. Claro, no discurso comum não levamos essas diferenças sutis em consideração. E isso é novamente um paradoxo, porque elas são evidentes de maneira chocante; ainda assim, de outro ponto de vista, são extremamente sutis, pois a pessoa não vê as diferenças. Assim, ao dizer "nós", queremos dizer, ao mesmo tempo, a totalidade do que acontece, enquanto, em outro contexto, nos referimos mais particularmente ao eu consciente. Pois bem, é um fato que o eu consciente pode fazer muito pouco. É como se estivéssemos cercados por todo tipo de condições inevitáveis, a ponto de mal sabermos como nos mover; mas, se falamos desse pequeno círculo no qual o eu *pode* se mover, parece como se pudéssemos fazer muita coisa. Na medida, pois, em que nosso destino está contido no pequeno círculo do eu, podemos mudá-lo – temos livre-arbítrio dentro desse pequeno círculo de nosso alcance pessoal. Mas, fora daí – e a nossa totalidade está majoritariamente fora daí –, não se pode fazer muita coisa.

Portanto é bastante certo que, se aumentarmos o alcance de nossa consciência, naturalmente teremos uma área muito maior em que aplicar a liberdade da vontade, de modo que, nessa medida, podemos também influenciar nossa própria condição. Mas, comparado com o todo, isso é muito pouco. Por isso, mesmo se alcançamos uma extensão considerável de consciência, temos de aceitar a falta de liberdade, aceitar o fato de que as coisas contrariam nossa vontade, contrariam o eu. E nós alcançamos essa fronteira, eu poderia dizer, no momento em que descobrimos a função inferior, ou o tipo contrastante. Por exemplo, quando um introvertido descobre a possibilidade da sua extroversão, sua consciência se amplia em tal medida que ele ultrapassa o limite de sua liberdade; pois, quando ele toca sua função inferior, sua liberdade acabou. A reação instintiva é, portanto, se retirar da maneira mais rápida possível, evitar as pessoas que tocam sua inferioridade, evitar tudo que pudesse lembrá-lo dela, pois ninguém quer ser lembrado de seu defeito. Naturalmente insultamos as pessoas e as circunstâncias que nos lembram de nossa inferioridade, o que, de certo modo, é um instinto sadio, porque nos sentimos incapazes de lidar com isso. Mas, se o processo do desenvolvimento da consciência continua, compreendemos cada vez mais que não adianta evitar a nós mesmos; somos forçados por nós mesmos a aceitar inclusive nosso contraste e nossa falta de liberdade. Qualquer pessoa com uma extensão decente de consciência será forçada e admitir que, de certo modo, também não é livre, que tem de aceitar muitas coisas em si mesma como fatos que não podem ser alterados – ao menos naquele momento.

Assim, se a extensão de nossa consciência nos forçou a aceitar nosso próprio contraste, naturalmente ultrapassamos o limite do eu natural. Isso é exatamente o que Zaratustra está tentando ensinar aqui, e ainda mais nos capítulos subsequentes: ou seja, que ainda não descobrimos o homem em sua totalidade, apesar do fato de que podemos ver isso externamente. Vemos o que outras pessoas vivem, mas *elas* são incapazes de ver isso; e, na medida em que *nós* apenas vivemos isso sem ver isso, não sabemos o que vivemos. Portanto, dentro de seu próprio alcance, o eu pode fazer muita coisa, mas muito pouco para além disso, pois então ele entra na vida inconsciente, em que não pode fazer nada. Só quando essa área de inconsciência pode ser coberta pela consciência, quando uma parte da vida anteriormente inconsciente é arrastada para a esfera da consciência, é completamente submetida à nossa escolha. Se esse não for o caso, bem, então ela será escolhida para nós; alguma coisa decidirá para nós, e então obviamente não somos livres. Pois bem, embora toda essa parte de nossa vida que é vivida de um modo inconsciente não seja livre, ela é todavia nossa, porque estamos nela; podemos não tê-la escolhido, ainda assim estamos em um buraco. E, se formos um pouco mais conscientes, vemos que nós próprios nos colocamos na água fervente; escolhemos cuidadosamente nosso caminho até encontrarmos a água quente na qual estamos sentados. Se não estamos conscientes de nosso próprio caminho, diremos que alguém certamente nos pregou uma peça e colocou um caldeirão de água fervente justamente onde queríamos nos sentar. Mas, com um pouco mais de consciência, vemos que *nós* fizemos isso, e com uma consciência ainda maior veremos que não podíamos *evitar* fazê-lo; tínhamos de fazê-lo para um certo propósito.

Assim, lentamente chegamos à conclusão de que muitas coisas que anteriormente dizíamos que estavam erradas, e que algum demônio armou para nós, eram, na verdade, justamente o que tínhamos procurado e preparado e posto ali para nosso próprio uso, para um propósito, e que nossa ideia anterior, de que algum inimigo tinha preparado a armadilha, era uma superstição. Quanto mais temos experiências desse tipo, mais estaremos inclinados a compreender que essa é a verdade em todos aqueles casos que não conseguimos entender. Coisas ainda nos acontecem; temos um certo destino que não é bem-vindo, que nos perturba – ou emergem situações que supomos que alguém armou contra nós. Mas agora somos mais capazes de dizer: "Em tantos casos vi que *eu* era meu suposto inimigo, que *eu* fui o sujeito sábio que preparou aquele problema para mim mesmo, que provavelmente nesse caso eu preguei a mesma peça – eu realmente não a entendo ainda". Ainda parece realmente ser algo contra nós, mas estamos tão impressionados por nossas experiências anteriores que aplicamos uma nova hipótese. E assim, aos poucos, chegamos à ideia de que provavelmente nada em uma vida humana é apenas contra ela: a coisa toda com certeza foi um plano cuidadosamente realizado, e não existe algo como o gigante acaso. O gigante é o si-mesmo; o si-mesmo preparou isso para determinado fim. Então ainda podemos dizer que "nós" fizemos isso e aquilo, mas já não é algo exato; não é um uso adequado do discurso, visto que se trata do si-mesmo.

Sra. Crowley: Em conexão com isso, você falou em aceitarmos a vida como se não fosse apenas aceitar o caos, mas vivê-lo, como se só existisse caos. Isso me deixou muito perplexa, pois também existe a ideia de que, se não vemos o fio do si-mesmo ali, isso levaria à frustração e à brutalidade.

Prof. Jung: Bem, se vemos *somente* caos, isso equivale a uma condição inconsciente, pois a quantidade de vida que controlamos pelo eu certamente não é caos, mas já é um pequeno cosmo. Embora de fora seja algo que pareça caos e acaso, e tudo o mais que é dito a esse respeito seja simplesmente uma suposição, só podemos dizer que *não* é caos quando tivermos experienciado o cosmo em si, a ordem secreta. É realmente verdade que, a não ser que tenhamos experienciado a ordem das coisas, elas são uma desordem; é uma suposição equivocada chamar isso de uma ordem. Claro, estamos repletos de suposições desse tipo, somos ensinados a fazê-las, a ter concepções otimistas e assim por diante, e isso é errado. O mundo só é uma ordem quando alguém experiencia essa ordem, não antes; é um caos se ninguém o experiencia como um cosmo. Isso tem muito a ver com a ideia chinesa de Tao. Penso sempre na história do fazedor de chuva de Kiau Tschou. Se aquele indivíduo não tivesse entrado no Tao, não teria chovido, ainda assim não há qualquer causalidade; as duas coisas simplesmente se concatenam, a ordem só é estabelecida quando a ordem estiver estabelecida. Ele teve de experienciar a ordem naquele caos, naquela desarmonia de céu e terra; e se não tivesse experienciado a harmonia, ela não teria acontecido[25]. Bem, isso é alta filosofia oriental; sou incapaz de lhes explicar esse grande paradoxo. Prossigamos:

> Médico, cura a ti mesmo: assim curarás também teu doente. Seja essa a tua melhor ajuda, que ele veja com seus olhos aquele que cura a si próprio.

Nietzsche está percebendo certas verdades que são altamente importantes de um ponto de vista psicológico. "Médico, cura a ti mesmo" é um ensinamento particularmente bom de nosso cristianismo tardio. Vejam, ele supõe que a verdadeira cura é feita onde é mais necessitada e mais imediata. Isso é como o fazedor de chuva de Kiau Tschou, novamente. Ele não amaldiçoa a terra nem reza ao céu para se comportar e produzir chuva. Diz a si mesmo que estava certo quando saiu de sua aldeia e que, quando chegou aqui, estava errado. Esse lugar está fora de ordem, por isso ele é quem está errado; esse erro está mais perto dele, e se ele quer fazer alguma coisa pela condição caótica, isso deve ser feito nele – é ele o objeto imediato de si mesmo. Por isso ele pede aquela casinha e lá se fecha em si e trabalha sobre si mesmo; permanece recolhido até reconciliar céu e terra em si próprio, até estar na ordem certa, e então curou a situação: o Tao se estabelece. Essa é exatamente a mesma ideia. Portanto a melhor cura para alguém é quando quem pensa em curar, se curou; na medida em que ele se cura a si próprio, é uma cura. Se está no Tao, estabeleceu o Tao, e quem o contemplar também contempla

---

25. A história foi contada a Jung por seu amigo Richard Wilhelm, que certa vez viveu em uma região da China que sofria com a seca. O fazedor de chuva, tendo sido convocado, se isolou em uma casa tranquila por três dias, e no quarto dia houve uma grande nevasca. Solicitado a explicar seus poderes, ele negou ter sido quem fez nevar. Pelo contrário, visto que o país estava em desordem, disse: "Eu tive de esperar três dias até estar de volta ao Tao e então naturalmente a chuva veio" (cf. Jung, CW 14, p. 419-420, n. 211).

o Tao e entra no Tao. Essa é uma ideia muito oriental. A ideia ocidental – em especial do cristianismo tardio – é evidentemente curar nosso próximo, ajudá-lo, sem nenhuma consideração pela questão *"quem é aquele que ajuda?"*. Talvez ele não seja uma ajuda, ou talvez dê algo que toma de volta com a outra mão. Atualmente existem muitas pessoas que se integram à vida da comunidade, assumem responsabilidades, essa coisa toda, mas eu digo: "Quem está assumindo responsabilidades?" Se meu negócio está em uma condição ruim e aparece um sujeito e diz que assumirá a responsabilidade e administrará a coisa toda, naturalmente indago quem ele é – e então descubro que ele está falido. Naturalmente não quero alguém que é, ele próprio, um mendigo e que deu prova de sua própria incompetência. Essas pessoas que ajudam muito precisam de ajuda. Se são médicas, deveriam tratar suas próprias neuroses, caso contrário são meros vampiros e querem ajudar os outros devido às suas próprias necessidades.

> Há mil veredas que não foram percorridas; mil saúdes e ilhas de vida ocultas. Não exauridos e não descobertos estão ainda o homem e a terra do homem.

Esse é também um ponto importante. Mas não é uma sequência peculiar? Ele acabou de falar do médico que deveria primeiro curar a si mesmo e então, subitamente, "mil veredas que não foram percorridas". Qual é a conexão?

Sr. Allemann: Talvez ele diga "médico, cura a ti mesmo" porque vê que ele próprio não percorreu essa vereda da qual fala.

Prof. Jung: Exatamente. E então a voz diz *"eu* estou doente, eu deveria me curar". Mas como ele pode se curar se não se conhece? Por isso chega naturalmente à afirmação de que uma quantidade de coisas ainda é desconhecida: o homem ainda não foi descoberto, mas é ainda o grande enigma. E deveria ser: *eu* sou o grande enigma, não descobri nada sobre mim mesmo. Isso o levaria a um estudo cuidadoso de si mesmo, pois, caso contrário, não seria capaz de curar a si mesmo. Vejam, ele não aplica essa verdade a si próprio, mas ensina aos outros o que na verdade deveria ensinar a si mesmo: tenta ser prestativo, mas do jeito errado. Claro que é um bom ensinamento também para os outros; talvez alguém mais tire conclusões disso.

> Vigiai e escutai, ó solitários!

É Zaratustra que é solitário; porém, sendo prestativo e um bom cristão, ele fala para os outros.

> Do futuro chegam ventos com misteriosas batidas de asas; e boas novas são proclamadas a ouvidos delicados.
>
> Vós, solitários de hoje, vós que viveis à parte, deveis um dia formar um povo: de vós, que escolhestes a vós mesmos, deverá nascer um povo eleito: – e dele o super-homem.

Essa é realmente uma espécie de profecia. É como se ele estivesse ouvindo algo do futuro – os ventos do futuro com misteriosas batidas de asas e um novo evangelho com boas novas. Isso é o *evangelion*[26], ele fareja de maneira tênue uma nova revelação, uma nova verdade importante que evidentemente está conectada com o homem não descoberto. E qual seria essa revelação?

Sra. Sigg: A função compensatória do inconsciente.

Prof. Jung: Sim, o inconsciente não foi descoberto – todas as coisas que são inconscientes para o homem. Assim, a profecia seria de que boas-novas devem ser esperadas desse lado devido à função compensatória do inconsciente. Isso explicaria a ideia das mil veredas: ou seja, as qualidades prestativas do inconsciente, que produziriam uma nova saúde. E ele anuncia essas notícias particularmente aos solitários; para aqueles que se sentem especialmente separados e que sofrem com essa separatividade, as boas novas no ar seriam de que eles são solitários e separados hoje porque têm mais intuição ou uma premonição do que deve ser esperado no futuro. E agora chega a curiosa ideia de que um dia eles formarão um povo. A que isso poderia se referir razoavelmente?

Sra. Baynes: Ele poderia se referir à unificação da psique em um homem completo?

Prof. Jung: Bem, psicologicamente isso com certeza é verdade, pois tem a ver com a estrutura do super-homem. Vejam, o super-homem é realmente "um povo", não um único homem; isso pode ser compreendido de maneira muito literal, pois, caso esses solitários ou separados integrem seu inconsciente, eles obviamente diferirão das outras pessoas na medida em que a consciência deles é mais ampla, e então é como se eles estivessem unindo as estatísticas de todo um povo em uma psicologia. Então eles reconheceriam que não são apenas isso, mas também aquilo; não apenas velhos, mas também jovens; não apenas bons, mas também maus – não haveria praticamente nada que eles não fossem. Essa é uma condição que geralmente só prevalece em toda uma nação ou na população de uma cidade, no mínimo, onde um é o pastor, outro o doutor, outro um trabalhador, e assim por diante; cada qual tem seu papel específico e nada mais. Os papéis estão bem-distribuídos na superfície. Mas, quando as pessoas integram seu inconsciente, veem que são todos eles também. Assim, é como se um homem estivesse se tornando toda uma cidade; ele então encontraria sua antiga consciência do eu incluída na consciência de toda uma população. Pois bem, essa é também uma analogia do si-mesmo; o si-mesmo é frequentemente explicado como se fosse uma cidade contendo milhares de pessoas, pois o si-mesmo só se torna visível na experiência de uma consciên-

---

26. *Evangelion*: Boa-nova.

cia maior. Se ampliamos nossa consciência, a ponto de vermos que somos muitas coisas além de nosso eu, aproximamo-nos de uma percepção do si-mesmo. Mas isso também é verdade de outra forma: ou seja, se uma tentativa de ampliação da consciência aparece em algum lugar e não é realizada, ela causa uma espécie de infecção mental que junta pessoas em uma seita, digamos, ou causa uma epidemia mental como vemos atualmente na Alemanha. Isso é o super-homem no nível da não realização; todo o povo é como um homem, e um homem é mostrado como um emblema ou símbolo de toda a nação. Isso é o substituto para a integração da consciência de um indivíduo. Vejam, a Alemanha *deveria* ser um indivíduo, mas com uma consciência integrada; em vez disso, não há integração alguma do inconsciente, mas todo o povo é integrado em uma figura sagrada – que ninguém acredita plenamente que *pudesse* ser sagrada. Isso é o lamentável.

Sra. Baumann: A verdadeira frase usada aqui parece realmente se referir à Alemanha; diz que um povo escolhido deverá emergir, e eles chamam-se a si mesmos de um povo escolhido.

Prof. Jung: O texto alemão é *soll ein auserwähltes Volk erwachsen*; você está totalmente correta.

Sra. Baynes: Mas certamente não podemos acusar Nietzsche desse tipo de chauvinismo.

Prof. Jung: Oh, céus, não – ninguém era mais crítico do que ele; ele está falando de seu inconsciente. Quando lemos seus aforismos, entendemos que ele nunca teria dito um absurdo desses, mas quando o inconsciente fala, trata-se de outra coisa – então isso está em seu sangue. Uma consciência integrada é evidentemente o escolhido: "muitos são chamados, mas poucos são escolhidos". A consciência integrada conhece seu significado e, portanto, é escolhida, consciente da escolha que foi feita antes de seu nascimento. Vejam, o si-mesmo é atemporal, e essa reunião de fatos que caracteriza o si-mesmo foi escolhida antecipadamente. Daí não ser possível evitar o sentimento de ser escolhido, e de que essa coisa toda é escolhida, premeditada. Não há escapatória; a pessoa está inserida em um curso de eventos que é significativo. Pois bem, se isso não é percebido de maneira consciente, simplesmente se espalha de modo inconsciente, e, em vez do si-mesmo escolhido, percebido pela consciência como a escolha que teve lugar antecipadamente, o povo todo é escolhido; e então temos esse fato curioso de um povo imaginando ter uma missão ou algo do tipo – que eles são o povo de Deus, escolhido pelo próprio Deus. Essa ideia pode ser perdoada em um nível primitivo, mas em um nível mais elevado está absolutamente fora de questão; é um sentimento psicológico que pertence ao processo de individuação, que se espalhou inconscientemente por contágio mental, pois não foi percebido pelo indivíduo.

A ideia de Nietzsche está perfeitamente clara para ele. Aquelas boas novas seriam a ideia do super-homem: ou seja, a ideia de que todas aquelas pessoas solitárias como ele próprio formarão uma comunidade, e delas virá o futuro nascimento, o super-homem. Nietzsche tinha a ideia de que a civilização estava declinando e que algo como um monastério poderia ser criado por pessoas como ele. Keyserling também pregou essa noção em *La Révolution Mondiale* – sem mencionar seu predecessor – de que ele próprio poderia fundar um monastério desses, uma ideia espantosa[27]. Mas, na verdade, é muito habitual, quando as pessoas estão tocando em algo vital, que organizem uma sociedade, supondo que talvez elas sejam o núcleo de uma grande organização que recobrirá o mundo todo, e assim o mundo será renovado. É o mesmo erro: é uma racionalização de um fato psicológico que, segundo o princípio do "médico, cura a ti mesmo", deveria ser tratado de um modo inteiramente diferente, pois a falta de totalidade do indivíduo é substituída por uma grande organização. A pessoa pensa que é muito maior pertencendo a um *Verein* [uma associação; em alemão no original (N.T.)] com dez mil membros, por exemplo. Claro, quanto maior uma organização, menor sua moralidade, e mais sua psicologia se aproxima da psicologia de massas, mas eles não veem isso, iria contra o propósito de uma organização como essa. Assim, a ideia com a qual Nietzsche joga na superfície é evidentemente a ideia comum de que todas as pessoas solitárias do mundo que suspeitam que algo vai mal deveriam se organizar em um corpo uno.

Muitos esquemas desse tipo foram tentados depois da guerra. Uma mulher chamada Dorothy Hunt[28] viajou por toda a Europa para reunir os grandes nomes do continente europeu – nem mesmo o povo – para organizá-los em um grande hidrocéfalo, e, quando chegou a Bernard Shaw, ele escreveu a lápis, no fim da carta de Hunt: "Nem tente, Dorothy! Nada feito". Assim é esse tipo de psicologia. E então todas aquelas pessoas boas e solitárias – que não conseguem entender umas às outras, mas que odeiam umas às outras como veneno, caso contrário nunca seriam solitárias – são amontoadas em uma caixa de fósforos. Por um enorme acaso poderiam criar um super-homem. Mas ele provavelmente seria um super-homem que pularia fora dessa caixa o mais rápido que pudesse. Todo mundo gostaria de ser um super-homem ou imagina ser um, mas tais pessoas nunca se juntam. É evidência da incrível inconsciência dos bons cristãos pensar que todas aquelas boas pessoas deveriam se juntar. Elas não deveriam. São competidoras que odeiam umas às outras. Não se trata, pois, de ser bom, mas de ser melhor, e isso é o pior.

Em verdade, um lugar de cura ainda se tornará a terra!

---

27. Cf. n. 26, vol. I.

28. Dorothy Alice Bonavia Hunt (que também usava o pseudônimo Doric Collyer) foi uma escritora inglesa menor. Publicou dois livros em Londres, em 1937: *Reflection* e *Unfettered*.

Oh, Deus! Isso não seria terrível? O mundo inteiro como um hospital cheio de enfermeiras e médicos – todo mundo curando todo mundo.

E já a envolve um novo aroma, um aroma que traz saúde – e uma nova esperança!

Definitivamente há algo do cristianismo tardio nisso, ainda assim há por trás uma grande verdade. Seria realmente maravilhoso se a terra se tornasse um lugar de cura, mas seria onde as pessoas curam-se a si mesmas, onde cada qual se ocupa com a cura de sua própria saúde. Seria quase um paraíso.

Sra. Sigg: Não acho que a tradução seja exatamente "cura", *Genesung*.

Prof. Fierz: Oh, sim, é ainda pior.

Prof. Jung: Não faz muita diferença, *Wahrlich, eine Stätte der Genesung soll noch die Erde werden*[29] – isso poderia ser um sanatório, como vocês sabem!

Sra. Baynes: Curar também pode ter o significado passivo em inglês. Entendo que a Sra. Sigg quer dizer que a palavra é usada aqui no sentido passivo.

Prof. Jung: É ambíguo, e por conta disso é como se a condição histórica tivesse entendido errado e tivesse escolhido justamente a conclusão errada; não se pode dizer que *totalmente* errada, mas errada de um ponto de vista psicológico.

Pois bem, entendo que meus comentários sobre o fim desse segundo capítulo tenham causado alguma discussão, por isso quero esclarecer um ponto, ou melhor, dois: ou seja, que todo esse capítulo tem um fundo duplo. Abaixo da superfície há o ensinamento de Zaratustra. Pois bem, Zaratustra é o arquétipo do velho sábio, o *nous* ou o *pneuma*, como sempre foi. E sua mensagem é correta. Mas é transmitida por um cérebro humano. O homem Nietzsche recebe a mensagem e lhe empresta sua própria linguagem, e a mensagem então se torna, é claro, outra coisa. Nietzsche é o homem no tempo e no espaço, o homem que pertence a, e é limitado por, certas condições – condições de tempo, condições sociais – e naturalmente essas condições restritivas modificarão a mensagem. Podemos ler a mensagem original nas palavras dele. Está *contida* nas palavras, mas as condições temporais e mentais do próprio Nietzsche entram também, de modo que a mensagem aparece já de uma maneira modificada. Ainda mais quando alcança os ouvidos do público, pois o público a modifica novamente. Devemos sempre indagar a que época essa verdade foi ensinada – e então esperar por uma modificação peculiar.

Por exemplo, comparemos o significado original da doutrina de Cristo com o que ela se tornou nos séculos subsequentes. Quando o cristianismo foi ensinado a um público altamente escolarizado, tornou-se uma filosofia. Se vocês fazem alguma ideia de como homens como Santo Agostinho ou Tertuliano pregavam, de como um

---

29. Kaufmann* traduz a sentença assim: "Em verdade, a terra ainda se tornará um lugar de recuperação [*recovery*]".

homem culto como Orígenes compreendia o cristianismo, percebem que isso faz toda a diferença no mundo. Um exemplo que tenho citado com frequência é que Santo Agostinho compara a Virgem Maria à terra: ela é a terra fecundada pelas chuvas da primavera, e, da terra, Cristo, nossa verdade, nasceu: Ele é o trigo[30]. Esse é o tipo de linguagem que séculos subsequentes não teriam compreendido. Teria levado de volta a um culto ctônico, mas aqueles homens estavam falando a pessoas escolarizadas, que podiam assimilar tais coisas: uma ideia não era plúmbea, ela vivia. Os cristãos da Roma antiga não precisavam de dogmas; suas mentes sutis podiam lidar com analogias e simbolismo. Eles compreendiam as coisas. Mas os mesmos evangelhos, ensinados aos bárbaros, se tornaram algo totalmente diferentes; a mente bárbara exige coisas claras e simples. Originalmente, por exemplo, estava fora de questão que a comunhão era uma espécie de rito memorial. A ideia de carne e sangue verdadeiros só se tornou dogma por volta do século IX, quando Pascásio Radberto inventou a transubstanciação: essa foi uma concessão à mente bárbara. Ele era o abade de um monastério em Corbie, na Picardia, um dos invasores francos. (Todo o norte da França era germânico na época.) Porém um monge no mesmo monastério, Radramndo, ainda defendia que era uma refeição memorial. E Escoto Erígena, o abade de Malmesbury, que morreu em 889, lutou por essa ideia[31].

Portanto, Zaratustra fala a Nietzsche, mas Nietzsche fala a partir de sua época. Ele é um homem à frente de seu tempo, mas mesmo assim recebe a mensagem já com uma modificação. Para chegar aos ouvidos de um público, ele deve falar a linguagem de seu entorno, de sua condição, e o que as pessoas farão com isso depois, bem, isso está por se ver. Mas já o fato de ele estar ensinando alguém, mesmo na imaginação, faz uma grande diferença. Quando formulo um pensamento para mim mesmo sozinho, por exemplo, posso formulá-lo de um modo que ninguém entenderia, em uma abreviatura mental, de uma maneira simbólica; e se ponho isso no papel e o imprimo, ele se tornará incompreensível. Se resolvo explicá-lo, devo traduzi-lo na linguagem de meu entorno. Devo imaginar o que as pessoas sabem e não sabem, tenho de descer às condições ordinárias de comunicação, e isso evidentemente muda a ideia original.

A ideia subjacente aqui é, evidentemente, "cura-te a ti mesmo!" – e então você está no Tao. O Tao então *é*, e as pessoas estão com você no Tao. Mas como

---

30. Cf. Santo Agostinho, n. 56, vol. I. Seu mentor, Santo Ambrósio: "Germinava no ventre da Virgem o monte de trigo juntamente com a beleza da flor de lírio" (*De Institutio Virginis*, cap. 14, citado em OC 6, § 443).

31. João Escoto Erígena, nascido na Irlanda, floresceu em meados do século IX.

chegar lá? Você tem de explicar a si mesmo, tem de se tornar consciente de seu inconsciente, tem de integrar o seu inconsciente: ainda tem de descobrir-se a si mesmo. Portanto acorde, pois há uma mensagem maravilhosa nisso, o *evangelion*, boas novas; e uma pessoa solitária como você talvez encontre companheiros. Mas esses companheiros estão todos em você mesmo, e quanto mais você procure fora, menos está seguro de sua própria verdade. Busque-os primeiro em você mesmo, integre as pessoas em você mesmo. Há figuras, existências, em seu inconsciente que virão a você, que se integrarão em você, de modo que você talvez chegue a uma condição na qual não reconheça a si mesmo. Você dirá "eu sou isso", "eu sou aquilo", "estou praticamente em todo lugar", "sou exatamente como todo um povo" – e, quando essa dúvida surge, você é um todo. Mas não cometa o erro de pensar que você é um todo quando é parte de uma organização, um *Verein der Gleichgesinnten*[32] ou algo do gênero.

Essa é a mensagem, mas no texto efetivo ele diz: "Vós, solitários de hoje, vós que viveis à parte, deveis um dia formar um povo: de vós, que escolhestes a vós mesmos, deverá nascer um povo eleito: – e dele o super-homem". Pois bem, quando Nietzsche está conversando com Zaratustra, talvez compreenda a mensagem, mas no momento em que começa a ensiná-la aos outros, ela já está modificada. Em contradição com tudo que Nietzsche disse antes, como um aforista, soa exatamente como a ideia de um povo eleito, ou talvez um monastério de *Kultur*. Vejam, esses solitários não suportariam uns aos outros por dois dias; está totalmente fora de questão: longe de uma salvação, isso seria um inferno. Assim, a mensagem original lentamente, sem nenhuma intenção errada, muda de sentido, é distorcida, e finalmente temos a Igreja Católica.

E onde está a doutrina original de Cristo? Alguns dizem que retornam à verdadeira palavra do próprio Cristo, mas então falsificam o Evangelho tranquilamente. Cerca de dois anos atrás, descobri um exemplo realmente notável, que já mencionei. No novo texto revisado do Novo Testamento grego e latino, que se supõe que seja sem falhas, descobri no Pai-nosso que Deus não deveria dar-nos o nosso pão ordinário de cada dia, mas o pão que é *supersubstantialis, das überwesentliche Brot*, o pão que não é de substância comum. Pensei que isso certamente é surpreendente, sabendo que a Igreja sempre afirmou que era o pão ordinário. Mas calhou de eu ter a primeira edição grega do Novo Testamento por Erasmo de Roterdã, o chamado *Textus receptus*, e lá estava. E, outro dia, o Professor Karl Barth, em sua palestra na universidade, mencionou o fato de que Erasmo defendia que *supersubstantialis* era realmente deliberado, que isso era absolutamente

---

32. *Verein der Gleichgesinnten*: sociedade dos afins.

inegável e que fazia muito mais sentido do que a palavra *pão*. Ele mencionou também que Calvino se opunha a isso; chegava a dizer que era heresia e blasfêmia afirmar que não se tratava do pão ordinário[33]. Mas por que isso seria tão terrível? Além do mais, é fato que o texto de Mateus contém a palavra *epiousios*. (É interessante que essa palavra grega *epiousios* só existe alhures em dois locais duvidosos; mas isso não importa; nesse local é uma invenção do escritor.) E São Jerônimo, que fez a *Vulgata*, a tradução latina do Novo Testamento[34], deu-se ao trabalho de descobrir a palavra para *epiousios* no texto aramaico, em que ela significa "a coisa futura". Vejam, *epi* significa "sobre" ou "depois", e *ousios* significa "o ser" ou "a existência atual", de modo que *epiousios* poderia significar "a existência posterior". Exatamente como a palavra *metafísico*, tal como usada em Aristóteles, significa que depois dos seres físicos vêm os seres metafísicos, *meta* significando, evidentemente, "depois"[35]. São Jerônimo supôs que aquilo que se segue depois de *ousios*, a existência natural, é a existência suprassubstancial, e por isso a traduziu como *supersubstancialis*. Portanto o pedido na oração significaria: dai-nos aquele pão do reino futuro *agora*, hoje e todos os dias – dai-nos nosso pão suprassubstancial de cada dia, o alimento espiritual.

Pois bem, a Igreja é totalmente contra isso. Li, como um comentário especial em uma obra reconhecida, que era absolutamente evidente, pelo texto circundante em Mateus, que deveria ser o pão ordinário. Mas não me lembro de nada que prove isso, e averiguei que o texto de São Mateus diz muito enfaticamente que só os pagãos se preocupam com a comida – com o que vão comer e beber e vestir –, e que os cristãos não deveriam fazê-lo. Assim, indaguei-me: por que essa resistência? Por que diabos a Igreja teria de ser incapaz de admitir que um bom cristão deveria orar a Deus para que lhe dê seu alimento espiritual diário, que é muito mais importante que o alimento ordinário – embora eu admita que o alimento ordinário é muito importante?

---

33. Sobre o pão supersubstancial (não apenas de cada dia), cf. 24 de outubro de 1934, n. 169; sobre Barth, cf. 5 de dezembro de 1934, n. 240. Desidério Erasmo (1466-1536) foi o humanista holandês cujo livro *Elogio da loucura* foi a obra mais popular de sua época. João Calvino (1509-1564), líder da Reforma francesa, estabeleceu-se em Genebra.

34. Uma tradução latina do Novo Testamento tinha sido feita na época dos apóstolos, mas, por volta do século IV, muitas variantes tinham se infiltrado, de modo que se fez necessária uma tradução nova e aceita por todos, levada a cabo por São Jerônimo (*c.* 340-420).

35. A história usual é que o editor de seus tratados colocou a longa obra de Aristóteles sobre a "Filosofia Primeira" logo depois da obra chamada de "Física" – portanto duplamente metafísica. Tanto Jung como Nietzsche professavam desprezo pela metafísica, Jung chamando-a frequentemente de psicologia disfarçada; e Nietzsche, de "a ciência... que lida com os erros fundamentais da humanidade – mas como se elas fossem verdades fundamentais" (*Human All Too Human* [Humano, demasiado humano]. Trad. Marion Faver com Stephen Schumann. Lincoln, Neb., 1984, p. 150).

Sra. Sigg: A Igreja quer, ela própria, fornecer o pão espiritual.

Prof. Jung: Exatamente, é isso.

Srta. Wolff: Cristo diz em outra passagem: "Eu sou o pão da vida". Portanto *Ele* é esse pão suprassubstancial, mas só nos permitem obtê-lo por meio da Igreja.

Srta. Hughes: Aquele "nem só de pão vive o homem" é outra afirmação de Cristo, não é? E ela confirma isso, acho[36].

Prof. Jung: Totalmente. Mas a Igreja, que é uma organização humana, afirma, contra a verdade do Evangelho, que só eles podem ministrar o alimento. Eles interferem entre o homem e Deus, dizem-nos um evidente absurdo, e até mesmo enganam para nos vendar os olhos. Vejam, essa é a diferença entre as necessidades e a moralidade de uma grande organização, e o outro caminho, a integração de um indivíduo humano que é simplesmente confrontado com Deus, sem nenhuma Igreja e sem nenhuma organização entre eles. Claro, pode-se dizer que existe a Igreja invisível, a comunidade dos santos, mas essa é apenas uma comunhão santa e invisível. Obviamente, assim que eles têm uma secretária e pagam seu tributo anual à *Verein*, já não se trata de uma comunhão invisível, mas de um corpo organizado que tem de ser registrado. Então é uma organização do mundo, e essa é a tragédia da Igreja. Pois bem, também é óbvio que, mesmo quando uma coisa tão importante como a integração da consciência não é realizada, não é compreendida, ainda assim é instigada pela mensagem do espírito, essa coisa simplesmente se espalha abaixo do limiar da consciência e causa uma grande perturbação mental que, é claro, tem certas consequências sociais. E então as pessoas tentarão organizar algo, pois não podem compreender isso de outro modo. Eles pensam que *bom* e *sagrado* e *verdadeiro* são palavras que só se aplicam a algo em uma igreja, portanto deve ser uma organização; e a Igreja, a única verdade, é a visibilidade do sagrado, de modo que deve ser visível. O pão e o vinho simbólicos devem ser carne e sangue, e a comunhão dos santos deve ser uma organização visível, e tudo o mais não é bom. Daí ser inevitável que um novo movimento no inconsciente esteja sempre em perigo de ser engolido pelo espírito coletivo no homem, engolido novamente pelo inconsciente coletivo. E é isso que vemos hoje em dia por toda parte – inclusive no Movimento de Oxford. Pois bem, prossigamos para a próxima parte desse capítulo:

> Após dizer essas palavras, Zaratustra calou-se como alguém que ainda não disse a última palavra. Longamente sopesou o bastão, hesitante; por fim, falou assim – e sua voz estava mudada: Agora prossigo só, meus discípulos! Ide vós também agora, sós! Assim desejo eu.

---

36. "Eu sou o pão da vida" (Jo 6,35); "Nem só de pão vive o homem" (Mt 4,4).

O que aconteceu aqui?

Sra. Crowley: Soa como se ele tivesse percebido algo disso, como se percebesse que era uma realidade interior, que ele tinha de integrar dentro.

Prof. Jung: Exatamente. Mas isso está realmente em contradição com o ensinamento de antes, de modo que aqui vemos as duas camadas. Vejam, a mensagem prossegue e Zaratustra parece corrigir-se, como se percebesse que algo errado tinha sido dito na superfície, como se a mensagem tivesse falhado. Por isso ele diz "não, não é uma organização, nem um monastério, nem uma Igreja, nem um Estado, nenhum corpo visível; o que quero é prosseguir sozinho".

Sra. Jung: Ele disse antes: "Vós, solitários de hoje, vós que viveis à parte, deveis um dia formar um povo". Portanto essa seria uma condição para tornar-se esse povo eleito, que só existirá no futuro.

Prof. Jung: Sim, aqueles que são solitários hoje se tornarão um povo escolhido: eles formam uma comunidade.

Sra. Jung: Assim, se ele está se separando, poderia ser para preparar essa futura comunidade.

Prof. Jung: Exatamente, mas há uma ênfase peculiar nisso, o que penso que só pode ser explicado pela interpretação de um possível mal-entendido antes, por isso ele insiste que não apenas prosseguirá sozinho, como também que eles devem prosseguir sozinhos. "Assim desejo eu." Ele não falaria assim se não tivesse existido uma tendência de substituir por uma organização o que eles próprios deveriam fazer. Claro, isso é totalmente compreensível, é tão somente demasiado humano; ninguém escolhe a integração da consciência quando pode se dar bem com muito menos custo: as pessoas são fracas demais para ficar sós. Fazem organizações para terem o grande sentimento de serem grandiosas simplesmente ao pagar uma taxa ou algo do tipo.

> Em verdade, eu vos aconselho: afastai-vos de mim e defendei-vos de Zaratustra! Mais ainda, envergonhai-vos dele! Talvez vos tenha enganado.

Vejam, ele sublinha muito isso, para que qualquer ideia de organização seja descartada. Eles não devem confiar nele: deveriam até mesmo ter uma dúvida suprema quanto à veracidade da mensagem. Isso só pode ser explicado pela ambiguidade da mensagem anterior, mas agora a verdadeira mensagem irrompe e enfatiza sua exigência.

> O homem do conhecimento não deve apenas poder amar seus inimigos, mas também odiar seus amigos.

Isso de fato é muito forte, mas exprime que tipo de condição?

Sra. Crowley: Uma condição paradoxal – que ele poderia realizar as duas coisas. E penso que pode ter a ver aqui com o complexo pessoal do próprio

Nietzsche com relação a amigos, pois ele não compreendia realmente os amigos no espírito correto.

Prof. Jung: Bem, é claro que a dificuldade dele em estabelecer relações está sempre em toda parte.

Srta. Taylor: Ele não os aconselha a se desapegarem dele?

Prof. Jung: Sim, é essa a ideia. Vejam, é a consciência da outra coisa que eu também sou, meu próprio contraste. Uma pessoa em mim sabe que amo meus amigos, e a outra pessoa sabe que ele não ama meus amigos. O amor não é absoluto, mas apenas relativo; só *é* na medida em que há ódio. Pois bem, essa é uma consciência paradoxal que prova que a consciência se estendeu para além das limitações do eu, e é, ela própria, ambígua. Por isso a pessoa que subjaz a essa consciência é ambígua; já não é uma, mas duas, muitas, está em toda parte.

Sra. Baumann: Mas não se poderia também considerar aqui que Zaratustra o está advertindo de sua identificação e repelindo-o?

Prof. Jung: Bem, o problema é que Nietzsche se identifica com Zaratustra e não estabelece uma diferença. Zaratustra não está falando a Nietzsche, mas sim aos discípulos imaginários. Você poderia considerar Nietzsche como um discípulo, mas ele não o é. Ele é o próprio Zaratustra.

Prof. Reichstein: Não seria a ideia de alcançar *Erkenntnis*, compreensão, reconhecimento, em contraste com os *Gläubigen*, os crentes, que vêm depois? Por isso vocês devem primeiro se desapegar muito distintamente, por ódio, para adquirir conhecimento, uma ruptura da tradição.

Prof. Jung: Bem, é claro que é psicologicamente muito fácil compreender por que Zaratustra dá esse particular ensinamento. Se estamos convencidos de que não fazemos nada mais do que amar, então só nos mantemos em um lado, e outra pessoa odeia: então não somos uma consciência integrada. Devemos saber que somos ambos, que somos o sim e o não; se só estamos conscientes do sim, outra pessoa está fazendo o contrário, e isso é meramente projetado. Para a integração da consciência é necessário que percebamos o sentimento positivo e o negativo. A ampliação da consciência significa, evidentemente, um aumento de conhecimento, de compreensão; caso contrário, seria a condição inconsciente original. Por exemplo, se a pessoa vê um quadro mas não tem nenhuma relação com ele, poderíamos dizer que ela não é consciente dele. Seria apenas uma percepção.

> Retribuímos mal a um professor se continuamos apenas alunos. E por que não quereis arrancar louros da minha coroa?

Isso evidentemente significa que eles deveriam aceitar sua doutrina até o ponto de realizá-la: ou seja, que eles deveriam considerá-lo ao pé da letra, que deveriam realizar-se literalmente, e ver que tipo de sentimento eles têm, ou qual é a verdadeira atitude deles.

> Vós me venerais; mas e se um dia vossa veneração tombar? Cuidado para que não vos esmague uma estátua!

Vejam, a veneração também é uma condição clara e unilateral apenas quando há uma negação dela; se isso não é consciente, então está em outro lugar, outra pessoa tem de fazê-la. Por isso eles deveriam estar conscientes de que em algum lugar essa veneração é compensada ou contraditada, e se não o perceberem, tendem a fazer uma estátua, um ídolo, que desaba sobre eles no momento em que sua veneração se esgota.

> Dizeis que acreditais em Zaratustra? Mas que importa Zaratustra! Sois os meus crentes: mas que importam todos os crentes!
> Ainda não havíeis procurado a vós mesmos: então me encontrastes.

Vejam, enquanto estou inconsciente do fato de que um criminoso ou um tolo é o meu eu mesmo também encontro em vocês o criminoso e o tolo. Minha consciência só é realmente integrada quando conheço o mesmo em mim – quando posso dizer "sim, encontro em vocês um animal, e isso é eu mesmo". Então eu realmente ampliei a consciência. Encontramos muitos paralelos dessa ideia particular em textos orientais.

> Assim fazem todos os crentes: por isso valem tão pouco todas as crenças.

Isso novamente se refere ao discurso do cristianismo tardio, em que as pessoas sempre falam sobre acreditar. Ou conhecemos uma coisa e, pois, não precisamos acreditar nela, ou não a conhecemos, e então por que deveríamos acreditar nela? As pessoas dizem que devemos acreditar em Deus, ou que tal e tal coisa foi enviada por Deus. Mas nós não – nós acreditamos que o Sr. Fulano a enviou. E não pensamos que o tijolo que caiu do telhado devido a um forte vento tenha sido enviado por Deus, por isso não podemos acreditar nisso. A Igreja ensina que deveríamos fazer um esforço especial para acreditar que Deus maneja nossa vida de algum lugar, mas não notamos isso. Portanto, por que diabos deveríamos acreditar nisso? Deveríamos decididamente dizer: "Só acredito se vejo: tenho uma ótima explicação do porquê de as coisas terem dado errado; isso também pode ser explicado pela estupidez do homem e pela minha própria". Por isso é muito melhor assumir que não temos a mínima ideia do que Deus está fazendo nem sabemos que Ele *existe*, a não ser que tenhamos uma experiência na qual seja inevitável vermos a mão de Deus ali. Mas a Igreja não se arrisca a esperar por isso. Isso pode sempre ser antecipado. É prudente dizer que tudo é feito por Deus, para com isso esconder o fato de que ninguém sabe se ele está fazendo alguma coisa. A maioria dos pastores não acredita realmente nisso, claro que não; mas dizem que acreditam, porque é a única possibilidade para eles. Só podem viver em sua superestrutura de acreditar em alguma coisa. Mas o homem comum pode se permitir ser objetivo a esse respeito e dizer que, até onde pode ver, Deus é ineficiente. E assim ele vive com base nessa hipótese até encontrar a Deus, e então não precisa acreditar nele. Por exemplo, se encontro um rinoceronte e ele me atira pelos ares, não preciso acreditar nisso – sei que isso é um fato. Portanto podemos prescindir da crença; isso é o mais razoável a fazer. Caso contrário, tornamos Deus responsável por todo tipo de absurdo e simplesmente vendamos os olhos. Se levarmos em conta o que pessoas piedosas dizem que Deus fez ao longo de um ano, é aterrador: Deus causou acidentes automobilísticos, matou pessoas, destruiu plantações, prejudicou rebanhos e seres humanos e mostrou-se um terrível estorvo. E ainda deveríamos ser gratos! Portanto, como vocês veem, quando Zaratustra deprecia os crentes, é um gesto para o cristianismo tardio.

> Agora vos digo para me perder e vos achar; e somente quando todos vós me tiverdes negado eu retornarei a vós.
>
> Em verdade, com outros olhos, irmãos, buscarei então os que perdi; com outro amor então vos amarei.
>
> E um dia sereis novamente meus amigos e filhos de uma só esperança: então estarei convosco pela terceira vez, para juntos celebrarmos o grande meio-dia.

Isso evidentemente é simbolismo cristão; é a *parousia*[37], o retorno de Cristo e a nova reconciliação, a comunhão com o cordeiro; é a visão apocalíptica em que tudo está consumado, quando Cristo estabelecerá um reino celestial na terra e haverá uma eterna comunhão com Ele. Mas isso é também perigosamente sentimental, perigosamente próximo das ideias cristãs perfeitamente boas. Na medida em que as ideias cristãs são realmente mitológicas, elas são absolutamente verdadeiras, mas elas não são mais totalmente mitológicas. Já estão até certo ponto desintegradas, e por isso perderam seu gosto correto, e já não são boas. Estamos cansados dessa fraseologia; nós a ouvimos todo domingo na igreja. Portanto as palavras mudaram, mas o significado é o mesmo; o grande meio-dia é o almoço do meio-dia, e se considerarmos as palavras e supusermos que essa analogia cristã da comunhão é só aparente, captaremos a verdadeira mensagem. Assim chegamos ao "grande meio-dia, quando o homem se acha no meio de sua rota, entre animal e super-homem" – e então celebra essa comunhão com Zaratustra – com o si-mesmo. Isso é psicológico, pois, no meio do caminho, a aventura de Dante acontece a certas pessoas, se não de maneira consciente, pelo menos de modo inconsciente. Então se sente o toque do si-mesmo.

---

37. *Parousia*: presença divina.

E esse é o grande meio-dia: quando o homem se acha no meio de sua rota, entre animal e super-homem, e celebra seu avançar para a noite como a sua mais alta esperança: pois é o avançar para uma nova manhã. O animal é a existência inconsciente, a existência do eu pessoal, meramente biológica, e a noite é o problema da individuação, a transformação do si-mesmo ou do super-homem; e isso não é o declínio do entardecer, mas o avançar para uma nova manhã, o que significa a ideia de renascimento no si-mesmo ou para o si-mesmo.

Então aquele que declina abençoará a si mesmo por ser um que passa para lá; e o sol do seu conhecimento permanecerá no meio-dia.

Essa é evidentemente a mesma ideia.

"Mortos estão todos os deuses: agora queremos que viva o super-homem." – que essa chegue a ser, no grande meio-dia, a nossa derradeira vontade!

Assim, na primeira parte da vida, em que não há mais do que propósito animal, inconsciência e existência egoica, os deuses estão projetados: estão fora, porque não estão integrados. Então vem o meio-dia, quando os deuses serão integrados no homem: ele os reconhecerá como projeções. Mas ele então perdeu os deuses, e existe o perigo da inflação, ou da identificação com a imagem do divino, e ele então tem de realizar o super-homem. O super-homem seria a superconsciência, e esse agora é o problema. O que é essa superconsciência que integrou até mesmo aqueles fatos psicológicos que anteriormente eram projetados como deuses? O que acontece então com a consciência, e o que esse super-homem será? Esse é o drama que será encenado na próxima parte do *Zaratustra*.

Palestra V
19 de fevereiro de 1936

Prof. Jung: Temos aqui uma questão da Srta. Hannah: "Fiquei muito interessada quando você falou, na última vez, sobre o estado atual das coisas (Alemanha etc.) ser causado pela 'ideia do si-mesmo espalhando-se por contágio mental'. Gostaria muito de entender melhor como isso funciona. É porque a ideia é tão mais fácil de captar intelectualmente do que de aplicar ao ser físico, e, uma vez tocado, mesmo intelectualmente, todo o processo deve acontecer em outro lugar? Poderíamos quase dizer que todo um povo, até mesmo todo um mundo, está apanhado nas partes, abandonado no inconsciente, da vasta ideia que Nietzsche acorrentou à terra, em seu lado intelectual?"

Receio não ser capaz de explicar o estranho fato desse contágio mental em tais termos. Como você sabe, a ideia de Nietzsche do si-mesmo, tal como apresentada na figura do super-homem, tem em si um efeito peculiar: ou seja, ele se identifica com Zaratustra, e Zaratustra é esse super-homem tal como lhe apareceu, de modo que Nietzsche também se identifica com o super-homem. Pois bem, isso já é uma causa de contágio, pois, se nos identificamos com uma ideia, então essa coisa nos aconteceu e somos apanhados por ela. Por exemplo, se uma pessoa, quando está furiosa, *diz* que está hoje com um péssimo humor, ficamos perfeitamente satisfeitos – entendemos que essa pessoa pode estar de mau humor e não somos infectados por isso. Mas se ela não diz isso, se está realmente de mau humor e pega por isso, então nos faz ficar furiosos. É infeccioso, e também somos apanhados. Se essa pessoa declara a sua condição, sabemos que ela é humana, não meramente uma fera, pois é capaz de nos informar que é humana; portanto, podemos lidar com essa pessoa, ainda podemos conversar com ela. Mas, se ela não reconhece isso, é uma fera e morderá, e então ficamos muito irritados e nos mantemos longe. Assim, sempre que somos apanhados pelo inconsciente, seja na forma de um humor ou de uma ideia, somos influenciados. Por isso, se Nietzsche tivesse dito "senhoras e senhores, aqui está a ideia do si-mesmo, mas não sou esse si-mesmo", poderíamos ver que era uma ideia muito interessante, mas poucas pessoas a ouviriam – caso contrário, elas poderiam tê-la ouvido faz tempo –, pois não é infecciosa. Mas se alguém diz "eu *sou* o si-mesmo, eu sou o super-homem", ficamos entusiasmados; ou pensamos que é um tolo em dizer uma coisa dessas, um mero maluco, e ficamos entusiasmados por termos de lidar com um lunático. Ou dizemos: "Não é grandioso? Eis o si-mesmo, ele *é* o cara". Portanto essas pessoas sempre têm uma adesão positiva ou negativa, mas pessoas de mente equilibrada não têm seguidores, porque o equilíbrio não gera contágio mental; pode causar convicção, mas nunca persuasão.

Pois bem, como Zaratustra é o super-homem, a inferência é que Nietzsche é o super-homem, pois, devido à identificação, é difícil diferenciá-los. Por exemplo, quando ele diz "amo vocês, vocês são meus irmãos", nos perguntamos quem está falando. Zaratustra não é o escritor – ele não tem lápis –, mas sim um fantasma. Viveu cerca de dois mil e setecentos anos atrás, mas pode ser seu espírito que aparece e fala através de Nietzsche. Então sabemos que Nietzsche enlouqueceu, e muitas passagens nesse livro são um pouco mórbidas, de modo que temos uma grande impressão da identidade; e, assim que há morbidez, ficamos com receio. Frequentemente se escuta: "Não leia o *Zaratustra*, porque aqueles que o leram ficaram mórbidos e enlouqueceram; essa coisa exerce uma má influência". Outros dizem que o livro é uma revelação e que Nietzsche é o grande profeta da época – eles são capturados desse modo. Vejam, praticamente não há nenhum insensato social debaixo do sol que não possa ter seguidores; quando ele sai às ruas e diz que é o grande homem da época, com uma nova mensagem para o mundo, um determinado número de pessoas pode pensar que ele é um mero maluco, mas algumas serão convencidas de que ele realmente é o cara. Ele só tem de gritar e fazer barulho para ter um público. As pessoas que sofrem de uma identificação como essa quase sempre gritam, o que mostra claramente que não estão acima de seu próprio material, mas sim capturados por ele. E querem ser capturados porque querem capturar outros; porque estão capturados, querem capturar, assim como viciados em drogas sempre querem capturar outras pessoas porque eles próprios estão capturados. Por isso cultivam certo estilo que mostra que estão capturados; sabem inconscientemente que, quando estão capturados, capturam. O curandeiro primitivo, por exemplo, deve provar para o seu público que está capturado porque isso transmite, isso infecta a tribo toda. E quem quer infectar ou capturar gritará e se comportará como um lunático. Demonstrará sua condição não livre porque assim captura – tais pessoas conseguem muitos seguidores. Em Nietzsche, a ideia do si-mesmo aparece em uma forma muito tangível, e ele é visivelmente capturado por ela; e isso se espalhará, terá influência, causará contágio, em um sentido positivo ou negativo. Ele naturalmente suscitará infinitas resistências, mas seus inimigos que resistem a ele são, na verdade, seus seguidores, porque não podem tirar os olhos do fenômeno que ele oferece ao mundo. Outros são positivamente persuadidos por ele, e buscarão, eles próprios, o super-homem, ou pelo menos humildemente se transformem em ancestrais do super-homem, na esperança de que, em três ou quatro gerações, um de seus filhos ou uma de suas filhas produzirá um super-homem.

Esse é o modo como explico esse contágio mental através de uma ideia que não está completamente descolada do homem no qual se originou. Claro, não quero dizer que Zaratustra seja realmente o ponto de partida da ideia do si-mesmo, porque por muitos séculos essa ideia parece ter estado à espreita nos bastidores dos acontecimentos históricos. No Oriente, surgiu muito antes do que aqui, mas a vemos em ação em Mestre Eckhart, ela chegou mais perto na filosofia posterior e, em Nietzsche, irrompeu em uma espécie de *ekstasis*. Agora está tangível, próxima. E, por não estar completamente descolada do homem, tem esses efeitos peculiares. Ainda está no inconsciente, por isso o inconsciente está ativado; as pessoas hoje em dia são tomadas por uma inquietação que não entendem, por isso espalham sua excitação. Isso está acontecendo atualmente na Alemanha, e aconteceu na Rússia; todo mundo está infectando todo mundo com inquietação, com um inconsciente peculiarmente vibrante – e deve haver uma razão para tudo isso. É como se alguma coisa tivesse entrado no inconsciente do homem e estivesse se agitando ali, causando uma excitação infecciosa. Até mesmo as noções mais ridículas têm seus seguidores; todo tipo de epidemias mentais – maiores ou menores – estão fazendo nosso mundo civilizado tremer. E isso é perfeitamente natural; muitas vezes já falamos da causalidade ou da etiologia desse fenômeno. Ele corresponde ao declínio do cristianismo, a forma na qual se vivia com segurança; e, quanto mais aquelas convicções metafísicas se enfraquecem ou desaparecem, mais a energia investida naquelas formas cai abaixo do limiar da consciência. Há relativamente poucas pessoas, hoje em dia, que pensam em termos metafísicos; isso é coisa do passado: toda aquela libido desapareceu no inconsciente. Aquela *crença* total em Cristo e em Deus e no céu, a libido que construiu as catedrais da Idade Média, tomou outras formas. Temos agora grandes hotéis, arranha-céus, enormes exércitos e coisas desse tipo. A ideia de Deus – que era a realidade suprema na Idade Média – foi substituída pela teoria da relatividade de Einstein, e há apenas umas poucas pessoas no mundo que entendem isso. (Não sei se ela funciona nelas como Deus: nunca ouvi falar nisso.) E todas as outras pessoas estão vazias.

Não é de se estranhar, portanto, que toda essa libido no inconsciente comece a se agitar e cause um fenômeno como o *Zaratustra* de Nietzsche. Esse livro começa, praticamente, com a declaração de que Deus está morto, mas podemos ver ao longo da obra que Nietzsche nunca se livra dele; pois Deus é o parceiro desconhecido, o verdadeiro parceiro do homem. Não nomeado e não visível, ainda assim está lá. Essa é a causa dessa grande excitação, o enorme entusiasmo ditirâmbico que explode de Nietzsche; esse é o fato que sempre foi chamado de Deus. Em qualquer época anterior, as pessoas teriam dito que um deus o possuiu e estava falando por intermédio dele. Em Nietzsche, o deus a partir de então é Zaratustra. Podemos chamar de Deus o que quisermos, mas Ele sempre aparece no fogo. No Antigo Testamento, Ele aparece na sarça ardente, que é simplesmente o entusiasmo ditirâmbico de Deus irrompendo de novo em êxtase; Ele era então chamado de "Javé", e aqui é "Zaratustra", mas é a mesma coisa. E é uma das causas dessa infecção. Claro, muitas pessoas acreditam que o único bem é ser tomado, excitado e infeccioso, e que todo mundo deveria ser capturado pela infecção; e, visto que é assim, não posso dizer que isso esteja errado. Não sei se é errado ou certo – é apenas um fato. Mas não compartilho da convicção delas. Penso que é indecente – talvez esteja totalmente errado em minha convicção. (Tampouco posso dizer se isso é certo ou errado.) Mas não me importa: eu a tenho, e isso também é um fato.

Sra. Sigg: Você falou sobre gritar, e Nietzsche teve esse sintoma em sua doença; quando a mãe dele escreveu ao médico, disse que o filho tinha o hábito de gritar e que isso a assustava. Disse que ele não parecia sofrer. Pelo contrário, sorria.

Prof. Jung: Talvez isso tivesse um efeito prazeroso nele. Bem, vamos agora prosseguir para a parte II do *Zaratustra*. Deveríamos celebrar este momento – que tenhamos chegado tão longe! Vocês se lembram de que, no fim da parte I – assim como no começo –, Nietzsche declara que Deus está morto. "Mortos estão todos os deuses: agora queremos que viva o super-homem." Aqui temos a psicologia claramente; os deuses estão mortos e agora invoquemos o super-homem, o homem que é mais do que o homem ordinário tal como o conhecemos. Vejam, isso não está muito longe da ideia cristã do Filho do Homem. Cristo é homem, portanto Ele é o super-homem, o Deus-homem; a ideia não evoluiu muito. Então Nietzsche aconselha seus discípulos a não correrem atrás dele ou se identificarem com Ele, ou segui-lo e assim evitarem a si mesmos. Eles deveriam antes se tornar inimigos dele para encontrar a si mesmos; ele diz que é melhor se calar e lhes dar uma chance. Também aí existe uma tendência secreta por trás: ou seja, não seria o momento de manifestar, de encontrar o super-homem? E o melhor meio de encontrar ou criar o super-homem é sempre nos colocarmos à prova, entrar em nossa própria solidão, nos fortalecer, para descobrir se por acaso não somos o super-homem. É isso o que fazem as pessoas que querem se tornar sagradas ou santas. Essas são as tendências que levam à parte II; veremos agora o que sucedeu a Zaratustra quando foi para sua solidão. Esse capítulo chama-se "O menino com o espelho".

> Em seguida, Zaratustra retornou às montanhas e à solidão de sua caverna e afastou-se dos homens, aguardando como um semeador que espalhou suas sementes. Mas sua alma ficou plena de impaciência e avidez por aqueles que amava; pois ele ainda tinha muito a lhes dar. Isto é, de fato, o que há de mais difícil: por amor fechar a mão aberta e, fazendo dádivas, conservar o pudor.

Nessa passagem, podemos ver uma de suas dificuldades particulares; ele precisava muitíssimo de um público, pois ter um público é agradável – isso sempre nos prova alguma coisa –, enquanto, estando completamente sós, perdemos nossa autoestima. É como se nos tornássemos cada vez menores, e no fim um mero grão de poeira em um cosmo terrivelmente extenso, e então ou desenvolvemos megalomania ou nos tornamos um nada. Por isso é aconselhável ter um público, ainda que meramente para demonstrar que sabemos quem somos, que nos tornamos algo definido, que somos tão comuns quanto os outros, e que estamos vivendo em nosso corpo. Perdemos todas essas considerações quando estamos sozinhos. Pois bem, ele particularmente sofre com o fato de não poder dar, e sente fortemente que deveria entregar sua mensagem.

> Assim transcorreram luas e anos para o solitário; mas sua sabedoria cresceu e causou-lhe dor com sua abundância.
>
> Um dia, porém, ele despertou antes da aurora, refletiu longamente em seu leito e falou enfim a seu coração:
>
> "Com o que me assustei tanto, em meu sonho, que acordei? Não me apareceu um menino com um espelho?
>
> 'Ó Zaratustra', disse-me ele, 'olha-te no espelho!'
>
> Ao olhar no espelho, porém, soltei um grito e meu coração se abalou; pois não foi a mim que vi nele, e sim a careta e o riso galhofeiro de um demônio.
>
> Em verdade, compreendo bem demais o sinal e o aviso do sonho: minha *doutrina* está em perigo, o joio quer ser chamado de trigo!
>
> Meus inimigos tornaram-se poderosos e distorceram a imagem de minha doutrina, de modo que os que mais amo se envergonharão das dádivas que lhes fiz".

Que tal esse pedaço de interpretação de um sonho?

Sra. Sigg: É uma terrível extroversão ele pensar apenas em sua doutrina.

Prof. Jung: Oh, não necessariamente. Isso é algo humano; é o que qualquer um faz quando tem uma doutrina. Veja, ninguém em sã consciência aplicaria esse sonho a si mesmo, a não ser que conhecesse a psicologia analítica. Claro, nesse caso se sentiria em uma obrigação de pensar: "Droga, o que significa esse espelho colocar uma face dessas em mim?" Mas um ser humano comum e não sofisticado, não afetado pela psicologia, pularia à conclusão de que outra pessoa deve tê-lo pintado de preto, pois as coisas ruins estão sempre em outro lugar: eu sou muito bom, eu não tenho o rosto do demônio. Mas o sonho significa exatamente isso. Ele tem uma face de demônio porque se espelha na mente de uma criança. Visto que as crianças e os loucos dizem a verdade, ele deve se parecer com isso. Esse é o significado simples e direto do sonho. Estou totalmente convencido de que ele realmente teve esse sonho naquele momento; seria muito provável acontecer-lhe quando estava apartado. E houve uma interrupção real entre essas duas partes do *Zaratustra*, quando ele se afastou daquele rio impetuoso de criação em que somos preenchidos com o ruído e o tumulto das ondas. Então entramos em nós mesmos, tudo está calmo, e assim é mais provável que vejamos nossa própria face. Esse é um simbolismo extremamente adequado; o espelho é o intelecto ou a mente, e a criança carregando o espelho significa, evidentemente, a mente de uma criança, a mente simples, de modo que não podemos evitar a conclusão de que a criança disse a verdade através de seu espelho mágico. Pois bem, o que significa ele ver sua face como a do demônio?

Prof. Reichstein: Não seria de novo uma resposta à declaração de que todos os deuses estão mortos? E então, é claro, a primeira coisa a aparecer seria o demônio.

Prof. Jung: Na medida em que Zaratustra é Deus, o lado oposto dele é então necessariamente um demônio. Devemos também perguntar *quem* está falando dos deuses. Se fosse um homem oriental, claro que não poderíamos supor que seja necessariamente um demônio, pois os deuses orientais não são bons nem maus, mas sim bons *e* maus; eles aparecem de dois modos, os aspectos benevolentes e furiosos. Isso é particularmente claro nos deuses tibetanos do Mahayana; mas todos os deuses hindus têm seus diversos aspectos, e não se faz estardalhaço a esse respeito. É totalmente evidente que a boa e benévola deusa Kali é o monstro mais sanguinário do outro lado e que o deus Shiva, doador de vida e fertilizador, é também o deus da destruição total. Não faz diferença para a mente paradoxal do Oriente. Mas, para a mente ocidental, com seu caráter categórico peculiar, isso faz toda a diferença do mundo; dizer que Deus é o demônio – ou que o demônio é Deus – é considerado blasfemo ou sacrílego. Ainda assim, se existe um ser universal como a divindade, ele deve ser mais completo do que o homem; e, visto que o homem é uma união peculiar de qualidades boas e más, tanto mais o é o ser universal. Um protestante muito famoso[38] diz em um de seus livros que Deus só pode ser bom, assim impondo uma terrível restrição a Deus; é como se, na organização do bem-estar da humanidade, ele estivesse privando Deus da metade de seu poder. Como Ele pode governar o mundo se é apenas bom? E é totalmente errado dizer que todo o mal é apenas para o bem; podemos dizer igualmente que todo o bem é para o mal. Portanto é mais acurado dizer que as coisas são tanto boas quanto más;

---

38. Esse teólogo é Gogarten. Cf. 5 de dezembro de 1934, n. 235.

e podemos duvidar que sejam tão favoráveis assim, pois tudo tende mais ao mal do que ao bem.

Nietzsche não falaria do demônio tão abertamente, porém, já que isso não é popular. Mas, se Deus é apenas bom, quem está produzindo todo o mal no mundo? Portanto a onipotência de Deus é obviamente dividida – Ele tem de dividi-la com o demônio. Seria muito mais acurado supor que a divindade todo-poderosa fosse superior ao bem e ao mal – "para além do bem e do mal", como Nietzsche reivindica para o super-homem. Um ser todo-poderoso como esse poderia até mesmo lidar com o mal; lidar com o bem não é nenhuma arte, mas lidar com o mal é difícil. Platão expressa isso em sua parábola do homem em uma carruagem dirigindo dois cavalos; um é bem-humorado e branco, o outro é negro e mal-humorado, e o cocheiro tem extrema dificuldade para conduzi-la[39]. Esse é o homem bom que não sabe como lidar com o mal; as pessoas boas são singularmente incapazes de lidar com o mal. Portanto, se Deus é apenas bom, é evidentemente ignorante com referência ao mal. Não poderia fazer coisa alguma ali.

Prof. Fierz: Você disse que algo deve ter acontecido entre a parte I e a parte II, e na história da vida dele eu descubro que, no dia em que a parte I do *Zaratustra* foi encerrada, Wagner morreu, e Nietzsche achou isso significativo. Penso que o espelho lhe mostrou também seu lado mau, porque sabemos o quão entusiástico ele tinha sido acerca de Wagner, e esse problema pode ter a ver com o fato de sua morte naquele dia. Lembro-me de que certa vez, quando ele estava tocando Wagner, chorou um dia inteiro. Portanto houve uma cisão em sua mente, e pode ter havido alguma conexão com a terrível perda de Wagner, que evidentemente era um grande homem, com todas as suas falhas.

Prof. Jung: Sim, não há dúvida de que essa amizade foi um fator muito importante em sua vida, pois Wagner representava muito claramente seu lado sentimental; e o fato de Wagner ter morrido justamente no momento em que Nietzsche terminou o *Zaratustra* poderia facilmente ser considerado um acontecimento fatídico, pois, com o *Zaratustra*, Nietzsche realmente selou sua vida; *Zaratustra* foi sua fatalidade – ele então chegou definitivamente ao outro lado. Por isso é tão importante que esse capítulo comece com a pista muito útil do inconsciente de que ele poderia dar uma olhada cuidadosa em seu outro lado, em que realmente se parece com um demônio. Mas ele então comete o terrível equívoco de pensar que alguém atacou sua doutrina, em vez de ser ingênuo e assumir que deveria ver o demônio nele próprio. Vejam, isso evidentemente teria posto uma luz inteiramente diversa sobre muitas coisas que ele tinha experienciado, inclusive sua relação com Wagner. Se ele tivesse sido um dos bons eremitas cristãos comuns, provavelmente teria

---

39. Cf. *Fedro*, p. 246-255. Os cavalos e o cocheiro representam aspectos da psique.

pensado que o demônio tinha posto uma face horrível nele para tentá-lo, e poderia ter extraído a mesma conclusão de que era uma *diabolica fraus*, uma trapaça do demônio; e teria tentado afastar o demônio, projetando então seu lado escuro não em uma multidão anônima de inimigos, mas em um diabo definitivamente existente. Já um filósofo oriental provavelmente teria sorrido diante disso e extraído a conclusão de que havia sido muito bom e que esse era seu outro aspecto. Teria dito: "Não sou nem isso nem aquilo – tudo isso é ilusão". Pois bem, a conclusão psicológica, claro, não é exatamente como a oriental. Seria fácil demais dizermos "eu tenho sido muito bom e sou, é claro, também muito mau: sou o sujeito que é indiferente a tais situações". Isso não adiantaria, porque bem e mal são poderes reais, e se por um instante esquecermos que são reais, estaremos em apuros: simplesmente perdemos a própria identidade.

Não sei até que ponto é permitido ao filósofo oriental perder sua identidade com o ser humano. Penso que é permitido porque eles nunca perdem realmente de vista o ser humano. Lao-Tsé podia afirmar ser superior a um ser humano, que isso era a direita e aquilo era a esquerda, que isso era luz e aquilo era treva – e que ele não era nenhuma delas. Quando ele, em sua grande sabedoria, retirou-se de seus afazeres – ele era o bibliotecário de um dos reis da China – e se assentou na encosta ocidental da montanha, levou consigo uma dançarina. Ele estava a tal ponto em sua realidade que nunca se afastou do fato de sua humanidade comum, muito humilde. Nós pensaríamos: "Que vergonha!" Mas esse aspecto de humanidade era tão natural que ele não se incomodava; o lado humano era tão resolvido que ele podia se desidentificar do ser humano. Somente à medida que vivemos o ser humano podemos nos desidentificar; à medida que não podemos aceitar o bem e o mal, ou ter ilusões sobre o bem e o mal, não podemos nos desapegar. Portanto a verdadeira superioridade é estar no conflito e reconhecer o bem e o mal. Isso é muito superior à atitude na qual a pessoa imagina estar acima disso simplesmente por dizer que está. Existem pessoas assim. Elas dizem que isso tudo é ilusão, nem isso nem aquilo, e se erguem até sentirem-se "seis mil pés acima do bem e do mal", como o super-homem; mesmo assim sofrem vários infernos. Tenho a certeza absoluta de que o velho Lao-Tsé não sofria; talvez a garota às vezes fosse desagradável com ele, e então ele sofresse bastante, mas ele considerava isso rotineiro, como vocês sabem. Podemos ler tais observações no *Tao-Te King*. Portanto, de acordo com a minha ideia, Zaratustra teria sido prudente se tivesse olhado para essa face do demônio e extraído outra conclusão, em vez de curiosa conclusão de que alguém tinha pintado de preto sua maravilhosa doutrina branca. Essa é agora a razão para ele tomar uma nova decisão.

> Perderam-se para mim os meus amigos; chegou a hora de buscar os meus perdidos!

Assim, a lógica é: oh, eu vejo que tenho uma face muito sombria, aquelas pessoas muito más a escureceram, estão contra a minha doutrina, portanto devo correr atrás de meus amigos, de meu público, para fugir do aspecto feio do meu outro lado. Muito humano!

> Com essas palavras levantou-se rapidamente Zaratustra, não como alguém assustado que busca por ar, mas antes como um vidente e cantor que é tomado pelo espírito. Sua águia e sua serpente olharam-no surpreendidas...

Tenho certeza de que estavam assombradas. Vejam, elas são os instintos: a águia é o instinto espiritual; e a serpente, o instinto ctônico. Ambas certamente ficariam perplexas quando vissem essa conclusão, porque são favoráveis ao convívio amigável das faces escura e clara. Elas odeiam conclusões como a que Zaratustra extraiu aqui:

> [...] pois seu rosto, como a aurora, irradiava uma felicidade iminente.

De onde vem essa felicidade, de maneira súbita, depois daquela visão tão deprimente?

Sra. Adler: Porque ele acredita que pode escapar disso.

Prof. Jung: Bem, ele estava muito satisfeito com a ideia de que poderia se afastar disso. Mas qualquer um que possa descobrir quem é o demônio fica muito grato. Essa é uma razão pela qual gostamos de histórias de detetive ou de ler longos relatos sobre um crime. É também a razão pela qual os velhos gregos gostavam do drama. *Ele* é o criminoso, não fui eu que fiz isso; e vejam quais são as consequências: *ele* foi castigado! E então eles vão para casa e comem um bom jantar. Outra pessoa fez aquilo; felizmente, somos pessoas muito humanas e civilizadas a quem tais coisas nunca ocorrem. Então, por uma semana, elas passam bem e, no domingo seguinte, vão de novo ao teatro e são de novo purificadas. Esse é o efeito catártico libertador do teatro. Pois bem, como vocês supõem que Zaratustra chega à ideia de que é apenas sua doutrina que tem sido atacada ou insultada? Ele poderia ter pensado que alguém tinha dito algo de mau sobre ele próprio.

Sra. Jung: Ele não estava identificado com sua doutrina?

Srta. Wolff: Ele *é* a doutrina e não existe fora de sua doutrina. Não tem existência pessoal.

Prof. Jung: Bem, essa é uma das razões importantes: ele é sua doutrina. Zaratustra é o Logos, e a mensagem é o Logos, e o Logos está personificado. Ele é o espírito. Assim, quando ele pensa que sua doutrina está de algum modo sombria, poderia igualmente dizer que *ele* é atacado. Mas aqui está de novo uma espécie de armadilha. Esse é novamente um caso em que Nietzsche se identifica com Zaratustra, e por isso há essa diferença entre Zaratustra-Nietzsche e a doutrina. Se ele deixasse a coisa toda em Zaratustra, Zaratustra seria o Logos, a doutrina, e então, para o homem Nietzsche, poderia ser indiferente se alguém insultasse ou não o espírito, pois o espírito é forte o bastante para cuidar de si. Ele poderia dizer: "Se essas pessoas não podem aceitar essa mensagem, se elas insultam o espírito, não terão as delícias do espírito; negam a si mesmas toda essa beleza, toda essa iluminação, e, se preferem mover-se nas trevas e torturar a si mesmas, que se entreguem a seus artifícios". Vejam, nossa verdade deve ser boa o bastante para podermos desfrutar dela e nos compadecermos daqueles que são tolos a ponto de não vê-la. Por exemplo, se você sabe que bênção é ter bastante água para se lavar todos os dias, e o quão bem se sente depois de um banho, e que há pessoas que pensam que não devemos nos lavar, que é perigoso tomar banho, você pensa que está tudo certo. Se elas se sentem bem daquele modo, que cuidem de sua imundície e de suas pulgas: você não tem nada contra, embora se sinta melhor com seu próprio jeito de viver. É exatamente a mesma coisa com o espírito.

Vejam, a ideia de que é uma ofensa passível de punição insultar o espírito foi inventada por aqueles que acreditam no espírito, mas não desfrutam dele. Talvez fossem crentes de uma determinada verdade, mas de fato duvidassem dela. Ou você conhece uma coisa e então não precisa acreditar nela, ou não a conhece e então pode igualmente duvidar dela. Assim, quando alguém duvida da verdade em que você acredita, ele é um ofensor porque lhe deu um mau exemplo; você fica ofendido porque instantaneamente a dúvida pode germinar também em você. Existe o perigo de que você possa duvidar daquilo em que acredita; por isso, mate aquelas pessoas que duvidam e assim você remove a dúvida. Essa é a psicologia da Igreja: os heréticos devem ser eliminados. Eles têm a ideia errada e fazem a Igreja duvidar de suas próprias coisas. E essa é ainda a psicologia daquelas pessoas devotas que pensam que é terrível alguém dizer que Deus não existe ou algo do tipo, essas coisas não deveriam ser ditas. É *preciso* acreditar, é preciso *tentar* acreditar. Isso é, segundo minha humilde ideia, totalmente errado, porque leva a consequências muito ruins. Se me forço a acreditar em algo, ou quero acreditar em algo, eu me torno extremamente intolerante; não gosto de ninguém que insulta minhas amadas ideias porque faço um esforço muito grande para acreditar nelas. Ao passo que, se você conhece uma coisa, pode desfrutar dela. Se você sabe que dois mais dois é igual a quatro, você desfruta desse fato, pois é verdadeiro. E se outra pessoa diz que não tem certeza, que talvez seja cinco ou seis, você fala: "Divirta-se com isso". Você não fica ofendido porque pensa que está olhando para um pobre idiota que nega uma obviedade. Meus garotos somalis ainda acreditam que a terra é um disco achatado com o sol dando voltas em torno dela e um anjo sustentando-a, embaixo do disco, até o outro lado. Bem, deixemos aquelas pessoas com suas ideias simpáticas; não fico ofendido por elas não acreditarem que a terra é um globo, pois eu *sei* que a terra é um globo. Portanto, se você sabe de Deus, não fica ofendido se as pessoas dizem que não existe tal coisa; você simplesmente ri; ao passo que, se você só *acredita* nele, fica ofendido e deve se vingar dos descrentes, pois você poderia igualmente descrer.

Assim, na medida em que Nietzsche se identifica com Zaratustra, ele se identifica com a mensagem, embora sinta de maneira muito diferente; ele é um homem, um ser humano, e então existe a mensagem. Mas, na medida em que ele é Zaratustra, ele *é* idêntico à mensagem, e qualquer um que insulte a mensagem insulta a ele próprio, Zaratustra-Nietzsche. Se Nietzsche pudesse ver que Zaratustra era idêntico à mensagem, e que ele, Nietzsche, não era idêntico a Zaratustra, ele poderia deixar para lá e não se ofenderia, mas se ele meramente acredita nela, é natural que fique ofendido. Essa curiosa ideia de que ele sonha que tem uma face sombria do diabo porque alguém insultou sua teoria é uma conclusão muito humana, mas só pode acontecer quando a pessoa é idêntica à mensagem que lhe é confiada.

Sra. Sigg: Parece haver uma conexão com o capítulo anterior, pois o principal ensinamento de Zaratustra era que o médico tinha de curar-se a si mesmo, que deveria ver-se a si mesmo com os próprios olhos e tornar-se uma totalidade. Por isso acho que nem Zaratustra, nem Nietzsche, tornaram-se uma totalidade.

Prof. Jung: Bem, o propósito daquele tipo ritual de solidão era a pessoa se tornar forte, inteira, mas a primeira coisa elucidativa que acontece é usada como um pretexto para fugir, para descer e pregar o Evangelho[40].

Sra. Jung: Pergunto-me se Zaratustra não deveria de fato ir para o mundo. Ele diz a si mesmo que anseia por homens, e também é muito confortável sentar-se em uma montanha e simplesmente abandonar sua doutrina a si própria. Assim, poderia ser um instinto muito bom, alguma espécie de percepção, que o chama de volta à sua obra.

Prof. Jung: Sim, isso é perfeitamente verdadeiro; uma mensagem não tem sentido se permanece escondida; deve ser contada. Mas deve ser apresentada como tal; a mensagem e o homem não deveriam ser idênticos, pois, se ele se identifica com ela, ela se espalhará – ele causará uma epidemia mental, e isso é o próprio demônio. Então ela será coletiva, tudo em um baixo nível, e tais coisas acontecem como o levante de massas na Alexandria. Eles começam a queimar hereges e tudo isso; é apenas uma destruição de valores perfeitamente decentes. Vejam, com ou sem mensagem, quando Zaratustra ou Nietzsche – deveríamos sempre dizer Zaratustra-Nietzsche – tem um sonho como esse, ele, segundo o bom-senso, deveria realmente levá-lo em consideração, deveria se perguntar: "Como? Como é

---

40. Aqui é omitida a repetição de uma história por Jung.

que eu apareço diante do povo como Moisés, com uma face brilhante como o sol, quando atrás dessa máscara tenho a face de um demônio?" Isso não é tão simples. Isso deveria ser considerado primeiro, e naturalmente se Zaratustra-Nietzsche pudesse perceber que sua face é também negra, isso o ajudaria a se desidentificar. Ele poderia então fazer uma diferença entre ele próprio e Zaratustra. Claro, isso prejudicaria seu efeito, mas o efeito seria venenoso de todo modo, pois ele não criaria convicção, e sim apenas persuasão e contágio mental; e então ele não teria verdadeiros discípulos, teria lactantes, *bambinos*, pois todas as pessoas são inclinadas a serem lactantes.

Srta. Wolff: Há uma dúvida, no capítulo anterior, em que ele diz que seus amigos deveriam se envergonhar dele e que talvez ele os tenha traído, mas ele não diz isso a sério. Ele diz: "Somente quando todos vós me tiverdes negado eu retornarei a vós. Em verdade, com outros olhos, irmãos, buscarei então os que perdi; com outro amor então vos amarei". Ele lhes dá o benefício da dúvida, mas na verdade não quer que eles façam isso, pois isso pertence ao seu arquétipo, ele diz aqui que é negado. Ele vive esse arquétipo, mas quando se trata dele próprio, obviamente não pode ver isso.

Prof. Jung: Bem, o desesperador é que a figura de Zaratustra é exatamente o que deveria ser até que chega o momento em que Zaratustra se identifica com ela, então ela é distorcida. Vejam, o nome Zaratustra denota um salvador; Zaratustra foi um salvador, um grande mestre, tanto quanto Cristo ou Mani ou Maomé ou qualquer um dos grandes profetas. Mas, se um ser humano se identifica com essa figura, há uma mistura de psicologia humana, e deve-se a essa mistura com a imperfeição humana que a face de Zaratustra apareça como a face de um demônio no espelho, pois o espírito em si mesmo não tem a face de um demônio. O espírito em si não tem sombra, uma vez que é um princípio. Não podemos dizer que o *Yang* seja preto em si mesmo, ele simplesmente não é preto; o ponto preto simplesmente significa a possibilidade de transformação no *Yin*; mas, enquanto há o *Yang*, é o *Yang*, é positivo. Mas, se um ser humano identifica-se com o *Yang* (ou com o *Yin*), isso suscita uma criação que é tanto *Yang* quanto *Yin*, e então o *Yang* já não é puro. Tem então uma psicologia humana. O espírito não tem psicologia humana – não é humano; por isso ele chama o espírito de divino, assim como *Yang* é divino. Os chineses sequer o personificam. Temos essa tendência peculiar de personificar tudo, desde os dias dos antigos gregos. Essa luz que agora brilha a partir dele como o sol nascente é uma espécie de *ekstasis*. Isso *é* o espírito. Ele é agora como Moisés, que desceu da montanha com a face tão luminosa e brilhante que eles não podiam suportar a sua luz; ele teve de cobri-la, porque sua face era como Javé.

> Que me aconteceu, meus animais? – disse Zaratustra. Não estou transformado?
> A bem-aventurança não chegou a mim como um vendaval?

Tola é minha felicidade, e falará coisas tolas: é ainda jovem demais – tende então paciência com ela!

Ele é aqui como o sol recém-nascido, o menino Hórus que é jovem pela manhã[41]. E já há uma alusão ao grande vento que desempenhará um papel mais tarde; vejam, o sol é ao mesmo tempo vento e sol. Vocês conhecem uma conexão mitológica entre vento e sol?

Sr. Allemann: Não estaria na liturgia mitraica, em que os ventos vêm do sol?

Prof. Jung: Sim, e há também uma velha conexão no fato de que o vento da manhã vem quando o sol aparece; essa experiência provavelmente conectou o sol com o vento, o sol como o pai espiritual e o vento como a emanação do pai. Portanto a ideia é que o vento, o *pneuma*, desce do sol. Deus era frequentemente comparado ao sol, é claro. Também havia a ideia neoplatônica de que o *animus* ou o espírito do homem desce do sol e assim entra na existência; e, quando um homem morre, esse *animus* é recolhido pela lua, um princípio feminino, e transmitido ao sol. Na mitologia maniqueia – ou poderíamos chamá-la de dogma deles –, isso era expresso da seguinte forma: os espíritos dos mortos são recebidos pela lua, que assim cresce até ficar completamente cheia, e então ela começa a se aproximar do sol. Chega cada vez mais perto, e finalmente coloca todas as almas de volta no sol. Quando a lua está muito perto do sol, está completamente vazia, e então ela aparece de novo do outro lado, lentamente crescendo, sugando almas da terra para devolvê-las ao sol; e, do sol, elas migram para o pilar da vida ou das almas, que aparentemente as carrega de volta à origem da vida, ao pai divino. Essa ideia do pilar da vida aparece em *She*, embora eu não saiba como entrou lá. Então, nas representações medievais da Imaculada Conceição, o espírito desce como vento; o *pneuma* desce o Pai ao ventre de Maria; e o fato curioso é que a palavra grega *pneuma* assumiu seu significado específico somente desde o cristianismo. Antes dessa época, e contemporaneamente a ela, *pneuma* se referia totalmente ao vento. Assim, naquela passagem da Bíblia que diz "o vento (ou o espírito) sopra onde quer", o texto grego diz que o vento sopra. Porém isso também significa o espírito; é ambíguo, às vezes é chamado de uma forma, às vezes, de outra (cf. Jo 3,8)[42]. Além disso, outro exemplo que publiquei é o lunático que pensava que o movimento do falo do sol foi a origem do movimento do vento[43]. Pois bem, nesse caso, o sol nascente também é

---

41. Sobre os quatro filhos de Hórus, cf. OC 12, § 314, fig. 192. Para o mandala e os quatro evangelistas, cf. OC 12, § 101, fig. 62. Como com os deuses solares em geral, o Hórus do Oriente é representado primeiro como jovem e depois como "um ancião cambaleando para o oeste" (Breasted, J. *Development of Religion and Thought in Ancient Egypt*. Nova York e Londres, 1912, p. 10).

42. *Pneuma*: vento e, mais particularmente, respiração – por isso espírito.

43. Cf. 14 de novembro de 1934, sobre o falo do sol.

idêntico ao vento que vem do sol, o que é perfeitamente compreensível, na medida em que Zaratustra é o espírito; esse é o modo como o espírito deveria se comportar. Também é o espírito-criança, o Hórus-menino do alvorecer; Hórus não é apenas o sol nascente, mas também o sol nascente como a iluminação do mistério. Por isso, é claro, apresenta mais a forma do chamado Harpócrates, que até um período muito tardio foi um deus de mistério. Ele aparece na literatura alquímica transformado em Harforetus[44].

Fui ferido por minha felicidade: todos os sofredores me servirão de médicos!

O que é isso?

Sra. Adler: Ele é ferido por seu sonho, não por sua felicidade.

Prof. Jung: Não, devemos considerá-lo tal como está aqui; vejam, está totalmente certo ele dizer "tola é minha felicidade". Ela *é* tola, pois a manifestação imediata do espírito, quando é ainda uma espécie de vento, causa fenômenos como o milagre de Pentecostes, quando as pessoas pensaram que os discípulos estavam cheios de vinho doce, bêbados e balbuciando absurdos. Essa é a *glossolalia* extática, o falar em línguas. E esse "fui ferido por minha felicidade" deve ser considerado do mesmo modo, ele realmente significa ferido aqui. Pois bem, de onde esse vento viria? Há um exemplo definido. Quando a mensagem é transmitida? Quando o portador da mensagem está realizado?

Prof. Fierz: Quando Cristo morreu.

Prof. Jung: Sim, é a ferida do lado de Cristo. Vejam, a missão de Cristo foi cumprida quando Ele morreu por ela na cruz; sua morte foi realmente o selo sobre a mensagem. Se Cristo, por alguma boa sorte, tivesse escapado do destino da crucificação, claro que esse não teria sido um mistério completo – Ele precisa não exatamente morrer, talvez, mas deve ser ferido. Onde temos esse motivo em outro caso, em que algo importante foi feito à humanidade?

Prof. Fierz: Prometeu.

Prof. Jung: Sim, ele trouxe o fogo dos deuses. Eles o acorrentam na pedra no Cáucaso, onde a águia come o fígado dele. Agora, outro exemplo.

Sra. Baynes: Amfortas.

Prof. Jung: Bem, a história de Amfortas é complicada – acontecem muitas coisas que não podemos deslindar aqui; mas a ferida de Cristo realmente influenciou essa história[45].

---

44. Harpócrates era a forma grega de Hórus, o deus de mistério dos egípcios. Cf. Mead*, p. 233. Posteriormente, o termo latino "Harforetus" foi usado.

45. Amfortas, líder dos cavaleiros do Graal (o cálice que Jesus usou na Última Ceia), sofreu um grave ferimento quando capturado por um feiticeiro. Foi curado quando Parsifal, pai de Lohengrin, tocou a ferida com sua lança. Cf. *The Poetic Edda* (trad. Henry Adams Bellows. Nova York, 1923). Em março

Sra. Jung: Wotan.

Prof. Jung: Ah, sim. Wotan passou nove noites pendurado na árvore, movido pelo vento e "ferido por uma lança, consagrado a Odin, eu a mim mesmo". E o que aconteceu depois que ele desceu da árvore – depois da suspensão?

Sra. Jung: Ele inventou as runas.

Prof. Jung: Sim, e essa é a escrita mágica que significou, para aqueles bárbaros, a aurora da civilização; ele trouxe a luz da civilização à terra: essa era a mensagem do espírito. Portanto a ferida tem um significado muito profundo. Talvez o vejamos melhor no mito de Prometeu. É uma espécie de ruptura da ordem do mundo, como se a sabedoria ou o conhecimento tivesse sido originalmente uma parte do grande mundo divino, em uma conexão orgânica com todas as coisas existentes, como se tudo funcionasse então de acordo com regras que nunca foram faladas. E então, uma revelação tem lugar: uma determinada sabedoria ou conhecimento chega à consciência e então não está mais na estrutura orgânica do mundo. É como se houvesse um buraco em algum lugar, como se algo tivesse sido tirado da estrutura eterna e introduzido no espaço, na visibilidade, uma concretização; ou é como se os céus estivessem se separando e uma parte importante fosse arrancada das conexões deles. Vejam, enquanto funcionamos de maneira inconsciente, as coisas aparentemente correm de forma suave, e tudo está no seu lugar, até fazermos uma descoberta – quando tiramos algo do inconsciente, causamos uma ferida. Tornar-se consciente é evidentemente um sacrilégio contra a natureza; é como se tivéssemos roubado alguma coisa do inconsciente. Assim, quando o espírito emerge trazendo algo da estrutura eterna do mundo, então o próprio espírito, sendo esse pedaço do mundo que agora entra na visibilidade, é ferido. O espírito é a ferida e a mensagem. É aquele que revela e aquele que é revelado, o que rouba e a propriedade que é roubada; e é ao mesmo tempo o Deus que – quase se poderia dizer – pecou contra si mesmo, feriu-se para trazer a luz. Esse Deus privado de sua divindade ao enviar seu filho à terra é a mesma ideia; Ele causou dor a si mesmo, submeteu-se à tortura simbólica para dar luz ao homem. Tudo isso exprime a inevitabilidade do processo e sua autonomia, quando alguma coisa é revelada ou se torna consciente para nós. Não é exatamente mérito nosso, mas antes nosso sofrimento; sofremos isso, isso simplesmente acontece. E é a tragédia de um Deus, que não é humano; daí exprimir-se em tais formas mitológicas. Por um lado, é a Boa-nova, o *evangelion* que é trazido ao homem, e isso é o que Nietzsche chama de "minha felicidade". Mas justamente isso é, por outro lado, a ferida, ou causa a ferida, por isso ele diz:

---

de 1936, Jung publicou um artigo sobre Wotan, no qual relacionava o neopaganismo alemão a Wotan (ou Othin, Odin) e a Nietzsche (cf. OC 10/2, § 371-399).

"Fui ferido por minha felicidade: todos os sofredores me servirão de médicos". Isso significa que todos os que sofrem pela revelação serão um consolo ao seu sofrimento, como se os mártires cristãos sofredores fossem médicos para Deus, como se fosse um consolo para o Deus sacrificado que todos esses sofredores assumissem o sofrimento dele. Tais mártires curam o Deus sacrificado aceitando o sofrimento dele, eis o grande mérito na morte ou na tortura ou no martírio deles.

Sra. Baumann: Não entendo de todo a conexão, pois ele não é consciente desse sonho antes.

Prof. Jung: Oh céus, você não deve confundir isso com Nietzsche. O sonho pertence a Nietzsche muito claramente, na medida em que ele está se identificando com Zaratustra; mas esse trecho aqui é Zaratustra, e não Nietzsche, porque é um mistério divino expresso como sempre foi apresentado nas velhas religiões. Por isso mencionamos Wotan e Prometeu, e Cristo. É o mistério – ou chame-o de a psicologia do ato criador – e nada tem a ver com Nietzsche.

Sra. Baumann: Sim, mas os dois animais ficaram assombrados. Eles são instintos de Zaratustra ou de Nietzsche?

Prof. Jung: Eles não são instintos de Zaratustra; é, de novo, humano que esses princípios conectem no homem, não no espírito. O espírito é a águia, o princípio *Yang*, e a serpente é o princípio *Yin*; e os animais ficam assombrados com o que Zaratustra-Nietzsche está fazendo. Eu compreendo totalmente que alguém possa se confundir, mas, para analisar Zaratustra, devemos compreender como montar nossos cavalos, e não só cavalos, mas sim dragões. Devemos ter sempre em mente que os dois estão constantemente intercambiando, jogando um com o outro: ou seja, a psicologia do homem ordinário e sofredor Nietzsche e a psicologia do espírito. Claro que em nossa imensa tolice sempre imaginamos que o espírito tenha uma psicologia pessoal. É exatamente como se presumíssemos que não existisse outra química que não a da panela, essa química é o que alguém aplica na cozinha, para comer. Existe a psicologia do espírito e a psicologia dos instintos, e também existe uma psicologia pessoal. O problema aqui é que Nietzsche não é uma pessoa idealmente analisada – nem mesmo uma pessoa ordinariamente analisada está livre desse peculiar entrecruzamento de tendências pessoais. Se Nietzsche fosse analisado – na medida em que um homem como Nietzsche pudesse sê-lo[46] –, ele mostraria dois lados: aqui o sofredor neurótico Nietzsche e ali a psicologia do espírito, seu drama mitológico particular. Mas o drama divino e o sofrimento ordinário do homem se misturam completamente e distorcem um ao outro, de modo que naturalmente nos confundimos ao olhar para esse emaranhado e tentar decifrar

---

46. Jung aqui visualiza Nietzsche como um analisando. Certa vez escreveu que ele próprio tinha sido bem-preparado para a psiquiatria pelo autor do *Zaratustra*. Cf. OC 7/1, § 199.

as contradições. Para ter uma imagem clara, devemos manter a tese e a antítese sempre diante de nossos olhos, as duas coisas que constantemente operam uma na outra ou influenciam uma à outra, e então tentar separá-las. Mas é realmente muito difícil.

Palestra VI
26 de fevereiro de 1936

Prof. Jung: Houve alguma confusão na última vez, devido ao fato muito desconcertante da identificação de Nietzsche com Zaratustra; foi só mais uma dificuldade na complicadíssima empreitada na qual embarcamos ao tentar analisar o *Zaratustra*. Vejam, realmente não podemos lidar com um fato desses; temos de dissolvê-lo para lidar com ele. Temos exatamente a mesma dificuldade quando um indivíduo real se identifica com uma figura arquetípica. Para uma mulher, lidar com um homem que se identifica com a *anima* dele é completamente impossível. E, para um homem, é muito confuso falar com uma mulher possuída pelo *animus*; ele pensa que ela deve ser uma mulher, porque se parece com uma, anatomicamente, mas, quando ela abre a boca, ele descobre que é um homem que está falando e sentindo, e então ele fica de ponta-cabeça. Claro, essa é apenas uma possibilidade; um homem pode se identificar com o velho sábio, por exemplo, ou uma mulher pode se identificar com a mãe-terra – e isso é terrível, pois a pessoa não sabe se deveria cair de joelhos ou pegar o próximo táxi para um manicômio. Assim, ao lidar com um homem que se identifica com Zaratustra, não sabemos com quem estamos falando, e tudo o que dissermos está errado, naturalmente, porque dependemos inteiramente do entendimento de que podemos dissolver essa união, de que Nietzsche é uma coisa e Zaratustra, outra, e que os dois coincidem. Às vezes é Nietzsche quem fala, outras, é Zaratustra, e quando o texto diz "eu", sabe Deus que "eu" é esse. Devo lhes contar de novo aquela excelente história de Schopenhauer. Ele certa vez caminhava no jardim público em Frankfurt, muito ocupado com seu problema, por isso não prestou atenção ao seu caminho e acabou entrando em um canteiro de flores. Ali permaneceu, pensando muito, até que o jardineiro apareceu e disse: "O que você está fazendo aí no canteiro? Quem é você?" E Schopenhauer disse: "Exatamente, é isso que eu não sei!" Às vezes é muito difícil entender quem somos.

Portanto, ao falar de Zaratustra-Nietzsche, temos o tempo todo essa interação de homem e Deus, ou homem e espírito, na verdadeira acepção da palavra; algumas vezes estou me referindo ao espírito, e, em outras, ao homem. E tudo o que for verdade para o espírito não é verdade para o homem, e vice-versa. Não é de se estranhar, então, que nos confundamos. Por isso, a única coisa a fazer em um momento de dificuldade, quando estamos completamente perdidos, é presumir que não compreendemos, e não que o mundo é que está errado; provavelmente perdemos o fio da meada, e tudo o que dissermos estaria totalmente errado do outro ponto de vista. E estou no mesmo dilema, claro, na medida em que nada que eu disser pode se aplicar a ambos. Assim, seria melhor vocês assumirem minha hipótese de que Nietzsche e Zaratustra são, na verdade, duas coisas diferentes; existe então uma chance de lidar com eles. Caso contrário, estamos na mesma posição desafortunada de quem está com um homem possuído pela *anima*; temos um sentimento peculiar com pessoas dúplices como essa, de que tudo o que dissermos será sempre impertinente.

Chegamos, na última vez, até a explosão de Zaratustra, e, vendo da perspectiva do homem Nietzsche, está evidentemente errada a conclusão de que ele deveria retornar à humanidade. Mas, por outro lado, isso é exatamente o que o espírito tem de fazer. Meramente acreditar no espírito não adianta, porque estamos então pressupondo algo que não existe; o espírito deve ser convincente. Deus tem de se manifestar se devemos conhecê-lo. Caso contrário, de que adianta acreditar nele? O espírito só é convincente quando *existe*; quando existe, funciona. Então ele sopra como o vento sopra; por isso é chamado de sopro, *spiritus*, *animus*, ou *pneuma*, vento. Mas, se não sentimos o vento, estamos perfeitamente justificados ao dizer que não o sentimos. Se não há nenhum movimento no ar, é muito melhor dizer que este é um período de trevas no qual o espírito não se move, de modo que temos de nos satisfazer com o *acreditar* no espírito; mas não podemos continuar para sempre só acreditando naquilo que não percebemos. Quando chegamos a um país sem vento, onde ele aparentemente inexiste, é muito mais seguro supor que não há vento, porque essa é a verdade média. Só quando o vento começa a soprar e as águas começam a correr, ele é convincente. O espírito é essencialmente movimento. Assim que o espírito se paralisa, caímos na crença, e esse é um triste substituto para o espírito.

> Meu impaciente amor extravasa em torrentes, para baixo, para o nascente e o poente. Desde silenciosas montanhas e tempestades de aflição, minha alma rumoreja rumo aos vales.

Essa é uma descrição exata do movimento do espírito, e esse é o estilo próprio de Zaratustra, mas para Nietzsche é uma inflação; quando ele consiste em ar, ou água, já não é humano. É maravilhoso demais: explodir com todo esse amor é impossível. Se um homem vem a nós dizendo que o amor dele extravasa em torrentes rumo ao nascente e ao poente, que desde silenciosas montanhas e tempestades de aflição ele está rumorejando até nós com mil toneladas de água, o que podemos fazer com ele? Como nos adaptamos a isso? Uma coisa impossível dessas significa que há algo impossível no homem; ele é, na verdade, dois; se for nossa convicção pessoal de que é o próprio sujeito que está falando assim, nossa reação natural será telefonar para a clínica psiquiátrica.

> Por tempo demais ansiei e olhei ao longe. Por tempo demais a solidão me possuiu: assim desaprendi o silêncio.

Bem, se isso é Zaratustra falando, está tudo perfeitamente bem; esse é o sofrimento, a aflição do espírito. Nenhum vento estava soprando por séculos, talvez, e o espírito aventureiro do movimento teve de permanecer quieto, incapaz de soprar e assoviar.

> Tornei-me apenas boca, e o bramir de um riacho a descer de altos rochedos: quero que minha palavra desça aos vales.

Isso é exatamente o que vento faz, descendo de altas montanhas aos vales.

> E ainda que a torrente de meu amor caia em terreno intransitável! Como poderia uma torrente não encontrar enfim o caminho do mar?

Vejam, essa imagem de uma torrente que finalmente encontra seu caminho para o mar seria a vida do espírito, é o potencial natural. Se se move, o espírito sempre se move para o mar distante, para a completude – para a completa imobilidade; todo movimento está buscando a eterna tranquilidade do mar.

> Certamente há um lago em mim, solitário e autossuficiente; mas a torrente do meu amor o arrasta consigo para baixo – para o mar!
>
> Novos caminhos eu sigo, uma nova fala me vem; como todos os criadores, cansei-me das velhas línguas. Meu espírito já não deseja caminhar com solas gastas.
>
> Lento demais, para mim, corre todo discurso: pularei para tua carruagem, furacão! E mesmo a ti fustigarei com minha maldade.

Isso é de novo muito grandiloquente. Vocês provavelmente repararam que, no último verso, lentamente entra o homem, com a identificação de homem e espírito, e isso causa essa afirmação de que ele quer se tornar o açoite do furacão, como se o furacão, ou o espírito, fosse sua montaria. Ele não pode se identificar com o furacão; portanto – como sempre acontece –, quando não se pode ficar abaixo de Deus, deve-se ficar acima. Isso é citado de um discurso feito pelo poeta suíço Gottfried Keller em um jantar para celebrar o vigésimo quinto aniversário de um amigo de juventude. Ele disse: "Meus caros amigos, nosso amigo que está celebrando seu aniversário pertence àqueles teólogos que, felizmente, não estão acima, mas abaixo de Deus". Vejam, essa foi uma grande verdade; como não podemos estar no mesmo nível de Deus, estamos ou abaixo ou acima dele. Se estamos abaixo de Deus, Ele é a grande torrente, mas, se estamos acima, Ele é nossa montaria e então somos um sujeito poderoso. Assim que nos identificamos com Deus, devemos transcendê-lo, porque Deus é uma torrente; e não estamos no ar ou nas águas impetuosas, mas somos apenas uma forma definida chamada humana, de modo que só podemos personificar deus em nós mesmos. Então estamos no topo, na sela, e podemos até usar o chicote; podemos mandar em Deus e chicoteá-lo para que Ele se mova um pouco mais rápido. Uma empreitada bastante perigosa. Vejam, esse é o caminho para as consequências catastróficas da inflação.

> Como um grito e um júbilo viajarei por amplos mares, até encontrar as ilhas bem-aventuradas onde se acham meus amigos: E entre eles meus inimigos! Como amo, agora, todo aquele a quem puder falar! Também meus inimigos fazem parte de minha bem-aventurança.

Aqui chegamos a algo um tanto enigmático – que ele queira atravessar amplos mares. *Wie ein Schrei und ein Jauchzen will ich über weite Meere hinfahren.* Isso é como o vento estridente, o mistral, por exemplo, e esse é o símbolo que Nietzsche sempre usa; em outras partes do *Zaratustra*, ele se identifica com o vento que sopra por ilhas e mares, claro que sempre com a meta do espírito, aquelas bem--aventuradas ilhas de paz eterna em que estão seus amigos e também seus inimigos. Pois bem, e quanto a essas ilhas bem-aventuradas? Elas são outro aspecto do mar, é claro.

Prof. Fierz: Seriam elas *die glückliche Inseln*, ou *l'île de Cythère*?

Srta. Hannah: Os lotófagos de Tennyson?

Prof. Jung: Sim, e outras ilhas dos mares do sul, como o Taiti de Gauguin, mas há um exemplo muito melhor, um caso célebre.

Sra. Baumann: A Atlântida.

Prof. Jung: Claro, a grande ilha que afundou no oceano com toda uma civilização da qual as pessoas ainda falam.

Srta. Wolff: Mas a Atlântida não era uma ilha – supõe-se que fosse um continente.

Prof. Jung: Oh, não importa – podemos chamar a Austrália de uma ilha ou de um continente. Claro que importa muito chamarmos Marte de "Marte"; é maravilhoso que as pessoas tenham descoberto quais são os nomes das estrelas!

Sra. Baumann: Não poderíamos também mencionar a ilha da neurose bem--aventurada*?

---

* "*Happy neurosis island*" é a maneira como um paciente de Jung definia seu próprio estado de consciência (cf. OC 16/2, § 374) [N.T.].

Prof. Jung: Bem, sim, mas essa não é uma ilha do conhecimento geral. É uma ideia muito antiga, que existam ilhas bem-aventuradas no Ocidente, do lado de lá da porta do oceano ou dos pilares de Hércules. No Egito, temos as ilhas do Grande Verde, o oceano, que também era o submundo, a terra dos mortos. E a terra ocidental na epopeia de Gilgamesh é o lugar dos mortos, onde as pessoas habitam em eterna felicidade para sempre. Assim, as ilhas bem-aventuradas seriam a terra dos mortos, e o movimento do espírito vai na direção dessa existência subterrânea, como o caminho do sol Osíris que segue por baixo do mar e chega às ilhas do Grande Verde; por isso Osíris, como o juiz do submundo, sempre foi pintado em um verde-azulado, a cor do mar.

Sra. Jung: Ele não poderia estar se referindo simplesmente ao mundo e aos seres humanos? Ele estava na solidão e agora anseia por seres humanos, portanto o mundo poderia parecer-lhe como um paraíso.

Prof. Jung: Exatamente, se você fala em termos de Nietzsche, mas estamos agora do lado do espírito e, na medida em que é Zaratustra, ele fala sua verdade; o vento sopra por sobre o mar até alcançar as ilhas bem-aventuradas, porque, assim como o movimento de todos os rios é de cima para baixo, também o movimento do espírito busca finalmente a grande tranquilidade, o Grande Verde do submundo. Pois bem, quando chegamos ao homem Nietzsche, naturalmente o encontramos nessa ideia de "onde se acham meus amigos". Todo mundo um dia descerá às ilhas do Grande Verde, bem-aventurado ou não; e aqui ele diz definitivamente que seus amigos, bem como seus inimigos, estarão lá. Aqui o homem Nietzsche se identificaria com o espírito e atravessaria os mares para alcançar aquelas ilhas bem-aventuradas onde encontraria amigos, enfim – seres humanos, até mesmo inimigos, alguém com quem conversar! Nietzsche era tão cabisbaixo; durante toda a sua vida esteve isolado, por isso estava tão ansioso por um público com quem conversar. E seus livros eram lidos por relativamente poucas pessoas, que ficavam chocadas pelo caráter peculiar deles; como vocês veem, eles não são de maneira alguma fáceis de ler. Quando um homem escreve coisas desse tipo, naturalmente sente que não será compreendido, pois tem o sentimento interior do que é que ele produz e que o leva a uma atmosfera rarefeita, mais do que seis mil pés acima do bem e do mal. Como vocês sabem, Nietzsche sempre considerou como simbólico o fato de que a Engadina estava a uma altitude de seis mil pés. Assim, é claro, ele se sentiria tremendamente isolado quando pensasse em seus velhos amigos em Basileia, os professores Overbeck e Jacob Burckhardt e assim por diante. Eu gostaria de poder mostrar a vocês o velho Jacob Burckhardt como eu via praticamente todos os dias, caminhando perto da catedral, vindo da biblioteca da universidade. E Zaratustra! – vocês não conseguiriam imaginar nada mais diferente do que esses dois, Zaratustra cheio de história moderna, e esse cavalheiro que poderia ter vivido igualmente bem em 1670. Vejam, essa solidão pertence a Nietzsche, não ao espírito; o espírito não é sentimental. Embora, atenção, se acreditarmos no espírito, ele pode ser *qualquer coisa*, pois podemos projetar qualquer coisa nele; então o espírito *pode* ser sentimental – com olhos azuis, longa cabeleira e uma barba. Mas o espírito é, na verdade, uma tremenda aventura – cruel, inexorável, inumano. Justamente agora ouvimos muitas queixas sobre essa qualidade peculiarmente inumana do espírito da aventura e da experiência; a coisa que está cavalgando pelas florestas na Alemanha não é, de modo algum, humana ou muito compassiva. É um grande vento, apaixonado, e todas as coisas tremerão.

Sra. Baumann: Há uma sentença em que isso é mostrado muito claramente: "Com essas palavras levantou-se rapidamente Zaratustra, não como alguém assustado com falta de ar". Por que ele de repente deveria dizer "com falta de ar"?

Prof. Jung: Na minha tradução está "como uma pessoa angustiada em busca de alívio"[47].

Sra. Baumann: É Nietzsche que está com falta de ar.

Prof. Jung: Bem, não, ele não está com falta de ar, justamente esse é o problema; ele *deveria* se sentir sufocado por tentar se identificar com o espírito, mas não se sente. Dissolve-se nele imediatamente.

Sra. Baumann: Mas ele não mencionaria isso se não tivesse algum problema.

Prof. Jung: Isso é perfeitamente verdadeiro; é uma admissão indireta de que a pessoa *deveria* sentir-se assim. Por exemplo, "perderam-se para mim os meus amigos" é realmente uma terrível afirmação, e então houve essa visão da face do demônio no espelho, que poderia ter causado angústia em qualquer pessoa normal, e para ele não causou. Ele estava completamente identificado com Zaratustra. Vejam, não importa ao espírito qual possa ser sua face; ele *pode* ter uma face terrível. Quando o Evangelho diz que Deus é espírito, isso significa que Ele pode ser muito terrível; o espírito é um movimento elementar, uma tremenda explosão no homem, e pode ser infernal e cruel. Não imagino, por exemplo, que aqueles profetas do Antigo Testamento, que estavam repletos do espírito de Deus, fossem pessoas particularmente amáveis – há evidências do contrário –, e ainda assim não podemos negar que eles estivessem repletos do espírito. Assim, é perfeitamente verdadeiro, como você disse, que o ser humano Nietzsche deveria ter estado repleto de angústia. Ele deveria ter se sentido asfixiado, sufocado, porque o espírito estava levando a melhor sobre ele. Mas ele se identifica com o espírito, em vez de perceber o que a muito fraca e sofredora criatura humana sente quando o espíri-

---

47. Hollingdale*: "Com essas palavras Zaratustra levantou-se – não, porém, como estivesse com falta de ar, mas sim como um monstro marinho que o espírito move".

to toma posse dessa coisa frágil que pode tão facilmente se quebrar. Quando as pessoas são atacadas pelo espírito, podem igualmente se quebrar; há muitos casos de esquizofrenia em que, após o que se chama de uma experiência religiosa, elas simplesmente explodem; não conseguem suportar, é uma coisa muito perigosa. Mas a questão é que ele não se dá conta. Por isso eu disse que era totalmente compreensível que a águia e a serpente o encarassem com espanto; elas são seus instintos, e certamente estão assustadas. Elas teriam interferido, não fossem animais estúpidos. Teriam dito: "Cuidado!"

Prof. Reichstein: Poderíamos chamar de uma reação da *anima* quando ele diz que se sente como um chicote da tempestade?

Prof. Jung: Bem, não diretamente, porque não há evidência da natureza feminina dessa imagem em particular. Eu diria que mostra simplesmente que ele se identifica com a tempestade, e visto que não pode estar *à niveau*[48], ou igual à tempestade, ele a transcenderá, e então está no topo da tempestade e pode usar o chicote nela.

Prof. Reichstein: Mas isso emerge da emoção.

Prof. Jung: Isso é perfeitamente verdadeiro; se ele é subjugado, está no papel feminino. Vocês se lembram de que encontramos anteriormente certos lugares no texto em que Nietzsche usa palavras como se fosse uma mulher, *sich putzen*, por exemplo: um homem quer se embelezar para seu amigo exatamente como se fosse uma mulher. Ali era bastante evidente que ele estava transformado em sua *anima* por identificação, por estar subjugado por seu inconsciente. E aqui devemos, ao menos teoricamente, concluir que ele está no papel da feminilidade. Lembro-me do caso de um lunático, um pintor de casa que teve uma experiência religiosa. A voz de Deus lhe disse que ele não mais tinha o nome de um homem; a partir de então seu nome era Maria – ele era realmente a mãe de Deus. Então ele, como um verdadeiro profeta, disse: "Mas como, ó Deus, é possível que eu seja Maria, pois fui feito como um homem?" E Deus disse: "Oh, não se preocupe, isso pode ser consertado". Assim, para parecer uma mulher, esse homem tentou amputar seus genitais exteriores, e foi então trazido ao manicômio. Esse é um caso de transformação completa por identificação com o espírito. Mas, vejam, quando ele ouviu a voz de Deus, não a teria aceitado se já não estivesse em uma condição feminina. Se fosse um homem, teria dito: "Eu, Maria?! Meu nome é tal e tal – que besteira é essa que você está falando?" Essa teria sido a reação de um homem, mas não, ele instantaneamente se sentiu lisonjeado, muito grandioso, por Deus ter falado com ele, e explodiu de uma vez só. Uma experiência religiosa tem esse caráter

---

48. *À niveau*: no mesmo nível.

insinuante: é uma espécie de tentação como a tentação de Cristo no deserto, quando Deus lhe apareceu disfarçado de demônio e insinuou certas coisas. Cristo era homem o bastante para declarar que se tratava do demônio e permanecer firme; caso contrário, teria se transformado em Maria ou em outra senhora e teria seguido o demônio, o espírito. Provavelmente teria se atirado do teto do templo. Isso tudo é muito paradoxal, embora as coisas aconteçam desse modo. Não é muito claro aqui que um elemento feminino entre, a não ser que seja na palavra *Bosheit*, que é traduzida como "maldade". Esse é um dos termos habituais de Nietzsche, e é uma palavra um tanto desagradável; sempre provoca minha *anima*, porque há algum elemento feminino aí. Pensem em um homem cavalgando e que usa o chicote com maldade. Isso é impensável, e é impensável em uma mulher de verdade, em um ser humano; só uma *anima* poderia fazê-lo.

Srta. Wolff: Acho que o Professor Reichstein estava pensando naquele capítulo que diz que, se você for ter com as mulheres, não se esqueça do chicote.

Prof. Reichstein: Não, eu pensei que isso era, do ponto de vista dele, um teste; ele tentou se conectar com as pessoas e, como não o conseguiu diretamente, sua *anima* tenta agora fazê-lo por meio de sua doutrina.

Prof. Jung: Você quer dizer que ele deseja se impor às pessoas?

Prof. Reichstein: Sim.

Prof. Jung: Bem, ele chegaria a isso, e assim a *anima* seria o chicote que o obriga a cavalgar o espírito. Sim, poderíamos explicar isso desse modo, teoricamente. Está perfeitamente correto. Ele com certeza teria de se identificar por meio de sua *anima*; isso não poderia ser feito de outro modo. Pois bem:

> E, quando quero montar meu cavalo mais selvagem, minha lança é o que mais me ajuda a nele subir; é o sempre disposto servidor de meu pé: A lança que arremesso contra os meus inimigos! Como agradeço aos meus inimigos poder enfim arremessá-la!

Que tal esse simbolismo? Não é uma ideia curiosa que ele agora questione como subir nesse cavalo? Aparentemente ele já estava lá, e agora é a lança que o ajuda a subir; deve haver alguma dificuldade em subir na sela.

Prof. Fierz: Nietzsche certamente não era um cavaleiro.

Sra. Sigg: Sim, ele esteve na artilharia – gostava de cavalgar; feriu-se certa vez cavalgando um cavalo muito selvagem.

Prof. Jung: Mas na guerra ele não esteve com as tropas ativas.

Sra. Sigg: Ele era suíço, e não lhe foi permitido ser um soldado na guerra.

Srta. Hughes: Não seria possível que a lança fosse sua função comandante?

Prof. Jung: Isso é verdade, e é muito interessante que ele precise de sua função principal para subir naquele cavalo. A lança é como uma espada, um punhal, ou algum instrumento desse tipo, e é um símbolo do intelecto, por conta de seu caráter pungente, discriminador, dissecante. Assim, essa passagem significa que ele sobe no cavalo com a ajuda de seu intelecto. Como isso é possível? Esse é o modo usual?

Srta. Hannah: Bem, ele deixa seu corpo inteiramente para trás; identifica-se com seu intelecto e então pode cavalgar com o vento.

Prof. Jung: Sim, mas isso é um pouco simbólico demais. Veja, é obviamente pela suposição do intelecto que a pessoa se identifica: essa é simplesmente a experiência de Nietzsche. E agora esse peculiar movimento aventureiro do espírito, do intelecto, questionará essa função sobre isso. Fará um julgamento sobre o que está acontecendo com Nietzsche. O intelecto dirá: "Essa é sua mente, você está agora nesse tipo de movimento" – e então estamos na sela. Assim como, para alguém tendo uma experiência religiosa, sentindo a presença de Deus, o intelecto poderia dizer: "Bem, esse é você mesmo. Você não sabia que era um sujeito tão grandioso. Esse sentimento de amplitude é o que você não percebia" – e aqui vem a conclusão errada: já estamos em cima de Deus. Claro, outro intelecto poderia dizer: "Pois bem, não se identifique; isso é um dom – é graça de Deus que você seja capaz de fazer algo dessa maneira". O intelecto então ajudaria a desidentificar, mas poderia também dizer exatamente o oposto: "*Você* fez isso, *você* é o cara". Pois bem, quanto mais nos identificamos com uma função, menos sofremos com nossa própria crítica, e mais, evidentemente, sofremos com a crítica dos outros. Se estamos identificados com uma função, somos ajudados pela função para uma identificação ainda maior. Um tenor de sucesso, por exemplo, será o maior homem do mundo porque sua voz chega na altura máxima, portanto ele está no topo do mundo. Ele tem a megalomania típica da qual muitos tenores sofrem, seu entorno naturalmente o ajuda nessa crença. Mas a função superior sempre fará isso, não só o intelecto; ela atribuirá nossa realização, ou o que quer que nos aconteça, a essa função comandante, o melhor lado com o qual nos identificamos – sempre que não conheçamos a existência de outras funções.

Pois bem, há ainda uma passagem no texto para a qual eu gostaria de chamar a atenção de vocês: "Certamente há um lago em mim, solitário e autossuficiente; mas a torrente do meu amor o arrasta consigo para baixo – para o mar!" Aqui está formulado algo que praticamente confirma o que eu disse sobre a situação. O que é o lago?

Sr. Allemann: O si-mesmo.

Prof. Jung: Bem, só podemos dizer que há água, um lago, que não necessariamente escorre para baixo, mas essa torrente de amor o carrega para baixo; assim, o lago é levado embora pela torrente, como se fosse parte dela. E vejam, essa é exatamente a situação – esse é de novo o homem Nietzsche. Há algo nele como um lago, e que é levado embora pela torrente do espírito. Pois bem, o porquê de ele dever ser comparado a esse lago é evidentemente uma questão especial. O Sr. Allemann disse que o lago era o si-mesmo, e o si-mesmo é comparado frequentemente com um lago de paz, ou com o oceano. Há certos lagos menores na Alemanha, no Eifel, chamados de Olhos do Mar, e a ilha é outro símbolo do si-mesmo; vejam, o si-mesmo individual seria uma ilha ou uma unidade em separado do grande inconsciente coletivo. Mas vocês acham que a torrente de amor deveria levar embora o lago? É o que deveria acontecer?

Sra. Crowley: Não.

Prof. Jung: Não, é sim algo notável, pois qual é a utilidade do lago se é levado embora? Um lago não faz sentido se simplesmente se dissolve na fúria da torrente. Assim, quando um homem é dissolvido nessa grande torrente do espírito, já não é mais ele mesmo: identifica-se com o espírito e sua existência individual é eliminada. Pois bem, ainda estamos ocupados com esse símbolo da lança.

Sra. Crowley: Não teria algo a ver com aquilo a que você se referiu na semana passada, a respeito da ferida? Por ele estar ferido, isso não poderia também ter essa conotação?

Prof. Jung: Bem, uma ferida pressupõe algo que fere, e ele diz que é ferido por sua felicidade. A felicidade é a consequência de sua identificação com o espírito, mais propriamente a identificação com o espírito através do intelecto, de modo que, por esse *détour*, é evidentemente a lança pela qual ele é ferido. Isso nos leva ao problema de Amfortas, e também à ideia do Deus sofredor. Cristo sofreu na cruz; Ele era o ser humano que foi ferido pelo fato esmagador do espírito, que arrastou e matou sua humanidade. Claro que cultuamos esse fato, mas nem todos nós o cultuamos. Há – pelo menos devemos supor que sim – em algum lugar uma verdade compensatória para o culto unilateral do espírito, e isso também está indicado aqui. Admiramos ou cultuamos o fenômeno do espírito porque nos ensinaram a fazê-lo; pressupomos que ele é algo maravilhoso, grandioso. E, se podemos confiar nas palavras de Nietzsche, somos também levados a pressupor que é uma experiência maravilhosa identificar-se com o espírito, apesar de todo tipo de indicações de que não é um evento particularmente feliz – que ele é ferido por sua própria felicidade, por exemplo, e que ele arremessa sua lança contra seus inimigos, e é grato por ter inimigos, alguém em quem possa infligir a ferida de novo. Vejam, isso mostra uma coisa da qual sempre sofremos – somos sempre levados a infligir a ferida em outrem. Assim, pessoas que são capturadas ou sobrepujadas pelo poder do espírito parecem ter a tendência de fazer isso a outrem; do mesmo modo que foram sobrepujadas e feridas, vão sobrepujar e ferir, porque não são elas próprias, porque estão repletas do espírito. São inumanos ou super-homens, como queiram chamar; em todo caso, já não estão em uma moldura humana e comportam-se como se fossem o próprio espírito. Esse é obviamente um processo que tem um lado admirável. É muito insinuante e realmente maravilhoso ser como um rio selvagem correndo para as amplas planícies, inundando tudo e desfrutando do jogo. Mas, por outro lado, há uma quantidade de destruição ligada a isso, de modo que podemos pressupor que esse fenômeno do espírito é uma coisa unilateral, e que a mente inconsciente previu alguma verdade compensatória que aparece no simbolismo do Graal e no simbolismo semelhante do inconsciente. Talvez encontremos algumas pistas no *Zaratustra*, mas não tenho muita esperança nisso.

> Grande demais era a tensão de minha nuvem; por entre os risos dos coriscos lançarei rajadas de granizo à profundeza.
>
> Violentamente se inflará então o meu peito, violentamente soprará sua tormenta sobre as montanhas; assim terá o seu alívio.
>
> Em verdade, como uma tormenta chegam minha felicidade e minha liberdade! Mas meus inimigos devem pensar que o maligno rugindo por sobre suas cabeças.

Aqui um certo paralelo torna-se inevitável. O que é esse maligno que ruge sobre as cabeças deles?

Sra. Sigg: Wotan.

Prof. Jung: Sim, é o anfitrião de Wotan rugindo pela floresta e aqui temos o simbolismo: a lança de Wotan e o maligno ao mesmo tempo, pois Wotan, o selvagem caçador, torna-se mais tarde o demônio. Já na fórmula da conversão, na abjuração dos deuses pagãos, os alemães, na época de Carlos Magno, eram obrigados a declarar que renunciavam a Wotan como a um demônio. Wotan e Erda e os outros eram realmente como demônios, e assim a ideia medieval posterior – de que Wotan era idêntico ao demônio – veio a existir.

Srta. Wolff: Isso também não explicaria o sonho da face do demônio de um modo mais sintético?

Prof. Jung: É verdade. O sonho da face do demônio, quando Zaratustra mostrou seu outro lado, torna-se agora mais compreensível – ele é o próprio demônio.

> Sim, também vós, meus amigos, vos assustareis com minha selvagem sabedoria; e talvez dela fugireis, juntamente com meus inimigos.

Essa é outra manifestação desse peculiar efeito Wotan que é tão inacreditável. Ainda assim, é um fato que o velho Wotan retornou à vida, até certo ponto; ouvimos sobre ele direta ou indiretamente, e, se alguém predissesse um fato desses 20 anos atrás, isso seria considerado completamente impossível. Tornou-se um fato a ponto de a atitude do partido governante na Alemanha ser realmente contra a Igreja; estão tentando subjugar a Igreja e traduzir, por assim dizer, sua terminologia em uma espécie de culto pagão. Essa ideia de cristianismo pagão ou de fé alemã é, evidentemente, nada mais do que a nacionalização de Deus; eles têm um

Deus nacional específico, Wotan para o alemão, assim como Javé era para o judeu. É inevitável. E é compreensível que, em face de tais eventos, até mesmo amigos possam ficar alarmados. É realmente alarmante! Tenho muitos amigos alemães e devo dizer que estou alarmado pelo fato de eles estarem tão tomados.

Sra. Sigg: Penso que, se perguntássemos aos alemães sobre Wotan, eles às vezes responderiam que os *Ases* também estavam lá, o que ameniza a coisa.

Prof. Jung: Bem, não significa outra coisa. Significa que o mito está *en marche*, o velho Wotan está forte de novo; podermos incluir Alberich e aqueles outros demônios[49]. Essa coisa está viva.

Sra. Sigg: Penso que, se lemos *O Anticristo* de Nietzsche[50] e nos damos conta de que toda a juventude da Alemanha costumava ler seus livros durante a guerra – os livros de Nietzsche lhes eram enviados nas trincheiras –, não ficamos espantados.

Prof. Jung: Não espantados; mesmo assim, é muito marcante, psicologicamente. E não podemos atribuir isso apenas a Nietzsche. Sempre se admitiu que Wagner também fez muito nessa linha: ele fez uso dessa mitologia – e sua música é muito insinuante. Causou uma espécie de movimento alemão jornalístico. Eles jogavam com velhos nomes muito antes da guerra: havia piadas no *Simplicissimus*[51] sobre os cidadãos muito comuns que se juntavam e bebiam dos chifres com hastes em suas cabeças – coisas assim.

> Ah, soubesse eu atrair-vos de volta com flautas de pastores! Ah, se minha leoa sabedoria soubesse rugir meigamente! Muita coisa já aprendemos juntos!
>
> Minha selvagem sabedoria ficou prenhe em montanhas solitárias; em ásperas pedras deu à luz seu filhote mais novo.
>
> Agora corre desvairada pelo duro deserto, procurando uma relva macia – minha velha sabedoria selvagem!
>
> Na relva macia de vossos corações, meus amigos! – no vosso amor ela quer aninhar seu favorito!
>
> Assim falava Zaratustra.

Aqui aprendemos mais sobre sua sabedoria, e esse é evidentemente o outro lado da figura de Wotan, que é igualmente um deus romântico. Ele é o deus dos oráculos, do conhecimento secreto, da feitiçaria, e é também o equivalente de Hermes psicopompo. E vocês se lembram que ele tem, como Osíris, apenas um

---

49. Alberich era o rei-elfo cujo manto de invisibilidade se desgastou na batalha com Siegfried. Os *Ases* eram deuses governados por Wotan.

50. *O Anticristo* foi escrito no último ano da sanidade de Nietzsche, mas não publicado até 1895.

51. *Simplicissimus* era uma revista semanal satírica e popular, publicada em Munique.

olho; o outro olho é sacrificado ao submundo. Daí ele ser um símbolo extremamente adequado para nosso mundo moderno, no qual o inconsciente realmente vem ao primeiro plano como um rio, e força-nos a voltar para dentro, sobre ele, um de nossos olhos, de modo que possamos nos adaptar a esse lado também; sentimos agora que o maior inimigo está nos ameaçando, não de fora, mas de dentro. Assim, devido a todas as suas qualidades, Wotan exprime o espírito do tempo em um grau que é sinistro, e essa sabedoria ou esse conhecimento é realmente selvagem – é a sabedoria da natureza. Wotan não é o Deus dos seres civilizados, mas uma condição da natureza. Ele traz a experiência da natureza e seu abismo, e isso é, evidentemente, como diz Zaratustra, uma sabedoria mais como a de uma leoa, um animal selvagem. Portanto a qualquer um que ensine essa sabedoria seria bom ter uma flauta, como Orfeu, para domesticar os animais selvagens, para que seus amigos possam não ficar excessivamente alarmados. O rugido de uma leoa não pode ser suave e amigável, mas sim muito ameaçador, e essa sabedoria selvagem, essa mente selvagem da natureza, causa incompreensões e pânico. Os seres humanos ficarão aterrorizados – a leoa criará um duro deserto em torno de si. Assim, ela provavelmente busca em vão essa relva macia para se aninhar com seu filhote mais novo. É, em grande medida, como o homem Nietzsche, que espera poder colocar sua criança no amor de seus amigos, mas ninguém está particularmente pronto a aceitar o filhote de um selvagem animal predador. Bem, esse é justamente o conflito no caso de Nietzsche, mas, com a exceção de Wagner, ele foi o primeiro a perceber os acontecimentos do futuro e a dar voz ao inconsciente que estava prestes a se manifestar; e ele percebeu mais ou menos que essa seria uma mensagem que não era bem-vinda.

Sra. Baynes: Goetz considera Wotan um símbolo da nova integração da psique[52]. Mas, se eu o entendo, você consideraria que isso não está correto psicologicamente, pois ele está demasiadamente do lado natural?

Prof. Jung: Ele não é uma integração, mas uma desintegração. Veja, a tempestade não causa integração, mas destrói tudo o que se permite ser destruído. É simplesmente o movimento após uma longa tensão ou paralisia, como águas que se libertam após uma longa acumulação. Isso acontecerá em diferentes períodos da história, quando as coisas alcançam certa unilateralidade. Então subitamente a coisa toda desaba, em uma espécie de explosão revolucionária da energia que estava

---

52. *Das Reich ohne Raum* [O reino sem espaço], de [Bruno] Goetz (Potsdam, 1919), um romance. Jung relata ter ficado desde logo impressionado com esse livro em que Goetz "viu o segredo dos acontecimentos vindouros na Alemanha, sob a forma de uma visão muito estranha" (OC 10/2, § 384). Contudo, cf. 5 de junho de 1935, n. 361.

muito comprimida, submetida a uma pressão excessiva; o vapor começa a fervilhar em algum lugar, ou a caldeira toda explode, e isso é Wotan.

Sra. Baynes: Mas, na medida em que carregava para os alemães o símbolo do *Walvater*[53], ele não é também esse lado, essa forma?

Prof. Jung: Não, essa perambulação é sem meta visível, pois é a peregrinação da natureza, do movimento natural.

Sra. Sigg: Mas Wotan não é também o inventor das runas, um novo modo de ele se exprimir? E ouvimos, em um poema de Goetz, que o outro lado de Wotan era mais o do sábio.

Prof. Jung: Existe esse outro lado, mas primeiro a destruição é mais visível; e, visto que Wotan é uma figura histórica, não podemos ter esperança de que seja um progresso. Estou convencido de que há outra coisa por trás disso, mas não será Wotan. Não pode ser.

Srta. Hughes: Ele não menciona, no segundo estágio de suas *Metamorfoses**: "Criar-se liberdade para um novo criar?" Esse é de novo o leão que ele menciona anteriormente, portanto seria o elemento destrutivo para que novos valores possam vir no seu rastro.

Prof. Jung: Sim, mas primeiro ele deve ser o leão, que sempre foi o animal destruidor.

Sra. Jung: Você chamaria essa sabedoria selvagem da leoa de "sabedoria da *anima*"?

Prof. Jung: Ou como a sabedoria do tigre; vocês se lembram de que o tigre é o símbolo da *anima* no *Prometeu e Epimeteu* de Spitteler[54]. Portanto a leoa seria o símbolo da *anima*, porque é natureza.

Sra. Sigg: Prometeu é acompanhado por um leão e um cachorrinho, e aqui Zaratustra é acompanhado por uma leoa e os filhotes dela. Gostaria de saber qual é a diferença.

Prof. Jung: Em *Prometeu*, o leão é a vontade de poder, e o cachorro é a sentimentalidade, a fraqueza, o anseio por amor e ternura. Mas não devemos ser demasiadamente literais acerca dessas coisas; o verdadeiro paralelo é a tigresa. Spitteler compara a primeira aparição da *anima* a uma tigresa caminhando sob as árvores,

---

53. Ou seja, "pai dos imolados". Ele era conhecido por um grande número de epítetos, desde "pai de todos" até "barba longa".

* Alusão à seção "Das três metamorfoses", na primeira parte de *Assim falava Zaratustra* [N.T.].

54. Jung frequentemente citava Carl Spitteler, o único Prêmio Nobel de Literatura suíço, mas em OC 6 [*Tipos psicológicos*], ele tratou longamente de *Prometheus and Epimetheus: A Prose Epic* (orig. 1880-1881, trad. J. F. Muirhead, Londres, 1931). Spitteler negou que sua obra tivesse qualquer qualidade simbólica, afirmando que era simplesmente ficção.

com as folhas lançando sombras sobre seus pelos. Essa é uma passagem muito sugestiva. Pois bem, certamente a sabedoria da *anima* é selvagem porque a *anima* é natureza. Essa é a única coisa no homem que ele não pode controlar, a coisa pela qual ele se conecta com a natureza; e, se ele aparentemente consegue cortar essa comunicação, está morto. E o *animus* em uma mulher é a natureza. Quero dizer, se está no lugar certo; se o *animus* está no consciente de uma mulher, então evidentemente significa teimosia, convicções, a coisa mais árida e sem alma que vocês possam imaginar. Se um homem tem sua *anima* no consciente, tem os sentimentos de uma mãe, algo perfeitamente ridículo, ele vai *schwärmen*[55] com os bebês e coisas desse tipo. Há um livro inglês maravilhoso, de MacDonald – acho que se chama *Lilith*[56] –, que vocês deveriam ler como um belíssimo exemplo de um homem cuja *anima* está no consciente. O livro começa com o problema de Lilith, o problema da *anima* – Lilith, é claro, era um demônio, a primeira esposa de Adão – e acaba em uma orgia de bebês. É indescritível, mas maravilhoso como uma manifestação patológica: ele encontra uma *anima* que produz milhões de bebês, come bebês e os bebe. É algo horrível!

Sra. Sigg: Wotan não está apenas na Alemanha!

Prof. Jung: Não, Wotan é um fenômeno internacional, e de modo algum é cristão, estando, sim, em todo o mundo.

Sra. Jung: Penso que é interessante ver que, com relação ao homem Nietzsche, sua função de relacionamento está evidentemente toda em sua doutrina, mas ela tem um caráter negativo que se manifestou em sarcasmo ou maldade.

Prof. Jung: Sim, podemos dizer que ela *toda* se volta para o negativo. Não é a intenção dele. Ele gostaria de ter relações positivas, mas não consegue; sua *anima* retorce a coisa toda justamente para o exato oposto da relacionalidade, para a destrutividade, e isso não ajuda. Ele entra em uma atitude bélica e se torna o inimigo da humanidade – atirando sua lança nela. É tão desesperador como a política atual. A Alemanha está de novo, em grande medida, na mesma posição em que estava antes da guerra, fora e dentro. Hitler escreveu aquele livro extraordinário, *Mein Kampf* [Minha luta], por exemplo. Por que não "Meu amor" ou "Minha paz"? Através da boca de seu líder, a Alemanha se colocou em uma condição tão desafortunada que todo mundo deve acreditar que ela quer guerra, e que eles estão justificados em fazer um anel de aço em torno dela. E a Alemanha está de novo justificada em se defender contra esse anel, de modo

---

55. *Schwärmen*: literalmente, "pulular" como um enxame [*Schwärm*]; entusiasmar-se ou delirar.

56. *Lilith, a Visionary Novel*, de George MacDonald, apareceu originalmente em 1859 e foi republicado em 1954, em Nova York.

que finalmente será forçada a um ato de desespero e dizer: "Oh, se nós somos o arqui-inimigo da humanidade, que assim seja".

Sra. Sigg: Penso que teria sido muito difícil para Hitler na prisão, e depois do Tratado de Versalhes, escrever um livro chamado "Meu amor". Penso que seria pedir demais.

Prof. Jung: Bem, poderíamos encarar isso de um ponto de vista diferente, nem sempre do ponto de vista da guerra. Falamos por dois mil anos sobre amor, e agora, droga, por que a guerra?

Sra. Sigg: Mas ele não quer dizer "guerra" quando diz *Kampf*.

Prof. Jung: Concordo que não se referia a isso, mas *soa* assim. Vejam os batalhões dos Camisas-Pardas*; naturalmente as pessoas dizem que isso quer dizer guerra. Então os alemães dizem: "De modo algum, isso é *Arbeitsdienst*[57]; eles não estão carregando armas, mas espadas". Portanto é tão somente a diferença de ponto de vista. O livro chama-se *Mein Kampf*, e neles são ditas muitas coisas que são difíceis de engolir – toda a diplomacia do *neue Reich*, por exemplo; o livro causou muitos danos. Teria sido muito melhor se ele tivesse escrito um livro chamado "Minha paz". Se ele fosse um inglês, teria escrito "Meu amor" – não se referindo a isso de modo algum!

---

* Alusão à SA, as "tropas de assalto" paramilitares do partido nazista [N.T.].

57. *Arbeitsdienst*: serviço de trabalho.

Palestra VII
4 de março de 1936

Prof. Jung: Antes de deixarmos esse capítulo sobre o menino e o espelho, gostaria de perguntar como vocês entenderam a expressão "minha selvagem sabedoria"? Ele diz: "Minha selvagem sabedoria ficou prenhe em montanhas solitárias". Essa é uma ideia bastante peculiar, e gostaria de saber o que vocês pensam sobre ela.

Sra. Crowley: Pensei que fosse a sabedoria do inconsciente coletivo, na figura do velho sábio.

Prof. Jung: Ah, sim, mas essa alusão à selvagem sabedoria dele apontaria para algo do velho sábio que entrou no próprio homem Nietzsche. Então do que trata?

Sr. Allemann: É a sabedoria da serpente, a sabedoria da natureza.

Srta. Hughes: É a sabedoria indômita.

Prof. Jung: Mas o que é a sabedoria da natureza? Deve haver diferentes tipos de sabedoria, aparentemente, sabedoria selvagem e indômita ou domesticada.

Sra. Sigg: Uma sabedoria irracional.

Prof. Jung: Bem, sim, entende-se que a sabedoria é irracional até certo ponto, porque a sabedoria meramente racional não é muito sábia; a ciência seria uma sabedoria racional, mas então usaríamos a palavra "conhecimento". (Em alemão, ser sábio e conhecer vêm da mesma raiz, *wissen*.) Mas tampouco é irracional; não podemos dizer que a natureza seja tão somente selvagem, caso contrário não haveria *ratio* nela, e há.

Srta. Hughes: Não é um tipo de sabedoria que nos arrastasse apesar de nós mesmos?

Prof. Jung: Esse é o modo como ela nos influenciaria. É uma espécie de sabedoria autônoma que nos domina, mas que às vezes nos abandona a nossos próprios artifícios; nem sempre está aí, mas é como um animal selvagem do qual às vezes só tempos vislumbres, ao passo que, em outros momentos, ele nos aborda. Não é um conhecimento organizado.

Srta. Hughes: Seria a sabedoria feminina de Eros específica dele, contra sua sabedoria tipicamente masculina do velho sábio?

Prof. Jung: Na medida em que ele é um homem, seria a sabedoria da natureza, como a sabedoria de Erda no mito germânico, a sabedoria do mundo subterrâneo que, contudo, tem a ver com a lua.

Dr. Adler: Se é como uma besta selvagem, seria uma sabedoria instintiva.

Prof. Jung: Sim, mas isso tudo são definições formais; eu gostaria de saber um pouco mais sobre a substância dessa sabedoria.

Sr. Baumann: Não é construída por reflexão. É um tipo de sabedoria *a priori* que é inerente ao homem como os instintos.

Prof. Jung: Sim, mas não diria que é simplesmente inerente ao homem, pois é selvagem; não diríamos que um pássaro é inerente ao homem. É um tipo de sabedoria que está contido na natureza – um animal ou um pássaro ou um leão ou o que quer que seja.

Srta. Hannah: E se mostraria como a mente natural.

Prof. Jung: Temos de reservar esse termo para as mulheres; é característico demais, você sabe!

Srta. Sigg: Seria alguma intuição elementar.

Prof. Jung: Sim, e pode se mostrar em uma forma como essa.

Sra. Crowley: E aparece em uma espécie de forma dionisíaca.

Prof. Jung: Sem dúvida. Quando as panteras de Dionísio saltam sobre nós, poderíamos citar uma palavra sábia – há muita sabedoria no vinho.

Srta. Hughes: Um homem não pode se guiar por uma leoa como sua *anima*.

Prof. Jung: Céus, ele pode se guiar até por um piolho. Vocês conhecem a história do marinheiro e do piolho de Trafalgar?* Houve uma trégua na batalha, quando ele sentiu alguma coisa sobre sua cabeça, e um piolho caiu no chão; ele o viu rastejando e se inclinou para esmagá-lo, e nesse exato instante sentiu uma bala de canhão assoviar sobre sua cabeça. Então o marinheiro agradeceu ao piolho e o colocou de volta em sua cabeça, acrescentando: "Mas tenha cuidado, da próxima vez eu posso não te reconhecer novamente". Portanto nenhum animal é tão pequeno, assim como nenhuma sabedoria é tão pequena que às vezes não possa ser útil. Mas eu gostaria de saber algo sobre a substância. Vocês conseguem nomear uma sabedoria que está dentro do alcance humano – não tão terrivelmente selvagem, que possa talvez ser comprada?

Sr. Baumann: Não seria a sabedoria que jaz no vinho?

---

* A Batalha de Trafalgar foi um evento bélico naval que ocorreu entre a França e a Espanha contra o Reino Unido, em 21 de outubro de 1805, na era napoleônica, ao largo do cabo de Trafalgar, na costa espanhola, segundo a Wikipedia [N.T.].

Prof. Jung: Mas, ao comprar vinho, você não necessariamente compra sabedoria – pode ter comprado um macaco.

Sra. Sigg: Poderíamos encontrar essa sabedoria em um livro – na Bíblia, por exemplo.

Prof. Jung: Sim, mas isso é predominantemente religioso; deve também haver uma sabedoria mundana.

Sra. Baynes: O *I Ching*.

Prof. Jung: Sim, o *I Ching*, ou o *Tao-Te King* ou os *Upanishads*, ou os grandes filósofos; todos eles contêm sabedoria aceitável e comprável. Mas isso não é sabedoria selvagem.

Sr. Allemann: É uma sabedoria que não foi feita pelo homem.

Prof. Jung: Sim. O *Tao-Te King*, por exemplo, foi formulado por Lao-Tsé; e o *I Ching* consiste em fórmulas do Rei Wen e do Duque de Chou. E o Livro da Sabedoria, no Antigo Testamento, é atribuído a Salomão. Há também livros do Mestre Eckhart. Mas a sabedoria selvagem não pode ser atribuída a ninguém. Não é feita pelo homem, nem sequer formulada para ele. Assim, como ela se apresenta?

Sra. Jung: Penso que poderíamos considerar todo o cosmo uma expressão dela; podemos encontrá-la na natureza. Não está necessariamente ligada a uma forma, mas pode ser encontrada em todo lugar.

Prof. Jung: Pode ser encontrada em todo lugar, sim, mas em qual forma?

Sra. Jung: Penso que a encontramos na forma de um sentimento.

Prof. Jung: Em uma forma psicológica, portanto. E o que seria ela?

Sra. Crowley: Poderia ser em um estado de *ekstasis*, visto que estamos falando desse modo particular no *Zaratustra*. E também diria que podemos encontrá-la nos sonhos.

Sra. Stutz: Ou na meditação.

Prof. Jung: Oh, vocês podem meditar, ou sonhar, ou se embebedar; podem estar nas montanhas, ou no Saara, ou nos bosques – e não encontrar sabedoria alguma.

Sra. Adler: Ela é encontrada nos velhos profetas.

Prof. Jung: Sim, e qual é a característica do profeta?

Srta. Hannah: Intuição.

Sra. Stutz: Eles ouvem a voz de Deus.

Prof. Jung: E do que vocês chamam isso, quando ouvem a voz de Deus?

Srta. Bianchi: Inspiração.

Srta. Hughes: O anjo do Senhor.

Sra. Dürler: Instinto.

Prof. Jung: Pode ser instinto, isso é perfeitamente verdadeiro. Mas quero saber o termo pelo qual designamos a forma na qual essa sabedoria chega até nós.

Sra. Fröbe-Kapteyn: Experiência.

Srta. Wolff: O inconsciente objetivo.

Sr. Baumann: Não é o *insight*?

Prof. Jung: Pode ser, mas essa é uma atividade nossa; se um animal selvagem cruza nosso caminho, não dizemos que temos um *insight* ou que intuímos esse animal.

Sra. Stutz: Poderia ser uma grande experiência em consequência de estar a sós com a natureza.

Prof. Jung: É uma experiência, mas isso não designa o caráter particular no qual ela aparece.

Sra. Sigg: Revelação.

Prof. Jung: Exatamente. Vejam, o termo *revelação* transmite exatamente como essa sabedoria selvagem aparece; ela se revela a nós. Não podemos dizer que a intuímos; nós *experienciamos* a revelação. Essa palavra transmite a ideia de que há um fator ou uma atividade, poderíamos chamá-la de uma coisa viva do outro lado do fio, que revela sua presença a nós. Uma revelação sempre significa uma vontade reveladora, uma vontade de se manifestar, que não é idêntica à nossa própria vontade e que não é atividade nossa. Podemos ser subjugados por ela; ela se abate sobre nós. As experiências proféticas descritas na Bíblia são exemplos muito bons do modo como ela acontece e do caráter da voz que fala no trovão, no fogo, em toda parte – ela pode vir das pedras. Não importa onde estejamos, a revelação pode vir a nós quando *ela* escolhe. O ponto importante é que não podemos escolher o parceiro no jogo; não somos a parte ativa, mas simplesmente o receptor, o objeto da revelação. Pois bem, o que a sabedoria selvagem ensina? Qual é o conteúdo ou a substância da revelação?

Sra. Baynes: Ela frequentemente vem na forma de uma ordem de ir em frente e pregar. Ordenou-se que Moisés desse os Dez Mandamentos, por exemplo.

Prof. Jung: Sim, e encontramos isso nas profecias de Isaías ou de qualquer outro profeta. Então, quando tentamos formular isso, chegamos a quais resultados? Qual, por exemplo, é o ponto principal na revelação tal como a conhecemos no Antigo e no Novo Testamento?

Sra. Baynes: Está trazendo Deus ao homem.

Sr. Allemann: E dá orientação.

Prof. Jung: Esse é um efeito sobre nós; depende amplamente de nós. Mas o que ela revela?

Sr. Baumann: A vontade de Deus.

Prof. Jung: Sim, uma revelação é uma automanifestação do outro lado do fio. Há um algo vivo como uma vontade ou uma intenção que está fora, algo que transmite seu próprio si-mesmo, sua própria ordem a nós: manifesta-se. Isso é o que quer dizer *revelação*, e isso é sabedoria selvagem. Pois bem, onde Nietzsche teria obtido essa experiência?

Sra. Baynes: Da experiência que ele teve nas montanhas.

Prof. Jung: Exatamente, da revelação que ele teve do próprio Zaratustra. Zaratustra é essa sabedoria selvagem. Ele a encarna, a personifica. Vocês se lembram de que Nietzsche diz: *Da wurde eins zu zwei und Zarathustra ging an mir vorbei**. Seja o que for aquilo que Nietzsche revela aqui, é a revelação que ele recebeu de Zaratustra. Claro, aqui ficamos imediatamente em apuros por conta do fato de que Nietzsche o tempo todo se identifica com Zaratustra, de modo que nunca sabemos quem está falando; só por certas peculiaridades do texto, certos pensamentos, certas intenções e assim por diante é que podemos concluir. É como se tivéssemos de ler o texto original de um mestre, sobre o qual em séculos subsequentes várias outras pessoas tentaram colocar a mão, misturando-o às suas próprias intenções, de modo que ficamos encarregados da tarefa de desembaraçar o texto presumivelmente original dos acréscimos, das correções e das interpolações posteriores. Temos aqui, pois, de tentar separar desse emaranhado o que é próprio de Nietzsche e o que realmente veio por meio de uma revelação. Infelizmente, Nietzsche viveu em uma época na qual não pôde objetificar eventos psicológicos, por isso pensou que ele próprio estivesse do outro lado do fio, que ouviu sua própria voz. A sabedoria selvagem, portanto, é realmente a revelação do fator psíquico autônomo do outro lado do fio, o demônio ou como queiram chamá-lo. E, a partir do tipo de revelação, podemos chegar a uma conclusão sobre a natureza desse ser na outra ponta. Claro, precisamos do *Zaratustra* inteiro para obtermos a soma total da mensagem, e então, a partir do tipo específico de mensagem, podemos compreender qual é o fator revelador, ou quais são suas qualidades.

Sra. Sigg: Acho que a leoa pode igualmente estar no outro lado do telefonema.

Prof. Jung: Sim, tudo é possível. Pode ser uma serpente ou um pássaro, o que você quiser; não podemos dizer. Há uma águia e uma serpente e um leão e um camelo e uma criança, e até mesmo o cão do inferno, mais tarde.

Sr. Baumann: A teologia não tentava elevar essa sabedoria selvagem a uma revelação? Mas como se experienciam coisas desse tipo agora? Não temos profetas, não acreditamos nisso.

Prof. Jung: Mas há alguma quantidade de revelação acontecendo o tempo todo; muitas pessoas têm revelações.

Sra. Baynes: Orientação a cada manhã!

---

* *Da wurde eins zu zwei und Zarathustra ging an mir vorbei*: Então um se tornou dois, e Zaratustra passou junto a mim [N.T.].

Prof. Jung: Não devemos pressupor que a revelação seja sempre algo de supremo valor. As revelações dos lunáticos são, com frequência, bastante estranhas. Assim, é extremamente difícil entender o que a sabedoria selvagem realmente quer dizer. A orientação é muito estranha, às vezes; eu poderia lhes contar os exemplos mais inacreditáveis que escutei de meus pacientes, simplesmente selvagens, mas, se conseguimos trabalhar nisso, descobrimos que há muita sabedoria ali. Eu admito até mesmo que há grande sabedoria na orientação do Movimento de Oxford.

Sra. Jung: Qual é exatamente a diferença entre intuição e revelação?

Prof. Jung: Bem, uma intuição ordinária é realmente nossa própria atividade. Posso resolver ter uma intuição e ela não me vem como uma revelação; posso encarar uma coisa até que algo venha à minha mente. Posso até provocar isso. Um tipo intuitivo resolve intuir – é em grande medida sua própria atividade –, enquanto uma revelação tem, é claro, uma grande semelhança, mas aparece muito mais como um fato fora de nós. É verdade que o intuitivo deriva a autoridade de sua intuição a partir da mesma fonte, de modo que, às vezes, parece haver o mesmo caráter autônomo, e quanto mais há esse caráter, mais ela tem autoridade, é claro. É incrível o quão certo ele está de sua intuição, tão certo que consegue convencer as pessoas da sua mera possibilidade, um potencial que pode se realizar ou não. É completamente improvável que mais de 50% das intuições sejam verdadeiras, porque estamos cercados por um grande percentual de falsas possibilidades. Vejam, uma potencialidade pode permanecer para sempre uma potencialidade, e pode também ser uma falsa possibilidade; algo pode *parecer* possível, e ainda assim absolutamente não o ser, embora tenhamos uma intuição de que já *é*. Quanto mais a intuição tem uma qualidade autônoma, mais assume o caráter de uma revelação; por isso as pessoas mais intuitivas se comportam como se estivessem o tempo todo inspiradas. Elas estão perfeitamente certas, e em consequência vão caindo de um buraco em outro, e nunca chegam a lugar algum. Vejam, o que acontece com essas pessoas é que presumem que essa autoridade é delas próprias; se não o fizessem, seriam críticas – então discutiriam as coisas com Deus. Os profetas discutiam as coisas primeiro; eram desobedientes, porque sentiam que havia outros elementos envolvidos e que talvez Deus não soubesse realmente se a coisa estava certa ou não. Mas, no momento em que o intuitivo tem uma intuição, sai correndo com ela e assim cai em um buraco.

Sra. Sigg: Poderíamos dizer que uma revelação vem do si-mesmo?

Prof. Jung: Bem, qualquer que seja a frase, não conhecemos a fonte. Devemos ser muito cuidados. Sim, podemos fazer uma teoria dessas – do chamado si-mesmo do qual uma revelação vem –, mas isso é especulação metafísica.

Sra. Crowley: Eu teria pensado que ela [a revelação (N.T.)] pudesse começar com a intuição.

Prof. Jung: Claro que pode ter uma forma dessas, mas não podemos provocá-la.

Sra. Crowley: Então eu tinha a ideia errada sobre a intuição. Eu pensava que fosse justamente o que *não* se pode fazer com intuição; eu pensava que ela fosse autônoma.

Prof. Jung: Esse é justamente o problema: é o que o intuitivo pensa. Quanto mais somos intuitivos, mais ela simplesmente vem a nós, mas é nossa própria atividade. Há um perigo tremendo na intuição; quanto mais é diferenciada, maior o perigo de que adote o caráter de revelação. É a mesma coisa com o intelecto; se a pessoa tem um intelecto bastante diferenciado, sente que ele é quase infalível. Assim, um filósofo certa vez me disse que o pensamento nunca poderia estar errado, pois era intrinsecamente certo.

Sra. Crowley: Quero dizer exatamente o oposto; uma intuição é tão incerta que não há prova de que ela vem a nós, mas, se é uma revelação, poderíamos ficar absolutamente convencidos.

Prof. Jung: É verdade que a revelação tem autoridade, mas o fato histórico é que, mesmo se a revelação vem a nós com grande autoridade, podemos não acreditar nela.

Sra. Crowley: Bem, nós nos sentiríamos mais convencidos, acho, se pudéssemos perceber que era uma revelação.

Prof. Jung: Isso é perfeitamente verdadeiro: as pessoas ficam mais convencidas por uma revelação do que por uma intuição; mas também é verdade que, se tiverem uma revelação verdadeira, poderão não acreditar nela, mas podem acreditar em uma intuição.

Sra. Dürler: Onde podemos traçar a linha?

Prof. Jung: Sim, onde podemos traçar a linha entre o intelecto muito agudo e o erro? Essa é justamente a dificuldade.

Sr. Allemann: A pretensão da Igreja não é ser capaz de traçar a linha?

Prof. Jung: Exatamente, e esse é o porquê de termos tais salvaguardas, como os manuais científicos ou o dogma. Por exemplo, Santo Ambrósio disse uma frase grandiosa: *Omne verum a quocumque dicatur, a Spiritu Sancto est*, "tudo o que é verdade, dito por quem for, é um dom do Espírito Santo". Pois bem, isso é maravilhoso, mas o que é a verdade? Quem nos diz o que é a verdade? A Igreja intervém e diz que uma coisa não é verdade e que, portanto, não é do Espírito Santo.

Dr. Escher: O Apóstolo Pedro certamente ficou chocado, de início, quando veio a ordem para que ele comesse a carne impura[58].

---

58. Cf. At 10,11-17, para a visão de Pedro em que ele afirmou que nunca comeu animais profanos ou impuros, e foi repreendido por uma voz que disse: "Ao que Deus purificou, não chames tu de profano".

Prof. Jung: Sim, essa também foi uma revelação; é um exemplo muito bom. Veja, quando tinha chegado o tempo de o cristianismo ser estendido aos gentios, ele teve uma visão em que Deus faz descer um lençol no qual estavam os animais impuros que os judeus ortodoxos estavam proibidos de comer. E a voz disse que o que Deus declarou ser puro não poderia ser impuro. Assim, ele teve de comê-lo, o que significa que ele teve de assimilar os gentios. Mas ele certamente não gostou disso; teve de ter o choque de uma visão dessas para ser abalado e levado a aceitar isso. Pois bem, se São Pedro tivesse tido uma intuição de que tais animais não eram particularmente impuros e que era a vontade de Deus que se comessem animais impuros de qualquer modo, teria dito que *ele* teve essa intuição. *Ele* teria feito a declaração e tornado isso uma questão dele mesmo. Teria sido um assunto do eu, e, quando é esse o caso, a pessoa fica muito inclinada a acreditar nisso. Ao passo que, se é contra nós – e temos de nos tornar nós mesmos para nos curvarmos a esse fato –, é inteiramente diferente; então é revelação, e, de início, muito frequentemente não se acredita na verdadeira revelação. As pessoas lutam contra ela; de modo frequente se defendem anos a fio contra ela, o que evidentemente é contra elas mesmas, pois ao fim serão subjugadas. Mas estão sempre inclinadas a acreditar em uma intuição e fazer dela um assunto do eu, e então a secreta tendência do poder se infiltra e falsifica tudo. Teríamos a maior dificuldade, porém, para traçar a linha entre o que se chama de intuição e uma revelação – com frequência, isso é totalmente impossível; não conheço uma salvaguarda sequer no mundo que garantisse um discernimento claro e confiável. Se Deus escolhesse fazer alguma nova revelação, podem estar certos de que a Igreja Católica interviria dizendo que não era verdade, que era uma invenção do diabo. É a mesma coisa na Igreja protestante. Deus é acorrentado, completamente aleijado; até mesmo corre o risco de que declarem que Ele é o diabo, se disser alguma coisa pouco convencional. De modo que é uma situação nada invejável.

Sra. Sigg: Você não citou certa vez alguém que disse que os protestantes fizeram uma definição de Deus como o *ganz andere*?

Prof. Jung: Sim, Barth usava esse termo[59]. O *ganz andere*, o totalmente outro, significa simplesmente o homem ou a voz na outra ponta do fio, o que não é apenas o oposto, pois o oposto pode ser deduzido – sei que o oposto do branco deve ser o preto, por exemplo –, mas o totalmente diferente. E o que isso pode ser? Pode ser qualquer coisa.

Srta. Wolff: Um exemplo muito bom em que a Igreja interferiu é Joana d'Arc: ela teve sua revelação através do *ganz andere*, por isso foi declarada uma herege, por ter tido uma conversa com os santos sem a interferência da Igreja.

---

59. Cf. 5 de dezembro de 1934, n. 240, vol. I; e 12 de fevereiro de 1936, n. 33, vol. II.

Prof. Jung: Sim, e no seu processo de canonização, disseram que ela tinha tido uma intuição.

Sr. Baumann: Não poderíamos dizer que determinada qualidade da revelação é que ela diz simplesmente uma coisa diferente daquilo que estamos acostumados a pensar?

Prof. Jung: Bem, isso não é mais característico da revelação do que o é da intuição.

Sr. Baumann: Sim, mas eu estava pensando sobre o caráter de choque que ela nos dá.

Prof. Jung: Ah, sim, recebemos o choque pelo fato de que ela é contrária a nós, o objeto lançado contra nós (*Objecere* significa "lançar contra alguém"). Ela vem com a autoridade de uma realidade, e isso é característico da revelação. Pensem, por exemplo, nesse simbolismo peculiar das Revelações [*sic*]* de São João, em que ele é forçado a engolir um livro, o que causa uma perturbação no estômago, ou que ele tem de engolir uma brasa viva[60]. Ou pensem no pobre velho Oseias, que era um sujeito muito decente, e na ordem que veio de que ele tinha de se casar com uma prostituta (Os 1,2-3). Ele deve ter ficado completamente chocado, suponho.

Sra. Crowley: Tudo isso parecem ser evidências de uma convicção súbita que operou imediatamente, mas, pelo que você disse antes, uma revelação tem de ser provada por muito tempo.

Prof. Jung: Mas essas não são convicções súbitas. Oseias não ficou subitamente convencido, com certeza. E quando Paulo, a caminho de Damasco, teve a visão de Cristo, ele teve de ser derrubado, cegado, para fazê-lo crer, justamente porque não estava convencido. Com toda a certeza, a partir de uma experiência dessas vem uma tremenda convicção, mas primeiro há uma terrível resistência contra ela; não se pode aceitá-la por ser tão estranha[61]. Creio que as primeiras experiências de Joana d'Arc foram verdadeiramente revelações porque não se pode supor que uma jovem camponesa no século XV tivesse algum tipo de aspirações políticas; deve ter sido algo como uma revelação, e embora, é claro, não saibamos como operou nela, se vocês fossem chamados a fazer algo semelhante teriam certas hesitações, tenho

---

* *Revelation* é a tradução que se costuma dar em inglês para o título do livro bíblico do Apocalipse [N.T.].

60. "Fui, pois, ao Anjo e lhe pedi que entregasse o livrinho. Então ele me disse: 'Toma-o e devora-o; ele te amargará o estômago, mas em tua boca será doce como o mel'" (Ap 10,9). Isso ecoa Ez 2,8-10 e 3,1-3, mas em nenhum desses lugares uma brasa viva é mencionada.

61. "Estando ele em viagem e aproximando-se de Damasco, subitamente uma luz vinda do céu o envolveu em claridade. Caindo por terra, ouviu uma voz que lhe dizia: 'Saul, Saul, por que me persegues?'" (At 9,3-4).

certeza. Por isso podemos supor que ela também teve; deve ter sido algo muito difícil. Pois bem, chegamos ao capítulo seguinte, chamado "Nas ilhas bem-aventuradas", e, como de costume, devemos fazer a conexão com o capítulo anterior, "O menino com o espelho". Como ele chega à nova imagem?

Srta. Wolff: Há uma conexão no texto. Não é uma explicação real, mas, no capítulo anterior, ele diz: "Como um grito e um júbilo viajarei por amplos mares, até encontrar as ilhas bem-aventuradas onde se acham meus amigos".

Prof. Jung: Sim, essa é evidentemente a conexão formal, mas devemos tentar descobrir se há alguma conexão interna, e para isso é necessário chegar ao significado concentrado do capítulo com o qual acabamos de lidar. Por exemplo, há esta passagem: "Lento demais, para mim, corre todo discurso: – pularei para tua carruagem, furacão! E mesmo a ti fustigarei com minha maldade". Ele estava viajando com o furacão, sendo o próprio furacão, e então chega às ilhas bem-aventuradas. Pois bem, qual é o cerne de todo esse capítulo? O que "O menino com o espelho" mostra?

Sra. Jung: O menino sugere que essa doutrina está em perigo e que ele tem de ir a seus amigos para tentar torná-la novamente correta.

Prof. Jung: Sim, essa é a ideia no texto, mas decidimos que seu temor, de que sua doutrina estava em perigo, mostrou que ele tinha visto seu aspecto de sombra, sem se dar conta de que essa imagem demoníaca era sua própria face. Caso contrário, ele não teria chegado à ideia de que sua doutrina tinha sido distorcida nas suas costas, de modo que devia correr a seus amigos para protegê-la. Pois bem, até onde podemos ver, essa é uma ideia muito errada, na medida em que é a conclusão do homem. Mas vamos supor que essa cena com o menino e o espelho não tivesse sido apresentada a nós pelo homem Nietzsche, e sim fosse uma revelação impessoal do espírito Zaratustra. Nesse caso, qual é a conclusão do espírito?

Sra. Adler: Nesse caso, o deus também seria unilateral, na medida em que nega sua sombra.

Prof. Jung: Se um deus ou um demônio – claro que no sentido antigo da palavra, um ser divino[62] – tivesse criado um determinado aspecto favorável de si mesmo no mundo, e então subitamente visse sua face sob uma luz muito desfavorável, pareceria certo para ele correr de imediato para fazer algo pela opinião geral das pessoas a seu respeito? Se ele fosse sábio, se fosse realmente benévolo, teria de dizer: "Atenção! Minha face é também como a face de um demônio". Mas esses deuses feitos pelo homem são muito relutantes em admitir tais aspectos de suas respectivas personalidades; claro, não podemos sobrecarregá-los com uma responsabilidade dessas. O fato de que exista uma história como essa, de um me-

---

62. *Daimonion* – como a voz interior de Sócrates.

nino segurando um espelho diante da face dele, e de que saibamos que havia uma careta do diabo ali, mostra que a divindade na verdade não se importava. A divindade revela-se à sua própria maneira ingenuamente; ela tem essa face e outra face, cria essa visão e outra visão. Só os seres humanos têm medo desse outro aspecto e correm para os outros para fortalecer nossa boa opinião.

Há esse belo exemplo de nosso santo suíço, Nicolau de Flüe – embora ele ainda não seja santo, pois está faltando dinheiro para ele ser canonizado[63]. Tentaram por muito tempo, mas ele ainda é apenas *Beatus*. Ele teve uma visão terrível de uma face repleta de ira, e ficou tão chocado que seu próprio rosto ficou com aquilo impresso, a tal ponto que as pessoas não conseguiam suportar vê-lo. Fugiam correndo. Essa era a careta do demônio, e ele tentou depois, com a maior concentração, interpretá-la nos termos da Trindade. Lutou para exprimir sua visão em uma forma dogmática, até mesmo pintando-a na parece de sua cela. Está na forma de uma mandala, mas com a divisão tríplice conforme as regras ortodoxas da Trindade, e no centro está a face de Deus ou de Cristo, uma face muito amável. Nada se vê do horror da face em sua visão, que foi completamente eliminado por influência da Igreja e, é claro, também de sua própria mente; ele era influenciado demais pela Igreja e não pôde suportar a revelação de Deus em seu aspecto terrível. Há uma cópia de sua pintura na igreja de sua aldeia, Sachseln, onde também seu esqueleto pode ser visto, e disseram-me que há traços da pintura original em sua cela em um pequeno eremitério em um vale acima de Sachseln.

Essa verdade, o aspecto dual do deus, não é negado no budismo Mahayana e no lamaísmo, em que mesmo os deuses mais benévolos são também demônios repugnantes. Ali, o aspecto escuro dos deuses é admitido, ao passo que, para nós, Deus é o ser absolutamente perfeito; não podemos admitir que Ele tenha um aspecto colérico. A coisa toda tem de ser moldada e manipulada até que pareça certa. Mas o fato é que a mesma coisa que agora parece tão amável era terrível, realmente chocante. A divindade revela-se como ela é, então, e moldá-la como outra coisa é obra do homem. Assim, devemos concluir que essa é a ideia de Nietzsche. Ele extrai a conclusão: "Oh, céus, alguém distorceu minha bela face provavelmente, a reputação de Zaratustra foi insultada, e por isso minha doutrina agora se parece com o diabo – isso não pode ser". Essa é uma conclusão muito humana para qualquer um que se confunda com sua revelação como se fosse uma questão dele próprio, que se identifica com sua doutrina em vez de aceitá-la como a manifestação de uma divindade que tem liberdade o bastante para mostrar igualmente sua face colérica. Vejam, quando Nietzsche ouve essa história do menino com o espelho, a conclusão sensata seria: "Zaratustra agora se parece com um diabo, portanto seja-

---

63. Sobre Nicolau de Flüe, cf. 7 de novembro de 1934, n. 200.

mos cuidadosos". Ele não é apenas o mestre vivo do homem, é também uma espécie de perigo, tem um aspecto colérico e pode ser um demônio do subterrâneo. O Oriente experienciou esse fato tantas vezes que pode admiti-lo, e disso extrai muita sabedoria. Por exemplo, Kuan-Yin é frequentemente comparada – em especial, na China e no Japão – à Mãe Maria, a mãe gentil e amorosa, embora até mesmo esse belo ser tenha um aspecto colérico[64]. De acordo com a sabedoria oriental, isso significaria que não existe virtude tão grande que não tenha também um aspecto oposto e inconsciente. A generosidade, por exemplo, cria verdadeiros monstros, vampiros, animais de rapina que se atiram sobre os presentes que a generosidade dá. Não fizemos o bem a nosso próximo sendo justos e gentis e generosos com ele, ou o amando. Ele tirará proveito disso. Nós ensinamos nosso próximo a roubar ao lhe oferecer oportunidades fáceis, sem levar em conta o fato de que ele tem um aspecto negativo. E mesmo em nossas virtudes, justamente ali, mostramos a careta do diabo. Assim, sempre que encontramos uma virtude brilhante, devemos estar cientes do contrário.

Srta. Wolff: Não é um aspecto do capítulo que Zaratustra fica *aliviado* com o sonho? Disso decorre que uma fonte de nova energia esteja emergindo nele. Ele está falando em imagens de natureza selvagem, compara-se ao clima e a uma leoa que ataca seus inimigos, e tudo isso vem desse aspecto de si mesmo que ele capta no espelho. Antes, ele era realmente um pouco humano demais.

Prof. Jung: Exatamente. O sonho antecipa a experiência de Zaratustra como um vento frio; em seu aspecto colérico ele é como Wotan.

Srta. Wolff: E ele fala de uma leoa que dormirá na relva macia dos corações de seus amigos.

Prof. Jung: Sim, tudo isso vem ao primeiro plano; esse é realmente o aspecto colérico do demônio. Mas, se tirarmos a conclusão errada primeiro, somos naturalmente possuídos pelo efeito da imagem. Por exemplo, se uma imagem arquetípica aparecer em nosso sonho e a interpretarmos de maneira equivocada, seremos possuídos pela imagem; então teremos de atuá-la. Ela simplesmente nos toma. Ao passo que, se a interpretarmos corretamente, se compreendermos o que ela transmite e se pudermos encará-la de maneira objetiva, sem lhe sobrepor uma interpretação favorável, então temos uma chance. Caso contrário, somos possuídos, e isso aconteceu aqui; Zaratustra-Nietzsche identificou-se com Wotan, e por isso deve se tornar o homem com a lança e o cavalo e assim por diante. Mas agora, tendo se

---

64. Kuan-Yin, uma deusa-mãe budista, é chamada "a deusa da bondade ilimitada". Em uma conferência em Eranos de 1934, "A Madona como um símbolo religioso", Friedrich Heiler associou Diana, Ártemis, Ísis e Shakti com Maria.

tornado a fria tempestade que assola a terra e o mar buscando as ilhas bem-aventuradas, o que acontece no capítulo seguinte?

Srta. Hughes: Seria sua fuga?

Prof. Jung: Bem, seria uma espécie de fuga. Já mencionamos que as "ilhas bem-aventuradas" significavam as ilhas da felicidade, algo como a ideia que acalentamos acerca das ilhas do Pacífico, um paraíso em que se fica fora do tumulto e tormento da vida, em que a vida é aparentemente tranquila e em que se vive como um deus. Essa é uma ideia antiquíssima: a ilha bem-aventurada é até mesmo um símbolo do céu, da terra fantasmagórica em que os espíritos vivem em eterna felicidade. Por isso ele realmente iria para a Terra Ocidental da epopeia de Gilgamesh, em que Utnapishtim vive. É uma espécie de fuga, mas por que ele vai para esse lugar?

Sra. Sigg: Parece haver aqui uma conexão com o antigo mito grego da deusa grávida que tinha de procurar uma terra para dar à luz seu filho.

Prof. Jung: Era Leto.

Srta. Wolff: Ela foi perseguida pelo dragão.

Prof. Jung: Sim, como no Apocalipse, na história da mulher grávida que foi perseguida por um dragão que cuspia água para afogar ela e o menino. Leto foi amaldiçoada por Hera, que fez um acordo com os governantes de todas as terras, para que ninguém lhe desse hospitalidade; ela ficou enciumada porque Leto estava grávida de Zeus. Mas havia uma ilha flutuando sob a superfície do mar e que emergiu da água naquele exato momento, portanto uma terra em que ninguém estava comprometido com esse acordo. Leto acabou chegando a essa ilha – supõe-se ter sido Delos –, e Poseidon fez quatro pilares para sustentá-la, de modo que era um local seguro para ela dar à luz a criança. Há evidentemente uma insinuação desse mito na gravidez da leoa: as ilhas bem-aventuradas seriam o local protegido em que ela daria à luz. Pois bem, por que a leoa ou a sabedoria selvagem precisa de um local de abrigo, em que esteja segura contra a perseguição?

Sra. Adler: Ela dará novamente à luz o aspecto mau de Zaratustra, porque ele não tinha sido aceito. Parece-me que é a resistência de Nietzsche ou de Zaratustra contra o aspecto mau.

Prof. Jung: Essa é a razão original.

Sr. Baumann: Talvez se refira ao fato de que, às vezes, o leão ou o urso come o filhote, por isso a leoa tem de ser protegida de seu próprio macho, que, nesse caso, eu diria que era o Logos.

Srta. Wolff: Ela, na verdade, já tinha dado à luz o filhote no capítulo anterior, em que ele diz que seu filhote tinha nascido em ásperas pedras.

Prof. Jung: Ela tinha dado à luz, mas agora está em uma situação desagradável, porque não encontrou um refúgio em que possa alimentar o filhote.

Srta. Hughes: Na medida em que Nietzsche negou seu outro lado, ele está indefeso. Ele diz aqui: "no vosso amor ela quer aninhar seu favorito"; portanto, ela tem necessidade de sentimento.

Prof. Jung: Tem a ver com isso, certamente.

Sra. Jung: Como ele colocou o super-homem no lugar de Deus, deve temer a fúria dos deuses.

Prof. Jung: Isso é verdade, e liga-se à história de Leto, que incorreu na fúria dos deuses porque ela teve um caso com Zeus. Deveria ter sabido que Hera, uma deusa muito ciumenta, se encarregaria de que ela fosse perseguida por todo o universo sob o domínio dos deuses. Pois bem, somos aqui confrontados pela psicologia de um mito peculiar. Vejam, Leto encontrou aquela ilha, um refúgio que estivera sob o mar, e isso significa que há um lugar que os deuses do dia realmente não tocam – eles nem sequer sabem de sua existência, pois está coberto pelo mar. Traduzindo em linguagem psicológica, os deuses governantes do Olimpo seriam os deuses do dia; esses deuses são nossas ideias, e o Olimpo, a sede da consciência. E, como um governante universal, o consciente governa tudo, e portanto pode fazer um acordo com tudo, para não permitir nada irregular como Leto, que é um mito da *anima*. Leto seria a *anima* ilegítima de Zeus, o qual foi imprudente o bastante para ter um filho dela. Essa é de novo a história de Maria e da fuga ao Egito, em que eles tiveram de encontrar refúgio contra perseguição dos deuses do dia – representados por Herodes matando os meninos. A *anima* é a representante do inconsciente, e Zeus é o senhor supremo da consciência, de modo que a ideia governante criou uma criança com o inconsciente, que deveria ser abrigada e protegida. A ilha flutuando no inconsciente é matéria inanimada coberta pela água, algo como uma terra espiritual, e isso é a *prima materia* da filosofia alquímica, sem o que nada pode ser feito. Ainda assim, ninguém nunca soube o que é essa matéria-prima. Os alquimistas não sabiam, e ninguém descobriu o que isso queria dizer, pois é uma substância no inconsciente que é necessária à encarnação do deus. E agora essa ilha surgindo a partir de baixo é um paralelo com a criança que vem de cima, do céu, e que obtém sua substância a partir do inferior. Zeus, a ideia mais elevada, desceu à terra, como o Espírito Santo descendo a Maria na terra, mas tocando o que está abaixo da terra, a água. Do fundo do mar emerge a ilha na qual o deus está sentado; trata-se do lótus, a matéria terrena que esteve primeiramente na água, e no terceiro dia após seu nascimento Buda entrou no lótus e anunciou a lei para o mundo. Portanto o lótus é o assento do deus, aquilo que cresce a partir de baixo, enquanto o governante, a forma divina, desce do céu. Assim, essa matéria que vem de baixo tem por base os quatro pilares, postos ali por Poseidon, o deus do mar, que, sendo um parceiro no jogo, tem alguma litigância com Zeus – o qual governa em cima, com seu relâmpago, enquanto Poseidon governa no mar com seu tridente, o equivalente ao relâmpago. E Poseidon prega uma peça em Hera ao ajudar Leto. Pois bem, esses são os quatro pilares do mundo, as quatro qualidades, os quatro elementos. O *Tetraktys*, o número quatro, é a base da natureza – e a que isso se refere agora?

Srta. Hannah: À mandala.

Prof. Jung: Sim, a ilha bem-aventurada é uma mandala, o Padma, o assento material do deus, no qual este se expressa. Portanto o deus do submundo – ou do mundo aquático –, que é o inconsciente coletivo, traz à tona essa ilha bem-aventurada sobre a qual o deus está sentado; nessa flor ele pode ser alimentado. Vocês talvez se lembrem de que o poeta alemão Hölderlin usa exatamente a mesma imagem dos deuses:

> *Schicksallos, wie der schlafende*
> *Säugling, atmen die Himmlischen;*
> *Keusch bewahrt in bescheidener Knospe,*
> *Blühet ewig ihnen der Geist,*
> *Und die stillen Augen*
> *Blicken in stiller*
> *Ewinger Klarheit*[65].

Vejam, isso é como a flor em botão protegida pelas folhas marrons, e assim o nascimento do espírito é protegido contra o frio vindo do norte do inverno. Esse é um paralelo muito belo com o lótus, pois o botão do lótus cresce sob a água e se abre quando alcança a superfície; então o deus é revelado. Outro paralelo é a ideia de que as flores são realmente as imagens especulares do sol. Elas são matéria que tomam a forma do sol, recebem sua imagem e seus raios e o representam. O sol evidentemente é o deus que desce à matéria, fertilizando-a e vivificando-a. Essa é a ideia arquetípica subjacente aqui.

Sr. Baumann: Há um paralelo muito interessante no cristianismo, nas imagens da Anunciação. Sempre entre o anjo e Maria há uma flor, geralmente um lírio. Penso que é o mesmo arquétipo. Pela impregnação do Espírito Santo, a flor emerge.

Prof. Jung: Sim, e às vezes é um ramo de flores. São as três rosas na alquimia ou a *Rosenlilie*, a rosa e o lírio ao mesmo tempo. E a *rosa mystica* é evidentemente uma mandala; nossa ideia ocidental da *rosa mystica* é o paralelo absoluto do lótus

---

65. Friedrich Hölderlin (1770-1843), "A canção do destino de Hipérion". As linhas citadas foram traduzidas para prosa em inglês como: "Os celestiais respiram sem destino, como um infante adormecido; seu espírito floresce eternamente, castamente preservado em um modesto botão, e seus olhos felizes veem tranquilos com eterna claridade" (*The Penguin Book of German Verse*. Baltimore, 1957). Hölderlin também era um dos poetas favoritos de Nietzsche; eles se ligam como gênios que terminaram na loucura.

Padma oriental. Em um poema medieval existe até uma conexão mais próxima; em um de seus hinos a Maria, o poeta diz que Cristo se escondeu na flor do mar, não na *stella maris*, mas na *flos maris*, como uma ave marinha. Isso é evidentemente o espírito, a ave marinha descendo sobre a flor que emerge do mar; e isso é baseado nos quatro pilares, na qualidade do quatro na terra. Por isso a terra é representada, no simbolismo antigo, pelo quadrado. Na China é um quadrado. E no chacra *muladhara*, o chacra da terra, em que o elefante carrega o mundo nas costas, o quadrado amarelo é a terra amarela, e as quatro pétalas simbolizam o *Tetraktys*, as quatro qualidades. Nesse chacra, segundo a ioga tântrica, o deus está adormecido e Shakti, na forma da serpente Kundalini, está enroscada nele; essa é a condição do deus no momento de seu nascimento. Pois bem, sendo essa a mitologia subjacente, ou o imaginário arquetípico, veremos o que acontece nesse capítulo. É evidente que a ilha bem-aventurada é necessária ao nascimento daquela criança. E quem é a criança? Vocês ouviram falar de um filho de Zaratustra?

Sra. Sigg: Ele estava carregando um menino debaixo de seu manto.

Prof. Jung: Sim, como se fosse uma mulher. E quem é o filho do velho sábio? Temos um nome psicológico para isso.

Sra. Baynes: O *Puer Aeternus*.

Prof. Jung: Sim, o eterno rapaz. Essa é a figura mitológica que aparece, historicamente, na forma do Tages etrusco, o deus com aspecto de menino[66]. A lenda diz que um camponês estava arando no campo e que subitamente, por trás dele, a partir do sulco, surgiu um deus juvenil que ensinou às pessoas todo tipo de artes e ofícios. Esse é um paralelo com a ideia babilônica oriental de Johannes, que saía da água todos os dias na forma de um peixe. E é curioso que a ideia de Tages apareça em um antigo relato em um livro que tem agora cerca de cento e vinte anos, de Justinus Kerner, o relato em si, sendo muito mais antigo; ou seja, que tal coisa realmente aconteceu a um camponês. Ele estava arando e, de modo súbito, a partir do sulco, apareceu um homenzinho com um capuz pontiagudo – a vestimenta característica dos cabiros –, que lhe entregou uma mensagem. Ele profetizou algo de que não me lembro, e o camponês ingenuamente acreditou nele. Vejam, essa é uma das formas nas quais o *Puer Aeternus* pode aparecer. Claro que o *Puer Aeternus* é um fato específico; ele é Cristo, o sábio. Vocês se lembram da cena no templo, quando Ele era um rapazinho; Ele é o Filho de Deus, o deus rejuvenescido, o pai rejuvenescido. E qual é a peculiaridade de Cristo, em comparação com o Deus Pai?

Srta. Wolff: Ele está encarnado.

Prof. Jung: Exatamente, e o Deus Pai não. O Filho é o equivalente do Deus, coexistente e coeterno, embora esteja em forma humana, mortal como o homem

---

66. Sobre Tages, cf. OC 5, § 291, n. 52.

é mortal. Ele é o Deus engendrado pelo homem. Dionísio também era cultuado como um jovem. E Hórus é uma figura muito semelhante.

Sr. Baumann: Osíris também era humano; antes de ser morto por Set, era considerado um homem.

Prof. Jung: Sim, [mas] esse caso é o contrário; Osíris não era entendido como um deus que se tornou homem, mas sim como um homem piedoso que se tornou deus. Como vocês sabem, Hórus na forma de Harpócrates se tornou um deus de mistério, e a lenda é que, como Harpócrates, ele era manco, o que aponta para a doença peculiar dos deuses. A condição impotente na qual essa criança nasce é comparável à condição impotente, completamente miserável, em que Cristo nasceu, bastante indefesa. Claro que isso é intencional. Não seria adequado ao deus nascer sob condições sociais favoráveis. Para se tornar homem, ele deve nascer na miséria humana, e na pior das misérias, como um filho ilegítimo. Isso é lógico; caso contrário, ele nunca experienciaria a miséria da vida humana.

Período da primavera:

maio a junho de 1936

Palestra I
6 de maio de 1936

Prof. Jung: Senhoras e senhores, soube, durante as férias, que alguns membros do seminário ficaram impressionados com o lado patológico de Nietzsche mostrado no *Zaratustra*, e foi feita a sugestão de que eu não deveria prosseguir com esse material perigoso, que eu deveria, isso sim, pegar algo mais normal, os contos de fadas de Goethe, por exemplo. Há um famoso conto de fadas de Goethe que é uma típica série de fantasias como as conhecemos; é uma história alquímica como as que se encontram em antigos textos latinos, e isso foi sugerido no lugar do terrível Nietzsche. Pois bem, se vocês chegarem à conclusão de que prefeririam algo dito normal, em vez desse reconhecidamente patológico Nietzsche – que tem, é claro, um lado desagradável –, então devem me dizer. Não quero perturbar os seus nervos, mas vocês devem se recordar de que a sugestão para que trabalhássemos com o *Zaratustra* veio originalmente dos membros do seminário. Eu tinha muitas dúvidas, mas concordei em arriscar a análise do *Zaratustra* sobretudo porque é uma obra muito moderna, que tem muito a ver com o que está acontecendo em nossa época; pensei que poderia ser de grande interesse observar o funcionamento atual da mente inconsciente, que antecipou todos os grandes acontecimentos políticos e históricos de nossos dias. Mas tenho de admitir que Nietzsche é muito complicado, e o que ele produz em *Assim falava Zaratustra* é de um tipo que agita o inconsciente do homem moderno em um grau sinistro, sobretudo porque não se repara no modo como ele opera; ele opera secretamente e, às vezes, até mesmo de um modo venenoso. Portanto, se vocês sentem que já tivemos o bastante dos demônios do *Zaratustra*, devem dizê-lo. Como ainda estamos em um país democrático, podemos votar. Pois bem, quem é a favor de Nietzsche? [A maioria votou a favor de Nietzsche.]

Bem, devo também falar a favor do conto de fadas de Goethe. É de certa forma interessante, e não duvido que haja coisas nele que poderiam nos ensinar muito. Mas um ponto fala contra ele. Recentemente o estudei, com vistas à possibilidade de trabalhá-lo aqui, e fiquei impressionado com a quantidade de conhecimento alquímico que ele contém; essa não é uma mera hipótese, pois sabemos que, quando Goethe estudava em Leipzig, leu muita coisa sobre alquimia, e isso é algo que não encontramos em Nietzsche. Nietzsche lia muito pouco, porque seus olhos eram ruins, e a maioria de seu material foi extraída de seu próprio inconsciente, e não de literatura contemporânea ou histórica. Enquanto Goethe lia muito, e particularmente coisas com as quais vocês estão pouco familiarizados. Até cerca de dois anos atrás, eu também não teria sido capaz de dar uma interpretação satisfatória desse conto de fadas, porque não tinha então lido os tratados alquímicos latinos. Claro que agora posso dizer algo a respeito, mas temo que teria de lhes dar um retrato quase completo do trabalho realizado na filosofia medieval, o que a filosofia medieval tentava realizar, o que eu não poderia esperar que vocês soubessem; vocês não estariam em condições de avaliar aquelas tentativas, porque isso requer um conhecimento muito específico. Assim, vista desse ângulo particular, a tarefa não seria fácil. Temo que teria de dizer coisas que ficariam no ar, simplesmente porque vocês não teriam a base necessária ou a forma necessária para receber aquelas alusões. Como sabem, há uma linguagem muito particular na alquimia, e iríamos para muito longe da época atual.

Vocês não devem se esquecer de que Goethe morreu há mais de 100 anos; ele viveu no fim da segunda metade do século XVIII e, apesar de toda sua presciência, era um homem da Idade Média, que realmente viveu e pensou e sentiu na mente e no espírito da Idade Média; vemos isso muito claramente nesse conto de fadas. Claro, o principal conto de fadas de Goethe foi o *Fausto*, e o *Fausto* é também uma história de mistérios alquímica. Não sei se existe algum comentário que se aproximou minimamente de uma compreensão da enorme contribuição alquímica para o *Fausto*; Goethe tinha lido muita coisa. Pois bem, Nietzsche nada tem desse espírito medieval; ele é, em grande medida, o homem do século XIX, completamente separado da tradição medieval, e por isso toma seu material diretamente do inconsciente. Claro, ele tenta formulá-lo às vezes, distorcê-lo para a forma do século XIX, e então naturalmente exibe todas as desvantagens da mente daquela época, uma mente que tinha se desenraizado. Se tivesse tido a continuidade de cultura que Goethe apresentava mediante sua conexão com a filosofia alquímica, isso decerto o teria ajudado tremendamente a formular suas ideias. Mas às vezes são necessárias uma completa destruição e uma completa separação da continuidade histórica para ser capaz de conceber algo novo.

Vejam, no *Fausto*, a solução é absolutamente medieval; Fausto conhece a realização somente quando chega no céu. Ao passo que Nietzsche nunca chega no céu; ele busca sua solução no aqui e agora, e esse é o ponto de vista moderno. Ele tenta não ser metafísico, o que é muito o espírito de nossa época; nós tentamos não ser metafísicos, pelo menos no sentido dessa palavra tal como definida pela mente medieval. Ao passo que Goethe ainda é a mente medieval, ele tenta encontrar o remédio da imortalidade. Nietzsche, é claro, não pode fugir de certas verdades eternas, mas – ao menos conscientemente – não está buscando esse elixir da vida. Daí o *Zaratustra* ser, de certo modo, um documento de nossa época, e ele certamente tem muito a ver com nossa própria condição psicológica. Compreendo que possa ter efeitos muito ruins – eu mesmo, com frequência, senti, quando escavava o texto, que ele tinha efeitos desagradáveis em mim. Há passagens que me desgostaram de forma intensa, e elas são realmente irritantes. Mas, quando escavamos nossa própria psicologia, também deparamos com certos lugares irritantes. Assim, quando estou irritado nesses lugares no *Zaratustra*, eu falo: "Bem, aqui há um ponto dolorido ou uma ferida aberta". Tomo nota dele, e então sei onde está o problema. Eu os aconselharia a encará-lo da mesma forma, e então penso que podemos ficar a salvo. Vejam, quando podemos suportar o *Zaratustra*, podemos suportar uma parte de nosso mundo moderno, particularmente nosso mundo europeu; nós o sentimos aqui muito imediatamente.

Paramos no capítulo sobre as ilhas bem-aventuradas. Estamos agora em um ponto crítico do *Zaratustra*. Vocês se lembram de que, no capítulo anterior, "O menino com o espelho", encontramos Wotan e descobrimos que Zaratustra estava então se tornando mais ou menos idêntico ao velho; ele estava repleto desse espírito peculiar. Falamos extensamente sobre a psicologia de Wotan na ocasião, e devo pedir aos novos membros do seminário que leiam o último relatório, para que obtenham a continuidade. Mas percebo que isso será um pouco difícil, e por isso tentarei indicar um pouco o desenvolvimento do pensamento que traçamos até então no *Zaratustra*. Vocês se lembram de que, no capítulo anterior, "O menino com o espelho", também encontramos a leoa que deu à luz um filhote. A primeira aparição de um leão é no capítulo 1, "As três metamorfoses", e, para vermos onde estamos agora, teria sido melhor recorrer àquele capítulo, em que Zaratustra diz:

> Três metamorfoses do espírito eu designo para vós: como o espírito se torna camelo, o camelo se torna leão e o leão, por fim, criança.

Então, no capítulo sobre o menino com o espelho, ele diz: "Grande demais era a tensão de minha nuvem; por entre os risos dos coriscos lançarei rajadas de granizo à profundeza". Pois bem, essa tensão na nuvem é o estado de gravidez da leoa. Vejam, a tempestade é uma catástrofe natural; é uma analogia com a leoa que está grávida e prestes a dar à luz. A tensão da nuvem, que é uma bem conhecida metáfora discursiva no *Zaratustra*, sempre denota um estado de gravidez. E essa é a gravidez mental do camelo que carrega a carga pesada: o camelo transforma-se em um leão e então dá à luz. Assim, estamos agora no ponto em que a terceira metamorfose começa. O leão dá à luz um filhote, mas não é uma criança. É o chamado pré-estágio animal; esse é um mecanismo simbólico que encontramos muito frequentemente nos sonhos.

Por exemplo, se sonhamos com determinado animal, o que quer que ele faça é uma antecipação do que está preparado em nossos instintos, assim como o que a figura do *animus* faz é sempre uma antecipação; portanto, os animais significam movimentos ou tendências inconscientes rumo ao que faremos, ou ao que nos acontecerá. Vejam, no funcionamento efetivo da psique, não importa se fazemos uma coisa ou se ela nos acontece; quer nos atinja de fora ou aconteça dentro, o destino se move através de nós e em circunstâncias externas igualmente. É como se as circunstâncias externas fossem apenas projeções de nossa própria estrutura psicológica. Claro, de modo subjetivo importa muito, mas psicologicamente não importa se somos a causa do infortúnio ou se o infortúnio vem até nós. Em um ou outro caso, nós sofremos, e isso é o que conta; somos a vítima, quer se trate de um sofrimento autoimposto ou que o mundo nos impôs. Se o animal aparece no sonho, não podemos dizer se é uma tendência objetiva ou subjetiva, se isso virá de dentro ou de fora. Está pairando sobre nós, e algo nos acontecerá, ou faremos algo. Nesse segundo caso, com certeza seremos movidos, pois nos acontece dentro exatamente como se tivesse acontecido de fora. E a razão pela qual temos psicologia é tornar consciente esse motivo instintivo ou essa causa movente nos instintos, pois, tornando-o consciente, podemos mantê-lo a certa distância, ou modificá-lo; podemos ser capazes de curvá-lo ou mitigá-lo – dar-lhe uma forma humana. Ou talvez possamos evitar os efeitos destrutivos se a coisa acontecer de fora; mas, quando as coisas tomam esse curso – quando acontecem de fora –, somos incapazes de mitigá-las; não podemos mudar muito as circunstâncias. Então somos indefesos, as vítimas. Claro, também podemos fazer muito pouco quando as coisas acontecem em uma forma meramente instintiva. Se somos inconscientes dela, somos arrastados como que por um automóvel; não podemos nos contrapor a ela. Só sendo conscientes temos uma chance razoável de fazer algo a favor ou contra isso.

Pois bem, a transformação do camelo no leão aconteceu nos capítulos anteriores, e não reparamos em como isso aconteceu. Que o camelo significa um estado de gravidez, que ele carrega a carga pesada, devia ser visto no primeiro capítulo:

> Há muitas coisas pesadas para o espírito, para o espírito forte e de carga, dentro do qual habita a reverência: sua força requer o pesado, o mais pesado.
>
> O que é pesado? Assim pergunta o espírito de carga, e se ajoelha como um camelo, desejando que o carreguem bem.

Isso é uma mente ou um espírito grávido. A palavra alemã *Geist* tem esse duplo sentido de espírito e mente, nunca se pode estabelecer uma diferença, por isso ela pode ser aqui entendida igualmente como sendo mente. E essa mente que leva a carga é uma mente grávida. Ela assumiu toda a carga, está grávida com todo o problema de sua época; e, ao carregar esse problema, sob a influência dessa gravidez, a mente se transforma no leão. Em outras palavras, a supressão da carga desenvolve um espírito de liberdade e independência, o espírito do animal predador. Podemos compreender facilmente essa transformação; se tivermos sido oprimidos por um certo fardo, por um longo período, instintos selvagens de rebelião começam a irromper em nós porque odiamos carregá-lo. Então o leão é o transgressor da lei. Assim como, para o homem primitivo, o leão é o transgressor da lei, o grande dano, perigoso para seres humanos e para animais, que irrompe no *kraal* à noite e apanha o boi no rebanho: ele é o instinto destruidor. E, mitologicamente, o leão tem a mesma qualidade que o símbolo do mês mais quente do ano. É o signo do *domicilium solis*, o símbolo para a época imediatamente posterior ao solstício de verão, quando, naqueles países em que o zodíaco teve origem, toda a vegetação é ressecada e queimada pelo sol; seu calor devorador destrói tudo o que a natureza construíra antes. O leão, pois, é um animal destrutivo, transgressor, que se desenvolve a partir do espírito que está sobrecarregado pelo fardo dos grandes problemas da época. Assim como Zaratustra declara que Deus está morto e se torna ele próprio deus, o leão também se livra de seus grilhões e fardos e começa a romper as leis. Mas, ao destruir o espírito do camelo, ele próprio se torna o animal grávido. Isso, porém, não dura muito tempo; o leão raramente simboliza o animal de carga, porque é naturalmente o instinto transgressor da lei, mas aqui ele de imediato produz o filhote, de modo que temos um vislumbre de estarmos passando da segunda metamorfose para a terceira, do leão para a criança, como foi predito no início do *Zaratustra*.

Pois bem, não estou de modo algum convencido de que, quando Nietzsche escreveu sobre as três metamorfoses, ele previu que mais tarde voltaria a isso, por assim dizer, ou que ele intencionava que o *Zaratustra* tivesse essa estrutura interna; nesse caso, penso que ele teria mostrado mais sinais disso. Simplesmente acontece desse modo, e essa é a maneira como o desenvolvimento inconsciente sempre ocorre; ou seja, ele tem sua própria estrutura e suas próprias leis, de modo que a antecipação no início realmente se concretiza no texto subsequente. Essa mudança no espírito, quando o camelo chegou ao fim e o leão começa, também é mostrada na aparição de Wotan, que é um espírito transgressor da lei — o espírito que aparece quando o fardo do passado é sacudido ou quando o espírito faz com que se sacuda esse fardo. É um espírito livre absolutamente desapegado que aparece aqui, e sem nenhuma continuidade, um andarilho sem quaisquer obrigações, cujo único propósito é gerar vida e perturbação e discórdia e incompreensão. Wotan é também o grande feiticeiro, e é um espírito de entusiasmo, de êxtase; por isso tem muita coisa em comum com Dionísio.

Se vocês têm algum conhecimento sobre a religião grega, sabem que houve a mesma dificuldade quando os gregos foram confrontados com a tarefa de integrarem esse espírito dionisíaco; primeiro, houve algum problema como o oráculo délfico, e então finalmente eles assimilaram essa reinvindicação de tal modo que Dionísio se tornou um acionista em Delfos, tendo direitos iguais aos de Apolo. Eles eram meio a meio, e assim a coisa funcionou; desse modo eles puderam se arranjar com aquele espírito dionisíaco sem perturbar o Olimpo, e Zeus permaneceu no topo. Mas Wotan é uma proposição diferente: ele não está só, mas todos os outros são de um caráter de certa forma diferente – Loki, por exemplo, e sujeitos desse tipo. Wotan é o deus supremo. Não há nenhum Zeus acima dele, e por isso ele é um fator incontrolado; ele não aparece em uma casa belamente governada como o Olimpo, em que Hera sempre cuidava para que Zeus não despertasse demais a Cain. Portanto, Dionísio pôde ser assimilado, ao passo que Wotan é um elemento não assimilado. Ele é o espírito do leão, e a partir desse espírito nasce a criança – por ora, só um filhote de leão, algo absolutamente indefinido, que precisa de desenvolvimento e cuidado. Por isso não é de estranhar que cheguemos agora ao tema das ilhas bem-aventuradas. Dissemos, no fim do período passado [do seminário], que a ideia das ilhas bem-aventuradas frequentemente se conecta com a ideia de nascimento. Com certeza vocês conhecem alguns exemplos.

Sra. Crowley: Apolo.

Prof. Jung: O próprio Apolo nasceu em uma ilha porque a mãe dele estava sendo perseguida por Hera; esse foi um dos casos domésticos do Olimpo. Ela era a querida do velho Zeus, e Hera se sentiu terrivelmente enciumada e fez um acordo para que ninguém na terra desse abrigo a ela. Mas, por fim, a pobre Leto alcançou aquela ilha que tinha estado submersa no oceano, e que então veio à superfície, e lá ela deu à luz a criança. E Poseidon – sempre um pouco do lado errado, como vocês sabem –, foi favorável, e construiu quatro pilares, pelos quais a ilha rapidamente se enraizou no solo do oceano, de modo que Leto teve um bom leito para seu filho com o deus. Pois bem, os quatro pontos criados para o nascimento do deus é muito claramente uma mandala, e é sem dúvida necessário que o deus tenha um lugar seguro como esse, pois seu nascimento é sempre um pouco incomodado por racionalistas como o velho Herodes, que matou centenas de meninos para atingir o certo. E há outros casos: há um muito interessante no Novo Testamento, um pouco mais obscuro, mas muito típico.

Sra. Crowley: Você se refere ao nascimento de Cristo?

Prof. Jung: Sim, é justamente do que estávamos falando. Eles tiveram de ir para o Egito – o Egito foi a ilha bem-aventurada deles –, e tudo isso por conta de Herodes, que estava de certo modo irritado pelo nascimento do Deus. Mas há outro caso no Novo Testamento, no Apocalipse.

Sra. Bennett: Você se refere à mulher-estrela que teve de ir ao deserto para dar à luz?

Prof. Jung: Sim, a mulher-estrela deu à luz um filho. E então vamos diretamente à mitologia grega; a velha Píton, de Delfos, ao encalço dela – ela era como Leto, como o nascimento de Apolo; um dragão foi atrás dela e cuspiu um enorme rio para afogar a mulher e seu filho. Isso mostra, ao mesmo tempo, o perigo do nascimento divino. Como vocês definiriam isso?

Sra. Baynes: Todo o passado se levanta contra o novo, tentando engoli-lo novamente.

Prof. Jung: Exatamente. E em que forma o passado aparece?

Sra. Baynes: Como um monstro.

Prof. Jung: Sim, e o que isso denota psicologicamente? Como o passado é representado em nós?

Sra. Baynes: É a resistência no inconsciente.

Prof. Jung: Sim, o inconsciente coletivo é o depósito do passado, por isso tem esse aspecto histórico; o inconsciente coletivo é o dragão engolidor. Encontramos isso no capítulo 1, "As três metamorfoses", em que Zaratustra diz:

> "Tu deves" está no seu caminho, reluzindo em ouro, um animal coberto de escamas, e em cada escama brilha um dourado "Tu deves".

Vejam, essa é a lei do passado, exatamente o mesmo peso de tradição a que São Paulo se refere quando diz que a lei tinha sido superada e uma lei mais elevada tinha sido dada a nós[67].

> Valores milenares brilham nessas escamas, e assim fala o mais poderoso de todos os dragões: "Todos os valores das coisas – brilham em mim. Todos os valores já foram criados, e todos os valores criados – eu represento. Em verdade, não deve mais haver 'Eu quero'". Assim fala o dragão.

O dragão representa a mente histórica, ou o fato histórico de nossa consciência, e isso está naturalmente em oposição a todas as criações humanas; daí ser necessário um leão para destruí-lo. E por que é justamente o dragão um símbolo tão usual para o inconsciente?

Srta. Hannah: Você quer dizer mais do que a baleia?

---

67. São Paulo: "A Lei do Espírito da vida em Cristo Jesus te libertou da lei do pecado e da morte" (Rm 8,2).

Prof. Jung: Bem, o dragão, para o *consensus gentium*, é um exemplo melhor para o inconsciente do que a baleia; a baleia é apenas uma celebridade local, enquanto o dragão é um representante absolutamente universal no tempo, bem como no espaço. É representado até mesmo onde não há nenhum: vimos baleias, mas nunca vimos um dragão. O dragão é um arquétipo antiquíssimo, herdado, suponho, da época em que o homem e os dragões viviam ao mesmo tempo – quando o homem vivia com sauros e maus sauros.

Sra. von Roques: É porque ele consiste em várias partes diferentes, asas e assim por diante?

Prof. Jung: Isso mostra o caráter mitológico da besta, mas por que justamente um dragão? É muito importante, ao tentar compreender um sonho com um dragão ou uma serpente ou algum outro animal semelhante aos sauros, que vocês saibam o que isso quer dizer. Então vocês conseguem localizar as coisas.

Sra. Baumann: Devido ao seu sistema nervoso simpático?

Prof. Jung: Outros animais têm isso.

Sra. Crowley: Ele não representaria realmente todas as forças não assimiladas do inconsciente, que são um grande poder contra nós?

Prof. Jung: Oh, sim, mas e se fosse um verme?

Sra. Crowley: Então poderia ser superado.

Prof. Jung: Mas poderia ser um polvo. Não, o dragão, assim como a serpente ou a salamandra, ou mesmo o sapo, são representações daquela parte da psique que está imediatamente abaixo da nossa psique animal superior. A psique dos macacos não está no dragão. O dragão é considerado um animal de sangue frio. Tem uma cauda longa e escamas e, devido ao fato de não ter sangue quente, representa a parte inumana, de sangue frio, de nossa psicologia. Em muitos sauros, a grande intumescência da matéria nervosa nem sequer está no cérebro, que é extremamente pequeno, mas na parte inferior da medula espinhal. Assim, o dragão mostra que se trata dessa parte do inconsciente que é fortemente identificada com o corpo, *incluindo-se* naturalmente o sistema simpático. Mas o sistema simpático tem seus símbolos próprios, é simbolizado por animais invertebrados, não apenas os de sangue frio – as aranhas e outros insetos, os caranguejos e o polvo são, todos eles, símbolos do sistema simpático. Essas, portanto, não são, de modo algum, interpretações arbitrárias; estão todas elas baseadas na experiência. Vocês sabem muito bem por que eu digo que o dragão ou a serpente têm a ver com o sistema espinhal, e por que a aranha, por exemplo, tem a ver com o sistema simpático; vejam, o inconsciente não escolhe esses símbolos com uma completa ignorância da zoologia. Eles nascem da própria substância que também encontramos naqueles animais. Nós contemos a natureza, somos parte dela; os animais não estão apenas nos livros escolares, mas são coisas vivas com as quais estamos em contato. Provavelmente, em nossa ancestralidade remota, passamos por esses estágios e, portanto, as marcas impressas ainda podem ser encontradas em nós. Tão certamente quanto temos um sistema simpático na forma de uma escada de corda dentro de nós, temos a ver com insetos e vermes ou quaisquer animais invertebrados como esses.

Portanto o dragão representa não apenas o passado humano – digamos, as leis e as convicções de mil anos atrás, aquelas dos animais de sangue quente; o dragão vem de muito tempo antes. E o verdadeiro poder que encontramos naquelas antigas leis não é o poder *delas*, mas o poder que foi acorrentado por elas; as leis de cinco mil anos atrás, leis morais primitivas ou convicções religiosas primitivas, não teriam, por si mesmas, absolutamente poder nenhum e interesse nenhum para nós, mas elas ainda são os grilhões nos tornozelos ou nos pescoços dos dragões, e *eles* lhes dão o peso que elas têm. Esses instintos destrutivos muito antigos no homem foram capturados pelas antigas formas simbólicas, e, na medida em que essas formas ainda parecem desempenhar um papel em nós, isso se deve ao fato de que ainda estão no lugar delas, ainda agrilhoam aqueles antigos instintos, mas inconscientemente. Por exemplo, o cristianismo, que se tornou inconsciente para tantas pessoas, ainda cumpre seu dever; somos inconscientes de seu modo de fazê-lo, mas ainda está funcionando, ainda é um poder sobre o velho dragão. Mas, naturalmente, quanto mais nos afastamos da história ou da continuidade da consciência, mais esquecemos o propósito de certas convicções religiosas e de certas leis. E quanto mais nosso interesse se retira de tais formas, mais elas se enfraquecem, até chegar o momento em que não mais funcionam, e então o dragão se liberta.

Mas há condições, como aprendemos com o *Zaratustra*, em que esse velho dragão realmente tem de ser perturbado, em que devemos ter um leão para destruir velhas formas, para que dê uma nova forma a velhos instintos e uma nova proteção contra velhos perigos. E esse é evidentemente o caso aqui; o dragão deve ser combatido pelo leão. Vejam, todos os velhos valores que serviram ao propósito de agrilhoar os dragões se identificaram com o dragão, porque já não vemos o que esses valores significam. Por exemplo, não compreendemos por que Deus deveria ser uma trindade – isso não nos diz nada –, ainda assim isso outrora foi um conceito extremamente importante. É preciso uma longa dissertação para explicar por que foi absolutamente importante que o arianismo – a ideia de que Jesus não era da mesma substância que Deus – não tenha prevalecido; Ele deve ser Deus e homem ao mesmo tempo, completamente, e não apenas semelhante a Deus. Essas questões são estranhas para nós; mesmo os teólogos agora evitam falar muito definitivamente sobre elas. Mas elas têm um significado psicológico muito definido, e as pessoas outrora brigavam e matavam umas às outras por esse ou aquele dogma abstruso, pela *homoousia*, por exemplo, que significava que Deus e o homem eram *iguais* em substância, ou a *homoiousia*, que significava que eles eram *semelhantes* em substância. Era como se aquelas pessoas soubessem do que se tratava; claro, elas não poderiam saber como nós podemos dessa distância, mas sabiam que era de suma importância, e isso bastava. Eu entendo essas coisas agora de tal modo que penso compreender por que elas tinham de lutar entre si, por que a questão tinha de ser decidida em favor da *homoiousia*. Era de uma importância psicológica absolutamente indispensável. Claro, não posso explicar isso a vocês; vocês devem se satisfazer com o fato de que aquelas velhas formas – como a Trindade – tiveram um significado funcional, e que é uma perda afastar-se delas e esquecê-las. Não entendemos por que certas portas estão trancadas, pois não sabemos o que está por trás delas; mas, ao destruirmos aquelas portas, encontraremos o dragão do outro lado. Até mesmo pensaremos que as portas são idênticas a esse dragão que é nosso inimigo.

Vejam, quando Nietzsche destrói Deus, ele então se identifica com a ideia de que as pessoas não têm Deus. Mas um deus é um fato psicológico muito definido; é a coisa mais forte à qual o homem sempre sucumbe, seja o que for. Se negarmos a existência de uma coisa dessas, ela simplesmente nos agarra pelo pescoço, por trás. Se negarmos o fato de estarmos com fome, por exemplo, e seguirmos adiante sem comer, a fome nos subjugará, e desmaiaremos; a fome provará ser a mais forte. Também um fato psicológico nos pegará por trás, com toda a certeza. Mas só podemos cometer essa tolice – negarmos um fato psicológico – quando nos afastamos demasiadamente de um conhecimento real da alma humana. Se conhecêssemos de que realidade é dotado esse fato que foi chamado de Deus, saberíamos que não é possível nos afastarmos dele. Mas o perdemos de vista; não sabemos o que essa coisa significa, e assim ele nos alcança inconscientemente, e então, sem sabermos, somos transformados no Deus todo-poderoso, como aconteceu com Nietzsche. Ele foi alcançado a tal ponto que enlouqueceu e assinou suas cartas como "o Zagreu desmembrado" ou "Cristo Dionísio", pois se identificou com o Deus que tinha eliminado. Vejam, na medida em que eliminamos Deus em um alto grau, é simplesmente como se estivéssemos negando o fato de termos fome, mas então começamos a comer uns aos outros; ficamos com tanta fome que uma catástrofe se seguirá: apetites que não teríamos se esses fatores psicológicos estivessem no lugar certo se desenvolverão em nós. Mas nós agora pensamos que o progresso do pensamento e o desenvolvimento da mente humana são prejudicados pela existência desses velhos preconceitos, e destruímos aquelas velhas formas porque pensamos que somos deuses e podemos prescindir delas, que elas são meros estorvos. Aí está, é claro, o grande perigo de qualquer criação: ela destrói algo que não deveria ser destruído, e disso decorrem consequências catastróficas, como no caso de Nietzsche. Pois bem, essa criança ou esse filhote nascido na leoa exprime qual ideia?

Sra. Baynes: O super-homem.

Prof. Jung: Claro, e a ideia do super-homem é perfeitamente agradável, uma coisa que podemos discutir de maneira sensata, mas no caso de Nietzsche é muito complicada pela identificação dele com a divindade – o super-homem toma o lugar da divindade. Portanto, como Deus está morto, a criança que nasceu seria o nascimento do Deus em forma animal, o que significa o nascimento do Deus no inconsciente; e o que quer que possa ser a ideia dominante dessa consciência humana, por baixo da qual esse nascimento ocorra, ela será inflada pela mistura com o arquétipo, com a ideia da divindade. Visto que o super-homem assume o lugar de um deus, o próprio Nietzsche ficará no lugar de Deus. Agora começaremos o próximo capítulo.

> Os figos caem das árvores, são bons e doces; ao caírem, rasga-se a sua pele rubra.
> Um vento do norte sou eu para os figos maduros.

Sua identificação com o vento do norte é evidentemente a identificação com Wotan, e esse fenômeno prepara a aparição do que está pronto, do que já está maduro. Wotan é um fenômeno como Dionísio, que é também um deus da vegetação; ele significa uma espécie de condição entusiástica ou extática, na qual as coisas que já estão prontas no inconsciente alcançam a luz do dia.

> Assim, como figos vos caem esses ensinamentos, meus amigos: bebei do seu sumo e da sua doce polpa! É outono ao redor, e puro céu e tarde.
> Vede a plenitude a nosso redor! E a partir da abundância é belo olhar para os mares distantes.
> Um dia se falou "Deus", ao olhar para os mares distantes; mas agora vos ensinei a falar: "super-homem".

Aqui temos toda a fraqueza do argumento – que as pessoas continuarão a evocar a Deus quando olharem para os mares distantes. Elas dirão "Deus, que maravilha!", justamente como os primitivos polinésios, quando ouvem um gramofone, dizem *"Mulungu"*, o que quer dizer: "Que magnífico!" Sempre que ficamos realmente atônitos ou sobrepujados por alguma coisa, seja o que for, seja de um modo positivo ou negativo, exclamamos: "Deus!" E juramos por Deus; até mesmo as pessoas que não acreditam em Deus juram e dizem: "Deus te amaldiçoe!" Um francês diz *"oh, mon Dieu"* à menor provocação; e um alemão diz *"Ach Gott, lass mich in Ruhe"**, ou algo do gênero. Um operário italiano grita *"per Dio"* mesmo quando está em um clube de ateus ou naqueles clubes bolcheviques que tentam matar Deus. Isso está muito presente na nossa linguagem. Vocês nunca encontrarão um único indivíduo que diga: "Oh, super-homem, que tolo você é!" – ninguém nunca jurará pelo super-homem. Portanto Deus é um fenômeno natural; é a palavra que

---

* "Oh, Deus, me deixe em paz" [N.T.].

designa a coisa que me faz. Vejam, a palavra *God* [Deus] nada tem a ver com *good* [bom]; vem da raiz que significa *to beget* [gerar, engendrar]. Ele é o gerador das coisas, o criador, o fazedor das coisas. Tudo que me faz, tudo que cria minha disposição de ânimo efetiva, ou tudo que é maior ou mais forte do que eu – que é como meu pai – é chamado de "Deus". Quando sou sobrepujado pela emoção, é positivamente um deus, e isso é o que as pessoas sempre chamaram de "Deus", um deus da ira, ou um deus da alegria, ou um deus do amor, por exemplo. Elas entendiam as emoções como personalidades em si mesmas. Em vez de se enfurecerem, o demônio da fúria, um espírito mau, entrou no meu sistema e me faz – cria-me – em uma forma furiosa, e por isso ele é um deus. E isso sempre será assim enquanto as pessoas forem subjugadas pelas emoções, enquanto não forem livres.

Pois bem, Zaratustra, que é de certo modo a antecipação do super-homem, é subjugado por todo tipo de eventos: ele se enfurece, chora, é presa de suas emoções exatamente como Nietzsche. Mais à frente, há uma passagem muito clássica em que podemos ver o que acontece quando pensamos estar fazendo uma coisa que na verdade não estamos fazendo; quando pensamos ser os criadores das coisas, somos suas vítimas. Assim, esse fenômeno primitivo que as pessoas chamam de "Deus" é meramente uma afirmação de um fato avassalador; há partes de meu sistema psíquico que me avassalam às vezes. E, desde épocas imemoriais, o homem usou essa figura de linguagem. Claro, há certos idiotas que pensaram que minha concepção de Deus era nada mais do que uma emoção humana; esses são os idiotas que pensam que sabem o que é uma emoção. Pois bem, não estou entre eles. Só conheço um *fenômeno* chamado "emoção", mas não poderia lhes dizer o que ela é, porque não sei o que uma psique é – não faço ideia do que ela é. Assim, quando digo que esse fenômeno é chamado de "Deus", não dou uma definição de Deus. Dou uma definição dessa palavra, e deixo para Ele se manifestar como quiser; se Ele escolher se manifestar por meio do pior dos pecados, é problema dele. Mas esses idiotas que falam da emoção pensam que sabem o que ela é, ou quando eu falo da psique eles pensam que sabem o que ela é. Perguntem a um físico o que a matéria é. Essa é uma questão de arrepiar os cabelos. Assim, nunca podemos realmente suprimir o fato psicológico de Deus pregando o super-homem, mas evidentemente é uma questão diferente quando se trata da interpretação do conceito de super-homem de Nietzsche.

A definição que percebemos como a provável ou verdadeira é que ele realmente se refere ao conceito psicológico do si-mesmo, mas ele comete o erro de se identificar com essa ideia; assim, o super-homem torna-se uma espécie de pessoa mais ou menos a nosso alcance – que pode ser alcançada, digamos, em algumas gerações. Veremos, na continuação do texto, que embora não possamos ser capazes de criar um super-homem, nosso bisneto talvez possa ser o super-homem. Pois bem, na medida em que o super-homem é outro termo para o si-mesmo, é possível que a ideia de uma divindade possa transmigrar para outra forma, pois o fato de Deus tem sido chamado por todos os nomes em todos os tempos. Há, pode-se dizer, milhões de nomes e formulações para o fato de Deus, portanto por que não o si-mesmo, muito facilmente? Vocês sabem que isso já foi feito na filosofia dos *Upanishads* e na filosofia tântrica, por exemplo; eles tinham essa formulação há muito tempo. E a concepção cristã do Reino dos Céus dentro de nós contém todo o simbolismo do si-mesmo; a cidade fortificada, a pérola preciosa, a pedra, ou o ouro – há muitos símbolos para o si-mesmo. Ele também está na filosofia grega; Empédocles, por exemplo, tinha a concepção de que o ser redondo, o *sphairos*, era o *eudaimonestatos theos*, o Deus mais bem-aventurado[68]. Bem, eu penso que ele deve ser interpretado como algo assim; ele deve ser tal que é preenchido com o espírito mais bem-aventurado e esférico como o ser primordial platônico, que também é a ideia do si-mesmo. Assim, há por todos os lados possibilidades de identificar a ideia do fator divino com o si-mesmo do homem. Se vocês quiserem ir um pouco mais fundo na definição do si-mesmo, devem observar a literatura; eu os aconselharia, por exemplo, que leiam o *Eranos* de 1934, no qual há um artigo muito interessante, do Professor Hauer, sobre os símbolos do si-mesmo nos *Upanishads* e na filosofia tântrica[69].

Na medida, pois, em que não identificarmos a ideia do si-mesmo com a pessoa, com o sujeito, o homem egoico, ela pode ser nomeada igualmente como um deus – isso seria bastante aceitável –, e ele é bastante apto a receber a substância do fator divino. Penso que esse é o cerne mais valioso do ensinamento de Nietzsche, e é a mensagem para nossa época, no que contém a doutrina da individuação, ou seja: que é dever de nossa época ajudar a criar o super-homem, preparar o caminho do super-homem. Mas, no momento em que nos identificamos com o possível super-homem ou pensamos que nosso neto possa ser o super-homem, caímos na mesma armadilha em que Nietzsche caiu – ele se identifica com uma intuição. Isso é perigoso. Se nos mantivermos longe dessa armadilha, trata-se realmente da resposta para todo o desenvolvimento psicológico ao longo da Idade Média. É o desenvolvimento lógico do protestantismo, por exemplo, na medida em que o protestantismo privou a Igreja de sua autoridade.

---

68. No fragmento 28, Empédocles de Agrigento (que floresceu em cerca de 450 a.C.) escreveu: "Mas Ele [Deus] é igual a si mesmo em todas as direções e sempre eterno, uma esfera redonda que goza de uma solidão circular" (Freeman*).

69. As conferências Eranos de 1934 centraram-se em torno do tema "Simbolismo e orientação espiritual no Oriente e no Ocidente". O Professor J. W. Hauer, da Universidade de Tübingen, leu um ensaio intitulado "Símbolos e experiência do si-mesmo no misticismo indo-ariano".

Vejam, a autoridade da Igreja é a autoridade do dogma, e a autoridade do dogma significa ou expressa a autoridade absoluta do fator divino, pois o fator divino é então privado de sua subjetividade. Se destruímos a autoridade absoluta da Igreja – o dogma –, como o protestantismo fez, permitimos interpretações; e então Deus naturalmente se torna muito relativo à nossa interpretação. Assim podemos dizer que Deus está absolutamente fora de nós mesmos, e podemos fazer um julgamento a seu respeito: Ele já não tem autoridade. Vocês sabem que têm um ponto de vista e outras pessoas têm outro; na medida em que Deus não é mais garantido pelo dogma indiscutível da Igreja, Ele está à *votre disposition*[70]; então vocês podem moldá-lo, dizer coisas sobre Ele, como o famoso protestante moderno Gogarten, que diz que Deus só pode ser bom[71]. Ele acha que está dizendo algo extremamente interessante sobre Deus, mas isso é blasfemo. Ele priva Deus de suas possibilidades. Não lhe deixa nenhuma escolha. Pensem nas coisas maravilhosas que vocês podem fazer quando também são maus!

Quando tomamos as declarações da Bíblia como a autoridade absoluta, a palavra de Deus, é exatamente como se estivéssemos proibindo um escritor de publicar qualquer outra coisa. Por dois mil anos Deus tem estado sob a censura dos sacerdotes. Ele não poderia publicar um novo livro, não poderia fazer nada, porque tinha dito na Bíblia o que tinha a dizer, e nada poderia jamais ser mudado. Isso é uma catástrofe porque é uma usurpação dos direitos divinos, e além do mais é absolutamente não psicológico, na medida em que o fator divino muda. Na medida em que o fator divino *não* muda, Deus permanece o mesmo e então o livro sagrado é a autoridade absoluta, a verdade, porque captura os fatos inconscientes e os expressa. Não precisamos de mais nada – então Ele é absoluto. Mas, no momento em que o homem muda, ou no momento em que Deus muda, sua verdade já não é sua verdade – ela não o expressa –, e a autoridade das noções até então prevalecentes chega ao fim. Então acontecerá a revolução protestante, como foi realmente o caso. Podemos dizer que, por volta do fim do século XV, Deus mudou consideravelmente, ou o homem mudou consideravelmente. Vejam, os dois devem sempre estar juntos; ainda assim, são dois, e não podemos dizer quem muda primeiro. Se formos um indivíduo devoto, diremos que Deus mudou; e, se formos um indivíduo mundano, diremos que o homem mudou, e, para seguir o homem, Deus foi obrigado a dizer algo novo. Mas não importa o que vem antes, o ovo ou a galinha; a mudança aconteceu, e a velha verdade já não era uma verdade.

Portanto toda aquela verdade que fez a Igreja, que fez o dogma, que fez, finalmente, a qualidade eternamente válida da noção de Deus – tudo isso colapsou

---

70. "Para o seu próprio modo de pensar."

71. Sobre Gogarten, cf. 5 de dezembro de 1934, n. 235.

e aparentemente não pode ser encontrado em lugar nenhum. Mas nada pode se perder; toda aquela autoridade está no inconsciente, e é claro, então, que a temos em nosso próprio corpo e nos tornamos de suma importância. Então começamos a acreditar no individualismo e em coisas desse tipo, e a época dos grandes indivíduos começa. Isso foi por volta do século XVI, temos certas confissões daqueles dias que são altamente interessantes, a famosa confissão de Agrippa von Nettesheim, por exemplo, que citei em meu pequeno artigo biográfico sobre Paracelso[72]. Essa era uma confissão tão individualista de um homem para o qual a autoridade tinha colapsado completamente, de modo que ele próprio se tornou a autoridade; ele então se identificava com a incerteza absolutamente divina, com a incerteza criativa. Se vocês conhecem um pouco da psicologia medieval, serão capazes de substanciar o que estou dizendo – essa foi uma época muito interessante, uma época tremenda. Uma megalomania que podemos então encontrar nas pessoas é o Deus que veio ao homem, e naturalmente, no primeiro momento, isso teve um grande efeito nele. Ele se tornou muito entusiasmado, e o reino dos céus desceu à terra; mas então, instantaneamente, vieram todas as consequências de uma inflação como essa. Como vocês sabem, depois da revolução luterana, imediatamente se seguiu a guerra, a terrível revolta dos camponeses; foi um movimento psicológico inteiramente místico, mas muito destrutivo, e claro que levou Lutero a restringir suas inovações de maneira considerável. Então veio o protestantismo, e vemos ali o interessante fenômeno de que ele se dividiu em quatrocentas denominações, de modo que sua autoridade desapareceu completamente. Na Suíça, por exemplo, cada pastor prega seu próprio evangelho, o que não é nada interessante. É muito pessoal, sem nenhuma síntese, nenhuma continuidade; é totalmente subjetivado, e não resta nenhum vestígio de uma igreja. E isso é assim praticamente em toda parte, exceto em países como a Inglaterra, em que há uma tradição muito forte, mas mesmo lá o protestantismo está dividido em todo tipo de seitas e denominações. Somente a Igreja Católica manteve a forma absoluta que garante a identidade de Deus.

O resultado final desse desenvolvimento é que cada um pregará seu próprio evangelho. Se os pregadores pregarem para si mesmos haverá monólogos extremamente úteis, porque cada um dirá então a si mesmo qual é seu próprio problema. Hoje em dia, os pregadores ainda dizem a outras pessoas qual é o pro-

---

72. Esse artigo (OC 15, § 1-17) começou como uma palestra em 1929, dada na casa do médico medieval em Einsiedein, Suíça (cf. tb. OC 15, § 18-43; OC 13, § 145-238). Como algo típico daqueles tempos, Jung cita o lema do livro de Agrippa von Nettesheim, *De incertitodine et vanitate scientiarium* (Sobre a ciência incerta e vã), 1527: "Este Agrippa a ninguém perdoa; / ele despreza, conhece, desconhece, chora, ri, / encoleriza-se, persegue, tudo critica, / é filósofo, gênio, herói, deus e tudo o mais" (OC 15, § 10).

blema delas – eles continuam projetando. Claro, sempre existem tolos o bastante para acreditar nisso, e isso está provavelmente certo, porque todo mundo comete erros, portanto isso funciona bem. Quando vocês se desenvolvem consistentemente como verdadeiro protestante, claro que devem pregar, porque Deus está em vocês, mas preguem para vocês mesmos e então estarão realmente no caminho do si-mesmo. Façam o que Nietzsche exorta que vocês façam, sejam um camelo, carreguem a si mesmos e então preguem a si mesmos. Eu diria, nem sequer escrevam um livro como o *Zaratustra*; essa é uma concessão que devemos permitir ao Sr. Nietzsche como um escritor bem-dotado, mas teria sido muito melhor para ele se tivesse pregado para si mesmo. Claro que, se esse momento chegasse, estaríamos absolutamente sós. Em todos os milhões de anos antes de Deus criar o homem, ele tinha apenas sua própria sociedade; se é que conversava, provavelmente conversava consigo mesmo. Isso é expresso nos *Upanishads* como uma condição particularmente solitária na qual o criador se encontrava. Por isso Ele teve de criar um objeto e criou o mundo; a razão para o mundo existir foi para que Ele [o criador] pudesse ter um público. Portanto, se chegássemos à condição de sermos nosso próprio público, pregando a nós mesmos, seríamos, de certo modo, pequenos deuses isolados no universo, importantíssimos porque seríamos nosso próprio objeto, mas ao mesmo tempo bem miseráveis, porque estaríamos sós.

Muitos protestantes sérios estão provavelmente isolados por conta disso: toda a responsabilidade do mundo pesa sobre eles, que estão a sós com ela. Caso se arrependam, não há ninguém para lhes dar a absolvição; eles dependem, talvez, da graça de Deus, mas essa concepção de um deus é muito incerta porque eles *têm* de acreditar nisso. Quando perguntamos como eles chegam à ideia de Deus, dizem que é preciso acreditar. Mas por que eu deveria acreditar em uma coisa dessas? Bem, a palavra de Deus diz isso. Mas Paulo não acreditava de modo algum nesse tipo de Deus; ele perseguia os cristãos, até que, no seu caminho a Damasco, experienciou Deus e então conheceu. Isso foi a *pistis*, a palavra grega que significa lealdade e confiança – nada tem a ver com acreditar. Ele confiou no fato de que tinha experienciado alguma coisa, porque teve essa experiência ele conheceu, e então não precisou acreditar. Assim, quando nossos pastores dizem que devemos acreditar, é uma mera confissão de falência; ou conhecemos uma coisa, e então não precisamos acreditar nela, ou não a conhecemos, e então por que deveríamos acreditar nela? Toda essa questão, portanto, está ligada à experiência da divina intercessão; sem essa experiência, não há necessidade de acreditar. A crença é boa para o instinto de rebanho. Então podemos fazer juntos uma canção de comunidade; podemos cantar "nós todos acreditamos!" – e isso faz o que chamamos de uma igreja ou uma comunidade. E nisso cessa o problema.

O problema com o qual Nietzsche está preocupado não pode nem sequer ser tocado por pessoas que estão cantando a canção da comunidade, porque eles não precisam se incomodar com isso – eles permanecem sendo um resíduo da Igreja Católica. Não se desenvolveram como protestantes, mas permaneceram restos históricos da Igreja cristã original. Mas, caso se desenvolvam como protestantes, necessariamente chegarão ao tremendo problema ao qual Nietzsche chegou, ou seja, à ideia do super-homem, à ideia daquilo que no homem toma o lugar do Deus que outrora era válido; eles então se preocuparão com o que é isso, e com o que eles deveriam ser para serem capazes de lidar com o terrível risco da inflação. Quando a pessoa começa a pregar a si mesma, então, corre o risco da megalomania, ou de ser completamente esmagada por um sentimento avassalador de inferioridade. Encontramos ambas as coisas no homem moderno; por um lado, sentimentos de inferioridade, e, por outro, uma convicção de si mesmo, uma autoafirmação impertinente, ou uma tola megalomania. E encontramos essas duas coisas também em Zaratustra.

Palestra II
13 de maio de 1936

Prof. Jung: Vamos agora prosseguir com nosso texto:

> Deus é uma conjectura: mas eu quero que vossas conjecturas não excedam vossa vontade criadora.

Frequentemente encontramos a ideia de que Deus é uma conjectura. Esse era um preconceito peculiar daquela época, da segunda parte do século XIX, quando as pessoas começaram a flertar com uma espécie de hipótese que na Antiguidade era conhecida como evemerismo. Esse termo vem do nome do filósofo grego Evêmero, que teve a ideia de que os deuses foram antes seres humanos, que Zeus, por exemplo, tinha sido um rei ou um homem poderoso como Héracles, e que depois as pessoas pensaram que eles eram deuses – a lenda os transformou em deuses. Assim, todos os outros deuses que povoaram o Olimpo supostamente tinham sido figuras históricas notáveis que se tornaram lendárias, e também Osíris tinha sido meramente um homem. Encontramos praticamente a mesma ideia no famoso livro de Carlyle chamado *O culto dos heróis*; ele simpatiza com essas visões evemeristas[73]. É uma tentativa de racionalizar a existência do conceito de deuses. Pois bem, na última parte do século, começou-se a pensar que Deus ou os deuses não eram sequer pessoas evemeristas, mas que essa concepção na verdade não datava de lugar nenhum, que era uma mera invenção que sempre tinha sido feita, uma espécie de hipótese inteiramente feita pelo homem.

Como vocês sabem, todo o século XIX foi uma época em que as pessoas se tornaram cientes do que o homem estava fazendo. No momento em que alguma ideia passava pela cabeça de um homem, quando ele se encontrava falando ou pensando, tornava-se ciente de que *ele* estava pensando aquilo, e então pressupunha que *ele* era quem fazia o seu pensamento. E esse "olhar para o que ele estava

---

73. Thomas Carlyle (1795-1881), ensaísta e historiador escocês. Seu livro mais conhecido, publicado em 1841, apresenta uma teoria do herói com exemplos extraídos da história.

fazendo" foi chamado de "psicologia"; a psicologia foi entendida como uma ciência do comportamento humano, uma ciência da consciência, exclusivamente. Quando algo, um evento, tinha lugar no homem, o pressuposto era de que ele fosse o fazedor desse evento ou desse processo – claro que apenas na medida em que sua chamada psicologia estava implicada. Se ele desenvolvesse um câncer ou sofresse de febre tifoide, não se considerava que ele tivesse resolvido sofrer essas doenças, porque era óbvio que tais coisas lhe *aconteciam*. Mas, quando se tratava de ideias ou de condições mentais, ele era mais ou menos tomado como responsável pelo fato, a não ser que estivesse simplesmente louco. Supunha-se que a pessoa não fizesse uma psicose; uma psicose acontecia à pessoa, como a febre tifoide, a partir de certas causas. Mas, no começo do século, na época dos primeiros alienistas – o alienista foi uma invenção desse século –, ainda se acreditava que as pessoas faziam até mesmo uma psicose, que elas traziam para si mesmas uma psicose mediante uma contravenção, por certos maus costumes ou hábitos, por uma má conduta ou imoralidade, e assim por diante. Há um famoso manual alemão, daqueles dias, que se baseia inteiramente nessa hipótese de que as pessoas são as autoras de sua insanidade[74], o que é mais ou menos o mesmo que pressupor que sejam as autoras de sua própria febre tifoide. Mas ainda não chegamos ao ponto de pressupor que nossa psicologia, nossa mente, o processo mental com o qual nos identificamos, nos acontece; isso ainda parece ser uma ideia muito ousada. Porém, tão logo a mente seja um pouco louca, somos inclinados a sermos humanos o bastante para pensar que isso aconteceu. Por exemplo, quando nos familiarizamos com as ideias extraordinárias de Nietzsche, dizemos: "Oh, isso é insanidade. Ele foi forçado a dizer essas coisas. É um 'sintoma'". Mas para ele não era; era o que ele *queria*, era vontade dele dizer tais coisas. Evidentemente teria sido muito melhor para ele se tivesse sido capaz de ver que essas coisas estavam lhe acontecendo; ele então teria se perguntado o que realmente queriam dizer, e quem estava por trás dos panos, fazendo com que ele as dissesse. Desse modo, teria sido capaz de se descolar de Zaratustra. Mas não pôde, porque supôs que era o construtor de Zaratustra. Seu inconsciente se comportou muito razoavelmente com ele: o fez ver que ele e Zaratustra eram dois. Suas famosas palavras são: *Da wurde eins zu zwei und Zarathus-*

---

74. Embora Richard von Krafft-Ebing pudesse não ter concordado com essa caracterização, seu *Text-book of Insanity based on Clinical Observations* (trad. C. G. Chaddock, Filadélfia, 1904; orig. Stuttgart, 1879) foi a obra mais popular em seu campo por muitos anos. Em outro lugar, Jung contou que se deparou com esse livro quando estava tentando decidir qual seria sua especialização médica, e que teve uma "violenta reação" a ele pelo fato de seu autor falar do "caráter subjetivo" dos manuais psiquiátricos e das psicoses como doenças da personalidade. Jung soube naquele instante qual seria seu destino. Cf. MDR, p. 108-109, 111.

tra ging an mir vorbei*. Ele, porém, não prestou atenção, porque pensou que tudo o que o homem é, ou tudo o que ele fez, *ele* é quem fez, que o eu emana tais coisas baseado em sua própria vontade, que é a vontade criativa do eu que engendra essas coisas. E, naturalmente, quando temos esse pressuposto, assumimos toda a responsabilidade por todo o procedimento em nós mesmos. Então *eu* sou o construtor de Deus. Eu sou o construtor de Zaratustra. Estou totalmente só. Eu sou o criador do meu próprio mundo – nada está acontecendo a mim porque tudo o que é, sou eu. Nietzsche está absolutamente na posição do criador de um mundo. Um deus poderia dizer: "Eu sou o mundo. Em cada pedaço do mundo eu estou – tudo o que acontece sou eu. Eu o estou fazendo. Em cada tipo de tolice, cada crime, cada alegria, cada beleza. Eu sou tudo e nada lá fora".

Vejam, essa identificação com Deus é a armadilha na qual a última parte do século XIX acabou caindo, porque eles não viam o quanto acontecia de fato à mente. E lembrem-se: isso apesar do fato de que a ciência já tinha evoluído a ponto de eles não considerarem um sinal particular de imoralidade quando um homem se tornava mentalmente doente: era um infortúnio. O pai dele talvez tivesse sido um beberrão, ou sofresse de sífilis; e, se tivesse havido epiléticos na família, era totalmente natural que um caso da mesma natureza ocorresse, que as crianças nascessem com cérebros fracos e pudessem se tornar insanas. Esse foi o início de uma concepção mais nova e mais verdadeira. Devemos ir um pouco além para nos livrarmos de todo esse preconceito do século XIX, e então não nos consideraríamos exclusivamente responsáveis pelo que pensamos ou fazemos: saberíamos que essas coisas realmente acontecem a nós. Não somos livres, não somos centros criadores que provavelmente criarão super-homens. Somos muito pobres. Nosso livre-arbítrio é muito limitado. Somos tão dependentes de nosso entorno, de nossa educação, de nossos pais, porque nascemos com certos arquétipos, ou com certos distúrbios.

E assim como não podemos responsabilizar uma pessoa insana por sua insanidade, tampouco podemos responsabilizar Nietzsche pelo fato de ele ter pensado que pudesse fazer ou desfazer Deus, ou que pudesse fazer o super-homem ou Zaratustra. Ele não pôde evitar pensar assim, antes de tudo devido a sua época – ele estava sob o mesmo preconceito. Nietzsche não pôde evitar pensar que produziu Zaratustra, embora ele próprio tenha escolhido o nome do velho profeta para denotar que Zaratustra tinha existido muito antes de que houvesse um Nietzsche. O arquétipo do velho sábio existiu desde épocas imemoriais; nós o encontramos em toda parte, e de modo algum é criação de Nietzsche. Ainda assim, ele pensou que

---

* "Então um se tornou dois e Zaratustra passou junto a mim" [N.T.].

podia criar tais coisas. Por isso participou da atitude de sua época, que não tinha se desenvolvido o suficiente em linha com a consciência objetiva.

Nós, no século XX, começamos agora a estender um ponto de vista científico objetivo à esfera do chamado funcionamento normal da mente; e começamos a entender que nossos processos mentais são ocorrências ou eventos em grau muito mais elevado do que sempre se pensou outrora. E, se podemos nos juntar a essa convicção, temos a possibilidade – que se mostra de extrema utilidade – de nos descolarmos de tais figuras. Podemos supor que elas têm vida própria, e que fazem a si mesmas; e que entramos simplesmente à maneira de um olho percipiente, ou que sofremos disso exatamente como sofremos o efeito de uma herança má. Vejam, quando há epilepsia em nossa família, podemos herdar a epilepsia ou, pelo menos, um traço dela em nosso caráter, exibindo-o em emocionalismo, talvez, ou em sonhos peculiares, e naturalmente somos inclinados a pensar que certamente fizemos esses sonhos ou emoções e que somos muito maus. Então descobrimos que tudo era hereditário, então como podemos evitar isso? Nós nos encontramos em um corpo com determinadas desvantagens, assim como nos encontramos com um determinado cérebro, com suas disposições más ou boas. Vejam, se não nos identificamos com nossos vícios, não temos a chance de nos identificarmos com nossas virtudes; somos nossas virtudes hereditárias tão pouco quanto somos nossos vícios hereditários. Mas, se não nos identificamos, temos uma chance de descobrir o que esse pobre eu é, e podemos aprender como lidar com os fatores hereditários de nossa mente. Temos então uma chance de ganhar liberdade. Enquanto supomos que estamos fazendo o clima, o que podemos fazer? Tentaremos em vão fazer o tempo ficar bom, e nunca conseguiremos, e por estarmos o tempo todo furiosos com nós mesmos por fazermos chover, nunca inventaremos um guarda-chuva. Sofreremos com esses sentimentos infernais de inferioridade, em vez de inventar um bom guarda-chuva. Assim, na medida em que Nietzsche presumia que Deus era uma conjectura, é bastante lógico quando ele diz: "Mas eu quero que vossas conjecturas não excedam vossa vontade criadora". Em outras palavras, não devemos fazer conjecturas que não sejamos capazes de cumprir, pois:

> Podeis criar um Deus? – Então não me faleis de deuses! Mas bem poderíeis criar o super-homem.

Claro que não podemos criar um Deus, então por que conjecturar um Deus? Isso, é claro, baseia-se no pressuposto de que tais coisas só existem porque o homem as cria. Mas, se deixarmos em aberto a possibilidade de que Deus existe sem a invenção do homem, todo esse argumento é naturalmente fútil, porque o homem nada tem a ver com isso; Deus é ou não é; Ele está além do alcance do homem. Certamente a ideia de Deus, ou a imagem de Deus, é muito influenciada pela disposição do homem no tempo e no espaço, por seu temperamento e assim por diante, mas é um fato universal que, por toda parte, encontramos algumas ideias que são equivalentes dessa experiência básica do homem: ou seja, que fora de sua própria vontade, ou além de sua própria vontade, há ainda outra vontade, seja o que for. Por exemplo, se ele tenta ser agradável, descobre que é uma cruz; se tenta dizer algo bom, diz algo mau; se quer dizer a verdade, mente. Ele é constantemente afetado por algo que não é sua própria vontade. Nessa experiência, ele é como que possuído por fantasmas ou más influências – ou por Deus, o receptáculo supremo, poderíamos dizer, de todo o cruzamento mágico de propósitos individuais. Pois bem, essa experiência básica não é uma invenção do homem, mas simplesmente um fato, um fato que está todos os dias debaixo de nosso nariz; e se vocês quiserem ver como aconteceu de as pessoas chamarem-no finalmente de "Deus", estudem a vida dos primitivos.

Ou estudem apenas os casos que saltam à vista. Por exemplo, suponhamos que não temos nada a ver com uma pessoa muito temperamental, que facilmente se torna emotiva e furiosa, e que tem um de seus ataques quando dizemos algo incômodo. Então lhe dizemos: "Mas veja, você está fora de si; seja você mesmo, seja razoável. Não consigo entender que diabo se passa com você que te faz falar tamanha besteira". Tratamos a pessoa como se ela estivesse alienada de si mesma, como se um ser estranho tivesse se apossado dela. Se vivemos sob circunstâncias primitivas e usamos a terminologia fornecida pelo nosso entorno, dizemos "oh, bem, às vezes um mau espírito entra nesse homem", e então devemos tentar eliminá-lo ou esperar até que tenha desaparecido e o homem retorne à normalidade. Um primitivo explica uma crise emocional comum como um fato mágico; se vocês estudarem a história das religiões e analisarem cuidadosamente o que está por trás de todas essas ideias, verão que é um não eu psicológico que tem uma influência sobre o homem. Portanto, se vocês forem muito cuidadosos e realmente científicos, verão que Deus é isso que sempre observamos; ou seja, essa vontade que interfere em nossa própria vontade, uma tendência que contraria nossa própria tendência, uma coisa claramente psíquica, assim como nossa consciência é psíquica. Da mesma natureza, talvez, mostrando traços de inteligência e razão e astúcia – todo tipo de qualidades humanas – sendo obviamente algo como um ser psíquico, como o homem; mas não exatamente como homem, porque é mais astuto e diabólico, ou benigno e benévolo, do que ele.

Assim, certas qualidades ou certos hábitos não humanos peculiares sempre foram atribuídos a essa outra vontade, e ela foi imaginada como de aparência não totalmente humana – um animal prestativo, por exemplo, um animal médico, ou um homem dotado de um feitiço extraordinário, uma espécie de super-homem, seja metade animal embaixo ou metade animal em cima. Esses foram os primeiríssimos símbolos da divindade. E, na história, mesmo nas formas mais avançadas da religião cristã, encontramos tais ideias; Cristo é simbolizado como o cordeiro, e o Paráclito, o Consolador, como a pomba; o próprio Deus desceu na forma da pomba no mistério batismal de Cristo. E os evangelistas ainda são simbolizados como metade animais ou animais completos. Anjos são homens-pássaros, ou apenas cabeças com duas asas por baixo e o corpo de algum modo desaparecido. Essas são ideias monstruosas de seres divinos, extremamente primitivas, mas bastante adequadas como expressões da peculiar natureza não humana desses eventos psicológicos que contrariam nossa própria vontade egoica.

Pois bem, se Nietzsche tivesse pensado assim, teria se perguntado sobre essa figura que ele deve chamar de "Zaratustra". Poderia ter-lhe dado qualquer outro nome, mas escolheu "Zaratustra". Claro que ele tinha uma explicação racional para isso, mas, se tivesse vivido cm nossa época, certamente teria se perguntado o que isso queria dizer. Teria dito: "Aqui aparece uma figura; eu a fiz? Eu a premeditei? Eu tomei a decisão de criar uma figura chamada de 'Zaratustra'?" Então teria chegado à conclusão de que não tinha sonhado em fazer uma coisa dessas – ela simplesmente aconteceu: "*Eu* não a criei, ela definitivamente criou-se a si mesma; é uma experiência mágica, por isso eu lhe dei um nome. Eu lhe dei até mesmo uma forma. Talvez essa figura fale, talvez tenha vida própria, pois não a inventei: ela se fez". E então teria chegado à convicção: se Zaratustra pode voltar à vida, por que não Deus? Zaratustra é de algum modo diferente de uma concepção de Deus? De modo algum. Deus foi compreendido como uma concepção do velho sábio, e se algum demônio ou herói pode voltar à vida, por que não Deus? Assim, Ele teria descoberto esse tremendo erro de sua época, a ideia de que Deus foi inventado pelo homem.

Deus nunca foi inventado, sempre foi uma ocorrência, uma experiência psicológica – e lembrem-se: é ainda a mesma experiência hoje. Mas, no século XIX, as condições eram particularmente desfavoráveis, porque eles trabalhavam sob o fato de terem pressupostos sobre Deus.

Vejam, as coisas não podem ser deixadas desregulamentadas. Particularmente devem ser definidas quando se constitui um estado ou uma instituição como a Igreja; e, visto que Deus é um objeto de culto, algo definido deve ser dito sobre Ele. Assim, as afirmações de Jesus foram usadas, por exemplo de que Deus era bom, na verdade a melhor coisa do mundo, c dc que Ele era um pai amoroso. Pois bem, todas essas afirmações são perfeitamente verdadeiras, mas também há o ponto de vista do Antigo Testamento, o temor a Deus. Não podemos ter o Novo Testamento sem o Antigo. O Novo Testamento foi a reforma judaica do Antigo Testamento: foi o protestantismo judeu. Os judeus estavam absolutamente sob o ponto de vista do temor a Deus e do comportamento obediente à lei, e por isso o reformador teve de insistir que Deus não tinha de ser *apenas* temido. Era óbvio, por muitas passagens e salmos, que Deus não era apenas um legislador e um policial para castigar imediatamente o transgressor, mas também um pai amoroso, e realmente queria ser benévolo. Era extremamente sábio e gentil, e lhes daria o que quisessem. O protestantismo judeu então se separou, e foi mesmo uma necessidade separar-se, pois os gentios aos quais esse evangelho foi pregado não faziam ideia de um Deus furioso. A ideia deles de um Deus era a de uma bela e terrível força da natureza com uma psicologia pessoal, e sem quaisquer propósitos morais correspondentes.

Vejam, Zeus era uma proposição completamente amoral. Era alguém independente mesmo em seus dias, e não havia nada muito respeitável acerca do Olimpo ou de outros panteões pagãos. Não havia qualquer lei a ser observada, e não havia nenhuma ideia de bem e mal: naturalmente, os deuses eram também pessoas muito más. Se alguém se comportasse mal, supunha-se que estivesse possuído por Marte ou algo assim, ou talvez tivesse um caso com Vênus e fora pego pelo marido. E toda essa *chronique scandaleuse* do Olimpo provava que essa era a condição do mundo, a natureza na qual o homem vivia. O ponto de vista judeu era a moralidade, a obediência, a observância da lei; e o Deus furioso era vingativo. Claro, os deuses gregos às vezes também eram vingativos, mas eram apenas maus humores, e não havia a ideia de um Deus moralmente perfeito. Zeus era o diretor do Olimpo, mas era responsável perante o grande conselho diretivo do mundo, a Moira, uma influência invisível, a *Société Anonyme*[75] do Olimpo, portanto nem mesmo Zeus podia fazer o que quisesse. Ele era meramente o diretor designado, e a Moira estava acima dele[76]. Portanto os deuses eram de certo modo limitados, uma espécie de seres humanos hipertrofiados superiores, representando adequadamente as disposições humanas com as quais o homem nasce.

O Deus judaico era uma coisa inteiramente diferente. Não havia juiz acima dele em Israel. Ele era supremo. Vemos essa superioridade no Livro de Jó, em que ele aposta com o diabo a alma de um homem; meramente em nome da experiência ele destruiu os rebanhos e as mulheres e as crianças e os escravos do bom homem Jó. Afligiu-o com cada peste sob o sol para dar um julgamento justo ao demônio; e então Deus venceu e devolveu tudo a Jó. Foi uma brincadeira muito cruel, tal como um senhor feudal poderia aplicar a seu súdito. Mas essa foi uma coisa muito séria: significa que ele próprio é o destino, um destino completamente arbitrário que faz leis. Desde que obedeçamos, temos alguma chance; caso contrário, nenhuma chance: há apenas a destruição total. Essa é uma imagem muito

---

75. *Société Anonyme*: uma corporação; de fato, uma "corporação sem rosto".

76. Moira: destino, embora, nos tempos homéricos, as Moirai fossem deusas que podiam ser culpadas pelas desgraças.

verdadeira do mundo, mas em um aspecto horrível, que, é claro, tem muito a ver com a história daquele povo particular que desenvolveu essa ideia de Deus. A história das tribos judaicas é cheia de sangue e destruição. Novas escavações têm mostrado que até mesmo naqueles tempos, quando elas pareciam florescer, os reis egípcios dominavam aquela região, e vocês podem estar certos de que as colônias judaicas não se sentiam particularmente bem sob um dominador estrangeiro; por isso viam a deus como justamente isso, um tirano que expedia leis, e se eles não obedecessem, estavam no inferno.

Pois bem, sob a influência das épocas, essa emigração judaica ao Egito, com a possibilidade de participar da vida de uma civilização em que havia leis humanas – havia uma grande colônia na Alexandria, por exemplo –, acarretou uma grande mudança, que pode ser vista na sabedoria dos "Provérbios" e dos "Eclesiastes", especialmente, e depois na reforma judaica chamada de cristianismo. Lá, insistiu-se no lado benévolo, benigno de Deus, e a velha ideia da lei foi, em grande parte, abolida. Quando essa religião foi ensinada aos gentios, eles necessariamente tiveram de separar o Novo Testamento do Antigo. Isso foi feito com muito cuidado, porque a mensagem tinha de ser enxertada em uma proposição ou premissa inteiramente diferente: ou seja, a premissa da querida velha *Société Anonyme* do Olimpo; todas aquelas belas e divertidas e ridículas figuras tinham de ser respondidas por um tipo diferente de sistema. Foi então que o cristianismo helenista e sincrético veio à existência. Como vocês sabem, o que chamamos de Igreja Católica em nossos dias é sobretudo uma codificação ou uma solidificação do sincretismo helenista, um sincretismo de uma ordem muito elevada, em que encontramos todo tipo de resíduos pagãos e primitivos. *Sincretismo* significa crescer junto. É como conglomeração. Material conglomerado consiste em muitas coisas diferentes que se juntaram e solidificaram, e o sincretismo é em grande medida a mesma coisa, uma mistura de muitas coisas unificadas. O sincretismo helenista seria a era que começou por volta de 200 a 300 a.C., e durou até os séculos III ou IV d.C. Todas as religiões e filosofias do Oriente Próximo e do Ocidente cresceram juntas então, e formaram uma atmosfera mental inteiramente nova.

Os diferentes aspectos de Deus foram então especificados, codificados, dogmatizados, porque era absolutamente imperativo que Deus fosse um ser adequado para o centro do culto cristão; Ele tinha de ser um bom pai, e então também deve haver muita conversa sobre o diabo. Esse conceito cristão do diabo não está na religião judaica; claro, existiam poderes malignos, mas o próprio Deus era um sim e um não. Era também um Deus da ira; visto que a principal emoção religiosa deles era o temor a Deus, não precisavam tanto do conceito de um diabo. Com o cristianismo, veio a cisão em pares de opostos, por isso eles tiveram de inventar um diabo, porque esse aspecto, a má experiência de Deus, não existia e tinha de ser formulada. Mas, por essa codificação ou dogmatização, um preconceito foi formado: Deus tinha de ser algo definido, e Ele aparentemente se tornou algo muito unilateral, para quem brincadeiras más, por exemplo, não podiam ser atribuídas; ainda assim, o destino é cheio de brincadeiras muito cruéis. Eles não poderiam presumir que Deus causasse danos ao mundo, ou dançasse um mundo, ou se embriagasse com o mundo. Todas essas concepções tinham de ser excluídas, e assim Deus se empobreceu cada vez mais e se tornou uma coisa definida.

Naturalmente, a reação tinha de vir, uma vez que as pessoas disseram que uma imagem dessas era invenção humana. Lembrem-se, a imagem não é a coisa; a experiência de Deus está sempre presente. É a experiência mais frequente do homem, mas, por todo aquele desenvolvimento nos séculos passados, ela se tornou a experiência mais rara. Há pessoas que passam pelo mundo e dizem que nunca experienciam Deus; elas não sabem o que é isso. Mas é a coisa mais simples. Quando saímos da sala e tropeçamos na soleira, amaldiçoamos em voz alta, porque havia um mau espírito na sala que pôs uma perna para tropeçarmos: essa é a experiência original de algo que nos aconteceu e que não queríamos. O destino nos contraria todos os dias. Nós mesmos estamos sempre fazendo coisas que não queremos fazer. E quem está fazendo isso? Bem, esse é o outro ser, e, se o seguirmos – se examinarmos cuidadosamente o que significa esse ser que nos contraria –, veremos alguma coisa. Mas jamais podemos ver longe: explicamos tudo por si mesmo. Nesse caso, tropeçamos na soleira e, naquele caso, em uma cadeira, e uma soleira nunca é uma cadeira, e que tropecemos em ambos não importa. Ou contamos uma mentira e dizemos que é apenas essa mentira particular, e no dia seguinte é outra. Esse é o modo como fragmentamos as coisas. Fragmentamos a experiência de Deus o tempo todo, assim é natural que nunca experienciemos Deus; só experienciamos pequenos fatos que nada significam. Nada significam porque não colocamos qualquer significado neles. É como se estivéssemos lendo apenas uma longa sequência de letras, e naturalmente soa maluco, mas as juntemos e leremos "Nas ilhas bem-aventuradas", por exemplo, e isso significa algo.

Mas esse é o modo como lemos nossa psicologia, ou a psicologia da divindade: a coisa que como luz surge no meio, que contraria nossas intenções. Que leiamos consistentemente e veremos coisas maravilhosas. Isso é o que fazemos na psicologia analítica – lemos não só as letras, mas tentamos juntá-las. Por exemplo, poucas noites atrás você sonhou com tal coisa; na noite seguinte, sonhou com uma ferrovia; na noite seguinte, com um batalhão de infantaria; e, na noite passada, sonhou que deu à luz uma criança. Em cada noite você tinha tido sonhos, e diz que eles nada têm a ver uns com os outros. Mas eu o aconselho a escrever todas essas letras juntas, na sequência natural delas, e então estudar essa sequência; você verá algo notável: esse é um texto contínuo. Você descobrirá algo sobre a psicologia desse não eu, descobrirá por que as pessoas a chamavam de um "Deus" ou de um "demônio" – o que você preferir. Porque isso *é* uma continuidade, faz sentido; não é meramente um amontoado de elementos que nada têm a ver entre si.

Bem, Deus é uma conjectura na medida em que sua imagem se tornou uma forma codificada dogmatizada, e, como eu disse, esse fato é a razão pela qual essa ideia tinha de finalmente ser perturbada. A própria vida não podia mais tolerar uma restrição blasfema como essa dos poderes ou das possibilidades do fenômeno psíquico que, em última instância, é chamado de "Deus". Esse desenvolvimento psíquico estava, ele próprio, instintivamente trabalhando até um momento em que a imagem dogmatizada teve de ser destruída. E Nietzsche surgiu em uma época cuja característica foi a derrocada dessa imagem. Mas, é claro, como sempre acontece, vai-se longe demais e, então, sofre-se as consequências – nesse caso, a suposição de que Deus não existia quando o homem disse que Ele não existia. Assim como há agora pessoas que supõem que o inconsciente não existe porque elas dizem que não existe. Isso é evidentemente infantil, mas, como ainda há muitas pessoas infantis, tais julgamentos são frequentemente repetidos e até mesmo acreditados. Se temos certa quantidade de inteligência comum, sabemos que isso é besteira: não podemos eliminar uma coisa dizendo que ela não existe; o fenômeno ainda existe, não importa o que dissermos sobre ele. Pois bem, quando se tem a suposição de que Deus não existe porque se diz que Ele é meramente uma invenção – o que é como presumir que o inconsciente não existe porque dizemos que não existe –, então acontece uma coisa peculiar: isto é, algo contraria nossa vontade. E o que podemos dizer? Não podemos fingir que nós mesmos contrariamos a nossa vontade: não o fizemos. Ela é contrariada por outra coisa. Então como podemos explicar esse fato? – quero dizer, se pensarmos de maneira filosófica? Claro, se pensarmos praticamente – o que significa não pensarmos nada –, não temos de explicar isso. Então podemos deixar isso para lá e dizer que é apenas acidental; não transformamos isso em um objeto da filosofia ou da ciência. Assim, é claro, não temos a tarefa de explicar tudo, mas de simplesmente nos recusarmos a pensar. Isso é evidentemente factível; milhões de pessoas vivem sem pensar. Podemos viver sem pensar, caso sejamos esse tipo de pessoa – essa é a questão. Mas, caso sejamos pessoas que não podem viver sem pensar, o que podemos pensar sobre isso? Pois, se dissermos que não há nada que interfere, que o inconsciente não existe – em outras palavras, que não há Deus nem uma psique não egoica –, então como podemos explicar as coisas?

Sr. Allemann: Podemos nos tornar responsáveis por tudo, ou temos de inventar alguma coisa.

Prof. Jung: Bem, as pessoas são muito espertas. Ser responsável por tudo é incômodo. É muito grande e há naturezas muito humildes que não gostam de ser responsáveis, então o que elas presumem?

Sra. Naeff: Elas responsabilizam os outros.

Prof. Jung: Naturalmente, elas apenas transferem essa responsabilidade para os outros; então todos os outros são responsáveis, e elas louvam a si mesmas por serem humildes e sempre as vítimas. Essa é explicação do chamado "sentimento de inferioridade", e a outra é a explicação do sentimento da "megalomania". Ou o resultado pode ser, se um homem tem, de fato, uma mente consistente a esse respeito, e está firmemente convencido de que não existe algo como uma vontade interferente, que ele acabará desembocando em uma paranoia; terá certeza do fato de que fez essas coisas, mas de que perseguidores prepararam tais armadilhas para ele e estão secretamente trabalhando contra ele. Dirá que são os maçons ou os jesuítas ou os nazistas ou os espiões comunistas. Vejam, essas são as explicações evemeristas que em última instância levam a uma espécie de paranoia.

Pois bem, quando Nietzsche explica que Deus é uma conjectura e que não deveríamos fazer uma conjectura que não podemos criar, isso quer dizer que se trata de uma hipótese irrealizável. Ele então está dizendo que Deus não existe; uma vez que o homem nunca fez um Deus, e só presume que existe um Deus, portanto Deus não existe. Não há nada que seja contra nosso desejo ou nossa vontade, não há interferência; se há interferência, seria devido a algo errado em outras pessoas, e algo deveria ser feito a respeito disso. Nietzsche não era um homem que projetasse sua psicologia nos outros; claro, existe alguma evidência no *Zaratustra* de que ele exterioriza algo de sua própria psicologia, mas não é tão importante. É muito importante para ele ser responsável; se as coisas são imperfeitas, deveriam ser tornadas perfeitas. Portanto façamos um super-homem; façamos o homem que realmente deveríamos ser, o homem que torna verdadeira essa teoria de que Deus não existe: ou seja, esse homem cuja vontade nunca é contrariada, a quem tudo é possível. Vejam, isso de modo algum é uma ideia muito original: ouvimos esse tipo de conversa em um sermão protestante; é uma noção muito protestante que deveríamos ser quem queremos ser – ou antes, *não* queremos, porque é imoral querer alguma coisa. Podemos querer algo agradável, mas o agradável é imoral; devemos sempre querer algo desagradável. Assim, visto que o super-homem não é agradável, é uma tarefa moral; nós devemos, deveríamos, e malditos seremos se não rezarmos por isso todo domingo. Vejam, essa ideia do super-homem é um derivado dessa ideia protestante.

O protestantismo fala muito, é claro, sobre a graça de Deus, que nada podemos fazer sem ela, ainda assim somos coagidos pela crença de que devemos obedecer à lei que Deus fez. Por isso cada verdadeiro protestante tem uma *anima* judaica que prega o Antigo Testamento, de modo que ele não é sequer um cristão, mas um bom e velho judeu. Assim como, é claro, o verdadeiro judeu tem uma *anima* cristã, pois não podemos prescindir dos dois pontos de vista; não podemos apenas temer a Deus, mas também devemos amá-lo. Assim, não existe nenhum judeu sem esse complexo cristão, como também não existe nenhum protestante sem um complexo judaico; eles são extremamente parecidos entre si, apenas um está dentro da luva e o outro, fora. A crença protestante na graça de Deus é contrabalançada, do outro lado, por uma cuidadosa observância da lei. Daí o verdadeiro Deus das comunidades protestantes ser a responsabilidade, como vemos na América e em outros lugares. Isso significa observância das leis, um ponto de vista mais baixo que nada tem a ver com o amor cristão. É temor cristão. Vejam, essa tentativa do protestante de se impor uma forma ideal é realmente descrença na graça de Deus, pois, se realmente ele acreditasse nisso, presumiria de bom grado que, em seu tempo, Deus fará a coisa certa para ele; e se ele não é perfeito hoje, bem, é um pouco nos interesses de Deus que ele faça algo nessa linha, que ele lhe dê algo de sua graça, para que o pecador de hoje se torne algo melhor no futuro. Mas o verdadeiro protestante praticamente não crê nisso. Ele crê que tem de se tornar um ser bom, e que fará isso – que é apenas sua responsabilidade.

Temos um maravilhoso poema neste país que caracteriza o espírito do protestante de um modo muito belo. Ele mostra sua moralidade dupla. É uma versão popular de um certo hino de igreja; um verso está em alto alemão e no meio há um comentário em dialeto suíço que contradiz o significado do verso. Infelizmente está em dialeto, mas tentarei traduzir: "Quem confia em Deus e nada tem, quem põe sua esperança em Deus e nada faz, a este Deus deve sustentar de um modo miraculoso. Caso contrário, as coisas não funcionarão". Esse é exatamente o ponto de vista protestante; tudo é tornado dependente de nossa própria moralidade, de nossa própria responsabilidade; não existe absolvição e, ao mesmo tempo, acredita-se na graça de Deus.

Srta. N. Taylor: Você conhece aquela história escocesa sobre a fé que move montanhas? Havia uma velha senhora que pregou para que um grande monte, em frente à sua casa, fosse removido, e quando desceu na manhã seguinte e descobriu que o monte ainda estava lá, disse: "Foi o que eu pensei!"

Prof. Jung: Isso é muito bom. Portanto essas duas coisas realmente se excluem uma à outra. Essa tremenda quantidade de responsabilidade moral que se amontoa sobre o protestante o força a uma crença ou a uma esperança exagerada e extravagante em sua própria capacidade; ele espera e deseja ser capaz de criar esse ser maravilhoso que se espera que ele seja. O texto simplesmente prossegue essa ideia.

Não talvez vós mesmos, irmãos! Mas podeis vos converter em pais e ancestrais do super-homem: e que esta seja vossa melhor criação!

Preparemo-nos! Podemos não alcançar o reino dos céus, mas nossos filhos ou netos acabarão alcançando. Vejam, isso está na melhor forma protestante: o que não realizei, devo encarregar meu filho; ele o fará. Pois sempre está subjacente esta ideia: Cristo cuidará das coisas. Se existe um conflito em mim, vou entregá-lo a Cristo, Ele o levará para o deserto e o afastará de mim. Temos grandes movimentos religiosos em nossos dias em que isso acontece. Isso provém da miséria e da necessidade real da consciência, que deve encontrar uma saída, portanto as pessoas que levam isso a sério devem inventar a ideia de um bode expiatório que é enviado ao deserto para lidar com os pecados delas, e elas tomam a Cristo como o bode expiatório. Essas pessoas o encarregam, visto que Ele é o crucificado, o bode expiatório deificado. Elas simplesmente não podem mais suportar o estresse moral; reprimem a própria responsabilidade e consideram-na de Cristo e ali a deixam. Mas então elas não são mais humanas; perderam o seu pecado, o material negro, que é espiritualmente terra fértil.

A ideia de um bode expiatório sacrificial está certa: o representante divino que assume o papel do sacrificado; essa é uma ideia que funciona psicologicamente enquanto se é membro de uma instituição, ou se está em uma comunidade com plena participação com todos os outros. Então não importa quem carrega o fardo, preferivelmente o sacerdote, ou um sacrifício animal, ou um criminoso que representa o Deus ou o rei. Não importa quem é escolhido nessa comunidade para carregar o pecado, pois ele é toda a comunidade e toda a comunidade é ele próprio. Essa é uma emoção coletiva extremamente estranha para nós; mal podemos imaginá-la agora – é totalmente primitiva. Claro, você trabalha a si mesmo em um estado semelhante ao de um dervixe, está em uma emoção vibrante, em uma condição extática, e todos os outros são o mesmo; então não importa *quem* é atingido, se você ou os outros. Você pode arrancar a própria pele, cortar sua garganta, ou o sacerdote pode vir e cortar sua garganta e se sacrificar. Tudo é uno: você próprio não existe. É preciso uma emoção dessas e uma unidade dessas para se fazer a ideia do bode expiatório funcionar; hoje em dia não funcionaria, porque nossa consciência realmente é individual demais. Embora vejamos coisas muito peculiares: pensem no entusiasmo de 6 de maio na Alemanha![77] Não posso apreciar o quão longe isso vai, mas suponho, quando uma consciência não é particularmente forte e há muito medo coletivo, que sob certas circunstâncias as pessoas são de novo unidas em

---

77. O entusiasmo de 6 de maio: o que quer que tenha sido, não foi relatado no *London Times*. Talvez uma manifestação nazista, ou alguma resposta à campanha de Mussolini contra Addis Ababa. A Itália anunciaria a anexação da Etiópia no dia 9 de maio de 1936.

uma espécie de *ekstasis*. Toda aquela gritaria e o ritmo, a música e as bandas e as marchas produzem um êxtase coletivo que se exprime naquela fé extraordinária no líder. O líder é então o bode expiatório; eles o tornam responsável. Ele representa a cada um, portanto há uma *participation*, que é, de modo evidente, algo como um fenômeno religioso coletivo primitivo. A coisa toda é provavelmente um fenômeno religioso; a política é apenas palavrório.

Sra. Volkhardt: Havia uma mulher na Alemanha que queria muito encontrar--se com o Führer, e, certo dia, ela teve essa chance. A mulher disse *"Heil, mein Führer"*, e então ele falou com ela e foi tão agradável que ela subitamente desmaiou. E essa mesma coisa aconteceu com outros.

Prof. Jung: Bem, isso é uma reação peculiar – devemos deixar isso assim. Pois bem, a ideia do super-homem que tem de ser criado pelo homem foi muito ajudada pelas ideias de Darwin, que eram modernas naqueles dias. Claro, Darwin não sugeriu que um super-homem pudesse ser criado à vontade; ele simplesmente mostra a possibilidade da transformação de uma espécie, digamos, do macaco para o homem. Mas então, de uma só vez, a questão é levantada: se o macaco se desenvolveu no homem, no que o homem pode se desenvolver? O homem pode prosseguir e produzir um ser superior ao homem atual. E então o ideal protestante se imiscui e diz: isso é o que você *deve* fazer. Vejam, se existisse um macaco protestante, ele poderia, em algum domingo de manhã, dizer "agora devo realmente produzir o homem" – o que exatamente Nietzsche propõe fazer aqui, claro que não em uma geração: ele dá pelo menos três gerações. Se tivéssemos posto o argumento diante de seu nariz desse modo, ele naturalmente teria visto tudo isso; mas esse argumento, tal como o explicamos, nunca teria afetado Nietzsche, porque seu verdadeiro motivo era religioso. Essa ideia do super-homem era inteiramente simbólica. Ainda assim, se pudéssemos ter sugerido a ele que era uma ideia simbólica, que ele naturalmente não poderia presumir que em poucas gerações produziria um homem superior a nós mesmos, ele o teria negado, porque era igualmente obscuro ou impossível para ele aceitar a existência de um super-homem simbólico, pois um super-homem simbólico é um super-homem psicológico, simplesmente uma consciência superior. Vejam, isso não lhe teria servido em absoluto.

Portanto, quando dizemos que, por seu conceito do super-homem, Nietzsche referia-se ao si-mesmo, é uma mera suposição, e nem mesmo uma suposição válida; ele não se referiu ao si-mesmo tal como compreendemos esse conceito. Ele quis dizer o que disse, um homem superior, até mesmo fisicamente diferente, um homem belo, um homem sadio como se deveria ser, e essa ideia obviamente nada tem a ver com o si-mesmo. Sabemos muito bem que nenhum homem pode se tornar o si-mesmo; o si-mesmo é uma ordem inteiramente diferente de coisas. Assim, se tentarmos traduzir a ideia de Nietzsche, não deveríamos usar esse termo. Contudo, quando ele fala do super-homem, isso soa como algo que não meramente significa o homem de amanhã, cuja cauda é um pouco mais curta ou cujas orelhas já não são pontudas, um homem que se parece com um deus grego ou algo do tipo. Ele também quer dizer um homem que é maior do que o homem, um super-homem. Isso soa como algo, porque é um símbolo, e é um símbolo porque não é explicado; se tentássemos explicá-lo, nós nos depararíamos com todas as contradições que existiam no tempo de Nietzsche e que estavam também nele. Vejam, o super-homem é realmente um deus que foi morto, declarado morto, e então naturalmente ele aparece de novo em um desejo esmagador de salvação; isso significa o nascimento do super-homem. O deus existe de novo. Assim, a palavra "super-homem" soava como "Deus" para os bons cristãos; era uma palavra grávida de emoções, desejos, esperanças, o significado mais elevado. E, quando a analisamos de um modo seco e crítico, certamente não fazemos justiça a essa concepção. Mas pertencemos a uma época depois de Nietzsche. Sabemos dos símbolos e temos uma ideia da psicologia, e para nós isso não pode querer dizer a mesma coisa.

Palestra III
20 de maio de 1936

Prof. Jung: Espero que vocês percebam que "Nas ilhas bem-aventuradas" é um capítulo muito intrincado, difícil e profundo. Contém problemas da maior importância, e devo confessar que me sinto um pouco hesitante em comentá-lo, porque ele nos leva a profundezas com as quais é difícil lidar. Vocês se lembram de que fomos até o parágrafo em que ele fala da possibilidade de sermos no mínimo os bisavôs do super-homem. Ele prossegue:

> Deus é uma conjectura: mas quero que vossas conjecturas se mantenham no limite do pensável.
>
> Podeis pensar um deus? – Mas que a vontade de verdade signifique isso para vós, que tudo seja transformado em humanamente pensável, humanamente visível, humanamente sensível! Vossos próprios sentidos deveis pensar até o fim!

Já estamos familiarizados com o fato de que Nietzsche considera Deus como uma conjectura humana que não é nem sequer muito recomendável, e ele também declara que Deus está morto. Vemos aqui uma razão profunda para sua atitude particular. É menos uma concessão ao espírito de sua época do que uma concessão, poderíamos dizer, à sua própria honestidade; ele não se interessa em fazer uma conjectura que vá além do alcance do homem. Essa atitude foi preparada por Kant; como vocês sabem, Kant mostrou de um modo irrefutável que não podemos fazer suposições metafísicas[78]. O espírito da época influenciou muito Nietzsche, especialmente em sua suposição de que Deus era uma conjectura humana; poderíamos defender igualmente que ele era uma experiência. Kant deixou isso em aberto: claramente viu que sua crítica intelectual ou filosófica era apenas crítica filosófica,

---

78. Kant mostrou que não podemos ter conhecimento do mundo numênico, ou seja, das coisas antes que tenham sido submetidas às categorias do entendimento humano. Embora acreditasse que era necessário pressupor a liberdade da vontade, a imortalidade da alma e a existência de Deus, ele defendia que qualquer "prova" de tais asserções metafísicas desembocava em um antilogismo, em que uma contraprova igualmente boa poderia ser apresentada.

e ele não tocou no campo da experiência, particularmente a experiência de coisas que não podem ser submetidas à crítica teológica. Vejam, ele viveu em uma época em que pressupor ou mesmo explicar o mundo por meio da experiência de Deus era considerado algo evidente. Era *a* verdade. Era considerado totalmente razoável pensar assim.

Ainda em finais do século XVIII praticamente qualquer livro científico começava com a criação do mundo por Deus, o trabalho dos seis dias. Era absolutamente certo, sem discussão, que Deus tinha criado o mundo e ainda mantinha o seu funcionamento. Mas, na época de Nietzsche, tinha-se perdido de vista essa antiga certeza imediata, de modo que a afirmação de Nietzsche de que Deus é uma conjectura é não apenas uma concessão ao espírito de seu tempo, mas também a consciência do filósofo crítico que não lhe permite pressupor mais do que pode provar, ou mais do que está dentro do escopo humano. Pressupor, como a formulação cristã dogmática, que Deus é o ser infinito ou eterno, ou que tenha qualquer qualidade, é uma suposição absolutamente inventada pelo homem, e um homem honesto nunca fará qualquer declaração que vá além dos limites da mente humana. É como se prometêssemos pagar a alguém um milhão de francos daqui a 200 anos; naturalmente, em 200 anos não existiremos mais, e além disso nunca teremos tal soma à nossa disposição, de modo que exorbitamos a nós mesmos. Um pensador honesto e responsável, portanto, se restringirá e se impedirá de fazer tais suposições. A falácia é, evidentemente, a suposição de que Deus é apenas uma conjectura, pois Ele pode ser uma experiência, mas o reconhecimento dessa possibilidade tinha desaparecido completamente, decerto do campo de visão de Nietzsche. Vejam, a suposição de que a concepção de Deus é realmente uma invenção humana é, como suposição, perfeitamente correta – ninguém pode contradizê-la, assim como uma crença cega no dogma não pode ser discutida filosoficamente. Por isso ele pergunta: "Podeis pensar um Deus?" Não, não podemos; não podemos conceber algo que está fora do alcance humano. Dizendo que uma coisa é infinita, não criamos a infinitude, mas sim uma mera palavra. Daí Nietzsche dizer que é a vontade de verdade no homem que o proíbe de inventar algo que não é humanamente pensável, e que essa atitude deveria ser a regulação de nosso pensamento, para que nunca se suponha mais do que se possa produzir. Ele então diz:

E o que chamais de mundo, isso deve ser criado primeiramente por vós [...].

Também no que se refere à natureza do mundo, não devemos fazer quaisquer suposições que exorbitem os limites humanos; devemos ter a coragem de criar um mundo que é confessadamente inventado pelo homem e antropomórfico. Em outras palavras, devemos admitir a qualidade antropomórfica de *todas* as concepções. Pois bem, essa é uma atitude com a qual nos deparamos todos os dias, pois ainda estamos inclinados a pressupor que nossa verdade científica é algo mais do que invenção humana, que ela tem uma objetividade e que não é apenas relativa. Mas, de fato, tudo o que tocamos ou experienciamos está dentro do escopo de nossa psicologia. Se eu tivesse de dizer uma coisa dessas a um professor de filosofia, ele me mataria na hora, porque isso significa descartar a sua suposição de que seu pensamento está além da psicologia. Mas a imagem universal do mundo *é* um fato ou um traço psicológico, embora influenciado, admito, por algo além de nossa psicologia. O que isso é eu não sei. Aqui o físico tem a última palavra: ele nos informará de que o mundo consiste em átomos e coisas peculiares dentro dos átomos, mas essa hipótese está constantemente mudando, e aqui claramente chegamos a um determinado fim. Se ele vai um pouco mais longe, começa a especular, então cai na mente e, ao que tudo indica, cai diretamente no inconsciente coletivo, em que descobre o psicólogo já em ação. O físico moderno especulativo com certeza entrará em contato íntimo com o psicólogo, e de fato já entrou[79].

Assim Nietzsche, em sua grande paixão pela verdade, está de fato levando adiante a melhor tradição kantiana, mas evidentemente ele é também um filho de sua época, em que a concepção equivocada prevalecente era a de que Deus era uma conjectura ou um conceito, e não uma experiência.

> E como quereis suportar a vida sem tal esperança, ó homens do conhecimento? Nem no incompreensível nem no irracional poderíeis haver nascido.
>
> Mas, para vos revelar inteiramente meu coração, meus amigos: *caso* houvesse deuses, como suportaria eu não ser um deus? *Portanto*, não há deuses.

Bem, a ideia principal aqui é que, se *houvesse* algo como Deus, isso certamente seria catastrófico para o homem, porque ele estaria privado de todas as suas aspirações e esperanças mais elevadas por ter sido desesperadamente antecipado; o ser perfeito já existiria. Já existiria a ação ou a *performance* mais completa, e de que adianta buscar ou tentar produzir algo grandioso, se ele já existe? Por que se dar a esse trabalho? Além disso, poderíamos talvez ter uma chance de nos comunicarmos com esse ser supremo e recebermos algo ao qual não poderíamos acrescentar; assim, poderíamos apenas desejar que ele não existisse, para que nós mesmos nos tornássemos supremos. Se alguém já está no lugar que esperamos ocupar, devemos nos livrar dele ou desistir e nos resignar, tendo perdido toda a esperança de produzir algo notável. E assim ele diz: "*Caso* houvesse deuses, como suportaria eu não ser um deus? *Portanto*, não há deuses". Portanto, não deve haver deuses, pois, se ele fosse antecipado, perderia todas as esperanças. Pois bem, ele próprio sente que

---

79. Tanto Jung quanto o físico suíço e prêmio Nobel Wolfgang Pauli contribuíram com ensaios para *The Interpretation of Nature and Psyche* (trad. R. F. C. Hull e P. Silz. Nova York, 1955).

essa não é uma conclusão válida – que, por não poder suportar ter alguém acima dele, então não havia deuses. Isso é de fato *hybris*, vai longe demais. Mas, visto da perspectiva de Nietzsche, bem como da perspectiva da história, em que Deus sofre da definição humana de que Ele é o *summum bonum*, por exemplo, uma definição como essa faz de Deus uma conjectura humana que é realmente muito blasfema. Se supomos que Deus é o *summum bonum*, e quanto ao *infimum malum*?[80] Não podemos dizer que uma coisa é supremamente boa apenas, mas devemos também estabelecer o mal mais baixo, pois o que é a luz sem a sombra? O que é o alto sem o baixo? Privamos a divindade de sua onipotência e de sua universalidade ao privá-la da qualidade sombria do mundo. Atribuir o mal infinito ao homem e todo o bem a Deus tornaria o homem demasiadamente importante: ele seria tão grande quanto Deus, pois luz e ausência de luz são iguais, são indissociáveis para perfazer o todo. Assim, sua concepção de Deus leva-o necessariamente a tais conclusões, mas, até onde vai sua premissa, sua conclusão está certa: Deus, como foi concebido pelos séculos precedentes, é claramente uma conjectura. E ninguém supõe que Deus seja uma experiência imediata.

Na Igreja cristã, fala-se tanto da necessidade de se acreditar em Deus que realmente é de se duvidar que Deus pode *ser* uma experiência. Vejam, se temos a experiência, não precisamos acreditar. Assim, a palavra grega *pistis* – que significa confiança, lealdade – não é de modo algum o que entendemos por acreditar; significa a lealdade ao fato da experiência. O exemplo clássico é Paulo, que, talvez no pior momento de sua vida, a caminho para perseguir os cristãos em Damasco, foi derrubado por essa experiência de Deus. Então ele o conheceu, e que tenha tido *pistis* significa que se apoiou nessa experiência e não se afastou desse fato. Toda a crença no mundo não produz isso; ao acreditar, é possível que não experienciemos nada. Claro, poderíamos chamar isso de *graça*, se somos capazes de acreditar que uma experiência como essa é possível; se, ao longo da uma vida inteira, somos privados da experiência de Deus, merecemos essa graça no mínimo. Mas, sem uma experiência de Deus, realmente não temos o direito de fazer o esforço de acreditar – isso leva a lugar nenhum; seria melhor simplesmente dizermos que estamos privados disso. Pois bem, naturalmente, quando tiramos uma conclusão de uma premissa insuficiente como essa, temos um sentimento de certa maneira inseguro, e Nietzsche mostra esse *sentiment d'incertitude* na sentença seguinte:

　　É certo que tirei a conclusão [...].

---

80. Jung, firmemente convencido da dialética dos opostos, argumenta que o bem mais elevado deve ser compensado pelo mal mais baixo.

E então vem a declaração muito interessante:

[...] mas agora ela me arrasta.

Pois bem, vocês conseguem explicar isso? O que aconteceu aqui?

Prof. Fierz: Ele está em sua própria armadilha.

Prof. Jung: Obviamente. Ele pode tirar a conclusão de que os deuses não podem existir, mas agora essa conclusão é mais forte do que ele. Ele está encurralado. Como é isso?

Dr. Escher: Isso se tornou energia autônoma.

Prof. Jung: Bem, poderíamos dizer que essa conclusão de que não existem deuses subitamente tenha assumido uma qualidade autônoma, como se tivesse sido investida de energia autônoma. É como uma obsessão; essa ideia é agora mais forte do que ele próprio, ultrapassa-o. Ele é vítima dela. Isso sempre acontece quando fazemos uma suposição errada sobre algo verdadeiro e vital: ela então assume um caráter autônomo. Podemos ver isso de modo muito belo no caso de uma neurose de compulsão: essas pessoas supõem que não existe lei moral, que elas podem se comportar como verdadeiros demônios, de um modo absolutamente irresponsável e cruel, e isso não importa. Ou, às vezes, as pessoas que podem parecer bem razoáveis pensam que são capazes de fazer algo definitivamente imoral e, tendo em vista que o público não conhece isso, não há nenhuma consequência. De fato, é uma ideia disseminada que só à medida que incomoda outras pessoas isso importa, que podemos até mesmo cometer assassinato se ninguém souber. Mas na verdade importa.

Lembro-me do caso de uma mulher que cometeu um assassinato cerca de vinte anos atrás, e ela estava completamente devastada. Foi feito de modo muito astuto; era uma mulher muito inteligente, uma médica, que conseguiu acobertar suas pegadas maravilhosamente bem e não conseguia entender por que estava devastada, já que ninguém soube. A mulher esqueceu que *ela* sabia, e que ela era toda uma nação ou talvez mais. Vejam, não havia nação na terra que lhe daria hospitalidade; o seu inconsciente fez um contrato com o mundo todo para não lhe ser dado abrigo. Essa mulher esqueceu que seu eu não é sua totalidade; não é o si-mesmo. Não importaria se seu eu soubesse, mas havia mais alguém nela, a coisa que é muito maior do que ela própria, que dizia: você cometeu um assassinato; não há lugar para você no mundo todo, porque o mundo todo sabe disso. Pois somos o mundo todo em nós mesmos; não o eu. Lembrem-se: nosso eu está em nós mesmos como se estivesse em um grande continente ou no universo todo. O universo dessa mulher a acusou de assassinato, e ela foi executada; estava em uma prisão eterna onde quer que estivesse, de modo que todo ser humano foi removido dela. A mulher acabou podendo lidar apenas com animais. Ela veio a mim quando seu cão ficou coxo, então tinha de confessar ao mundo, por isso confessou a mim. Nem perguntei seu nome; foi uma coisa anônima.

Pois bem, isso é o que aconteceu a Nietzsche; ele estava lidando com uma situação que não entendia. Começou com a suposição de que Deus era uma conjectura com a qual se pode lidar; tirou essa conclusão, e então lidou com ela. Disse que não poderia existir algo como Deus, e então o si-mesmo, o inconsciente, disse: "Agora você está nas minhas mãos; porque você nega minha existência, você é minha vítima". Esse é um momento dos mais decisivos em todo o drama do *Zaratustra*. Ele será arrastado pelo fator desconhecido, e veremos nos capítulos posteriores – se chegarmos a eles – o testemunho que mostra muito claramente como a coisa que foi negada estava trabalhando nele. Esse lugar explica a vida de Nietzsche depois de escrever o *Zaratustra*, seu destino trágico.

> Deus é uma conjectura: mas quem beberia todo o tormento dessa conjectura sem morrer? Deve o criador ser privado de sua fé, e a águia, de seu pairar em distâncias aquilinas?

Como vocês entendem esse verso? E quanto ao tormento dessa conjectura?

Sra. Crowley: Bem, ele já confessou que seria perfeitamente desesperador se existisse um Deus, pois isso impediria o homem de ser criativo.

Prof. Jung: Sim, ele não poderia ser criativo porque tudo já foi criado. Se somos permeados pela ideia de que as coisas mais valiosas e importantes são eternas, por que criar? É perfeitamente tolo. Pois bem, vocês supõem que existam pessoas que experienciam o tormento dessa antecipação?

Sr. Allemann: Penso que toda invenção foi antecipada por outra pessoa.

Prof. Jung: Ah, sim, naturalmente essa questão da prioridade tem um papel tremendo na vida. É uma catástrofe quando a pessoa é antecipada, mas estamos falando agora de experiência espiritual, quando Deus antecipa o homem. Onde vemos isso?

Dr. Harding: Podemos ver isso na relação de um filho com seu pai; quando o pai fez tudo e experienciou tudo, o filho nada pode encontrar por si mesmo.

Prof. Jung: Sim, mas isso está dentro dos fatos comuns da vida. A situação da vida é um pouco mais complicada. Vejam, ele não pode suportar a ideia de Deus, porque Deus anteciparia o homem criativo Nietzsche em um tal grau que ele não faria o esforço criador. Pois bem, minha questão é: há situações em que não podemos fazer o esforço criador porque somos antecipados por Deus ou o que quer que Deus possa significar?

Srta. Hannah: A Igreja romana faz isso a todas as suas pessoas; ela as paralisa porque lhes explica tudo.

Prof. Jung: "Nascer católico significa nascer morto!" Isso não é invenção minha, isso é de Thomas More[81]. Mas isso também está dentro do escopo divino porque eles não supõem que a Igreja Católica é Deus.

Sr. Martin: O homem que é obcecado pela ideia de que causa e efeito criam o mundo todo – como alguns físicos são – pode ser privado do poder criador.

Prof. Jung: Sim, na medida em que ele colide com o fato espiritual, a experiência de Deus, mas, na maioria dos cientistas, a atitude deles não se torna um problema espiritual, porque eles têm uma psicologia compartimentada; em uma gaveta fica a ciência; em outra, o clube político ao qual pertencem, e assim por diante; as coisas nunca tocam umas às outras. Bem, é uma questão bem difícil. Vocês sabem, se temos um contato intenso com o inconsciente coletivo, ficamos tão impressionados com as imagens eternas que somos tragados e nunca ressurgimos. Esse é o modo mais seguro de esterilizar um homem completamente; isso o mata para o mundo, ele simplesmente desaparece. Daí as pessoas tocadas pelo inconsciente coletivo sob circunstâncias patológicas perderem a faculdade criadora, como aconteceu com o próprio Nietzsche. E pode acontecer em graus menores com outras pessoas; sob a influência da experiência específica do inconsciente coletivo, elas ficam totalmente aleijadas; enxurradas de possibilidades e de imagens as dominam e elas não conseguem apreendê-las; não conseguem mais erguer um dedo. Elas ficam absolutamente desamparadas. Não sabem como abordá-lo, porque é excessivo. Estão em um mundo que é tão repleto de possibilidades que não sabem se agarram alguma delas, porque mesmo quando pescam alguma coisa do mar infinito, no momento seguinte tudo se dissolve de novo e elas perderam o controle completamente. Esse é o grande perigo do inconsciente coletivo, e também é, de certo modo, o grande perigo do misticismo.

Mas não sabemos exatamente se isso é, em última instância, um perigo; visto de nossa perspectiva humana, naturalmente cegada mais ou menos pelos preconceitos de nossa época, chamaríamos isso de paralisia, esterilização. O homem desapareceu – mas quem sabe? Talvez seja a coisa certa; talvez seja o que deveria ter acontecido. Por exemplo, houve épocas em que aqueles milhares desapareceram nos desertos líbios e sírios; eles sumiram em monastérios, eremitérios etc., e eles e seus contemporâneos pensavam que era correto. Chamamos isso de um perigo porque acreditamos que as coisas deveriam ser manufaturadas e visibilizadas, mas existem outros mundos. Quando um homem desaparece na ioga no Oriente, dizemos que ele está perdido para o mundo – qual a utilidade de ser um faquir? Mas eles pensam que é um grande mérito *não* viver aqui, desaparecer até certo

---

81. Thomas More (1478-1535), autor de *Utopia* (1516), foi martirizado por Henrique VIII.

grau, pelo menos, e completar o grande desaparecimento é considerado o ápice da perfeição no budismo. Assim, a apreciação desse fator varia muito. Vejam, isso é ser antecipado. No inconsciente coletivo, descobrimos a identidade de diferentes tempos, por exemplo, em que as coisas foram praticamente sempre as mesmas; começamos a ver que, embora os símbolos variem muito, *plus ça change, plus ça reste la même**[82]. Os pensamentos básicos são eternos, nunca mudam. Então por que deveríamos fazer algo a respeito? Por que inventar? Ou por que deveríamos traduzi-los na linguagem deste tempo? Podemos desaparecer neles sem sequer dizer uma palavra sobre eles. Mas o fato, é claro, é que externamente, para nosso entorno, para nosso mundo, estamos perdidos. Quando a experiência de Deus vem a nós, podemos ser levados, podemos morrer. O "grande tormento" é que temos de nos divorciar desse chamado "belo mundo", desse mundo humano, dessa natureza etc., e então é tirada a fé no criador e no voo da águia. Por isso Nietzsche pensa que é melhor supor que Deus é um pensamento. Ele diz:

> Deus é um pensamento que torna curvo o que é reto e faz girar o que está parado. Como? O tempo não existiria mais e tudo transitório seria apenas mentira?

Exatamente, é isso mesmo. Quanto mais somos absorvidos na divindade, mais os altos e baixos deste mundo se tornam desimportantes ou relativos, e se entramos inteiramente no outro lado, eles não existem; então o lado de cá é apenas ilusão. E esse é exatamente o propósito do budismo, como vocês sabem, e dos místicos cristãos.

> Pensar isso é um turbilhão e uma vertigem para esqueletos humanos, e também um vômito para o estômago; em verdade, sofrer de tontura é como denomino conjecturar assim.

Portanto sua confissão é inteiramente a favor deste mundo e nada mais; ele odeia a ideia do espiritualismo ou qualquer aspiração metafísica – naturalmente sob o preconceito de sua época, de que só existe um sim *ou* um não, em vez de um sim *e* um não.

> Chamo isso de mau e inimigo do homem; todos esses ensinamentos sobre o uno e o pleno [plenitude] e o imóvel e o suficiente [isso deveria ser traduzido como "autossuficiente"] e o imperecível.

---

* "Quanto mais muda, mais permanece o mesmo" [N.T.].

82. O "eterno retorno do mesmo", de Nietzsche, vai até mesmo além do "quanto mais as coisas mudam, mais permanecem as mesmas". Nietzsche considerava que sua alegre adesão à ideia de que, na infinitude do tempo, deve haver uma replicação exata dos eventos, é a atitude afirmativa perante a vida mais forte possível, uma renúncia completa ao pessimismo de Schopenhauer. Visto que, na tipologia das funções de Jung, é sobretudo o intuitivo que tem pavor à repetição, o deleite de Nietzsche com a necessidade do "eterno retorno" pode ser visto como o sacrifício de sua função superior.

Essas são qualidades da divindade e ele pensa que é mau até mesmo falar sobre tais coisas ou ensiná-las. Isso evidentemente está em grande contradição com a doutrina cristã tal como a conhecemos. Vejam, nosso protestantismo tardio ensinou, entre muitas outras coisas, uma espécie de cristianismo muito ativo que está pouco alinhado à atitude escatológica do cristianismo primitivo. Nietzsche, sendo filho de um pastor, naturalmente tinha alguma ideia a respeito dessa doutrina, e sob essas condições é muito compreensível que ele simpatize com a perspectiva e a realidade do mundo, e não com essa peculiar trás-mundanidade [*back-worldliness*] da qual fala ocasionalmente. Ele diz aqui:

Tudo transitório – é apenas símile! E os poetas mentem demais.

Todas as coisas perecíveis são nada mais do que símiles, Goethe diz na última parte do *Fausto*; e aqui Nietzsche diz que todas as coisas imperecíveis nada mais são do que um símile – exatamente o oposto. "E os poetas mentem demais!" Vocês veem que Nietzsche considera que eles mentem quando dizem que as coisas perecíveis são mais ou menos expressões simbólicas de uma experiência real, de uma substância real. Pois bem, esse é realmente um problema muito grande, e um grande conflito para as pessoas que consideram a própria vida uma proposição séria. Onde está a verdade? Minha vida é realmente apenas simbólica? É completamente antecipada? Eu deveria fazer esforços particulares para construir pontes ferroviárias ou fazer motores e canhões, ou escrever livros? Ou eu deveria cultuar o imóvel, o eterno, o pleno, o pleroma, e tornar-me rígido ou petrificado? Bem, Nietzsche se decide por este mundo, e penso que com alguma justificação, porque nós realmente devemos nos manter dentro do escopo humano.

De que outro modo poderíamos decidir sobre nossa vida? Temos de ser humanos, e não podemos conhecer nada melhor do que sermos humanos e cumprirmos essa lei que nos é dada; devemos assumir que a lei sob a qual nascemos é a do ser humano – e que outra coisa podemos viver senão a vida humana? Temos de viver, de cumprir a vida humana, exatamente como uma flor tem de viver a vida de flor, a vida dessa espécie. O que diríamos de um cavalo que pretendesse ser uma vaca? Ou de um cachorro que pretendesse ser um canário? Um cachorro é um bom cachorro quando é um cachorro, e o homem é um bom homem quando é um homem. E é óbvio que, se vivemos, devemos viver neste mundo aqui e agora; nossa lei é que vivamos aqui e agora e em nenhum outro lugar, e que não lancemos olhares ilegítimos em coisas que não existem; caso contrário o cachorro está pretendendo ser um pássaro. Ele seria desobediente. O que é maravilhoso no animal é que ele é a coisa mais devota que existe – com a exceção da planta, que é ainda mais devota porque está enraizada no chão e deve aceitar seu destino. Ela não pode pular fora. Um animal pode ao menos enganar o destino fugindo. E um homem pode enganar a vida como ninguém com sua esperteza demoníaca; com sua esperteza ele feriu praticamente toda a criação, toda a natureza; somos os seres mais imorais porque sempre tentamos *não* cumprir a lei na qual nascemos.

Naturalmente nos pesa o enorme problema da consciência humana, que não poderia existir se não discriminássemos entre nós mesmos e a natureza. Para cumprir a lei da natureza completamente, devemos ter consciência do eu, e por isso devemos ser capazes de fazer algo que equivale à desobediência; só podemos existir quando podemos fazer algo que esteja contra a lei. Muitas pessoas têm de cometer atos imorais para sentir que são livres. Uma criança que nunca é desobediente nunca *vem a ser*. Está sempre dependente dos pais, em absoluta participação com a mãe ou o pai, e vende gato por lebre para eles e também para si mesma. Pois uma criança sempre tem a tentação de fazer justamente o que não deveria – e isso deve ser assim; caso contrário, ela não tem o sentimento de sua própria existência. Portanto uma determinada quantidade de imoralidade e desobediência é absolutamente necessária para a existência da consciência do eu; o eu é algo à parte. Isso evidentemente está contido na lenda do paraíso; os primeiros pais tiveram de cometer aquele pecado para tornarem-se conscientes; caso contrário, não teriam sido diferentes dos animais – o que significa de Deus. Vejam, os animais e as plantas são absolutamente idênticos a Deus. E o homem o seria se não fosse consciente. Mas, uma vez que a consciência está nele ao menos como um germe, é sua própria decisão. A cultura, por exemplo, é apenas uma extensão do desenvolvimento da consciência, e isso é certamente tarefa do homem. Ele tem de desenvolver consciência, mesmo se se torna como aquele cervo gigante pré-histórico que simplesmente se extinguiu porque seus cornos cresceram e se complicaram demasiadamente, ou como o mamute cujos colmilhos se curvaram para dentro até não terem mais nenhuma serventia. Assim, o homem pode matar-se por uma consciência excessivamente desenvolvida; ela já se tornou um dano.

Daí tentarmos com toda nossa força compensá-la, restabelecer a conexão com Deus, de modo que Ele possa nos proteger contra nossa desobediência. Ainda assim, é também uma vontade, uma lei, que nos foi dada, que devamos cumprir ao máximo as exigências da consciência. Por exemplo, temos a interpretação gnóstica de que a serpente no Paraíso era o filho do Deus espiritual que realmente tentou ajudar o homem do estado de *anoia* – inconsciência – e lhe dar *ennoia* – consciência. E encontramos a mesma ideia na filosofia hermética pagã no *Krater*, no pote de mistura, o famoso vaso de Hermes que foi feito por Deus depois da criação; depois de ter criado seres humanos em um estado de *anoia*, Ele fez esse vaso maravilhoso, enchido com *nous*, e o fez descer à terra para que os seres humanos que sentissem a necessidade de aumentar a consciência pudessem se banhar nesse pote de mistura e então atingir a *ennoia*. Essa provavelmente é a origem do Graal, por exemplo, e aparece também na filosofia alquímica; essa ideia estava bastante disseminada fora da tradição bíblica. Pois bem, essa necessidade de desenvolver a consciência não nos permite obedecer a lei completamente, cumprir a vontade de Deus na natureza; a desobediência é o único meio pelo qual podemos separar a consciência da participação inconsciente. Assim, cada passo adiante é um pecado prometeico sem o qual não existe desenvolvimento; não podemos ser criativos *e* bons, mas podemos apenas ser criativos e pagar o preço disso. Não poderíamos ser criativos, ou cumprir essa necessidade absoluta de nos tornarmos conscientes, se permanecêssemos dentro da lei na qual nascemos; devemos ser desobedientes.

Vejam, as pessoas chegam ao ponto de supor que não existe algo como Deus ou a lei, e que não somos, de modo algum, maus e desobedientes; que, pelo contrário, somos maravilhosos, criativos, como pequenos deuses que se põem a criar, e que é uma superstição ridícula e humilhante pressupor o contrário. Aí é que eles cometem o erro fatal: o homem *é* desobediente uma vez que sua vida não pode ser a de uma planta ou de um animal. Na medida em que ele tem de tornar-se consciente, tem de ser desobediente e por isso ele é culpado – esse é o pecado hereditário. É uma verdade psicológica porque a separatividade do eu é indispensável para o crescimento da consciência humana, e isso não pode ser atingido sem desobediência. Esse é um fato triste, mas é assim, e é muito melhor assumir essa culpa e declarar-se tragicamente responsável por ela. Então nós compreendemos quando sofremos pelo desenvolvimento da consciência; sabemos ter de pagar um pesado preço por ele. Enquanto mantemos o sentimento de uma obrigação, como se fôssemos culpados, como se estivéssemos em dívida, nossa atitude está correta; então estamos na conexão correta com esses fatos espirituais peculiares.

Pois bem, está bastante claro que o ponto de vista de Nietzsche é uma crença completa e absoluta na natureza, na vida natural do homem no aqui e agora. Para ele, qualquer olhar para trás é um pecado, por isso ele diz:

> Mas os melhores símiles devem falar do tempo e do devir: devem ser louvor e justificação de toda transitoriedade!

Isso explica plenamente a posição de Nietzsche, e de um ponto de vista psicológico, é claro, devemos acrescentar que essa é uma perspectiva muito unilateral. Que ela seja mais completa, mais natural, é certamente um aspecto da vida humana, mas não é tudo; há outra vontade por trás ou além disso, e o próprio Nietzsche é o melhor exemplo. Ele pensou que fosse *ele* que estava tirando a conclusão, mas foi a outra vontade que o estava arrastando. Essa é uma consideração que não deveria ser esquecida.

> Criar – eis a grande libertação do sofrer, e o que torna a vida leve. Mas, para que haja o criador, é necessário sofrimento, e muita transformação.

Esse é o criar que seria antecipado por um Deus criador, e essa criação, segundo Nietzsche, não poderia viver se Deus existisse, porque ela teria sido antecipada. Assim, a tendência dele é retirar a suposta faculdade criadora do criador e atribuí-la ao homem, declarar que é na verdade a criatividade do homem, e não a de Deus. Pois bem, isso é justificável na medida em que o eu humano não pode viver sem criatividade; ele prova sua existência inventando alguma coisa, fazendo alguma coisa por si mesmo, fora do ordinário – vivendo perigosamente, por exemplo, fazendo as coisas das quais temos medo, que só um ser humano fará. Os animais evitam fazer coisas de que tenham medo, enquanto o homem, muito naturalmente, afirma a qualidade divina do seu eu fazendo justamente as coisas das quais tem medo. Isso é tão contrário à natureza que é a evidência mais forte da existência autônoma do eu e da liberdade da vontade humana. Portanto é muito compreensível quando Nietzsche enfatiza o criador no homem. Ele vê claramente, com tamanha ênfase no eu e na força de vontade dele, que a consciência não pode existir sem sofrimento, que o sofrimento é evidentemente separação da natureza, da inconsciência, do animal e da planta. O total isolamento do homem em seu mundo consciente torna-se sua prisão. Em nossa consciência, estamos peculiarmente separados da natureza; é uma prisão com paredes de vidro. Vemos através do vidro, vemos as coisas fora, mas não temos nenhum intercâmbio, nenhuma participação com elas; podemos dizer "sim, isso é uma serpente, isso é um urso", mas a serpente não é mais nossa irmã e o urso não é mais nosso irmão. Eles deveriam ser nossos parentes próximos; deveríamos ter uma relação espiritual com nossos parentes nesta terra, mas a consciência nos divorciou completamente deles e de muitas outras coisas, não só da relação totêmica com os animais.

Pois bem, isso é sofrimento, decerto, e é uma transformação; daí o processo de tornar-se consciente sempre ter sido visto e compreendido como uma analogia do processo de transformação empírica, como a serpente trocando de pele, como o girino transformando-se no sapo, a lagarta transformando-se do estado de pupa na borboleta. Então houve a transformação que o homem produziu na forma de invenções químicas – por exemplo, ao tingir coisas para que tivessem outra aparência, ao cozinhar, ao separar coisas e depois juntá-las novamente. Na alquimia, a transformação foi mostrada na forma de procedimentos químicos. No mito do herói, o herói é engolido pelo dragão ou pela grande baleia, e então mata a fera por dentro e retorna à luz do dia. Os rituais de renascimento e todos esses símiles que têm sido feitos pelo homem são para expressar a obtenção de uma transformação da consciência, uma ampliação e uma enfatização do eu em uma espécie de transfiguração. Nos mistérios mitraicos ou de Ísis, um homem que era transformado em Hélio e cultuado como tal certamente não considerava isso como um crescimento de seu si-mesmo superior. Isso acontecia ao seu eu; ele era agora simplesmente consciente de outra ordem de coisas. Nessa transformação peculiar que ocorria nos mistérios – como sabemos por certas confissões – o homem conhecia a si mesmo como um ser imperecível. Ele tinha uma vida nova; ele conhecia a si mesmo em uma nova ordem de coisas, mas era um novo eu. Sua consciência do eu tinha se ampliado.

Sim, é preciso que haja muitos amargos morreres em vossa vida, ó criadores! Assim sereis defensores e justificadores de toda a transitoriedade.

Vejam, isso claramente aponta para o fato de que não podemos acreditar em coisas que são mundanas e perecíveis se não desistimos dessa conexão ou dessa participação a partir da qual nascemos. Nós nascemos do inconsciente coletivo, e nossa consciência começa a funcionar ao longo de nossa vida. Tínhamos já vivido por alguns anos como uma mera existência, como um objeto, e então, em cerca de 3 ou 4 anos, às vezes até mais tarde, a consciência começou a funcionar, uma consciência veio à existência. Algumas pessoas atingem um estado de consciência só na puberdade, e há pessoas que nunca a atingem, mas vivem uma vida acidental em que o eu aparece em muitas fases diferentes, e elas nunca têm controle sobre ele. Não podem detectá-lo. Vemos isso na vida primitiva; por isso a experiência significa tão pouco para aquelas pessoas. Elas passam pelas coisas mas não há continuidade, nenhuma *pistis*, nada. A continuidade do eu não foi ainda estabelecida; elas são meros fenômenos psicológicos objetivos. Vivem, mas não sabem que vivem: *isso* vive. Acontece de serem conscientes de atos, de condições com algo como um eu nisso, mas esse eu importa muito pouco. Não decide nada, não escolhe nada, é simplesmente uma testemunha. Mas, em um nível superior de civilização, o eu está nisso e é responsável por isso; ele escolhe, decide, evita, procura, mostra uma vontade definida na direção de algo e vê a vida como obra dele. Essa é evidentemente uma proposição inteiramente diferente em relação à forma original na qual vivíamos.

Qualquer um hoje em dia que não possa separar-se completamente desse tipo objetivo de vida psicológica, em que o eu é uma mera testemunha, não pode atingir uma consciência do eu completa, porque é o tempo todo uma vítima ou um apêndice de processos objetivos que acontecem. Ele encontra-se no rastro dos acontecimentos, e isso sempre – ao menos sob condições mais ou menos civilizadas – leva a uma neurose. Quando as pessoas se queixam de que, sempre que tentam fazer isso ou aquilo, têm um ataque dessa ou daquela natureza, o que significa que um complexo se intrometeu. E elas não podem lidar com isso, isso lida com *elas*, exatamente como aqui Nietzsche diz que tirou uma conclusão e que então ela o arrastou. Ela era um apêndice; ele estava no rastro dela. Esse é o caso em qualquer condição neurótica; parte da psicologia não se separou do *background* original. Quando Freud fala da fixação infantil precoce, é meramente a fixação ao *background* psíquico; toda sua fala sobre o incesto não é pessoal, mas sim a mitologia de todas as raças, as imagens do inconsciente coletivo[83]. Essas coisas ainda existem, e ainda estamos conectados com elas. Esse é o mundo do qual temos de nos libertar, e esse é um ato implacável, quase blasfemo. O próprio Nietzsche sentiu isso; em outro lugar, ele diz que é uma espécie de ato sacrílego separar-se desse paraíso maravilhoso.

O cristianismo corretamente compreendido é muito impiedoso nesse ponto; o próprio Cristo deu conselhos impiedosos. O que Ele disse ao jovem que queria enterrar o pai? "Deixe que os mortos enterrem os mortos." E o que ele disse à própria mãe, quando ela o avisou de que o vinho tinha quase acabado e que ele devia fazer algo a respeito? "Mulher, o que tenho eu a ver contigo?" (Mt 8,22; Jo 2,4) Ela é completamente posta de lado. Pensem em um jovem judeu pondo sua mãe de lado desse modo! Nunca se ouviu falar disso. Vejam, esses são gestos simbólicos, indícios da atitude de Cristo na direção da separação em relação ao passado. As pessoas deveriam tornar-se como crianças, mas não *permanecer* crianças, como os teólogos querem nos fazer crer. Nada há de sentimental nisso, e é o que Nietzsche quer dizer aqui. Não podemos ser criativos e sentimentais ao mesmo tempo.

> Para ser ele próprio a criança recém-nascida, o criador também deve querer ser a parturiente e a dor da parturiente.

Vejam, essa vontade criadora no homem, que está tão ligada ao seu eu, é o pai e a mãe do eu, pois nossa vontade criadora cria-se a si mesma; nós criamos uma nova consciência, um novo eu nasce. É como uma nova geração do eu, pode-se dizer, uma gravidez e um nascimento, e esse ato de criação deve ser repetido. Para manter a vida como consciência do eu, devemos dar à luz a nós mesmos repetidamente. O eu, o estado mais amplo e mais elevado de consciência, é primeiro inconsciente – essa é a gravidez; e então algo acontece. Ferimo-nos contra alguma coisa ou temos de dentro uma tremenda emoção, e nesse momento uma nova luz vem a nós e nossa consciência é ampliada. É verdade que nessa medida o homem pode ser criador; nessa medida ele é um pequeno deus. Goethe o chama de o pequeno deus deste mundo, pois ele *pode* produzir um homem de consciência mais ampla, e ele pode fazer isso até certo ponto à vontade. Podemos construir nossa

---

83. Freud, fortemente impressionado pela afirmação de Edward Burnett Tylor (em *Primitive Culture*) de que o incesto é um tabu universal, deu em *Totem e tabu* (1913) sua explicação da luta primordial do pai e de seus filhos pela posse da mãe. Sua obra foi, em certo sentido, a réplica de Freud a *Transformações e símbolos da libido* (1912) de Jung, intencionalmente acelerando e ampliando a cisão entre os dois, que se tornou definitiva em julho de 1914.

consciência, aumentá-la à vontade, estudar, ler: somos inteiramente livres para ter determinadas experiências. Essa é a justificação da ideia de Nietzsche de que o homem poderia criar o super-homem, talvez não em sua própria existência, mas em uma existência futura. Daí acreditarmos na educação, no desenvolvimento mental e espiritual, em tudo o que o homem pode fazer, pois ele realmente pode fazer alguma coisa. Mas ele nada fará, absolutamente nada, se deixar para outra pessoa fazer; se formos fazer algo, teremos de fazê-lo no aqui e agora, e não o faremos no aqui e agora se não estivermos convencidos de que este é o lugar importante e o tempo importante e que temos de fazê-lo aqui. Não poderemos dizer "oh, bem, Deus não me garantiu certas coisas, então eu tenho esperança e expectativa de que meus filhos as farão", e então as instigo a certo objetivo para que elas possam cumprir o que Deus não me permitiu cumprir. Eu deveria dizer: "Não o fiz, e meu filho e minha filha são pessoas diferentes, então por que elas deveriam cumprir o que eu não fiz?" Devo me dar por satisfeito com o fato de que não o fiz. Claro que posso me arrepender ou ficar contente por isso, mas devo me ater ao fato de não tê-lo feito, e não pressupor que foi Deus que me concedeu sua graça para eu fazer ou não fazer. Esse é o único argumento que nos poupa de passar adiante nossas expectativas para nossos filhos, e naturalmente estragar a vida deles por nossa própria escolha. Isso é um egoísmo perpetuado.

Em verdade, através de cem almas percorri meu caminho, e de cem berços e dores do parto. Muitas vezes me despedi, conheço as pungentes horas finais.

Aqui ele está simplesmente descrevendo uma série de transformações da consciência. Vejam, desde o começo, nossa consciência individual só vive por uma contínua série de gestações e nascimentos, uma contínua série de transformações; e pode-se dizer que a crença na reencarnação de outras raças é meramente uma projeção do fato da transformação da consciência. Como vocês sabem, na medida em que nossa consciência não é apenas nossa própria realização – visto que nascemos com a faculdade de ter certa intensidade ou certa amplitude de consciência –, devemos gratidão a nossos ancestrais. Nós repetimos a vida de nossos ancestrais conforme crescemos; a criança começa com uma condição semelhante à do animal e repete todos os estágios animais no desenvolvimento da consciência até alcançar o que é chamado o nível moderno de consciência. E naturalmente podemos sentir todas essas transformações igualmente como vidas passadas, porque elas foram vidas passadas; em vidas passadas, as pessoas repetiram esse desenvolvimento incontáveis milhões de vezes, e naturalmente temos o depósito, o *engrammata* de tudo isso. Nossa mente não foi feita hoje. Não era uma tábula rasa quando nascemos; temos até mesmo na estrutura física um cérebro no qual todos os desenvolvimentos passados foram descritos ou moldados. Daí termos muito legitimamente esse sentimento de termos passado por muitas vidas e sofrido suas experiências, mesmo as dilacerantes horas finais, inúmeras vezes.

Mas assim quer minha vontade criadora, meu destino. Ou, para dizê-lo mais honestamente: é justamente esse destino – o que deseja minha vontade.

Ou seja, essa criadora vontade do eu é responsável pelo destino dele; somos os construtores do destino, os construtores de nossas vidas. E deveríamos pensar assim; se duvidamos disso, não mostramos nossa força, toda nossa força. É esse justamente o infortúnio de tantos neuróticos, que eles não consigam integrar-se e ter essa convicção, porque eles sabem, evidentemente, que todo objetivo humano, todo ideal, é fútil. É eterno e não importa o que eles façam no tempo acerca disso. De que adianta? Não importa nem mesmo se eles tenham vivido ou não. Mas, desse ponto de vista, é de suma importância que vivamos; como a nossa vida é a única que podemos experienciar, ela certamente deve ser vivida, e nossa vontade mais elevada deveria ser vivê-la ao máximo; caso contrário, essa vida nunca existiu. Pois bem, sempre que Nietzsche faz uma afirmação extrema – como vimos antes quando tirou uma conclusão muito ousada –, ele então percebe o outro lado; assim, Nietzsche agora diz:

Todo *sentimento* sofre em mim, e está na prisão; mas meu *querer* sempre vem a mim como meu libertador e portador de alegria.

Aqui deparamos com um conflito muito importante. Vejam, essa vontade de existir, ou de se desenvolver, essa vontade para o super-homem, é uma espécie de concentração da força de vontade e energia, quase um espasmo. Está tudo amontoado – mas e o sentimento? Pois bem, o que é que Nietzsche chama de sentimento? Ele obviamente quer dizer um determinado *pathos* humano, uma sensibilidade humana que não concorda com esse ideal muito heroico de criar um eu sofredor – um super-homem, na linguagem de Nietzsche. O sentimento obviamente quer outra coisa. Pois bem, é claro, podemos acusar o sentimento de ser covarde ou conservador ou preguiçoso ou estúpido, mas isso não elimina a existência dele. Esse sentimento realmente existe também, e pode ser um determinante muito importante de nosso comportamento.

Querer liberta: eis a verdadeira doutrina da vontade e da liberdade – assim Zaratustra ensina a vós.

Bem, ele ensina uma completa separação do passado, uma completa abolição de qualquer laço que possa nos aprisionar. Mas o sentimento representa esse laço. O sentimento sofre, não quer ser separado, só vive quando a conexão é mantida, quando não somos tão diabolicamente heroicos e super-humanos. Por isso há tantas dúvidas na mente de Nietzsche quando ele escreve isto: "Pois bem, e então?

Estou criando, estou me libertando, eu vou criar o super-homem" – mas aqui está esse incômodo sentimento.

> Não mais querer, não mais valorar e não mais criar! Ah, fique sempre longe de mim essa grande debilidade!

Para ele, é uma debilidade porque o faz duvidar se essa criatividade está certa, se leva a algum lugar e se pode ser sustentada; daí ele dever, é claro, pregar um sermão enfático a si mesmo para fazer-se acreditar em sua própria ideia.

> Também no conhecer sinto apenas o prazer de gerar e vir a ser da minha vontade; e, se há inocência no meu conhecimento, isso ocorre porque há nele vontade de gerar.
>
> Para longe de Deus e dos deuses me atraiu essa vontade; que haveria para criar se houvessem – deuses!

Essa é uma repetição de seu ponto de vista, é claro.

> Mas para o homem sempre me impele minha fervorosa vontade de criar; assim o martelo é impelido para a pedra.
>
> Ó humanos, na pedra dorme uma imagem, a imagem de minhas imagens! Ah, que ela tenha de dormir na mais dura e feia das pedras!

Aqui chegamos a uma dessas passagens profundamente simbólicas no *Zaratustra*. A súbita manifestação do sentimento indica que em algum lugar há uma dúvida em sua mente; está retornando alguma coisa não completamente separada do passado. Ainda assim, é perfeitamente óbvio para ele que o homem deveria olhar para frente, deveria separar-se do passado sem nenhuma exceção. Vejam, quando estamos em plena harmonia com nós mesmos sobre uma determinada necessidade, frequentemente observamos que algo em nós recua. Ele não se junta, e sim olha para trás, justamente para aquelas coisas que pensamos que deveríamos evitar, ou que superamos. Ainda assim, algo está olhando para trás como se ainda estivéssemos lá. Também temos *tais* sonhos; mudamos nosso tipo de vida, vivemos uma nova vida, e então, nos sonhos, a vida anterior aparece justamente como se nunca tivesse sido alterada. Ou temos certos ressentimentos ou emoções que não podemos harmonizar com nossas convicções atuais. Bem, isso simplesmente vem da mente anterior, de nosso tipo de vida anterior, que apesar de toda superação e conjecturas ainda existe. Isso por conta do fato indubitável de que a consciência é um fenômeno superficial; nossa consciência do eu está absolutamente na superfície. Tanto faz o quão importante é, ou o quão importante a tornamos, é uma consciência superficial e, por baixo, ela tem essa conexão histórica indissolúvel com o passado do qual não podemos nos afastar. E estamos sempre em perigo de cair no passado e ser cortados. Se pudéssemos cortar nossa própria cabeça, estaríamos separados do passado, porque nosso corpo é história; nós fazemos as grandes mudanças apenas na cabeça. Tudo o que está abaixo não mudou em nada. Se vivemos um outro tipo de vida, é apenas na cabeça. Por trás de nossa consciência está todo o inconsciente coletivo que vive embaixo, no corpo, e que está eternamente preso no passado; não podemos mudar isso. Podemos apenas separar nossa cabeça, como João Batista; vivemos em nossa cabeça, talvez, mas a outra parte Salomé cortou. Isso é evidentemente coisa da *anima*.

Assim, quando Nietzsche está falando palavras grandiosas, a *anima* em suas costas começa a agitar-se e causa sentimento. Ela diz: "Sim, continue assim, mas espere até eu mostrar minhas cartas!" Aqui ela mostra um pouco, e ele instantaneamente colapsa e pergunta o que será do mundo se não pudermos produzir o super--homem. Se existissem deuses, o que seríamos? – e assim por diante. No mesmo instante, a dúvida vem à tona e o debilita completamente, de modo que ele deve pregar a si mesmo, com crescente fervor, o grandioso sermão do super-homem. E agora ele descobre uma ideia inteiramente nova. Vejam, ele chega à ideia da pedra na passagem: "Mas para o homem sempre me impele minha fervorosa vontade de criar; assim o martelo é impelido para a pedra"[84]. Ou seja, quando ele vai criar, sua vontade firmemente criadora fere-se contra um obstáculo: é como o martelo batendo contra a pedra. Então ocorre a nova ideia de que uma imagem maravilhosa está dormindo na pedra; dentro da pedra há algo que está vivo, mas adormecido. Pois bem, onde encontramos uma imagem como essa?

Sra. Sigg: Pigmalião?

Prof. Jung: Bem, lá ele dá a alma à pedra; ela [a alma (N.T.)] não vive na pedra.

Sra. von Roques: É o primeiro homem, que só tinha de ser despertado.

Prof. Reichstein: É a ideia gnóstica de que a alma está dormindo na prisão.

Prof. Jung: Sim, e isso tem a ver com a pedra filosofal.

Prof. Fierz: Mas por que é a mais feia das pedras?

Prof. Jung: Oh, bem, isso está no mito. A pedra filosofal está na coisa que foi rejeitada, a coisa que encontramos largada na estrada. Nós pisamos nela ou a encontramos na pilha de esterco, *vilis et vilissumus*, vulgar e a mais vulgar. Também é desagradável, não causa qualquer impressão, como a descrição em Isaías do Messias: "Ele não tinha beleza nem esplendor que pudesse atrair o nosso olhar" (Is 53,1-2). Mas essa ideia da pedra não é de modo algum de origem cristã. Ela tem uma origem muito pagã; é realmente uma ideia arquetípica. E aqui Nietzsche tem uma intuição de que o material do qual o super-homem será formado é a coisa que

---

84. Cf. *O crepúsculo dos ídolos ou como filosofar com um martelo*, de Nietzsche, (Leipzig, 1889). Esse título era um trocadilho com *O crepúsculo dos deuses*, de Wagner.

é feia, vulgar, de nenhuma utilidade, justamente a coisa jogada fora – que evidentemente é o passado e todos os valores do passado. Essa coisa que foi rejeitada é o material cru; a partir da pedra rejeitada pelos construtores deve ele trabalhar essa imagem preciosa. Em outras palavras, justamente da *anima*, desse sentimento que parece ser um mero estorvo, um mero obstáculo – a sua vontade criadora.

Palestra IV
27 de maio de 1936

Prof. Jung: A Sra. Crowley faz a seguinte pergunta: "Na semana passada, em conexão com o verso que se inicia com 'mas assim quer minha vontade criadora', você disse que a vontade criadora do eu era responsável pelo destino dele, ou que deveríamos pensar assim. Mas você repetidamente enfatizou que a vontade do eu deveria ser percebida como a parceira no ato da criação, que é um processo que tem lugar dentro do indivíduo. Minha impressão do capítulo era que Zaratustra estava se identificando com a *atividade* de *criar*. E eu gostaria de perguntar se a atitude para com a criação é necessariamente diferente no caso de um homem e no caso de uma mulher".

Bem, não poderíamos dizer que seja necessariamente diferente. *Vontade criadora* é um termo usado por Nietzsche, o qual se identifica inteiramente com ela. Claro, quando a experimentamos, ela parece ser nossa própria vontade, embora, na verdade, sejamos seu expoente, seu representante ou implemento. A vontade criadora é completamente impessoal; daí tão frequentemente operar contra os interesses vitais do indivíduo. Ela pode matá-lo ou pelo menos expô-lo a todo tipo de riscos e perigos, e pode destruir não só uma, mas várias vidas humanas; é como um demônio. E é o mesmo no caso de uma mulher; o impulso criador é um fato para além do sexo, portanto eu não poderia imaginar que uma mulher tivesse uma atitude inteiramente diferente em relação a ele; poderíamos dizer que é uma condição natural em relação à qual os seres humanos devem ter praticamente a mesma atitude, seja um homem ou uma mulher. Poderia ser comparada a um evento elementar como uma tempestade; se restar alguma escolha, a atitude será então um guarda-chuva ou um impermeável. É uma questão de criação; se a vontade criadora é séria, temos simplesmente de ser cuidadosos, e o sexo não importa.

Sra. Crowley: Mas em "Nas ilhas bem-aventuradas" ele fala definitivamente como se estivesse identificando-se. Ele diz: "Mas assim quer minha vontade criadora, meu destino. Ou, para dizê-lo mais honestamente: é justamente esse destino – o que deseja minha vontade". Parece nesse capítulo como se ele estivesse identificando-se muito com o poder, a atividade da criação. E isso parece estar em oposição ao que você disse tantas vezes.

Prof. Jung: Mas o problema é justamente ele identificar-se tão inteiramente; ninguém em sã consciência pode identificar-se com o poder criador, porque este é algo inumano, é super-humano ou infra-humano. Não podemos *ser* a vontade criadora. Nietzsche teve uma inflação porque se identificou com Zaratustra.

Sra. Crowley: Mas pensei que você tivesse dito que devemos considerar que ela é *nossa* vontade criadora.

Prof. Jung: Não *nossa*. Veja, essa é a armadilha. Se adquirirmos a vontade criadora, isso significa que *nós* fomos adquiridos. É como aquela história em uma peça antiquada que Freud citou em um de seus livros: Um comandante está encarregado de uma fortaleza em que a guarnição consiste em velhos veteranos; você escuta a luta acontecendo e subitamente um dos homens grita: "Coronel, eu fiz um prisioneiro". E o coronel grita de volta: "Traga-o aqui". Então o homem diz: "Ele não vai me deixar!" Então, quando Nietzsche diz "assim quer minha vontade criadora, meu destino", quem pode dizer que ele é idêntico a seu destino? Podemos falar de *amor fati* no sentido de aceitá-lo – já que é assim, o que podemos fazer? Nós o aceitamos e o chamamos de nosso destino. Mas dizer que nosso destino é nossa própria criação é *hybris*; isso é uma inflação, pois não é verdade. Vejam, para sermos capazes de escolher nosso destino, devemos ser capazes de compreendê-lo, de sustentá-lo, mas não podemos; não conhecemos o que os componentes últimos de nosso destino possam ser. Não somos Deus e não somos uma superconsciência que contém todos os elementos necessários para explicar nosso destino. Com nossa mente consciente, só conhecemos a menor parte dos elementos que compõem o destino, por isso não podemos nos identificar com ele. Se soubermos o bastante, se tivermos autocrítica o bastante, só podemos aceitá-lo. E essa aceitação significa, em linguagem religiosa: "eu me submeto à vontade de Deus e a suas incompreensíveis decisões". Mas isso não é identificação, é submissão, e Nietzsche não se submete, ele se identifica.

Bem, chegamos ao fim dessa passagem: "Ó humanos, na pedra dorme uma imagem, a imagem de minhas imagens! Ah, que ela tenha de dormir na mais dura e feia das pedras!" Mencionei a analogia com a alquimia, e só quero acrescentar que essa metáfora de fato lembra, na superfície, aquela de Pigmalião, o famoso escultor. Como vocês sabem, ele fez uma bela estátua que, pela graça dos deuses, veio à vida, e como era uma mulher, Galatea, ele viveu com ela – a estátua tornou-se real[85]. Pois bem, geralmente encontramos esse sentimento em artistas; parece, para eles, como se o material com que trabalham contivesse vida. Por exemplo, li uma vez, em um livro ou um artigo francês, que alguém enviou um questionário a literatos e artistas, perguntando sobre as condições de seu trabalho criador. E um escritor disse que o aspecto de um espaço branco vazio de papel tem o caráter de um feitiço – exala uma espécie de atração voluptuosa. Ele queria fazer algo, preenchê-lo com sua caneta; nesse material vazio, nessas folhas, havia um feitiço magnético que o atraía e puxava de modo que sua substância fluía para o papel: então ele podia escrever. Claro que é uma espécie de alegoria sexual, poderíamos dizer, como no caso de Pigmalião, mas isso não significa que provenha do sexo. Significa antes que o instinto criador é tão forte que até mesmo o sexo é puxado para ele e se põe a seu serviço. E assim a beleza sensual da cor atrai a fantasia criadora do pintor, ou a qualidade sensual da argila ou da pedra atrai a fantasia do escultor. Vemos isso particularmente na arte antiga.

Certa vez, vi um contraste impressionante no uso do material em Florença. Vi primeiramente nos jardins de Boboli as duas maravilhosas figuras dos bárbaros – vocês talvez se lembrem dessas antigas estátuas de pedra. Elas são feitas de pedra, *consistem* em pedra, representam o *espírito* da pedra: nós sentimos que a pedra tinha tido a palavra! Então fui aos túmulos dos Médici e vi o que Michelangelo fez à pedra; lá, a pedra tinha sido levada a uma supervida. Faz gestos que a pedra nunca faria; é histérica e exagerada. A diferença era incrível. Ou, indo além, a um homem como Houdon, vocês verão que a pedra se torna absolutamente acrobática. Há a mesma diferença entre os estilos normando e gótico. No enquadramento gótico da mente, a pedra se comporta como uma planta, não como uma pedra normal, enquanto o estilo normando é completamente sugerido pela pedra. A pedra fala. Também um templo egípcio antigo é um exemplo maravilhoso do que a pedra pode dizer; o templo grego já faz truques com a pedra, mas o templo egípcio é feito de pedra. Ele cresce da pedra – o templo de Abu Simbel, por exemplo, é incrível sob esse aspecto. Então, naqueles templos de cavernas na Índia, vemos de novo o que o homem traz à pedra. Ele a toma em suas mãos e a faz pular, enche-a com uma estranha espécie de vida que destrói o espírito peculiar da pedra. E, na minha opinião, é sempre em detrimento da arte quando a matéria nada diz no jogo do artista. A qualidade da matéria é extremamente importante – é de suma importância. Por exemplo, penso que faz uma tremenda diferença se a pessoa pinta com cores químicas ou com cores ditas naturais. Todo aquele alarde que os pintores medievais

---

85. Na história de Ovídio, Pigmalião, desiludido com as mulheres do mundo, esculpiu sua própria mulher de marfim, chamou-a de Galatea e apaixonou-se por ela. Vênus atendeu à sua prece para que ela ganhasse vida (*Metamorfose*, X).

faziam sobre a preparação de seus panos de fundo ou na composição e na mistura de suas cores tinha uma grande vantagem. Nenhum artista moderno jamais realizou algo como as cores que aqueles velhos mestres produziam. Se estudamos uma imagem antiga, sentimos diretamente que a cor fala, que a cor tem uma vida própria, mas com um artista moderno é muito questionável se a cor tem uma vida própria. É tudo feito pelo homem, feito na Alemanha ou em algum outro lugar, e sentimos isso. Portanto a projeção na matéria não é apenas uma qualidade muito importante da arte, mas sim indispensável.

Pois bem, quando Nietzsche fala da projeção na pedra, que uma imagem está adormecida na pedra, isso é um pouco mais do que uma mera metáfora mitológica – Pigmalião ou alguma lenda do tipo. Todo um capítulo da psicologia, poderíamos dizer, está por trás dessa projeção. Por isso mencionei a analogia alquímica em que a matéria, a pedra, era a coisa que continha a vida misteriosa – uma analogia tanto mais importante porque os séculos anteriores, até o século XVIII, eram impregnados por essa ideia. Nossos ancestrais viveram nessa ideia alquímica; para a mente do passado, a matéria era ocupada por um espírito peculiar. Em minha palestra no Clube Psicológico sobre a filosofia da pedra, li um dos textos mais antigos da alquimia grega. No começo ele dizia: "Desce às margens do Nilo e lá acharás uma pedra que contém um fantasma – lá acharás uma pedra na qual dorme um espírito"[86]. Pois bem, esse foi o tema fundamental por mil e seiscentos ou mil e setecentos anos do pensamento mais importante. A filosofia alquímica é bastante desconhecida em nossos dias porque não podemos mais compreender seu caráter paradoxal, e embora fosse tão importante na Idade Média, ainda assim na história da filosofia medieval não encontramos praticamente nada sobre ela. Isso realmente deveria nos preocupar muito mais do que nos preocupa, porque um dos monumentos mais poderosos na literatura do mundo, não só da Alemanha, é o *Fausto* de Goethe, e *Fausto* é a última grande alegoria alquímica. É repleta de pensamentos e paralelos alquímicos muito importantes.

Assim, não é de se estranhar que Nietzsche, que está em grande medida na situação de um alquimista medieval, extraia uma imagem que pertence essencialmente à alquimia. Se Nietzsche tivesse vivido em uma época entre os séculos XV e XVIII, eu diria que ele muito certamente teria sido um filósofo alquimista. Pois, para ele, o dogma oficial, a transmutação oficial realizada na missa, por exemplo, a transubstanciação, que é evidentemente o mistério alquímico *par excellence*, não contém verdade, não contém vida. Caso contrário, ele teria sido um católico per-

---

86. Em OC 11/1, § 151, Jung diz que essa fórmula foi "atribuída por Zósimo ao lendário Ostanes". Então, em OC 11/3, § 355, ele cita a intepretação por Zósimo da "pedra" – ou seja, da pedra filosofal – como mercúrio.

feitamente satisfeito; não teria se preocupado. Mas isso não significava nada para ele; ele chegou à conclusão de que a Igreja não lhe dava a vida espiritual que Ele realmente esperava ou da qual precisava, de modo que muito naturalmente procuraria algo que produzisse vida.

Mas invariavelmente aqueles velhos filósofos desciam às margens do Nilo para procurar a pedra que continha o fantasma; ou seja, eles buscavam-no na projeção. Pois, quando o espírito da vida desapareceu de um sistema de pensamento ou dos rituais sagrados – quando a Igreja obviamente não o contém mais –, devemos encontrá-lo em outro lugar. Como não o possuímos, mas sentimos a necessidade de sua presença, bem, só podemos encontrá-lo onde está projetado; encontramos esse componente inconsciente de nossa natureza projetado seja em outro ser humano, seja em uma coisa ou em um sistema. E o encontramos justamente lá onde o sentimos. Os alquimistas o sentiam na matéria, e todo o propósito da filosofia deles era descobrir a técnica, pode-se dizer, ou aqueles métodos pelos quais pudessem extrair o espírito que já não possuíam e que não lhes era garantido pela Igreja. Eles sentiam que a Igreja falava muito sobre espírito e executava rituais semelhantes aos seus, pela qual a transubstanciação deveria ter lugar, mas ainda assim nada acontecia. Eles não se sentiam redimidos, e por isso preferiam suas práticas peculiares. Pois bem, Nietzsche naturalmente estava na mesma condição, mas, como vivia no século XIX, quando a filosofia hermética era alvo de ridicularização, ele não podia retomá-la. Era inteiramente alheio a ela, mas ainda assim seu inconsciente, contendo todos os vestígios do pensamento ancestral, trouxe à tona esse tipo de material. Assim, quando um símbolo desse tipo ocorre no *Zaratustra*, devemos aguçar os ouvidos e procurar os antecedentes históricos, pois só estes podem explicar por que ele usa essa figura de linguagem em um lugar tão importante. Que é um lugar importante, vemos pelo texto subsequente. Ele prossegue:

Agora meu martelo se enfurece cruelmente contra sua prisão.

O verbo *enfurecer* expressa uma intensa emoção; ele tenta lidar com essa imagem aprisionada com uma espécie de fúria.

A pedra solta estilhaços; que me importa?

Como vocês veem, é uma condição altamente emocional, e ele tenta atingi-la encarniçadamente, *cum ira et vehementia*. Essa é uma citação de um filósofo alquimista do século VI a.C., Morienus Romanus, que, ao dar instruções a seu discípulo, diz-lhe que ele jamais pode alcançar a grande arte com ira e veemência, mas apenas *per gratiam Dei*, pela graça de Deus, pois é um *donum Spiritus Sancti*, o dom do Espírito Santo.

Quero completar isso [...]

Mas o filósofo hermético diz que só os eleitos desde a eternidade são capazes de produzir o milagre da transubstanciação. A realização da grande obra só é possível *Deo adjuvante*, se Deus ajudar. Um interessante diálogo foi relatado entre Morienus Romanus e Hali, um príncipe do Egito. Hali perguntou por que Morienus não vivia em um monastério como os monges cristãos da época. E Morienus disse: "É verdade que nos monastérios há mais paz, e na solidão há mais dor e labor. Mas, como o caminho à tranquilidade é muito estreito, ninguém pode alcançá-la sem aflição da alma. O que você semeia, você colhe; se semeia pouco, colhe pouco. Os monges têm bons monastérios e paz, mas não chegam a lugar nenhum, permanecem estáticos. Ao passo que se eles se arriscam à solidão, alcançam a tranquilidade, pois a meta só é atingida pela aflição da alma"[87].

E agora chegamos à importante declaração na qual Nietzsche explica por que está tão emocional e por que deseja tanto obter essa imagem:

> [...] pois uma sombra veio até mim – a mais silenciosa e leve das coisas veio um dia até mim!
> A beleza do super-homem veio até mim como sombra. Ah, meus irmãos! – Que me importam ainda – os deuses!

Eis o que veio a ele no lugar do Deus perdido; Deus está morto, mas reaparece na ideia do super-homem, e o super-homem é a mais silenciosa e leve das coisas. Pois bem, essa descrição coincide de maneira muito notável com as afirmações dos antigos. Lembro agora particularmente Atanásio, arcebispo de Alexandria, o biógrafo de Santo Antão do Egito, que escreveu por volta do século III. Ele fala das múltiplas tribulações dos sofredores no deserto, os anacoretas cristãos, e descreve como eles são tentados pelo demônio e as trapaças que o demônio lhes aplica. Ele diz que até mesmo o demônio, ocasionalmente, lê a Bíblia para eles ou canta hinos para que pensem que ele é um devoto, mas, como eles chegam com um grande ruído cantando salmos ou pregando sermões, deveriam saber que esse deve ser o demônio. Não pode ser o Espírito Santo, pois isso é um silêncio; quando está totalmente silencioso, eles podem estar certos de que é o Espírito Santo. Nietzsche usa aqui uma linguagem que mostra algo que poderíamos chamar de a experiência essencial, e podemos ver a partir disso o que o super-homem realmente significa para ele; é a manifestação de Deus no homem, Deus nascido do homem, e esse é o

---

87. O nome é geralmente dado como Kalid (ou Khalid) ibn Yazid (704 d.C.), a quem se credita a introdução da alquimia no mundo islâmico. Considera-se que Morienus Romanus foi um monge cristão grego. Em OC 12, § 386, Jung cita uma longa passagem na qual Morienus dá instruções a Kalid, um príncipe omíada. Os diálogos deles são discutidos por R. P. Multhauf em sua introdução a *Alchemy and the Occult* (New Haven, 1968), vol. 1, p. xi.

mistério da transmutação ou da transubstanciação: ou seja, Deus nascido e gerado na carne[88].

Vejam, foi esse mistério que levou Santo Agostinho – que certamente era um cristão muito bom – a insistir em um pensamento que é muito pagão e totalmente alquímico; ele diz que a Virgem Maria é em verdade a terra, e que essa é uma prova de que Cristo nasceu da terra[89]. Santo Agostinho chega a falar da terra que ainda não está fecundada pelas chuvas da primavera. Mas esse era um tempo em que o espírito ainda vivia, quando ele estava conectado à natureza das coisas, enquanto, em nossos dias, espírito e terra tornaram-se completamente divididos. Mesmo na Igreja Católica, nunca ouviríamos que a Mãe Maria era a terra e que Cristo nasceu da terra. As pessoas permaneceriam tão estúpidas quanto antes, e nada significaria para elas se um pastor de hoje repetisse o discurso de Santo Agostinho. Mas ele significa muita coisa, porque temos agora um equivalente psicológico. A velha ideia da terra para nós significa o corpo; o salvador é nascido desse corpo. Descobrir como o salvador poderia ser produzido da terra de um modo milagroso é a busca alquímica, pois para eles a pedra filosofal, o ouro ou a criança eram realmente o salvador. Eles os *chamavam* de o salvador.

Temos aqui em Zurique o chamado *Codex Rhenovacensis*, um códice alquímico que veio da biblioteca de um monastério; foi escrito provavelmente em algum momento do século XV, mas pode ser mais antigo do que isso. Lá se diz abertamente que a pedra é o salvador, e todo o procedimento alquímico é expresso na analogia do Cântico dos Cânticos, que é realmente um lindo e muito sensual cântico oriental de amor. Foram descobertos paralelos árabes e sírios com exatamente o mesmo caráter; eram uma espécie de cânticos matrimoniais que sempre tiveram um caráter tipicamente sensual e, se possível, obsceno. Como vocês sabem, o Cântico dos Cânticos é, em algumas partes, bastante obsceno, mas a obscenidade não tinha então a mesma conotação negativa que tem agora. As obscenidades, nos cultos antigos, tinham uma espécie de poder fertilizador; por vezes se acreditava que tais alusões exerciam uma influência favorável sobre as colheitas. Encontramos isso na *Aischrologia* de Elêusis, em que as ricas damas de Atenas, após uma ótima refeição com vinho, começavam a fazer piadas obscenas, pois se supunha que isso exercia um efeito favorável nas colheitas da próxima estação. A Mãe Terra gosta de

---

88. Atanásio (292?-373), arcebispo grego de Alexandria, insistia que os membros da Trindade eram todos de uma única essência (*homoousion*, não apenas *homoiousion*), o que se tornou doutrina oficial no Credo de Niceia. Comparar com: "Todos os Budas são um em essência" (Carus, P. *The Gospel of Buddha*. Chicago e Londres, 1915, p. 259).

89. Cf. 12 de fevereiro de 1936, n. 30, vol. II.

ouvir essas piadas, isso a faz sorrir, traz ricas colheitas, auxiliadas por tais alusões[90]. Pois bem, vocês têm alguma questão antes de deixarmos esse capítulo?

Sr. Martin: Por que vem como uma sombra?

Prof. Jung: Bem, não devemos ser enganados pela palavra; nosso uso do termo "sombra" tem um significado muito diferente, mas aqui significa insubstancial como uma sombra. Claro, a ideia de Nietzsche do super-homem – que eu exprimiria pelo termo "o si-mesmo" – naturalmente apareceria sob o manto da sombra, usando a palavra, desta vez, como um termo psicológico. Ela aparece no que tem sido rejeitado. O *lapis philosophorum*, a pedra do preço mais alto, é ao mesmo tempo a pedra angular rejeitada pelos construtores; também a matéria da qual a pedra é feita ou na qual a pedra preciosa é encontrada é o que é pisado ou jogado na pilha de esterco, largado na estrada. Assim, psicologicamente, isso significa que a coisa na qual menos pensamos, essa parte de nós mesmos que talvez mais reprimimos, ou que desprezamos, é justamente a parte que contém o mistério. O teste é: quando podemos aceitar-nos em nossa totalidade, então reunimos os quatro elementos – todas as partes de nós mesmos se juntaram dos quatro cantos da terra. Aqui de novo o inconsciente usa um simbolismo que é encontrado na literatura cristã primitiva, no *Pastor de Hermas*[91], escrito em meados do século II: os homens chegam dos quatro cantos do mundo, cada qual trazendo uma pedra que instantaneamente se funde na construção de uma enorme torre feita sem juntas. Esse é o edifício da igreja, mas é ao mesmo tempo a ideia do si-mesmo que consiste em muitas unidades herdadas, de modo que é até mesmo comparada a um punhado de grão ou cascalho ou pedaços de ferro ou ouro; toda essa multidão de unidades é reunida para construir o si-mesmo.

Pois bem, enquanto as coisas se encontram no estado chamado pelos alquimistas de *matéria-prima*, resulta algo obscuro e reprovável; ninguém está convencido de que o si-mesmo virá de uma coisa dessas, e portanto eles não o encontram. Psicologicamente, isso significa, é claro, que o mistério sempre começa em nossa função inferior, que é o lugar onde a nova vida, a regeneração, pode ser descoberta. Pois não podemos terminar corpos perfeitos, como dizem os antigos, devemos trabalhar corpos imperfeitos porque só o que é imperfeito pode ser levado à perfeição; uma coisa perfeita só pode ser corrompida. Isso é perfeitamente óbvio, portanto não pode ser feito com a função diferenciada superior. Uma mente boa, bem treinada, é o campo fértil em que nada cresce, pois ela está finalizada. Assim, devemos considerar o que está mais reprimido na mente, o sentimento. E lá encontramos

---

90. Uma mulher chamada de Baubo ("ventre") realizava danças obscenas para fazer Deméter rir. Cf. *Eleusis*, de Kerényi (trad. Ralph Manheim. Princeton, B.S. LXV, 1967).

91. Cf. 13 de junho de 1934, n. 110.

o caos original, um amontoado desordenado de possibilidades que ainda não foram trabalhadas e que devem ser reunidas por um tipo peculiar de manejo. Como vocês sabem, nós dizemos psicologicamente que a função inferior – nesse caso, o sentimento – está contaminada com o inconsciente coletivo; por isso ela está disseminada por todo o campo do inconsciente coletivo e por isso é mitológica. Assim, quando tentamos trazê-la à tona, muitas fantasias arcaicas aparecem, a coisa toda é de difícil manejo e completamente confusa; facilmente a consideramos algo venenoso ou errado ou louco, por conta dessa mistura de material inconsciente. Daí a rejeitarmos completamente; nenhum indivíduo decente teria algo a ver com uma função inferior, porque ela é um absurdo estúpido, imoral – é tudo de mau sob o sol. Ainda assim, é a única coisa que contém vida, a única coisa que contém também a diversão de viver. Uma função diferenciada já não é vital, nós sabemos o que podemos fazer com ela e ela nos aborrece, já não transmite a centelha de vida.

Assim, chega um momento em que as pessoas se cansam do que quer que façam, e jogam tudo pela janela. Claro, elas são chamadas de as mais tolas, pois são justamente as pessoas que tiveram um grande sucesso no mundo, e então desaparecem, vão para a vida no bosque como fazem na Índia, e lá elas vivem em um estilo inteiramente diferente. Elas vivem em sua função inferior porque ela contém a vida. Por isso vemos a nova experiência naturalmente aparecer do lado em que antes havia caos obscuro, um tamanho caos que preferimos nada saber a seu respeito; se tivermos alguma vez deparado com ele, tentamos não vê-lo. Pois bem, geralmente, enquanto as coisas estão em uma condição normal, esse lado permanece invisível, e nunca deveríamos imaginar que estamos diante de um problema como esse quando não estamos; essa é uma coisa que não pode ser imitada – não deveríamos tentar imitar ou sentir isso quando não estamos lá. Se estivermos lá, o saberemos; não é preciso perguntar. Se não, é melhor não nos envolvermos com coisas que são muito perigosas e venenosas. Bem, essa é a manifestação do si-mesmo sob o manto da sombra. Mas penso que aqui se trata mais da ideia de uma imagem insubstancial, tão insubstancial quanto uma sombra, também uma antevisão, uma antecipação. A beleza do super-homem aparece a Nietzsche como uma espécie de antecipação, uma sombra que cai sobre sua consciência. Pois bem, isso é muito genuíno, uma das coisas mais genuínas no *Zaratustra*.

O título do capítulo seguinte é, em alemão, *Von den Mitleidigen*, que em minha tradução em inglês é chamado *The pitiful**. Isso está um pouco errado, segun-

---

* Termo que se refere não só aos "dignos de pena", aos deploráveis, aos lastimáveis etc., mas também aos "compassivos", como Jung em seguida diz ser o significado correto [N.T.].

do minha ideia; eu diria antes "Os compassivos"[92]. Temos agora, como de hábito, de nos perguntar por qual ponte se faz a transição entre o capítulo anterior e o novo. Devo dizer aos novos membros que expliquei o *Zaratustra* como uma série de imagens; se observarmos o índice, é claro que ninguém pode ver de início que todos aqueles diferentes títulos formam uma sequência, mas é realmente uma sequência irracional como as sequências que as pessoas desenvolvem quando fazem o trabalho efetivo na análise. Poderíamos facilmente encarar o *Zaratustra* como uma obra que tivesse se originado na análise; é uma análise involuntária, mas as coisas aconteceram em grande medida como acontecem na análise prática – claro que não do tipo comum, mas no estágio sintético em que a tentativa fundamental é sintetizar o indivíduo transmutado. Primeiramente, o paciente é despedaçado, o que pode ser feito pelo modo de análise adleriano, freudiano ou de qualquer outro tipo, e isso pode ser perfeitamente suficiente, de um ponto de vista terapêutico. Ou seja, os sintomas ordinários podem ser levados ao desaparecimento, e pode ser indiferente a um médico, naturalmente, se um homem passa a um desenvolvimento espiritual ou a outro tipo de vida. No primeiro caso, o médico sopra sobre um sintoma e ele desaparece por sugestão ou algo do tipo; ou isso pode ser feito mediante análise, e o paciente diz: "Oh, é assim? Fico muito feliz em saber. Obrigado, adeus".

Mas, no outro caso, algo mais é necessário, e tais casos são geralmente caracterizados por uma intensa transferência. Eles querem romper, dizer adeus e serem sensatos, mas o inconsciente diz "não, você agora será insensato e se apaixonará", o que evidentemente é bobagem – é insano, e eles próprios talvez pensem assim. Porém o inconsciente, de maneira impiedosa, os mantém na transferência, porque outra coisa é exigida ou esperada deles, algum desenvolvimento a mais. E esse desenvolvimento vai além do estágio do separar-se, que é muito racional e explicável, para um processo sintético, que, se observado e cuidadosamente anotado, aparece como uma série de imagens ou retratos – ou podemos transformá-la em capítulos. Os sonhos são capítulos; se anotarmos nossos sonhos cuidadosamente, noite após noite, e os compreendermos, poderemos ver que são capítulos de um longo texto. É um processo que se move em um círculo, se não fizermos nada a respeito. Podemos ver isso em pessoas insanas, em que o consciente é absolutamente incapaz de aceitar o que o inconsciente produz, e nesse caso o processo inconsciente simplesmente faz um círculo, como um animal tem seu modo habitual em que ele sempre circula; os cervos ou as lebres ou quaisquer outros animais se movem assim quando estão pastando. E isso é assim conosco, na medida em que o consciente está divorciado do inconsciente. Mas, no momento em que o consciente dá uma olhada no inconsciente e se estabelece a linha de comunicação entre as duas esferas de

---

92. Kaufmann traduziu esse título como *The pitying* [Os compassivos].

vida, o inconsciente já não se move em meros círculos, mas em uma espiral. Ele se move em um círculo até o momento em que volta a se reunir aos antigos vestígios, e então se encontra um pouco acima. Desse modo ele imita que forma de vida?

Sra. Baumann: A vida da planta.

Prof. Jung: Sim, essa é a origem do símbolo da árvore, ou da planta, ou do crescimento da flor. Pois bem, no caso de Nietzsche, não se trata de um girar em círculos, de um trabalho cego da natureza. Há um olho que vê isso; sua consciência observa o processo e assim o impede de ser um mero círculo. É uma espiral que está subindo para uma determinada meta. E esse processo é dramático: o *Zaratustra* de Nietzsche é um drama, realmente. O *Fausto* é, em grande parte, a mesma coisa, sob esse aspecto. É também um processo inconsciente, um drama que sobe a uma meta definida. Assim, o *Zaratustra* é a construção de algo, ou a construção para algo, e cada capítulo está conectado ao anterior de um modo mais ou menos invisível. Por exemplo, não é de modo algum evidente como chegamos de "Nas ilhas bem-aventuradas" a "Dos compassivos" – isso é obscuro. Mas, se estudarmos cuidadosamente o fim de um capítulo e o compararmos com o título subsequente, descobriremos como ele chega a esse tema particular do capítulo seguinte. Mas a transição é completamente irracional, justamente como acontece na vida humana. Vejam, os eventos históricos geralmente se desenvolvem como ninguém previa; sempre acontece algo que ninguém previu, pois pensamos em linhas retas, por certas regras. Agora estamos nos movendo nessa direção e chegaremos em tal e tal lugar, em tal e tal momento. Mas isso está errado, porque a vida se move como uma serpente, de um modo irracional; sempre quando vamos para a esquerda, logo iremos para a direita, e quando dizemos "sim", logo diremos "não". É irracional; não obstante é assim mesmo. Desse modo, somos agora confrontados com este problema: por que ele chama o próximo capítulo de "Dos compassivos"?

Sra. Sigg: No fim do capítulo anterior, ele fala do belo super-homem, e então, por contraste, vê novamente o quão miserável o homem realmente é. Nietzsche sempre acha que a compaixão é uma qualidade muito ruim nos seres humanos; pensa que é uma atitude cristã errada que não ajuda a criar o super-homem.

Prof. Jung: Então você considera que a beleza do super-homem realmente explica a visão da miséria do homem: como o homem é realmente bastante miserável, falar da beleza do super-homem é demasiada antecipação, demasiado otimismo. Existe verdade no que você diz, mas não tenho o sentimento de que se encaixa completamente. Por exemplo, na primeira sentença ele diz: "Ele não anda entre nós como se fôssemos animais?" Pois bem, qual é a diferença entre o ser humano e o animal?

Sra. Crowley: Eu pensei, respondendo à sua primeira questão, que foi no capítulo anterior sobre as "ilhas bem-aventuradas" que ele enfatiza o fato de ser o criador, e nesse capítulo os animais aparecem. Isso se refere aqui à ideia de estar entre animais: eles são a coisa criada. Esse é o oposto de novo, a *enantiodromia*.

Prof. Jung: Você quer dizer que ele se identificaria com os animais?

Sra. Crowley: Ou seria como os animais, na medida em que é apenas uma coisa ordinária que é criada.

Prof. Jung: Mas ele aqui está muito em contraste com os animais. É melhor lermos a primeira parte:

> Meus amigos, palavras zombeteiras chegaram até vosso amigo: "Olhai para Zaratustra! Ele não anda entre nós como se fôssemos animais?"
>
> Mas seria melhor falar assim: "O homem do conhecimento anda entre os homens como se estivesse entre animais".
>
> Para o homem do conhecimento, no entanto, o próprio ser humano é "o animal de faces vermelhas".
>
> Como lhe aconteceu isso? Não seria porque frequentemente teve de se envergonhar?

Vejam, isso tem de ser levado em conta.

Dr. Harding: Não seria que foi dito, no capítulo anterior, que o sentimento estava aprisionado, e quando o sentimento emerge contra a sua vontade, ele se sente compassivo para com o sentimento; mas, por outro lado, ele quer prosseguir com sua vontade. É o sentimento que torna o homem diferente do animal, não é?

Prof. Jung: Bem, se você tentar sentir a visão no fim do capítulo precedente, o que poderia significar para ele ter essa visão do super-homem, manter esse segredo, você verá que isto dá a ele uma posição bastante única. É uma percepção que enfatiza sua solidão, seu isolamento, e naturalmente ele será levado a comparar-se com outras pessoas que não tinham isso. Uma visão dessas sempre separa as pessoas de seus semelhantes. Eu citei vários casos. Por exemplo, nosso santo suíço Nicolau de Flüe teve uma visão como essa, e as pessoas fugiam quando o viam. Não podiam suportar a vista de seu rosto – era diabólico demais. Pois bem, essa visão *é* uma experiência da presença divina e naturalmente ele olhará em torno de si depois disso para ver onde está. Vejam, essa zombaria que é feita, essa sátira, é na verdade uma zombaria que ele faz a si mesmo. Eu não sou um homem, um ser humano, que anda entre animais? Ele não pode deixar de comparar-se ao seu entorno humano e naturalmente a reação é de compaixão – particularmente porque sabemos por inferência e por algum conhecimento de psicologia que o super-homem trancado na pedra é a função inferior. Ou seja, no caso dele, sentimento e sensação, e isso o leva imediatamente à realidade na qual ele vive. Ele é muito claramente um pensador intuitivo e, através de suas funções diferenciadas, é capaz de conhecer.

Mas a visão é um processo inteiramente diferente, que vem de dentro ou de baixo, das regiões das funções indiferenciadas. O sentimento naturalmente produzirá uma condição sentimental quando vier à luz do dia, e a sensação produzirá uma realidade, de modo que ele certamente será levado à sua realidade. É como se ele tivesse dito "agora nós vimos a beleza sobrenatural do super-homem", e então o sentimento e a sensação reagem e instantaneamente ele vê que está entre animais. Pois Zaratustra, lembrem-se, é o super-homem vivo, dentro dele, com toda sua beleza; e veio a ele como uma sombra, uma espécie de antecipação, para lhe mostrar o que os seres humanos são. E vocês podem ter certeza de que é uma imagem muito negativa, pois a função inferior não é positiva. Um pensador intuitivo tem sensação negativa e sentimento negativo, e sem dúvida não parece um sentimento muito agradável quando ele começa o capítulo sobre a compaixão com a afirmação de que está andando entre animais. Ser abordado como animais, poderíamos dizer, foi um pouco duro para seu entorno. E quando ele diz "o homem do conhecimento anda entre os homens como se estivesse entre animais", isso mostra muito claramente que a visão lhe ensinou uma lição: ele conhece algo muito claramente. O que seria? O que é um ato de conhecimento? O que ele incrementa ou aumenta?

Sra. Crowley: A consciência.

Prof. Jung: Sim, o conhecedor é o consciente. Sua visão do super-homem era tão substancial, obviamente, na medida em que ele percebeu a possibilidade de um estado mais elevado e extenso de consciência. Isso significou um aumento de consciência. Daí ele chamar-se de o conhecedor; ou seja, aquele que está consciente contra a multidão cega e inconsciente. Expresso em linguagem antiga, seria a *ennoia* em contradição com a *anoia*. Um é o homem consciente, redimido, transmutado; e o outro é o não redimido, obscuro, sem alma imortal. Um é *quasi modo genitus*, como se recém-nascido, e o outro está em uma condição semelhante à do animal. A Igreja Católica estabelece uma diferença muito séria aqui. Eles até mesmo têm o dogma de que as crianças que morrem antes de ser batizadas, não importa o quão inocentes forem – um recém-nascido não pode ser pecador –, estão, porém, privadas da presença e da visão de Deus. E o que eles farão com essas pequenas almas não redimidas? Eles devem jogá-las na lata de lixo, porque elas não servem nem para o inferno; ou talvez tenham em algum lugar um caldeirão, de modo que podem voltar ao laboratório em que novas almas são feitas. Mas elas são privadas da visão de Deus como se fossem pecadoras, apenas não são submetidas à tortura eterna no inferno. Pois bem, a visão da beleza do super-homem tem um efeito que podemos observar muito frequentemente em pessoas que a tiveram ou supõem que a tiveram: ou seja, elas são facilmente infladas ou inclinadas a serem infladas, e olham de cima para baixo para a multidão ignorante, animalesca, que é cega e inconsciente. Vejam, o início desse capítulo mostra muito claramente a atitude ou o estado de consciência de pessoas assim. Os gnósticos, nos tempos do cristianismo primitivo, tinham essa espécie de imaginação ou de inflação sobre si mesmos, e vocês se lembram de que São Paulo faz uma observação sobre eles. Ele usa a própria palavra para inflação no texto alemão: *Viel Wissen blähet auf*, "muito conhecimento é inflação"*.

Srta. Hannah: É "*incha*", em inglês.

Prof. Jung: "*Incha*" é muito bom. Isso é substancial e descreveria a inflação que eles devem ter observado naqueles dias. Deve ter sido um fenômeno muito comum, já que Paulo refere-se a ele. Então o terceiro parágrafo – "Para o homem do conhecimento, no entanto, o próprio ser humano é 'o animal de faces vermelhas'" – mostra muito claramente o quão acima o conhecedor está do homem comum. "Como lhe aconteceu isso? Não seria porque frequentemente teve de se envergonhar?" Bem, naturalmente nos envergonhamos de nossos companheiros quando eles se comportam como animais – essa é uma experiência típica. Ele prossegue agora:

> Oh, meus amigos! Assim fala o homem do conhecimento: Vergonha, vergonha, vergonha – eis a história do ser humano!
>
> E por isso o homem nobre impõe a si mesmo não envergonhar: impõe a si mesmo ter vergonha diante de todos que sofrem.

O que isso significa?

Sra. Sigg: Eu diria que esse era justamente o problema de Nietzsche. Ele próprio se envergonhava da parte animal de sua natureza; por conta de sua formação cristã precoce, ele não podia ver nenhuma semelhança a Deus no animal. Não podia conectar Deus e o animal como você faz, por exemplo. E isso é justamente uma pista; a beleza do super-homem vem a ele como sombra, o que implica que há um lado animal obscuro no super-homem.

Prof. Jung: Sim, é verdade. O fim da *péripétie* trágica, do drama de Zaratustra, é realmente que ele não consegue aceitar a sombra, não consegue aceitar o mais feio dos homens, e assim perde completamente a conexão com o corpo. E isso, no seu caso, certamente se deve à sua educação protestante precoce, que não o ajudou a aceitar o animal; ele realmente se envergonhava de seu homem inferior, e não conseguiu integrá-lo. Vejam, essa vergonha ou esse sentimento de incômodo que ele experiencia na presença dos sofredores é evidentemente muito exagerado. É uma forma típica de exagero histérico, mas deixa claro que ele simplesmente não consegue suportar ver esse homem inferior, não consegue suportar a visão de sua própria inferioridade. É uma espécie de ofensa estética ver o quão longe o homem

---

* Alusão a 1Cor 8,1 [N.T.].

está do super-homem. E, é claro, tudo isso lhe traz de volta o quanto *ele* é inferior, o quão distante *ele* está do super-homem; daí ele ser tão particularmente arrogante e pudico com a imperfeição ou a defectibilidade do homem. Existe também algo primitivo nisso – a vergonha de sofrer ou a hesitação em lidar com pessoas que sofrem. Vejam, os primitivos sempre supõem que as pessoas que sofrem uma doença, ou que são aleijadas, que sofrem de má-formação do corpo, são muito desafortunadas. Elas são azaradas, e por isso não deveríamos ter nenhum contato com elas. Deveríamos nos manter longe de tais pessoas porque elas trazem seu azar para a nossa casa. Ainda temos tais ideias. Por exemplo, um general que perdeu uma batalha não é mais considerado apto. Ele perdeu seu prestígio mesmo se vencer a próxima. É como um capitão que perdeu seu navio e nunca terá outro; ele é azarado, por isso não podemos ter nada a ver com ele. Esse ponto de vista é em Nietzsche estetizado e exagerado.

> Em verdade, não gosto deles, os misericordiosos que são bem-aventurados em sua compaixão: carecem por demais de vergonha.
>
> Se tenho de ser compassivo, não quero que assim me chamem; e, quando o sou, então de preferência à distância.
>
> E também de bom grado escondo a cabeça e fujo, antes de ser reconhecido: e vos digo para assim fazer, meus amigos!

Vejam, ele aqui está de fato exagerando terrivelmente acerca disso e sempre que ele, ou as pessoas em geral, tornam-se tão particularmente exageradas sobre certas afirmações, há sempre mais coisa por trás do que o olho vê. Como vocês sabem, parece ser um problema particularmente delicado mostrar o sentimento de compaixão. E qual é a conclusão que vocês tiram de uma atitude tão arrogante?

Srta. Hannah: Que ele ainda é terrivelmente prisioneiro da atitude da Igreja.

Prof. Jung: Isso é perfeitamente certo como uma explicação histórica, e provavelmente seria verdade no caso dele, pois ele é filho de um pastor e tinha muito desse tipo de discurso bombeando suas veias. Mas também devemos levar em conta que o homem Nietzsche estava então bem distante da Igreja cristã; tinha percorrido um longo caminho, e devemos dar créditos a suas realizações. Assim, quando ele continua sendo tão arrogante, o que devemos concluir?

Dr. Harding: Isso não teria a ver com sua própria doença e com o fato de que estava exilado?

Prof. Jung: De fato. É como se estivesse prevendo o que lhe aconteceria; ele é o homem que teve de ser cuidado por cerca de vinte anos, absolutamente *à la merci* de seu entorno. Foi tão específico acerca disso porque sentiu que isso estava nele, e ele não o veria. Não o teria, mas tentou ser heroico acerca disso, embora já sofresse de terríveis enxaquecas. Tinha de tomar remédios para insônia, e tinha dias e semanas muito ruins, em que não conseguia trabalhar; escreveu sobre isso cartas dignas de pena a sua irmã e a seus amigos. Portanto ele foi em grande medida um homem que recorreu à compaixão, e que além disso viveu de compaixão. Não tinha dinheiro e não ganhou nenhum, e foi a boa vontade de certas pessoas em Basileia que lhe garantiu uma pensão da qual viver. Aconteceu-me de conhecer uma rica senhora que contribuiu para a vida de Nietzsche quando ele estava escrevendo o *Zaratustra*. Portanto essa é a razão pela qual ele é tão específico sobre a compaixão. E bem poderíamos ser assim; não podemos ser um grande herói e nos identificarmos com o super-homem com essa má consciência de pano de fundo. Não há então um terreno seguro, mas sim escorregadio.

> Que o destino sempre ponha em meu caminho pessoas não sofredoras, como vós, e aquelas com quem eu *possa* ter esperança, refeição e mel em comum!

Ele tem esse desejo de se relacionar, se possível, com pessoas não sofredoras, porque ele próprio sofre o bastante, de modo que, naturalmente, tem uma pretensão de ser exigente com seus amigos. Quando as pessoas dizem "oh, não consigo suportar aquelas pessoas, são neuróticas demais, psicopatas demais", ou algo do tipo, vocês sabem por que isso irrita os nervos delas. Se vocês não conseguem suportar certas pessoas, podem tirar suas conclusões e provavelmente não estarão longe da verdade.

> Em verdade, fiz isso e aquilo pelos que sofrem; mas me pareceu sempre fazer melhor ao aprender a me alegrar melhor.

Aprendam!

> Desde que existem homens, o homem alegrou-se muito pouco: apenas isso, meus irmãos, é nosso pecado original!

Exatamente, quem dera soubéssemos como! Esse é o grande problema. Como podemos nos alegrar? Vocês sabem? Certa vez, um alienista enviou um questionário para os alienistas suíços pedindo uma definição de felicidade; ele não era exatamente um homem feliz e queria saber de todas aquelas pessoas, que supostamente entendiam alguma coisa de psicologia, qual era o segredo da felicidade, como fazê-la, de modo que pudesse fazer um pacote cheio de felicidade para si mesmo. Pois bem, o que vocês teriam respondido? Como podemos aprender a alegrar-nos?

Srta. Hannah: Tentando não ser nada senão justamente o que somos.

Prof. Jung: Esse é o primeiríssimo passo, mas não significa que possamos realmente nos alegrar. Eu diria: seja apto a alegrar-se e então você se alegrará. Não podemos nos alegrar se não somos aptos a alegrar-nos. As pessoas pensam que deveriam alegrar-se com alguma coisa, mas a coisa em si não produz prazer ou dor; é indiferente; só importa como a encaramos. Por exemplo, se há um vinho excelente e você não gosta de vinho, de que ele te serve? Você deve ser capaz de desfrutá-lo. A questão é, como podemos fazer com que nos alegremos?

Sra. Sigg: No caso de Nietzsche, isso seria bem mais possível se ele pudesse desenvolver suas funções inferiores, sentimento e sensação.

Prof. Jung: Exatamente, no caso dele está muito claro; sem sentimento e sensação, como ele pode alegrar-se com sua vida, com seu mundo ou com outra pessoa? Precisamos de um tipo muito razoável de sentimento para sermos capazes de nos alegrar com alguma coisa. Vejam, isso deve vir a nós, a alegria é algo que vem realmente pela graça de Deus, e se não formos ingênuos, se não formos simples como um primitivo em nossa função inferior, não poderemos nos alegrar, isso é perfeitamente óbvio; devemos ter ainda aquele frescor imediato de uma criança ou de um animal. Portanto, quanto mais aceitarmos nossas funções indiferenciadas, maior a probabilidade de sermos capazes de nos alegrar com alguma coisa; alegrar-se com o frescor da criança é a melhor alegria, e é algo extremamente simples. Se somos sofisticados, não podemos realmente nos alegrar, não é ingênuo, mas é à custa de outra pessoa; alegramo-nos, por exemplo, quando alguém cai em uma armadilha que preparamos, mas alguém paga pelo nosso prazer; isso é o que eu chamaria de um prazer sofisticado. *Die schönste Freude ist die Schadenfreude* é um ditado alemão – alegrar-se porque outra pessoa caiu em um buraco que nós preparamos. Mas uma verdadeira alegria não é à custa de ninguém; ela vive por si mesma, e só deve ser adquirida por simplicidade e modéstia, se nos satisfazemos com o que temos para oferecer. E a obtemos naturalmente pelas funções inferiores, porque elas contêm vida, ao passo que as funções superiores estão já tão extraídas e destiladas que só podem imitar uma espécie de alegria na medida em que é à custa de outra pessoa – outra pessoa tem de entrar e pagar.

> Se aprendemos a nos alegrar melhor, melhor desaprendemos a causar dores nos outros e a planejar dores.

É perfeitamente verdade que realmente nos alegramos pouco demais e por isso temos um prazer particular em torturar outras pessoas. Por exemplo, crianças que são cruéis com animais ou com seus companheiros são sempre crianças torturadas em casa pelos pais; e os pais as torturam porque eles próprios são torturados, seja por si mesmos ou pelos avós. Se estes estão mortos, os pais prolongam sua má educação e torturam-se a si mesmos; pensam que é o dever deles, fazer algo desagradável a si mesmos é sua ideia de moralidade. E, na medida em que têm tais crenças bárbaras, transmitem a seus filhos essa crueldade inatural, e então a criança tortura animais ou babás ou companheiros. As pessoas sempre passam adiante o que recebem, portanto o que as crianças fazem é uma espécie de indicativo do que os pais fazem às crianças. Claro que tudo isso é feito inconscientemente. Isso é protestantismo típico, isso é pecado hereditário; eles transmitem essas coisas à geração seguinte, e então esta evidentemente as transmite também. Nietzsche conhecia muito disso, é perfeitamente certo. Se as pessoas pudessem alegrar-se, não transmitiram tanta crueldade; elas não se alegrariam com coisas desagradáveis e evitariam fazê-las. Então poderiam dizer que eram muito imorais, mas seriam responsavelmente imorais; teriam uma espécie de inferioridade moral, mas teriam uma punição legítima, e não transmitiram a punição pelo que se omitiram em fazer. Mas, na medida em que têm um senso de dever e chamam-no de moralidade, pensam que devem passar adiante, e as gerações seguintes são punidas da mesma forma.

> Por isso lavo a minha mão que ajudou um sofredor, por isso também limpo a minha alma.

Isso é perfeitamente verdade, sob o pressuposto de que o sofrimento seja realmente uma miséria autoimposta, vindo das mesmas premissas sob as quais o próprio Nietzsche sofreu, essa peculiar psicologia protestante.

> Tendo visto o sofredor sofrer, envergonhei-me por sua vergonha; ao ajudá-lo, ofendi gravemente seu orgulho.

Vejam, isso só é assim quando Nietzsche pressupõe que o outro sofredor esteja exatamente na mesma condição sofisticada dele próprio, mas isso não é verdade. Aqui ele se complica por sofisticação, está tentando desempenhar o papel do herói. Se um homem está tentando identificar-se com uma figura heroica, quando na verdade está na miséria, naturalmente está muito sensível, e é muito delicado lidar com ele, pois sua miséria o contradiz. Ela mostra que ele é inferior, embora, por sua atitude, ele queria nos fazer crer que é um grande herói, que seu sofrimento foi completamente superado. Então devemos ajudá-lo a esconder sua própria miséria, mas é uma mentira, e então nossas mãos se sujam e devemos lavá-las, e é totalmente correto que nos envergonhemos em um caso assim. Mas, se estamos lidando com um sofrimento real, a coisa é diferente; sentir que devemos lavar nossas mãos depois de tocar um sofrimento real só é possível quando nós mesmos estamos em um estado de miséria que não queremos reconhecer.

> Grandes obséquios não tornam alguém grato, mas sim vingativo; e, se o pequeno favor não é esquecido, acaba convertendo-se em um verme roedor.

Palestra V
3 de junho de 1936

Prof. Jung: Temos aqui uma questão do Dr. Harding: "Você pode explicar com mais detalhes a seção no capítulo 'Dos compassivos' em que Nietzsche fala do homem como o animal de faces vermelhas? A interpretação dada no último seminário, de que ele estava envergonhado por conta da inconsciência do seu semelhante, não me parece adequada. Não haveria uma analogia com a história do Éden, em que nos é dito que, quando Adão e Eva comeram da árvore do conhecimento, eles envergonharam-se perante Deus por sua nudez, a qual nunca os tinha incomodado antes? E talvez – quem sabe? – eles possam ter se envergonhado de suas roupas perante os outros animais? De fato, a consciência em si não carrega seu próprio fardo de culpa porque o conhecedor não pode mais agir com a completa retidão de seu instinto inconsciente?"

Bem, você mesmo praticamente respondeu à sua questão. A vergonha é evidentemente uma reação muito típica; é uma reação primitiva que claramente mostra a distância que existe entre a consciência do eu e a inconsciência original do mero instinto. Enquanto o homem está em uma condição animal meramente instintiva, não há absolutamente nenhum fundamento para a vergonha, nenhuma possibilidade sequer de vergonha, mas, com a chegada da consciência do eu, ele se sente à parte do reino animal e do paraíso original da inconsciência, e então naturalmente se inclina a ter sentimentos de inferioridade. O início da consciência é caracterizado por sentimentos de inferioridade, e também por megalomania. Os antigos profetas e filósofos dizem que nada é maior do que o homem, mas, por outro lado, nada é mais miserável do que o homem, pois a consciência do eu é apenas uma pequena centelha em uma imensa treva. Ainda assim é a luz, e se empilharmos mil trevas não obtemos uma centelha de luz, não fazemos consciência. Consciência é o sol nas grandes trevas do mundo. O homem é apenas uma pequena lanterna no mundo das trevas, e assim que temos uma quantidade de consciência do eu, naturalmente nos isolamos e nos tornamos autoconscientes – é inevitável –, e naturalmente já não apresentamos a simplicidade absoluta da natureza; já não somos ingênuos. É uma grande arte e uma grande dificuldade nos tornarmos como uma criança de novo – ou, melhor ainda, como um animal; tornar--se como um animal é então o ideal supremo.

Quando construímos nossa consciência até um grau razoável, nós nos tornamos tão separados da natureza que sentimos que isso é uma desvantagem; sentimos que caímos da graça. Essa evidentemente é a expulsão do paraíso. A vida se torna miséria e ausência de leis do eu, e devemos criar leis artificiais para desenvolvermos um sentimento de obediência. Ter consciência do eu significa que temos uma determinada quantidade de força de vontade disponível, o que obviamente demonstra sentimentos e decisões arbitrárias, desobediência das leis naturais e assim por diante; e isso nos dá um terrível sentimento de estarmos perdidos, amaldiçoados, isolados e completamente equivocados. E, de modo evidente, isso causa sentimentos de vergonha. Comparemos nosso estado de inocência com a inocência de uma criancinha e teremos motivo para vergonha; e comparados com um animal, não estamos em lugar nenhum. Portanto a aurora da consciência foi naturalmente um tremendo problema para o homem; ele teve de inventar um novo mundo de obediência e cumprimento da lei, a cuidadosa observância de regras; em vez do rebanho ou do estado animal natural, ele teve de inventar um estado artificial. Ele agora teve êxito em fazer do estado um monstro tremendo, tal como a natureza provavelmente nunca teria tolerado, mas teve de fazê-lo para compensar esse *sentiment d'incomplétude, d'insuffisance*, pois ele não devia mais viver instintivamente. Ele teve de inventar máquinas e livros de leis e moralidades para dar à humanidade um sentimento de estar em ordem, de estar em uma condição decente – algo semelhante ao paraíso, em que os animais sabiam como se comportar uns com os outros. Vejam, o grande mundo parece ser uma ordem autorregulada, um organismo que se move e vive de um modo mais ou menos decente. As catástrofes não são grandes demais ou excessivas. Não há demasiadas doenças – só uma quantidade decente para aniquilar animais o suficiente. Mas nós sabemos que podemos romper a qualquer momento e destruir como nenhum vulcão e nenhuma epidemia jamais destruíram, e que ferimos sobretudo nossa própria espécie; não sonharíamos em fazer uma guerra internacional contra moscas ou micróbios ou contra baleias ou elefantes – não vale a pena –, mas vale a pena quando é contra o homem. Isso é tão contrário à natureza que, por outro lado, o homem tenta proteger-se com máquinas, estados e contratos complicados que ele não pode cumprir. Portanto essa primeira reação de vergonha simboliza o momento em que o homem sentiu sua diferença trágica em relação ao paraíso, sua condição original.

Mas essa condição original tampouco era feliz. O homem primitivo não sentia sua condição inconsciente como muito satisfatória. Ele tentou fugir dela. Claro, temos a ideia de que a condição original era um paraíso maravilhoso, mas, na verdade, o homem sempre tentou sair daquela inconsciência. Todas as suas muitas cerimônias eram tentativas de criar uma condição mais consciente, e qualquer nova aquisição positiva no campo da consciência era enaltecida como um grande ativo, uma grande realização. Prometeu, roubando o fogo dos deuses imortais, tornou-se um salvador da humanidade, e o maior triunfo do homem foi que o próprio Deus se encarnou no homem para iluminar o mundo; esse foi um tremendo aumento de consciência. Mas cada aumento de consciência significa maior separação da condição animalesca original, e eu não sei onde isso vai dar; é realmente um problema trágico. Temos de descobrir mais consciência, estender a consciência, e quanto mais ela é estendida, mais nos afastamos da condição original.

O corpo é a condição animal original; somos todos animais no corpo, e assim deveríamos ter uma psicologia animal para sermos capazes de viver nele. Sim, se não tivéssemos corpo, poderíamos viver com contratos e extraordinárias leis que todos poderiam cumprir e uma maravilhosa moralidade que todos poderiam facilmente obedecer. Mas, como temos um corpo, é indispensável que existamos também como um animal, e a cada vez que inventamos um novo aumento de consciência, temos de colocar um novo elo na corrente que nos prende ao animal, até que finalmente ela se tornará tão longa que as complicações certamente acontecerão, pois, quando a corrente entre o homem e o animal cresceu tanto que perdemos de vista o animal, tudo pode acontecer, a cadeia vai travar em algum lugar. Isso já aconteceu, e por isso nós, médicos, temos de descobrir em um indivíduo consciente o lugar em que a corrente começa; temos de voltar atrás para descobrir onde ela foi apanhada ou o que aconteceu com o animal na outra ponta. Então talvez tenhamos de encurtá-la, ou desenredá-la, para melhorar o relacionamento entre a consciência que foi longe demais e o animal deixado para trás. Essa figura de uma corrente não é invenção minha. Descobri-a outro dia em um livro de um antigo médico alquimista, como o chamado símbolo de Avicena[93]; os alquimistas em sua maioria eram médicos, e desenvolveram seu tipo peculiar de psicologia mediante símbolos muito adequados. Esse símbolo consiste em uma águia voando alto no ar, e de seu corpo cai uma corrente que é ligada a um sapo que se arrasta pela terra. A águia evidentemente representa o ar, o espírito, e na alquimia ela tinha um significado muito particular. A águia faria qualquer alquimista se lembrar da fênix, do deus que se autorrenova, uma herança egípcia.

Pois, vamos agora para a próxima questão. O Sr. Martin diz: "No seminário da semana passada, você se referiu à dificuldade que os antigos eremitas experienciavam para distinguir entre as obras do demônio e as do Espírito Santo. Não acontece uma diferença muito semelhante na psicologia analítica? Como é possível, na

---

93. Avicena (980-1037), médico e filósofo islâmico, intérprete de Aristóteles.

prática, distinguir entre a 'invasão arquetípica' (da qual Zaratustra é um exemplo) e a aparição do 'símbolo libertador' que é o traço essencial da função transcendente? Como podemos saber se deveríamos ter cautela ao lidar com o visitante, ou se deveríamos confiar em sua orientação? De novo, a origem dessas duas grandes manifestações do inconsciente é a mesma em ambos os casos? O arquétipo é uma forma muito característica de ação ou situação, experienciada muitas vezes antes na história da humanidade e da pré-humanidade, que é ativada. O símbolo libertador é similarmente um pedaço da experiência humana, lançada na consciência pela libido regressiva? Ou é mais provavelmente (a julgar por sua natureza geral) uma resposta dada pelo si-mesmo ao problema com o qual o indivíduo está lutando?"

Estou muito feliz pelo Sr. Martin ter se dado ao trabalho de formular essa questão. É verdade que as dificuldades que os antigos monges e os filósofos cristãos experienciavam, quando tentavam distinguir o *influxus diabolicus* e a ação do Espírito Santo, é um problema muito fundamental. Eu lhes dei um exemplo no modo como Atanásio lidou com isso, mas admito, evidentemente, que o critério dele – que o Espírito Santo vem no silêncio, depois de grande ruído e confusão –, é um tanto vago. Provavelmente era útil naquela época, mas não seríamos capazes de usar hoje em dia uma definição como essa, pois já não temos a mesma experiência. Aquelas pessoas viviam inteiramente a sós por muitos anos, sob as condições mais primitivas – em geral, no deserto –, por isso naturalmente tinham alucinações. Isso acontece com muita facilidade quando estamos totalmente sós. Mas nós vivemos em cidades lotadas, e mesmo no campo acontece o mesmo, apenas somos então geralmente invadidos não por arquétipos, mas por seres humanos, que na maior parte das vezes são visíveis, de modo que podemos lidar com eles. Vejam, isso tudo está dentro do escopo humano; podemos lidar com eles, podemos dizer que *eles* são culpados ou errados. Mas arquétipos são muito piores do que seres humanos; não podemos colocar a culpa neles, porque não são visíveis e têm a qualidade muito desagradável de aparecer com nosso próprio aspecto. Eles são, de certo modo, de nossa própria substância, por isso sentimos o quão fútil seria fazer isso [ou seja, culpá-los (N.T.)]. Ao passo que, se culpamos seres humanos, sentimos que fizemos algo muito útil: livramo-nos de nossa própria inferioridade. Agora *eles* têm de ser inferiores e os maldizemos se não o forem. Os seres humanos são de grande utilidade como bodes expiatórios. Assim, não temos nenhuma experiência comparável de nenhum modo com as experiências daqueles pássaros solitários no deserto líbio.

Se vocês experienciaram a solidão na natureza por algum tempo, sabem o quanto é fácil começar a alucinar – ouvimos nosso próprio nome sendo chamado, por exemplo, ou sentimos presenças ou ouvimos passos. E aqueles eremitas cristãos no ano 100/150 experienciariam tais maravilhas: o ar se encheria de estranhos ruídos, não apenas vozes e visões. Atanásio conta as coisas mais incríveis que aconteciam a eles. Em *As tentações de Santo Antão*, de Flaubert, temos uma imagem bastante boa do tumulto na cabana ou na caverna de um eremita primitivo[94]. Pois bem, contrariamente a essa *turba*, essa confusão ou esse tumulto, o critério de Atanásio, o silêncio do Espírito Santo, seria evidentemente mais convincente. Se o ar estivesse repleto de dez mil demônios e existências impuras, quando tudo isso desaparecesse e a coisa toda colapsasse, o grande silêncio que viria depois, e a pureza do ar, daria-lhes o sentimento de estarem redimidos. Eles teriam certeza de que isso agora era o Espírito Santo, mesmo quando não ouvissem a Bíblia lida no compartimento ao lado; estavam provavelmente muito felizes de verem-se livres do barulho das palavras sagradas. Assim, para aquela época, esse é um argumento perfeitamente satisfatório, mas nós estamos vivendo em circunstâncias inteiramente diferentes, e devemos ter, é claro, um critério também totalmente diferente. Devemos ter antes de tudo a experiência arquetípica, e é aqui que começa o problema.

Segundo minha experiência, é em geral extremamente difícil para o homem comum apreender tudo o que isso significa, porque vivemos tanto em nossa psicologia pessoal, em relações pessoais, em projeções pessoais – estamos tão ligados e cimentados à sociedade humana – que não conseguimos perceber ou conceber nada impessoal. Eu experimento a mais terrível dificuldade quando tento dizer uma palavra sobre a objetividade da nossa psicologia; isso não é popular. Mas vamos supor que as pessoas estão prontas para ter experiências arquetípicas, que realmente lhes acontece de perceber algo das ações objetivas do inconsciente, e vamos supor que isso *é* assim – o que não é algo evidente por si só –, então a antiga questão se põe novamente: são os poderes do ar, da água, da terra, do fogo – em outras palavras, é um poder elementar? Ou é o Espírito Santo? Pois bem, na medida em que é evidente que um arquétipo está operando – o que em si mesmo não significa senão que a natureza está operando –, isso não é bom nem mau. Pode ser muito demoníaco e pode ser muito bom – generoso e maravilhoso. É moralmente indiferente. É como uma árvore cheia de frutos: a árvore deixa cair o fruto e nós o pegamos e dizemos o quão boa ela é. Mas, no ano seguinte, a árvore não tem fruto nenhum; podemos morrer de fome debaixo dela: é tão somente a natureza. E assim os arquétipos são simplesmente o funcionamento dos elementos naturais do inconsciente, nem bons nem maus. Na medida em que precisamos da natureza, precisamos da vida dos arquétipos – é indispensável. Mas, embora precisemos da

---

94. Gustave Flaubert (1821-1880) descreveu, em *As tentações de Santo Antão* (1874), como o crédulo santo, confrontado por um mundo de evidências em contrário, insistia: "Devemos acreditar nas Escrituras... Deixemos isso para a Igreja". O relato de Santo Antônio ou Atanásio (*et al.*) sobre os eremitas cristãos do deserto foi feito em *O paraíso* [ou *O jardim*] *dos Santos Padres*.

água para nossa vida, também podemos ser afogados em seu excesso; precisamos do sol, mas ele pode nos queimar até a morte; precisamos do fogo, mas podemos ser destruídos por ele. Assim, os arquétipos naturalmente fazem o bem e o mal, e tudo depende de nossa habilidade em conseguir navegar pelos muitos perigos elementares da natureza.

Por isso é tão frequente termos o barco como um símbolo: mesmo as religiões são chamadas de barcos ou veículos. Vocês se lembram da alegoria cristã em que Cristo está no leme da Igreja, e, em alemão, a palavra *Schiff* significa a nave da Igreja – a Igreja é um barco. Acontece o mesmo no Oriente, o Hinayana e o Mahayana, o pequeno e o grande veículo, designam as duas formas do budismo. Um sistema religioso é como uma forma segura, um corpo de ensinamentos, de princípios, de conselhos e assim por diante, que se destina a ajudar o homem a navegar pelos mares tormentosos do inconsciente. É um artifício humano para nos proteger dos perigos da vida real. Não há vida real sem experiências arquetípicas. A vida ordinária é bidimensional – consiste em pedaços de papel –, mas a vida real consiste em três dimensões, caso contrário não é vida real, mas uma vida provisória. Estamos sempre expostos às operações da natureza e por isso estamos sempre na necessidade de um sistema de pensamento, de leis ou de prescrições – uma espécie de sabedoria que nos ajude a navegar no mar do inconsciente. E é sobretudo a habilidade do homem que cria um sistema desses. Não que *ele* possa reuni-los; dizer que isso é uma habilidade *dele* é evidentemente uma afirmação insuficiente: estou usando aqui a linguagem comum. As pessoas geralmente presumem que são as inventoras dessas coisas, que Moisés é o inventor da lei, por exemplo – e mesmo Cristo é compreendido como uma espécie de filósofo moral que tinha ideias muito boas, como Sócrates; e que os profetas do Antigo Testamento eram realmente pessoas que tão somente se incomodaram como o destino de sua nação e tentaram ajudar as pessoas com bons conselhos.

Mas isso é uma espécie de evemerismo que evidentemente não explica os fatos; os fatos reais são que todos esses métodos que fazem o barco são não invenções, mas revelações; é uma verdade revelada ou uma verdade percebida que foi pensada antes que o homem pensasse. Antes que eu tivesse esse pensamento, ele já tinha sido pensado, e meramente me aconteceu de percebê-lo em certo momento; ele estava ali desde a eternidade, está sempre ali, sempre viveu, e simplesmente me aconteceu de percebê-lo em um determinado momento. Então evidentemente eu mesmo posso ter uma inflação; se tocamos em um pensamento desses, isso acontece. Uma carruagem de fogo vem do céu e nos leva e pensamos que inventamos um automóvel; mas esperem até que ela seja detida e descobriremos que *nós* não inventamos carruagem de fogo nenhuma, porque estamos absolutamente acabados. Portanto essas coisas foram pensadas por um pensador invisível – não sabemos de onde elas vêm. Mas eu chamaria isso de o "Espírito Santo" – isso dá o pensamento útil, personificado em muitas formas em muitas épocas, por exemplo, como Oannes, o mestre que diariamente vem do mar segundo a antiga ideia babilônica; ou o menino Tages, que vem do sulco que o camponês cavou e que ensina às pessoas coisas úteis, como se protegerem contra toda espécie de males[95], ou é o *Puer Aeternus* na Antiguidade romana; ou qualquer outro deus prestativo que revele a verdade. Todas essas diferentes personificações são sempre uma só e a mesma coisa, a revelação do pensamento que existia antes que o homem tivesse o pensamento; e, na medida em que esse pensamento é útil, na medida em que ele reconcilia uma necessidade vital do homem às condições absolutas do arquétipo, poderíamos proveitosamente dizer: "Eis o Espírito Santo".

O Espírito Santo cria esse símbolo, essa situação, ou essa ideia ou impulso, que é uma solução feliz dos postulados dos arquétipos, por um lado, e das necessidades vitais do homem, por outro lado. Então a natureza obscura e cega é de novo reconciliada com a monocularidade do homem, sua consciência unilateral, e então o hiato trágico entre a consciência humana privada de graça e a obscura abundância do inconsciente é superado de novo pela intervenção daquele pensador de ideias prestativas, um verdadeiro Paráclito. Essa seria minha definição da função que foi personificada na Antiguidade cristã como o "Espírito Santo". Eu não saberia de nenhuma melhor; uma função que é tão amigável quanto inimiga, para o homem bem como para os arquétipos. Às vezes, o Espírito Santo é aparentemente muito contrário às necessidades vitais do homem, tais como ele as imagina; outras vezes, é contrário à natureza óbvia, ou é favorável a absolutamente nada senão às exigências da natureza que chamaríamos de imorais. Ainda assim, o Espírito Santo insiste nisso, e pode realizá-lo porque é um pensamento superior. E quando o homem tem inteligência o bastante, boa vontade o bastante, instinto o bastante, para ser capaz de perceber o poder superior que no fundo é prestativo, ele tem de se submeter – ele então *pode* se submeter. Mas, se não há *nada mais do que* um arquétipo, então, essa é simplesmente uma condição elementar à qual podemos nos submeter se quisermos, à qual não precisamos nos submeter – desde que não seja a ação do Espírito Santo. Vejam, o Espírito Santo "fala à nossa condição"; esse é o excelente termo da Sociedade de Amigos, que aprendi do Sr. Martin. Quando uma coisa fala à nossa condição, significa que ela voltou para casa, acertou em cheio, que se encaixa, constela alguma coisa em nós. O Espírito Santo é exatamente essa coisa que fala à nossa condição; nós o sentimos por toda parte e por isso não há hesitação, não há resistência.

---

95. Cf. OC 5, § 291-292.

Se tentamos resistir, criamos uma neurose artificial. Isso é muito proveitoso, uma experiência muito útil que eu recomendo. Espero que vocês tenham a experiência, alguma vez, de serem ordenados pelo Espírito Santo e desobedecerem à ordem. Então verão como a coisa começa, e quando acharem isso incômodo e decidirem que é melhor voltar atrás e obedecerem ao Espírito Santo, vocês verão como a coisa colapsa. Portanto o Espírito Santo é como um demônio e pode encher o ar com demônios se não o obedecermos, mas, no momento em que obedecemos, todas as assombrações colapsam. Podemos ter todas as experiências daqueles eremitas no deserto. O que são mil anos? Simplesmente nada. Podemos ter aquelas experiências de novo se nos expusermos àquelas condições. Então podemos ver como se faz uma neurose ou uma psicose e podemos ver como a pessoa se cura. Claro, a condição indispensável é que tenhamos uma experiência arquetípica, e tê-la significa que nos rendemos à vida. Se nossa vida não tem três dimensões, se não vivemos no corpo, se vivemos em um plano bidimensional no mundo de papel que é liso e impresso, como se estivéssemos vivendo apenas nossa biografia, então não estamos em lugar nenhum. Não vemos o mundo arquetípico, mas vivemos como uma flor espremida nas páginas de um livro, uma mera lembrança de nós mesmos.

Muitas das pessoas vivem assim em nosso tempo, uma existência bidimensional inteiramente artificial, e por isso não têm nenhuma experiência arquetípica; por exemplo, uma psicologia pessoal, como a de Adler ou Freud ou qualquer outro experimento educacional, é bidimensional. Claro que podemos dizer com grande plausibilidade, "devemos", "deveríamos", e podemos pensar que assim realizamos alguma coisa, como quando movemos uma letra em uma página lisa e pensamos ter feito alguma coisa. Sim, criamos um novo parágrafo, mas ninguém toma conhecimento disso; tão logo nos expomos à vida real, sabemos que todo o sistema colapsa como um castelo de cartas perfeitamente inconsistente.

Portanto, se eu pareço evitar falar do Espírito Santo, não é porque eu despreze essa ideia inteiramente, mas porque estamos vivendo neste mundo bidimensional em que as pessoas não estão à altura das experiências arquetípicas e, por isso, em vez dessa linguagem da vida real, só podemos usar a linguagem da vida de papel bidimensional. Tudo isso é completamente inválido na vida real, em que se tem experiências arquetípicas; então se fala do Espírito Santo com total certeza, como se fala de Deus, pois esse mundo nada tem a ver com o mundo perfeitamente artificial da consciência, que é uma espécie de laboratório, ou um jardim de rosas, ou um galinheiro cuidadosamente cercado. Ali nada acontece que não tenhamos feito acontecer; tudo de imprevisto que aconteça é um infortúnio, e é claro que, sob condições humanas, podemos sempre acusar o vizinho de ter feito aquilo. Mas, se vivemos em um mundo no qual não há vizinho algum, e sim a divindade eterna, não podemos culpar um vizinho. Sabemos então que nossos vizinhos são fantasmas, arquétipos, os elementos da vida. Não podemos nos queixar de vizinhos quando estamos em um barco no mar – não existem vizinhos: estamos, então, em uma condição arquetípica.

Sr. Allemann: Mas não colocamos, mesmo assim, a culpa nos vizinhos?

Prof. Jung: Ah, sim, é verdade; podemos dizer que o diabo nos colocou em tal situação, se isso for evidente. Mas isso só é bom em um tribunal humano; todo o mundo arquetípico rola de rir quando acusamos o diabo. Isso não nos ajuda em nada.

Sra. Jung: Você quer dizer, por "experiência arquetípica", uma experiência arquetípica *consciente*? Pois, quando a pessoa tem uma experiência arquetípica, não necessariamente a reconhece como tal.

Prof. Jung: Exatamente, essa é a artificialidade de nosso mundo consciente. É como presumir que esta sala, na qual há portas e janelas levando ao mundo exterior, não tivesse essas portas e janelas; ou como virarmos nossas costas para elas e imaginarmos que este é todo o mundo. Vejam, esse é o preconceito, a *hybris* da consciência – a presunção de que estamos em um mundo perfeitamente razoável em que tudo pode ser regulado por leis. Não reconhecemos o fato de que lá fora está o mar que pode invadir nosso continente e afogar toda a nossa civilização. Enquanto voltamos nossos olhos para o centro da sala, ignoramos afortunadamente o fato de que exista alguma situação arquetípica; não colidimos com o mundo elementar lá fora. Na verdade, toda a sala está, por assim dizer, suspensa em um mundo elementar, assim como nossa consciência está suspensa em um mundo de monstros, mas simplesmente não o vemos; e quando esses monstros, por vezes, espreitam ou fazem um ruído, explicamos isso pela indigestão ou algo do tipo. Nós racionalizamos isso ou, se não pudermos racionalizar, dizemos que é um milagre que não entendemos – recusamo-nos a entender. Vejam, esse círculo mágico, ou esse invólucro mágico da consciência, é um tamanho triunfo – deu ao homem tamanha segurança, de certo modo – que ele tenta acreditar nisso e blindar isso contra dúvidas. Além do mais, devemos blindar, devemos construir esse invólucro porque o progresso da consciência é instintivo; temos de blindá-lo para aumentar a consciência, e ao fazer isso nós a aumentamos deliberadamente, sabendo do perigo do isolamento. Portanto é como se estivéssemos construindo os muros e os diques mais maravilhosos e depois abrindo as comportas e deixando a água entrar, pois o solo de nossa consciência se resseca e esteriliza se não deixamos entrar a correnteza dos arquétipos; se não expomos o solo à influência dos elementos, nada cresce, nada acontece; simplesmente nos ressecamos. Estamos sempre um pouco entre a cruz e a espada, e por isso sempre precisamos da intervenção do Espírito Santo para nos dizer como reconciliar o mais irracional e o mais paradoxal, porque o homem é um terror sob esse aspecto, o princípio mais elevado, por um lado, e uma besta consumada, por outro. Pois bem, como reconciliar os dois? Esse é o conflito de Fausto e Wagner, e Fausto diz a Wagner:

> *Du bist dir nur des einen Triebs bewusst*
> *O lernen nie den anderen kennen*[96].

Wagner é o típico representante do mundo bidimensional.

Sra. Baynes: Há algo que eu gostaria de perguntar, prosseguindo a questão da Sra. Jung. Não é verdade que cada época tem de descobrir de novo sua relação com a experiência do arquétipo? Por exemplo, não se poderia dizer que os eremitas eram conscientes da experiência, tal como definimos a consciência.

Prof. Jung: Não, não se poderia. Eles viviam em uma época diferente e sob condições inteiramente diferentes, de modo que a experiência deles é necessariamente diferente da nossa. Podemos ver a transição ao longo das eras. É um processo muito interessante, que evidentemente eu não poderia elucidar sem uma preparação muito cuidadosa.

Sra. Baynes: Não teríamos de dizer, então, que não apenas devemos ter uma comunicação do Espírito Santo, mas que devemos *dizer* que existe uma comunicação? Ou seja, devemos ter uma atitude entre nós mesmos e a comunicação antes que possamos dizer que estamos no nível desse período da consciência. Por exemplo, tomemos o arquétipo de Wotan, que aparentemente permeia o mundo hoje em dia; muitas pessoas estão experienciando esse arquétipo, mas não podemos dizer que elas o estejam experienciando *conscientemente* porque estão nele. Mas, se devemos estar no nível moderno, temos de ser capazes de dizer: "Isso é um arquétipo".

Prof. Jung: Sim, postulamos certa diferença da consciência do eu em relação à *Ergriffenheit*[97] arquetípica. Vejam, trata-se aqui de uma espécie de periodicidade; ou seja, é como a evolução mental ou psicológica de um indivíduo em nossa época de conflito e confusão, uma época de inundação. Digamos que vínhamos sendo muito unilaterais e vivendo em um mundo bidimensional apenas, atrás de muros, pensando estar perfeitamente seguros; então, de repente, o mar irrompe; somos inundados por um mundo arquetípico e estamos em uma confusão completa. Então, dessa confusão, de repente emerge um símbolo reconciliador – não podemos dizer "o", apesar do fato de que é sempre o mesmo – é *um* símbolo arquetípico ou *um* símbolo reconciliador que unifica a necessidade vital do homem com as condições arquetípicas. Assim, demos um passo adiante na consciência, alcançamos um nível mais alto; por isso é evidentemente uma função transcenden-

---

96. "És consciente de um único impulso / Oh, nunca tentes conhecer o outro."

97. *Ergriffenheit*: emoção.

te, porque transcendemos de um nível a outro. É como se tivéssemos atravessado uma grande enchente, a inundação, ou o grande rio, e chegado à outra margem, e assim transcendemos o obstáculo. Pois bem, nessa nova condição nos fortificaremos de novo, construiremos novos muros; por um período muito longo, viveremos da experiência dessa intervenção espiritual que nos deu o símbolo reconciliador. Talvez o consideremos como uma manifestação final e definitiva da divindade, se formos religiosos e tivermos *pistis*, fidelidade à nossa experiência. E assim deveria ser, mesmo se tivermos de ficar nesse nível até o fim de nossos dias, como muitas pessoas fazem. Essa intervenção é rara; temos poucas experiências assim. Ter uma revelação de um símbolo reconciliador não acontece uma dúzia de vezes ao longo de uma vida individual.

Bem, mas se é uma questão de toda a humanidade, então alguma vez, no curso dos séculos, as pessoas caem em grande confusão. Elas são inundadas, é revelado um símbolo reconciliador que agora se torna a verdade, a nova base da consciência; o termo alemão *Weltanschauung** exprime isso[98]. Ela se torna uma nova *pistis*, uma nova fé, e será fortificada por muros. Será defendida. E funcionará enquanto os muros aguentarem. Então de repente os muros caem e uma inundação vem e temos uma nova condição na qual um novo símbolo deveria ser revelado, ou em que se pode ter esperança da revelação de um símbolo. Claro, não podemos construí-lo porque ele não é nosso pensamento, mas sim o pensamento do pensador invisível que está esperando seu tempo. Quando a condição do homem é tal que já não temos força para resistir ou nos contrapor com nossos ideais – os velhos ideais são os piores inimigos dos novos –, e nossa resistência está completamente esgotada, então a manifestação do novo símbolo pode ter lugar. E então a evolução prossegue como sempre prosseguiu. Está claro?

Sra. Baynes: Bem, penso que isso se reduz ao meu desejo de saber se a função transcendente requer ou não percepção consciente para ser consumada.

Prof. Jung: Claro. Vejam, enquanto você não sabe do que sofre, não está tendo uma experiência arquetípica. Se você encontra-se em um navio que está afundando e continua jogando pôquer na sala de fumantes, sem reparar que seus pés estão se molhando e que tudo está afundando, você nunca experimentará a catástrofe – vai morrer antes de notar qualquer coisa. É absolutamente necessário tornarmos a experiência consciente, que saibamos estar diante de uma situação elementar. Essa é evidentemente a primeiríssima condição. Ainda assim, aperceber-se da situação não é a única tarefa da consciência. Há mais: temos de resistir, lutar pela nossa própria existência na inundação. Se simplesmente afundarmos, sabendo que estamos

---

* *Weltanschauung*: visão de mundo [N.T.].

98. Cf. OC 16/1, § 175-191, para a conferência de Jung "Psicoterapia e visão de mundo".

afundando, não lidamos com a situação. Temos de nadar, usar todo meio possível para nos defender contra a inundação – devemos lutar com aqueles arquétipos –, e só quando a confrontarmos até o último suspiro, só então, a revelação pode ter lugar. Mas não podemos prever como isso é possível, por isso temos de mostrar luta, resistir. Geralmente, quando os arquétipos aparecem, as pessoas simplesmente colapsam – ficam totalmente apavoradas, liquidadas. Então só podemos pegar a vassoura e limpar toda a bagunça, ou alguém tem de segurá-las para capacitá-las a resistir. Bem, elas não entendem que uma manifestação arquetípica é de um imenso poder elementar, daí o choque ser tanto maior. Se uma pessoa que nunca teve um sonho arquetípico de repente tem um, como ela pula! É impressionante. Pois bem, temos outra questão com a qual lidar: "Você pode explicar o que quer dizer quando fala em elementos arcaicos no si-mesmo?"

Já lidamos com isso no seminário, mas evidentemente não é demasiado retomar o problema, pois ele é muito importante e perturbador. Vejam, os arquétipos *significam* elementos arcaicos, porque são formas de vida psíquica que têm uma existência eterna. Eles existem desde tempos imemoriais e continuarão a existir em um futuro indefinido. E sempre retêm o caráter que chamamos de "arcaico" (*arché* significa começo ou princípio). Eles datam do estado primordial das coisas e são aquelas formas de vida que operam com a maior frequência e regularidade. Do ponto de vista funcional, poderíamos descrevê-los como um sistema ou uma unidade funcional que contém a imagem do conflito, o perigo, o risco – e também a solução. Esse é o aspecto típico do arquétipo, e por isso ele é útil de muitos modos: ou seja, como uma solução preexistente de certos conflitos médios. Quero dizer, certos conflitos ou diferenças elementares, como o arquétipo da travessia a vau, por exemplo. A situação arquetípica é sempre dotada de todo tipo de perigos, como ser devorado pelo dragão ou engolido pelo grande peixe, e o herói está sempre fazendo alguma coisa para sair do perigo, seja combatendo-o ou se libertando quando aprisionado. Essa é a passagem estreita, ou as duas pedras que se entrechocam, ou a boca do monstro, e assim por diante. Pois bem, esses arquétipos compõem os chamados elementos arcaicos do si-mesmo.

O si-mesmo é por definição a totalidade de todos os fatos e conteúdos psíquicos. Ele consiste, por um lado, em nossa consciência do eu, que está incluída no inconsciente como um círculo menor em um maior. Portanto o si-mesmo não é apenas um fato inconsciente, mas também um fato consciente: o eu é a visibilidade do si-mesmo. Claro, no eu, o si-mesmo só se torna vagamente visível, mas temos, sob condições favoráveis, uma ideia razoável dele por meio do eu – não uma imagem muito verdadeira, ainda assim é uma tentativa. Vejam, é como se o si-mesmo estivesse tentando manifestar-se no espaço e no tempo, mas, como ele consiste em tantos elementos que não têm qualidades espaciais nem temporais, ele não pode reuni-los completamente no espaço e no tempo. E esses esforços do si-mesmo para manifestar-se no mundo empírico resultam no homem: ele é o resultado da tentativa. Grande parte do si-mesmo permanece fora, não entra nesse mundo empírico tridimensional. O si-mesmo consiste, pois, nas aquisições mais recentes da consciência do eu e, por outro lado, no material arcaico. O si-mesmo é um fato da natureza e sempre aparece como tal em experiências imediatas, em sonhos e visões, e assim por diante; é o espírito da pedra, o grande segredo que tem de ser trabalhado, extraído da natureza, porque está enterrado na própria natureza. É também muito perigoso, tão perigoso quanto uma invasão arquetípica, porque ele contém *todos* os arquétipos: poderíamos dizer que uma experiência arquetípica é a experiência do si-mesmo. É como uma personificação da natureza e de tudo o que pode ser experienciado na natureza, inclusive do que chamamos de Deus.

Por isso o termo "si-mesmo" é frequentemente misturado à ideia de Deus. Eu não faria isso. Eu diria que o termo "si-mesmo" deveria ser reservado a essa esfera que está dentro do alcance da experiência humana, e deveríamos ser muito cuidadosos para não usar a palavra "Deus" com demasiada frequência. O modo como a usamos beira a impertinência; é ilegítimo usar um conceito como esse com excessiva frequência. A experiência do si-mesmo é tão maravilhosa e tão completa que somos, é claro, tentados a usar o conceito de Deus para exprimi-la. Penso que é melhor não fazer isso, pois o si-mesmo tem a qualidade peculiar de ser específico, embora universal. É uma universalidade restrita ou uma restritividade universal, um paradoxo; é um ser relativamente universal e por isso não merece ser chamado de "Deus". Poderíamos pensar nele como um intermediário, ou uma hierarquia de figuras cada vez mais amplas do si-mesmo *até* chegarmos à concepção de uma divindade. Portanto deveríamos reservar esse termo "Deus" para uma divindade remota que supostamente é a unidade absoluta de todas as singularidades. O si--mesmo seria o estágio anterior, um ser que é mais do que o homem e que definitivamente se manifesta; é o pensador de nossos pensamentos, o agente de nossas ações, o construtor de nossas vidas, embora, ainda assim, dentro do alcance da experiência humana. E essa coisa consiste em elementos arcaicos, em todas as coisas duvidosas com as quais temos de lutar, pois nós *temos* de lutar com o si-mesmo. O si-mesmo não é *aparentemente* inimigo. É *realmente* inimigo – e é também, é claro, o oposto. Não é apenas nosso maior amigo, mas também nosso pior inimigo; pois ele não vê, como se não fosse consciente das condições de tempo e espaço. Devemos dizer ao si-mesmo: "Agora não seja cego; pelos céus, seja razoável. Devo fazer o meu melhor para encontrar um lugar para você neste mundo, mas você não sabe as condições. Não sabe o que significa o serviço militar, ou coletores de impostos ou reputações. Você não faz ideia da vida no tempo e no espaço. Portanto, se quiser que eu faça algo para você, se quiser que eu ajude você a se manifestar, deve ser razoável e esperar. Você não deveria me atormentar. Se me matar, onde ficarão os seus pés?"[99] Eis o que *Eu* (o ego) sou.

O si-mesmo faz terríveis exigências e realmente pode exigir demais, pois ele é a manifestação seguinte do criador inconsciente que criou o sonho em um sonho maravilhoso. Ele tentou por muitos milhões de anos produzir algo que tivesse consciência, algo como um ser humano. Ele tentou sapos primeiro, uma coisa que tinha dois braços e duas pernas e nenhuma cauda, mas eles tinham sangue frio, portanto não deu certo. Então ele concluiu que aquilo deveria ter sangue quente, que aparentemente só o calor do sangue tem êxito em produzir intensidade de consciência e um cérebro refinado. Primeiro ele tentou fazer o esqueleto fora do corpo, e viu que não era bom, e então o fez dentro do corpo. Esse é o modo como a coisa funcionou; ele tentou por milhões de anos produzir esse efeito. Mas isso não se mostrou muito prudente. É tão somente um experimento cego; sentimos esse impulso cego que quer vir à existência, e ele é belo e astucioso e mau como a natureza. E somos os pioneiros desse impulso, a cabeça que vê e escuta e as mãos espertas com as quais deveríamos dar forma, fazer espaço e existência para essa coisa que quer vir a ser. Esse impulso está sempre por trás de nós, sempre nos forçando às cegas, e quando ele se torna mau demais, nós simplesmente dizemos: "Seja razoável, você me ultrapassa. De que adianta isso?" Mas só podemos dizer *isso*. Se mentirmos e tentarmos enganar o criador cego, ai de nós. É como a corrente d'água que sempre encontra um buraco por onde passar. Assim, o construtor de uma dique diz: "Que rio infernal: sempre encontra o lugar nos fundamentos em que as pedras são um pouco fracas e o desgasta – por que não o lugar em que as pedras são boas?" Não, justamente essa é a astúcia da natureza; onde quer que esteja o ponto fraco, onde quer que tentemos enganar a divindade criadora, lá seremos desgastados. Não adianta enganarmos, não adianta dizermos: "Não, isso é impossível". Só é impossível quando o argumento é à prova d'água; então, se for realmente impossível, esse argumento será escutado.

O Tao é da natureza da água: ele sempre encontra os lugares mais profundos e evidentemente desgastará o ponto fraco; sendo impossível qualquer enganação, nós nos desgastamos a nós mesmos por afirmações equivocadas. Assim, devemos ser sempre muito cuidadosos em considerar nossa situação antes de dizer: "Realmente é demais, não posso fazer isso". Caso contrário, isso simplesmente banhará o chão embaixo de nossos pés e subitamente escorregaremos. Deveríamos ter tentado primeiro, e se for realmente impossível, devemos dizê-lo. Então isso será escutado: esse é o momento arquetípico em que a intervenção do Espírito Santo tem lugar. Então nosso edifício, com os poderes da natureza, cria uma tal afinida-

---

99. Cf. 27 de junho de 1934, n. 139, para Silesius e Rilke.

de entre o mundo arquetípico e nosso miserável esforço de consciência que nos harmonizamos de novo com o mundo arquetípico, e esse é o divino momento da revelação.

Portanto podemos dizer tudo do si-mesmo; podemos dizer que é um diabo, um deus, nada mais do que a natureza. É nosso pior vício, ou nossa convicção mais forte, ou nossa maior virtude. É justamente tudo – a totalidade. Podemos dizer até que é o Espírito Santo. É a vitória da vida divina no tumulto do espaço e do tempo. O sucesso é que ele poderia se manifestar no espaço e no tempo, que ele pudesse irromper na existência e aparecer para o mundo; e sempre que sofremos ou desfrutamos de uma vitória dessas, tivemos êxito em dar um espaço mais amplo à existência do si-mesmo. Não conheço nada mais verdadeiro do que o fato de que algo quer viver, existir, desdobrar-se: o tigre quer ser um tigre; a flor quer ser uma flor; a serpente, uma serpente; e o homem, um homem. Eles todos querem existir e aparecer. E nós queremos aumentar a nossa consciência. Se o sabemos ou não, isso não importa. Se pudermos produzir o sucesso da vida pela ajuda da divina intercessão, teremos cumprido o propósito da nossa existência. Claro, podemos especular acerca disso – sobre por que isso *deveria* ser assim –, mas jamais saberemos por que é assim. Porém penso que é útil termos as ideias certas, e chamo uma ideia de *certa* ou *verdadeira* quando é útil: esse é o único critério.

Por exemplo, como é que podemos saber se determinado fruto é bom ou venenoso? Nós o comemos e veremos; se é bom e nutritivo, não nos envenena, isso é o que chamo de *verdadeiro*. E, do mesmo modo, se uma verdade me alimenta quando a como, eu digo que é uma boa verdade. Se não sei se deveria supor que a alma humana é imortal, simplesmente absorvo isso: eu como a imortalidade, e vejo qual é a influência em minha digestão. Se é uma influência ruim, eu a cuspo fora e nunca a como de novo; se tem o efeito certo em meu sistema nervoso e mental, suponho que é o caminho certo. E assim podemos supor muitas coisas, na medida em que elas concordem com nosso funcionamento. Se elas concordam com a vida, são tão boas quanto a verdade. Talvez não saibamos se o corpo precisa de sal, então nos abstemos de comê-lo e há consequências ruins – sofremos com a ausência de sal; se sabemos o porquê não importa: a ausência de sal é o bastante, e seremos lesados. Assim, quando uma determinada verdade está ausente, sofreremos e estaremos miseráveis, e, se ela pode ser aceita e concorda com nosso sistema, é um material bom. Esse é o meu único critério; se concorda, funciona. Vejam, nos é permitido – nós até mesmos temos de – especular sobre certas coisas: por que deveria haver tamanho alarido sobre a consciência do homem, por exemplo. Por que deveria haver esse impulso para o homem tornar-se consciente? É um impulso pré-consciente; outrora, o homem era inteiramente inconsciente, e então foi forçado à consciência, uma empreitada muito trágica. Seria muito melhor se ele parasse de aumentar a consciência, pois isso significa mais máquinas, mais tragédia, uma maior distância da natureza; mas nós prosseguimos. Somos forçados pela coisa que pensa antes de nós, que quer antes de nós, e assim supomos que a divindade exige a consciência do homem.

Se dermos uma olhada em suas obras que podemos observar ao longo de milhões de anos, no estudo da paleontologia e da antropologia, veremos que a coisa toda caminhou de um modo irregular. Nunca houve muito sistema, apesar de ser extremamente inteligente, de modo que supomos que a criação não foi um esforço sistemático, mas apenas arriscando, experimentando e finalmente dando certo, mais ou menos. Essa é a conclusão que ocorre e que nos atordoa. Quem sabe alguma coisa sobre a ciência natural pode ver que esforço incompleto a criação se mostrou. Foi, por exemplo, muito inteligente a água alcançar sua máxima densidade a quatro graus abaixo de zero; se não tivesse sido assim, nossos rios e lagos e mares estariam repletos de gelo que nunca derreteria, e o clima da terra seria frio de maneira intolerável. E, se não fosse assim, a *nossa* criação no mínimo não teria sido possível.

Pois bem, sob essas condições nos é permitido fazer a especulação de que, como o criador é cego, ele precisa de uma consciência vidente, e por isso finalmente fez o homem, que foi a grande descoberta. Ele poderia dizer alguma coisa. Ele poderia tornar-se consciente de que vivia em um espaço de três dimensões. O criador fez uma jaula espaço-temporal; cindiu a quarta dimensão do espaço e as três restantes formaram uma jaula maravilhosa na qual as coisas poderiam ser separadas. E, quando o tempo foi acrescentado, as condições diferentes que evoluíam no espaço puderam ser estendidas à dimensão temporal. Existe extensão no espaço e extensão no tempo, de modo que podemos ver as coisas claramente, podemos discriminar – e essa é a possibilidade da consciência. Se não existe diferença, nenhuma consciência é possível. Consciência significa discriminação. Que as pessoas possam dizer "isso é isso, e aquilo é aquilo" foi a maior descoberta. Por isso o homem tornou-se extremamente importante.

Mas não foi só o homem. Ele foi o portador dessa tão preciosa consciência, e o impulso de tornar-se consciente transformou-se numa paixão porque era muito solicitado. Então, pela revelação do simbolismo cristão, aprendemos o fato tão importante de que a divindade tinha encontrado um meio na psique humana de renascer, de nascer através do homem. Essa é a mensagem, o grande ensinamento simbólico; e isso evidentemente aumenta a psique consciente do homem a um grau extraordinário. Torna-se o berço divino, o ventre, o vaso sagrado no qual a própria divindade será trancafiada, carregada e nascerá. Esse é realmente um *evangelion*. Portanto temos de observar toda essa questão da consciência, da mente humana e assim por diante, de um ponto de vista inteiramente novo.

Pois bem, isso tudo é evidentemente especulação, mas eu lhes digo que ela é perfeitamente boa para meu sistema, e pode ser para o de vocês também, na medida em que possam fazer uma especulação como essa; e na medida em que possam observar como isso cresce em vocês. Caso contrário, não significa nada, e seria um mero roubo se vocês furtassem minhas palavras e fugissem com elas. Mas, se vocês observarem alguma coisa que pareça ser a substância real, que cresce – quando vocês mesmos a encontrarem – não só em um lugar, mas em vários, então poderão comê-la e ela os alimentará. Se eu simplesmente lhes conto uma história sobre essa planta, vocês só comem as minhas palavras e permanecem vazios: vocês sabem que há batatas na América, mas não viram nenhuma aqui. Mas, se vocês encontram batatas em algum lugar, sabem que essa é a planta que pode ser comida e que é muito nutritiva. Esse é o meu ponto de vista para especulações. Bem, nós nos afastamos um pouco do problema original dos conteúdos arcaicos, mas não podemos resolver uma questão como essa sem levar em conta outros aspectos do problema.

Sra. Sigg: Parece como se tudo o que você disse tivesse nos trazido justamente a nosso capítulo, porque a ausência dessa verdade que você agora explicou sobre o si-mesmo foi a causa do sofrimento de Nietzsche. Ele não pôde acreditar em um Deus. O Deus que foi ensinado a Nietzsche não tinha qualquer elemento arcaico. Não havia chance de – não lhe foi permitido – discutir coisas com Deus, porque esse não era o ponto de vista protestante. Ele estava em uma posição muito difícil; sentia o impulso e não pôde ajudar a si mesmo.

Prof. Jung: Ele só pôde enfurecer-se contra si mesmo, o que tentou não fazer.

Sra. Sigg: Mas e se ele tivesse essa concepção do si-mesmo?

Prof. Jung: Oh, sim, espero que essa comida tenha sido boa para ele, mas ele obviamente não chegou às batatas reais.

Palestra VI
10 de junho de 1936

Prof. Jung: Temos uma questão muito difícil do Dr. Harding – estamos entrando profundamente na metafísica especulativa: "Da última vez, você falou do eu como sendo a visibilidade do si-mesmo".

Bem – antes de ir mais longe –, vocês se lembram de que essa é uma afirmação psicológica. A definição psicológica do "si-mesmo" é "a totalidade dos processos psíquicos", o que quer que isso signifique; em todo caso, a soma total dos conteúdos e dos processos inconscientes e consciente seria a definição psicológica do "si mesmo". Mas, é claro, qualquer um pode tratar a ideia do si-mesmo do ponto de vista do que se chama, na moderna filosofia alemã, filosofia existencial; ou seja, vocês podem lidar com ele como estando efetivamente na existência, em vez de ser um mero conceito. Mas, na psicologia, o si-mesmo é um conceito científico sem nenhum pressuposto quanto à sua existência metafísica. Não lidamos com ele como uma existência, e não postulamos uma existência, mas meramente forma um conceito psicológico científico que exprime essa totalidade, a natureza da qual somos ignorantes. Conhecemos pouco demais sobre ele porque temos apenas uma determinada quantidade de conhecimento de nossos processos e conteúdos conscientes e um conhecimento extremamente limitado dos processos inconscientes – caso contrário, não os chamaríamos de inconscientes. Portanto o inconsciente é essencialmente desconhecido, e se uma coisa consiste em uma parte mais ou menos conhecida e uma parte mais ou menos desconhecida, sua existência é certamente muito obscura. Cientificamente, pois, devemos ser extremamente cuidadosos ao ter pressupostos sobre a natureza dessa quantidade majoritariamente desconhecida. Claro que podemos especular a respeito: podemos pressupor, por exemplo, que as manifestações dessa psique total derivam de uma existência metafísica definida. Essa é uma conclusão perfeitamente consistente, mas devemos admitir, nesse caso, que estamos entrando na esfera especulativa da metafísica, que estamos então pensando mais ou menos mitologicamente. Isso também é consistente; é legítimo pensar mitologicamente, e se dermos a oportunidade adequada à automanifestação desse tipo de pensamento, é um material psicológico que pode ser submetido à comparação histórica ou filosófica ou teológica. Mas é reconhecidamente uma afirmação não científica. Devemos ser muito claros sobre esse ponto antes de discutirmos essa questão muito interessante.

Pois bem, vou ler o restante da questão: "Nós pensamos no si-mesmo como sendo uma manifestação do Espírito Santo. O Espírito Santo é uno e indivisível. Devemos pensar no si-mesmo como sendo igualmente *uno* – o mesmo em todos? Quando, por exemplo, vemos vagamente a semelhança do si-mesmo em determinadas pessoas, temos a mesma coisa em ambas, modificada apenas pelo desenvolvimento do eu; ou é mais provável que o si-mesmo seja diferente em pessoas diferentes? O Espírito Santo, por assim dizer, foi dividido ao manifestar-se no tempo e no espaço? Você falou do si-mesmo como sendo o mais próximo de nós da hierarquia celestial que leva a Deus, o infinito e infinitamente remoto. Deveríamos então pensar em cada 'si-mesmo' [*self*] nos planos ascendentes como sendo cada vez mais inclusivos, cada vez mais gerais, até, para usar a expressão budista, que ele alcance a seidade [*selfhood*] de Deus, que deve incluir todos os 'si-mesmos' como manifestados em diferentes pessoas?"

Essa é uma questão inteiramente especulativa. Em referência à afirmação de que devemos pensar no si-mesmo como uma manifestação do Espírito Santo, devo dizer que não ouso pensar assim; ao pensar sobre a fenomenologia do si-mesmo, não consigo reconhecer nenhum traço ou nenhuma qualidade nessa manifestação que me justificasse presumir que haja alguma coisa por trás dela que eu pudesse designar como o Espírito Santo – nada que seja uma imagem definida de nossa mitologia cristã, quero dizer. O espírito é também um fenômeno psicológico definido, ou não teríamos tal palavra para designá-lo. Assim, para chegar a uma compreensão daquilo em que o Espírito Santo consiste psicologicamente, temos de examinar a fenomenologia do que nossa linguagem chama de espírito, totalmente à parte do conceito de sua santidade. O espírito é uma condição peculiar, ou uma qualidade, de conteúdos psicológicos. Temos certos conteúdos que derivam dos dados de nossos sentidos, do mundo físico material, e em contraponto a eles temos conteúdos que qualificamos como espirituais ou pertencentes ao espírito. Pois bem, eles são aparentemente de uma origem imaterial, de uma origem ideacional ou ideal que pode derivar de arquétipos. Mas a própria natureza dessa origem espiritual é tão obscura para nós quanto a chamada origem material. Não sabemos o que é a matéria: *matéria* é o termo para uma ideia usada em física que formula a suposta natureza das coisas; e assim o espírito é uma qualidade ou ideia peculiar de algo que é imaterial e em *sua* essência perfeitamente desconhecido.

Pois bem, usaríamos a palavra "santo" em um caso em que houvesse um aspecto de mana, em que a situação tivesse um caráter fascinante, numinoso ou tremendo. Como vocês sabem, Otto faz essas três diferenciações – *numinosum, tremendum* e *fascinosum* – como as três qualidades peculiares do que chamaríamos de "santo", "sagrado", "tabu" ou "mana"[100]. O conceito de mana é muito útil porque contém todos esses aspectos. Assim, quando a natureza imaterial de um conteúdo psicológico tem uma qualidade de mana, nós a chamaríamos de "santo", e consideraríamos esse tipo de forma ou qualidade uma manifestação do Espírito Santo. Por exemplo, se um alquimista conseguiu ter uma visão maravilhosa em sua retorta, se uma grande iluminação aconteceu e ele teve o sentimento de fazer progressos em sua obra, diríamos que isso foi o *donum spiritus sancti*, o dom do Espírito Santo, pois ele foi subjugado pela impressão de um agente, de um sentido, uma significância no que estava fazendo, ele foi forçado a supor ou reconhecer ali a obra do Espírito Santo. Portanto o Espírito Santo é uma formulação de certos fenômenos que nada tem a ver com o si-mesmo diretamente, embora, sem dúvida, possamos conectar os dois e dizer que, onde quer que o si-mesmo se manifeste, temos o sentimento da presença santa, do *donum spiritus sancti*.

Na lenda cristã, por exemplo, temos evidência dessa iluminação; e esse sentimento de ser redimido, de conversão – a visão de Cristo, por exemplo –, pode ser explicado como partes, ou como manifestações, do processo de individuação, Cristo sendo o símbolo do si-mesmo. A visão de Cristo seria a percepção do si-mesmo em uma forma projetada naturalmente, e poderíamos dizer que essa foi ao mesmo tempo uma manifestação do Espírito Santo, na medida em que é uma experiência espiritual *avassaladora*. A visão e a compreensão dos velhos filósofos herméticos levaram à ideia do *circulus quadratus*, o círculo quadrado, e da maravilhosa Flor de Ouro da filosofia chinesa, e do ouro filosofal e do cubo que é a pedra filosofal – todos esses são símbolos semelhantes[101]. Eles podem ser chamados de símbolos da individuação ou do si-mesmo, e a descoberta deles, ou seu surgimento, sua autorrevelação, aparecia aos filósofos herméticos como um *donum spiritus sancti*, o dom do Espírito Santo. Daí eles dizerem que ninguém pode chegar a uma solução de sua arte sem que Deus ajude, *Deo adjuvante*, ou apenas *per gratiam Dei*, pela graça de Deus. Desse modo, podemos unificar as duas coi-

---

100. Rudolf Otto (1868-1937), em *O sagrado* (1917), cunhou o termo *numinum* (que Jung aproveitaria) para descrever um sentimento de temor e maravilha para além da bondade do que é sagrado. *Tremendum* foi sua palavra para o sentimento de uma onda suave, uma estranha excitação, às vezes culminando em frenesi na presença do mistério. *Fascinosum* nomeou o encanto singularmente atraente e superabundante da santidade.

101. Jung frequentemente assinalou a intercambialidade do ouro alquímico e da pedra filosofal. Richard Wilhelm reproduziu uma mandala de ouro (círculo quadrado) em *O segredo da flor de ouro* (original alemão, 1932), um livro para o qual Jung escreveu um prefácio e um comentário psicológico. Cf. OC 13, § 1-84.

sas, mas não poderíamos dizer que o si-mesmo seja uma manifestação do Espírito Santo, pois, se compreendo o Dr. Harding corretamente, isso significaria que o Espírito Santo é anterior ao si-mesmo. A partir da fenomenologia dos símbolos do si-mesmo, não temos justificativa para essa suposição; a única coisa que podemos estabelecer seguramente é que a percepção empírica da autorrevelação tem o caráter de uma *experiência* mana, e por isso poderia ser chamada de Espírito Santo; ali as duas coisas se reúnem. Além do mais, não deveríamos deixar de mencionar que o dogma cristão faz uma distinção muito clara entre o aspecto do Filho e do Espírito Santo. Esse último é o "sopro divino", e não uma "pessoa". É o sopro de vida que flui do Pai para o Filho.

Vejam, espírito, para mim, não é uma experiência que eu pudesse substanciar de algum modo; é uma qualidade, como a matéria. A matéria é uma qualidade de uma existência que é absolutamente psíquica, pois nossa única realidade é a psique, não há outra realidade; tudo o que dizemos de outras realidades são atributos de conteúdos psicológicos. Pois bem, o Dr. Harding diz que o Espírito Santo é uno e indivisível; ainda assim, é parte da Trindade e, portanto, é apenas uno na medida em que é Deus. O si-mesmo, por outro lado, *é per definitionem* realmente uno e indivisível; por isso é historicamente chamado de "Mônada" e é, portanto, como Cristo, o *Monogenes*, o *Unigenitus* etc. É uno por definição porque chamamos a totalidade dos acontecimentos psicológicos ou psíquicos de "si-mesmo", e isso deve necessariamente ser uno. Também o conceito de *energia* é uno por definição, porque não podemos dizer que existem muitas energias diferentes; há muitas forças diferentes, mas apenas *uma energia*. Portanto a ideia do si-mesmo inclui a unicidade, porque a soma de muitas coisas deve ser uma. Mas ela consiste em muitas unidades: a fenomenologia empírica efetiva do si-mesmo consiste em um amontoado de inúmeras unidades, algumas da quais nós chamamos de hereditariedade, as unidades mendelianas.

Pois bem, como o si-mesmo é *uno* em cada indivíduo, somos mais ou menos levados à questão de que o si-mesmo talvez seja também *uno em vários ou muitos indivíduos*, em outras palavras, que o mesmo si-mesmo que se manifesta em um indivíduo poderia manifestar-se em muitos indivíduos. Vejam, essa questão é empiricamente possível devido à existência do inconsciente coletivo, que não é uma aquisição individual. Ele tem uma existência *a priori*; nós nascemos *com* o inconsciente coletivo, *no* inconsciente coletivo. Ele é anterior a qualquer função consciente no homem. Além do mais, ele tem qualidades peculiares que já mencionamos frequentemente, as qualidades telepáticas, que parecem comprovar sua unicidade. Quanto mais estamos no inconsciente coletivo, mais somos indivisos dos outros indivíduos. A unicidade do inconsciente coletivo é a razão da *participation mystique*; os primitivos vivem em uma unicidade peculiar de funcionamento psíquico. São como peixes em uma única e mesma lagoa – como também o somos em um grau notável. Temos evidentemente milhares de fatos para provar essa igualdade, mas os fenômenos telepáticos, em particular, comprovam uma extraordinária relatividade do espaço e – o que é quase *mais* interessante – do tempo. Vejam, podemos dizer sobre os fenômenos do espaço: "Oh, bem, essas coisas coexistiam. O rádio agora nos ensina que podemos ouvir alguém falando em Xangai neste momento, sem problemas; e se isso é fisicamente possível, pode ser também psiquicamente possível". Mas que escutemos hoje alguém falando, não em Xangai, mas aqui em Zurique, no ano de 1980, é inaudito porque não há coexistência. Claro, coisas assim não acontecem, e se alguém disser que sim, deveríamos dizer que essa pessoa sofre alucinações. Mas existe algo como a previsão no tempo. As coisas podem, com maior ou menor precisão, ser antevistas; e se isso é possível, significa uma relatividade do tempo, portanto haveria uma relatividade do tempo assim como do espaço.

Essas dúvidas não são exatamente minhas; físicos modernos têm suas noções a esse respeito e estão prestes a descobrir esses fatos psicológicos peculiares, que são tão impressionantes que eu sempre digo que a nossa psique é uma existência que, só até certo ponto, está incluída nas categorias do tempo e do espaço. Está parcialmente fora, ou não poderia ter percepções do não espaço e não tempo. Pois bem, é verdade que nosso tempo e nosso espaço são relativos, então a psique, sendo capaz de manifestar-se para além do tempo e do espaço – pelos menos a parte dela no inconsciente coletivo –, está além do isolamento individual; e, se esse é o caso, mais de um indivíduo poderia estar contido em um único si-mesmo. Então seria como este exemplo muito simples que frequentemente uso: suponham que nosso espaço fosse bidimensional, plano como essa mesa. Pois bem, se eu apoio os cinco dedos da mão nessa superfície plana, só parece como cinco pontas de dedo. Estão separados, simplesmente pontos no plano do espaço bidimensional, de modo que podemos dizer que estão isolados e nada têm em comum entre si. Mas façamos uma linha vertical sobre nosso espaço bidimensional, e na terceira dimensão acima descobriremos que aqueles eram simplesmente os dedos de uma mão que é uma, mas que se manifesta como cinco. Vejam, é bem possível que nosso inconsciente coletivo seja a evidência da unicidade transcendente do si-mesmo; visto que sabemos que o inconsciente coletivo existe por sobre uma área extraordinária, cobrindo praticamente a humanidade como um todo, poderíamos chamá-lo de o si-mesmo da humanidade. É uma e a mesma coisa por toda parte, e estamos incluídos nele. Então temos sonhos, e o material do inconsciente em geral, bem como os resultados da imaginação ativa, dão uma quantidade de evidências do fato de que o si-mesmo pode conter vários indivíduos; também de que não existe apenas um si-mesmo empiricamente, mas muitos si-mesmos, em um grau indefinido.

Por exemplo, aquelas antigas hierarquias como a de Dionísio Areopagita, pai da filosofia escolástica[102], ou as ideias dos gnósticos, ou de Paulo, todas elas apontam para a mesma ideia: ou seja, que o mundo tem uma estrutura hierárquica peculiar, que diferentes grupos de pessoas são presididos, por assim dizer, por um anjo, e que esses anjos, por sua vez, também são agrupados e presididos por arcanjos – e assim por diante, até o trono de Deus. Nós encontramos tais representações muito frequentemente na Idade Média, em que as hierarquias celestiais eram representadas até mesmo na forma de mandalas. Pois bem, essas são simplesmente autorrepresentações da estrutura inconsciente, e, na medida em que atribuímos existência a essas coisas, podemos especular sobre elas, digamos que na forma de ideias cristãs ou gnósticas. Encontramos a mesma coisa na Índia, um absoluto *consensus gentium*, com a diferença de que lá o pensamento vai na direção contrária: em vez de partir do fato empírico isolado, ele sempre parte da unidade metafísica abstrata. Eles partem da ideia de um único ser indivisível que se separa nas milhões de formas de *maya*, mas evidentemente dá no mesmo se partimos dessa ou daquela ponta. Há definições muito interessantes: o *Hiranyagarbha*, o germe de ouro ou a criança de ouro, é o primeiro germe do Brahman, e *Hiranyagarbha* é definido como a alma coletiva acumulada que inclui todas as almas individuais. É o si-mesmo dos si-mesmos dos si-mesmos. *Hiranyagarbha* é o equivalente absoluto do ovo filosófico, ou da pedra filosofal, ou do *circulus quadratus*, ou da Flor de Ouro. Não é o resultado de alguma coisa, mas o início de todas as coisas, a mente una que inicia todas as outras mentes. Portanto, como o Dr. Harding diz, podemos usar a expressão budista: *Hiranyagarbha* é a seidade de Deus. O si-mesmo então se torna simplesmente uma designação ou a especificação da aparência ou da existência, porque uma coisa que não tem alguma aparência não tem existência. A existência só pode *ser* na medida em que é específica. Portanto, na medida em que Brahman vem à existência, a partir de sua potencialidade latente, ele se torna *Hiranyagarbha*, o germe de ouro, a pedra, ou o ovo, ou o primeiro broto, ou o primeiro relâmpago.

Pois bem, finalmente retornamos a Nietzsche. O último verso que lemos foi: "Grandes obséquios não tornam alguém grato, mas sim vingativo; e, se o

---

102. O pseudo-Dionísio, cujas obras neoplatônico-cristãs provavelmente surgiram no final do século V, foi por muito tempo confundido com Dionísio Areopagita, um convertido ateniense de São Paulo. Para Jung, o primeiro é importante como o mais franco negador da realidade do mal. Obviamente, nenhum desses Dionísios tinha qualquer semelhança com o deus grego que Nietzsche honrava.

pequeno favor não é esquecido, acaba convertendo-se em um verme roedor".
Ele prossegue:

> "Sede esquivos no aceitar! Que seja uma distinção a vossa aceitação!" – assim aconselho aos que nada têm para presentear.
>
> Eu, porém, sou um presenteador: de bom grado presenteio, como um amigo aos amigos. Mas que os desconhecidos e os pobres colham eles mesmos os frutos de minha árvore: isso envergonha menos.

Bem, o que ele advoga aqui? Alguém tem uma intuição sagaz a respeito? O que os pobres deveriam fazer? Vejam, se ele dá, os pobres devem envergonhar-se, e também *ele* fica envergonhado, como depois diz. E se não dá e os pobres não podem pedir, o que resta a eles?

Sr. Allemann: Tomar, roubar.

Prof. Jung: Claro.

> Mas os mendigos devem ser eliminados!

Sim, isso é maravilhoso.

> Em verdade, é irritante lhes dar e irritante não lhes dar.
>
> E assim também os pecadores e as más consciências!

O que ele quer fazer aqui? Qual é o grande esforço redentor?

Srta. Taylor: Ele quer que as pessoas vivam de acordo com suas próprias leis e não se recriminem a si mesmas.

Prof. Jung: Ah, sim, isso está muito bem colocado, mas pode ser que essa lei própria sugira que elas sejam tais mendigos, e ele diz que então deveriam ser eliminados.

Sra. Jung: Ele quer eliminar sentimentos desagradáveis.

Prof. Jung: Sim, ele quer eliminar todo o mal no mundo, todas essas existências lamentáveis, e, como é óbvio que elas protestariam fortemente contra esse esforço de varrê-las da existência com a vassoura metafísica, a coisa toda se resume ao fato de que ele quer se livrar de seus próprios sentimentos desagradáveis quando se depara com a miséria do mundo. Por isso eliminemos a imperfeição do mundo e o problema está resolvido. Isso mostra sua psicologia: ele tem um sentimento inferior que naturalmente é projetado – qualquer função inferior sempre é projetada –, e assim ele é particularmente afetado pela miséria do mundo. Pensamos que ele está sofrendo pela compaixão, enquanto, na verdade, ele preferiria especialmente se livrar de tudo o que causa essa desagradável compaixão. Ele odeia tudo o que o lembra da existência de sua própria inferioridade – o que é de se esperar.

Crede-me, meus amigos: remorsos ensinam a morder*.

Que bênção se pudéssemos eliminar a má consciência! Mas, infelizmente, ela não pode ser eliminada, e quanto mais morde, mais *nós* mordemos. Só quem é torturado tortura; alguém em um estado sadio de bem-estar jamais tortura, a não ser talvez por sua inconsciência. Esse é um princípio muito importante da educação; por exemplo, crianças que são torturadoras devem sempre ser cuidadosamente examinadas, para descobrir se elas não são torturadas por uma maravilhosa educação doméstica.

O pior, porém, são os pensamentos mesquinhos. Em verdade, é melhor agir mal do que pensar mesquinhamente!

Quero apenas assinalar aqui como, em passagens como essa, Nietzsche lida com coisas mesquinhas – as coisas pequenas, incompletas, imperfeitas. Ele sempre tem a tendência de eliminá-las, e ao longo de todo o desenvolvimento do *Zaratustra* essas pequenas coisas lentamente se acumulam, até que, no fim, alcançam forma definida em uma figura especial. Sabem qual?

Sra. Crowley: O mais feio dos homens.

Prof. Jung: Sim, e ele é então, no fim, condenado ao inferno.

Certamente direis: "O prazer nas pequenas maldades nos poupa de alguns grandes malfeitos". Mas nisso não se deve querer poupar.

O que significa que, se podemos nos satisfazer com um número maior de pequenos pecados, podemos escapar da malha, podemos sair ilesos. Mas, se cometemos um pecado ou um crime substancial, ele grita; somos detectados, revelados, e não podemos mais dizer: "Nada aconteceu, está tudo bem comigo, eu escapei, não fui pego pela polícia". Portanto ele é a favor da honorabilidade ou da honestidade, de adotar a postura definitiva.

Como um abcesso é o malfeito: coça, incomoda e rebenta – fala honestamente.

"Vede, eu sou uma doença" – assim fala o malfeito; eis a sua honestidade.

Mas o pensamento mesquinho parece um cogumelo: rasteja, curva-se e pretende não estar em nenhum lugar – até que o corpo inteiro se ache podre e murcho de tantos pequenos cogumelos**.

---

* *Gewissensbisse erziehen zum Beißen*: literalmente "remorsos educam para o morder". Como explica o tradutor Paulo César de Souza, essa afirmação remete ao sentido literal de *Gewissensbisse*, "mordidas de consciência". Assim também, o correspondente português da palavra vem da forma verbal latina "remorsos", particípio passado de *remordere*, que significa "tornar a morder". Cf. Nietzsche, F. *Assim falou Zaratustra*. Trad. e notas de Paulo César de Souza. São Paulo: Companhia das Letras, 2011, p. 322, n. 53 [N.T.].

** A versão em inglês do *Zaratustra* usada por Jung diz: "[...] até que o corpo inteiro esteja decaído e murcho pela infecção mesquinha"; a palavra "infecção" é retomada por Jung logo a seguir, para marcar o irônico paralelo da declaração de Zaratustra com a "infecção sifilítica" de Nietzsche [N.T.].

Vejam, isso é exatamente o que aconteceu: ele é evidentemente a favor das grandes coisas, até mesmo dos grandes crimes, e tenta ser tão mau quanto possível, ao afirmar todo tipo de blasfêmias. Mas, enquanto ser humano, ele era bastante inofensivo, incapaz de fazer nada muito mau; só poderia cair nas armadilhas do destino, como sua infecção sifilítica. Ele cometeu um erro ao amontoar as coisas mesquinhas por reprimi-las, e não lhes deu o lugar certo. Ele não viu que todo grande mal é o acúmulo de milhares de pequenos males, e que, muito frequentemente, uma coisa terrível aconteceu porque pequenas coisas tinham sido acumuladas. Teria sido muito melhor se aquelas pessoas tivessem avançado aos trancos e barrancos em vez de empilhar aquelas pequenas maldades até que elas resultassem em uma grande explosão e em um grande dano. Assim também, se acumulamos pequenas maldades via repressão, elas operam indiretamente: tudo o que reprimimos, tudo que não reconhecemos em nós mesmos, está, sem embargo, vivo. Está constelado fora de nós; opera em nosso entorno e influencia outras pessoas. Claro que estamos afortunadamente inconscientes desses efeitos, mas as outras pessoas sentem o cheiro.

Mas àquele que está possuído pelo demônio eu cochicho estas palavras: "É melhor que faças teu demônio crescer! Também para ti há um caminho para a grandeza!"

Bem, isso não requer comentários.

Ah, meus irmãos! Sabe-se algo demais de cada pessoa! E algumas se tornam transparentes para nós, mas ainda assim estamos longe de poder ver através delas.

É difícil viver com os homens porque é difícil guardar silêncio.

E não com aquele que nos é antipático somos mais injustos, mas sim com aquele que nada tem conosco.

Se tens um amigo que sofre, sê um local de repouso para seu sofrimento, mas como um leito duro, um leito de campanha: assim lhe serás mais útil.

E, se um amigo te fizer mal, dize-lhe: "Perdoo-te o que me fizeste; mas que o tenhas feito a *ti mesmo* – como poderia eu perdoá-lo?"

Assim fala todo grande amor: ele supera até o perdão e a compaixão.

Essa é uma passagem importante. Vejam, o imperdoável é aquilo que fizeste a ti mesmo. Ele formula isso de uma maneira especialmente drástica contra o preconceito cristão de amar o próximo e amaldiçoar-se a si mesmo. Claro, essa não é a forma cristã, mas o modo como é aplicada: qualquer um que ame a si mesmo é considerado sendo algo na linha do criminoso, embora, é claro, o sentido original daquela máxima era de que é evidente que você se ama, mas não que você ame seu próximo. Nós distorcemos essa verdade muito importante; baseamo-nos inteiramente na ideia de que deveríamos amar o próximo, de que é injusto odiá-lo, mas totalmente justo odiar a si mesmo. Você se expõe aos piores erros e mal-entendidos ao dizer que se ama; é até mesmo totalmente doentio prestar qualquer atenção a si mesmo. O "conheça-te a ti mesmo" de Platão tornou-se extremamente impopular em nosso cristianismo tardio, por isso o "como a ti mesmo" tornou-se inaudível, e o "amai o próximo" é declarado pelos autofalantes de todos os movimentos[103]. Claro, por conta desse erro em favor do rebanho, mantido nos monastérios, nas igrejas e assim por diante, o indivíduo desapareceu completamente. Tornou-se um estorvo patológico, os conteúdos de uma neurose. Nietzsche vê isso muito claramente, e atribui uma importância muito grande a essa consideração de si que vê que podemos cometer pecados contra nós mesmos. Esse pensamento de Nietzsche é evidentemente, para nós, de uma consideração psicológica muito importante, mas temos evidências de que era uma ideia corrente, já no século I ou II.

Por exemplo, já citei o *logia* de Cristo dos papiros de Oxirrinco, e há também a famosa segunda carta de Clemente, em que uma ideia muito semelhante é expressa. Assim também, o filósofo Carpócrates, que viveu por volta do ano 140 d.C., interpretou o Sermão da Montanha no estágio subjetivo. O texto original é: "Se trouxeres a tua oferta ao altar e ali te lembrares de que teu irmão tem algo contra ti, deixa a tua oferta diante do altar e vai primeiro reconciliar-te com teu irmão. Só depois vai apresentar a tua oferta". Mas Carpócrates lê isso da seguinte maneira: "Se trouxeres a tua oferta ao altar e descobrires alguma coisa contra ti, vai primeiro reconciliar-te contigo e depois vai apresentar a tua oferta". E ele diz que o irmão que você culpa ou calunia é você mesmo[104]. Vejam, esse foi um ensinamento muito importante, mas infelizmente ia contra a política da Igreja. A Igreja não permitiria esse cuidado por si mesmo. Ele interferia na instituição mágica da Igreja e no seu poder de intervenção. A Igreja sempre defendeu sua prerrogativa mágica de conceder a graça dos sacramentos, o sagrado alimento da imortalidade, no rito da santa comunhão; ninguém pode alcançar a vida imortal ou um estado de redenção sem participar da comunhão, o que significa, é claro, que a Igreja é indispensável. O indivíduo não pode ir a lugar nenhum sem a Igreja. Assim, tendo instituído a Igreja, Deus não pode fazer praticamente nada em um indivíduo, caso contrário a Igreja seria sem sentido. O indivíduo nada é, apenas uma partícula do rebanho, e é claro que isso implica, no curso dos séculos, uma psicologia coletiva extraordinária. Claro que tinha de ser assim – foi inevitável –, porém temos de reconhecer o fato de que há pessoas que são mais ou menos individuais, que simplesmente

---

103. Ou, é claro, muito antes do que Platão ou Sócrates, como o mandamento dominante em Delfos.

104. Para o *logia* de Cristo que diz que Deus está presente até mesmo em um único indivíduo, cf. 31 de outubro de 1934, n. 194. Para Carpócrates, cf. 13 de junho de 1934, n. 102.

não permitem que igreja nenhuma interfira em seus sentimentos particulares e em suas divindades individuais. Eles consideram isso uma questão inteiramente privada e exclusivamente individual. E tais pessoas, é claro, ouvem aquelas vozes do passado, como Carpócrates ou as afirmações de Jesus nos papiros de Oxirrinco etc., sabendo que elas contam com muitas evidências na história e numerosas passagens do Novo Testamento em seu favor.

Nietzsche também assume um ponto de vista muito leniente com relação aos pobres. Como vocês sabem, a famosa parábola sobre o administrador infiel contém esse ponto de vista muito nietzschiano. Esse outro lado da doutrina primitiva é muito impopular dentro dos muros da Igreja: mal ouvimos falar de um sermão pregado sobre o administrador infiel. É particularmente difícil para nossa mentalidade peculiar, mas contém um fragmento precioso de moralidade nietzscheana. Está no capítulo 16 de Lucas. Um administrador tinha negligenciado o patrimônio de seu senhor, e quando o senhor soube que ele tinha sido irresponsável e desperdiçado os seus bens, chamou-o e disse:

"Que é isso que ouço dizer de ti? Presta contas da tua administração, pois já não podes ser administrador!"

O administrador então refletiu: "Que farei, uma vez que meu senhor me retire a administração? Cavar? Não tenho força. Mendigar? Tenho vergonha... Já sei o que farei para que, uma vez afastado da administração, tenha quem me receba na própria casa".

Convocou então os devedores do seu senhor um a um, e disse ao primeiro: "Quanto deves ao meu senhor?"

"Cem barris de óleo", respondeu ele. Disse então: "Toma tua conta e escreve depressa cinquenta". Depois, disse a outro: "E tu, quanto deves?" "Cem medidas de trigo", respondeu. Ele disse: "Toma tua conta e escreve oitenta".

Como veem, ele está reduzindo as obrigações. Então, quando o Senhor tinha considerado a conta que o administrador lhe apresentou, ele

louvou o administrador desonesto por ter agido com prudência. Pois os filhos deste século são mais prudentes com sua geração do que os filhos da luz.

E eu vos digo: fazei amigos com o dinheiro da iniquidade, a fim de que, no dia em que faltar o dinheiro, estes vos recebam nas tendas eternas.

E ele continua:

Quem é fiel nas coisas mínimas, é fiel também no muito, e quem é iníquo no mínimo, é iníquo também no muito.

Portanto, se não fostes fiéis quanto ao dinheiro iníquo, quem vos confiará o verdadeiro bem? (Lc 16,1-11).

Vejam, esse paradoxo extraordinário flui como a água e o óleo; claro, óleo e água nunca se misturam, mas eles fluem juntos. Pois bem, que ideia o Senhor tem em mente quando louva seu administrador infiel? Devemos supor, é claro, que o Senhor, nesse caso, é Deus, e que o administrador é o homem a quem são confiados os bens do Senhor e que agiu muito mal. E devemos supor também que o Senhor não é um tolo, mas, sim, vê bem claramente o quão ineficiente e irresponsável o homem foi. Ainda assim, o Senhor se comporta aqui como se fosse um morcego cego, como se tivesse sido inteiramente enganado pelo administrador infiel. Isso não podemos supor, então o que se passa?

Srta. Hannah: Ele foi louvado por ter conseguido controlar-se, fazer aquelas pessoas o apoiarem.

Prof. Jung: Bem, se compararmos a parte seguinte do texto, o modo como ele flui, teremos um sentimento muito peculiar. No que esse administrador infiel foi bem-sucedido? Apenas em salvar a própria reputação. Vejam, a coisa *pareceu* certa, de modo que o Senhor ficou feliz de poder dizer: "Oh, sim, está tudo certo, você é um sujeito muito bom; você salvou sua reputação, soube se virar. Teria sido um incômodo terrível se eu tivesse detectado você e tivesse de acusá-lo publicamente de mostrar que mau administrador eu tenho". Assim, ele não só salvou sua reputação, mas também a reputação do Senhor, e o Senhor está bastante grato a ele. Pois bem, isso não é extraordinário? O Senhor está feliz que esse mortal tenha sabido se virar. Mas isso é realmente o melhor que podemos fazer, lembrem-se. Isso mostra que o Senhor é meramente um pai amoroso que sabe que seu filho não pode ser bom, assim, se o filho não colapsa quando cometeu um pecado, se o mau administrador não é um criminoso pálido, se ele depois salva sua reputação e se é esperto, então o Senhor está muito satisfeito porque o vaso que Ele fez não está inteiramente quebrado. Claro, tem de ser admitido que esse é um vaso muito ruim, mas ele mantém-se firme, e isso é tudo o que o Senhor pode esperar. Como vocês sabem, foi realmente um trabalho muito pobre da parte do criador – aqui há um pouco de gnosticismo – ter feito um administrador pobre como esse, ter feito um vaso tão ineficiente quanto o homem para lidar com os poderes das trevas e do caos. Ele fez o melhor que pôde – não poderia fazer nada melhor –, portanto, se ele apenas salva sua reputação e sua existência e mantém a coisa toda sem se quebrar, isso é o bastante. E viva como puder, aguente firme, e se esse for esperto o bastante para fazer amigos entre os representantes do capitalismo, não se preocupe – isso te capacita a viver. Mas tudo isso é extremamente ruim. A única outra possibilidade de uma explicação seria supormos que o Senhor é um idiota que não vê que o administrador é um enganador. Mas isso não é só mau, é também idiota, o que é pior; uma coisa é ruim *e* idiota, e a outra é ruim, *mas* faz sentido.

Sra. Jung: Não seria possível isso ser um erro, por estar em contradição com todos os outros ensinamentos?

Prof. Jung: Sim, é bastante possível que haja uma lacuna aqui, mas infelizmente o texto flui desse modo, e minha ideia é que, se ele tivesse sido realmente entendido, teria sido eliminado como outras passagens o foram. Vocês se lembram daquela famosa passagem nos papiros de Oxirrinco – "Ali onde há dois, eles não estão sem Deus, e ali onde há um só, eu digo que estou com ele" –, e, então, no Novo Testamento, isso se transforma em: "Pois onde dois ou três estiverem reunidos em meu nome, ali estou eu no meio deles". Vejam, a Igreja já tinha sido formada, portanto, se houvesse um só, ele estaria com o diabo, justamente o oposto da afirmação dos papiros de Oxirrinco, em que o Senhor então está com ele. Esses textos provavelmente passaram por algumas modificações, sobretudo porque naqueles primeiros séculos eles eram considerados tão somente boa literatura, e não necessariamente sagrados; só no fim do século II, ou mesmo mais tarde, o caráter de revelação sagrada lhes foi atribuído, e isso só depois de eles terem sido purificados por um clero muito esperto. Minha conclusão é que eles devem ter deixado isso passar por não terem entendido. A maior parte dos textos gnósticos foram mutilados ou totalmente destruídos pela Igreja, mas a inteligência dos fragmentos que restaram é impressionante.

Talvez seja a uma falha de compreensão que devamos certos fragmentos da gnose que nos dão um *insight* muito precioso – os fragmentos, por exemplo, em que Cristo diz: "Quem está perto de mim está perto do fogo, e quem está longe de mim está longe do Reino"[105]. Isso é extraordinariamente revelador. Ou quando Ele diz ao homem que infringe o sábado: "Se de fato tu sabes o que fazes, és bendito: mas se não o sabes, és maldito"[106]. Isso é também um pouco da moral gnóstica que foi, evidentemente, eliminada do texto canônico. Só sabemos desses fragmentos porque os padres da Igreja os citaram como sendo particularmente tolos ou blasfemos, não entendendo o que realmente significavam. É um maravilhoso golpe de sorte que os papiros de Oxirrinco tenham sido descobertos. Eles lançam uma luz extraordinária sobre a história dos textos evangélicos. A passagem "se tu sabes o que estás fazendo, és bendito" é certamente parte daquele tipo de moralidade. E, sem dúvida, é uma fórmula que ajudaria os filósofos e as pessoas educadas a viverem; visto que elas não poderiam ser ingênuas como as massas, elas tinham de ter uma fórmula como essa, caso contrário não teriam se tornado cristãs. Por exemplo, a afirmação de Carpócrates de que não podemos ser redimidos de um pecado que não cometemos é uma verdade absoluta, mas o que isso implica? Esses são pro-

---

105. Cf. 30 de janeiro de 1935, n. 263.

106. Cf. 8 de maio de 1935, n. 324.

blemas que simplesmente não encontramos nos escritos dos padres ou no Novo Testamento, a não ser por engano, e esse pode ser um desses enganos.

Pois bem, Nietzsche, em reação contra a valoração exclusivamente extrovertida da moralidade, insiste na importância subjetiva, ou na importância do si-mesmo como um fato objetivo. Ou seja, se nos suprimirmos, se nos identificarmos apenas com nosso amor, não nos importando com o que somos, então podemos ser qualquer coisa, e não se saberá o valor do nosso amor, pois nosso amor vale exatamente o que *somos*. Vejam, isso está inteiramente excluído quando se insiste na primeira parte – "amai o próximo" –, esquecendo-se tudo sobre o "como a ti mesmo"; nesse caso, o si-mesmo permanece no escuro, e pode ser o que quiser. Esquecemos inteiramente que o amor usado é daquele si-mesmo particular e que, se o si-mesmo é obscurecido, jamais saberemos o valor do amor. O amor não é algo em si, mas sim o amor de um indivíduo específico, por isso queremos saber quem é o indivíduo e se ele consiste realmente em 90% ouro puro ou 90% bobagem pura.

A passagem "assim fala todo grande amor: ele supera até o perdão e a compaixão" também é uma pista importante. Em nossa era preconceituosa, em nosso cristianismo tardio, só devemos dizer a palavra "amor", supondo que ele seja algo maravilhoso, e ninguém pergunta *quem* ama, quem está fazendo o amar. Mas isso é o que realmente queremos saber, porque o amor nada é em si. É sempre um ser humano especial que ama, e o amor vale justamente tanto quanto esse indivíduo. As pessoas pensam que podem aplicar o amor sem nenhum entendimento, pensam que o amor é apenas uma condição emocional, uma espécie de sentimento. Sim, é um sentimento, mas qual é o valor do sentimento se não for associado ao real entendimento? Por exemplo, na Idade Média foi cunhada a fórmula *amor et visio Dei*, que significa "amor e a visão de Deus", *visão* significando reconhecimento, entendimento, o entendimento ao qual Paulo também se referiu, que só alcançamos pelo pensamento. Assim, quando tornamos o amor um mero sentimento, a segunda parte está faltando, e com um amor desses podemos nos ferir contra um ser humano que não sinta isso minimamente como amor. Ele simplesmente nos sente, com nosso ridículo amor, como completamente autoeróticos, porque falta o entendimento; com o amor devem estar associados entendimento e sentimento, pois o conceito cristão de amor é um conceito universal, como o conceito de liberdade, por exemplo, que é uma ideia. Portanto o grande amor, como Nietzsche o compreende, inclui também verdadeiro entendimento, e o verdadeiro entendimento sabe que o amor não é uma coisa em si. Não é uma atividade que está pairando no espaço, em algum lugar, e que possa ser apanhado por qualquer um. O amor é minha ação e tem justamente tanto valor quanto eu, nem um centavo a mais.

Deve-se conter o próprio coração; pois, se o deixamos solto, logo a cabeça também se vai!

Exatamente, não podemos estar apenas em uma condição emocional.

Ah, onde foram feitas as maiores tolices, no mundo, do que entre os compassivos? E o que produziu mais sofrimento no mundo do que as tolices dos compassivos?

Ai de todos os que amam e que não atingiram uma altura acima de sua compaixão! [...]

Isso significa *insight*.

[...] Assim me falou certa vez o demônio: "Até mesmo Deus tem seu inferno: é seu amor aos homens".

Sim, isso é muito bom.

E recentemente o ouvi dizer isto: "Deus está morto; morreu de sua compaixão pelos homens".

Isso é paralelo ao quê?

Srta. Hannah: À crucificação.

Prof. Jung: Sim, à encarnação de Deus em Cristo, e Ele realmente ter morrido de uma morte humana na cruz é o ato da suprema compaixão. Pois bem, a morte de Cristo é uma questão muito importante, foi um problema na Igreja primitiva. Houve uma controvérsia famosa entre os ebionitas e os docetistas. Os docetistas diziam que o *homem* Jesus é que morreu na cruz, e não o deus. Vocês sabem como chegaram a essa ideia?

Sr. Allemann: Eles diziam que Jesus só se tornou o *Christus* quando foi batizado por João, e que o espírito do *Christus* foi retirado dele antes de sua morte.

Prof. Jung: Sim, a ideia era que Jesus era um homem comum enquanto não foi iniciado por João Batista; no batismo, o *Christus*, na forma do Espírito Santo, desceu sobre ele. E o *Christus* partiu quando ele suou sangue no jardim antes de sua crucificação. Jesus não poderia ter sido crucificado se o deus tivesse permanecido nele, e que Deus o tenha deixado no jardim foi a razão de seu desespero, como evidenciado pelo seu brado: "Meu Deus, meu Deus, por que me abandonastes?" Esse é um ponto de vista perfeitamente bom e interessante, e desempenhou um grande papel na Igreja primitiva, mas foi declarado como uma terrível heresia. Essa hipótese foi elaborada para evitar a ideia chocante de que Deus pudesse passar por uma morte humana miserável: eles simplesmente não podiam suportar a ideia de um deus submetido a tal castigo. Pois bem, se tomarmos isso como um sintoma, seria como se algo no homem daqueles dias resistisse à terrível ideia de que o deus pudesse ser tão completamente extinto. Havia uma espécie de instinto contra isso. Ainda assim, devemos considerar que, por outro lado, esse conflito foi superado pela maioria das pessoas na suposição de que Deus *tinha* passado por essa morte, que Ele esteve lá até o último instante.

A ideia de que Cristo é *homoousios*, de natureza tanto humana quanto divina, é evidentemente o ponto de vista ortodoxo, contra a heresia ariana de que Ele é *homoiousios*, apenas *semelhante* em substância à divindade, e não completamente divino. O ponto de vista de que Cristo como Deus realmente passou pela morte humana prevaleceu e, se o traduzimos em linguagem psicológica, ele quer dizer que o deus, o *background* ativo de nosso inconsciente, submete-se completamente ao destino humano e não pode ser excluído dele. Isso evidentemente enfatiza a importância extraordinária da vida humana; não podemos dizer que é mera ilusão, que é a substância divina em nós que passa por milhões de encarnações e está sempre fora de nós. Não, ela se submete ao sofrimento efetivo da vida, a toda nossa miséria. O deus entra e está presente em toda nossa miséria – ele não é de modo algum diferente dela; assim como estamos absolutamente dotados da miséria da vida e identificados com ela até certo ponto, também está o deus, e isso significa que o deus pode morrer. Portanto chegamos à conclusão de que, quando o homem morreu, o deus também morreu e foi enterrado. Então algo muito peculiar deve ter acontecido. Os deuses sempre foram superiores e imortais; nunca desciam à terra. Às vezes assumiam uma forma terrena, talvez tivessem um filho ilegítimo na terra, mas dessa vez o filho era o próprio deus. Pois bem, isso simboliza uma condição mental em que o inconsciente está completamente identificado ao consciente do homem, e então esse conceito, essa imagem de Deus, vai ao subterrâneo. Essa é evidentemente uma revelação completa: é o derramamento do *influxus divinus* no mundo. É a luz que brilha nas trevas, como diz João[107], e está contida nas trevas a partir de agora, enterrada no mundo, enterrada até mesmo na carne. Esse pensamento é continuado na alquimia. Isso é que é interessante.

---

107. "E a luz brilha nas trevas, mas as trevas não a apreenderam" (Jo 1,5).

Palestra VII
17 de junho de 1936

Prof. Jung: Paramos, da última vez, nos parágrafos: "Assim me falou certa vez o demônio: 'Até mesmo Deus tem seu inferno: é seu amor aos homens'. E recentemente o ouvi dizer isto: 'Deus está morto; morreu de sua compaixão pelos homens'". Pois bem, por que ele diz que o diabo lhe sussurrou essas coisas no ouvido? Não parece uma concessão estranha? Ele também parece ter certos momentos de dúvida. De um ponto de vista cristão, isso faz sentido, mas, de um ponto de vista zaratustriano, não faz nenhum sentido – de modo que devemos concluir que na verdade é uma concessão a seu próprio cristianismo. Dizer que até mesmo Deus tem seu inferno significa dizer que Deus está no inferno, o que é uma ideia blasfema, de maneira que um cristão seria naturalmente forçado a dizer que o demônio lhe tinha insinuado isso. Portanto Nietzsche ainda não consegue evitar ceder, por vezes, a seu *background* cristão. Faço uso disso como uma evidência para minha tese de que Nietzsche é o homem histórico comum, o cristão tradicional, e que seu ponto de vista peculiar no *Zaratustra* se deve tão somente ao fato de que está possuído pelo arquétipo de Zaratustra que naturalmente falaria em uma linguagem muito diferente. Em algumas ocasiões, o homem Nietzsche aparece como se vindo das nuvens, e, em outras vezes, desaparece completamente, e então não se trata de um ser humano falando, mas de uma imagem eterna, um arquétipo chamado "Zaratustra". Isso está acontecendo aqui, é claro, quando ele diz que Deus está morto, o que é uma afirmativa blasfema e uma ofensa aos ouvidos de um cristão, por isso ele precisa dizer que é o demônio falando. Pois bem, já falamos do fato de que foi por piedade ao homem que Deus se submeteu à encarnação e morreu: a divindade da deidade fez uma associação com a matéria, e a matéria, de acordo com a afirmação de Zaratustra, capturou-o. Agora prossigamos.

Desse modo, estais prevenidos contra a compaixão: *dali* ainda virá uma pesada nuvem para os homens! Em verdade, eu conheço os sinais do tempo.

Pois bem, a que diabos – ou céus – ele alude aqui?

Sra. Sigg: Penso que se as pessoas tão somente tiverem piedade e amor por seu próximo, e não a si mesmas, deverá acontecer uma catástrofe, pois elas negligenciaram-se demasiadamente.

Prof. Jung: Sim, essa é em grande medida a ideia de Nietzsche e é perfeitamente verdadeira. Vejam, para falar no estilo de Zaratustra, ter-se apiedado do homem custou a vida a Deus; Ele saiu de sua própria posição, transformou-se e foi capturado. Assim, se o homem fizer o mesmo, se se permitir condescender com sua piedade, será capturado. Seu interesse em si próprio será retirado dele. Será investido em outras pessoas, e ele próprio será deixado para trás, completamente privado dessa preciosa substância criadora que ele deveria ter dado a si mesmo. Muitas pessoas preferem a compaixão. É tão mais agradável ser compassivo com outras pessoas do que consigo mesmo, e tão mais fácil, porque assim nos mantemos no topo; outras pessoas devem receber a piedade, outras pessoas são pobres vermes a serem ajudados, e nós somos os salvadores. Isso é muito agradável; alimenta essa insaciável sede do homem de estar no topo. É um narcótico maravilhoso para a alma humana. Todo mundo desaprova a ideia da compaixão por si mesmo; interpretam isso como autocondescendência e vício. E é muito desagradável ser compassivo com aquele homem tão imperfeito em nós mesmos, que está no inferno, por isso seria melhor voltarmos nossa atenção ao próximo; há demasiadas ervas daninhas em nosso próprio jardim, por isso vamos ao do próximo e arranquemos as dele. Pois bem, sua compaixão, esse tipo projetado de interesse, Nietzsche considera um perigo muito grave: "*dali* ainda virá uma pesada nuvem para os homens!" O que poderia ser essa nuvem? Que é essa tremenda insinuação? Vejam, Zaratustra tenta convencer seu público do fato de que Deus está morto, de que o super-homem deve ser criado, e que, para criá-lo, não mais nos é permitido desperdiçar nossa compaixão com nossos semelhantes, mas sim dá-la a nós mesmos. E então correremos para essa tempestade.

Srta. Hannah: É a nossa própria inferioridade, toda a substância negra da qual somos feitos.

Prof. Jung: Bem, evidentemente entende-se que, se damos nossa compaixão a nós mesmos, nós a damos ao ser inferior em nós mesmos.

Srta. Hannah: Todas as nossas emoções estão presas nisso, e emergirão como uma espécie de tempestade contra nós.

Prof. Jung: Sim, essa seria uma explicação perfeitamente adequada. Se dermos nossa compaixão a nós mesmos, se estivermos interessados no homem imperfeito em nós mesmos, naturalmente traremos à tona um monstro – todas as trevas que estão no homem, tudo aquilo com o que o homem está amaldiçoado para sempre, sem a graça de Deus ou a compaixão de Cristo e sua obra de salvação. Naturalmente, corremos para esse terrível cataclisma que o homem tem dentro de si, esse eterno esqueleto no armário, do qual ele sempre tem medo. No fim, o próprio Nietzsche corre contra essa nuvem de tempestade: é uma questão se ele aceitará o mais feio dos homens dentro de si. Esse é o terrível perigo, mas por que seu inconsciente produz a ideia de um perigo como esse aqui? E lembrem-se, não parece ser apenas um perigo individual, e sim coletivo.

Srta. Crowley: Como uma profecia.

Sra. Sigg: É bem natural; anteriormente, as pessoas davam toda a beleza aos deuses, e Nietzsche deu toda a beleza a Zaratustra, por isso restou pouca para si mesmo.

Prof. Jung: Sim, mas suponha que é pela possibilidade de criar o super-homem que daremos nossa compaixão ao homem imperfeito. Pois bem, se trouxermos à tona o homem imperfeito, isso é um perigo coletivo; qual é ele?

Srta. Hannah: Não seria o perigo da loucura?

Prof. Jung: Bem, as opiniões se dividem muito sobre esse ponto, como você sabe. Pode ser a loucura, mas não necessariamente. Caso contrário, todo mundo que dê compaixão a si mesmo estaria em perigo de enlouquecer.

Srta. Hannah: Todas aquelas emoções loucas vêm à tona.

Prof. Jung: E, quando é um fenômeno coletivo, o que acontece então?

Srta. Hannah: Bem, a Alemanha.

Prof. Jung: Eu não diria apenas a Alemanha. Temos alguns bons exemplos nos séculos passados.

Sra. Sigg: Sabe-se que Edgard Jung escreveu *Die Herrschaft der Minderwertigen* (O domínio dos inferiores)[108]. Às vezes, elementos inferiores ganham poder e influência.

Prof. Jung: Bem, isso significaria trazer à tona os estratos inferiores da nação, a psicologia inferior. Vocês conhecem casos assim na história?

Srta. Hannah: A Revolução Francesa.

Prof. Jung: Sim, e há um paralelo aqui com as palavras efetivas de Zaratustra.

Dr. Harding: Eles disseram que Deus morrera e entronizaram uma nova divindade, chamada *la déesse Raison*.

Prof. Jung: Sim, *la déesse Raison* foi entronizada em Notre-Dame[109]. E há outro caso, recuando um pouco mais na história.

Sra. Jung: A revolução dos escravos na Antiguidade?

Prof. Jung: Sim, mas ela não esteve tão ligada a um levante religioso; claro que havia ideias religiosas, mas ela foi econômica, em grande parte. Não ficou claro,

---

108. Edgar Jung (1894-1934), *Die Herrschaft der Minderwertigen* (Berlim, 1930).

109. "A deusa da razão"; cf. 6 de junho de 1934, n. 77.

por exemplo, que Spartacus destronou os deuses; ele simplesmente queria derrubar a escravidão. Mas houve um exemplo particularmente bom.

Sra. Sigg: A revolução dos camponeses.

Prof. Jung: Sim. A Reforma foi evidentemente a destruição da autoridade da Igreja, e então de imediato se seguiu esse levante dos camponeses, pois, quando tais ideias alcançam o homem inferior coletivo, têm o mais destrutivo dos efeitos. A multidão atual consiste em homens das cavernas. A ideia de que cada homem tem o mesmo valor pode ser uma grande verdade metafísica, mas no mundo espaço-temporal é a mais tremenda ilusão; a natureza é completamente aristocrática, e é o erro mais insano supor que todos os homens são iguais. Isso simplesmente não é verdade. Qualquer um, em sã consciência, deve saber que a multidão é mera multidão. É inferior, consistindo em tipos inferiores da espécie humana. Se eles têm almas imortais é assunto para Deus, não para nós; podemos deixar para Ele lidar com as almas imortais dos homens, que presumivelmente estão longe, tão longe quanto estão nos animais. Inclino-me muito a atribuir almas imortais aos animais; eles têm exatamente a mesma dignidade que o homem inferior. Que devêssemos lidar com o homem inferior em nossos próprios termos é completamente errado. Tratar o homem inferior como trataríamos um homem superior é cruel; pior do que cruel, é absurdo, idiota.

Mas isso é o que fazemos com nossas ideias democráticas, e com o tempo veremos que essas instituições democráticas não funcionam, visto que há um equívoco psicológico fundamental ali. O cristianismo fez isso: devemos ao cristianismo que todos os homens sejam iguais e dignificados e besteiras do gênero, que Deus olha todos os homens do mesmo modo. Bem, Ele parece derramar sua graça a todo mundo de um modo absolutamente indiscriminado, mas isso não deve ser levado muito a sério, pois essa distribuição indiscriminada dos bens do céu e da terra não falam a favor de uma origem particularmente previdente. Da mesma forma, se esse fosse o caso, poderíamos dizer: "Como Deus sabe mais, como Ele planejou o espetáculo todo, por que deveríamos erguer um dedo? É inútil". Além disso, é simplesmente blasfemo pregar sobre a divindade que tudo prevê e que tudo pode, e isso prepara o caminho para o ateísmo, pois nenhum homem sensato pode acreditar que o governo do mundo é sábio. Não o é, mas sim caótico. Isso é o que vemos e experienciamos, e o homem não faria nenhum sentido se fosse governado por um deus que soubesse tudo sobre seu destino predestinado. E quanto à nossa ética ou à nossa inteligência?

Pois bem, o que Nietzsche antevê aqui é justamente essa escura nuvem de tempestade que emerge no horizonte quando sentimos compaixão de nós mesmos. Ou seja, se tornamos isso uma verdade geral, se ainda temos o missionário em nós, o pregador cristão que diz a todos o que é bom para eles, certamente suscitaremos uma nuvem de tempestade; suscitaremos o homem inferior nas nações, bem como em nós mesmos. E não seremos capazes de aceitá-lo porque o trouxemos à tona por esforços missionários, ou seja, de um modo coletivo. Pregamos isso a toda uma multidão. Publicamos um livro, e assim o pregamos também a nós mesmos, como mais um na multidão; o homem inferior emerge na forma do mais feio dos homens e evidentemente não é aceitável. Mas, se não o pregarmos à multidão, se o mantivermos para nós mesmos, como uma questão inteiramente individual e pessoal, bem, traremos à tona o homem inferior em nós mesmos, mas de uma forma administrável, não como um experimento político ou social. Podemos então permanecer na forma política ou na forma de sociedade que encontramos em nós mesmos, e podemos nos desculpar como um experimento individual pelo qual sentir pena. *Devemos* sentir pena por nós mesmos; compaixão significa sentir pena por alguém, mas, se trazemos isso à tona com uma fanfarra, como Nietzsche faz, não podemos aceitar esse monstro; ele o convidou a emergir com bandeiras e pífanos e tambores, e por isso tem de fazê-lo regressar ao inferno.

> Mas notai também estas palavras: todo grande amor ainda se acha acima de sua compaixão: pois ele ainda quer – criar o amado!

Ele diz que toda essa compaixão – e isso certamente é Zaratustra falando, não o homem comum Nietzsche – é algo que podemos colocar de lado, pois o objeto de nosso amor, o propósito de nosso amor deve ser criado. Pois bem, o que estamos fazendo realmente? Nós dizemos que ninguém nos ama, ou que sou amado, alguém me ama, mas ninguém fala da necessidade absoluta de criar o que amamos – que temos de criar aquilo que ama e que é amado. Não temos nenhuma responsabilidade quanto a isso; consideramos o amor como o clima ou uma mina de ouro ou uma árvore frutífera que não nos pertence, mas da qual podemos colher frutos, e ninguém pensa numa coisa dessas como criando aquilo que nos ama ou o que amamos. Mas Zaratustra diz que essa é a condição absoluta sob a qual o super-homem pode ser criado; para criar o super-homem, devemos criar aquilo que é a essência do amor, que dá amor e é amado. Não podemos considerar como óbvio que o amor seja algo que simplesmente obtemos em algum lugar. Ele deve ser produzido. Portanto o amor é uma coisa que tem de ser criada, porque ainda não existe. Pois bem, essa é uma ideia muito profunda, e talvez eu não seja capaz de torná-la mais clara. Ele prossegue esse mesmo argumento no verso seguinte, ao dizer:

> Ofereço-me eu próprio a meu amor, *e o meu próximo como eu.*

Vejam, Zaratustra entende por amor um impulso criador que não tem piedade, que cria seu objeto, cria seu propósito, e busca um fim que talvez seja contrário ao homem ou que até mesmo o elimine, um fim que não leva em consideração o homem pessoal. O homem pessoal pode lhe ser subserviente ou pode simplesmente ser atropelado. Esse é o amor criador tal como ele o entende, e essa é a condição sob a qual o super-homem é feito. Daí ele dizer:

> Essa é a linguagem de todos os criadores.
> Todos os criadores, porém, são duros.

Bem, talvez vocês pensem sobre esse assunto, e enquanto isso vamos seguir para o capítulo seguinte, chamado "Dos sacerdotes". E como é que chegamos agora aos sacerdotes?

Sr. Allemann: Porque ele vinha pregando a si mesmo.

Prof. Jung: Sim, ele certamente vinha pregando a si mesmo, e essa é uma aproximação ao sacerdote, mas não basta.

Sra. Crowley: No início do capítulo, ele estava tentando distinguir entre os dois tipos de consciência – a separação do homem animal e a ampliação da consciência –, tentando percebê-los e encontrar alguma espécie de ponte entre eles. Então todo esse desenvolvimento da ideia de amor aparece, e agora esses sacerdotes. A ponte é a ideia de amor. Provavelmente ele precisa de uma enorme quantidade de compaixão para ser capaz de engolir os sacerdotes.

Dr. Harding: Os sacerdotes são compassivos profissionais.

Prof. Jung: Sim, isso é perfeitamente verdadeiro.

Sra. Crowley: Mas eles não seriam apenas os que projetam, em vez de encontrar em si mesmos o homem inferior? E ele projetou isso nos outros.

Prof. Jung: Mas por que Nietzsche precisa falar dos sacerdotes? Ele tinha resolvido isso completamente e agora escreve todo um capítulo sobre eles.

Dr. Harding: Ele era filho de um pastor, e o sacerdote seria sua sombra.

Prof. Jung: Bem, ele teria muito a dizer sobre os sacerdotes, certamente.

Sra. Baumann: Parece-me que há outra ponte: depois do criador, os sacerdotes devem sempre se seguir, para dogmatizar.

Prof. Jung: Sim, e, além disso, perto do fim do capítulo, Zaratustra vem bastante ao primeiro plano com sua ideia extraordinária do amor criador, significando o super-homem. E Nietzsche obtém uma intuição de um perigo iminente, o dessa nuvem de tempestade: ou seja, a possibilidade da revolução do homem inferior ou a impossibilidade de aceitar o mais feio dos homens. Isso significa um problema muito sério, e é um obstáculo muito sério à criação do super-homem, pois a coisa superior só pode ser criada se for erigida por sobre a inferior. O inferior deve ser aceito para construir o superior; caso contrário, é como se estivéssemos tentando construir uma casa suspensa no ar, ou um telhado que não tem fundações. Em primeiro lugar, devemos ir para o chão e para o sujo; devemos sujar as mãos, ou não haverá fundações por sobre a qual construir. Não devemos temer o sujo; temos de aceitar o mais feio dos homens se quisermos criar. Criação significa inferioridade que temos de engolir; só através disso podemos criar algo novo e melhor. Pois bem, sentindo que se deparou com um obstáculo muito sério, Nietzsche descobre – isso se torna inevitável – que há formas ou modos que o homem usou antes em uma situação como essa; o inconsciente coletivo sabe que, ao longo da história do homem, escrita ou não escrita, essa situação repetiu-se inúmeras vezes, e por isso o homem elaborou certas formas de lidar com o perigo coletivo, sendo a Igreja uma das mais poderosas. E a Igreja vive mediante a atividade dos sacerdotes, homens que se devotam à conservação da ordem, da tradição, até mesmo de uma determinada quantidade de cultura. Eles cuidam das leis morais, da necessidade metafísica do homem, para mantê-lo bem abrigado dentro de uma forma.

Esse é um item muito importante, de modo algum deve ser desprezado, pois não há nada para ser colocado em seu lugar. O que colocaremos no lugar da Igreja? O que Nietzsche, por exemplo, colocará no lugar da Igreja? Seria o homem inferior desta época – para não falar até mesmo do homem educado superior de sua própria época – capaz de entender as ideias dele? Teríamos de montar um cavalo muito veloz para entender o que Nietzsche quer dizer; são coisas tremendamente elevadas, que requerem uma extraordinária experiência de vida, ou intuição, para compreendermos ao que ele está conduzindo. É terrivelmente difícil. Ele realmente supõe que o homem comum seria capaz de compreender uma coisa dessas? Ele pode usar a palavra "super-homem", mas o que isso significa para ele? Não há nada para o homem comum nisso, pois o homem comum precisa de algo visível, algo tangível: palavras, ritos; e então ele deve ver que todo mundo está nisso antes de ser válido. O homem inferior é extremamente desconfiado. Ele não confia naquilo que está em pequenas casas, em poucos indivíduos, mas acredita em grandes reuniões, em grandes estatísticas. Por exemplo, se alguém lhe diz que nos Estados Unidos há tantos milhões que acreditam em tal coisa, ele tentará acreditar naquilo também – então está certo. O argumento dele é que muitas pessoas estão fazendo o mesmo. E, na Igreja, muitas pessoas fazem a mesma coisa. A Igreja diz: "Eu sou muitos – muitas pessoas acreditam em mim". Na Igreja Protestante eles também fazem isso – ao menos tentam desesperadamente fazê-lo, falando sobre seus cinquenta milhões de protestantes. Como vocês sabem, na conferência ecumênica de Estocolmo[110] eles também tentaram dizer que eram muitos, para fazer o homem inferior acreditar, desse modo, que eles eram bons, e bonitos e verdadeiros; o único argumento deles para sua verdade particular é que muitos acreditam nela ou estiveram lá. Portanto Nietzsche depara-se com esse terrível problema, o que

---

110. A conferência ecumênica de Estocolmo, em agosto de 1925, com cerca de seiscentos representantes de trinta e sete países, foi uma das precursoras da fundação do Conselho Mundial de Igrejas em 1948.

fazer com o homem inferior coletivo – e eis a Igreja. É um grande problema, como vemos pela maneira como ele fala. Há uma espécie de silêncio. Ele diz:

> E certo dia Zaratustra fez um sinal a seus discípulos e disse-lhes estas palavras: Ali estão sacerdotes: e, embora sejam meus inimigos, passai por eles em silêncio e com a espada na bainha!

Isso está perfeitamente claro. Ele silencia a presença desses sacerdotes e mantém suas armas junto a si.

> Também entre eles há heróis; muitos deles sofreram muito – assim, querem fazer outros sofrer.
>
> Eles são maus inimigos: nada é mais vingativo do que sua humildade. E suja-se facilmente aquele que os ataca.

Como vocês veem, ele começa a se enfurecer.

> Mas meu sangue é aparentado ao deles [...].

Sim, o pai dele foi um clérigo.

> [...] e quero que meu sangue seja honrado também no deles.
>
> Após haverem passado, Zaratustra foi tomado pela dor; e não muito tempo havia lutado com sua dor, quando se ergueu e pôs-se a falar: Esses sacerdotes me causam pena. Também me ofendem o gosto; mas isso é o mínimo, desde que me acho entre os homens.

Ou seja, entre os homens que têm geralmente mau gosto.

> Mas eu sofri e sofro com eles: para mim, são prisioneiros e homens estigmatizados. Aqueles a quem chamam Redentor lhes pôs cadeias.

Eis a questão. Ele não pode impedir-se de reconhecer a importância extraordinária dos sacerdotes e da Igreja. Ele não é o iconoclasta comum; pode ver que há algo por trás, embora seja sacerdote demais para suportar outro sacerdote. Eles nunca suportam uns aos outros. Concordam totalmente que é sumamente bom ter propósitos espirituais, mas devem ser de sua própria Igreja; as outras Igrejas estão totalmente erradas, são piores do que o pior pecador, imperdoáveis. Negam até que elas existam. Por exemplo, quando sugiro a certos teólogos que o budismo também é uma religião perfeitamente decente, eles dizem: "Oh, não nos preocupamos com o budismo". Eles só se preocupam com o esforço espiritual de sua própria Igreja. Mas isso deve ser assim: se uma igreja não for intolerante, não existe. Ela deve ser intolerante para ter uma forma definida, pois é isso que o homem inferior exige. É sempre um sinal de inferioridade exigir a verdade absoluta. O homem superior fica bastante satisfeito pelo fato de o estado supremo da vida ser a dúvida da verdade, em que é sempre uma questão se ela *é* uma verdade. Uma verdade definitiva está morta. Não há chance de desenvolvimento, portanto o melhor é uma meia-verdade, ou simplesmente a dúvida. Nesse caso, temos certeza de que tudo o que sabemos está em um estado de transformação, e só uma coisa que muda está viva. Uma verdade viva muda. Se é estática, se não muda, está morta.

Mas a dúvida não é boa para as Igrejas e é muito ruim para o homem inferior. O homem inferior não pode suportar a incerteza com relação à sua verdade, e só é realmente feliz quando muitas pessoas acreditam naquela mesma verdade. Ele quer dormir na igreja, ter uma cama segura na qual dormir sem questionamentos; caso contrário, não tem paz e não pode confiar e acreditar no que os sacerdotes dizem para ele acreditar. Essa é a psicologia do homem inferior. A Igreja é feita para o homem inferior e, na medida em que somos todos inferiores, precisamos de uma igreja; é uma coisa muito boa. Portanto o homem sábio nunca a perturbará. Ele dirá: "Graças a Deus que temos uma igreja, pois seria um inferno terrível se todos aqueles animais se soltassem". Vejam, a Igreja também poderia ser descrita como um estábulo espiritual para animais superiores com um bom pastor – claro que o bom pastor simbolizava o Senhor. Somos todos ovelhas, e provavelmente existem lobos e até mesmo touros, mas em todo caso o bom pastor sabe o que é bom para eles. Que ele lhes dê bom pasto é o que a ovelha espera do pastor; essa é a legítima expectativa deles. Assim, bons pastores realmente devem saber o que é bom para outras pessoas; e elas devem ser muito gratas, pois, uma vez que são ovelhas, nada podem fazer de melhor. Daí a Igreja ser considerada, sob todos os aspectos, uma coisa absolutamente desejável, e quanto mais católica e autoritária ela for, melhor para o homem inferior.

Mas naturalmente o que é bom para o homem inferior é ruim para o homem superior. O homem superior, o homem criador, que não encontra sua satisfação na paz e na confiança e na crença, não pode satisfazer-se com a Igreja. A Igreja é para ele o inferno, uma prisão. Qualquer tipo de crença é simplesmente o inferno, porque ele deve criar, e se está aprisionado por convicções, pela verdade eterna ou por algo do tipo, ele não é apenas miserável, mas se sufoca, morre. E então, evidentemente, ele pensa que a Igreja está errada, esquecendo inteiramente que ela está talvez 90% certa, até nele próprio. Quero dizer que ele é católico até o pescoço e além disso pagão, porque até esse ponto ele é histórico – só um pouquinho de sua existência vai além. É por conta desse pouco de existência além que ele combate a Igreja; ele a insulta e acusa, ou tenta dissolvê-la, se possível. Esse conflito continua no início do capítulo. Primeiramente, Nietzsche tem de reconhecer a importância e a inevitabilidade da Igreja, e então se enfurece e vai contra ela porque não pode suportar seu próprio homem inferior, a presença da ovelha nele. Não pode suportar o cheiro do estábulo. Mas, como ele mesmo tem o cheiro do estábulo, seria melhor reconhecer isso e admitir que ele é uma das ovelhas.

Sra. Jung: Penso que, sempre que ele faz afirmações tão extremas como nessas últimas passagens, seu inconsciente reage. Ele próprio estava falando como um sacerdote.

Prof. Jung: Você entende que essa parte em que ele se enfurece é a reação contra a atitude sacerdotal anterior? Sim, é verdade. O fim desse capítulo, a atitude sacerdotal, leva-nos ao capítulo sobre os sacerdotes. Pois bem, chamei a atenção de vocês para essa passagem muito interessante em que ele diz: "Ofereço-me eu próprio a meu amor, e o meu próximo como eu". Vejam, esse é o sacrifício na missa, em que o sacerdote oferece a si mesmo e a comunidade ao amor de Cristo, mas isso para produzir o milagre da transubstanciação. E originalmente um sacrifício humano era oferecido para produzir o milagre do renascimento, do crescimento, da fecundidade etc. Isso soa como uma fórmula sacrificial antiga: "Ofereço-me eu próprio a meu amor". Em vez do amor, ponham o equivalente, "Deus", e terão: "Ofereço-me eu próprio a Deus, e o meu próximo como eu". Isso é aproximadamente o que o padre diz na missa.

Então Zaratustra diz aqui: "Aqueles a quem chamam Redentor lhes pôs cadeias". Os sacerdotes, como representantes da Igreja, estão evidentemente no mesmo confinamento, na mesma prisão, do que as ovelhas. O pastor não tem sentido sem as ovelhas; devem ficar juntos, acreditar no mesmo sistema. São simplesmente dois aspectos diferentes de uma mesma coisa. Portanto um sacerdote que não é prisioneiro não faz sentido. Assim que descubramos que o próprio sacerdote não acredita nos dogmas de sua Igreja, ele não tem mais valor; ficamos com dúvida e suspeitamos de que ele seja um hipócrita, um enganador. Por isso a Igreja Católica tinha de ser um pouco "ampla" nesse sentido. Tinha de dar aos sacerdotes uma chance maior, ou não teria sido capaz de lidar com os membros mais eruditos da Igreja. Não podem insistir em que certos dogmas sejam tomados literalmente demais, mas sim dizer: "Claro que vocês devem acreditar nisso. É o dogma da Igreja, por isso, formalmente, vocês têm de admiti-lo, mas naturalmente é muito compreensível que vocês pensem de outro modo. Todavia, é muito melhor para a Igreja que vocês não discutam isso, visto que a Igreja existe para as pessoas mais ou menos fracas de cabeça ou fracas na fé; vocês podem protestar contra certos dogmas, mas fiquem calados acerca disso, pois a Igreja é a casa construída para os pobres e não deveria ser perturbada. Vocês não perturbariam as mentes de seus próprios filhos com ideias estranhas ou dúvidas, portanto tenham cuidado com o que dizem".

Isso é quase que literalmente o que um jesuíta muito competente me disse. Esse ponto de vista torna-se necessário assim que a Igreja tem de lidar com os membros mais sofisticados da sociedade humana. Por exemplo, um embaixador papal, um excelente conversador, certa vez teve uma conversa muito intensa com uma senhora em um jantar diplomático, e fez o comentário: "Como você sabe pelo *Roma*, de Zola..."[111]. Ela fez uma anotação mental disso e, na oportunidade seguinte, disse-lhe: "Quero perguntar-lhe, Eminência, se Zola não está no *Index*". "Ah, sim, claro, mas não para a senhora, nem para mim". Esse é o ponto de vista mais perigoso, embora seja bastante compreensível. *Quod licet Jovi, non licet bovi*, "o que é permitido a Júpiter não é permitido a um boi". Esse é um fato, e quem quer que observe essa verdade é sábio. Assim leva em conta as diferentes necessidades dos homens e as diferentes esferas mentais. E mitiga a sina das pessoas que estão aprisionadas porque devem estar. Elas *precisam* ser prisioneiras e são muito mais infelizes se não têm seu repasto regular. Se colocarmos as ovelhas a céu aberto e não cuidarmos delas, logo se dispersarão e morrerão – os lobos as comerão. Mas se as mantivermos no estábulo, elas terão paz; alguém está olhando por elas, e isso é o que o homem inferior quer. Portanto o Salvador, que é compreendido como sendo um libertador, fez uma prisão, uma espécie de grande hospital para doenças mentais, uma instituição psicoterapêutica na qual as pessoas são mantidas e tratadas e alimentadas, pois, enquanto a verdade da Igreja é válida, ela nutre aquelas pessoas; elas são alimentadas. Não devemos esquecer que o dogma da Igreja exprime a fé. É uma fórmula simbólica que é boa para um nível inferior de entendimento, em que as coisas só podem ser entendidas quando são projetadas.

E se lemos esses símbolos em um nível subjetivo e os traduzimos em uma linguagem mais psicológica, vemos de imediato que eles fazem sentido – que são até mesmo ideias extraordinariamente profundas e úteis para que mediemos sobre elas. O mistério da Trindade, por exemplo, é imensamente profundo, exprimindo os fatos mais básicos de nossa mente inconsciente; por isso é bastante compreensível que tenha desempenhado um papel tão grande[112]. Assim não podemos desprezar aqueles dogmas eclesiais como perfeitamente inúteis e sem sentido. Eles são expressões cuidadosamente elaboradas que têm certos efeitos no inconsciente, e, à medida que a Igreja é capaz de formular tais coisas, isso tem um poder capturador. Os muros da Igreja se mantêm. São fortes. As pessoas vivem em paz dentro desses muros e são alimentadas pelo tipo certo de dogma, um dogma que realmente exprime os fatos inconscientes tais como são.

Esse é o segredo da vida da Igreja, a explicação do fato de que as nações verdadeiramente católicas têm muito menos problemas do que nós. Se falarmos dessas coisas na Itália ou na Espanha, ninguém entende uma só palavra; quando falo do inconsciente coletivo em Paris, eles pensam que estou falando de misticis-

---

111. Após Emile Zola e sua esposa terem feito uma visita a Roma, ele publicou seu livro *Fécondité* (Fecundidade) (Paris, 1896), com grande aclamação.

112. Jung aqui repete sua exposição da *homoousia* e *homoiousia*.

mo. Por quê? Porque, dizem eles, isso é religião, e não psicologia. Não lhes ocorreu que a religião pudesse ser psicologia. Eles podem ser ateus, mas sabemos o que é um ateu: simplesmente um homem que está fora, em vez de dentro dos muros da igreja. Em vez de dizer, sim, eu acredito que você exista, ele fica fora da casa e diz: "Não, eu não acredito que você seja Deus". Essa é a única diferença: um ateu é simplesmente tão católico quanto aqueles que estão dentro dos muros. Por isso eles não conseguem entender sobre o que a psicologia moderna está falando, pois todo esse mundo de problemas, os símbolos com os quais estamos lidando, ainda estão, para eles, dentro dos muros da igreja, emparedados e a salvo. Ali estão, totalmente codificados; cada problema foi tratado pelos padres e por toda a tradição de aprendizado e sabedoria em que a Igreja consiste. Pois bem, esse é um grande ativo. Torna a vida definitivamente mais simples e segura, e poupa a pessoa de muitas preocupações. Bem, é claro que até mesmo um católico se preocupa, como nós nos preocupamos, mas não exatamente do mesmo modo; em contraposição conosco, eles são mantidos naquela água-viva da Igreja. São os peixinhos na piscina, as ovelhas no rebanho. Bem, eis que chega a Revolução Francesa, o Iluminismo, com Nietzsche:

> Cadeias de falsos valores e palavras ilusórias! Ah, se alguém os redimisse de seu Redentor!
>
> Numa ilha acreditaram certa vez aportar, ao serem arrastados pelo mar; mas olha, era um monstro adormecido!

É claro que, assim que estamos fora dos muros da igreja, um peixe em terra seca, e dizemos: "Que terrível! Aqueles pobres peixes lá dentro estão se afogando na água – eles devem estar sufocados", e não vemos que nós mesmos, lançados na terra seca, somos aqueles que realmente foram abandonados à perdição. Nietzsche não pode nos convencer das tremendas vantagens de estar fora dos muros da igreja se formos ameaçados pelo manicômio; seria preciso notar que é uma condição miserável não estar no colo do rebanho, não estar nos estábulos quentes, não ser cuidado pela amorosa mãe Igreja ou pelo amoroso pai que nos guia como um bom pastor. E as pessoas que estão fora – aparentemente, pelo menos – tentam criar o mesmo tipo de coisa em sua própria família. Tornam a família sua morada e criam infinitos problemas. Criam uma sociedade, por exemplo, ou uma seita com um propósito nobre, tornando essa sociedade responsável pelo seu bem-estar espiritual, pois ainda querem uma igreja; têm todos os seus tentáculos fora de si mesmas para se prender em algum lugar, aderir a alguma coisa. Se não estão em uma igreja, agarram-se aos braços do pai e da mãe e dos irmãos e das irmãs e sabe Deus o que mais – agarram-se aos muros da família como um polvo e esperam paz espiritual. Ou se casam, e então é o marido que está errado ou a esposa que está errada, ou, se são membros de uma sociedade, é a sociedade que está errada ao não fazer o que elas esperam. Ainda não aprenderam que, quando estão fora da igreja, distantes do colo da mãe amorosa, são peixes em terra seca e que devem se manter por si mesmas, se não preferem morrer.

Isso é o que ocorre ao homem que está fora da Igreja: ele tem de aprender a alimentar-se a si mesmo, já sem uma mãe para colocar a colher em sua boca. Não existe ser humano capaz de oferecer o que é oferecido pela Igreja. A Igreja oferece tudo isso naturalmente; na medida em que somos membros da Igreja, recebemos o *panis super substantialis*; ao participar da comunhão, recebemos o alimento espiritual e somos espiritualmente transformados. Vocês acham que algum pai ou mãe ou madrinha ou tia ou algum livro pode produzir o milagre da transubstanciação? Se você próprio pode providenciar isso, então você é todo o mistério da Igreja: você *é* a transubstanciação. Se você pode entender isso, pode ter o alimento espiritual todos os dias; então você sabe o que isso custa e entende o que a Igreja custa e o que ela significa. Bem, esse é geralmente um lado do problema que as pessoas não levam em conta; saem da igreja no mesmo estado de infantilidade com que entraram nela, como ovelhas e coletivas, simplesmente apegadas a seu entorno e às pessoas com quem estão em contato, sempre esperando de outras pessoas o que deveriam esperar de si mesmas. Não veem que deveriam manter-se por si mesmas.

Infelizmente, é o destino comum; mesmo o ateu que está sempre gritando para Deus "eu não acredito que você exista!" – mesmo um homem como esse já está no caminho de perder a Igreja inteiramente. Vejam, enquanto podemos ser um membro de um clube ateu ou algo do tipo, não estamos realmente fora da Igreja. Ela ainda está à vista, dentro de nosso alcance – com um salto estamos dentro; só temos de confessar e nos arrepender e estamos dentro novamente. Mas não devemos observar a Igreja de fora se queremos viver nela. Estando dentro da Igreja, não devemos pensar em pessoas inferiores e superiores; tais considerações não acontecem na Igreja; lá vivemos no estado paradisíaco original, em que todas as pessoas são como ovelhinhas amorosas. Claro, existem pessoas más do lado de fora, mas acreditamos que as pessoas dentro da Igreja são realmente boas. Essa é uma situação inequívoca: todas as pessoas de dentro estão certas e as pessoas de fora estão erradas. Isso dá uma clareza e uma simplicidade de vida que é notável e bela. Claro, estamos tão longe dessa psicologia que somos até mesmo convictos de que aquelas pessoas que vivem no país do lado de lá da fronteira não são todas necessariamente demônios. Mas o homem primitivo acredita que todas elas são demônios do outro lado do rio, e quando vê uma, mata-a imediatamente, como se fosse uma cobra venenosa.

Enquanto podemos nos sentir assim, temos uma firmeza e uma unidade em nossa própria tribo que é maravilhosa, porque nada une tanto as pessoas quanto o vício, um malfeito comum. Se podemos fazer algo coletivamente a nosso vizinho, estamos em um estado maravilhoso. Na Igreja, portanto, é parte da vida das pessoas combater o seu inimigo. Por exemplo, quando a Igreja era ameaçada de cair aos pedaços, eles acenderam aquelas fogueiras na Espanha e queimaram cem mil hereges, e isso foi bom para a Igreja. Tinham eliminado aquela fera exterior, e assim se sentiram bem em seu interior. Na época da Reforma, uma grande parte da Igreja cristã foi explodida, e essa ferida nunca foi curada; o protestantismo é uma ferida purulenta no corpo da Igreja, a ferida infecta no corpo de Cristo que tem sido supurada desde então. Portanto, quando estamos fora da Igreja, naturalmente alcançaremos esse estágio no qual Nietzsche está aqui; então veremos a Igreja como uma ilha de refúgio, que se revela como o monstro de Simbad: fizeram uma fogueira nas costas dele, que sentiu a dor daquilo e mergulhou na água, e todos se afogaram[113].

Falsos valores e palavras ilusórias [...].

Isso é o que as pessoas pensam e é simplesmente estúpido, nada mais. Ninguém que tenha pensado crítica e cientificamente sobre os dogmas da Igreja pode dizer que são palavras ilusórias, tão pouco que as doutrinas de Buda ou Maomé sejam palavras ilusórias ou falsos valores. São verdadeiros valores – certos enquanto funcionam. Mas só funcionam sob certas condições. Portanto, na ciência comparada da religião, sempre é preciso perguntar sobre o país, as condições e o tipo de pessoas aos quais ela pertence; então compreendemos por que eles têm esse tipo de doutrina, e podemos extrair conclusões, a partir da doutrina, sobre a natureza das pessoas às quais ela é pregada. Que religião prega o amor? O amor cristão foi pregado àqueles que precisavam dele, que não o tinham; eles eram cruéis demônios do poder e por isso acreditaram no amor. Os persas sempre foram conhecidos na Antiguidade como sendo porcos sujos, e por isso têm a religião mais limpa, pura – eles *precisavam* desse tipo de religião.

Portanto cada dogma, cada forma de religião, é um tremendo problema; se formos inteligentes o bastante, talvez possamos compreender, mas, caso contrário, deveríamos simplesmente admitir que somos estúpidos demais para compreender essas coisas profundas, e assim seria melhor deixá-las de lado – em vez de maldizê-las. Se declaramos que essas coisas são falsos valores ou palavras ilusórias, estamos rejeitando o mais feio dos homens em nós mesmos; o homem inferior crê que esse é o alimento da vida eterna. E se tiramos dele seu alimento e o jogamos para

---

113. Simbad e seus marinheiros aportaram em uma pequena ilha que se revelou uma enorme baleia quando eles fizeram uma fogueira, e então mergulharam no mar. Alguns intérpretes ligaram partes de *As mil e uma noites* à *Odisseia*.

fora de casa, expulsamos a nós mesmos de nossa própria casa e não sabemos como isso aconteceu; nós nos desenraizamos ao caluniar a verdade na qual o homem inferior crê e na qual está enraizado. Lembrem-se de que não podemos desfazer tradições históricas; tudo o que está na história está na história para sempre, no ventre seguro da eternidade, que mortal nenhum pode alcançar. Está lá e sempre estará lá. Portanto jamais podemos eliminar o fato de que fomos, digamos, católicos ou qualquer outra coisa; temos uma história que está sempre conosco, portanto tenhamos o cuidado de não negá-la. É então como se tivéssemos apendicite e não pudéssemos ser operados; temos apendicite, mas não temos apêndice, e se o apêndice não existe, não pode ser cortado. Como veem, estamos em uma desvantagem assustadora. Por exemplo, se um de nossos demônios está errado em nosso inconsciente, e não acreditamos em nossa psique histórica, então não temos demônios. Mas então do que se trata? Qual é o problema? Podem nos dizer que nossas glândulas falharam e nos dar injeções, e então os demônios riem, porque isso está dentro dos seus planos. Eles têm interesse em nos fazer acreditar que não existem, pois então podem operar nas trevas, e tanto mais a salvo porque zombamos deles. Agora Zaratustra fala como um homem do século XVIII:

[...] esses são os piores monstros para os mortais [...].

"*Écrasez l'infâme*", disse Voltaire[114].

[...] longamente dorme neles a fatalidade, e espera.

Mas enfim chega, desperta, come e engole os que sobre ela construíram choupanas.

Oh, observai as choupanas que esses sacerdotes construíram! Chamam de igreja essas cavernas de cheiro adocicado.

Esse é agora o mal-entendido comum quando alguém devotou sua vida a uma causa. Então todas as pessoas que não entendem a causa, que nada sentem por uma causa ou que nunca ouviram falar de causas pensam que uma pessoa dessas está simplesmente fazendo isso para seu próprio prazer, ou sacrificando sua vida pela própria ambição. Pensem na existência de um sacerdote comum! Ele está vivendo sua miserável vida simplesmente em interesse próprio? Não é possível. Essas pessoas têm de ser levadas a sério: elas realmente sacrificam suas vidas, vivem vidas solitárias em nome da causa. Se não fosse assim, a Igreja certamente não existiria; o poder da Igreja Católica vem de os sacerdotes em geral viverem vidas miseráveis, aceitarem esse destino lastimável. Se observarmos uma vida dessas,

---

114. Em uma carta a D'Alembert, em 28 de novembro de 1762, Voltaire escreveu: "Faça o que fizer, esmague o infame... e ame quem te ama". As últimas linhas de *Ecce Homo*, de Nietzsche, são: "*Écrasez l'infâme. – Fui compreendido? – Dionísio contra o Crucificado*".

ficaremos impressionados com sua miséria, tolerada e levada adiante pela causa. E isso funciona.

Oh, essa luz falseada, esse ar abafado! Ali, onde a alma não pode – voar até suas alturas!

Naturalmente, se a pessoa é amaldiçoada ou abençoada pelo instinto criador, não pode permanecer em casa, mas deve saber que, quando deixa sua casa paterna, é o filho perdido que tem de viver no deserto. E então não pode caluniar a casa paterna, ou será suspeito do quê?

Srta. Wolff: De inveja.

Prof. Jung: Naturalmente. Ele quer voltar para casa, aos bordéis do Egito, à segurança da Igreja; há realmente um desejo secreto, uma aspiração de retornar à comunidade espiritual na Igreja. Que outra coisa poderia ser quando Nietzsche, por exemplo, pensou em um monastério de *Kultur*? Ele pensou que nossa civilização estava ameaçada e que deveríamos fundar monastérios de novo para as pessoas que tentam manter o nível da civilização. Graf Keyserling tinha a mesma ideia, e eu tive de perguntar-lhe se ele realmente pensava que ficaria com outras pessoas em um monastério[115].

Mas, em vez disso, sua fé ordena: "Subi de joelhos a escada, ó pecadores!"

Ele compreende de modo inteiramente errado a necessidade de disciplina em um corpo como a Igreja. Claro, ele pertence àquela época; isso foi escrito nos anos 1880, ainda muito perto da Revolução Francesa, e para aqueles dias era uma necessidade vital que tais coisas fossem ditas. Não podemos fazer retroceder a roda da história, isso simplesmente teve de seguir esse caminho. Teve de acontecer de que aquelas pessoas que não estavam mais na Igreja fizessem uma clara ruptura com ela, que se separassem definitivamente da possibilidade de regressão, pois, se fazemos uma regressão quando já estamos fora, esta é realmente uma má regressão, com todas as suas terríveis consequências – e então é sábio dizer que a coisa toda era um erro. Se sabemos que iremos para o deserto quando deixarmos a Igreja, é certo e bom que sejamos um herói, mas não recuemos. Se dissermos "mas isso é um deserto!" e voltarmos para casa de novo, isso evidentemente não tem qualquer mérito. É apenas covardia, e merecemos ser jogados na cela da Igreja, merecemos ser enterrados. Daí que pessoas que regressam sob tais condições não sejam prósperas[116].

---

115. Sobre Keyserling, cf. 2 de maio de 1934, n. 26.

116. Jung repete agora seu relato de como Angelus Silesius regressou.

Claro, nem sempre ocorre desse modo. Há certos protestantes para quem é muito melhor voltar ao catolicismo, pois não estavam destinados a prosseguir seu desenvolvimento espiritual. Há uma longa extensão pela qual podemos perambular; podemos começar, digamos, com a muito elevada concepção anglicana, e então podemos perambular pelos séculos até chegarmos a alguma forma moderna de protestantismo e morrermos, tendo atravessado todos os estágios da história protestante. Mas, se pudermos continuar nossa viagem, poderemos chegar ao último pico, em que seremos confrontados com Deus a sós. Bem, temos então, por exemplo, Karl Barth, com quem podemos morrer, ou podemos facilmente morrer, nesse ínterim, sem ter coberto todo o *parcours*[117]. Mas há pessoas mais rápidas, e elas atravessam a toda velocidade o último estágio do drama e vão além até mesmo de Karl Barth; então, é claro, caem completamente fora do templo cristão, até mesmo fora dos arredores, e chegam ao deserto. Esse é o destino que se tornou um problema coletivo hoje em dia. Mas Nietzsche ainda é obrigado a combater a Igreja e o conceito que ela tem de Deus. Caso contrário, ele poderia desejar à Igreja muitos retornos felizes e ficar feliz de que toda a preocupação estivesse aumentando e que ele nada tinha a ver com isso – feliz de que se cuidasse dessa parte do mundo da qual ele não poderia cuidar.

> Chamaram Deus ao que os contradizia e lhes causava dor; e, em verdade, havia muito de heroico em sua adoração!
>
> E não souberam amar seu Deus de outra forma senão pregando na cruz o ser humano!

Novamente essa ideia da humanidade, contra a crueldade e assim por diante, não sabendo que ele próprio está pregado na cruz. As pessoas que cresceram na Igreja não foram treinadas para abrir os olhos e ver; só lhes era permitido ver por projeção. Deveria ter-lhes sido ensinado que *elas* estão pregadas na cruz, deveria ter-lhes sido mostrado *onde* elas estão pregadas na cruz. Nenhum pároco jamais fez isso – claro que não. Ele teria quebrado os muros da Igreja; mas, se estamos fora da Igreja, temos uma chance de ver até que ponto estamos pregados na cruz. Mas Nietzsche ainda está fascinado demais; ele não o vê, mas pensa que isso só se encontra dentro da Igreja, e que fora está tudo bem. Mas ele não está satisfeito com todas as belezas do lado de fora; Nietzsche tem de olhar para trás e amaldiçoar as coisas que vê ali. O que ele não vê é que está pregado na cruz.

> Como cadáveres pensaram eles em viver, de preto vestiram seu cadáver, também em suas falas eu sinto o mau cheiro das câmaras mortuárias.

---

117. *Parcours*: rota, viagem.

E quem vive perto deles vive perto de negros lagos, onde o sapo agourento canta com doce melancolia.

Canções melhores eles teriam de me cantar, para que eu aprendesse a acreditar em seu Redentor: os discípulos deste teriam de me parecer mais redimidos!

Nus eu desejaria vê-los: pois a beleza deveria pregar penitência. Mas a quem persuadiria essa aflição mascarada?

Em verdade, seus próprios Redentores não vieram da liberdade e do sétimo céu da liberdade! Em verdade, eles nunca andaram sobre os tapetes do conhecimento!

O espírito desses Redentores era feito de lacunas; mas em cada lacuna haviam posto sua ilusão, seu tapa-buraco, que chamavam de Deus.

Isso também é o mal-entendido coletivo que não dá àqueles valores que viveram por tanto tempo o crédito de ter alcançado um significado vivo e cumprido uma função positiva. É a lamentável miopia do Iluminismo. Nunca se dão ao trabalho de investigar essas coisas e ver se elas realmente funcionam. Somente a falta de conhecimento explica tais ilusões peculiares de julgamento, e vemos isso projetado nesta passagem: "Em verdade, eles nunca andaram sobre os tapetes do conhecimento!" Eles [os Redentores] tinham mais conhecimento do que Nietzsche da estrutura interna e do significado espiritual do dogma.

Palestra VIII
24 de junho de 1936

Prof. Jung: Tenho aqui duas questões que são muito diferentes na forma, mas que têm relação praticamente com a mesma coisa. A Srta. Hannah diz: "Eu ficaria muito grata se você falasse um pouco mais sobre os últimos três versos do capítulo 25, 'Dos compassivos'. Quando Shakespeare pergunta 'O que é o amor?', poderíamos dizer que, pelo menos em parte, é o anseio de criar todo um ser humano, de individuação? O trecho *e o meu próximo como eu* não seria antes uma observação otimista, pois podemos amar até criar o 'amado' em nós mesmos?"

Você se refere aos versos: "Mas notai também estas palavras: todo grande amor ainda se acha acima de sua compaixão: pois ele ainda quer – criar o amado! 'Ofereço-me eu próprio a meu amor, *e o meu próximo como eu*' – eis o que dizem todos os criadores. Mas todos os criadores são duros". Bem, você quer dizer que a individuação é a verdadeira meta do amor e isso não é possível sem tentar criar o que é amado. Isso implica o fato de que devemos amar a nós mesmos para criar a nós mesmos. É isso o que você quer dizer?

Srta. Hannah: Sim, exceto que eu quero saber o que é o amor.

Prof. Jung: Bem, o que *é* o amor? Naturalmente chegamos a essa questão, e ela não pode ser respondida com facilidade. O que é a verdade? Vocês sabem que essa é a famosa pergunta de Pilatos. Pois bem, "ama teu próximo como a ti mesmo" é realmente uma fórmula muito profunda; claro, uma inclinação mais extrovertida insiste no próximo, e uma mais introvertida insiste em nós mesmos, e ambas são legítimas, visto que jamais podemos alcançar a nós mesmos sem amar nosso próximo – isso é indispensável; nunca chegaríamos a nós mesmos se estivéssemos isolados no topo do Monte Everest, pois nunca teríamos uma chance de conhecer a nós mesmos. Não teríamos meios de comparação e só poderíamos fazer uma diferença entre nós mesmos e o vento e as nuvens, o sol e as estrelas, o gelo e a lua. E, se nos perdermos na multidão, no todo da humanidade, também não chegaremos nunca a nós mesmos; assim como podemos nos perder em nosso isolamento, podemos também nos perder no abandono total à multidão. Portanto quem insistir em amar seu próximo não pode fazê-lo sem amar a si mesmo até certo ponto. Cair no princípio extrovertido e seguir o objeto e esquecer de si mesmo é justamente como ir para o deserto e perder a humanidade. Sempre cometemos o erro de nos tornarmos vítimas dos pares de opostos. Logo só estamos certos em seguir a prescrição "ama teu próximo como a ti mesmo" quando também temos o direito de dizer "ama a ti mesmo como a teu próximo". Se somos corajosos o suficiente para amar nosso próximo, devemos ser justos o bastante para aplicar esse amor a nós mesmos, seja o que for esse amor.

É muito questionável o que é o amor. Há algo que as pessoas chamam de "amor" mas que ninguém sentiria como amor se fosse aplicado a elas. O amor pode ser alguma coisa entre a pior estupidez e uma grande virtude, e só Deus pode dizer se é ouro perfeitamente puro. Na maior parte das vezes não é; é uma escala escorregadia de valores. Certamente nenhum amor humano é 100% ouro puro. Sempre existe a possibilidade de criticar o que as pessoas chamam de "amor"; uma quantidade incerta de egoísmo está incluída aí. Não existe amor absolutamente privado de egoísmo. Até mesmo a devoção e o amor de uma mãe por seu filho são egoístas, cheios de substância negra, com apenas um pequeno excedente que podemos chamar de amor ideal. Ao tirarmos um pouco, teremos quantidades equivalentes de preto e branco, e, se tirarmos um pouco mais do branco, o preto o subjuga. Então perceberemos que a coisa toda pode ser explicada como instintividade, falsidade, egoísmo, egocentrismo e inconsciência. Assim que o branco se afoga na substância negra, podemos chamar tudo de negro, porque vemos tudo pelo lado negro. No capítulo seguinte, Nietzsche explica toda a virtude – que geralmente se admite ser algo certo e bom – como egoísmo, de certo modo. Por exemplo, podemos considerar todas as virtudes morais como esperteza; se somos agradáveis com as pessoas, se aparentamos amá-las, isso é sabedoria prática, porque então evitamos inimigos. É muito prático não ofender as pessoas: é preferível criar menos hostilidade. Ser honesto é preferível a ser desonesto, porque, caso contrário, vamos parar na cadeia. E assim por diante – tudo pode ser explicado desse modo. Isso responde a sua pergunta?

Srta. Hannah: Sim, na medida do possível.

Srta. Wolff: Penso que a Srta. Hannah perguntou – se compreendi corretamente – se não deveríamos primeiro nos individuar, antes que possamos realmente amar, e eu diria que não podemos nos individuar sem nos relacionar.

Srta. Hannah: Eu quis dizer: a individuação não seria um estágio preliminar, antes que possamos amar? O verdadeiro amor a outras pessoas, assim como o amor a nós mesmos, não visa a essa totalidade?

Prof. Jung: Bem, sim, ambas as coisas visam à totalidade; no primeiro caso, há mais ênfase em nós mesmos, e, no outro caso, em quem amamos.

Srta. Hannah: Bem, nós sempre projetaremos.

Prof. Jung: Mas não é uma projeção quando supomos que os outros existem – penso que você, então, está a caminho do Monte Everest. Pois bem, eis outra questão que lida com algo semelhante: o Dr. Neumann pergunta se a atitude negativa de Zaratustra com relação à multidão não seria, na verdade, a rejeição da função inferior, ou do "mais feio dos homens", para usar o termo de Nietzsche. Bem, *foi* a multidão que criou *la déesse Raison* da Revolução Francesa em oposição à Igreja, o que significa que a multidão ali enfatizou a importância da consciência humana, sendo a razão humana certamente uma das virtudes mais elevadas da consciência. Nesse caso, então, a multidão teria sido a criadora de um ideal humano elevado, em contraste com a Igreja, que não insiste e não pode insistir na razão humana; ela insiste, em vez disso, na mente divina e na linguagem irracional do símbolo. Assim deveríamos reconhecer uma extraordinária criatividade, uma produtividade, no homem coletivo, e essa atividade coletiva seria a manifestação do criador cego ou inconsciente. E seria esse criador divino e cego que suscita a questão e a resposta de uma nova criação – essa ênfase posta na razão humana, por exemplo. O indivíduo humano foi posto em primeiro plano, assim como a avassaladora importância da consciência. Esses são dois pontos que sem dúvida desempenham um grande papel na psicologia moderna, e também no *Zaratustra* de Nietzsche. Logo o crescimento do indivíduo, o problema da individuação, depende da função inferior e, portanto, em última instância, da multidão.

Pois bem, sem dúvida é verdade que nossa função inferior tem todas as qualidades da psicologia das massas: é nossa própria multidão, mas nessa multidão está a vontade criadora. A vontade criadora sempre começará nas profundezas, e nunca começa no topo. Poderíamos dizer que a semente realmente cresce na árvore filosófica, e então cai no chão, dentro das massas; as massas certamente são a terra fértil ou a incubadora ou a pilha de esterco em que a criação cresce, pois a semente não é a árvore, e a semente não *faz* a árvore, a não ser que haja a terra negra; a substância negra é necessária para criar alguma coisa na realidade. Assim, como diziam os alquimistas, até mesmo o ouro deve ser plantado na terra como a semente de uma planta. É indispensável que a consciência e o inconsciente se reúnam, que a função superior ou diferenciada se reúna com a função inferior ou indiferenciada, que o indivíduo se reúna com a multidão, com a coletividade. Sem esse choque ou essa síntese, não existe nova criação; nada fica de pé sem ser criado desse modo. As sementes podem permanecer por um longo tempo sem crescer, se as circunstâncias forem desfavoráveis; certas ideias podem pairar sobre a humanidade por milhares de anos e nunca se enraizarem, por não haver solo. O solo é necessário: poderíamos até mesmo dizer que os impulsos criadores mais importantes vêm do solo. É como se ele estivesse contribuindo com o poder de crescimento; seja como for, ele fornece toda substância necessária ao desenvolvimento posterior da semente.

Assim, essa é em grande medida a mesma questão: ama teu próximo como a ti mesmo, ou ama a ti mesmo como a teu próximo. Se compreendemos nossa função inferior, compreendemos o homem inferior coletivo, pois nossa função inferior é extremamente coletiva. É inconsciente, arcaica, com todos os vícios e todas as virtudes do homem coletivo; por isso sempre é projetada. As massas são meramente um acúmulo de indivíduos arcaicos, embora sejam uma analogia verdadeira com nossa função inferior. Essa é a razão pela qual temos tamanha resistência contra a função inferior; temos o sentimento de estarmos sujos* – mesmo nosso sentimento de limpeza é contra ela. Não queremos nos misturar com esse tipo de psicologia. *Existe* algo perigoso nela: ela pode esmagar a existência consciente do indivíduo. Mesmo assim, se não expusermos nossa personalidade consciente ao perigo de ser esmagada, nunca cresceremos. Por isso a atitude aristocrática de Nietzsche tem uma tendência de viajar ao Monte Everest e se congelar até a morte, porque abandona a vizinhança dos férteis campos negros em que ele poderia fazer crescer seu trigo. Chega até a parecer, em muitas passagens do *Zaratustra*, exatamente como se ele não quisesse se enraizar, como se realmente tivesse sido tirado da terra por um forte vento.

O Dr. Neumann pergunta, então, se a Igreja, capturando as massas através das formas dela, não suprime a vontade criadora que pode se manifestar nas massas. A vontade criadora é cega, por isso pode ser tão destrutiva quanto construtiva; em algumas fases, uma multidão é completamente destrutiva – como um gado em debandada é decididamente destrutivo –, e deve ser assassinada ou encarcerada. Assim, por um determinado período, uma Igreja ou qualquer outra organização é absolutamente necessária, pois mantém sob controle essa multidão criadora desregrada. Essa multidão pode causar todo tipo de males, como doenças e micróbios e vermes – todos os males sob o sol –, e ficaremos felizes se tão somente conseguirmos nos manter à distância dessas humildes criaturas de nosso Senhor. Então naturalmente, em outras épocas, a prisão ou o estábulo não são mais satisfatórios. Por exemplo, se o rebanho cresceu e há um excesso de cabeças de gado, então a exigência moral deve ser rebaixada, pois quanto maior a multidão, mais ela é imoral e arcaica; daí a Igreja ser, então, forçada a uma determinada reforma no sentido negativo. Não pelos melhores elementos, mas pelos piores elementos, ela é forçada a proclamar algumas leis morais adaptadas à natureza baixa do homem coletivo.

---

* *Soiled*: no contexto, o adjetivo perfaz um interessante jogo semântico com a palavra "*soil*", "solo", que Jung utiliza ao longo de todo esse argumento sobre a dimensão "telúrica" do impulso criador [N.T.].

Há um exemplo notável disso na encíclica do papa sobre o casamento cristão[118]. É uma terrível obra de moralidade. Lida com o amor e o casamento de um ponto de vista inteiramente biológico e, quanto à relação pessoal e humana de homem e mulher, não há uma palavra. É um documento que me dá arrepios quando o leio. O casamento cristão é ali apresentado aos estratos mais baixos da população; se o homem arcaico pode manter um casamento desses, isso significa que ele pode realizar alguma coisa, mas para um homem de melhor qualidade, um casamento desses seria muito lamentável – qualquer pecado seria melhor. É um casamento de criaturas inconscientes, meio-animais. O homem da multidão não é melhor do que um imbecil; ele é uma espécie de macaco ou touro ou algo do gênero, e uma instituição que lida com um homem desses deve ter os tipos certos de muros e grades, que sejam brutos o bastante. Portanto a Igreja, em sua função positiva, destina-se a um nível relativamente baixo para responder às necessidades do homem primitivo e arcaico, não desenvolvido, que ela abriga. Isso evidentemente é muito desfavorável para o desenvolvimento criador, e assim a Igreja corre o risco de se tornar um fardo pesado, o que é obviamente o que o Dr. Neumann quer dizer. Ela, então, suprime os melhores elementos porque o homem arcaico é muito conservador, sempre olhando de volta para o passado, fazendo tudo o que seus ancestrais faziam. Ele é preguiçoso: nada novo será inventado, porque tudo o que seus pais não tenham feito é insano – magia maléfica. É melhor fazer tudo ao velho estilo e não se dar ao trabalho de criar algo novo. Isso sufoca a vida, por isso os melhores elementos da massa vão lutar por algo novo e a instituição vai esmagá-los.

Pois bem, isso obviamente não é desejável, e daí vem a importância do revolucionário que não se incomoda com a massa, que diz que a massa é mero gado, e que ele, o revolucionário, é humano e criará algo que talvez destrua os úteis muros do estábulo, de modo que os lobos poderão invadir o rebanho e devastá-lo. Naturalmente é a tragédia de todas as realizações humanas chegar um momento no qual elas já não são boas, já não são suficientes, e em que é mais ou menos verdade que o *écrasez l'infâme* de Voltaire deve ser aplicado – um momento como a Revolução Francesa, quando o poder supremo da Igreja foi praticamente destruído. A Reforma afetou muito a Igreja, pois o protestantismo não tem muros seguros; restam poucos muros espirituais da velha fortaleza, mas eles não são fortes o bastante para representar uma proteção contra a criação de novas ideias.

Sra. Jung: Na palestra que deu no ano passado em Ascona, o Professor Buonaiuti disse que os exercícios dos jesuítas sistematicamente destruíam a imagi-

---

118. Trata-se de *Casti Connubii*, uma Encíclica do Papa Pio XI, de 31 de dezembro de 1930.

nação[119]. Isso não se referiria apenas à massa, pois os jesuítas geralmente têm mentes superiores.

Prof. Jung: Sim, isso é perfeitamente verdadeiro. Nas poucas ocasiões em que tive de tratar católicos que ainda eram *pratiquants* na Igreja, constatei que todos sofriam de uma notável extinção da fantasia – tinham as maiores dificuldades com ela. Era quase impossível fazê-los perceber uma fantasia, simplesmente porque tinham passado pelo treinamento jesuíta, pelos exercícios que sistematicamente destroem a imaginação. Claro, é preciso dizer que *é* perigoso alimentar a imaginação. É perigoso em um paciente, e inclusive para nós mesmos, pois nunca sabemos o que resultará disso. Acabamos por trazer à tona aquilo que mais tememos, a psicologia das massas, que é indispensável à individuação. Quando passamos por uma experiência dessas, sabemos que é uma busca na qual poderemos ser mortos. Até os alquimistas diziam que alguns pereciam em seu trabalho, e acredito nisso: é perigoso, não é brincadeira. A Igreja Católica matava a imaginação propositalmente, sabendo muito bem o que estava fazendo: queriam eliminar o perigo da revolução espiritual que afetaria a segurança da Igreja. E a Igreja *é* uma salvaguarda; por isso eu nunca encorajaria as pessoas que encontram sua paz seguramente abrigadas na Igreja a trazer à tona suas fantasias. Eu inclusive aconselharia um protestante a voltar ao colo da Igreja Católica, se ele encontrar sua paz ali, mesmo se toda sua vida espiritual fosse completamente destruída, pois a vida espiritual que ele poderia arcar não seria boa o bastante, seria frágil demais, dependente demais: tais pessoas sucumbiriam indefesas ao seu inconsciente. As pessoas têm um certo instinto a esse respeito – elas sentem o quão longe podem ir antes de detonar um grande explosivo; elas têm sonhos com fios de alta tensão que não deveriam ser tocados, ou com dinamite ou veneno forte ou animais perigosos ou um vulcão que pode explodir. Então é preciso alertar as pessoas e colocá-las a uma distância segura da fonte do perigo, do lugar em que podem tocar aquele fio de alta tensão que as destruiria. Portanto a busca é algo muito perigoso, e muitas pessoas ficam mil vezes melhor em uma instituição. Por isso, não se ousa perturbar uma instituição mesmo se ela sufoca a imaginação criadora, mesmo se ela é um desafio à vontade do criador, pois é um criador cego, um criador que pode fazer igualmente o bem e o mal; porém, enquanto os muros resistirem, não devem ser destruídos.

Temos, em nossa época, chances o bastante para escapar de uma prisão espiritual como essa, e penso que, se houver um movimento forte o suficiente nas massas

---

119. Ernesto Buonaiuti (1880-1946), um ex-padre e frequente colaborador dos seminários de Eranos, apresentou um artigo em 1935 sobre "Os exercícios de Santo Inácio de Loyola". Jung abordou esse tema em OC 11/5, § 937-940.

para perturbar a Igreja, elas teriam uma tendência de criar uma nova Igreja – e teriam também a *capacidade* de criá-la. Vejam, não existe uma inteligência que possa criar uma nova Igreja, a não ser a criatividade cega das massas; as massas podem criar uma nova Igreja como nenhum sujeito inteligente jamais poderia, pois, para criar uma Igreja, devemos ser cegos; não podemos ter inteligência ou consciência demais. É algo completamente irracional. As massas são o único poder na terra capaz de fazer uma Igreja. Assim, quando conseguem destruir os muros, as próprias massas logo farão uma Igreja que talvez seja pior do que antes – pode ser um Estado, por exemplo. Não temos uma teocracia, mas temos o Estado. Como vocês sabem, para um indivíduo inteligente, o Estado é uma ideia abstrata. Ele nunca supõe que [o Estado] seja um ser vivo, mas as massas são idiotas o bastante para acreditar que ele *é* um ser vivo e que deve ter o poder supremo, por isso o transformam em uma Igreja. Por exemplo, o atual Estado organizado da Rússia, ou mesmo a Alemanha ou a Itália atuais, são realmente uma Igreja, uma questão religiosa; e as leis dentro dessa Igreja são muito mais fatais do que as leis da Igreja Católica. A Igreja é muito mais tolerante; podemos pecar contra as regras e as leis da Igreja Católica com bem menos perigo, pois podemos nos arrepender, e então o caso é resolvido amigavelmente. Mas, se cometermos a mínima ofensa em um desses estados, acordaremos na prisão por 20 anos. Claro, no início do cristianismo era a mesma coisa: ela destruiu infinitos. Os modos da Igreja primitiva eram muito mais severos e mais intolerantes do que mais tarde. Só quando a Igreja foi ameaçada de extinção, no século XV, é que foi de novo intolerante; então os hereges foram queimados e torturados, mas isso para salvar a própria existência dela, pois as massas são um tremendo perigo para a Igreja. Continuemos:

> Em verdade, seus próprios redentores não vieram da liberdade e do sétimo céu da liberdade! Em verdade, eles nunca andaram sobre os tapetes do conhecimento!

Isso é evidentemente falado *après coup*, ou seja, após aqueles redentores terem passado, tendo mostrado o que significavam; eles eram os expoentes das massas criadoras e por isso não vieram da liberdade, como foi visto depois, e certamente não do sétimo céu da liberdade, pois qualquer movimento de massas, qualquer criação pelas massas, é indesejável, porque não podem fazer mais do que criar uma nova prisão. Pode ser uma nova segurança, mas é também uma nova prisão, e muito frequentemente de uma natureza tão intolerante que toda uma geração, os representantes de uma civilização altamente desenvolvida, são simplesmente eliminados. A inteligência de Roma e da Grécia, por exemplo, foi varrida para o esquecimento. Muito recentemente, porém, descobri que os filósofos neoplatônicos e pitagóricos ainda sobreviviam em 1050 em Bagdá, sob os califas. Eles chegaram até a vivenciar um florescimento tardio na época; devemos a eles a existência do chamado *Corpus Hermeticum*[120].

Sr. Allemann: Então você chamaria Cristo ou Buda de expoentes da psicologia de massas?

Prof. Jung: Seria errado dizer "psicologia de massas", mas, sem dúvida, eles foram expoentes da vontade criadora que estava emergindo das profundezas. Não foi sem significado que Cristo tenha sido crucificado entre dois ladrões, e que seus primeiros discípulos tenham sido pescadores e pessoas desse tipo: havia poucas pessoas cultas entre eles. Cristo moveu-se entre os estratos mais baixos da população, e respondeu à expectativa e à necessidade do homem comum, o reconhecimento da imortalidade e tudo isso. Ele veio no fim de um desenvolvimento espiritual muito especial, culminando na civilização ptolomaica, quando Osíris se tornou o Osíris de todo *melhor* cidadão: o homem comum não tinha Osíris, porque não tinha um enterro decente. Então, com Cristo, houve um Osíris para todo mundo e isso simplesmente desenraizou toda a civilização antiga. Por isso, Nietzsche disse muito corretamente que o cristianismo foi uma revolta dos escravos no terreno moral. Ele odiava o cristianismo, e certamente a moral dos escravos não é liberdade: ela significa uma nova prisão. A Antiguidade não conheceu a prisão espiritual da Idade Média; tal condição jamais existiu antes na história do mundo.

Começamos agora a lamentar a completa destruição da liberdade política em três países ao redor da Suíça. E é muito provável que nossa liberdade de opinião política e tudo o que apreciamos em nosso liberalismo, nossas democracias e assim por diante estejam em declínio; é bastante possível que até nossa liberdade de pesquisa e nossa liberdade de pensamento sejam muito cerceadas. Por exemplo, a Áustria era um país muito agradável, tolerante, em que se podia fazer tudo o que era "não permitido", e agora é preciso ter muito cuidado com a língua. Quando olhamos para trás, podemos ver o lado negativo da história cristã se nos colocarmos antes de Cristo. Suponha que você imagina, por exemplo, ter sido um pequeno cidadão em uma das grandes cidades da Antiguidade, ou um homem que foi liberto da escravidão, talvez uma daquelas pessoas altamente educadas que receberam a liberdade mediante a lei ou por um proprietário benévolo – e então chegou o Evangelho. Mas não necessariamente para as classes superiores. Assim como nossa nova mensagem de salvação nada significa de bom para nós, nenhuma liberdade, embora signifique muito para certas pessoas. Para o alemão de classe média e semieducado, é uma coisa maravilhosa caminhar com tambores e bandeiras aos domingos e vestir um uniforme – é maravilhoso ter a Renânia de volta. Mas isso é psicologia de massas.

---

120. Cf. 30 de outubro de 1935, n. 415.

Vejam, isso é o que acontecerá quando as massas chegarem ao topo, e, visto que o evangelho delas desta vez é mundano, não sabemos o que o futuro reserva para nós. Assim como o criador poder inventar vermes, ele pode igualmente inventar um evangelho mundano; ele pode dizer que homens como Mussolini ou Stálin ou Hitler são pessoas sagradas a quem devemos adoração. Os cristãos primitivos recusavam César; eles não queriam participar de sacrifícios ao César romano porque só acreditavam em um Senhor invisível. Isso era outro tipo de prisão, mas não os lesava tanto como quando estavam em cadeias ou jogados na arena, e algumas pessoas imaginativas poderiam ver mais nisso do que em um César romano. Mas agora os tempos estão mudando; tragam um romano antigo de volta para Roma hoje e ele dirá que isso é a mesma coisa. Ele vê ali os lictores que açoitam quem caminha pelo lado errado, e há César, e esse romano antigo encontra templos em que são adorados todo tipo de deuses – um é Pedro e um é Paulo e o outro é Antônio –, e eles têm um pontífice como tinham na época dos velhos deuses. Esse romano antigo reconhece o espetáculo todo; é exatamente como era há dois mil anos.

Isso é o que acontecerá se acreditarmos no Estado. Por que não? Claro que não sacrificamos o gado hoje em dia, mas sacrificamos de outro modo; temos de pagar, e tão pesadamente que não podemos mais nem sequer comprar livros para ler algo decente. E temos de desfilar com bandeiras e uma fanfarra em honra a César. Isso é o que está acontecendo efetivamente, e esse pode ser – espero que não – o novo evangelho com todos os *ismos* e as bandeiras e as fanfarras; temos o sacrifício ao cesarismo, a autoridade absoluta do Estado, e temos uma lei que não é lei porque é passível de mudança por uma autoridade incontrolável no topo. Do mesmo modo, tentou-se promover a infalibilidade do papa na Igreja, mas considera-se isso agora em aspectos mundanos também; não há lei suprema, só uma autoridade indefinida que é evidentemente arbitrária. Não há lei absoluta na Rússia, nem na Alemanha, nem na Itália; a lei pode ser alterada pela autoridade pessoal, um César ou um líder. Esse parece ser o novo evangelho. Não sei quanto tempo isso vai durar, mas tem todas as qualidades de um novo estilo, para não dizer de uma nova religião. E esse é o modo como o homem antigo sentia o cristianismo, tenho certeza. Ele diria: "É essa a nova religião de vocês?" Como eu teria dito, se tivesse sido um indivíduo culto da Alexandria e tivesse visto a multidão cristã quando despedaçou, membro por membro, uma boa mulher chamada Hipátia: "É isso o que vocês chamam de amor e civilização cristãs?" Sim, é isso o que eles chamavam de religião cristã e o que séculos subsequentes sempre chamaram de civilização cristã. Por isso eles acreditarão em um Deus-Estado em vez do Deus-Antropos, mas um Deus-Estado é tão invisível, tão abstrato como o Deus anterior. Porém ele parece ser visível em seus templos; todas as maiores coisas agora são construções totalmente mundanas; a paixão da multidão é pelas grandes massas – bem como era antes. Continuemos agora:

> O espírito desses redentores era feito de lacunas; mas em cada lacuna haviam posto sua ilusão, seu tapa-buraco, que chamavam de Deus.

Isso é dito a respeito do passado, mas também pode ser dito sobre a época atual. No lugar de uma ilusão, colocaram o conceito "Estado"; esse é o tapa-buraco deles.

> Em sua compaixão se afogara seu espírito, e, quando se inflavam e inchavam de compaixão, sempre boiava na superfície uma grande tolice.
>
> Zelosamente e aos gritos empurravam seu rebanho sobre sua estreita ponte: como se houvesse uma única ponte para o futuro!

O que lemos nos jornais?

> Em verdade, também esses pastores são ovelhas!
>
> Espíritos pequenos e vastas almas tinham esses pastores: mas, meus irmãos, que pequenos países não foram até agora também as almas mais vastas!
>
> Sinais de sangue inscreveram no caminho que percorreram, e sua tolice ensinou que a verdade se prova com o sangue.

O que ouvimos hoje em dia?

> Mas o sangue é a pior testemunha da verdade; o sangue envenena até a mais pura doutrina, tornando-a loucura e ódio nos corações.
>
> E, se alguém caminha sobre o fogo por sua doutrina – o que isso prova?

Oh, isso prova muita coisa para uma inteligência de classe média.

> Mais vale, isto sim, que a nossa doutrina venha de nossa própria chama!
>
> Coração quente e cabeça fria: quando estes se encontram, surge o vento impetuoso, o "Redentor".

Pois bem, o que significa essa última sentença?

Sra. Crowley: É a união dos opostos.

Prof. Jung: Sim, certamente, pois a psicologia de massas que Nietzsche tem em vista aqui, ele a compreende como um coração quente sem nenhuma cabeça; e poderíamos dizer que o resultado desse desenvolvimento não foi nada mais do que uma cabeça sem nenhum coração, nem mesmo um quente. Mas, com a emersão da função inferior, o coração é preenchido com essa emoção quente. Esse é um bom termo para designar a qualidade da função inferior; é quente como uma iminente tempestade, e a verdadeira cabeça é a fria e desapegada superioridade da função diferenciada e desenvolvida. "Diferenciado" significa aristocrático, diferente, independente, e essa é a qualidade da função superior aristocrática. "Quando estes se encontram, surge o vento impetuoso, o 'Redentor'." Pois bem, o que o "vento impetuoso" significa? Um *Brausewind* é proverbial: significaria um jovem cheio de todo tipo de fantasias e assim por diante.

Sra. Baynes: Um falastrão*?

Prof. Jung: Não, mais dinâmico. Não seria exatamente uma tempestade, mas um vento forte o bastante para ser dinâmico e jocoso ao mesmo tempo, brincando com as folhas secas e os pedaços de papel e levando embora os chapéus das pessoas.

Sra. Baynes: Um turbilhão [*whirlwind*]?

Prof. Jung: Sim, um turbilhão súbito é a melhor tradução do termo nietzschiano *Brausewind*. Aqueles dentre vocês que leram *Das grüne Gesicht* [O rosto verde], de Meyrink, talvez se lembrem de que o mesmo fenômeno é encontrado ali[121]. É algo como um turbilhão apanhando poeira, mas não é poeira. Chidr, o rosto verde, é o turbilhão, e a poeira consiste em um enxame de formigas. Essa figura é o centro da história de Meyrink, e ele mostra como Chidr funciona nas circunstâncias humanas corriqueiras, como ele surge como uma espécie de bruxo. A coisa toda é uma manifestação do inconsciente coletivo, o modo como o inconsciente coletivo irrompe na existência humana corriqueira, o modo como ele transforma e influencia a existência humana. Então no fim há uma grande catástrofe, uma tempestade que devasta a cidade inteira; e bem no fim esse turbilhão apanha um formigueiro, o formigueiro sendo a multidão. Chidr é um turbilhão de psicologia de massas que arrasta as pessoas como um formigueiro.

O *Brausewind*, portanto, é o vento catastrófico que irrompe na existência social. Sempre que os opostos se encontram, sempre que uma camada de ar frio toca uma camada de ar quente, muito provavelmente acontece movimento, haverá um ciclone, ou um turbilhão vagante; vemos essas colunas vagantes de água no oceano, e no deserto vemos colunas de poeira. Essa é a imagem do movimento coletivo peculiar pelo qual as pessoas são capturadas, *ergriffen*. Aqui e acolá, rajadas de ar reúnem poeiras que se movem e abrandam, e então, em outro lugar, a coisa começa de novo, como os pequenos turbilhões de água no mar ou em nossos lagos quando o [vento] Föhn está chegando. E isso é assim na sociedade humana, quando o *Föhnwind* começa a soprar[122]. Como ele se mostra em lugares muito diferentes, não conectamos esses fenômenos, mas na verdade é um só vento. Claro, quando está no deserto ele reúne areia, e no jardim ele reúne folhas, e em uma biblioteca ele reúne pilhas de papéis, e em multidões ele reúne chapéus, por isso a cada vez

---

* Em inglês, *wind-bag*, literalmente "saco de vento", cabeça de vento [N.T.].

121. O romance de Gustav Meyrink foi publicado em 1916. Cf. 13 de março de 1935, n. 316.

122. *Föhnwind*: termo suíço-alemão para o Siroco.

pensamos que é algo diferente; mas é sempre o mesmo fenômeno meteorológico: quando opostos se encontram, há um turbilhão. Essa é a manifestação do espírito em sua forma mais original.

Portanto um redentor é alguém que captura, o *Ergreifer* que pega as pessoas como objetos e os faz rodopiar em uma forma que dura enquanto o turbilhão durar, e então a coisa colapsa e algo novo deve surgir. Esse é o grande vento descrito no milagre de Pentecostes, pois há dois mundos que colidem: o mundo dos escravos e o mundo da mente altamente diferenciada. Vejam, o ensinamento que Cristo recebeu de seu mestre, João Batista, deve ter sido o fruto maduro da época; caso contrário não teria sido tão sintonizado com o entorno, com todos os grandes problemas da época. E também está absolutamente fora de questão que um homem sozinho pudesse ter inventado isso durante seu próprio período de vida sem fazer uso de uma enorme tradição. Cristo valeu-se muito livremente do Antigo Testamento e de outras fontes que são para nós mais ou menos desconhecidas, em parte porque a Igreja primitiva não se importava com quaisquer ideias anteriores a Cristo. Era do interesse dela ter um corpo de escritos caído do céu, sem nenhum material pagão. Deveria ser bastante óbvio que o próprio Deus fora o autor daquele estoque de livros, de modo que ninguém poderia ser capaz de fazer nada melhor. Qualquer instituição como essa deve encontrar-se sobre uma autoridade inquestionável. Por isso, já na Igreja primitiva nada se sabia sobre as coisas que tinham acontecido antes; elas logo foram enterradas no esquecimento.

Mas nós temos evidências de que João pertenceu a um determinado movimento religioso, corrente naqueles dias, que deve ter sido algo como os essênios, também chamados de terapeutas, que se ocupavam sobretudo da cura de doentes e de interpretação de sonhos. Eram uma espécie de *directeurs de conscience* para pessoas ricas nas cortes, e temos evidências de que eles eram chamados em casos de sonhos particularmente delicados. Quando o tetrarca da Palestina tinha um sonho desagradável, que fosse complicado demais para os intérpretes da corte, eles chamavam um médico de fora, um essênio, para falar com o velho homem, pois eles temiam por suas cabeças. Os essênios tinham grande autoridade, como se pertencessem a uma temida corporação de curandeiros. Sabemos, conforme Fílon de Alexandria[123], que existiam monastérios naqueles dias, bem como consideráveis assentamentos no Mar Morto e no Egito, e estes naturalmente tinham um corpo doutrinal. Ainda existem discípulos de João nas redondezas de Basra e Kut al-Amara, na Mesopotâmia; eles têm uma coleção de livros sagrados, um dos quais foi traduzido recentemente, o livro mandeu de João[124]. Os mandeus eram discí-

---

123. Sobre Fílon de Alexandria, cf. 16 de maio de 1934, n. 45.

124. Sobre o Livro mandeu de João, cf. Mead*.

pulos gnósticos de João. Peculiarmente, o evangelho gnóstico também é chamado de Evangelho de São João; isso é obscuro, mas como só foi escrito no início do segundo século, é possível que o nome de João recubra o lado gnóstico das origens cristãs; por um lado, ele era decididamente um judeu ortodoxo e, por outro, deve ter recebido a doutrina gnóstica. Paulo também tinha sido um gnóstico, um discípulo de um gnóstico judeu, o Rabino Gamaliel o Velho[125]; e em seus escritos temos evidências definitivas quanto a uma educação gnóstica: ele usa termos gnósticos, particularmente na Epístola aos Efésios.

Portanto somos quase que forçados a supor que Cristo recebeu ensinamento gnóstico, e algumas de suas declarações – como a Parábola do Administrador Infiel, que mencionamos recentemente, e particularmente os chamados "Dizeres de Jesus", que não estão contidos no Novo Testamento – estão intimamente relacionadas ao gnosticismo. Todos aqueles evangelhos que não foram aceitos pela Igreja – e que, por isso, em sua maioria, foram destruídos – continham ensinamento gnóstico; podemos respaldar isso a partir do conhecimento dos fragmentos que ainda temos, o Evangelho dos Egípcios, por exemplo, e entre os apócrifos do Novo Testamento, os Atos de Tomé, em que o Espírito Santo é chamado de *Sophia* e em que ela é a mãe abençoada. Portanto, já em suas origens, o cristianismo estava tão intimamente cercado pela sabedoria gnóstica e alexandrina que é mais do que provável que Cristo tenha recebido uma iniciação gnóstica e apresentasse uma compreensão muito profunda da alma humana e das peculiaridades do desenvolvimento espiritual. Poderíamos dizer que ele próprio era o fruto maduro da Antiguidade; ele reuniu em si próprio a essência da sabedoria do Oriente Próximo, continha o sumo do Egito e da Grécia, e se uniu às massas. E isso causou um grande turbilhão que moveu as massas e as formou, que ocasionou essa forma que chamamos de cristianismo. Nietzsche prossegue:

> Em verdade, houve homens maiores e de mais alto nascimento do que esses que o povo chama redentores, esses ventos impetuosos que arrebatam!

E quem são esses homens maiores do que os redentores? A quem ele se refere?

Sra. Fierz: Ao velho sábio. Haveria uma espécie de diferença, ele estabelece a oposição entre a figura do velho sábio e o que seria chamado de um redentor.

Prof. Jung: Sim, "em verdade, houve homens maiores".

> E de homens ainda maiores do que todos os redentores ainda tereis de ser redimidos, ó irmãos, se quiserdes achar o caminho para a liberdade!
>
> Jamais existiu um super-homem.

---

125. Paulo escreveu: "Eu sou judeu. Nasci em Tarso, da Cicília [...] educado aos pés de Gamaliel [...]" (At 22,3). Gamaliel era um doutor da Lei, um fariseu proeminente, e na tradição judaica foi contado como um dos primeiros entre os sete grandes rabinos.

Pois bem, quem são esses ainda maiores?

Srta. Hannah: O si-mesmo?

Prof. Jung: Bem, sim, mas os maiores si-mesmos significariam maiores personalidades, portanto quem poderiam ser essas pessoas maiores?

Sra. Fierz: Pessoas que foram iniciadas.

Prof. Jung: Mas quem as iniciou? Vocês não pensam em um nome célebre aqui?

Sra. Adler: Isso não significaria a diferenciação entre Nietzsche e Zaratustra?

Prof. Jung: Claro que se refere a Zaratustra, mas o próprio Zaratustra foi o fundador da religião persa; também foi um redentor, e portanto deve haver alguém maior do que Zaratustra.

Sr. Allemann: Hermes.

Prof. Jung: Claro, o três vezes grande Hermes, que era maior do que qualquer profeta, Hermes Trismegisto[126]. Pois bem, não podemos supor que Nietzsche soubesse muita coisa sobre essa figura, e, se tivesse sabido, teria feito pouco caso dela, pois não se encaixava no sistema dele. Mesmo assim, esse homem ou essa personalidade que ele chama de "Zaratustra" é um derivado do velho Hermes, o três vezes grande. O que ele chama de "Zaratustra" é seu companheiro, seu Poimandres, o *Poimen* que o ensina: é seu iniciador, seu Johannes. Como vocês sabem, Oannes é a forma babilônica do grego Johannes, e ele é aquele que na forma de um peixe sai do mar diariamente e ensina às pessoas a sabedoria e a civilização e cada coisa boa sob o sol. Nenhuma psicologia das massas aqui. Hermes, o três vezes grande, é o aristocrata dos aristocratas. Pois bem, Nietzsche nada sabe dele; chama-o simplesmente de "Zaratustra", mas tem a ideia certa de que Zaratustra – ou como quer que Poimandres seja chamado – é um Redentor maior do que o velho Zaratustra. É maior do que o grande, maior do que os maiores redentores, o pai dos profetas, o pai ou o avô dos redentores, mesmo que nunca tenha sido visível. Tot é o equivalente egípcio de Hermes. Ele é também um deus de mistério. Hermes foi o mestre de toda sabedoria, mas uma sabedoria que não é para as massas, uma sabedoria que, quando toca as massas, causa uma conflagração ou um turbilhão; é aquilo que deve ser mantido em segredo. É "conhecimento secreto".

No diálogo entre Cristo e João no Livro mandeu de João, Cristo é chamado "Jeshu bem Mirjam", o enganador, e João o repreende por ter revelado a sabedoria secreta ao povo. Mas Cristo se defende muito adequadamente; assinala suas boas obras, que tinha feito os coxos andarem e os cegos enxergarem. E o diálogo nunca chega a uma solução definitiva, portanto fica aberto à dúvida se quem estava certo era João ou Cristo. O argumento de João é que, se essa bela verdade é dada aos

---

126. *Thrice Greatest Hermes* (ed. e trad. G. R. S. Mead, 3 vol. Londres, 1949).

ineptos, eles só a destruirão, farão dela algo mau ou feio, por isso deveríamos esconde-la. E Cristo mostra o que Ele fez com essa verdade. Mesmo se esse diálogo for fictício, é pelo menos algo que pode ter acontecido. Talvez o único trecho de evidência no Novo Testamento é aquele em que João envia seus discípulos a Cristo para perguntar-lhe se Ele é realmente o Filho de Deus; essa seria a dúvida. Ele pode ter dito igualmente: "*Você* foi escolhido para entregar esses segredos preciosos à multidão? Você deixará esse rebanho maligno invadir nosso belo jardim, de modo que áreas inteiras de nosso jardim sejam destruídas?" Uma questão muito grande, é difícil dizer se chegou o momento em que o fruto precioso de uma civilização passada deveria ser entregue ao rebanho. Vejam, isso em algum momento deve acontecer: as pérolas têm de ser lançadas aos porcos, pois os porcos também são humanos. Podemos tentar resguardar as pérolas, mas chegará um momento e aparecerá um homem que as entregará ao rebanho; esse grande vento chegará quando não puder mais esperar.

Período da primavera:

maio a junho de 1937

Palestra I
5 de maio de 1937

Prof. Jung: Senhoras e senhores, nosso último seminário dedicou-se ao capítulo 26 do *Zaratustra*, o capítulo sobre os sacerdotes, mas, antes de prosseguirmos, quero fazer algumas observações em benefício daqueles que não estavam aqui antes. O *Zaratustra* é um tema muito delicado, porém foi a vontade de certos membros de nosso seminário que eu tratasse dele. Senti-me um tanto hesitante, porque é uma tarefa muito ambiciosa. Admito que é um material psicológico altamente interessante, mas é longo e, por certas razões, é extremamente difícil lidar com ele. É claro que o fato de ser difícil não é razão para não se ocupar dele; pelo contrário, um caso difícil é sempre muito mais interessante do que um caso simples e fácil. O *Zaratustra* é a obra mais significativa de Nietzsche. Ele exprime ali algo que é realmente ele próprio e seu próprio problema peculiar. Seus anos mais produtivos foram a década de 1880, e de muitos modos ele é o filho de seu tempo, além de ser também o precursor de tempos que vieram desde então, e de tempos que ainda estão por vir.

Poderíamos dizer que a estratificação de nossa população foi histórica; há certas pessoas vivas que ainda não deveriam viver. Elas são anacrônicas. Antecipam o futuro. Há algumas que pertencem à nossa época; mas muitas não pertencem de modo algum à nossa época, e sim deveriam ter vivido na época de nossos pais e avós. E há ainda muitas que pertencem à Idade Média, e outras a tempos remotos, até mesmo habitantes das cavernas; nós os vemos na rua e nos trens, e ocasionalmente encontramos um estranho morador das cavernas antigo, que realmente não deveria mais viver. É por conta desse fato que certos problemas da época se tornam os problemas conscientes de muitas pessoas, enquanto outras, que vivem na mesma época, não são tocadas por eles, pelo menos não diretamente. Portanto Nietzsche em sua época era um homem do futuro; sua psicologia peculiar era a de um homem que poderia ter vivido hoje em dia, após a grande catástrofe da guerra mundial. Daí ser de interesse todo particular mergulharmos nessa psicologia, visto que de muitas maneiras é a psicologia de nossos próprios dias.

Como vocês sabem, *Zaratustra* é mais do que um mero título: a figura de Zaratustra é, de certo modo, o próprio Nietzsche; ou seja, Nietzsche identifica-se em grande medida com a figura de Zaratustra, apesar do fato de que ele próprio disse que "um se tornou dois" quando Zaratustra apareceu-lhe pela primeira vez, mostrando que ele sentiu essa figura como distinta dele próprio. Contudo, não tendo conceitos psicológicos, isso não se tornou um problema para Nietzsche; como sua atitude filosófica geral era extremamente estética, o considerou mais ou menos como uma figura metafórica e se identificou com ele. Pois bem, esse é um evento com consequências: isto é, faz muita diferença aquilo com o que nos identificamos, e Nietzsche não estava completamente ciente daquilo com que se identificou. Não percebeu que sua declaração de que "Deus está morto" significava algo que ele não conseguiu apreender bem; para ele, a existência de Deus era uma opinião ou um tipo de convicção intelectual, por isso bastaria apenas dizer que Deus não existia e ele não existia. Mas na verdade Deus não é uma opinião. Deus é um fato psicológico que acontece às pessoas.

A ideia de Deus se originou na experiência do *numinosum*. Era uma experiência psíquica, em momentos nos quais o homem se sentia subjugado. Rudolf Otto designou esse momento, em sua *psicologia da religião*, como o *numinosum*, que deriva de *numen*, em latim, significando aceno ou sinal[127]. Isso provém da velha experiência de que, na Antiguidade, quando um homem tinha de dirigir uma oração à estátua do deus, ele pisava sobre uma pedra colocada ao lado dela, para permitir que a pessoa gritasse suas orações no ouvido da estátua, de modo que o deus a ouvisse; e então ele encarava a imagem até que o deus balançasse a cabeça ou abrisse ou fechasse os olhos ou respondesse de algum modo. Como veem, esse era um método abreviado de imaginação ativa, concentrando-se sobre a imagem até que ela se movesse[128]; nesse momento, o deus fazia um aceno, seu assentimento ou sua recusa ou qualquer outra indicação, e isso é o *numinosum*. Pois bem, isso é claramente um fato psíquico, e Nietzsche, nada sabendo de psicologia – embora fosse na verdade um grande psicólogo –, comportou-se com o conceito de Deus como se este fosse puramente um conceito intelectual, e pensou que, se dissesse que Deus estava morto, então Deus não existia. Mas o fato psicológico permanece, e então a questão é em que forma esse fato aparecerá novamente.

Nesse caso, apareceu novamente na própria dissociação de Nietzsche, ou seja, quando Zaratustra surgiu nele, claramente Nietzsche sentiu que não era um, mas dois, e disse isso, e, como não havia nada interno para além dele próprio – ou, se

---

127. Sobre Otto, cf. 10 de junho de 1936, n. 100, vol. II.

128. Barbara Hannah, uma integrante do seminário, escreveria um livro sobre esse tema: *Encounters with the Soul: Active Imagination* (Boston, 1981).

havia, era ele mesmo –, tinha evidentemente de dizer que Zaratustra *era* ele próprio, Nietzsche se identificava. E portanto se identificava com o fato do *numinosum*: tinha de se tornar um *numinosum*. Isso quer dizer que ele teve uma inflação, encheu-se de ar, era *tremendo*! – e logo chegaremos a um capítulo em que revelará esse fato, falando do vento com o qual é preenchido. Além disso, quando uma imagem definida foi reduzida ao aparente nada, é como se o *pneuma* – o que chamamos de "espírito" – também fosse reduzido à sua forma primeva, que é justamente ar. Vejam, quando temos a experiência da divindade, do *numinosum* – e temos uma imagem disso –, podemos dizer que essa é a experiência do espírito; mas, quando a reduzimos e negamos sua existência, somos simplesmente enchidos de ar. Isso então pode nos levar a uma neurose, em que temos todos os sintomas de estar sufocados; ou, em vez de ter espírito, o abdômen pode ser preenchido literalmente de ar. O espírito também é a fonte de inspiração e de entusiasmo, pois é uma efervescência; a palavra alemã *Geist* é uma erupção vulcânica, um gêiser. Esse aspecto do espírito é a razão pela qual o álcool, por exemplo, é chamado de espírito; o álcool é a forma reduzida do espírito. Por isso muitas pessoas, na falta do espírito, caem na bebedeira. Enchem-se com álcool; vi muitos casos desse tipo. É típico de homens, mas mulheres fazem isso também.

Pois bem, o livro de Nietzsche é uma confissão dessa condição e de seus problemas peculiares. Vocês sabem que temos ao menos uma espécie de reminiscência do que se poderia chamar de um mundo medieval ou primitivo, no qual o *numinosum* está fora de nós. Não preciso entrar nisso. Mas vocês provavelmente não estão totalmente cientes desse mundo em que o *numinosum* está dentro de vocês, de *nosso* mundo, em que o *numinosum* é experienciado como um fato psicológico. A própria palavra mostra que declaramos a divindade como nossa experiência e nada mais do que nossa experiência, ainda que possamos negar que seja uma experiência real e pensar que é uma ocorrência psicológica que só acontece a certas pessoas. Isso evidentemente produz um novo tipo de mundo, um mundo sem uma divindade, sem um espírito, um mundo no qual somos praticamente as únicas coisas vivas. Claro que, então, é questionável em que medida estamos realmente vivos, pois estamos tão profundamente convencidos de que nos movemos pelo espaço tão somente como qualquer outro objeto se move pelo espaço, que não vemos nenhuma diferença particular; há apenas um enorme espaço pelo qual as coisas se movem, e como não podemos indicar nenhum sentido particular, renunciamos à ideia de formular qualquer sentido na coisa toda. Como veem, esse é um mundo perfeitamente novo e muito peculiar; nunca experienciamos antes como fica quando o *numinosum* é idêntico a nós mesmos, como fica quando somos os *numinosa*. Esse é um problema novo, o qual nos coloca diante de uma tarefa inteiramente nova: ou seja, como deveríamos nos comportar se somos um *numinosum*, como fica quando *nós* somos deuses ou algo próximo disso – em outras palavras, o que aconteceria se fôssemos super-homens. Pois Zaratustra já é o super-homem em existência em Nietzsche; ele próprio se sente, às vezes, como se já fosse o super-homem.

Esse livro nos leva diretamente a esse tipo de problema. Ele nos conta detalhadamente o que são os eventos internos, como alguém se sente com relação a outras pessoas, a valores, como tudo muda de aspecto. Por exemplo, o próprio Nietzsche fala da destruição ou da *Umwertung aller Werte*, da transformação [ou transvaloração (N.T.)] de todos os valores; naturalmente, todos os valores se tornam diferentes quando somos um deus, quando somos algo que nunca fomos antes. Se somos tão grandes, todas as outras coisas se tornam pequenas. É como se fôssemos do tamanho de um arranha-céu, quando evidentemente nossa relação com o mundo restante seria extremamente canhestra; não seríamos capazes de entrar nem sequer em nossa própria casa, e assim nada funcionaria. Pois bem, estamos aqui no meio de uma discussão de valores efetivos, existentes. Por exemplo, o último capítulo do qual tratamos tinha a ver com a nova relação com o fato dos sacerdotes, com o que os sacerdotes significariam para alguém que tem uma inflação, ou que é, ele próprio, um *numinosum*, ou como os sacerdotes aparecem aos olhos da divindade. Sabemos muito bem qual a aparência da divindade aos olhos do sacerdócio, mas não sabemos como o sacerdócio aparece aos olhos do deus. Mas podemos obter uma ideia muito perspicaz lendo esse capítulo.

E agora chegamos ao capítulo "Dos virtuosos". Aqui de novo a questão é, como a divindade vê os virtuosos? Como eles aparecem aos olhos dela? Claro, o experimento não é de todo puro, como vocês perceberão, pois frequentemente deparamos com fatos que nos mostram muito claramente que Nietzsche está por trás de Zaratustra, que Nietzsche tem uma inflação e que a divindade está, portanto, em uma posição de certo modo incômoda. Se a divindade se encontra identificada com o Sr. Nietzsche, naturalmente o espaço é um pouco estreito, por isso até mesmo o juízo de Deus se torna um pouco estreito. Em casos assim, temos de nos referir à biografia de Nietzsche e às limitações de seu tempo, visto que ele é um filho de seu tempo. Mas, nas melhores partes de seu texto, é bom manter em vista que não é Nietzsche, e sim a divindade que fala, e que obviamente não é uma divindade dogmática, mas a divindade como um fato psicológico.

Vejam, a divindade como um fato psicológico provavelmente não é de modo algum o que as igrejas ou os credos fizeram dela. Certos protestantes – um teólogo protestante, por exemplo – nos garantirão que Deus é fadado a ser apenas bom, e então devemos sempre perguntar por que eles dizem isso. Poderia ser porque esse fator psicológico que representa Deus é tão somente bom, mas também poderia ser porque eles têm medo de que Deus possa *não* ser bom. Eles poderiam dizer que isso é uma espécie de gesto apotropaico, para protegerem-se ou para forçar ou propiciar a divindade – assim como dizemos "seja paciente agora, você realmente é muito paciente" a alguém que está ameaçando ficar furioso, para fazê-lo acreditar que ele *é* paciente. Então é bem possível que imploremos a Deus que seja bom para que ele seja bom, que nos recusemos a acreditar que ele pode ser mau, esperando que Deus seja convencido e que realmente seja bom.

Isso de modo algum é blasfêmia; tenho a autoridade da Igreja Católica atrás de mim. Ou só precisamos recuar ao reformador alemão Lutero, que reconhecia que Deus nem sempre era bom; ao contrário dos teólogos modernos, ele admitia um *Deus absconditus*, um deus escondido ou velado que é um receptáculo de todas as más ações, todas as coisas terríveis que acontecem no mundo. Não podemos conceber que um Deus bom fosse responsável por todo esse absurdo. Está absolutamente nas mãos do Todo-Poderoso fazer do homem um bom vaso, mas ele preferiu torná-lo um vaso muito imperfeito. Preferiu suscitar todo tipo de pecados extraordinários no mundo, para além do poder do homem de lidar com eles, e fez a obra do homem inteiramente absurda. Assim, como não podemos supor que isso tudo seja para o bem do homem, dizemos que é a obra do diabo, mas a própria existência do diabo é uma exceção à onipotência de Deus. Quando eu era garoto, perguntei ao meu pai por que havia um diabo no mundo, visto que Deus era todo-poderoso, e meu pai disse que Deus garantiu ao diabo um determinado tempo para fazer sua obra, de modo a testar as pessoas. "Mas", eu disse, "se um homem faz vasos e quer testar se eles são bons, não precisa de um diabo, ele próprio pode fazer isso". Também temos, na oração do Pai-nosso, o "não nos deixeis cair em tentação", e uma das minhas filhas disse que um Deus bom saberia fazer coisa melhor do que levar as pessoas à tentação, e eu nada tive para dizer contra isso. Portanto vemos que, quando a divindade fala em Nietzsche, pode dizer coisas muito chocantes. Isso explica por que há tantas coisas chocantes no Zaratustra. Bem, o novo capítulo começa agora.

> Com trovões e celestes fogos de artifício é que se deve falar aos sentidos frouxos e adormecidos.

Se tivermos em mente que Deus está falando, essa é quase a psicologia do velho Javé, que falava com trovões e raios e que criava tanta desordem no mundo.

> Mas a voz da beleza fala suavemente: insinua-se apenas nas almas mais despertas.
>
> Suavemente estremeceu hoje meu escudo e sorriu para mim; este é o sagrado riso e tremor da beleza.
>
> De vós, virtuosos, riu hoje a minha beleza. E assim chegou sua voz até mim: "Eles querem ainda por cima – ser pagos!"

Zaratustra muito claramente acena para o fato de que a maioria das pessoas prefere ser virtuosa porque isso compensa, e assim a virtude delas não é muito louvável – serve a um propósito, muito frequentemente só somos bons na expectativa de que todo mundo diga "isso não é bacana?" – e assim sejamos recompensados.

> Ainda por cima quereis ser pagos, ó virtuosos! Quereis recompensa pela virtude, céu pela terra e eternidade por vosso hoje?
>
> E agora vos irritais comigo por ensinar que não existe um tesoureiro pagador? E, em verdade, não ensino sequer que a virtude é sua própria recompensa.
>
> Ah, esta é a minha tristeza: no fundo das coisas foram mentirosamente introduzidos a recompensa e o castigo – e agora também no fundo de vossas almas, ó virtuosos!

Bem, a ideia é que, se a divindade não existe, não há tesoureiro, ninguém lá para nos pagar no fim de nossas vidas por todas as nossas virtudes. Se é que uma virtude significa uma recompensa, ela deve ser sua própria. Essa ideia da adequação da virtude, do valor óbvio, quase que o valor comercial da virtude, agrada muito a Nietzsche, por isso ele se compraz um pouco nela, e isso explica o estilo peculiar da sentença seguinte:

> Mas minha palavra, semelhante ao focinho do javali, revolverá o fundo de vossas almas; uma relha de arado serei para vós.

Vejam, a virtude é sempre uma coisa difícil, pois não existiria nenhuma virtude se não existisse uma necessidade, portanto podemos esperar encontrar algo por baixo dela; a virtude frequentemente é um manto que recobre uma outra coisa. Se alguém insiste demais acerca da verdade ou da honestidade ou da franqueza, por exemplo, podemos estar certos de que algo está escondido por trás; justamente porque há uma tendência a mentir, a esconder, eles falam muito em franqueza: *qui s'excuse s'accuse* [quem se desculpa se acusa; em francês no original (N.T.)]. Isso é – receio – a característica de muitas virtudes, e, quando a descobrimos, isso nos dá, é claro, certo prazer profano de escavar todas as coisas que estão ocultas; nós descobrimos que elas são paredes trancadas e naturalmente nossa curiosidade é atiçada – queremos descobrir o que está atrás delas. Claro, o que encontramos nem sempre é totalmente inofensivo; podemos encontrar até mesmo imundície. E, ao escavar imundícies, estamos muito perto do porco, e assim o javali aparece, e por isso todo tipo de metáforas erradas se apresentam a Nietzsche – como precisar do focinho do javali para revolver segredos malcheirosos. Esse tipo de interesse faz de Nietzsche quase um analista. Aqui, portanto, há uma pequena restrição da voz de Deus, pelo menos penso que o homem, o "demasiado humano" de Nietzsche, desempenhou certo papel nisso.

> Todos os segredos de vosso fundo virão à luz; e, quando estiverdes deitados ao sol, cavoucados e despedaçados, também vossa mentira estará separada de vossa verdade.
>
> Pois esta é a vossa verdade: sois demasiado limpos para a sujeira das palavras "vingança", "castigo", "recompensa", "retribuição".
>
> Amais vossa virtude como a mãe ao filho; mas desde quando uma mãe quis ser paga por vosso amor?

Aqui, de novo, o "demasiado humano" prega uma peça. Ouvi falar, com frequência, de mães que querem ser pagas por seu amor. Nietzsche não, porque era um homem com intuição e intelecto muito desenvolvidos, mas seu sentimento se desenvolveu muito lentamente. Ele na verdade não tinha seu próprio sentimento. Tais homens sempre têm o sentimento da sua mãe, continuam os sentimentos de sua mãe; há muitas evidências na biografia dele sobre esse fato. E os sentimentos das mães nunca são submetidos a uma análise detalhada, em todo caso, não quando um homem os tem; ele acredita nos sentimentos da mãe, e que o sentimento da mãe é puro e todo-poderoso e maravilhoso – e naturalmente nunca espera ser pago. Mas, na medida em que há formas de amor de mãe que indubitavelmente querem pagamento, é igualmente certo que o sentimento materno em um homem espera pela recompensa.

> Vossa virtude é vosso mais querido si-mesmo. A ânsia do anel habita em vós: alcançar novamente a si mesmo, para isso luta e gira cada anel.

Lerei para vocês o texto alemão aqui, pois essa tradução em inglês não é totalmente satisfatória: *Es ist euer Liebstes selbst, eure Tugend. Des Ringes Durst ist in euch: sich selber wieder zu erreichen, dazu ringt und dreht sich jeder Ring*[129].

Sra. Crowley: Ele não está se referindo ao retorno?

Prof. Jung: Sim, o anel do eterno retorno. Essa é a concepção de Nietzsche da imortalidade. Vejam, para ele o número de possibilidades no universo era restrito. Não encontramos isso nesse livro. A ideia de Nietzsche do eterno retorno está em uma publicação póstuma editada por Horneffer, consistindo em fragmentos dos manuscritos nos arquivos de Nietzsche[130]. Ali Nietzsche lidou com a ideia de que o número de possibilidades no universo era restrito e por isso era inevitável que, ao longo de infinitos espaços de tempo, a mesma coisa retornasse, e então tudo seria de novo como tinha sido. Essa ideia o encheu de um entusiasmo extraordinário.

---

129. A tradução de Kaufmann é: "Vossa virtude é o que é mais querido para vós: todo anel luta e gira para alcançar a si mesmo em vós novamente" (Kaufmann*, p. 206).

130. Um ano depois da morte de Nietzsche, Ernst e August Horneffer e Peter Gast (o mais leal discípulo e correspondente de Nietzsche) editaram o vol. XV das *Werke*, "Estudos e fragmentos", que intitularam de *Vontade de poder* (Leipzig, 1901). Cf. *WP*.

Não consigo entendê-la muito bem, mas isso não importa. É parte do simbolismo do anel, do anel dos anéis, o anel do eterno retorno. Pois bem, esse anel é a ideia da totalidade, e é naturalmente a ideia da individuação, um símbolo da individuação. Significa uma absoluta completude do si-mesmo, e veremos que isso é confirmado no texto.

Em minha edição do texto em inglês há um engano. Na sentença "Vossa virtude é vosso mais querido si-mesmo", *si mesmo* [*self*] não deveria estar escrito com hífen. Nietzsche não se refere aqui *ao* "si-mesmo", e sim a "é até mesmo vossa coisa mais querida". Essa seria a tradução literal de *euer Liebstes selbst*, e não "o vosso mais querido si-mesmo"[131]. Tenho a edição alemã original em que a inicial é minúscula. Dizer que é o si-mesmo é evidentemente uma interpretação inteiramente nova, e provavelmente esse aparente engano decorre do fato de que, poucos parágrafos adiante, encontramos a sentença de que nossa virtude é nosso si-mesmo, e não uma coisa exterior. Mas isso foi provavelmente sugerido pela sentença com a qual estamos lidando; ou seja, primeiro ele meramente queria dizer que nossa virtude é a coisa mais querida para nós, a coisa que prezamos e amamos mais, e então *isso* sugeriu a ideia do si-mesmo, o que é comprovado pelo modo como está impresso na primeira edição. Vejam, o fato que ele tenta exprimir aqui, de que a virtude é a coisa que mais amamos, significa que a intensidade do nosso amor é a virtude, e toma aqui a palavra "virtude" em seu sentido antigo. Em alemão, é *Tugend*, que tem a ver com *Tüchtigkeit*, mas isso também significa, originalmente, algo que era eficiente, como a palavra latina *virtus*, que tinha o significado de "qualidade" ou "poder". Por exemplo, um corpo físico ou um corpo químico tinha *virtus*. O ópio tem uma *virtus dormitiva*, o que significa que tem a qualidade de um narcótico. *Virtus* é uma qualidade dinâmica. Portanto ele se refere ao fato de que aquilo que mais amamos, ou que amamos intensamente, é a virtude: ou seja, aquilo que é o poderoso ou o eficiente em nós.

Que ele realmente queria dizer isso é corroborado pela sentença seguinte: a ânsia do anel habita em vós. Ânsia é o elemento dinâmico, e esse é o valor, ou a virtude. Com o anel surge a ideia da totalidade, que está sempre conectada com a ideia da duração, da imortalidade, do eterno retorno. Isso é respaldado pelo fato de que a efetiva experiência psicológica da totalidade – que é uma experiência religiosa –, sempre expressa ou formulada como a experiência de Deus, tem a qualidade da imortalidade, a qualidade da duração eterna. Isso é confirmado também pelo *consensus gentium*; encontramos a evidência na literatura do mundo inteiro.

---

131. Neste livro, obedeceu-se à prática dos editores da *CW* [bem como na *Obra Completa* publicada pela Editora Vozes (N.T.)] de usar a letra minúscula *s* em *si-mesmo*, para o conceito distintivo de Jung.

Existe esse elemento da duração, seja limitado à duração para além da morte, ou o sentimento imediato da eternidade divina. Portanto essa sentença mostraria que Nietzsche amplifica seu conceito dinâmico da virtude e diz que ela é realmente aquilo que em nós há de mais poderoso, mais intenso, mais eficiente. E esse é o anseio do anel; ou seja, nossa virtude mais elevada é nossa expectativa ou desejo, o anseio pelo anel. Ou também pode ser o anseio pelo anel em nós, ou para que essa experiência em nós se torne real. Isso é a virtude, e daí ao si-mesmo é naturalmente só um passo. Por isso ele diz na sentença seguinte: "alcançar novamente a si mesmo, para isso luta e gira cada anel". Em outras palavras, no movimento circular, na rotação do anel, exprime-se a intensidade dinâmica que é a virtude. Pois bem, esse movimento circular do anel é naturalmente em torno do centro, portanto essa é a famosa *circumambulatio*, ou seja, a concentração sobre o ponto central é a virtude, e essa é a ideia de Nietzsche. Esse desejo não é temporal, e sim eterno, da eterna duração. É a imortalidade. Portanto temos praticamente um resumo aqui de toda a simbologia da individuação. Então, ainda amplificando essa ideia, ele prossegue:

> E semelhante à estrela que se apaga é toda obra de vossa virtude: sempre sua luz está a caminho e viaja – e quando deixará de estar a caminho?

Isso novamente é um pouco difícil. A ideia é de que a virtude é o anel, e esse é o poder eterno, cósmico. É uma espécie de sistema galáctico que é também um grande círculo, ou é a circulação ou a rotação de um planeta em torno do sol. Por isso ele chega à ideia da estrela. O anel é a estrela, e por isso cada ato de virtude é semelhante à estrela; ou poderia ser semelhante a uma estrela cadente, ou semelhante a uma estrela que se extinguirá, pois um ato de virtude deixará de existir. Mas não, diz Nietzsche, pois há um sentimento de eterna duração; a virtude é um tal poder que jamais pode ser extinto. Daí ser semelhante à estrela nisso: embora possa se extinguir, por conta da infinitude do espaço em que a luz viaja. Ser ou não capaz de vê-la depende do observador; se estiver próximo, ela deixará de existir, mas, se estiver a uma distância infinita da estrela, ela brilhará eternamente. Como vocês sabem, há muitas estrelas em nosso universo que se extinguiram, mas ainda as vemos. Um tempo demasiado curto se passou – a luz precisa talvez de um milhão de anos para chegar aqui –, portanto, se uma estrela se extinguiu há apenas dez mil anos, poderia levar um milhão de anos mais para nos darmos conta de que ela já não existia. Como veem, Nietzsche muito naturalmente usa aqui a imagem ou a metáfora dos planetas do círculo galáctico, que sempre é a expressão da duração eterna, agora, assim como na Antiguidade. Por exemplo, vocês podem se lembrar, na chamada liturgia mitraica de Dieterich, a confissão do *mystes*, do neófito, quando ele se dá conta da presença dos deuses planetários: "Eu sou uma estrela como você, que viaja no mesmo caminho com você"[132]. Ou seja, ele próprio era semelhante a uma estrela pelo fato de que tinha a virtude, o eterno poder do anel. Agora Nietzsche aplica seu *insight* ao homem, dizendo:

> Assim a luz de vossa virtude se acha a caminho, mesmo quando a obra está feita.
>
> Pode estar esquecida e morta: seu raio de luz continua a viver e viajar.
>
> Que vossa virtude é vosso si-mesmo, e não uma coisa externa, uma pele ou um manto; eis a verdade do fundo das vossas almas, ó virtuosos!

Esse é um dos dois pensamentos mais importante, ou *o* pensamento mais importante em todo o capítulo. Aqui ele diz claramente: vossa virtude é vosso si-mesmo, com hífen. Em alemão está: *Dass eure Tugend euer Selbst sei, und nicht ein Fremdes, eine Haut, eine Bemäntelung.* A palavra alemã *fremd* quer dizer "alheia". Eu insistiria nessa tradução em vez de "externa", pois, nas velhas formulações da Idade Média, na chamada filosofia hermética, em que temos as analogias mais próximas a essas ideias, sempre encontramos esse termo, *nihil alienum*: nada alheio deveria estar na composição da coisa mais importante, a pedra filosofal, que é o símbolo do si-mesmo. Eles sempre insistiram em que a pedra era uma coisa e que nada de alheio deveria ser colocado nela; por isso era preciso manter o vaso hermético bem fechado, hermeticamente selado. Vejam, esse termo vem da ideia deles de que nada deveria entrar que fosse alheio à matéria-prima a partir da qual a pedra era feita. Portanto, quando Nietzsche diz "e não uma pele alheia [*sic*] ou um manto", ele quer dizer basicamente o mesmo: ou seja, nossa virtude só é uma virtude na medida em que é o si-mesmo, entendido aqui como uma entidade dinâmica, uma existência dinâmica.

Pois bem, é claro, isso é difícil de entender se tentarmos perceber o que realmente transmite, e Nietzsche não vai mais longe aqui. É seu estilo intuitivo meramente aludir às coisas; vemos como ele chega lá – suas palavras sugerem tais ideias para ele muito frequentemente. Por exemplo, "é até mesmo vossa coisa mais querida", e então faz uma mera mudança e a frase significa "é vosso mais querido *Si-mesmo*", o que sugere essa ideia – meramente aludindo a ela e então a abandonando, para voltar a ela mais tarde. É como se ele próprio não tivesse uma percepção plena do que isso realmente queria dizer, o que deriva do fato de que ele, Nietzsche, não está falando a partir de sua mente consciente: Zaratustra governa sua mão que escreve. Zaratustra é como um rio que corre através dele, e Nietzsche é meramente o meio pelo qual Zaratustra fala. Às vezes o meio não é bom – demasiado estreito, apertado, não totalmente puro –, e então a manifestação de Zaratustra também é apertada ou contaminada ou mesmo falsificada; então às

---

132. *Eine Mithrasliturgie* (Leipzig, 1905; 2. ed., 1910), de Albert Dieterich, foi uma obra muito importante para Jung.

vezes, na medida em que o instrumento funciona bem, é a verdade absoluta. Mas o eu consciente de Nietzsche participa disso só intuitivamente. Ele só capta que nossa virtude é nosso si-mesmo, e, embora possa escrevê-lo, não tem tempo e percepção completa disso, e então segue adiante. Frequentemente vemos no *Zaratustra* que as ideias mais importantes são apenas evocadas e então abandonadas. Se ele realmente fosse um filósofo, coisa que não é, ele se manteria nelas. Nunca se afastaria, mas continuaria para sempre em torno dessa única sentença: "Vossa virtude é vosso Si-mesmo". O que isso significa? Significa um mundo. Quem realmente o compreende? E o que isso significa na prática? É uma declaração que precisaria de anos, de toda uma vida, para ser plenamente realizada*. Mas uma coisa está perfeitamente clara: não é uma coisa externa, ou uma coisa alheia, tampouco uma coisa que é ensinada ou imitada ou obedecida ou seguida ou sugerida. Não é uma atitude que assumimos como uma pele ou um manto, ou um jeito de fazer. É simplesmente nosso si-mesmo. Isso significa: *seja* você mesmo e assim você é virtude.

Como veem, para explicar uma coisa dessas plenamente, é preciso saber muito sobre a história do pensamento humano. O que é o si-mesmo? Naturalmente, a realidade do senso comum diria: – *si mesmo* [*self*] – isto é, mim mesmo [*myself*]. E o que é mim mesmo? O eu, eu mesmo. E estamos completamente errados. É por isso que as pessoas chamam Nietzsche de individualista ou de egoísta. Mas está perfeitamente claro que ele é dois: Nietzsche e Zaratustra. Nietzsche é o "eu", seu ego, e o si-mesmo presumivelmente é Zaratustra; vimos de modo frequente nos capítulos anteriores que Zaratustra realmente está no lugar do – ou representa o – si-mesmo. Zaratustra, sendo a imagem arquetípica do velho sábio, naturalmente contém o si-mesmo, como em todos os casos nos quais essa figura se torna uma experiência psicológica. Assim como a *anima*, no caso de um homem, contém o Si-mesmo. A *anima* é algo diferente do eu. Se a pessoa se identifica com a *anima*, está em apuros, neurótica, um saco cheio de humores, um ser incontável, inconfiável – tudo de errado debaixo do sol. Portanto, se disséssemos "eu sou meu si-mesmo", seríamos neuróticos, como Nietzsche realmente o era, pois ele se identificava com Zaratustra. Seria melhor ele ter dito: "Eu não sou o si-mesmo, eu não sou Zaratustra". Como vocês diriam, "minha virtude não é mim mesmo" – não é o eu, mas algo impessoal. É o poder do si-mesmo. Nossa definição psicológica do si-mesmo é a totalidade, o eu com sua margem indefinida de inconsciente que faz a totalidade. Não sabemos o quanto a inconsciência abrange, mas, em todo caso, o eu, como um centro da consciência,

---

* O termo inglês, *realized*, favorece aqui uma interpretação rica em sua ambiguidade: ele refere-se tanto a uma tomada de consciência, uma percepção, quanto a uma ação concretizada, a percepção colocada em prática [N.T.].

é um círculo menor dentro de um círculo mais amplo ou de extensão indefinida. Só sabemos onde está o centro, mas não sabemos onde está a circunferência.

Curiosamente, essa é a velha formulação, geralmente atribuída a Santo Agostinho, de que Deus é um círculo cujo centro está em toda parte e cuja circunferência está em parte alguma. Mas eu recentemente descobri na literatura hermética que essa afirmação é atribuída a um oráculo hermético. Não conheço, porém, a autoridade para essa tradição; é declarada por um humanista italiano e não tive ainda a oportunidade de verificar sua autoridade. Mas, em geral, quando os alquimistas citavam os padres da Igreja, citavam corretamente, e faziam uso deles com muita frequência. Portanto, se eles tivessem sido convencidos de que Santo Agostinho era a autoridade para essa metáfora, certamente o teriam dito, pois gostavam de citar os padres [da Igreja, ou seja, os grandes formuladores da tradição teológica cristã (N.T.)]. Na Idade Média isso era sempre uma recomendação; significava: somos recebidos, falam bem de nós, estamos em boa companhia. Naturalmente eles sempre tiveram um pouco de sentimento de inferioridade com relação à Igreja, por isso falavam muito da linguagem patrística e usavam metáforas patrísticas para aumentar a autoridade de suas declarações. Portanto, quando eles definitivamente declaram que essa formulação tem origem hermética e citam um chamado oráculo hermético que me é perfeitamente desconhecido, pode haver algo nisso. Eu não iria tão longe a ponto de dizer que Santo Agostinho tomou isso emprestado de alguma tradição hermética conhecida – não existe uma imagem como essa a ser encontrada lá, até onde sei –, mas há numerosas citações herméticas de textos dos quais não temos nenhuma evidência, pois eles se perderam. Daí haver a possibilidade de que essa declaração seja autêntica. Também é possível que fosse uma invenção nova, pois o círculo é uma imagem arquetípica que pode ocorrer em qualquer lugar sem uma tradição direta. Por exemplo, nós a encontramos de maneira muito bela nos ensaios de Emerson, no capítulo chamado "Círculos". Claro que ele estava ciente de Santo Agostinho – ele o citou –, ainda assim o uso que fez dela não é de modo algum o que Santo Agostinho teria feito, o que mostra que era um fato arquetípico vivo no caso de Emerson[133].

---

133. O ensaio de Emerson começa assim: "O olho é o primeiro círculo; o horizonte que ele forma é o segundo; e, por toda a natureza, essa figura primordial se repete infinitamente. É o emblema mais elevado na cifra do mundo. Santo Agostinho descrevia a natureza de Deus como um círculo cujo centro estava em toda parte e cuja circunferência estava em parte alguma". Mas Emerson não faz qualquer citação, e Jung talvez esteja certo em suspeitar que a ideia tinha uma outra fonte que não Agostinho. Surpreendentemente, Emerson era um predileto especial de Nietzsche. "Jung e o transcendentalismo" foi discutido por Edward Edinger em *Spring* (1965, p. 77ss.) e por William McGuire em *Spring* (1971, p. 136-140).

Bem, é perfeitamente claro que o que Nietzsche quer dizer por virtude não é nada que possa ser ensinado ou dado ou adquirido; a virtude é o que nós somos, nossa força. E nossa força, é claro, é uma metáfora, de novo, pois só condicionalmente é nossa força: é a força à qual pertencemos, na qual estamos incluídos. Vejam, essa é a fórmula constrangida de uma mente que afirmou que Deus está morto, pois qualquer mente de uma época anterior teria dito que estávamos incluídos em Deus, que nossa virtude era a força de Deus e nada mais. Mas, como Deus está morto e não existente agora, devemos inventar fórmulas desajeitadas, devemos dizer que é uma força à qual eu pertenço, que se manifesta psicologicamente. E então, sem dúvida, estamos na cozinha do diabo, pois essa força que se manifesta em nós poderia ser uma emoção muito má ou um desejo muito mau, de modo que o mundo inteiro diria: "Que imoral, que nojento!" Um bom cristão poderia dizer que nossa barriga aparentemente era nosso Deus, porque nossa maior emoção está em comer e beber. Ou a coisa mais poderosa em certas pessoas é o seu temor pela própria reputação, pela respeitabilidade; e então sua respeitabilidade é sua maior força, sua maior virtude, seu Deus. Ou elas podem ter uma convicção tola. Ou, em um viciado em drogas, o desejo por drogas é a coisa mais forte em sua vida; essa é sua virtude segundo a definição, o poder dentro dele que não pode ser subjugado.

Vejam, tudo isso concorda com nossa definição de Deus; como fato psicológico que não necessariamente é bom, ele também pode ser destrutivo. Mas, ao admitir isso, nos alinhamos com todas as religiões de todos os tempos, com a única exceção do protestantismo muito tardio. Por exemplo, para ilustrar minha alusão à Igreja Católica, Basílio o Grande – um dos antigos padres da Igreja – e Santo Ambrósio – mestre de Santo Agostinho –, também pertencentes ao século IV, usavam o rinoceronte como uma analogia de Deus. Eles diziam que Deus era como um rinoceronte devido à sua grande força. Essa é a origem da lenda do unicórnio no colo da virgem, como um símbolo do Espírito Santo e da Imaculada Conceição[134]. Encontramos esse simbolismo em muitas tapeçarias antigas; e o unicórnio também foi ferido no lado pela lança, assim representando a Cristo na forma do Espírito Santo – o Espírito Santo tendo aí a forma do Javé selvagem e indomável, o Deus do Antigo Testamento. Então, na Igreja Católica, desde a época de Alberto Magno[135], eles tinham a doutrina de que Deus, antes de ter um filho, era de um tempera-

---

134. São Basílio (330?-379), o grande bispo de Cesareia, é um dos muitos teólogos que Jung repreende por negar todo mal em Deus (cf. OC 9/1, § 81-85). Santo Ambrósio (340?-397) foi bispo de Milão. Em OC 11/3, § 408, Jung também cita Nicolau Caussino, um jesuíta do século XVII, como alguém que compara Javé a um rinoceronte furioso ou unicórnio até que, "subjugado" pelo amor de uma virgem pura, foi transformado, no colo dela, em um Deus de Amor.

135. Alberto de Bollstadt viveu no século XIII. Era um aristotélico e um notável cientista natural empírico. Certamente teria se chocado com qualquer relato desses sobre Maria.

mento muito excitável, muito colérico. Ele causava grande desordem no mundo até que encontrou sua paz no ventre da Virgem, literalmente cativado pelo amor. Então se transformou. Tornou-se o pai amoroso de um filho.

Portanto, como vocês veem, esse tipo de doutrina na Igreja Católica mostra que eles admitem que Deus nem sempre era bom, mas era primeiramente selvagem e desregrado. Temos inúmeras evidências disso no Antigo Testamento. Por exemplo, naquela passagem em que Jó, falando de suas aflições causadas pelo decreto de Javé, diz a seus amigos que não há soberano ou senhor acima dele em Israel, por isso ninguém poderia dizer se ele era bom ou mau, ninguém poderia condenar Javé por pregar peças malignas em um homem. Claro, se um senhor poderoso, que tinha alguns servos miseráveis inteiramente dependentes de sua graça, fizesse uma aposta com o demônio sobre qual entre eles poderia desencaminhar os pobres coitados, pensaríamos que isso é uma piada de péssimo gosto. Mas foi o que aconteceu: Deus deu ao diabo uma chance de tentar o velho Jó, ameaçar tirar tudo o que ele tinha, matar a quantidade que fosse de gado ou de seres humanos, privar o pobre homem de sua vida comum, só para testá-lo. Deus, em sua onisciência, poderia facilmente ter sabido de antemão no que o experimento resultaria. Bem, estou apenas aludindo a algumas das amplificações dessa afirmação de que nossa virtude é nosso si-mesmo. É algo a se pensar. Nietzsche então prossegue:

> Mas há aqueles para os quais a virtude é o espasmo sob o açoite: e já ouvistes demais os seus gritos!

Podemos lidar com as passagens seguintes muito rapidamente. Elas contêm afirmações psicológicas importantes, por isso vale a pena escutá-las, mas não precisam de qualquer comentário em particular.

> E há outros que chamam virtude ao afrouxamento de seus vícios; e, quando seu ódio e seu ciúme estiram os membros, sua "justiça" acorda e esfrega os olhos sonolentos.
>
> E há outros que são puxados para baixo: seus demônios os puxam. Mas, quanto mais afundam, tanto mais lhes cintilam os olhos e o desejo por seu Deus.
>
> Ah, também seus gritos chegaram aos vossos ouvidos, ó virtuosos: "O que eu *não* sou, isso é, para mim, Deus e virtude!"
>
> E há outros que vêm pesados e aos guinchos, como carroças a carregar pedras numa descida: falam muito em dignidade e virtude – chamam a seus freios de virtude!
>
> E há outros que são como relógios simples a que se deu corda: fazem seu tique-taque e pretendem que se chame virtude – ao tique-taque.
>
> Na verdade, com esses me divirto: onde eu encontrar esses relógios, lhes darei corda com minha zombaria; e deverão ainda ronronar!

E outros têm orgulho de seu punhado de justiça e em nome dela cometem ultrajes contra todas as coisas: de modo que o mundo se afoga em sua injustiça.

Ah, como lhes fica mal na boca a palavra "virtude"! E quando dizem "eu sou justo", soa sempre igual a "eu estou vingado!"

Aqui há um jogo de palavras em alemão, com uma pequena peculiaridade local. Soa assim: *Ich bin gerecht* (Eu sou justo). Mas Nietzsche veio de Basileia e lá isso soa exatamente como *geracht*, "vingado". Isso foi o que ele ouviu aqui, tenho certeza.

Com sua virtude querem arrancar os olhos dos inimigos; e se erguem apenas para rebaixar os outros.

Ou rebaixando os outros eles se erguem!

E há também aqueles que ficam em seu pântano e falam de dentro do caniço: "Virtude – é ficar quieto no pântano.

Não mordemos ninguém e evitamos quem quer morder; e em tudo temos a opinião que nos é dada".

E há também aqueles que amam gestos e pensam: Virtude é uma espécie de gesto.

Seus joelhos sempre rezam, e suas mãos louvam a virtude, mas seu coração nada sabe disso.

E há também aqueles que consideram virtude dizer: "Virtude é necessária"; mas no fundo acreditam apenas que a polícia é necessária.

E alguns, que não podem ver o que há de elevado nos homens, chamam de virtude o fato de verem muito de perto o que neles é baixo: assim, chamam virtude a seu mau-olhado.

E alguns querem ser edificados e erguidos e chamam a isso virtude: enquanto outros querem ser lançados para cima – e também a isso chamam virtude.

E desse modo quase todos acreditam participar da virtude; e cada qual pretende, no mínimo, conhecer o "bem" e o "mal".

Mas Zaratustra não veio para dizer a todos esses mentirosos e tolos: "Que sabeis vós sobre a virtude? Que *podíeis* saber sobre a virtude?"

E sim para que vós, meus amigos, ficásseis cansados das velhas palavras que aprendestes dos mentirosos e tolos:

Cansados das palavras "recompensa", "retribuição", "castigo", "vingança com justiça".

Cansados de dizer: "Para uma ação ser boa, é preciso ser desinteressada".

O mais equivocado – se cometermos o equívoco de misturar o si-mesmo com o eu.

> Ah, meus amigos! Que o *vosso* Si-mesmo esteja em vossa ação, assim como a mãe está no filho: que seja essa a *vossa* fórmula da virtude!

Pois bem, como vocês entendem isto: "como a mãe está no filho"? Certamente o filho está na mãe.

Sra. Sigg: Pode ser que Nietzsche pense que um ser humano real está no si--mesmo, e que o si-mesmo é a mãe para o ser humano.

Prof. Jung: Sim, isso está certo. Vejam, temos aqui a ideia do anel, o círculo mais amplo que contém o menor, assim como uma mãe, um filho. E nossa ação é virtuosa na medida em que o círculo mais amplo pode estar expresso dentro ou através do círculo menor: ou seja, na medida em que o hipotético si-mesmo invisível se manifesta em nossas ações. Em outras palavras, na medida em que podemos permitir que o inconsciente flua em nós, de modo que tudo o que fizermos sempre contenha uma quantidade do inconsciente. Quando uma coisa é totalmente consciente, podemos ter certeza de que excluímos o inconsciente, e que excluímos a extensão indefinida de matéria psíquica que está sempre lá. Deveríamos, pelo contrário, incluir o inconsciente, mas, como estamos inconscientes disso, como seria possível? Daí que só possamos permitir a ação que tem de ser; se fizermos isso, Nietzsche a chamaria de virtuosa. Então ela tem força. Mas deve estar claro que, se o inconsciente flui com nossa ação e com nosso comportamento, *nós assumimos responsabilidade*. Caso contrário, isso não se exprimiria, mas seria simplesmente um evento que ocorreu, e que ocorreria igualmente a peixes ou plantas. Não teria nenhum mérito; só se torna ético na medida em que sabemos. Se sabemos que uma determinada quantidade de inconsciência – o que significa uma quantidade de risco – aparece, e suportamos isso, assumimos responsabilidades: nessa medida nossa ação é virtuosa ou ética.

> Em verdade, tirei de vós cem fórmulas e os brinquedos favoritos de vossa virtude; e agora vos irritais comigo como se irritam as crianças.

Bem, ele tirou todas as centenas e centenas de prescrições ou critérios pelos quais se pode dizer que isso é bom e aquilo é mau, e que isso deveria ser e aquilo não deveria ser. Naturalmente, se dizemos que somos virtuosos na medida em que temos virtude, e temos virtude na medida em que permitimos que essa força à qual pertencemos se manifeste através de nós, então é extremamente simples, algo que vemos por toda parte. Esse é o modo pelo qual uma árvore se ergue, é o modo pelo qual um animal vive e como nós mesmos *deveríamos* viver se não fôssemos conscientes. Mas, como somos conscientes, pensamos a respeito, entendemos que certas coisas são muito difíceis ou até mesmo muito perigosas, e então começamos a ser cuidadosos, a evitar. Assim, nossa moralidade é a sabedoria prática da vida. Experimentem ser mal-educados, ou imorais, e vejam o que acontecerá; vocês talvez acabem atrás das grades, o que não é agradável. Podemos nos ferir de muitos modos. Ou podemos dizer que algo não é bom, apenas prudente. Por exemplo, se somos simpáticos com nossos inimigos, isso é bastante astuto porque evitamos conflitos posteriores; se somos bem-educados, não ofendemos, e isso também é uma coisa boa, boa no mesmo sentido em que o chefe primitivo entendia isso quando disse ao missionário: "É bom quando pego as esposas do meu chefe vizinho, e é ruim quando ele pega a minha". Vejam, não há diferença; é um ponto de vista inteiramente utilitário.

Mas virtude é ser capaz de se submeter à força que está em nós. Vejam, é ainda mais virtuoso quando dizemos que nos submetemos à força de Deus. Soa como algo que é, de certo modo, muito bom. Temos uma forma, podemos nos justificar aparentemente, em especial quando essa força de Deus coincide com o que é dito nos livros, ou com o que os sacerdotes dizem, ou com o que a opinião pública diz. Por exemplo, se levantamos um fundo para determinados propósitos caritativos e colocamos toda nossa energia nisso, ao falarmos que isso é da vontade de Deus e que estamos obedecendo à sua força, todo mundo nos dará tapinhas nas costas e dirá que isso é bom e virtuoso. Mas poderia ser o contrário. Poderia ser que o velho deus de Oseias reaparecesse – vocês sabem que ele foi terrivelmente indiscreto ao dizer para Oseias que se casasse com a prostituta, e ele o fez. Se o bispo Fulano de Tal se casasse com uma *cocotte* de Paris, seria muito chocante, ainda assim não existe nenhuma garantia contra tais possibilidades, absolutamente nenhuma. Vemos isso na história. Na medida em que é uma verdade eterna, isso pode se repetir a qualquer momento – isso é a força. Oseias poderia dizer que era a ordem do Senhor, e não havia nenhuma contradição. Mas onde estamos se dissermos que essa é a ordem do si-mesmo? Somos uns egoístas, estamos nos desculpando. O que é o si-mesmo? Somos nós mesmos, e não há nenhuma desculpa. Portanto estamos absolutamente em apuros. É nisso que dá dizermos que Deus está morto; já não temos desculpas. Mas aí estamos – perdemos toda autoridade para o que fazemos. O capítulo se encerra com este comentário bastante irônico:

> Mas a mesma onda deverá lhes trazer novos brinquedos e lançar à sua frente novas conchas coloridas!
>
> Desse modo serão consolados; e, como eles, meus amigos, tereis vosso consolo – e novas conchas coloridas!

Se pensamos que o deus em Zaratustra está falando assim, isso é extremamente duvidoso, muito ambíguo; se pensamos que Nietzsche brincou com isso, é inofensivo e não significa grande coisa. Mas pode ser que o próprio Deus tenha um modo desses de se exprimir, e então seria quase como se Ele estivesse brincando com o homem, e isso a sangue frio. Ouviremos algo a respeito no próximo capítulo.

Palestra II
12 de maio de 1937

Prof. Jung: Temos aqui uma questão da Srta. Hannah: "Você disse, na última vez, que quando o espírito era negado, às vezes reaparecia como ar no abdômen. Disse frequentemente que, enquanto o Oriente começa no *muladhara* e trabalha *subindo*, o Ocidente começa na cabeça e trabalha *descendo*. Não estaria o ar no abdômen porque, quando 'Deus está morto', temos de trabalhar descendo pelos centros e só podemos reencontrá-lo quando alcançamos o *muladhara*, ou isso pode ocorrer em qualquer centro?"

Essa é uma questão bem complicada. A Srta. Hannah tenta exprimir esse problema em Nietzsche na linguagem da ioga tântrica, mas não posso entrar na explicação dos chacras tântricos, de modo que devo responder de forma um tanto fragmentária. É perfeitamente verdadeiro que todas as "formas-pensamento" orientais partem da região do *muladhara*, o que significa que eles sobem do inconsciente: a mente oriental está sempre em conexão com os fatos instintivos naturais da vida. Mas, no Ocidente, estamos separados dos instintos. Nossa mente opera no ar – parte da cabeça e olha de cima para baixo os fatos naturais; assim, em vez de subir como uma planta a partir do seio da terra, pode-se dizer que a mente ocidental parte da cabeça e trabalha descendo para a terra. Podemos ver isso em nossa maneira de abordar o inconsciente. Tantas pessoas, particularmente aquelas que não têm ideia do inconsciente, falam do *Unterbewusstsein*, do subconsciente, de uma consciência abaixo da consciência; sempre pensamos nele como estando em algum lugar abaixo da superfície. Em todo caso, *nós* estamos no topo, estamos acima. Por exemplo, consideremos a água como um símbolo do inconsciente; mas nós não estamos na água, estamos na superfície, olhamos a água de cima para baixo, com o inconsciente sempre embaixo. Enquanto no Oriente se entende que o inconsciente está acima e o consciente, embaixo, pois ele vem da terra. Por isso é uma característica da China que o dragão esteja no céu; o dragão lá é uma figura favorável e celestial e brilhante, uma figura de luz. Conosco é justamente o contrário; o dragão é desfavorável, úmido, escuro. Ele vive em cavernas e é senhor dos vaus e rios e fontes; também representa os centros inferiores do cérebro e da medula espinhal, e nós supomos que estamos acima desses chamados centros inferiores. Não é assim no Oriente. O Oriente parte dos centros inferiores; as verdades instintivas são absolutamente incontestáveis lá. Mas nós contestamos até mesmo o direito delas à existência; para nós, a mente é algo aéreo que está sempre no topo e que nos permite olhar de cima para baixo o mundo instintivo.

Portanto podemos dizer que, quando a essência do espírito – o que na linguagem cristã é chamado de "Deus" – está morta, ela certamente só pode reaparecer nos centros inferiores. Por exemplo, pessoas de igreja dizem que estamos perdidos se não acreditamos em Deus – estamos a caminho do inferno – e, em alguma medida, isso é perfeitamente verdadeiro, pois, no momento em que a essência espiritual é negada, ela simplesmente surge vinda de baixo, mas na forma de um distúrbio, como se o estômago estivesse perturbado, por exemplo, ou como se um mau instinto tivesse sido incitado. Vejam, a ascensão dos estratos inferiores da população e a destruição das hierarquias – a destruição dos *valores* – são sintomas de descentralização; tudo isso é a consequência do enfraquecimento ou do esvaziamento do princípio espiritual, ou de sua identificação com a mente. Klages comete o mesmo erro em sua filosofia: ele identifica o intelecto com o espírito[136]. Mas o intelecto é algo humano, enquanto o espírito não tem nada de humano; é um princípio que nós não fazemos. Ele é que nos faz, nos toma. E o espírito não é, de modo algum, inimigo da vida; é uma condição dinâmica, como qualquer outra coisa.

Pois bem, o fato é que, quando negamos esse princípio, ele simplesmente emerge do outro lado, de modo que pode se manifestar no abdômen. Para certas pessoas, basta descobrir *manipura*. Elas ficam perfeitamente satisfeitas com a presença desse princípio divino quando encontram suas emoções, de modo que uma parte de nossa análise simplesmente consiste em conscientizar as emoções, e isso pode bastar. Em outros casos, temos de descer mais fundo no inconsciente coletivo, para *svadhisthana*, a região da água. Mas mesmo isso não será o bastante em todos os casos; há outros que têm de descer diretamente à *muladhara*, e isso os coloca na realidade; já não se trata mais de teoria, *theoria*, ver as coisas, ser impressionado pelas coisas, mas passar a fazer, fatos reais, vida real. Isso evidentemente é concreto, completamente prático, e só assim será convincente. Por exemplo, Paulo teve todas as chances de saber o que era o cristianismo, mas isso só lhe aconteceu na realidade quando ele foi jogado no chão – só quando ele foi atingido pela cegueira.

Eu me lembro de uma mulher que adverti que não fizesse uma cirurgia, pois seu caso, na verdade, não passava de histeria. Mas o marido dela era médico e disse

---

136. Sobre Klages, cf. 23 de maio de 1934, n. 68.

que isso era bobagem, por isso ela realizou duas laparotomias, e não se constatou nada[137]. Então pensou-se que devia ser uma espécie de tuberculose, e ela teve de passar cerca de dois anos nas montanhas. Nove anos mais tarde ela voltou a me procurar, após ter tido seu ventre aberto duas vezes e ter gastado todo aquele dinheiro e tempo. Mas então seus filhos foram ameaçados pela tuberculose e ela teve um sonho no qual era responsabilizada pela doença deles: o sonho dizia que ela tinha causado a morte dos filhos, que ela tinha matado seus dois meninos. Então ela acreditou, mas foi preciso aquele fato, e isso é *muladhara*. Certa vez tratei de uma senhora muito distinta – ela era tão distinta que só conseguia falar em um tom de voz muito elevado, como fazem as pessoas que querem demonstrar o quanto são elevadas –, e eu lhe disse que, se ela continuasse daquele jeito, algo lhe aconteceria. Eu previ isso: ela estava a caminho de um estupro. Eu disse isso claramente, mas ela não acreditaria em mim. Então, quando eu estava fora por cerca de oito dias, em minhas férias, isso aconteceu, naturalmente, e por sorte ela foi resgatada a tempo, com duas costelas e uma cartilagem da laringe quebradas. Foi necessário algo assim para fazê-la despertar, caso contrário ela nunca teria prestado atenção ao que se dizia a ela. Mas as pessoas que têm percepções rápidas e podem extrair conclusões só precisam tocar a esfera de *manipura*, e isso basta. Vamos agora ao próximo capítulo, "Da gentalha".

> A vida é manancial de prazer; mas, onde bebe também a gentalha, todas as fontes são envenenadas.

Devemos sempre ter em mente que, quando Nietzsche fala dos compassivos, ou dos sacerdotes, ou da gentalha, ele se refere a uma coisa que é particularmente perturbadora para ele próprio, ou seja, uma coisa que está nele próprio e que é por isso especialmente irritante. Vejam, nós amaldiçoamos as coisas que estão mais perto de nós mesmos; as qualidades mais irritantes são as nossas. Se uma coisa nos é absolutamente alheia, se ela realmente não nos toca o íntimo, ficamos apenas atônitos, talvez só ligeiramente atônitos, e não entendemos, sequer encontramos as palavras necessárias para insultá-la. Mas, quando é nossa própria culpa, nos tornamos loquazes e dispomos de uma torrente de atributos e críticas para culpar ou insultar essa determinada coisa. Assim, quando Nietzsche fala da gentalha, ele se refere à gentalha nele próprio; isso lhe dá a emoção necessária, e certamente todo mundo contém gentalha. Um certo percentual da humanidade *consiste* em gentalha, e, como somos todos parte dessa humanidade, provavelmente contemos o mesmo percentual. Pois bem, não mencionaríamos esse fato, preferiríamos não saber dele, enquanto a gentalha não estivesse, como diríamos, constelada; mas no

---

137. Laparotomia é a remoção cirúrgica de uma porção da parede abdominal.

momento em que nos erguemos um pouco alto demais, no momento em que nos tornamos demasiado distintos, instantaneamente a gentalha se torna importante e começamos a insultá-la. Nietzsche, inflado por sua identificação com Zaratustra, está evidentemente elevado demais, distinto demais, maravilhoso demais; e então a gentalha se torna importante e ele tem de reprimi-la. Ele encontra agora palavras muito fortes: o símbolo que ele usa é o "manancial de prazer" envenenado pela presença da gentalha; isso quer dizer que a gentalha nele próprio envenena o manancial de prazer *dele*, como naturalmente o faria.

Se nos identificamos com a figura distinta, todas as qualidades menores não têm lugar nessa imagem, mas sim são excluídas, e elas se amontoarão e recobrirão a fonte da vida, que evidentemente é o inconsciente. Do inconsciente flui o manancial da vida, e o que não aceitamos em nós mesmos, naturalmente cai de volta nesse manancial e o envenena; quando não reconhecemos certos fatos, eles formam uma camada no inconsciente pela qual a água da vida deve emergir, e será envenenada por todas as coisas que nós abandonamos embaixo. Se elas são aceitas em nossa vida consciente, são então misturadas às outras substâncias mais valiosas e limpas, e as qualidades odiosas das funções inferiores desaparecem mais ou menos. Elas só formam pequenas sombras aqui e acolá, uma espécie de tempero para as coisas boas. Mas, ao excluí-las, fazemos com que se amontoem e elas se tornam substâncias inteiramente malignas; para uma coisa tornar-se venenosa, só precisamos reprimi-la. Se cuidadosamente esterilizamos tudo o que fazemos, preparamos um extrato da impureza e o deixamos no fundo, e, uma vez que a água da vida esteja envenenada, não será preciso muito para tornar tudo errado. Vemos isso na próxima imagem que ele usa.

> Sou afeiçoado ao que é limpo [...].

Aí está: as coisas devem ser limpas, ou não são aceitas. Ele tem de limpar as coisas para ser capaz de aceitar tudo. Mas nada é totalmente limpo; em tudo existe a mistura da terra, em tudo [existe] a imperfeição. Assim, se preferimos aceitar só as coisas perfeitas, todas as imperfeições cairão no fundo; abaixo de nossa escolha das coisas mais perfeitas, haverá uma pilha de imperfeição.

> [...] mas odeio ver os dentes arreganhados e a sede dos impuros.

Exatamente. Em algum lugar a impureza se amontoa, e isso forma esses dentes arreganhados.

> Eles lançaram o olhar para dentro da fonte [...].

Se olha para dentro do manancial, é claro que o vê; por isso ele diz:

> [...] agora o brilho do seu repugnante sorriso me sobe da fonte.
> A água sagrada eles envenenaram com sua lascívia: e, ao chamarem de prazer seus sonhos imundos, envenenaram também as palavras.

Pois bem, quem tem os sonhos mais imundos?

Sra. Fierz: Os virtuosos.

Prof. Jung: Naturalmente. Os santos têm os sonhos mais imundos. Esse é um fato, infelizmente. Por exemplo, Santo Agostinho disse que agradecia a Deus por não o ter feito responsável por seus sonhos. Ele não diz o que eram, e sempre tive a curiosidade de saber – devem ter sido muito fortes[138]. Vejam, essa era uma época em que não existia análise, mas há relatos particularmente bons de tais sonhos – em *As tentações de Santo Antão*, de Flaubert, por exemplo. Esse é um pedaço muito saboroso de psicologia de santos, e lembrem-se: tudo o que Flaubert escreveu sempre se baseou em estudo muito cuidadoso. E temos um relato contemporâneo por Santo Atanásio, no qual ele descreveu tais visões[139]. É claro que as pessoas que fazem tamanho esforço de santidade devem acumular impurezas em algum lugar, e por vezes tudo simplesmente desaba sobre elas – são inundadas por aquilo –, ao passo que, se as tivessem aceitado em pequenas parcelas, elas não viriam em grandes pedaços. Portanto o que Nietzsche descreve aqui é a percepção do fato de que, abaixo de sua consciência, nas funções mentais inferiores, há muita imundície, e ele a projeta nas pessoas que considera a ralé humana.

Vejam, deveríamos ser muito gratos por existir algo como a ralé humana. Essas pessoas são inferiores, e eu não sou inferior; graças aos céus que descobri gente inferior – agora eu sei onde fica a inferioridade. Por isso as pessoas são tão tremendamente interessadas em acreditar em coisas más. Elas dificilmente acreditam em coisas boas, isso seria incômodo. Mal suportam acreditar que alguém seja melhor do que elas, pois isso significa que *elas* deveriam ser melhores. Mas, se sabem que outras pessoas são piores do que elas, deveriam sentir quase um dever de ser gratos a essas pessoas. Deveriam dizer: "Graças aos céus vocês são maus, pois agora me sinto melhor, visto que não sou sobrecarregado pela terrível tarefa de *agir* melhor. Vocês são piores, obrigado. Fiquem onde estão, pois assim saberei onde o mal está, graças a Deus, e eu estou perfeitamente bem". Isso explica por que esposas muitas vezes estão satisfeitas com o baixo estágio moral do marido – que ele beba, por exemplo –, pois então, totalmente contra a vontade delas, e sem nenhum esforço, elas estão sempre do lado bom e nunca são tão más quanto o marido. Mas, se alguém se dá ao trabalho de curar o marido, a coisa fica inquietante; a esposa tenta persuadi-lo a beber de novo, pois então terá uma consciência muito melhor.

---

138. Os muitos sonhos que Santo Agostinho relata em seus escritos raramente são "imundos", mas ele os levava a sério e considerava alguns premonitórios.

139. As visões de Atanásio foram relatadas em *The Book of Paradise* (ed. E. A. Wallis-Budge). Cf. 2 de junho de 1937, n. (PAG 1059 DO ORIGINAL).

Ou, ao tratar um casal, se o homem é muito neurótico e alguém consegue curá-lo, pode-se predizer com segurança que a mulher então terá uma neurose. Vejam, ela sempre esteve acima. Claro que sofria terrivelmente, e as pessoas certamente tinham pena dela. Sua sina não era de modo algum invejável. Mas, nesse caso, seria de se imaginar que, quando o marido se curasse, a felicidade começaria. De modo algum. A esposa então se torna neurótica. Outrora, ela estava em boa forma porque ele estava em má forma. Não digo que seja sempre assim, mas é muito frequente.

> A chama se enoja quando eles põem no fogo seus corações úmidos; até o espírito ferve quando a gentalha se aproxima do fogo.
>
> Enjoativo e maduro demais fica o fruto em suas mãos: seu olhar torna frágil e seca a árvore frutífera.
>
> E alguns que se afastaram da vida afastaram-se apenas da gentalha: não queriam partilhar fonte, chama e fruto com a gentalha.

Esse é em grande medida o destino de Nietzsche: ele era extraordinariamente intolerante com o homem comum. Magoava-se facilmente, e não podia suportar a banalidade, com o resultado de que estava sempre isolado; foi uma figura terrivelmente solitária porque não podia suportar o homem comum em si mesmo. Tentou fugir de sua própria banalidade, e ninguém que tenta escapar de sua própria banalidade tem acesso à vida humana, mas sim é completamente separado de sua tribo. Vejam, a humanidade é um fato terrivelmente banal, e, na medida em que você apresenta qualidades banais, tem uma conexão. Em nossas virtudes e realizações não há conexão – ali está nossa força, podemos ficar sós; precisamos de inferioridade para ter conexão. Se negamos nossa inferioridade, negamos a ponte para a humanidade, perdemos nossa chance. Esse foi exatamente o caso de Nietzsche.

> E alguns que foram para o deserto e passaram sede com animais de rapina queriam apenas não se sentar em torno da cisterna com cameleiros imundos.
>
> E alguns que vieram como exterminadores e como granizo para os campos de frutos queriam apenas pôr o pé na garganta da gentalha e assim lhes fechar a goela.

Isso de novo é Nietzsche; vejam, ele sempre se identifica com Zaratustra. Frequentemente se compara a um destruidor ou a uma catástrofe natural como o granizo, sempre muito destrutivo, é claro, pois sentia sua nova ideia como um vento purificador ou uma grande revolução. Mas nunca sentiu que, aquilo que ele imaginava ser para o mundo, mais certamente era para si mesmo, pois ele era parte da humanidade; e todo aquele que se refere a um granizo para os campos de frutos é, em primeiro lugar, um granizo para seus próprios campos de frutos. Pois bem, ele aqui usa uma metáfora muito peculiar: ou seja, "pôr o pé na garganta da gentalha". Essa é uma extraordinária figura de linguagem, e aqueles que estiveram nos seminários anteriores sabem que, sempre que Nietzsche usa uma imagem de mau gosto, há algo simbólico por detrás. A ideia é que ele põe seu pé na boca de um mostro, presumivelmente o asfixiando. Isso os faz lembrar de outra figura? Ela aparece mais tarde, mas já falamos dela anteriormente.

Sra. Baumann: A serpente que entrou na boca do pastor que não podia engolir?

Prof. Jung: Sim, a serpente que penetrou na boca do pastor enquanto ele dormia. Ele a teria engolido, mas Nietzsche o alerta para morder a cabeça dela e cuspi-la. E o que isso significa?

Srta. Hannah: Que o pastor recusa sua vida instintiva.

Prof. Jung: Sim, a serpente é o dragão, a representante dos centros inferiores do cérebro e da medula espinhal. É o animal de sangue frio que não tem nenhuma conexão, nenhuma relação com o homem, que simboliza a parte de nossa psicologia que é completamente estranha a nós mesmos, que nunca conseguimos compreender, ante a qual nós estremecemos e temos medo. As pessoas frequentemente têm um medo instintivo de serpentes, assim como os macacos e os cavalos o têm. Pois bem, visto que o pastor recusa isso, simbolizando todas as partes inferiores de suas funções mentais – *la partie inférieure de ses functions* –, essas partes inferiores se personificam e aparecem ao pastor na forma de uma serpente que queria entrar nele.

Peculiarmente, a serpente ao mesmo tempo é um símbolo religioso nos mistérios de Sabázio. A iniciação consistia em engolir a serpente – claro que não literalmente: eles talvez a afagassem ou beijassem. Os ofitas cristãos celebravam a comunhão com uma serpente real no altar, mas, nos mistérios de Sabázio, eles tinham uma serpente dourada que era colocada abaixo do queixo – e não dentro da boca – e depois dentro das vestimentas, sendo novamente retirada delas por baixo; supunha-se então que o deus tinha entrado no neófito e o impregnado do germe divino, e o chamavam de *entheos*. A serpente simboliza o deus que entra no homem para preenchê-lo, torná-lo a mãe de Deus, e a retirada por baixo significa o nascimento, é claro[140]. Isso era como o antigo rito de adoção. A mãe que queria adotar um filho ou uma filha tinha de esconder a criança debaixo de sua saia, ainda que se tratasse de um adulto. E após ser retirado ela tinha de dar seu seio para a criança adotada para denotar que era seu lactente. Então, depois dessas cerimô-

---

140. Em OC 5, § 530 e 530 n., Jung cita Clemente de Alexandria como a fonte de sua informação sobre os mistérios da serpente de Sabázio. Em OC 12, § 184, Jung diz: "Para os ofitas, Cristo era a serpente", e segue comparando esse simbolismo ao da ioga Kundalini. Os ofitas eram uma seita gnóstica primitiva, possivelmente pré-cristã, que dizia que tanto o homem como o universo foram gerados pela conjunção da serpente e do ovo.

nias, eles eram alimentados com leite e assim por diante, como nos mistérios do renascimento na Antiguidade.

Pois bem, somos aqui recordados desse símbolo. Onde se trata da ralé, dessa parte inferior de sua psicologia, certamente encontramos a mesma ideia, mas na forma reversa: ou seja, ele – ou seu pé, pelo menos – está na posição da serpente. Assim como a serpente entrou na garganta do pastor, o pé dele entra na garganta da ralé. O pastor aqui está claramente muito identificado com Zaratustra, que é divino, uma forma humanizada de Deus, e tem de se comportar como se ele próprio fosse o deus, a serpente. Claro, isso não quer dizer asfixiar a ralé, e sim fertilizá-la, impregná-la, entrar na ralé de modo que ocorresse a conexão entre as partes inferior e superior dele próprio. Sendo a parte superior, ele tem de assumir o papel da serpente e entrar na garganta da ralé, ou mergulhar no manancial para que os poderes que estão acima se misturassem com os que estão abaixo. Isso evidentemente para vivificar as camadas inferiores adormecidas, ou para tornar reais as camadas superiores, os poderes espirituais, pois o espírito que não aparece na carne é um vento que logo se extingue: o vento deve entrar na matéria para que seja real. O espírito nada é se não descer à matéria, assim como a matéria está completamente morta se não for vivificada pelo espírito. Por isso ele usa um símbolo muito semelhante aqui para exprimir o que deveria ser. Mas esse símbolo é sugerido pelo seu ressentimento; ele odeia a ralé, mas nesse próprio ódio o símbolo positivo aparece. Ele prossegue:

> E não foi esse o bocado em que eu mais me engasguei, saber que a vida mesma necessita de inimizade, mortes e cruzes de martírio:
>
> Mas sim perguntei, um dia, e quase sufoquei com minha pergunta: Como? A vida também *necessita* da gentalha?

Aí está!

> São necessárias fontes envenenadas, fogos malcheirosos, sonhos emporcalhados e vermes no pão da vida?

Ele tem uma rica escolha de palavras para insultar as funções inferiores!

> Não o meu ódio, mas o meu nojo devorou-me faminto a vida! Ah, cansei-me frequentemente do espírito, quando vi também a gentalha com espírito.

Isso mostra o quanto ele é melindroso. Sendo um ser do ar, um espírito, é natural que ele seja terrivelmente ofendido pela vulgaridade da matéria, da realidade, não pode suportar a visão do espírito que se tornou carne. Bem, devo dizer que é possível simpatizar com ele!

> E aos dominadores voltei as costas, ao ver o que chamam de dominar: pechinchar e barganhar pelo poder – com a gentalha!

Que ele lidasse com suas funções inferiores está totalmente fora de questão; isso não pode ser feito.

> Entre povos de idioma estrangeiro vivi [...].

Isso se refere ao longo período em que Nietzsche viveu na Itália. Ele fugiu de seu povo e de seu país, para não se misturar com a gentalha.

> [...] com ouvidos tapados: para que a língua do seu pechinchar continuasse estrangeira para mim, e seu barganhar pelo poder.
>
> E prendendo o nariz percorri, mal-humorado, todo o ontem e hoje: em verdade, todo o ontem e hoje fede à gentalha do poder, da escrita e do prazer!

Isso é mais específico; são seus colegas.

> Como um aleijado que se tornou surdo, cego e mudo: assim vivi muito tempo, para não viver com a gentalha do poder, da escrita e do prazer.

Isso significa que ele não podia evitar ver-se, até certo grau, como tendo um instinto de poder. Claro, o *Zaratustra* como um todo é um impulso de poder. Isso é a gentalha do poder, e ser um escritor famoso é a gentalha da escrita, e a gentalha do prazer – bem, o prazer, em grande medida, era impossível para ele, particularmente todas as qualidades do amor eram mais ou menos tabu, por conta da infecção sifilítica que ele contraiu aos 23 anos de idade.

> Penosamente meu espírito subiu degraus, e cuidadosamente; esmolas de prazer foram seu bálsamo; com bengala a vida se arrastou para o cego.

Ele não podia aceitar seu homem inferior, por isso teve de subir degraus.

> Que me aconteceu, afinal? Como me libertei do nojo?

Ele não se libertou do nojo, mas obviamente aqui, enquanto escrevia, de algum modo transcendeu seu nojo.

> Quem rejuvenesceu meu olhar? Como voei até as alturas onde nenhuma gentalha se senta mais junto à fonte?

Aqui ele é pego *in flagranti*. Vimos que ele não superou seu nojo; sua boca estava cheia de objeções e insultos um segundo antes, e agora subitamente descobrimos que ele está além, que se pôs acima disso.

> Meu próprio nojo me deu asas e o dom de descobrir água? Em verdade, tive de voar à mais elevada altura para reencontrar o manancial do prazer!

Enquanto se dava conta do quão vil era a gentalha, começou a desenvolver asas e a voar; identificou-se completamente com Zaratustra – sendo este o grande pássaro, o homem sábio. Como vocês sabem, o homem sábio é sempre representado com asas – o sábio Hermes tinha asas, por exemplo, e, na Índia, o cisne quase podia ser chamado pelo título de homem sábio. Sempre se entendeu que um homem que tivesse atingido a sabedoria mais elevada podia voar, transportar-se para qualquer lugar. Esse era o critério da sabedoria perfeita, a altura da prática da ioga e tudo isso. Assim, para ele, dizer que tinha criado asas prova que ele está agora completamente identificado com o espírito de Zaratustra. Então é claro que ele pode acreditar que encontrou o manancial, pois a sabedoria humana superior de uma figura inconsciente como Zaratustra evidentemente conhece o manancial: essa figura é o próprio manancial, na verdade. E então vem o *ekstasis*:

> Oh, encontrei-o, meus irmãos! Aqui, na mais elevada altura, brota para mim o manancial do prazer! E existe uma vida de que nenhuma gentalha bebe comigo!

Vejam, Zaratustra, sendo a forma concretizada ou a personificação do princípio do espírito, tem uma energia própria, uma vida própria. E o espírito é uma fonte porque é essencialmente vida. Por isso, se pudermos nos identificar completamente com um espírito e nos desidentificar de nosso próprio corpo – como se tentou em muitas formas de ioga –, podemos libertar a fonte do espírito; claro que então não seremos mais humanos; desumanizamo-nos – estamos acima da terra, somos um fantasma – e evidentemente temos de pagar o preço. Sempre foi a aspiração da humanidade voar como um pássaro, tornar-se um vento, um sopro; e isso pode ser feito, mas é pago com a perda do corpo, ou a perda da humanidade, o que é a mesma coisa. E agora, na altura do *ekstasis* – vejam, *ekstasis* significa realmente sair de si mesmo –, ele subitamente se dá conta de algo e diz:

> Jorras quase que demasiado violenta para mim, fonte de prazer! E com frequência esvazias novamente o copo, querendo enchê-lo!
>
> E devo ainda aprender a me acercar mais modestamente de ti: impetuoso demais flui o meu coração ao teu encontro.

É demasiado violenta. Esse é o perigo, pois a identificação com o espírito sempre causa uma condição na qual a função mental, que está ligada à matéria cerebral, assume tamanha intensidade que consome a matéria. O homem é incendiado por tamanha intensidade, e então há um grande perigo. Isso é exatamente o que aconteceu a Nietzsche: ele foi incendiado em Zaratustra. Ele era uma chama viva que se incendiou a si mesmo, com o resultado da sobrecarga do cérebro e do colapso do sistema nervoso.

Pois bem, sinto aqui que o conceito do espírito pode não ser compreendido, e seria, nessa conexão, particularmente importante que nossas ideias a respeito concordassem. Vejam, esse conceito tem sido usado tão frequentemente, e de tal modo, que a maioria das pessoas acham que sabem do que estão falando quando usam o termo "espírito", mas, na verdade, geralmente não o sabem. Temos a tendência de identificá-lo com o intelecto, embora a palavra "espírito" de modo algum denote o intelecto. Claro que, em inglês, há uma diferença, mas em alemão não há diferença alguma, pois a palavra *Geist*, que Nietzsche usa, é usada de modo absolutamente indiscriminado para intelecto, mente e espírito. A língua alemã é muito estranha, é muito primitiva sob esse aspecto; mesmo seus conceitos mais fundamentais ainda são um conjunto de fatos, uma peculiaridade que não encontraríamos em praticamente nenhuma outra língua, a não ser, talvez, no chinês ou no russo, que não conheço. Tampouco conheço o chinês, mas tenho uma ideia dos caracteres chineses e de suas extraordinárias possibilidades diversificadas de interpretação, e eles certamente formam a analogia mais próxima da língua alemã. O alemão é, de maneira peculiar, a língua mais incapaz de expressar qualquer coisa de definido. Os alemães fazem esforços frenéticos para ser precisos, por conta do sentimento de inferioridade que eles têm de que sua língua nunca expressa uma coisa definidamente. Pois bem, isso é, para um determinado tipo de filosofia, muito incômodo; porém, para a psicologia e para a filosofia *real*, é inestimável. Vejam, entendo por "filosofia real" um tipo de pensamento que exprime a compreensão da vida – isso é filosofia real para mim. Mas o que geralmente se chama de "filosofia" nas universidades é uma questão intelectual – como a teoria da cognição, por exemplo. Para esse propósito, o alemão não tem valor algum; ele é vivo demais. É o espírito da língua estar conectada com as coisas, ser a vida das coisas.

Por exemplo, é muito característico que o que vocês chamam de realidade o alemão chame de *Wirklichkeit*; aqui vemos a diferença. "Realidade" vem do latim *res*, uma coisa, algo estático, enquanto a *Wirklichkeit* alemã implica que a coisa só é enquanto funciona. Como diz o Sr. Dooley, aquele homem do *New York Times*: "Uma verdade é uma verdade enquanto funciona". Portanto esse livro é um livro enquanto funciona. Essa é a ideia alemã; o conceito deles de realidade é muito relativo. É uma coisa – *wirklich* – na medida em que funciona – *wirken*. Há uma espécie de momento dinâmico, transitório, e isso é realidade. Isso mostra o espírito da língua muito claramente. E, assim, o conceito alemão de *Geist* tem todo tipo de aspectos, e contém vestígios da história original desse conceito, é claro, como também a palavra "espírito" o contém. O espírito é *spiritus*, significando sopro; é o sopro que sai da boca de um homem. É a alma, a vida dele, pois ele sopra enquanto vive, e, quando o último sopro tiver abandonado o corpo, a alma foi embora também, o homem está morto. Mas *Geist* não é sopro. *Geist* é um gêiser, algo que jorra como água fervente, como o vapor que sibila, ou como a espuma crepitando quando abrimos uma garrafa de champagne; isso é *Geist*. Então *Geist* é o álcool no vinho, ou o ácido carbônico, o aroma, o *parfum* que se desenvolve do vinho, o que chamamos de a flor do vinho; ao passo que o espírito é ar líquido, sopro, um líquido gasoso, aquático, mas mais ou menos estático. Daí que, quando Nietzsche fala de *Geist*, na verdade quer dizer intensidade, uma explosão dinâmica; e onde quer que ele caracterize a natureza de Zaratustra – quando o chama de um turbilhão, ou uma tempestade de granizo, ou uma trovoada, ou um raio –, então isso é o *Geist*, a intensidade. O fenômeno original do espírito é uma convulsão, poderíamos dizer; somos convulsionados por uma violenta emoção, por exemplo, e então dizemos que um espírito entrou em nós, estamos possuídos. Assim também, *Geist* tem o significado da palavra inglesa *ghost* [fantasma], e em *ghost* vocês têm o sentido original, porque *ghost* relaciona-se com *aghast*: há a ligação emocional. A ideia de explosão é sempre ligada a essa palavra *Geist*, a ideia de uma intensidade extraordinária.

Também ficamos continuamente desconcertados pelo uso da palavra "espírito" ou *spiritus* no conceito alquímico. Por exemplo, eles dizem: "Se não conseguiste transformar o corpo em um espírito, não conseguiste realizar a obra". Vejam, nesse caso, isso significaria, originalmente, na medida em que o procedimento era químico: "Se não conseguiste transformar o corpo, um metal, em um óxido, não conseguiste realizar a obra". Isto é, o óxido é uma substância volátil. Se o mercúrio é fervido, sempre ascende e se torna de novo uma condensação naquelas partes da retorta que são mais frias; e então eles dizem que o mercúrio no estado de ebulição é o corpo, e o vapor do mercúrio, que ascende e transcende, é o espírito. Quando substâncias são aquecidas, geralmente se oxidam ou mudam sua qualidade, e essa mudança de qualidade era compreendida como o que eles chamavam de "sublimação"; era como se tornar um ser diferente. Vejam, certos corpos mudam tanto pela oxidação que uma pessoa ingênua não poderia reconhecer a relação; por isso aqueles velhos químicos pensavam que produziam novos corpos, e o novo corpo – causado pelo aquecimento do corpo anterior – era o espírito, um *spiritus*. Mas eles usavam essa palavra "espírito" de modo absolutamente indiscriminado, mesmo em seus textos místicos, em que também falavam em transformar o corpo em um *pneuma*. Pois bem, *pneuma* é um vento, um composto volátil, um composto mutável, ou é realmente o espírito – refiro-me ao espírito em seu sentido metafísico ou filosófico ou religioso –, e somos realmente incapazes de ter certeza sobre o que eles queriam dizer. Possivelmente queriam dizer que o espírito – aquilo que agora chamamos de "espírito", ou o que a Bíblia chama de "espírito" – é um corpo sutil. Não fugimos disso; é simplesmente um corpo sutil. Portanto podemos fazer um espírito a partir da matéria, podemos "desmaterializar" – o que eles chamam de "sutilizar" a matéria em um tal grau que ela se torna um espírito, não um espírito descorporificado, mas um espírito que é um corpo sutil.

Pois bem, visto que esse corpo sutil foi feito pelo calor, eles supunham que através do fogo transmitiam substância ígnea ao corpo, de modo que este se tornava parcialmente como fogo, e "fogo" era outro símbolo para a alma. Em Heráclito encontramos uma passagem que diz que a alma mais nobre é a essência do fogo – é da mais intensa irradiação e esplendor e muito seca –, e por isso ele diz que tornar--se água é a morte para um espírito ou uma alma. Ele também diz que as almas dos alcoólicos se convertem em água; tornam-se encharcadas ou úmidas e morrem[141]. Portanto a ideia era que o verdadeiro espírito, a essência da vida, da alma, era fogo. E dando fogo às substâncias supunham que se tornavam semiespirituais, ou corpos sutis. O fogo significa, é claro, intensidade, por isso, se nos submetemos à intensidade – digamos, a uma intensa emoção –, nós nos transformaríamos em um corpo sutil. Sendo assim, para sutilizar ou sublimar um homem, devemos expô-lo ao fogo; primeiramente ele deve ser limpo da impureza pela ablução com água, e então exposto ao fogo.

Essa ideia é mais antiga do que o cristianismo, e vocês se lembram da afirmação no Novo Testamento: "Eu vos batizo com água para o arrependimento, mas aquele que vem depois de mim é mais forte do que eu. De fato, eu não sou digno nem ao menos de tirar-lhe as sandálias. Ele vos batizará com o Espírito Santo e com o fogo". Encontramos essa afirmação já nos textos alquímicos do século I – o famoso texto de Komarios, por exemplo (cf. Mt 3,11)[142] –, e tudo isso se conecta com tradições pré-cristãs; e, embora não tenhamos nenhuma evidência, como os textos não foram conservados, conhecemos os nomes de pessoas que eram grandes autoridades nessas questões nos séculos I ou II d.C. E, como disse, temos textos autênticos do século I, nos quais encontramos essas ideias. Quando um homem é submetido a uma grande emoção, isso significa que ele é submetido ao fogo, e o contato com o fogo pode lhe dar a natureza de um corpo sutil; o fogo pode sutilizá--lo ou pode destruí-lo. Essa ideia é expressa também na afirmação não canônica de Jesus: "Quem está perto de mim está perto do fogo, e quem está longe de mim está longe do Reino", pois ele é o fogo, a maior intensidade, e quem quer que toque essa intensidade é sutilizado, tornado pneumático, tornado um corpo volátil.

Pois bem, quanto mais Nietzsche se torna intenso, mais se identifica com a chama Zaratustra; e quanto mais se expõe a esse calor, mais se torna volátil, mais seu corpo é incendiado. Os alquimistas dizem que todas as superfluidades devem ser incendiadas, e por isso a ação do fogo deve ser forte; não tão forte a princípio, para não incendiar demais, mas mais tarde, no processo, o fogo deve ser aumenta-

---

141. Heráclito frequentemente contrastava o fogo nobre com a umidade ignóbil. P. ex.: "É deleite, ou antes a morte, tornar-se úmido" e "O fogo [...] julgará e se apoderará de todas as coisas" (Freeman*, fragmentos 74, 66).

142. A descrição mais completa de como, para Komarios, o batismo pode ser, em ambos os opostos, fogo e água, aparece em OC 14/1, § 310-311. Komarios, ou Comarius, foi um alquimista do século I.

do, deve tornar-se mais intenso, e então todas as superfluidades são incineradas. Assim nos tornamos sutilizados; nós nos tornamos um corpo sutil, um espírito.

Sr. Baumann: Parece-me que a palavra alemã *Geist* é mais bem caracterizada como uma coisa que se move por si mesma e que pode mover outras coisas; e o oposto, a *Materie*, tem a característica de algo que não se move. Podemos usar o termo *Materie* em alemão para substâncias físicas ou podemos usá-lo para conceitos intelectuais ou abstratos, que podemos manejar, como, por exemplo, o palestrante trata o assunto de sua palestra. Portanto *Geist* significa um poder ativo, ou um poder dinâmico.

Prof. Jung: Sim. Bem, eu quis falar disso para que vocês pudessem compreender a peculiar linguagem metafórica de Nietzsche, pois na passagem seguinte ele diz:

> Meu coração, no qual arde meu verão, breve, quente, melancólico, sobrefeliz: como anseia por teu frescor meu coração-verão!

Vejam, essa é uma descrição precisa do processo pelo qual Nietzsche está passando; conforme se aproxima da identificação com Zaratustra, a chama viva, ele começa a desabrochar. Isso é a primavera, e então chega o verão, o maior calor, mas infelizmente é um verão quente e curto e o fim é a calcinação ou o que os alquimistas chamam de incineração. Então nos tornamos cinzas, incendiados, e isso é o fim – quero dizer, o fim do homem banal ordinário. Nietzsche incendeia o homem inferior, o homem anatômico ou fisiológico, e então se torna um espírito. Frequentemente eu disse que ele era *plus papal que le Pape* [mais papal do que o papa; em francês no original (N.T.)], mais cristão do que um cristão: poderíamos chamá-lo de o último cristão verdadeiro. Ele é levado para trás pela identificação com o espírito e não percebe isso. E aqui temos o trágico pressentimento que ocasionalmente encontramos no *Zaratustra*; meu breve, melancólico verão. Ele sabe que isso é transitório. Essa intensidade nunca será alcançada de novo, e é uma ferida fatal.

> Foi-se a hesitante aflição de minha primavera! Foi-se a maldade de meus flocos de neve em junho!
>
> Um verão na mais elevada altura, com frias fontes e bem-aventurada quietude [...].

Prof. Jung: Ao que se refere a insistência dele no meio-dia?

Sra. Baumann: À metade da vida.

Prof. Jung: Sim, chegaremos mais tarde a essa ideia de meio-dia; é esse ponto de indiferença em que as coisas estão no equilíbrio entre a ascensão e a queda, a ideia da metade da vida. Pois bem, quantos anos ele tinha quando escreveu essa parte do *Zaratustra*? Ela foi escrita em 1881.

Sra. Sigg: Ele nasceu em 1844.

Prof. Jung: Portanto tinha 37 anos; era exatamente a época. O verdadeiro processo começa antes, exatamente quando o relógio bate os trinta e seis, poderíamos dizer, mas é claro que não reparamos em nada. Aos trinta e sete há uma chance de percebê-lo, é o meio-dia – esse breve período –, e depois um outono começa.

> [...] vinde, amigos, para que mais bem-aventurada ainda se torne a quietude.

Ele anseia pelo frio, ele está tão quente. Pois bem, o frio é o contrário, e esse frio que subitamente irrompe no calor ocorre praticamente em toda parte no *Zaratustra*. Frequentemente Nietzsche usa metáforas que são até de mau gosto, mas essa ideia de que os pares de opostos se tocariam entre si está sempre presente em sua mente, não na forma da conjunção, mas na forma da *enantiodromia*, a ideia de que as coisas subitamente correriam na direção contrária. Pois bem, o *Zaratustra* como um todo foi escrito praticamente em três semanas; não de uma só vez, é claro, mas em três partes, cada qual em uma semana. Assim, podemos ver a intensidade desse processo; podemos imaginar que intensidade extraordinária deve ter existido nesse cérebro para capacitá-lo a produzir uma coisa dessas. Isso foi o verão e o extremo calor e a sutilização. Pois bem, Nietzsche prossegue:

> Pois esta é *nossa* altura e nossa pátria: aqui vivemos, de maneira demasiado alta e arriscada para todos os impuros e sua sede.

Ele disse antes "demasiado violento", e aqui é "demasiado alto e arriscado" – mas para os outros, os impuros.

> Lançai apenas vosso olhar puro ao manancial do meu prazer, ó meus amigos! Como poderia ele turvar-se por isso? Em resposta, sorrirá para vós com a *sua* pureza.

Vejam, isso é o contrário do que ele disse antes – que a ralé tinha lançado um olhar maligno à fonte e a envenenado. E, da altura que ele agora alcançou, diz, lancemos nosso olhar puro ao manancial da vida. Vida, evidentemente, é para Nietzsche quase sinônimo de prazer. Pois bem, se podemos ver a fonte da vida como algo absolutamente puro, devemos ser, nós mesmos, inumanamente puros. Para qualquer um que não seja extraordinariamente puro, a fonte da vida jamais é totalmente pura, é sempre um pouco turva. Como vocês sabem, outras pessoas tiveram uma ideia inteiramente diferente, como Santo Agostinho, que disse que nós nascemos entre fezes e urina[143]. Esse era o ponto de vista cristão, para denotar a extrema inferioridade de nossa natureza. Estaríamos completamente perdidos se

---

143. Essa é outra afirmação frequentemente atribuída a Santo Agostinho, mas não rastreada.

nada tivesse sido feito para nós. Somos concebidos e nascemos na impureza, e temos de passar pelo processo purificador por ablução e fogo e assim por diante. Por isso devemos ser sublimados, e aqui Nietzsche supõe que fomos, que alcançamos o topo, e por isso vemos tudo como absolutamente puro. Não duvido, se pudermos nos identificar com o espírito, que possamos ver a vida como absolutamente pura, mas para o homem a questão é outra. Visto que o homem não é espírito, visto que o homem também é corpo, essa fonte de vida deve ser basicamente da mesma natureza; e visto que ele não consiste em 100% de ouro puro, devemos admitir que a fonte tampouco é 100% ouro puro, mas que produz muitas substâncias inferiores, o que explicaria por que as coisas são tão imperfeitas como elas são. Bem, agora:

Na árvore Futuro construamos nosso ninho [...].

Ele de novo usa uma metáfora extraordinária, muito ousada, eu diria. Por que a árvore aparece subitamente?

Sra. Crowley: A árvore também é uma espécie de fonte de vida.

Prof. Jung: Isso porque se eleva ou brota? Sim, mas isso é um pouco forçado.

Srta. Hannah: A árvore não é sempre um símbolo da vida impessoal? Ele não se identifica com a vida impessoal?

Prof. Jung: Bem, a árvore é um símbolo de desenvolvimento espiritual, e a evolução espiritual é diferente da evolução animal. A evolução animal seria o desenvolvimento do corpo, e o espírito sempre é entendido como uma espécie de crescimento secundário no processo do corpo porque ele consome o corpo, extrai a vida, para alcançar sua intensidade. É muito exaustivo porque ele esgota a substância de um homem. Vejam, a árvore é uma planta e simboliza um desenvolvimento alheio, inteiramente diferente da vida animal, como o desenvolvimento que chamamos de espiritual, que é sempre sentido como muito peculiar, um tipo quase parasitário de desenvolvimento. O desenvolvimento espiritual no caso de Nietzsche destruiu seu cérebro. O cérebro é necessário, e seu cérebro foi consumido, por isso ele é uma espécie de símbolo de transformação. Assim como uma árvore extrai substâncias minerais da terra, o espírito transforma o corpo vulgar, ou a vulgaridade da matéria, na sutileza da matéria orgânica. A árvore representa, pois, uma espécie de sublimação. Ela cresce de baixo até o ar acima, tem suas raízes no solo como se fizesse parte da terra e estende raízes de novo para o reino do ar; assim o espírito do desenvolvimento se eleva do homem material e animal e cresce para uma região diferente, acima. Por isso a árvore sempre foi um símbolo do valor espiritual ou do desenvolvimento filosófico, como a árvore do conhecimento no Paraíso, por exemplo, ou a árvore filosófica, a *Arbor Philosophorum*, a árvore com os frutos imortais – um símbolo hermético –, e também a árvore do mundo no Edda.

E aqui encontramos a conexão com a primavera: embaixo, a árvore Yggdrasil é um manancial[144].

Comentário: Nos contos de fadas, é muito frequente uma árvore junto ao poço. Se uma princesa se perde, ela geralmente é encontrada perto da árvore ou sob uma árvore, perto de um poço.

Prof. Jung: É verdade. A árvore toma sua vida, poderíamos dizer, do poço, uma transformação da terra e da água; e, em níveis mais avançados de civilização, ela representa o desenvolvimento espiritual. Vemos isso novamente na lenda da árvore do conhecimento no Gênesis, pois sobre a árvore da vida estava a serpente que convenceu os primeiros pais a se tornarem conscientes. A serpente pensou que poderia ser melhor para o homem saber tudo a respeito, mas Javé não tinha exatamente a mesma ideia, por isso não lhes permitiu comer daquele fruto. Agora Nietzsche diz que, na árvore Futuro – a antecipação espiritual do futuro –, construímos nossos ninhos, como se fôssemos pássaros. Como o homem sábio é sempre um pássaro, e Nietzsche se tornou Zaratustra, ele diz: "Eu tenho asas. Eu sou um pássaro. Eu faço meu ninho nessa maravilhosa árvore da ioga, a árvore do conhecimento, a *Arbor Philosophorum*". Pois bem, quem mais tinha seu ninho nos ramos de uma árvore maravilhosa? Vocês sabem que isso é também um importante mito religioso.

Sr. Allemann: A Fênix. E na Yggdrasil há uma águia.

Prof. Jung: Sim, a Fênix, o símbolo de renovação e renascimento.

Srta. Welsh: E Ra.

Prof. Jung. Sim, há muitos mitos desse tipo. Mitra é frequentemente representado com asas, tendo nascido do topo da árvore, o que é evidentemente a ideia de Ra, construindo seu próprio ninho e surgindo como um falcão na manhã. Portanto isso mostra de novo uma completa identificação com o espírito.

[...] águias nos trarão alimento nos bicos!

De onde vem essa imagem?

Sra. Sigg: De Elias.

Prof. Jung: Sim, do Antigo Testamento – o protestante aparece em Nietzsche de novo. É um corvo que traz o alimento a Elias, mas é evidentemente muito mais distinto ter uma águia – um corvo não faria isso. Portanto ele está no lugar do Profeta Elias; Zaratustra é um profeta tão bom quanto qualquer outro.

Sra. Sigg: Penso que Elias também tem a ver com o fogo e a flama; Nietzsche, com o fogo e a tempestade; e Elias, com a carruagem de fogo.

---

144. Jung escreveu extensamente sobre o simbolismo da árvore. Cf. esp. seu ensaio "A árvore filosófica" (OC 13, § 304-382). Sobre Yggdrasil, cf. 17 de outubro de 1934, n. 164 e 167.

Prof. Jung: Sim, ele também teve um *insight* desses e se incendiou – foi para o céu na carruagem de fogo. É como a morte de Heráclito, que incendiou a si mesmo – desapareceu no fogo. Encontramos o mesmo motivo no *Fausto* três vezes. A primeira foi o *Knabe Lenker*, o menino cocheiro; a segunda, o Homúnculo; e a terceira, Eufórion, que desapareceu em um clarão de luz, queimando em uma enorme intensidade[145].

Sr. Baumann: Há alguns anos, em um seminário, havia uma imagem alquímica muito interessante, que simbolizava esse processo. Na base estavam um homem e dois leões, e as patas estavam cortadas. Então acontece o processo de incineração, e acima está uma árvore com muitos pássaros.

Prof. Jung: Sim, a árvore cheia de pássaros é um símbolo alquímico regular, e muito frequentemente eles são águias. Vocês sabem que a águia é a ave da luz, a prima da Fênix, enquanto o corpo é a ave negra e simboliza a escuridão. Por isso a *matéria* alquímica no estado de escuridão, um paralelo com a alma humana no estado de escuridão, é chamada de *caput corvi*, cabeça de corvo – como a cabeça de Osíris, perdida nas águas escuras quando ele foi esquartejado por Set – e, mais tarde, ela se torna uma cabeça dourada. Daí, em um texto grego, os alquimistas se chamarem a si mesmos de filhos da cabeça dourada, *caput aureum*, o *caput corvi* que se tornou ouro, brilhando como o sol[146]. Vamos agora encerrar esse capítulo.

> Em verdade, não alimento que também os impuros pudessem comer! Pensariam estar comendo fogo e queimariam suas bocas!
>
> Em verdade, aqui não mantemos moradias para os impuros! Para seus corpos nossa felicidade seria uma caverna de gelo, e para seus espíritos também!

Claro que essa caverna de gelo se refere a seu próprio corpo. O gelo sempre transmite a ideia de ausência de inervação, de calor, de vida, a morte do homem corpóreo.

> E como fortes ventos desejamos viver acima deles, vizinhos das águias, vizinhos da neve, vizinhos do sol: assim vivem os fortes ventos.

Completa identificação com o princípio espiritual novamente.

---

145. Elias, que o Senhor ordenou que se escondesse na torrente de Carit, pois "ordenei aos corvos que te deem lá alimento" (1Rs, 17,2-4). Sobre Elias em uma "carruagem de fogo", cf. 2Rs 2,11. Naturalmente se supôs que Heráclito morreu por fogo, ao qual ele atribuía tanta importância. No *Fausto*, parte 2, a renovação do rei fracassa três vezes: o menino cocheiro, o Homúnculo e Eufórion, todos ascendem na fumaça (cf. CW 12, § 243).

146. Jung tem vários relatos sobre o *caput corvi*, ou cabeça de corvo, em CW 14. Cf., p. ex., § 724, 772.

E como um vento quero um dia soprar entre eles, e com meu espírito tirar-lhes o fôlego do espírito: assim deseja o meu futuro.

Em verdade, um forte vento é Zaratustra para todas as baixuras; e este conselho o oferece aos inimigos e a todos que cospem e escarram: "Guardai-vos de cuspir *contra* o vento!"

Agora ele é Wotan, o deus do vento – isso está perfeitamente claro – e, atenção, não cuspam contra o vento, não é prudente; se o vento sopra de uma determinada direção, não resista a ele, é perigoso. Vejam, isso é o que acontece.

Palestra III
19 de maio de 1937

Prof. Jung: Temos aqui uma imagem da seita jainista na Índia, representando um santo perfeito que se transforma em uma planta. O Sr. Baumann a trouxe para nós como um exemplo do desenvolvimento espiritual sendo representado pela planta, conforme estivemos comentando na semana passada. Chegamos agora ao capítulo chamado "Das tarântulas". O capítulo anterior era intitulado "Da gentalha". Pois bem, como chegamos disso à ideia de tarântulas?

Srta. Hannah: No capítulo anterior, ele se identificou inteiramente com o vento, o espírito; e a aranha é muito frequentemente o símbolo do complexo materno. Tendo entrado no masculino inteiramente, ele tinha de se libertar.

Prof. Jung: Ah, você pensa no vento como sendo inteiramente masculino. Tem alguma justificativa para isso?

Srta. Hannah: Não. Talvez eu tenha confundido com o Logos.

Prof. Jung: Mas haveria um argumento em favor da sua ideia. O que dissemos sobre o vento na última vez?

Sra. Fierz: Que o vento era Wotan.

Prof. Jung: Naturalmente. Wotan é o deus do vento *par excellence*, e, como Nietzsche se exprimia em um *milieu* alemão, podemos estar certos de que ele pegou algo de Wotan: isso está na substância alemã, como vocês sabem. Por isso ele naturalmente assume um caráter muito masculino, embora para o entendimento antigo o vento não fosse tão certamente masculino. E que evidência temos disso?

Sra. Baumann: Sophia.

Prof. Jung: Sim, Sophia enquanto sabedoria é a personificação do Espírito Santo, e o Espírito Santo era compreendido como a mãe de Deus; nos séculos I e II havia muitos cristãos que acreditavam que Maria, a mãe de Deus, era na verdade uma espécie de alegoria, e que Sophia era a mãe real, o Espírito Santo. Por exemplo, nos Atos de São Tomé há um hino com a invocação: "Ó vinde, Espírito Santo, nossa mãe". E no hebreu a palavra para "pneuma" é *ruach*, que significa espírito assim como vento, e é usada como um *femininum* tão frequentemente quanto como um *masculinum* – há evidência de ambos nos textos do Antigo Testamento. Vocês conhecem a origem desse fato peculiar de que há uma incerteza quanto ao sexo do espírito?

Srta. Hannah: Ele é hermafrodita – acima do sexo.

Prof. Jung: Sim, mas de onde esse elemento hermafrodita vem?

Prof. Reichstein: Porque a parte masculina do espírito seria a parte consciente, e a parte inconsciente é feminina.

Prof. Jung: Ah, se você considerar psicologicamente, isso é verdade, na medida em que os homens pensaram isso. Com as mulheres isso naturalmente seria o oposto. Os homens tiveram esses pensamentos primeiro, e, como se tratavam de conteúdos de ritos de iniciação, doutrinas de clãs ou tribos, claro que assumiram primeiro uma forma masculina, psicologicamente. Mas temos evidências históricas dessas ideias hermafroditas: ou seja, é uma ideia realmente universal que o criador do mundo era um ser hermafrodita. Quase toda mitologia continha essa ideia do ser original – que ele se criou através de si mesmo, sendo tanto pai quanto mãe. E vocês se lembram de que, no *Timeu*, de Platão, os primeiros seres humanos eram redondos, com quatro braços e quatro pernas, e também eram hermafroditas; esse é o chamado homem platônico[147]. Portanto esse conceito do vento, ou do espírito, é de caráter incerto: pode ser tanto masculino quanto feminino. E há outras ideias do mesmo tipo, a ideia de a alma ser parcialmente masculina e parcialmente feminina, por exemplo. Assim, é sobretudo o fato de Nietzsche ser alemão que o fez ter uma concepção tão masculina do vento: o arquétipo Wotan estava em seu sangue. Pois bem, é verdade que qualquer tipo de aranha – a ideia da teia de aranha e tudo isso – tem muito a ver com algo feminino, e por que isso seria constelado agora?

Prof. Reichstein: Penso que a oposição entre fogo e água significaria aqui, de novo, o princípio compensatório. No capítulo anterior, sobre a gentalha, Zaratustra está do lado do fogo – excessivamente –, e a gentalha estaria do lado da água. Ele suprimiu esse lado, que por isso emerge agora em uma forma negativa; as tarântulas seriam uma forma negativa desse princípio suprimido.

Prof. Jung: Essa também é uma ideia importante; a tarântula é uma espécie de compensação justamente porque tínhamos antes a identificação com o elemento masculino, o vento, o que sempre leva a uma inflação do indivíduo. Então, instan-

---

147. Um engano. Jung com frequência cita corretamente essa história, atribuída no *Banquete* a Aristófanes. As criaturas redondas foram divididas em duas, pelos deuses, de novo preocupados com a usurpação humana dos poderes deles – e agora homens e mulheres estão à procura de sua outra metade. No *Timeu* (360 a.C.), nos é relatado que Deus produziu um composto de alma e corpo, formando dois filamentos como uma letra X e então dobrando cada perna sobre si mesma para formar um círculo, o qual, posto em movimento, tornou-se o círculo do mesmo e o círculo do outro.

taneamente, há uma reação de natureza compensatória, então um elemento feminino emerge, representado pela tarântula. Agora lerei a primeira sentença:

Olha, eis o covil da tarântula! Queres ver a própria tarântula? Aqui está sua teia: toca-a, para que trema.

Como vocês sabem, a tarântula é encontrada no sudeste da Europa; ela vive em um buraco de uma pedra, ou no chão, e é muito venenosa, embora sua picada na verdade só mate pequenos animais. A lenda é que qualquer um que seja envenenado por uma tarântula enlouquece e é tomado por um desejo incontrolável de dançar, mas acho que essa ideia vem simplesmente do fato de que as pessoas que tinham sido envenenadas eram forçadas a dançar, o que é muito razoável, para induzir uma forte transpiração e dar ao veneno a possibilidade de sair do corpo. Pois bem, a imagem aqui é esse animal no covil ou na caverna, e a rede pela qual ele captura sua presa. Esse é um simbolismo muito importante. O que ele representaria realmente?

Sra. Sigg: A tarântula poderia também representar a gentalha em uma camada mais profunda, no reino animal.

Prof. Jung: Isso é presumivelmente verdade, pois quando Zaratustra usa uma imagem como a gentalha, ele geralmente segue expandindo esse tema; vai cada vez mais fundo na imagem, poderíamos dizer – uma espécie de amplificação. A gentalha aparece como um estrato subjacente de uma qualidade muito negativa, e, como esse estrato está mais perto da terra, o vento ou o espírito, que está acima, sente um perigo particular pairando ali. Claro, para quem está na terra não há perigo, pois ela é a mãe de onde ele extrai seu alimento, mas, para quem está habitando no ar, a terra é um grande perigo – ela ameaça torná-lo pesado. Conforme ele se aproxima da terra, é preenchido pelo espírito de gravidade e afundará no chão, uma espécie de descida do espírito à terra. Naturalmente, o espírito teme ter sua natureza modificada por esse contato. Por isso tantas pessoas temem a terra, como o intuitivo que está sempre no ar, nunca tocando o chão, incapaz de se enraizar em qualquer lugar.

Claro que os intuitivos *querem* fazer raízes, mas, na medida em que tentam, naturalmente entram em contato com a terra e são infectados por ela, e a terra os torna pesados. Captura-os e se torna uma jaula, uma prisão para eles. E vocês sabem, sempre que um tipo intuitivo tenha criado uma situação para si próprio, instantaneamente se cansa dela e deve escapar de novo, pois ela ameaça tornar-se real. Para o intuitivo, só são reais as coisas que ainda não são; no momento em que tomam forma e *se tornam*, ele está acabado, capturado por sua própria criação. Ele então é confrontado pela coisa que se tornou estática, que já não se move, que deixou de ser uma possibilidade; para ele, ela cessa de ser realidade quando não caminha com ele. Se constrói uma casa, assim que ela está terminada ele deve abandoná-la, pois é irreal, um mero fato. Para o tipo sensação, pelo contrário, uma possibilidade não existe; ele vive em uma casa que é feita – que é real – e, enquanto essa casa existir, há realidade; no momento em que ela deixa de existir ele perdeu sua realidade e não pode antever nenhuma outra possibilidade; para ele é venenoso pensar que alguma coisa pudesse se modificar, por isso ele resistirá a qualquer mudança enquanto for possível. Ao passo que o intuitivo é justamente do outro calibre: se alguma coisa ameaça tornar-se estática, deve instantaneamente ser destruída. Ele prefere destruir seu próprio ninho assim que está construído, para não ser vítima dele.

Pois bem, vocês podem ter certeza de que em nenhum outro lugar Nietzsche é tão intuitivo quanto no *Zaratustra*, portanto provavelmente encontraremos aqui uma boa quantidade de psicologia intuitiva. E, se ele é confrontado com os estratos inferiores da personalidade humana, isso significaria para ele a realidade estática tentado puxá-lo para baixo, e essa atração secreta que ele sente parece ser o pior perigo. Por isso ele o simboliza pela tarântula, da qual as pessoas têm uma espécie de temor lendário. Uma tarântula é muito menos perigosa do que uma serpente peçonhenta, por exemplo, mas as pessoas fazem uma grande história sobre ela, uma espécie de metáfora. Tenho certeza de que Nietzsche nunca viu uma tarântula – isso fica claro pelo texto. Pois bem, a próxima sentença:

> Aí vem ela de bom grado: bem-vinda, tarântula! Em teu dorso se acha, negro, teu triângulo e emblema; e sei também o que se acha em tua alma.

A tarântula, pelo que sei, tem um dorso amarelado com listras negras, mas nada parecido a um triângulo.

Prof. Reichstein: O triângulo seria um símbolo sexual provavelmente porque o triângulo é sempre um símbolo unilateral, e aqui é talvez um símbolo feminino.

Prof. Jung: Sim, mas primeiro devemos deixar claro que a tarântula na verdade não tem nenhum triângulo em seu dorso. Existe, porém, uma aranha que tem um desenho diferente em seu dorso. Que aranha é essa?

Sra. Sigg: A *Kreuzspinne*.

Prof. Jung: Sim, não conheço o nome inglês. É uma aranha grande que encontramos muito frequentemente aqui. É de uma espécie bem conhecida e tem uma cruz inconfundível com ramificações idênticas em seu dorso. Essa é a aranha com o símbolo, como vocês veem, e Nietzsche simplesmente equipa a tarântula com o triângulo, possivelmente porque nunca viu alguma. E mesmo se viu, nunca teria visto nada do tipo, pois, sendo um intuitivo, não se importaria em vê-la. Basta que a aranha *possa* ter algo simbólico em seu dorso, e se isso é assim na realidade, ou não, não importa. Se isso tem algum significado pedagógico, ele diria que a aranha *tinha* de ter um símbolo, e, se não o tem, bem, no futuro terá. Pois bem, ele aqui certamente atribui a ela o símbolo do triângulo, o triângulo e o símbolo sendo presumivelmente o mesmo – não temos certeza, contudo –, ele pode querer dizer que além do triângulo há um outro símbolo. A única pista que temos é o triângulo, mas isso é importante porque sem dúvida era do conhecimento de Nietzsche que havia uma aranha com uma cruz no dorso. Sua ideia indubitavelmente vem desse fato, e por isso ele estaria naturalmente preparado para falar a respeito – mas não, *deve* ser um triângulo, o que evidentemente não pode ser visto na tarântula real nem na *Kreuzspinne*[148].

Chegamos agora à ideia à qual o Professor Reichstein aludiu, de que o triângulo é um símbolo unilateral e sempre foi usado como tal[149]. Por exemplo, na alquimia eles usam muito o triângulo nestas formas: ▲ e ▼ – o primeiro significando a chama ou o fogo, e o segundo significando a água. E fogo e água são representantes típicos dos opostos. Encontramos esse simbolismo no frontispício do *Le Songe de Poliphile*, na união da lágrima e da flama, chamadas na interpretação deles de os fogos das paixões e as lágrimas do arrependimento[150]. Essa era uma tentativa de união dos opostos: ou seja, um processo de vida visto de uma perspectiva estática. Isso é sempre necessário para a criação de um símbolo, pois é um símbolo apenas quando exprime opostos; caso contrário, não tem sentido. Deve ser uma ideia superior a qualquer conceito filosófico ou intelectual unilateral definitivo. Pois bem, o triângulo, em primeiro lugar – e quando Nietzsche o utiliza, não pode significar nenhuma outra coisa –, é a ideia da Trindade cristã, que é sempre representada como um triângulo, como vocês sabem. E o triângulo é um princípio unilateral na medida em que o mal está ausente desse símbolo; por isso ele não abrange o verdadeiro significado do mundo, apenas um lado da substância universal. Então onde está o inferno, onde está a sombra? O mundo não pode consistir apenas de luz, daí isso ser claramente unilateral.

Dr. James: É apenas masculino.

Prof. Jung: Sim, consiste em três entes masculinos. Pois bem, onde está a fêmea? Nosso mundo consiste, de forma muito nítida, em homem e mulher, mas o mundo divino aparentemente é uma sociedade exclusiva de homens. Essa unilateralidade foi sentida fortemente na Idade Média; foi percebida, mas era impossível

---

148. A aranha comum de jardim, *Araneus diadematus*, foi por muito tempo tida como significativa devido à sua cruz branca. A tarântula europeia na verdade tem um pequeno triângulo em seu dorso.

149. A rigor, Jung queria dizer um símbolo ao qual falta um lado que representaria a totalidade.

150. Sobre *O sonho de Polifilo*, cf. 12 de dezembro de 1934, n. 249. Em OC 12, a fig. 33 representa Polifilo rodeado de ninfas, conforme reimpresso de Beroalde de Verville, *Le Songe de Poliphile* (1600).

realizar uma reforma pela qual o elemento feminino pudesse ser introduzido na Trindade. A Igreja Católica tinha o poder; o papa poderia introduzir o princípio feminino, mas não na Trindade, pois então ela seria um quatérnio. Encontramos esse conflito entre o três e o quatro ao longo da Idade Média, em todas as formas, e na verdade ele remonta ao fato desse problema insuperável de introduzir o elemento feminino na Trindade, pois a fêmea significa as trevas e o mal – inferno e mulher eram praticamente a mesma coisa. Vejam, isso simplesmente vem do fato de que a mulher *é* associada às trevas, assim como o elemento feminino sempre o foi na China, por exemplo, e a velha China tem evidentemente uma visão muito mais equilibrada do mundo do que nós no Ocidente, incluindo-se o Oriente Próximo, que é tão desequilibrado quanto nós.

Como vocês sabem, somos uma raça desequilibrada, por isso nosso sistema nervoso é muito inferior, de certo modo; somos altamente dotados, semelhantes ao vento e ao fogo, mas temos pouca terra. Por isso somos sobretudo bandidos, guerreiros, piratas e loucos. Essa é a característica do Ocidente, como pode ser visto nas expressões de nossos rostos. Estudem os rostos de outras raças e verão a diferença: temos todas as características de pessoas mais ou menos loucas. É perfeitamente óbvio – eu o vi –, e isso é o que esses outros povos pensam *au fond*. Somos profundamente sensíveis e delicados e suscetíveis, não podemos suportar a dor e somos altamente excitáveis. Somos como uma espécie de gênios com um grande número de traços de caráter insuportável. Isso é triste, mas é assim, e provavelmente explica o fato de termos uma ideia tão unilateral da divindade, pois uma condição desequilibrada sempre abriga um sentimento de inferioridade; qualquer pessoa unilateral tem um sentimento de inferioridade, um sentimento de que se desviou. Naturalmente, ela se desviou da natureza, e isso dá um sentimento de inferioridade. O homem branco é sobretudo caracterizado por uma megalomania infinita, acompanhada do sentimento de inferioridade; isso é o que nos empurra para frente, cada vez mais. Devemos conhecer tudo, sempre em busca de nossa divindade perdida, a qual só podemos ter enquanto estivermos sintonizados com a natureza. Por isso, até mesmo nossa tão estimada trindade, a essência das mais elevadas qualidades imagináveis, é acompanhada e compensada pela ideia de um diabo.

Não existe algo como um diabo na filosofia chinesa clássica; lá se trata de dois opostos que são os agentes do mundo – *Yang* e *Yin* –, e, como *Yang* é brilhante e seco e ardente, tudo no lado positivo, *Yin* é tudo no outro lado – e *Yin* é o feminino. Essa é a associação inevitável, trevas e feminilidade. Não temos um ponto de vista como esse, pois somos irremediavelmente unilaterais; portanto, se pensarmos de maneira direta e lógica, chegaremos à conclusão de que mulher e inferno são idênticos[151]. Vejam, se a mulher fosse apenas o elemento feminino, a Igreja Católica poderia facilmente introduzi-la no céu dogmático, mas essa mulher tem uma cauda que leva diretamente ao inferno, por isso carregaria o inferno para o céu. Vocês provavelmente leram aquelas visões do velho poeta Guillaume de Deguileville, em que ele descreve sua visão do paraíso[152]. Lá Deus está em seu trono como o Rei do céu, e com Ele sua consorte, a senhora Rainha, que também está sentada em um trono digno, mas que não consiste em ouro puro flamejante. É de um cristal de cor marrom, mostrando que ela levou o mineral para o céu – claro que em uma forma diáfana, ainda assim alguma cor, o marrom da terra, aderiu e subiu ao céu também. Essa era a ideia de uma terra muito sublime que Maria elevou ao paraíso. Não é uma ideia dogmática, mas é um pressuposto muito válido na Igreja Católica que Maria é o único ser mortal que foi unido ao corpo imediatamente depois de sua morte, algo que acontece a outros mortais apenas no dia do juízo. Então somos todos unidos a nossos corpos – claro que o corpo sutil, não o corpo material, mas contendo uma quantidade razoável de átomos físicos, presumivelmente um pouco gasosos, mas tendo peso: é materialmente substancial. Mas Maria teve a oportunidade de ser a única a ser unida a seu corpo imediatamente depois de sua morte, e portanto levou para cima o princípio da terra. Por conta disso, contudo, ela não é um dos santos e não é divina. Isso é simplesmente um fato e não há nada a ser feito a esse respeito, pois se fizessem dela uma deusa haveria um problema: ela traria as trevas. Do modo como as coisas ficaram, ela preenche a posição de mãe de misericórdia e é particularmente acessível a pecadores muito maus, tendo compreensão especial dessa ralé, naturalmente uma ralé que está começando a se arrepender de sua qualidade.

Pois bem, certamente não erramos ao supor que a ideia subjacente a esse triângulo é a Trindade cristã, mas, no dorso da tarântula, ele claramente representa o princípio maligno da terra. Antes de entrar nisso, porém, devo chamar a atenção de vocês para o fato de que qualquer inseto ou animal que não tenha medula espinhal, só um sistema nervoso simpático, representa a mesma coisa no homem: ou seja, essa psicologia que é mais ligada ao *plexus solaris* ou ao sistema simpático do que à medula espinhal e ao cérebro. Deve haver esse tipo de ponte, pois a função dos intestinos, por exemplo, depende intimamente de processos

---

151. A diferença, como Jung mostra frequentemente, é que, no taoísmo, *Yin*, embora escuro, não é menos benigno (ou poderoso) do que *Yang*.

152. Guillaume é discutido em OC 11/1, § 116-125, em que Jung o identifica como um poeta normando e um sacerdote monástico do século XIV que descrevia o paraíso como consistindo de quarenta e nove esferas em rotação.

conscientes, de coisas que presumivelmente acontecem no cérebro. Um problema consciente pode perturbar a função dos intestinos, e, por outro lado, o estado dos intestinos pode afetar a mente; ao estudar a anatomia do sistema nervoso, vê-se que há muitas pontes pelas quais essas inervações podem alcançar esse lado ou o outro. Por isso é certo que o sistema simpático tenha uma espécie de psique; ele pode abrigar conteúdos que talvez, com o tempo, tornem-se conscientes. E, de fato, em todos os casos, praticamente, em que há repressão de certos conteúdos, ou retenção de conteúdos no inconsciente, vemos perturbações dos intestinos, particularmente na histeria. O próprio nome *histeria* vem desse fato: *hysteros* é o útero, que era considerado a principal causa da histeria. Claro que essa é uma causalidade errada. É um mero sintoma do fato de haver uma perturbação no inconsciente causando problemas nesse lado ou no outro lado, tanto no corpo quanto na mente.

A tarântula, portanto, representaria o sistema simpático, e geralmente, quando nos aproximamos da função inferior, não importa qual seja, alcançamos ali essa esfera do sistema simpático. É sempre uma espécie de descida, pois a função diferenciada está na cabeça, o consciente está ligado à matéria cinzenta, seja a sensação ou qualquer outra coisa, e a função inferior está mais ligada ao corpo. Quando, pois, Nietzsche é confrontado com o inconsciente, é confrontado com sua função inferior. Sua função principal sem dúvida é a intuição, que estaria acima, conectada ao cérebro, com a consciência, e isso está em oposição com as coisas de baixo, ou seja, as três outras funções, uma trindade. Ele estava estritamente identificado com *uma* função. É provável que Nietzsche, na época em que escreveu o *Zaratustra*, estivesse absolutamente identificado com a intuição, usando apenas essa função, até a exaustão de seu cérebro. O *Zaratustra* criou uma perturbação peculiar em seu cérebro: realmente acarretou sua insanidade final, por conta da tensão extraordinária a que ele [o cérebro de Nietzsche (N.T.)] foi submetido.

Pois bem, essa foi uma situação ideal para a constelação da trindade inferior, a trindade das funções no inconsciente – em primeiro lugar a sensação, sendo *la fonction du réel*, como oposta à função da intuição, e as funções auxiliares pensamento e sentimento, que são, ambas, em grande medida também inconscientes. Chamei a atenção de vocês no último capítulo para o fato de que Nietzsche, como um intuitivo, simplesmente toca uma coisa e se afasta. Não se demora sobre o tema, embora, no fim das contas, podemos dizer que na verdade se demora pela amplificação. Mas ele não lida com as coisas de uma maneira lógica, entrando no processo intelectual de elucidação; simplesmente capta uma intuição dessas em pleno voo e a deixa, dando voltas e voltas e amplificando, de modo que, ao fim, obtemos uma imagem completa, mas por meios intuitivos, não lógicos. Por exemplo, não chega à tarântula por meios lógicos, de modo algum; caso contrário, teria muito a dizer sobre o que escreve aqui, mas não ouvimos nenhuma palavra. Podemos apenas colher seus pássaros, ou moscas, ou centelhas, e a partir de todos esses pedaços isolados obtemos uma imagem completa.

Sra. Sigg: Não há uma magia oculta na ideia de que essa tarântula é o receptáculo de todo o mal, um tipo de diabo?

Prof. Jung: Naturalmente.

Sra. Sigg: Quero dizer que há um triângulo e uma cruz porque ambos têm influência mágica sobre o diabo. Por exemplo, se pensarmos na cruz na *Kreuzspinne*...

Prof. Jung: Mas infelizmente não temos algo como uma cruz aqui. *Eu* falei disso; devemos nos ater ao texto. Temos apenas esse triângulo que nunca foi usado como um sinal apotropaico. O sinal apotropaico cristão é a cruz – esse é o ponto interessante –, ao passo que o triângulo é um símbolo usado em igrejas, mas nunca um feitiço apotropaico. É como se eles não confiassem nesse triângulo, mas confiassem no quatro, uma sutileza que poderia ser respaldada por muitos argumentos psicológicos. Pois bem, é bastante certo, quando se faz do triângulo o símbolo das melhores coisas, o *summum bonum*, que também há um triângulo do outro lado. Claro que, dogmaticamente, não existe algo assim: não temos um triângulo do diabo. Ele é associado à sua avó, não à mãe; isso evidentemente é coloquial, uma espécie de piada, mas pode mostrar uma tentativa de uma espécie infernal de dogma.

Prof. Reichstein: O diabo tem muito frequentemente um tipo de garfo com três pontas, como o tridente de Netuno.

Prof. Jung: Lembro-me dele com duas pontas, mas o outro é bem possível. De fato, Netuno, no cristianismo primitivo, era ocasionalmente usado como uma espécie de símbolo, significando o diabo. Tenho um vaso, presumivelmente datado do século I, no qual estão representadas as três formas da união de homem e mulher. Na primeira, um homem e uma mulher estão diante um do outro, e o homem segura uma mandrágora (o alemão *Alraun*) que é um feitiço de amor, e às suas costas há uma sombra, para indicar que um demônio evidentemente insinuou essa magia: é a união mediante um feitiço mágico. Então, do outro lado, está a representação de um casamento pagão, que era visto como pecaminoso, e lá o homem segura um garfo com três pontas, um tridente, o símbolo de Netuno. E, no centro, está representada a união cristã de homem e mulher; um peixe vertical está entre eles, e eles se tocam as mãos através do peixe, é o *matrimonium in Christi*, o casamento em Cristo. Como vocês sabem, o casamento cristão não é uma união de homem e mulher exclusivamente, mas uma união com Cristo entre eles. Claro que nosso casamento moderno já não é uma união em Cristo, e isso é um erro. A união imediata de homem e mulher é perigosa demais; deve haver uma mediação, qualquer que seja. Por isso a Igreja Católica mantém muito sabiamente o poder de interferência;

o padre está sempre entre todos, representando a Igreja, o corpo de Cristo entre um casal casado. E, como já não temos algo assim em nossa maravilhosa civilização, inventamos, como um remédio, esses malditos analistas, que se misturam com não sei quantos casamentos. Nós, pobres analistas, carregamos todos os problemas do mundo.

Sr. Baumann: Acabei de descobrir nesse livro imagens do tridente de três pontas.

Prof. Jung: Sim, e um dos membros de nosso seminário chamou minha atenção para o fato de que, na *Divina comédia* de Dante, o diabo é representado com três cabeças; isso é apenas uma lembrança – infelizmente não descobrimos uma cópia do livro na biblioteca para provar isso –, mas penso que é verdade que, quando o diabo, no fundo do inferno, enfia-se no gelo, tem três cabeças que devoram os pecadores. Em linguagem cristã, essa seria a trindade infernal, que é claramente sugerida nesse triângulo no dorso da tarântula. Vejam, esse triângulo, reunido ao triângulo superior da trindade, faria o quadrangular ou o quatérnio. Esses dois triângulos juntos formam um quadrado, que faria o quatro; e aí está aquele eterno problema, o três e o quatro. Vocês encontrarão várias contribuições a esse problema em meu ensaio no último *Jahrbuch* de Eranos, *Erlösungsvorstellungen in der Alchemie*; também no meu ensaio no *Jahrbuch* de 1935, *Traumsymbole des Individuationsprozesses*[153]. Os triângulos também podem ser reunidos de um modo diferente – ou seja, ✡ –, e então temos o chamado escudo de Davi, o símbolo judeu que é frequentemente usado em igrejas cristãs, mas como um símbolo de Javé. Essa é uma solução diferente do problema dos opostos, no qual não quero entrar agora. Devemos falar um pouco mais sobre esse símbolo da aranha; nós o encaramos em seu aspecto negativo, mas há outro aspecto; nada é tão negativo que não tenha um aspecto positivo.

Sr. Baumann: Penso que a qualidade terrena é um aspecto positivo, e que carrega a trindade. A trindade não pode existir por si mesma, deve ter um fundamento.

Prof. Jung: Sim, a ideia da filosofia hermética é que os três – a trindade – são representados por três corpos, chamados de *sol, luna* e *mercurius* – ouro, prata e mercúrio –, que são representados juntos por suas caudas, uma unidade neles mesmos, mas com três cabeças, três pessoas em uma. Essa é a forma dogmática da trindade *contida* em um vaso, no *vas Hermeticus*, e o vaso era o número quatro. É um símbolo alquímico bem conhecido e respaldaria o que o Sr. Baumann diz, que o quarto pode ser uma base, como a terra pode ser uma base para água, terra e fogo; eles se apoiam sobre a terra. Vejam, essa é uma fórmula para reunir aqueles

---

153. "Símbolos oníricos do processo de individuação" foi revisto e expandido como "Simbolismo onírico individual em relação com a alquimia" em OC 12.

quatro. Mas, na psicologia cristã, o quarto é o diabo, e como podemos reunir o bem e o mal? A coisa é impossível: essa valoração moral cria uma tal cisão que não podemos reunir esses opostos, mas eles são sempre forçados a serem unilaterais.

Prof. Reichstein: Há uma história de que a aranha foi criada pelo beijo do diabo; o diabo beijou uma mulher e a aranha foi criada. Então, depois, ela se tornou benéfica desde o momento em que foi aprisionada em uma caixa de madeira.

Prof. Jung: Sim, posso indicar essa história. Ela estava em minha mente: você se antecipou a mim. Jeremias Gotthelf foi um escritor suíço do século XIX que escreveu coisas muito populares, e entre elas essa história altamente simbólica, impressionante, que contém uma tentativa de solução. Ele era um pastor, e naturalmente se incomodava com essa questão[154]. O mal foi trazido pelo beijo do diabo, por isso a aranha negra foi criada e se multiplicou até ameaçar destruir tudo, e então o mal foi conjurado colocando-se a aranha em uma caixa, capturando essa aranha em forma, em uma espécie de *vas Hermeticus* (vocês sabem, ainda falamos de um recipiente hermeticamente fechado), que é um vaso que não pode ser aberto. Qualquer coisa que esteja dentro dele estará mantida de tal maneira que não poderá escapar. Se o vaso é aberto, todo o processo é destruído e o mal é criado. É como as histórias de tempestades capturadas em uma caixa ou garrafa e o problema que ocorre se alguém a abre.

Sr. Baumann: A forma grega era a caixa de Pandora.

Prof. Jung: Sim, esse é um símbolo geral; nós o encontramos também no escrito de Apolônio de Tiana, em que essa magia era atribuída a sacerdotes brâmanes[155]. Supunha-se que eles tinham uma determinada garrafa ou ânfora contendo o mau e o bom clima, poderosas catástrofes, todas seladas em uma garrafa. É o motivo do vaso mágico ou da sala mágica em que fica contido algo que é muito benéfico, ou que pelo menos não é prejudicial, enquanto o local não for aberto ou tocado. No momento em que o tabu é descumprido, imediatamente há uma grande catástrofe. Pois bem, esses motivos ou essas histórias nos levam ao aspecto positivo da tarântula: aprendemos que essa coisa pode ser benéfica sob certas condições. Em linguagem cristã, então, se o diabo é adequadamente engarrafado ou capturado ou encarcerado, ele é útil; ele tem até mesmo uma influência benéfica. Assim, se a Igreja Católica pudesse encontrar uma fórmula satisfatória pela qual capturar o diabo, isso poderia ser uma grande vantagem, mas até agora nada seguro o bastante foi encontrado. Hoje, a situação é que Deus permitiu que o diabo pregue suas pe-

---

154. Jeremias Gotthelf, pseudônimo de Albert Bitzins, foi o autor de *The Black Spider* [A aranha negra] (trad. H. M. Waldon, Londres, 1954).

155. Apolônio de Tiana era um andarilho obscuro, solitário, alquimista. Cf. OC 14/1, § 159-160.

ças na terra, mas após um lapso indefinido de tempo ele fará algo a respeito, o que evidentemente equivale a uma impotência do bom princípio.

Assim, o problema é em certa medida posto de lado no cristianismo. Não é discutido tão abertamente quanto no maniqueísmo, em que metade do mundo pertencia ao diabo, e era incerto se o deus bom escaparia da destruição final. Por isso a humanidade tinha de fazer a parte dela para ajudar deus a libertar o material de luz do poder do diabo, Ahriman. O ensinamento deles é que deveríamos ter cuidado todos os dias e de todas as maneiras para aumentar o montante dos átomos de luz, não apenas *fazendo* as coisas certas, mas comendo apenas os frutos que consistem de sol – especialmente melões, pois eles são como o sol – e evitando todos os alimentos escuros, que contém em excesso o peso da matéria e causam paixões e coisas do tipo. Desse modo, o número de partículas de luz no corpo é aumentado, e, quando a pessoa morre, transporta os milhões de átomos de luz para o grande pilar de luz que conduz aos céus e ao deus da luz. Eles tinham a ideia interessante de que as almas que transportam esses átomos de luz eram reunidas pela lua até ela ficar cheia. Então essa lua cheia gradualmente despejava todas as almas no sol, aproximando-se cada vez mais até ficar totalmente vazia quando o tocava, e assim tinha voltado a ser a lua nova. Então ela deixava o sol e começava a reunir almas mais uma vez. Vejam, eles conectavam suas observações astronômicas com os problemas morais do mundo. No cristianismo moderno, o problema é um pouco reprimido; somos ligeiramente histéricos, mas, como digo, nada é tão mau que não possa conter algo de bom, e há um aspecto positivo nessa tarântula. Pois bem, qual seria o aspecto muito positivo?

Srta. Hannah: Ela é também, muito frequentemente, um símbolo do si- -mesmo.

Prof. Jung: Sim. Há sonhos, por exemplo, em que a aranha aparece como uma joia, talvez uma safira, uma gema de azul resplandecente no centro da teia que é feita de fios de ouro. E as pessoas fazem imagens como essa, sem saber, é claro, o que significam. Esse é um símbolo do si-mesmo, mas em uma determinada condição: ou seja, na condição de completa inconsciência. Não se poderia ter um sonho como esse, ou fazer uma imagem como essa, se se soubesse algo sobre seu significado, pois então ele se torna um objeto de pensamento consciente, e o inconsciente já não acrescenta atributos – a não ser que a pessoa cometa, em algum lugar, um grande equívoco em sua concepção sobre uma imagem dessas. A pessoa poderia encontrar uma aranha em casos em que não estão em análise, ou quando estão no começo dela, mas nunca – a não ser que ela esteja completamente inconsciente do que esse símbolo poderia significar. Pois bem, seu aspecto positivo é que há um ser central em algum lugar que espalhou sua teia de ouro pelo mundo para apanhar as almas do homem. Com frequência, porém, ela é projetada em seu aspecto negativo no analista, que então é visto como uma aranha apanhando pessoas, pondo-as sob sua influência e ressecando-as, mas esse é meramente o aspecto negativo de uma coisa muito positiva. Vemos pessoas com a chamada qualidade de tarântula que pregam a igualdade (chegamos a isso em nosso texto agora – é evidentemente o modo de Nietzsche colocar o conceito de coletividade). Essas pessoas que pregam esse coletivismo de unidades iguais são as que temem a ação da aranha. Elas temem que a aranha, ou o analista, esteja pregando a individuação, que um poder hostil esteja buscando-as, cercando-as como uma aranha faz. Elas temem que possam ser aprisionadas ou capturadas em algo, e necessariamente pensam que isso é absolutamente errado, que deveriam ser livres. Mas as pessoas perdem sua liberdade real quando efetivamente acreditam em coletivismo e igualdade. Então elas são capturadas em sua igualdade, e não há mais nenhuma possibilidade de qualquer diferenciação. É como se toda a água estivesse em um lago em que nada se movesse, em que houvesse uma completa falta de potencial. Pois bem, esse aspecto positivo da aranha é, de modo evidente, um símbolo, mas, na medida em que esse símbolo é um triângulo, é claro que não é adequado, pois um triângulo significa justamente unilateralismo, ao passo que a individuação significa tudo, menos unilateralidade – significa completude. Por isso a individuação é representada por um círculo e um quadrado. Como vocês sabem, esse problema medieval da *quadratura circuli*, da quadratura do círculo, é muito importante – é realmente o problema da individuação. Há um livro famoso de Michael Majer, no qual ele descreve todo o processo alquímico como a quadratura do círculo, significando a completude[156]. É uma tentativa de solução do problema cristão; aquelas pessoas estavam realmente preocupadas com essa questão. Mas a Igreja não pode lidar com isso. A postergaram: para eles, isso ainda está no colo de Deus. Pois bem, não estamos preocupados, até aqui, com o aspecto positivo da tarântula, veremos o que Nietzsche tem a dizer a respeito disso mais tarde. Primeiro ele só vê o aspecto negativo.

> Vingança trazes na alma: onde mordes, cresce uma crosta negra; com vingança teu veneno faz a alma girar!

Isso evidentemente se refere à dança da tarântula, à loucura causada pela tarântula. Vejam, essa ideia sugere algo que muito frequentemente encontramos quando as pessoas abordam sua função inferior; elas têm ataques de vertigem ou de náusea, por exemplo, pois o inconsciente provoca uma espécie peculiar de movimento, como se a terra estivesse se movendo embaixo de seus pés, ou como se estivessem no convés de um navio sacudido por uma forte onda. Elas ficam com

---

156. Michael Majer (ou Maier) escreve sobre a quadratura do círculo, que quer dizer individuação, em *Scutinium chymicum* (Frankfurt em Main, 1687).

uma espécie de enjoo marítimo; realmente desenvolvem sintomas desse tipo. Isso simplesmente significa que suas bases anteriores, ou suas bases imaginárias, acabaram – certos valores que elas consideravam básicos já não existem –, por isso ficam desconfiadas e suspensas em uma espécie de atmosfera indefinida, sem nenhum chão debaixo dos pés, sempre temendo desabar. E é claro que a coisa que as aguarda embaixo são as mandíbulas do inferno, ou a profundeza da água, ou uma profunda escuridão, ou um monstro – ou elas podem chamar de loucura. E lembrem-se: *é* loucura cair de nosso mundo consciente em uma condição inconsciente. A insanidade significa justamente isso, ser sobrepujado por uma invasão do inconsciente. A consciência é tomada por conteúdos inconscientes nos quais toda orientação está perdida. O eu então se torna uma espécie de peixe nadando em um mar entre outros peixes, e evidentemente os peixes não sabem quem são, não sabem sequer o nome de sua própria espécie. Nós sabemos que pertencemos à espécie *Homo sapiens* e os peixes não, e, quando caímos na espécie peixe, perdemos nossa identidade e poderíamos ser qualquer outra coisa.

Esse é o estado das pessoas insanas: elas não sabem se as coisas são verdadeiras ou não, consideram uma ilusão como um fato esmagador. Se ouvem vozes, ficam totalmente convencidas de que ouvem aquelas vozes; e se vão para a rua e descobrem que o sol é duplo, ou que as pessoas têm crânios em vez de cabeças, isso é um fato para elas. Não duvidam disso, porque é esmagadoramente evidente. Por isso não há nada na disposição delas que as defenda contra tais realidades. É inevitável a pessoa ser convencida pelo que ouve e vê. Isso simplesmente vem do fato de que, em um momento em que a consciência é invadida pelo inconsciente, o valor energético da consciência é despotencializado, e então a pessoa não está mais à altura dos conteúdos de sua psique. Não aprendemos a nos comportar como peixes, a nadar naquela inundação. Se você aprendeu a nadar, então pode resistir: você pode *suportar* estar suspenso na água sem ficar enjoado e perder a cabeça. Portanto as pessoas que apresentam certo *insight* psicológico sempre têm um prognóstico melhor quando se tornam insanas: quanto maior o *insight* psicológico, melhor o prognóstico. Claro, certas pessoas que têm uma psicose latente simplesmente enlouquecem e não há nada a fazer a esse respeito. Mas, se adquiriram uma determinada quantidade de psicologia, há uma chance de que possam nadar; elas reconhecem alguma coisa naquela correnteza e podem ser capazes de sair de lá novamente. Enquanto as pessoas que são rígidas, sem qualquer *insight* psicológico – que são completamente incapazes de se ver em qualquer outro aspecto senão aquele ao qual estão acostumados –, simplesmente explodem, estilhaçam-se, e nunca voltam. É como se o conhecimento da psicologia estivesse tornando nosso cérebro mais elástico, como se nosso crânio estivesse se tornando elástico de modo a poder envolver mais conteúdos e variar suas formas, enquanto as pessoas com convicções rígidas são como uma espécie de caixa feita de placas rígidas que só podem conter determinado montante, e se a coisa que quer entrar no crânio for grande demais para ela, então tudo explode. Em tais casos, um ataque de insanidade frequentemente começa com uma pistola disparada na cabeça, ou com o sentimento de que algo se quebrou ou estalou. Vejam, uma placa se partiu; elas não conseguem fechar a tampa porque a coisa que entrou era grande demais.

Por isso, ao tratar casos desse tipo, sempre temos de tratar de aumentar o vaso, o horizonte mental, e prepará-lo para receber qualquer montante e qualquer tamanho, de modo que ele não exploda com os conteúdos invasores vindos do inconsciente. Para usar essa imagem do peixe, deveríamos equipar as pessoas para mergulhar; o mergulhador está equipado e não se afoga. Esse medo da loucura está sempre associado à função inferior, de modo que, quando Nietzsche aborda o problema da terra e do mal, naturalmente perceberá esse medo, ainda mais que, em última instância, ele não estava inclinado a aceitar o homem inferior. A questão sobre se ele pode finalmente aceitar o homem inferior aparece mais tarde – e ele não pode, recusa-o, e isso evidentemente rompe sua cabeça. Nossa sombra é a última coisa que tem de ser posta no topo de tudo, e essa é a coisa que não podemos engolir; podemos engolir tudo o mais, mas não nossa própria sombra, pois ela nos faz duvidar de nossas boas qualidades. Podemos supor que o mundo é mau e que as outras pessoas são más e que tudo está indo para o inferno enquanto temos certeza de que *nós* estamos do lado certo; mas, se *nós* já não temos certeza, isso é demais. Nietzsche então prossegue:

> Por isso falo a vós em parábolas, vós que fazeis rodar a alma, vós, pregadores da *igualdade*! Tarântulas sois para mim, e seres secretamente vingativos!

Isso é interessante. Se alguém tivesse a impertinência de lhe dizer que ele é como as outras pessoas, que todas as pessoas são praticamente iguais, isso seria fatal. Por que isso é perigoso?

Sra. Fierz: Isso toca em sua inflação Wotan e o faria explodir.

Prof. Jung: Exatamente, estouraria a bolha dele. Estando identificado com Zaratustra – que também é Wotan –, ele é metade divino e está acima da humanidade. Na medida em que Zaratustra é um espírito, merece estar acima da humanidade, mas, se Nietzsche se identifica com ele, virá à luz do dia que ele é como todo mundo. E isso é a sombra. Na sombra, somos exatamente como todo mundo; à noite, todos os gatos são pardos – não existe diferença. Assim, se não podemos suportar viver na sombra ou nos ver na sombra, ver nossa igualdade com todo mundo, somos forçados a viver na luz; e o sol às vezes falha: a cada noite o sol desaparece, e então devemos ter luz artificial. Muitas pessoas desenvolvem um sintoma a partir disso: devem ter uma luz acesa ou acessível, para ser capaz de fazer uma luz quando as trevas surgem. Isso significa: agarre-se à sua consciência, pelo amor dos céus; não fuja de sua distinção, de seu conhecimento de si como um ser separado; não caia em qualquer igualdade ou você será apagado. E você *é* apagado; torna-se um peixe no mar, só mais um em um vasto cardume de arenques. Mas isso é exatamente o que a pessoa deveria ser capaz de suportar, pois é uma verdade eterna que todos os seres humanos pertencem ao *Homo sapiens*, que eles todos vêm de um tipo particular de macacos muito bons, nenhum particularmente diferente do outro. Assim, de um determinado ponto de vista superior, os seres humanos são praticamente os mesmos. Isso é uma verdade e não deveria ser um veneno letal; mas ele até mesmo insulta esse ponto de vista como um espírito de vingança. Por que diabos ele tem a ideia de que isso é um espírito de vingança?

Srta. Hannah: Porque está projetando a coisa toda inteiramente no homem inferior. Ele vê a coisa toda como uma inveja do homem inferior que quer destruir sua própria superioridade.

Prof. Jung: Bem, tão logo supomos que somos o deus, ofendemos gravemente o homem inferior, e naturalmente ele tem uma psicologia como a nossa. Se somos ofendidos, nos sentimos vingativos, e o homem inferior é repleto do espírito de vingança. Assim, quando esse sujeito contacta o homem superior, chegará nele e dirá: "Agora eu peguei você, agora mostrarei quem sou". Isso é da psicologia humana. O homem inferior voltará com uma vingança assim que tiver uma chance. Nietzsche diz "a vingança está em tua alma", e de fato é assim. Ele será mordido dolorosamente, tendo se identificado com os deuses.

> Mas trarei à luz vossos pontos ocultos; por isso vos rio no rosto minha risada das alturas.

Aqui está: ele está acima, eles estão embaixo, e ele projeta o homem inferior em uma espécie de pregador imaginário da igualdade e começa a lhe fazer uma palestra.

> Por isso rasgo vossa teia, para que vossa raiva vos faça deixar vossa caverna de mentiras e vossa vingança pule de trás de vossa palavra "justiça".
>
> Pois que o homem seja redimido da vingança: isso é, para mim, a ponte para a mais alta esperança e um arco-íris após longos temporais.

Naturalmente, se a sombra pudesse ser redimida do seu espírito de vingança, haveria uma chance de reunião e isso seria uma ponte de arco-íris; é disso que se deveria ter esperança – que ele pudesse aceitar seu lado inferior. Mas então, evidentemente, ele deve *se comportar* com sua sombra, deve não ofender sua sombra vilificando-a, e deve não projetá-la, dizendo: "Isso não sou eu, graças a Deus não sou como ele". Esse é o ponto de vista farisaico. Vejam, Nietzsche repetidamente esquece esse fato muito importante, que ele nada ganha insultando os outros. Devemos saber em que somos culpados e então poderemos fazer algo a respeito; enquanto, se o outro é culpado, o que podemos fazer em relação a isso? Deveríamos perceber a possibilidade da culpa ou do mal em nós mesmos. Se pudermos perceber isso, teremos ganhado uma parte de nossa sombra e acrescentado a nossa completude.

Mas, se somos forçados a viver sob circunstâncias em que demasiadas outras pessoas fazem as coisas erradas, elas tiram muito de nós. Privam-nos da possibilidade de errar e perceber nossa sombra.

Palestra IV
26 de maio de 1937

Prof. Jung: Minha atenção acabou de ser chamada para uma passagem na parte de que já tratamos: "Pois que o homem seja redimido da vingança: isso é, para mim, a ponte para a mais alta esperança e um arco-íris após longos temporais". A Sra. Sigg sugere que isso poderia nos recordar aquele golpe aplicado por Javé no mundo pecador, quando ele mandou o dilúvio e afogou todos os pecadores e depois fez um arco-íris para mostrar que estava reconciliado, ou em paz consigo mesmo, e que não faria aquilo de novo. Talvez vocês tenham visto *The Green Pastures* [Os verdes pastos] – ali vimos que Javé na verdade lamentou muito e continuou a pensar em outros meios[157]. Bem, tenho certeza de que a imagem arquetípica do dilúvio está por trás dessa passagem específica, mas eu não daria muita importância a isso.

Há então uma questão da Sra. Scott-Maxwell: "No fim de sua palestra, você falou do casamento em Cristo, com as mãos através do peixe. Então eu entendi que você disse que o homem e a mulher não podem se encontrar diretamente sem que isso resulte em problema. Poderia, por favor, nos dizer por que é que você sente que isso é assim?"

A principal razão é que, como analista, habitualmente sou confrontado com esse fato incrível de que, quando homem e mulher se encontram, isso resulta em algum problema. Geralmente é verdade que o relacionamento entre homem e mulher não é simples. Mas eu entendo totalmente que uma afirmação tão ousada seja irritante, pois estamos todos perfeitamente convencidos de que isso não deveria ser assim; como vocês sabem, nós sobretudo pensamos as coisas em que gostamos de pensar, e não gostamos de pensar em verdades tão irritantes como os problemas suscitados pelo amor ou pela amizade. Naturalmente não gostamos de pensar em tais afirmações, mas, se observarmos o mundo objetivamente, devemos nos perguntar por que uma religião tão importante quanto o cristianismo inventou ritos

---

157. *The green pastures*, de Marc Connelly, é uma peça folclórica popular, uma descontraída concepção negra do céu. Cf. CW 10, § 16ss.

particulares ou ideias particulares em torno do casamento. E não só o cristianismo. Temos muitas evidências de que isso aconteceu exatamente da mesma forma em outros lugares de outras épocas e em outras civilizações. Cada fase importante da vida humana, ou decisões importantes, são sempre cercadas de todo tipo de magia porque são ameaçadas por certos perigos; há sempre riscos associados a elas. E algo tão particularmente importante como o relacionamento entre homem e mulher – talvez a maior intensidade que a natureza já tenha inventado – é tão repleto de perigos espirituais, perigos da alma, que o homem sempre sentiu a necessidade de uma magia particular, de meios apotropaicos para ter certeza de que a coisa funcionasse – pois é igualmente possível que não funcione, ou que funcione por algum tempo e então se volte para o oposto. Assim, se vocês estudarem a relação entre homem e mulher sem olhos enviesados – tentando se refrear de pensar como gostam, e forçando-se a pensar de acordo com o que realmente observam –, verão que há geralmente muitos problemas.

Essa é a razão pela qual fiz essa afirmação, e é também a razão bastante óbvia pela qual o cristianismo tentou colocar algo no meio, algum algodão ou algo do tipo, para mitigar o impacto dessas duas forças, mutuamente atrativas, porém muito opostas em caráter. Obviamente são necessárias algumas ideias adicionais, ou concepções e figuras auxiliares, para fazer a coisa funcionar. Se fosse tão simples, como sempre preferimos pensar – se fosse a coisa mais simples do mundo eles se abraçarem –, então não haveria problema. Mas aparentemente não é tão simples, apenas somos estúpidos demais para ver por que é tão difícil. Se fossemos apenas um pouco mais inteligentes, veríamos que uma situação como essa seria naturalmente cheia de espinhos; não poderia ser de outro modo. Claro, sempre nos ensinaram o quão simples isso é, "simplesmente ame, você sabe" – todo o mundo fala nesse estilo tolo –, mas quando entramos nisso estamos em maus lençóis, e então evidentemente os médicos ou os advogados ou os sacerdotes podem fazer seu serviço. Não é simples, mas extremamente complicado e cheio de riscos. Por isso, desde tempos imemoriais, o homem cercou isso de todo tipo de magia para evitar os problemas muito prováveis da alma resultantes de tal relacionamento. Se vocês se derem conta do que significa que uma mulher represente o *Yin* e o homem, o *Yang*, saberão o bastante; é um par de opostos, e, sempre que tentamos unificar um par de opostos em nosso próprio caráter, percebemos o quanto isso é difícil, quase impossível: não podemos ver como eles *poderiam* ser unificados. E então, quando eles estão na realidade, é como água e fogo, como vinagre e óleo; devemos misturá-los para fazer uma boa salada – mas *poderia* ser uma salada, como vocês sabem!

Pois bem, esse capítulo sobre as tarântulas é especialmente importante porque lida com ideias que têm uma relação peculiar com nosso tempo. Este é obviamente um tempo de grandes movimentos coletivos, ideais coletivos, e ouvimos de todos os lados, e em todos os tipos de variações, o sermão da igualdade, ou a manifestação de uma vontade de igualdade, que deveria se tornar doravante a natureza da virtude, como ele agora diz:

E "vontade de igualdade" – esse mesmo será doravante o nome para "virtude"; e contra tudo que tem poder levantaremos nosso grito!

Ó pregadores da igualdade, é o delírio tirânico da impotência que assim grita em vós por "igualdade"; vossos mais secretos desejos tirânicos assim se disfarçam em palavras de virtude!

Como veem, Nietzsche claramente mostra aqui uma compreensão da natureza compensatória ou contrastante de qualquer esforço desse tipo. Quero dizer, o esforço de igualdade consiste ou é baseado em um desejo tirânico secreto: se eu não posso ser rei, então que todos sejam reis, de modo que todo mundo tenha seu quinhão do reino. É claro que a igualdade, sob tais condições, parece maravilhosa, mas, como todo mundo é um rei, ninguém quer se submeter. É um reino sem súditos, em que todos lutam com todos. Por isso, logo resulta em uma tirania real ou em uma condição perfeitamente anárquica.

Sra. Fierz: Na religião persa, existe a ideia de que, quando o reino de Ahriman começar, todas as montanhas se tornarão uma única planície, e haverá um único rei.

Prof. Jung: Bem, essa é uma boa ideia. É assim:

Magoada presunção, inveja reprimida – talvez presunção e inveja de vossos pais: irrompem de dentro de vós como chama e delírio de vingança.

O que o pai silenciou vem a falar no filho; e muitas vezes vi o filho como o segredo revelado do pai.

Esse é um *insight* psicológico muito notável, como frequentemente encontramos no *Zaratustra*. Nietzsche foi um grande psicólogo[158], e sua chave era a ideia do contraste oculto, por isso ele até mesmo considerou esse aspecto na relação entre pai e filho. Ele obviamente tem em mente essa experiência de modo particular porque, sendo o filho de um clérigo, ele próprio foi o segredo não revelado de seu pai.

Sra. Sigg: O pai dele realmente parecia muito problemático: fica-se espantado quando se vê sua fotografia.

Prof. Jung: Eu me lembro, mas é claro que nada sei da possível psicologia do pai. Eu mesmo, contudo, sou filho de um pastor, e tenho visto muitos filhos de

---

158. Nietzsche, é claro, também achava isso, mas o que não se passa na academia de psicologia é indicado pela afirmação de Nietzsche de que o único psicólogo do qual ele teve algo a aprender foi Dostoiévski. Cf. *Twilight* [*Crepúsculo dos ídolos*], "Expeditions of an Untimely Man", p. 45.

teólogos, e posso me referir a um fato importante. Certa vez, fiz circular um questionário perguntando se as pessoas preferiram ir a um médico com seus complexos ou ao clérigo, e, entre aqueles que responderam, os filhos de pastores – todos, sem exceção – disseram que jamais iriam a um pastor, e, sim, preferiram ir a um médico. Pois bem, isso significa alguma coisa, e há alguns provérbios sobre filhos de pastores que confirmam o que Nietzsche diz. Claro que há muitas exceções a uma regra dessas, particularmente em tempos pretéritos, quando havia várias gerações de pastores e eles não perturbavam uns aos outros: o filho não revelava nenhum segredo, apenas repetia o pai.

Srta. Hannah: Os filhos de médicos queriam todos ir ao pastor?

Prof. Jung: Não, não queriam, de modo algum, embora esse tenha sido realmente o caso com meu pai. Ele era filho de um médico, um professor de medicina, e meu pai se tornou pastor, mas foi o único. Vejam, a profissão do médico não é tão provocativa quanto a de um clérigo; vocês podem imaginar todo tipo de coisas sobre um médico, e é verdade que muitos médicos são pessoas muito peculiares. Se vocês conhecem a história da profissão, percebem que todo tipo de pessoas está nela, ao passo que, para o clero, é muito mais crítico. Nosso poeta suíço Gottfried Keller, certa vez, disse que existem aqueles que estão abaixo de Deus e outros que estão acima dele[159]. Aqueles são os filhos de Satã, lobos em pele de cordeiro, pois usam o relacionamento com Deus como um título pessoal e sabem tudo sobre Deus. Compensam com uma atitude piedosa sua inferioridade moral. Mas os outros são realmente santos por vocação. Isso também é verdade quanto aos médicos; encontramos caráteres muito decentes e muito indecentes, mas, quando uma profissão é baseada em qualidades tão particulares como deve ser a vocação do padre ou do pastor, então as coisas vêm à tona e os pares de opostos são severamente separados. É uma coisa tremenda para um homem presumir que é um sacerdote e que carrega o mana. Isso é extremamente provocativo para o inconsciente. Tais pessoas são passíveis de se submeter às piores tentações. Daí os piores sonhos serem os dos santos, como dizíamos semana passada; eles são muito assediados pelo diabo porque o provocam muito. Pela suposição consciente ou pelo fato de serem realmente pessoas decentes e santas, elas são uma provocação a todos os poderes maléficos, e é claro que têm de pagar o preço por sua santidade.

Vocês conhecem a história do homem que não tinha desejos. Existiu, certa vez, um homem muito piedoso que não se considerava um santo, mas que por acaso era um santo, mesmo sem saber que o era. Seu mérito era assim tanto maior, e é claro que Deus não poderia deixar de reparar nele. Um dia, quando estava acontecendo determinada celebração no céu e Deus estava considerando as pessoas que

---

159. Sobre Gottfried Keller, cf. 16 de outubro de 1935, n. 392.

tinham mérito, dando-lhes ordens e condecorações, Ele disse a Gabriel: "Bem, eu suponho que deveríamos fazer algo pelo Sr. Tal e Tal, ele realmente é um santo. Desça e lhe conte que eu quero atender a seu desejo mais importante". Assim, Gabriel desceu e contou ao santo quem ele era e que Deus atenderia a seu desejo. E aquele homem, sendo um santo, não tinha nenhum desejo. "Mas certamente você deve ter um desejo, todo mundo tem um desejo. Deus, em sua onisciência, sabe que você tem um desejo", disse Gabriel. Mas o homem não estava consciente de nenhum. Assim, Gabriel voltou e contou a Deus, que disse: "Isso é estranho, ele deveria ter um desejo. Desça e lhe diga que ele deve ter um". Assim, Gabriel voltou novamente e disse que era uma ordem de Deus que ele tivesse um desejo, *qualquer* mau desejo, e o único desejo em que o homem pôde pensar foi dar uma olhada na alma de um verdadeiro santo. Gabriel perguntou se ele não poderia pensar em outra coisa, mas não, esse era seu único interesse. Então Gabriel voou de volta e disse a Deus: "Esse é um homem terrível. Ele só quer dar uma olhada na alma de um verdadeiro santo; o que podemos fazer a respeito?" "Isso é impossível", disse Deus, "não se pode atender a isso". Mas Gabriel disse que, uma vez que Ele tinha prometido saciar seu desejo, teria de fazê-lo, e Deus disse: "Claro que não posso recuar de minha promessa. Deixe-o dar sua olhada". Assim o anjo desceu novamente e levou o homem a um verdadeiro santo reconhecido, e o homem deu uma olhada na alma daquele santo e imediatamente enlouqueceu. Portanto nunca saberemos como é a alma de um santo. Essa é uma história muito psicológica, que eu uso como uma espécie de remédio para todos aqueles que não conseguem deixar sua mente ficar em paz acerca de seus contrastes interiores.

Pois bem, certamente é uma grande verdade que, sob certas condições favoráveis ou desfavoráveis, o filho revela o segredo do pai. Claro que isso é verdade para ambos os pais – ele pode igualmente revelar o segredo de sua mãe. Às vezes é bastante espantoso descobrir de que maneira peculiar o segredo vem à luz do dia; isso realmente explica muito de uma vida humana que não pode ser explicado de outro modo. Os segredos dos pais têm uma influência extraordinária na vida das crianças, e nada no mundo impedirá que as crianças sejam influenciadas. Podemos apenas tentar viver nossas vidas de maneira tão razoável, tão normal ou tão humana quanto possível, mas mesmo assim não podemos evitar ter segredos, os quais nem mesmo nós conhecemos. Esses são os verdadeiros segredos, e eles podem ser os mais influentes. Assim, podemos impedir essa influência só na medida em que nossa vida está em nossas mãos; e nossa vida está em nossas mãos apenas em uma medida muito pequena, porque só somos parcialmente conscientes. Podemos bombear para fora desse mar do inconsciente não sei quantos galões de água, mas ele nunca é exaurido. Sempre transmitimos um segredo, e o que quer que se infiltre em nossos filhos será uma revelação da coisa da qual éramos totalmente ignorantes. Claro que, na medida em que sabemos desse mecanismo, temos uma obrigação de fazer algo a respeito, porém, para além disso, ainda há muito que é secreto para edificar uma vida ou destruí-la. Só podemos dizer que, quanto mais nossa consciência se estende, maior fica nossa responsabilidade, e mais temos que considerar.

E, como uma enorme parte dessas responsabilidades farão de nossas vidas um perfeito inferno, não podemos carregar mais do que uma determinada quantidade. Logo chegamos a um ponto em que temos de rejeitar nossa responsabilidade, em que temos de admitir, de olhos abertos, que não podemos ser responsáveis. Isso levaria longe demais; simplesmente já não podemos viver mais. Seria necessário ser consciente de cada passo que damos, dar conta de tudo que pensamos, pois tudo poderia conter um segredo pretérito que teria influência em estragar as vidas da geração seguinte. Um certo lado desse segredo consiste na herança do corpo; nossos corpos não são perfeitos; cada corpo contém tantas inferioridades, tantas funções degeneradas, e as transmitiremos se tivermos filhos. Isso é também uma responsabilidade, embora só em casos muito ruins nos impediria de produzi-los. Por exemplo, alguém poderia ter um rosto muito desafortunado, ou certos sinais de degeneração, o sistema glandular poderia estar incorreto, ainda assim essas pessoas teriam filhos, embora devessem ter certeza de que eles serão afetados por esse fato tão severamente quanto por certos segredos psicológicos. Claro que se poderia tentar ser o mais sensato possível no corpo e na mente, mas, na medida em que não podemos ultrapassar nossos próprios limites, temos de estar certos de que transmitimos algum problema. Pessoas impressionadas demais por esse fato se tornam muito pessimistas, o que explica certos movimentos ascéticos como no cristianismo primitivo, por exemplo, quando se pensava que o melhor seria paralisar o mundo, essa maldição eterna, não tendo filhos. E Schopenhauer disse que nossa compaixão com todas as coisas vivas deveria nos impedir de prosseguir essa terrível ilusão do mundo; olhem para o espelho do intelecto e verão sua terrível face; neguem-na e paralisem tudo. Claro que isso seria ir um pouco longe demais para o homem médio, e o homem médio carrega a vida. Pois bem, Nietzsche prossegue falando dessas pessoas, dos pregadores da igualdade:

> Assemelham-se aos entusiastas: mas não é o coração que os entusiasma – e sim a vingança.

Nós diríamos *ressentiment*, essa é a palavra, na verdade[160].

> E, quando se tornam refinados e frios, não é o espírito, mas a inveja que os torna refinados e frios.

---

160. Sobre o *ressentiment*, cf. 27 de novembro de 1935, n. 444.

Essa é uma grande verdade, podemos ver isso em toda parte em nossos movimentos coletivos, dentro e fora.

> Seu ardente zelo os leva inclusive às sendas dos pensadores; e esta é a marca de seu ardente zelo – sempre vão longe demais: de modo que seu cansaço tem de afinal se deitar e dormir sobre a neve.

Pois bem, como vocês compreendem essa imagem peculiar, de que finalmente eles descansam na neve de todo aquele esforço de unilateralidade?

Sra. Sigg: Nietzsche, no *Zaratustra*, sempre fala de escalar alto demais, e por isso ele próprio estava na neve.

Prof. Jung: Sim, essa metáfora ocorre muito frequentemente no *Zaratustra*, escalar muito alto, alcançar as neves da mente ou do intelecto gélido. E como isso funcionaria na prática? O que acontece a uma pessoa que é fanaticamente unilateral? Por que ele entra na neve? Por que não na água quente?

Prof. Reichstein: Ele perde a conexão com o outro lado. O puro pensamento é referido aqui, e a perda da função sentimento.

Prof. Jung: Sim, com uma unilateralidade fanática perdemos a conexão com o ser humano, com a coisa viva quente que é sempre uma mistura de tudo. Criamos uma espécie de campo estéril em que nada é contido, senão essa única coisa que temos em mente. Toda unilateralidade leva ao deserto, ou a uma ilha deserta, ou a algo tão estéril quanto a neve, que não contém vida alguma, mas que mata a vida ou a mantém em uma condição extática. No caso de Nietzsche, é geralmente a neve e o frio, pois sua unilateralidade estaria inclinada a criar pensamento abstrato ou um reino abstrato de ideias, e isso é tradicionalmente frio. A mente ou o intelecto, quando unilateral demais, está separada demais da função sentimento oposta, e então acabamos em uma condição perfeitamente fria. Mais tarde, ele volta ao gelo e à neve. No fim do *Zaratustra*, há passagens em que é óbvio que ele alcançou a geleira e perdeu completamente sua conexão com a humanidade.

> Em cada um de seus lamentos ressoa a vingança, em cada um de seus elogios há injúria; e ser juiz lhes parece a bem-aventurança.

Que condição psicológica é essa?

Srta. Wolff: Uma pessoa que está falando a partir do ressentimento.

Prof. Jung: Sim, mas isso se mostra de uma maneira; ele descreve aqui essa condição: "E ser juiz lhes parece a bem-aventurança".

Srta. Wolff: Porque eles sempre podem culpar os outros.

Prof. Jung: Sim. É um estado de completa projeção. Eles projetam seus próprios conteúdos em outrem e os julgam lá. Assim, essa unilateralidade naturalmente leva a uma inconsciência de nossas próprias condições, que é então evidentemente projetada. Tudo de inconsciente que vive em nós é sempre projetado;

só temos de esperar até encontrarmos nossa *bête noire* que contém nosso outro lado. Provavelmente já a temos, mas às vezes encontramos uma ainda melhor, e então isso é particularmente satisfatório. Assim, se as pessoas são inclinadas a ficar tremendamente excitadas e a julgar as coisas que as outras pessoas fazem, isso significa que são unilaterais, inconscientes de si mesmas em certo aspecto. Vejam, elas ficam realmente ofendidas pelos malfeitores, como se elas próprias fossem os malfeitores. Sentem-se chocadas pelo malfeito de um modo tão pessoal porque é como se elas próprias o tivessem cometido. Daí seu ressentimento. Elas são tocadas por ele, fizeram-no, e como não podem suportar-se fazendo tais coisas tentadoras, culpam os outros por fazê-lo – censuram-nos por ter cometido aqueles pecados que são tão terrivelmente sedutores para elas mesmas. Portanto, por um lado, esse ressentimento é uma espécie de inveja e, por outro, é o choque que recebemos quando nos vemos fazendo algo que não queremos tolerar, algo que provavelmente chamaríamos de imoral, uma coisa que jamais faríamos. Quando você fala sobre outras pessoas fazendo aquelas coisas que naturalmente você nunca faz, então sabemos o bastante sobre você.

> Mas assim vos aconselho, meus amigos: desconfiai de todos aqueles em quem o impulso de castigar é poderoso!

Aí está.

> É gente de má espécie e origem; seus rostos mostram o verdugo e o sabujo.
>
> Desconfiai de todos aqueles que falam bastante de sua justiça! Na verdade, em sua alma não falta apenas mel.
>
> E, quando eles se denominam "os bons e justos", não esqueçais que para fariseus nada lhes falta senão – poder.

Não posso acrescentar a isso.

> Meus amigos, não quero ser misturado e confundido com outros.

Isso é um pouco perigoso!

> Há aqueles que pregam a minha doutrina da vida: e ao mesmo tempo são pregadores da igualdade e tarântulas.

Pois bem, quem são aqueles que pregam "a minha doutrina da vida" – evidentemente, a doutrina de Zaratustra e que ao mesmo tempo são pregadores da igualdade? Isso é muito enigmático. Alguém tem um palpite?

Sra. Jung: Isso não se referiria às ideias de Marx, ou comunismo, que vieram depois de Nietzsche?

Prof. Jung: Sim, mas eles não vieram depois de Nietzsche; ele os conhecia muito bem. Nietzsche se refere aqui a uma determinada filosofia materialista daqueles dias. Max Stirner, por exemplo, é um precursor de Nietzsche e faria parte desses pregadores da igualdade – igualdade comunista, igualdade política e social[161]. Também a ideia de democracia era muito jovem então – quero dizer, nossa ideia moderna dela, não a antiga. A democracia antiga era como nossa democracia suíça, a mais antiga democracia do mundo, e de modo algum era o que chamaríamos agora de uma democracia. Era uma oligarquia, o que é muito *diferente*. Nossas ideias modernas de democracia pertencem inteiramente aos filhos, no século XIX, da Revolução Francesa, e essa foi realmente uma séria tentativa de igualdade. Mas vocês sabem que muitas pessoas não estão de modo algum convencidas de que democracia signifique igualdade. Por isso temos ainda melhores movimentos pela igualdade, e isso era perfeitamente consciente para Nietzsche. Conectava-se com aquelas novas ideias políticas um certo libertinismo, a reação contra tradições morais e leis morais. Eles começaram a experimentar no amor livre, por exemplo, e essas ideias desempenham um papel no *Zaratustra*. Essa desvalorização dos valores estabelecidos, a completa inversão de valores que Zaratustra frequentemente prega, foi misturada com esse movimento paralelo, e ele quer deixar claro aqui que não é da mesma convicção, que existe apenas uma semelhança mais ou menos superficial. Eles *parecem* pregar a doutrina de vida de Zaratustra segundo as ideias dele, mas são ao mesmo tempo pregadores da igualdade, e a ideia *dele* é que não existe igualdade, que o homem não é igual. Ele é absolutamente individual, embora tente produzir uma maior liberdade de vida, menos dependência da tradição, uma libertação frente aos grilhões morais e sociais, destruição da autoridade outrora indiscutível – exatamente como naqueles outros movimentos coletivos políticos pregava-se a igualdade.

> Eles falam a favor da vida, essas aranhas venenosas, embora estando em suas cavernas, afastadas da vida: com isso querem ferir.
>
> Com isso querem ferir aqueles que agora detêm o poder: pois entre esses a pregação da morte ainda encontra acolhida.

Aqui está muito claro que ele realmente se refere àqueles movimentos coletivos que foram os precursores de nossos movimentos políticos existentes, e explica isso como uma reação contra aqueles atualmente no poder que ainda acreditam na pregação da morte, o que quer dizer a união de reis e governos com as igrejas e outras autoridades e preconceitos históricos.

> Se fosse diferente, as tarântulas ensinariam coisa diferente: e outrora foram justamente elas os melhores caluniadores do mundo e queimadores de hereges.

---

161. Não é certo que Nietzsche o tenha lido, mas Stirner (isto é, Johann Schmidt, 1806-1856), autor de *O único e sua propriedade* (1884), antecipou Nietzsche ao atacar a religião e ao defender o materialismo e o egoísmo.

Isso é perfeitamente verdadeiro, a queima de hereges foi um movimento coletivo. Claro, parece ter sido iniciado pela Igreja, mas na verdade foi um movimento coletivo que começou com uma tênue tentativa de uma reforma muito perigosa, não só nos países germânicos, mas também na Itália. Um expoente foi São Francisco. Ele foi um herege, e só graças à grande habilidade diplomática de Bonifácio VIII ele pôde ser introduzido não legalmente para dentro da Igreja[162]. Houve muitos outros para quem isso não pôde ser arranjado, e eles tiveram de ser queimados ou excomungados. Houve um movimento muito disseminado do espírito – Mestre Eckhart é um exemplo, e os Irmãos do Espírito Livre, ou espírito liberado, que tinham ideias absolutamente comunistas e uma maneira maravilhosa de lidar com o capitalismo. Eles diziam que tudo deveria ser gasto – oferecido ou sacrificado, como diziam –, e assim atacavam pessoas, um viajante, talvez, como se fossem bandidos, e tomavam seu dinheiro, sempre usando a frase *transmittere in aeternitatem*. Eles diziam: "Devemos liquidar com esses bens mundanos e enviá-los à eternidade; eles devem ser gastos, desperdiçados, e então o dinheiro não mais terá valor e seremos todos iguais". Isso foi um movimento coletivo nos países alemães no século XIII, parte do movimento que acarretou os grandes *autos de fé*, a reação da Igreja. Esse movimento significava a liberação de poderes espirituais indômitos, e eles foram liberados não apenas nos Irmãos do Espírito Livre ou nos hereges espanhóis, mas até mesmo entre os próprios clérigos – Torquemada foi o pior dos céticos[163]. Objeções eram levantadas em seus próprios sonhos e, para sufocá-las, eles queimavam os hereges; caso contrário, *eles* teriam tido as ideias. Por isso diziam: "Obrigado, Deus, por não me fazer responsável pelos meus sonhos. Esse outro homem confessou essas convicções e por isso vamos queimá-lo". Foi um movimento coletivo, e Nietzsche está perfeitamente correto quando diz que houve tarântulas em outras épocas, mas que elas simplesmente tomavam outra forma.

Com esses pregadores da igualdade não quero ser misturado e confundido. Pois assim *me* fala a justiça: "Os homens não são iguais".

De novo ele repete uma afirmação perigosa. "Agradeço a ti, Deus, por não ser como aquele pecador". Esse é o fariseu e ele não vê isso, mas o vê depois. "Pois

---

162. Não é claro aqui o que Jung tinha em mente por "herege" ou "trazido para a Igreja". Francisco (1182?-1226) foi um jovem rico, um tanto impetuoso, até que certas visões, em 1205, foram responsáveis por sua conversão. Em pouco tempo, as regras propostas por sua nova ordem foram aprovadas por Inocêncio III, e dois anos depois de sua morte Francisco foi canonizado por Gregório IX. Bonifácio VIII, nascido oito anos depois da morte de Francisco, foi colocado por Dante no inferno.

163. Tomás de Torquemada (1420?-1498), o grande inquisidor espanhol. Os Irmãos do Espírito Livre foram um grupo de dissidentes cristãos do século XI que pregaram em favor da voz interior do Espírito Santo, em detrimento dos escritos evangélicos. Jung discutiu esse movimento em OC 9/2, § 139.

assim *me* fala a justiça: 'Os homens não são iguais'". Ele deveria ter o cuidado de não usar essa palavra "justiça". Ele diz que os homens não são iguais.

> E tampouco deverão sê-lo!

Aqui está o erro. Ele acusa os outros por gostarem de ser juízes e diz tudo aos rapazes acerca disso, mas isso é o que *ele* está fazendo. Diz "eles devem", ao passo que, se fosse cuidadoso e sensato, diria "*eu devo*".

> Que seria meu amor ao super-homem se eu falasse outra coisa?

Vocês veem o quanto isso é perigoso. O super-homem é sua principal ideia e, se ele diz tais coisas, fere sua *própria* ideia, pois o super-homem não se importa com o que deveria se tornar; caso contrário ele seria o pregador ordinário de valores, e não um super-homem.

> Por mil pontes e passarelas deverão eles afluir para o futuro, e cada vez mais guerras e desigualdades haverá entre eles: assim me leva a falar meu grande amor!
>
> Inventores de imagens e fantasmas se tornarão em suas inimizades, e com suas imagens e fantasmas ainda travarão entre si a luta suprema!

Pois bem, ao que ele se refere com isso?

Sr. Fierz: Isso também soa como uma pista sobre o futuro; na guerra mundial, por exemplo, eles estavam lutando pela razão errada, com espectros e fantasmas, aparentemente.

Prof. Jung: Bem, ele não precisa dizer "eles deveriam" ou "eles devem" – eles o farão de qualquer modo, como sempre fazem. O homem não consegue não inventar as razões mais incríveis para bater na cabeça do vizinho. As pessoas vão a distâncias extraordinárias para inventar algum "ismo" que lhes permitirá gastar a vida de outras pessoas, ou criar um lugar para si mesmas. Portanto ele não precisa pregar isso. Esse é o modo do mundo: imagens e fantasmas são sempre inventadas, e as pessoas sempre as usarão como um pretexto para lutar umas com as outras. Às vezes, pode-se ver claramente que a ideia é meramente inventada para esse propósito, e às vezes as pessoas são simplesmente capturadas. Em geral, as grandes massas são meras vítimas de tais ideias e lutam e matam porque o homem é fundamentalmente um matador. Não deveríamos nos enganar quanto a isso; é a ilusão mais infernal quando pensamos de modo diferente. Claro, não deveria ser assim, e podemos pensar como quer que gostemos, mas, se pensarmos de acordo com o que realmente é, devemos dizer que ele é e sempre foi um matador. Existe uma tendência assassina em todo mundo, e devemos levá-la em conta. Por isso, ao pensar em um mundo, devemos pensar em um mundo *assim*, e não em um mundo no qual esses fatos não existem. Se você quer pensar tais ilusões, então, por favor, tente primeiro pensar como você pode desfazer essa tendência, como você pode eliminar o homem que existe, pois ele tem de ser eliminado para se criar um mundo em que tais coisas não existam. O mundo sempre será assim, pois é o *play-ground* de pares de opostos, de modo que devemos agradecer a Deus se as coisas estiverem pacíficas por algum tempo, pois isso não vai durar.

> Bom e mau, rico e pobre, alto e baixo e todos os nomes dos valores: deverão ser armas e ressonantes sinais de que a vida tem sempre de superar a si mesma!

Se ele não dissesse *deverão*, ou se esse *dever* não tivesse o sentido de *deveria*, se for um mero *futurum*, então eu concordo. Esses sempre foram os nomes dos pretextos e dos motivos, e serão os mesmos para sempre, pois a vida significa construir e derrubar; significa geração e corrupção. Os velhos alquimistas diziam: *corruptio unius est generatio alterius*, "a corrupção de um é a geração de outro".

Pois bem, estamos chegando a um lugar em que alcançamos um ápice, em que as coisas se convertem em algo diverso. Ele diz:

> Rumo às alturas, com pilares e degraus, quer construir-se a vida mesma: para vastas distâncias quer olhar, e para fora, em busca de bem-aventuradas belezas – por isso necessita de alturas!
>
> E, porque necessita de alturas, necessita de degraus e da oposição entre os degraus e os que sobem! Subir quer a vida e, subindo, superar-se!

Imediatamente antes, ele disse que as pessoas sempre lutarão, que a vida é um conflito, um campo de batalha. Essa é uma afirmação muito pessimista, que não se encaixaria no ponto de vista de Nietzsche, pois ele não é de modo algum um pessimista: ele vê uma meta última pela qual se esforça. Assim, naturalmente, ele não pode deixar essa afirmação sobre o significado ou o propósito último do mundo dessa forma. Tem de acrescentar que a vida quer construir-se rumo às alturas, e usa uma metáfora de certo modo espantosa: "com pilares e degraus". A vida aqui é uma espécie de edifício, subitamente mudando de aspecto. Não é mais aquele movimento de subida e descida que era antes, todo mundo lutando contra todo mundo; assume agora um aspecto estático, o aspecto de um edifício, e o movimento da vida está nos degraus das escadas desse edifício. Tampouco é ainda esforço para obter algo, adquirir ou conquistar algo. É, isso sim, criar um ponto de vista elevado, olhar para vastas distâncias, como se o próprio homem estivesse se tornando um vigilante no alto dessa torre, o homem atentando a belezas bem-aventuradas e por isso requerendo elevação, chegar a um ponto de vista mais alto ou, de todo modo, a um ponto de vista. Por isso ele diz que degraus são necessários e a oposição entre os degraus e os que sobem, e evidentemente lutar entre os que sobem, pois o significado da vida parece ser superar a si mesma. A vida que não se supera é realmente sem sentido: não é vida; só na medida em que supera a si mesma a vida faz sentido. Esse é o modo como se poderia formular esse pensamento, mas essa é evidentemente uma afirmação extraordinária; parece ser muito contrária a tudo o que ele disse antes. Agora ele diz:

> Olhai, meus amigos! Aqui onde se acha a caverna da tarântula, erguem-se as ruínas de um antigo templo – olhai para ele com olhos iluminados!

Exatamente onde a caverna está, o buraco no chão em que a tarântula vive, é onde estão as ruínas de um templo. É tão inesperado que quase parece de mau gosto; as duas coisas não podem ser associadas, mas é uma das intuições de Nietzsche. Felizmente ele não se afasta dela de imediato. Amplifica um pouco essa visão: ou seja, descobre agora um aspecto inteiramente diferente da tarântula. Descobre, em primeiro lugar, que o ponto de vista que ele proclamou como pertencendo à tarântula é seu próprio ponto de vista – que deveríamos fazer uso de todos os valores morais e éticos para melhorar a luta, para estimular a luta. Para sentir-se bem enquanto luta, você deve ser capaz de dizer que está lutando por uma causa muito boa ou justa. Isso coloca nela algum caldo; você não deve permitir nenhuma relatividade de perspectiva, mas estar convencido de que o que você faz é maravilhoso e ideal e simplesmente a coisa certa. Caso contrário, não valeria a pena lutar; todo mundo deve estar convencido da total bondade de sua causa. Isso é o que ele está pregando agora, e então subitamente o panorama todo muda, todo o turbilhão aparece em uma coisa estática, como se o tempo tivesse sido paralisado, como se praticamente não houvesse luta, como se as pessoas estivessem escalando apenas para chegar no passo seguinte no edifício, em que a única coisa que podem fazer é alcançar a plataforma mais ampla da torre mais alta para ter a melhor visão. Pois bem, o que aconteceu aqui? É uma daquelas incríveis mudanças intuitivas em Nietzsche, e a razão pela qual ele é tão difícil de apreender.

Sra. Fierz: Quando ele diz que a vida deve sempre se alargar, parece como se a ideia da ampliação da consciência estivesse se introduzindo, e então a ideia se torna prevalente, de modo que o templo emergindo da caverna da tarântula parece ser a construção da consciência a partir do inconsciente.

Prof. Jung: Mas como a ideia da ampliação da consciência se introduziria?

Sra. Fierz: Porque isso é a vida.

Prof. Jung: Oh, sim, mas ele diz isso?

Sra. Fierz: Não, isso parece se infiltrar.

Prof. Jung: Então devemos ver como se infiltra.

Sra. Crowley: Esse seria o ponto de vista de Zaratustra, pois ele é o si-mesmo, e o outro representaria o ponto de vista do homem Nietzsche.

Prof. Jung: Você tem razão. É certamente o ponto de vista de Zaratustra, mas não nos ajuda a ver como essa ampliação da consciência se infiltra.

Sra. Crowley: Porque toda essa amplitude está sendo focada em um ponto central, e antes era espalhada por todo o mundo nessa ideia de igualdade.

Prof. Jung: De fato, mas queremos ver como essa ideia da ampliação da consciência se infiltra.

Sr. Allemann: Quando ele diz que a vida deve se superar, o novo nascimento tem lugar.

Prof. Jung: Exatamente. Dizer que a vida deve superar a si mesma significa que você tem um ponto de vista fora da vida, que você não está mais na vida. Enquanto você está na vida, não pode imaginar nada que a ultrapasse: a vida é a coisa mais elevada. Ele vinha falando de sua doutrina de vida – estava inteiramente no movimento da vida – e então subitamente lhe ocorre que há um ponto de vista fora ou acima dela, uma vida que pode ultrapassar sua própria vida. Esse é um elemento que obviamente não é vida, pois, para superar a si mesma, isso deve ser capaz de um contramovimento, o que é representado aqui no edifício estático. Aqueles entre vocês que leram *Das Reich ohne Raum*, de Bruno Goetz, se lembrarão do mesmo conflito lá, o conflito entre o *Puer Aeternus* que não é senão vida, vida em uma forma cega e expansiva, cheia de conflito, cheia de preocupação, cheia de absurdo; e, contra essa vida, o mundo cristão[164]. Eu recomendo esse livro a vocês. Foi escrito imediatamente depois da guerra e é uma antecipação notável das condições políticas prevalecentes na Alemanha. E vocês encontram ali esse mesmo conflito peculiar. Primeiro, têm os sentimentos da irrupção extraordinária de vida, simbolizada pelo *Puer Aeternus*: sentem que essa *é* a coisa, ou esperam que ela crescerá e se transformará em algo – e então a coisa que vocês descobrem é o mundo cristão, que é evidentemente o mundo de ideias, inteiramente estático, frio, rígido, um mundo que é simplesmente o oposto. Isso invariavelmente é assim, pois a vida é, por um lado, o movimento mais intenso, a maior intensidade, e, por outro lado, é completamente estática. Claro que isso é extremamente difícil de ver, mas, quanto mais a vida se intensifica, mais existe esse movimento de altos e baixos, mais estamos em conflito, então mais vocês são espremidos pela vida de um modo peculiar; começam a ir para fora e a olhá-la, e se perguntam, no fim, pelo amor de Deus, do que se trata? Por que esse turbilhão e absurdo? Qual é o sentido da coisa toda? E isso é a vida que supera a si mesma.

Sr. Layard: Você pode explicar o que quer dizer por *Puer Aeternus* nessa conexão?

Prof. Jung: Bem, eu estava falando sobre o livro de Bruno Goetz, mas posso lhes dar uma ideia a respeito. Como vocês sabem, há uma linha de demarcação peculiar atravessando a Europa; a leste da linha, o arquétipo do *Puer Aeternus* prevalece psicologicamente, e, a oeste, a psicologia da *anima*. Vê-se a diferença característica na literatura, nos romances e nas *belles lettres*, também no aspecto

---

164. Sobre Bruno Goetz, cf. 5 de junho de 1935, n. 361.

político. Por exemplo, todo esse novo movimento na Alemanha é típico do *Puer Aeternus*. É um movimento de massas, um movimento intenso, e ninguém consegue ver exatamente o que ele significa; há uma ideia muito mística por trás dele, mas é sobretudo vida e movimento, e, do que se trata, as próprias pessoas não sabem. Essa psicologia é também caracterizada por uma relação peculiar com a mulher. A mulher é principalmente mãe, virgem ou prostituta, mas não é uma mulher; ao passo que, no Ocidente, a mulher realmente existe. Se vocês compararem a literatura alemã com as literaturas francesa ou inglesa, verão imediatamente a diferença. *O Puer Aeternus* tem todas as qualidades da psicologia adolescente, toda aquela esperançosa unilateralidade, aquele esperançoso esforço. Eles ainda não estão do outro lado, mas esse movimento leva muito subitamente para o mundo estático; não sei quando isso ocorrerá, mas certamente virá, pois, depois de uma fase *Puer Aeternus*, o princípio estático sempre vem. Não podemos dizer como irá se desenvolver, pois será uma coisa muito grande e poderá levar muito tempo. Pois bem, a questão é evidentemente o quão longe esse arquétipo do *Puer Aeternus* alcança. Poderíamos chamá-lo de o arquétipo do filho contra o pai. A psicologia do *Puer Aeternus* é exclusivamente masculina, é o mundo do homem. O mundo da mulher é não existente, porque a mulher – como mãe, como virgem ou como prostituta – é sempre observada do ponto de vista de um homem[165]. No mundo de uma mulher existiria uma mulher, mas no mundo de um homem só existe uma função, a mulher como uma função. Isso lhes dá uma ideia? Não posso ir mais longe agora.

Sr. Baumann: Quero fazer uma pergunta sobre a coisa anterior da qual falávamos, o estático contra o dinâmico, o turbilhão. Bertrand Russell escreve, em seu livro *Misticismo e lógica*, que a característica do misticismo é ausência de protesto contra, ou a descrença na divisão última de dois campos hostis – por exemplo, bem e mal –, mas isso com o senso de unidade é associado a um sentimento de paz infinita que produz, como os sentimentos o fazem nos sonhos, todo o corpo da doutrina mística[166]. Pois bem, eu gostaria de saber se isso só acontece porque eles foram torturados pelo turbilhão, ou se esse princípio estático é um tipo de paz que já existe no homem antes de ele começar a lutar – um tipo de princípio *a priori* – para alcançar esse fluir harmonioso.

---

165. Toni Wolff, analista e integrante do seminário, desenvolveria uma tipologia das mulheres na forma familiar dos opostos: Hetaira, Mãe, Amazona, Mulher Média. Cf. *Structural Forms of the Feminine Psyque* (Zurique, 1956).

166. Bertrand Russell, *Mysticism and Logic and Other Essays* (Londres, 1918). Russell era muito mais afeito à lógica do que a qualquer coisa que as pessoas chamariam de misticismo.

Prof. Jung: Bem, as duas coisas sempre existem, mas em certas épocas da história, para um determinado propósito, o princípio estático prevalece, e, em outras épocas, o movimento prevalece. Por exemplo, vamos supor que você vive em uma época em que o princípio estático domina. Lá você encontrará místicos, e os próprios místicos são, então, aqueles suprimidos pelo princípio estático, e começam a ferver, a se mover – sem ideias claras, mas se movem, estão vivos. É típico dos místicos que eles *vivem*; sua qualidade mais característica é a intensidade de sua vida – a vida conta com eles. Eles são uma reação contra o princípio estático. Mas, em uma época na qual o misticismo realmente está vivo, como agora, o movimento prevalece. Vivemos em um período desses, e estamos procurando um sistema estático no qual encontrar paz. E vamos criar um, pois, depois de um tempo de turbilhão, queremos descanso, sono, até mesmo uma espécie de sufocação após essa eterna ebulição e vibração. Vejam, é sempre uma questão de unilateralidade. Quando o princípio estático vai longe demais, haverá uma irrupção do movimento dinâmico, ou, se temos o contrário, então isso criará sua compensação. Esse é o mecanismo nesse capítulo; é como um pedaço de vida. O próprio Nietzsche está no processo de ver a vida e subitamente ela o lança fora. Ele subitamente fica à procura de uma coisa estática e sólida, e a olha de fora. Cria uma imagem inteiramente diferente, em vez do para cima e para baixo, do vai e vem, do turbilhão do campo de batalha, ele escala um degrau em um edifício. Em vez do covil da tarântula é um templo, e evidentemente o templo que ele tem em vista é a Igreja cristã, obviamente uma catedral gótica – e esse é o ninho da tarântula. Pois bem, não interpretamos isso completamente; vamos agora somente até o ponto de determinar que esse edifício é um sistema estático e petrificado de ideias. Ele petrifica o espírito.

Sra. Siggs: Parece ser um desenvolvimento, considerando-se a imagem que ele escolhe – primeiro a caverna ou o covil, então o templo antigo e, agora, a catedral.

Prof. Jung: Bem, aqui já é a catedral gótica, mas ele não amplificou a imagem o suficiente, por isso seria melhor irmos em frente e vermos o que vem a seguir.

> Em verdade, quem outrora aqui edificou seus pensamentos em pedra conhecia o mistério de toda vida como o mais sábio dos homens!

O segredo da vida, aqui, é que a vida supera a si mesma e chega à condição estática. Mas, é claro, se poderia dizer, se a vida começa em uma condição estática, o segredo da vida seria o turbilhão.

> Que há luta e desigualdade até na beleza e guerra pelo poder e o predomínio: isso aqui ele nos ensina, e na mais clara parábola.
>
> Como abóbadas e arcos aqui divinamente se interceptam em combate: como pelejam entre si com luz e sombra, esses divinos pelejadores.

Essa é uma cara descrição da catedral gótica, em que você realmente sente que a própria vida se tornou congelada – poderíamos dizer que ela congelou a vida. Ela é frequentemente comparada a uma madeira ou aos ramos de uma árvore; todo tipo de animais corre para cima e para baixo naquelas colunas e naqueles pináculos. É madeira que se tornou pedra, ou espírito que se tornou matéria incorruptível, e a arquitetura simboliza a luta da qual ela emergiu. Vemos o próprio conflito representado na arte normanda, naquelas múltiplas representações da luta entre o homem e monstros, particularmente. Na catedral gótica, esse conflito está plenamente desenvolvido e plenamente representado na enorme altura e profundidade, na luz e na sombra, e na extraordinária complicação de todas aquelas formas arquitetônicas se misturando ou se combatendo entre si. Também é expresso nos arcos peculiares construídos fora da igreja para sustentar as paredes de dentro; isso passa a ideia de uma tremenda tensão, de uma coisa que está quase arrebentando. Quando observamos, por exemplo, na Notre-Dame, em Paris, a tensão das paredes de dentro sustentadas pelos arcos, percebemos o quão ousada foi toda a empreitada – capturar tanto espírito na matéria – e o que eles tiveram de fazer para garanti-la. Não há algo assim nas catedrais normandas; elas são realmente feitas de pedra, ao passo que, nas catedrais góticas, começamos a duvidar do peso da pedra. E, um pouco mais tarde, vemos a mesma peculiaridade na escultura. Na escultura *cinquecento* de Michelangelo e nos homens posteriores, eles parecem negar a imobilidade da pedra; até aquela época, a pedra tinha estado praticamente imóvel, mesmo na escultura grega, mas, com Michelangelo, a pedra começou a se mover com um acréscimo de vida que é quase inacreditável. É como se não fosse pedra, ou como se algo errado tivesse acontecido. Há vida demais, a pedra parece caminhar. Ela começa a se mover até que a coisa toda se despedaça. Vejam, isso é o que Nietzsche está descrevendo aqui. Ele os chama de pelejadores divinos que já não pelejam; congelaram-se, chegaram a um descanso.

> De maneira assim bela e segura também sejamos inimigos, meus amigos! Divinamente pelejemos uns contra os outros!

E eles são estáticos, como arcos que sustentam alguma coisa. Claro, estão uns contra os outros, lutam entre si, por assim dizer, mas são estáticos, sem movimento; uma tensão estática é expressa. Pois bem, uma visão dessas, ou um ponto de vista desses, só é possível quando um homem está de tal forma imerso em seu conflito que é simplesmente espremido para fora de lá. Então começa a rir, por assim dizer, e diz: "O que é isso? Devo ter enlouquecido, eu estava excessivamente no conflito". Vejam, isso começará, por exemplo, com o reconhecimento de que aquilo que você chama de bom é muito ruim para outras pessoas, ou o que eles chamam de bom é muito ruim para você. Assim, você chega à conclusão de que eles também são seres humanos e devem ter o ponto de vista deles, assim como você tem o seu. E então você está fora disso, já estático, já *au dessus de la mêlée*[167]. Claro, você pode tomar um ponto de vista desses ilegitimamente antes de ter atravessado o turbilhão, tão somente para evitar o conflito; as pessoas às vezes gostam de fazer essa trapaça, mas isso não tem nenhum mérito e elas são tentadas o tempo todo a descer para o turbilhão. Mas, se você atravessou o turbilhão, se não pode suportar-se mais, se o próprio inconsciente cospe em você, então a própria vida cospe em você como o velho Jonas foi cuspido pela baleia; e então é legítimo que você se sinta satisfeito no topo da vida, dando uma olhada para ela. Então você pode congelar os pares de opostos em uma bela estrutura estática. Esse é o verdadeiro ápice que Nietzsche alcança nesse capítulo.

> Ai! Eis que me mordeu a tarântula, minha velha inimiga! Divinamente bela e segura ela mordeu-me o dedo!

Ele estava lutando com as tarântulas que pregavam a morte, a paralisação, a rigidez, a autoridade, e, agora, a tarântula *o* pegou. Está envenenado; de fato ele próprio se tornou a tarântula.

> "Deve haver castigo e justiça" – assim pensa ela: "aqui ele não cantará impunemente em louvor da inimizade!"

Isso é o que a tarântula nele diz.

> Sim, ela se vingou! E ai de mim! Agora, com vingança também fará minha alma girar!

> Para que eu *não* gire, meus amigos, prendei-me firmemente a esta coluna!

Supõe-se que o veneno da tarântula deixe as pessoas com tontura e cause loucura, vocês se lembram; não é verdade, mas essa é a lenda. E Nietzsche, não sendo zoólogo, acreditava nisso, por isso a vertigem é um ataque de loucura; o reconhecimento do outro lado significou para ele um ataque de loucura. Isso é apenas minha conjectura, lembrem-se, mas manteremos isso em mente como uma espécie de hipótese. Depois disso, realmente esperaríamos sintomas de *ekstasis*, uma invasão do inconsciente, pois todo esse mundo que ele podia julgar e pisotear se vinga dele agora. Todas as tarântulas do mundo vão pegá-lo, e a tarântula é o sistema nervoso simpático. Isso significa o inconsciente; o inconsciente o pegará, por isso podemos esperar alguns fenômenos peculiares.

Sra. Crowley: Não haveria uma conexão entre isso e o bufão do começo?

Prof. Jung: Haveria um paralelo; o bufão é uma espécie de perigo. É a loucura dele que o subjugou. Claro, só é loucura na medida em que não pode ser integrada ou compreendida, mas, na primeira investida, pode causar loucura – pode ser simplesmente excessiva. Vejam, quando você lutou contra uma coisa por toda sua vida, quando se convenceu de que uma coisa é completamente errada e que você

---

167. *Au dessus de la mêlée*: acima da batalha.

está completamente certo, então a mesma coisa pega você. Aquela mesma coisa entra em seu sistema, então você explode. Talvez você não possa lidar com ela, e então ela naturalmente pega você. Pois bem, esse seria o perigo se fosse Nietzsche quem estivesse falando assim, mas não é exatamente Nietzsche. Ele se identifica com a figura de Zaratustra, por isso está em uma espécie de inflação o tempo todo, não totalmente no controle de si mesmo; e então é claro que ele pode facilmente sobrepujar a si mesmo como já se sobrepujou por meio da unilateralidade. Como vocês sabem, a pregação dele foi toda em prol da vida, em prol da inversão dos valores, da destruição das coisas velhas, tendo visões inteiramente novas, insultando qualquer um que não partilhe a vida. Então, subitamente, a coisa toda se volta contra ele. Claro, é apenas a picada da tarântula que não é considerada mortal; é simplesmente desagradável e causa uma espécie de loucura. Por isso ele está de algum modo protegido contra ela. Percebe o perigo de que ele poderia ficar com tontura e começar a delirar, e, para não o fazer, diz:

Ainda preferirei ser um estilita* a um turbilhão de vingança.

Um pilar da igreja, lembrem-se, da catedral.

Em verdade, Zaratustra não é turbilhão ou ciclone [...].

O que lemos no fim do último capítulo? "Na verdade Zaratustra é um vento forte":

[...] e, se dançarino, jamais dançará a tarantela**.
Não, ele não se juntará a *isso*!

---

* Estilita é o eremita cristão que habitava o topo de uma coluna em ruína, na época do Império Bizantino, explica Paulo César de Souza em nota de sua tradução (cf. Nietzsche, F. *Assim falou Zaratustra*. Trad. Paulo César de Souza. São Paulo: Companhia das Letras, 2011, p. 323, n. 61) [N.T.].

** No original alemão, Zaratustra diz que não é de modo algum um *Tarantel-Tänzer*; na versão em inglês usada por Jung, um *tarantula-dancer*, o que marca a associação tradicional entre esse tipo de dança e de aranha [N.T.].

Palestra V
2 de junho de 1937

Prof. Jung: Aqui estão duas questões. A Srta. Hannah diz: "Vejo teoricamente como Nietzsche não aceitava o homem inferior nele próprio, que este é projetado e se mostra – por exemplo, no medo da vingança que ocorre com muita frequência no capítulo da tarântula. Mas acho isso muito difícil de captar ou de realmente entender. Você poderia dizer mais a respeito? Ou, dizendo de outra forma, as palavras 'vingança' e 'desforra' me passam um estranho sentimento ao longo do capítulo, como se eu não tivesse realmente compreendido o motivo de tal insistência nessa nota".

Bem, é bastante óbvio que a própria ideia das pessoas tarântulas, como Nietzsche coloca, é uma projeção, um dos muitos aspectos da projeção do homem inferior. Todos os capítulos nos quais ele insulta determinadas classes de pessoas contêm a projeção do homem inferior nele próprio; mostram muito claramente que ele não é capaz de ver sua própria sombra, pois o que ele insulta nas pessoas é uma projeção de sua própria sombra, de sua própria inferioridade. Essa é a experiência habitual: quando criticamos ou insultamos outras pessoas, é sempre porque estamos projetando algo nelas. É perfeitamente verdade que não podemos fazer tal projeção se não houver um gancho no qual pendurá-la. Na medida em que as pessoas têm uma sombra, sempre são repletas de ganchos – sempre temos a chance de dizer algo indelicado sobre elas. Mas o fato de nos excitarmos acerca de certos traços ou qualidades prova que nós mesmos os temos, ou por que eles deveriam nos atingir? Há certas categorias de coisas que de algum modo nos enfurecem, e então isso é *nosso* caso – isso é o que nos irrita. Portanto Nietzsche rejeita seus lados inferiores naquelas outras pessoas: ele briga com elas e as insulta. E a tarântula é evidentemente um desses aspectos da sombra nele próprio.

Vejam, quando nos compartamos desse modo com nossa sombra, quando a projetamos e a deixamos sempre em outras pessoas, então, como ela é uma personalidade definida, e tanto mais quando a reprimimos ou não a reconhecemos, ela se torna uma espécie de gêmeo siamês ligado a nós por um sistema de vasos comunicantes. Estamos em conexão, embora ela sempre apareça como se estivesse em outras pessoas. Mas essa coisa quer estar conosco, ser reconhecida, viver nossa vida conosco. É exatamente como um irmão ou uma outra pessoa que quer estar conosco; e, quando simplesmente não permitimos, naturalmente essa personalidade desenvolve resistências contra nós. Ela se irrita e se torna venenosa. E toda vez que insultamos esse sujeito, insultamos a nós mesmos, e então naturalmente algo reage em nós como se fosse nosso inimigo. Algo sempre reage em nós contra o objeto de nosso ódio. Se desprezamos alguém, por exemplo, ou somos hostis e atacamos alguém, nós nos identificamos com ele e desenvolvemos um ressentimento naturalmente, e esse é o sentimento de vingança. Essa sombra que insultamos tenta chegar até nós – volta com uma vingança. Então é como se tivéssemos esse sentimento contra todos aqueles que têm essa sombra, mas, na verdade, é nossa própria sombra que tem o sentimento de vingança, e a qualquer momento ela voltará a nós. Veremos como a sombra volta a Nietzsche com uma vingança: essa é a tragédia do *Zaratustra*.

Temos uma pergunta do Sr. Allemann: – Você disse, no último seminário, que períodos dinâmicos são sucedidos por sistemas estáticos, e vice-versa. Não é verdade que até mesmo um período ou um sistema estático é realmente eficiente somente enquanto o dinamismo do período precedente ainda está vivo – e que, quando estiver totalmente exaurido, quando toda a energia acaba, restam apenas as "ruínas do templo"?

– Nesse ponto do desenvolvimento, eu diria que mesmo a tarântula mais negra e mais fanática seria incapaz de restaurar a vida real ao templo, mas com certeza conseguiria tornar as coisas muito desagradáveis e até perigosas para os seres desafortunados que ainda estivessem no templo.

– Não é verdade que um sistema religioso é realmente eficiente enquanto o dinamismo de sua eclosão ainda esteja nele, mesmo que sua tendência caótica e orgiástica seja lentamente substituída por um sistema estático de dogmas, e um tal sistema religioso não está no auge de sua eficiência e aceitabilidade universal, quando a experiência dinâmica ainda é forte o bastante para conservar a imaginação e o sentimento, e o sistema dogmático já é sutil o bastante para capturar o pensamento e mantê-lo operando?

– Como exemplo de um sistema religioso nesse momento de seu desenvolvimento, penso em alguns sistemas gnósticos com sua experiência extática, por um lado, e com sua sutil especulação e terminologia cosmogônica e escatológica, por outro.

Concordo inteiramente, é totalmente impossível para um sistema estático viver se não houver algum *dynamis* nele. O termo "realidade" ou "real" (derivado de *res*, "coisa") não contém, é claro, a ideia de dinamismo, mas a palavra alemã *Wirklichkeit* a contém. Na medida em que uma determinada forma estática de religião é eficiente, é *efficiens*, está funcionando, é *wirklich*. Por isso precisa do dinamismo dentro, e, assim que isso perece, a eficiência do sistema estático desaparece, desmorona. Podemos observar isso em nossos dias. Um sistema estático só conseguiu vir à existência, pois, quando houve uma explosão dinâmica; só na medida em que há uma explosão dinâmica um sistema dinâmico pode existir. Mas, quando uma explosão dinâmica perde sua eficiência, é impossível obtê-la de volta, pois ela abandonou o templo e aparece agora como a tarântula. E encher os templos com tarântulas, como você diz, tornaria a situação demasiado desconfortável para as pessoas que permanecem dentro; elas não podem adorar em uma caixa cheia de tarântulas. Vocês sabem, é proverbial: se colocarmos muitas aranhas juntas em uma caixa, elas vão se devorar entre si.

Assim, um movimento cismático em uma igreja já é o início do fenômeno tarântula. As aranhas então começam a mostrar seu verdadeiro caráter. Se toda aquela multidão – as quatrocentas denominações da Igreja Protestante – fosse trazida de volta à Igreja Católica, elas se matariam umas às outras. Essa caixa explodiu, e temos agora unidades inconciliáveis no mundo, e que não podem ser trazidas de volta. Como Cristo disse, você não pode colocar vinho novo em odres velhos. Mas as pessoas sempre acham que podem – bem, elas não falam de vinho novo, isso é perigoso demais, elas tentam apenas reviver os odres velhos. Por exemplo, houve um movimento na Igreja Protestante para trazer de volta as velhas liturgias, mas elas são evidentemente odres velhos, e tudo o que houver de vinho novo simplesmente não entra neles. Assim que há um cisma, isso significa realmente o fim. Vejam, um sistema estático deve ser totalitário, como a Igreja foi até mais ou menos o ano 1200; a explosão original realmente funcionou e preencheu todo o alcance da Igreja, e a Igreja se espalhou enquanto aquela explosão continuou funcionando. Houve então um momento de imobilidade estática, e o cisma começou e seguiu funcionando desde então. Está funcionando em nossos dias na reação alemã; essa é a continuação da Reforma alemã. Está tomando agora um novo fôlego, por assim dizer, funcionando do mesmo modo cismático que funcionou há 400 anos. E tudo o que está acontecendo na Espanha é parte disso; anarquismo, comunismo, socialismo são, na verdade, movimentos religiosos, apenas com um *a* ou um *anti* – a negação é a mesma –, e é ali diretamente contra a Igreja Católica. Também na Rússia é exatamente a mesma coisa. Pois bem, não entendo ao certo por que você pensou nos sistemas gnósticos como exemplos adequados; realmente, eles jamais se desenvolveram como igrejas, como sistemas estáticos.

Sr. Allemann: Sim, mas eles foram sistemas religiosos e tiveram, por um lado, uma escatologia muito desenvolvida, termos muito sutis, e, por outro, o movimento estático, a *dynamis*.

Prof. Jung: Absolutamente. Mas, para mim, eles chegaram a uma paralisação antes de realmente se desenvolverem como um edifício estático. Por um sistema estático entendo não apenas a doutrina, mas também a instituição, e eles nunca desenvolveram instituições. Por isso houve uma variação realmente extraordinária nos sistemas gnósticos, e eles eram mal definidos; é muito difícil entender qual é qual. Mas na Igreja Católica é totalmente diferente; ela se transformou em dogma e ritual, em liturgias e cerimônias e prédios, e em simbolismo definido, como a Igreja Ortodoxa grega. Claro, se os sistemas gnósticos tivessem tido a mínima chance, provavelmente teriam se expandido como uma espécie de igrejas. Por exemplo, o maniqueísmo foi realmente um sistema gnóstico sincrético, e isso se transformou em um sistema estático. Foi uma igreja.

Sra. Sigg: Parece-me que a dificuldade de Nietzsche é que, em uma igreja cristã, o padre pede que Jeová seja adorado, e mesmo Jeová tem uma qualidade tarântula, pois ele é vingativo.

Prof. Jung: Mas isso é protestantismo. Os protestantes já são vingativos em sua concepção de Deus, ao passo que, na Igreja Católica, isso não é o caso. Lá, Deus definitivamente esqueceu de agrilhoar, *zu stechen* [picar].

Sra. Sigg: Mas o protestantismo é a igreja tanto quanto o catolicismo.

Prof. Jung: A concepção protestante é muito mais venenosa.

Sra. Sigg: Sim, também acho, e acho que Nietzsche quer reformar esse veneno.

Prof. Jung: Oh, sim. Claro que a ideia dele de cristianismo é inteiramente protestante; ele não tinha nenhum conhecimento real da Igreja Católica, e não se interessava por ela. Para ele, foi sempre aquela tola questão de sua época, se Deus existia ou não. Vejam, essa é uma ideia terrivelmente bárbara; jamais se deveria fazer uma questão tão tola, pois a resposta jamais pode ser provada. A reação dele foi inteiramente contra seu protestantismo alemão que certamente contém uma concepção dogmática. Podemos falar em um dogma protestante, mas não é o dogma estrito e severo da Igreja Católica. Bem, agora prosseguiremos nosso texto. Terminamos o último capítulo e estamos agora chegando a "Dos sábios famosos". Por qual transição ele chega aos sábios depois das tarântulas?

Sra. Crowley: Ocorreu-me que, no último capítulo, pelo processo de *enantiodromia* ele enfatizou o conflito entre os opostos. No fim do capítulo, ele chegou à imagem da coluna santa, alguém que tinha de algum modo resolvido o problema identificando-se com o si-mesmo. Pois bem, dessa perspectiva distante, ele olha para trás e para baixo para aqueles chamados "sábios", os representantes da realidade da consciência egóica, que – pelo ângulo do santo ligado à coluna – parece uma fauna inferior lutando na lama, como se ele estivesse negando seus valores intelectuais anteriores.

Prof. Jung: Sim, há algo disso. Alguém mais tem uma ideia a respeito?

Dr. James: Eles são "teimosos e ardilosos como o asno"; ele está olhando esses sábios e evidentemente os despreza.

Prof. Jung: Sim, mas isso não explica como ele chega à ideia dos sábios depois das tarântulas.

Srta. Hannah: Não é pura inveja de olhos verdes das pessoas que detêm as cátedras profissionais e conseguem o dinheiro, ao passo que ele tem de partir para o deserto?

Prof. Jung: Bem, nesse capítulo há sem dúvida um ressentimento definido por conta disso, mas e quanto às tarântulas?

Srta. Hannah: A tarântula o mordeu, por isso ele próprio representa a vingança até certo ponto agora, em vez de vê-la inteiramente fora dele.

Prof. Jung: Você tem razão. Vejam, o retrato dramático no capítulo anterior é que ele próprio foi mordido pelas tarântulas. Primeiro, ele insulta todas aquelas pessoas tarântulas, e então, subitamente, as tarântulas o mordem, portanto o veneno entra nele e existe o perigo de que ele possa ficar tonto. Por isso ele diz para que o prendam rapidamente naquela coluna, de modo que ele não enlouqueça – dançando a dança da tarântula. Mas o veneno está nele. Pois bem, a tarântula representa um dos muitos aspectos do homem inferior, e, se o homem inferior o morde, derrama sua sombra na face dele, esta certamente o apanhou e então *ele* se torna a sombra. Ele está repleto do veneno, por isso podemos esperar que terá um novo ressentimento a cuspir, e ele chega agora aos sábios que representam os educadores úteis do povo – claro, segundo a ideia dele, os professores nas universidades ou quaisquer outros líderes bem-intencionados e meritosos do povo. Ele próprio agora desempenha o papel da tarântula: torna-se venenoso, e seu *ressentimento* se manifesta até contra pessoas em relação às quais ele não pode negar uma parcela de mérito.

> Servistes ao povo e à superstição do povo, sábios famosos – e *não* à verdade! E justamente por isso fostes venerados.

Eis a ideia. Ele surge com a afirmação de certo modo venenosa de que aqueles sábios são reverenciados apenas porque dizem aquilo que o povo espera deles. Eles não falam a verdade.

> E também por isso foi tolerada vossa descrença, porque era uma graça e um rodeio para chegar ao povo. Desse modo o senhor deixa os escravos à vontade e até se deleita com sua petulância.
>
> Mas quem é odiado pelo povo como um lobo pelos cães é o espírito livre, o inimigo dos grilhões, o não adorador, o que habita as florestas.

Pois bem, aqui ele usa várias metáforas que requerem alguma explicação. Por que ele usa as figuras do lobo e dos cães e do habitante das florestas como uma demonstração especialmente boa do espírito livre?

Srta. Wolff: Nietzsche aparentemente supõe que aqueles sábios são na verdade ateus; só falam assim para causar uma impressão no povo. Seguem obtendo todos os benefícios de viver coletivamente, ao passo que ele é realmente solitário porque não acredita em Deus.

Prof. Jung: Mas por que justamente o lobo?

Srta. Wolff: As ideias de Nietzsche são perigosas, por isso o homem coletivo o odeia como os cães odeiam o lobo.

Prof. Jung: Sim, e agora por que o habitante das florestas?

Srta. Wolff: Talvez Nietzsche se refira aqui àquele capítulo do início, em que ele encontra o eremita.

Prof. Jung: E vocês se lembram do que nós dissemos sobre o habitante das florestas?

Sra. Crowley: Que ele representa o passado.

Prof. Jung: Ele representa o que se retirou para o inconsciente; isso significa tudo o que é abandonado no mundo, abandonado e não integrado no ponto de vista filosófico e religioso atualmente existente. Agora temos uma pista para a interpretação desse habitante das florestas: o eremita é a tarântula. Vejam, quando um sistema estático começa a se enfraquecer, um movimento cismático se seguirá. Então uma parte do povo, que estava organizada na igreja, se volta contra ela e se torna tarântula; torna-se venenosa. E sai da igreja rumo ao deserto, por assim dizer, à terra não cultivada. Desaparece nas florestas. As florestas são sempre um símbolo do inconsciente, portanto eles desaparecem no inconsciente, em que tudo que não está integrado deve ser encontrado, tudo que já não está incluído e vivo dentro do sistema estático. Tais pessoas ou tais pensamentos são sempre considerados pelas pessoas de dentro do sistema como particularmente venenosos, tarântulas perigosas. Claro que Nietzsche, que está fora do sistema, chama de "tarântulas" as pessoas que estão dentro, mas vocês não devem se esquecer de que aqueles que estão dentro chamam o que está fora de "lobo". Mas ele chama aqueles que estão dentro de lobos também, pois eles se ferem uns aos outros; são hostis uns aos outros. Assim, o espírito livre é o lobo, o não adorador, o habitante das florestas; e Nietzsche identifica-se com o chamado "espírito livre", o espírito que não está organizado, que não está em um sistema estático. Podemos designá-lo definitivamente como um espírito não cristão.

> Caçá-lo de seu refúgio – isto sempre foi, para o povo, "senso de justiça": contra ele sempre açula os cães de dentes mais afiados.
>
> "Pois a verdade está aqui – não está aqui o povo? Ai daqueles que procuram!" – é o que se diz desde sempre.

Isso é perfeitamente compreensível. Que alguma coisa seja verdade quando a maioria do povo acredita nela é um certo ponto de vista. E é um fato; enquanto a maioria das pessoas acreditam nela, vocês podem considerá-la como verdadeira. Vejam, se vocês a considerarem uma mentira, estarão perdidos. Esse é o funeral de vocês, não deles, portanto seria melhor considerarem tais coisas como verdadeiras, porque elas funcionam. Vocês podem dizer que é estúpido e que não deveria existir, mas isso é uma espécie de conversa vazia. Nada significa, pois não há absolutamente nenhuma possibilidade de se desfazer o aparente erro. Se todo mundo compartilha esse erro, ele se chama uma verdade por enquanto. Claro que vocês podem pensar de maneira diferente, mas então devem ter cuidado para não o dizer tão abertamente se não quiserem ferir a si mesmos – e não vejo nenhum motivo em particular para ferir a si mesmo, a princípio. Temos de ser cuidadosos porque a vida quer ser vivida, e isso é mais sensato do que lutar contra uma coisa sobre a qual vocês não sabem exatamente no que acreditar. Sem dúvida, para alguém com uma mente independente, é muito tentador ver o quão inconsistente pode ser o que é geralmente considerado como uma verdade, uma vez que se pode facilmente ver que em 10 anos, ou até mesmo antes, já não será mais uma verdade. Hoje é uma verdade, amanhã não é mais, mas depois de amanhã será de novo uma verdade. Claro, uma pessoa de mente filosófica sempre perguntará o que é verdade afinal de contas. Vejam, coisas que eram verdade há 2 mil anos não são verdade agora, mas daqui a 2 mil anos serão verdade de novo.

> Queríeis justificar vosso povo em sua veneração: a isto chamastes "vontade de verdade", ó sábios famosos!

Isso também é completamente óbvio.

> E vosso coração sempre falou a si mesmo: "Eu vim do povo; de lá também me veio a voz de Deus".

Pois bem, isso é um pouco mais sério – de fato, essa é uma verdade aterradora. Todos nós viemos do povo – nós somos o povo –, e, se a maioria diz "eu sou a voz de Deus", bem, então isso é uma verdade, porque funciona. A maioria do povo a estabelece, e a maior parte de mim mesmo é coletiva, feita de material inteiramente coletivo. As moléculas do meu corpo não são em nada diferentes quimicamente das moléculas de ninguém mais. A construção da minha mente é absolutamente a mesma que a de qualquer outra pessoa. Há apenas uma variação peculiar da composição, o elemento em mim mesmo que explica minha chamada individualidade. Portanto, para começar, somos 99,99999% coletivos, e somente um pedaço de algo incontável é individual. Mas é o pequeno polegar que é o autor de coisas, ou o grão de mostarda que se torna todo o reino dos céus. Esse é um fato estranho, mas é assim. Vejam, há um ponto de vista válido e definido de que *vox populi est vox*

Dei, "a voz do povo é a voz de Deus". Por exemplo, se você está convencido de que a humanidade é uma manifestação da vontade divina, deve supor que a voz da humanidade é uma manifestação da voz divina, e por isso deve admitir que o *consensus gentium*, o consenso da maioria dos seres humanos, estabelece a verdade. E realmente é assim: uma verdade é uma verdade enquanto funciona. Não temos nenhum outro critério, a não ser em casos em que podemos experimentar, mas eles são muito poucos. Não podemos experimentar com a história ou a geologia ou a astronomia, por exemplo. Há algumas poucas ciências naturais nas quais podemos experimentar. Assim, esse ponto de vista de que a voz do povo é a voz de Deus, uma voz esmagadora superior, é uma verdade psicológica muito importante, que deve ser levada em consideração em cada caso.

Vejam, Nietzsche prega essa verdade, mas é claro que em um sentido inconsciente. Ele os culpa por terem tal visão, mas seria uma verdade redentora para ele próprio se pudesse apenas aceitá-la, pois Nietzsche é justamente aquele que diz que a voz do povo é absurda, que só há uma verdade, que é uma verdade individual. Nietzsche acredita que sua verdade é a única verdade. Mas como alguém pode dizer que sua verdade é a única? Ainda assim, esse é o ponto de vista individualista, que leva as pessoas muito longe, e muito frequentemente as extravia. Claro, é necessário que uma pessoa tenha seu próprio ponto de vista individual, mas ela deveria saber que está então em um terrível conflito com a *vox populi* em si própria, e isso é o que sempre esquecemos. Jamais devemos esquecer que nossa convicção individual é uma espécie de pecado prometeico, uma violência contra as leis da natureza de que somos todos peixes em um cardume e em um rio; e, se não o somos, isso é uma presunção, uma rebelião. E esse conflito está em nós mesmos. Mas o indivíduo pensa que o conflito não está de modo algum nele próprio e, qualquer que seja o sentimento individual que ele tenha por conta de uma concepção individual, ele o projeta em outrem: eles estão contra mim porque eu tenho essa concepção – esquecendo-se inteiramente de que ele está contra si próprio. Se vocês descobrirem uma verdade individual, constatarão estarem em conflito a esse respeito. Serão contrariados por si mesmos, e toda vez que encontrarem um obstáculo, pensarão que outras pessoas o puseram em seu caminho. Na medida em que tornarem públicas opiniões individuais, naturalmente encontrarão obstáculos, e então tomarão como uma verdade que estão sendo perseguidos; vocês desenvolvem uma espécie de paranoia. Portanto quem descobre uma verdade individual deveria descobrir, ao mesmo tempo, que é o primeiro inimigo de si mesmo, que *ele* é aquele que tem a objeção mais forte à sua verdade, e deveria ter o cuidado de não projetá-la, ou desenvolverá uma paranoia. Pois bem, Nietzsche prossegue:

> Teimosos e ardilosos como o asno, assim sempre fostes, como advogados do povo.

E mais de um poderoso, que queria andar bem com o povo, atrelou diante de seus cavalos – um pequeno asno, um sábio famoso.

Ele se refere aqui a um exemplo famoso na história da filosofia. Hegel era o filósofo estatal prussiano, considerado um sábio famoso, e é claro que Nietzsche estava bem familiarizado com sua filosofia. Hegel era um filósofo em um sistema político definido; sempre encontramos um sujeito desses em qualquer sistema político – ou seja, um asno atrelado pelos poderes da terra à carroça política[168]. Houve tentativas mais ou menos modestas de tornar Nietzsche um asno desses em frente à carroça política, mas eu devo dizer que ele era um asno inconfiável, não de puro sangue. Ele seria uma mula e cheia de truques.

E agora eu gostaria, ó sábios famosos, que afinal despísseis inteiramente a pele de leão!

A pele do animal de rapina, sarapintada, e a juba daquele que busca, explora, conquista!

Ah, para que eu chegue a acreditar em vossa "veracidade", deveis primeiramente partir vossa vontade veneradora.

Bem, a crítica dele é justificada. Como vocês sabem, há um provérbio alemão – *Wess' Brot ich ess, Dess' Lied ich sing* –, que significa: "Se eu como o pão de alguém, devo cantar sua canção". Muitos pensadores louvaram certas condições políticas porque receberam seu pão desse sistema; a veracidade intelectual deles era um pouco suspeita. Nietzsche, é claro, não podia ser acusado de tal impureza, ainda assim ele simplesmente não vê que também é manipulado pelas forças de sua época. As pessoas criativas frequentemente têm essa dificuldade: pensam que são as autoras de si mesmas, sem ver como são manipuladas pelas necessidades da época. Como todas as outras, elas são os megafones ou os microfones de poderes na sociedade humana que não são percebidos. Vejam, isso é muito difícil: não sei se é sequer possível perceber os poderes subjacentes em um momento atual da história. Vocês se lembram da história do cavaleiro que foi capturado por inimigos e jogado em uma masmorra escura, onde foi mantido ano após ano, até que finalmente ele se impacientou e, batendo o punho na mesa, disse: "Pois bem, quando é que essa maldita Idade Média chegará ao fim?" Como veem, cle se cansou do estilo medieval – ele foi o único a perceber que estava vivendo na Idade Média. É como os índios Pueblo, que sempre falam dos americanos, mas não sabem que vivem na América. Ou como a história de Colombo

---

168. Hegel (1770-1831), jamais um favorito de Jung nem de Nietzsche, via o curso racional da história como culminando no Estado prussiano. Cf., em especial, *A filosofia da história* (orig. 1837, trad. ingl. 1860).

aportando em sua ilha: os habitantes vieram ao mar saudá-lo, e ele perguntou: "Vocês são os nativos?" E eles responderam: "Sim, e você é Colombo?" Ele respondeu que sim, então os habitantes disseram: "Oh, bem, então não há mais nada a ser feito: a América está descoberta!"

Pois bem, Nietzsche era inteligente o bastante para ver que certos professores estavam pregando a verdade de um determinado sistema político, não em virtude da integridade intelectual deles, mas movidos por sugestões e todo tipo de razões inconscientes que eles nem sempre percebiam; com certeza eram pessoas perfeitamente honestas, apenas não conscientes o bastante para perceber seus motivos ulteriores. Alguns talvez fossem demônios impuros que conscientemente diziam coisas para agradar ao dono, ou a quem quer que fosse o chefe acima deles, mas podemos dar-lhes o crédito de que eram majoritariamente inconscientes, como o próprio Nietzsche era inconsciente de seu princípio dominante ou de quem quer que fosse seu chefe. Ele falava a partir do espírito de sua época, e não viu isso. De modo frequente se sente que ele estava falando a partir do protestantismo alemão, por exemplo, ou a partir da era vitoriana, ou a partir da era do materialismo, mas ele sabia disso tão pouco quanto as pessoas que combateram a famosa Guerra dos Trinta Anos sabiam que estavam combatendo nela; estavam vivendo no aqui e agora, como nós. As civilizações mais primitivas sentiam que viviam na eternidade, que desde sempre tinham vivido daquela forma e que viveriam daquela forma para sempre. E assim ocorreu em outras épocas da história: a época nunca conheceu a si mesma. Vejam, foi justamente essa quantidade de inteligência e de crítica superior que ajudou Nietzsche a ver que certas pessoas eram movidas pelo entorno delas e que inconscientemente representaram a voz do povo. Mas Nietzsche supôs que ele próprio não o era, e nisso estava completamente equivocado; ele vocalizou o povo talvez mais do que todos os outros. Eles só vocalizaram uma superfície muito tênue, uma camada que estava diminuindo a cada dia, ao passo que Nietzsche vocalizou o futuro que já estava sob a superfície. Vocalizou algo muito mais profundo e mais escondido do que os outros sujeitos representaram, embora fosse movido por motivos inconscientes tanto quanto – ou até mais – do que os outros.

> Veraz – assim chamo àquele que vai para desertos sem deuses e que partiu seu coração venerador.

Isso apareceu para ele e é claro que também foi verdade em sua vida. Fazia sentido na época de Nietzsche, e qualquer um que tenha alcançado a percepção que ele havia alcançado realmente teve de escolher entre os desertos sem deuses e uma cátedra na universidade. Veraz, como ele era, escolheu os desertos. Mas escolher o deserto nem sempre significa veracidade. Assim que se torna uma moda ir para o deserto, já não é a veracidade que nos incita a ir para lá. Vocês podem creditar ao primeiro eremita que foi para o deserto uma extraordinária veracidade, mas pensem nas dezenas de milhares que foram depois dele! Foi apenas a moda; tornou-se uma vocação muito respeitável ser um eremita. Eles iam para o deserto porque era o que se fazia. Se a moda tivesse sido ir para Aix-les-Bains, eles teriam ido para lá, porque eram pessoas respeitáveis.

> Na areia amarela e queimado pelo sol, olha de soslaio, sedento, para as ilhas ricas em fontes, onde seres vivos descansam sob árvores escuras.

Pois bem, aqui realmente se pode perguntar por que diabos ele deveria ir para o deserto ser queimado pelo sol e torturado pela sede, em vez de viver em uma comunidade de seres cristãos. Bem, seria possível fazer aos primeiros habitantes cristãos do deserto a mesma pergunta: "Por que vocês estão indo para o deserto? Vão pregar para a areia e para os chacais? Não é melhor serem alimentados pelos camponeses devotos, em vez de ganharem a própria vida?" Eu lhes contei a história de Santo Antão quando foi para o deserto. Ele pensou que estava ouvindo a voz do diabo, mas era a voz da razão: o diabo dizia as coisas mais razoáveis para aqueles eremitas. E aqui de novo podemos perguntar: "Isso é razoável? Por que ele deve se torturar?" Poderia ser muito razoável se ele vivesse em meio a outras pessoas e abrisse os olhos delas. Vejam, não existe nenhuma autoridade na Bíblia para uma vida monástica no deserto ou em monastérios; isso é realmente de outra origem, antes da época do cristianismo. O deserto líbio e a península do Sinai e a região do Mar Morto foram todas cultivadas por pessoas estranhas como essas, vivendo em cavernas e aparentemente não fazendo nada. O que os incitava?

Srta. Hannah: Você só pode obter os valores do inconsciente indo diretamente para lá.

Prof. Jung: Mas eles realmente buscavam revelação?

Srta. Hannah: Eles não buscavam a voz de Deus mais ou menos – a qual eles não poderiam escutar pelo barulho das cidades?

Prof. Jung: Isso é verdade, mas também existe outra razão.

Sr. Allemann: Eles queriam sair do caminho da tentação.

Prof. Jung: Sim, e essa também é a razão dada pelas próprias pessoas. Elas tentavam evitar as tentações das grandes cidades, que deviam ser enormes. Há histórias excelentes sobre os monges do Egito em um texto copta chamado *O paraíso*, de Paládio[169]. Por exemplo, a história sobre o monge que tinha vivido no deserto por 20 anos e alcançado uma certeza absoluta da fé, e que então se lembrou de ter

---

169. Paládio, bispo de Helenópolis e de Aspona (m. 430), um devotado adepto do controverso São Crisóstomo, escreveu um relato sobre vários ascetas e monges cristãos que viveram entre os anos de 250 e 400. Foi traduzido por W. K. Lowther Clarke como *The Lausiac History of* Palladius (Nova York, 1918) e por A. Wallis-Budge como *The Paradise of Palladius*.

ouvido que um velho amigo tinha se tornado bispo de Alexandria; e, como estava com idade avançada e perfeitamente fortificado contra todas as tentações demoníacas, decidiu visitá-lo. Assim, fez sua mala e viajou para Alexandria, mas, quando chegou aos subúrbios, entrou em uma taberna, e havia um cheiro tão agradável de vinho e alho e azeite que ele pensou: "Oh, só um gole". Mas ele nunca saiu dessa estalagem: descobriram-no nas profundezas do lodo; ele esqueceu tudo a respeito dos 20 anos no deserto e sua santidade, e tornou-se o porco tão fresco quanto no primeiro dia. Essa história foi citada para mostrar o quão grande era o poder do diabo. Vejam, as pessoas podem manter suas convicções contra as belezas óbvias do mundo, mas, quando cheira a azeite e alho e cebolas e vinho, como vocês sabem, elas simplesmente desaparecem. Por isso precisavam do deserto como uma espécie de proteção. Sempre que as pessoas descobrem algo que está demasiadamente em contradição com suas condições ao redor, elas se isolam, criam uma espécie de barreira em torno delas, ou abandonam o país e suas relações, para não serem tentadas por outro ponto de vista. Claro que eles não seriam tentados a esse grau se apenas soubessem que a pior tentação estava neles próprios – eles eram seus piores tentadores. Quando chegavam ao deserto, não podiam ficar bêbados, pois nada havia para beber senão alguma água ruim, e não podiam comer demais, pois não havia muito de que se alimentar – a comida era escassa. Mas tinham carregado seu objetor veraz com eles. Ele estava bem ali, e quem era este?

Srta. Hannah: O diabo.

Prof. Jung: Claro. Eram intensamente tentados por demônios. Como eu disse, ninguém é tão magnificamente tentado como o santo; os sonhos dos santos são simplesmente incríveis, as performances que eram mostradas a eles pelos demônios. Leiam *As tentações de Santo Antão*, de Flaubert; ali vocês entendem isso[170]. Eu não poderia competir com eles. Nenhum paciente meu jamais teve sonhos como aqueles. Mas eu nunca tive um santo. Portanto Nietzsche tem de se remover por conta da tentação, e a tentação só o atinge porque o tentador já está nele próprio: ele já tem o diabo com ele. Quando ia para a Engadina ou qualquer outro lugar solitário, era evidentemente com o mesmo propósito: escapar das tentações do mundo que o atingiam através de seu próprio diabo, que ele não via o bastante.

Pois bem, aqui está uma metáfora – "na areia amarela e queimado pelo sol" –, que menciono porque é um símbolo que ocasionalmente ocorre em sonhos; as pessoas às vezes sonham que aparecem com seu rosto muito queimado pelo sol, o que é obviamente aquilo a que Nietzsche se refere aqui. Não é frequente, e, quando encontrei isso pela primeira vez, fiquei muito irritado. Então descobri que o símbolo geralmente ocorre quando algo que tinha sido inconsciente

---

170. Sobre *As tentações de Santo Antão*, cf. 3 de junho de 1936, n. 94, vol. II.

é exposto à consciência, de modo que a luz da consciência, que é o sol do dia, queima-o. Quando há demasiada exposição ao sol da consciência, esse símbolo onírico aparece. É passível de acontecer quando algo outrora inconsciente quer vir à tona, assim como tinha sido escondido antes na escuridão. Mas deveria ser mantido na sombra. Se você permite que se manifeste, se o mostra a todo mundo, então você sonha com o rosto queimado, tão queimado, às vezes, que há feridas abertas. E esse símbolo da queimadura solar se aplica ao caso de Nietzsche porque ele descobriu uma nova verdade individual e a expôs; ele está em uma situação em que poderia ter um sonho desses. Não sabemos o que ele fez, mas, em todo caso, essa imagem aparece em sua linguagem metafórica. As metáforas em nosso discurso são feitas da mesma matéria de que são feitos nossos sonhos: uma metáfora discursiva adequada pode tomar o lugar de um sonho. Por exemplo, se você usa uma metáfora particular em um discurso na noite anterior, não sonhará com ela, antecipou-a; você pode se poupar de muitos sonhos se der expressão ao inconsciente de outras formas. Se você as antecipa pela imaginação ativa, não precisa sonhá-las. Pois bem, ele prossegue:

> Mas sua sede não o convence a se tornar como esses confortáveis: pois onde há oásis há também imagens de ídolos.

A ideia está muito próxima dele: por que deveríamos viver no deserto se há oásis agradáveis perto, onde teríamos comida o bastante e sombra e água? E aqui ouvimos a razão: ou seja, nos oásis sempre há ídolos. As ideias prevalentes são os ídolos para Nietzsche, e elas são altamente tentadoras e poderiam fazê-lo desviar-se de sua verdade individual. Vejam, quando alguém aparece com uma verdade individual contra o mundo todo, sente o quão pequena ela é, o quão frágil e o quão facilmente eliminada pela coletividade, ao passo que quem quer que siga o estilo e as ideias da coletividade sempre fala com dez mil vozes.

> Faminta, violenta, solitária, sem deus: assim quer a si mesma a vontade leonina. Livre da felicidade de escravos, redimida de deuses e adorações, destemida e temível, grande e solitária: assim é a vontade do veraz.

Aqui vemos a identificação com o chamado espírito livre; é muito claramente uma inflação que o remove da humanidade comum.

> No deserto moraram desde sempre os verazes, os espíritos livres, como senhores do deserto; mas nas cidades moram os bem nutridos, famosos sábios – os animais de tiro.

Bem, podemos acrescentar, não só eles, mas também aqueles filhos do espírito livre que podem resistir à tentação, que lidaram com seu próprio diabo, de modo que ele não os tenta mais. Assim que o eremita superou o tentador dentro de si próprio, pôde viver em meio a outras pessoas ou ídolos – estes não o ferem;

mesmo se ele pensa que os ídolos são um pouco interessantes, não o envenenarão. Mas se a pessoa ainda é tão frágil e coletiva que não pode resistir a essas impressões sem perder sua ideia individual, é claro que não pode suportar a vida em uma comunidade.

Sr. Baumann: Esse problema dos ídolos nos oásis era muito importante para o islã. Toda a população árabe era dividida em tribos que viviam nos diferentes oásis e em torno deles, cada uma cultuando um ídolo especial. Isso contribuiu muito para as diversas lutas terríveis entre as tribos. Superar a crença delas na onipotência de seus ídolos foi um grande problema para Maomé estabelecer sua religião, que parou a luta e fez aquela impressionante unidade dos países islâmicos.

Prof. Jung: Não sei se Nietzsche estava ciente desse pedaço particular da história maometana. É um fato interessante que Nietzsche não era particularmente um grande leitor, devido a seus olhos; portanto, quando ele lia algo, isso sempre lhe causava uma grande impressão. Por isso seu gosto era às vezes um pouco estranho: Nietzsche admirava coisas que não eram particularmente admiráveis, simplesmente porque não conhecia nada melhor[171]. Por esse motivo, não penso que isso realmente influenciou seu estilo aqui; ele pode ter recolhido essa ideia de seu conhecimento da Antiguidade. Como vocês sabem, havia templos famosos nos oásis.

Sr. Allemann: O templo de Júpiter Amon, por exemplo.

Prof. Jung: Sim, nos grandes oásis do Egito havia muitos templos desse tipo, também na África do Norte.

> Pois sempre puxam, como asnos – a carroça *do povo*!

Devemos manter em vista que Nietzsche é meramente inconsciente do fato de que também puxa a carroça do povo, mas do povo do futuro. Essa é a única diferença.

> Não que eu me irrite com eles por isso: mas para mim continuam servidores e arreados, ainda que resplendam com arreios de ouro.
>
> E frequentemente foram bons serventes, dignos de louvor. Pois assim fala a virtude: "Se tens de servir, procura aquele a quem sejas mais útil!
>
> O espírito e a virtude de teu senhor devem crescer pelo fato de o servires: assim, tu mesmo crescerás com seu espírito e sua virtude!"
>
> E, em verdade, ó sábios famosos, ó serventes do povo! Vós mesmos crescestes com o espírito e a virtude do povo – e o povo, através de vós! Em vossa honra o digo!

---

171. Não apenas a visão de Nietzsche era fraca, mas seus olhos eram a fonte de dores de cabeça debilitantes. Ainda assim, em um humor afirmativo, ele afirmaria que não ler mantinha sua mente limpa e sua energia disponível para pensar e escrever.

Mas permaneceis povo também em vossas virtudes, povo com olhos fracos – povo que não sabe o que é o *espírito*!

A concepção dele do espírito é evidentemente não peculiar a nós, mas é peculiar se vocês considerarem o que o espírito significava naquela época. Ele usou a palavra *Geist*, é claro, e o *Geist* estava então absolutamente morto. Naturalmente, se alguém, então, dissesse a um teólogo que aquilo que ele designava como espírito estava morto, ele não gostaria – e não gostaria hoje –, mas de fato esse conceito de espírito se tornou tão detestável que Klages escreveu um volume de cerca de setecentas páginas sobre o espírito como sendo o inimigo da alma[172]. Pois bem, em nenhuma outra época encontramos a ideia de que o espírito poderia ser o inimigo da alma; pelo contrário, esses dois conceitos sempre se confundiram, as palavras sendo usadas de modo intercambiável. O que Klages entende por *Geist* é a ideia que se desenvolveu no fim do século XIX; ou seja, o intelecto na forma de livros, ciência, filosofia e assim por diante. Mas nunca antes o *Geist* significou isso; foi meramente uma degeneração do significado da palavra. Para Nietzsche, *espírito* significava a coisa original, uma intensidade, uma explosão vulcânica, ao passo que, para o espírito científico ou racionalista da segunda metade do século XIX, era um espaço gélido em que havia coisas, mas já não havia vida. Certamente, se entendermos *Geist* desse modo, este é o mais letal inimigo da alma que se poderia imaginar. Pois bem, aqui vemos sua concepção:

Espírito é a vida que corta na própria vida: no próprio sofrimento aumenta o próprio saber – sabíeis disso?

Vejam, essa é a descoberta dele. Nietzsche nasceu e viveu em uma época na qual essa morte do espírito ficou óbvia, quando a palavra *Geist* só significava mente, mas ele experienciou o espírito como a mais intensa forma de vida. Sentiu desse modo porque experienciou o espírito que corta nele próprio. Ele tinha tido um certo *Geist*, é claro, alguma concepção filosófica que era a concepção filosófica e religiosa de sua época, e então ele descobriu um novo espírito anterior. Por isso, para ele era um fenômeno de vida que aparentemente estava contra a vida. Assim, ele explicaria o eremita que busca o deserto por esse fenômeno: ou seja, que esse homem descobriu um novo espírito, ou um novo espírito se tornou visível por um espírito que corta em suas convicções anteriores, em suas concepções e ideais anteriores, e que o forçou a abandonar a comunidade humana. Nietzsche descobriu pelo ataque do espírito que o espírito era a própria vida, e vida que era contra a vida, que poderia subjugar a vida. E a partir dessa experiência ele corretamente concluiu que o espírito é um poder vital; não é um espaço vazio, morto, gélido, mas

---

172. Sobre Klages, cf. 23 de maio de 1934, n. 68.

sim vida intensa, cálida, até mesmo ardente, muito dinâmica. Pode cortar um homem de sua comunidade. Pode até criar eremitas. Vejam, essa experiência é muito semelhante às experiências religiosas dos cristãos primitivos, como a experiência de Paulo no caminho a Damasco, por exemplo, quando o espírito cortou na vida *dele*, e como muitos outros casos de formas de conversão violentas como essa. Para aquelas pessoas, o espírito era uma força vital que poderia transtornar toda a vida de uma pessoa, tal como a concebia antes. Não era nada mental, nem poderia ser formulado por modos mentais. Era uma espécie de manifestação autônoma, divina.

Portanto a definição de Nietzsche do espírito como vida que corta na vida é absolutamente verdadeira. Esse é o fenômeno. Mas é claro que alguém que não tenha tido uma experiência dessas não pode compreendê-la. Mesmo agora um filósofo alemão escrevendo sobre o *Geist* iria querer dizer o que era dito no século XIX, visto que uma experiência definida do espírito não teve lugar. Se sim, as pessoas a quem tivesse acontecido não escreveriam sobre filosofia. Teriam, isso sim, preferido escrever algo no estilo de Nietzsche: teriam escrito uma confissão. A filosofia já não é uma confissão, mas costumava ser. Por exemplo, um dos mais antigos padres da Igreja, Justino Mártir, que viveu por volta de 190, chamava o cristianismo que floresceu nos tempos de Augusto de "nossa filosofia"[173]. Seria agora totalmente absurdo chamá-lo de uma filosofia, mas, naqueles dias, filosofia e religião eram em grande medida a mesma coisa, uma experiência do espírito. Pois bem, o próprio Nietzsche teve o que nós chamaríamos de uma experiência religiosa definida, mas ele a chamou de a experiência de Dionísio. Foi a experiência do espírito livre, do espírito que estava contra sua atitude mental outrora prevalente, um espírito que mudou sua vida, que o explodiu completamente. Vejam, anteriormente ele era um professor de grego e latim nas escolas públicas, e depois um professor na Universidade de Basileia. Estava tentando apenas ser um cidadão comum, um professor comum, e subitamente essa coisa o tomou e o arrancou de sua existência anterior. Desse momento em diante, sua subsistência dependeu de uma pensão muito pequena que ele obteve da universidade e de contribuições de pessoas ricas, piedosas e boas em Basileia. Caso contrário, não teria sido capaz de viver. Ele foi o eremita a quem os camponeses traziam comida toda semana, de modo que não passasse fome. Portanto ele próprio teve uma experiência em primeira mão do quanto o espírito pode cortar na vida.

> E a felicidade do espírito é esta: ser ungido e consagrado vítima de sacrifício com lágrimas – sabíeis disso?

---

173. Sobre Justino Mártir, cf. 20 de novembro de 1935, n. 441.

Aqui ele nos conta exatamente o que lhe aconteceu. Ele entende sua condição como uma "condição ungida e consagrada"; entrou, por assim dizer, em uma ordem eclesiástica, ou até mesmo em uma ordem régia, e o óleo sagrado pelo qual foi ungido foram as lágrimas choradas por ele – não as lágrimas derramadas sobre ele, mas as que ele chorou por si mesmo, porque foi a vítima sacrificial.

> E a cegueira do cego e seu buscar e tatear deverão testemunhar o poder do sol para o qual ele olhou – sabíeis disso?

Vejam, ele repete dessa maneira épica o "sabíeis disso?" porque percebe que sua concepção do espírito é inteiramente nova. É claro que não é nova na história, mas sim para sua época. Nos primeiros séculos do cristianismo houve muitas confissões desse tipo, ou em qualquer outra época em que as pessoas eram movidas pelo espírito, mas, quando ele nasceu, as coisas pareciam estar estabilizadas e o espírito tinha se tornado um vulcão extinto. Então, de repente, houve essa explosão em Nietzsche e naturalmente ele ficou impressionado e pensou que era o único a experimentá-la, particularmente na medida em que se identificou com ela. Esse é o perigo quando as pessoas têm uma experiência espiritual como essa: identificam-se com ela e pensam que são as escolhidas, as únicas, grandes reformadores do mundo ou algo do tipo.

> E com as montanhas o homem do conhecimento deve aprender a *construir*! É pouco que o espírito mova montanhas – sabíeis disso?

Mas não é pouca coisa para o Sr. Nietzsche mover uma montanha, esse é o problema.

> Conheceis apenas as centelhas do espírito: mas não vedes a bigorna que ele é, nem a crueldade do seu martelo!

Bem, ele pode esmagar toda a nossa existência, e é exatamente isso o que não percebemos; esquecemos que o espírito é um poder como esse. Podemos chamá-lo de uma neurose, talvez, e negar que ele tenha algum poder, pois podemos dizer de uma neurose que ela não deveria existir, que é errada. É como se, quando nossa casa pega fogo, disséssemos que o fogo não deveria existir, como se isso o tornasse menos detestável. Mas, quando você tem de curar uma neurose, sabe o que ela quer dizer, e você não faz tão pouco caso dela; quando você sabe o que está por trás dessa neurose, pensa mais nela. Portanto a proclamação de Nietzsche do espírito está totalmente certa: ninguém sabe o que o espírito é e que poder ele tem. As pessoas pensam que, há 2 mil anos, os seres humanos eram bárbaros e perambulavam pelo deserto porque eram uns tolos. Ou que, na terça-feira de manhã, às nove horas, eles mandavam a Sra. Smith e a Sra. Jones para a arena para serem comidas por leões e ursos, mas que tais coisas não existem mais. Esse é o nosso engano. Essas coisas podem aparecer a qualquer momento de novo. É claro que pode não ser uma arena, mas poderia ser uma metralhadora ou uma faca ou um gás tóxico – temos inúmeros meios para liquidar a Sra. Smith e a Sra. Jones. Preferimos outras explicações, racionalizamos, mas na realidade é a mesma coisa de novo. Essa é provavelmente a razão pela qual temos de aprender o poder do espírito outra vez, do espírito que está contra nós.

> Em verdade, não conheceis o orgulho do espírito! E menos ainda suportaríeis a humildade do espírito, se ela um dia quisesse falar!

O que ele quer dizer pela humildade do espírito é muito enigmático, mas tem a ver com nosso orgulho mental, o orgulho de nossa razão do intelecto. Em comparação com nosso intelecto, o espírito tem uma humildade extraordinária, ou *nos* força a uma humildade extraordinária. Caso contrário, não podemos escutá-lo. Mas, se você está convencido do poder do espírito, tenta escutá-lo; aprendemos até mesmo a nos humilhar para poder escutá-lo. Certa vez, tive uma paciente que sempre tentava, à sua maneira, escutar o espírito, e esse problema foi apresentado em um sonho muito instrutivo. Ela tinha um sonho que frequentemente se repetia, mas nunca conseguia se lembrar dele (acontece com frequência de uma pessoa ter repetidamente um sonho do qual não consegue se lembrar), e então, de repente, ela foi capaz disso. Ela estava em um parque muito bonito, o sol brilhava e os pássaros cantavam, e ela sentiu que era isso; alguma coisa aconteceria; ela estava se tornando ciente de algo. E gradualmente ela soube que seria capaz de entender o que os pássaros estavam cantando. Ficou cada vez mais claro, e se aproximava o momento em que ela seria capaz de entender. Então, de repente, ela se viu segurando um daqueles instrumentos barulhentos que as crianças têm na época do carnaval, e estava fazendo um barulho tão horrível que não conseguia escutar o que os pássaros-espírito estavam cantando. Ela preferiu fazer seu próprio barulho, pois o que os pássaros dizem é tão humilde que nós temos de nos autoafirmar. Por isso nunca escutamos o que eles dizem.

Palestra VI
9 de junho de 1937

Prof. Jung: Temos uma questão da Sra. Crowley: "Na semana passada, você disse que Nietzsche nasceu em uma época que marcou a morte do espírito, em que *Geist* se tornou mente, e que, em oposição a isso, Nietzsche exprimiu a *dynamis* do espírito como se fosse um desses megafones de poderes na sociedade humana querendo ser libertos. Isso é o que não está claro para mim. Se Nietzsche estava vocalizando o novo *Geist*, como explicar o super-homem, que parece resumir a consciência do século XIX com seu impulso unilateral de poder? Minha impressão é de que Nietzsche exprimiu a consumação de uma época, não um início. Se tivesse sido um início, ele não teria experienciado o nascimento de Deus, em vez de sua morte? Eu pensava que a chave de sua autodestruição era ele não poder fazer a ponte para o início, mas ter servido como uma espécie de coveiro para sua época".

Isso vai evidentemente ao cerne de todo o problema do *Zaratustra* de Nietzsche. Vejam, o *Zaratustra* é simplesmente tudo: é como um sonho em sua representação de eventos. Ele exprime a renovação e a autodestruição, a morte de um deus e o nascimento de um deus, o fim de uma época e o início de uma época. Quando uma época chega ao fim, uma nova se inicia. O fim é um início: o que chega ao fim renasce no momento em que deixa de existir. Isso tudo é demonstrado no *Zaratustra* e é muito desconcertante. É terrivelmente difícil porque há muitos aspectos. É bem como um sonho – todo um mundo de perspectivas –, de modo que você não pode esperar fórmulas simples. Tudo o que alguém disser sobre o *Zaratustra* pode scr contestado, como ele se contradiz em cada palavra, pois ele é um fim e um início, um *Untergang* e um *Aufgang*. É tão paradoxal que, sem a ajuda de todo o equipamento de nossa moderna psicologia do inconsciente, eu não saberia como lidar com ele. Nós paramos em um ponto em que estávamos bem no meio de um paradoxo, em que Zaratustra estava falando do espírito, o *Geist*.

Conheceis apenas as centelhas do espírito: mas não vedes a bigorna que ele é, nem a crueldade do seu martelo!

Vejam, ele tentou, à sua maneira muito intuitiva, apontar a natureza do espírito – em poucas palavras, explicar ou comentar sua própria visão sobre ela. Mas ele meramente lança algumas centelhas sobre uma coisa que necessitaria de um grande volume, uma enorme dissertação, para tornar totalmente claro o que ele está tentando dizer. Nietzsche é particularmente aforístico em seu pensamento, como vocês sabem. Com a exceção de seu muito precoce *Unzeitgemässige Betrachtungen*, praticamente tudo o que ele escreveu é aforístico[174]. E mesmo o *Zaratustra*, apesar do fato de ser um texto contínuo, é de natureza aforística; é dividido em muitos capítulos reunidos de maneira muito solta, e os próprios capítulos são divididos em uma multidão de centelhas ou pistas. Como eu disse, assim que ele tem uma intuição, já está na próxima, como se tivesse medo de se demorar em um único assunto, uma única intuição, pois ela poderia capturá-lo. E certamente o capturaria. Por exemplo, Nietzsche diz que o espírito é a bigorna. Bem, se vocês se mantiverem com essa afirmação por algum tempo, poderão se encontrar entre o martelo e a bigorna e assim conseguirão obter uma explicação muito necessária. Mas já na próxima sentença – "Em verdade, não conheceis o orgulho do espírito" – ele pula para fora, como se estivesse claro que o espírito é tão inacessível, tão orgulhoso, que Nietzsche não pode se aproximar dele. Vejam, ele se aproxima por um momento, e então sente que isso é quente demais – não pode ser tocado – e logo segue adiante, para falar sobre o orgulho do espírito e de sua humildade, um aspecto inteiramente diferente.

Claro, devemos nos deter em tais afirmações estranhas para elucidá-las. Saltar por sobre essas passagens significaria ser superficial, ler o *Zaratustra* como tudo mundo lê: apenas dando uma olhada nele. É tão escorregadio, nós deslizamos no tema por um momento, hesitamos e olhamos para a próxima sentença, e sem nos darmos conta já fomos afastados dos pensamentos que ele intuiu. Como vocês sabem, eu assinalei na última vez que Nietzsche estava proclamando aqui uma concepção de *Geist* que era inteiramente diferente do conceito intelectual do século XIX, e estamos agora bem no século XX e nossa ideia de *Geist*, mente, espírito, ainda é basicamente a mesma. Pouca coisa mudou desde então, exceto nossa psicologia coletiva, o que pode ser visto nas condições políticas. Saibam o que o *Geist* é, vejam a mentalidade coletiva de nossos dias; então vocês terão uma ideia de por que Nietzsche diz que *Geist* é bigorna e martelo. Pois bem, esses são típicos pares

---

174. As *Considerações extemporâneas* (1873-1876). Jung acrescentaria deliberadamente o ainda mais precoce *O nascimento da tragédia no espírito da música* (1872), obra que ele conhecia bem e que examinou extensamente em OC 6. Outras obras combinam ensaios e aforismas.

de opostos; a bigorna é a parte *Yin* e o martelo é o *Yang*, a parte ativa, e deve haver algo entre os dois, mas ele cuidadosamente se omite de dizer o que é. É o homem. Entre o martelo e a bigorna sempre está um ser humano.

Vejam, é um terrível conflito. Claro, sabemos que não pode haver nenhuma manifestação espiritual, que, segundo a definição de Zaratustra, é uma manifestação dinâmica, e *não* intelectual. Esse foi o erro do século XIX – ou a magia, se vocês preferirem. Pensávamos ser magos todo-poderosos e que poderíamos aprisionar o espírito na forma de intelecto e torná-lo utilizável para nossas necessidades, mas Zaratustra corretamente assinala que esse é um dos grandes equívocos da época. Como espírito, nunca poderia ser aprisionado. É livre, por definição – é uma erupção vulcânica, e ninguém nunca prendeu um vulcão. Pois bem, sempre que existe um fenômeno tão poderoso quanto uma erupção vulcânica, existe uma possibilidade poderosa de energia; e a energia não pode existir sem pares de opostos: um potencial é necessário para haver energia. Assim, se existe uma poderosa manifestação de energia, vocês podem supor com segurança a presença de pares extremos de opostos, uma montanha muito elevada e um vale muito profundo, ou um grau muito alto de calor e um frio correspondente; caso contrário, não haveria o potencial. Isso é o que ele quer exprimir pela ideia de que o espírito é uma bigorna e um martelo. Vejam, o espírito não é apenas uma manifestação dinâmica, mas é ao mesmo tempo um conflito. Isso é indispensável; sem o conflito, não haveria essa manifestação dinâmica do espírito. O espírito, repetindo, é essencialmente uma manifestação dinâmica, tremenda, mas o que isso é, não sabemos. Assim como não sabemos o que, essencialmente, é o estado da Europa; é uma manifestação espiritual, mas só vemos o aspecto oposto e nos queixamos sobre o martelo e a bigorna. Mas esses são simplesmente os pares de opostos, como em qualquer manifestação de energia.

Pois bem, é claro que os pares de opostos no espírito, o grande conflito, é um problema tão quente porque aqui a questão se levanta: o que são esses opostos? Vejam, Nietzsche nada diz; claro que, por uma fração de segundo, acontece de ele olhar para lá, e então instantaneamente desvia o olhar, queixando-se sobre o espírito orgulhoso que não se permite ser tocado. De fato, é quente demais, ou é tão magnético que, se você o toca, é capturado de forma imediata, e fica então entre o martelo e a bigorna. Os pares de opostos em qualquer manifestação espiritual são contrastes tremendos, pois vemos muito nitidamente que esse ponto de vista é verdadeiro, e vemos ainda com clareza que o ponto de vista diretamente oposto também é verdadeiro, e então naturalmente estamos em um buraco. Então há um conflito. Pois, na medida em que somos capturados por uma convicção, inteiramente convictos de algo, e somos honestos, devemos dizer "bem, se *isso* é verdade, significa algo" – vejam, essa coisa adquire uma ascendência moral sobre nós. Claro, há enxadristas, pessoas com um intelecto absolutamente descolado, que nunca são excitados por nada. Podemos fazer essa ou aquela afirmação, e se for a coisa mais verdadeira do mundo não faz nenhuma diferença. Eles não reagem a ela; eles têm uma pele tão grossa, ou um pântano tão grande dentro, que isso simplesmente não significa nada. Mas outras pessoas têm um certo temperamento a esse respeito, de modo que, para elas, uma verdade realmente significa algo. E Nietzsche era um homem desses. Ele dizia que uma centelha do fogo da justiça que caísse na alma de um homem culto era suficiente para devorar toda a sua vida, o que quer dizer: se você alguma vez entender que essa é a verdade, viver por ela e para ela, sua vida será submetida à lei dessa verdade.

Tudo isso está muito bem enquanto você souber que essa é a única verdade, e é claro que somos todos educados nesse sentido; cada época nos pregou que só existe uma única verdade e que é uma verdade para sempre. Não pode mudar. Só existe esse único fato. E necessariamente, a partir dessa conclusão, todos os outros valores são errados – mentiras ou ilusões. Então, enquanto vivemos por uma verdade perfeitamente segura – o que significa uma verdade pela qual podemos realmente viver –, naturalmente as coisas são bem simples. Sabemos o que temos de fazer; temos regulamentos seguros de nossas vidas, uma ordenação moral, prática, filosófica e religiosa. Mas e se nos tornarmos cientes do fato de que a verdade contrária é igualmente verdadeira? Isso é uma catástrofe tão grande que ninguém ousa pensar na possibilidade. Vejam, se Nietzsche parasse por um momento, permanecesse com sua afirmação por apenas uma fração de segundo, perguntaria: "O que é minha bigorna – essa base segura, absolutamente inabalável da verdade? E o que é meu martelo, que é igualmente uma verdade, mas uma verdade oposta?" Então ele de imediato estaria em seu conflito, o conflito de Zaratustra. Ele teria de dizer: "Bem, na medida em que Zaratustra é minha verdade, qual é o oposto dela?" E deve admitir que o oposto dela é igualmente verdadeiro. Se Zaratustra é o martelo, o que é a bigorna? Ou, se Zaratustra é a bigorna, o que é o martelo? Vejam, ele seria arrastado a um conflito avassalador; seria despedaçado se parasse para tocá-lo, de modo que é humanamente compreensível que ele pule fora. É crítico demais, difícil demais, ninguém tocaria em um fio desencapado desses. Ele explica sua atitude dizendo que o espírito é orgulhoso e que não permite que ninguém se aproxime dele, mas ao mesmo tempo diz "e menos ainda suportaríeis a humildade do espírito, se ela um dia quisesse falar", o que é justamente o oposto. O espírito é orgulhoso, ainda assim não poderíamos suportar sua humildade – o que quer dizer que *ele* não poderia suportar sua humildade. Pois bem, tudo o que ele diz revela um orgulho extraordinário, por isso os críticos sempre reclamaram que Nietzsche sofria de megalomania. Mas ele está bastante ciente do fato de que o espírito é também extremamente humilde, tão humilde que ele mal consegue suportá-lo.

E esse é mais uma vez um novo aspecto, cheio de conflito. Eu prossigo com as palavras de Nietzsche:

E jamais pudestes lançar vosso espírito em um fosso de neve [...].

Devemos ler isso assim: *eu* nunca me permiti lançar meu espírito em um fosso de neve. Vejam, se ele percebesse a humildade do espírito, isso significaria mergulhar o velho Zaratustra em água fria ou neve, pois ele é realmente grande demais. E assim, se Nietzsche pudesse furar a bolha de sua inflação, ele colapsaria até assumir o tamanho de seu dedo polegar, e isso seria espírito também, o espírito sendo o maior e o menor. A própria divindade necessariamente o forçaria a uma manobra tão extraordinária. Mas o próprio Nietzsche, em sua função intuitiva, ainda está sob a influência de séculos de educação cristã, por isso é incapaz de suportar a visão do espírito sendo o maior, o mais orgulhoso e, ao mesmo tempo, o mais humilde, o maior e o menor, o martelo e a bigorna. Daí ele naturalmente pular fora de novo, acusando sua época de ser incapaz de mergulhar o espírito dela na neve. Sim, então ele é muito cuidadoso para não deixar o calor subir a um tal grau que subitamente, por *enantiodromia*, se transformasse em gelo. Mas isso é o que lhe aconteceu:

[...] não sois quente o bastante para isso! Assim, tampouco conheceis os êxtases de sua frieza.

Isso deveria ser: assim, tampouco *eu* conheço – poderia ser muito agradável esfriar um calor tão excessivo. O espírito só é suportável se puder ser contrabalançado por seu próprio oposto. Vejam, se a divindade, sendo a maior coisa, não pode ser ao mesmo tempo a menor coisa, é completamente insuportável. Se o maior calor não pode ser seguido pelo maior frio, então não há energia, nada acontece. Assim, o espírito só pode estar vivo se pode ser muito quente e muito frio, muito orgulhoso e muito humilde. Mas, é claro, o espírito nunca é orgulhoso e nunca é humilde: esses são atributos humanos. Na medida em que estamos inflacionados, somos orgulhosos; na medida em que estamos deflacionados, somos humildes. O espírito nos preenche imediatamente com uma inflação, o que significa uma *Einblasung*, um soprar para dentro. Um balão é uma inflação, e, como o espírito é sopro ou vento, tem esse efeito. Mas uma inflação só tem um valor moral ou filosófico se pode ser furada, se você pode deflacionar; você deve ser capaz de se submeter à deflação para ver o quão inflado estava antes. Nisso que está saindo de você, você pode ver o que tinha entrado em você. Por isso seria necessário que Nietzsche se submetesse ao seu próprio paradoxo. Mas, sendo intuitivo, ele o toca e o deixa: é perigoso demais para ele. Ele prossegue da mesma maneira sua exortação moral:

Em tudo, porém, agis com excessiva familiaridade com o espírito [...].

Realmente é verdade que temos estado familiarizados demais com o espírito, transformando-o em um intelecto destinado a ser usado como um servo. Mas toda essa familiarização do espírito não toca sua verdadeira natureza; ganhamos algo ao adquirir esse instrumento humano muito útil e importante, o intelecto, mas ele nada tem a ver com o espírito. Claro, é só lutando com o espírito que produzimos o intelecto, mas a produção da inteligência mediante o contato com o espírito tem um efeito inflacionário, pois, quando o espírito sumiu, pensamos tê-lo subjugado. Mas ele simplesmente desapareceu, pois o espírito vem e vai. Por exemplo, você resiste ao vento, e depois de um tempo ele some, e então você poderia dizer que o subjugou. Mas o vento simplesmente sumiu. Você aprendeu a resistir a ele, mas tira a conclusão errada ao supor que sua faculdade de resistência fez alguma coisa ao vento. Não, o vento é que faz algo a você; você aprendeu a confrontá-lo. O vento soprará de novo, e de novo sua resistência será testada, e você pode ser derrubado se o vento escolher se tornar mais forte do que a sua resistência. Assim, quando nos tornamos familiares com o que pensamos ser espírito ao chamá-lo de intelecto, cometemos esse erro – chegamos à conclusão de que realmente fomos os camaradas que puderam lidar com o espírito, que o dominamos e possuímos na forma de intelecto.

> [...] e muitas vezes fizestes da sabedoria um abrigo e um hospital para poetas ruins.

Ou seja, uma coleção de sentenças e princípios úteis. Se em algum lugar o vento sopra, tomamos uma coleção de sentenças úteis e aplicamos uma. Ou podemos usar a sabedoria proverbial para sair de situações incômodas, mas isso não serve a nosso vizinho. "Um hospital para poetas ruins" – muito bom! Não preciso elucidar isso.

> Não sois águias [...].

Ele deveria dizer: "*Eu* não sou águia".

> [...] assim, tampouco experimentastes a felicidade do alarme do espírito.

Essa tradução [inglesa] é horrível. Ser alarmado significa ser um pouco incomodado ou agitado, ao passo que o termo em alemão *Schrecken* significa, na verdade, "terror". O "alarme do espírito" é pobre e inadequado. O fato de este tradutor ter escolhido a palavra "alarme" mostra o quão pouco ele consegue imaginar a natureza do espírito[175]. Quando um furacão está soprando contra você – particularmente se você está em um barco em mar aberto –, você sente terror absoluto, e o espírito é um fenômeno elementar como esse. Lembro-me de um caso, um

---

175. Holingdale traduz: "Não sois águias: por isso não conheceis a alegria do espírito no terror".

homem muito culto que sempre tinha muito a dizer sobre o espírito, mas não via que podíamos ser de alguma forma alarmados ou aterrorizados por ele – o espírito, para ele, é algo totalmente agradável e maravilhoso. Mas esse mesmo homem ficaria totalmente abalado, entraria em um completo pânico se fosse exposto a uma situação mais ou menos desonrosa. Se eu dissesse "a opinião pública também é o espírito, e o seu terror dela é o terror do espírito", ele evidentemente não entenderia – isso seria muito estranho para ele. Ainda assim, o fato é que o único deus que ele temia é a opinião pública. Em outras palavras, a Sra. Grundy* é o deus dele. Vejam, essa é a verdade natural: ali onde somos subjugados, ali onde nos rendemos, essa é a divindade.

Como vocês sabem, sempre que algo nos subjuga, quando estamos sob uma impressão esmagadora, ou quando estamos meramente espantados ou perturbados, dizemos "oh, Deus!" – exatamente como os primitivos, quando escutam o gramofone pela primeira vez, dizem *Mulungu!* (que quer dizer mana), e como nós dizemos *Gott!* Mas, em alemão, usa-se a palavra mais livremente do que em inglês. Vocês têm todo tipo de paráfrases tortuosas para o nome de Deus, por conta da melhor educação de vocês, mas, na língua alemã, estamos mais ou menos presos à verdade, não por algum tipo de sinceridade ou modéstia, mas porque é inevitável – simplesmente escapa. Assim, quando vocês são subjugados pela excitação ou pela ira, vocês amaldiçoam, e quase não há maldição em que não haja uma blasfêmia. Em qualquer coisa que tenha um efeito avassalador, em qualquer tipo de afeto, vocês experienciam a deidade. Se são subjugados pela Sra. Grundy, sabem onde está a deusa de vocês, e se são subjugados pela bebida, bem, Deus está no álcool de seus drinques. Essa é uma verdade amarga. As pessoas não gostam de uma afirmação como essa, mas é realmente a verdade. Portanto o espírito, sendo uma manifestação dinâmica, é um terror, um afeto insuperável. Pois bem, Nietzsche prossegue:

E quem não é pássaro não deve acampar sobre os abismos.

Mas um pássaro nunca *acampa*, particularmente não sobre um abismo. Um perfeito absurdo! A ideia é que só um pássaro que está distante e que pode sair voando é capaz de viver acima desses abismos. Isso significa o espírito intocável. É preciso uma águia com extraordinário poder de voar para suportar a proximidade do espírito. E é um distanciamento – o distanciamento do tipo intuitivo que vê a coisa, mas não a tocará.

---

* Personagem figurativo, personificação de uma atitude de censura autoritária em nome da preservação dos valores convencionais da opinião pública [N.T.].

Vós me pareceis mornos: mas todo conhecimento profundo corre frio. São gélidas as mais íntimas fontes do espírito: bálsamos para mãos e manuseadores quentes.

De novo uma péssima tradução: "manuseadores" [*handlers*] está errado.

Sra. Baumann: Na minha tradução está "e para aqueles que trabalham".

Prof. Jung: Também não é boa. O alemão *Handelnden* realmente não é traduzível. Significa aqueles que agem, que estão fazendo. As mãos são o instrumento do fazer, por isso, quando você sonha com as mãos, isso significa a parte em você que faz ou executa, o modo como você toca as coisas, o modo como você lida com certas situações – tudo isso pode ser expresso pelas mãos. Se um dedo é cortado, isso significa uma restrição na sua maneira de lidar com as coisas, ou um sacrifício para o espírito peculiar das coisas, ou que você as toca com uma mão parcialmente sacrificada, ou seja, de maneira reverente, lembrando-se dos deuses que as habitam. Por isso você não pode tocar imediatamente com sua mão nua e com todo o seu poder ou controle, mas usará luvas; ter de usar luvas para lidar com pessoas também significa uma espécie de restrição, ou certo cuidado, uma medida de proteção. Vejam, tudo isso se refere a agir ou a efetivamente fazer[176].

Aqui encontramos de novo o amor muito peculiar de Nietzsche pela metáfora do gelo e da neve e do frio – tudo isso contrasta com o calor. Ele entende o espírito principalmente como quente, como um jorro de lava ou uma explosão ardente, e o contraste seria muito frio. É o mesmo que o orgulho e a humildade, o par de opostos no espírito. O espírito como uma manifestação de energia é muito quente, por um lado, e muito frio, por outro. Se a pessoa tem uma inflação, então só é equilibrada se a bolha também puder ser furada; se você tem seu tamanho aumentado por inflação, também deve ter a experiência de diminuir a um grau incrivelmente pequeno. Você pode, é claro, infectar outras pessoas com a inflação, pode causar uma espécie de contágio mental; as pessoas, de modo frequente, são inflacionadas e então tem uma influência igualmente inflacionária sobre as outras. O contrário também é verdade: quando uma pessoa é pequena demais para seu tamanho, pode ter um efeito deflacionário sobre os outros. Não importa se você está grande demais ou pequeno demais, se está além de seu tamanho ou tão dentro de seus próprios confins que sequer toca suas fronteiras – ambas as situações podem ter esse efeito. Assim, quando existe uma inflação, também existe o contrário; quando existe o calor do espírito, também existe o frio. E, como não é um fenômeno humano – simplesmente não é: trata-se de um fenômeno natural –, não tem proporções

---

176. Hollingdale* também usa "manuseadores", mas Kaufmann usa "homens de ação".

humanas. É grande demais e pequeno demais, quente demais e frio demais, e quem quer que entre nesse par de opostos está entre o martelo e a bigorna.

Aí estais, respeitáveis, e rígidos e aprumados, ó sábios famosos! – não vos impele nenhum forte vento e vontade.

Esses sábios são as pessoas que resistiram ao furacão a um tal ponto que até mesmo o furacão desistiu, e então eles pensam que dominaram o furacão.

Não vistes jamais uma vela sobre o mar, redonda, inflada e tremendo à impetuosidade do vento?

Aqui ele próprio usa o termo "inflação". Mas esse navio com as velas infladas acha que tem uma barriga muito grande – acha que *ele* está velejando, ninguém mais, e não pensa que o vento o está empurrando. Pessoas infladas nunca levam em conta o fato de que esse aumento de tamanho se deve, na verdade, a um espírito inflado, e é claro que ninguém mais pensaria em ter algum espírito particular. Mas o tem, caso contrário não poderia ser inflado. Sem dúvida, essa concepção do espírito é completamente inaplicável à ideia cristã do espírito. Mas, se você tem uma concepção do espírito tal como Zaratustra sinaliza, pode entender a verdadeira natureza da inflação; há algo visivelmente negativo nele e algo muito positivo.

Semelhante à vela, tremendo à impetuosidade do vento, minha sabedoria cruza o mar – minha selvagem sabedoria!

Essa selvagem sabedoria é a sabedoria da natureza, do inconsciente que é o vento, e quem quer que seja impulsionado pelo inconsciente está em um estado de sabedoria natural selvagem, que não é humana.

Mas vós, servidores do povo, vós, sábios famosos – como *poderíeis* ir comigo?

Na medida em que ele é o vento, naturalmente os sábios famosos resistem a ele, por isso não existe reconciliação entre os dois. Mas, às vezes, o vento é tão forte que esses sábios famosos são arrastados como folhas secas.

Pois bem, nesse capítulo, Nietzsche está realmente alcançando o ponto em que se torna confrontado com a verdadeira natureza do espírito. E, como isso foi para a época dele uma descoberta inteiramente nova, ele está muito justificado em sentir que se trata de uma descoberta importante. Mas nós vimos os sinais de sua hesitação, sua timidez em tocar essa coisa; como de hábito, ele apenas dá uma pista e desaparece de novo. Esse é o modo como o intuitivo geralmente lida não só com seus problemas, mas também com sua vida; ele cria uma situação e, assim que ela está mais ou menos estabilizada, logo ele parte, porque ela ameaça se tornar uma prisão para o intuitivo, por isso a vida dele consiste sobretudo em movimento, em descobrir novas possibilidades. E isso desce a cada detalhe, por isso não nos espanta em nada encontrar Nietzsche exatamente na mesma condição quando chega o momento de seu confronto com a verdadeira natureza do espírito.

Vejam, sempre que um intuitivo foge de uma situação criada por ele mesmo, só aparentemente se livrou dela. Essa coisa inacabada se agarra nele e, com o tempo, vai aleijá-lo; o intuitivo a carrega consigo e ela tem um efeito paralisante. Por exemplo, ele extrapola vez por outra a realidade de seu corpo, e o corpo se vinga depois de algum tempo: desordena-se, e ele fica doente. Muitos intuitivos são particularmente perturbados com todo tipo de doença causada sobretudo pela negligência. Ou ele pode ser perturbado por sua situação banal; sempre com objetivos em choque com seu entorno, ele perde oportunidades e nunca se estabelece. Nunca se enraíza, apesar do fato de ter uma habilidade maravilhosa de entrar em novas situações, fazer amigos e conhecidos e ser bem falado por algum tempo. Então isso se torna uma prisão para ele, e ele foge – graças aos céus que essa chance apareceu! E ele esquece que carrega a velha situação consigo, mas ela não está mais fora dele, está dentro; e ela continuará viva como uma coisa inacabada nele próprio, pois tudo o que fazemos e tudo o que criamos fora, tudo o que tornamos visível neste mundo, é sempre nós mesmos, nossa própria obra, e, quando não a acabamos, não acabamos a nós mesmos. Por isso ele carrega esse fardo o tempo todo consigo; cada situação inacabada que ele construiu e abandonou está dentro dele. Ele é uma promessa irrealizada. E o que ele encontra na vida também é ele próprio, e isso é verdade para todo mundo, não só para o intuitivo. Qualquer destino ou qualquer maldição que encontramos, quaisquer pessoas com as quais entremos em contato, tudo isso representa nós mesmos – tudo o que vem a nós é nosso próprio destino e, portanto, é nós mesmos. Se desistimos, se o traímos, traímos a nós mesmos, e tudo o que pertence a nós e que cortamos nos seguirá e acabará nos subjugando. Por isso, se Nietzsche tenta aqui evitar o contato do espírito, podemos estar certos de que o espírito tomará posse dele: ele entrará naquilo de que pensa ter escapado. Vejam, essa é a introdução para o próximo capítulo. O *Zaratustra* é a confissão de alguém que foi subjugado pelo espírito.

O próprio Nietzsche manejava tudo o que essas pessoas então chamavam e ainda chamam de espírito. De um modo brilhante, ele escreveu no estilo dos melhores aforistas. Ele era brilhante em sua formulação e expressão, e a mente ou o intelecto era, em suas mãos, como uma espada manejada por um mestre. Mas justamente isso se voltou contra ele. Porque a manejava tão brilhantemente, ele ficou convencido de que se tratava de sua própria mente, e negligenciou inteiramente o fato de que o vento estava empurrando seu navio. O motor de sua embarcação não era ele próprio e sua habilidade, mas sim o espírito, a princípio invisível ou apenas visível como se fosse sua própria mente brilhante. Então se tornou cada vez mais claro para ele que não se tratava dele próprio. Ele até mesmo sentiu, quando escreveu o *Zaratustra*, que Zaratustra não era ele próprio, e por isso cunhou aquela fórmula famosa: *Da wurde eins zu zwei und Zarathustra ging an mir vorbei**. Nessa fórmula, ele confessou sua convicção de que ele e o espírito eram dois. Na parte do *Zaratustra* com a qual já lidamos, ele praticamente se identificava com esse espírito, mas podemos esperar que, depois de algum tempo, isso chegará a um ponto crítico e que então ele será confrontado com esse poder que o move. Aqui ele chega muito perto disso; tem aqui a intuição da verdadeira natureza do espírito. As pessoas com uma inflação considerável são completamente incapazes de perceber sua identificação com a força impulsionadora. Sempre é preciso um exagero da inflação para ela explodir, e assim aconteceu com Nietzsche.

Pois bem, no capítulo seguinte, "O canto noturno", ele percebe a natureza do espírito profundamente; ainda se identifica com ele, mas a um tal grau que começa a se dar conta da natureza inumana ou sobre-humana do espírito, e sente sua própria reação a isso. Em outras palavras, dá-se conta do martelo e da bigorna. Essa é uma grande experiência; é o ápice de um longo desenvolvimento e, ao mesmo tempo, um fim e um início. É uma catástrofe e o que a Antiguidade teria entendido como um *rencontre* com a deidade. Sempre que isso acontece no *Zaratustra*, sua linguagem se torna, poderíamos dizer, verdadeiramente divina; ela tinha sido às vezes grotesca, frequentemente brilhante e intelectual, mas então ela perde essa qualidade e assume a qualidade de música. Esse é o caso aqui. É o primeiro lugar no *Zaratustra* em que sua linguagem se torna verdadeiramente musical, em que assume uma qualidade descritiva desde o inconsciente, que o intelecto jamais pode produzir; por mais brilhante que seja a mente, por mais sagazes ou adequadas que sejam suas formulações, esse tipo de linguagem nunca é alcançado. É claro, é extremamente poética, mas eu diria que *poética* é uma palavra quase que demasiado fraca, pois é de uma qualidade tão musical que exprime algo da natureza do inconsciente, que é intraduzível. Pois bem, nas traduções em inglês ou francês vocês simplesmente não alcançam isso, por exemplo, não se pode traduzir a segunda parte do *Fausto*. Não há linguagem nesse mundo de Deus que pudesse verter a segunda parte do *Fausto* – a parte mais importante. Por isso eu gostaria de ler para vocês a primeira parte em alemão.

Sr. Baumann: Posso fazer uma pergunta? Você disse que Nietzsche percebeu a natureza do espírito – você usou a palavra "perceber" –, e eu gostaria de saber se ele estava realmente consciente disso ou não.

Prof. Jung: Não, se eu disse "perceber", isso seria excessivo. Ele se aproxima de uma percepção. É confrontado aqui com a natureza do espírito. Isso é o mais

---

* "Então um se tornou dois e Zaratustra passou junto a mim" [N.T.].

longe que ele poderia ir, e esse confronto deflagrou nele reações extraordinárias. Vejam, se não houvesse passagens no *Zaratustra* como "O canto noturno" – e outras posteriores, é claro –, dificilmente valeria a pena ará-lo em nome da iluminação psicológica que obtemos de suas formulações, não valeria a pena todo esse trabalho. Quando penso no *Zaratustra*, é em capítulos como "O canto noturno", pois é a substância e o imortal mérito do livro.

Sra. Baumann: Você pensa que foi o início de seu trágico fim, que ele então entrou em contato com isso?

Prof. Jung: Oh, o *Zaratustra* como um todo é a catástrofe, como você sabe; cada capítulo tem algo nele que é um aspecto da catástrofe[177]. Pois bem:

> *Nacht ist es: nun reden lauter alle springenden Brunnen. Und auch meine Seele ist ein springender Brunnen.*
>
> *Nacht ist es: nun erst erwachen alle Lieder der Liebenden. Und auch meine Seele ist das Lied eines Liebenden.*
>
> *Ein Ungestilltes, Unstillbares ist in mir; das will laut werden. Eine Begierde nach Liebe ist in mir, die redet selber die Sprache der Liebe.*
>
> *Licht bin ich: ach, dass ich Nacht wäre! Aber dies ist meine Einsamkeit, dass ich von Licht umgürtet bin.*
>
> *Ach, dass ich dunkel wäre und nächtig! Wie wollte ich an den Brüsten des Lichts saugen!*
>
> *Und euch selber wollte ich noch segnen, ihr kleinen Funkelsterne und Leuchtwürmer droben! – und selig sein ob eurer Licht-Geschenke.*
>
> *Aber ich lebe in meinem eignen Lichte, ich trinke die Flammen in mich zurück, die aus mir brechen.*
>
> *Ich kenne das Glück des Nehmenden nicht; und oft träumte mir davon, dass Stehlen noch seliger sein müsse, als Nehmen*.*

---

177. Nietzsche o chamou de "o mais formoso de seus cantos".

* É noite; eis que se eleva mais alto a voz das fontes fervilhantes. E minha alma é também uma fonte fervilhante. / É noite; eis que se despertam todas as canções dos que amam, e minha alma também é um canto de alguém que ama. / Uma sede está em mim, insaciada e insaciável, que busca erguer a voz. Um desejo de amor vive em mim, um desejo que fala a linguagem do amor. / Eu sou luz: ai, por que não sou trevas? Mas minha solidão consiste em eu estar envolto de luz. / Ai, por que não sou sombras e trevas? Como aplacaria a minha sede nos seios da luz. / E como eu vos bendiria, até vós, pequenas estrelas cintilantes, vermes luzentes do céu! E a luz que me dais me encheria de felicidade! / Mas vivo encerrado em minha própria luz, reabsorvendo as chamas que jorram de mim. / Ignoro a felicidade de receber; e muitas vezes sonhei que há mais felicidade em roubar do que em receber. (Cf. *Assim falava Zaratustra*. Trad. Mário Ferreira dos Santos. Petrópolis: Vozes, 2007, p. 145 [N.T.].)

Essa é a primeira parte, e esse é o tema de todo o capítulo, mas, a partir da última sentença que li em diante, o estilo musical começa a desaparecer, e o caráter aforístico recomeça, até a última parte, em que ele chega por *enantiodromia* ao oposto; a partir da luz – ou seja, do fogo, das chamas – ele percebe o gelo, e então a qualidade musical retorna. Por isso também lerei para vocês essa última parte:

> Oh, ihr erst seid es, ihr Dunklen, ihr Nächtigen, die ihr Wärme schafft aus Leuchtendem! Oh, ihr erst trinkt euch Milch und Labsal aus des Lichtes Eutern!
>
> *Ach, Eis ist um mich, meine Hand verbrennt sich an Eisigem! Ach, Durst ist in mir, der schmachtet nach eurem Durste!*
>
> *Nacht ist es: ech dass ich Licht sein muss! Und Durst nach Nächtigem! Und Einsamkeit!*
>
> *Nacht ist es: nun bricht wie ein Born aus mir mein Verlangen – nach Rede verlangt mich.*
>
> *Nacht ist es: nun reden lauter alle springenden Brunnen. Und auch meine Seele ist ein springender Brunnen.*
>
> *Nacht ist es: nun erst erwachen alle Lieder der Liebenden. Und auch meine Seele ist das Lied eines Liebenden.*
>
> *Also sang Zarathustra*.

Pois bem, é evidentemente quase impossível dizer qualquer coisa sobre os conteúdos intelectuais de uma música como essa. Essas duas passagens transmitem seu próprio significado. Descrevem a emoção peculiar de um homem que experiencia o espírito, sua luz sobrenatural e seu frio cósmico. Como vocês sabem, experienciar o espírito significa ao mesmo tempo sua negação, pois é o positivo e o negativo ao mesmo tempo. Seria possível dizer que era a luz e sua própria superação, a luz e as trevas ao mesmo tempo, o calor e o frio. É o grande paradoxo, essa coisa que não podemos exprimir; não temos nenhum meio de exprimir o paradoxo da deidade. Vejam, esse é o efeito superador: *ele* já não está falando, é a experiência em si que fala através dele; isso que ele experiencia se expressa, e isso é lindo. É indiscutível, inexplicável – temos apenas de nos submeter a isso. Você pode sentir a

---

* Só vós, criaturas sombrias e tenebrosas, tirais da luz dos astros o vosso calor. Só vós bebeis o leite e o reconforto nos mamilos da luz. / Ah! Tudo é gelo à minha volta, minha mão se queima ao contato do gelo. Ah! Tenho sede de experimentar vossa sede! / É noite. Porque sou luz! E sede de trevas! E de solidão! / É noite. Eis que de mim jorra como uma fonte meu desejo de erguer a voz. / É noite. Eis que se eleva mais alto a voz de todas as fontes fervilhantes. E minha alma é também uma fonte fervilhante. / É noite. Eis que despertam todas as canções dos amorosos. E minha alma é também o canto de um amante. / Assim cantava Zaratustra. (Cf. Nietzsche, F. *Assim falava Zaratustra*. Trad. Mário Ferreira dos Santos. Petrópolis: Vozes, 2007, p. 146 [N.T.].)

natureza da experiência quando se permite demorar-se em sua própria impressão de uma passagem como essa; então você obtém uma ideia do espírito ou da deidade que se exprime nesse fenômeno. E essa experiência ensina algo a Nietzsche: ou seja, depois de todo louvor daquele que faz dádivas que ele exprimiu nos capítulos anteriores, do louvor daquele que gasta, ele subitamente percebe que não conhece a felicidade daquele que recebe. Assim que essa percepção vem a ele, o estilo muda, e imediatamente surge essa espécie de brilho que é característico de seus dons pessoais. Por isso, quando ele diz "e muitas vezes sonhei que há mais felicidade em roubar do que em receber", isso novamente é brilhante. E esse é o ponto em que, para o meu sentimento, todo o ritmo e a poesia da passagem anterior chegam ao fim. Esse é também o ponto em que ele toca no seu próprio eu, e ali podemos começar nosso exame crítico do texto.

> Esta é a minha pobreza: que minha mão jamais descansa de presentear; esta é a minha inveja: ver olhos expectantes e as iluminadas noites do anseio.

Isso mostra até que ponto ele percebe que foi impulsionado por alguma coisa, e que ele próprio é pobre. Ele não é o autor do vento que impulsiona seu navio, mas é praticamente abandonado por esse poder, por isso pode dizer:

> Ó desventura dos dadivosos! Ó escurecer do meu sol! Ó ânsia de ansiar! Ó fome na saciedade!
>
> Eles recebem de mim: mas eu toco sua alma? Há um abismo entre dar e receber; e o menor dos abismos é o último a se transpor.
>
> Uma fome nasce da minha beleza: gostaria de magoar aqueles que ilumino, de assaltar aqueles que presenteio: – assim tenho fome de maldade.

Essa é uma afirmação muito importante e, de novo, uma lei psicológica profunda: ou seja, as pessoas que dão demais se tornam famintas, mas, quanto mais famintas ficam, mais dão, e quanto mais dão, mais seu dar se torna um tirar. Não um verdadeiro receber, pois ninguém lhes dá nada; ao dar, elas tiram, começam a roubar, a sugar. Tornam-se um estorvo por seus presentes, pois estão tomando. Vejam, qualquer um que conheça sua própria pobreza não deveria continuar a dar, pois você não pode dar mais do que possui; se dá mais, você tira. Você pode receber presentes de pessoas que são ricas, mas não daquelas que são pobres, pois quando pobres dão, eles tiram; é um presente venenoso, porque eles dão para fazer com que você dê. *Do ut des*, "eu dou para que tu dês". Pois bem, se esse dar continua, o vazio interior aumenta a tal ponto que Nietzsche aqui começa a falar em roubar. Há uma tal loucura, uma tal fome nele, que ele até mesmo mataria alguém para conseguir seu alimento. Esse é o resultado de sua maravilhosa virtude de dar. Vocês se lembram de que há um poderoso capítulo sobre a virtude de dar: ele fez um tremendo estardalhaço a esse respeito, claro que exagerado, pois já sentia a fome.

Pois bem, essa percepção surge para ele devido à maneira pela qual ele escreveu o *Zaratustra*; ele sentiu como se estivesse derramando de um recipiente cheio. O *Zaratustra* fluiu dele até ele finalmente se dar conta do vazio anterior que isso causou. Em princípio, ele o estava derramando com o sentimento de que deveria preencher o mundo inteiro, e então nenhum eco retornou, ao que tudo indica nada aconteceu. Ele tinha derramado seu próprio sangue* e nada retornou, e naturalmente ele desenvolveu uma tremenda fome, um desejo de ser preenchido de novo. Então ele percebeu que seu desejo era tão baixo quanto seus presentes eram elevados. Ele tinha estado em um nível muito elevado, e subitamente percebeu que estava em um nível muito baixo. De fato, após todo o seu dar ele era um ladrão, um mendigo, talvez mesmo um bandido que rouba pessoas, pois sentia como se ele próprio tivesse sido roubado. Mas ele se roubou a si mesmo. Pois bem, isso acontece de modo frequente com as pessoas que são, por princípio, chamadas altruístas: elas dão e dão e não entendem a arte de receber. Você só poder dar legitimamente na medida em que recebe. Se não recebe, não pode mais dar. Se dá em demasia, você tira de sua própria substância, e então algo em você cai, desce a um nível inferior, até que, por fim, por trás da virtude de dar, a pessoa parece um animal predador. Isso é o que ele percebe aqui.

Vejam, esse é um exemplo da humildade do espírito: na medida em que o espírito está resplandecente e quente como o sol, é positivo, mas, na medida em que está frio, é negativo. E, uma vez que um homem é preenchido com o calor do espírito, ele dará, e, uma vez que é preenchido com o frio do espírito, ele tirará, mas não de uma maneira humana. Será menos do que humano. Assim, para perceber o espírito você deve ser capaz de pensar uma coisa e a outra: ou seja, que o seu pensamento é quente e frio e que *você* é quente e frio, que você é, por um lado, deus, e, por outro, um animal predador. Pois bem, se o espírito não pode pensar isso de si mesmo – ou antes, alguém preenchido por esse espírito, pois o espírito é um fenômeno que não pensa –, então ele não percebeu o espírito. Esse é o orgulho e a humildade do espírito. Geralmente, as pessoas infladas nunca hesitam em perceber a deidade na inflação delas, mas falham em perceber o outro lado, que elas são vis animais predadores em que todo valor é justamente o contrário. Assim, uma inflação pode parecer uma graça dos céus, embora seja o famoso presente das Danaides. É negativo, algo sub-humano ao mesmo tempo, pois é um fenômeno que não tem origem humana[178]. Vejam, a percepção da qual falamos, que não teve

---

* "De tudo o que é escrito, amo apenas aquilo que se escreve com seu sangue. Escreve com sangue: e verás que sangue é espírito." (cf. *Assim falava Zaratustra*, "Do ler e escrever") [N.T.].

178. Danaus, ou Dânao, obrigado pelos sitiantes de Argos a lhes conceder suas cinquenta filhas, as Danaides, em casamento, deu a cada uma delas uma adaga para matar o respectivo marido na noite de núpcias.

lugar quando ele foi confrontado com sua própria intuição, está agora chegando a ele na forma de uma experiência imediata.

O tipo irracional não vê ou não percebe pelo sentimento ou pelo pensamento racional – isso sempre *acontece* a ele. Se ele pode confessá-lo, como Nietzsche, trata-se então, evidentemente, de uma demonstração que tem o valor de uma confissão vital; vemos como isso acontece, podemos experienciar isso com ele. Se ele tivesse tido, ou tivesse tentado ter, uma percepção através de suas funções racionais, provavelmente teria escrito um ensaio filosófico do qual com certeza não teríamos tratado em nosso seminário, pois mal teria existido alguma psicologia ali. Poderia ter sido interessante para historiadores da filosofia, mas não teria assumido o aspecto de uma experiência viva. Essa é a vantagem, mas a grande desvantagem é que pode destruí-lo, e ele nunca saberia disso, porque simplesmente lhe aconteceu. Ele não pode ver que a coisa toda é um argumento divino representado pelo fantoche humano, que ele é inteiramente instrumental, o instrumento de um pensamento divino no inconsciente geral. Assim, aquele que tem um dom racional pode formular o pensamento divino que é o inconsciente, mas adquire relativamente pouco mérito. Ao passo que o tipo irracional, de modo involuntário, o representa e, ao desempenhar o papel divino, acaba sendo destruído por ele – mas deixa um relato vivo. Nietzsche sempre me faz lembrar daqueles criminosos ou prisioneiros de guerra que eram escolhidos para representar os deuses, no México e também na Babilônia. Era-lhes permitida toda a liberdade até o sol se pôr, e então eram sacrificados aos deuses. Na Babilônia, eles tinham a chance de escapar se pudessem sair da cidade antes do pôr do sol, mas no México não havia escapatória – eles simplesmente eram sacrificados, mas eram cultuados como os deuses, eles próprios sendo meros pobres-diabos. Isso é puro Nietzsche, sendo inteiramente instrumental, uma figura no tabuleiro de xadrez, dando-nos um relato vivo através da confissão de suas experiências. É uma experiência não percebida e não digerida, mas evidentemente com todas as vantagens e todas as virtudes de uma experiência imediata e viva.

> Retirar a mão quando uma mão já se estende para ela; semelhante à cachoeira, que ainda na queda hesita – assim tenho fome de maldade.

Vejam, ele aqui exprime o que antecipei: ou seja, sua hesitação, sua timidez, sua relutância em estabelecer um contato imediato com sua experiência, com seres humanos ou com situações. Ele não quer se enraizar e é forçado a se derramar, o que causa a fome fatal.

> Tal vingança medita minha abundância, tal perfídia brota de minha solidão.
>
> Minha felicidade ao presentear morreu ao presentear, minha virtude cansou-se de si mesma em sua abundância!

Aquele que costuma presentear, seu perigo é perder o pudor; aquele que costuma repartir, sua mão e seu coração têm calos de repartir.

Meu olho já não lacrimeja ante o pudor dos que pedem; minha mão tornou-se dura demais para sentir o tremor das mãos cheias.

Para onde foram as lágrimas de meus olhos e a penugem de meu coração? Ó solidão dos dadivosos! Ó silêncio dos luminosos!

Muitos sóis circulam nos espaços ermos: para tudo que é escuro falam com sua luz – para mim silenciam.

Oh, esta é a hostilidade da luz ao luminoso: impiedosa percorre ela suas órbitas.

Injusto para com o luminoso no mais fundo de seu coração, frio para com os sóis – assim caminha cada sol.

Aqui ele se identifica com o sol, a coisa mais quente que conhecemos; ele está inteiramente identificado com *Yang*.

Como uma tempestade voam os sóis, esse é o seu caminhar.

Como se impulsionado pelo vento, ele pensava, mas eles próprios são a fonte do movimento deles; o sol não é impulsionado por uma tempestade. Ele *é* a tempestade, ele *é* o movimento.

Seguem sua vontade inexorável: esta é a sua frieza.

Aqui ele vê o fato de que o sol ou os sóis, as estrelas fixas etc. estão seguindo um princípio mecânico que é completamente inumano; por isso são frios, apesar de todo o calor. E essa é a imagem ou a alegoria da fome do espírito.

Ó seres escuros, noturnos, somente vós retirais calor do que é luminoso! Somente vós bebeis leite e refrigério dos úberes da luz!

Ah, há gelo ao meu redor, minha mão se queima ao tocar no gelado!

Agora ele está se transformando no aspecto gelado do espírito que é o outro lado da inumanidade deste. Acho que vamos parar aqui; já li para vocês a última parte em alemão. Tais coisas devem sempre ser lidas no original, assim como certas passagens da missa não deveriam ser traduzidas.

Palestra VII
16 de junho de 1937

Prof. Jung: Temos aqui uma questão da Srta. Welsh: "Falando do estilo intuitivo de Nietzsche, você disse: 'Quando um intuitivo foge de uma situação porque ela ameaça se tornar uma prisão, ele só o faz aparentemente, pois a coisa inacabada o segue e se agarra a ele e pode aleijá-lo; ele extrapolou o corpo e este se vingará'. Você poderia dizer algo sobre a situação inversa do tipo sensação? Quando ele fica preso em uma situação e se mostra indisposto ou incapaz para abandoná-la, algo segue em frente a despeito dele? Isso o puxa e preocupa, e essa tensão pode fazer o corpo sofrer?"

Essa é uma questão interessante. Claro que não está exatamente na linha do *Zaratustra*, mas, como é justamente o oposto do problema de Nietzsche, talvez valha a pena dizer algo a respeito. O tipo sensação sempre encontra ou cria uma situação na qual ele crê: essa é sua realidade, a coisa que *é*: mas a coisa que é apenas possível é definitivamente irreal para ele, pois a função que se ocupa com possibilidades, a intuição, é no caso dele a função inferior. E, como qualquer outro tipo, o tipo sensação reprime a função inferior porque é o oposto da função superior e está contaminada não só com o inconsciente pessoal, mas também com o inconsciente coletivo. É sobrecarregada pelo enorme peso de todo o mundo inconsciente. Desse modo, o tipo sensação não usará a intuição e então ela opera contra ele, assim como o tipo intuitivo é contrabalançado por sua função sensação inferior.

Pois bem, a questão é: o que a função inferior intuição faz em um caso desses? Bem, ela cria possibilidades, mas possibilidades desconhecidas para a consciência do tipo sensação, e ela de fato puxa e preocupa porque essa intuição inconsciente cria projeções. Como vocês sabem, quando a função intuitiva diferenciada cria uma realidade a partir de uma mera possibilidade, é como se ela estivesse dando substância a algo que nada mais é do que uma possibilidade em si mesma. Por isso o intuitivo pode criar esquemas fabulosos e torná-los mais ou menos reais; ele dá realidade a suas possibilidades. Mas, no caso do tipo sensação, em que a função intuitiva é inferior, a intuição faz a mesma coisa, porém as possibilidades são, é claro, apenas de um tipo mais simbólico, mais primitivo. Embora esteja em uma condição inferior, sua intuição entretanto cria uma possibilidade, a torna real e a projeta. Vejam, a possibilidade aparentemente real não pode estar apenas em nós mesmos; está sempre fora também. Ela existe em algum lugar, portanto a intuição inferior cria uma situação como se no espaço, um mundo ou existência fantasiosa cara porque drena as forças da consciência da energia delas. O tipo sensação sofrerá, pois, uma perda de energia que escapa, ou que é drenada, para uma espécie de criação mítica ou fabulosa, um país das maravilhas em que as coisas acontecem tal como a intuição as cria; e isso é, como uma projeção, semissubstancial.

Devo deixar claro aqui que nós usamos a libido para uma projeção como esta, e libido é energia, e energia é substancial, tem massa. Esse fato explica a possibilidade de fenômenos de assombração, materialização e coisas desse tipo, que realmente acontecem. É um fato incômodo, por isso as pessoas preferem dizer que isso não acontece, visto que elas seriam então forçadas a explicá-los, mas estranhamente eles existem. Assim, até certo ponto toda projeção é uma entidade substancial, e ela drena o corpo, tira substância dele. Daí ser bem possível que o corpo, em um tipo sensação, sofra por conta de tais criações intuitivas inconscientes. É exatamente como se alguém, tendo uma posição definida, digamos, fosse um caixeiro, estivesse criando de maneira inconsciente outro negócio em que o dinheiro que ele ganha escoasse em segredo; desaparece de algum modo miraculoso, e então o corpo começa a sofrer de enfermidades peculiares, doenças fantasmagóricas que muitas vezes não se pode explicar adequadamente. Isso pode assumir todo tipo de formas; se já existem certas inferioridades ou fraquezas no corpo, um estômago inferior ou algum outro órgão que não está bem o bastante, os sintomas sem dúvida começarão ali. Se a digestão está um pouco fraca, se tornará mais fraca; ou, se existe uma pequena surdez, ela aumentará. Talvez uma tendência reumática possa se tornar mais forte, por exemplo. No caso do tipo intuitivo, são sobretudo os intestinos que sofrem, e os intuitivos parecem particularmente propensos a úlceras no estômago, ao passo que com o tipo sensação parece que são mais os ossos ou a substância muscular que são afetados. E, como sabemos, em casos de materialização, são sobretudo os músculos grandes que perdem substância, aparentemente drenada para produzir fenômenos semimateriais. Essa é minha experiência, mas é claro que se deveriam fazer estudos bastante específicos sobre essas coisas, e eu tenho coisas demais para fazer na minha vida para ser um interno e trabalhar em um hospital, examinando exclusivamente as diferentes formas de reumatismo; esse é um trabalho de uma vida. Pois bem, o próximo capítulo chama-se "O canto da dança". Como Nietzsche chega a esse novo tópico, depois de "O canto noturno"?

Sra. Fierz: Não é como se tivesse anoitecido e agora uma espécie de visão ou fantasia aparece de um lado inconsciente?

Prof. Jung: E que caráter esse lado inconsciente teria, no caso dele?

Sra. Fierz: Seria o lado feminino.

Prof. Jung: Sim. Zaratustra e Nietzsche sendo praticamente idênticos são principalmente *Yang*, o princípio masculino positivo, e podemos estar absolutamente seguros de que, após um tempo relativamente curto, o *Yang* procurará o *Yin*, pois os dois opostos devem operar juntos e um pressupõe o outro. Ele está fadado a chegar à situação em que *Yang* alcança o clímax, e então o desejo pelo *Yin* se tornará óbvio. Em "O canto noturno", vimos como ele está sedento e ansiando pelo princípio *Yin*, que é noturno e feminino, justamente o contrário do ardente, quente e resplandecente *Yang*. Por isso é bastante natural que cheguemos agora ao capítulo "O canto da dança".

> Certo dia, ao anoitecer, Zaratustra andava pela floresta com seus discípulos; e, quando buscava uma fonte, eis que chegou a um verde prado, silenciosamente rodeado de árvores e arbustos. Nele havia garotas que dançavam entre si.

Vejam, o fogo, o *Yang*, busca seu próprio oposto, a fonte que sacia a sede. E lá ele se depara com uma reunião de garotas.

> Tão logo reconheceram Zaratustra, interromperam a dança [...].

Portanto elas estavam dançando antes que ele chegasse. Aparentemente em um lugar inexistente, em uma eternidade, essas garotas estavam dançando naquele local encantador, nesse prado onde existe, ao que tudo indica, uma fonte. Pois bem, o que é isso? Já encontramos um símbolo desses?

Sra. Jung: Penso que a fonte é um símbolo da vida, e esse grupo de dançarinas são elfos.

Dr. James: Em um poema de Masefield intitulado "South and East" [Sul e Leste], garotas estão dançando e aparece um homem[179].

Prof. Jung: Não conheço esse poema. Bem, como vocês sabem, os elfos formam tais companhias, e essas garotas parecem ser uma espécie de sociedade eternamente existente; eles ocorrem por toda parte e geralmente dançam, como as huris no paraíso ou os elfos no meio dos bosques ao luar. Em meu seminário em alemão sobre sonhos de crianças, acabei de analisar um sonho de um garotinho, de 3 ou 4 anos de idade, que repetidamente sonhou que garotas brancas desciam toda noite em um dirigível e o convidavam a subir com elas para o céu. Esse tema é como um que vocês certamente conhecem, que ocorre em um famoso poema de Goethe.

---

179. John Masefield (1874-1967), poeta inglês. Em sua balada, um jovem espiona três garotas que chegam em um lugar afastado, removem as asas e dançam. Ele se apaixona por uma das garotas e a persegue até a casa dela, que fica ao sul da terra e a leste do sol, e, depois de uma cansativa viagem, é bem-sucedido em sua busca e é presenteado com suas próprias asas.

Sra. Fierz: "Der Erlkönig".

Prof. Jung: Sim. *Du liebes Kind, komm, geh mit mir!*[180] E alguns de vocês que são ingleses devem ter visto aquela peça muito sugestiva de Barrie, *Mary Rose*, sobre a "Ilha que quer ser visitada", em que a criança ouve as vozes de elfos que querem brincar com ela, as Pessoas Verdes, presumivelmente aquelas garotas gentis que parecem sempre estar prontas no inconsciente para seduzir andarilhos ou crianças solitárias[181]. Vocês podem tê-las encontrado em uma publicação recente minha, *Traumsymbole der Individuationsprozesses*, em que essas ninfas são uma espécie de dançarinas. E em *Le Songe de Poliphile*, as ninfas são a primeira coisa que ele encontra depois da cidade arruinada (há uma imagem delas no livro)[182]. Pois bem, temos aqui o mesmo simbolismo. Quem são essas garotas e o que elas significam psicologicamente?

Sra. Fierz: É uma pluralidade de figuras da *anima*.

Prof. Jung: Exatamente. Vejam, a *anima*, por definição, é sempre um que é dois, mas esses dois são idênticos, como vocês verão nesse capítulo, embora das qualidades mais contraditórias, o sim e o não ao mesmo tempo. Mas é uma pessoa definida, tão definida que todo homem capaz de introspecção pode fazer um retrato definido de sua *anima*. Eu tenho frequentemente testado homens; evidentemente é preciso uma introdução ao conceito e uma quantidade de inteligência e de introspecção, mas, assim que eles captam a ideia, o retrato fica bem diante de seus olhos. Pois bem, nesse caso, não se trata de uma figura, mas de várias, portanto deve ser uma condição muito particular da *anima*. O que explica tal multiplicidade de *animae*? Sob quais condições ela seria tão coletiva?

Sra. Crowley: Seria uma condição muito primitiva, inferior.

Srta. Welsh: Muito inconsciente.

Prof. Jung: Sim, é isso. Uma multiplicidade de figuras da *anima* só pode ser encontrada em casos nos quais o indivíduo é completamente inconsciente de sua *anima*. Em um homem que está completamente identificado com a *anima*, poderíamos encontrar essa pluralidade, mas, no momento em que ele se conscientiza dessa figura, ela assume uma personalidade, e é definitivamente una. Isso está em contradição com o *animus* nas mulheres, o qual, assim que ela se conscientiza dele, é definitivamente vários. Se existe uma personalidade particular, é justamen-

---

180. No poema de Goethe (musicalizado por Schubert), o Erlkönig [rei dos elfos] convoca aqueles cuja hora tinha chegado com "Vem, menino querido, vem comigo".

181. James Barrie (1860-1937) foi um dramaturgo e romancista escocês imensamente popular. Em uma de suas peças menos conhecidas, *Mary Rose* (1924), a personagem do título, como Peter Pan, vive de modo intermitente em um mundo no qual não há envelhecimento e morte.

182. Sobre *Le Songe de Poliphile*, cf. 12 de dezembro de 1934, n. 249.

te aquela, e há sempre várias outras. O *animus* é em si mesmo uma pluralidade, ao passo que a *anima* é em si mesma uma unidade, uma pessoa definida, embora de aspecto contraditório. Assim, a partir de um símbolo como esse, podemos concluir que Nietzsche/Zaratustra é completamente inconsciente da *anima*. Mas não podemos supor, na medida em que Zaratustra é o típico velho sábio, que ele seria inconsciente da natureza da *anima* – isso está descartado, visto que ele é sempre associado com a *anima*. O mito de Simão Mago e Helena é um exemplo típico, e [a história de] Fausto e Gretchen é outro, mas não tão bom, pois ela é inconsciente demais e ele não é sábio o bastante[183].

Sra. Crowley: Por outro lado, Krishna continha tudo isso. Ele seria tão inconsciente?

Prof. Jung: Completamente inconsciente, pois ele é o deus-herói e não o velho sábio. Essa é a psicologia *Puer Aeternus* da era heroica, em que as mulheres eram uma multidão indefinida consistindo em mães, irmãs, filhas e prostitutas. Não havia mulher distinta, apenas um tipo. Daí aqueles heróis wagnerianos terem todos a ver com Valquírias indefinidas; só há uma *anima* definida, Brünnhilde, mas ela é escolhida por seu pai, o velho sábio. No mito de Krishna, elas são leiteiras ou pastoras, como vocês sabem. Ele se aproxima de uma sociedade de lindas jovens, perfeitamente indistintas, todas semelhantes, é claro, e escolhe uma que se torna sua favorita, mas também se casou com outras sete ou oito. Radha é escolhida para se juntar a ele na dança mandálica, *nritya*, essa dança circular que forma uma mandala; Krishna e Radha ficam no centro, claro que representando o deus e sua *shakti*[184]. Pois bem, esta é uma situação muito semelhante. Zaratustra é o deus-herói que se aproxima das dançarinas.

> [...] mas Zaratustra se aproximou com gestos amigáveis e lhes falou com essas palavras: "Não interrompais a dança, encantadoras garotas! Não é um desmancha-prazeres com olhos ruins que se aproxima de vós, nenhum inimigo das garotas.
>
> Advogado de Deus eu sou perante o diabo: mas este é o espírito de gravidade. Como poderia eu, ó leves, ser inimigo das danças divinas? Ou dos pés de moças com belos tornozelos?"

---

183. Sobre Simão Mago e Helena, cf. 5 de junho de 1935, n. 355.

184. Jung diz alhures que algumas de suas pacientes mulheres preferiam dançar uma mandala a pintá-la. "Na Índia, há um nome especial para isso: mandala *nritya*, que significa dança mandálica. As figurações da dança exprimem os mesmos significados que os desenhos" (OC 13, § 32). Para uma reprodução de um bronze do sul da Índia, "Senhor da dança", cf. Zimmer, *Myths*, lâmina 38.

Aqui o diabo entra no jogo. E como ele entra?

Srta. Hannah: É o espírito de gravidade, e este é sempre a parte que Nietzsche não aceita, o mais feio dos homens.

Prof. Jung: E o que o espírito de gravidade está fazendo?

Srta. Hannah: Derrubando-o.

Prof. Jung: Sim, ele obviamente aborda aqui a função inferior. Vem para seu próprio oposto. Está ameaçado de afundar na profundeza do Yin, mas faz pouco caso disso. Exalta as leves que não são derrubadas pelo espírito de gravidade, que lhe mostram como dançar acima do abismo – outro termo nietzschiano. Mas eu penso que Zaratustra tinha uma fantasia particular sobre os pés de garotas com belos tornozelos. Vocês sabem onde uma passagem semelhante ocorre?

Sra. Sigg: No fim do *Zaratustra*, em "Entre as filhas do deserto", Dudu e Zuleika[185].

Prof. Jung: Sim, aqui está essa célebre passagem:

> Tal como uma dançarina que, quer-me parecer,
> Já por tempo demais, perigosamente,
> Sempre se manteve apenas *em uma* só perna?
> – esquecendo então, quer-me parecer,
> A *outra* perna?
> Em vão, ao menos
> Busquei a ausente
> Joia gêmea
> – isto é, a outra perna –
> Na sagrada vizinhança
> De sua graciosíssima, formosíssima
> Saia em leque, esvoaçante e brilhante.
> Sim, se quereis, belas amigas.
> Acreditar inteiramente em mim,
> Ela a perdeu!
> Foi-se!
> Foi-se para sempre!
> A outra perna!
> Oh, que pena por essa outra perna adorável!

---

185. "Entre as filhas do deserto", Parte IV, cap. 76. O seminário é interrompido pouco antes dessa parte final.

Vejam, essa já é a transição para a insanidade dele: ele literalmente entrou nessa forma de *Yin*, e ali se torna definitivamente insano. Ele produziu muita literatura erótica que escandalizou tanto sua irmã altamente respeitável que ela a queimou.

É certo que sou uma floresta e uma noite de árvores escuras: mas quem não teme minha escuridão encontrará rosas sob os meus ciprestes.

Isso é claro.

E também pode encontrar o pequeno Deus que é o favorito das garotas: [...]

Quem é?

Sra. Crowley: O Cupido.

Prof. Jung: Sim.

[...] junto à fonte está deitado, em silêncio, de olhos fechados.

E quanto a isso?

Sra. Fierz: É como uma fantasia de um jardim de amor.

Prof. Jung: E onde vocês viram fantasias como essa? Que estilo ela sugere?

Sra. Sigg: É rococó.

Prof. Jung: Sim, vocês não viram fantasias desbotadas de cupidos e pastoras em algum velho salão? Na Inglaterra vocês encontrarão esses quadros encantadores, Cupido dormindo e lindas pastoras ao seu redor fazendo cócegas nele – ou ele fazendo cócegas nelas, a velha história. Mas o interessante é que Nietzsche tenha tal retrato encantador em mente. Onde ele obteve isso? Quando Nietzsche nasceu?

Sra. Sigg: Em 1844.

Prof. Jung: Sim, então o rococó está um pouco afastado, mas quando seus pais viveram?

Srta. Hannah: Na época do Império francês.

Sra. Sigg: O período *Biedermeier*.

Prof. Jung: Sim, essa foi uma época interessante na França. Eles fizeram um estilo imperial romano, e na Alemanha foi o *Biedermeier*, a época clássica com suas maravilhosas colunas e pequenos templos; o estilo também era, de certo modo, imperial, mas helenístico, por assim dizer[186]. Era a época filo-helenista, a época da guerra pela libertação da Grécia, quando Byron lutou pela Grécia, que era considerada um país ideal sob todos os aspectos – a humanidade grega, o cidadão grego e a beleza grega. Eles se esqueceram completamente do alho e de toda a sujeira das cidades gregas. Essa ideia grega foi válida praticamente até o fim do

---

186. O termo *Biedermeier* foi inventado por uma revista humorística de Munique, *Fliegende Blätter*, para descrever o estilo de um período, de 1815 a 1848, de obras superficiais, realistas ou neoclássicas, do agrado dos *nouveau riches*.

século XIX, e ainda sofremos dela; ela nos deu uma noção inteiramente errada da civilização grega[187]. Pois bem, os pais dele viveram então, e tenho certeza de que a mãe dele flertou com imagens como essa. Tenho certeza de que vocês as descobririam nas paredes das casas da região em que ela viveu, pelo menos consigo me lembrar de vê-las quando eu era jovem. Elas talvez tenham desaparecido agora, porque têm um valor histórico, mas naqueles dias elas eram apenas os restos de um passado tolo.

Pois bem, esse tipo de fantasia sentimental é derivado da mãe, e é típico que um homem inteiramente inconsciente de sua *anima* caia primeiramente – quando descobrir algo do tipo – nos sentimentos de sua mãe, no tipo de sentimentos que eram particularmente caros à mãe. Assim, quando um homem com uma pluralidade de *animae* descobre *Yin*, ele certamente será a mãe. A título de exemplo, só posso lhes aconselhar que leiam a maravilhosa história inglesa *Lilith*, de um homem chamado MacDonald[188]. Lilith foi a primeira esposa de Adão, uma criatura particularmente maligna porque não quis ter filhos, e mais tarde se tornou uma espécie de monstro devorador de crianças. Vocês deveriam ler esse romance, é perfeitamente doce, uma das mais maravilhosas demonstrações dos sentimentos de um homem que é maravilhosamente inconsciente de sua própria *anima*, de como seus próprios sentimentos se parecem em todo o mundo de Eros. Esse MacDonald também teria a pluralidade de *animae*. Não sei se existe alguma evidência disso no livro, mas, em todo caso, ele desenvolveu esse tipo de psicologia. Ela fala sobre "as garotas", como sua mãe falava: vocês sabem, "as garotas não, e eu espero que você não" etc., portanto "as garotas" permanecem uma classe por si mesmas, uma sociedade de garotas, e isso causa uma pluralidade de *animae*.

Quando um homem se conscientiza de que deveria funcionar com seus sentimentos, inevitavelmente entrará no sentimento de sua mãe, assim como uma garota, quando desenvolve sua mente, será fortemente influenciada pela mente tradicional de seu pai; em outras palavras, a *anima* se desenvolve a partir da mãe, assim como o *animus* se desenvolve a partir do pai. Por isso acontece de os homens que permaneceram muito jovens por um longo tempo – frequentemente até uma idade avançada – entregarem-se aos sentimentos da mãe, e você nunca terá certeza absoluta se eles são masculinos ou não. Tais homens nunca descobriram o que eles realmente sentem, assim como mulheres que vivem com um *animus* podem nunca conseguir entender o que realmente pensam. Elas sempre representaram a

---

187. Os gregos lutaram pela sua independência em relação à Turquia de 1821 a 1832. Lord Byron chegou a Mesolóngi em janeiro de 1824 e, em abril, com 36 anos de idade, morreu. Ainda assim, foi importante para chamar a atenção do mundo para essa luta histórica.

188. Sobre George MacDonald, cf. 26 de fevereiro de 1936, n. 56, vol. II.

Encyclopedia Britannica e o que disseram era maravilhosamente correto, apenas à margem da realidade, e o que realmente pensavam era possivelmente nada. E assim se dá com os homens em seus relacionamentos: você nunca pode dizer o que um relacionamento realmente é por ele ter sido tão recoberto pela mãe, pelo modo como a mãe se relacionou. Isso se torna o modelo para o mundo dele e para seu entorno, para as mulheres e os filhos, em particular, mas às vezes até para os amigos dele.

Dr. Escher: No livro *Der Landvogt von Greifensee*, todas as garotas e mulheres eram chamadas de *die Figuren*.

Prof. Jung: Sim, essa história é uma representação de uma sociedade de garotas com o herói no centro, mas, como você sabe, Gottfried Keller era justamente um rapaz como esses – por isso bebia tanto. Ele era um velho *célibataire* e seus sentimentos estavam no mundo da mãe. Tinha um complexo materno perfeito, que precisava ser compensado por muita bebida, caso contrário teria sido absolutamente insuportável – todas aquelas garotas teriam se tornado simplesmente demasiadas[189]. Portanto podemos ver que a escolha dessa imagem encantadora, Cupido dormindo junto à fonte e as belas pastoras em torno dele, é uma fantasia da época imediatamente anterior àquela em que Nietzsche nasceu – e também as árvores escuras, os ciprestes e as ladeiras cheias de rosas. *Rosenhänge* pode significar guirlandas de rosas, ou rosas penduradas ou encostas cobertas de rosas: vocês podem imaginar qualquer coisa, pois a palavra alemã é absolutamente indefinida. Isso também compõe uma imagem. Vocês conhecem uma imagem dessas na história da arte.

Observação: Há uma de Macquart[190].

Prof. Jung: Sim. Provavelmente muitos de vocês não o conhecem, mas devo lhes aconselhar: se forem a Munique, deem uma olhada em sua pintura e irão embora chorando. Ela também é muito poética; vocês encontram certa quantidade de pinturas a óleo e estampas de ciprestes e rosas – esse tipo de coisa. E isso é mais como as décadas de 1850, 1860, 1870, portanto é mais da época do próprio Nietzsche. Pois bem, por que esse pequeno deus está dormindo perto da fonte? Deve haver uma conexão peculiar entre Cupido e a fonte.

---

189. Gottfried Keller (1819-1890), frequentemente descrito como o mais representativo de todos os escritores suíços, era admirado tanto por Jung quanto por Nietzsche. *The Governor of Greifensse* (1878), traduzido por Paul Bernard Thomas, está incluído no vol. 14 de *The German Classics of the Nineteenth and Twentieth Centuries* (ed. Kuno Francke). Nessa bela história, o governador solteirão (*célibataire*) organiza uma festa para os três amores perdidos de sua juventude.

190. Possivelmente August Macke, um pintor alemão (1877-1914), cujas obras aparecem em Munique, entre outros lugares; ou mais provavelmente C. Macourt (1716-1767), um alemão que viveu por algum tempo em Londres, onde foi sobretudo um pintor de retratos.

Dr. von Bomhard: Eles são os opostos, o *Yin* e o *Yang*.

Prof. Jung: Não, eles estão muito próximos. Os opostos são Zaratustra e a fonte – ele é o fogo e a fonte é a água –, mas Cupido e a fonte estão dormindo lindamente juntos.

Sra. Crowley: É porque as garotas estão lá.

Prof. Jung: Sim, vejam que é uma só imagem, uma espécie de mandala: o Cupido adormecido é um pouco masculino e a fonte é evidentemente feminina. Nietzsche de modo frequente compara a mulher – ou a alma da mulher – a uma fonte profunda vigiada por um dragão por conta do tesouro que está enterrado lá. Por isso certas mulheres são chamadas de dragões.

Sra. Crowley: E de fato, na Antiguidade, as estátuas de Afrodite não eram habitualmente conectadas com a fonte?

Prof. Jung: Sim, e há outros exemplos, como o famoso poço de Abraão em Harã; esse era um poço para Astarte, e era repleto de carpas, que são os peixes de Astarte[191]. Portanto essa fonte pode ser chamada de a Fonte de Astarte, a deusa do amor, e aqui está Cupido, seu filho, o deus que morre e ressuscita. Eles formam uma espécie de casal como Krishna e Radha, ou como Shiva e sua Shakti. Eles são indissociáveis, mas não como um par de opostos. Eles podem se tornar um par de opostos se Cupido por ventura se desenvolvesse no velho sábio, mas isso está muito distante. Aqui o par de opostos está adormecido e tão bem ajustado que são quase um só: é um e o mesmo humor. Por exemplo, poderíamos facilmente amplificar essa imagem, tornando Cupido um deus mais poderoso, e Astarte seria a fonte, então você tem isso mais ou menos. Mas esse é o mundo da deusa-mãe criadora Astarte, e esse é mundo do *Yin* em uma condição adormecida; por isso a principal característica do mundo *Yin*, Cupido, é representado como adormecido. Zaratustra o surpreende em seu sono e o repreende por isso:

> Em verdade, em pleno dia ele adormeceu, o preguiçoso! Terá corrido demais caçando borboletas?

Ao que isso se refere? Por que Cupido deveria caçar borboletas?

Observação: Ele não está funcionando como deveria; deveria estar fazendo algo para aquelas garotas em vez de brincar como uma criancinha.

Prof. Jung: Mas o que são as borboletas?

Sra. Jung: A borboleta é a psique.

Prof. Jung: Sim, *psique* é o termo grego para alma. Psique, a alma, é a borboleta que ele está caçando – Eros e Psiquê. Mas ele se esqueceu das garotas, e é a isso

---

191. Harã é uma cidade no sul da Turquia, o lar da família de Abraão após a migração de Ur. Além do poço, há uma mesquita e um pavilhão.

que Zaratustra se refere; ele não deveria dormir, deveria estar ocupado com as garotas. Pois bem, o que quer dizer Cupido encenar Eros e Psiquê? Como sabemos o que eles fizeram?

Srta. Wolff: Cupido nada fez, e Psiquê queria olhá-lo. Foi proibida, por isso ela o perdeu por causa de sua curiosidade.

Prof. Jung: Onde vocês encontram essa história?

Srta. Wolff: Em Apuleio.

Prof. Jung: Sim, no livro chamado *O asno de ouro*, um romance romano. Vejam, quando está caçando borboletas, ele é Amor e Psiquê, e presumivelmente Nietzsche, sendo um filologista clássico, sabia tudo a respeito disso. A história de Eros e Psiquê é uma espécie de *entremets* em *O asno de ouro*, em que Psiquê perdeu Eros porque foi curiosa demais[192].

Srta. Wolff: Penso que a ideia era que Psiquê pensou que ele era um monstro – ela estava um pouco alarmada demais sobre o que Eros realmente era, e por isso, é claro, queria ver se ele era jovem ou não.

Sra. Jung: Há um quadro muito bonito de Segantini, chamado *Die Liebe an der Lebensquelle* [O amor junto à fonte da vida (N.T.)]. É uma paisagem de montanhas com uma fonte, um jovem casal e um anjo. Ele a pintou na Engadina, e Nietzsche escreveu o *Zaratustra* na Engadina.

Sra. Sigg: Há dois quadros de Segantini: um é o *Lebensquelle*, e há outro em que um jovem está deitado nu no colo de sua mãe. Ambas as imagens se localizam nas altas montanhas, mas são diferentes[193].

Prof. Jung: É interessante que Segantini tenha tido a mesma visão no mesmo lugar na Engadina. Bem, mas enquanto Cupido está caçando borboletas, isso significa que se trata de um fenômeno que tem lugar inteiramente no inconsciente; nunca alcança a superfície, nunca alcança a mulher. Cupido deveria significar conexão, Cupido deveria alcançar uma mulher, mas não o faz – está adormecido. Por isso as garotas permanecem apenas garotas, indistintas; não assumem nenhuma forma pessoal, não se tornam completas. Vê-se essa transição no mito de Krishna. De início, ele está apenas dançando com as garotas, e elas se enamoram dele. Então ele escolhe uma – bem, várias outras também, mas ao menos distinguindo uma ao escolhê-la –, e, na medida em que não escolhe as outras, elas permane-

---

192. Originalmente, *A transformação*, por Lúcio Apuleio, de Madaura, que fica perto do local de nascimento de Santo Agostinho (que evidentemente odiava Apuleio). Essa obra do século II foi muito discutida por Jung e junguianos, notadamente Erich Neumann em *Amor and Psyque: The Psychic Development of the Feminine* (Nova York/Princeton e Londres, 1956, B.S. XLVII).

193. Giovanni Segantini, um pintor italiano (1858-1899), que passou de um estilo naturalista a um simbólico.

cem indistintas, sem nome. Esse é o caso com um homem cujo sentimento ainda se identifica com o sentimento da mãe: ele não escolhe a mulher, não lhe dá um nome, não a torna distinta. Para ele, garotas são garotas e só existe uma mulher, que é a mãe. E seu relacionamento com a mulher é como a relação de uma mãe com várias filhas ou filhos.

> Não vos zangueis comigo, ó belas dançarinas, se eu castigar um pouco o pequeno Deus! Ele vai gritar, certamente, e chorar – mas é de rir até quando chora!
>
> E com lágrimas nos olhos ele vos pedirá uma dança; e eu próprio entoarei um canto para a dança dele:
>
> Um canto para dançar e zombar do espírito de gravidade, do meu altíssimo e poderosíssimo diabo, que dizem ser o "senhor do mundo".

Vejam, o conselho que ele dá a Cupido, uma espécie de encorajamento, é como uma punição. Esse é um conselho perfeitamente bom: Cupido deveria ocupar-se com as garotas; mas Nietzsche usa as garotas para um propósito que não é legítimo – que a dança delas deveria ser uma zombaria, uma sátira, do espírito de gravidade, por isso a leveza do movimento deveria provar a superioridade dele sobre o espírito de gravidade. Ao passo que todo o arranjo, o belo jardim da tentação, as belas garotas, Cupido, a fonte – tudo sugere uma descida, uma espécie de Venusberg[194], ou um templo de Astarte em que ele deveria tocar a terra, em que ele deveria sucumbir ao espírito de gravidade para se compensar, ou para se transformar no oposto, em *Yin*. Pois bem, esse é o procedimento necessário para o homem cujos sentimentos estão identificados com a mãe; ele não pode se livrar dessa identidade, e nunca descobrirá o que é uma mulher, a não ser que sucumba ao espírito de gravidade. Por isso, Zaratustra está fazendo um uso ilícito dessa situação das garotas e de Cupido, tão somente os usando para seus próprios fins, contra seu diabo supremo, mais poderoso, o espírito de gravidade. Pois bem, o que é esse demônio?

Srta. Hannah: Não é o palhaço que saltou sobre ele e o destruiu?*

Prof. Jung: Claro. O palhaço que saltou sobre o equilibrista lida com a dança de novo: sempre que surge a dança, surge esse perigo também. O homem que dança na corda é aquele que dança sobre o abismo com o perigo de cair, da completa destruição. Vejam, sempre que Zaratustra fala de dança, é para se manter suspenso sobre as profundezas. Há sempre uma situação perigosa, a vizinhança imediata da destruição, morte ou insanidade ou ambos. Na catástrofe do equilibrista, foi a in-

---

194. Venusberg [Montanha de Vênus (N.T.)] era a montanha em que a deusa do amor mantinha sua corte. Em *Tannhäuser*, de Wagner (1843-1845), o conflito básico é entre os lados espiritual e sensual do homem, esse último expresso pela resplandecente música de Venusberg.

* Alusão à cena do "Prólogo de Zaratustra", Livro 1, seção 6 [N.T.].

sanidade bem como a morte, pois o palhaço que pulou sobre ele era praticamente insano. E ali Nietzsche fez a célebre profecia: "Tua alma morrerá antes ainda que o teu corpo" – o que realmente se torna verdade no caso dele. Vejam, ele claramente percebe que o arquidiabo, esse fator que mais o contraria, é a função que contraria sua intuição, as funções inferiores. A função inferior sempre é o demônio. Sempre a sentimos como destrutiva, como a coisa que mais tememos e desprezamos, e à qual resistimos, mas que, de certo modo, é peculiarmente fascinante. De modo frequente encontramos passagens no *Zaratustra* em que se vê como ele é atraído pelo diabo, como anseia por ele, mas sempre tenta fugir dele novamente, como se algo o estivesse impedindo de descer até ele, como se isso viesse a ser sua completa destruição. Pois bem, vocês acreditam que isso teria sido sua completa destruição?

Srta. Hannah: Não se ele pudesse tê-lo aceitado.

Prof. Jung: Sim, mas por que ele o temia tanto?

Srta. Hannah: Porque parece ter sido um lugar demasiado insano; ele não conseguiu assimilar.

Prof. Jung: Mas isso está praticamente em todo mundo. Não é preciso um lugar insano.

Sr. Baumann: Isso não teria destruído seu poder criador se ele tivesse aceitado essa gravidade?

Prof. Jung: Não penso assim, mas vocês estão no caminho certo; só têm de formular isso de um modo um pouco diferente.

Srta. Hannah: Se ele tivesse aceitado, teria tido de vivê-lo, em vez de escrevê-lo.

Prof. Jung: Bem, sim, mas provavelmente teria escrito algo diferente, pois você não pode matar o demônio criador. Um demônio que você possa matar não é o demônio certo.

Sra. Sigg: Ele teria perdido o sentimento vital se tivesse descido a isso.

Prof. Jung: Mas quem o teria perdido?

Srta. Welsh: Ele teria tido de se desidentificar com Zaratustra.

Prof. Jung: Sim, esse é o ponto. Zaratustra é o *Yang* e seria reduzido a um mero germe, a um mero ponto branco em um mar de escuridão. Qualquer homem que se identificasse com Zaratustra teria medo de afundar, pois poderia pensar que perderia sua vida, que teria de sacrificar seu espírito. Portanto, na medida em que alguém se identifica com Zaratustra, mantêm-se afastado de lá, tenta dançar sobre o abismo. Mas permanece suspenso, e então o espírito de gravidade é o diabo.

Srta. Wolff: Ele não percebe em absoluto o que está dizendo aqui – ele não deveria falar de um diabo. Como ele se livrou de Deus, deveria ter se livrado do diabo também, pois esse é um conceito completamente cristão. Assim também é um pouco insano que o espírito de gravidade signifique o diabo; é terra, matéria, tudo de real, de empírico, justamente aquilo cuja aceitação ele prega. Mas ele não consegue. Ainda está na atitude cristã do alheamento.

Prof. Jung: Sim, é claro, mas não deveríamos levar demasiado a sério quando ele fala do diabo. É perfeitamente verdadeiro que, se ele nega a existência de Deus, necessariamente deveria negar o diabo também, mas, quando se trata de sua função inferior, ele esquece tudo. Então não existe velha superstição que não retornasse. Para um homem que está muito convencido da condição completamente estéril do mundo, de que não há milagre em lugar nenhum, assim que ele toca essa função o mundo fica cheio de diabos e demônios. Eu vi as coisas mais impressionantes a esse respeito. Pessoas que eram racionais e esclarecidas, quando a função inferior emerge são tão supersticiosas quanto qualquer velha bruxa – perfeitamente ridículas. É como as pessoas que riem do sentimento religioso. Então algo acontece, e elas se afogam nele: o Movimento de Oxford aparece e elas sentem que descobriram algo. A função inferior é tocada e lá vão elas para o aprisco. É incrível como as pessoas podem se enganar sobre tais verdades eternas. Vejam, esse mundo de demônios ainda está vivo – só precisa de uma mudança no nível de nossa consciência e estamos profundamente nele; então é como se ele sempre tivesse existido. Por exemplo, se coloco vocês em uma floresta primitiva e os deixo lá sem bússola, em uma hora vocês estão despedaçados, e, em algumas horas mais, todo o mundo de diabos é verdadeiro de novo. Portanto o diabo vem bem a calhar aqui. Ele esquece tudo sobre sua grande afirmação de que Deus está morto e prega o diabo, e então este é perfeitamente verdadeiro. Claro que ele está usando uma metáfora, mas isso não muda sua função inferior; ele está nas profundezas infernais do *Yin*.

> E eis o canto que Zaratustra cantou enquanto Cupido e as moças dançavam:
> Em teus olhos olhei há pouco, ó vida! E parecia que eu afundava no insondável.

Aí está. Pois bem, o que são os olhos da vida? Como isso é indicado no simbolismo precedente?

Sra. Crowley: A fonte.

Prof. Jung: Sim, vocês sabem que aqueles pequenos lagos azuis no Eiffel, vertidos na crosta da terra, são chamados de "os olhos do mar", *Meeraugen*. Portanto a fonte é um olho, porque um olho reflete a luz; quando você olha para uma fonte profunda, vê a luz do céu espelhada embaixo. É, portanto, o olho da vida é realmente essa fonte profunda – ali está a vida –, e ele sentiu que era insondável e parecia afundar.

> Mas me puxaste para fora com um anzol de ouro; e riste zombeteira, quando te chamei de insondável.
> "É o que dizem todos os peixes", falaste, "o que *eles* não sondam é insondável".

Ele é como um peixe apanhado por um anzol de ouro. E quem o está puxando para fora daquela fonte?

Sr. Allemann: A *anima*.

Prof. Jung: Sim, ele está falando da vida como se fosse uma pessoa, e logo vemos de que pessoa se trata.

> Mas sou apenas inconstante e selvagem, e em tudo mulher, e não sou virtuosa:
> Embora eu seja chamada por vós, homens, "a profunda", ou "a fiel", "a eterna" ou "a misteriosa".
>
> Mas vós nos presenteais sempre com as próprias virtudes – ah, virtuosos!

Aqui é inegável que a vida, essa fonte profunda, *Yin*, é a mulher nele próprio. Aqui ele aborda o que chamamos de a função inferior e esta é uma mulher, pois a *anima* sempre representa a função inferior no caso de um homem. Portanto, se um homem é altamente virtuoso, pode contar com o fato de que, quando encontra uma mulher, ela será sua *anima*, que terá todos os vícios que contrariam as virtudes dele. Ela contém tudo o que ele está combatendo, e – um truque particularmente maravilhoso do destino – encontra todas as más qualidades fascinantes nela. E então ele projeta nela todas as virtudes dele, enquanto ele contém os vícios correspondentes. Ele é infectado, e agora tem de carregar todos os vícios pelos quais tinha a compensação. Pois, se você contacta o inconsciente, será contaminado; você deve desenvolver as mesmas qualidades, caso contrário elas o devorarão. Quando você tem relação com diabos, deve desenvolver diabos em si próprio. O mero fato de você ter relação com diabos cria diabos dentro de você, assim, por favor, use-os se eles estiverem presentes. Não se horrorize, eles vêm bem a calhar, você só precisa usá-los, ou eles usarão você, e então você está dissolvido. Mas, se você os usa, eles lhe dão a proteção necessária contra os diabos de outrem, particularmente no caso dos diabos da *anima*. Por esse processo você adquire todas as qualidades que antes reprimia e que por isso tinham se tornado qualidades da *anima*. Pois bem, se esse processo ocorre, a *anima* muda a qualidade dela; na medida em que você assume essas qualidades, a *anima* tem uma chance de se tornar muito melhor. Alguém deve ter os diabos; seja a *anima* que os tenha, ou seja você. Se você os tem, então a *anima* pode se lavar e se tornar muito decente e agradável, pois está então do lado positivo. Mas se você supõe que é o virtuoso, a *anima* é inferno.

Sr. Baumann: Há uma passagem famosa no Corão sobre Moisés indo ao deserto com um peixe no seu cesto, e este pula em um riacho que descia de um oásis e que o leva para o mar[195]. E o islã é como *Yang*, muito masculino, mas onde está a *anima*?

---

195. A história de Moisés e Chidr (que era simbolizado pelo peixe perdido) está na sura 13, "A caverna", do Alcorão. Cf. "Sobre o renascimento", OC 9/1.

Prof. Jung: Oh, eles têm uma pluralidade de *animae*. Como você sabe, eles têm uma atitude muito peculiar para com as mulheres; elas são as huris no paraíso, uma sociedade de garotas, uma espécie de escoteiras, como as Valquírias são as escoteiras de Wotan.

Srta. Fabisch: Penso que a mulher maometana usa véus.

Prof. Jung: Sim, esse é outro truque da *anima*, particularmente quando são véus transparentes – então é infernal. Pois bem, essa tentação, ou o fascínio do oposto nele próprio, é evidentemente teleológico: deveria compensar uma unilateralidade. Zaratustra sente que existe uma possibilidade de afundar nessa profundeza, e então, subitamente, um pescador invisível com anzol e vara interfere e o puxa para fora de novo. Realmente deveríamos explicar isso. Nós supomos que é a vida que o pesca para fora da água, conforme seu texto, mas a vida, nesse caso, é uma *anima*, e nunca se ouviu falar que a *anima* fosse um pescador. *Ouviu-se* falar de casos em que um pescador capturou uma *nixe* em sua rede, por isso a *anima* poderia ser algo que foi capturado, mas isso é uma inédita anormalidade[196]. Como a própria vida poderia pescar você para fora da vida? Isso é impensável. Mas aqui vocês devem se lembrar da condição mental de Nietzsche, e devem se lembrar também daquele famoso *soreites syllogismos* que fiz quando estávamos falando dos primeiros capítulos do *Zaratustra*[197]. Qual foi o resultado?

Srta. Hannah: Que Nietzsche e Zaratustra são idênticos.

Prof. Jung: Sim, e agora vocês só precisam estender essa equação. Nietzsche igual a Zaratustra igual à *anima*. Por isso nunca podemos dizer com certeza qual é qual, pois todos os três são idênticos. Alguns parágrafos depois, ele diz: "E assim estão as coisas entre nós três". Os três são Zaratustra, Nietzsche e a *anima*. Então quem é o pescador tradicional?

Srta. Wolff: Cristo.

Sra. Sigg: Pedro.

Prof. Jung: Sim, e o que eles pescam?

Sra. Sigg: Seres humanos.

Prof. Jung: Sim. E que outro pescador existe?

Sra. Jung: Orfeu.

Prof. Jung: Sim, é verdade. Há um grosso livro de Eisler que contém todo o simbolismo[198]. E há outro pescador famoso que ainda está vivo.

Srta. Wolff: O papa.

---

196. Uma *nixe*, no folclore alemão, é um duende da água, geralmente na forma de uma mulher ou de uma combinação de mulher e peixe. Cf. OC 9/1, § 52.

197. Cf. 27 de junho de 1934, n. 129.

198. Robert Eisler, *Orpheus, The Fischer* (Londres, 1921). Cf. OC 9/2, § 147.

Prof. Jung: Sim, e o simbolismo está expresso aqui em seu anel de pescador, uma antiga gema representando a pesca milagrosa, pois o papa é o grande pescador, ele é o rei-pescador.

Sra. Crowley: E Vishnu?

Prof. Jung: Sim, mas *ele* aparece na forma de peixe. Desenvolve-se a partir de um peixe, mas é outra coisa, como o peixe de Manu[199]. É o mesmo motivo, mas aqui estamos preocupados com o simbolismo do pescador; essa é uma figura arquetípica definida. O místico Baco, ou Dionísio, também é um pescador, por exemplo. Pois bem, o que todas essas figuras têm em comum?

Srta. Hannah: Eles são salvadores.

Srta. Fabisch: Psychopompoi.

Prof. Jung: Sim, uma espécie de *psychopompoi*, condutores de almas, os pastores. Cristo foi frequentemente representado como o bom pastor nas catacumbas, e como Orfeu, por outro lado, domando os animais selvagens; ou como o pescador puxando a rede cheia das almas dos fiéis. Portanto, o representante do poder espiritual é o condutor de almas, uma espécie de *poimandres*, o pastor dos homens é o pescador. Pois bem, nesse caso quem seria o pescador aqui?

Resposta: Zaratustra.

Prof. Jung: Claro. O próprio Zaratustra seria o pescador. E quando Zaratustra, falando para a vida, diz "puxaste-me para fora da água", o que aconteceu nesse caso?

Sr. Allemann: Ele se identifica com a própria *anima*.

Prof. Jung: Sim, e esse mecanismo é chamado de projeção. Zaratustra está fazendo a projeção na vida ou na *anima*, e supõe que ela evidentemente o está pescando da vida, que ela é a responsável.

Sra. Jung: Parece-me que o peixe que é tirado da água não é salvo, mas capturado.

Prof. Jung: Exatamente, o peixe não é salvo. Mas, como vocês sabem, entende-se que todos os peixes puxados pelo divino pescador são realmente salvos. É só o diabo que lhes aconselha a dizer que eles são capturados. Vocês não deveriam dizer heresias como essa!

Sra. Jung: Mas penso que ele realmente é capturado pela *anima*; ele teme a vida e teme ser capturado pela vida.

---

199. Em OC 9/2, § 176, Jung, citando o *Satapatha-Brâhmana*, escreve: "O peixe de Manu é um salvador, identificado na lenda com Vishnu, que tinha assumido a forma de um peixinho de ouro. Este pede a Manu que o acolha junto a si, porque teme ser devorado pelos monstros aquáticos. Ele então cresce vigoroso, no estilo dos contos de dada, e acaba resgatando Manu da grande inundação".

Prof. Jung: Certamente! Ele realmente teme ser capturado pela vida, por isso, se algo o tira dela, ele fica muito satisfeito. Mas o que o tira da vida parece ser novamente a *anima*, por isso ele nunca fica inteiramente fora da vida. É uma espécie de círculo vicioso no qual Nietzsche inevitavelmente entraria, visto que não diferencia entre aquelas figuras. Faz um esforço, no entanto – estamos nesse momento chegando a isso –, entra em um tal emaranhado com essas figuras que quase sentimos que ele fará uma diferença. Em todo caso, vocês veem que ele projeta aqui o símbolo do pescador, que é de certa forma dele próprio, sobre a vida, a *anima*, e isso é um erro. Se um dos dois deveria pescar, deveria ser *ele* a fazer isso, e não a *anima*. Pois bem, os atributos que a vida dá a si mesma, "a profunda, a fiel, a eterna e a misteriosa", são todos maravilhosos atributos da *anima*; vocês a encontram, por exemplo, muito belamente em *She*, de Rider Haggard.

> Assim riu ela, a inacreditável; mas eu nunca acredito nela e em seu riso, quando ela fala mal de si mesma.

Não ajuda muito, mesmo se ela fala uma verdade desfavorável sobre si mesma, pois tudo o que ela diz é fascinante.

> E, quando falei face a face com minha selvagem sabedoria, ela me disse irritada: "Tu queres, tu desejas, tu amas; só por isso tu *louvas* a vida!"

Esse é um excelente diálogo com uma *anima*. Vejam, acontece algo aqui que é como uma imaginação ativa: ele já começa a se dissociar em suas figuras, substancia suas figuras e as confronta face a face, tem um diálogo, e agora ele chama a vida – lembrem-se, a mulher, sua misteriosa mulher – de "minha selvagem sabedoria". Mas ela é sabedoria?

Sra. Sigg: É na medida em que o homem Nietzsche está *begehrend* – amando, desejando –, pois ele sempre quis projetar isso.

Prof. Jung: Isso é perfeitamente verdadeiro. Ela lhe diz a verdade de que ele louva a vida porque está cheio de aspirações e desejos, o que significa que ele aprecia a *anima* por conta de seus próprios desejos. Se ele realmente a conhecesse, não a louvaria tanto. Veja, você sempre louva as coisas que quer – a não ser que só queira comprá-las. Mas, em geral, só se louva o que não se possui. Se você as possuísse, provavelmente não as louvaria, porque as conheceria. O que você possui nunca é tão bom quanto o que você não possui – a velha história. Mas essa Sabedoria (com letra maiúscula) certamente não é a *anima* comum que é a vida. Que tipo de *anima* seria?

Sra. Fierz: Sophia.

Prof. Jung: Essa seria a forma mais elevada da *anima*. Sophia sempre foi representada como uma espécie de virgem, bela, com as mais elevadas qualidades de virtude e conhecimento[200]. Ela é uma forma da *anima*, mas é implausível que uma figura como essa pudesse ser referida aqui, pois essa está muito mais próxima, e *isso* nós vemos no fato de que o velho sábio está combinado com a *anima*; então a *anima* aparece como sabedoria, poderíamos dizer, devido à identidade, mas Zaratustra é a sabedoria realmente. Vejam, ela não alcançou a sabedoria mais elevada. O ensinamento que ela lhe dá não é a sabedoria mais elevada, mas sim apenas um comentário muito astuto, que seria digno de Diotima, por exemplo, a *anima* de Sócrates que fazia comentários adequados como esse. O que ela tinha a dizer naquele famoso diálogo sobre o Eros soa exatamente como essa passagem[201]. Por isso devemos supor que é apenas a *anima* que fala aqui, e o aspecto de sabedoria se deve à identidade com Zaratustra.

> Quase respondi indignado e disse a verdade àquela irritada; e não se pode responder mais indignado do que quando se "diz a verdade" à sua própria sabedoria.

A *esse* tipo de sabedoria, como vocês veem, pois é um típico comentário da *anima*. Também o curso todo dos eventos descritos aqui é muito típico de uma discussão dessas. Vejam, quando a *anima* é projetada em uma mulher real e ela falta desse modo um tanto quanto contundente, invariavelmente ela enerva o homem. A *anima* salta sobre ele porque essa mulher está falando através do *animus* – falando sem saber do que se trata. "Tu queres, tu desejas, tu amas; só por isso tu louvas a vida!" é o *animus*. O *animus* sempre acusa outra pessoa, e sempre erra um pouco o alvo, uma polegada do lado errado. Então o homem fica obcecado por sua *anima*; fica indignado e começa a dizer a verdade a esse *animus-anima*, à mulher que fala nesse estilo. Esse é um caso de projeção porque ele diz: "E disse à verdade àquela irritada", portanto *ela* estava indignada. Mas ela simplesmente fez aquele comentário com uma malícia jocosa; não estava de modo algum irritada. Esse é o modo jocoso como a *anima* fala. Ela é bastante simpática em seu papel, como a mulher que desempenha esse papel e faz tais comentários. Ela pensa que é objetiva, mas o homem se irrita e diz que *ela* está irritada. Assim que a *anima* chega ao topo, é projetada.

> Assim estão as coisas entre nós três. No fundo amo apenas a vida – e, na verdade, sobretudo quando a odeio!
>
> Mas, que eu seja bom com a sabedoria, e frequentemente bom demais, é porque ela me recorda demais a vida!

---

200. Sobre Sophia, cf. 5 de junho de 1935, n. 357.

201. No *Banquete*, de Platão, Sócrates diz que aprendeu sobre Eros com Diotima, uma sacerdotisa.

Vocês veem a identidade; ele sente isso como três figuras, mas ao mesmo tempo são todas uma.

Tem seus olhos, seu riso e até sua dourada varinha de pescar: que posso fazer, se as duas se parecem tanto?

E quando, certa vez, a vida me perguntou: "Quem é essa então, a sabedoria?" – eu respondi sofregamente: "Oh, sim, a sabedoria!"

Como se ele estivesse falando de uma mulher para outra!

Temos sede dela e não nos saciamos, olhamos através dos véus, agarramos através das redes.

É bonita? Que sei eu! Mas as mais velhas carpas ainda são fisgadas com ela.

Esses são os peixes na lagoa de Astarte.

Palestra VIII
23 de junho de 1937

Prof. Jung: Temos aqui uma questão da Srta. Hannah: "Ao falar da multiplicidade das dançarinas, causada pela inconsciência de Nietzsche em relação à *anima*, você aludiu ao *animus* como sendo uma *pluralidade em si mesma*. Gostaria de saber se essa pluralidade persiste em todos os estágios da consciência de uma mulher. Ou se é uma compensação para a atitude em relação ao mundo exterior, a qual, em estágios mais elevados de consciência, daria lugar a uma figura, o *Poimen*?"

Essa questão se refere ao fato peculiar de que a *anima* de Nietzsche foi representada por várias jovens dançarinas. É uma ocorrência de certo modo rara, mas lhes dei outros exemplos – o garoto que sonhou com aquelas muitas garotas brancas, por exemplo –, e eu disse que uma profunda inconsciência em um homem com relação à sua *anima* explicaria essa multiplicidade. Também mencionei o fato de que o *animus*, via de regra, é uma pluralidade, mas, quando uma mulher é muito inconsciente, o *animus* é apto a ser uno, justamente o fenômeno oposto. O *animus* então se identifica inteiramente com o pai ou com a concepção tradicional da deidade, para mais tarde se cindir, ao longo do processo de conscientização, na pluralidade empírica usual. Pois bem, a questão é se em um estado posterior, mais desenvolvido, de consciência, o *animus* tem a tendência a novamente se tornar uno. E poderíamos também indagar se, em um estado posterior de consciência, a *anima* não teria a tendência a novamente se tornar uma pluralidade. Bem, se a consciência pudesse alcançar a mesma extensão que o inconsciente e se tornar uma consciência universal, então é claro que o *animus* e a *anima* poderiam alcançar em grande medida a mesma condição novamente. Mas, visto que algo como uma consciência total está absolutamente descartada em um ser humano, não podemos ter a esperança de alcançar um nível desses – embora talvez possamos sonhar com isso.

Os místicos sempre tentam chegar a essa consciência total, os *experts* na ioga, por exemplo; mas, como nunca analisei uma pessoa assim – alguém que tenha atingido as condições mais elevadas de iluminação –, não posso dizer se sua *anima* alcançou o estado de pluralidade novamente. Também nunca vi uma mulher que tenha alcançado um estado tal de consciência que o seu *animus* tenha se tornado uno. Por isso dificilmente posso responder à sua questão. Teoricamente é bem possível, mas empiricamente o *animus*, via de regra, é uma pluralidade, embora seja verdade que existe uma tendência a enfatizar particularmente um aspecto do *animus*, e que seria o *Poimen*, o pastor; nisso você está totalmente certa. Mas isso nunca supera inteiramente a pluralidade, pois, além desse *Poimen*, há todo tipo de outros pastores e policiais e sabe Deus o que mais, que estão sempre ocupados criando tramas e coisas do tipo. E, no caso de um homem, a unicidade da *anima* pode ser descrita como uma espécie de ente, ou talvez uma figura prevalecente, mas sempre há certas coisas ficando por trás, naturalmente, o que explica o fato de que a *anima* possa ser projetada em várias mulheres diferentes, inclusive ao mesmo tempo – certos aspectos da *anima*, pelo menos. Assim, essa unicidade só poderia ser alcançada se um estado absolutamente perfeito de consciência também fosse alcançado, um equivalente completo do inconsciente coletivo[202]. E, como tal condição é sobre-humana, não podemos ter esperança, e não deveríamos nem mesmo desejar atingir essas alturas. Seria demasiado inumano.

Srta. Hannah: Na verdade, eu queria perguntar em que medida a pluralidade do *animus* é uma compensação para a atitude em relação ao mundo exterior. Uma mulher geralmente é monogâmica e um homem, poligâmico. Se uma mulher superasse sua atitude monogâmica, o *animus* tenderia a se tornar uno como a *anima* em um homem?

Prof. Jung: Uma coisa dessas acontece empiricamente apenas sob certas condições; por exemplo, se houver uma determinada parcela de homossexualidade, você tende a ter uma figura de *animus* que é quase indistinguível de uma *anima* – haveria um caráter sexual muito misturado. Pois bem, permanecemos presos em um capítulo chamado "O canto da dança" – não que ele seja muito uma canção, é antes um pedaço difícil de psicologia. Vocês se lembram de que o problema geral com o qual nos ocupamos nesses últimos capítulos é a *enantiodromia*, ou a transição de um ponto de vista *Yang* para o *Yin*, o aspecto feminino. E ele dá aqui uma descrição muito boa da *anima* sob o aspecto que ela realmente representa: ou seja, a vida caótica, um tipo móvel, inconstante de vida, não obediente a quaisquer regras particulares. Ao menos elas não são muito visíveis, mas são mais como que leis ocultas. Em meu ensaio sobre os arquétipos do inconsciente coletivo, vocês podem se lembrar de que identifiquei a *anima* com a vida ou o viver; a *anima* é realmente o arquétipo da vida, assim como o velho homem é o arquétipo do sentido da vida.

---

202. Cf. OC 9/1, em que tais arquétipos especialmente proeminentes, como a *anima*, a mãe, a criança e o *trickster* são extensamente tratados.

Na parte com que acabamos de lidar, Nietzsche descreve a *anima* de modo belíssimo como sendo essencialmente a vida. Ele mostra em que medida a vida tem os aspectos de mulher, ou poderíamos inverter e dizer a extensão em que a mulher é um aspecto da vida, ou representa a vida, pois a vida vem a um homem por meio da *anima*, apesar do fato de ele pensar que lhe venha por intermédio da mente. Ele domina a vida através da mente, mas a vida *vive* nele por intermédio da *anima*. E o mistério na mulher é que a vida vem a ela pela forma espiritual do *animus*, embora ela suponha que lhe venha por intermédio do Eros. Ela domina a vida, ela *faz* a vida profissionalmente através do Eros, mas a vida efetiva, em que se é também uma vítima, realmente vem por intermédio da mente.

Percebo que essas coisas são difíceis de compreender se a pessoa não teve certas experiências para dar o necessário material empírico e para mostrar a aplicação dessas formulações. Nietzsche, na medida em que é uma mente, está sempre propenso a se perder nas gélidas alturas do espírito, ou no deserto do espírito, onde há luz, embora tudo o mais seja seco ou frio. Se ele fica sozinho demais nesse mundo, é necessariamente forçado a descer, e então vem à vida, mas na forma da mulher, por isso naturalmente chega à *anima*. É sempre uma espécie de descida a essas regiões inferiores em que há calor e emoção e também as trevas da vida caótica. Vejam, quando ele descer ao *Yin*, perceberá em primeiro lugar os aspectos de *anima* da vida, e depois também a sabedoria da vida – o velho representando o arquétipo – e o sentido da vida, o reflexo da vida na mente. Ele vê agora esses aspectos, e também se vê em meio a eles; fala de "nós três". Assim, faz uma trindade de si mesmo, da vida ou da *anima* e da sabedoria, que seria Zaratustra.

Que ele se sinta como uma trindade deriva de uma determinada condição que frequentemente foi mencionada por nós. Vocês lembram que, algum tempo atrás, falamos da trindade infernal: ou seja, o reflexo no inferno da trindade espiritual, o diabo trino. No *Inferno* de Dante, ele está na forma de Satã, com as três faces – amarelo-esbranquiçado, vermelho e preto. Pois bem, de lá para cá descobri, em um tratado medieval, outra formulação que afirma mais claramente que há uma trindade no céu, uma trindade no homem e uma trindade no inferno. Nietzsche se conscientiza da trindade no inferno a partir do fato de que ele se sente como uma trindade, e esse sentimento deriva de sua identidade com Deus, a trindade no céu. Ele negou a existência da deidade cristã, e assim seria propenso a ter primeiramente uma inflação, e depois, por uma espécie de reflexo no espelho, descobre de novo a trindade, mas uma trindade na qual está incluído. Em vez do Pai, do Filho e do Espírito Santo, seria ele próprio, a vida e a sabedoria. Bem, vamos prosseguir:

> "Talvez seja má e falsa, e em tudo uma mulher; mas, quando fala mal de si mesma, é então que mais seduz."

Quando falei isso à vida, ela riu maliciosamente e fechou os olhos. "De quem falas?", perguntou, "de mim, certamente?

E, ainda que tivesses razão – dizer-me *isso* na cara! Mas agora fala também de tua sabedoria!"

Ah, e abriste novamente os olhos, amada vida! E pareceu-me que eu novamente afundava no insondável.

Assim cantava Zaratustra. Mas, quando a dança chegou ao fim e as moças partiram, ele se entristeceu.

"Há muito o sol se pôs", disse afinal; "o prado está úmido, e um frio vem dos bosques".

O aspecto da vida aqui é atraente. É representado por aquelas jovens dançarinas e isso é evidentemente um tanto suspeito. É um aspecto superficial e alegre da vida, ou um aspecto estético, assim como a analogia de Krishna e das leiteiras é uma espécie de aspecto divino e lúdico. Mas, quando esse processo foi deflagrado – a descida ao *Yin* –, temos finalmente a propensão a nos tornarmos nós mesmos, e não um aspecto divino da vida ou uma espécie de Shakti lúdica criando um mundo de ilusões. O círculo das moças é uma espécie de *maya* sombria, e, na medida em que Nietzsche é divino, pode permanecer em um mundo como esse, assim como Deus pode permanecer nas cores cambiantes do mundo, cercado por imagens de devir e desaparecimento, a abundância das figuras criadas. Mas, na medida em que ele é humano, a descida vai mais longe; chega ao isolamento e à singularidade do homem, e é totalmente incapaz de encarar o mundo como os deuses encaram, como uma espécie de reflexo especular de si mesmo – pelo menos os deuses hindus fazem isso; eles não sofrem com a realidade do mundo porque supõem que é a miragem deles próprios. O iogue naturalmente se esforça sempre para alcançar uma condição na qual possa ser capaz de encarar o mundo como sua própria criação, ou seu imaginário, um autorreflexo; mas só pode fazer isso – se é que o pode – por um completo sacrifício de sua existência humana. Ele deve transcender a humanidade para atingir a visão de Deus.

Visto que Nietzsche é humano, não pode suportar essa visão eternamente. Não pode se manter distante de seu lado humano, porque ele é parte dessa *maya*, um ser humano entre seres humanos, não um deus. Ele não está nem abaixo, nem acima da humanidade, e assim naturalmente vem a si mesmo. É como se ele estivesse descendo pelos véus de *maya*, não à deidade, mas a si mesmo. Naturalmente, quando as trevas advêm, quando aquele aspecto encantador das muitas cores e da abundância da vida se afastou, então o sol se põe. A consciência desce ainda mais à noite do *Yin*, às trevas da matéria – à prisão do corpo, como os gnósticos diriam. O prado estar úmido significa que a psique se umedece. Era a ideia de Heráclito que a alma se torna água. É uma espécie de condensação. O ar fica frio à noite e o vapor, se condensando, cai no chão[203]. Do bosque, ou das trevas, vem o frio, as trevas sendo evidentemente o *Yin*, a umidade, o lado norte da montanha. E a pessoa se torna essa substância, uma matéria semilíquida. O corpo é uma espécie de sistema que contém líquidos, consiste em cerca de 98% de água. Assim, a pessoa é instantaneamente capturada no corpo, bem como o deus, quando olhou de cima para baixo o espelho da matéria, foi capturado pelo amor da matéria, e assim foi trancafiado na matéria para sempre. Por isso podemos compreender quando ele diz:

> Uma presença desconhecida está ao meu redor, e olha pensativa. Como? Ainda vives, Zaratustra?

Não se pode sentir uma presença se se é o próprio Deus, pois é então a presença da própria pessoa e não existe outra. Se tudo é consciente, a pessoa não sabe de nenhuma presença porque é tudo; portanto, enquanto a pessoa está identificada com a deidade, não há nenhuma presença. Se a pessoa sente uma presença desconhecida, isso significa que há algo além dela própria, e então ela não é mais Deus. Assim, no momento em que Nietzsche entra na umidade e no frio do *Yin*, ele está por si mesmo, isolado, e desse modo é capaz de sentir uma presença – então subitamente fica ciente de que não está só. Se ele fosse Deus, estaria só e nunca saberia disso, mas, sendo homem, ele é capaz de se sentir só e então é capaz de sentir uma presença. Não é a primeira vez que o homem Nietzsche percebeu uma presença, mas é uma ocorrência rara. E agora, percebendo que Zaratustra é a presença desconhecida, ele pergunta: "Como? Ainda vives, Zaratustra?" – como se Zaratustra tivesse morrido. De certo modo, Nietzsche perdeu a conexão com Zaratustra ao entrar nas trevas do *Yin*. Pareceu que Zaratustra tivesse morrido, ou que no mínimo tivesse sido removido. Daí esta questão: "Ainda vives, Zaratustra?"

> Por quê? Para quê? Com quê? Para onde? Onde? Como? Não é tolice ainda viver?

O que significa que essa presença, Zaratustra, poderia viver até mesmo fora de Nietzsche. Vejam, ele se identificou tanto com o espírito que presumiu que Zaratustra só podia existir porque ele, Nietzsche, existia. Então subitamente ele descobre que o homem Nietzsche pode existir sem Zaratustra e assim Zaratustra deveria estar morto, mas não está.

> Ah, meus amigos, é a noite que assim pergunta dentro de mim. Perdoai-me a minha tristeza!

Essa tristeza é depressão, ele está sobrecarregado. A depressão significa que a pessoa esteve demasiadamente alto e distante, no ar superior, e a única coisa que

---

203. Heráclito: "As almas também são vaporizadas do que está úmido" (Freeman*, fragmento 12).

a desce para a terra, para seu isolamento, à condição humana, é a depressão. Para tornar-se humano, ele precisa da depressão. Estava tão inflado que foi preciso um fardo pesado ou a atração magnética da matéria para trazê-lo para baixo, por isso ele diz: "É a noite que assim pergunta dentro de mim". É o pôr do sol *Yin* que cria essa questão nele.

> Fez-se noite: perdoai-me que se fez noite!
> Assim falava Zaratustra.

Como se ele tivesse de pedir perdão por ser humano! É totalmente compreensível que o capítulo seguinte se chame "O canto dos sepulcros". É como se estivéssemos agora continuando no ser humano material, nas trevas da matéria. Ele começa:

> Ali está a ilha dos sepulcros, a silenciosa; ali também se acham os sepulcros da minha juventude. Para lá quero levar uma sempre verde coroa da vida.

Esse começo é muito simbólico. O que significa?

Sra. Crowley: Sugere renascimento de novo. Ele tem de descer lá para renascer, e traz a sempre verde coroa da vida.

Prof. Jung: Não chegamos ao renascimento; temos agora de lidar com a morte. O que é a ilha dos sepulcros e por que uma ilha silenciosa?

Srta. Hannah: Não seria porque ele tentou enganar esse espírito de gravidade?

Prof. Jung: Por que vocês não entram na ilha, por que vocês todos evitam a ilha? São todos como Nietzsche?

Srta. Welsh: É a ilha dele próprio.

Prof. Jung: Sim, a ilha é um pedaço muito pequeno de terra no meio do mar. Uma ilha significa isolamento, insulamento, ser uma só coisa. É a solidão dele: ele é uma ilha perdida em algum lugar do mar.

Prof. Reichstein: Posso fazer uma pergunta referente ao último pedaço do capítulo anterior? Essa concepção não poderia ser invertida – e a presença desconhecida não ser Zaratustra, mas sim Zaratustra seria aquele que é capturado no desconhecido? Então a situação seria a que você mencionou primeiro; seria a centelha do deus em vez do homem Nietzsche. Ele diz: *Ein Unbekanntes ist um mich und blickt nachdenklich. Was! Du lebst noch, Zarathustra?*[204] Isso significaria que o desconhecido perguntaria a Zaratustra se ele ainda está vivo.

Prof. Jung: Bem, o texto alemão é: *Ein Unbekanntes ist um mich*, portanto ele obviamente personifica essa presença desconhecida. Ele só pode observar ou olhar se é uma espécie de pessoa. E a pergunta "Como? Ainda vives?" deve ser – segundo minha ideia, pelo menos – um comentário feito à presença desconheci-

---

204. Essa parte do *Zaratustra* está traduzida, na p. 406, vol. II ["Uma presença desconhecida está ao meu redor, e olha pensativa. Como? Ainda vives, Zaratustra?" (N.T.)].

da que olha de forma tão pensativa. Bem, nós sabemos que Nietzsche experienciou Zaratustra como uma espécie de segunda presença: *Da wurde eins zu zwei und Zarathustra ging an mir vorbei*[205]. Isso descreve exatamente o sentimento de uma presença, e essa é, além do mais, uma forma de experiência religiosa. (Há um capítulo interessante sobre essa experiência da presença desconhecida em *As variedades da experiência religiosa*, de William James[206].) Essa experiência significa: estou ciente do fato de que não estou sozinho nesta sala; há uma presença, e ela é desconhecida. Essa é a experiência da objetividade da psique, uma experiência da realidade do inconsciente. Veja, você não poderia ter uma dissociação do inconsciente como essa se o inconsciente fosse nada mais do que uma miragem vazia. Tais experiências seriam então ilusões ridículas. Mas, quando alguém já teve essa experiência da presença, não conseguimos convencê-lo de que não foi real. O fato é que isso sempre é experienciado como a realidade mais significante e importante. Leia William James.

Veja, na psicologia você não pode julgar por seu próprio inconsciente ou por sua própria ignorância. Se um homem teve uma experiência, temos de pressupor que ele a teve; a não ser que ele definitivamente minta, não podemos dizer que a experiência foi uma ilusão. Assim, quando Paulo experienciou Cristo no caminho a Damasco, não podemos dizer que foi uma ilusão; ele obviamente foi tomado por essa experiência e portanto é um fato. Claro, pessoas estúpidas diriam que se alguém tivesse estado lá com um aparelho fotográfico, não teria sido capaz de fotografar Cristo descendo do céu; esse é o modo como idiotas comuns pensam. Mas basta que o homem Paulo tenha sido tomado por essa experiência, isso é um fato. O humorista estadunidense Mark Twain, em seu livro sobre a Ciência Cristã, dá uma descrição de todas as noções idiotas deles, e então diz: "Vocês veem, isso tudo é um óbvio *nonsense*, terrivelmente idiota, mas é justamente por essa razão que é tão perigoso, pois a maior força na terra é a estupidez da massa, não a inteligência da massa". A estupidez é o poder extraordinário, e Mark Twain viu isso[207].

---

205. De novo: "Então um se tornou dois e Zaratustra passou junto a mim".

206. "É como se houvesse na consciência humana um senso de realidade, um sentimento de presença objetiva, uma percepção do que podemos chamar 'algo aí' [...]" (James, W. *The Varieties of Religious Experience*. Nova York, 1902, Palestra III).

207. Samuel Clemens escreveu a um estranho na Escócia, em 1909, que a Ciência Cristã tem "exatamente o mesmo valor agora que tinha quando a sra. Eddy a roubou de Quimby. [...] Foi uma meliante roubando uma carona no expresso relâmpago" (*Mark Twain's Letters*. Ed. A. B. Paine. 2 vol. Nova York e Londres, 1917). O tema o interessava tanto que ele escreveu um livro, *Christian Science* (Nova York e Londres, 1907). Certa vez, solicitado a dizer algo sobre a Ciência Cristã, respondeu com magistral concisão: "Não é uma coisa nem outra".

Justamente porque uma coisa é estúpida ela é importante, porque então atrai muita gente. Quando pensamos "bem, é exatamente isso", justamente *não* é isso, pois milhões nunca o verão – dois ou três talvez possam ver, mas o que isso significa? Claro, é muito precioso, mas qual é o valor de um diamante se ninguém o descobre? Mas, quando uma coisa é tangivelmente idiota, você pode ter certeza de que ela é muito poderosa, muito perigosa. Vejam, quando chamamos uma coisa de estúpida, pensamos que a desfazemos, que a superamos de algum modo. Claro que nada disso acontece; simplesmente fizemos uma declaração de que aquilo é muito importante, a promovemos, e ela atrai a todo mundo. As pessoas pensam "graças aos céus, aqui está algo que podemos entender", e a comem. Mas, se dizemos que algo é muito inteligente, elas desaparecem e não o tocam. Portanto, como vocês veem, poderíamos dizer que foi apenas uma experiência subjetiva, uma ilusão. Não, não foi uma ilusão. Moldou a vida de Nietzsche. Paulo não teria existido se não fosse por sua experiência no caminho a Damasco, assim como, provavelmente, uma grande parte do nosso cristianismo – não sabemos o tamanho dessa parte – não teria existido se essa ilusão não tivesse acontecido. E, quando você a chama de ilusão, você a promove – você a torna também muito importante –, pois a coisa mais importante para o homem, além de sua estupidez, é ilusão. Nada foi criado no mundo que não tenha sido primeiro uma ilusão ou imaginação: não há ferrovia, hotel, navio de guerra que não tenha sido imaginação.

Assim, a experiência da presença desconhecida é uma coisa muito real, e, como Nietzsche se identificava com Zaratustra, é absolutamente necessário que, quando ele vem ao *Yin*, o oposto do espírito Zaratustra, ele deva perceber que ele é dois: o homem Nietzsche e Zaratustra, a presença desconhecida. Por isso, penso que a presença desconhecida realmente se refere a Zaratustra, pois Zaratustra olharia de forma um tanto pensativa se visse seu portador humano em um estado de *Yin*. *Yin* é a condição que tende a ser difícil para *Yang* – pode reduzir *Yang* àquele famoso ponto branco no preto.

Srta. Wolff: Talvez você também possa interpretar a passagem como resumindo todo o capítulo: Zaratustra encontrou a *anima* sob a forma de vida. Ficou fascinado por ela, mas não a aceitou, porque ela aparece nesse aspecto jovial e superficial que ele sente ser um contraste grande demais para consigo. Eu então consideraria toda a passagem depois do desaparecimento das garotas como simbolizando o humor de Zaratustra após a *anima* ter ido embora. O sol se põe, a noite vem, e Zaratustra se sente como um velho para quem a vida perdeu o sentido. Ele bem poderia estar morto.

Prof. Jung: Mas a morte está incluída na vida, portanto a *anima* sempre tem o aspecto da morte.

Srta. Wolff: Sim, mas isso não aparece nesse capítulo. A vida aqui é vista sob um aspecto gaio e juvenil, e a *anima*, como uma jovem mulher sedutora. Esse é evidentemente um aspecto superficial demais para Zaratustra, por isso ele a rejeita nessa forma. Mas então o sol se põe e a noite vem: tudo fica escuro e frio. Ele se sente triste e velho, e, por isso, a presença desconhecida que pergunta a Zaratustra se ele ainda vive, eu consideraria que ela personifica um sentimento estranho dentro dele de que a noite e a morte vêm quando a *anima* naquela forma jovial partiu.

Prof. Jung: Bem, é perfeitamente verdadeiro que, no caso de Nietzsche, esse sentimento surge quando a *anima*, nesse aspecto superficial das jovens dançarinas, vai embora. Quando o sol se põe, é natural que emerja a dúvida se Zaratustra ainda vive, pois, para Nietzsche, a vida significava a dança, significava esse aspecto caloroso e juvenil, *la gaya scienza*, a gaia ciência. Mas a noite é outro aspecto da vida; por isso a *anima* também tem o aspecto de morte. Como, por exemplo, *Ela, a feiticeira*, de Rider Haggard, vive no túmulo; e, em *A Atlântida*, de Benoit, Antinea se cerca dos cadáveres de seus amantes mortos. Nietzsche tem essa dúvida porque ele tinha o preconceito de que a vida só tinha o aspecto belo, o aspecto gaio. Mas agora está apavorado, pois a vida subitamente revela o outro lado, o aspecto de morte. E então ele pergunta: "Ainda vives, Zaratustra?" Zaratustra era o sujeito que sempre havia desfrutado do aspecto divino, belo, positivo da vida, como Krishna e as leiteiras, e, nessa imagem da felicidade eterna, não há sugestão de morte. Mas, como Nietzsche não é Deus, tem de encontrar a morte; como não é Krishna, ele tem de ver o outro aspecto da vida, que inclui a morte. Por isso penso que a dúvida se Zaratustra ainda vive realmente vem de um sentimento que é, em grande medida, o equivalente da dúvida de Cristo sobre seu Pai na cruz: *Mein Gott, mein Gott, warum hast Du mich verlassen.*[208] Essa é fortemente a mesma questão.

Srta. Wolff: Como se Nietzsche, como o filho, tivesse perdido Zaratustra?

Prof. Jung: Sim, aparentemente ele o perdeu, e Zaratustra se tornou uma presença desconhecida, quase inquietante. Uma presença desconhecida geralmente tem o caráter de algo inquietante.

Sra. Jung: Não se poderia dizer que a presença desconhecida é a sombra, pois em seguida ele chega à ilha dos sepulcros, à ilha de sua juventude? E ela comporia o quarto a ser acrescentado à Trindade.

Prof. Jung: Isso é de algum modo um aspecto difícil. Eu não diria que essa presença desconhecida era a sombra. É mais como um outro aspecto de Zaratustra, ou outro aspecto da sabedoria. Veja, Zaratustra também tem o aspecto de morte. No Oriente, você se lembra, as divindades sempre tinham dois aspectos, o positivo

---

208. "Meu Deus, meu Deus, por que me abandonaste?"

e o negativo; mesmo Kwan Yin, a deusa da infinita bondade, também tinha um aspecto furioso e infernal. E assim os arquétipos sempre têm um aspecto positivo e um negativo. Por isso, eu diria que ele subitamente vê Zaratustra em outra luz.

Prof. Reichstein: Ele diz aqui: *Und ins Unergründliche schien ich mir wieder zu sinken*[209]. E Zaratustra estaria aprisionado nisso.

Prof. Jung: O Professor Reichstein acha que Zaratustra é como a centelha de luz dos gnósticos, o espírito eterno que cai na matéria e é aprisionado nela. Isso é perfeitamente verdadeiro. Depende da perspectiva da qual se vê. A maldição de analisar o *Zaratustra* é que Nietzsche é intercambiável com Zaratustra, e nós temos uma dificuldade infernal para discernir quem é quem, porque os dois estão sempre juntos. Da perspectiva de Nietzsche, é uma experiência humana comum – bem, claro que é muito inusitada, mas há muitos paralelos na literatura –, ele primeiro se identifica com o espírito, elevado e exaltado, e então afunda e subitamente descobre um aspecto inteiramente diverso nas coisas. E onde está seu belo espírito? Onde está Zaratustra? Pois bem, da perspectiva de Zaratustra – e obviamente Nietzsche fala da perspectiva de Zaratustra –, as coisas naturalmente são diferentes. Zaratustra, sendo o arquétipo do espírito, não é evidentemente um ser humano pertencente ao espaço tridimensional e consistindo de matéria. Assim, sejam ingênuos, considerem-no um espírito; ele afirma ser um espírito – certo, aceitem isso. Bem, um espírito tem uma existência incorpórea. Não está em nenhum espaço; é quadrimensional. Mas, se essa coisa entra na matéria, entra no espaço, e então o eterno mito da descida do espírito é repetido uma vez mais. Zaratustra é ligado ao homem Nietzsche; o homem Nietzsche é uma espécie de ferramenta ou veículo para o eterno espírito quadrimensional de Zaratustra.

E agora Nietzsche passa por uma mudança: ou seja, ele se conscientiza do outro aspecto das coisas, seu sol se põe, sua consciência entra no submundo – e, através de Nietzsche, o espírito eterno tem a mesma experiência. Como vocês sabem, o *Nous* da gnose foi atraído por seu próprio reflexo nas águas caóticas, e instantaneamente a *Physis* pulou e o pegou, e ele se dissolveu na matéria. Pois bem, o resultado disso foi a criação do homem, o homem comum. O *anthropos* foi o segundo homem, que nasceu desse abraço. Zaratustra é algo como o primeiro homem, o Adão Kadmon dos cabalistas, ou o Adão Primus dos filósofos medievais. E nós somos o segundo Adão, pode-se dizer. Assim como Adão foi a primeira criação de Deus, Cristo é sua segunda criação[210]. Zaratustra realmente é o *anthropos*

---

209. "E pareceu-me que eu novamente afundava no insondável."

210. Na cabala judaica, Adão Kadmon é o Primeiro Homem, que é completo – por isso equivalente ao si-mesmo junguiano –, contendo todas as pessoas parciais que vêm depois. O *anthropos* medieval representa, em grande medida, a mesma ideia.

que foi capturado em Nietzsche e compartilha, até certo ponto, a experiência de Nietzsche. Vejam, podemos nos imaginar, ou podemos sentir a mente de Zaratustra, e somos, de certa forma, capazes de ver as coisas do ponto de vista dele. Mas é muito conjectural, pois não somos arquétipos e não podemos sentir os arquétipos o bastante para saber o que exatamente aconteceu a Zaratustra. Só podemos sentir adequadamente o que acontece ao homem Nietzsche. Podemos nos colocar em sua situação e também podemos compreender o que ele diz sobre Zaratustra, mas o que Zaratustra sente sobre isso é divino e está além de nós.

Isso é como se eu tomasse vocês e dissesse: "Vocês têm um certo complexo, talvez um complexo de inferioridade, que é um ser autônomo em vocês porque vem e vai quando quer e não quando vocês querem. Vocês estão possuídos por esse complexo. Então, por favor, contem-me a história do seu complexo: como se sentem? E o que *ele* sente sobre a experiência de vocês?" Como veem, é extremamente difícil, e esse é o caso com Zaratustra. É perfeitamente óbvio que Zaratustra é um complexo de superioridade em Nietzsche, se quisermos ser francos e sem imaginação. Mas é muito injusto dizer que o deus – ou o seu gênio – é seu complexo de superioridade. Isso é um jargão técnico simplesmente fora de lugar quando se trata de fatos reais, embora psicologicamente seja assim, é claro. Só podemos dar a fenomenologia de um complexo desses, mas senti-lo, estabelecer o romance desse complexo, é muito difícil. Não imagino o modo como os elfos experienciam o mundo, ou o que alguma alma fragmentária sabe ou experiencia sobre o mundo.

Vocês podem se lembrar daquela história sobre os dois elfos e o pastor dinamarquês. Ele tinha estado com um homem doente e estava muito cansado e indo para casa tarde da noite, por um caminho solitário em um pântano, quando subitamente ouviu uma música tênue e muito bonita. Então ficou atordoado ao ver duas pessoas caminhando por um lugar no pântano em que nenhum homem podia caminhar sem se afogar, e então o pastor dinamarquês descobriu que eram elfos e que eram eles que estavam fazendo a música. (Elfos fazem música, como vocês sabem.) Eles se aproximaram e perguntaram quem o pastor era e de onde vinha, e disseram que era muito legal que ele fosse um pastor. E os elfos estavam muito tristes por não terem almas imortais e perguntaram para ele o que deveriam fazer para obtê-las. Mas o bom pastor não conseguia pensar no que fazer: ele não conseguia sentir esse complexo. Não tinha previsto uma situação dessas e não entendia a psicologia dos elfos. Mas disse que eles deviam orar a Deus para lhes dar almas e a única coisa em que o pastor conseguia pensar era o Pai-nosso. Por isso, disse-lhes para repetir depois dele: "Pai nosso que estais no céu". E eles disseram: "Pai nosso que não estais no céu". "Não", o pastor disse, "está errado, vocês devem dizer 'que estais no céu'". E de novo os elfos disseram: "que não estais no céu". Eles simplesmente não podiam dizê-lo como o pastor disse. E ele não conseguia entender. Claro que não, como é que um homem com uma alma pode sentir uma coisa que não tem alma? Se pudéssemos fazê-lo, saberíamos tudo sobre a psicologia das pedras. Quem dera eu pudesse!

Pois bem, Zaratustra é evidentemente uma alma superior, uma superintensidade, e devemos lidar com Zaratustra de maneira muito cuidadosa e reverente, pois é a experiência espiritual de Nietzsche. Vejam, as questões "Por quê? Para quê? Com quê? Para onde? Onde? Como?" são evidentemente as perguntas de um homem desesperado. E quanto ao espírito? Qual é o propósito? Por que deveria existir algo assim? É realmente "meu Pai, por que me abandonaste?" e "não é tolo ainda viver?" A vida faz algum sentido? Mas esse é um aspecto da vida também, esse é o caos; não é mais a dança, mas a vida noturna, e não é compreensível. São as trevas, a completa escuridão do desespero. Pois bem, Zaratustra certamente está tocando as trevas; na medida em que o homem é afetado por essas trevas, o espírito que habita perto dele – por sobre ou acima dele, mas o contactando – familiariza-se com seu próprio oposto, as trevas. Lá ele toca a matéria, e, por isso, esse momento é de suma importância. Assim, o que o Professor Reichstein diz enfatiza um momento de importância metafísica, pois a questão é feita da perspectiva de Zaratustra, o espírito que entrou na matéria. E esse é o momento em que o espírito entra na matéria. Vejam, isso explica muito do simbolismo subsequente.

Sra. Crowley: Em conexão com a Trindade, ela não poderia ser também os opostos, o *Yin* e o *Yang*, e o si-mesmo?

Prof. Jung: Naturalmente. Por exemplo, a trindade na filosofia medieval era o espírito, a alma e o corpo. O corpo, é claro, refere-se ao *Yin*, e o espírito, ao *Yang*, e a psique estaria entre ambos.

Pois bem, vamos para o próximo capítulo, "O canto dos sepulcros". Já li o primeiro parágrafo. A ilha dos sepulcros, a ilha silenciosa, tal como é compreensível pelo caráter geral dos capítulos precedentes, é uma descida ao *Yin*. O caráter último do *Yang* é a extinção no *Yin*, porque é o seu oposto em caráter. Mas não se poderia dizer que é a morte; só parece ser como a morte quando você vem do lado do *Yang*. É antes, poderíamos dizer, o recipiente no qual a atividade positiva do *Yang* é contida, ou é a possibilidade graças à qual o *Yang* pode operar. Por isso o *Yin* pode facilmente ser identificado com Shakti: é o recipiente do criador. Ou é *maya*, o material de construção do mundo, movido pelo ponto criador no centro, o *Shivabindu*; esse é o deus do qual todas as forças moventes emanam, mas elas só podem se tornar visíveis graças a *maya* ou Shakti[211]. Portanto, o *Yin* é uma condi-

---

211. Maya: mãe do mundo. Shakti: esposa ou companheira feminina do deus Shiva. *Bindu* significa "ponto", definido, como na geometria, como sem dimensão, e que é onde a criação começa. Cf. OC 9/1, § 631.

ção indispensável para a existência real; sem ele, o poder criador latente de Shiva permaneceria adormecido para sempre. E o *Yin* em si mesmo não significa morte, mas apenas uma condição negativa, por oposição a uma condição ativa. Mas, quando você vem de uma identificação com o espírito, parece a morte, como se você fosse enterrado. Torna-se duvidoso se o espírito já viveu alguma vez, e, sobretudo, não vemos qual seria sua utilidade. A essência real do espírito parece ser negada, improvável – até mesmo impossível. Assim, naturalmente, quando Nietzsche chega à percepção de si mesmo como um ser humano separado de Zaratustra, isso se parece para ele exatamente como a morte, ou como uma prisão. Em todo caso, o que ele percebe em primeiro lugar é o que ele formula aqui, a ilha dos sepulcros ou a ilha silenciosa. E que tipo de condição psicológica é essa?

Sr. van Waveren: Um estado de introversão.

Prof. Jung: Sim, mas quando um homem está em uma ilha isolada no mar, ele provavelmente observa o horizonte, e isso seria antes uma atividade extrovertida. Claro, se ele buscou essa ilha para não ser incomodado pelo mundo, ele amaldiçoaria cada navio que aparecesse na redondeza e voltaria suas costas para o mar, e então falaríamos em introversão. Mas essa ilha tem um tom diferente. Que condição ela simboliza?

Sr. Baumann: Que todas as relações humanas estão cortadas.

Srta. Hannah: Isolamento.

Prof. Jung: Sim, é a completa quietude e solidão do sepulcro. Um homem está completamente desconectado em uma ilha dessas, pois quem vai para lá? Só os mortos, que nunca retornam. Por isso é também uma prisão eterna, e ele próprio é uma espécie de fantasma desembarcando ali. A condição psicológica da qual ele fica ciente agora é de sua absoluta solidão. Antes, ele era Zaratustra cercado por discípulos imaginários, falando a multidões nas praças das cidades. Ele tinha uma missão, ele representava alguma coisa. Seu coração estava cheio a ponto de transbordar com tudo o que ele queria dar às pessoas; ele deu seus presentes às nações. E agora está na ilha dos mortos. Essa inflação acabou, como até mesmo a pior inflação por vezes chega ao fim. Como vocês sabem, alguém que tem uma inflação habitual passará seus maus momentos quando tiver a ideia de que está totalmente errado, mas é quando realmente ele, pela primeira vez, está normal, e assim esse é um momento perfeitamente normal de depressão. Ele subitamente percebe seu real isolamento e cai em si, em sua existência humana. Nietzsche estava então, presumivelmente, em Sils Maria ou em algum lugar assim, onde não conhecia uma única alma, onde não falava com ninguém ou onde só falava com fantasmas. Estava absolutamente sozinho, de um ponto de vista humano, e quando um homem sob tais condições é abandonado pelo espírito, ao que ele é abandonado? Bem, a um saco cheio de más lembranças, ou ninhos de vespas ou urtigas em que pode se sentar. E tudo isso é ele próprio.

> Assim decidido em meu coração, atravessei o mar. – Ó imagens e aspirações de minha juventude! Ó olhares de amor, momentos divinos! Morrestes depressa para mim! Hoje me lembro de vós como de meus mortos.

O que aconteceu aqui?

Sra. Adler: É uma memória de seu inconsciente pessoal.

Prof. Jung: Sim, ele entra aqui em sua psicologia pessoal; aproxima-se de suas lembranças muito pessoais. Em uma palestra alemã eu mostrei um gráfico em que vemos que a primeira coisa que você encontra, quando se volta para si mesmo, são reminiscências. Quando você está só, de repente vêm à sua mente coisas que você tinha esquecido porque havia barulho demais, atividade demais. Assim, quando você se aproxima de si mesmo, chega ao mundo do pensamento, das lembranças[212]. Enquanto Zaratustra manteve Nietzsche ocupado, sua vida pessoal era inexistente, mas, quando ele chega ao isolamento de seu próprio corpo, cai no mundo das lembranças. A primeiríssima coisa que você faz em uma análise, para aprender algo sobre você mesmo, é cair em reminiscências, e às vezes por meses as pessoas continuam tecendo o fio de suas próprias lembranças infantis até o ventre da mãe, pois as lembranças, as reminiscências, são o portal, a entrada do mundo interior, e, assim que você abre a porta, elas aparecem. Desse modo, a primeira coisa é que ele vê todas aquelas imagens e cenas de sua juventude, aqueles lampejos divinos e fugazes de amor que logo desapareceram. Aqui abordamos uma esfera de *ressentiment*. Algo muito mau foi feito ao pobre menino: "Não pude permanecer menino, infelizmente; pessoas más me feriram!" E então surge o *ressentiment*.

> De vós, meus mortos queridíssimos, vem-me um doce aroma, que desata o coração e as lágrimas. Em verdade, ele abala e solta o coração do navegante solitário.

O que é isso?

Sra. Fierz: Seu sentimento inferior.

Prof. Jung: Sim, mas os sentimentos emergem, e por que inferiores?

Sra. Fierz: Porque ele nunca os viveu mais tarde, quando cresceu.

Prof. Jung: Exatamente, por isso eles nunca se desenvolveram. Mas qual é a qualidade geral deles?

Sra. Crowley: Uma insistência.

Sra. Welsh: Emocional.

Prof. Jung: Eles certamente são emocionais, e qual é a qualidade geral das emoções?

---

212. Cf. p. 427, 428 e 429, vol. II.

Observação: Compulsiva.

Observação: Elas têm uma qualidade arquetípica.

Srta. Welsh: Elas o possuem.

Prof. Jung: Exatamente, são possessivas e insistem, tomam posse do sujeito como se ele fosse uma propriedade. Uma emoção apanha você, senta-se sobre você, você não pode se livrar dela. Ela se senta sobre o seu pescoço ou se agarra à sua garganta. Você pode dizer que tem uma emoção, mas geralmente é a emoção que tem você – esse é o problema. Embora seja eufônico dizer que você tem uma emoção, uma emoção sempre tem seu portador. Assim, os sentimentos inferiores que estão agora emergindo têm uma insistência e uma penetração extraordinárias: envolvem-no, enredam-no completamente, e ele logo será possuído de novo, o que significa que sempre foi possuído por eles. Até mesmo saltou no mundo do espírito, poderíamos dizer, para escapar das terríveis garras da função inferior. Essa exaltação espiritual foi porque ele não conseguia conviver com sua vida sentimental inferior – era dura demais, sensível demais, insistente e penetrante demais – e instantaneamente se sabe que ele próprio permanecia sob o sentimento de que era um mendigo tão pobre que podia ser destroçado por esse sentimento imediatamente. Ele diz:

> Continuo sendo o homem mais rico e invejável – eu, o mais solitário! Porque eu vos tive, e vós ainda me tendes.

Vejam, ele percebe a qualidade de possessividade e até mesmo chega, embora protestando, à admissão: "E vós ainda me tendes".

> Dizei: a quem, como a mim, caíram da árvore esses jambos [*rosy apples*]?

Aqui ele se torna eufemístico como antes, quando disse: "Eu vos tive" – eu sou o mais rico; os frutos mais maravilhosos da árvore caíram a mim. Ele ainda tenta se agarrar ao aspecto positivo. Como Krishna vê o mundo, assim também Nietzsche, na medida em que é possuído pelo espírito, tenta ver o mundo em um aspecto positivo. Assim, até mesmo o fato de que seu sentimento o deixa completamente indefeso ele tenta converter em vantagem, como se *ele* possuísse seus sentimentos, como se aquelas experiências fossem frutos que caem da árvore para ele.

> Ainda sou herdeiro e canteiro de vosso amor, florescendo, em vossa memória, de virtudes agrestes e coloridas, ó mais que amados!

Isso é exatamente como uma invocação eufemística a deuses muito furiosos – ou a um mar furioso, chamando-o de um mar hospitaleiro porque ele era absolutamente inóspito.

> Ah, nós somos feitos para permanecer próximos, suaves e estranhas maravilhas; não como tímidos pássaros viestes a mim e ao meu desejo – não, viestes confiantes a alguém confiante!

Sim, feitos para a fidelidade, como eu, e para meigas eternidades; agora devo denominar-vos de acordo com vossa infidelidade, ó olhares e momentos divinos: nenhum outro nome aprendi ainda.

Aqui surge de novo o aspecto *anima* da função inferior – que os sentimentos tenham um aspecto *anima*, ou que essas reminiscências ou experiências anteriores se assemelhem a tantas histórias de amor, em uma personificação. Ficamos realmente em dúvida se Nietzsche não se refere a histórias de amor. Mas ele não; é apenas o aspecto *anima* do mundo. E agora ele começa a reclamar sobre infidelidade; ressente-se do fato de que eles tenham morrido tão cedo.

Em verdade, depressa demais morrestes para mim, fugitivos. Mas não me fugistes, nem eu vos fugi: somos inocentes um para o outro em nossa infidelidade.

Isso significa que Nietzsche se desviou dos sentimentos, e os sentimentos se desviaram de Nietzsche.

Para matar *a mim* estrangularam a vós, pássaros canoros de minhas esperanças!

Agora esse ressentimento vem à tona. Ele nunca diz quem são os inimigos que roubaram os sentimentos. Vejam, Nietzsche tem uma ideia de que houve infidelidade: ou seus sentimentos anteriores foram infiéis e o abandonaram, ou talvez ele admitirá que também lhes foi infiel, que fugiu e se resgatou no mundo do espírito. Mas não, nada do tipo: eu sou eu mesmo com minhas lembranças e experiências anteriores, e então houve o diabo que se intrometeu e matou aqueles encantadores pássaros canoros. "Eles" os estrangularam. Quem são "eles"?

Srta. Hannah: Ele projeta isso em seus pais e em todo mundo?

Prof. Jung: Presumivelmente.

Prof. Reichstein: Não seria sua identificação com Zaratustra que os matou? Ele assumiu o caminho do espírito e essa foi a razão pela qual ele excluiu tudo isso.

Prof. Jung: Isso é perfeitamente verdadeiro. Ele se identificou com o espírito para escapar do mundo sentimental de sua função inferior, e tenta agora explicar como aconteceu de ele não estar mais em contato com esse mundo anterior. A ideia é que aquelas lembranças o abandonaram, desapareceram: foram infiéis. E então ele também pode ter se desviado – ele admite isso em boa medida. Mas sua ideia é que ambos eram realmente inocentes: "Somos inocentes um para o outro" – poderíamos dizer até mesmo na infidelidade deles. Assim Nietzsche tenta explicar esse fato peculiar de que ele tenha podido abandonar aquelas belas coisas; ele não consegue entender como fugiu delas. E isso tudo é o mundo do sentimento. O espírito Zaratustra não está mais em questão, pois agora ele entrou na escuridão e ela agarra em primeiro lugar seu sentimento, suas lembranças sentimentais, e então ele descobre que o diabo se intrometeu. "Eles" se intrometeram; "eles" estrangularam seus pássaros encantadores.

Sim, contra vós, queridíssimos, a maldade sempre lançou flechas – para atingir meu coração!

Intrometeram-se assassinos, que atiraram seja naquelas lembranças e sentimentos encantadores, seja diretamente em seu coração.

E atingiu! Pois sempre fostes meu bem mais querido, minha possessão e o que me possuía [...].

Se ele está em um humor positivo, diz que ele *os* possui; e, quando se sente para baixo, diz que *ele* é possuído.

[...] *por isso* tivestes de morrer jovens e cedo demais!

Contra o que eu possuía de mais vulnerável foi lançada a flecha [...]. [...] que são todos os homicídios, comparados ao que me fizestes?

Ele é agora uma espécie de São Sebastião na coluna, uma completa vítima de certos inimigos que estão atirando flechas nele[213]. Esse é o modo como as pessoas geralmente explicam suas experiências de vida negativas. Os inimigos delas são os pais, os professores e, mais tarde, o analista, ou os jornais, ou os jesuítas, ou os maçons, esses são os inimigos que destruíram as suas vidas – ou pode ser a esposa. É muito frequente mulheres os terem destruído, projetando algo que não conseguem explicar a si mesmo de outro modo. Pois bem, quem é esse inimigo na verdade? E o que esse inimigo lhe fez? Quero dizer, se não considerarmos literalmente que ele esteve cercado por diabos desde a primeira juventude... Diríamos que sem dúvida existe algo nele que o privou de seu mundo inicial.

Sra. Crowley: Suponho que tenha sido, na verdade, a intuição dele.

Prof. Jung: Você está totalmente certa. No caso dele seria a intuição, sua função superior. Vejam, nossa função superior é o diabo que nos tira das encantadoras coisas da infância, pois é o animal de montaria que nos leva diretamente para o mundo, que nos mantém ocupados, e então esquecemos tudo acerca daquele encantador drama que começou em nossa primeira juventude. Nós nos tornamos, de certo modo, profissionais e unilaterais; ficamos ocupados, e naturalmente nos esquecemos de nós mesmos para nos familiarizarmos, em vez disso, com todas as possibilidades do mundo. E assim a coisa que nos parecia mais útil – e não apenas parece, mas realmente *é* a coisa mais útil, a mais provável – revela ser o próprio diabo, quando se trata do si-mesmo. Vejam, isso poderia ser o seu maior dom, e, se você é muito dotado de um certo modo, seria idiota se não fizesse uso desse dom. Mas, se você se identifica com sua função superior, ela se torna, de certo modo, autônoma; o tenor se torna sua voz, o violinista se torna seu violino, o rei é nada

---

213. São Sebastião, soldado romano e mártir cristão do século III.

mais do que sua coroa, e o cientista ou o professor, nada mais do que seu manual. Naturalmente, se você não se identifica, não pode fazê-lo. Você deve colocar toda sua força para produzir algo – seu coração e seu corpo e tudo naquilo. Caso contrário, não produzirá nada. Mas você deve saber que tem de pagar por isso; será separado de si mesmo, se tornará um produto cultural unilateral que perdeu as raízes. Veremos, no próximo encontro, quais são esses tesouros que Nietzsche deixou para trás e que está agora tentando redescobrir.

Palestra IX
30 de junho de 1937

Prof. Jung: Tínhamos iniciado "O canto dos sepulcros" na semana passada, e quero voltar àqueles primeiros parágrafos. Vocês se lembram de que nesses últimos capítulos – "O canto noturno", "O canto da dança" e "O canto dos sepulcros" – estamos preocupados com a aproximação de Nietzsche a si mesmo. É uma espécie de descida à sua função inferior, e "O canto dos sepulcros" está levando agora aos arredores do inconsciente. Como vocês sabem, o inconsciente sempre foi – e ainda é – projetado. Em circunstâncias primitivas, o inconsciente é a terra dos fantasmas, a terra dos mortos. É completamente projetado, muito mais do que conosco. Nós projetamos o inconsciente sobretudo em nosso entorno, em pessoas e circunstâncias, e nos preocupamos muito pouco com a terra dos fantasmas. Claro que há exceções, mas não é uma ideia que faria parte da opinião pública geral; é muito incomum que alguém seja incomodado pelos fantasmas dos mortos. Seria antes um caso extraordinário, ou até patológico. As pessoas são muito mais inclinadas a aceitar a possibilidade de que sofrem uma neurose, ou até mesmo uma ligeira psicose; preferem pensar que têm obsessões ou compulsões, em vez de explicar sua sintomatologia pela presença de fantasmas. Assim, quando Nietzsche se aproxima do inconsciente, ele o chama de ilha dos sepulcros ou ilha silenciosa, em uma espécie de modo metafórico. Ele não quer dizer isso concretamente. É uma metáfora, mas não é linguagem poética, é também um pouco mais do que uma metáfora, e ainda contém algo da atmosfera primitiva, algo do aspecto original de uma iniciação ou de uma descida ao inconsciente. Vejam, uma iniciação sempre tem a ver com fantasmas, e a aproximação ao inconsciente tem, por isso, a ver também com fantasmas, de um modo mais ou menos visível. Às vezes não se parece com isso de modo algum, mas em certos casos a aproximação ao inconsciente é como um fenômeno psíquico; coisas peculiares acontecem. Realmente é como fantasmas.

Certa vez eu vi um caso desses. (Foi publicado em uma de minhas palestras, mas vou repeti-lo aqui[214].) Uma mulher, uma pessoa um tanto histérica, chegou a um ponto em que senti que deveríamos obter alguma coisa do inconsciente. Como vocês sabem, existem situações assim. Quando as pessoas estão em um impasse e não se sabe exatamente como tirá-las de sua dificuldade, ou quando as coisas estão muito obscuras, naturalmente se tem o sentimento de que agora algo deveria se manifestar – deveríamos obter uma pista, ou algum outro fato deveria entrar no jogo. Essa era a condição quando essa mulher me disse que tinha tido um sonho peculiar, que nunca tinha tido antes. Ela sonhou que acordou à noite e reparou que a causa de seu despertar foi que o quarto estava preenchido de uma estranha luz. Primeiro, a mulher pensou que tinha deixado a luz elétrica acesa, mas a lâmpada não estava acesa. A luz era difusa, e a mulher não sabia exatamente de onde vinha, mas finalmente descobriu que saía de vários lugares onde havia uma espécie de acumulações de luminosidade. Particularmente nas cortinas, que estavam fechadas, ela via aquelas acreções luminosas redondas. E então acordou, realmente. Esse foi um sonho, mas evidentemente nada comum. Foi um fenômeno psíquico – o que é chamado de uma exteriorização, o que quer que isso seja. Não entro muito nas teorias sobre essas coisas peculiares; foi um sonho, uma objetivação de certas coisas psíquicas, e temos de nos dar por satisfeitos com esse fato.

Contei a ela que alguma coisa estava a caminho, pois eu sabia, por experiência, que quando um sonho desses ou fatos semelhantes acontecem, alguma outra coisa logo virá à luz. Eu esperava que descobriríamos algo que se poderia chamar de psicológico, mas, em vez disso, o milagre do copo aconteceu. Certa manhã, por volta das sete horas, a mulher foi acordada por um som peculiar de coisa quebrando e pingando, e descobriu que a água estava caindo do copo na mesa ao lado da cama, e que toda a borda do copo tinha se partido de um modo perfeitamente regular. Ela chamou sua empregada para lhe dar outro copo, e tentou dormir de novo. Subitamente ouviu o mesmo barulho – a mesma coisa tinha acontecido, e é claro que a mulher ficou agitada dessa vez e pensou que era um milagre. Tocou o sino de novo, e a empregada trouxe outro copo. E então a mesma coisa aconteceu mais uma vez. Portanto aconteceu três vezes – três copos se quebraram, e todos do mesmo modo regular.

Pois bem, esse de modo algum foi o único caso que observei: tenho outro copo que foi quebrado exatamente do mesmo modo. É um fenômeno de exteriorização e mostra a realidade peculiar de certos eventos psicológicos. Tais coisas realmente acontecem sob circunstâncias particulares. E, como eu disse, o mesmo fenômeno pode assumir o aspecto de fantasmas ou de visões. Todos esses fenômenos, que evi-

---

214. Cf. OC 10/3, § 123.

dentemente têm sido observados desde tempos imemoriais, são a razão para a ideia de uma terra de fantasmas realmente existente, e a descida ao inconsciente sempre foi considerada uma descida a esse outro mundo, um restabelecimento das conexões perdidas com os mortos. Um exemplo muito bom está em Homero, quando Ulisses desce ao submundo, e o sangue da ovelha sacrificada torna os fantasmas tão reais que eles podem falar. Ele tem de afastá-los com sua espada e só permite que certos fantasmas partilhem do sangue, que possam ter substância o bastante para falar em voz audível e que apareçam definidamente[215]. Todas aquelas histórias na Antiguidade, sobre a descida ao Hades, são semelhantes; esse era o velho, primitivo modo de se aproximar do inconsciente. E a abordagem do inconsciente em nossos dias ainda é frequentemente caracterizada por tais fenômenos peculiares, que acontecem seja na realidade ou em sonhos de tipo muito particular. A partir desses sonhos, tive a impressão de que se tratava de algo muito menos fútil ou abstrato do que nossa psicologia consciente; há algo ali que se aproxima de certa substancialidade.

Portanto a analogia que Nietzsche usa aqui é, em parte, uma metáfora de linguagem ou uma imagem poética e, em parte, deve-se a razões primitivas. A terra dos mortos é frequentemente uma ilha – a ilha dos abençoados, ou a ilha da imortalidade, ou a ilha dos sepulcros em que os mortos estão enterrados ou em que os fantasmas supostamente vivem. Ou é talvez um certo bosque ou uma montanha particular – na Suíça, as geleiras ainda são assombradas pelos fantasmas dos mortos. E, na parte da África que eu vi, uma extensão especialmente densa de bambus na floresta, o chamado cinturão de bambus no Monte Elgon, era considerado a morada dos espíritos. Tem-se realmente uma impressão extraordinária ali. Os bambus crescem muito rápido e são enormes. O vento passa muito acima das copas das árvores, nenhum ar consegue penetrar, e dentro do bosque há completo silêncio. O som dos passos é amortecido pelo musgo e pelas folhas mortas que recobrem tão profundamente o chão que você afunda até os tornozelos. Nenhum pássaro vive lá, por isso é realmente silencioso, e há uma espécie de escuridão esverdeada como se estivéssemos debaixo d'água. Os nativos morriam de medo dos fantasmas e tentavam todo tipo de truques para escapar de serem forçados a entrar nessa parte do bosque. Assim, a imagem de Nietzsche da ilha silenciosa no oceano é bastante fiel ao modelo, e ele tem de viajar pelo mar para chegar a esse lugar em que os mortos vivem. Vocês provavelmente viram o quadro chamado "A ilha dos mortos", de nosso famoso pintor suíço Böcklin; está praticamente em todo lugar, na forma de cartões postais e tais horrores[216]. Agora, o que ele encontra lá? Ele diz:

---

215. *Odisseia*, XI, 22-33.

216. Arnold Böcklin (1827-1901), um pintor de paisagens mitológicas, outrora popular e admirado.

Assim decidido em meu coração, atravessei o mar. Ó imagens e aspirações de minha juventude! Ó olhares de amor, momentos divinos! Morrestes depressa para mim! Hoje me lembro de vós como de meus mortos.

Vejam, as sombras do Hades que estão emergindo para encontrá-lo são instantaneamente explicadas por suas reminiscências pessoais – claro que é um ponto de vista muito moderno. Para um homem mais primitivo, teriam sido os fantasmas do passado – não as sombras, os fantasmas das pessoas que estavam mortas –, exatamente como Ulisses encontra o espírito de sua mãe e a abraça de novo. Nós diríamos: "Tive uma recordação muito clara da minha mãe. Eu a vi como ela era em vida". Mas, para uma mente mais primitiva, é a mãe que aparece na realidade, por assim dizer, claro que em uma forma sombria. Vocês talvez conheçam aquela história do garotinho negro que à noite costumava se sentar com o missionário junto ao fogo. Ele reparou que o garoto sempre colocava uma tigela de arroz ao lado e falava e respondia como se estivesse tendo uma discussão com alguém. Assim, o missionário o questionou a respeito, e o garoto disse: "Minha mãe vem toda noite e se senta conosco junto ao fogo e eu falo com ela". O missionário disse: "Não sabia que você tinha uma mãe e, além do mais, não vejo ninguém aqui". "É claro", disse o garoto, "também não a vejo, mas ela está aqui. Eu falo com ela e ela responde". Nós diríamos que à noite, sentados junto ao fogo, lembramos de nossos pais mortos ou de nossos amigos mortos. É o encanto de uma lareira que comecemos a sonhar, e nossos sonhos evidentemente tomam a forma de reminiscências.

Pois bem, esse é outro aspecto da aproximação ao inconsciente: você é tomado pelas suas reminiscências do passado e segue o chamariz de suas reminiscências. Mencionei, na semana passada, um gráfico que fiz em minhas palestras alemãs sobre a estrutura do eu. Descrevi o eu como um círculo, e na primeira camada da estrutura psíquica estariam as reminiscências, ou a memória, a faculdade da reprodução (1). Fora (5) estão as famosas quatro funções que se adaptam à realidade exterior, servindo-nos como funções de orientação em nosso espaço psicológico; e você maneja essas funções por sua vontade, dando-lhes direção na medida em que elas se submetem à sua força de vontade. Ao menos uma função é, via de regra, diferenciada, assim você pode usá-la como quiser, mas é claro que a função inferior está como que dentro, de modo que não pode ser usada à vontade. A segunda dessas camadas em torno do centro consiste em afetividade, a fonte das emoções, em que o inconsciente começa a irromper (2). Quanto mais você entra no eu, mais perde sua força de vontade; você não pode dominar nessa esfera interior, mas se torna cada vez mais a vítima de uma força de vontade estranha, poderíamos dizer, que sai de algum lugar aqui no centro (4), uma força que você pode chamar de "instinto" ou do que quiser – libido ou "energia" –, à qual você é submetido. Você se torna cada vez mais passivo.

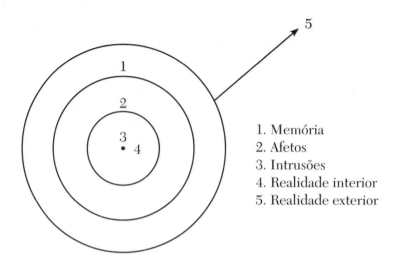

1. Memória
2. Afetos
3. Intrusões
4. Realidade interior
5. Realidade exterior

Vejam, podemos dominar nossas reminiscências até certo ponto – podemos ordenar que certas reminiscências apareçam, por exemplo – e usar nossa faculdade reprodutora nessa medida. Por outro lado, dependemos amplamente da espontaneidade de nossa faculdade reprodutora para trazer nossas lembranças de volta. Frequentemente acontece de elas *não* voltarem; você procura um nome ou um fato e não consegue se lembrar, e então, subitamente, em outra ocasião ela se reproduz por si mesma. Às vezes é muito irritante, pois ela se comporta como um *kobold*[217] ou um elfo: está lá quando você não precisa, e, quando você precisa, ele não está. Assim, você já é irritado por interlúdios élficos quando ele aparece em sua faculdade reprodutora, mas o é ainda mais quando chega a afetos (2)[218]. Você não pode produzir um afeto pela vontade; ele se produz por si mesmo, e uma verdadeira emoção é algo que lhe derruba. Você não a espera, e tem todo o problema do mundo para sentar em seu afeto, para controlá-lo e mantê-lo calmo, e às vezes você é arrancado da sela. Seguindo adiante, você chega ao que chamo de intrusões, *Einbrüchen* (3), pedaços do inconsciente que subitamente irrompem na consciência e às vezes a perturbam gravemente. Elas vêm com afeto e aparecem na forma de reminiscências.

Assim, quando Nietzsche fez sua *katabasis*, sua descida ao inconsciente, ele primeiro encontrou suas reminiscências que vinham com o afeto e carregavam com este o inconsciente. Na verdade, *é* o inconsciente, e por isso ele o chama de "ilha dos mortos". O ponto central (4) é o oceano do inconsciente. Evidentemen-

---

217. No folclore alemão, um *kobold* é um gnomo subterrâneo, frequentemente malicioso.

218. Em sua definição de *afeto* (OC 6, § 750), Jung faz da emoção seu sinônimo, referindo-se a um estado "caracterizado por marcada inervação física, por um lado, e uma peculiar perturbação do processo ideativo, por outro". Em contraste, para Jung, o sentimento é um processo cognitivo, aquele entre as quatro funções básicas cujo objeto é o valor.

te tenho de representá-lo por um ponto, pois abordo esse fato psíquico central a partir de um mundo de espaço. Na realidade, seria justamente o inverso: fora (5) estaria um imenso oceano no qual fica a ilha da consciência; mas dentro é como se o inconsciente fosse o pontinho, uma ilha minúscula no oceano, e o oceano também é extremamente pequeno, visto que se supõe que esteja dentro de nós. Essas são uma espécie de ilusões óticas devidas à estrutura da nossa consciência. É interessante explorar o modo como o inconsciente se parece, visto de diferentes ângulos. É menor do que pequeno e maior do que grande.

> De vós, meus mortos queridíssimos, vem-me um doce aroma, que desata o coração e as lágrimas. Em verdade, ele abala e solta o coração do navegante solitário.

Vejam, Nietzsche sente ou interpreta a coisa que está se aproximando dele, ou da qual ele está se aproximando, como reminiscências do passado. Mas, em sua primeira declaração, é como se ele estivesse viajando pelo mar e chegasse à ilha dos mortos. Então, assim que está lá, ele inverte a imagem e diz que as reminiscências estão vindo a ele, portanto *ele* seria a ilha e as reminiscências se aglomeraram nele. Por um lado, ele está na imagem do mar, no barco de Caronte, o barco que carrega os cadáveres pelo mar até a ilha dos sepulcros: ele é o navegante solitário; e, por outro, ele é aquele que teve as reminiscências. Assim, ele mistura as duas declarações: ou seja, o inconsciente é essa ilha minúscula que ele descobre perdida em algum lugar no mar, e, ao mesmo tempo, ele é essa ilha à qual as reminiscências estão chegando.

> Continuo sendo o homem mais rico e invejável – eu, o mais solitário! Porque eu vos tive, e vós ainda me tendes. Dizei: a quem, como a mim, caíram da árvore esses jambos?

Aqui também vemos a mistura dos dois pontos de vista, "eu vos tive" e "vós ainda me tendes", que é justamente o oposto. Quando ele supõe que é o navegante, está indo tomar posse daquela ilha, mas, se ele é a ilha, as reminiscências o possuem: elas são as navegantes que emergem do inconsciente.

> Ainda sou herdeiro e canteiro de vosso amor, florescendo, em vossa memória, de virtudes agrestes e coloridas, ó mais que amados!
>
> Ah, nós somos feitos para permanecer próximos, suaves e estranhas maravilhas; não como tímidos pássaros viestes a mim e ao meu desejo – não, viestes confiantes a alguém confiante!

Aqui ele está mais na forma ou na condição daquele a quem as reminiscências vêm. O inconsciente aparece primeiro, como eu disse, na forma de reminiscências pessoais, e também – um ponto muito importante, que discutimos na semana passada –, na forma da função inferior. As reminiscências serão coloridas em grande medida pelo caráter da função inferior. No caso de Nietzsche, seu lado inferior é a sensação-sentimento, pois ele, no consciente, é sobretudo intuitivo, com o intelecto em segundo lugar. Pois bem, a sensação inferior dá uma realidade concretista peculiar às reminiscências, e isso provavelmente explica o imaginário particularmente plástico. Por exemplo, o "doce aroma" das reminiscências e os "jambos" são detalhes concretistas que mostram a sensação inferior. Então é claro que o sentimento não é apenas o sentimento propriamente dito, mas sentimentalismo, por isso o sentimento não é totalmente digno de confiança nesse capítulo, tomado como um todo. Como vocês sabem, o sentimento inferior tem sempre esse caráter peculiar de sentimentalismo que é o irmão da brutalidade. Sentimentalismo e brutalidade são um par de opostos que estão muito juntos e podem instantaneamente mudar de um para outro.

> Sim, feitos para a fidelidade, como eu, e para meigas eternidades; agora devo denominar-vos de acordo com vossa infidelidade, ó olhares e momentos divinos: nenhum outro nome aprendi ainda.
>
> Em verdade, depressa demais morrestes para mim, fugitivos. Mas não me fugistes, nem eu vos fugi: somos inocentes um para o outro em nossa infidelidade.

Esses pensamentos também lançam uma luz interessante sobre a relação dele com sua função inferior, particularmente com o sentimento e as lembranças do passado. Ele fala aqui de infidelidade, e vocês se lembram de que a primeira concepção por Nietzsche do *Zaratustra* surgiu quando ele tinha 37 anos, na época em que a grande mudança surge. É a idade em que o propósito do eu normalmente desaparece da vida e quando a própria vida quer se realizar, quando outra lei começa. Antes dessa época, é bastante normal ser infiel às reminiscências; em outras palavras – segundo nosso diagrama –, é normal mover-se do centro (5) para aplicar a vontade aos propósitos do eu. Mas, na metade da vida, chega um momento em que subitamente a esfera interior afirma o seu direito, quando não podemos decidir sobre o nosso destino, quando as coisas são impostas sobre nós, e quando parece como se nossa própria vontade fosse afastada de nós, de modo que só podemos sustentar o propósito do nosso eu mediante uma espécie de esforço espasmódico. Se as coisas são naturais, então a vontade, mesmo quando aplicada aos propósitos do eu, já não seriam exatamente nossa própria escolha, mas sim uma espécie de comando que parte desse centro (4), embora, por uma espécie de ilusão, nós talvez pensemos que seja o nosso propósito. Mas, se a pessoa tem um pouco de introspecção, sente ou vê muito claramente que nós não escolhemos – isso é escolhido para nós. Claro que essa compreensão se torna mais clara quando o comando separa a pessoa do mundo exterior e a força a prestar atenção à sua condição subjetiva.

Pois bem, quando a função inferior emerge, ela força você invariavelmente a dar atenção a si mesmo e separa você do mundo exterior, mesmo parecendo que a função inferior seja totalmente idêntica ao mundo exterior, e como se você fosse arrancado de si mesmo. Mas, se você a acompanhar, verá que será separado do mundo, pois se você se assume com sua função inferior, gerará tanta incompreensão ao seu redor, em sua família ou entre seus amigos, que será imediatamente isolado. Quando Nietzsche fala de infidelidade aqui, alude ao fato de que, por muito tempo na vida que outrora vivia, tinha se separado do mundo de sua memória, e olhava para frente, longe de si mesmo. E agora ele subitamente percebe que o mundo ainda existe e que exerce um enorme feitiço sobre ele, por isso ele tem de explicar a si mesmo que não foi infidelidade – ele sempre amou aquele mundo –, foi apenas o destino que de algum mundo o separou do mundo. Poderia parecer infidelidade, mas na verdade não foi. Agora surge um novo aspecto:

> Para matar *a mim* estrangularam a vós, pássaros canoros de minhas esperanças! Sim, contra vós, queridíssimos, a maldade sempre lançou flechas – para atingir meu coração!

Isso não é muito fácil de entender. Aqui ele subitamente percebe que algo o separou de suas reminiscências. De repente se sente divorciado de seu passado – algo aconteceu a este –, embora se descubra amando a memória de todas as experiências de seu passado. Certamente, naquele momento da vida, o passado não existe mais, está morto. Não se é mais o homem do passado, pois aquele homem viveu, afastou-se do passado e das lembranças e agora, como vocês veem, é o novo homem que está retornando a elas. Assim, o velho homem parece estar morto; ele não pode reverter o processo. Por mais que tentasse, não poderia viver daquele modo. Daí ele sentir como se algo tivesse sido morto; essa espécie de infidelidade realmente consiste no fato de que suas próprias lembranças, o que quer que constituísse seu eu anterior, está morto. Essa é uma interpretação subjetiva, é claro; é como se um demônio tivesse secretamente assassinado as lembranças dele, de modo que elas tivessem se tornado sombras. Mas as lembranças dele não se tornaram sombra; ele tornou-se uma sombra. Vejam, ele tem intuição o bastante para dizer "para matar a mim estrangularam a vós" e para dizer que as flechas que as atingiram também o atingiram para matá-lo. Assim, ele tem a intuição de que se tornou uma sombra de certo modo, não suas reminiscências. Mas ele fala como se elas tivessem sido mortas, e isso é uma projeção; ele, como sua própria memória, o homem do passado, foi morto, pois aquele modo de funcionamento não é mais possível. Ele não pode retornar àquilo. E essa é a nova experiência.

> E atingiu! Pois sempre fostes meu bem mais querido, minha possessão e o que me possuía; [os dois aspectos de novo] por isso tivestes de morrer jovens e cedo demais!

Não é totalmente compreensível por que elas tiveram de morrer, mas suponho que isso é uma projeção de suas experiências – que ele se tornou, de certo modo, uma sombra, que não é mais o homem que costumava ser. Aqui isso aparece muito claramente:

Contra o que eu possuía de mais vulnerável foi lançada a flecha: isso éreis vós, cuja pele é como uma penugem e, mais ainda, como um sorriso que morre a um simples olhar!

Esse imaginário mostra que seu sentimento inferior é extremamente vulnerável; é como Siegfried, que tinha um ponto em suas costas que era vulnerável, e esse ponto o matou. Esse é o ponto fraco – as reminiscências, o olhar para trás –, que é o lugar de onde viemos e para onde vamos, a ilha dos mortos da qual as almas vêm para renascer, e à qual as almas vão quando forem dormir, esperar pela próxima encarnação, por assim dizer. E esse é o inconsciente. Viemos do inconsciente e vamos para o inconsciente, que na terminologia primitiva é a "terra dos fantasmas". Portanto, como vocês veem, essa terra dos fantasmas da qual viemos, nossa origem, forma o ponto fraco em nós. De certo modo, o umbigo, que denota o lugar em que a vida original jorrou para nós pelo cordão umbilical, é o lugar que não é bem defendido e que acabará nos matando, o lugar pelo qual a morte entrará de novo. E, como esse é o ponto crítico, a pessoa tenta fugir dele. Vive longe do mundo das lembranças, que é muito útil e indispensável se a pessoa quiser viver. Se ela é possuída por lembranças, não consegue se adaptar a novas condições.

Vemos pessoas que são para sempre possuídas pelo passado, que nunca conseguem se adaptar porque nunca entendem a nova situação; parece sempre ser a velha. Elas não conseguem esquecer suas lembranças; o modo como se adaptavam aos seus pais se torna seu modelo inesquecível. Assim, para ser capaz de se adaptar, você deve ter essa infidelidade a suas lembranças e a todos aqueles que você amou no passado, essa inocente infidelidade. Você tem de se desviar, esquecer o que é, e ser inconsciente de si mesmo se quiser se adaptar – até um certo momento de sua vida. E então se torna impossível prosseguir, pois, se você quer ser você mesmo, não consegue esquecer, e o passado cada vez mais retorna. Por exemplo, é bem sabido que os velhos pensam muito sobre sua juventude. Suas lembranças juvenis frequentemente retornam, em um grau muito irritante; eles estão realmente possuídos por suas lembranças do passado, e as coisas novas não são registradas. Esse é um fenômeno normal. A única anormalidade é quando eles perdem o pouco de consciência que têm e falam de nada mais do que de lembranças infantis.

Pois bem, esse ponto fraco ou delicado é como um pássaro jovem, facilmente destrutível; é extremamente sensível e melindroso e suscetível porque é nossa inferioridade. As lembranças são o lugar em que ainda somos crianças, completamente desadaptadas – onde ainda vivemos o passado. Por isso, na medida em que vivemos o passado, estamos à mercê das circunstâncias. Além do mais, quando estamos inadaptados somos melindrosos, e ser melindroso significa ser um tirano que tenta dominar as circunstâncias por pura violência. Pessoas inadaptadas são tiranas a fim de administrar suas vidas. Elas suscitam uma espécie de adaptação suprimindo todas as outras pessoas; é como se uma adaptação tivesse sido alcança-da porque as circunstâncias são derrotadas. Agora Nietzsche diz:

> Mas essas palavras direi aos meus inimigos: Que são todos os homicídios, com-parados ao que me fizestes?

Isso mostra a extraordinária vulnerabilidade de sua função inferior. Quando ele chega a suas lembranças, subitamente percebe um *ressentiment* sobre seu passado. Parece-lhe como se ele tivesse sido terrivelmente suprimido pelo seu entorno. E, quando alguém se sente assim, será extremamente melindroso e tirânico com seu entorno, e será isolado por conta desses sentimentos impossíveis. Esse foi evidentemente o caso de Nietzsche, e por não ter sido visto o bastante, sua declaração é tão histérica que quase se pode ouvir a queixosa maneira sentimental como é expressa.

> Fizestes algo pior do que qualquer homicídio; tirastes de mim o que é irrecupe-rável – assim vos falo, meus inimigos!

Nietzsche explica aqui o que foi tirado dele. Vejam, ele foi morto, tornou-se uma sombra, mas isso é o que ele não sabe; por isso supõe que seu mundo de lembranças foi tirado dele – todas as suas antigas reminiscências das coisas encan-tadoras que Nietzsche amava e desfrutava e das quais se afastou por algum tempo. E, quando volta a elas, descobre que algo aconteceu; elas parecem estar mortas. Nietzsche não percebe que ele mudou e que não é mais o mesmo homem. Por isso ele sente que passou por uma perda irrecuperável, algo *Unwiederbringliches*, o que significa algo que não pode ser trazido de volta. Acabou para sempre, e isso lhe parece como um assassinato, um homicídio, e ele pensa que inimigos fizeram isso. Claro que está projetando um fato perfeitamente normal que sempre aconteceu com o homem; como está inconsciente disso, projeta-o.

Esse é um caso muito comum – muitas pessoas sofrem da mesma ilusão. A partir de um determinado momento em sua vida, acreditam que as pessoas cons-piraram contra elas, impuseram todo tipo de armadilhas. Ou acreditam que algo certa vez aconteceu que foi simplesmente fatal; teve péssimas consequências e naturalmente outra pessoa é responsável por isso. Mediante tais ilusões, tentam explicar por que se tornaram diferentes, mas, na verdade, a própria vida as tornou diferentes; elas se transformaram em alguma coisa diferente do que supunham ser. Claro, você deve ter uma ilusão peculiar para supor que pode viver igualmente bem em uma esfera diferente de vida: *ubi bene ibi patria**. Isso significa, onde as circunstâncias são favoráveis, você pode viver e ser você mesmo. Mas, para ter

---

* "Onde se vive bem, aí está a pátria" [N.T.].

uma ilusão como essa, você tem de esquecer o que você é e o que foi, pois o que você é, é o que você foi; você carrega consigo por toda parte o que você foi. Enquanto pode colocar uma espécie de camada de inconsciência entre o que você é aqui e o que foi lá, você pode manejar todo tipo de adaptações, pode imaginar que é agora o sujeito que fez de si mesmo isso e aquilo. Claro, você paga por essa ilusão com a perda do mundo da memória, pela perda do que você foi. Na realidade, porém, você não pode realmente perdê-lo. Está sempre aí, mas é um esqueleto no armário, uma coisa da qual você sempre tem medo porque desfará a coisa que você construiu. Vai contradizê-lo e inexoravelmente lembrar você do que você é e do que você foi. Quando essa coisa começa a se manifestar, se ela agora atrai esse homem que existiu no mundo exterior e o transforma no que ele tinha sido, então é como se ele tivesse sido assassinado. Claro, como ele não entende a coisa toda, é de novo uma projeção. Eu não fui morto, mas minhas reminiscências foram mortas, a beleza do meu mundo anterior foi tirada, e é uma perda que nunca pode ser reparada.

Pois bem, essa é a inconsciência neurótica comum, uma típica ilusão neurótica. Vejam, tais pessoas creem que vivem, pensam nas circunstâncias, e projetam todo tipo de repreensões às outras pessoas. Supõem que certos eventos destruíram algo nelas, em vez de entender que elas mudaram, que se tornaram seres diferentes. E, peculiarmente, o que elas chamam de um ser diferente, o que elas pensam ser, não são. Dizem que nunca foram o que são agora, mas isso é justamente a coisa que elas sempre foram, apenas eram inconscientes a respeito; assim, quando chegam a isso, sentem que é algo diferente. Se fossem capazes de vê-lo, são *elas* que mudaram; ninguém assassinou suas reminiscências, mas elas morreram – o homem anterior morreu. Agora são fantasmas, e não mais o que entendiam ser um ser vivo. Vejam, o que tais pessoas entendiam como um ser vivo era a coisa que vivia distante de si mesma. Era um ser ilusório, um papel que a pessoa desempenhava, por isso, de certo modo, era uma posição artificial que elas criaram. Por exemplo, um homem com uma boa voz é essa voz – ele é esse tenor. Então, em uma fase posterior da vida, sua voz falha, e ele sente, é claro, que o mundo o feriu. Vejam, ele descobre assim o que sempre foi antes de ter aquela voz. Sua voz o ajudou a criar uma existência ilusória perfeitamente artificial no mundo. Claro, é perfeitamente legítimo; você deve se vender para viver, por isso deve criar uma posição que possa ser oferecida ao mundo como uma espécie de valor pelo qual você será pago. Mas isso não é realmente você. É o que você foi, e, quando essas coisas desaparecem, você se descobre em uma esfera que sempre existiu, mas que foi sempre inconsciente, até o momento em que você retorna para ela. É uma ilha que sempre esteve lá e onde você sempre esteve, mas nunca foi consciente de que estava lá; e agora, quando a ilusão morre – essa ficção que você sustentou sobre si mesmo – e você volta à ilha, pela primeira vez a ilha se torna consciente. Ela parece sumamente sombria, e ainda assim é você mesmo.

Nietzsche é totalmente inconsciente a esse respeito, por isso essa é uma passagem em que ele de certo modo me incomoda. Ela me deixa desconfortável quando fala dos inimigos e do que fizeram para o pobre menino. Naturalmente, tenho um complexo profissional aqui, e penso que essa maldita coisa deveria ser consertada. Há certos escritores que não consigo ler devido a esse complexo profissional. Por que todo esse estardalhaço? É tudo ilusão. Ele continua no mesmo estilo queixoso:

> Assassinastes as visões e as amadas maravilhas de minha juventude! Tirastes de mim meus companheiros, os espíritos bem-aventurados! [O *Erlkönig* e suas filhas]. Em sua memória deponho esta coroa e esta maldição.
>
> Esta maldição contra vós, meus inimigos! Pois abreviastes o que para mim era eterno, como um som que se despedaça na noite fria! Quase como um relâmpago de olhos divinos chegou até mim – como um lampejo fugaz!
>
> Assim falou minha pureza um dia, em boa hora: "Divinos serão para mim todos os seres".

Essa é outra memória e de novo uma característica muito importante das primeiras lembranças, da mesma ordem que os companheiros que são os espíritos abençoados. Essas lembranças sentimentais apontam para as reminiscências arquetípicas das quais falei no último seminário. Mencionei aquele garotinho que era tomado todas as noites pelas moças brancas que desciam do céu em um zepelim, para levá-lo à ilha que quer ser visitada. Elas eram provavelmente as filhas do *Erlkönig*, aqueles espíritos maravilhosos de quem ele outrora tinha sido companheiro. Pois bem, esses são sentimentos reminiscentes de um estado perfeito, uma espécie de estado paradisíaco; no poema de Goethe, *Die Erlkönig*, as imagens arquetípicas nos sonhos muito frequentemente antecipam a morte. Eu tratei de um caso desses em um de nossos seminários sobre os sonhos, uma garotinha que morreu de uma doença infecciosa aos 9 anos de idade. Ela teve esses sonhos arquetípicos um ano e meio antes de morrer e antes que houvesse qualquer traço da doença – sonhos que não têm quase nada a ver como nosso tipo de vida ou realidade[219].

Essas lembranças iniciais têm frequentemente um glamour e esplendor extraordinários. É uma espécie de mundo primevo do qual a criança nasceu quando pode ter vivido já por muitos anos neste mundo, mas na mente a criança ainda está naquele mundo primevo e só gradualmente sai dele. E não são poucos os que ficam eternamente presos lá, e retêm toda a inocência e beleza do mundo pri-

---

219. Cf. OC 18/1, § 525-539.

mevo, mesmo se vivem um tipo de vida que qualquer pessoa, em sã consciência, chamaria de imoral. Mas isso não os toca – é meramente uma compensação para uma inocência básica. Eles ainda estão vivendo nas imagens arquetípicas e são completa e divinamente inscientes do que vivem na realidade. Eles vivem no lodo na realidade, mas, na fantasia ou no sentimento interior, ainda estão no mundo primevo de completa inocência. Pois bem, aqui Nietzsche se refere a essa inocência; dificilmente poderíamos chamá-la de uma experiência inicial porque não é realmente uma experiência, mas existiu antes de que houvesse consciência. Antes que este mundo existisse, havia o mundo divino, e qualquer criança que vem desse mundo ainda olha as coisas como olhos divinos e diz, "Divinos serão para mim todos os seres". Tudo tem o esplendor da divindade, e o que as coisas realmente são permanece escondido por muitos anos, às vezes por toda a vida.

Vi muitas pessoas que nunca nasceram, que ainda vivem nessa esfera original. Claro, elas tinham uma vida muito infeliz, como vocês podem imaginar, mas sempre foram abençoadamente inscientes disso. Eram fisicamente doentes porque o corpo naturalmente reage contra essa irrealidade mental. O corpo tem de viver nesta realidade, e a mente está em uma condição primeva. Muito frequentemente, encontram-se casos em que é uma questão de um nascimento parcial ou como que fragmentário, quando uma parte da personalidade mental permaneceu no mundo primevo que então forma uma espécie de inclusão, uma espécie de enclave no mundo consciente. Tais pessoas são perfeitamente adaptadas e aparentemente normais, mas têm sonhos peculiares. Quanto mais são normais, mais têm medo dessa inclusão; e quanto mais são anormais, menos ela os assusta. A inclusão é como uma ilha pertencente a outro mundo, que está incluído no próprio mundo delas, mas de maneira alguma conectado. É algo perfeitamente estranho. Não se pode dizer que tais casos sejam frequentes, mas não são muito raros. É um fato que quase não se conhece, contudo – raramente se ouve falar disso.

Meramente por acaso descobrimos um caso desses em nosso seminário alemão sobre os sonhos, e vale a pena mencioná-lo pois Nietzsche é desse tipo. Um jovem que parece adaptado – não se poderia dizer que fosse incapacitado de nenhum modo – teve um sonho que se repetiu desde o seu quarto ou quinto ano até o décimo oitavo. Ele ainda está com vinte e poucos anos, portanto não faz muito tempo que essa coisa diminuiu, e ela agora é uma inclusão. O sonho sempre foi assim: Ele se encontra na superfície de um planeta, presumivelmente a terra, mas é um deserto cósmico, e teme algo ou alguém que o persegue. Está correndo em fuga quando subitamente cai em um poço profundo. Cai sem parar, e o inimigo agora está em cima, olhando para baixo através do poço, e ocasionalmente ele tem um vislumbre desse sujeito que está espiando. Enquanto está caindo em uma profundeza aparentemente sem limite, vê que no outro extremo, muito abaixo, estão as chamas do inferno. Mas o perseguidor acima despeja uma chuva de tabuletas quadradas sobre ele, e há tantas que condensam o ar no poço e formam uma espécie de *couche* ou camada que o impede de continuar caindo. Na borda de uma pedra, ele para e lá se senta: as tabuletas obviamente o salvaram. Mas o sujeito em cima é geralmente um diabo, ou pode ser o rosto de um ser muito amigável, frequentemente o rosto de um deus, ou o rosto do próprio sonhador. Ele realmente fez algumas daquelas tabuletas para me dar uma ideia delas: cada tabuleta tinha cerca de seis centímetros quadrados, e cada qual continha um desenho diferente, mas era sempre uma mandala. Assim, o perseguidor despejou mandalas sobre ele, uma espécie de tabuletas mágicas, para protegê-lo, e por fim acabou por salvá-lo.

Como vocês veem, ele é confrontado com um problema muito incomum para sua idade: encontra-se na superfície de um planeta inabitado, o que significa a solidão no espaço, e não possui a faculdade que outras pessoas possuem, de criar a ilusão de um entorno amigável. E, por não possuir essa faculdade, é perseguido pela coisa que ele não possui e que ele deveria ter. Deveria ter um deus e um diabo e um amigo e a si próprio, e eles o seguem e deveriam lhe dar a possibilidade de criar a ilusão de um mundo habitável, em que ele possa se enraizar e se estabelecer como um ser humano definido em relações amigáveis com seu entorno. Como ele nasceu sem a ilusão do relacionamento com este mundo, toda essa faculdade ainda está em outro mundo e tem de correr atrás dele para finalmente pegá-lo. E esse amigo ou diabo ou deus, ou o que quer que seja, o pega por essa multidão de mandalas que sugerem totalidade, a coisa redonda e a coisa quadrada que significam totalidade; e os dois finalmente se tornam um, até certo ponto, de modo que esse sonho poderia desaparecer. Parece, como vocês veem, como se o nascimento realmente tivesse ocorrido. Quando ele tinha cerca de 18 anos de idade, foi capaz de se afastar do mundo primordial, do mundo de fadas, que lhe tinha feito ver a terra como um planeta inabitável. Essa é uma visão característica da infância.

Conheço outro exemplo, o sonho de uma menina de cerca de 10 ou 11 anos de idade, que também se repetia com frequência. Ela está em um espaço cósmico vazio, andando em algo como um caminho e, muito à frente dela, vê uma luz redonda, que, conforme ela se aproxima, torna-se maior e finalmente é um globo enorme que chega cada vez mais perto, e é claro que ela fica com medo. Então, quando o globo está perto dela, o caminho se bifurca e ela não sabe se deveria ir para a direita ou para a esquerda, e nesse momento acorda. É um pesadelo. Esse é um sonho muito típico dessa espécie: chamo-os de sonhos cósmicos de infância. São experiências arquetípicas de crianças com fortes lembranças do que os tibetanos chamariam de vida no Bardo, uma condição pré-natal da mente, a condição antes do nascimento neste mundo espacial[220]. Isso se mostra primeiro sob seu aspecto absoluto, um mundo morto e vazio ao qual a vida é absolutamente alheia – particularmente a vida humana – e explica também por que o homem tem uma mente ou uma consciência. Ele deve ter algo diferente, não do mesmo tipo, ou não seria consciente. Deve ter algo que está em desacordo com as condições de nosso espaço, e é um fato que a psique está em desacordo com as condições de nosso espaço.

Pois bem, a tendência original de Nietzsche – "Divinos serão para mim todos os seres" – era uma tentativa de tornar tudo divino, de modo que se encaixasse em sua experiência primeva, em seu pressuposto de um mundo, do mundo arquetípico. Mas o mundo no qual ele nasceu não era arquetípico: houve infrações fatais contra o mundo arquetípico. Para começar, seus pais estavam longe de ser algo como um *Erlkönig*. Por isso ele logo esteve sob a necessidade de inventar ou de se lembrar de uma contraposição contra seu pai. Decepcionou-se por ter um pai humano, real como esse, e não conseguiu se adaptar a isso, então seu inconsciente lhe deu muito cedo a ideia de um tipo inteiramente diferente de pai, Wotan. Aos 15 anos de idade, teve seu grande sonho de Wotan. E agora vocês veem do que ele reclama.

> Então me assaltastes com sujos fantasmas: ah, para onde fugiu aquela boa hora? "Sagrados serão para mim todos os dias" – assim falou, um dia, a pureza de minha juventude: em verdade, a fala de uma gaia sabedoria!
>
> Mas então, ó inimigos, roubastes minhas noites e as vendestes à insone tortura: ah, para onde fugiu aquela gaia sabedoria?

Ele está reclamando que seus inimigos – a vida, em outras palavras – o tenham assaltado com sujos fantasmas. Isso evidentemente se refere a todo tipo de fantasias. Até mesmo acusa seus inimigos de o obrigarem a ter más fantasias que envenenaram suas experiências anteriores, toda sua expectativa sobre como o mundo deveria ser – o que significa como ele se lembrava dele. Já encontramos essa ideia de que tudo deveria ser divino, e ela é expressa de novo em "Sagrados serão para mim todos os dias", que era a fala da gaia sabedoria. Agora é a fala da vida no Bardo, em que tudo ainda era arquetípico, a fala dos lindos sonhos, das lindas lembranças do passado pré-natal. E seus inimigos roubarem suas noites significa que roubam suas lembranças, as imagens desse lindo mundo do passado, por isso toda essa sabedoria desapareceu. A insone tortura se refere, é claro, à sua insônia, e isso tem muito a ver com o fato de que ele perdeu aquela tranquila e pacífica ilha de lembranças, o mundo ao qual ele deveria retornar para dormir. Se não consegue retornar a esse mundo interior – se este foi roubado, se ele está

---

220. Sobre os tibetanos, Cf. 10 de outubro de 1934, n. 18.

isolado, separado por uma espessa camada –, naturalmente não consegue dormir. O sono é o irmão da morte, e a pessoa retorna à ilha da morte para dormir. Mas ele está muito longe em sua ilusão, e a ilha foi roubada, por isso ele está abandonado à tortura insone. E diz:

> Um dia ansiei por felizes augúrios: então me pusestes no caminho uma coruja-monstro, um ser repulsivo. Ah, para onde então fugiu meu terno anseio?

Pois bem, qual é o significado disso?

Sra. Sigg: Ele tinha um excesso de sabedoria e daí sua insônia.

Prof. Jung: Por que deveria ser uma coruja?

Sra. Sigg: Uma coruja é um símbolo de *Weisheit*[221]. É o pássaro simbólico de Palas Atena.

Sra. Baumann: Gostaria de perguntar se é uma coruja monstruosa. Em minha tradução é citada como descomunal, o que significa apenas grande.

Prof. Jung: Está errado. É *ein Eulen-Untier*, uma coruja-monstro.

Prof. Reichstein: A coruja é um pássaro que vê na noite.

Prof. Jung: Exatamente. É o pássaro de Palas Atena. Porque ela vê nas trevas, tem uma compreensão das coisas obscuras, perspicácia. Mas é claro, aqui, que a coruja-monstro se refere a uma espécie de sabedoria que não cumpre o que se esperaria da sabedoria: não ilumina suas trevas. Essa coruja-monstro é uma espécie de falsa sabedoria. Pois bem, o que é a sabedoria que nos foi dada para nos ensinar a compreensão das trevas?

Sra. Sigg: O ensinamento religioso.

Observação: A filosofia.

Prof. Jung: Bem, *Sophia* é sabedoria, e filosofia significa o amor à sabedoria: um filósofo é alguém que ama a sabedoria. Mas e quanto à nossa filosofia? Ela ilumina as trevas da alma? De modo algum. Claro, Nietzsche teve uma educação filosófica e talvez se refira a isso, mas penso que o fato de ele ter tido um pai que era teólogo aponta antes para outro tipo de sabedoria, uma sabedoria religiosa que não cumpriu sua promessa. Não o ilumina sobre as trevas da alma. Como vocês sabem, ele estava preocupado com uma memória arquetípica: temos evidências disso em sua vida. Aos 15 anos de idade, ele teve o grande sonho de Wotan; essa experiência arquetípica estava nele e as trevas não foram explicadas pela doutrina religiosa que ele recebeu do pai. Assim, a sabedoria à qual ele foi exposto era uma coruja-monstro que dava medo em qualquer um. Claro, um certo tipo de doutrina protestante é muito propensa a dar um certo medo às pessoas, particularmente do inferno, pois não passa de uma doutrina moral e não as deixa viver. Diz-lhes que

---

221. *Weisheit*: sabedoria.

nada é permitido, que tudo é proibido[222]. Assim, a única conclusão que podemos tirar é que seria melhor deixar de existir para escapar de cometer um pecado! A coruja é um pássaro sinistro, significa a morte. Vocês sabem que existe um tipo de coruja que é chamada de "a coruja da morte", por conta de seus gritos sinistros na noite, um pássaro de maus augúrios. Vejam, ele diz "Um dia ansiei por felizes augúrios", e então essa coruja-monstro foi suscitada, ao invés de algo auspicioso que o teria iluminado.

Sra. Sigg: No sonho de Wotan ele ouviu essa voz[223].

Prof. Jung: É verdade que ele ouviu aquele grito horrível, mas se isso tem a ver com a coruja, isso eu não sei.

---

222. Ao passo que, é claro, Nietzsche veio a acreditar que, como Deus morreu, tudo é permitido, nada é proibido. A morte de Deus é proclamada em *A gaia ciência*, livro 3, seção 125, e na seção 3 do Prólogo do *Zaratustra*.

223. A irmã de Nietzsche, em N/Life (p. 18), conta que ele se recordava de um sonho de logo após a morte do pai deles, e logo antes da morte do irmão deles: "Um sepulcro subitamente se abriu e meu pai, em sua mortalha, levantou-se de lá. Apressou-se para a igreja e pouco depois reapareceu com uma pequena criança nos ombros". Compare com o cão uivante, relembrado de seu sexto ano de idade, em *Assim falava Zaratustra*, cap. 46, "Da visão e enigma", parte 2, e cf. p. 512 e 513, vol. II.

Período da primavera:

maio a junho de 1938

Palestra I
4 de maio de 1938

Prof. Jung: Aqui estamos de novo com nosso velho *Zaratustra*! E quando eu revisitava os capítulos com os quais já lidamos e aqueles com os quais ainda temos de lidar, devo lhes dizer francamente, fiquei muito entediado, sobretudo pelo estilo. Ao que tudo indica, a longa interrupção não fez nenhum bem ao meu entusiasmo. Como frequentemente antes – mas sobretudo desta vez –, fiquei impressionado com a falta de naturalidade do estilo, com o modo terrivelmente exagerado, inflado de Nietzsche se expressar. Assim, cheguei à conclusão de que vocês já tiveram o bastante disto e que não precisamos entrar em mais detalhes. Penso que seria melhor fazermos o que os alemães chamam de *Die Rosinen aus dem Kuchen picken* [ficar com o melhor; em alemão no original (N.T.)].

Sra. Crowley: Nós dizemos *"to pick the plums out of the cake"* [escolher as ameixas do bolo (N.T.)].

Prof. Jung: Sim, e portanto fiz uma seleção dessas ameixas nos próximos capítulos, em que chegaremos às principais ideias ou às joias particulares de psicologia que são características do *Zaratustra*. Como vocês sabem, ao lidar com esse material, devemos sempre manter em vista, como volta e meia enfatizei, que Zaratustra não é exatamente Nietzsche, assim como Nietzsche não é exatamente Zaratustra, mas os dois, de modo evidente, estão em uma espécie de união pessoal; há um aspecto de Nietzsche cujo melhor nome é "Zaratustra", e um aspecto de Zaratustra cujo melhor nome é "Nietzsche", o homem pessoal, demasiado humano. Por exemplo, Zaratustra sofre um certo número de ressentimentos pessoais pertencentes à existência profissional de Nietzsche: não podemos sobrecarregar Zaratustra com tais reações comuns. Assim também, muito do estilo peculiar não deve ser atribuído a Zaratustra, embora eu deva supor que ele naturalmente preferisse um estilo de certa maneira hierático.

Zaratustra é uma espécie de *Geist*. Essa é uma palavra muito ambígua; vocês podem usar a palavra francesa *esprit*, mas a palavra inglesa *spirit* não a abrange; vocês poderiam dizer que ele era um gênio, embora eu receie que isso não é ambíguo *o bastante* – o inglês, a esse respeito, é definitivo demais. Mas se vocês entenderem o que *Geist* ou *esprit* significa, alcançam aproximadamente o tamanho de Zaratustra[224]. Zaratustra é uma existência mais ou menos autônoma que Nietzsche claramente sentia como um duplo, por isso devemos supor que Zaratustra tem, de certo modo, sua própria psicologia; mas, por conta dessa identificação bastante infeliz de Nietzsche com Zaratustra ao longo de todo o livro, há uma mistura contínua dos dois fatores. Do ponto de vista do senso comum ou do racionalismo, seria possível dizer, naturalmente: "Mas afinal de contas o que é a figura de Zaratustra? Apenas uma espécie de personificação metafórica". Mas esse ponto de vista não é psicológico; simplesmente se perderia de vista a peculiaridade do caráter de Zaratustra, e não se seria capaz de explicar essa manifestação. Assim, temos de lhe dar certo grau de autonomia, e nessa medida podemos chamá-lo de um *Geist* ou *esprit*, como se ele fosse uma extensão da própria existência de Nietzsche. Claro que esse é um processo lógico; um procedimento como esse é chamado de uma hipóstase – dar substância, estender existência, a alguma coisa. Essa não é uma afirmação metafísica, como vocês compreenderão, mas meramente uma afirmação psicológica. Existem, sem dúvida, fatores psicológicos que têm uma existência autônoma. Você sente uma existência como essa assim que alguma coisa o *pega*, particularmente se ela o irrita; então é *ela* que pega você – você não a toma, ela o pega –, exprimindo assim o fato de que há um fator autônomo dentro de você, pelo menos nesse momento particular.

Agora mergulharemos no capítulo 34, que é chamado "Da superação de si mesmo", *Selbstüberwindung*, e aqui há algumas passagens que não gostaria de omitir. Começaremos no parágrafo vinte e um:

> Escutai agora minhas palavras, ó sábios entre todos! Examinai cuidadosamente se não penetrei no coração da vida e até nas raízes de seu coração!
>
> Onde encontrei seres vivos, encontrei vontade de poder; e ainda na vontade do servente encontrei a vontade de ser senhor.
>
> Que o mais fraco sirva ao mais forte, a isto o persuade sua vontade, que quer ser senhora do que é ainda mais fraco: deste prazer ele não prescinde.
>
> E, tal como o menor se entrega ao maior, para que tenha prazer e poder com o pequeníssimo, assim também o maior de todos se entrega e põe em jogo, pelo poder – a vida mesma.
>
> Eis a entrega do maior de todos: é risco e perigo e jogar dados com a morte.

---

224. A ambiguidade de *Geist* é tamanha que ele é frequentemente traduzido como "mente", mas também de modo frequente como "espírito"; porém, como Jung explica de forma repetida, *mind* [mente] está geralmente errado e *spirit* [espírito] é insuficiente.

E, onde há sacrifício e serviço e olhares amorosos, há também vontade de ser senhor. Por caminhos sinuosos o mais fraco se insinua na fortaleza e no coração do mais poderoso – e ali rouba poder.

E este segredo a própria vida me contou. "Vê", disse ela, "eu sou aquilo *que sempre tem de superar a si mesmo*".

Isso é muito característico da perspectiva de Nietzsche sobre a vida. De fato, ele produziu primeiramente a teoria psicológica do poder, antecipando, assim, a psicologia adleriana, a chamada psicologia individual, embora não seja de modo algum individual, mas sim muito coletiva, como podemos ver pelo modo como Nietzsche argumenta[225]. Como vocês sabem, Nietzsche já tinha escrito um extenso livro sobre a psicologia do poder, por isso aqui simplesmente alude a ele[226]. Certamente é uma verdade muito importante, embora não seja toda a verdade, mas é *um* importante aspecto. Muitas reações humanas podem ser explicadas pela teoria do poder. Sem dúvida, o poder é inevitável: precisamos dele. É um instinto sem o qual nada podemos fazer; portanto, sempre que uma pessoa produz alguma coisa, fica suscetível a ser acusada de uma atitude de poder – se é que você quer acusá-lo, o que é também uma espécie de atitude de poder.

As pessoas com uma atitude de poder são sempre inclinadas a *acusar*, seja a acusar nelas mesmas um gesto de poder, ou qualquer coisa que sugira essa atitude em outra pessoa. Vejam, essa chamada atitude de poder sempre é expressa, por outro lado, por sentimentos de inferioridade; caso contrário, o poder não faz sentido. É preciso a atitude de poder para superar os sentimentos de inferioridade; mas então a pessoa com o poder tem de novo sentimentos de inferioridade devido à sua própria atitude de poder. Assim, os dois vão juntos: quem tem uma teoria do poder tem sentimentos de inferioridade associados a sentimentos de megalomania. Claro, isso pode ser percebido até certo ponto, ou pode ficar bem escondido. Em todo caso, está lá.

Quando a atitude de poder é escondida, as pessoas falam sobretudo de sentimentos de inferioridade; mesmo pessoas com uma atitude absolutamente clara de poder insistem muito em seus sentimentos de inferioridade – que ratinhos assustados e modestos elas são, e quão cruéis as pessoas são para com elas –, de modo que

---

225. Alfred Adler (1870-1937), primeiro importante "desertor" de Freud, substituiu o impulso sexual pelo impulso do poder, embora rejeitasse Nietzsche como um modelo ou mesmo como uma influência. É mais conhecido pelo livro *Prática e teoria da psicologia individual* (1923). Sobre Freud *vs.* Adler, cf. OC 7/1, § 16-55.

226. Não está claro em que obra Jung pensa aqui – *A gaia ciência*? *Considerações extemporâneas*? Como ele bem sabia, *A vontade de poder*, o livro mais óbvio a se encaixar na descrição, foi compilado de uma multidão de notas apenas depois da morte de Nietzsche.

ficamos talvez muito impressionados com sua grande modéstia e discrição. Mas tudo isso é truque. Por trás existe megalomania e uma atitude de poder. Essas pessoas estão à caça de elogios. Alguém assim lamenta sua incompetência para fazer os outros dizerem: "Mas você sabe que isso não é verdade!" É um truque famoso.

Claro, outras pessoas têm a atitude declarada de poder de que são touros poderosos. Tive uma chance maravilhosa de observar isso em minha viagem à Índia; e particularmente no navio da volta, estudei as vozes daqueles oficiais indianos, servidores militares e civis. Reparei que a maioria dos homens tinha uma espécie de cultura da voz. É notável. Um homem (ele era um cientista, porém) era um grande estentor. Eu achava que soava maravilhoso quando ele dizia "bom dia". Sentia-se que aquilo *tinha peso*. Era como o velho pai Zeus acordando de manhã e dizendo a seus deuses: "Bom dia!" Então eu, por acaso, o ouvi dizendo a outro homem: "Oh, eu não tinha visto aquele sujeito por 20 anos, e eis que ele aparece e me pergunta se eu não era o professor fulano; ele não se lembrava do meu rosto, mas se lembrava da minha voz". E, como o grande estentor estava imitando seu próprio estrondo, podíamos ouvi-lo em mais da metade do convés contra o vento. A princípio, pensei: "Que camarada poderoso!" Mas não levei muito tempo para ver que aquela voz era apenas uma grande nuvem, uma cortina de fumaça, e por trás havia um homenzinho muito agradável e modesto, que tinha medo de não ser considerado uma personalidade adulta, por isso cultivou a voz para fazer pelo menos *alguma coisa* ser grande. Então vi a mesma coisa em muitos outros a bordo.

Vejam, a maioria dos homens no serviço militar são realmente sobrepujados pela imensidão da Índia, a imensidão da tarefa deles de serem as pessoas superiores que defendem ou carregam o Império indiano, um grande continente de mais de trezentos e sessenta milhões de pessoas. Como podem fazer isso? Bem, eles devem ser estentores, devem fazer um barulho, e por isso cultivam aquela voz. É o chefe que fala, o sujeito que domina vinte escravos ou servos e pelo menos cinco crianças e duas secretárias no escritório, e ele deve impressionar a si mesmo – por isso sua voz soa muito desagradável, mandona, tirânica, dura e arrogante. Mas aquelas pessoas são na verdade perfeitamente agradáveis, muito comuns e muito pequenas – simplesmente inadequadas para a grande tarefa delas. Isso é muito típico da civilização colonial inglesa. Nenhum daqueles servidores civis ou militares falavam naturalmente – a não ser um, e ele era um homem muito distinto. Não perguntei o nome dele, mas obviamente ele pertencia à nobreza, e tinha o estilo do garoto muito bom da avó. Falava com muita, muita suavidade, tinha aprendido o truque de ser discreto, e não precisava ser estentóreo, mas você via em seu rosto que ele realmente tinha o poder. Todos os outros apenas soavam como se o tivessem.

Pois bem, sempre que as pessoas são chamadas a desempenhar um papel que é grande demais para o tamanho humano, elas tendem a aprender tais truques pelos quais se inflacionam – uma rãzinha se torna como um touro –, mas isso na verdade é contra a natureza delas. Assim, as condições sociais são capazes de produzir esse fenômeno do grande demais e do pequeno demais, e criam esse complexo social em resposta às exigências sociais. Se as condições exigem que elas sejam muito grandes, as pessoas aparentemente produzem uma psicologia de poder que não é de fato delas: elas são meramente as vítimas de sua situação. Claro, existem outras pessoas que não são de modo algum chamadas a desenvolver uma psicologia como essa, mas que ainda assim a produzem por si mesmas, e essas são as pessoas que poderiam fazer melhor do que fazem. Por não conhecerem suas capacidades, elas não fazem o esforço que realmente poderiam fazer. Têm sentimentos de inferioridade e caem em uma atitude de poder. E há pessoas que *podem* fazer algo. Elas são bem-sucedidas, e são acusadas de ter uma atitude de poder por todas aquelas que têm sentimentos de inferioridade acerca de sua própria atitude de poder. E aí está o erro; aí a teoria do poder chega ao fim, pois ser capaz de fazer uma coisa requer poder; se a pessoa não tem o poder, não a faz. Mas, por ter mostrado esse poder, a pessoa será acusada de uma atitude de poder, e isso é totalmente errado, pois o poder não foi usado para propósitos ilegítimos; uma pessoa que realmente pode fazer uma coisa é equivocadamente descrita como tendo uma atitude de poder. Usar esse poder é legítimo. Assim, o instinto de poder é, em si, perfeitamente legítimo. A questão é apenas para que fins ele é aplicado. Se é aplicado a fins pessoais e ilegítimos, podemos chamá-lo de uma atitude de poder, pois é meramente um jogo compensatório. É para provar que essa pessoa é um grande sujeito: o poder é usado para compensar os sentimentos inferiores da pessoa. Mas isso forma um círculo vicioso. Quanto mais a pessoa tem sentimentos de inferioridade, mais tem uma atitude de poder, e quanto mais tem uma atitude de poder, mais tem sentimentos de inferioridade.

Pois bem, quando Nietzsche vê o aspecto de poder das coisas – e esse aspecto não pode ser negado –, está totalmente certo na medida em que existe um uso errado do poder. Mas, se ele vê isso em toda parte, no âmago de tudo, se isso se infiltrou como até mesmo o segredo da vida, se ele vê isso como a vontade de ser e de criar, então comete um grande erro. Desse modo, ele tem os olhos vendados por seu próprio complexo, pois ele é o homem que, por um lado, tem sentimentos de inferioridade e, por outro, um tremendo complexo de poder. O que realmente era o homem Nietzsche? Um neurótico, um pobre diabo que sofria de enxaquecas e de má digestão, e que tinha olhos tão ruins que conseguia ler muito pouco e foi forçado a desistir de sua carreira acadêmica. E não pôde se casar porque uma antiga infecção sifilítica arruinou todo o seu lado Eros. Claro, tudo isso contribuiu para o mais belo complexo de inferioridade que vocês podem imaginar; um sujeito como esse é feito para um complexo de inferioridade, e por isso construirá uma imensa atitude de poder, por outro lado. E então ele é propenso a descobrir esse complexo por toda parte, pois os complexos também são um meio de compreender outras pessoas: você pode supor que os outros têm o mesmo complexo. Se você sabe que sua única paixão é o poder e supõe que os outros têm esse tipo de paixão também, não está longe da verdade. Mas existem pessoas que *têm* poder, que têm bons olhos e nenhuma enxaqueca e que podem mover as coisas, e acusar essas pessoas de "poder" é perfeitamente ridículo, pois elas criam alguma coisa, são positivas. Então o diabo as apanha naturalmente por outro canto, e isso é o que o psicólogo do poder não vê.

Mas, é claro, Nietzsche está muito do lado da inferioridade, em que a única paixão, a única ambição é: como posso chegar ao topo? Como posso fazer sucesso, causar uma impressão? Portanto Nietzsche é aqui o homem com telhado de vidro que não deveria atirar pedras; deveria ser cuidadoso. Seu estilo é facilmente um estilo de poder, ele é um estentor, faz um tremendo barulho com suas palavras, e para quê? Para causar uma impressão, para mostrar o que ele é e fazer todo mundo acreditar nisso. Assim podemos concluir quanto à intensidade abissal de seus sentimentos de inferioridade. Bem, a última sentença é:

> E este segredo a própria vida me contou. "Vê", disse ela, "eu sou aquilo *que sempre tem de superar a si mesmo*".

Essa é uma boa conclusão. Uma condição de poder fazendo um círculo vicioso com os sentimentos de inferioridade é muito insatisfatória e deve superar a si mesma. De fato, a vida supera a si mesma: está sempre se desfazendo, sempre criando um novo dia, uma nova geração. Bem, é sempre imperfeita, mas não é necessariamente imperfeita do lado do poder. Deve seguir a lei da *enantiodromia*: deve haver destruição e criação, ou ela não existiria. Uma coisa que é absolutamente estática não tem existência. Ela deve estar em um processo ou jamais seria sequer percebida. Por isso uma verdade só é uma verdade tanto quanto possa mudar. Chegamos agora ao fim do capítulo.

> E quem tem de ser um criador no bem e no mal: em verdade, tem de ser primeiramente um destruidor e despedaçar valores.
>
> Assim, o mal supremo faz parte do bem supremo: este, porém, é o bem criador. – Falemos disso, ó maiores dentre os sábios, embora seja desagradável. Silenciar é pior; todas as verdades silenciadas se tornam venenosas.
>
> E que se despedace tudo o que, de encontro a vossas verdades, possa – despedaçar-se! Ainda há muitas casas por construir!

Essa é uma variação da outra sentença do *"que sempre tem de superar a si mesmo"*. Em outras palavras, tudo que existe deve ser destruído para ser criado como algo novo. Claro, essa é também uma verdade unilateral, mas uma verdade revolucionária. Nietzsche foi um precursor de nossa era revolucionária, e sentiu intensamente que essa era uma verdade do tempo, que não deveria ser escondida, que muitas coisas velhas tinham amadurecido excessivamente e estavam na verdade começando a apodrecer. Daí ter percebido a necessidade da destruição. E era clarividente o bastante para ver que no processo da vida e do devir, os pares de opostos se juntam; bem e mal são as designações clássicas, a ideia de que ao lado do melhor está o pior. Assim, se uma coisa ruim fica muito ruim, pode se transformar em algo bom, e quando uma coisa é boa demais ela se torna improvável – dizemos que é boa demais para ser verdade, ela desfaz a si mesma. Essa é a *enantiodromia* natural. Vejam, ele exprime aqui uma verdade que já fora dita pelo velho Heráclito, e é evidentemente uma passagem que formula a mente moderna[227].

Pois bem, não há nada muito importante no próximo capítulo, "Dos sublimes", nem no seguinte, "Do país da cultura", nem no capítulo chamado "Da imaculada percepção". ("Percepção" é uma tradução errada; *Erkenntnis* significaria conhecimento ou apercepção[228].) Então, no capítulo chamado "Dos eruditos", ele percebe principalmente ressentimentos profissionais, e no capítulo chamado "Dos poetas", ele percebe principalmente todos os seus ressentimentos quando era chamado de um poeta. Claro que tudo isso está representado em uma forma generalizada, mas é bastante óbvio que são seus ressentimentos pessoais. Assim, chegamos agora ao quadragésimo capítulo, "Dos grandes acontecimentos", e vamos selecionar algo bem do início.

> Há uma ilha no mar – não muito longe das ilhas bem-aventuradas de Zaratustra – em que um vulcão continuamente solta fumaça; dela diz o povo, especialmente as mulheres idosas do povo, que existe um lugar parecido a uma rocha diante da porta do mundo inferior; mas que pelo vulcão desce um estreito caminho até essa porta do mundo inferior.
>
> No tempo em que Zaratustra habitou as ilhas bem-aventuradas, aconteceu que um navio lançou âncora junto à ilha em que está a montanha fumegante; e a tripulação desceu para a terra, para caçar coelhos. Por volta do meio-dia, porém, quando o capitão e seus homens tinham se reunido novamente, viram subitamente um homem aproximar-se vindo pelos ares, e uma voz dizia distintamente: "É tempo! É mais que tempo!" Mas, no momento em que a figura estava mais próxima deles – mas ela voava rápido como uma sombra, na direção do vulcão –,

---

227. Heráclito escreveu sobre cada par de opostos que o último "tendo mudado se torna o primeiro, e este novamente tendo mudado se torna o último". Mas "Deus é dia-noite, inverno-verão, guerra-paz, saciedade-fome" (Freeman*, fragmentos 88, 67).

228. Contudo, os tradutores não foram capazes de resistir ao trocadilho.

reconheceram, com enorme assombro, que era Zaratustra; pois todos eles já o tinham visto, com exceção do próprio capitão, e o amavam como o povo ama: com amor e temor em graus iguais.

"Vede!", disse o velho timoneiro, "lá vai Zaratustra para o inferno!" – Na mesma época em que esses navegantes aportaram na ilha de fogo, correu o rumor de que Zaratustra tinha desaparecido; e quando seus amigos foram questionados sobre isso, disseram que ele embarcara em um navio à noite, sem dizer para onde estava indo.

Isso gerou alguma inquietação. Após três dias, contudo, acrescentou-se a essa inquietação a história dos tripulantes – e então todo o povo disse que o diabo tinha levado Zaratustra. Seus discípulos riram, é claro, desse falatório: e um deles até mesmo disse: "Eu acreditaria antes que Zaratustra tivesse levado o diabo". Mas, no fundo de seus corações, estavam todos preocupados e saudosos: por isso a alegria deles foi grande quando, ao quinto dia, Zaratustra apareceu em meio a eles.

Esse é um pedaço de lenda. Essas intercalações lendárias no *Zaratustra* são sempre uma espécie de ilhas bem-aventuradas, pois nos libertam do tipo exagerado de expressão, e alguma coisa surge mediante a linguagem de um simples conto, mostrando que aqui está surgindo uma verdade que é de fato Zaratustra. Isso não é Nietzsche, mas transmite algo que Nietzsche não poderia distorcer para seu próprio estilo, ou seu próprio sermão; é um pedaço de natureza que irrompe. Esse é o outro, o velho sujeito que fala em parábolas. Por isso todas as parábolas – particularmente as parábolas semelhantes a contos no *Zaratustra* – têm um valor extraordinário, porque não são excessivamente filosofadas; elas dizem o que deve ser dito e não são distorcidas. Vejam, após a dissertação dele sobre o poder, naqueles capítulos pelos quais acabamos de passar, em que ele cria para si mesmo uma posição exclusiva e critica seu entorno, podemos quase esperar uma reação de baixo. Se a pessoa diz algo peremptório, pode estar certa de que alguma coisa acontecerá para lhe ensinar o contrário. Pois bem, o principal conteúdo dessa história é a descida de Zaratustra ao Hades. Existe o vulcão e o fogo de baixo, a entrada no interior da terra e o submundo – existe até mesmo o velho Cérbero, o cão de fogo – e Zaratustra está agora descendo em tudo isso. Psicologicamente, significaria que, depois de todo aquele grande palavrório, existe um submundo e tem-se de ir lá embaixo. Mas, se a pessoa é tão elevada e eficiente, por que não ficar em cima? Por que se dar ao trabalho dessa descida? Ainda assim, o conto diz que é inevitável descer – essa é a *enantiodromia* – e, quando a pessoa desce, bem, será queimada, será dissolvida.

Claro que Nietzsche deve ter sabido – ele era um filólogo clássico – que Empédocles, o grande filósofo, tinha escolhido essa forma de morte para si mesmo: pulou na cratera ardente do Etna. Muitas vezes me perguntou por que ele fez isso.

Um poeta latino disse sobre ele que foi para ser considerado um deus imortal. Mas, na biografia do velho Empédocles, nós obtemos a verdadeira pista! Como vocês sabem, ele era muito popular: onde quer que aparecesse, grandes multidões vinham ouvi-lo falar, e quando ele saía da cidade, cerca de dez mil pessoas o seguiam para a próxima parada, onde ele tinha de falar de novo. Suponho que ele fosse humano, por isso o que ele podia fazer? Tinha de encontrar um lugar em que as dez mil pessoas não correriam atrás dele, por isso pulou no Etna[229]. Nada tinha a ver com ser um deus imortal, mas foi apenas para ter sua paz. Pois bem, essa história é evidentemente também uma espécie de conto psicológico. Pode ser verdade que o grande filósofo se suicidou para fugir de seus dez mil amáveis seguidores, mas é também um tema mitológico. Assim, após essa grandeza, quando Nietzsche sentiu que era o salvador do mundo, aquele que diz a todos os rapazes o que fazer para alcançar a salvação, ele teria de fazer a descida à destruição total. Mas é curioso que ele não alude a Empédocles, e toda sua história tem uma aura muito peculiar.

Eu era estudante quando li pela primeira vez essa passagem, e ela ficou na minha mente. Era tão estranha – o meio-dia e o capitão e os seus homens – o que se passou com aquele navio que eles foram caçar coelhos perto da entrada do inferno? Então lentamente me ocorreu que, quando eu tinha cerca de dezoito anos, tinha lido um livro da biblioteca do meu avô, e que se chamava *Blätter aus Prévorst*, de Kerner, uma coleção em quatro volumes de histórias maravilhosas sobre todo tipo de fantasmas e fantasias e maus pressentimentos, e, entre elas, encontrei essa história[230]. É chamada "Um extrato de suma importância do diário de bordo do navio Esfinge, no ano de 1686, no Mediterrâneo". Dou a vocês o texto literal:

> Os quatro capitães e um comerciante, o senhor Bell, desembarcaram na ilha do Monte Stromboli para caçar coelhos. Às três horas, eles convocaram a tripulação para embarcar, quando, para seu inexprimível espanto, viram dois homens voando rapidamente por cima deles nos ares. Um estava vestido de preto, o outro, de cinza. Aproximavam-se muito deles, na maior velocidade; para sua grande consternação, eles desceram nas chamas ardentes da cratera do terrível vulcão, o Monte Stromboli. Reconheceram o par como conhecidos de Londres.

---

229. Que Empédocles (484-424 a.C.) pulou na cratera do Monte Etna é relatado por Diógenes Laércio, em *Vidas dos filósofos ilustres*, livro VIII, cap. 2, seções 66-69. Ele, por sua vez, cita um Timeu, não o dialético de Platão, mas um historiador no qual Diógenes se apoia. Nietzsche de modo frequente se referia a Empédocles favoravelmente, até mesmo o chamando, em *O anticristo*, de sucessor de Zaratustra.

230. *A vidente de Prevorst*. O compilador da palestra gentilmente fornece as citações: vol. IV, p. 57. A obra de Justinus Kerner foi publicada pela primeira vez em Karlsruhe. Jung contou essa história sobre Nietzsche em sua dissertação inaugural, publicada em Leipzig em 1902, e está no primeiro trabalho de OC 1.

O paralelo absoluto é evidentemente formado pelos coelhos; também o meio-dia, pois eram três da tarde quando o capitão e seus homens se reuniram de novo. Está perfeitamente claro que é a mesma história. Eu então escrevi para a irmã de Nietzsche, e ela me contou que, de fato, em algum momento entre os 10 e os 11 anos dele, ela e seu irmão tinham lido *Blätter aus Prévorst*, que descobriram quando bisbilhotavam a biblioteca do avô deles, o pastor Oehler. Ela não conseguia se lembrar dessa história em particular, mas disse que minha teoria era bastante possível, pois esse livro estava na biblioteca e ela se lembrava de ter lido histórias maravilhosas como essa com Nietzsche; ela tinha alguma razão para estar totalmente certa de que após os 11 anos dele isso estava fora de questão, então isso teria sido no máximo até os 11 anos de Nietzsche. Pois bem, é muito provável que ele tenha esquecido a história, e que por isso a produz tão literalmente, com os estranhos detalhes. É de se perguntar o que aqueles coelhos têm a ver com a descida de Zaratustra: é tolice, mas é explicado por aquele paralelo. Isso é o que chamamos de criptomnésia; secretamente essa lembrança se infiltra e se reproduz. Isso mostra como as camadas inconscientes da mente funcionam.

Então vocês podem ter certeza de que, assim como o inconsciente foi capaz de expor essa história, é capaz também de contrapor uma verdade à consciência de Nietzsche, a sua percepção ou o seu entendimento. Pois bem, a descida no vulcão, como registrada no diário de bordo do navio Esfinge, seria explicada como a visão de duas pessoas que tinham morrido durante a ausência do navio da Inglaterra. As visões eram o único tipo de rádio que eles tinham naqueles dias – ou talvez a clariaudiência ou a clarividência. Mas é claro que, quando o Sr. Jones ou o Sr. Smith morre, isso não é transmitido pela BBC, e ainda acontece desse modo natural mediante sonhos ou visões. Vocês encontram relatos maravilhosos de casos desse tipo nas *Fantasies of the Living* [Fantasias dos vivos], uma coleção muito consistente publicada pela *British Society of Psychical Research*. E aqui isso significa que o espírito morrerá após essa autoafirmação exagerada, pois nada é mais mortífero para o espírito do que quando um homem se afirma como sendo *ele*. Isso é muito inadequado para *l'esprit*; o *esprit* só vive quando é impessoal. Se é pessoal, torna-se um mero ressentimento, e isso não é nada bom. Então já não é *esprit*. Vejam, após essa inflação ele desce e dá fim à sua vida. É realmente uma catástrofe – ainda não uma catástrofe no caso de Nietzsche, mas é a antecipação de uma. É exatamente como um sonho que diz a você que tome cuidado; é uma espécie de alerta de que o inferno está chegando perto e já é visível – um sujeito já está descendo lá.

Como vocês sabem, tais histórias são registradas porque são edificantes. Aqueles dois cavalheiros de Londres eram grandes comerciantes e evidentemente não estavam muito bem, pois estão pintados com as cores do inferno, o que exprime pecado; um é preto e o outro, cinza, ao passo que deveriam estar vestindo camisas brancas que é a roupa padrão no céu. Anteriormente, nos funerais, lembro-me de as pessoas se perguntarem se o morto estava entrando na felicidade eterna ou se estava indo para o "mau lugar". Conheci um velho teólogo simpático, um professor de história da igreja, que era original, e que também era bastante surdo. Certa vez, ele foi ao funeral de um homem de alta reputação, em que todos os amigos e conhecidos ficavam reunidos na sala de estar, como era o hábito, sussurrando entre si, em vozes abafadas, antes de irem para o cortejo fúnebre. Um homem estava tentando dizer ao professor que se sentia tão feliz em saber que aquele homem de alta reputação tinha morrido tão pacificamente, e o professor, abanando a cabeça, disse em uma voz tonitruante: "Sim, sim, eu sei que ele não teve nenhuma alegria em morrer!"

Pois bem, esse aspecto edificante mostra a importância psicológica de uma visão como essa e deveria ser em grande medida a mesma coisa com Nietzsche. Ele deveria se perguntar: "O que está acontecendo agora? Onde foi que cometi um erro desses? Como fiquei tão inflado que sou agora ameaçado pela completa dissolução no fogo?" Suponham que essa parábola tivesse sido um sonho, como poderia muito bem ter sido – ela funciona como tal no fluxo desse sermão –, que conclusões deveríamos tirar? Muito claramente, Zaratustra, por ora, é a personalidade condutora superior na psicologia de Nietzsche – não em sua mente. Nietzsche naturalmente ficaria muito impressionado por essa figura que exprimia revelação, inspiração – ele até mesmo tinha um certo sentimento da autonomia dela –, e agora o conto diz que ele está indo para o inferno. O velho timoneiro enfatiza isso: "Vede! Lá vai Zaratustra para o inferno!" Mas eu tenho dúvidas se Nietzsche estava consciente do exemplo de Empédocles, embora possa ter estado. Ele *deve* ter estado ciente disso, e, se tivesse me contado um sonho como esse, e eu perguntado a ele quem certa vez havia pulado em um vulcão, isso teria vindo à sua mente. E naturalmente teria ficado impressionado. Essa foi uma empreitada muito perigosa – acabou com a vida de Empédocles. E ele teria percebido que pular na lava fundente e gases venenosos seria um sentimento muito desfavorável, uma morte macabra. Uma história como essa denota realmente um desastre terrível. Assim, no humor de Nietzsche nesse momento, quando ele percebe cada pensamento que vem à sua mente, seria de se esperar que ele sentisse o impacto desse perigo. Veremos agora o que ele diz:

E este é o relato da conversa de Zaratustra com o cão de fogo:

A terra, disse ele, tem uma pele; e essa pele tem doenças. Uma delas, por exemplo, chama-se "homem".

E outra dessas doenças chama-se "o cão de fogo": sobre *este* os homens contaram e deixaram que lhes contassem muitas mentiras.

Para sondar esse mistério, atravessei o mar: e vi a verdade nua, verdadeiramente! Descalça até o pescoço.

Agora estou informado sobre o cão de fogo; e também sobre todos os demônios da erupção e da subversão, dos quais não só as mulheres velhas têm medo.

Sai, cão de fogo, da tua profundeza!, gritei eu, e reconhece como é profunda essa profundeza! De onde vem isso que expeles para cima?

Bebes fartamente do mar: tua salgada eloquência o revela! Em verdade, para um cão da profundeza, tomas demais tua alimentação da superfície!

Considero-te, no máximo, o ventríloquo da terra: e, sempre que ouvi demônios da erupção e da subversão falarem, achei-os iguais a ti: salgados, mentirosos e rasos.

Sabeis berrar e escurecer com cinzas! Sois os melhores fanfarrões e aprendestes muito bem a arte de fazer ferver a lama.

Onde quer que estejais, sempre deve haver lama na proximidade, e muita coisa esponjosa, cavernosa, comprimida: isso quer liberdade.

"Liberdade" é o que mais gostais de berrar todos vós: mas eu abandonei a crença em "grandes acontecimentos" quando há muita gritaria e fumaça em torno deles. E crê em mim, amigo Ruído Infernal! Os maiores acontecimentos – não são nossas horas mais barulhentas, e sim as mais tranquilas.

Não ao redor dos inventores de novo barulho, mas dos inventores de novos valores é que o mundo gira; de modo *inaudível* ele gira.

Essa é a reação dele e é preciso indagar quem está falando aqui. Zaratustra desceu ao vulcão. Quem então está falando? Vejam, ele fala como se estivesse totalmente separado desse conto no qual se diz que ele entrou no inferno. Na verdade, ele está de pé sobre a terra do lado de fora, e nada é dito sobre ele ter descido ao inferno retornar de lá. O que quer que tenha acontecido, é muito claro que o próprio Nietzsche toma o lugar de Zaratustra e *supõe* o que Zaratustra pode ter dito ao cão de fogo. Este é agora, em grande medida, o modo como o próprio Nietzsche falaria. Vejam, em uma fantasia ou sonho, se você se colocar no lugar de uma figura estranha e tomar a palavra, é porque está assustado. Em um pesadelo, por exemplo, você pode insistir que é tudo um sonho, para encerrá-lo, pois está com medo de que ele continue. Exatamente como quando algo desagradável ocorre na realidade, você tenta gritar mais alto do que a impressão desagradável. Você faz um barulho para não ouvir a verdade. Ou, se está com medo de que algo estranho possa ser dito, fala o tempo todo; não que tenha algo a dizer, mas por medo você está fazendo um barulho incessante. Ou as pessoas frequentemente têm uma dificuldade extraordinária para perceber um fluxo imparcial de fantasias, e sem exceção essas pessoas estão com medo do que elas [as fantasias, não as pessoas, se considerarmos a aposta junguiana no caráter autônomo da atividade inconsciente (N.T.)] podem produzir; por isso as pessoas interrompem as fantasias, ou as substituem por seus próprios comentários. Se a pessoa dá alguma chance ao parceiro, o *animus* ou a *anima* podem dizer algo muito desagradável. Assim, Nietzsche simplesmente salta, *supondo* que isso é o que Zaratustra diria ao cão de fogo e aos demônios da erupção, a ideia das chamas e do vulcão, o caos originário que ainda ferve embaixo. E, agarrando-se à figura ridícula do cão de fogo, ele prolonga a história, tenta torná-la desimportante e leve. Então essa palavra conversa, *Gespräch*, significa um tipo de coisa muito tranquila; ele está supondo que Zaratustra desce ao vulcão para uma conversa filosófica com o cão de fogo, menosprezando o homem – esse verme de humanidade, essa doença de pele da terra; e diz que o próprio cão de fogo é outra forma da doença de pele. Obviamente essa é uma suposição metafísica. Está no lugar do diabo, esse velho absurdo inventado pelo homem: sobre *este* [isto é, sobre o cão de fogo (N.T.)], os homens contaram e deixaram que lhes contassem muitas mentiras.

Como vocês sabem, Nietzsche foi muito influenciado por David Friedrich Strauss, que escreveu uma famosa vida de Cristo, uma concepção muito racional, como certas biografias posteriores de Cristo, em que se fez o esforço de explicar sua vida tradicional em termos do senso comum[231]. Mas o sentido dessa história é evidentemente que ela *não é* e *não deveria ser* senso comum: ela não faz sentido se não é miraculosa. Nietzsche sabe aqui que pode se tratar de um mistério – "para sondar esse mistério, atravessei o mar" –, mas diz que viu a verdade nua a respeito, e que aqueles velhos espectros e fantasmas devem ser removidos. Esse cão de fogo é um ventríloquo da terra, um mentiroso que faz você acreditar que a terra pode falar; mas você não pode ser tão estúpido que a terra tem uma voz: essa é outra velha invenção absurda.

Isso é exatamente como se disséssemos que o inconsciente é meramente uma invenção, um ventríloquo falando bobagens em todo mundo. É o ponto de vista do racionalismo barato do século XIX, o mesmo tipo de psicologia. Como quando o representante de Edison estava apresentando o primeiro fonógrafo no encontro da Academia Francesa de Ciência, um médico pulou e agarrou o homem pela garganta, gritando: "Maldito ventríloquo!" Ele era incapaz de supor que o aparato tinha produzido aquela voz. Assim, o que quer que aquele inferno pudesse produzir, seria fumaça e barulho vazios, sem nada por trás. Claro, essa é certamente uma tentativa de Nietzsche de menosprezá-lo, para poupar-se ele mesmo daquilo. Na

---

231. David Friedrich Strauss (1808-1874), autor de *Vida de Jesus criticamente examinada* (1835). Na primeira de suas *Considerações extemporâneas*, Nietzsche lançou um pesado ataque contra Strauss, com quem compartilhava muitas crenças. É possível que ele tenha sido incitado a essa polêmica por Wagner, que tinha, por sua vez, sido duramente criticado por Strauss.

verdade, é um dos vários ataques do inconsciente; o vulcão emerge e atrai Zaratustra e o faz pular lá. É o primeiro indício de um perigo em algum lugar conectado com a terra. Pois bem, apesar de ter desprezado a coisa toda, ele não pode evitar ter outra ideia a respeito; é incapaz de fazer tão pouco caso da terra, embora esta naturalmente devesse estar liberta de ideias tão tolas como cães de fogo. Assim, treze parágrafos depois ele diz:

E, para que eu continue certo, escuta algo acerca de outro cão de fogo [...].

Ele inventa outra figura que personifica a terra.

[...] ele realmente fala do coração da terra.

Aqui ele reconhece o que suprimiu antes.

Há ouro em sua respiração, e chuva de ouro: assim quer o coração dele. O que são, para ele, cinza, fumaça e escarro quente?

O riso lhe sai volteando, como nuvem colorida; ele é avesso a teu gorgolejar e cuspir, e ao revolver de tuas entranhas.

Mas o ouro e o riso – ele os tira do coração da terra: pois, que o saibas – *o coração da terra é de ouro.*

Essa declaração extraordinária é um reconhecimento de que existe algo acerca da terra – existe até mesmo um segundo cão de fogo que revela o segredo de que o coração da terra consiste em ouro. Essa é uma antiga ideia mitológica, mas Nietzsche não a conhecia. É também uma ideia alquímica que o âmago da terra é ouro que se originou pelo movimento do sol em torno da terra. Como o sol é idêntico ao ouro, sua contínua rotação em torno da terra formou o ouro no centro e criou sua imagem no coração da terra. Esse é um reconhecimento de que, no inconsciente, o vulcão, não existe apenas esse primeiro cão de fogo, mas também algo de valor: um núcleo de ouro. E isso se encaixa na ideia dele de que deveríamos nos tornar amigos da terra novamente. As duas correntes de pensamento se juntam aqui: ou seja, a ideia de que o vulcão é realmente a entrada ao interior da terra, e sua outra ideia, de que o homem é um filho da terra, de que a terra deveria ser reconhecida novamente, ao contrário do ponto de vista cristão de que a carne e tudo o mais de terreno são todos erros. Esse é outro esforço para se livrar da impressão fatal do vulcão, tentando aplicar o material do pensamento a um de seus *hobbies* e à terra em geral, omitindo inteiramente o caráter catastrófico da imagem. Pois bem, no fim do capítulo, ele pode estar satisfeito com o resultado que alcançou: foi bem-sucedido em evitar o impacto dessa descida ao inferno, superou o cão de fogo, e percebeu que o coração da terra é de ouro. Mas então ele diz:

E novamente Zaratustra balançou a cabeça e se admirou. "Que devo pensar disso?", repetiu.

Aparentemente, algo não foi respondido, o caso não está resolvido.

E por que o fantasma gritou "É tempo! É mais que tempo"?

Para que é – mais que tempo? – Assim falava Zaratustra.

Como vocês veem, isso não está respondido. Por que essa pressa? "É mais do que tempo" significa que resta um tempo muito curto. Ao que isso se refere?

Sra. Crowley: À sua própria condição.

Prof. Jung: Sim. Pouco depois de ter acabado o *Zaratustra*, o final chegou, quando ele morreu antes de seu corpo. Esse é o segredo, essa é a chave para o significado dessa descida ao inferno. Foi um alerta: logo você descerá à dissolução. Daí o capítulo seguinte, "O adivinho", ser um esforço de menosprezar essa voz de advertência: "Oh, isso nada mais é do que um adivinho". Pois bem, o adivinho diz:

E vi descer sobre os homens uma grande tristeza. Os melhores entre eles se cansaram de suas obras.

Uma doutrina surgiu, acompanhada de uma fé: "Tudo é vazio, tudo é igual, tudo foi!"

Tudo desapareceu, tudo acabou. Esse é o modo como um moribundo poderia falar.

E de todos os montes ecoou: "Tudo é vazio, tudo é igual, tudo foi!"

É certo que fizemos a colheita: mas por que nossos frutos ficaram podres e escuros? Que coisa caiu da lua má, na última noite?

Todo o trabalho foi em vão, tornou-se veneno o nosso vinho, o mau-olhado crestou nossos campos e corações.

Todos nos tornamos secos; se o fogo cair sobre nós, seremos reduzidos a cinzas: – sim, o próprio fogo tornamos cansado.

Isso é o que acontece a Zaratustra no vulcão: o fogo cai sobre ele, o fogo o engole. Ele é reduzido a cinzas.

Todas as fontes secaram para nós, também o mar recuou. Todo o chão quer se abrir, mas a profundeza não quer devorar!

"Ah, onde há ainda um mar onde possamos nos afogar?" – eis como soa o nosso lamento – por sobre pântanos rasos.

A pessoa poderia, evidentemente, pensar em um mar no qual se afogar se estivesse ardendo nas chamas de um vulcão.

"Em verdade, ficamos cansados demais para morrer, ainda estamos acordados e prosseguimos vivendo – em sepulcros!"

Assim escutou Zaratustra um adivinho falar; e a profecia deste tocou seu coração e o transformou. Ele vagueava triste e cansado, e tornou-se igual àqueles de quem o adivinho falara.

"Em verdade", disse ele a seus discípulos, "falta bem pouco, e em breve chegará esse longo crepúsculo. Ah, como salvarei minha luz através dele?"

Ele não salvou.

"Que ela não sufoque em meio a essa tristeza! Para mundos distantes ela deverá ser uma luz, e também para as noites mais distantes!"

De tal maneira afligido em seu coração, Zaratustra vagueava e por três dias não tomou nenhuma comida nem bebida, não teve paz e perdeu a fala. Por fim sucedeu que mergulhou em um sono profundo. Mas seus discípulos ficaram ao seu redor em longas vigílias, aguardando, preocupados, que ele acordasse, novamente falasse e convalescesse de sua aflição.

Temos aqui toda a reação à descida de Zaratustra, justamente aquilo de que sentimos falta no capítulo anterior, e isso é muito instrutivo sobre a natureza do estilo de Zaratustra ou de Nietzsche. Quando ele fala de forma excitada e exagerada, está acobertando ou reprimindo alguma coisa, não olhará para ela. Ele faz um barulho para não ouvir as vozes que vêm na "hora mais silenciosa" da noite. Vocês se lembram em "O canto noturno": "É noite; eis que se eleva mais alto a voz das fontes fervilhantes. E minha alma é também uma fonte fervilhante". Na quietude da noite, a fonte da alma pode ser ouvida. Nietzsche falava tão exageradamente para que as vozes da alma não fossem ouvidas. Mas aqui ele alcança o pleno impacto disso. Essa é sua verdadeira reação, e aqui nosso sentimento pode acompanhar, podemos ter empatia.

E este é o discurso que Zaratustra pronunciou ao despertar; sua voz, porém, parecia chegar de uma imensa distância a seus discípulos.

"Escutai o sonho que tive, ó amigos, e ajudai-me a decifrar seu sentido!

É ainda um enigma para mim, este sonho; seu sentido está escondido nele e aprisionado, ainda não voa acima dele com as desimpedidas. Sonhei que havia renunciado a toda a vida. [...]

De novo a ideia da morte.

[...] Tornara-me um guardião noturno de túmulos, na solitária cidadela montanhesa da Morte.

Lá em cima eu zelava por seus caixões: as abafadas abóbadas estavam repletas desses troféus de vitória. Através de caixões de vidro, a vida vencida me fitava.

Eu respirava o cheiro de eternidades empoeiradas: entorpecida e empoeirada jazia minha alma. E quem poderia ali arejar sua alma?

A claridade da meia-noite estava sempre ao meu redor, a solidão se acocorava junto a ela; e, em terceiro lugar, a estertorante imobilidade, a pior de minhas amigas.

Tinha chaves comigo, as mais enferrujadas de todas as chaves; e sabia, com elas, abrir o mais rangente de todos os portões.

Como um irritado grasnido corria o som pelos compridos corredores, quando as asas do portão se moviam: de modo hostil gritava aquele pássaro, de mau grado acordava.

Mais assustador ainda, e mais sufocante para o coração, era quando novamente se calava e tudo em torno ficava quieto e imóvel, e eu me achava sozinho naquele maligno silêncio.

Essa é a hora mais silenciosa, é claro.

Assim passava e me escorria o tempo [...]

pois ainda não sabia como interpretar o sonho.

Esse é de novo um relato honesto, como se algo desse tipo tivesse realmente acontecido a ele. É de novo um conto ou um sonho em que ouvimos a voz imparcial, não adulterada, que não foi distorcida em um estilo exagerado. É uma reação ao episódio do Hades, e agora vamos ouvir o segredo: o que ele está vigiando lá embaixo. Esse é o verdadeiro Zaratustra; ele está agora no inferno, no castelo da morte, em que vigia os sepulcros para trazer à tona esse segredo. Está descartado que seja de novo um absurdo, há um segredo temível escondido lá embaixo, no qual ele *deveria* pensar, compensando todo o barulho histérico que ele fazia em cima. E agora, quando o portão é escancarado, vemos que há um vento estrondoso, e o vento é o espírito; um vento implacável irrompe com mil gargalhadas. Isso é a insanidade muito claramente – aquelas figuras distorcidas. A insanidade é o segredo, a destruição total da sua mente. Pode-se entender por que ele ficou prostrado. Pois bem, esse vento desempenha um papel peculiar na vida de Nietzsche. Há várias passagens em que Zaratustra é o vento, e na biografia de Nietzsche há um incidente em que ele aparece em uma forma peculiar. E um pouco depois chegamos ao cão que uiva na noite, aquele grito terrível que pertence ao mesmo complexo de maus presságios. Com cerca de 15 anos de idade, ele já tinha tido uma experiência como essa. Está no meu artigo sobre Wotan[232], mas infelizmente essa passagem foi omitida pelos editores da edição em inglês, porque eles pensaram que não seria compreendida o bastante. Talvez! Eu não sei, mas é claro que é particularmente importante, é a coisa mais interessante no artigo inteiro.

Ele fala sobre fazer uma caminhada noturna com um amigo, outro jovem, e sem dúvida algo como isso aconteceu na realidade, mas é também uma história

---

232. "Wotan" foi publicado pela primeira vez em *Neue Schweitzer Rundschau* (Zurique, março de 1936). É reimpresso em OC 10/2, § 371-399. Na biografia da irmã de Nietzsche (vol. I, p. 18-19), é contada a história do cão uivante.

fantástica, um sonho. Em um bosque escuro ele ouviu um grito terrível vindo de um manicômio próximo, o que significa que já ali ele foi ao inconsciente – o bosque. E então, depois de algum tempo, no mesmo sonho, eles quase se perderam no bosque, e encontraram um homem estranho, um caçador selvagem. Era Wotan. Esse caçador queria levá-los a Teutschtal, que é uma aldeia real, mas evidentemente também simbólica. *Teutsch* é a antiga forma de *Deutsch*, e era usada na época da escola romântica para designar as pessoas que já tinham a mesma loucura sobre o sangue alemão que observamos agora. Elas eram chamadas de *Teutsche*, e eram representadas em caricaturas com chifres e peles e essas coisas. Subitamente, esse caçador pegou um apito e produziu um som terrível, e Nietzsche perdeu a consciência no sonho. Então, quando se recuperou, soube que tinha tido um pesadelo. Pois bem, esse som agudo aqui, esse apito e zunido, é o grito vindo do manicômio. É Wotan que o apanha, o velho deus-vento irrompendo, o deus da inspiração, da loucura, da intoxicação e da selvageria, o deus dos *Berserkers*, aqueles selvagens que enlouquecem. É evidentemente o som agudo e o apito do vento em uma tempestade em um bosque noturno, o inconsciente. É o próprio inconsciente que irrompe. Isso é lindamente descrito aqui: os portões são escancarados e o vento rebenta, trazendo mil gargalhadas. É um horrível pressentimento de sua insanidade, e ele admite que não sabe a interpretação dessa experiência. Bem, isso é humanamente compreensível.

Mas o discípulo que ele mais amava levantou-se rapidamente, tomou a mão de Zaratustra e disse: "Tua própria vida nos dá a interpretação desse sonho, ó Zaratustra!

Não és tu mesmo o vento de estridentes zunidos, que escancara os portões da cidadela da morte? Não és tu mesmo o caixão cheio de coloridas maldades e angelicais caretas da vida? Em verdade, tal como mil gargalhadas de crianças chega Zaratustra a todos os sepulcros, rindo desses noturnos guardiães de túmulos e de quem mais faz retinir sombrias chaves".

Menosprezo!

Com teu riso vais assustá-los e derrubá-los; desmaiar e se recuperar demonstrarão teu poder sobre eles.

Desmaiar e se recuperar de sua descida: isso o relembra do que experienciou quando jovem.

E, mesmo quando chegarem o longo crepúsculo e o cansaço mortal, não desaparecerás de nosso firmamento, ó advogado da vida!

Novas estrelas nos fizeste ver, e novos esplendores da noite; em verdade, o próprio riso estendeste sobre nós como uma tenda colorida.

> Agora sempre sairão risos de criança dos caixões; agora, um vento forte sempre vencerá todo cansaço mortal: disso é, para nós, o avalista e o adivinho!
> Em verdade, *com eles mesmos sonhaste*, com teus inimigos: este foi teu sonho mais doloroso!
> Mas, tal como acordaste deles e voltaste a ti mesmo, eles acordarão de si mesmos – e voltarão a ti!

Essa interpretação é evidentemente um esforço desesperado de torcê-lo em uma declaração favorável – que ele próprio é Wotan. É evidentemente verdade: Zaratustra é idêntico a Wotan. Ele também é idêntico ao terrível paradoxo do inconsciente. Esse caixão cheio de gargalhadas é o paradoxal par de opostos que são misturados e formam os aspectos grotescos e horríveis do inconsciente, em que não existe absolutamente nenhuma ordem, em que o homem afundou completamente. Naturalmente, se você se identifica com o inconsciente, você está liquidado, pois sua consciência é o único elemento de ordem. Se você *mantém* sua consciência no inconsciente, pode estabelecer ordem ali, mas, se perde a consciência e afunda, identifica-se com a inconsciência, e então você é esse caixão e a gargalhada. O esforço de distorcer ou de interpretar o sonho resulta, então, nessa afirmação muito fraca de que ele sonhou com os inimigos dele. Mas quem é o inimigo dele? Seu próprio inconsciente – seu inimigo é ele próprio. Por isso ele sonhou com ele mesmo; esse é seu próprio caso, sua própria insanidade. O perigo é sempre que ele se identifica com Zaratustra, e Zaratustra é o inconsciente.

> [...] e todos os outros se amontoaram ao redor de Zaratustra, tomaram-lhe as mãos e procuraram persuadi-lo a deixar o leito e a tristeza e retornar para eles.

Palestra II
11 de maio de 1938

Prof. Jung: Falamos na última vez, no capítulo "O adivinho", do sonho de Zaratustra em que a iminente loucura de Nietzsche foi retratada, e ao fim do sonho ele ainda estava em uma condição de certo modo perturbada.

> Mas Zaratustra permaneceu sentado na cama, em posição ereta e com um olhar alheio. Como alguém que retorna de uma longa ausência em terra estrangeira, ele olhou para seus discípulos e examinou seus rostos; mas ainda não os reconheceu. Mas, quando eles o levantaram e o puseram sobre seus próprios pés, eis que subitamente seus olhos mudaram; ele compreendeu tudo o que havia sucedido, passou a mão na barba e disse com voz forte: "Pois muito bem! Para isso haverá tempo; cuidai agora, meus discípulos, que tenhamos uma boa refeição, e logo! Assim pretendo fazer penitência por sonhos ruins!"

O texto descreve um aniquilamento da consciência. Ele foi esmagado por uma espécie de condição inconsciente. Isso evidentemente tem a ver com o caráter da insanidade; é uma invasão súbita, um fluxo de conteúdos inconscientes de uma natureza mental inteiramente diferente, que suprime ou aliena a consciência. Assim, agora é como se ele estivesse voltando de uma condição completamente estrangeira – estrangeira porque ele esteve inconsciente desses conteúdos antes. Essa é outra demonstração do que vimos com muita frequência, que Nietzsche está completamente insciente de seu inconsciente, e só quem está tão insciente pode ser completamente subjugado por ele. Se você está mais ou menos ciente de seus conteúdos inconscientes, se a área de inconsciência não é tão grande, você nunca é subjugado. Se as coisas que vêm à sua consciência não são inteiramente estrangeiras, você não se sente esmagado e perdido, não perde sua orientação. Você talvez esteja emotivo ou um pouco perturbado, mas não está cercado por impressões e visões absolutamente estranhas. Isso só pode acontecer quando você está em resoluta oposição a si mesmo, quando uma parte é consciente e a outra, completamente inconsciente e por isso totalmente diferente. Com todo o seu *insight*, Nietzsche era curiosamente insciente de seu outro lado. Não entendia do que se tratava.

Pois bem, sempre que esse é o caso, a atitude consciente é naturalmente aberta a críticas; fica-se forçado a criticar uma consciência que está ameaçada por uma oposição inconsciente, pois a oposição inconsciente sempre contém a demência da consciência. Quando não existe uma oposição como essa, o inconsciente pode colaborar, e então não tem esse caráter de total estranhamento. Por isso temos de ser o tempo todo críticos à atitude consciente de Nietzsche ou Zaratustra.

Ao fim, ele pensa em comer como um meio de se salvar da impressão fatal, agarrando-se à realidade comum para fugir da sombra inquietante que se abateu sobre ele. É de interesse especial ver o que ele fará a seguir para digerir essa intrusão, por isso é bastante adequado que o capítulo seguinte seja chamado "Da redenção". A ideia indicada no título é perfeitamente clara: ou seja, quando o inconsciente está tão sobrecarregado, há um sentimento de que a pessoa deveria ser redimida de uma perigosa influência supressora como essa. Com efeito, um sentimento da necessidade de redenção sempre aparece quando há uma grande oposição entre o consciente e o inconsciente. Em todos os casos em que os objetivos do consciente e do inconsciente são completamente diferentes, encontramos essa intensa necessidade de redenção. Pois bem, o texto diz:

> Um dia, quando Zaratustra passava pela grande ponte, os aleijados e os mendigos o cercaram, e assim lhe falou um corcunda [...].

Por que ele usa o símbolo da ponte aqui?

Sra. Crowley: Seria essa conexão entre os dois.

Prof. Jung: Exatamente. Ele obviamente precisa de uma ponte para atravessar o fosso entre o consciente e o inconsciente. E, psicologicamente, o que seria isso?

Sr. Baumann: Via de regra, dizemos que a ponte é a *anima* ou o *animus*.

Prof. Jung: Bem, sim, eles podem servir como uma ponte, como o outro pilar, o suporte do outro lado, mas temos um termo especial.

Srta. Foote: A função transcendente.

Prof. Jung: Sim, ela é por definição o funcionamento conjunto de consciente e inconsciente. E que tal função possa existir se deve a figuras como a *anima* e o *animus*, pois elas representam o inconsciente. No mito do Graal, por exemplo, Kundry é a mensageira do outro lado, uma espécie de anjo no antigo sentido do termo, *angelos*, o mensageiro. É como se a *anima* estivesse na outra margem e eu, nesta margem, e nós estivéssemos conversando, deliberando sobre como produzir uma função entre nós, pois precisamos construir uma ponte de ambos os lados, não só de um lado. Se não existisse uma figura como essa no outro extremo, eu nunca poderia construir a ponte. É preciso uma personificação como essa. O fato de que o inconsciente é personificado significa que está inclinado a colaborar; onde quer que encontremos o *animus* ou a *anima*, isso sempre denota que o inconsciente está inclinado a formar uma conexão com a consciência. Vejam, a consciência é extremamente pessoal, e ocorre de nós sermos a personificação da consciência e de seus conteúdos; o mundo todo é personificado em nós. E quando o inconsciente tenta colaborar, ele se personifica na contrafigura.

Frequentemente pensamos no *animus* e na *anima* como se fossem sintomas ou ocorrências desagradáveis; eles o *são*, admito, mas também são tentativas teleológicas oportunas do inconsciente para produzir um acesso até nós. Assim como qualquer sintoma de qualquer tipo de doença não é apenas destrutivo, mas também construtivo; até mesmo a própria doença, a sintomatologia da doença, é, por um lado, destrutiva, mas é ao mesmo tempo uma tentativa de cura. Assim, quando um caso é particularmente incômodo por conta do *animus* ou da *anima*, sabe-se que há um fosso que quer ser transposto, e a natureza já fez a tentativa de transpô-lo. Eu enfatizo a existência da *anima* ou do *animus* porque eles são realmente produtos da natureza, e nós fazemos uso deles. Haveria inúmeras razões para dizer que isso é um perfeito absurdo, imaginação e assim por diante. Claro que *é* imaginação, mas isso é o que a natureza produz, e, se queremos curar uma doença, temos de usar suas manifestações, temos de usar a natureza para curar a natureza. Não é nada abstrato; podemos curar imitando os modos naturais que a natureza mesma criou. Visto que a natureza inventou figuras tais como o *animus* e a *anima*, isso é para um propósito, e somos tolos se não os usamos; que ela produza figuras como essas é uma tendência perfeitamente legítima na natureza. Portanto, é totalmente lógico aqui para Nietzsche falar em uma ponte, pois ele precisa de uma ponte; a situação é tal que ele tem uma premonição muito sinistra das coisas que ainda estão abaixo do horizonte, e sente que algo deveria ser feito acerca delas. Seu argumento inconsciente seria: "Bem, como eu tenho conteúdos que são tão estranhos a mim, devo ter uma conexão, uma comunicação, entre essas duas partes de mim mesmo". E assim ele se vê nessa ponte e lá é imediatamente cercado de aleijados e mendigos. Por quê?

Sra. Sigg: Porque ele próprio está aleijado; ele é unilateral.

Prof. Jung: Exatamente, ele é muito unilateral. Ele tem uma grande ideia sobre o super-homem, está a caminho do super-homem, e às vezes parece como se ele já fosse o super-homem. Mas então isso também parece uma compensação para o fato de ele estar aleijado. Além do mais, seu encontro com o inconsciente prova que ele está ferido; um buraco foi criado em seu sistema. Quem quer que tenha sofrido alguma vez uma intrusão do inconsciente tem pelo menos uma cicatriz, senão uma ferida aberta. Sua totalidade, como ele a compreendia, a totalidade de sua personalidade egoica, foi gravemente prejudicada, pois ficou óbvio que ele não estava só; algo que ele não controlava estava na mesma casa com ele, e isso evidentemente causa feridas ao orgulho da personalidade egoica, uma ferida fatal em sua própria monarquia. Por isso é totalmente compreensível que, quando ele se aproxima do abismo, encontre os aleijados e os mendigos, como aconteceria em um sonho, pois estes demonstram a ele que se tratam realmente de aleijados e de mendigos, e que ele os está abrigando, que ele é exatamente como os aleijados e os mendigos e está entre eles. E, no texto, veremos o quanto ele percebe que realmente faz parte deles.

A próxima parte diz que ele deveria ensinar aos aleijados primeiro; se pudesse ensinar-lhes, isso provaria que sua doutrina realmente significava alguma coisa, provaria que ele estava à altura de sua tarefa. Penso que esse seria o "método certo"; vejam, essa seria a prova suprema. Se ele consegue influenciar o inconsciente, se ele consegue assimilar o inconsciente, é o critério – se sua doutrina consegue exprimir o inconsciente de modo que este flua e colabore consigo. Se não consegue, sua doutrina não é boa. E esse é o critério para qualquer doutrina filosófica real; se ela exprime o inconsciente é boa, se não o faz, simplesmente é irrelevante. O mesmo critério pode ser aplicado à ciência natural ou a qualquer teoria científica. Se não se encaixa nos fatos, não é boa: o teste é se ela se encaixa nos fatos. Pois bem, seus próximos argumentos não são muito importantes; ele não está ciente de que os problemas realmente significam, e por isso tenta brincar com eles. Por exemplo:

> Quando se tira ao corcunda sua corcova, também lhe é tirado o seu espírito – é o que ensina o povo.

Ele está simplesmente fazendo imagens agora; faz uma imagem daqueles aleijados, fala sobre exterioridades, fazendo comentários mais ou menos adequados sobre elas, sobre os olhos do cego, sobre a claudicação e outras mutilações. Então diz:

> E por que não deveria Zaratustra também aprender com o povo, se o povo aprende com Zaratustra?

Aqui há uma inclinação a ouvir ou a levar em consideração: esse é mais ou menos o "método certo". Se tais figuras aparecem em sonhos ou fantasias, esperamos aprender algo delas. E aqui ele duvida um pouco de sua atitude, se deveria ensinar essas figuras – o que é compreensível. Ele bem poderia ser ensinado por elas. Mas instantaneamente diz:

> Desde que estou entre os homens, isto me parece o mínimo do que vejo: "A este falta um olho, àquele uma orelha e a um terceiro a perna, e há outros que perderam a língua, o nariz ou a cabeça".

Minimizando!

Vi e vejo coisas piores, e várias tão abomináveis que não desejo falar de todas, mas tampouco silenciar sobre algumas: homens aos quais falta tudo, exceto uma coisa que têm demais – homens que não são mais do que um grande olho, ou uma grande boca, ou uma grande barriga, ou algo mais de grande –, aleijados às avessas, eu os chamo.

De novo ele faz pouco caso dos aleijados. Viu coisas muito piores. Instantaneamente as repele, de modo que só podemos supor que ele teme o que os aleijados poderiam ensinar-lhe. Então cai em outra verdade, um comentário muito bom, de que realmente existem outros aleijados, aleijados positivos ou às avessas, como ele os chama, que seriam totalmente completos se um órgão não tivesse crescido demais. O aleijado comum é evidentemente alguém a quem falta um órgão. E quem seria o outro aleijado?

Srta. Hannah: Pessoas que diferenciaram uma função à custa de outras.

Prof. Jung: Sim, e particularmente aqueles que se identificam com sua melhor função – o tenor com sua voz ou o pintor com seu pincel. É claro que todo mundo, se tem uma função razoável, certamente será muito tentado a se identificar com ela.

Sr. Baumann: Existe até uma expressão: *déformation professionelle*.

Prof. Jung: Sim. Vejam, ele faz aqui um comentário perfeitamente correto, mas está repelindo os aleijados: "Vi casos muito piores do que os de vocês, vocês não são nada, não têm relevância". Essa é uma forma de autoproteção, daí ele insistir nisso e ainda ficarmos um pouco às escuras sobre por que esse capítulo deve ser chamado "Da redenção". Ficamos curiosos em saber por que ou como essa redenção pode ser propiciada. Pois bem, depois de bastante conversa, de comentários mais ou menos adequados sobre a natureza fragmentária do homem comum, ele chega à conclusão, um pouco mais adiante, de que ele próprio não é totalmente completo. Ele admite que também é humano, mas, de certo modo, um aleijado também. Vocês sabem que o tema do aleijado desempenha um grande papel no *Zaratustra*; essa figura aparece em diferentes formas. Vocês se lembram de uma figura similar?

Observação: O mais feio dos homens.

Sra. Crowley: E o palhaço.

Prof. Jung: Claro, e também existe o anão. Essas figuras são mais ou menos semelhantes e se repetem. Vocês sabem o que geralmente elas querem dizer?

Dr. Henderson: Elas representam a função inferior.

Prof. Jung: Sim, ser pequeno como um anão, desajeitado como um palhaço, tolo, louco – tudo isso denota a função inferior. Mas os aleijados ou os loucos têm um valor diferente entre os primitivos. Qual é o ponto de vista deles?

Sra. Sigg: De que os insanos são divinos.

Sra. Crowley: Que são fantasmas ou espíritos.

Prof. Jung: Bem, eles são pessoas-mana; são o que os irlandeses chamariam de *fey*.

Dr. Escher: No sul da Itália existe o costume de que, se um corcunda masculino está passando na rua, até mesmo senhoras cultas, muito educadas, vão e o tocam. Mas só um corcunda masculino.

Prof. Jung: Também é assim na França.

Sr. Allemann: Acho isso muito egoísta. Eles acham que é um bom augúrio, que terão uma boa sorte depois disso.

Prof. Jung: Oh, sim, é para a boa sorte – eles buscam o mana. Vi isso uma vez na Itália; um corcunda estava em uma multidão e um sujeito que passava roçou suas costas um pouco, o que o aborreceu muito. Eles odeiam isso. É a mesma ideia quando as pessoas esfregam as mãos no túmulo de Santo Antônio, em Pádua, para obter o mana do santo no interior. E é exatamente a mesma coisa quando os australianos centrais esfregam seus *churingas* para obter o bom remédio que está neles, em troca do mau mana que está dentro de seus próprios sistemas. Todas as pessoas aleijadas, as pessoas marcadas por um infortúnio óbvio, são consideradas extraordinárias, e têm um prestígio mágico. São evitadas cuidadosamente, como pessoas desafortunadas são geralmente evitadas pelos primitivos, porque elas espalham má sorte, ou se considera que elas contêm mana, tendo sido obviamente escolhidas como recipientes especiais e peculiares. Assim, os deuses de magia são frequentemente distorcidos; as figuras que têm a ver com as artes secretas, com a produção mágica de minério, ouro, prata etc., são tipicamente aleijadas, sejam corcundas ou anões. Sempre se considera que as pessoas extraordinárias são mana porque o aspecto extraordinário delas causa emoção, e se acredita que tudo o que causa emoção seja causal, tenha uma *dynamis* causal. Vejam, os primitivos concluem que aquilo que causa emoção deve ser forte o bastante para causar outra emoção – isso é lógica primitiva perfeitamente racional, natural –, de modo que tudo o que é espantoso, como um homem que não se parece com um homem comum de algum modo, deve ser causalmente dinâmico. Assim também, mulheres com cabelo ruivo tendem a ser suspeitas de magia entre os aldeões; entende-se que elas não são muito seguras porque não é comum ter cabelo ruivo. Claro, se todo mundo tivesse cabelo ruivo eles não ficariam espantados e aquelas mulheres ruivas não teriam mana.

Pois bem, esse aspecto mana das figuras aleijadas sempre aponta para o inconsciente; tudo o que suscita emoções tocou o inconsciente. Quando você tem uma impressão emocional sobre alguma coisa, pode ter certeza de que instantaneamente fez uma projeção; caso contrário, não teria uma emoção – refiro-me, é claro, a uma emoção ilegítima, uma emoção que você não consegue controlar de todo. Uma emoção controlada, que é um sentimento, pode ser sem projeção – por exemplo, quando você pensa que algo é abominavelmente feio ou desprezível mas não fica perturbado a ponto de perder seu autocontrole. Ao passo que, quando você é capturado por uma emoção fora de controle, certamente existe uma projeção, e então você tem de trazer os conteúdos projetados de volta a si próprio.

Sra. Sigg: Penso que o mana está lá, e de um tal valor, porque ele seria na verdade o único caminho de redenção para Nietzsche. Se permanecesse em contato íntimo com os aleijados nele mesmo, ficaria mais forte. Mas justamente porque é o único caminho, a emoção é evitada.

Prof. Jung: Sim, vejam, é totalmente certo que os aleijados são um aspecto da função inferior inconsciente – o inconsciente o aborda nessa forma. Foi isso que causou a grande emoção no sonho, a antecipação da loucura. Para extrair a conclusão psicológica legítima, ele deveria dizer para si mesmo: "Aqui está uma manifestação do inconsciente. Os aleijados causaram essa perturbação, portanto o que os aleijados significam para mim?" Então ele poderia perceber que os aleijados são mana e estão familiarizados com os segredos do interior da terra. Eles têm olhos que veem na escuridão, por isso conhecem coisas que o homem não conhece. Vejam, ele então enfrentaria a situação com uma atitude inteiramente diferente, com humildade. Ele sabe que seria preciso ter humildade para enfrentar uma multidão extraordinária como essa, ainda assim tenta minimizar a impressão, quase ridicularizar esse aspecto peculiar do inconsciente, pois está com medo e sua mente não consegue pensar tão longe.

É muito curioso que Nietzsche, um homem altamente inteligente, não tivesse uma mente científica. Ele não podia aceitar fatos psicológicos de um modo científico e os tomar pelo que são. Nietzsche se comportava como todo mundo – é nada mais do que um sonho tolo e assim por diante –, em vez de pensar filosoficamente sobre a questão de conectar *B* com *A*. *A* é o sonho horrível que ele teve, e tudo o que se segue depois está sob essa impressão. Por que ele deveria negar que um sonho desses causa tal impressão? Por que deveria mentir para si mesmo? Mas simplesmente come uma boa refeição, e assunto encerrado. Então outra coisa aparece sob circunstâncias muito suspeitas, e, em vez de assumir que "esse é um dos representantes do outro lado; devo ser muito educado e humilde, porque todo o futuro depende do modo como eu lidar com essa figura", ele minimiza aquelas figuras e as repele. Essa é a tolice mais indescritível e o modo mais irritante pelo qual ele entra em sua loucura, uma fatalidade terrível. E a fatalidade não consiste em nada de trágico ou grandioso; consiste em uma falta de inteligência, a falta de uma atitude científica e filosófica. É uma espécie de evitação, uma espécie de gesto impaciente. "Não é nada; é apenas desagradável ou ridículo" – pondo-se sempre para além dos fatos. O fato de que ele teve um sonho tão terrível o impressionou muito, mas ele cria uma espécie de vapor de pensamentos tolos, minimizando o que aconteceu, e assim força a situação. Cria uma consciência superficial que naturalmente será sempre ameaçada pela intrusão de fatos substanciais que são muito mais perigosos, pois quanto mais frágil a construção consciente, mais facilmente ela é explodida por conteúdos que geralmente não explodiriam a consciência. E isso é consciência frágil; falta uma atitude científica. Ele se comporta como um político que pensa que, quando abre a boca e faz um grande barulho, o problema social está resolvido. Mas a questão é: o que ele fará – ou *dirá*, pelo menos – sobre a redenção? Pois esse é um problema muito grande. Pode-se ser redimido desse oponente, ou o que deveria ser feito em uma situação tão perigosa? E a ideia dele é que a vontade é a redentora, que pela vontade se pode até mesmo trabalhar pela redenção. Assim, ele aplica agora esse princípio.

> Redimir o que passou e transmutar todo "Foi!" em "Assim eu quis!" – apenas isto seria para mim redenção!
>
> Vontade – eis o nome do libertador e mensageiro da alegria: assim eu vos ensinei, meus amigos!

Vejam, a ideia de que se poderia transformar isso pela vontade é uma tentativa perfeitamente boa e legítima. Pelo menos se pode tentar. Assim, ele tenta e instantaneamente percebe algo.

> E agora aprendei também isto: a própria vontade ainda é uma prisioneira.

Pois bem, no que ela está aprisionada?

Sra. Baumann: Está aprisionada no passado que não pode ser mudado.

Sra. Adler: O passado contém todas aquelas tendências que não acompanham a vontade.

Prof. Jung: Sim, mas como o passado influencia a vontade?

Sra. Crowley: Porque todas as tradições estão no passado e em todos os lados inconscientes da personalidade.

Sr. Allemann: Os germes do presente e do futuro estão no passado, e a vontade não pode fugir desse fato.

Prof. Jung: E por que a vontade não pode se desviar? Vejam, pode-se supor que a vontade é livre – uma hipótese perfeitamente boa –, mas a vontade poderia então se desviar. Portanto qual é o grilhão?

Dr. Henderson: O corpo.

Sra. Crowley: Eu diria que é o inconsciente.

Prof. Jung: Bem, você sempre pode querer alguma coisa, mas a *escolha* depende do passado, do que já existe. A vontade em si poderia ser livre, mas você deve lhe dar um objeto, e a escolha do objetivo é em grande parte o que você conhece de sua experiência do passado. Vejam, isso explica a emoção dele sobre o passado. Ele se exprime muito fortemente.

> Foi: Assim se chama o ranger de dentes e solitária aflição da vontade. Impotente quanto ao que foi feito – ela é uma irritada espectadora de tudo que passou.
>
> A vontade não pode querer para trás; não poder quebrantar o tempo e o desejo do tempo – eis a solitária aflição da vontade.
>
> Querer liberta: o que o próprio querer excogita, para se livrar de sua aflição e zombar de sua prisão?

Portanto a vontade depende inteiramente do passado, e como a vontade pode ajudar se você não tem um *insight* superior, quase que uma espécie de revelação, algo para além das necessidades comuns? Sua vontade sempre tenta obter as coisas que você já conhece, pois, se você não conhece uma coisa, como pode querê-la? Por isso você faz da vontade o fator redentor, você deve ter uma inspiração ou uma revelação, um *insight* para além do que você é realmente capaz de compreender, ou do que compreendeu outrora. E quem lhe dará essa revelação? Quem lhe daria o seu conhecimento secreto?

Sra. Fierz: Os aleijados.

Prof. Jung: Sim, os anões conhecem as coisas que estão escondidas. Essa é a razão pela qual eles aparecem agora, pois quem acredita na vontade, quem quer redenção e deseja tê-la, precisa de revelação, e considera-se, desde tempos imemoriais, que esses pequenos deuses – anões ou aleijados ou pessoas mana – têm o conhecimento secreto. Mas Nietzsche não vê isso.

Pois bem, esse sonho terrível, e sua perturbação, são a consequência da descida ao Hades ou ao vulcão. Zaratustra fez esse movimento um tanto quanto inesperado, mas é claro que, se seguimos o pensamento anterior de Nietzsche, vemos que foi absolutamente necessário que o espírito Zaratustra descesse ao interior da terra, pois a terra é justamente o que lhe falta. Zaratustra fazer essa descida significa que Nietzsche deveria entender o que está acontecendo: ou seja, que a terra deveria entrar em sua consideração, que a terra é necessária e tudo o que a terra significa para o homem. Mas Nietzsche está tão identificado com Zaratustra que é muito difícil diferenciar entre os dois. Assim, essa descida ao submundo é, por um lado, o problema filosófico de Zaratustra – pois bem, e quanto à terra? – e, por outro lado, o problema pessoal de Nietzsche, prestar atenção à terra, ao corpo. Psicologicamente, isso significaria que ele deveria prestar atenção ao inconsciente, pois o lado psicológico do corpo *é* o inconsciente, e só alcançamos o corpo – de modo psicológico, não fisicamente – mediante o inconsciente. O que nós chamamos de inconsciente é uma avenida, um acesso ao corpo. Indo ao inferno, Zaratustra está antecipando o que Nietzsche pessoalmente deveria fazer, pois o perigo está ameaçado daquele lado. Ele realmente está lançando a pedra alto demais e existe o perigo de que ela caia de volta sobre ele.

Ele sempre tenta estar acima de sua existência física, e isso significa uma grande tensão para o corpo, especialmente para o cérebro, o que também significa uma unilateralidade que, de novo, é nociva ao funcionamento adequado do cérebro. Por isso, para completar sua perspectiva filosófica, ele deveria prestar atenção ao cérebro, retornar à medida humana, às proporções humanas. Esse sonho já é em si mesmo um sintoma da grave condição da sua mente. Se o considerarmos um sonho comum, não poderíamos ainda dizer com certeza que ele contém sinais inequívocos de destruição orgânica, mas ele contém todos os sinais de uma condição mental que pode ser muito nociva à sua saúde física, inclusive ao cérebro. Os aleijados, os mutilados, apontam para a mesma probabilidade: existe uma dúvida sobre a completude dele. Em geral, uma condição aleijada como essa é causada por uma doença ou por um problema congênito, e presumivelmente a condição dele também se deve a alguma doença, seja congênita ou em um estado de devir, algo abaixo do limiar. Portanto seria recomendável que Nietzsche pudesse se relacionar com seu inconsciente para obter essa medida que lhe permitiria ter uma mente equilibrada, e viver sem causar lesão demasiada a seu sistema nervoso.

Se Nietzsche tivesse me consultado nesse estágio e me trazido esse sonho, eu deveria ter lhe dito: "Pois bem, isso é forte. Você está obviamente em terrível contradição com seu próprio inconsciente, e por isso ele aparece da forma mais assustadora. Você deve ouvir com muito cuidado e levar em conta tudo o que o inconsciente tem a dizer, e deve tentar adaptar sua mente consciente às indicações dele. Isso não significa considerá-lo uma verdade de evangelho. A declaração do inconsciente não é em si uma verdade absoluta, mas você tem de considerá-la, levar em conta que o inconsciente está contra você". É claro que eu deveria adverti-lo contra todas as teorias do tipo agir pela vontade, ou ser superior a ela, ou doutriná-la. Eu o trataria como se tivesse constatado que ele tinha uma temperatura de quase trinta e nove graus, ou que seu coração ia mal, ou que ele tinha uma febre tifoide. Eu diria: "Vá para a cama imediatamente, renda-se, afunde no seu inconsciente para ter certeza de estar no lugar". Mas, em vez de tudo isso, ele se volta para a vontade como o princípio redentor – a vontade deveria libertá-lo de sua condição. E ali, como vimos, ele começa a duvidar se a vontade é realmente livre, se a vontade é capaz de propiciar essa redenção. Ele indaga, perto do fim do capítulo:

> A vontade já se tornou seu próprio redentor e mensageiro da alegria? Desaprendeu o espírito da vingança e todo ranger de dentes?
>
> E quem lhe ensinou a reconciliação com o tempo, e o que é mais alto do que toda reconciliação?

Vejam, há aqui uma dúvida grave sobre se a vontade é realmente capaz de se libertar do passado a ponto de propiciar uma nova condição, e ele fala em reconciliação, a aproximação de duas tendências opostas, reunindo a direita e a esquerda, o aqui e o lá – o que significa a ponte, é claro. Então ele prossegue dizendo:

> Algo mais alto que toda reconciliação tem de querer a vontade que é vontade de poder – mas como lhe acontece isso? Quem lhe ensinou também o querer para trás?

Em outras palavras, como nossa vontade pode influenciar ou superar sua própria condição, o fato de que ela só pode querer o que conhecemos? Qual será a revelação, a visão para além do que conhecemos, que mostrará o objetivo à vontade?

> Mas nesse ponto de seu discurso aconteceu que Zaratustra parou de repente, e pareceu uma pessoa aterrorizada ao extremo. Com ar amedrontado olhou para seus discípulos; seu olhar penetrou como uma flecha os pensamentos e as segundas intenções deles.

Pois bem, algo aconteceu aqui. Quando ele alcançou as questões – como a vontade pode ser superior a si mesma? Como a vontade pode levar você a algo que está além do que você conhece? –, nesse momento algo aconteceu. O que seria? Que impressão vocês têm desse interlúdio, quando ele parou de falar?

Prof. Reichstein: Ele vê que tem a ideia errada sobre a vontade e que tem uma possibilidade de ver alguma coisa do inconsciente a qual ele não é capaz de aceitar.

Prof. Jung: Está certo, mas isso faz você lembrar do quê?

Sra. Fierz: Do sonho.

Prof. Jung: Sim, é em grande parte a mesma situação. O sonho foi um interlúdio como esse. Causou terror e aqui de novo uma intrusão ameaça, e "seu olhar penetrou como uma flecha os pensamentos e as segundas intenções deles". O que isso significa?

Srta. Hannah: Ele está tentando projetar de novo.

Prof. Jung: Ele já está fazendo isso. É como se os discípulos dele lhe aparecessem em uma luz totalmente diferente, como se eles contivessem um segredo. Pois bem, sob quais condições uma coisa dessas acontece?

Sr. Allemann: Quando alguém é insano.

Prof. Jung: Bem, sim, mas o que está realmente acontecendo a ele? Por que ele vê seus conteúdos mentais em outrem?

Sra. Stauffacher: É desconfortável demais para ele.

Prof. Jung: Oh, se simplesmente não fosse fácil para ele, ele teria pensado de imediato: "Isso é muito desagradável e por isso não o aceito. Prefiro supor que está em outras pessoas". Mas isso nunca acontece assim.

Srta. Hannah: Ele simplesmente não vê isso nele próprio.

Prof. Jung: Exatamente. É tão estranho que ele não vê isso nele próprio. Vejam, não há ponte entre ele próprio e o outro que também é ele próprio. Quando ele vê esse outro lado, pensa que é um estranho, presumivelmente tendo a ver com aquelas pessoas lá. Isso é típico de uma condição insana, quando se trata de algo muito importante. Vejam, trata-se aqui de todo o outro lado que compensa a atual consciência de Nietzsche, e agora tudo aparece em outras pessoas. É como se eu estivesse pregando a vocês uma ideia muito unilateral, ridícula, e naturalmente meu inconsciente perguntaria de que diabos eu estava falando. E então eu começaria a xingar vocês, a tentar convencê-los, a rebaixá-los, e até mesmo a enfatizar a extrema estupidez de vocês, pois não conseguem entender. Mas quem não entende sou *eu* – algo em mim não entende. Por isso, neste momento, subitamente lhe parece como se seus discípulos estivessem contra ele; eles lhe aparecem em uma luz inteiramente diferente. Daí essa expressão de terror e o ar desconfiado de seus olhos, o que é típico da paranoia, do homem com uma mania de perseguição, esse olhar peculiar de desconfiança fundamental, de ódio e medo extremos de seus companheiros humanos, pois lhe parece como se eles fossem inimigos perseguindo-o. Ele é o *persécuteur persécuté*. Ele é quem foge correndo de si mesmo e persegue a si mesmo, como um cão que caça o próprio rabo; às vezes ele é o rabo e às vezes é o cão. Esse é outro momento de loucura, pois ele não conseguiu êxito em transpor o abismo. A ideia da vontade não ajuda de modo algum. Ele próprio mina a ideia da vontade, e isso deve ser compreendido, pois ninguém pode transpor o abismo entre o consciente e o inconsciente pela mera força de vontade. Não se trata de força de vontade, mas sim de submissão.

Mas após um instante, riu novamente e disse, aliviado:

É difícil conviver com os homens, pois é muito difícil calar. Sobretudo para um tagarela.

Ele se capturou a si mesmo de novo. Toma as rédeas. Após um momento de intenso terror, ridiculariza a si mesmo e dissipa pelo riso o terror: nada aconteceu. É apenas um pouco difícil viver entre os homens porque eles são fragmentários, e ele mesmo é um pouco fragmentário, sendo humano também. Mas ele não aceita sua própria fragmentariedade, não aceita o fato de que também é um aleijado, ou aceitaria a mutilação das outras pessoas. Se pudesse ver que somos todos semelhantes, não seria difícil viver no meio deles. Não aceitar os outros, como ele próprio afirmou, significa que está em contradição consigo mesmo, e então naturalmente não consegue viver com os outros, pois "é muito difícil calar". Veja, ele fala demais e então cessa, pois tem uma ideia de que *ele* tagarelou: ele disse uma grande verdade sobre aqueles pobres aleijados. Mas ele próprio é um deles; e, em vez de aceitar isso, supõe ser ótimo e completo e que eles são incompletos. Não aceita a si mesmo, não aceita a humanidade, caso contrário não falaria assim. A conclusão certa após o interlúdio seria: "Cale-se, não fique agitado pelo que as outras pessoas fazem, simplesmente olhe para si mesmo e veja onde *você* é completo ou incompleto". Isso seria calar. Mas ele tinha de falar, por isso o título do livro é *Assim falava Zaratustra*. E esse é o caso com a maioria das pessoas; elas continuam a falar em vez de olhar tranquilamente para si mesmas. Pois bem, o fim desse capítulo é desinteressante, mas o seguinte, "Da prudência humana", nos dá de novo algum *insight* valioso. Ele começa:

> Não a altura: o precipício é o terrível!

Ele está começando a perceber os pensamentos que tinham estado por trás da cena no capítulo anterior, como geralmente é o caso.

> No precipício, o olhar precipita-se *para baixo* e a mão estende-se *para cima*. O coração sente vertigem ante essa sua dupla vontade.
>
> Ah, amigos, acaso adivinhais também a dupla vontade de meu coração?
>
> Sim, eis aí o *meu* precipício e o meu perigo, que meu olhar se precipite para as alturas e que minha mão deseje agarrar-se e apoiar-se – nas profundezas!

Notem a peculiar inversão: na sentença anterior, o olhar se precipita para baixo e a mão estende-se para cima, e aqui é justamente o contrário. Isso significa que ele é duplo e intercambiável, uma descrição de uma completa dissociação, uma completa dualidade.

> Aos homens agarra-se minha vontade [...].

Ele tinha acabado de dizer que não podia viver entre os seres humanos.

> [...] com cadeias ato-me às pessoas, porque sou arrastado para o alto, para o super-homem: pois é para lá que quer ir minha outra vontade.
>
> É *para isso* que vivo cegamente entre os homens, como se não os conhecesse: para que minha mão não perca a crença no que é firme.
>
> Não vos conheço, homens: essa treva consoladora envolve-me frequentemente.

Nessas palavras ele confessa sua dualidade, a dissociação de sua condição mental – entre Zaratustra, que é meramente um espírito, e o homem Nietzsche, que quer viver entre seres humanos, que quer viver *cegamente* entre seres humanos, de forma inconsciente. Esse, claro, é o modo como ele de fato viveu. Não foi o ideal, e essa é justamente a razão pela qual o homem Nietzsche não pôde suportar o ataque de Zaratustra; ele preferia estar cego quando Zaratustra ameaçava aparecer.

O restante desse capítulo não é muito importante, então vamos agora para o capítulo 44, "A hora mais silenciosa". Nos dois últimos capítulos, ele tenta digerir esse ataque do inconsciente, tenta lidar com ele, mas com meios muito ineficientes, de modo que podemos esperar que uma impressão não digerida irá perdurar e reaparecer. E nesse capítulo a impressão realmente aparece de novo. Ele começa:

O que me aconteceu, meus amigos? Vedes-me transtornado, impelido, obediente contra a vontade, pronto para partir – ah, partir para longe de *vós*!

Sim, mais uma vez precisa Zaratustra retornar à sua solidão: mas é de má vontade que desta vez o urso retorna à sua caverna!

O que terá me acontecido? Quem me ordena isso? – Ah, minha senhora furiosa o quer assim, ela falou comigo: já vos disse alguma vez o seu nome?

Ontem ao cair da noite falou-me *minha hora mais silenciosa*: eis o nome de minha terrível senhora.

E foi assim que aconteceu – pois devo dizer-vos tudo, para que vosso coração não se endureça contra aquele que subitamente se despede de vós!

Conheceis o pavor daquele que adormece?

Apavora-se até os dedos dos pés porque o chão lhe foge e o sonho começa.

Digo-vos isto como parábola. Ontem, à hora mais silenciosa, fugiu-me o chão: o sonho começou.

O ponteiro moveu-se, o relógio de minha vida tomou fôlego – jamais ouvira tamanho silêncio à minha volta: de modo que se apavorou meu coração.

Isso é em grande medida o que lhe aconteceu, um recrudescimento da impressão com que não tinha lidado suficientemente. No capítulo anterior, ouvimos que ele se agarrou ao homem, que ele queria permanecer e viver com o homem. Mas aqui ele tem de abandonar seus discípulos, pois uma força desconhecida, um comando desconhecido, o está chamando. É evidentemente a vontade superior de Zaratustra chamando-o para fora de sua existência humana. Por isso ele pergunta quem ordenou isso, e chega à conclusão de que foi a "hora mais silenciosa". Pois bem, notem o modo como ele descreve a "hora mais silenciosa": é uma senhora furiosa, obviamente "ela que quer ser obedecida". É a *anima*, é claro, e em uma hora silenciosa ouve-se naturalmente o que a *anima* diz – ouvem-se as vozes do outro lado. O texto agora é muito sugestivo: contém uma nota ameaçadoramente inquietante.

E então me falou, sem voz: *"Tu sabes, Zaratustra?"*

Essa alusão a um conhecimento secreto nele é muito inquietante.

E eu gritei aterrorizado com esse sussurro, e o sangue deixou-me a face: mas calei.

Isso é compreensível, porque "tu sabes, Zaratustra?" é a questão fundamental. "Você sabe o que o sonho significa, por que não o confessa? Por que não se rende?" Quando a coisa lhe aparece tão diretamente, é interessante ver como ele reagirá, se tentará escondê-la ou digeri-la e assimilá-la de modo que não fosse tão nociva. O modo como é indagado é muito insinuante e ameaçador, e daí sua tremenda reação.

Então me falou novamente, sem voz: "Tu sabes, Zaratustra, mas não dizes!" – E eu respondi finalmente, com insolência [...].

Em vez de reconhecê-lo, ele é insolente, o que é evidentemente uma fraqueza total. O homem forte diz "droga, é isso!", mas o homem fraco é insolente, como se pudesse afugentar uma baleia.

Sim, eu sei, mas não quero falar!

Isso é obstinação infantil.

E então me falou novamente, sem voz: "Não *queres*, Zaratustra? Será verdade? Não te escondas em tua insolência!"

Não é um excelente conselho?

E eu chorei e tremi como uma criança e disse: "Ah, bem que queria, mas como serei capaz de dizer? Dispensa-me disso, somente! Está além de minhas forças!"

E então me falou novamente, sem voz: "Que importas tu, Zaratustra? Fala tua palavra e sucumbe!"

Vejam, ele deveria estar disposto a aceitar até mesmo sua própria destruição. Se pudesse confessá-lo, se pudesse dizer "sim, é isso, e se estou fadado a afundar, afundarei", ele teria vencido a batalha, mas não foi forte o bastante para sucumbir. A *anima* fala absolutamente o que importa, como se fosse uma psicoterapeuta de primeira grandeza!

E eu respondi: "Ah, será *minha* essa palavra? Quem sou eu? Aguardo alguém mais digno; não sou digno sequer de sucumbir por ela".

Um jeito fácil de escapar. Sim, você falou grandes palavras antes, mas agora paga o preço. No mínimo, deve estar disposto a pagar o preço, como o velho Abraão quando teve de sacrificar seu filho Isaac. Ele não disse: "Espero por alguém mais digno de sacrificar seu filho. Sou um homem muito modesto. Não vale a pena sacrificar meu filho. Ele não é bom para tal, pegue outro". Essa é a psicologia aqui. Ele de fato sucumbe, mas não voluntariamente; ele apenas desmorona, e isso não é submissão.

E então me falou novamente, sem voz: "Que importas tu? Ainda não és humilde o suficiente para mim. A humildade tem a pele mais dura".

O inconsciente está dizendo isso mediante sua própria personificação, a *anima*: "Você deve aprender a humildade e então não será lesado. A humildade tem a pele mais dura".

E eu respondi: "O que já não suportou a pele de minha humildade? Moro ao pé de minhas alturas: qual é a altura de meus cumes? Ninguém me disse ainda. Mas conheço bem os meus vales".

E então me falou novamente, sem voz: "Ó Zaratustra, quem tem montanhas a mover move também vales e baixadas".

Seus vales e baixadas são tão pouco importantes quanto os cumes ao pé dos quais imagina estar; e agora, por ter sido petulante e superficial, a *anima* se torna petulante. Em vez de perceber que a humildade é agora o teste para provar o que ele pode suportar, ele diz: "O que eu não suportei?" Mas ele não suportou. E quando os aleijados apareceram, ele disse que tinha visto coisas muito piores – que isso não era novidade para ele –, minimizando e repelindo isso, em vez de aceitá-lo. E então ele pensa nos altos cumes maravilhosos: aqui aparece de novo a ideia da grandeza. Que ele está apenas no pé da montanha significa que existem possibilidades que poderiam ser realizadas no futuro; ele poderia ir muito mais alto. Por isso o inconsciente pergunta: "O que é esse falatório tolo sobre as montanhas?"

E eu respondi: "Minhas palavras ainda não moveram nenhuma montanha, e o que eu disse não alcançou os homens. Fui até os homens, mas não os alcancei".

E então me falou novamente, sem voz: "Que sabes tu a respeito *disso*? O orvalho cai sobre a erva quando a noite está mais silenciosa".

Essa é uma observação muito enigmática da *anima*. É bastante óbvio que ele tenta agora insistir em sua vista da montanha, e no fato de não ter tido êxito em transmitir suas ideias aos outros homens. Vejam, ele fugiu de sua própria responsabilidade, o fato de que isso diz respeito a ele. É agora a verdade para os outros homens – o que ele pode fazer para eles. Isso aparentemente remove dele próprio o problema. E ela pergunta o que afinal ele sabe dos seres humanos. Ele confessou que não os conhece, e ainda assim quer ensiná-los. Ele deveria aprender sobre si mesmo primeiro. Então, após essa declaração muito absoluta da *anima* – "Que sabes tu a respeito *disso*?" –, vem a afirmação misteriosa: "O orvalho cai sobre a erva quando a noite está mais silenciosa". Vejam, em oposição à tagarelice, existe um silêncio, que seria essa "hora mais silenciosa" na qual ele tem a chance de perceber a si mesmo, de ouvir a voz do inconsciente. Pois bem, o que é o orvalho que cai na hora mais silenciosa?

Srta. Hannah: É um símbolo alquímico.

Prof. Jung: Sim, mas há também alguma coisa no Antigo Testamento, em que os alquimistas o descobriram originalmente.

Sr. Baumann: O orvalho de Gideão.

Prof. Jung: Sim, esse foi o sinal do céu. Javé deixou o orvalho cair para mostrar que estava do lado de Gideão. Foi um milagre, uma revelação. Por isso a *anima* estaria dizendo: "Agora fique quieto, não fale, especialmente não tente ensinar as pessoas, pois na hora mais silenciosa a revelação virá a você, como o orvalho veio a Gideão". Esse é um exemplo excelente do que a *anima* pode fazer em um momento crítico da vida. Bem, esse livro é repleto de tais momentos críticos na vida pessoal de Nietzsche, e vocês veem como ele os ignora.

Palestra III
18 de maio de 1938

Prof. Jung: Temos aqui uma questão da Srta. Hannah: "Ao falar da vontade de poder no capítulo 'Da superação de si mesmo', você disse que Nietzsche, como um homem que não tinha tido êxito na vida, necessariamente estava sempre ocupado em tentar fazer-se sentir. Em 'A hora mais silenciosa', contudo, a submissão máxima é exigida dele. Eu gostaria muito de saber se estava dentro das possibilidades de Nietzsche, situado como ele estava, realizar essa submissão".

Bem, estamos preocupados aqui com uma ameaçadora incursão do inconsciente, e com o que ele fará a esse respeito. Como ele deve enfrentar esse impacto, ou ataque, é uma questão um tanto quanto pungente. Isso foi entre 1880 e 1890, a época em que o racionalismo e o materialismo estavam a todo vapor, quando cada ciência era ainda mais especializada do que hoje. As pessoas escolarizadas, os acadêmicos e assim por diante tinham orgulho em não ser nada mais do que especialistas e monarcas absolutos em seus próprios campos. Esse ainda é o caso, naturalmente, mas já não é algo tão popular, pois o público geral se tornou mais crítico a esse respeito, mais cético. Mas, naquela época, não vejo como Nietzsche poderia ter aceitado tal situação, como poderia tê-la enfrentado de modo diferente. Penso que foi completamente impossível para ele fazer outra coisa – sou incapaz de ver qualquer outra possibilidade –, a não ser sob uma condição: *In habentibus symbolum facilior est transitus*. Por completa casualidade eu encontrei essa passagem interessante no texto latino do século XVI de um de meus velhos filósofos herméticos, em que ele faz essa afirmação enigmática, que significa: "Para aqueles que têm um símbolo, a passagem de um lado ao outro, a transmutação, é mais fácil". Em outras palavras, aqueles que não têm nenhum símbolo acharão muito difícil fazer a transição[233]. É claro que isso soa exatamente como se ele estivesse

---

233. Nenhuma ideia é mais central para o pensamento junguiano do que o poder transformador do símbolo, cuja antecipação Jung descobriu nas religiões de mistério, no cristianismo (assim, a cruz como carregada por Jesus na passagem da mortalidade à imortalidade) e na alquimia, em que a busca sempre foi pelo elemento (p. ex., o mercúrio) que facilita a mudança tanto na matéria quanto na psique.

falando sobre seres humanos; e ele estava falando sobre *seres*, porém não sobre seres *humanos* – mas sim sobre substâncias químicas, metais, que, como vocês sabem, eram com frequência compreendidos pelos alquimistas como *homunculi*, os homenzinhos de aço ou cobre ou chumbo. Eles eram as almas das substâncias químicas, e considerava-se que as almas ou os metais que tinham um símbolo teriam menos dificuldade em fazer a transição – a transmutação em outra condição.

Essa é a condição sob a qual qualquer homem, em qualquer época, pode fazer uma transição: com o símbolo ele pode se transmutar. Pois bem, o que isso significa? Falo agora, é claro, do símbolo em geral; o credo, por exemplo, é chamado de *symbolum*. É o sistema ou a fórmula simbólica a se aplicar quando a alma está em perigo. O símbolo religioso é usado contra os perigos da alma. O símbolo funciona como uma espécie de máquina, poderíamos dizer, pela qual a libido é transformada. Para uma explicação mais detalhada do símbolo, recomendo que vocês leiam meu ensaio "A energia psíquica"[234]. Vejam, mediante um símbolo tais perigos podem ser aceitos; a pessoa pode se submeter a eles, digeri-los. Se não for assim, como no caso de Nietzsche, é uma situação muito perigosa: a pessoa fica exposta sem proteção ao ataque do inconsciente. Ele eliminou seu símbolo quando declarou que Deus estava morto. Deus é um símbolo desses, mas Nietzsche eliminou todos os velhos dogmas. Ele tinha destruído todos os velhos valores, por isso não sobrou nada para defendê-lo.

Isso é o que as pessoas não sabem: que elas estão expostas, nuas diante do inconsciente, quando não podem mais usar os velhos caminhos, especialmente visto que hoje em dia elas sequer compreendem o que eles significam. Quem compreende o significado da Trindade ou da Imaculada Conceição? E porque não podem mais compreender essas coisas racionalmente, a esquecem, a abolem, por isso estão indefesas e têm de reprimir o inconsciente. Não podem exprimi-lo porque ele é inexprimível. Ele seria exprimível no dogma na medida em que elas aceitassem o dogma, na medida em que sentissem que o dogma vive, mas isso não significa dizer levianamente "oh, sim, eu aceito o dogma", pois elas não podem compreendê-lo; não têm sequer o entendimento nessas matérias do homem medieval. Ele conhecia de certo modo, mas suas impressões ou suas racionalizações são absolutamente sem sentido para nós, e por isso as rejeitamos. Se tivéssemos uma compreensão dos símbolos, poderíamos aceitá-los e eles funcionariam como sempre funcionaram, mas o *caminho* para uma compreensão adequada também está esquecido. E quando isso sumiu, sumiu para sempre; os símbolos perderam seu valor específico.

---

234. Cf. OC 8/1 [ensaio de 1928 (N.T.)].

Claro, foi porque aqueles velhos símbolos sumiram completamente que Nietzsche pôde fazer a tola declaração de que Deus está morto, o que é exatamente como se eu declarasse que o presidente dos Estados Unidos está morto, que Roosevelt não existe. Mas ele existe, e não lhe importa se eu digo ou não que ele está morto. Nietzsche pensava que alguém certa vez disse que Deus existia, e então, naturalmente, quando eles não provaram isso, não trouxeram qualquer evidência, isso significa que Deus não existia. Vejam, *Deus* é apenas uma formulação de um fato natural – não importa do que você o chame, Deus ou instinto ou o que você quiser. Qualquer força superior em sua psicologia pode ser o verdadeiro deus, e você não pode dizer que esse fato não existe. O fato existe como sempre existiu; a condição psicológica está sempre aí, e nada é alterado chamando-o por outro nome. O mero fato de que Nietzsche declarou que Deus está morto mostra sua atitude. Ele estava sem um símbolo, e assim, naturalmente, fazer a transição, deixar uma condição e entrar em outra condição mental, seria extremamente difícil, se não totalmente impossível. Nesse caso, foi impossível.

Sra. Sigg: É de certa forma difícil pensar que Nietzsche não tivesse nenhum símbolo; penso que ele tinha dois símbolos, dois credos. Ele acreditava no super--homem e na ideia do eterno retorno.

Prof. Jung: Sim, esse foi o *Ersatz*, a compensação.

Sra. Sigg: Mas por que não era válido?

Prof. Jung: Porque foi apenas o que a mente dele fez: a mente dele inventou aquelas ideias para compensar o ataque do inconsciente, que veio de baixo com tal poder que ele tentou escalar as mais altas montanhas e ser o super-homem. Isso significa acima do homem, não aqui, em algum lugar no futuro, em um lugar seguro em que ele não pudesse ser alcançado por esse terrível poder de baixo. Vejam, ele não pôde aceitá-lo. Isso foi uma tentativa de sua consciência, uma invenção ousada, uma estrutura ousada, que desmoronou como sempre desmorona. Qualquer estrutura construída contra o inconsciente, com a mente, não importa o quão ousada, sempre vai desmoronar porque não tem pés nem raízes. Somente algo que esteja enraizado no inconsciente pode viver, pois essa é sua origem. Caso contrário, é como uma planta que foi removida do solo. Que Nietzsche tentou construir uma estrutura *contra* o inconsciente, vê-se em toda parte – na descida ao vulcão, por exemplo. Instantaneamente ele faz pouco caso dela: ela é distorcida em um diálogo com o cão de fogo, e isso desmorona, como vocês sabem. Em "A hora mais silenciosa", o inconsciente o aborda de um modo muito sinistro e ameaçador, e ele não tem uma resposta adequada. Estamos chegando agora à parte III, na qual a mesma coisa continua: ele ainda está tentando assimilar o ataque do inconsciente, e no próximo capítulo tem de ceder. Tem de deixar seus amigos e desistir da vida tal como a viveu até então, tem de ir para a solidão, para enfrentar as exigências daquilo que está emergindo do inconsciente. Ele não o digeriu de modo algum. Por isso eu diria que o super-homem é uma invenção, não um símbolo.

Um símbolo nunca é uma invenção. Ele *acontece* ao homem. Como vocês sabem, o que talvez chamemos de ideias dogmáticas são todas fatos muito primitivos, que aconteciam ao homem muito antes que ele pensasse neles; começou a pensar neles muito depois que eles apareceram pela primeira vez. Nossos ancestrais nunca pensaram sobre os ovos de Páscoa, por exemplo, ou sobre a árvore de Natal, que eram simplesmente *feitas*. E assim os ritos muito complicados que observamos nos primitivos, ou em antigas civilizações que eram relativamente primitivas, nunca eram pensados antes, para então começarem. Eram feitos, e então, depois de algum tempo, surgiram pensadores que perguntaram: "Mas por que diabos estamos fazendo essas coisas?" Existiu uma Trindade, ou uma tríade dos deuses, muito antes que existisse um dogma. Existiu uma Imaculada Conceição e um nascimento virginal antes de alguém especular sobre o porquê de Maria ter tido de ser uma virgem. (O nascimento miraculoso a partir da virgem aconteceu muito antes; não foi um processo recente.) Portanto, para uma coisa ser um símbolo, ela deve ser muito antiga, muito original. Por exemplo, os cristãos primitivos pensaram que, por trás da ideia da sagrada comunhão, estava a do canibalismo? Não temos evidência disso, mas é claro que é assim: esse é o modo muito primitivo de partilhar da vida daquele que você conquistou. Quando os peles-vermelhas comem o cérebro ou o coração do inimigo assassinado, isso é comunhão, mas jamais algum dos padres da Igreja pensou em explicar a sagrada comunhão desse modo. Ainda assim, se a sagrada comunhão deles não contivesse a antiga ideia do canibalismo, ela não teria vivido, não teria raízes. Todas as raízes são obscuras.

Pois bem, o primeiro capítulo da parte III do *Zaratustra* é "O andarilho". A ideia é que ele abandonou seu país, e ele descreve a escalada sobre o cume da montanha até o outro lado. As montanhas formam uma divisória, e então ele desce de novo ao mar onde embarca em um navio. Esse é o antigo símbolo da jornada marítima noturna, navegando no mar do inconsciente para chegar ao novo país, e esse é o *transitus*. Como vocês sabem, nos antigos mistérios o *transitus* sempre foi difícil; o herói tinha de se submeter à transmutação realizando tarefas difíceis. Por exemplo, Mitra é representado em monumentos como carregando o touro, ou seja, ele próprio na forma animal; ele tinha de levar nos ombros seu lado animal. E o *transitus* é mostrado na passagem de Cristo na cruz – ou seja, ir da vida à morte, carregar esse símbolo da cruz. No culto de Mitra, era carregar o touro que era ele próprio, assim como Cristo era a cruz – o que quer que isso signifique. E no culto de Átis era o carregar da árvore, que era Átis, à caverna da Mãe. Assim também o chamado *athla*, o trabalho pesado, as provações ou testes aos quais as pessoas tinham de se submeter nas iniciações, fazem parte do *transitus*.

Há um lugar neolítico de iniciação, um Hipogeu, um templo subterrâneo, em Hal Saflieni, em Malta, onde vi um lugar de transição. Muito provavelmente era um culto da mãe. Antes de chegar ao lugar mais sagrado nas profundezas do templo, existe, por assim dizer, um ventre multicelular, uma caverna redonda central com pequenas cavernas adjacentes como bueiros na parede, de modo que um homem pudesse rastejar de uma dessas partições até a caverna seguinte; e então ele estava na retorta ou garrafa, ou o útero, onde tinha de ser incubado. Símbolos de incubação, figuras em terracota de mulheres no sono incubador foram encontradas lá. Então, antes de alcançar o lugar mais secreto, há uma fenda na descida, de cerca de dois metros de profundidade, que era preenchida com água, de modo que quem estivesse descendo na escuridão – ou talvez ela estivesse iluminada por tochas – tinha de passar pela água, ser metaforicamente afogado, para sair do outro lado. O batismo cristão era, de modo evidente, a mesma ideia, parte do processo de transmutação, e as pessoas eram literalmente submersas. Ele se degenerou agora nas poucas gotas que são ministradas em nossa Igreja cristã existente, mas antigamente as pessoas eram de fato postas na água, como se afogadas. Como vocês veem, é um perigo, uma espécie de morte metafórica que se tem de passar para alcançar uma nova atitude, a transmutação de si mesmo. Portanto a travessia da montanha é parte do *athla*, do trabalho pesado, e Nietzsche exprime isso no texto. Ele tem pensamentos muito depressivos, que tornam a transição particularmente desagradável. Então, ao ver o mar, ele diz:

> Ah, este triste e negro mar abaixo de mim! Ah, este prenhe desconsolo noturno! Ah, destino e mar! Até vós devo agora *descer*!

O mar evidentemente é o inconsciente ao qual ele tem de descer, e isso significa também destino, pois o inconsciente é destino. Existem raízes ali, e o que quer que sejam suas raízes é o que você obterá. Portanto a descida ao inconsciente é uma espécie de fatalidade; a pessoa se rende ao destino, sem saber qual será o resultado, assim como aquele homem neolítico que caía na água na escuridão não sabia o que aconteceria depois. Talvez fosse um teste para sua coragem; em todo caso, era desagradável cair na água fria e escura, sem saber o quão profunda era, ou se algo terrível estava dentro dela. Esse é o sentimento de Nietzsche agora; ele sabe que tem de descer. Está cedendo de uma maneira inesperada a algo que ele tinha menosprezado e tratado com pouco caso antes. Vejam, ele poderia ter aprendido quando desceu ao vulcão, mas foi desagradável demais – ele não conseguiu se dar conta. Segurou-se em sua consciência, que era inteiramente racional, e não fez nada do vulcão, e então pensou que aquilo tinha sido resolvido, superado. Mas agora ele aparece de novo. Como Fausto diz em um lugar: *In verwandelter Gestalt, Ueb' ich grimmige Gewalt* ("Em outra forma eu aplico um poder cruel").

> Encontro-me diante de minha mais alta montanha e de minha mais longa caminhada: por isso devo primeiramente descer mais fundo do que jamais desci [...].

Essa é uma tentativa de tornar aceitável, uma espécie de racionalização ou solução. Ele diz "ah, bem, tenho de descer nessa coisa terrível; é inevitável", assim como se poderia pensar que alguma coisa é uma ameaça terrível à sua existência mas dizer esperançosamente: "Bem, *reculer pour mieux sauter*!"[235]. Ou como se poderia dizer "oh, estou apenas descendo ao inconsciente", ou "sofri um ataque porque estou montando a árvore de Natal, mas será bem legal depois". Nas iniciações, a pessoa suporta toda a dor para ser redimida; ela seria iluminada ou teria algum conhecimento secreto. Mas, na realidade, não parece isso, mas sim exatamente como descer ao mar frio com todos os seus monstros e nenhuma promessa de uma árvore de Natal depois. Nietzsche promete a si mesmo que a montanha aparecerá depois – ou seja, a superestrutura –, e veremos como ele constrói essa montanha elevada que não deve ser superada.

> [...] descer mais fundo do que nunca na dor, até penetrar sua mais escura enchente! Assim quer meu destino: pois bem, estou pronto!

Assim, depois de seu útil pensamento de que a montanha aparecerá posteriormente, ele falou outra vez: "Não, você vai descer". Isso, é claro, é muito difícil, uma grande ordem, e um pouco depois ele diz:

> Tudo ainda dorme agora, falou; também o mar dorme. Ébrio de sono e alheio olha ele para mim.
>
> Mas sua respiração é quente, isso eu sinto. E sinto também que ele sonha. Revira-se em sonho sobre duros travesseiros.
>
> Escuta! Escuta! Como ele geme de más recordações! Ou serão más expectativas? Ah, estou triste juntamente contigo, ó monstro escuro, e aborrecido comigo mesmo por causa de ti.
>
> Ah, que minha mão não tenha força suficiente! Gostaria, deveras, de te libertar dos maus sonhos!

Essa é uma passagem muito notável. Vejam, ele está tentando formular o que sente olhando de cima da montanha para o mar. O aspecto do inconsciente é como um mar adormecido; não se sabe o que será quando ele acordar. Por ora, é misterioso, muito silencioso, como alguém sonhando. Mas ele respira – está vivo com uma vida como um sonho. E o som das ondas é descrito como um gemido; o mar sofre de más recordações ou talvez de más expectativas. Isso evidentemente é uma projeção. *Ele* tem más recordações e até más expectativas, como já ouvimos. E agora, tendo feito essa projeção, instantaneamente está liberto de seu próprio mal,

---

235. "Recuar para melhor saltar."

e realmente considera curar o mar, o inconsciente, de seus maus sonhos e recordações. Mas o inconsciente não tem más recordações, assim como o mar não tem más recordações. Isso é antropomórfico; o homem tem más expectativas, o homem sofre de suas recordações, e ele pode ter sonhos. Mas como poderia sequer imaginar ser capaz de libertar a natureza de seus sonhos de criação do mundo? Aqueles sonhos são pensamentos criadores e divinos – são a vida da natureza. A questão é evidentemente como ele pode se libertar daqueles maus sonhos, e Nietzsche poderia ter extraído essa conclusão se tivesse se permitido. Mas isso é patológico; ele não pode se permitir essa honestidade. Ele sempre é chamado de "o filósofo mais honesto", mas não podia se permitir ser honesto consigo mesmo. Sim, em cem mil detalhes menores ele era honesto – ele via a verdade em outras pessoas –, mas, quando realmente se tratava de si mesmo, ele não podia extrair conclusões corretas. Que ele não o pudesse nessa situação mostra que ele não queria vê-la, ou pode ter tido os olhos vendados pela ideia de que era um grande sujeito que estava escrevendo um livro que era totalmente objetivo, não ele próprio.

Mais de um escritor acha que seu livro não é ele próprio, que é objetivo, como se ele fosse um deus descartando um mundo de seu peito: "Existe um mundo que caminha por si mesmo, que não sou eu!" Nesse caso, contudo, Nietzsche certamente teria percebido que a ideia de curar o mar de seus sonhos maus era uma suposição extraordinária; é uma semelhança a um deus todo-poderoso, e até mesmo uma espécie de teste estético, que o tato deveria ter evitado. Mas isso constitui um excelente paradoxo, uma boa leitura. Soa maravilhoso dizer à natureza: "Vou te libertar de teus sonhos". Já se é a grande montanha. Isso mostra um desdém extraordinário; ainda assim, aquela grande montanha treme de medo, e isso é o que ele não se podia permitir ver. Era excessivo. Por isso creio absolutamente que ele não era capaz disso. Contudo ele tinha uma percepção a respeito, como podemos ver no parágrafo seguinte:

> E, enquanto falava assim, Zaratustra ria de si mesmo com melancolia e amargura. O quê, Zaratustra!, disse ele. Queres ainda cantar consolos ao mar?
>
> Ah, Zaratustra, néscio caridoso, pródigo e beato na confiança! Mas assim foste sempre: sempre chegaste confiante a tudo quanto é terrível.
>
> Todo monstro quiseste acariciar. Um bafo quente, algum pelo macio na pata – e logo estavas pronto para amá-lo e atraí-lo.

Sem saber do que se tratava. Vejam, mesmo esse pequeno *insight* não foi levado a sério, mas jocosamente, como as pessoas com uma atitude estética encaram as coisas. Foi o próprio Nietzsche quem disse, em suas *Unzeitgemässige Betrachtungen* [*Considerações extemporâneas*]: acima de tudo, o mundo é um problema estético[236]. Mas não é, o problema é mais profundo. É disso que ele estava tentando fugir, mas não fugiu, embora tentasse negar.

Srta. Hannah: Sua fala sobre a atitude estética me fez querer saber se teria sido possível a Nietzsche ter alcançado a submissão se tivesse soltado mais as rédeas a si mesmo como um artista. Algumas passagens (em "O canto noturno", por exemplo) comprovam que ele por vezes consegue ser um ótimo artista.

Prof. Jung: Ele *era* um grande artista, mas também era um filósofo, e esperamos de um filósofo que ele pense. Sua obra o levou de roldão, e essa foi sua fraqueza. Uma coisa dessas não teria acontecido a Goethe, ou a Schiller, ou a Shakespeare. Essa foi sua fraqueza: ele era um gênio com um grande buraco nele próprio[237].

Estamos chegando agora ao capítulo "Da visão e do enigma". E aqui de novo deparamos com uma história, uma aventura, e, como eu disse, essas histórias no *Zaratustra* são sempre particularmente valiosas porque são eventos que falam de forma categórica. Quando Nietzsche está falando, ele distorce, transforma, assimila; está sempre fazendo alguma coisa ao seu material. Ao passo que, nessas histórias, algo acontece a ele. Por isso são tão valiosas. Dão um *insight* extraordinário sobre os eventos reais, os processos reais, do seu inconsciente. Pois bem, ele atravessou a montanha e embarcou no navio para navegar o mar do inconsciente, fazer o *transitus*.

> Quando os marinheiros tomaram conhecimento da presença de Zaratustra no navio – pois embarcara com ele um homem que vinha das ilhas bem-aventuradas – houve grande curiosidade e expectativa. Mas Zaratustra calou durante dois dias e estava frio e surdo de tristeza, de modo que não respondia nem a olhares nem a perguntas. Ao cair da noite do segundo dia abriu novamente os ouvidos, embora ainda calasse: pois havia muito de estranho e perigoso para se ouvir nesse navio, que vinha de longe e que queria ir para mais longe ainda. Zaratustra, porém, gostava de todos aqueles que fazem grandes viagens e que não gostam de viver sem perigo. E olha! Por fim, no escutar soltou-se sua própria

---

236. Em certo sentido, o tema principal do ensaio de Nietzsche "Richard Wagner em Bayreuth" é que a arte – não a religião, nem a moral, nem a política – que aborda e em alguma medida resolve os problemas da vida. É o fato de que a arte é uma reflexão "de um mundo mais simples, de uma solução mais rápida do enigma da vida – a arte deriva sua grandeza e indispensabilidade" (seção 4). Em uma época em que a linguagem está doente, resta para a música oferecer o "sentimento correto, o inimigo de toda convenção" (seção 5). *Thoughts Out of Season* (trad. Anthony M. Ludovici. *In*: N/ Complete, vol. I, parte I). Ou, de novo, em *WP*, "Nós temos a arte para não perecermos da verdade" (livro III, n. 822).

237. Thomas Mann escreveu: "Nietzsche herdou de Schopenhauer a proposição de que a vida é apenas representação [...] – ou seja, que a vida só pode ser justificada como um fenômeno estético" ("Nietzsche's Philosophy in the Light of Recent History", *Last Essays*. Nova York, 1951, p. 141).

língua e partiu-se o gelo de seu coração – e então começou a falar assim: A vós, os ousados buscadores, experimentadores, e a quem mais já navegou alguma vez com astutas velas por sobre mares terríveis.

A vós, embriagados pelo enigma, apreciadores do crepúsculo, cujas almas são atraídas com flautas a todo abismo traiçoeiro: pois não quereis seguir um fio, apalpando-o com mão covarde; e, onde podeis *adivinhar*, odiais o *deduzir*.

Somente a vós relato o enigma que *vi* – a visão do mais solitário.

Sombrio atravessava eu recentemente o crepúsculo de cor cadavérica – sombrio e rijo, com lábios cerrados. *Mais de um* sol havia se posto para mim.

Nessas palavras ele descreve como entra no reino da penumbra, nas trevas do inconsciente. Ou nas trevas da consciência, seria melhor dizer, e essa é uma formulação muito desagradável: um "crepúsculo de cor cadavérica" não é belo. Esse é o gosto de morte pairando sobre o inconsciente, pois o inconsciente não é apenas o armazém da vida, mas é um armazém da morte no qual há muitos cadáveres, pois o passado e o futuro são um só: tudo que é relegado ao passado ainda vive, e o germe do futuro também está vivendo no inconsciente. Assim, sob um determinado aspecto, é um cemitério, o interior do túmulo, e de outro ponto de vista é um campo florescente; tudo depende da atitude daquele que entra nele. Para Zaratustra, a vida está toda na superfície e na luz do sol – só o consciente vive –, e, quando ele entra no inconsciente, encontra os sepulcros de todas as coisas que morreram ou existiram. Por isso Zaratustra diz que "mais de um sol havia se posto para mim" – mas vários sóis, várias luzes conscientes: ideias iluminadoras, úteis, que dão orientação, *insight*, e assim por diante. Tudo o que aparece e desaparece e tem de desaparecer. Caso contrário, ele não pode ver o crepúsculo, as trevas.

Uma trilha que ascendia teimosamente pelo cascalho, maldosa, solitária, não mais animada por ervas nem arbustos: uma trilha de montanha rangendo sob a teimosia de meus pés.

Avançando mudo por sobre o tinido sarcástico do cascalho, pisoteando a pedra que o fazia deslizar: assim abria meu pé o caminho para o alto.

Para o alto: – apesar do espírito que os puxava para baixo, para o abismo, o espírito da gravidade, meu demônio e meu arqui-inimigo.

Ele está de novo embarcando em um esforço compensatório. Ele já desceu, está na penumbra, na escuridão do mar. E agora aqui está recordando sua ascensão. Descreve a subida *contra* o espírito que o puxava para baixo, para o abismo, onde ele realmente está.

Para o alto: – embora estivesse em minhas costas, metade anão, metade toupeira; paralítico; paralisante; pingando chumbo em meu ouvido, pensamentos-gotas de chumbo em meu cérebro.

É o espírito de gravidade. A descrição dele é muito interessante.

"Ó Zaratustra", murmurou zombeteiramente, sílaba a sílaba, "ó pedra da sabedoria! Arremessaste a ti mesmo tão alto, mas toda pedra arremessada tem de – cair! Ó Zaratustra, pedra da sabedoria, pedra da funda, estilhaçador de estrelas! Foi a ti mesmo que arremessaste para tão alto – mas toda pedra arremessada – tem de cair!

Condenado a ti mesmo e ao teu próprio apedrejamento: ó Zaratustra, arremessaste longe a pedra – mas sobre *ti* ela cairá!"

Vejam, esse é o anão falando. Nessa passagem ele realmente já está no reino da penumbra, cercado por ela, como um mergulhador ou um homem se afogando. Essa é uma situação avassaladora que ele tem de combater, e ele tenta trazer-se de volta ao caminho superior, lembrar-se de como se sentia quando estava escalando a uma região de segurança, muito acima do mar. E ele agora transforma sua experiência atual em uma personificação, como se fosse meramente aquele espírito de gravidade que está sempre puxando-o para baixo. Essa é uma distorção muito peculiar que eu deveria criticar na fantasia de um paciente, por exemplo. Se ele estivesse descendo às trevas do mar, e então subitamente algo parecesse acontecer e ele estivesse fora de lá, eu deveria dizer: "Você não se manteve fiel ao seu tema; por ele ter golpeado ou queimado você, você pulou fora para outra condição". Assim, Nietzsche realmente pula fora de seu primeiro humor para uma situação diferente, em que não está descendo, mas subindo.

Veja, quando você pula fora do tema em uma fantasia, agrava a situação; quando não aceita a situação tal como ela se apresenta, você a torna mais agressiva. Digamos que você sonha com um animal perseguidor: um leão ou um touro selvagem está atrás de você. Se você foge ou tenta se resgatar em outra situação, na maioria dos casos a coisa piora. Se você pudesse enfrentá-la, se pudesse dizer que essa *é* a situação, teria uma chance razoável de que ela mudasse, de que algo acontecesse para melhorá-la. Por exemplo, se você tem um sonho horrível e conclui "ah, estou muito em conflito com meu inconsciente ou meus instintos, por isso eu deveria aceitar esse monstro, esse inimigo", então ele muda de face quase imediatamente. Aquilo de que você morria de medo torna-se relativamente inofensivo; se você aceita esse leão ou esse touro terrível, no sonho seguinte ele é um cachorro ou um rato, e por fim desaparece, fundindo-se com você de um modo amigável. Só é um rosto terrível porque você faz dele um rosto terrível; caso contrário, ele é bastante razoável e simpático. Ele só o persegue porque quer viver com você. É um fantasma aterrorizante porque você o torna assim, mas se você disser "você é meu amigo, você faz parte de mim, você sou eu também", ele se funde com você, e é claro que você recebe um efeito, mas ele igualmente recebeu o seu efeito. Porém, se você pula fora, ele se torna tanto mais agressivo – você realmente pula fora porque supõe que ele é estranho e nada tem a ver com você.

Pois bem, não digo que essa seja uma regra absoluta: não existe regra sem exceções, e essas leis que estou ensinando não são leis, mas regras gerais que sofrem muitas exceções. Eu gostaria de mencionar uma exceção, embora seja traiçoeira e lhe dê um pretexto para dizer que uma fantasia é estranha e não diz respeito a você. Há casos em que ela *é* estranha, em que realmente não lhe diz respeito; você pode sonhar sonhos de outras pessoas, pode obtê-los através das paredes. Não é usual, mas seria melhor verificar. Por exemplo, se você está observando a série de seus sonhos, mantendo-se em contato com seu inconsciente, e então subitamente tem um sonho muito estranho, seria razoável supor que uma influência estranha teve lugar. Por outro lado, se você não registrou de maneira cuidadosa a série, você não sabe. Não pode dizer que o sonho é estranho, não importa o quão estranho pareça ser. Talvez não seja nada estranho, mas sim somente algo em você que é estranho a você mesmo. Eu diria que, em uma centena de casos, ou menos que isso, você talvez encontre um ou dois em que a estranheza é objetiva, em que você sonhou o sonho de outra pessoa.

Sr. Baumann: Acho que essa ideia de fugir da fantasia é expressa de forma muito bonita no *Livro tibetano dos mortos*, sobretudo no fim, em que o renascimento está chegando e a mulher morta é perseguida pelos espíritos. Ela tenta fugir e se esconde em uma árvore oca, e, porque faz isso, renasce em uma condição muito inferior.

Prof. Jung: No ventre de um animal, talvez. Estou feliz que você tenha mencionado o *Livro tibetano dos mortos*. Vocês encontram lá esse drama de tornar as coisas muito piores ao fugir, tornar seus inimigos ainda mais agressivos, ainda mais perigosos[238]. Isso acontece agora a Zaratustra; ele posterga a percepção de sua situação efetiva, e então o inconsciente é personificado. Isso é, por um lado, um grande perigo; por outro, é um recurso. E qual seria a vantagem de uma personificação?

Sra. Jung: Ele pode ser mais bem discriminado, mais bem-percebido.

Sra. Baumann: Você pode falar com ele.

Prof. Jung: Sim, quando uma coisa é personificada, tem autonomia, e você pode falar com ela. É como o *poodle* no *Fausto*. Fausto está preocupado com o *poodle* negro que está correndo em círculos em torno dele. Às vezes parece ser um cão comum e, às vezes, parece muito estranho, e ele não pode estabelecer nenhum tipo de relação com aquilo. Quando pensa que é apenas um cão comum, pode ter certeza de que o subestimou demasiadamente. Então já não é o que pa-

---

238. *Tibetan*, livro 1, parte 2, dia 11.

recia ser, mas se torna perigoso. Aumenta de tamanho e de repente a coisa toda se abre como uma caixa, da qual surge o diabo. Então Fausto diz: *Das also war des Pudels Kern*! ("Então esse era o cerne da questão") ["O âmago do *poodle*", em uma tradução literal da expressão; em alemão no original (N.T.)]. O *poodle* então é personificado – ele pode falar –, e assim a discussão com o diabo começa.

Sra. Sigg: O rei indiano que carregou o cadáver não seria um bom exemplo? Ele foi muito paciente, e não teve uma atitude tão negativa quanto a que Nietzsche teve para com o anão[239]. Nietzsche diz: "Tu! Ou eu!", como se um dos dois devesse morrer, ao passo que o rei no conto indiano é muito paciente e carrega o cadáver, aceitando-o, para que o fantasma o ensinasse.

Prof. Jung: Sim, esse é também um exemplo muito bom.

Sra. Jung: Parece-me que ele tenta dar coragem a si mesmo: não quer fugir, mas está com medo; o que o ameaçava não era algo que se transformou em um camarada simpático, mas algo completamente destrutivo.

Prof. Jung: Sim, estamos chegando nisso. É claro que ele está tentando compensar. Ele pula fora porque está com medo, e naturalmente deve ter coragem. Ele teve êxito em personificá-lo na forma de um anão, que é muito pequeno e aparentemente desimportante, mas de novo negligencia o fato de que um anão tem astúcia e é mana – uma figura muito mitológica, algo como um *jinn** maligno. Claro que ele não acredita em demônios, daí isso parecer nada mais do que um anão, e ele o chama de espírito de gravidade. Mas é a preguiça eterna, a inércia eterna, o espírito do chumbo, "o homem de chumbo", como Zósimo o chamava. (Na astrologia, o velho Saturno, o planeta, é chamado de "o homem de chumbo"[240].) E Demócrito disse que o chumbo contém um demônio muito impertinente, um demônio realmente muito furioso, e que quem libertar esse demônio está em grande perigo de ficar insano: ele destrói a mente. Vejam, essa foi a experiência deles: aqueles filósofos herméticos conheciam esse anão, esse espírito do chumbo, essa gravidade plúmbea, e sabiam que você não deveria gratificá-lo ou fazer pouco caso dele, pois ele contém um demônio impertinente que causa os perigos da alma. Na alquimia

---

239. Disseram a um rei virtuoso para descer um homem da forca e trazer o cadáver de volta ao palácio. Ele fez isso, mas o enforcado conseguiu fazer-lhe uma questão moral complexa, à qual o rei conscienciosamente respondeu, só para ter seu interlocutor voando de volta ao cadafalso. Isso se repetiria vinte e quatro vezes, quando então o rei é transformado (Zimmer, *The King and the Corpse: Tales of the Soul's Conquest of Evil*. Princeton, B. S. XI, 2. ed., 1956, p. 202-245).

* Termo árabe referente a uma espécie de "gênio" sobrenatural, entidade sobrenatural que poderia se mostrar boa ou má [N.T.].

240. Jung lida com esse escritor hermético do século III em OC 13, § 85-86: "Eu sou o homem de chumbo e me submeto a um tormento insuportável". Considera-se que isso significa que o chumbo deve ser rejeitado.

isso significa insanidade[241]. Eles eram muito cientes disso e sempre repetiam que muitas pessoas não podiam suportá-lo e enlouqueciam. Assim, esse remédio universal, a essência dos minerais, que tentavam extrair, era sobretudo um remédio para curar as aflições da alma ou da mente, *afflictiones mentis*.

Dr. Escher: Um bom exemplo da autonomia das figuras é *Seis personagens à procura de um autor*, uma peça de Pirandello[242]. Ele coloca seis figuras no palco com ele próprio e lhes diz o que elas devem fazer. Então elas falam "você nos criou, mas nós fazemos o que queremos", e brigam. Ele fica furioso com elas, que seguem fazendo o que querem. É psicologicamente muito interessante.

Prof. Jung: Não conheço essa peça de Pirandello, mas é uma boa ideia, a demonstração no palco pode dar uma ideia vívida de como isso funciona. É realmente assim. Existe o mesmo tema em Goethe, a ideia de algo que você criou tomando vida própria. É também o tema do Golem[243].

Sr. Bash: Há também outro exemplo em um conto de Edgar Allan Poe, em que o herói da história é acompanhado pelo seu duplo, que o leva de desgraça em desgraça. Ele acaba sendo morto pelo herói, mas, no momento de ser morto, diz ao herói que foi ele quem o criou – o duplo[244].

Prof. Jung: Isso seria semelhante, a coisa autocriada que se torna mais poderosa do que o criador.

Sra. Sigg: Isso não seria uma ilustração do que você disse – que, por Nietzsche não aceitar o aleijado, este aparece agora como um anão?

Prof. Jung: Sim, tudo isso segue a mesma linha.

Srta. Hannah: E *O retrato de Dorian Gray*, de Oscar Wilde[245], é o mesmo.

Prof. Jung: Oh, sim, é realmente uma ocorrência muito frequente que algo que a pessoa supõe ter criado, que supõe ser seu próprio pensamento, não seja seu pensamento, na verdade. Devemos ter muito cuidado em dizer que um pensamen-

---

241. Esse não é o atomista da Grécia Antiga, mas o Pseudo-Demócrito, um místico do século I ou II d.C. Em OC 13, § 430, Jung cita Olimpiodoro, do século VI, sobre o chumbo, como contendo um demônio que enlouquece as pessoas.

242. *Seis personagens à procura de um autor: uma comédia em construção* [1921], de Luigi Pirandello, continua a atrair diretores e plateias em virtude de sua engenhosa apresentação de personagens que "precedem" o autor delas.

243. Pelo "tema do Golem", Jung se refere a um demônio com poderes mágicos, tal como Mefistófeles no *Fausto*, o que Jung interpreta como uma projeção de conteúdos inconscientes. Gustav Meyrink, em *O Golem* – um romance que Jung cita com frequência –, escreveu uma história da aparição dessa figura misteriosa em um gueto. Cf. *Dream Sem.*, p. 507-509; OC 6, § 189.

244. Em *William Wilson: A Tale* (1839), Edgar Allan Poe (1804-1849) fala dos passos desse protagonista sendo acossados ao longo de muitos anos por esse gêmeo não fraternal.

245. Oscar Wilde publicou esse romance – seu único – em 1891.

to é nossa própria criação. Ele, então, meio que vive por si próprio. É totalmente possível, quando se pensa ter criado um pensamento, que ele na verdade cresça por si próprio. Há assim a possibilidade de que ele cresça *acima* da pessoa, e então subitamente ela se veja confrontada por ele. Isso é exatamente o que aconteceu aqui. Zaratustra o rejeita porque o teme, e então isso emerge contra ele. Esse anão tem trunfos sobre os quais Nietzsche aparentemente nada sabe, e lhe diz coisas terríveis: "Sim, sim, você pode escalar o Monte Branco e arremessar uma pedra mais alto do que qualquer um já arremessou, mas é uma superestrutura que não tem raízes e cairá de volta em você". Isso é de novo um prenúncio do que acontecerá – que o super-homem cairá de volta nele; é uma pedra arremessada nas alturas e que não tem base. O próprio Nietzsche não tem base, portanto como ele pode sustentar um super-homem? E a pedra tem ainda um outro aspecto interessante. O anão chama Zaratustra de "pedra da sabedoria", e diz: "Arremessaste a ti mesmo tão alto". Portanto Zaratustra é a pedra, e o anão pensa que ele se arremessou alto demais, que é um esforço poderoso, mas vão, pois pular no ar não aumenta nosso tamanho, e ele desce com uma batida e cai sobre si próprio, esse si-mesmo miserável na superfície da terra. Vejam, aqui há uma crítica fatal do todo do *Zaratustra*. Claro que estamos em uma situação afortunada, podemos compreender, mas isso estava perto demais de Nietzsche: era seu próprio destino, e ele não pôde perceber plenamente o que isso significava. Embora ele deva ter tido suas premonições, caso contrário, não poderia ter escrito o *Zaratustra*.

Sr. Baumann: Eu gostaria de assinalar a diferença entre o *Zaratustra* de Nietzsche e o Zaratustra real. A religião do Zaratustra real era muito espiritual, mas ao mesmo tempo ele dizia que o homem deveria ser um camponês, um animal.

Prof. Jung: De fato. Só o espírito pode se erguer, porque o espírito é um vapor, de todo modo, mas o homem vive no corpo e pertence à terra. Ao passo que a ideia de Nietzsche do super-homem não encoraja isso de modo algum, pois a ideia do super-homem é criar algo que esteja além do homem, além da realidade.

Prof. Reichstein: Essa situação também foi antecipada na cena do equilibrista.

Prof. Jung: Sim, é uma linha contínua, esse salto no ar e então a queda fatal. A terrível profecia do anão tem uma força extraordinária porque ele conhece o futuro. Esse é um pedaço do inconsciente real, é natureza – não Nietzsche. A natureza fala e lhe dá o prognóstico correto. Ele agora prossegue:

> Então o anão calou-se; e por um longo tempo. Mas seu silêncio me oprimia; e, deveras, estar assim a dois é mais solitário do que estar a um!
>
> Eu subia, subia, sonhava, pensava – mas tudo me oprimia. Eu era como um enfermo que se cansa de seu martírio terrível e que é novamente desperto de seu sono por um sonho ainda pior.

> Mas há algo em mim que eu chamo de coragem: uma coisa que até agora matou em mim todo desalento. Essa coragem por fim me mandou parar e falar: "Anão! Tu! Ou eu!"
>
> Pois a coragem é o melhor matador – a coragem que *ataca*: pois em todo ataque há fanfarra.

Ele sofreu um golpe fatal, isso é totalmente visível, e a reação é valentia, um *quandmême* contra tudo o que percebeu; claro que não sabemos até que ponto ele o percebeu. Essa é certamente uma reação muito corajosa, essa é a grandeza de Nietzsche. Ele era um gênio *déséquilibré*[246], mas foi justamente por seu gênio que ele não mostrou covardia em um momento desses, mas teve de se autoafirmar. Ele agora prossegue falando sobre coragem e diz, por fim, no penúltimo parágrafo:

> A coragem, porém, é o melhor matador, a coragem que ataca: ela mata ainda a morte, pois diz: "Foi *isto* a vida? Pois bem! Mais uma vez!"
>
> Mas há muita fanfarra em um dito como este. Quem tiver ouvidos, que ouça.

Essa passagem mostra que existe uma percepção – aqui está a coragem que enfrenta a morte –, por isso podemos supor que Nietzsche talvez a considerasse uma premonição de morte. Ou poderia ser uma metáfora de linguagem, não sabemos. Em todo caso, a palavra "morte" está aqui, e a conclusão é a nova ideia que aparece aqui; não sabemos quando ela se originou nele, mas ela se tornou a principal ideia em um ensaio postumamente publicado por um dos secretários dos arquivos Nietzsche. É a ideia de *die ewige Wiederkunft*, o eterno retorno de todas as coisas. Tínhamos tido indícios do eterno retorno, sua ideia de imortalidade[247], antes no *Zaratustra*. Por que se deveria temer a morte visto que tudo retorna eternamente? Assim, o ataque do anão suscita nele a ideia da eternidade da vida.

---

246. Um *quandmême*: um "mesmo assim"; *déséquilibré*: desequilibrado.

247. Nietzsche disse que o "conceito fundamental" de seu *Zaratustra* foi "a ideia do eterno retorno, a fórmula mais alta de afirmação que pode ser alcançada". Cf. sua seção sobre o *Zaratustra* em *Ecce Homo*.

Palestra IV
25 de maio de 1938

Prof. Jung: Chegamos à segunda parte de "Da visão e do enigma" na última vez. Ela começa:

> "Alto lá! Anão!", falei. "Eu! Ou tu! Eu, porém, sou o mais forte de nós: tu não conheces meu pensamento abismal! *Este* – não serias capaz de suportá-lo!"
>
> E então ocorreu algo que me deixou mais leve: o momento de meu alívio: pois o anão pulou de meus ombros, por curiosidade! E foi se acocorar sobre uma pedra diante de mim. Mas havia um portal justamente onde paramos.

Vocês se lembram de que, na primeira parte, o anão estava sentado nas costas de Zaratustra. Essa é uma demonstração típica de uma possessão: sempre se supõe que os espíritos maus se sentam nas costas de suas vítimas. Por isso, certas tribos primitivas usam determinados amuletos na parte de trás do pescoço, espécie de rostos carrancudos para protegê-las do mau-olhado ou contra os espíritos que as perseguem. Vejam, os espíritos são frequentemente associados à forma arquetípica da sombra perseguidora. Os gregos tinham uma formulação dessa ideia em uma palavra que significa "aquilo que segue por trás". Pois bem, tudo que segue por trás está na esfera em que não temos olhos, nenhuma consciência, nossa consciência começa intimamente associada ao sentido da visão. Conhecemos isso pela nossa linguagem cotidiana, quando entendemos ou nos tornamos conscientes de uma coisa, dizemos: "*I see*" ["Eu vejo"], ou "*it dawns upon me*" ["ficou claro para mim"]. E as metáforas que usamos para explicar a essência da consciência são analogias tomadas do mundo da luz e do ver. Quando se trata de uma percepção do sentimento, por outro lado, escolhemos nossas analogias a partir do senso da audição. "*I hear*" ["Eu ouço"] significa algo completamente diferente de "eu vejo". "Eu ouço" significa que a coisa penetrou mais em nosso sistema, que a levamos mais ao coração, ao passo que "eu vejo" não implica isso em absoluto. Por exemplo, a palavra alemã *Gehör*, que significa "ouvir", "ter um ouvido para algo", se relaciona com *gehorsam*, que significa "obediente", ou *gehorchen*, "obedecer". Quando o Senhor fala a Samuel, e ele responde "oh, Senhor, eu escuto", isso significa "eu obedeço, eu me submeto", mas se Samuel tivesse dito "oh, Senhor, eu vejo, sim, Senhor, vejo o que você quer dizer", isso não significaria que ele necessariamente seria *gehorsam*, que se submeteria e seria obediente. Soaria quase blasfemo, estapafúrdio. Assim, tudo que vem de trás vem da sombra, das trevas do inconsciente, e, por você não ter olhos lá, e por não usar nenhum amuleto no pescoço para repelir más influências, essa coisa pega você, o possui e o obceca. Senta-se sobre você.

Por isso, se um paciente em análise se sente obcecado, é tarefa do analista despossuí-lo de sua *anima* ou de seu *animus*, e, em um caso assim, o fazemos dar a volta e dizemos: "Agora olhe a coisa". E, nesse momento, ela sai dele. Ele pode objetivá-la. Essa é a razão pela qual seria preciso objetivar figuras inconscientes. Nós fazemos uma figura do *animus* e da *anima*, porque na natureza elas não são visíveis como figuras, mas são possessões invisíveis; ocorrem como se estivessem realmente no sistema da pessoa. O homem que carrega um espírito mau em suas costas não sabe disso, não sabe que essa coisa atrás está manipulando seu cérebro e causando uma expressão peculiar em seu rosto. Acontece frequentemente de pessoas que, pelo que sabem, têm pensamentos perfeitamente simpáticos e inofensivos ainda assim trazerem algo muito diferente em seus rostos; o rosto não está de modo algum em consonância com os conteúdos mentais delas, mas sim com o espírito, o *jinn*, que está sentado em suas costas. Estão sendo inconscientemente manipuladas por um espírito possesivo. Pois bem, se elas se voltarem e encararem aquela coisa, então imediatamente ela se torna objetiva, e portanto personificada, já que é impossível perceber um objeto que não é uma coisa em si mesma. Enquanto não se voltam, enquanto estão possuídas, ela não tem forma – não se consegue imaginar uma forma.

As pessoas têm a maior dificuldade em compreender o que se pode querer dizer por uma *anima* ou um *animus*, pois elas nunca se voltam. Tornar isso objetivo é para elas totalmente antinatural, contra a natureza, pois preferem agir por impulso, mesmo quando admitem que fazem coisas que são estranhas a elas mesmas, que reagem a si mesmas, e que irão lamentar. Posteriormente, não entendem como puderam fazer uma coisa daquelas. Contudo continuam se comportando daquela forma, aparentemente pensando que a possessão é justificada porque é totalmente natural. É de fato totalmente natural; é, poderíamos dizer, a condição original da humanidade. O homem está sempre um pouco possuído: ele é necessariamente possuído na medida em que sua consciência é fraca. A consciência primitiva é muito fraca, facilmente subjugada; por isso as pessoas primitivas estão sempre sofrendo de perda da consciência. Subitamente algo pula sobre elas, as assalta, e elas são alienadas de si mesmas. Em uma dança, podem facilmente entrar em uma condição extática na qual não são mais elas mesmas, e, sabendo disso, elas até mesmo aplicam esse conhecimento em seus rituais. Induzem essa condição. Os aborígenes da Austrália Central dizem que realizam os rituais do *alcheringa* para se tornar alguém que comumente não são. Identificam-se com seus ancestrais da época do *alcheringa*, uma espécie de era heroica muito antiga, como o tempo dos heróis homéricos seriam para nós. Retornam àquela condição, se transformam nos ancestrais da era *alcheringa*, e como tal realizam os rituais; caso contrário os rituais não são válidos[248].

Os índios Pueblo têm a mesma ideia. O mestre das cerimônias religiosas, que me acompanhou às danças do búfalo, contou-me que ele próprio não poderia dançar naquele dia porque não estava purificado. Então explicou-me que, no nascer do sol, todos os homens sobem nos telhados das casas – os *pueblos* são construídos como arranha-céus, as casas empilhadas umas sobre as outras, em forma de pirâmide – e lá eles observam o sol o dia inteiro, até o anoitecer. Eles giram lentamente com o sol até ficarem em um estado de completa identificação com ele, o sol sendo o ancestral deles, o pai. Esses homens são os filhos do sol e, como tal, podem dançar. Mas, se não estão reidentificados com o divino ancestral, não podem realizar os rituais. Ou, se os realizassem, seria meramente uma *performance* teatral e não teria efeitos mágicos – isso é o que o mestre das cerimônias religiosas me contou. Vejam, essa é outra aplicação do mesmo fato, que eles conhecem esses fenômenos de possessão psicológica tão bem que até mesmo os aplicam para seu próprio uso ritual. Esse é um pedaço de psicologia primitiva que é muito difícil para nós entendermos, mas mostra claramente o quão geral e normal é esse fato com eles.

Pois bem, é claro que tudo vive em nós: temos o mesmo cérebro, o mesmo metabolismo – todo o nosso sistema é o mesmo –, e por isso podemos observar os mesmos fenômenos em nós mesmos. Aqui Nietzsche, em sua linguagem poética, deixa isso à mostra. Mas exprimimos o mesmo fato quando dizemos a alguém que está muito mal-humorado: "Que diabos deu em você?", ou "Nós discutiremos novamente essa questão amanhã, quando você for você mesmo". Esse é um reconhecimento do fato de que a pessoa está alienada por uma possessão estranha, o que em estilo primitivo verdadeiro poderíamos simbolizar aqui por essa coisinha demoníaca, o anão que se senta nas costas dele. O procedimento correto, como eu disse, é voltar-se e encará-lo. Você diz que está possuído e pergunta por quem, e então obtém a resposta. Reconstrói as figuras; tenta descobrir essa coisa está em você.

Isso não é invenção minha, é uma ideia antiga. Leon Daudet chegou à mesma ideia; no seu livro *L'Hérédo*, Daudet fala em *auto-fécondation intérieure*, que ele

---

248. Sobre a época do *alcheringa*, cf. Lévy-Bruhl, p. 600 e 601, vol. II, e mais adiante, 8 de fevereiro de 1939, n. 337, vol. II.

entende como uma transformação interior causada pelo redespertar da alma de um ancestral[249]. Em outras palavras, um eu interior gerado na pessoa, uma personalidade secundária que pode se tornar um espírito possessivo. Por exemplo, nosso avô ou nosso tio pode se gerar dentro de nós e se tornar uma personalidade possessiva que, por anos, até mesmo ao longo da melhor parte da nossa vida, suplanta a nossa própria personalidade. Daudet pensou que essa foi uma grande descoberta e cita alguns casos que são perfeitamente convincentes se sabemos alguma coisa a respeito disso. Qualquer caso de cisão neurótica da personalidade seria igualmente um bom exemplo. Frequentemente se escuta, por exemplo, que, até os 20 anos de idade, fulano era um rapaz muito bom, mas está totalmente diferente agora e não se sabe o que deu nele. Ou o caso contrário: alguém que tinha uma personalidade muito negativa se torna muito positivo. E pode ser uma possessão real, totalmente contra o caráter pessoal; o sujeito se torna um indivíduo diferente.

Isso deriva da fraqueza original da consciência. Existe tanta matéria inconsciente fora que a consciência pode ser invadida a qualquer momento, e um complexo estranho simplesmente toma o lugar. Então o que você achava que era desaparece na sombra e se torna um complexo inconsciente. Talvez alguém que realmente tivesse antes um caráter muito duvidoso comece subitamente a mostrar-se um santo e morra como um santo. Para saber o que ele realmente é, precisa-se estudar seus sonhos ou suas visões; isso é muito instrutivo, muito interessante. As visões de Santo Antão, por exemplo, mostram um caráter sensual, lascivo, que foi suplantado por um decente[250]. Então ficamos em dúvida sobre quem o verdadeiro sujeito pode ser, ou sobre como ele seria se não fosse um mero conglomerado – se ele fosse, em vez disso, uma composição, uma síntese. A condição original de uma personalidade é um conglomerado absolutamente irracional de unidades herdadas. Uma parte é do avô do lado materno; outra, do avô do lado paterno; o nariz vem de 1750; e as orelhas, de 1640, e assim por diante. E o mesmo se dá com nossas diferentes qualidades, uma determinada qualidade artística, por exemplo, ou uma qualidade mental. Tudo isso está na árvore da família, mas infelizmente não temos registros cuidadosos de nossos ancestrais, apenas retratos ocasionais, ou talvez restem algumas cartas, ou velhas histórias, que nos permitam um certo *insight*. A avó pode ter dito que uma criança era como sua própria avó, e assim nós remontamos algumas gerações. Mas nada sabemos ao certo; somos um conglomerado, não uma composição, e nos tornamos uma composição quando as partes sabem

---

249. Leon Daudet publicou *L'Hérédo* (Paris, 1916), que em outro lugar Jung chamou de "confuso, mas engenhoso" (OC 9/1, § 224). A autofecundação interior tem a ver com a presença em todos nós de elementos ancestrais que ocasionalmente se manifestam, uma variante da época do *alcheringa*.

250. Sobre as visões de Santo Antão, cf. anteriormente, 3 de junho de 1936, n. 94, vol. II.

umas das outras. E quando você sabe sobre sua própria sociedade de anões, todas as personalidades menores em você – quando você as confronta e sente o choque pleno dessa atmosfera –, quase perde a cabeça: "Que diabos sou eu?"

Essa foi a questão de Schopenhauer – eu lhes contei com frequência essa história. Ele estava caminhando nos jardins públicos de Frankfurt certo dia, perdido em pensamentos, e acabou entrando em um canteiro de flores. E o guarda correu na direção dele: "Ei, saia daí! Mas quem é você?" E Schopenhauer disse: "Exatamente isso é o que quero saber". Vejam, ele estava preocupado com a identidade do eu – quem *é* esse sujeito? Pois bem, qualquer um pode ter essa dúvida; sempre existe a possibilidade da dúvida, pois poderia haver outra coisa aqui – de fato outra coisa. Certamente, quando você se depara com esses compartimentos separados em si mesmo, conglomerados que não são o seu, você com efeito se pergunta quem você é. Se Santo Antão tivesse se interrogado sobre suas visões, naturalmente isso teria sido uma questão terrível para ele: "Eu sou o sujeito que produz um material terrível como esse ou eu sou um santo?" Ele teria estado em profunda dúvida.

Atanásio, o bispo de Alexandria, escreveu uma coletânea de histórias excelentes sobre os "enlutados", os eremitas do deserto. Um santo, por exemplo, tinha vivido 20 anos no deserto e tinha certeza absoluta de que era impermeável e que poderia encarar o mundo de novo; sentia-se completamente desapegado. Então se lembrou de que tinha um velho amigo que se tornara bispo em algum lugar e decidiu fazer-lhe uma visita, portanto deixou o deserto e foi para o mundo. Quando chegou aos arredores da cidade, estava passando junto a uma taberna da qual vinha um cheiro tão bom de carne e vinho e alho e assim por diante, então pensou que poderia experimentar, e entrou. Mas nunca saiu. Afundou completamente: comeu e bebeu e esqueceu que era um santo e se perdeu no mundo de novo. Esse foi um sujeito que fizera um compartimento artificial e pensou que era aquilo e nada mais.

Portanto deveríamos sempre estar um pouco em dúvida sobre nós mesmos. Isso é muito saudável e não primitivo; um primitivo estaria em uma dúvida horrível sobre si mesmo se pudesse pensar. Mas *nós* pensamos; ao menos supomos pensar, e em certos casos é um fato que a pessoa realmente pensa e por isso existe dúvida. Ao passo que, se a pessoa não tem dúvida nenhuma, se tem convicção absoluta, certeza absoluta, podemos estar certos de que existe um compartimento; ela está à beira de uma neurose. Essa é uma condição histérica; a certeza não é normal. Estar em dúvida é uma condição mais normal do que a certeza. Confessar que você duvida, admitir que você nunca sabe com certeza, é a condição supremamente humana, pois ser capaz de sofrer a dúvida, de carregá-la, significa que se é capaz de carregar o outro lado. Quem está certo não carrega nenhuma cruz. Está redimido; você só pode se congratular com ele e não há mais discussão. Ele perde o contato humano, redimido da humanidade que realmente carrega o fardo. Que o redimido seja redimido de seu fardo é a cisão trágica em qualquer convicção religiosa.

Dr. Escher: Há uma história divertida sobre o homem inferior em Nietzsche, o sábio filósofo. Ele teve uma briga com seu alfaiate que lhe trouxe um fraque.

Prof. Jung: Eu me lembro – uma cena pouco filosófica. Eu poderia lhes contar histórias muito semelhantes sobre Schopenhauer e Kant – humanas, demasiado humanas. Mesmo o grande filósofo é ocasionalmente um homem muito pequeno. Bem, estamos perfeitamente satisfeitos com o fato de que Nietzsche tinha uma sombra. Portanto essa cena com o anão é um dos incidentes do grande drama que começa agora, a irrupção do inconsciente. Primeiro há o símbolo do vulcão, a descida do vulcão, e agora o material vulcânico está emergindo. Ele se aproxima daquilo de forma lenta e muito cuidadosa. Vimos o esforço de minimizar e mitigar, pois ele tem medo de que pudesse ser demasiado – o que foi, é claro, no fim. O inconsciente aparece aqui na forma do anão possessivo, e o mero fato de que ele o entende como nada mais do que um anão é minimizar o perigo. Assim, em vez de indagar ao anão quem ele é, e onde obteve aquele estranho tipo de poder, sentan-do-se em suas costas e lhe causando terríveis sentimentos (o que seria a questão natural), ele começa a pregar. Aborda o anão em uma espécie de sermão:

> "Olha este portal, anão", continuei, "ele tem duas faces. Dois caminhos unem-se aqui. Ninguém jamais os percorreu até o fim.
>
> Esta longa estrada para trás: ela dura uma eternidade. E aquela longa estrada para lá – é outra eternidade."

O que quer que ele esteja tentando transmitir ao anão aqui, está claro que o maneja como se ele [o anão] não fosse nada mais do que seus próprios pensamentos, como se ele fosse outro humor ou algo do tipo, como se não importasse em absoluto o que o anão pudesse dizer. Isso é apotropaico, um meio que frequentemente aplicamos. Se você espera uma discussão um tanto quanto desagradável com alguém, por exemplo, e tenta evitá-la, começa a falar rapidamente, para impedir o outro sujeito de dizer qualquer coisa. Falávamos outro dia sobre essa razão para tanta fala ininterrupta. E aquelas pessoas gostam de falar fluentemente e em voz alta: estão tão convencidas de que algo desagradável poderia ser dito que pensam que farão melhor dando início imediatamente e impondo um determinado molde.

Eu me lembro de um caso assim. O famoso Professor Forel era alienista aqui; ele tinha sido anteriormente o diretor da Clínica Psiquiátrica, mas mais tarde se ocupou principalmente com a propaganda pela abstinência total[251]. Certo dia, ele

---

251. August Henri Forel (1848-1931) foi diretor do Burghölzli antes do mais famoso e influente Eugen Bleuler, que foi o chefe de Jung quando este foi para lá imediatamente após o curso de medicina.

subitamente invadiu nossa sala, na qual vários jovens médicos estavam trabalhando, e em seguida supôs que sem dúvida aqueles jovens diabos não eram abstêmios totais. Assim, ele abordou um homem que, por acaso, era um membro ardoroso da mais ortodoxa *Verein* contra o álcool – acho que era o presidente dela – e gritou: "Você provavelmente não conhece os terríveis efeitos do álcool, os terríveis efeitos hereditários", e assim por diante. O jovem tomou fôlego e tentou responder, mas Forel lhe falava com veemência, incessante como uma torrente, até que teve de parar para respirar. Então o jovem médico começou "er... perdão...", mas Forel já estava em cima dele. "Eu sei o que você vai falar, mas está errado!" É claro que Forel tinha a impressão de que todo mundo o estava contradizendo. Havia naturalmente algumas críticas, por isso ele aplicou esse mecanismo. Às vezes você não tem a mínima ideia de qual poderia ser o assunto desagradável que você poderia mencionar, mas tenha certeza de que, se as pessoas o abordam dessa forma, querem impedi-lo de dizer algo desagradável. Portanto Nietzsche aqui menospreza o anão. Pois bem, ele diz sobre os dois caminhos:

> "Eles se contrapõem, estes caminhos; chocam-se diretamente, cabeça contra cabeça: e é aqui, neste portal, que se encontram. O nome do portal está escrito acima: 'Instante'. Mas se alguém seguisse por um deles – cada vez mais longe, cada vez mais longe: crês, anão, que estes caminhos se contradizem eternamente?"
>
> "Tudo o que é reto mente", murmurou desdenhoso o anão. "Toda verdade é curva, o próprio tempo é um círculo".
>
> "Ó espírito de gravidade!", falei irritado. "Não tornes tudo tão leve para ti! Senão te deixo acocorado aí, onde estás, perneta – e eu te trouxe bem *alto*!"

Vejam, ele imediatamente diz ao anão que é ele, Zaratustra, que o está carregando para o alto. Mas a questão é que o condutor controla o cavalo, e não o cavalo que o carrega – é evidente que o cavalo tem de carregá-lo. Zaratustra não perceber que, ao assumir o papel do cavalo, ele argumenta em seu próprio favor com algo que é uma clara derrota. O anão é vitorioso; ele é o condutor, e está usando Zaratustra como seu animal de equitação. O anão diz aqui: "Toda verdade é curva, o próprio tempo é um círculo, tudo que é reto mente". Como isso soa a vocês?

Sr. Allemann: É uma verdade natural.

Prof. Jung: Sim, mas qual é o caráter dela? De quem é essa verdade?

Sr. Henley: De Zaratustra.

Prof. Jung: É claro. Toda verdade é curva, o caminho da serpente é o caminho certo, todo caminho reto mente, o próprio tempo é um círculo – a ideia do eterno

---

Ambos eram abstêmios militantes. Jung disse, sobre o livro de Forel *A questão sexual* (1905), que "não só foi muito vendido como também encontrou muitos imitadores" (OC 10/3, § 213).

retorno –, esse é o ensinamento do próprio Zaratustra. E ele o chama de "espírito de gravidade", e então mais tarde adota justamente essas ideias. Portanto o anão é de fato o condutor, a mente superior de Zaratustra. E Zaratustra se comporta aqui como um menino de escola com um professor muito inteligente e que ele não consegue entender, por isso o chama de velho idiota. Habitualmente dizemos que um homem é estúpido quando não conseguimos entendê-lo. Nesse caso, Zaratustra fala como se estivesse em um poderoso cavalo elevado para não reconhecer sua derrota, mas o anão é a mente superior à qual Zaratustra chegará logo depois. Já nos deparamos no texto com a ideia do eterno retorno: ela pairava sobre ele, mas ele ainda não tem uma percepção sobre essa ideia. Assim, o que reconhecemos como um espírito maligno tem frequentemente um *insight* superior. Portanto não o deveríamos silenciar à base de gritos, mas ao menos lhe dar o benefício da dúvida. Deveríamos perguntar: "O que você tem a dizer? Qual é a sua ideia?" Com muita frequência, quando as pessoas fazem o esforço de objetificar uma figura como essa, a menosprezam. Elas sabem mais, justamente por conta desse medo primitivo do poder avassalador do inconsciente. Ser incapaz de dar a uma figura dessas o direito ao discurso independente prova que a consciência ainda é fraca demais. Sempre é um sinal de uma forte consciência poder dizer: "Fale, eu escuto". O fraco não dará ao outro essa chance, por medo de que este possa se colocar em cima dele.

"Olha", continuei, "olha Este Instante! Desse portal, uma longa rua eterna conduz *para trás*: há atrás de nós uma eternidade.

Tudo aquilo que *pode* andar, de todas as coisas, não tem de haver percorrido esta rua alguma vez? Tudo aquilo que *pode* ocorrer, de todas as coisas, não tem de haver ocorrido, sido feito, transcorrido alguma vez?

E, se tudo já existiu, que pensas tu, anão, deste instante? Não é preciso que também este portal já tenha existido?

E não estão todas as coisas atadas com tal firmeza que esse instante puxa atrás de si *todas* as coisas vindouras? *Logo*, também a si mesmo?

Pois o que *pode* andar, de todas as coisas, também nessa longa rua *para lá tem* de andar ainda alguma vez!

E essa lenta aranha que se arrasta ao luar, e esse próprio luar, e tu e eu nesse portal, sussurrando um para o outro, sussurrando sobre coisas eternas, não temos todos nós de haver existido? E de retornar e de andar nessa outra rua, lá, diante de nós, nessa longa e horripilante rua – não temos de retornar eternamente?"

Assim falava eu, e cada vez mais baixo: pois temia meus próprios pensamentos e segundas intenções. E então, subitamente, ouvi um cão *uivar* perto de mim.

O anão já tinha dito isso. Este é o pensamento do anão: "Tudo que é reto mente… toda verdade é curva, o próprio tempo é um círculo". Isso é uma grande linguagem, e Zaratustra a assimila mas a dilui, e pensa que essas são suas próprias ideias. Mas o anão é que suscitou essas ideias em Zaratustra. Essas curtas palavras monumentais de sabedoria provêm dos intestinos do mundo. São como as palavras de Lao-Tsé, ou de Pitágoras, ou de Heráclito – curtas e impregnadas de sentido. Então um homem, ou uma mente, que fala assim é chamado de sombrio, obscuro. Ainda se considera que Heráclito fosse uma espécie de velho pássaro confuso; ele é chamado de "místico", de "obscuro". Mas isso é porque todo mundo se sentia obscurecido quando ele falava; porque ele era brilhante demais, as outras pessoas sentiam a escuridão extrema em suas próprias cabeças. O que acontece aqui é o que costuma acontecer quando as pessoas têm um entendimento lento; pelo lento processo de solução e digestão, a coisa reaparece em suas mentes, e então elas pensam que a descobriram. Assim dizem: "Mas por que você não disse isso antes?" Agora Zaratustra, como eu disse, percebeu aqui o que o anão lhe contou, mas o percebe como se ele o tivesse pensado, e não admite seu débito para com o anão, não dá nenhum crédito ao anão por isso. Até mesmo fala como se o anão tivesse dito algo totalmente diferente. Mas essa ideia do eterno retorno, que para Nietzsche era muito inspiradora, na verdade pertence ao espírito de gravidade. O anão é o originador dessa ideia, o que é perfeitamente paradoxal – justamente aquilo que ele deprecia como o espírito de gravidade é o originador dessa sabedoria muito inspiradora. Essa é uma das passagens em que se vê quão pouco raciocínio existe nesse livro. Não há raciocínio, pensamento – ele simplesmente o leva de roldão, fluindo. Ele não tem nenhuma perspectiva contrária a isso, nenhum ponto de vista crítico. Ele é vítima de um processo. Isso é característico de qualquer incursão do inconsciente; quando o inconsciente irrompe assim, o perigo é que a pessoa seja tomada de forma irreversível. Parece não haver nenhum retorno a um ponto de vista claro, a uma divisão clara: isso sou eu e isso é ele, isso é isso e aquilo é aquilo. É só uma torrente de conteúdos mentais com um indivíduo presente para raciocinar sobre eles. Aqui Nietzsche deveria ter visto, como qualquer pensador o teria visto sem problemas, que aquilo que ele deprecia como o espírito de gravidade foi a origem desse pensamento muito inspirador.

Agora Nietzsche diz: "Assim falava eu, e cada vez mais baixo: pois temia meus próprios pensamentos e segundas intenções". Bem, se ele está amedrontado por seus próprios pensamentos, por que os faz? O problema é justamente que não são seus pensamentos; por isso ele os teme. Vejam, ninguém tem medo de algo que possa fazer e desfazer; o oleiro não precisa temer os potes que ele faz, pois pode quebrá-los se não gostar deles – isso está em seu poder. Mas o que Nietzsche chama de "meus próprios pensamentos" simplesmente não são seus próprios pensamentos, e então seu temor é compreensível, pois esses pensamentos podem afetá-lo. Se Nietzsche tão somente pudesse *dizer* que os pensamentos não eram dele. Por que você deveria temer alguma coisa de sua própria lavra quando pode mudá-la?

Mas ele não discrimina. Simplesmente se identifica com a coisa e corre com o rebanho. Vejam, esse é o momento crítico; ele não pode evitar admitir que teme esses pensamentos. Em outras palavras, Nietzsche tem medo do espírito de gravidade, medo da coisa que o possui. Mas ele a chama de "minha própria", e esse é o erro fatídico. Pois bem, em um momento desses poderíamos esperar uma reação do lado dos instintos. Vejam, quando as pessoas estão ameaçadas pelo inconsciente a ponto de serem arrastadas por ele, realmente flutuando e de fato amedrontadas, então o inconsciente instintivo, os instintos animais, percebem o perigo, e é agora que o cão começa a uivar:

> Assim falava eu, e cada vez mais baixo: pois temia meus próprios pensamentos e segundas intenções. E então, subitamente, ouvi um cão *uivar* perto de mim. Alguma vez escutei um cão uivar assim? Meu pensamento correu para trás. Sim! Quando criança, na infância mais remota: então ouvi um cão uivar assim. E também o vi, de pelos eriçados, com a cabeça voltada para o alto, tremendo, no silêncio absoluto da meia-noite, quando também cães acreditam em fantasmas [...].

Como vocês veem, até cães acreditam em fantasmas, mas não ele. Essa é, contudo, uma admissão indireta de que o anão é um fantasma. Se ele apenas pudesse *dizê-lo*! Mas então o Sr. Tal e Tal apareceria e diria que se trata de uma superstição, como se isso fosse um critério. Você deve fazer fantasmas se não existir nenhum, caso contrário está possuído; portanto faça um – ou vários – o mais rápido que puder. Se tudo são seus próprios pensamentos, você está no inferno; então eles o levam de roldão. Ao passo que, se você diz que um fantasma o possui, pode atribuir alguns pensamentos a ele e outros a você mesmo. Então você tem uma perspectiva. A razão pela qual dizemos que algo é branco, ou estamos absolutamente convencidos de que tudo é preto, é para termos uma perspectiva. Precisamos criar esse tipo de perspectiva porque há muitos outros pensamentos em nós para dizer que o que chamamos de branco é na verdade preto. E isso é possível: é psicologicamente verdadeiro que aquilo que pensamos como branco seja preto ao mesmo tempo. Há pensamentos em nós que nos dizem: o que você chama de bom é mau; o que você chama de virtude é covardia; o que você chama de valor não é valor de modo algum; o que você chama de bom é vício; o que você louva, talvez você despreze. Essa é a verdade, mas é tão incômodo que fazemos uma cerca a nosso redor e a projetamos em outras pessoas, e então nos lançamos contra elas, criamos arqui-inimigos. É o inimigo número um que diz isso. Mas isso tudo somos nós mesmos.

Pois bem, visto que os fantasmas são fatores mentais – certamente é um fato psicológico as pessoas acreditarem que eles existem –, não importa se você pode pesá-los ou fotografá-los. Isso é absolutamente irrelevante. Se você pode fotografar um fantasma, tanto melhor. Se não pode, não importa. Se você nunca observou nenhum fenômeno psíquico, com materializações ou algo do gênero para provar a existência deles, é uma pena, mas isso torna tanto mais necessário insistir em que eles existem, porque você precisa deles em seu funcionamento. Você tem de atribuir os seus pensamentos a alguém, pois, se você diz que são seus, vai enlouquecer como nosso amigo aqui; vai se desenraizar inteiramente, porque não pode ser você mesmo e outra coisa ao mesmo tempo. Assim, você é forçado a ser unilateral, a criar convicções unilaterais; para propósitos práticos é absolutamente necessário que você seja essa determinada pessoa que se supõe que tenha tais e tais convicções. Por isso acreditamos em princípios, sabendo o tempo todo, se somos honestos o bastante, que temos outros princípios igualmente, e que da mesma forma acreditamos em outros princípios. Mas, para propósitos práticos, adotamos um determinado sistema de convicções.

Pois bem, para ser capaz de se agarrar a um princípio, você tem de reprimir os outros, e nesse caso eles podem desaparecer de sua consciência. Então é claro que eles serão projetados e você se sentirá perseguido por pessoas que têm outras visões, ou você pode persegui-las – a coisa funciona dos dois modos. Desse modo, você se tornará um objetor de consciência, e todo o seu espírito lutador vai se exaurir em objeções de consciência. Mas esse espírito lutador existe, e você usará a própria coisa contra a qual você luta ao lutar pela causa certa. Vejam, ninguém quer a guerra, mas todo mundo vai à guerra porque supõe que não a quer. Essa é a verdade. Ao mesmo tempo, jogamos com a ideia de guerra, pois é uma sensação maravilhosa. Ainda assim, não reconhecemos isso. Daí estarmos convencidos de que não queremos uma guerra, e nós projetamos isso. Isso foi verdade na guerra mundial: ninguém a queria, mas ninguém pôde pará-la – ninguém pôde ter controle da situação. E a parte terrível é que seres humanos a fizeram. Pois bem, se um deus terrível estivesse influenciando a humanidade, ou um diabo perigoso, poderíamos nos perguntar o que faríamos para propiciá-lo e impedir essa catástrofe. Mas pensamos que uma coisa dessas não existe: nenhum diabo, nenhum deus, nenhum poder governante. Se alguém quer a guerra são os alemães ou os franceses, os ingleses ou os italianos. Se você pode encontrar o menor vestígio de uma tendência de guerra neles, você tem a certeza de que são eles que a querem. Não assumimos a responsabilidade; simplesmente dizemos que *eles* a querem. Embora o tempo todo ninguém de fato a queira de forma consciente. É provável que ninguém nesta sala queira conscientemente uma guerra, e tão poucas pessoas no mundo lá fora a querem. Quem, então, faz uma guerra?

Bem, assim como nós não queremos uma guerra, também somos capazes de querê-la, apenas não sabemos disso. Que pudéssemos desejar uma guerra é um pensamento terrível, mas vamos supor que haja demasiadas pessoas no mundo, um aumento excessivo da população, de modo que estamos perto demais uns dos outros, amontoados demais uns sobre os outros, e finalmente odiamos uns aos outros. Então os pensamentos começam a se desenvolver: "O que podemos fazer a esse respeito? Não poderíamos causar uma conflagração? Não poderíamos matar toda aquela multidão para obter um espacinho?" Ou suponham que a vida está dura demais, que você não consegue um emprego, ou que o emprego não compensa, ou que outras pessoas o tiram de você. Se existissem menos pessoas, a vida seria muito mais fácil do que é agora. Você não acha que lentamente lhe ocorreria a ideia de que você quer matar esses outros sujeitos? Pois bem, devemos admitir que em nenhuma outra época houve tantas pessoas aglomeradas na Europa. É uma experiência totalmente nova. Não apenas estamos aglomerados em nossas cidades, mas estamos aglomerados de outras maneiras. Sabemos praticamente tudo o que acontece no mundo; é berrado na rádio, ficamos sabendo pelos nossos jornais. Se alguém cai de bicicleta em Siam, ficamos sabendo pela imprensa no dia seguinte; somos impactados por uma tristeza inaudita ao ouvirmos falar de tal número de pessoas afogadas na China, de tal número passando fome na Sibéria, de tal número de assassinados na Espanha, e talvez de um acidente ferroviário na Noruega, e sempre uma revolução na América do Sul. Vejam, somos impactados com toda a miséria do mundo, pois o mundo todo agora grita em nossos ouvidos todos os dias. Desfrutamos disso e não sabemos o que isso está nos fazendo – até que finalmente sentimos que é excessivo. Como podemos parar isso? Temos de matar todos eles.

Quando estive na Índia, conversei com certas pessoas do partido Swaraj que queriam a autonomia. Eu disse: "Mas vocês supõem que podem governar a Índia com o seu partido? Não percebem que muito em breve teriam um terrível conflito entre os maometanos e os hindus? Eles cortariam a garganta uns dos outros, matariam uns aos outros aos milhares". "Sim, naturalmente", um disse, "eles fariam isso." "Mas você não acha isso horrível? Elas são o seu próprio povo." "Oh, bem, para esses caras sem valor, cortar a garganta uns dos outros está bem. Tivemos um aumento na população de trinta e quatro milhões nesses últimos dez anos." Pois bem, a Índia sempre foi ameaçada pela fome; mesmo com o aumento da área irrigada, a maior parte da população indiana estaria subalimentada. O gado já está subalimentado. Vejam, se forem eliminadas todas as epidemias, um número demasiadamente pequeno de pessoas morrerá; daí essa terrível ideia política. Nenhum político ousaria admitir tais ideias aqui. Mas esse é o Oriente. Lá, eles não são atrapalhados pelo tipo de sentimentalismo, de mentiras honestas como as que nós cultivamos; eles simplesmente admitem a coisa e está tudo certo. Eles teriam desordem e epidemia, mas a Índia sempre teve isso e realmente precisa disso. A população chinesa cresceria a tal ponto, sob a civilização europeia, que eles não teriam como ser alimentados, por isso é que, quando alguns são afogados em um daqueles grandes rios, está certo. Todas as pessoas bem-intencionadas ficam terrivelmente preocupadas com o rápido crescimento populacional. O que elas farão a respeito? E não há resposta.

Mas a natureza responderá. Nós pensamos que somos bons e o somos, sim: temos a melhor das intenções, certamente, mas pensamos que em algum lugar não somos a natureza, que somos diferentes da natureza. Não, nós estamos na natureza e pensamos exatamente como a natureza. Eu não sou Deus, não sei se, da perspectiva de Deus, há pessoas demais na Europa. Talvez deva haver ainda mais, talvez devamos viver como cupins. Mas posso lhes garantir uma coisa: eu não viveria sob uma condição dessas. Eu desenvolveria um instinto de guerra – melhor matar todos aqueles crápulas –, e haveria inúmeras pessoas que pensariam assim. Isso é inescapável, e é muito melhor saber disso, saber que somos realmente os autores de todo o infortúnio que a guerra significa: nós mesmos reunimos a munição, os soldados e os canhões. Se não o fizermos, somos tolos; é claro que temos de fazê-lo, mas isso inevitavelmente leva ao desastre, pois significa que a vontade de destruição que é absolutamente inescapável. Esse é um fato terrível, mas deveríamos conhecê-lo.

Portanto deveríamos dizer – e eu gostaria de dizer – que existe um demônio terrível no homem, que o cega, que prepara uma destruição atroz; e seria muito melhor se tivéssemos um templo para o deus da guerra, em que agora, por exemplo, com toda essa perturbação na Europa, pudéssemos dizer: "O deus da guerra está agitado, devemos propiciá-lo. Vamos fazer um sacrifício ao deus da guerra". E então cada país iria aos templos do deus da guerra para sacrificar. Talvez fosse um sacrifício humano, eu não sei – algo valioso. Eles poderiam incendiar bastante munição ou destruir canhões para o deus da guerra. Isso ajudaria. Dizer que não somos nós que a queremos ajudaria, pois o homem poderia, então, acreditar em sua bondade, pois, se você tem de admitir que está fazendo justamente o que diz que não está fazendo, você não é apenas um mentiroso, mas um diabo – e então onde fica a autoestima do homem? Como podemos ter esperança em um futuro melhor? Jamais podemos nos tornar outra coisa porque fomos pegos nessa contradição: por um lado, queremos fazer o bem e, por outro, estamos fazendo o pior. Como o homem pode se desenvolver? Ele está para sempre preso nesse dilema. Portanto você faria melhor reconhecendo o mal – não importa como você o chame. Se houvesse sacerdotes que dissessem que o deus da guerra deve ser propiciado, isso seria um modo de você proteger a si mesmo. Mas é claro que não existem essas coisas, por isso devemos admitir que *nós* preparamos a guerra, que *nós* somos sedentos por sangue, todos nós.

Pois bem, o cão representa, como sempre o faz, o instinto do homem que o acompanha. Ele é um servo fiel do homem e, pela perspicácia de seus sentidos, o protege. Tem um faro muito bom; fareja o perigo e o alerta. Assim, nesse momento em que Nietzsche deveria perceber que existem pensamentos e tendências no homem que ele não deveria atribuir a si mesmo, o cão lhe dá o alerta. Nietzsche alude a uma época em sua infância quando certa vez ouviu um cão uivar assim. Não sei ao que ele se refere aqui, mas poderia ser àquele terrível uivo que ele ouviu do manicômio à noite, o sonho em que Wotan apareceu, e que eu mencionei três ou quatro semanas atrás. Vejam, o cão uivando à meia-noite, aparentemente para o nada, transmite a Nietzsche a ideia de que seria preciso acreditar em fantasmas; seria preciso personificar tais pensamentos e atribuí-los a uma figura definida, porque até mesmo o cão, o instinto, o faz. Instintivamente dizemos *"eu nunca pensei numa coisa dessas"*, e assim inventamos demônios e inimigos, tentando responsabilizar alguém por nossos próprios pensamentos inimigos. Ao passo que o cão naturalmente sugeriria que é melhor dizer que esses pensamentos pertencem a outra pessoa, talvez a um fantasma.

> De modo que isso suscitou minha comiseração. Pois justamente então na lua cheia estava sobre a casa, mortalmente calada, justamente então se encontrava parada, uma redonda incandescência – parada sobre o telhado plano, como em propriedade alheia: com isso se assustava o cão: pois os cães acreditam em ladrões e fantasmas. E quando novamente escutei aquele uivo, isso suscitou mais uma vez minha comiseração.

O que aconteceu aqui? Como vocês veem, isso foi definitivamente inquietante para Nietzsche, em especial por conta da lembrança daquele terrível grito vindo do manicômio. Assim, para combater essa profunda impressão, ele de novo inventa uma racionalização: a saber, não são fantasmas, mas apenas a lua, e se supõe que cães uivem para a lua cheia: não significa nada. Ainda assim, se você entender isso como simbolismo, chega à mesma conclusão. Pois bem, o que significa a lua?

Prof. Reichstein: Ele falou algum tempo atrás da lenta aranha que se arrasta sob o luar; poderia estar conectado a isso.

Prof. Jung: De fato. Mas o que é a aranha então?

Prof. Reichstein: Os pensamentos que ele tem e não admite.

Prof. Jung: Bem, a aranha não tem um sistema cérebro-espinhal, mas apenas um sistema nervoso simpático, que é análogo a nosso próprio sistema nervoso simpático. Quando uma coisa é profundamente inconsciente em nós, não está no sistema cérebro-espinhal, mas o sistema simpático é perturbado por conta dos conteúdos que deveriam estar mais acima, que ao menos deveriam ser admitidos pela consciência. Então a pessoa sonha com tais insetos, ou pode ter um medo patológico deles. Assim, a aranha significa uma tendência inconsciente, e o medo de aranha é o medo de veneno e também o medo da maneira como ela mata sua presa. Ela envolve a presa, senta-se sobre ela e a suga. É uma morte horrível e particularmente sugestiva, pois simboliza um fato psicológico que pode nos acontecer, o fato de que o inconsciente está circulando em torno de nós. Está sempre em algum lugar em nós, e não sabemos onde. Lança uma rede em torno da pessoa, e ela é capturada por ele, aleijada por ele, e finalmente ele se senta em cima da pessoa e suga a vida dela como um vampiro. É o mau espírito que suga o sangue da pessoa. Pois bem, a lua, que está obviamente associada à aranha, é um conhecido símbolo do quê?

Sr. Allemann: Da loucura [*Lunacy*].

Prof. Jung: Sim, a lua é a luz nas trevas da noite, e sempre se diz que o luar é muito traiçoeiro, que ele causa ilusões; por isso, desde tempos imemoriais, todos os estados de alienação mental são associados à lua. Ainda temos esse significado em nossa linguagem: a palavra alemã *Mondsucht*, doença lunar, praticamente nunca é usada, mas não está totalmente obsoleta. Era o antigo nome da epilepsia e ainda é usada por camponeses. Assim, quando Nietzsche explica ou racionaliza o uivo do cão pela lua, coloca seu pé ali novamente. Isso significaria que o cão está com medo não de fantasmas, mas da insanidade.

Sra. Sigg: Na Alemanha, as pessoas acreditam que, se você escutar um cão uivando à noite, isso significa que alguém está morrendo na vizinhança.

Prof. Jung: Isso significa a mesma coisa aqui, como você vê no que se segue:

> Para onde tinha ido o anão? e o portal? e a aranha? E todos os sussurros? Eu tinha sonhado? Eu tinha acordado? Entre rochedos selvagens me achava eu de repente, só, ermo, no mais ermo luar.
>
> *Mas ali jazia um homem!* E ali estava o cão, pulando, eriçado, ganindo – viu-me chegar – uivou novamente, então *gritou*: – algum dia escutei um cão gritar assim por socorro?
>
> E, em verdade, jamais vira igual. Vi um jovem pastor, retorcendo-se, sufocando, estremecendo, com o rosto deformado, e uma negra, pesada serpente em sua boca.
>
> Alguma vez vi tanto nojo e pálido horror em um rosto? Havia ele dormido? E a serpente rastejou para dentro de sua garganta – e ali mordeu firmemente.
>
> Minha mão puxou e tornou a puxar a serpente – em vão! não conseguiu arrancá-la da garganta. E então saiu de mim o grito: "Morde! Morde!"
>
> "Arranca a cabeça! Morde!" – assim gritaram de dentro de mim meu horror, meu ódio, meu nojo, minha pena, tudo de bom e ruim gritou com *um* único grito de dentro de mim.
>
> Ó ousados ao meu redor! Buscadores, experimentadores, e aqueles de vós que navegaram mares inexplorados com velas astutas! Vós, amantes de enigmas! Então interpretai-me o enigma que vi, então interpretai-me a visão do mais solitário!

Pois era uma previsão e uma previsão: – *o que* vi eu então em parábola? E *quem* é esse que um dia terá de vir?

Quem é o pastor para dentro de cuja garganta a serpente se arrastou? Quem é o homem para dentro de cuja garganta se arrastará tudo de mais pesado, de mais negro?

– Mas o pastor mordeu, como lhe disse meu grito; mordeu com forte mordida! Cuspiu longe a cabeça da serpente – e ficou de pé num salto.

Não mais pastor, não mais homem – um transformado, um iluminado que *ria*! Jamais, na terra, um homem riu como ele ria!

Ó meus irmãos, escutei um riso que não era riso de homem – e agora me consome uma sede, um anseio que jamais sossega.

Meu anseio por esse riso me consome: oh, como suporto ainda viver? E como suportaria agora morrer?

Assim falou Zaratustra.

Palestra V
8 de junho de 1938

Prof. Jung: Na última vez, li até o fim do capítulo "Da visão e do enigma", mas não tivemos tempo de lidar com a famosa história do pastor para dentro de cuja boca a serpente se arrastou enquanto ele dormia. Vocês tiveram quinze dias para pensar a respeito – embora eu admita que não seja o suficiente –, e eu gostaria de perguntar se vocês conhecem algum paralelo – ou alguma história semelhante?

Sra. Fierz: A serpente nos mistérios iniciáticos de Sabázio?

Prof. Jung: Esse é um ritual e chegaremos a isso – conserve-o na lembrança –, mas eu gostaria de saber agora de uma história paralela, ou talvez uma que contenha o contrário.

Sra. Mellon: Jonas.

Prof. Jung: Sim, Jonas foi engolido pela baleia, mas ele não se arrastou para dentro dela, a baleia o tomou.

Sra. Sigg: O contrário seria a serpente Kundalini.

Prof. Jung: Não. Veja, aqui o pastor está prestes a engolir a serpente, e o contrário seria a serpente engolir o pastor. Essa é a forma comum da história: é simplesmente o mito do herói, o herói que combate o dragão. Essa é uma inversão peculiar desse tema.

Sra. Jung: Poderíamos dizer que Cristo esmagando a cabeça da serpente é uma história semelhante?

Prof. Jung: Esmagar a cabeça é semelhante a arrancar a cabeça ao mordê-la, mas não é exatamente a ideia de a engolir ou a da interpenetração das duas. A descida ao inferno seria um paralelo se o inferno fosse representado pela barriga de um dragão.

Sra. Fierz: E os contos de fada nórdicos sobre a serpente emergindo da boca de alguém que dorme, representando a alma dele?

Prof. Jung: A alma de um moribundo – ou quando a alma abandona o corpo em um sonho? Sim, esse seria um tipo de paralelo, tratando-se, é claro, do caso inverso. Bem, na verdade não existem paralelos exatos, até onde meu conhecimento alcança. Não consigo me lembrar de algum, por isso suponho que esse é um contraste ao mito tradicional do herói, em que o dragão – ou a baleia ou a serpente – engole o herói. E aqui, por certas razões, esse tema é invertido e transformado em seu oposto. Pois bem, a Sra. Fierz acabou de mencionar os ritos dos mistérios de Sabázio*.

Sra. Fierz: Ao longo da iniciação, eles colocavam uma serpente dentro das vestimentas do neófito, como se ela o estivesse atravessando.

Prof. Jung: Não era uma serpente de verdade, mas uma imitação dourada, e ela era introduzida pelo pescoço e empurrada para baixo, sob as vestimentas, e retirada nos pés. A ideia era que a serpente tinha entrado no neófito e abandonado o corpo dele *per via naturalis*. E há outro exemplo.

Sra. Mellon: A estátua de Aion nos rituais mitraicos é descrita como um deus de cabeça de leão com uma serpente na boca.

Prof. Jung: Não, ela está enrolada em torno dele, e a cabeça da serpente se projeta para frente por sobre a cabeça do leão. Esse é o *deus leontocephalus*, o símbolo sincretista de *Zrwanakarana*, aquela ideia iraniana ou zaratustriana da "duração infinitamente longa" ou do tempo infinitamente longo[252]. Mas nada tem a ver com esse simbolismo. Há, porém, outros rituais da serpente.

Dr. Henderson: Os índios Hopi dançam com serpentes em suas bocas.

Prof. Jung: E, nesse caso, o que isso significa?

Dr. Henderson: É a ideia da assimilação do mana ancestral, que se considera que as serpentes tragam à tona do submundo.

Prof. Jung: Sim, e as serpentes realmente vivem em fendas nas rochas e embaixo da terra, e os Hopi as recolhem de lá antes do festival. Então, em sua dança ritual, eles chegam a colocar as serpentes na boca. Temos uma imagem no clube de uma dança Hopi da serpente, em que um deles tem uma cascavel na boca. Isso está muito próximo do simbolismo daqui [da cena em foco no *Zaratustra*]. Também tenham em mente que a serpente representa o mana ctônico dos ancestrais que foram para o submundo; as serpentes o trazem à tona, e poderíamos dizer que colocar as serpentes *na* boca significa que eles estão comendo o mana. É uma comunhão com o mana, o poder, deixado pelos ancestrais. No fundo, é claro, trata-se de um ritual mágico de fertilidade, com o propósito de aumentar a fertilidade da terra, bem como a fertilidade ou o poder humano. A ideia é que a vida é fortalecida ao nos unirmos com essas forças ctônicas do submundo. Como o gigante Anteu, na

---

* Cf. alusão a eles na palestra de 12 de maio de 1937 [N.T.].

252. No prefácio de *Aion*, OC 9/2, Jung diz que o deus mitraico, representado como uma figura humana com uma cabeça de leão e o torso entrelaçado por uma serpente, simbolizava o *éon*, um imenso período de tempo. Cf. tb. o frontispício daquele volume.

mitologia grega, que era poderoso enquanto tivesse seus pés na terra; para derrotá-
-lo, Hércules teve de erguê-lo do chão. Portanto os antigos gregos aparentemente
tinham, em grande medida, a mesma ideia sobre os poderes ctônicos.

Foi na Grécia, é claro, que os muito interessantes mistérios de Elêusis aconteceram, embora eles nunca tenham sido totalmente compreendidos, pois não temos
nenhum texto e nenhuma outra evidência exata do que ocorria ali, do funcionamento efetivo. Mas temos monumentos nos quais o *mystes* é retratado beijando ou
afagando uma serpente muito grande, que representava o poder da terra. Não havia
nada de espiritual sobre os mistérios de Elêusis, embora, em épocas posteriores, as
pessoas tenham feito um estardalhaço sobre eles, supondo que fossem maravilhosos e espirituais. Porém isso foi um grande equívoco; sem dúvida teríamos ficado
terrivelmente chocados com o que acontecia em Elêusis. Era uma *performance*
ctônica que tornava muito clara a colaboração da terra com o homem superior.
Temos evidências disso no famoso ritual celebrado pelas mulheres, a *Aischrologia*.
As senhoras de Atenas se reuniam anualmente em Elêusis, onde celebravam seu
próprio mistério, ao qual os homens não eram admitidos. Elas preparavam um jantar muito bom, cheio de comida e bom vinho, e depois do jantar as sacerdotisas de
Deméter, a mãe-terra, e a presidente, que era uma das senhoras nobres de Atenas,
começavam o ritual da *Aischrologia*, que consistia em contar, umas às outras, piadas obscenas e histórias indecentes. Considerava-se isso bom para a fertilidade dos
campos na estação vindoura. Pode-se ver como isso funcionava: o fato de que elas
pudessem contar essas histórias, o que comumente não fariam, tinha certo efeito
sobre aquelas senhoras nobres. Era a terra nelas que era ajudada, e, como elas se
identificavam com a terra, a própria terra também o era. Elas ingenuamente supunham que o que era bom para elas também seria bom para os campos.

Claro que não podemos compreender essas coisas hoje em dia, pois nossas
mulheres estão desenraizadas. Não se identificam mais com a terra – talvez se
identifiquem com um apartamento, mas não com a terra. Mas vemos isso sob circunstâncias primitivas. Eu vi isso na África Oriental, embora eu não saiba por
quanto tempo isso vai durar, antes que os missionários consigam destruir a ordem
original das coisas. A mulher ali é dona da *shamba*, a plantação. Ela se identifica
com sua propriedade e tem a dignidade de toda a terra. Essa mulher *é* a terra, tem
seu próprio pedaço de chão, e por isso faz sentido. Ela não paira nos ares, uma
espécie de apêndice social. Assim, como vocês veem, os dois fatos aparentemente
desconectados – o beijar e o afagar a serpente, por um lado, e a *Aischrologia*, por
outro – se correspondem mutuamente, partem da mesma ideia original: a saber, a
serpente representa o mana mágico na terra que tem de ser trazido à tona para
o homem, para novamente estabelecer comunicação com esse poder fértil, e a
Aischrologia também aumenta a fertilidade da terra. É em grande medida a mes-

ma ideia, expressa de outra forma. Então temos outro paralelo com o alcance do cristianismo, que pode ser um derivado dos mistérios de Elêusis.

Sra. Sigg: Em *Wandlungen und Symbole der Libido*, você falou de uma seita cristã, os ofitas, que beijavam a serpente[253].

Prof. Jung: Você está certa, mas o ponto principal no ritual deles era outra coisa.

Sr. Allemann: Eles deixavam a serpente rastejar sobre o pão.

Prof. Jung: Sim, eles tinham uma cesta contendo a serpente na mesa da comunhão, e a faziam rastejar sobre o pão que eles usariam na comunhão, a hóstia. Eles celebravam a comunhão com o pão que tinha sido magicamente dotado de poder pela serpente ctônica. Assim ele continha a qualidade nutritiva adequada, e então estava pronto para o uso; era o que os cristãos chamavam de *panis immortalis*, o alimento da imortalidade. É a mesma ideia de que os poderes ctônicos trazem fertilidade, saúde, longevidade, força e assim por diante.

Sr. Henley: Os cultos da serpente no leste da Índia, em que eles se permitiam ser mordidos por uma serpente venenosa, são semelhantes.

Prof. Jung: Todos os rituais de que as serpentes participam eram originalmente ritos de fertilidade. Na Índia, ainda se veem templos nos quais serpentes se arrastam. E as nagas de pedra são encontradas praticamente em todo lugar; considera-se que elas sejam uma espécie de deusas ou demônios que emergem do chão. O Rio Ganges é representado como uma naga, mulher acima e serpente abaixo. E em Mahabalipuram, na costa leste da Índia, na baía de Bengala, está a famosa pedra esculpida por toda parte, chamada de *O nascimento do Ganga*; a naga está em uma fenda do enorme rochedo, e essa é a fonte, a origem, do celestial Rio Ganges. O Ganges é o principal rio da Índia e ele espalha fertilidade pela maior parte do país, em contraste com o Indo, que também é um grande rio mas que corre por vastos desertos. É um fato peculiar que o oeste da Índia é muito menos fértil. Ao passo que, no leste, não existem esses desertos. O Ganges, ou qualquer outro rio que faz parte do mesmo sistema, sempre corre por campos de arroz ou lugares cultivados. Pois bem, todo esse material deveria nos ajudar a abordar esse simbolismo peculiar. Mas há outro paralelo que eu gostaria de usar aqui para nos ajudar a compreender a união entre serpente e homem. Como eu disse, a origem desse símbolo no *Zaratustra* é o engolimento do herói pela serpente ou pelo dragão; sendo invertido, é o engolimento da serpente pelo herói, e se vocês mantiverem ambas as coisas em mente, terão uma espécie de interpenetração, o que seria representado

---

253. Cf. OC 5, § 563-577, em que Jung discute os rituais da serpente entre os ofitas. Lá também ele se refere a esse episódio de *Assim falava Zaratustra*.

por um símbolo que desempenhou um enorme papel, e que devo relembrar aqui para lidar com esse simbolismo moderno. Qual seria?

Sra. Fierz: Existia a ideia de que o herói tinha olhos de serpente, que naturalmente havia algo da serpente nele.

Prof. Jung: O próprio herói tem qualidades da serpente. Considera-se que o dragão, por exemplo, tem uma pele invulnerável, e na saga de Siegfried o herói tem de se banhar no sangue no dragão para adquirir a mesma pele. E uma saga nórdica diz que os heróis podem ser reconhecidos por terem olhos de serpente, essa peculiar expressão rígida e mágica nos olhos. Mas há um símbolo real de interpenetração.

Sra. Fierz: Não sei se isso é muito forçado, mas a jornada dos mortos no submundo egípcio me parece conter um simbolismo semelhante. Imagens desse submundo o mostram cheio de serpentes – cada porta, por exemplo, tem uma serpente retratada em ambos os lados, como no *Livro dos mortos*[254].

Prof. Jung: Bem, no *Livro dos mortos* há a luta eterna entre o deus-sol Ra e a grande serpente Apepi. É a repetição diária do mito do herói. Sempre na sétima hora da noite a grande luta começa, em que Ra é retratado como um gato macho que combate e supera a serpente que se ferira em torno do navio no qual o deus-sol viajava pelo mar do submundo. Só quando o gato, ou o herói, consegue matar a serpente, ajudado pelas cerimônias dos sacerdotes nos templos, o sol pode se levantar. Portanto, nos mitos de herói primitivos, o sol se levanta no momento em que o herói emerge da barriga do monstro. Com os primeiros raios de sol, a consciência novamente amanhece da inconsciência noturna; logo a vida é mais uma vez vitoriosa sobre a morte e a destruição, tendo superado esse estado de engolimento pelo monstro. Mas, como vocês veem, esse é só um lado da coisa. É a serpente engolindo o herói, não o herói engolindo a serpente, e os dois se correspondem. Nós temos um símbolo definido para a interpenetração.

Srta. Hannah: Não é Cristo como a serpente?

Prof. Jung: Esse é o herói novamente. A serpente sempre significa ressurreição, por conta da troca de sua pele. Segundo um mito africano, não existia morte na terra originalmente; a morte entrou por engano. As pessoas podiam trocar de pele todo ano e assim estavam sempre novas, rejuvenescidas, até que certa vez uma mulher velha, em uma condição desatenta e de espírito fraco, recolocou sua velha pele e então morreu. Esse é o modo como a morte entrou no mundo. É de novo a ideia de que os seres humanos eram como as serpentes originalmente: não morriam. Foi uma serpente que trouxe a ideia da morte a Adão e Eva no paraíso. A serpente sempre foi associada com a morte, mas a uma morte a partir da qual

---

254. *The Book of the Dead* (intr.. e trad. de E. A. Wallis-Budge, Nova York, s/d).

uma nova vida nascia. Mas qual é o símbolo definido? Muito se tem falado sobre ele ultimamente.

Srta. von Franz: O *ouroboros*.

Prof. Jung: Exatamente. O que come a própria cauda, ou os dois animais que devoram um ao outro. Na alquimia, isso é representado na forma do dragão alado e do dragão sem asas que devoram um ao outro, um pegando a cauda do outro e formando um anel. A forma mais simples é evidentemente o dragão ou a serpente que morde a própria cauda, assim compondo o anel; a cauda é a serpente, e a cabeça é como se pertencesse a outro animal. A mesma ideia também foi expressa por dois animais – o cão e o lobo – devorando um ao outro, ou por um leão com asas e um sem asas, ou por um leão e uma leoa, sempre formando um anel, de modo que não se pode ver qual está comendo qual. Eles estão comendo um ao outro; ambos destroem e ambos são destruídos. E isso exprime a ideia de que ora o herói come a serpente, ora a serpente come o herói. Vejam, naqueles rituais gnósticos, ou no ritual de Sabázio, o homem é superior à serpente de certo modo – ele faz uso da serpente. A serpente dourada descer pelo corpo do neófito significa que o neófito afirma-se a si mesmo contra o elemento divino da serpente; ele é então uma espécie de dragão que come ou supera o outro dragão. Assim, trata-se de um único simbolismo, seja expresso desta ou daquela forma. Nos mitos primitivos, geralmente é o dragão que devora tudo. Até mesmo o herói, que por pura sorte e no último instante consegue destruir o monstro que o comera, não pode superar o monstro em um ataque frontal, mas é capaz de defender sua vida e destruir o monstro de dentro, pelo meio peculiar de fazer uma fogueira na barriga dele. O fogo é a luz artificial contra a natureza, assim como a consciência é a luz que o homem fez contra a natureza. A própria natureza é inconsciente, e o homem original é inconsciente; a grande realização dele contra a natureza é que ele se torna consciente. E essa luz da consciência contra a inconsciência da natureza é expressa, por exemplo, pelo fogo. Contra os poderes das trevas, os perigos da noite, o homem faz uma fogueira que o capacita a ver e a se proteger. O fogo é realmente um fato extraordinário. De modo frequente, senti isso quando estávamos em viagem pelas selvas da África. A noite tropical, escura como um breu, aparece de modo totalmente repentino; ela simplesmente cai sobre a terra, e tudo fica completamente escuro. E então fazemos um fogo. Isso é uma coisa incrível, a demonstração mais impressionante da vitória do homem sobre a natureza; foi o recurso do herói primitivo contra o poder das feras devoradoras, seu ataque contra a grande inconsciência, quando a luz da consciência desaparecia de novo nas trevas originais.

Pois bem, no símbolo alquimista dos dois animais que devoram um ao outro, essa relação funcional peculiar do consciente do homem com as trevas naturais é descrita, e é um fato impressionante que um símbolo desses tenha se desenvolvido em uma época na qual a ideia da religião manifesta era que a luz tinha definitivamente superado as trevas, que o mal [evil] – ou o diabo [devil] – tinha sido superado pelo redentor. Justamente naquela época desenvolveu-se esse símbolo, no qual trevas e luz estavam praticamente no mesmo nível; eles eram até mesmo representados como funcionando juntos em uma espécie de ritmo natural. Como a operação do *Yin* e do *Yang* chineses, a transformação de um no outro, sendo concebidos e nascidos um do outro, um comendo o outro, e o que morria se tornando a semente de si mesmo em seu próprio oposto. Esse símbolo do Taigitu exprime a ideia da essência da vida, pois mostra a operação dos pares de opostos. No coração das trevas – o *Yin* – está a semente da luz – o *Yang*; e na luz, o dia, o *Yang*, está a semente escura do *Yin* novamente. Isso é frequentemente representado no Oriente como dois peixes nessa posição, significando os dois lados ou os dois aspectos do homem: o consciente e o inconsciente.

Pois bem, essa preparação deveria nos fazer compreender a situação do pastor e da serpente. Então o que significa, na psicologia de Nietzsche-Zaratustra, que ele subitamente descubra esse pastor em um abraço mortal com a serpente? Aparentemente ele está engolindo a serpente, mas a serpente o está atacando ao mesmo tempo, penetrando nele. Por que essa imagem, esse símbolo, nesse lugar? Vocês se lembram da discussão dele com o anão, o anão já era o poder ctônico.

Srta. Hannah: Ele não estava tentado fugir do ctônico, e este não está voltando a ele atacando sua garganta? Quando ele se depara com o portal "Este Instante", ele de fato não tomou conhecimento a seu respeito, mas meramente perguntou se nós não retornamos eternamente, colocando incontáveis milhões de momentos de cada lado. Sem dúvida essa é em si uma ideia inspiradora, mas ela me parece roubar o momento, o aqui e agora, de toda sua importância, e por isso negar o corpo e o ctônico.

Prof. Jung: Bem, no texto real, ele diz ao anão: "[...] que pensas tu, anão, de Este Instante? Não é preciso que também este portal – já tenha existido? E não estão todas as coisas atadas com tal firmeza que Este Instante puxa atrás de si todas as coisas vindouras? *Logo* – também a si mesmo?" Aqui ele se apropria da importante ideia do eterno retorno, e pode-se ver que esse é um esforço de fugir do instante, pois se você é confrontado com o instante único e o vê apenas como meramente um instante que se repetiu um milhão de vezes antes e que se repetirá um milhão de vezes depois, naturalmente você não tomou muito conhecimento sobre ele, como diz a Srta. Hannah. E então você pode dizer que está fora dele. Mas por que ele deveria negar a unicidade do momento? Como teria sido se ele não tivesse tentado fugir – se ele tivesse dito "sim, este *é* o momento único, não existe eterno retorno"?

Srta. Hannah: Ele teria de assumir suas responsabilidades como homem na carne.

Prof. Jung: O que isso significaria?

Srta. Hannah: Dar àquele cão um osso, de modo que ele não uivasse.

Prof. Jung: Não, nada sabemos do cão agora.

Sra. Jung: Ele deveria ter percebido, naquele instante, o que o ameaçava.

Prof. Jung: Sim, se ele toma esse momento, que tinha sido enfatizado pelo anão e por ele próprio em mútua colaboração, como um momento único, sem retorno, sem repetição, então ele seria forçado a percebê-lo completamente. Vejam, quando alguém faz uma espécie de declaração ousada, você sempre encontrará certas pessoas que dizem que já sabiam disso, e então suas asas são cortadas: todo o sabor desaparece, isso não significa nada, é mera repetição, uma ideia conhecida há muito tempo. Tais pessoas sempre têm a esperança de que a coisa toda seja insípida, de modo que não tenham de se dar conta disso. Infelizmente é verdade sobre muitas coisas, que elas já existiram, e que existirão de novo, e é uma triste verdade que muitas coisas são insípidas – esse também é um fato. Mas, se você vê insipidez em tudo, você deixa de existir – há apenas uma imensa insipidez, e isso evidentemente não vale a pena. Por que deveríamos prosseguir uma tal torrente de nulidades, meras repetições? Portanto, quando você ouve alguém afirmar que já sabia há muito tempo aquilo que você diz, você sabe que ele tem um interesse de que aquele momento não seja percebido, pois isso seria perigoso ou muito desagradável. Temos uma prova aqui. Ele diz: "'E não termos de retornar e de andar nessa outra rua, lá, diante de nós, nessa longa e horripilante rua – não temos de retornar eternamente?' Assim falava eu, e cada vez mais baixo: pois temia meus próprios pensamentos e segundas intenções". E então o cão começou a uivar, o que significa que ele falou daquele modo porque estava com medo de seus próprios pensamentos, do que ele *poderia* pensar.

Assim, quando Nietzsche diz que o instante se repetirá e já se repetiu muitas vezes, ele o transforma em uma coisa com a qual estamos acostumados; é um dia comum, uma hora comum, portanto para que se incomodar? E ele repete isso o mais frequentemente possível para si mesmo, mas sempre de modo mais sutil, pois isso não ajuda exatamente. Ele se pergunta: "Pois bem, por que eu digo isso? Por que eu tento tornar isso o mais insípido possível?" Então o cão uivante, o instinto, é a reação contra esse esforço de fugir da percepção. Assim, esses pensamentos que ele tanto teme deveriam ser percebidos, mas é excessivo, ele não pode fazê-lo, está tremendo em uma espécie de pânico. Aquele vulcão está sempre ameaçando entrar em erupção, e ele está lutado na beirada contra o fogo que se aproxima cada vez mais. Essa ideia que ele inventa – de que se passou por esse instante muitas vezes e de que se passará por ele muitas vezes novamente – é o esforço de uma consciência que resiste à percepção, por medo do que poderia estar contido no instante único. Se ele admite que esse é o instante único, tem de admitir o que há nele, e por que é único.

Dr. Escher: É a situação da vida provisória em vez de manter-se no aqui e agora.

Prof. Jung: Exatamente. Vejam, a plena percepção do aqui e agora é uma realização moral que está perto do heroísmo: é uma realização quase que heroica. Vocês podem não acreditar, mas é verdade. Essas são estranhas a nós, por isso eu digo – talvez em uma extensão tediosa – sobre essa questão da percepção. Nossa civilização é ignorante quanto a esses termos; não temos concepções como essas, pois sempre partimos da ideia de que nossa consciência é perfeita. Nunca nos ocorre que ela poderia ser tênue, ou que possa se desenvolver. Essa noção é deixada ao Oriente, em que eles são plenamente cientes do fato de que a nossa consciência é falha. É verdade que a consciência oriental, quando comparada à nossa, parece ser tênue; mas isso só é assim porque a vemos e a mensuramos contra a nossa – nós a vemos apenas a partir do nosso lado. Por exemplo, quando se trata de descrever ou de postar uma carta em um tempo definido, fazer uma determinada coisa em um determinado momento, calcular quanto tempo é necessário para ir a outra cidade, realizar uma tarefa e voltar de avião no menor tempo possível, nisso evidentemente nossa consciência é muito brilhante e a consciência oriental é extremamente tênue. Escrever uma carta, *inshallah*, pela graça de Alá, como eles fazem, significa que se Deus quiser a carta chegará. Mas não temos tal noção; nós pensamos que é obrigação de nosso sistema postal fazer que uma carta chegue a tempo. Isso se deve ao homem, e não à graça de Deus. Então nos deparamos com a mente oriental, que é a mais tênue. Quando se trata desse conceito de percepção, contudo, a nossa consciência é de fato muito tênue: poucos de nós sabemos o que é a percepção, e até mesmo a palavra *perceber* é muito vaga. Como vocês a definiriam? Quando vocês diriam que alguém percebeu alguma coisa? Vocês nunca têm certeza de que ela foi realmente percebida. Já no século VI a.C., Buda fez a tentativa extraordinária de educar a consciência, de fazer as pessoas perceberem, e isso tem prosseguido até os dias de hoje. O zen, a forma mais moderna do budismo, é nada mais do que a educação da consciência, a faculdade de perceber coisas.

Aqui vou lhes contar uma história do século I d.C., sobre o modo como um mestre zen fez um discípulo compreender o seu significado. O zen é a palavra japonesa para o *dhyana* indiano, que significa iluminação; eles têm outra palavra, *satori*, e também *sambodhi*, que significa o mesmo – iluminação. Um político chinês, seguidor de Confúcio, veio ao mestre e pediu para ser iniciado nos mistérios do zen; o mestre consentiu e acrescentou: "Como você sabe, o seu mestre Confúcio certa vez disse aos discípulos dele: 'Eu lhes disse tudo, não guardei nada'". E o político disse que era verdade. Poucos dias depois, o mestre e o político fizeram juntos uma caminhada nas colinas, em uma época na qual o loureiro-silvestre estava florescendo e o ar estava cheio do seu perfume. Então o mestre disse ao seu neófito: "Você o cheira?" E o neófito respondeu que sim. Então o mestre falou: "Aí está, eu lhe disse tudo, não guardei nada". E o político ficou iluminado. Percebeu. A coisa irrompeu na consciência. Se puderem, compreendam isso!

Vocês podem estar cientes do fato de que a nossa consciência não é o que deveria ser, mas ainda somos bastante ingênuos a esse respeito, e por isso temos muita dificuldade para compreender tentativas de um aumento de consciência ou de uma melhoria. Pensamos que aquilo de que precisamos é antes uma ampliação da consciência, um aumento de seus conteúdos, por isso acreditamos em ler livros ou em uma acumulação de conhecimento. Pensamos que, se pelo menos acumulássemos o tipo certo de conhecimento, isso funcionaria. Sempre esquecemos que tudo depende do tipo de consciência que acumula o conhecimento. Se você tem uma consciência idiota, pode empilhar toda uma biblioteca de conhecimentos, mas permanecerá nada mais do que um cretino que carrega uma carga pesada de livros, dos quais não compreende nada. Talvez não seja necessário ler um livro se você tem uma consciência capaz de perceber, uma consciência penetrante. Mas essa ideia é totalmente estranha. Ainda assim, é tão simples quanto a diferença entre olhos que veem de maneira tênue e olhos que veem de forma acurada, ou a diferença entre olhos míopes e olhos que veem a distância. É um tipo diferente de visão, uma visão mais penetrante, mais completa, e isso é o que a consciência faria.

É bastante óbvio que Nietzsche está em um impasse com sua faculdade de percepção. Ele sente a presença desses pensamentos, mas os teme e prefere não os ver. Por isso o inconsciente faz o esforço de os aproximar dele, impor-lhe alguma coisa, e ele luta uma espécie de luta perdida contra isso, resistindo, tentando colocar algum escudo entre si e essa percepção que deveria acontecer. E assim, naturalmente, ele aumenta o perigo. Quando você luta contra uma percepção, a torna pior. Cada passo que você dá rechaçando-a aumenta o poder daquilo que é reprimido, e finalmente isso toma uma forma que não pode ser percebida: torna-se incompatível demais. Mas você fez isso, encurralou isso de modo que tomasse uma forma impossível. Aqui Zaratustra rechaçou a percepção, com o efeito de ela sair de suas mãos quando ele conversou com o anão – bem, o anão talvez não seja totalmente humano, mas um elemental ou algo do tipo. Ele lhe disse o que pensar, tentou tirar a conversa das mãos do anão e envolvê-lo em sua própria mente, para se livrar desse outro pensamento com o qual é defrontado; e por isso suscitou o cão uivante. Então ele novamente tentou fazer pouco caso; não podia evitar ficar impressionado, mas fez comentários minimizadores – que os cães veem fantasmas e naturalmente uivam quando são assustados pela lua cheia –, esperando dessa forma tornar o cão tão desimportante e pequeno que ele poderia se livrar da má impressão. Estava, porém, tão impressionado que subitamente viu que o anão não estava mais lá. "Para onde tinha ido o anão? e o portal? e a aranha? E todos os sussurros? Eu tinha sonhado? Eu tinha acordado? Entre rochedos selvagens me achava eu de repente, só, ermo, no mais ermo luar". Portanto está agora basicamente na posição do cão, o que significa que não teve êxito em rechaçar a má impressão: a percepção está chegando mais perto. E agora ele vê a horrível imagem do pastor e da serpente. Essa é a concretização de seu sentimento sobre o que está se aproximando dele, e as *dramatis personae* são evidentemente ele próprio e o jovem pastor e aquela coisa que tenta pegá-lo[255]. Pois bem, por que justamente um jovem pastor?

Prof. Reichstein: Não seria a ideia cristã surgindo aqui – Cristo como o pastor?

Prof. Jung: Pode ser, mas não acho que Cristo seria representado como um *jovem* pastor; Ele seria antes um *Poimen*, um líder, o pastor dos homens.

Sra. Fierz: Isso me faz lembrar de João Batista, o precursor de Cristo, que frequentemente é descrito como uma espécie de jovem pastor com um cajado e uma pele.

Prof. Jung: Bem, isso representa menos o pastor do que o eremita – comendo mel silvestre e gafanhotos e vestindo um casaco de lã de camelo. Um jovem pastor transmite a ideia de algo muito inocente, como o alemão *Hirtenknabe*[256], que proverbialmente nada sabe e sempre diz: *"Ich weiss von nichts"* [Eu não sei de nada; em alemão no original (N.T.)] – o filho inocente da natureza, completamente ingênuo. Ele caminha com um cajado em meio a pequenas ovelhas em prados agradáveis, vagando pela natureza tocando a flauta; tudo o que poderia acontecer em sua vida seria uma jovem pastora. Infelizmente, isso descreve muito bem a situação aqui. Zaratustra é o pastorzinho, não sabe de nada, completamente inocente, e por isso o contraste é particularmente horrível – essa serpente negra e venenosa atacando essa juventude inocente e adorável. Mas vejam, esse é um ramo específico da consciência europeia. Como o *deutsche Michel*, que vocês viram com um gorro branco de dormir em cartuns inúmeras vezes; ele nunca sabe de nada, é apenas um estúpido – sempre incompreendido e sempre com um maravilhoso sentimento de inocência[257]. Essa é justamente a inconsciência primitiva que sempre se sente inocente e que nunca se vê como a causa de nada; as causas

---

255. Para Jung, as personificações internas da psique constituem as *dramatis personae* dela.

256. *Hirtenknabe*: "pastorzinho".

257. O *deutsche Michel* é um *naïf* lendário, alguém que involuntariamente sempre apoia a lei, a ordem e a autoridade.

estão sempre em algum outro lugar, mas nunca naquele sujeito. Ele sempre teve as melhores intenções. É totalmente simples, só bebe leite e come queijo, e tem bochechas róseas e olhos azuis que nunca veem nada negro. Um sujeito desses certamente é suscetível a um ataque assim, pois seu outro lado, o lado da sombra, o segundo eu, é a serpente negra.

E isso é o que Nietzsche não consegue perceber – que para tudo de positivo existe uma negação; com tudo de grande ou de grandioso, há algo muito pequeno. Ele não consegue ver esses pares de opostos como pertencendo a ele próprio; não consegue ver que ele lança uma sombra, representada pela horrível serpente. Esse é o pensamento que está tentando chegar a ele, o pensamento que ele está rechaçando para ser algo maravilhoso e grande. Poderíamos dizer a ele: "Sim, é maravilhoso como você pode se defender contra a percepção, mas receio que a natureza não veja nada de maravilhoso nisso: a natureza simplesmente destrói camaradas que não percebem". Por isso a ambição da humanidade, sua aspiração mais elevada, sempre foi um melhoramento da consciência, um desenvolvimento da percepção – mas contra as mais intensas resistências. Quase mata as pessoas quando estas são forçadas a chegar a uma determinada percepção. Toda a dificuldade no trabalho da psicologia analítica vem dessa resistência contra a percepção, dessa incapacidade de perceber, dessa incapacidade absoluta de ser conscientemente simples. As pessoas são complicadas porque o simples aparentemente lhes é impossível. É na verdade a coisa mais difícil ser simples, a maior arte, a maior realização, por isso poderia ser melhor que todos permanecêssemos muito complicados e deixássemos as coisas no escuro. Nós sempre dizemos que não podemos ver porque é muito complicado, mas na verdade somos incapazes de ver porque é muito simples. Claro, quando as coisas chegaram ao ponto de o outro lado ser uma serpente negra, é compreensível que exista uma incompatibilidade, que seja quase impossível aceitar tamanho horror. Contudo os dois lados deveriam se juntar; deveríamos ver o outro lado.

Portanto nós chegamos à conclusão de que ele realmente deveria engolir a serpente para que a coisa regular acontecesse. Então o eterno ritmo da natureza se cumpriria, o que é uma aproximação à perfeição. Não é uma aproximação à perfeição quando só se vê o branco; ver tanto o branco quanto o preto é o funcionamento adequado. Se podemos ver a nós mesmos, com nossos valores reais, com nossos méritos e deméritos reais, isso é adequado; mas vermos a nós mesmos como maravilhosos e cheios de mérito não é nenhuma arte especial, mas sim mera infantilidade. A única coisa heroica a esse respeito é o tamanho extraordinário do autoengano; poderíamos dizer que é quase grandioso que um sujeito consiga enganar-se tanto, que há algo maravilhoso em ele pensar-se como um salvador. Mas eu nunca diria que essa é uma realização desejável. Se um sujeito desses desempenha o papel de salvador em nome das pessoas que não podem se realizar a si mesmas, se poderia dizer que isso foi muito decente da parte dele, desde que ele soubesse que está desempenhando um papel, que ele o faz como uma *performance*, uma realização educacional, uma espécie de filme didático. Mas ele deve saber que está em um filme didático.

Pois bem, aqui toda a impossibilidade da situação de Nietzsche está retratada. Ele diz: "Alguma vez vi tanto nojo e pálido horror em um rosto?" Bem, esse é seu próprio rosto, e a repugnante serpente negra é tão somente o outro lado dele; podemos evidentemente compreender que ele esteja horrorizado. Contudo é justamente a coisa que ele deveria aceitar. E agora ele chega à conclusão de que o pastor deveria arrancar mordendo a cabeça da serpente. Mas a cabeça tinha se mordido rapidamente na garganta do pastor. A serpente mordeu primeiro e se fixou tão firmemente, que Zaratustra não consegue tirá-la da boca do pastor. Isso significa que eles já são quase um: é preciso esse *tour de force* de arrancar mordendo a cabeça para libertar o homem da serpente. Claro, devemos perceber que, se fosse uma serpente venenosa, ele morreria, apesar de ter se livrado da serpente. Mas não sei se Nietzsche pensou nela como sendo venenosa – ele não o diz –, mas somos quase obrigados a supor que uma serpente negra tão horrível seria venenosa. Seria uma história mais ou menos desaventurada caso se tratasse apenas de uma cobra d'água comum, por exemplo, que é um animal absolutamente inofensivo e que costuma comer ratos. Claro que nenhuma serpente rastejaria para dentro da boca de outro animal – isso também é impossível –, mas o veneno parece fazer parte dessa imagem. Nesse caso, é claro, arrancar por mordida a cabeça não seria muito útil. Vejam, Nietzsche lida com esse caso como se a serpente fosse algo repugnante de que a pessoa não poderia se livrar, sem fazer ideia do que realmente é. Aqui ele faz um esforço de percepção, ao dizer: "Pois era uma visão e uma previsão: – *o que* vi eu então em parábola? E *quem* é esse que um dia terá de vir? *Quem* é o pastor para cuja garganta a serpente então se arrastou?" Quem é o homem para cuja garganta tudo de mais pesado e mais negro então se arrastará? Mas não entra em discussão o que a serpente possa ser. É interessante que ele queira saber tudo sobre o pastor, sem parar um momento sequer para considerar a serpente. A serpente é o outro lado e ele não está interessado nesse outro lado.

Sra. Baumann: Mas ele diz o que é – tudo "de mais pesado, de mais negro".

Prof. Jung: Oh, sim, mas isso é visto do lado dele. A questão da serpente não está incluída na percepção.

Sra. Jung: Por que você diz que foi inútil arrancar por mordida a cabeça? Eu penso que é a única coisa que ele poderia ter feito.

Prof. Jung: Oh, devido ao veneno. Seria inútil porque o veneno estaria no seu corpo. Claro, essa é uma suposição. Naturalmente, para se livrar da serpente ele tem de mordê-la e arrancar sua cabeça. Mas eu não vejo como ele possa cuspir a cabeça se a serpente está presa na garganta dele.

Sra. Jung: Mas e se a serpente está morta?

Prof. Jung: A questão é se ela abre seus colmilhos, e devemos supor que sim. Bem, há muitas pequenas impossibilidades nessa imagem; não podemos ser precisos ou meticulosos demais sobre ela. É de todo modo uma história muito questionável.

Srta. Wolff: No capítulo anterior, "O andarilho", Nietzsche aponta, mais ou menos, o que a serpente negra é para ele, quando Zaratustra diz que tem de entrar na dor mais profunda e nas águas mais negras do desespero para escalar a montanha mais elevada.

Prof. Jung: Naturalmente ele tem suas ideias. Conhece sobre a serpente, mas só o que *ele* conhece sobre ela, e não percebe a serpente.

Srta. Wolff: Ele só descreve como se sente sobre a serpente.

Prof. Jung: Assinalei isso porque gostaria de saber o que a serpente realmente significa e por que ela se aproxima dele. Não estou muito interessado no que o pastor tem a dizer, pois a serpente é a figura importante nesse drama. O pastor é até aqui apenas um pastorzinho inocente – seu nome o revela. Mas a serpente é realmente interessante. Além do mais, sabemos pelos paralelos históricos que a serpente é uma figura muito importante. O que ela representa?

Dr. Henderson: É uma personificação de todos os aspectos inferiores do inconsciente, do submundo.

Observação: É Satã, o diabo.

Prof. Jung: Naquele exemplo da serpente dourada, o neófito pelo qual a serpente passava ficava *entheos*, repleto do deus. A serpente representa também o deus. Ele é o *deus absconditus*, o deus escondido nas trevas. Quando Ra não está brilhando no céu, ele está no submundo escondido nos anéis da serpente. Quando você olha para o deus, vê a serpente. O deus está escondido na serpente, mas é tanto a serpente quanto o sol. Portanto ele é esse movimento, a rotação do dia e da noite. Ele é o todo, um círculo. Logo esse é o deus sombrio e o deus que morreu, o deus que Nietzsche declarou não existir. O deus aparece aqui como um poder demoníaco no velho estilo – quando um deus aparece vindo de baixo, ele é uma serpente. Até mesmo o senhor Jesus é uma serpente, como vocês sabem pelo Evangelho de João; e o *agathodaimon*, o redentor, era representado pelos ofitas cristãos como uma serpente, portanto essa é uma serpente curadora, realmente. Nietzsche não percebe isso porque está tão amedrontado por esse aspecto que deixa de pensar.

Pois bem, depois que o pastor mordeu e arrancou a cabeça da serpente, não é mais o mesmo. Ele passou por uma tremenda experiência, e por isso Zaratustra diz: "Não mais pastor, não mais homem – um transformado, um iluminado que *ria!*" Vejam, esse é o nascer do sol, de certo modo: o pastor se livrou de sua forma serpentina, mas então "não é mais homem". Então o que ele é? Ou um animal ou um deus: essa é a única possibilidade. Alguém poderia dizer "super-homem", mas entre super-homem e deus não existe diferença – essa é apenas uma *façon de parler*. Um ser transfigurado seria um deus: "iluminado" significa que ele é o sol que se levanta depois da sétima hora da noite. É o eterno mistério acontecendo diante dos olhos de Zaratustra, mas ele não percebe isso; só está fascinado por aquele riso muito inquietante. "Jamais, na terra, um homem riu como ele ria! Ó meus irmãos, escutei um riso que não era riso de homem..." Bem, os deuses riem no Olimpo. Ou pode ser que o caixão com o qual ele sonhara estivesse jorrando mil gargalhadas, a louca gargalhada do manicômio. Ele estava transfigurado, por isso podemos dizer que Nietzsche ouve o riso de um ser sobre-humano, o riso de um deus que se autotransformou, que se livrou de sua forma serpentina e se tornou o sol novamente. Mas isso não é para o homem imitar; ele não pode se livrar de sua forma serpentina porque não pode se levantar como o sol. Ele pode participar dos eventos da natureza, pode ver como o sol emerge das trevas, mas, se ele pensa ser o sol, tem de aceitar o fato de que ele é a serpente, e não pode ser ambos. Portanto esse é um mistério que acontece em sua mente inconsciente, da qual ele não pode se separar.

Se supomos que podemos dar um salto ao céu e ser o sol, então você pode ter certeza de que nosso outro lado estaria lá embaixo, no inferno. Ele seria a serpente e só seria uma questão de tempo até que a sombra nos capturasse. E então naturalmente teríamos medo desse outro aspecto, o qual, em nossa ingenuidade, não conhecemos. Nietzsche está fascinado por essa *performance*. Ele diz: "[...] e agora me consome uma sede, um anseio que jamais sossega. Meu anseio por esse riso me consome: oh, como suporto ainda viver? E como suportaria agora morrer?" Essa é sua identificação com o pastor e esse é o deus em sua forma positiva. Chegamos agora àquilo a que o Professor Reichstein aludiu, o bom pastor como uma figura divina. O bom pastor é uma velha figura famosa. Orfeu, por exemplo, é algo semelhante ao pastor; e o *Poimen* ou o Poimandres é um pastor, um condutor dos homens. E Krishna é uma espécie de pastor – na Índia, ele é a figura que conduz o rebanho da humanidade. E Buda é chamado de "o pastor" porque é o perfeito, o *Poimen*, como Cristo é o *Poimen* da humanidade. Claro, isso é exatamente o que Zaratustra quer ser; e portanto esse fascínio, essa sede que o consome, é o anseio de ser idêntico ao deus. Mas essa cena deveria lhe mostrar que ele não pode se identificar com o deus porque então seria também a serpente, e isso é o que ele rejeita: essa é a tragédia. Se ele pudesse perceber que ele não podia ser o *Poimen*, seria poupado; então ele não precisa ser a serpente. É como aquele famoso sonho de Aníbal antes de ir a Roma: ele viu-se com suas hostes conquistando cidades e realizando batalhas, mas então se virou e viu um enorme monstro rastejando atrás dele, comendo todos os países e cidades. Esse era o outro aspecto dele. A partir daquele sonho, podemos concluir que, na sua consciência, ele tinha uma ideia muito positiva sobre si mesmo, provavelmente uma espécie de salvador para o seu próprio povo, ou ao menos para os cartaginenses; e não percebeu que era também um monstro terrível[258]. É inevitavelmente verdade que o salvador também é o grande destruidor, o deus também é a serpente negra. Nós não percebemos isso em nossa extraordinária ingenuidade pastoril, mas o Oriente o conhecia há muito tempo; o Oriente sabe que os deuses têm um aspecto furioso, que não são apenas luz brilhante, mas também trevas abissais.

---

258. Para a história de Lívio sobre o sonho de Aníbal, cf. p. 595, n. 389, vol. I.

Palestra VI
15 de junho de 1938

Prof. Jung: Falamos, na semana passada, daquele pastor que estava em perigo de ser penetrado pela serpente negra, e encontro aqui uma contribuição: o sonho de uma garota suíça de 13 anos de idade, que também sonhou com uma serpente, mas que se comportou de modo muito diferente com relação a isso. Ela sonhou que estava em uma estrada com muitos adultos, e, quando estavam prestes a chegar à encruzilhada, ela subitamente se deu conta de uma enorme serpente cinzenta que se movia ao lado deles, parecendo tão comprida quanto a estrada em que eles estavam. A serpente disse "sigam-me", mas os adultos preferiram ir em outra direção. A garota, porém, obedeceu; apesar de estar com medo, ela seguiu a serpente. Claro, ela não sabia como se proteger contra um monstro desses, mas, conforme prosseguiam, a serpente se tornava cada vez mais benévola e cada vez menos perigosa. O caminho pelo qual a garota andava estava ladeado por grandes rochedos, e ela viu que o caminho que as outras pessoas estavam seguindo era ladeado não por rochedos, mas por enormes escaravelhos. De início, eram escaravelhos comuns, mas, conforme as pessoas se aproximavam deles, eles aumentavam de tamanho até ficarem tão grandes quanto seres humanos; a garota os descreve como animais horríveis, e ficou muito feliz de não ter de passar por eles. Como vocês sabem, os escaravelhos vivem em matéria podre; escavam carniça para enterrar seus ovos ali, ou fazem bolinhos de estrume em que alimentam e depositam seus ovos, de modo que não são animais particularmente agradáveis, embora pareçam estar bem. Se alcançassem o tamanho humano, seriam muito perigosos, naturalmente; aquelas pessoas que escolheram o outro caminho, o caminho que não é paralelo ao da serpente, correriam o risco de ser comidas por eles. Pois bem, o que é um escaravelho? É um símbolo muito típico, mas não se pode supor que essa criança tivesse alguma noção do significado dele.

Sr. Baumann: O escaravelho é masculino e feminino ao mesmo tempo.

Prof. Jung: Essa é a velha lenda, mas esse é só um aspecto. O que o escaravelho denotaria sob todas as condições? O que é o besouro, de todo modo?

Sra. Fierz: É um animal de sangue frio.

Prof. Jung: Bem, uma serpente também é de sangue frio. Não, eu me refiro ao fato de que ele tem um sistema nervoso simpático e nenhum sistema cérebro-espinhal. Sonhar com um verme teria o mesmo significado – eles representam o sistema simpático. Eu não sei como o homem sabe disso. Suponho que seja como uma vespa sabe que o terceiro gânglio dorsal do sistema nervoso da lagarta é o gânglio motor e enfia justamente ali seu ferrão, de modo a aleijar a lagarta sem matá-la; e então os ovos que a vespa deposita se desenvolvem naquela lagarta ainda vivente. É a sabedoria da própria natureza, aparentemente, e, com esse conhecimento como chave, pode-se desvendar o sonho. Então, como vocês se lembram, o escaravelho era o símbolo da ressurreição no Egito, a forma transitória de Ra quando ele é invocado como Cheper ou Chepra, o sol nascente. Ra, na forma de Chepra, é enterrado na bola de estrume, e então nasce como o sol. Isso se refere ao homem no sono incubador, em um estado de renascimento, o homem enterrado no sistema nervoso quando a consciência – que é uma função do sistema cérebro-espinhal – é inteiramente extinta. Portanto o besouro representa o estado do homem quando há apenas inconsciência profunda. Pois bem, quando o sonho diz que aquelas pessoas são ameaçadas por esses animais, o que isso significaria?

Srta. Hannah: Que elas estão sendo capturadas pelo inconsciente.

Prof. Jung: Bem, ser capturado pelo inconsciente, ou devorado pelo inconsciente, significaria o quê?

Srta. Hannah: Loucura em sua pior forma.

Prof. Jung: Poderia ser loucura, ou poderia também ser uma neurose, ou simplesmente estar em conflito com o seu inconsciente, escavado por dentro, uma perda de libido, uma perda de intensidade de vida. Certamente, as pessoas que não seguem a serpente sofrem uma perda de vida; são drenadas por dentro, pois a faculdade da percepção está em falta. É como se o inconsciente estivesse o tempo todo sugando a vitalidade delas, de modo que alguma coisa se perde; elas são apenas fragmentárias. Estão habitualmente em contradição com o inconsciente delas; por isso as circunstâncias são desfavoráveis, e elas se tornam neuróticas – ou, se não for exatamente uma neurose, elas no mínimo estão existindo pela metade. O mundo está cheio de pessoas assim. Pois bem, essa criança de 13 anos está evidentemente na idade em que encontraria a serpente, ou seja, a força total do ser instintivo. Se você escolhe seguir o caminho do medo, tem certeza de experienciar a totalidade da vida, pois a serpente é o mediador entre os mundos consciente e inconsciente. Por isso a serpente é o símbolo do salvador, o *agathodaimon*, o bom *daimon*, o redentor que forma a ponte entre o céu e o inferno, ou entre o mundo e deus, entre o consciente e o inconsciente. No Evangelho de São João, Cristo se compara à serpente que é erguida por Moisés no deserto, contra as muitas serpentes venenosas que estavam matando as pessoas. Esse é exatamente o mesmo tema, mas, em vez do besouro, foi a serpente. Se a pessoa está em conflito com seu sistema cérebro-espinhal e o sistema simpático, isso seria expresso pela serpente venenosa. Muitas pessoas resistem não apenas a seu sistema simpático, mas também ao sistema cérebro-espinhal, e são, é claro, diretamente ameaçadas pela serpente. A serpente então se torna venenosa. Está fora de questão que Nietzsche esteja ameaçado pelo sistema simpático, pois isso seria muito pouco em comparação com sua dissociação em relação ao sistema cérebro-espinhal. Ele se ergueu alto demais, sobre a ponta de uma agulha, com sua ideia do super-homem, por isso está naturalmente em contradição com seu lado humano, e isso forma a serpente negra. Esse sonho é muito típico: essa é uma criança normal, e ele mostra qual seria a solução normal.

Pois bem, ainda não concluímos aquela visão do pastor e da serpente. Tentamos explicá-la, na última vez, a partir da perspectiva de Nietzsche e de Zaratustra. Hoje eu gostaria de observá-la a partir do nosso ponto de vista. Vejam, ela permanece um tanto distante e talvez mais ou menos incompreensível como a visão do Zaratustra de Nietzsche, mas, se tentarmos perceber o que uma visão dessas poderia significar se acontecesse em nossa própria vida hoje, ela parece de algum modo diferente. Em todo caso, ganha uma intensidade e uma importância imediata. Nietzsche não teria tido uma visão como essa se ela não tivesse sido um problema daquela época e das décadas seguintes. Ele antecipou, mediante sua sensibilidade, muito do desenvolvimento mental subsequente; foi assaltado pelo inconsciente coletivo a tal ponto que, quase involuntariamente, se deu conta do inconsciente coletivo que era característico de sua época e da época que se seguiu. Por isso Nietzsche é chamado de profeta, e de certo modo ele é um profeta. Ele é o homem que disse que o século seguinte seria um dos mais bélicos na história humana, o que se mostrou completamente verdadeiro, infelizmente – ao menos até o presente momento. E Nietzsche anteviu, como vocês sabem, o seu próprio fim. Assim, sua vida e seu destino, poderíamos dizer, foram um programa coletivo; sua vida foi a previsão de um certo destino para seu próprio país. Não é exagerado, pois, supor que também pudéssemos ter um sonho como esse, porque, de certo modo, estamos na situação dele; todo mundo está um pouco em conflito com seu próprio sistema cérebro-espinhal.

Portanto, se um homem moderno, conhecedor da análise, tivesse uma visão dessas, ou, digamos, se o próprio Nietzsche tivesse conhecido algo a respeito dela [da análise], o que poderia ter feito? Claro, esse tipo de especulação é como perguntar o que os antigos romanos teriam feito se tivessem tido pólvora e rifles. Certamente eles não tinham essas coisas, e por isso é fútil especular a respeito, e assim também é fútil, de certo modo, fazer uma especulação dessas aqui. Mas

Nietzsche está tão perto de nós que ele quase poderia ter tido esse conhecimento. Vejam, eu era um menino quando ele era professor na universidade. Nunca o vi, mas vi seu amigo Jacob Burckhardt muitas vezes, e também Bachofen[259], portanto não estamos separados por distâncias cósmicas. A mente de Nietzsche foi uma das primeiras influências espirituais que eu experienciei. Tudo era totalmente novo então, e foi a coisa mais próxima a mim. Por isso poderíamos facilmente supor que ele pudesse ter conhecido o que conhecemos agora. Por que não? O que vocês acham que ele teria feito, então, se tivesse tido conhecimento analítico?

Sra. Sigg: Ele poderia ter comparado as duas visões. Poderia ter perguntado por que o próprio Zaratustra foi mordido antes por fora, no pescoço, por essa serpente, ao passo que o pastor é mordido por dentro, em sua garganta.

Prof. Jung: E se você comparasse as duas, a que conclusão chegaria?

Sra. Sigg: Eu lhe pergunto, porque não sei.

Prof. Jung: Alguém sabe? Vejam, esse é um argumento perfeitamente adequado; é muito bom. As duas visões, ou os dois eventos: Zaratustra sendo atacado pela serpente antes, e agora o pastor, são praticamente uma e a mesma experiência. Claro, há uma variação da mesma experiência, mas muito característica. Vocês têm uma solução?

Sra. Sigg: Não, mas há um pequeno ponto que talvez ajudasse – que Nietzsche encontra a serpente negra de novo, no fim do *Zaratustra*. Ele disse que a serpente negra veio para morrer então, por isso eu penso que foi algo de sua primeira infância que retornou de novo no fim.

Prof. Jung: Não devemos nos antecipar. Essa é uma suposição, e não responderia a nosso problema. Mas como você o compreenderia? O que significa quando Zaratustra é mordido externamente?

Sra. Sigg: Não é tão feia quanto a mordida interna.

Prof. Reichstein: A mordida da serpente na região da garganta não teria algo a ver com o centro da fala? Ele sempre estava pregando e tentava desprezar os outros em vez de ouvir o que eles tinham a dizer.

Prof. Jung: Eu diria que está certo, pois Zaratustra falou muito desde que foi mordido pela serpente, e é claro que a garganta tem a ver com a fala. Vejam, um tenor que cantou muito, ou um locutor, poderia ser mordido na garganta, pois

---

259. Johann Jakob Bachofen (1815-1887), professor em Basileia quando Nietzsche estava lá, é lembrado sobretudo por seu *Das Mutterrecht* [O matriarcado] (Stuttgart, 1867), uma obra que provavelmente influenciou o pensamento junguiano sobre o arquétipo da mãe. Cf. *Myth, Religion and Mother Right: Selected Writings* (B.S. XCV, 1967). Nietzsche disse a seu respeito que ele foi negligenciado pelos seus contemporâneos: "Seu tempo ainda não chegou. Eu me resignei a ser póstumo" (*Letters*, vol. II, p. 299). Jacob Burckhardt (1819-1887) foi talvez o acadêmico mais célebre de Basileia.

uma neurose sempre atinge a pessoa na função principal. Um cantor desenvolveria sintomas em sua voz, e um homem inclinado a comer demais desenvolveria sua neurose no estômago. Certa vez, tratei um oficial da infantaria que tinha sintomas histéricos nos pés, enquanto um homem que usa sobretudo o cérebro desenvolverá uma espécie de neurastenia, uma dor de cabeça ou certos sintomas na cabeça. É sempre a atividade principal que é ameaçada em uma neurose. Pois bem, a princípio a serpente não penetrou na garganta dele, mas atacou seu pescoço, portanto podemos ter certeza de que o alvo é o pescoço.

Deixo isso claro porque estamos prestes a perceber o que essa visão significaria na vida cotidiana, digamos que para nós mesmos; vocês certamente se lembram de determinadas imagens de serpentes negras ou de animais negros, ou de um tipo indefinido de monstro que se aproxima de um corpo humano; e é da maior importância esclarecer onde ele ataca a pessoa – se ela é atacada na cabeça ou na garganta, por exemplo, ou se entra no corpo. Assim também, é muito importante a forma que ele assume; nem sempre é uma serpente; às vezes é um pássaro negro, ou um crocodilo negro, ou um elefante, ou um rato, ou uma pantera negra. Claro, todos eles se referem ao sistema cérebro-espinhal, ainda assim há em cada caso uma variação simbólica importante, que tem de ser traduzida diferentemente, de certo modo. Também pode ser gênero alimentício negro – não é necessariamente um animal. Ou apenas o negrume em si pode ser enfatizado, e então o sistema cérebro-espinhal não está nisso. O negrume pode se destacar e, nesse caso, não se trata da sensibilidade do sistema cérebro-espinhal, mas de um negrume que tem a ver com a mente. Vejam, o negrume é destacável, pode vigorar por si mesmo, ou pode estar conectado com o dragão negro, mas nem sempre eles estão juntos.

Assim, certamente é muito importante que Zaratustra seja atacado de fora no começo – essa é uma pista do inconsciente: cuidado para não falar demais. O órgão da fala está no pescoço e é lá que a serpente pula sobre ele – é lá que ele será atacado pelo inimigo. Sem dúvida o texto efetivo do *Zaratustra* é totalmente fala, não escrita. Deveria ser um diálogo, mas na verdade é um monólogo; ao longo do livro todo ele fala a um público invisível. Mas agora não é mais Zaratustra que é atacado, e sim o pastorzinho que tem esse *rencontre* peculiar com a serpente. Pois bem, por que o pastorzinho? Esse é o *deutsche Michel*, a inocência loira, de olhos azuis e jovial. Qual é a relação entre essa figura e Zaratustra? Dissemos, na última vez, que o próprio Zaratustra era um pastor, o *Poimen*, um condutor de homens; e o pastorzinho é um pequeno líder: ele é um pastor, mas um pastor de ovelhas. Zaratustra é a grande figura e o pastor é a pequena figura. E o pastor está dentro de Zaratustra. É esclarecedor que Zaratustra ou Nietzsche seja confrontado aqui com o pastorzinho. O que isso significa?

Dr. Henderson: O pastor é o lado não desenvolvido.

Prof. Jung: Zaratustra é o tipo exagerado de figura devoradora, uma grande figura inflada, e o outro lado é o pastor simples e ingênuo, algo extraordinariamente pequeno para uma compensação – desimportante e muito simpático, uma simplicidade demasiado modesta. Muitas pessoas não podem suportar essa simplicidade e por isso põem algo na boca que as faz explodir. Há muitos indivíduos simples e modestos que estariam bem se tão somente pudessem ser o que são, mas eles pensam que deveriam ser algo melhor, que não são bons o bastante, e então começam a se ornamentar com plumas e sei lá mais o quê, para ficarem grandes e maravilhosos. Mas eles são maravilhosos quando são simples. Vejam, nós tivemos muitos grandes discursos e agora, de fora, isso se infiltra no pastor. Novamente se pode dizer: *Das also war des Pudels Kern*[260]. No *Fausto*, o *poodle* estava inchando muito, e ali estava o diabo, ao passo que aqui o pastor está por trás desse perigoso inchar-se de Zaratustra, que está sempre caminhando na montanha seis mil pés acima do bem e do mal. Pois bem, o que essa visão transmitiria sob esse aspecto?

Srta. Hannah: Ele deveria desistir de sua inflação e se tornar o que realmente é.

Dr. Henderson: Ele deveria viver sua vida humana comum, deveria descer à terra.

Prof. Jung: Bem, sim, mas considerem isso de forma humana. Isso está técnico demais. As pessoas comuns não falam de inflação, nem de descer à terra.

Sr. Allemann: Seja simples e pare de falar.

Prof. Jung: Exatamente, é bem isso. Significaria: "Agora olhe aqui, essa coisa simples e simpática em você está ameaçada – esse indivíduo de olhos azuis, muito simples (talvez um pouco lelé) que é simplesmente a própria vida inconsciente. Você se superestimou; tornou-se um balão que subiu para a lua, e nesse meio-tempo o seu interior simplório está indo ao inferno". É preciso usar linguagem clara e direta em um caso desses. Nietzsche deveria ter tido um sentimento humano para com esse pastor. A pessoa não escapa com grandes discursos quando tem um sonho desses; não pode dizer "oh, deus está entrando em mim!" Isso significa simplesmente "pare de falar e veja o que acontece", pois, se a pessoa pode ser simples, se pode perceber uma coisa dessas, nada pode acontecer. O melhor antídoto contra a loucura é se acalmar e dizer: "Eu sou esse pequeno sujeito e isso é tudo. Eu me extraviei e pensei que era grande, mas sou apenas esse tolo inconsciente perambulando pela superfície da terra em busca de boa sorte em algum lugar". Então ele estaria a salvo, pois essa seria a verdade. Vejam, esse é *Hans in Glück*, ou aquele outro *dumme Hans* que tem sorte e descobre alguma coisa, o sujeito estúpido nos contos de fada que não sabe de nada e topa com o vale de diamantes[261]. Mas só se chega lá graças à sua tolice, e não

---

260. "Então esse era o cerne da questão."

261. Hans, em *Hans in Glück* ["João Felizardo"], um conto de fadas de Grimm, é um tipo de Cândido. Todo mundo o engana e ele sempre se congratula por sua boa sorte. O outro Hans, em *The Poor Miller's Boy and the Cat*, um *dumme Hans*, vai de desatino em desatino até... uma esposa rica.

a discursos ou inteligência grandiosos; chega-se lá graças à estupidez, à simplicidade. Se a pessoa pode aceitar isso, o que pode lhe acontecer? Um sujeito desses não pode enlouquecer, pois, se a loucura chega sozinha, não há nada no trono. É como a grande experiência de Mara por Buda. Quando ele foi atacado pelo diabo com toda sua hoste, a cidade de Buda estava vazia. Ele teve a grande simplicidade de dizer: "O que é todo esse falatório sobre o grande Buda? Ele não existe, ele é um vazio". Gostaríamos de saber como ele pôde dizer de si mesmo que era o perfeito, o realizado, o *Tathagata*, mas isso foi porque ele sabia que era um vazio, que sequer existia; uma palavra tão sonora quanto *Tathagata* só pode ser compensada por um vazio. Se você alcançou o estágio em que não é nem sequer o *dumme Michel*, em que é menos do que o simplório, então pode usar uma palavra muito grande, por outro lado, sem ser atacado pelo diabo. Mas enquanto você sente que *é* alguma coisa, o diabo o atacará. Assim, seria melhor você duvidar disso. Nós não somos *Tathagata*.

Sra. Fierz: O que é *Tathagata*?

Prof. Jung: *Der Vollendete*, o perfeito, o completo. Esse é o termo para Buda na coletânea original de sermões. O budismo é muito interessante nesse aspecto. Poderíamos lembrar esses termos exagerados, como de certo modo poderíamos nos lembrar que Jesus disse: "Eu sou o caminho, a verdade e a vida" – isso é terrivelmente grande; então compreendemos que ele teve de passar pelo castigo divino, a crucificação, o desmembramento. O Buda disse "eu sou o perfeito" e, ao mesmo tempo, "eu não sou"; e ele próprio falou isso, portanto é possível. Mas um sem o outro é grande demais. Seria-nos impossível, pois sentimos que somos *alguma* coisa; não sabemos o quê, mas não importa o quão pequeno, está lá, logo podemos usar as grandes palavras.

Suponhamos, então, que um de vocês tenha tido uma visão dessas. Eu diria: "Agora olhe aqui, não é tão ruim enquanto você perceber que você é um pastorzinho". Isso é totalmente possível de aceitar; mas evidentemente é difícil aceitar que você devesse ser atacado ou morto enquanto tal. E por isso Nietzsche poderia dizer: "Como eu *não* sou o velho Zaratustra, e eu não sou esse pastor lendário, como eu sou o Professor Nietzsche, da Universidade de Basileia, e isso acontece na minha esfera psíquica, não é exatamente minha preocupação pessoal. Claro, estou com medo. Estou entre o martelo e a bigorna. Na medida em que imagino que sou Zaratustra, sou grande demais, e para ser capaz de suportar o ataque de tamanha grandeza devo ser muito simples, por outro lado". Então esse ataque ao qual o pastor teve de se submeter seria terrível, mas ele poderia dizer que o tinha acarretado ao falar demais, e o seu simplório realmente teve de sofrer, pois se deveu a essa simplicidade inconsciente que ele não tenha percebido a tempo que ele não era sua grande boca. Assim, um tenor deveria perceber que não é sua voz, e o pintor deveria perceber que não é seu pincel, e o homem com uma mente deveria saber que ele não é idêntico à sua mente, para que o dom não leve o homem de roldão, pois cada dom é um demônio que pode tomar um homem e arrebatá-lo. Por isso, na Antiguidade, o gênio de um homem era representado como um ser alado ou até mesmo como uma ave de rapina que arrebata o indivíduo, como a famosa captura de Ganimedes. A águia de Zeus o transportou ao trono dos deuses; ele foi erguido do chão no qual deveria permanecer. Essa é uma representação maravilhosa do modo como eles concebiam um entusiasmo, ou o dom divino.

Pois bem, esse pastor em Nietzsche deveria morrer. É uma catástrofe horrível depois de identificar-se com Zaratustra, mas se a pessoa se identifica com a grande figura, morre miseravelmente. Se Nietzsche tivesse permanecido o pastor, poderia ter tido uma experiência como Ganimedes, mas, como se identificou com a grande figura, teve de acabar na pequena figura compensatória, e a catástrofe é inevitável. Na medida em que você se identificar com uma figura, ou com a outra, é a sua catástrofe; se você não se identificar, não é a sua catástrofe. Vejam, como Zaratustra está ali com suas grandes palavras, Nietzsche tem de perceber Zaratustra; ele não pode se dar ao luxo de não ouvir e não pode evitar escutá-las. Mas ele deveria dizer: "Que grandes palavras incríveis! Esse sujeito tem de descer de algum modo". Se ele tiver essa atitude, também perceberá uma extrema simplicidade contra essa grandeza, e então compreenderá que se trata da peça dos deuses em cena na mente humana. A nossa mente é a cena na qual os deuses realizam suas peças, e não conhecemos o começo nem o fim. E está bem para o homem se ele não se identificar, assim como está bem para o ator não se identificar com seu papel; ser o Hamlet ou o Rei Lear ou uma das bruxas para sempre seria muito insalubre.

Prof. Reichstein: Gostaria de perguntar sobre o riso do pastor. Ele me lembra a lenda que o Professor Abegg contou aqui sobre o Zaratustra real, a lenda de que o profeta real nasceu não com um choro, mas com um riso[262]. Há uma conexão aqui porque é um tipo de renascimento.

Prof. Jung: É claro que não sabemos o quanto Nietzsche estava informado sobre a lenda de Zaratustra. Suponho que essa história estivesse na forma original do *Bundahish*[263], que era conhecido na época de Nietzsche, e é possível que o riso desempenhe esse papel com ele justamente por Nietzsche conhecer essa história sobre o fundador persa da religião. Eu não sei. Mas o riso aqui tem a ver com as mil gargalhadas insanas quando o caixão se espatifou. O pastor enlouqueceu – isso está perfeitamente claro. Esse é o resultado inevitável quando a pessoa é um dos executantes da peça divina. Essa é a loucura de Nietzsche: isso explode seu crânio.

---

262. Sobre Emil Abegg, cf. n. 7, vol. I.

263. Essa história do nascimento alegre de Zaratustra é contada no *Bundahish*, a escritura persa que foi escrita ao longo do grande período entre 226 e 640. Nietzsche certa vez escreveu: "Eu chegaria mesmo a fazer uma hierarquia dos filósofos conforme a qualidade do seu riso" (*Além do bem e do mal*, n. 294).

Por isso a última parte, o pastor transfigurado, é tão terrivelmente trágica. Vocês se lembram de que, quando enlouqueceu, Nietzsche assinou suas cartas como Dionísio Zagreu (Zagreu era o Dionísio trácio). Ele também se tornou Cristo: identificou-se com a figura do mediador ou o deus. Há um livro de Salin[264], um professor em Basileia, sobre a amizade de Nietzsche e Jacob Burckhardt, no qual ele cita, de uma das cartas de Nietzsche, a declaração de que, na verdade, ele preferiria muito mais ser um professor em Basileia, que era terrivelmente incômodo ter de produzir um novo mundo, mas infelizmente, como ele era deus, não podia evitar levar a coisa a cabo, por isso não tinha tempo para se ocupar com os afazeres humanos comuns. Isso corrobora o que eu disse no início, que, ao negar a existência de deus, ao declarar que Deus está morto, ele próprio se tornou Deus; e percebeu que teria sido melhor ter permanecido um professor em Basileia.

Mas perguntar o que aconteceria se uma pessoa que soubesse sobre psicologia tivesse de lidar com uma visão dessas é realmente fútil, pois presumivelmente uma tal pessoa nunca teria tido uma visão como essa. Não teria ido tão longe, mas sim teria abandonado essa estrada muito antes. Na verdade, é uma suposição completamente artificial que *pudesse* ir tão longe, pois teria percebido que ser um profeta como Zaratustra era uma ordem grande demais. Teria desconfiado, ou não teria tido um verdadeiro conhecimento de psicologia. Portanto até mesmo essa suposição é impossível. Mas é possível perguntar – e eu acho que seria uma questão razoável – qual seria a solução de um problema como esse, se não fosse expresso por figuras tão exageradas, e assim não tivessem chegado a um ponto tão crítico.

Vejam, a questão já foi feita quando Zaratustra foi atacado pela serpente pela primeira vez. Qualquer um que saiba alguma coisa de psicologia poderia facilmente ter um sonho como esse – isso está a nosso alcance. Suponho que nossa percepção começaria de imediato. A pessoa poderia se perguntar: "Por que estou sendo perseguida por essa serpente?" Bem, essa é a personificação de meu sistema cérebro-espinhal, ou de meu sistema de instintos, com o qual estou obviamente em conflito, e agora tenho de me manter calmo e ver o que ele me faz, o que ele é quando eu o aceito. Esse é o caso comum. No tratamento prático e no desenvolvimento de um indivíduo, seria a união com os instintos, a aceitação dos instintos, pela qual você também tem de aceitar uma humildade específica, pois você não pode aceitar seus instintos sem humildade; se o fizer, você tem uma inflação – está em algum lugar no céu, mas no errado. Você só pode aceitá-los humildemente, e assim você se mantém simples. Então você tem o destino humano simples, a felicidade e o sofrimento da vida humana comum, e alguma coisa acima, pois você a aceitou. É claro que as pessoas são particularmente interessadas nessa coisa acima,

---

264. Edgar Salin, *Burckhardt und Nietzsche, der Briefwechsel* [Burckhardt e Nietzsche, a correspondência] (Heidelberg, 1948, 2. ed.).

na gorjeta que recebemos por viver a vida comum, e eu sempre odeio falar disso porque não é bom para elas saberem disso: então aceitam a vida meramente *devido* à gorjeta. Você tem de aceitar uma coisa para o melhor e o pior, tem de aceitá-la incondicionalmente, mesmo sem esperança. Se o fizer pela gorjeta que tem esperança de receber, isso não é bom: você trapaceou a si mesmo.

Sr. Baumann: Recentemente ouvi dois sonhos de pessoas muito diferentes, mas ambas são boas católicas: um é um padre e a outra está muito envolvida com a filosofia semita. Os sonhos são muito semelhantes, e um ponto é que as duas pessoas estão correndo em uma tremenda velocidade com uma serpente negra. E elas pensam que têm de correr à frente da serpente, não segui-la. É como uma competição.

Prof. Jung: Há uma interpretação muito clara, evidentemente: ou seja, que na consciência elas têm uma filosofia extremamente estática que não mudou por praticamente 1.500 anos, e a compensação é o movimento rápido de um sistema cérebro-espinhal muito vívido que elas deveriam seguir. Mas há uma completa dissociação entre a consciência e o inconsciente. Por exemplo, tenho certeza de que, se elas tivessem submetido esse sonho a um sacerdote dos séculos XII ou XIII – quando ainda se ocupavam com a interpretação de sonhos –, o padre confessor lhes teria dito que elas estavam sendo forçadas pelo diabo a correr com ele, que o homem carnal nelas estava sob a influência do diabo. A serpente negra certamente seria o diabo, a serpente da tentação. Claro, nos últimos séculos, a Igreja não levou os sonhos em consideração, pelo menos não abertamente. (Não sei se ainda existem sacerdotes individuais nos monastérios que façam isso.) Mas, anteriormente, era um fato reconhecido que certos sonhos eram mensagens enviadas por Deus, por isso eles tinham certa dignidade. E eles estavam cientes de que o demônio às vezes enviava sonhos que eram muito perturbadores. Como vocês veem, o homem medieval ficaria muito perturbado por um sonho desses, mas nós fazemos uma muralha e não reconhecemos estar sob a influência deles. Portanto não acho que os homens dos quais você está falando confessariam tais sonhos hoje em dia. Anteriormente, quando um sonho era uma experiência, eles teriam acreditado que tinham tido comunhão com um demônio, ou que um demônio tinha aparecido a eles, e teriam se sentido pecadores. Como haviam sido tocados pelo demônio, eles precisavam de purificação, por isso naturalmente teriam trazido isso à tona em uma confissão. Hoje em dia, suponho que nenhum católico pensaria em mencionar um sonho; analisei vários, mas nunca vi que eles tivessem a mínima ideia de que se poderia ser responsável pelos próprios sonhos.

Vocês recordam que Santo Agostinho disse: "Obrigado, Deus, por não ter me feito responsável pelos meus sonhos". Assim, podemos concluir que ele tinha sonhos muito agradáveis, de fato – bem, em um santo, devemos esperar isso. Mas ele se declarou irresponsável – Deus não o responsabilizou –, e esse é um esforço de minimizar os sonhos para fugir deles. Claro que eles podiam fazê-lo, sabendo tão pouco sobre o seu significado. Já naquela época, milhares de sonhos eram desconsiderados porque se supunha que fossem fúteis. Assim como os primitivos acreditam que os sonhos de um homem comum não contam em absoluto; só os sonhos do chefe ou do curandeiro contam – e apenas os grandes sonhos. Eles se limitavam a sonhos que fossem importantes, em que se sentisse uma responsabilidade. Isso era verdade na Antiguidade. Por exemplo, em meados do século I, a filha de um senador romano sonhou que Minerva se queixou a ela de que seu templo estava negligenciado e caindo aos pedaços. Assim, essa romana foi ao Senado e lhes contou o sonho, e o Senado votou uma determinada quantia para a restauração do templo. E um poeta grego teve um sonho que se repetiu três vezes: um famoso vaso dourado tinha sido roubado do templo de Hermes, e eles não conseguiam encontrar o ladrão. Por três vezes o deus disse ao poeta o nome do ladrão e onde o vaso estava escondido, por isso ele se sentiu responsável e anunciou isso no Areópago, o equivalente do Senado romano, e eles encontraram o ladrão e o vaso dourado. Coisas assim realmente acontecem em sonhos, e não temos razão para acreditar que sejam meras lendas. Vejam, eles sentiam a responsabilidade. Mas, com o início do cristianismo, particularmente no século IV, isso começou a desaparecer.

Sr. Henley: Parece que essas coisas se repetem. Nosso presidente Roosevelt disse recentemente a vários deputados que ele sonhou que saiu da cama e andou até uma janela na Casa Branca e ali ficou em pé, observando. A cena diante dele era o atual aeroporto de Washington. Subitamente um terrível acidente aéreo aconteceu. Por isso ele busca uma nova pista de aterrissagem fora de Washington.

Prof. Jung: Mas pense na Chambre des Députés em Paris: se alguém se levantasse e dissesse "senhores, devo lhes dizer que tive um sonho", eles o mandariam a um manicômio imediatamente. E mesmo no confessionário, os sonhos já não desempenham um papel. Claro, é totalmente diferente quando você começa a perceber o significado e a importância dos sonhos; então você desenvolve um senso de responsabilidade psicológica – pelo menos uma ideia dela.

Prof. Reichstein: Há tentativas no *Zaratustra* de ver a serpente não apenas do lado negativo. Ele diz que o animal é idêntico à sabedoria e à compreensão, por exemplo, e há uma cena em que a águia está voando com uma serpente em torno de seu pescoço, o que seria uma tentativa de reconciliá-las.

Prof. Jung: Sim, e ele até mesmo chama a águia e a serpente de seus dois animais; elas seriam atributos divinos. Mas a águia e a serpente são animais de Zaratustra e, quando Nietzsche se identifica com Zaratustra, surge a situação impossível de que ele é senhor da serpente e da águia. Zeus é senhor da águia, portanto ele está se colocando no lugar da divindade; e o senhor da serpente é talvez um deus ctônico – no cristianismo, seria o diabo. A águia e a serpente simplesmente significam a união dos opostos, e Zaratustra é o senhor da coisa além dos opostos. Vejam, a águia e a serpente formam esse símbolo do *ouroboros*, o comedor da cauda, e a coisa além: o senhor dos dois, a figura que une os opostos, é o deus Zaratustra. O mediador ou o redentor é sempre o redentor a partir dos opostos e do resultado dos opostos, por isso o centro desse círculo, do *ouroboros*, é a deidade. A deidade

sempre foi representada como o centro imutável do círculo, e o círculo é a rotação do universo, a extensão no espaço que é o *ouroboros* que retorna a si mesmo. E o centro imutável, inamovível é Deus como eternidade estática, e tempo e espaço ao mesmo tempo. Portanto Zaratustra e seus dois animais realmente simbolizam uma deidade, como Zeus com sua águia, ou o Espírito Santo com uma pomba, ou Cristo com a ovelha, ou inúmeros deuses indianos associados a certos animais ou expressos por eles.

Dr. Escher: Na Igreja Católica, a serpente é considerada má, um inimigo, mas em Milão, na velha igreja de Santo Ambrósio, há uma enorme serpente de bronze em uma coluna no meio da igreja, exatamente oposta a uma coluna que tem uma cruz no topo. Não é o *ouroboros*. É muito antiga e muito simples.

Prof. Jung: O que isso significa depende em grande medida de sua época, é claro. Eles não representariam o diabo – isso é certo –, de modo que pode ser a velha ideia de Cristo como a serpente. Essa figura, ou metáfora, foi frequentemente usada pelos padres latinos da Igreja. Eles fizeram livre uso de Cristo como a serpente, e isso foi bem preparado historicamente no mediador pré-cristão: o *agathodaimon* dos mistérios egípcios/helenistas era representado como uma serpente. Portanto, se essa serpente em Milão data do século IX ao século XI, ou até mesmo do século XIII, é muito possível que represente Cristo; se é posterior, isso se torna duvidoso. Eles tinham de ser cuidadosos, naturalmente, por conta do significado infernal da serpente.

Sra. Sigg: Essa resposta de Zaratustra à serpente venenosa é muito estranha: pegue de volta seu veneno, você não é rica o bastante para me dar um presente. Isso significa que Zaratustra está acima do salvador?

Prof. Jung: Oh, essa é uma daquelas coisas grandiosas que ele tem a dizer porque está com medo da serpente. Ele pressupõe uma posição mais elevada contra o perigo. Temos visto essa técnica o tempo todo, e a veremos de novo quando ele for confrontado por alguma coisa. Ele espera prevalecer desse modo. Pois bem, o início do próximo capítulo, "Da bem-aventurança involuntária", não é muito importante, mas na segunda página ele diz:

> Meu passado rompeu seus túmulos, muitas dores enterradas vivas despertaram – elas tinham apenas dormido, escondidas em pano mortuário.
>
> Assim tudo me gritava em sinais: "É tempo!" – Mas eu – não escutava: até que, por fim, meu abismo se moveu e meu pensamento me mordeu.

Aqui está uma confissão que não tínhamos ouvido antes. Ele remete-se à sua descida ao vulcão com o grito: "É tempo! É mais que tempo!" Ele repete isso aqui; naquele tempo ele não teria admitido o que admite agora. Mesmo quando o caixão se espatifou e jorrou mil gargalhadas, Zaratustra era o caixão, e ele era o grande vento e as mil gargalhadas – e não havia perigo nenhum. Mas aqui nós escutamos outro tom: "Meu passado rompeu seus túmulos". Onde, pois, está Zaratustra? Esqueceu-se completamente de que o vento estrondoso e sibilante e o sinistro caixão, que foi lançado, eram todos Zaratustra, seu poder e sua grandeza; ele era esse riso perigoso e o avassalador fato do vento. E agora nós ouvimos que é seu passado, um demônio realmente de seu passado, que rompeu o túmulo, e "muitas dores enterradas vivas [conteúdos reprimidos] despertaram" – elas tinham apenas dormido profundamente como se fossem cadáveres. "Assim tudo me gritava em sinais: 'É tempo!'" Uma interpretação inteiramente nova do "É tempo" – soa totalmente diferente. Aqui ele próprio o compreende como um alarme. "Mas eu não escutava." Ele percebe que não tinha nem sequer ouvido antes. Vejam, foi perigoso demais: isso o teria subjugado. Aqui ele está mais acostumado à situação toda. Começa lentamente a perceber que não escutou antes; o abismo teve de se mover, a erupção vulcânica teve de se seguir, para chamar a atenção dele ao fato de que havia alguma coisa por trás que *o* movia. Mas "meu pensamento me mordeu" é de novo um esforço de declarar sua possessividade, que a serpente é seu próprio pensamento. Está tentando transmitir a ideia de que é naturalmente o sujeito que tem tais pensamentos perigosos, que os faz à vontade. Ele os deixa vir e os deixa desaparecer: ele os controla. Esse é evidentemente um tremendo exagero. A serpente não é invenção dele, mas é um poder que o atinge. Contudo, no momento em que ele tem de perceber que a coisa *o* atingiu, que o abismo se move, que a serpente o mordeu – mesmo assim ele diz que mordeu a si mesmo. E continua:

> Ah, pensamento abismal que é *meu* pensamento! [...]

De novo a incompreensão trágica.

> [...] Quando acharei a força para ouvir-te cavar e não mais tremer?

Mas se é seu próprio pensamento, por que ele deveria tremer? Quando escuto um barulho inquietante à noite, eu o chamo de alucinação: algo sussurrou, ou um papel caiu no chão. Combato um medo noturno com tais racionalizações, dizendo que é apenas meu medo noturno que produz tais fenômenos. Por que a pessoa deveria tremer, a não ser que esteja com medo de algo que ela não pode controlar? Se existe alguma coisa que você não pode controlar, você não a chama de você mesmo. Se você sabe que o cão que está latindo para você é você mesmo, por que deveria ficar com medo? Você diz: "Não faça um escândalo, você é eu mesmo, por que esse barulho?" Mas veja, você só tem certeza de que *você* sabe disso; você não tem certeza de que o cão também sabe disso. Assim, Nietzsche tem certeza de que sabe tudo a esse respeito. Mas, quando o inconsciente sabe, você *deveria* começar a tremer; então seria melhor você dizer: "Eu não sou essa coisa; isso me é contrário, isso me é estranho". Todo mundo comete o mesmo erro; não importa o quanto estejam com medo, eles falam sobre o *meu* pensamento, o *meu* cão.

> Até à garganta me vêm as batidas do coração, quando te ouço cavar! Mas teu silêncio me quer sufocar, ó abismal silencioso!

Como alguém poderia dizê-lo melhor? Ao formular assim, ele confessa que isso não é ele próprio, mas um estranho oponente. Nossa tolice, nosso quase insano preconceito é que tudo o que aparece em nossa psique é a própria pessoa, e só onde é absolutamente certo que isso está fora é que podemos admiti-lo – como se só pudéssemos admitir com relutância a realidade do mundo. Esse é um resquício da todo-poderosa semelhança divina de nossa consciência, que naturalmente sempre supôs – e ainda supõe – que tudo o que existe é a própria pessoa. É a velha identidade do homem com seu inconsciente que é o criador do mundo. Na medida em que você se identifica com seu inconsciente, você é o criador do mundo, e então pode dizer: "Isso sou eu". Por essa técnica, quando você aprende não só com palavras, mas também com a cabeça e o coração, a dizer *Tat twan asi*, "Isto és tu" ou "Tu és isto", você faz o caminho de volta à deidade e se torna o Atma supra-pessoal. Você pode fazer o caminho de volta à sua existência divina, pois essa ideia realmente começa da condição na qual você ainda é idêntico ao inconsciente, e o inconsciente é o criador do mundo. Eles são absolutamente idênticos. O inconsciente está em tudo porque é projetado em tudo; não está apenas no crânio, mas em toda parte. Você sempre o encontra fora. Quando o encontra dentro de você e diz "isso é meu pensamento", o inconsciente já está se aproximando da esfera psicológica, o que significa que é parcialmente consciente. Ao reivindicar um pensamento como seu, você está parcialmente certo, mas isso é enganador, pois, na medida em que ele é um fenômeno, não é exatamente seu pensamento. Por exemplo, se você diz "isso é minha luz", é verdade até certo ponto; ela está no seu cérebro e você não veria essa luz se não estivesse consciente dela. Ainda assim, você comete um grande erro quando diz que a luz nada mais é do que aquilo que você produz; isso seria negar a realidade do mundo. Na medida em que você está consciente dela, ela é sua, mas não é sua a coisa que causa em você uma ideia disso que você chama de "luz" ou de "som"; isso é exatamente o que você não possui, alguma coisa do grande desconhecido externo. Assim, quando Nietzsche diz "isso é meu pensamento, esse abismo é meu", só é dele na medida em que ele tem uma palavra para isso, tendo em vista que ele faz uma representação disso, mas a coisa em si não é dele. Isso é um fato, e você nunca pode chamá-lo de seu próprio fato.

Sra. von Roques: Isso é o que Goethe diz:

> *Wär nicht das Auge sonnenhaft,*
> *Die Sonne könnt' es nie erblicken,*
> *Wär nicht in uns des Gottes eigne Kraft,*
> *Wie könnte uns das Göttliche entzücken?*[265]

Prof. Jung: Sim, e o velho poeta latino Manílio tinha a mesma ideia; é realmente um pensamento antigo[266]. A filosofia indiana faz uso do fato de que nós temos esse preconceito primitivo, de que o mundo, na medida em que é meu pensamento, é realmente nada mais do que meu pensamento; e, ao dizer isso, eles fazem o retorno consciente à condição original, ao Atma universal. Eles dão fim ao mundo, negam a existência do mundo, ao trazer o pensamento de volta à sua fonte, ao Atma ou ao *Purusha*.

Aqui de novo seria uma oportunidade maravilhosa para Nietzsche perceber que a pessoa deveria diferenciar entre seu próprio pensamento e a coisa que faz o pensamento, o que quer que ela seja, e perceber, quando está com medo, que não

---

265. Uma tradução em prosa do poema de Goethe poderia ser: "Se o olho não fosse semelhante ao sol, não poderia ver o sol; se não pudéssemos levar conosco o próprio poder do deus, como alguma coisa divina poderia nos deleitar?" Cf. *Great German Poetry* (trad. David Luke, Harmondsworth, Middlesex, Inglaterra, 1964).

266. Jung estaria pensando em alguma expressão, por esse poeta romano do século I d.C., da ênfase estoica na simpatia cósmica, como: "Quem, depois disso, pode duvidar que exista uma ligação entre o céu e o homem, a quem, no desejo dela de que a terra se elevasse às estrelas, a natureza deu presentes extraordinários... e unicamente em quem Deus de fato desceu e habita e busca a si mesmo na busca humana por ele...? Quem poderia conhecer o céu, senão por um dom do céu? [...] Quem poderia discernir e abranger em sua estreita mente a vastidão desse infinito abobadado... se a natureza não tivesse dotado nossas mentes com uma visão divina...?" Cf. *Astronomica*, vol. 2, p. 105-122 (trad. G. P. Goold, Cambridge, Mass. e Londres, 1977). Outro dos preferidos de Jung que assinala isto é Mestre Eckhart (cf. *Meister Eckhart*. Trad. R. B. Blackney, p. 172).

está com medo de suas próprias representações, mas sim da coisa que causa essas representações. Vejam, é exatamente como se você voltasse para casa e encontrasse alguém no seu lugar; você não vê quem é, mas vê que ele está andando com suas roupas. Você não fica com medo de suas roupas, naturalmente, mas ficaria com medo da coisa que está dentro de suas roupas. A roupa seria nossas "formas-pensamento", mas a coisa que preenche as "formas-pensamento", que as fazem viverem e agirem, é algo que você teria razão em temer, pois é realmente sinistro. Nietzsche também exprime isso aqui. Mas ninguém naquela época realmente captou isso, embora Schopenhauer – que foi mestre de Nietzsche – tenha dito isso: na filosofia dele, o mundo é visto como vontade e representação, mas ele cometeu o erro de identificar o mundo com sua representação[267]. Ele supõe que nada restaria do mundo se não houvesse alguma representação sobre ele, e isso é um erro, pois a representação pode ser causada por esse mundo interior. Por outro lado, as ciências naturais acreditam exclusivamente no mundo exterior, e não na representação – a representação é nada; o que causa a existência da representação é o mundo exterior. E assim surgiu o preconceito materialista de que *Der Mann ist was er isst*, "o homem é o que ele come"[268]. Esse preconceito torna até mesmo nossa saúde mental dependente de fatos físicos ou tangíveis.

Sr. Baumann: Existe uma ideia indiana muito interessante de uma cadeia que tem dez ou doze elos. Um dos doze é a consciência, e ele é representado por um macaco, pois só pode imitar.

Prof. Jung: Sim, essa é uma ideia budista, a chamada cadeia *nidana*. Primeiro há a consciência; depois, o vir a ser; do vir a ser se segue o nascimento; do nascimento se segue a velhice e a morte; e da velhice e da morte se segue o sofrimento. Só menciono alguns, há dez ou doze. Mas, se você parar a *avidya* [ignorância] do início, não há vir a ser, e se você parar o vir a ser, não há nascimento. Se você parar o nascimento, não há envelhecimento e morte, e se você parar o envelhecimento e a morte, não há sofrimento, e assim por diante. Assim, todo o mundo do sofrimento é abolido. Daí Buda dizer que a consciência é como um macaco, um mero imitador, uma espécie de parodiador. Esse é o verdadeiro ponto de vista oriental. Nietzsche então prossegue:

> Jamais ousei chamar-te *para cima*; era bastante que comigo – te carregasse! Eu ainda não era forte o bastante para minha derradeira petulância e malícia de leão.

---

267. A obra-prima de Schopenhauer [*O mundo como vontade e representação* (N.T.)], em quatro partes, é traduzida tanto como *The World as Will and Idea* quanto como *The World as Will and Representation*. O original foi publicado em 1819.

268. Jacob Moleschott (1822-1893), materialista alemão, é hoje em dia lembrado exclusivamente por seu epigrama dogmático.

Aí está. Ele está tremendo de medo realmente, e admite que esse "abismal silencioso" é formidável, mas não ousou chamá-lo para cima. Foi o bastante carregá-lo consigo – como se ele tivesse a mínima possibilidade de não o carregar! Ele então diz que não era forte o bastante para sua "petulância e malícia de leão" – para brincar com aquela coisa. Mas ele admite que é necessária a força de um leão. Bem, o leão é um animal muito covarde, na realidade. Não é verdade que ele tenha um grande coração e uma grande coragem, mas vamos supor que ele tem grande coragem, pois Nietzsche – ao menos indiretamente – admite que é necessário o coração de um leão, a força de um leão e a coragem de um leão para lidar com seu pensamento, e ele não vê que simplesmente está cego para esse fato.

Já bastante terrível sempre me foi teu peso […].

Como se ele tivesse a opção de não carregar esse peso formidável!

[…] mas um dia acharei ainda a força e a voz de um leão que te chamem para cima!

Mas ele está falando então como se isso não fosse nada, como se fosse seu próprio pensamento e algo realmente dentro de seu alcance.

Quando eu meu houver superado nisso, então me superarei em algo maior; e uma *vitória* será o selo de minha consumação!

Essa peroração segue aquela admissão do túmulo. "É tempo!" Como ele não tinha ouvido aquilo, seu abismo começou a se mover e agora ele culmina em uma antecipação de vitória.

Por enquanto vagueio ainda sobre mares incertos; o acaso me lisonjeia, o de língua macia; olho para frente e para trás – ainda não vejo um fim.

Ainda não chegou a hora de minha derradeira luta – ou estará chegando agora? Em verdade, com pérfida beleza olham-me o mar e a vida à minha volta! Ó tarde de minha vida! Ó bem-aventurança antes do cair da noite! Ó porto em alto-mar! Ó paz na incerteza! Como desconfio de todos vós!

De novo, uma maravilhosa admissão – de que a situação não é de modo algum confiável, de que todas as palavras grandiosas são pretextos muito duvidosos.

Em verdade, desconfio de vossa pérfida beleza! Sou como o amante que desconfia de sorrisos por demais aveludados.

Assim como ele afasta de si a amada, delicado mesmo em sua dureza, o ciumento – assim afasto de mim esta hora bem-aventurada.

Vejam, ele tem o sentimento de que uma trapaça está acontecendo, de que ele está trapaceando a si mesmo ao minimizar certas coisas, e de que por trás da beleza imaginária existe algo totalmente diferente. Veremos o que é, na próxima vez.

Palestra VII
22 de junho de 1938

Prof. Jung: Eu trouxe este livro, *Jakob Burckhardt und Nietzsche*, de Edgard Salin, que mencionei na última vez, e vou traduzir literalmente uma passagem de uma carta datada de 6 de janeiro de 1889, escrita a Burckhardt por Nietzsche em Turim. Ele diz: "Ai de mim, eu teria preferido muito mais ser um professor em Basileia do que Deus, mas não me atrevi a levar meu egoísmo privado tão longe a ponto de omitir a criação do mundo por conta dessa cátedra. Como você vê, é preciso sacrificar alguma coisa – onde e como se vive". Esse foi o início de sua doença e mostra como ele compreendia seu papel: ele realmente acreditava que tinha se tornado Deus – ou algo semelhante a Deus – e que tinha de criar um novo mundo, e que por isso não poderia ser um ser humano comum[269]. Pois bem, na semana passada paramos no meio de um capítulo chamado "Da bem-aventurança involuntária", em que Nietzsche tinha aquele sentimento muito irracional de felicidade. De acordo com todas as expectativas, ele deveria ter percebido ali o que o estava ameaçando, mas, em vez disso, o que ele chama de hora bem-aventurada subitamente o sobrepujou. Ele tinha acabado de se perguntar: "Quando acharei a força para ouvir-te cavar e não mais tremer?" E a resposta seria que ele deveria tomar coragem e se aproximar do pensamento que estava cavando nele. Não havia razão para qualquer felicidade particular, mas, inesperada e irracionalmente, é como se ele estivesse antecipando uma vitória final. Ele diz: "Quando eu houver me superado nisso, então me superarei em algo maior; e uma *vitória* será o selo de minha consumação!" Ele se coloca no ânimo de alguém que já superou seu medo e obteve aquela vitória, ao passo que, na verdade, ele salta por cima de seu medo e entra em uma espécie de êxtase de antecipação de uma vitória pela qual nem sequer tinha lutado. Ainda assim, ele sente que essa hora bem-aventurada não é totalmente

---

269. Nos meses imediatamente anteriores a essa carta, Nietzsche havia expresso uma estranha euforia que permeava até mesmo os aspectos mais comuns de sua vida, tais como comer em seu restaurante costumeiro. Cf. as cartas dele de outubro e novembro de 1888.

confiável, que há nela alguma trapaça, e por isso ele diz: "Sou como o amante que desconfia de sorrisos por demais aveludados". E continua:

> Fora contigo, hora bem-aventurada! Contigo me chegou uma bem-aventurança involuntária! Pronto para a minha dor mais profunda me acho aqui: – chegaste no momento errado!

Aqui está o *insight* que seria de se esperar dele; ele deveria estar se preparando para sua dor mais severa: a felicidade é absolutamente inadequada. Mas isso se deve à espécie peculiar de mecanismo histérico dele; é como o riso que se observa em casos histéricos; em um momento de grande tensão ou desespero real eles começam a rir. Ou como o *Hexenschlaf*, o sono das bruxas: quando a dor da tortura se torna insuportável, elas caem em uma espécie de condição sonambúlica, um estado de anestesia – estão completamente narcotizadas; esse é um dos sinais de bruxaria mencionados no *Malleus Maleficarum*, *O martelo das bruxas*, livro muito famoso escrito no século XV[270]. Ele então prossegue:

> Fora contigo, hora bem-aventurada! É melhor te abrigares por lá – com meus filhos! Rápido! E ainda os abençoa, antes do anoitecer, com a *minha* felicidade! Aproxima-se o anoitecer: o sol afunda. Ali vai – minha felicidade! –

Esse é certamente um esforço honesto de encarar os pensamentos obscuros e perigosos.

> Assim falava Zaratustra. E esperou por sua infelicidade a noite inteira; mas esperou em vão. A noite permaneceu clara e silenciosa, e a felicidade mesma lhe chegou cada vez mais perto. Pela manhã, porém, Zaratustra riu com seu coração e disse, zombeteiro: "A felicidade corre atrás de mim. Isso vem de eu não correr atrás das mulheres. Mas a felicidade é uma mulher".

Vejam, eis de novo aquele elemento que faz pouco caso do perigo, que brinca com coisas perigosas, como aquele riso que lhe ocorre perante seus pensamentos obscuros. Onde ele deveria ser extremamente sério e talvez chorar, seu ânimo apenas muda: algo impede a percepção. Ele não consegue controlar o ânimo. É impressionante que, perante pensamentos tão sombrios e perigosos, tal ânimo incontrolável de felicidade emergisse, mas ele tampouco se sai melhor no controle de seus pensamentos. Ele não tem controle sobre seu inconsciente, e por isso a situação é totalmente perigosa. Seja uma felicidade inesperada ou um grande temor, um pânico, dá no mesmo. É uma função incontrolada: às vezes, um assume a dianteira; às vezes, o outro. Como eu disse, frequentemente encontramos essa condição na histeria, quando se tratam de dois lados do caráter, por exemplo, quando a

---

270. Sobre *O martelo das bruxas*, cf. 23 de janeiro de 1935, n. 258.

consciência positiva está em oposição a uma espécie de caráter negativo – pode-se chamá-la de sombra. Esse é o conflito prevalecente na histeria, e por isso o caráter histérico está sempre tentando causar uma impressão positiva, mas eles não se sustentam, não conseguem ser consistentes, porque após algum tempo o outro lado emerge, e então se estraga tudo; negam tudo de positivo que haviam dito antes. Por isso um dos preconceitos contra os histéricos é que eles mentem, mas eles não conseguem evitar isso; a inconsistência deles é o jogo dos opostos.

Pois bem, se não se trata de duas personalidades, por assim dizer, mas de várias, ou se trata de um grande número de aspectos dissociados, é outra coisa – isso se aproxima da esquizofrenia. Quando diferentes aspectos de uma personalidade se tornam tão independentes entre si que são capazes de se manifestar um depois do outro, sem nenhum controle e sem nenhuma consistência ou conexão interna, existe a suspeita muito justificável de uma espécie de condição esquizofrênica. E esse é o caso com Nietzsche. Claro, a doença que se seguiu foi compreendida como a paralisia geral do insano, o que é sem exceção uma infecção sifilítica do cérebro. Seu caso, porém, não foi típico. Segundo minha ideia, há inúmeras evidências de que foi mais uma condição esquizofrênica do que uma condição de paralisia; provavelmente ambas as doenças existiram em uma mistura peculiar, pois, ao longo de todo o curso de sua doença, houve muitas indicações que não apontariam apenas para o diagnóstico habitual da paralisia. Ele frequentemente se comportou de modo muito excêntrico e disse coisas muito estranhas, o que não é habitual de se ouvir de alguém com a paralisia geral do insano. Por isso ele não consegue controlar sua felicidade – ela simplesmente o toma – e agora ele dá voz a isso. Exprime, no capítulo seguinte, "Antes do nascer do sol", o conteúdo dessa felicidade. O capítulo começa assim:

> Ó céu acima de mim, céu puro, profundo! Ó abismo de luz! Olhando-te, estremeço de divinos desejos.
>
> Lançar-me à tua altura – eis a *minha* profundeza! Ocultar-me em tua pureza – eis a *minha* inocência!
>
> O deus é encoberto por sua beleza: assim escondes as tuas estrelas. Não falas: *assim* me proclamas tua sabedoria.

Acontece aqui algo que vimos muitas vezes antes, ou seja, ele é quase incapaz de dar um valor definido ou decisivo a alguma coisa fora dele, mas deve assumi-la em si mesmo, deve introjetar esses valores. Vimos que ele usa esse mecanismo para minimizar situações perigosas ou figuras perigosas. Ele simplesmente diz "oh, vocês são apenas meu pensamento", introjetando essa figura em seu próprio sistema. É claro que isso é absolutamente contra os princípios analíticos. Quando o inconsciente faz um esforço cuidadoso de mostrar uma figura como algo externo a você, seria melhor tomá-lo como algo externo a você.

Vejam, somos todo um mundo de coisas, e elas estão misturadas em nós e formam um caldo terrível, um caos. Portanto você deveria ficar muito satisfeito quando o inconsciente escolhe certas figuras e as consolida fora de você. Claro, elas podem estar na forma de projeções, o que não é recomendável. Por exemplo, talvez você tenha uma espécie de elemento hostil que cruza o seu caminho de vez em quando, ou um elemento venenoso que destrói todas as suas tentativas de uma adaptação decente, e ele está tão misturado com tudo o mais que você jamais consegue colocar a mão naquilo. Então você subitamente descobre alguém que pode realmente ser declarado seu arqui-inimigo, assim é possível dizer que *esse* é o sujeito que fez isso e aquilo contra você: você teve êxito em construir seu arqui--inimigo. Pois bem, esse é um recurso que faz você se aprumar, pois você sabe que há o perigo definido que pode feri-lo. Claro, isso de certo modo é muito negativo, pois não é verdade; esse sujeito não é realmente o diabo, mas apenas seu melhor inimigo, e você deveria lhe dar o crédito. Como ser humano, ele simplesmente está tão em apuros quanto você. Mas, na medida em que você teve êxito em criar uma figura, em objetivar certa coisa em você mesmo, com a qual você nunca pôde ter contato antes, isso é uma vantagem.

Pois bem, o analista lhe dirá que você não pode supor que o Sr. Tal e Tal seja o arqui-inimigo com uma mão em sua própria alma. Isso é apenas projeção, e então evidentemente se segue o refluxo comum da projeção, até que o paciente de forma gradual chegue ao ponto de dizer "oh, muito bem, então *eu* sou o diabo", sem dúvida odiando isso como o inferno, e não ganha nada. Assim o diabo cai de volta no caldo e imediatamente se dissolve. Por esse motivo, você deve impedir isso. Então se segue uma espécie de ensinamento filosófico – contra o qual os filósofos evidentemente protestariam. O analista tem de dizer: "Agora olhe aqui, apesar de você dizer que não existe nenhum diabo terrível, existe pelo menos um fato psicológico que você poderia *chamar* de diabo. Se você não encontrasse um diabo, seria melhor que construísse algum – e logo –, antes que ele se dissolva em seu próprio sistema. Faça um diabo, diga que existe um e, se você duvidar disso, suprima suas dúvidas o máximo que puder, pois é justamente como se você estivesse construindo uma casa porque sabe que precisa de uma, e então conclui que nunca houve uma casa e destrói tudo o que tinha começado a construir; assim, evidentemente, você nunca terá uma casa. Por isso, para construir um diabo, você deve estar convencido de que tem de construí-lo, que é absolutamente essencial construir essa figura. Caso contrário, a coisa se dissolve no seu inconsciente de imediato, e você é deixado na mesma condição de antes".

Vejam, os pacientes estão totalmente certos quando dizem que isso é apenas uma projeção, e esse seria um procedimento errado se eu não tivesse de lhes dar a chance de *capturar* o refluxo em uma forma. Não posso lhes dizer que é uma projeção sem oferecer um recipiente no qual acolher o refluxo. E isso deve ser uma espécie de imagem suspensa entre o objeto e o paciente; caso contrário – comparem com a água –, o que ele projetou simplesmente reflui sobre ele próprio, e então o veneno o inunda. Portanto seria melhor ele o objetivar de um modo ou de outro; ele não deveria vertê-lo todo na outra pessoa, nem isso deveria refluir para ele próprio, pois as pessoas que fazem más projeções em outras têm um efeito muito ruim sobre elas. Elas as envenenam ou é como se estivessem arremessando projéteis sobre elas. A razão pela qual as pessoas sempre falaram em bruxaria é que isso existe como projeção psicológica; se o seu inconsciente faz você projetar em outras pessoas, você insinua uma tal atmosfera que no fim poderia fazer com que elas se comportassem de acordo, e então elas poderiam corretamente se queixar de terem sido enfeitiçadas. Claro que *não* estão enfeitiçadas, e aquele que faz a projeção sempre se queixa no fim: *eu* fui o idiota, *eu* fui o diabo. O diabo em um causou o diabo no outro, por isso há erro por toda parte. Assim, se algo está errado, tire-o de seu lugar e o coloque no recipiente que está entre o seu próximo e você mesmo. Por amor ao próximo – e por amor a você mesmo –, não introjete nem projete. Por amor à humanidade, crie um recipiente no qual você possa capturar todo aquele maldito veneno, pois ele deve estar em algum lugar – sempre está em algum lugar –, e não capturá-lo, dizer que ele não existe, dá a melhor chance a todo germe. Dizer que não existe algo como a cólera é o melhor meio de causar uma epidemia mundial.

Portanto seria melhor fazer uma imagem para ser capaz de compreender aquilo e dizer "*isso* é aquela coisa". Você pode chamar aquilo de nada mais do que uma figura para o desenvolvimento de sua consciência, pois como você pode desenvolver a consciência se não figurar, imaginar [*figure out*] as coisas? Vocês acham que alguém teria pensado na gravitação se Newton não a tivesse imaginado como uma espécie de atração? Sabe Deus se ela é uma atração – essa é uma palavra humana –, mas ele figurou esse problema. Ninguém nunca tinha entendido antes por que as coisas não caíam de baixo para cima; ninguém se perguntava. Mas Newton se perguntou e figurou*; ele fez um recipiente e não o considerou fato consumado. Assim, eu não considero um fato consumado que um veneno estragasse meu

---

* O verbo *figure out* é muito adequado para Jung, porque suas acepções transitam entre o "figurar" estrito, a representação por figuras, e as acepções de compreender, entender, decifrar, resolver, imaginar [N.T.].

sistema. Farei algo a respeito. Não considero um fato consumado que outra pessoa seja um anjo e eu, um diabo; ou que eu seja um anjo e os demais sejam um diabo.

Sra. Sigg: O que você disse sobre o diabo se dissolvendo no sistema não seria a melhor explicação para a serpente negra e venenosa atingindo Zaratustra? Nietzsche tinha dado beleza e perfeição demais ao consolidar a figura de Zaratustra, e por isso a consequência natural seria ele próprio permanecer pobre e feio demais.

Prof. Jung: Sim, isso é inevitável. Tendo construído uma figura como Zaratustra, ele tende a criar a contrafigura; Zaratustra lança uma sombra. Você não pode construir uma figura perfeita que não seja nada mais do que pura luz. Ela tem uma sombra, e você tende a criar uma sombra também. Por isso, assim que você tiver a ideia de criar um deus bom, tem de criar um diabo. Vejam, os antigos judeus não tinham ideia de um diabo; seus demônios eram apenas coisas estranhas que pululavam em aldeias desertas e ruínas, ou que faziam barulhos à noite. O diabo real apareceu no cristianismo – ou mais cedo, na religião persa em que temos o deus da pura luz e o diabo da pura escuridão, por outro lado. É inevitável: se você separa os opostos, não pode se contentar apenas com a luz. Não é verdade, como alguns de nossos teólogos modernos dizem, que o mal é apenas um erro do bem, ou algo do tipo; pois, se você diz que o bem é absoluto, deve dizer de imediato que o mal é absoluto. Mas isso é o que Nietzsche não percebeu. Ele não viu que, no rastro de Zaratustra, se segue um desfile grotesco de figuras más, anões e demônios e serpentes negras que, juntas, compõem a sombra de Zaratustra. Ele é incapaz de tirar conclusões, porque não se dispunha a admitir que elas eram verdade. Ele era cristão demais – esse foi o seu problema: ele era cristão demais.

Sra. Sigg: Você poderia nos falar algo sobre a arte de criar um diabo real, pois a serpente negra é primitiva demais?

Prof. Jung: Essa é uma longa história. Mas sempre é algo simples: veja, é um ato de devoção.

Sra. Sigg: Criar o diabo?

Prof. Jung: Sim, é um ato de devoção. Daí a minha fórmula: por amor à humanidade e por amor a você mesmo – ou à humanidade em você mesmo –, crie um diabo. Esse é um ato de devoção, eu diria; você deve colocar algo onde não há nada, por amor à humanidade.

Sra. Baynes: Seria um salto grande demais voltar às conferências de Yale e à questão do diabo[271]?

Prof. Jung: Não, pois estamos lidando com o diabo.

---

271. Nas *Terry Lectures* realizadas na Universidade de Yale, em 1937, Jung argumentou que a encarnação do mal na figura de um diabo reconheceu melhor o lado obscuro do mundo do que a suposição de que o mal seja meramente a ausência do bem (OC 11, § 248, 463).

Sra. Baynes: Bem, se você admite o diabo na quaternidade – como explicou na conferência –, como evitaríamos a adoração ao diabo?

Prof. Jung: Você não pode evitá-la, de certo modo. Eu chamo isso de um ato de devoção, pois a devoção, na verdadeira acepção da palavra, não é o que chamamos de adoração divina. É um medo arrepiante, é prestar a atenção devida aos poderes; como você presta a atenção devida aos poderes dos deuses positivos, também tem de levar em conta os deuses negativos. Na Antiguidade, o mal estava incorporado nos deuses juntamente com o bem – por exemplo, quando Zeus tinha ataques de fúria e lançava seus raios. Todos esses deuses eram caráteres muito duvidosos, por isso não se precisa do diabo. E Javé também levava uma existência muito furiosa – bem, ele era generoso, de certo modo, mas cheio de humores. A imagem mais horrível de Javé é descrita no Livro de Jó, em que ele aposta com o diabo sobre quem poderia aplicar a melhor trapaça no homem. Suponham que eu criei uma criancinha que nada sabe, cega como o homem é cego em comparação aos deuses, e então aposto com algum indivíduo mau se essa coisinha poderia ser seduzida! Esse é Javé tal como apresentado no Livro de Jó. Não havia juiz acima dele; ele era supremo. Javé não podia ser julgado, não importa o que fizesse, só se podia dizer que aconteceu assim – não se sabia por quê. Ele é uma figura amoral e por isso, evidentemente, nenhum diabo é necessário; ali o diabo é a própria deidade. Mas no cristianismo é totalmente diferente. Ali, o princípio mau está separado, e Deus só é bom. Não posso entrar na estrutura histórica do cristianismo aqui, mas falo sobre o problema nas minhas conferências em Yale.

Srta. Wolff: Em resposta à questão da Sra. Baynes, é possível dizer que ela parece negligenciar o fato de que, quando o quarto princípio – que no cristianismo é o diabo – é acrescentado à Trindade, temos uma situação inteiramente diferente. Os princípios do bem e do mal já não estão em oposição absoluta, mas se interrelacionam e influenciam entre si, e o resultado é uma configuração inteiramente nova. E quando não mais existe o diabo na acepção cristã da palavra, tampouco pode haver adoração ao diabo. A perplexidade que sentimos talvez se deva à formulação teológica do problema. Se o olharmos do lado da experiência humana, do aspecto moral, por exemplo, sabemos muito bem que não podemos ser apenas bons, mas que nosso lado mau tem, de algum modo, que ser vivido também.

Prof. Jung: Eu entendi que a Sra. Baynes quis dizer que, se havia uma ideia de um deus positivo e de um deus negativo, haveria o que se poderia chamar de "adoração do diabo", mas eu chamaria de consideração: tem mais a ver com consideração do que com obrigação ou devoção. Conscientemente levar em conta a existência de um fator mau seria o equivalente psicológico da adoração ao diabo. Claro que isso é totalmente diferente daqueles cultos que adoravam o diabo sob o símbolo de um pavão, por exemplo. Este foi justamente o diabo cristão, Satã, e eles o adoravam porque pensavam que o diabo poderia fazer mais por eles do que Deus. Assim, nos séculos XII e XIII na França, naqueles tempos de pestes terríveis e guerras e fome, eles adoravam o diabo por meio da missa negra. Se voltaram ao diabo porque disseram que Deus não mais os ouvia. Ele tinha se tornado inclemente e não aceitava suas oferendas, por isso tiveram de recorrer a algum outro fator. Começaram a adorar o diabo porque, como Deus não ajudava, pensaram que o diabo faria melhor e não poderia ser pior. Mas é claro que nada tinha a ver com tudo aquilo; quando você vem à psicologia, não pode continuar pensando nos mesmos termos de antes.

Por exemplo, quando você sabe que criou uma figura, naturalmente não pode adorá-la como poderia adorar uma figura que você não criou. Se você cresceu com a convicção de que existe um bom Deus no céu, pode adorar esse bom Deus, assim como a criancinha pode adorar o pai que ela sabe que existe porque pode ver esse deus. Essa é uma espécie de confiança e fé infantil, não mais possível quando você começou a duvidar da existência de Deus – ou ao menos da existência de um bom Deus. Assim, é impossível recair na adoração ao diabo quando você sabe que mal foi capaz de construir um diabo muito pobre – uma figura paupérrima, como você sabe. Ele será um recipiente pobre porque você será devorado pela dúvida por todo o tempo em que o estiver construindo. É justamente como se você estivesse construindo uma casa e o clima a estivesse derrubando conforme você a constrói. Você terá o maior problema do mundo para criar uma figura dessas e supor que ela existe, justamente porque você a criou. A única justificação para o esforço é que, se você não o fizer, o terá em seu sistema. Ou o veneno estará em outra pessoa e então você estará igualmente em maus lençóis. Mas, se você conseguir capturar esse líquido hipotético em um recipiente entre você e o seu inimigo, as coisas funcionarão muito melhor. Você estará menos envenenado e o outro estará menos envenenado e alguma coisa finalmente terá sido feita. Vejam, só podemos concluir pelo efeito, e o efeito é saudável. Se não tenho boa relação com alguém e lhe digo que ele é um diabo e está totalmente errado, como posso discutir com ele? Só grito com ele e o derrubo. Se projetamos um no outro nossos demônios, somos ambos apenas pobres vítimas. Suponhamos, porém, que nenhum de nós é um demônio, mas que haja entre nós um demônio com quem podemos conversar e que escutará. Então, desde que meu parceiro possa fazer o mesmo, podemos supor que, por amor à humanidade, certamente seremos capazes de nos entendermos. Ao menos temos uma chance. E se não pudermos, concluiremos que aqui o elemento separador é grande demais: devemos lhe dar espaço – deve haver uma razão. Sou contra forçar. Por exemplo, se um paciente tem uma resistência insuperável contra mim, deve haver uma razão, e, se não posso construir a figura correspondente, se não posso figurar isso, nós nos rendemos; ele segue seu rumo e eu, o meu. Não há desentendimento, nem ódio, pois ambos entendemos que existe um fator superior entre nós, e não devemos trabalhar contra uma coisa dessas. É de novo um caso de adoração ao diabo, e devemos nos render ao fator separador.

Sr. Baumann: Você acabou de mencionar a confiança e a fé que as crianças têm em um bom Deus. O que acha da afirmação de Cristo: "Se vocês não forem como uma criancinha não entrarão no reino dos céus"? Isso está errado?

Prof. Jung: Não, está certo – mas não conforme a compreensão teológica comum disso. A ideia deles é que se você não permanecer criança, se não desenvolver seu sentimento infantil, não será capaz de entrar no reino dos céus. Mas isso é uma mentira absoluta. Cristo disse "se vocês não se tornarem *como* crianças", e "se tornarem" significa que nesse ínterim vocês se tornaram altamente adultos. Você também deve se lembrar de que ele pregou aos judeus e não aos bons cristãos de nossos dias, e os judeus acreditavam na lei e na obediência da lei. A crença deles era que se o pai ou a mãe morresse, o bom filho tinha de lhes dar um enterro decente. Mas Cristo lhes disse: "Deixa que os mortos enterrem seus mortos". E no templo, como um menino de 12 anos de idade, ele disse à própria mãe: "O que tenho a ver com você? O que eu sou pertence a mim, você deve desaparecer"[272]. Isso era contra a lei; o ensinamento de Cristo era de que eles deviam abrir mão de sua crença na lei, de que ele era o consumador de todas as leis de todas as profecias. Assim, ele exigiu uma completa revolução, que é um assunto adulto. Essa é uma decisão suprema que não pode ser tomada em um espírito infantil. Aquelas pessoas tinham de superar um conflito inevitável, pois é bom se comportar de acordo com a lei; sendo mau não respeitá-la.

Por exemplo, quando Cristo falou àquele homem que estava trabalhando no campo no sabá: "Se sabes o que fazes, és bendito". Sem dúvida, os discípulos devem ter ficado de cabelo em pé. É como se eu dissesse a um criminoso: "Se você *sabe* que é um assassino, você é bendito". É claro que não poderíamos digerir uma coisa dessas. Trabalhar no sabá era uma ofensa mortal naqueles dias. Não significa nada para nós, naturalmente. Se um homem, mesmo no dia de Natal, estiver cortando lenha, talvez não consideramos isso uma ofensa mortal – mas isso era como o assassinato para aqueles antigos judeus. Assim, quando ele diz que devemos nos tornar como crianças, isso significa: seja tão adulto quanto puder, sofra esse conflito supremo, essa terrível colisão do dever para com a lei, para com seus pais, para com toda a tradição. E, por outro lado, está o *insight* de que a lei não é a última

---

272. Jesus disse: "Segue-me e deixa que os mortos enterrem seus mortos" (Mt 8,22). Aqui Jung confunde dois incidentes. A questão foi feita no casamento em Caná (Jo 2,4). Como menino no templo, ele disse à sua mãe, que estava ansiosamente à procura dele: "Não sabíeis que devo estar na casa de meu Pai?" (Lc 2,46-49).

palavra, de que há outra palavra, a redenção em relação ao mal. A lei nunca lhe dá isso; Cristo lhe dá a redenção em relação ao mal. Esse era um pensamento novo. Agora a decisão só pode ser tomada por uma mente adulta, e quando você tomou essa decisão, *então* se torna como uma criancinha. Isso é o que Cristo quis dizer, não que deveríamos nos tornar como ovelhas.

Sra. Jung: A atitude da criança não consiste apenas em confiança total; inclui também o medo dos poderes sombrios.

Prof. Jung: Oh, sim, quando Cristo diz que vocês devem se tornar como crianças, ele obviamente quer dizer que vocês deveriam ter a atitude de uma criança, e então temos de descobrir o que é isso. É uma atitude racional? É filosófica? Não, é extremamente simples; a atitude de criança dá espaço a todas as indicações da natureza. E então compreendemos aquela afirmação apócrifa de Jesus: "As aves do céu e todos os animais que estão na terra e embaixo da terra, e os peixes do mar, são eles que podem vos levar; e o reino dos céus está dentro de vós"[273]. Isso significa que os instintos então entram em jogo. Vejam, essas ideias começaram a se tornar muito difíceis, porque uma criança tem uma fé implícita. Não é diferente de um animal – daí essa afirmação sobre os animais e sobre os lírios do campo, por exemplo – e essa confiança completa é um sacrifício extraordinário, quase impossível. Portanto não é nada simples do ponto de vista de um ser adulto, e essa exigência do cristianismo permaneceu para sempre descumprida, porque não pode ser cumprida.

Sra. Sigg: Acho que o Professor Zimmer nos deu uma contribuição muito valiosa à questão de aceitar o lado inverso, em sua descrição do modo como os indianos lidam com essa questão. Está no livro *Kunstform und Yoga in Indischen Kultbild*, no qual ele apresenta uma verdadeira técnica.

Prof. Jung: Há muitos modos de lidar com esse problema. Eu mencionei o jeito cristão de se tornar uma criança; mas há modos orientais que são totalmente diferentes, e mesmo na nossa Idade Média temos uma maneira diferente. Vejam, o modo da criança foi pregado pela Igreja, a Igreja tomando a atitude de ser o pai e a mãe, e todos os outros sendo crianças. O papa nunca teve de supor que talvez fosse uma das crianças, tampouco os cardeais. Mas não devemos ser injustos; o papa tem um padre muito simples como confessor, o que mostra que eles tornam isso tão verdadeiro quanto possível e que até mesmo o papa é tão humano quanto possível. É totalmente injusto quando os protestantes acusam o papa de megalomania por conta da afirmação de que ele é invulnerável; isso só tem a ver com o ofício dele. Existe a mesma suposição em outro campo, na afirmação de que a Igreja é uma instituição divina e, portanto, invulnerável. Há, contudo, dúvidas sobre isso. Não

---

273. Jung aqui está citando uma versão restaurada do mutilado *Oxyrhynchus Papyrus*, do século III. Cf. *Apocrypha*, p. 26.

temos certeza de que é uma instituição divina. É um compromisso do homem, e o fato de que se deveria tornar como uma criança não é cumprido.

Sra. von Roques: Uma criança entende isso muito bem; se uma criança é travessa, ele dirá "mande embora o cão travesso", por exemplo. A criança entende que há algo nela que pode ser mandado embora.

Prof. Jung: Bem, há muitas razões para Cristo ter dito o que disse sobre as crianças, e é possível percorrer um longo caminho com ele sobre essa questão da criança. Mas a interpretação teológica causa problema no fim; ela acaba se tornando impossível. Essa é a razão para não haver *consensus gentium* sobre isso; só uma espécie de escola, eu diria, prefere essa solução. No Oriente, e mesmo na Europa da Idade Média, eles tinham outra ideia, mas vocês sabem que não é muito sadio ter outras ideias, como hoje não é muito sadio.

Dr. Escher: Há exemplos históricos de devoção ao diabo como uma espécie de ato moral, o sacrifício das coisas mais valiosas a um deus cruel. Os fenícios e os cartagineses jogavam sua criança primogênita na boca feroz da estátua de Baal, esperando que este trabalhasse em favor deles posteriormente. Abraão foi o primeiro a transformar o sacrifício de uma criança no sacrifício de uma ovelha (*Agnum pro vicario*). E se considerava que sacrificar a virgindade no templo da *Magna Mater* traria boa sorte às mulheres pelo resto de suas vidas.

Prof. Jung: Sim, temos inúmeras evidências nos cultos antigos de que havia deidades muito macabras. Não se hesitava em chamar de demônios os deuses mais antigos, assim como não se hesitava, mais tarde, em chamar Zeus e todos os outros habitantes do Olimpo de demônios, por eles serem uma mistura peculiar de bem e mal. As pessoas sempre tomaram conta justamente dos deuses mais perigosos – naturalmente você prestaria mais atenção a um deus perigoso do que àquele do qual esperaria algo melhor. Os primitivos eram despudorados nesse aspecto. Eles diziam: "Por que deveríamos adorar os grandes deuses que nunca prejudicam a humanidade? Eles estão bem. Devemos adorar os maus espíritos porque são perigosos". Vejam, isso faz sentido, e se vocês aplicarem esse princípio muito negativo a nosso herói Zaratustra, basicamente chegarão à mesma conclusão. A figura de Zaratustra é praticamente perfeita, e a coisa perigosa que causa pânico incessante em Nietzsche é a sombra, o Zaratustra obscuro. Se Nietzsche pudesse dar mais reconhecimento, ou até mesmo uma espécie de homenagem, a todo o lado negativo de Zaratustra, isso certamente o ajudaria, pois ele corre o tempo todo o maior perigo de se envenenar supondo que os pensamentos perigosos daquele sujeito são seus próprios pensamentos; e, como ele faz tais introjeções, não pode evitar a inclusão das grandes figuras. Tem de introjetar Zaratustra também e até mesmo os céus, o que evidentemente resulta em uma metáfora muito boa, mas não é sadio. A pessoa poderia dizer que é o próprio Zeus e o céu azul acima, e isso é maravilhoso, mas então a pessoa deve admitir que é tudo no inferno embaixo. Uma coisa inevitavelmente leva à outra. Assim, seria melhor decidirmos que não somos nem isso nem aquilo; seria melhor não nos identificarmos com o bem, pois então não nos identificamos com o mal. Devemos construir essas qualidades como entidades fora de nós. *Existe* o bem e *existe* o mal. Eu não sou o bem e eu não sou o mal, eu não sou o martelo e eu não sou a bigorna. Eu sou a coisa entre o martelo e a bigorna. Vejam, se você é o martelo, também é a bigorna; você é o batedor e o batido, e então está na roda, eternamente subindo e descendo.

Sra. Sigg: No mesmo instante em que Nietzsche escreveu essa carta a Burckhardt, identificando-se com Deus, após a grande catástrofe em Turim, ele se identificou com César Bórgia e com um assassino voluptuoso.

Prof. Jung: Sem dúvida, todas essas coisas emergiram na doença dele e estão emergindo aqui – no modo como ele se identifica com os céus, por exemplo. Se eu tivesse olhado por sobre o ombro dele enquanto ele estava escrevendo esse parágrafo, deveria ter dito: "Agora espere, pense no que você está escrevendo aqui – isso é perigoso. Você diz que esse belo céu azul que você adora, ou o que quer que o céu signifique para você, é *sua* profundeza, e isso significa que é você mesmo; portanto, ou o céu é muito pequeno ou você é muito grande". Claro que isso é intuitivo. Ele simplesmente não se detém para prestar atenção. Ele engole as mais incríveis baleias de pensamentos e não presta nenhuma atenção, e, se tem indigestão e dor de cabeça depois, se pergunta o que aconteceu.

Sempre que Nietzsche faz uma afirmação como essa, deveríamos intervir e perguntar o que ela significa, quais são as implicações. Como vocês veem, ele é poeta demais e filósofo de menos; não se detém para questionar. Diz que o céu é sua profundeza e sua inocência – mas e então? Ou, no parágrafo seguinte: "[...] assim escondes tuas estrelas. Não falas: *assim* me proclamas tua sabedoria". Poderíamos pensar que, na medida em que o céu é ele próprio, teria aprendido tanto do céu que *ele* não falaria, assim proclamando sua sabedoria – mas ele fala. Claro que ele tem de falar, na medida em que é humano, mas então ele não é o céu. Pois bem, toda essa percepção está ausente aqui; ele é levado por sua intuição. Não pode esperar por uma percepção, e assim engole uma baleia depois da outra, o que naturalmente causa uma tremenda inflação e indigestão ao fim. Há percepções nos parágrafos subsequentes, mas só são percepções de possibilidades, intuições, e ele não extrai nenhuma conclusão. Assim, a coisa toda passa sem que ele perceba, e só podemos dizer que isso é muito ruim.

Sra. Sigg: Na minha tradução ele não diz que é o céu. Ele diz: "Lançar-me à tua altura, isso é minha profundeza". Ele não se identifica com o céu, na verdade.

Prof. Jung: Oh, é basicamente a mesma coisa: ele se lança às profundezas dos céus, a distâncias extraordinárias, e, como não pode pular tão alto, isso significaria uma espécie de queda em profundezas abissais. E ele diz que é a profundeza *dele*, o que é perfeitamente verdadeiro.

Sr. Allemann: Não seria a *Tabula Smaragdina* – o microcosmo e o macrocosmo[274]?

Prof. Jung: Eu gostaria que fosse. Veja, essa é uma percepção, mas ele não a realiza, na verdade. Ele usa de novo esse escudo desafortunado que é o dele próprio – simplesmente o introjeta, e isso permanece uma metáfora de discurso. Como você sabe, a *Tabula Smaragdina* é uma declaração filosófica ou metafísica sobre o universo: "Éter em cima, éter embaixo, céu em cima, céu embaixo, tudo isso em cima, tudo isso embaixo – aceite isso e seja feliz". Mas podemos igualmente introjetar no macrocosmo. Podemos dizer que o céu é aqui e que a terra está embaixo: também temos tudo isso em nós mesmos. Na filosofia hermética tardia, isso certamente foi compreendido desse modo. Mas o problema é que Nietzsche é inclinado a considerar isso apenas como uma metáfora de discurso, como seu próprio fenômeno mental. Lembrem-se, se ele dissesse que este mundo era uma ilusão e que a profundeza do céu era a profundeza de seu próprio ser, isso seria verdade, mas então ele escreveria uma filosofia muito diferente. Não falaria sobre o super-homem que ele estava criando, não gritaria. Seria um eremita ou um sábio indiano ou algo do tipo. E não poderia dizer que era dele próprio a beleza do céu ou o super-homem; não é dele, está fora dele. Não é nem isso nem aquilo, e, mais tarde, ele lhes dirá isso. Esse é o problema. Não adianta defender Nietzsche aqui; é uma falta, um defeito. Agora ele prossegue em sua quase percepção:

> Mudo sobre o mar estrondeante surgiste hoje para mim, teu amor e teu pudor trazem revelação à minha alma estrondeante.

Essa é a ideia da visão do céu que seria um remédio para os tumultos de sua alma. Se ele pudesse se perguntar: "Por que eu penso no céu? Por que eu digo 'minha profundeza'?" – então perceberia que existia uma parte que é toda paz e outra parte que é toda tumulto, e assim como ele tinha de nomear como "céu" a parte de paz, poderia nomear o outro lado, a contrapartida, como "inferno", e isso não seria ele próprio. Caso contrário, ele se encontraria completamente isolado no mundo; seria céu e seria outra coisa mais. Assim, ele deve criar uma forma intermediária, que significa o céu, e outra que significa o inferno – dois princípios, um par de opostos, com o qual ele não seja idêntico. Vejam, a simplicidade e a modéstia do céu seriam úteis se ele tão somente pudesse perceber isso.

> Que tenhas vindo belo até mim, oculto em tua beleza, que fales mudo comigo, manifesto em tua sabedoria:
>
> Oh, como eu não adivinharia todo o pudor de tua alma?

---

274. Cf. p. 744, 745 e 746, vol. II.

Considerando-se que ele dissera que o céu era a alma dele, poderia ser: "Como eu não adivinharia todo o pudor de *minha* alma?" Mas então por que não se comportar de acordo? Por que falar? E se essa é sua alma, então onde está o tumulto?

> Somos amigos desde o início: temos em comum a tristeza, o horror e a razão; também o sol temos em comum.
>
> Não falamos um com o outro, pois sabemos demais: silenciamos um com o outro, sorrimos o nosso conhecimento um para o outro.
>
> Não és a luz de meu fogo? Não tens a alma irmã de meu conhecimento?
>
> Juntos aprendemos tudo; juntos aprendemos a subir acima de nós até nós mesmos, e a sorrir desanuviados: – sorrir desanuviados para baixo, com olhos luminosos e de imensa distância, enquanto evaporam sob nós, como chuva, a coação, a finalidade e a culpa.
>
> E, caminhando eu sozinho: por *quem* tinha fome a minha alma nas noites e nos desvios? E subindo eu montanhas, *quem* buscava eu, senão a ti, pelas montanhas?
>
> E todo o meu caminhar e subir montanhas: apenas uma necessidade, recurso de um canhestro: – somente *voar* deseja a minha vontade, voar para dentro *de ti*!

Seria melhor colocar menos ênfase nele próprio e mais no céu, visto que o céu é definitivamente uma coisa maior do que o indivíduo. Mas se a ênfase está no indivíduo humano, então – conforme a noção indiana – o *Purusha* é mais do que o céu. O céu seria apenas a expressão visível da natureza do *Purusha* e definitivamente menos que o *Purusha*, visto que o *Purusha* é o todo e a única coisa. É claro que não existe esse *insight*, ou haveria consequências inteiramente diferentes. Então isso seria uma espécie de compreensão filosófica, no sentido mais elevado do termo, da qual necessariamente resultaria uma atitude filosófica. Mas isso é exatamente aquilo que não resulta no caso dele, apenas uma espécie de êxtase, uma identificação com um princípio superior, uma espécie de ser divino – como o pai Zeus sentado no Olimpo. Ele diz "sorrir desanuviados para baixo, com olhos luminosos e de imensa distância", mas isso é grande demais. E ele treme ante o que chama de seus próprios pensamentos, mas vocês podem imaginá-lo perturbado por pensamentos que ele sequer conhece, meramente supondo que eles devam ser maus? É uma falta de consciência filosófica, uma falta de pensamento. Podemos acreditar que ele aspira a voar para esse céu, e não precisamos supor que isso seja um antigo desejo infantil de voar para o céu cristão. Provavelmente era no começo, mas podemos lhe creditar um ponto de vista mais desenvolvido. Na verdade, porém, isso não faz muita diferença. É o desejo de redenção, o desejo de ser redimido do tumulto. Ele sente em si mesmo uma clareza acima do caos, uma ordem contra a confusão. Tudo isso está perfeitamente claro, apenas, como eu disse, permanece sendo palavras – talvez belas palavras –, mas não há percepção filosófica.

Pois bem, os próximos parágrafos contêm a ideia de perturbações, coisas que perturbam a visão do céu. Após ter cantado esse louvor ao céu, ele imediatamente sente o ataque dos poderes das trevas; mais uma vez as nuvens aparecem, e ele odeia as tempestades que turvam a visão do céu até que ele já não possa vê-lo. Esse é o reconhecimento de que existem poderes nele que anuviam essa beleza perfeita. Então, após ter falado do trovão, do baterista irritado, ele diz:

> Pois prefiro ainda barulho e trovão e maldições do tempo a essa ponderada, vacilante quietude felina; e também entre os homens odeio mais todos os pisa-mansinho, meio-isso, meio-aquilo e duvidosas, vacilantes nuvens passageiras.

Ele percebe tudo isso nele próprio, mas isso é projetado em todos aqueles outros tolos que fazem tais coisas. Aqui ele deveria perceber que isso é exatamente o que ele está fazendo. Ao ver coisas sem percebê-las, ele fala sobre elas e não as torna verdadeiras porque não *extrai* conclusões, e portanto ele está no conflito como o meio-isso, meio-aquilo, aquele que viu e que não viu, aquele que sabe e que não sabe, aquele que fala a grande palavra e que não acredita nela. Ele realmente está se insultando nesse parágrafo. Pois bem, essa é a diferença entre o crente em palavras – ou o sujeito com uma atitude meramente estética que é encantado por alguma beleza de pensamento ou da cor ou da música – e um verdadeiro filósofo – com o que não quero dizer um professor de filosofia, que *per definitionem* nunca é um filósofo, pois ele meramente fala sobre filosofia e nunca a vive. Um verdadeiro filósofo extrai conclusões que são válidas para sua vida; elas não são mera conversa. Ele vive a sua verdade. Não se refere a uma série de palavras, mas a um tipo específico de vida; e ainda que não consiga vivê-la, ao menos se refere e *vive* isso mais ou menos.

Eu vi indivíduos assim. Eles não são espécimes maravilhosos da humanidade, mas não pensam em uma verdade filosófica como uma série de palavras, ou como algo que soa inteligente e que foi impresso em um livro. Admitiam que uma verdade é algo que você pode viver, e que, quer você viva ou não a sua vida, o único critério é a própria vida. Eles estavam até mesmo totalmente prontos a admitir que talvez tivessem fracassado desse ou daquele modo, ou diriam algumas mentirinhas a esse respeito, mas pelo menos se sentiram apologéticos acerca disso e aceitariam nossa crítica. Conheço um sujeito, um filósofo oriental, que tenho certeza de que comete algumas trapaças sujas como um verdadeiro oriental, mas ele diria que não fez tais coisas, e isso não seria meramente uma mentira mesquinha. Ele mentiria apesar da convicção dele de que uma verdade só é uma verdade à medida que você a viva. Mas a nossa filosofia – céus, é perfeitamente ridícula! Para um professor ocidental de filosofia, nenhum modo de vida tem a ver com a filosofia dele. Esta é uma teoria do conhecimento, e a vida é outra coisa: não toca o conhecimento.

Vejam, esse é o nosso preconceito ocidental, nossa crença em palavras, e isso seduz Nietzsche e o prejudica. Não compreendemos o que a percepção significa. O homem oriental diz que essa é a coisa principal, e nós sequer compreendemos o problema. Nós dizemos *"que* percepção?" – isso nada significa para nós. Quando você se depara dizendo "essa é a minha profundeza", o que quer dizer? Quais são as implicações desse pensamento? Quais são as consequências últimas quando você tenta vivê-lo, torná-lo verdade? Vejam, não podemos perceber: somos esses sujeitos que são meio-isso, meio-aquilo, que vivem no meio-termo, que vivem algo totalmente diferente do que pensamos e professamos.

Sra. Sigg: Nesses capítulos, acho que os equivocados tons [*tones*] elevados são porque Nietzsche foi erguido àqueles ideais pela escola e pela Igreja.

Prof. Jung: Claro, isso é exatamente o que quero dizer: o meio intelectual na Alemanha foi entregue a ele por toneladas [*tons*].

Sra. Sigg: E portanto, para contrapor essa trágica inclinação, imposta a ele pelo espírito da época, parece que o mundo realmente precisava da palavra de um psicólogo suíço: "Não deves te esforçar pelo bem e o belo, mas por teu próprio ser".

Prof. Jung: Bem, infelizmente o seu amigo Jacob Burckhardt não lhe disse que a única coisa a fazer era manter-se o mais calado possível. Burckhardt era uma alma ansiosa que não gostava de se misturar em tais assuntos. Ele até mesmo preferia dizer que era velho demais e estúpido demais. Ele era uma velha raposa astuta demais para se meter nesse vespeiro.

Sra. Sigg: Mas eu não me referi a Jacob Burckhardt.

Prof. Jung: Mas *eu* me referi!

Sr. Allemann: Os budistas consideram a aptidão à percepção como necessária ao progresso na senda do conhecimento, e, para transmitir o significado de "percepção", eles dão o seguinte exemplo: todo mundo entra em contato com a doença, a velhice e a morte, mas a maioria das pessoas simplesmente registra o fato e segue adiante. Quando Buda se deu conta da doença, da velhice e da morte, percebeu que viver significava sofrer e começou sua busca por uma saída da roda do *Samsara*.

Prof. Jung: Esse é um excelente exemplo. Para saber o que o Oriente entende por percepção, leiam os sermões de Buda, sobretudo os da coleção média do cânone Páli[275]. Eles são muito esclarecedores, uma educação mais sistemática rumo à máxima consciência. Ele diz que tudo o que você fizer, faça conscientemente, saiba

---

275. "No Ceilão, por volta de 80 a.C., foi escrito o primeiro cânone budista. Esse *corpus* de literatura sagrada – o frequentemente citado cânone Páli – foi preservado, provavelmente sem muita alteração, até o presente" (Zimmer/*Philosophies*, p. 499).

que você o faz; e chega ao ponto de dizer que, quando você come ou quando você bebe, saiba disso, e quando satisfizer suas necessidades físicas, todas as funções do seu corpo, saiba disso. Isso é percepção – nenhum momento sequer sem percepção. Você deve sempre saber o que está fazendo, e também *quem* está fazendo. E essa é exatamente a percepção que nos faz falta. Vejam, hoje em dia a coisa que é gritada em nossos ouvidos o tempo todo – e provavelmente em toda a América também – é que devemos assumir a responsabilidade por isso ou por aquilo: "Há um sujeito que assume a responsabilidade, ele diz que vai fazer isso!" Isso soa evidentemente maravilhoso; estamos todos esperando por um sujeito desses. Mas alguém vai perguntar quem é esse sujeito? Por exemplo, se o seu negócio estava uma bagunça e um sujeito apareceu e disse que você lhe entregasse e que ele tomaria conta, você naturalmente diria: "Está certo, mas quem é você?" Mas você poderia ter os olhos vendados; se você tivesse apenas a consciência coletiva da Europa atual, agradeceria e suporia que esse era realmente o sujeito que tomaria conta do negócio. E então você escuta que o sujeito faliu no próprio negócio dele, que ele nada sabia a respeito, e que talvez seja um vigarista, portanto como ele pode assumir a responsabilidade? Mas nós não perguntamos isso; ficamos satisfeitos por alguém que assuma. Vejam todos os políticos! Bem, resta agora mais uma coisa a mencionar sobre esse capítulo. Em seguida, Nietzsche diz:

> "Do Acaso" – eis a mais antiga nobreza do mundo, a ela restituí todas as coisas, libertei-a da servidão à finalidade.
>
> Essa liberdade e celestial serenidade pus sobre todas as coisas como um sino cerúleo ao ensinar que não há uma "vontade eterna" que, por cima e através delas – queira.
>
> Pus essa petulância e essa tolice no lugar daquela vontade, ao ensinar: "Em tudo *uma* coisa é impossível – racionalidade!"

Isso é como aquele filósofo muito espirituoso que disse: "Nada é totalmente verdadeiro, e nem mesmo isso é totalmente verdadeiro"[276].

> *Um pouco* de razão, certamente, uma semente de sabedoria espalhada de estrela em estrela – esse fermento está misturado em todas as coisas: em nome da tolice, a sabedoria se encontra misturada em todas as coisas!

Devemos esse *insight* a Nietzsche. Ele é um dos primeiros protagonistas do irracionalismo, um grande mérito, considerando-se que ele viveu em uma época de positivismo e racionalismo extremos. Em nossos dias isso não faz mais tanto sentido; temos de recuar cinquenta ou sessenta anos para entender o pleno valor

---

276. Eduard Douwes Decker, um obscuro filósofo holandês do século XIX que escreveu com o nome de Multatuli.

de uma passagem como essa. Ele certamente foi o único, em sua época, que teve a extraordinária coragem de insistir na natureza completamente irracional das coisas, e também no valor sentimental de um mundo como esse. Um mundo que fosse exclusivamente racional estaria absolutamente despido de todos os valores sentimentais, e assim não poderíamos partilhá-lo, assim como não podemos partilhar a vida de uma máquina. É como se agora estivéssemos completamente convencidos do fato de que somos seres vivos, e de que uma máquina, afinal de contas, não é um ser vivo, mas um aparelho racional premeditado. E sentimos que não somos aparelhos racionais premeditados; sentimos que somos uma espécie de experimento, digamos que um experimento da natureza, ou, para exprimi-lo modestamente, um experimento do acaso. As coisas de algum modo se juntaram e finalmente aconteceu de o homem aparecer. Isso foi um experimento e para sempre permanece um experimento. Assim, podemos dizer que é a mais antiga nobreza do mundo, que todos nós viemos de uma espécie de acaso, o que significa que nada há de racional a esse respeito; nada tem a ver com qualquer aparelho.

Essa é uma percepção muito importante, porque rompe com a velha crença tradicional – que era quase uma certeza – de que somos como que estruturas úteis e destinadas e que estamos aqui por um propósito definido. Então naturalmente estamos em um terrível dilema quando não enxergamos o propósito, quando parece quase como se não houvesse nenhum. Isso simplesmente vem de nosso preconceito de que as coisas, *au fond*, são de algum modo racionais, mas isso é impossível – provavelmente um preconceito infantil que ainda tem a ver com a ideia de que Deus premeditou uma máquina que resultou no mundo, e que funciona de certo modo como um relógio. Fomos infectados por esse ponto de vista, mas isso é confiança em um pai, em um ancião que premedita, extremamente sábio e inteligente e que se senta em sua oficina e puxa os fios, tendo calculado o mecanismo de relógio de todo o mundo. Na medida em que acreditamos nisso, somos meros *fils à papa* [filhinhos de papai; em francês no original (N.T.)], vivemos provisoriamente. Mas é absolutamente necessário, se queremos chegar a algum lugar, cortar esses fios imaginários, pois *não existem* fios. E isso é o que Nietzsche tentou fazer, transmitir a ideia de que não existem esses fios, nenhuma premeditação, nenhum *papa à fils* que se senta atrás da cena e manipula o fio que o leva do estágio da criancinha querida ao bom, ao melhor, ao ótimo. Pode ser, e é até mesmo provável, que a coisa não seja arrumada, que seja realmente acidental.

E quero ali lembrar vocês daqueles velhos livros de Daudet, *Tartarin de Tarasçon* e *Tartarin sur les Alpes*[277]. Tartarin pensava que os perigos dos Alpes eram

---

277. Alphonse Daudet, pai de Leon Daudet, *Tartarin de Tarasçon* (1877) e *Tartarin sur les Alpes* (1885). Tartarin era um genial contador de histórias inverossímeis.

simplesmente arrumados por uma companhia limitada que tinha comprado aqueles lugares e os arrumado para que parecessem perigosos, assim ele subia o Jungfrau como se não fosse nada. Ele sabia tudo a respeito. Mas então ele subiu o Monte Branco e ali de repente descobriu que a coisa não era falsa. Então a dúvida o assaltou e imediatamente ele sentiu um pavor absoluto. Vejam, esse pavor é o que tentamos evitar – poderíamos nos sentir perdidos. Mas só se podemos nos sentir perdidos é que experienciamos que a água também nos carrega; ninguém aprende a nadar enquanto acredita que tem de suportar seu peso na água. Você deve ser capaz de confiar na água, confiar que a água realmente carrega o seu peso, e então você pode nadar. Isso é o que temos de aprender do mundo.

Período do outono:

outubro a dezembro de 1938

Palestra I
19 de outubro de 1938

Prof. Jung: Senhoras e senhores, no caminho do "eterno retorno", voltamos mais uma vez ao nosso velho *Zaratustra*. Começaremos com o capítulo 49, "Da virtude que apequena". Seria impossível fazer um resumo do que foi dito nos capítulos anteriores. Na verdade, tantas coisas foram ditas que se torna absolutamente impossível até mesmo lembrá-las. O *Zaratustra* é um fenômeno tão desconcertante, há tantos aspectos diversos, que dificilmente se poderia abarcá-lo como um todo. Ademais, o próprio *Zaratustra* não é um todo; é, isso sim, um rio de imagens, e é difícil entender as leis do rio, como ele se move ou para que meta está serpenteando.

Se considerarmos o capítulo anterior, "Antes do nascer do sol", e agora "Da virtude que apequena", não poderemos ver exatamente por que um deveria se seguir ao outro. Só temos uma espécie de sensação obscura de que, de certo modo, estão se movendo corretamente, de algum modo fazendo sentido, mas ninguém poderia dizer qual é o sentido. Essa é uma qualidade muito típica de todos os produtos do inconsciente. Os conteúdos do inconsciente fluem em um rio aparentemente caótico como esse, que serpenteia pela natureza, e só a água pode dizer qual será o próximo movimento. Não podemos dizê-lo, pois somos incapazes de perceber as pequenas diferenças no potencial, a inclinação do solo, mas a água a conhece e a segue. Parece ser um movimento completamente inconsciente, não intencional, que simplesmente segue a gravidade natural. Acontece de começar em algum lugar e acontece de acabar em algum lugar. Não se pode dizer que isso faça algum sentido particular, como tampouco se pode dizer – conforme foi dito anteriormente – que se deva à maravilhosa previsão e graça de Deus que exista um rio perto de toda cidade, outra prova da divina providência na natureza. Tem-se a inquietante impressão de algo inumano, e é impossível especular acerca disso porque não há absolutamente nenhum fundamento para especulação; fica-se simplesmente impressionado com as profundezas abissais dos significados da natureza.

Contudo tem-se o tempo todo um sentimento de que em algum lugar talvez exista uma meta secreta. Caso contrário, nunca seríamos capazes de nos concentrar em um livro como esse, assim como nunca poderíamos nos concentrar sobre o enorme problema de por que o Danúbio se dirige para o Mar Negro, ou de por que o Reno flui para o norte. Obras como o *Zaratustra* pelo menos nascem do homem; é o processo natural em uma psique humana. E seria absolutamente desesperador se tivéssemos de chegar à conclusão de que, onde a consciência não fornece propósitos ou fins, o funcionamento natural da psique necessariamente leva a uma solução meramente acidental, que termina no Mar Negro, pois, nesse caso, não valeria a pena especular sobre a vida da psique. Contudo, visto que temos certa intuição, ou um sentimento, de algum propósito subjacente, pensamos que vale a pena nos concentrar em uma obra como essa e tentar descobrir se realmente não existiria um desígnio secreto na coisa toda, algo que talvez nunca apareça claramente na superfície, ou, em outras palavras, um propósito que nunca se torna consciente para o próprio autor. Pois bem, Nietzsche começa esse capítulo do seguinte modo:

> Ao retornar para terra firme, Zaratustra não foi diretamente para sua montanha e para sua caverna, e sim percorreu muitos caminhos e fez muitas perguntas e se informou sobre isso e aquilo, de modo que disse de si mesmo, gracejando: "Vê só, um rio que faz muitas curvas e retorna à fonte!" Pois queria saber o que havia sucedido *com o homem* naquele meio-tempo: se ele se tornara maior ou menor.

Em seu comentário – "Vê só, um rio que faz muitas curvas e retorna à fonte!" –, temos aquele movimento serpenteante do qual falávamos, e também a ideia extraordinária de que o rio não flui para seu fim natural, mas de volta para sua própria fonte. Que forma o rio produziria por esse movimento?

Sra. Schevill: A da serpente que retorna para si mesma.

Sra. Baumann: O *ouroboros*.

Prof. Jung: Sim, a serpente mordendo a própria cauda, que forma o símbolo da eternidade e foi um dos principais temas da especulação medieval. Ela volta ao lugar de onde partira, e assim forma algo como um círculo, embora o círculo possa ser interrompido por muitas sinuosidades. Portanto isso imediatamente nos dá um símbolo. E o próprio Zaratustra fica impressionado com seus movimentos; ele parece desconcertado por não estar indo diretamente à sua caverna. Ele se pergunta sobre seus caminhos – como ele diz, "caminhos e perguntas", muitas hesitações, tropeçando nessa e naquela pedra – e chega à conclusão de que é como um rio que busca sua própria fonte, não seu fim, mas sua fonte. Não sabemos se o próprio Nietzsche percebeu o que isso significa, provavelmente não, pois ele não faz nada com isso. Permanece como uma de suas ideias que ele abandona às margens enquanto continua suas andanças, não lhe prestando nenhuma atenção. Mas, mais tarde, essa ideia reaparecerá várias vezes; essa é outra indicação daquele futuro pensamento, um dos mais importantes pensamentos de Nietzsche.

Sra. Sigg: Die ewige Wiederkunft.

Prof. Jung: Sim, a ideia do eterno retorno está indicada aqui, a ideia de que a vida, ou mais provavelmente a vida da psique, é um eterno retorno, um rio que busca a própria fonte e não a meta, o fim. Retorna à fonte, por isso produzindo um movimento circular que traz de volta tudo o que existiu. Aqui podemos usar outro belo termo grego, *apokatastasis* [apocatástase], que significa o retorno de tudo o que se perdeu, uma completa restauração de tudo o que existiu. Encontramos essa ideia do eterno retorno também no cristianismo, nas epístolas de São Paulo, em que ele fala do significado místico ou metafísico de Cristo e de nossa importância em sua obra de redenção. Ele diz que todas as criaturas suspiram no cárcere, e aguardam pela revelação dos filhos de Deus (Rm 8,19 [N.T.]) o que significa que o homem tem uma importância como o salvador para a natureza como um todo. Toda a criação geme em dores do parto, aprisionada, cativa, e, mediante a manifestação dos filhos de Deus, a natureza como um todo será levada de volta ao estado original de completude e inocência. A mesma ideia está na cabala, da qual São Paulo era um conhecedor. Quem foi o mestre dele?

Sra. Sigg: Gamaliel.

Prof. Jung: Sim, o rabi Gamaliel o Velho, um gnóstico judeu que mais tarde foi chamado de "cabalista". A antiga tradição cabalista sobre o paraíso era que, quando Deus viu que os primeiros pais foram imprudentes a ponto de comer dos frutos da árvore, Ele os expulsou e fechou os portais do paraíso, e, como já não existia nada de bom, Ele moveu o paraíso para o futuro. Vocês têm aí a mesma ideia. O paraíso foi a origem da vida, em que os quatro rios brotaram, e ele removeu a origem da vida para o futuro e a transformou em uma meta. Por isso aqueles rios que saíam do paraíso correrão de volta para o paraíso no futuro. É um círculo, o eterno retorno. Essa é provavelmente a origem histórica da ideia de *apokatastasis*, mas a vida ser um círculo é psicologicamente uma ideia arquetípica. Onde temos evidências disso? Apresentem-se, etnólogos! – ou a psicologia primitiva, a mitologia!

Sra. Fierz: Eu sempre me perguntei se não se poderia considerar aquele modo de enterrar as pessoas em uma posição sentada como simbolizando um retorno à posição original do embrião no ventre.

Prof. Jung: Tem a ver com isso.

Sr. Allemann: Na mitologia alemã, após o mundo ser destruído, ele retorna de novo à condição primordial.

Prof. Jung: Sim, isso é o eterno retorno. E há também o típico mito do herói, em que a ideia da restauração de todo o passado é muito clara. Quando o dragão engoliu o herói e absolutamente tudo o que pertence a ele, seus irmãos, seus pais e seus avós, a tribo toda, os rebanhos, até mesmo os bosques e campos, então o herói mata o dragão, e tudo o que o dragão tinha devorado retorna como era antes. Vejam, a ideia de que tudo retorna ao que era significaria que o tempo chegou ao fim. Em termos mais filosóficos, se o fluxo do tempo pode ser liquidado, então tudo é, tudo existe, pois as coisas só aparecem e desaparecem no tempo. Se o tempo é abolido, nada desaparece e nada aparece – a não ser que já esteja lá e então deve existir! Portanto essa ideia do eterno retorno significa, na verdade, a abolição do tempo; o tempo seria suspenso.

Pois bem, esse capítulo sobre a virtude que apequena é um dos meandros. Ele está voltando de novo aos seres humanos e se pergunta sobre os homens.

> [...] E certa vez viu uma fileira de casas novas; ao que se admirou e disse:
> Que significam essas casas? Em verdade, não foi nenhuma grande alma que as pôs aqui, como símbolo de si própria!
> Terá uma criança boba as tirado de sua caixa de brinquedos? Que uma outra criança as recoloque em sua caixa!
> E estes quartos e câmaras: poderão *homens* sair daí e aí entrar? Parecem-me feitos para bonecas de seda; ou para gatos gulosos que também se deixam degustar.
>
> E Zaratustra deteve-se e refletiu. Finalmente disse, aflito: "*Tudo* ficou menor!
> Por toda parte vejo portões mais baixos: quem é de *minha* espécie ainda pode, decerto, passar por eles, mas – tem de se abaixar!
> Oh, quando estarei de volta a minha terra, onde não mais terei de me abaixar – de me abaixar *diante dos pequenos!*" – E Zaratustra suspirou e olhou na distância.
> No mesmo dia, porém, proferiu seu discurso sobre a virtude que apequena.

Ele está particularmente impressionado com essa mudança de tamanho. O que aconteceu a Zaratustra para de repente se dar conta do tamanho excessivamente pequeno de seus contemporâneos?

Sra. Fierz: Ele se tornou maior.

Prof. Jung: Sim, visto que não é provável que muitas pessoas mudassem em qualquer aspecto particular, visto que elas são praticamente as mesmas que sempre foram, mudando, talvez, em milhões de anos, mas não em uma centena de anos, é muito mais provável que o homem Nietzsche tenha mudado. E isso seria sintoma de que tipo de condição psicológica?

Sra. Fierz: Da inflação dele.

Prof. Jung: Sim. Há muito tempo discutimos minuciosamente o fato de que o próprio Zaratustra é a figura arquetípica do velho sábio. Por isso Nietzsche escolheu o nome de Zaratustra, que foi o fundador de uma religião, um grande sábio. Assim, esse nome deveria exprimir a qualidade peculiar do arquétipo pelo qual o próprio Nietzsche está possuído. Vejam, qualquer pessoa possuída por um arquétipo não pode evitar ter todos os sintomas de uma inflação, pois o arquétipo não é em nada humano; nenhum arquétipo é propriamente humano. O arquétipo em si é uma exageração e vai além dos limites da humanidade. O arquétipo do velho sábio, por exemplo, não é senão sábio, e isso não é humano. Qualquer pessoa que tenha qualquer pretensão à sabedoria sempre é amaldiçoada com certa quantidade de tolice. E um deus não é nada mais do que poder em essência, sem nenhum empecilho ou qualificação. Outra razão pela qual os arquétipos não são humanos é eles serem extremamente antigos. Não sei nem se se deveria falar de idade, pois eles pertencem à estrutura fundamental de nossa psique. Se fosse possível atribuir alguma origem aos arquétipos, ela estaria na era animal; eles remontam a uma época em que o homem mal podia ser diferenciado do animal. E esse *background* inteiramente inconsciente dos arquétipos lhes dá uma qualidade que é marcadamente inumana. Assim, qualquer pessoa possuída por um arquétipo desenvolve qualidades inumanas. Poderíamos dizer que um homem possuído por sua *anima* é demasiado humano, mas demasiado humano já é inumano. Vejam, o homem é um ponto ótimo entre o demasiado humano e o sobre-humano ou inumano, assim o demasiado humano está a caminho da inumanidade. Por isso, na medida em que Nietzsche é possuído por Zaratustra, o arquétipo do velho sábio, ele perde as proporções humanas e se torna incerto sobre seu tamanho.

Às vezes as pessoas que estão possuídas por uma figura inconsciente – a *anima* ou o *animus* ou o velho sábio ou a grande mãe, por exemplo – tornam-se incertas até mesmo sobre sua própria aparência. Tive uma paciente que sempre carregava um espelho no bolso para saber como ela era, e se não olhasse para o espelho antes de sua hora analítica, não conseguia se lembrar. Ou essa inumanidade pode ser projetada no analista, o que explica por que as pessoas frequentemente acreditavam que eu tenho uma maravilhosa barba branca e olhos azuis, ou que no mínimo eu sou loiro. Muitas pessoas são incertas sobre sua própria aparência. Sempre ficam espantadas ao se olhar no espelho – seja chocadas ou pensando que talvez pareçam muito bem, o que meramente mostra que não estão familiarizadas com elas mesmas. E o sentimento da pessoa sobre seu tamanho também pode ser afetado; ela às vezes se sente marcadamente pequena, por exemplo. Temos uma expressão para isso em nosso dialeto suíço: dizemos que alguém se sente com a altura de três queijos*, o que seria mais ou menos o tamanho de um anão. A pessoa talvez sinta que diminuiu de tamanho, ou que subitamente está muito alta, e isso sempre conforme o tamanho da possessão. A pessoa é possuída por um pensamento que originalmente era um arquétipo, e, se personificar esse pensamento ou essa possessão, ela chega a uma figura arquetípica. Ser possuída por um anão faz a pessoa se sentir pequena, e ser possuída por uma grande figura faz com que a pessoa cresça, e ela gosta ou não gosta de sua aparência de acordo com isso. Assim, o que aconteceu a Nietzsche aqui é um sintoma de inflação e de possessão, e é um sentimento humano muito comum. O próprio Nietzsche, o autor, exprime o valor disso para ele, mas o projeta. Pois bem, por que ele projeta tais condições subjetivas?

Observação: Ele não percebe isso.

Prof. Jung: Esse é o ponto, e por isso ele o pôde projetar. Mas por que ele não perceberia que está maior? Quando algo nos acontece e o projetamos em outras pessoas, por que não reconhecemos que é nosso próprio fato, que isso nos pertence?

Sr. Allemann: Porque não estamos conscientes disso.

Observação: Porque estamos possuídos por isso.

Prof. Jung: Mas por que não estamos conscientes disso? Por que somos acessíveis a possessões?

Srta. Hannah: Porque sua percepção é desagradável demais.

Prof. Jung: E o que é tão desagradável no sentimento de estar possuído? O que isso poderia produzir?

Srta. Hannah: Poderia até chegar à loucura.

Prof. Jung: Bem, sim, mas quero saber como vocês se sentiriam sobre uma possessão se soubessem dela?

Srta. Hannah: Horrível, pois você não sabe o que acontecerá em seguida.

Prof. Jung: Sim, seria como se você estivesse afundando em sua cama e então descobrisse que alguém já está lá. Ou como se você estivesse sozinho em sua casa e de repente ouvisse um ruído estranho e pensasse que deve haver outra pessoa no lugar também. Ou como se você escalasse uma montanha pensando que era o primeiríssimo a chegar ao topo, e então encontrasse uma velha garrafa ali; você foi antecipado, seu esforço foi em vão. É intensamente desagradável sentir que não é dono da própria casa – é como uma derrota. Assim, quando se descobre uma possessão, há um medo sobre possíveis eventos; tudo então pode acontecer. Não

---

* Jung provavelmente alude aqui ao termo alemão *Dreikäsehoch*, que se aplica, em tom pejorativo, a um menino atrevido, insolente, a ser colocado no seu "devido lugar" (ou, nesse caso, no seu devido "tamanho", tão pouco expressivo quanto uma pilha de três queijos); denota algo aproximado de nosso termo "fedelho" [N.T.].

se sabe o que esse outro sujeito poderia fazer. Ele já tomou a liberdade de entrar no meu quarto pela janela, sem pedir minha permissão, e poderia estar disposto a qualquer tipo de trapaça. Essa é a razão pela qual preferimos negar a possessão, mesmo se a conhecemos. Por isso, se você ouve um ruído estranho quando acha que está sozinho em casa, sua primeira reação é: não é possível. Porque seria desagradável ter larápios na casa, você tenta negar que ouviu alguma coisa, e espera que seja um rato, ou o vento, ou uma mobília que quebrou. Você espera que exista uma explicação perfeitamente natural e indiferente. É extremamente desagradável e inquietante perceber uma possessão, por isso preferimos dizer que nada aconteceu. Se algo tiver acontecido, aconteceu ao outro sujeito: *eu* não sou desagradável de modo algum; *você* é o diabo desagradável. *Eu* estaria perfeitamente bem se *você* não estivesse aí. Esse é o modo como projetamos, e isso é evidentemente o que Nietzsche-Zaratustra está fazendo aqui. Ele não percebe a própria inflação, mas acha que as outras pessoas se tornaram menores. Pois bem, se você supuser que todas as outras pessoas se tornaram menores, qual seria sua conclusão sobre uma percepção como essa?

Sr. Allemann: Eu estou certo e todos os outros estão errados.

Prof. Jung: Sim, e isso dá uma tremenda satisfação – *eu* sou o cara. Estar além do tamanho humano dá a você uma grande vantagem sobre os outros. Não que você seja de algum modo sobrenatural, você pode admitir que tem apenas o tamanho normal, porém os outros estão desnutridos e muito pequenos. Então você está no topo de tudo. Mas você poderia extrair outra conclusão mais edificante se fosse intelectual ou tivesse uma mente mais científica, coisa que Nietzsche definitivamente não tinha. Ou você precisa apenas ter uma imaginação plástica o bastante para fazer uma imagem de um caso como esse – de que você está em uma multidão de pessoas com uns sessenta centímetros de altura, ao passo que você manteve o tamanho normal. O que uma consciência científica diria então?

Sra. Sigg: Que algo não vai muito bem.

Prof. Jung: Isso é vago demais. Você diria que é um milagre. E um cientista poderia dizer: "É uma ilusão de ótica; eu talvez tenha os óculos errados". Ou: "*Eles* são seres humanos, e eu também sou um ser humano. Nada me aconteceu, então como explico isso?" Ele olharia para si mesmo imediatamente e descobriria que essa projeção de pequenez foi porque ele próprio decresceu de tamanho. Descobriria que eles estavam normais e que ele tinha diminuído; ele tinha projetado isso. Essa seria uma conclusão muito normal. E Nietzsche chegaria inevitavelmente à mesma conclusão se apenas pudesse adotar uma consciência científica. Vejam, em uma inflação, você como um ser humano é menor do que antes, pois perante o espírito possessor, ou o que quer que isso seja, você perdeu sua importância. Assim, quem quer que esteja possuído é, na verdade, muito pequeno; sua humanidade caiu abaixo de seu tamanho normal e se tornou um anão. O próprio Nietzsche é aqui um anão e por isso chega a esse estranho título: "Da virtude que apequena". E tudo o que ele diz nesse capítulo será um *ressentiment* contra a coisa que o apequenou. Ele não admitiria que se apequenou, nem vê o que se apequenou – ele só tem o *ressentiment* por estar apequenado – e, como qualquer um que tem uma possessão, acusa o mundo todo de estar contra ele, de subestimá-lo e de apequená--lo, o que é absolutamente injusto.

Na próxima parte, Nietzsche desce às pessoas apequenadas e se ocupa com uma crítica bastante minuciosa da psicologia deles. Não lerei o texto todo, mas recomendo que vocês o estudem atentamente. Vocês verão que ele é movido por um forte ressentimento contra as pessoas pequenas; ele as deplora. Isso, claro, está um pouco desproporcional; ele deveria estar muito satisfeito com o fato de que agora elas são anões punidos o bastante e que poderiam ser ignorados. Mas que já estejam punidos pelo destino não o satisfaz em nada. Por que não?

Sra. Sigg: Por ele próprio ser tão pequeno em algumas partes do seu ser.

Sra. Fierz: Mas ele deve sempre ser de novo confrontado com esse fato: algo nele sempre o empurra a uma situação em que é confrontado com isso, de modo que ele possa ter outra chance.

Prof. Jung: Bem, esse é o modo tipicamente neurótico – é um fato neurótico em Nietzsche. Ele projeta essa ideia de pequenez, o que evidentemente não é satisfatório. Se fosse real, Nietzsche poderia ter piedade deles porque o destino os puniu tão terrivelmente, mas algo nele diz que eles não são pequenos, por isso Nietzsche os deve apequenar; daí sua projeção. Vejam, você não fica satisfeito quando projeta, por isso deve colaborar, pois está sempre ameaçado pela desagradável possibilidade de subitamente descobrir que isso é apenas uma projeção. Assim, você deve defender sua projeção com grande insistência, devido a esse medo que paira no *background* de descobrir que você está errado. É um tanto injusto que essas pessoas sejam punidas por Deus; seria de se pensar que ele pudesse abrir mão disso, mas não, ele insiste. E assim Nietzsche prossegue por vários parágrafos deplorando os anões, o que não faria sentido nenhum se isso fosse verdade. Mas não é, e por isso ele tem de insistir.

Pois bem, quando as pessoas têm uma atitude crítica e ressentida como essa, evidentemente cometem muitos erros em seus julgamentos e críticas sobre os outros, mas, como somos todos humanos, naturalmente sempre temos em algum lugar um gancho no qual uma projeção pode ser pendurada. E uma projeção, de modo frequente, acerta "em cheio" no prego* – pelo menos em *um* prego; não em todos

---

* A expressão idiomática usada por Jung é *hit the nail on the head*, "acertar o prego na cabeça" [N.T.].

os pregos. Há alguma coisa nela, por isso, de certo modo, você pode dizer que uma projeção também é um órgão cognitivo. Claro que é errado fazer uma projeção, mas existe uma grande justificativa, pois assim você descobre o "prego" no qual pendurou alguma coisa. O casaco que você pendurou nesse prego naturalmente recobre a figura toda e lhe dá um aspecto errado, uma qualidade errada, mas se você afasta o casaco do prego, esse prego permanece e é real. Assim, quando a pessoa que foi aumentada por uma projeção se torna muito crítica do seu entorno, descobrirá vários pregos em que não tinha reparado antes, e sua projeção atingirá em cheio esses pregos. Uma projeção é uma exageração injustificável, mas o prego não é. Assim, certos pontos que Nietzsche vê e critica são absolutamente corretos, e mostram que ele é um psicólogo notável; ele é um dos maiores psicólogos que já existiram, por conta de suas descobertas[278]. Ele viu certas coisas de forma muito clara e as assinalou cruelmente, mas elas são verdades – embora sejam verdades desagradáveis. Se tais verdades são declaradas em um determinado tom de voz, isso é enfraquecedor, destrutivo e inumano.

Selecionarei, assim, algumas observações que me parecem particularmente interessantes e importantes para nossa psicologia. Assim, ele diz:

> Alguns deles *querem*, mas a maioria só é objeto do *querer*. Alguns deles são autênticos, mas a maioria é de maus atores.
>
> Há entre eles atores sem saber que o são e atores sem intenção de sê-lo – os autênticos são sempre raros, especialmente os atores autênticos.

Aqui ele faz uma observação muito acurada, que é também característica dele próprio; de fato, se ele percebe o que está dizendo aqui, realmente deveria ver sua projeção, pois ele vê claramente que pouquíssimos indivíduos têm intenções conscientes, ou são capazes de decisões conscientes, de dizer "eu quero". A maioria deles é objeto do querer, o que significa que são as vítimas da chamada vontade. Naturalmente ele deveria virar para si mesmo essa conclusão. Deveria se perguntar: "Eu sou aquele que quer, ou sou talvez objeto do querer – sou talvez uma vítima? Sou um ator autêntico ou um mau ator?" Mas é característico de Nietzsche, ao longo do livro, que ele muito raramente faça seu julgamento se voltar para ele próprio. Chegaremos agora a um lugar em que subitamente toda aquela tendência difícil se volta para ele próprio, e só com grande dificuldade ela poderia ser repelida e mantida em uma caixa em que não o machucasse demais. Mas aqui ele não dá qualquer sinal de aplicar isso a si mesmo; simplesmente arenga aos outros. Claro, ele está certo em sua conclusão de que a maioria das pessoas é incapaz de querer;

---

278. O tributo de Jung a Nietzsche como psicólogo é como o de Nietzsche a Stendhal e a Dostoiévski, e o de Freud a Shakespeare e a outros poetas.

elas são objeto do querer, simplesmente representam a coisa viva nelas próprias sem se decidir a favor ou contra isso. Mesmo suas decisões, seus conflitos morais, são meras demonstrações da coisa viva nelas; elas simplesmente acontecem.

E é muito difícil dizer até que ponto todos nós funcionamos desse modo. Ninguém ousaria dizer que não é um mero ator de si mesmo, ou do si-mesmo básico que vive nele. Não podemos dizer em que medida estamos libertos, ou parcialmente libertos, da compulsão do inconsciente, até mesmo em nossas realizações mais perfeitas ou em nossas aspirações mais elevadas. Talvez sejamos os atores, os instrumentos, a caixa de ferramentas de um ser maior do que nós mesmos, maior, no mínimo, por ter mais volume ou periferia na qual estamos contidos. Essa dificuldade sempre existe porque não sabemos o bastante sobre o inconsciente; o inconsciente é aquilo que não conhecemos, por isso o chamamos de inconsciente. Não podemos dizer até onde ele vai, e jamais podemos dizer "aqui eu sou absolutamente livre", porque até mesmo nossa liberdade pode ser um papel atribuído a nós e que temos de desempenhar. Pode ser que sejamos todos atores autênticos em certa medida, e então, em outra medida, maus atores e até mesmo tolos que pensavam que a verdade era "eu quero", pois o homem é mais tolo quando diz "eu quero"; essa é a maior ilusão. A ideia de que se é um mau ator é uma ilusão menor, e a ideia de que se é um ator autêntico é a menor de todas as ilusões, se é que é uma ilusão.

É curioso que Nietzsche não chegasse a tais conclusões, mas havia uma falta de conhecimento, pela qual ele não pode ser responsabilizado. Teria lhe ajudado se ele pudesse ter conhecido um pouco mais sobre a filosofia oriental – se ele tivesse conhecido, por exemplo, uma sentença como esta: "Seria preciso desempenhar o papel do rei, do mendigo e do criminoso, sendo consciente dos deuses". Essa é uma amostra da sabedoria oriental; ou seja, que aquele que é rei deveria estar consciente do fato de que só é rei enquanto outro é um mendigo, ou um criminoso, ou um ladrão. É o papel que lhe foi dado: ele se *encontra* em uma determinada situação em que é chamado de "rei"; outro é chamado de "mendigo", ou de "ladrão", e cada qual tem de cumprir esse papel, nunca esquecendo os deuses que atribuíram o papel a ele. Esse é um ponto de vista muito superior, do qual sentimos falta em Nietzsche, por conta de uma falta de consciência de si mesmo, de certo modo, uma falta de autocrítica, nunca olhando para si mesmo de um modo refletido, nunca se espelhando no espelho de sua própria compreensão. Ele está apenas apaixonado por si mesmo, cheio de si, fascinado e, portanto, inflado.

> Há poucos homens aqui: por isso se masculinizam as suas mulheres. Pois só quem for homem o bastante – *salvará a mulher* na mulher.

Essa é uma observação muito curiosa. Se ele quisesse dizer por "homem" o ser humano, então seria compreensível, pois quanto menos se é consciente de seu próprio papel, ou quanto menos se é consciente de si mesmo, menos se é humano, pois então se está inflado – como ele está. Mas ele obviamente se refere ao homem no sentido do sexo, um ser masculino, e daí a conclusão de que as mulheres se masculinizam. Portanto ele encontra uma espécie de efeminação nos homens de sua época; a tendência das mulheres a se masculinizarem corresponde à efeminação dos homens. Pois bem, esse é um fato estranho. A emancipação das mulheres – que começou na época dele – foi um dos primeiros sintomas dessa tendência nas mulheres. Ele não fala na tendência correspondente nos homens – claro que não –, mas dá essa declaração, que evidentemente foi um tapa na face de sua época, porque aqueles homens não imaginavam que estivessem particularmente efeminados; os homens nunca assumem isso. Mas nas mulheres isso se tornou desagradavelmente óbvio, na Sra. Pankhurst e em pessoas assim, por exemplo[279]; toda aquela tendência de fazer das mulheres uma espécie de homens foi particularmente chocante. A efeminação dos homens não foi tão óbvia, mas de fato há algo muito peculiar nos homens de hoje; há poucos homens de verdade. Isso deriva do fato – que você descobre quando olha para os homens de perto e com um pouco de projeção venenosa – de que a maioria deles está possuída pela *anima* – praticamente todos. Claro que eu excluo a mim mesmo! E as mulheres estão todas ligeiramente possuídas por seu amigo fantasma, o *animus*, que causa a qualidade masculina delas. Pois bem, se você mistura homem e mulher em um indivíduo, o que produz?

Srta. Hannah: O hermafrodita.

Prof. Jung: Sim. Por isso estamos todos, de forma consciente ou inconsciente, almejando desempenhar, até certo ponto, o papel do hermafrodita; encontram-se exemplos maravilhosos nas maneiras como as mulheres se apresentam no mundo. E os homens fazem o mesmo, *nolens volens*, embora mais no sentido moral. Eles cultivam vozes profundas e todo tipo de qualidades masculinas, mas suas almas são como manteiga derretida; em regra, estão inteiramente possuídos por uma *anima* muito duvidosa. O inconsciente ter emergido e tomado posse da personalidade consciente é uma peculiaridade de nossa época. Eu também me deparei com essa ideia de modo totalmente independente. Quando eu estudante, li o *Zaratustra*, e, em 1914, o reli, mas não descobri essa passagem. Claro, meu inconsciente pode ter lançado a vista nela, mas eu não diria que Nietzsche foi responsável por essa ideia em mim, pois eu mesmo a encontrei no mundo, em seres humanos. Considero isso um fato: Nietzsche observou corretamente, segundo minha ideia. Pois bem, o que

---

279. Emmeline Gouldner Pankhurst (1858-1928) começou sua carreira como uma sufragista moderada, mas se tornou cada vez mais ostensiva e até mesmo violenta. Foi presa em 1914, após uma tentativa de tomar o Palácio de Buckingham, mas, em 1918, tinha ajudado a estender o sufrágio às mulheres na Inglaterra.

explica esse fato da mistura dos sexos em um indivíduo? É o jorro e a inundação do inconsciente. O inconsciente toma posse do consciente, que deveria ser um macho ou uma fêmea bem definidos; mas, possuídos pelo inconsciente, eles se tornam seres mistos, algo do hermafrodita.

Sra. Crowley: Teria a ver com a ênfase extrema na consciência racional em nossa época – de modo que haveria um obstáculo proporcional do inconsciente – como se estivéssemos mais suscetíveis à influência dele devido a uma atitude unilateral? Também poderia ter a ver com a imagem dele do eterno retorno. Temos um paralelo no símbolo de *Yang* e *Yin* exprimindo a eterna alternância dos arquétipos. Enquanto *Yang* dominou, tínhamos a ênfase no Logos. Agora *Yin* traz um novo código de valores, e naturalmente, enquanto o antigo desaparece, há um conflito no inconsciente que tem um efeito muito perturbador na consciência.

Prof. Jung: Isso é um fato, mas deveríamos ter uma razão para o inconsciente chegar tão perto da consciência justamente quando a própria consciência se separa. Deve haver uma razão para isso não ter acontecido muito tempo atrás, pois devemos admitir que a consciência do homem não aumentou muito desde a Idade Média. Ganhamos apenas uma espécie de conhecimento horizontal, por assim dizer, mas o tamanho da consciência e sua intensidade aumentaram muito pouco. Aqueles homens da Idade Média foram capazes de uma extraordinária concentração da mente – se vocês consideraram as obras de arte deles, por exemplo, aquela assiduidade, amor aos detalhes e assim por diante. Eles tinham exatamente tanto quanto os homens que trabalham no microscópio hoje em dia. Claro que, de um ponto de vista dogmático, somos diferentes, mas, como William James disse, ao falar da ciência natural de nosso tempo, nosso temperamento é devoto. O temperamento no qual vivemos e trabalhamos é o mesmo que aquele da Idade Média, só o nome é diferente; já não é um assunto espiritual, mas agora é chamado de ciência[280].

Sra. Crowley: Mas então também havia uma espécie de casamento entre religião e ciência na Idade Média.

Prof. Jung: Sim, mas o que explica o fato de que agora o inconsciente esteja emergindo?

Sra. Baumann: É porque a religião não funciona mais.

Prof. Jung: Sim, essa é uma das principais razões. A religião é um instrumento muito adequado para exprimir o inconsciente. A principal significância de qual-

---

280. Para William James (1842-1910), a ciência, diferentemente da religião e do tipo dele de filosofia, era remota, geral e acima de tudo impessoal. Embora, como Jung, tivesse formação médica, ele era muito crítico de cientistas que transformam sua profissão em uma religião. Cf. especialmente as palestras XIV e XX de *Varieties of Religious Experience* (Londres, 1902). Jung chegou a conhecer um pouco James, quando foi a Massachusetts em 1909.

quer religião é que suas formas e seus ritos exprimem a vida peculiar do inconsciente. A relação entre religião e inconsciente é óbvia em toda parte: todas as religiões são repletas de figuras do inconsciente. Pois bem, se você tem um tal sistema ou forma em que exprimir o inconsciente, ele é capturado, é expresso, vive com você; mas, no momento em que o sistema é perturbado, no momento em que você perde a fé e a conexão com aqueles muros, seu inconsciente busca uma nova expressão. Então naturalmente ele emerge como uma espécie de lava caótica em sua consciência, pervertendo e perturbando todo o seu sistema consciente, que é sexualmente unilateral. Um homem é pervertido pela qualidade efeminada peculiar do inconsciente, e uma mulher, pela qualidade masculina. Como já não há nenhuma forma para o inconsciente, ele inunda o consciente. É exatamente como um sistema de canais que foi de alguma forma obstruído; a água transborda para os campos, e o que antes tinha sido terra seca se torna um pântano. Além do mais, Zaratustra é uma figura religiosa e o livro é repleto de problemas religiosos; até mesmo o estilo no qual é escrito é religioso. É como se todo o refluxo do cristianismo estivesse escoando para fora; Nietzsche é inundado por todo esse material que já não tem lugar na Igreja ou no sistema cristão de símbolos. James Joyce, no seu melhor, é a mesma coisa, só que no seu caso é a negação da Igreja Católica e dos símbolos católicos[281]; a cloaca subterrânea emerge e esvazia seus conteúdos no consciente porque os canais estão obstruídos.

Srta. Wolff: A ineficácia do dogma não seria um fenômeno paralelo, em vez de uma causa, para o transbordamento do inconsciente? Pois poderíamos perguntar mais: o que aconteceu para que o símbolo cristão não mais contivesse o inconsciente?

Prof. Jung: Sim, essa seria uma questão adicional. Por que perdemos nossa adesão ao dogma? Mas isso leva muito longe; essa é uma questão histórica que tem a ver com uma orientação inteiramente diferente de nosso intelecto, a descoberta do mundo e tudo o que isso significou. E tem a ver com a necessidade de uma nova compreensão que não foi encontrada. A velha compreensão era que, em algum lugar – talvez por trás do sistema galáctico –, Deus estava sentado em um trono e, se usássemos nosso telescópio, talvez pudéssemos descobri-lo; caso contrário, não havia Deus. Esse é o ponto de vista de nosso passado imediato, mas o que deveríamos compreender é que essas figuras não estão em algum lugar no espaço, mas sim dadas em nós mesmos. Elas estão aqui, só que não as conhecemos. Porque pensávamos vê-las em distâncias cósmicas, as buscamos lá de novo. Assim como astrólogos falam das estrelas e das vibrações peculiares que obtemos das constelações,

---

281. Como seu protagonista disse em *A Portrait of the Artist as a Young Man*, escrito em 1916: "Eu não servirei àquilo em que não mais acredito, chame-se ele meu lar, minha pátria ou minha Igreja" (Nova York, 1964, p. 245).

esquecendo que, devido à precessão dos equinócios, as posições astrológicas diferem das posições astronômicas. Nada vem das estrelas; tudo está em nós mesmos. Nessas questões, ainda não avançamos muito, pois parece tremendamente difícil fazer as pessoas compreenderem a *realidade da psique*. É como se ela não existisse; as pessoas pensam que ela é uma ilusão, meramente uma invenção arbitrária. Não conseguem ver que, ao lidar com a psique, estamos lidando com *fatos*. Mas é claro que não com fatos tais como estes são geralmente compreendidos. Quando, por exemplo, o Sr. X diz "Deus existe", isso não prova que Deus existe, nem que não existe. Sua afirmação não produz a existência de Deus, por isso as pessoas dizem que isso não significa nada, ou seja, não é um *fato*. Mas o fato é que o Sr. X acredita que Deus existe, não importa se outras pessoas defendem que Deus existe ou que não existe. A realidade é que as pessoas acreditam na ideia de Deus ou desacreditam nela. Deus é, portanto, um fato psíquico. Nem pedras, nem plantas, nem argumentos, nem teólogos provam a existência de Deus; apenas a consciência humana revela Deus como um fato, porque é um fato que existe uma ideia de um ser divino na mente humana. Esse não é o famoso argumento de Anselmo de Canterbury, segundo o qual a ideia do ser mais perfeito deve necessariamente incluir sua existência; caso contrário ele não seria perfeito[282].

Pois bem, as atuais circunstâncias psicológicas, esta peculiar mistura no caráter dos sexos, é para mim um ponto excelente. Nietzsche viu isso, e é claro que ele pode ver isso tão claramente porque tinha isso nele próprio. Uma projeção é realmente como ter um projetor colocando nossa psicologia na tela, de modo que aquilo que é pequeno dentro de você, o que você não consegue ver, pode ver lá muito grande e distinto. E assim com nossa projeção em outras pessoas; você só tem de a tomar de volta e dizer: "Isso vem daqui; aqui está a lâmpada e aqui está o filme, e isso sou eu mesmo". Então você compreendeu alguma coisa, e isso é justamente o que está faltando aqui. Nietzsche é sobretudo crítico porque sua psicologia nasceu desse ressentimento. Por um lado, ele tem sentimentos de inferioridade e, por outro lado, o tremendo senso de poder. Onde houver sentimentos de inferioridade há um esquema de poder em marcha, pois a pessoa mede as coisas a partir do ponto de vista do poder: ele é mais poderoso do que eu? Eu sou mais forte do que ele? Essa é a psicologia dos sentimentos de inferioridade. Nietzsche é o autor de *A vontade de poder*, não esqueçam. Portanto, naturalmente, como sua crítica é criada por um ressentimento, seu julgamento é, de modo frequente, demasiado ácido, injusto; mas, como eu digo, frequentemente acerta em cheio "a cabeça" do prego. Aqui, por exemplo:

---

282. Santo Anselmo (1033-1109). Seu "argumento ontológico" ainda é objeto de sério debate em círculos teológicos e filosóficos.

E esta hipocrisia achei a pior entre eles: que também aqueles que comandam simulem as virtudes daqueles que servem.

"Eu sirvo, tu serves, nós servimos" – assim reza também a hipocrisia dos dominadores, e ai de quando o primeiro senhor é apenas o primeiro servidor!

Ao que ele se refere – pertencendo à sua época?

Sra. Sigg: A Frederico o Grande, pois ele disse que o rei deve ser o primeiro servidor do Estado[283].

Prof. Jung: Sim, e mais perto dele, Bismarck disse algo muito semelhante: "No serviço de minha pátria eu consumo a mim mesmo"[284]. Isso estava na boca de todo mundo na época de Nietzsche.

Sr. Allemann: E agora!

Prof. Jung: Sim, mas agora é uma reação. É por isso que eu pontuo esses versos. Essa atitude hipócrita encontrou agora sua vingança ou sua compensação. A hipocrisia sentimental do serviço e da devoção tem evidentemente muito a ver com o cristianismo tardio. Na verdade, foi justamente o contrário: o *slogan* cristão foi usado para acobertar o que era pura vontade de poder. A era vitoriana criou uma montanha de mentiras. Freud era como Nietzsche, na medida em que a principal importância desses homens está na crítica que faziam à sua época. Nietzsche, não sendo um médico, fez a parte social da crítica, por assim dizer; e Freud, sendo um médico, viu atrás do biombo e mostrou os meandros do indivíduo – ele trouxe à luz toda a sujeira daquele lado[285]. E nos capítulos seguintes há alusões que indicam que Nietzsche também teve um *insight* sobre o que se poderia chamar de o lado médico das coisas. Mas figuras como Freud e Nietzsche não teriam se destacado – não teriam existido ou sido vistos – se suas ideias não se encaixassem na época deles. Claro, eles podem não ter sido totalmente verdadeiros – é um aspecto unilateral, um programa necessário para o momento –, e então chega um tempo em que isso

---

283. Frederico era, de certo modo, um erudito amador e dado a colocar no papel seus pensamentos sobre uma ampla variedade de assuntos. Com a ajuda de Voltaire, ele escreveu um livro sobre os deveres de um príncipe de Estado, *Anti-Maquiavel*, que foi publicado em Haia, em 1740. Como um biógrafo disse sobre essa passagem que Jung cita: "Na verdade, Frederico poderia dizer que ele seria o primeiro servidor de seus súditos, pois ninguém poderia contestar sua 'completa liberdade para fazer o correto' que ele exigia para servi-los". Cf. Pierre Gaxotte, *Frederick the Great*. New Haven, 1942, p. 152.

284. Como um erudito disse de Bismarck: "Ele falou a verdade quando, alguns anos antes de deixar seu cargo, em um momento de tristeza e decepção, escreveu sob seu retrato, *Patriae inserviendo consumor*". Cf. Kuno Francke, "Bismarck and a National Type". *In*: Kuno Francke, ed., *The German Classics of the Nineteenth and Twentieth Centuries*, Nova York, 1914, vol. 10, p. 9.

285. Em "Sigmund Freud, um fenômeno histórico-cultural", Jung desenvolveu sua afirmação de que: "Como Nietzsche, como a Grande Guerra e como James Joyce, sua contrapartida literária, Freud é uma resposta à doença do século XIX" (OC 15, § 52).

já não é necessário, quando é o maior erro, quando não faz qualquer sentido. Mas, na época de Nietzsche, isso atingia o prego em cheio. Quando se disse "eu sirvo, tu serves, nós servimos", isso era uma mera mentira; mas estão chegando – ou já chegaram – os tempos em que isso já não é uma mentira, em que isso que foi uma mentira se torna uma amarga verdade. Nações inteiras agora rezam "eu sirvo, tu serves, nós servimos", e estamos perto da condição, mesmo nos países democráticos, em que não fazemos mais nada do que servir ao Estado! Tudo o que fazemos é para o Estado ou para a comunidade. Isso já não é uma terrível mentira, é uma terrível verdade.

Palestra II
26 de outubro de 1938

Prof. Jung: Falei na última vez sobre a *apokatastasis*, que significa uma completa restauração, e encontro aqui esta citação de São Paulo:

> Em um instante, em um abrir e fechar de olhos, ao som da trombeta final; sim, a trombeta final tocará, e os mortos ressurgirão incorruptíveis, e nós seremos transformados. Com efeito, é necessário que este ser corruptível revista a incorruptibilidade e que este ser mortal revista a imortalidade.
>
> Quando, pois, este ser corruptível tiver revestido a incorruptibilidade e este ser mortal tiver revestido a imortalidade, então cumprir-se-á a palavra da escritura: a morte foi absorvida na vitória.
>
> Morte, onde está o teu aguilhão? Morte, onde está a tua vitória? (cf. 1Cor 15,52-55).

A Sra. Flowers aporta isso e pergunta se é o equivalente cristão da *apokatastasis*. A ressurreição corporal é certamente um dos aspectos dela, e há outro, ao qual me referi na semana passada. Agora prosseguiremos na segunda parte do capítulo "Da virtude que apequena":

> Ah, também em suas hipocrisias se extraviou a curiosidade de meu olhar; e bem adivinhei toda a sua felicidade de moscas e o seu zumbir em torno de vidraças ensolaradas.
>
> Tanta bondade, tanta fraqueza enxergo eu. Tanta justiça e compaixão, tanta fraqueza.
>
> Rotundos, corretos e bondosos uns para com os outros, assim como grãos de areia são rotundos, justos e bondosos para com outros grãos de areia.
>
> Modestamente abraçar uma pequena felicidade – a isso chamam "resignação"!
>
> E nisso já olham modestamente de soslaio para uma nova pequena felicidade.
>
> No fundo, simploriamente querem uma coisa acima de tudo: que ninguém lhes faça mal. Por isso são gentis para com todos e a todos fazem bem.
>
> Mas isso *é covardia*: embora seja chamado de "virtude".

Não lerei tudo. Como vocês veem, Nietzsche está criticando as pessoas boas e medíocres, que ele odeia como a peste. Essa crítica se baseia em um fato psicológico particular em Nietzsche, que tem a ver com uma percepção particular: esses capítulos precedentes e os que se seguem contêm a lenta percepção de algo que está agora jorrando nele, algo que é extremamente difícil para ele. Qual é esse fato com o qual ele está tentando lidar?

Sra. Crowley: Não é com seu próprio destino futuro?

Observação: Seu homem inferior.

Prof. Jung: Sim, o homem inferior nele próprio, sua sombra. Isso começou algum tempo antes, depois de sua terrível visão, na qual ele foi ameaçado pelo poder de baixo, quando ele já teve uma intuição de sua loucura potencial e tentou escapar. Claro, o homem inferior não é necessariamente louco, mas, se a pessoa não aceita o homem inferior, fica suscetível a enlouquecer, pois o homem inferior traz à tona todo o inconsciente coletivo. E por que isso acontece?

Srta. Hannah: Por causa da contaminação.

Prof. Jung: Exatamente. O homem inferior, sendo um fator inconsciente, não está isolado. Nada no inconsciente está isolado – tudo está unido com tudo o mais. É só em nossa consciência que fazemos discriminações, que somos capazes de discriminar fatos psíquicos. O inconsciente é uma continuidade; é como um lago – se o tocamos, o lago todo flui. A sombra é um peixe nesse lago, mas só para nós é um peixe definido e separável. Para o lago não é; o peixe está misturado com ele, é como se estivesse dissolvido no lago. Portanto a sombra, o homem inferior, é um conceito definido para o consciente, mas, na medida em que é um fato inconsciente, está dissolvido no inconsciente, é sempre como se fosse todo o inconsciente. Por isso somos repetidamente confrontados pelo desconcertante fenômeno de que a sombra – a *anima* ou o velho sábio ou a grande mãe, por exemplo – exprime todo o inconsciente coletivo. Cada figura, quando você vem até ela, exprime sempre o todo, e ela aparece com o poder avassalador de todo o inconsciente. Claro que é inútil falar de tais experiências se você não passou por elas, mas, se você já tiver experimentado uma dessas figuras, saberá do que estou falando: uma figura o preenche com um terror sagrado do inconsciente. Geralmente é a figura da sombra, e você a teme, não porque seja sua sombra particular, mas porque ela representa todo o inconsciente coletivo; com a sombra você obtém a coisa toda. Mas, se você é capaz de se descolar da sombra do inconsciente, se você é capaz de diferenciar o peixe e o lago, se você é capaz de apanhar seu peixe sem pegar o lago todo, então você ganhou esse ponto. Porém, quando outro peixe aparece, é uma baleia, o dragão que engolirá você: a cada novo peixe que você apanha, traz à tona a coisa toda. Assim, quando Nietzsche teme sua sombra ou tenta lidar com ela, isso significa que ele próprio, sozinho, tem de lidar com o terror de todo o inconsciente coletivo, e isso torna as coisas difíceis de se manejar.

Pois bem, quando se é possuído pelo inconsciente até certo grau, quando um homem é possuído por sua *anima*, por exemplo, ele tem evidentemente muita dificuldade para lidar com isso, de modo que, via de regra, as pessoas simplesmente não conseguem fazê-lo sozinhas. A pessoa não pode se isolar em uma alta montanha e lidar com o inconsciente; sempre é necessária uma forte ligação com a humanidade, uma relação humana que segurará a pessoa em sua própria realidade humana. Por isso a maioria das pessoas só pode perceber o inconsciente na medida em que estão em análise, uma vez que têm uma relação com um ser humano que tenha certa quantidade de compreensão e que tenta conter o indivíduo no tamanho humano, pois, assim que a pessoa toca o inconsciente, ela perde o seu tamanho.

Sra. Flower: Parece-me ser o problema mais difícil – que a pessoa deva aprender a discernir enquanto cercada pelo inconsciente coletivo. Muitas vezes parece que a pessoa será completamente despedaçada.

Prof. Jung: Sem dúvida, é impossível perceber o inconsciente coletivo sem ser inteiramente desmembrado ou devorado, a não ser que tenha ajuda, alguma ligação forte que prenda você à realidade, de modo que você nunca se esqueça de que é um indivíduo humano como os outros indivíduos, pois, assim que você toca o inconsciente coletivo, você tem uma inflação – é inevitável –, e então decola para o espaço, desaparece em uma nuvem, torna-se um ser para além das proporções humanas. Isso é o que aconteceu com Nietzsche. Em sua solidão, ele tocou o inconsciente e foi imediatamente preenchido pela inflação de Zaratustra: tornou-se Zaratustra. Claro, ele sabe o tempo todo que não é Zaratustra – Zaratustra é uma figura de linguagem, talvez, ou uma metáfora mais ou menos estética. Se alguém tivesse lhe perguntado se ele era Zaratustra, ele provavelmente teria negado. Contudo Nietzsche maneja Zaratustra – ou Zaratustra o maneja – como se eles fossem uma coisa só. Veja, Nietzsche não poderia falar naquele estilo, como se fosse Zaratustra, sem ser infectado. Por isso, ao longo de todo o livro, tivemos a maior dificuldade por conta desse constante entrelaçamento com uma figura arquetípica. Nunca se tem certeza se é Zaratustra quem fala, ou Nietzsche – ou é sua *anima*? Isso não é verdade, aquilo não é verdade, e não obstante tudo é verdade; Nietzsche é Zaratustra, ele é a *anima*, ele é a sombra, e assim por diante. Isso deriva do fato de que Nietzsche era sozinho, sem ninguém para compreender suas experiências. Talvez tampouco inclinado a compartilhá-las, por isso não existia nenhuma ligação humana, nenhuma conexão humana, nenhum relacionamento para contê-lo em sua realidade. Oh, ele era cercado por seres humanos e tinha amigos, ao menos alguns – houve pessoas que cuidaram dele, mas elas não foram de modo algum capazes de compreender o que estava acontecendo com ele, e isso era evidentemente necessário.

Por isso eu digo: um analista é aquela pessoa que se supõe que compreenda o que está acontecendo em um caso desses. Mas, se tivesse existido análise nos dias de Nietzsche, e alguém lhe tivesse contado que ele estava passando por uma experiência do inconsciente coletivo e que aquelas eram figuras arquetípicas, não teria encontrado boa acolhida em Nietzsche. Você só pode conversar com um homem desses entrando em sua condição. Você poderia dizer, por exemplo: "O que aconteceu na noite passada? Era preta? Se mexia? Que interessante! Céus, o que você passou! Eu irei com você, acredito em Zaratustra, vamos voar com ele". Você deve ficar devidamente impressionado, e deve se submeter ao mesmo afeto a que o paciente se submete; se ele sucumbir, você também deve sucumbir até certo ponto. Você só pode ajudar na medida em que sofre o mesmo ataque, na medida em que você sucumbe – e ainda assim se agarra à realidade. Essa é a tarefa do analista; se ele pode se agarrar à realidade humana enquanto seu paciente é submetido à experiência do inconsciente, ele é útil. Mas, com uma perna o analista deve entrar na inflação; caso contrário não pode fazer nada. Você não pode ser sensato a esse respeito, mas tem de se submeter ao resultado da experiência. Naturalmente, a época de Nietzsche era muito desfavorável para uma experiência dessas. Naqueles dias, não havia a menor possibilidade de que alguém o compreendesse. Havia muitos indivíduos, é claro – sempre houve – que enlouqueceriam com ele voluntariamente; cada louco encontra seguidores. Não há nenhum louco bem-dotado que permaneça sem uma grande escola de seguidores igualmente bem-dotados. Mas encontrar um homem que pudesse manter seus pés no chão e ao mesmo tempo voar era um requisito grande demais.

Sra. von Roques: Mas o que as pessoas pensaram quando ele escreveu isso?

Prof. Jung: Que ele era louco. Eu me lembro de quando o *Zaratustra* apareceu e sei o que as pessoas disseram, o que Jacob Burckhardt disse, por exemplo. Todos pensaram que *Zaratustra* era a obra de um louco, embora tivessem de admitir que certas coisas eram extremamente inteligentes. Mas não conseguiam lidar com isso, não o compreendiam, porque naqueles dias se mantinham distantes de uma experiência como essa, de um modo incrivelmente cauteloso. Viviam em uma espécie de mundo artificial de sentimentos agradáveis e diferenciados, de belas ilusões. E isso é exatamente o que Nietzsche estava criticando. Sem dúvida, estava minando as catedrais e os castelos deles na Espanha, seus ideais mais valorizados, de modo que, para eles, Nietzsche não era apenas um lunático, mas um lunático perigoso. Todas as pessoas educadas de Basileia estavam horrorizadas com o espetáculo, chocadas com suas ideias, sob todos os aspectos. Consideravam-no um revolucionário, um ateu – não há nada que não tenha sido dito contra Nietzsche na época. E, ao mesmo tempo, estavam assustadas porque sentiam uma impressionante porção de verdade no que ele dizia. Foi preciso no mínimo meio século para preparar o mundo para compreender o que aconteceu a Nietzsche.

Claro, não adianta especular sobre o que teria acontecido se Nietzsche tivesse tido uma companhia compreensiva. Só podemos especular sobre tais temas porque agora sabemos sobre a experiência do inconsciente coletivo; o que fazer em um caso como esse é para nós quase que uma questão profissional. O caso de Nietzsche está resolvido, mas devemos compreender o que acontece a um homem sem a ajuda dessa compreensão. Nietzsche é um excelente exemplo de um indivíduo isolado tentando lidar com uma experiência dessas, e nós vemos as consequências típicas. Seus pés não permanecem no chão, sua cabeça incha e se torna uma espécie de balão; não se tem mais certeza de sua identidade, se se é um deus ou um demônio ou um diabo, um fantasma ou um louco ou um gênio. Pois bem, um homem como esse – como vimos nos seminários precedentes – sempre é ameaçado por uma compensação vinda de dentro. Naturalmente, quando tem uma inflação, a pessoa começa a flutuar no ar, e o corpo então fica especialmente penoso ou pesado – começa a se arrastar, com frequência, de modo literal. A pessoa nessa condição se torna ciente de um peso em algum lugar, de um peso indevido que a puxa para baixo, e, como está identificada com o corpo, tenta estrangulá-lo. Os santos cristãos costumavam lidar com o problema desse modo; mortificavam o corpo para se livrar do peso dele. Nietzsche era um homem do século XIX, e esse já não era o modo correto. Pelo contrário, ele enfatiza bastante o corpo; prega o retorno ao corpo. Mas o enfatiza tanto que acaba inflando o corpo; torna-o inacessível ao superestimá-lo. É, na verdade, a sombra que o incomoda; embora louve o corpo, ele não vê que a sombra está representando o corpo. Então a sombra assume uma importância extraordinária, e, por ele não se identificar mais com o corpo, ela se torna um demônio. Como vocês sabem, eu personifico a sombra: ela [*it*] se torna "ele" [*he*] ou "ela" [*she*] porque é uma pessoa. Em um caso desses, se não lidarmos com a sombra como uma pessoa, estamos simplesmente cometendo um erro técnico, pois a sombra *deveria* ser personificada para ser distinguida. Enquanto a sentimos como desprovida de forma ou de uma personalidade particular, ela está sempre parcialmente identificada conosco; em outras palavras, somos incapazes de fazer uma diferenciação suficiente entre aquele objeto e nós. Se chamamos a sombra de um aspecto ou uma qualidade psicológica do inconsciente coletivo, ela então aparece em nós; mas, quando dizemos que este sou eu e que essa é a sombra, personificamos ela, e assim fazemos um corte nítido entre os dois, entre nós e esse outro, e, na medida em que fazemos isso, descolamos a sombra do inconsciente coletivo. Enquanto psicologizamos a sombra, a mantemos em nós. (Por psicologizar a sombra quero dizer chamá-la de uma qualidade nossa.) Se ela é simplesmente uma qualidade nossa, o problema não é desenredado, a sombra não é separada de nós. Ao passo que, quando temos êxito em separar a sombra, se podemos personificá-la como um objeto separado de nós, então podemos tirar o peixe do lago. Está claro?

Sra. Flower: Está claro; contudo, é difícil, pois na maioria dos lugares as pessoas ainda sentem como o faziam na época de Nietzsche.

Prof. Jung: Eu admito que é uma questão muito difícil, pois a sombra pula para fora de nós – podemos nos desentender seriamente com as pessoas mediante nossa sombra – e também com o inconsciente coletivo. Visto que "as pessoas" significa o inconsciente coletivo, a sombra é projetada nelas. Todo mundo toca o destino de Zaratustra na análise: é o maior problema. Mas, quando conseguimos fazer essa diferença entre a sombra e nós mesmos, ganhamos o jogo. Se pensamos que essa coisa está agarrada em nós, que é uma qualidade nossa, jamais podemos ter certeza de que não estamos loucos. Se não podemos nos explicar para as pessoas, se nos tornamos paradoxais demais, que diferença existe entre nós e um louco? Sempre digo aos meus pacientes que são casos limítrofes [*borderline*] como esse: "Enquanto você pode se explicar a um indivíduo sensato, as pessoas não podem dizer que você é louco, mas no momento em que você se torna paradoxal demais, acabou, a relação se rompeu". Por isso eu digo para descolar a sombra e – se você puder –personificá-la, o que é realmente o sinal do descolamento. Por exemplo, se você tem um amigo com quem se sente quase idêntico, a ponto de terem todas as reações em comum, a ponto de nunca saber o que é ele e o que é você, então você não sabe quem *você* é; mas se você pode dizer "esse é o jeito dele e ele é uma pessoa independente de mim", então você sabe quem é quem, quem é você e quem é ele. Evidentemente é uma questão difícil saber em que medida a sombra pertence a você, em que medida você tem a responsabilidade, pois, assim como temos a responsabilidade por pessoas que fazem parte de nós, também temos uma responsabilidade pela sombra; não podemos descolar a sombra a ponto de tratá-la como uma estrangeira que nada tem a ver conosco. Não, ela está sempre aí; ela é o sujeito que faz parte. Contudo há uma diferença, e em nome da diferenciação devemos separar essas duas figuras para compreender o que é a sombra e o que somos nós.

Na medida em que Nietzsche se identifica com Zaratustra, ele tem o problema da sombra. Não conseguiria separar o peixe do lago, e, como às vezes Zaratustra o oprime completamente, a sombra também o oprime quando surge no medo da insanidade – que é o mesmo que o medo do inconsciente coletivo. Tivemos evidência disso em um capítulo anterior. A sombra apareceu como um demônio perigoso, e Nietzsche usou todo truque possível para se defender contra o ataque dela. Minimizou a sombra, fez pouco caso dela, a ridicularizou e a projetou em todo mundo. E agora, nesses capítulos, ele critica e acusa todo mundo, a mediocridade do mundo e todas aquelas qualidades que aderem ao próprio Nietzsche. Por exemplo, ele diz que o desejo mais sincero de todas aquelas pessoas medíocres é não serem feridas. Mas quem é mais suscetível a ser ferido do que o próprio Nietzsche?

Há uma história característica sobre Nietzsche. Um jovem, grande admirador, assistia a suas palestras, e, certa vez, quando Nietzsche estava falando sobre a beleza da Grécia e assim por diante, viu que esse jovem ficou muito entusiasmado. Assim, após a palestra, falou com ele e disse que iriam à Grécia juntos para ver toda aquela beleza. O jovem não pôde deixar de acreditar no que Nietzsche disse, e Nietzsche provavelmente acreditou também. E é claro que o jovem gostou da perspectiva, mas, ao mesmo tempo, percebeu que não tinha um centavo sequer no bolso. Era um sujeito pobre e, sendo suíço, era muito realista, então pensou: "O bilhete custa tanto para Brindisi e depois outro tanto para Atenas; o professor paga para mim ou tenho de pagar minha própria passagem?" Isso é o que ele estava pensando enquanto Nietzsche produzia uma nuvem de beleza em torno de si. Então, de repente, Nietzsche viu o aspecto cabisbaixo do jovem e apenas lhe deu as costas e nunca mais falou com ele de novo; estava profundamente ferido, sem perceber a razão do colapso do jovem. Só o viu torcendo-se e diminuindo-se cada vez mais, até finalmente desaparecer na terra, por um sentimento de nulidade que estava sobretudo em seu bolso. Esse é o modo como Nietzsche ia além da realidade; uma reação natural como essa era o bastante para feri-lo profundamente. Aqui temos um caso: o jovem representava a sombra; aquele medíocre sujeitinho que Nietzsche sempre menosprezou – ali estava ele. Nietzsche não conseguia ver a verdadeira razão, pois isso é o que jamais contou em sua vida. E não devemos esquecer que aquelas pessoas medíocres que ele está insultando são as que garantiram sua vida diária. Conheci pessoas que o bancaram financeiramente, e elas eram exatamente aquelas boas pessoas. Conheci uma velha senhora que era uma pessoa terrivelmente boa e é claro que não compreendia uma palavra do que ele estava dizendo, mas era uma alma piedosa e pensava: "Pobre professor Nietzsche, ele não tem nenhum dinheiro, não pode dar conferências, sua pensão é insignificante, algo deve ser feito para o pobre homem". Assim, ela lhe enviou o dinheiro, por meio do qual ele escreveu o *Zaratustra*. Mas ele nunca percebeu isso. Como também nunca percebeu que, ao agredir aquelas pessoas que bancavam sua vida, estava agredindo a si mesmo. Bem, ele prossegue na terceira parte, quarto parágrafo:

> E quando grito: "Maldizei todos os demônios covardes em vós que gostam de choramingar, juntar as mãos e rezar", então eles gritam: "Zaratustra é sem-deus".
>
> E especialmente seus mestres da resignação gritam isso – mas justamente a esses eu amo gritar no ouvido: "Sim, sou Zaratustra, o sem-deus!"

Esses mestres da resignação! Onde quer que seja pequeno, doentio e sarnento eles se enfiam, como piolhos; e apenas meu nojo me impede de esmagá-los.

Pois bem! Eis a minha pregação para os *seus* ouvidos: eu sou Zaratustra, o sem-deus, que diz "quem é mais sem-deus que eu, para eu desfrutar de seu ensinamento?"

Eu sou Zaratustra, o sem-deus: onde encontrar meus iguais? São meus iguais todos aqueles que dão a si mesmos sua vontade e se desfazem de toda resignação.

Eu sou Zaratustra, o sem-deus: eu cozinho todo acaso em *minha* panela. E somente quando ele está bem cozido é que eu lhe dou boas-vindas como *meu* alimento.

Aqui está sua *hybris*, sua *superbia*: proclamando-se sem-deus, ele se torna Deus. E sua semelhança ao Deus todo-poderoso fica totalmente evidente em qual sentença?

Sra. Fierz: "Eu cozinho todo acaso em *minha* panela".

Prof. Jung: Exatamente, pois quem pode cozinhar seu acaso em sua própria panela e fazer seu próprio destino? Só o dono do destino, o senhor de todo destino. Nenhum ser humano pode fazer isso. Ele está de algum modo no controle do acaso? Ele pode assimilar o acaso, torná-lo seu acaso? Isso é o que *acontece* ao homem, e ele não tem nenhuma chance de torná-lo *seu* acaso. É como se um homem que foi atacado e comido por um leão dissesse: "Esse é o meu leão".

Sra. Baumann: Posso perguntar qual é a palavra alemã para *acaso*? Na minha tradução, está *evento* [*event*].

Prof. Jung: *Zufall*. Isso realmente significa "acaso", e o muito alemão *zu Fall* exprime a objetividade da coisa, ou seja, a coisa que *mir zufällt* – recai sobre mim, recai sobre meu destino, eu nada tenho a ver com isso. Por exemplo, se uma pedra cai na minha cabeça, não posso dizer: "Ah, minha pedra, que eu chutei, cai na minha cabeça". Um senhor de todo destino pode dizer que é sua pedra, pois ele é tudo em tudo – o caçador e o caçado, o assassino e o assassinado –, mas nenhum ser humano pode afirmar isso com segurança. Nietzsche o fez, como vocês veem, mas não é seguro. Assim, sua crítica apequenadora, sua subestimação dos assim chamados bons e medíocres, causa uma subestimação de sua própria mediocridade, do homem real nele próprio. Em um caso desses, a pessoa imediatamente se ergue a um nível alto demais, e qualquer um que erga sua consciência a um nível tão impossível e sobre-humano é ameaçado por uma catástrofe específica. Que catástrofe seria essa?

Observação: Ele cairia nas mãos dos demônios.

Prof. Jung: Bem, sim, mas de que modo isso aparece?

Sr. Allemann: Ele seria responsável por tudo o que ocorre.

Prof. Jung: Sim, ele se tornaria semelhante ao Deus todo-poderoso, mas, quando uma mente humana se torna como Deus, o que lhe acontece? Para permanecer na imagem que eu lhes dei, o que acontece ao peixe?

Srta. Foote: Ele se dissolve.

Prof. Jung: Sim, o peixe se dissolve no lago novamente, a mente se dissolve completamente. Nenhuma mente humana é capaz de ser universal, o Todo. Só a mente de Deus é Tudo. Assim, quando Nietzsche se dissolve na mente de Deus, ele não é mais humano. Então o peixe se torna o lago; não há distinção, uma completa dissolução. Essa é a meta de algumas práticas religiosas.

Sra. Crowley: A ioga.

Prof. Jung: Sim, na ioga, o estado de *samadhi* ou bem-aventurança, ou *dhyāna*, que significa uma espécie de *ekstasis*, acaba no que os indianos chamam de superconsciência, ou no que chamamos de o inconsciente. Tive muita dificuldade na Índia para traduzir o que entendemos por inconsciente coletivo. Tive de me explicar em termos sânscritos, que são os únicos termos filosóficos que eles realmente compreendem, e não encontrei nenhuma palavra correspondente. Primeiro pensei que *avidya* poderia servir, mas não serve de modo algum; *avidya* significa simplesmente escuridão e ausência de conhecimento, portanto não cobre a ideia do inconsciente. Então eu logo descobri que *buddhi*, a ideia da mente perfeitamente iluminada, ou, melhor ainda, *samadhi*, era o termo certo para a dissolução do consciente no inconsciente. De fato, um homem que volta do vazio, de um não saber que é positivo, volta com o sentimento de conhecer tudo; ainda assim, ele não pode trazer consigo o mar, pois se tornou o peixe novamente. E o peixe não é o mar e não pode incluir o mar; este permanece o que sempre foi. Entrar em *samadhi* significa que o peixe é dissolvido na água e se torna todo o mar – ele *é* o mar –, e, como o mar não tem forma mas contém todas as formas, não pode ser transmitido por uma das formas – por exemplo, o peixe.

Pois bem, entre todas as observações críticas de Nietzsche sobre as pessoas medíocres e demasiadamente boas, algumas merecem nossa atenção. Omitirei as observações negativas, embora, de um ponto de vista psicológico, sua crítica seja frequentemente muito válida. Ele tem o grande mérito, por exemplo, de ter visto que as virtudes se baseiam em vícios, que cada virtude tem seu vício específico como mãe; e também que a virtude só faz sentido, de certo modo, como uma reação contra o vício, e que as consequências necessárias de certas virtudes são vícios. Essa peculiar inter-relação funcional entre bem e mal, dia e noite, é um ponto de vista de grande valor psicológico; faz de Nietzsche um grande psicólogo. Mas só podemos lidar aqui com as tendências gerais, e é bastante óbvio que sua crítica é de novo um *ressentiment* que não é totalmente justo; é verdadeira até certo ponto, mas, como um todo, vai realmente longe demais. Contudo, ao soltar as rédeas para todas as suas ideias críticas, surgem certas coisas que nos permitem olhar de cima para uma camada mais profunda de seu pensamento; por trás de sua crítica superficial, podemos ver ideias de grande importância.

Como vocês sabem, Nietzsche frequentemente gostava de pensar em si mesmo como um reformador religioso; não foi em vão que ele tomou o nome de Zaratustra para exprimir seu papel histórico. Ele tomou esse nome, como vocês sabem, porque Zaratustra foi o originador da ideia de bem e de mal, dos opostos morais; foi realmente ele quem causou essa grande cisão na humanidade do problema moral. E agora Zaratustra, como um *Saoshyant*, um novo salvador, tem de voltar para curar a ferida que ele causou. A ideia de Nietzsche do super-homem seria o homem que estava além dessa ferida, que a tinha curado. Encontramos essa ideia no mistério do Graal, no rei sofredor que deve ser curado por um salvador; ele é o homem cristão que carrega essa ferida moral, assim como o homem persa foi dilacerado pela doutrina de Zaratustra. A ideia de Nietzsche era de que sua tarefa na história do mundo seria curar o homem dessa ferida incurável que ele sofreu outrora. E ele não estava apenas jogando com essa ideia. Era uma convicção profundamente enraizada nele, equivalendo a uma espécie de experiência mística. Isso explica o fato de que Zaratustra sempre foi para ele mais do que uma metáfora de discurso; foi mais ou menos uma figura real. Daí a famosa afirmação: *Da wurde eins zu zwei und Zarathustra ging an mir vorbei* ["Então um se tornou dois e Zaratustra passou junto a mim"; em alemão no original (N.T.)], que claramente exprime a natureza viva e visionária da experiência de Zaratustra.

Nessa base, é totalmente compreensível que uma determinada verdade, importante para a nossa época e para a história, deva também vir ao primeiro plano. Nietzsche foi contemporâneo de Richard Wagner, e não foi sem sentido que Wagner tenha se ocupado com o *Parsifal*, que contém esse mesmo problema. E curiosamente foi justo o *Parsifal* que causou o afastamento mais amargo entre os dois antigos amigos. Nietzsche acabou acusando Wagner de ter caído diante da cruz, o que foi uma flecha amarga, pois, em sua consciência, Nietzsche só podia ver o chamado gesto cristão ou o sentimentalismo cristão; ele não se deu conta do significado mais profundo de todo esse fato[286]. Eu não estou falando agora da ópera *Parsifal*, de Wagner, mas do fato da ocorrência dessa ideia naquela época. Foi praticamente o paralelo de Zaratustra: Zaratustra é o outro aspecto da mesma coisa, apenas expresso em termos inteiramente diferentes. É a mesma ideia, mas expressa em um meio a-histórico, em um cenário que estava além da história. Zaratustra é, de

---

286. Embora Nietzsche tenha inicialmente se emocionado com *Parsifal*, ele veio a acreditar que "a música de Parsifal tem caráter – mas um caráter ruim [...]" (a Franz Overbeck, setembro de 1882, *Letters*/Middleton).

certa forma, histórico, mas Wagner permaneceu muito mais na tradição, usando uma lenda que era muito conhecida e ainda mais apreciada. E ele recuou apenas à Idade Média, ao passo que Nietzsche fez uma regressão muito maior, voltando ao século VIII ou IX a.C., para tomar sua figura ou analogia, seu mito. Mas as ideias efetivas são basicamente as mesmas – a ideia da cura da ferida incurável.

Portanto estamos totalmente justificados em aceitar as afirmações mais importantes no *Zaratustra* quanto à natureza da cura, ou quanto às verdades que estão até mesmo além da mente de Nietzsche. Assim como os sonhos podem nos contar coisas que são muito mais inteligentes do que nós, muito mais avançadas do que nossa consciência atual, também pode acontecer de seu inconsciente lhe contar coisas que estão acima de sua cabeça, até mesmo para um homem como Nietzsche. Então, ao recontá-las, ele tende a distorcê-las ligeiramente, dar-lhes um aspecto que se deve inteiramente à esfera mais restrita de sua consciência pessoal, de modo que elas pareçam ser, digamos, críticas sociais contemporâneas. Nesse capítulo, por exemplo, em que ele muito claramente dá vazão a todo seu ressentimento contra seu entorno, há uma passagem que eu não gostaria de omitir, os últimos versos da terceira parte, em que ele diz:

> "Amai então vosso próximo como a vós mesmos – mas sede antes aqueles que *amam a si mesmos*, que amam com o grande amor, que amam com o grande desprezo!" Assim fala Zaratustra, o sem-deus. –

Se lermos todo o capítulo superficialmente, essa observação facilmente escapa de nossa atenção, pois ele parece estar na linha das outras observações críticas e realmente apequenadoras. Mas aqui ele diz algo que tem um fundo duplo; esse é um pensamento sintético. Claro, soa como um dos paradoxos dos quais Nietzsche tanto gosta; ame seu próximo, mas primeiro ame a si mesmo, soa como uma demonstração de *sacroegoismo* – uma frase que os italianos inventaram quando se juntaram aos Aliados na guerra –, mas aqui é possível um engano. Quando você ama seu próximo, é compreensível que o próximo signifique aquele que está com você, em sua vizinhança, que você conhece como uma pessoa definida; e, quando você ama você mesmo, estaríamos inclinados a pensar que Nietzsche entende por "você mesmo" simplesmente você, essa pessoa egoica de quem você é consciente, e nesse caso é autoamor, é *sacroegoismo* – ou nem sequer sacro –, egoísmo mesquinho e comum. Nietzsche é totalmente capaz de dizer uma coisa dessas, porém Zaratustra fala essas palavras – e Zaratustra, não se esqueçam, é sempre a grande figura, e totalmente apta a afirmar uma grande verdade. Nesse caso, eu desconfiaria de um julgamento superficial. Eu diria que essas palavras, "ame a si mesmo", se referem, na verdade, ao si-mesmo, e não ao eu. Então diríamos: "Na medida em que você ama seu si-mesmo, ama seu próximo". E eu gostaria de acrescentar que, se você é incapaz de amar-se nesse sentido, é totalmente incapaz de amar seu próximo, pois então você ama nas pessoas tudo aquilo de que está consciente quando ama a si mesmo do modo egoísta; você ama aquilo que conhece de você mesmo, mas não aquilo que você não conhece. Há uma antiga sentença de que só se pode amar o que se conhece – há até mesmo uma sentença alquímica de que ninguém pode amar o que não conhece –, mas está muito alinhado a todo o estilo de Zaratustra amar o que não se conhece; ou seja, amar com base na confiança ou na esperança, amar o desconhecido no homem, o que significa a esperança do futuro, a expectativa do desenvolvimento futuro. Então, se você pode amar a si mesmo como aquilo que você é, e como aquilo que você ainda não é, você se aproxima do si-mesmo. E tal amor capacita você a amar seu próximo com a mesma atitude, amá-lo como ele é, e também como ele ainda não é.

Pois bem, Zaratustra diz desse amor que ele significa amar com grande amor e com grande desprezo. Isso de novo soa como um daqueles famosos paradoxos um tanto irritantes, mas aqui ele faz um sentido extraordinário, e tenho certeza de que o próprio Nietzsche sentiu que descia diretamente à raiz das coisas, pois essa é a fórmula de como lidar com a sombra, de como lidar com o homem inferior. É simplesmente impossível amar o homem inferior tal como ele é, não fazer nada mais do que o amar; você deve amá-lo com grande amor e também com grande desprezo. E essa é a enorme dificuldade – reunir as duas coisas em uma única ação, amar a si mesmo e desprezar a si mesmo. Mas aqui você tem a fórmula de como assimilar sua sombra. Daí essa afirmação de Nietzsche ser realmente a chave para a cura daquela cisão entre o homem superior e o homem inferior, entre o que está mais acima e o que está mais abaixo, a luz e a escuridão. Estou absolutamente convencido de que essa passagem é uma daquelas que Nietzsche realmente sentiu, pois ele era um grande gênio, e está, no seu sentido mais profundo, em consonância com todo o seu estilo e a sua tendência. Infelizmente, com demasiada frequência, essa grandeza é minada ou desintegrada pelo amor ao jogo de palavras, pela ênfase excessiva, por tendências neuróticas que se intrometem; mas todas essas sombras não conseguem impedir, diversas vezes, que uma grande verdade apareça. Pois bem, imediatamente depois ele continua,

> Mas por que falo eu onde ninguém tem *meus* ouvidos? Ainda é uma hora cedo demais para mim aqui.

Imediatamente o ressentimento ressurge: de que serve uma verdade profunda como essa? Não há ninguém aqui que escute, ninguém tem meus ouvidos – aqueles grandes ouvidos, os ouvidos de elefante de um deus, os grandes ouvidos de Buda.

Sou o meu próprio precursor entre esse povo, meu próprio cacarejar por vielas escuras.

Frequentemente acontece, quando Nietzsche aparece com um ressentimento muito pessoal – o que, infelizmente, é demasiado compreensível, mas muito triste –, de ele então cometer um erro em seu gosto. "Sou o meu próprio precursor entre esse povo" ainda vai, mas "meu próprio cacarejar por vielas escuras" nos faz pensar em um galinheiro escuro em que um galo cacareja sozinho – seu galo. É ridículo. A pequenez do homem inferior em Nietzsche aparece aqui e estraga a impressão. Ele poderia ter terminado o capítulo em "Assim fala Zaratustra, o sem-deus", que teria feito sentido, mas ele prossegue: "Por que falo eu" – ele retorna a si mesmo, torna-se pequeno. Essa observação sobre amar com grande amor e com grande desprezo explica por que Zaratustra é sem-deus, e ao que ele realmente se refere ao enfatizar seu ateísmo. Mas fazer isso é de mau gosto e, em nossos dias, pior do que nunca, é idiota, o que não era o caso então. Vejam, ele se refere a esse homem ou a esse ser que está além do homem sofredor comum, o homem com a grande cisão moral; ele se refere ao super-homem que é capaz de amar com grande amor e com grande desprezo. Isso é Deus: só Deus é capaz de uma coisa dessas, pois ele é o todo. Amar com grande ódio seria o mesmo. Ele unifica os opostos, os reconcilia completamente desse modo; ele cria o ser mais paradoxal que Deus deve ser se ele é inteiro. *Se* ele é inteiro – isso é o que frequentemente se esquece.

Por exemplo, quando o teólogo protestante diz que Deus só pode ser bom, então como fica o mal? Quem é mal? Dizer que o homem é mal não explica o grande mal no mundo; o homem é pequeno demais para ser o criador de todo o mal. Deve existir igualmente um deus do mal. Se você faz um deus do bem, então também faz um deus do mal. Na religião persa, Ormazd é o deus do bem e Ahriman é o deus do mal. Se você tem um deus que só pode ser bom, então deve ter um diabo que só pode ser mau, e esse dualismo, embora seja uma consequência lógica, é insuportável. De certo modo, não faz nenhum sentido. Como fica a onipotência de Deus se ele tem de sofrer a existência de um parceiro no jogo cósmico? Essa questão já me incomodava quando eu era um garotinho. Fiz meu pai passar por maus bocados por conta desse problema. Eu sempre costumava dizer: "Se Deus é onipotente, por que não impede o diabo de fazer o mal?" Se nosso vizinho tem um cão mau que morde as pessoas, a polícia vem e multa o homem. Mas Deus aparentemente tem um cão mau, e não há polícia que o multe por permitir que ele morda as pessoas. Então o teólogo tem de dizer que Deus permitiu que Satã trabalhasse por algum tempo para que as pessoas sejam testadas. Mas por que fazer as pessoas assim? Como ele é um bom oleiro, deve saber se os vasos que ele fez são bons; não precisa testá-los para saber se resistirão. O vaso deveria ser perfeito, e se não é, ele não é um oleiro perfeito, e então esse é um jogo tolo. Temos uma ideia do jogo tolo em Jó, em que Deus aposta com o diabo sobre quem poderia levar a melhor sobre o velho Jó. E a mesma ideia está no *Fausto*; é claro que Goethe a tomou do Livro de Jó, mas é um ponto de vista impossível.

Vejam, quando você tenta criar a ideia de um ser universal, deve reunir as duas coisas em uma só, e não pode fazer isso a não ser que o faça primeiro em você mesmo. Você não pode conceber alguma coisa que não possa conceber em si mesmo. Não pode conceber o bem se o bem não existe em você mesmo. Não pode conceber a beleza se a beleza não existe em você mesmo; você deve ter a experiência da beleza. E, para conceber um ser que é bem e mal, dia e noite, você deveria ter a experiência dos dois seres em você mesmo. Mas como chegar a uma experiência como essa? Só atravessando um período em que você já não pode projetar o bem ou o mal, em que você já não pode acreditar que o bem está em algum lugar para além do sistema galáctico e o mal está em algum lugar no interior da terra, no fogo eterno do inferno, mas que o bem está aqui e o mal está aqui. Desse modo, você introjeta as qualidades que tinha emprestado aos deuses. Naturalmente, ao introjetá-las, você deve atravessar um período de inflação, em que você é demasiado importante. Mas você é importante justamente no fato de que é o laboratório, ou até mesmo o vaso químico, no qual a solução deve ser feita, em que as duas substâncias deveriam se encontrar.

Você não pode reuni-las em algum lugar de uma maneira abstrata. Só pode fazê-lo em sua própria vida, em seu próprio si-mesmo. Ali os dois princípios cósmicos se juntam, e, se você experiencia a unicidade dos dois, a indescritível e inexplicável unicidade da escuridão e da luz, do bem e do mal, obtém, enfim, a ideia de um ser que não é nem um nem outro. Se você teve essa experiência de ser ambos, um e outro, nem um nem outro, compreende o que os indianos querem dizer por *neti, neti*, que significa, literalmente, "nem isso nem aquilo", como uma expressão da suprema sabedoria, da suprema verdade. Aprende a se descolar das qualidades, de ser isso e aquilo, de ser branco e preto. Aquele que sabe que tem esses dois lados já não é branco e já não é preto. E é exatamente a isso que Nietzsche se refere em sua ideia de um ser superior para além do bem e do mal. É uma excelente intuição psicológica. Claro, quando você tiver tido essa experiência, deve então descer toda a extensão da escada, deve voltar à realidade de que você não é o centro do mundo, de que você não é o símbolo reconciliador pelo qual todo o mundo esperava, de que você não é o Messias ou uma pessoa perfeita ou o super-homem. Deve descer à sua própria realidade, em que você é o homem sofredor, o homem com uma ferida – e a ferida é tão incurável como sempre. Ela só é curada na medida em que você tem acesso a essa consciência que sabe: eu sou branco e eu sou preto.

Sr. Baumann: Às vezes eu experimentei fazer as pessoas contemplarem desenhos geométricos por cerca de um minuto, e um homem, com uma mente um tanto escolástica, que coloca todos os seus pensamentos no devido lugar em seu sistema mental, teve uma visão quando contemplou o quadrado. Ele nunca tinha feito fantasias ou desenhos tais como fazemos aqui, mas viu Cristo no centro do quadrado; e, no canto direito superior, Ahriman; e, no canto inferior esquerdo, Ormazd. Perguntei-lhe se ele tinha tido algo a ver com esse mito, e ele disse que não, que isso simplesmente apareceu assim.

Prof. Jung: Sim, essa é uma revelação do inconsciente. O inconsciente está muito à frente e lhe falou de um problema do qual ele ainda não tinha se dado conta: ou seja, que Cristo é, de certo modo, um mediador entre Ormazd e Ahriman. O paradoxo de que Deus desceu no corpo imperfeito do homem, de que Deus possa ser incluído em um corpo físico imperfeito, deu muito problema à Igreja. Tiveram de elaborar todo tipo de hipóteses, sobre aquilo em que o corpo consistia, se corpo e alma (ou Deus) eram um, ou se Cristo era de duas naturezas. Assim, a Igreja Católica acabou fazendo essa fórmula do verdadeiro homem e do verdadeiro Deus, uma concepção monoteísta que é um tremendo paradoxo. Mas temos de deixar as coisas assim. Não sei se esse homem ao qual você se refere estava interessado em tais ideias.

Sr. Baumann: Não, não conscientemente.

Prof. Jung: Eu diria que é um tanto improvável, pois, se ele estivesse acostumado a se exprimir nos termos cristãos históricos, em termos desse conflito, acerca da natureza de Cristo, por exemplo, não teria escolhido Ormazd e Ahriman para exprimir o dilema; isso está mais na linha de Nietzsche, do que estamos discutindo hoje. Vejam, nosso inconsciente, de fato, está nas linhas de Nietzsche quando lhe permitimos trabalhar livremente; ele se exprimiria de tais formas, mais do que nas linhas do dogma cristão, porque nosso inconsciente está no mundo e não nos livros sobre história. Essa fantasia absolutamente formula a ideia de Cristo como o super-homem, o homem que é um paradoxo, tanto deus quanto homem. Onde Deus estava quando estava em Cristo? Claro que, na medida em que Cristo se sentia como um homem, ele exclamaria: "Meu Deus, meu Deus, por que me abandonaste?" – ou "Pai nosso, que estás nos céus". Mas, se ele é Deus, estaria falando consigo mesmo como se fosse seu próprio pai. Esse Deus é pai e filho, seu próprio pai e seu próprio filho; é, de novo, um paradoxo absolutamente incompreensível, mas é realmente uma verdade psicológica, pois o homem pode experienciar ser seu próprio pai e seu próprio filho.

Por exemplo, ele pode vividamente ser quem ele costumava ser; você só tem de assistir uma regressão em um paciente para ver o homem que existiu, que é o pai do futuro homem que é totalmente diferente, que é o filho. Se você vive no futuro, é seu próprio filho e sua própria filha, e se vive no passado, você é o pai desse filho – o que é realmente a ideia de Deus sendo o pai e o filho em uma só pessoa. Essa é a projeção de uma experiência humana, de uma experiência que não é um pensamento humano inventado por um filósofo ou uma pessoa intelectual como essa, mas um pensamento humano que é também uma experiência altamente mística, uma experiência divina. Por isso você pode dizer: "Isso não sou eu próprio, é Deus". Mas, embora saiba que a experiência de Deus é sua própria experiência, você deve sempre acrescentar que isso não é sua experiência pessoal. É uma experiência mística; você sente que é uma experiência divina. É o que anteriormente permitia às pessoas dizerem que uma experiência dessas tinha acontecido no passado remoto ou que está sempre acontecendo, uma verdade eterna em espaço metafísico. A transformação dos elementos, da substância da sagrada comunhão, é o sacrifício de Cristo, e isso sempre aconteceu. Está fora do tempo. A crucificação de Cristo é um fato histórico e por isso desapareceu, mas a Igreja defende que esse sacrifício é um conceito metafísico. É uma coisa que acontece o tempo todo – o tempo todo Cristo está sendo sacrificado. Portanto, sempre que o rito é repetido, com a devida observância das regras e naturalmente com o *character indelebilis* do sacerdote, recebido ao longo da sucessão apostólica, é realmente o sacrifício de Cristo. Daí que, quando um bom católico em um trem esteja passando por um vilarejo em que exista uma igreja, ele deve fazer o sinal da cruz. Essa é a saudação ao Senhor que habita na hóstia no cibório do altar; o Senhor realmente vive naquela casa, uma presença divina. É exatamente a mesma ideia que o eterno sacrifício de Cristo.

Palestra III
2 de novembro de 1938

Prof. Jung: Vou primeiro responder a essas questões, o melhor que puder. O Sr. Allemann diz: "Se eu não entendi mal, você disse, na semana passada, que o 'inconsciente coletivo' poderia ser traduzido pelo termo sânscrito *samadhi*. O *samadhi* não seria antes a *ação* de mergulhar voluntariamente no inconsciente coletivo ou o *estado* do indivíduo durante uma dissolução voluntária no inconsciente coletivo ou uma união com ele? Ao usar a imagem de um lago com seus conteúdos como representando o inconsciente coletivo, a 'fantasia ativa', *dharana* e *dhyana*, não significaria as ações de um homem que está de pé às margens do lago e o observando, ou sentado em um barco flutuando sobre o lago, ou nadando no lago, bastante ciente de que ele não é idêntico à água? Ele pode até tirar de lá um peixe e corre o perigo de ser arrastado para lá se o peixe for grande demais para ele. Mas quando, depois de uma cuidadosa preparação, mergulha de forma voluntária no lago e temporariamente se torna um com ele (com uma boa chance de sair de lá de novo), então ele está no estado de *samadhi*. Hauer traduz *Patanjali III/11*: '*Wenn in der seelischen Welt (Chitta) die bewusste Beziehung zu jeglichem Gegenstande aufhört und das In-Eins-Gesammeltsein (Ekagrata) eintritt, so ist das die Bewusstseinschwingung, die man 'Einfaltung' (Samadhi) nennt*'"[287].

Samadhi era um dos termos usados no passado na Índia, e ainda é usado nos movimentos religiosos da atualidade. Mas é usado sem nenhum significado muito definido. Pensar que esses conceitos indianos têm um significado definido é um de nossos equívocos ocidentais; isso é cometer uma injustiça com eles. A mente indiana é peculiarmente indefinida, e eles tentam compensar isso com muitos termos que são bem difíceis de se traduzir, consistindo a dificuldade sobretudo no fato de que lhes damos um significado definido que não lhes pertence. E a mente deles

---

287. Patanjali (século II a.C.) foi o fundador (ou o sintetizador) da ioga. Uma tradução inglesa diretamente do sânscrito é: "Quando a mente superou e plenamente controlou sua inclinação natural a considerar diversos objetos, e começa a focalizar um único, considera-se que a meditação foi alcançada" (*The Yoga Aphorisms of Patanjali*. Trad. William Q. Judge. Nova York, 1912). Judge era um teósofo.

é extraordinariamente descritiva; eles querem dar um retrato de uma coisa, em vez de uma definição lógica. Mas, ao tentar dar uma boa descrição, parece como se estivessem tentando dar um conceito definido, e essa é a causa dos mal-entendidos mais desconcertantes entre o indiano e o ocidental; darmos um significado definido a um conceito que em si não é definido, que só parece definido, suscita incessantes mal-entendidos. Os termos *samadhi*, *dhyana*, *sahasrara*, e assim por diante, aparentemente, têm um significado definido, mas, na realidade, não o têm. Até mesmo os indianos ficam absolutamente confusos com esses conceitos.

Por exemplo, no Templo de Belur Mutt há uma estátua de Sri Ramakrishna feita a partir de uma fotografia dele, que foi tirada completamente contra sua vontade. Ele está claramente no que chamaríamos de um estado de *ekstasis* – uma condição sonambúlica ou hipnótica –, e eles chamam a isso de *samadhi*. Mas, ao mesmo tempo, eles chamam de *samadhi*, e também de *dhyana*, a superconsciência que é alcançada nesse estado. Claro, há definições na literatura; nos *Iogassutras de Patanjali* há uma definição, mas então você encontra outra em outro lugar. Nas diferentes escolas esses termos têm diferentes definições. Você só pode ter certeza de que não está errado quando tem a ver com a superconsciência; qualquer indiano entenderá quando você usar o termo *samadhi* nesse sentido, pois então ele imediatamente tem uma imagem de um iogue nesse estado de *samadhi* ou *dhyana*. A palavra *tapas* é demasiado clássica – só seria entendida por um conhecedor do sânscrito. Porém qualquer indiano culto tem certo conhecimento de sânscrito; ele entende muitos desses termos. Quando se compara a tradução dos *Iogassutras de Patanjali* feita por Hauer com aquela de Deussen, e com a tradução inglesa, vê-se imediatamente a dificuldade; eles se esforçaram ao máximo para encontrar os termos ocidentais adequados[288]. Isso se deve à mentalidade oriental que, apesar de todos os seus esforços na terminologia, permanece indefinida; uma terminologia meticulosa como essa é sempre uma tentativa compensatória de dar certeza a algo que não tem certeza alguma. Como eu disse antes, se você quiser uma folha de grama ou uma pedra, eles te dão toda uma paisagem; "uma folha de grama" significa a grama, e significa uma campina e é também a superfície verde da terra.

É claro que isso também transmite a verdade, e leva, por fim, a conceitos chineses – o modo peculiar pelo qual a mente chinesa vê o mundo como uma totalidade, por exemplo, em que cada coisa está em conexão com tudo o mais, em que tudo está contido no mesmo fluxo. Ao passo que nós, por outro lado, nos satisfazemos em ver as coisas quando estão separadas, extraídas ou selecionadas, nós aprendemos a isolar cada detalhe da natureza. Se eu pedir a um europeu, até mesmo a um

---

288. Jung, em outro lugar, definiu a palavra sânscrita *tapas* como "autoincubação mediante meditação" (OC 5, § 588s.). Foi de Paul Deussen que Nietzsche aprendeu alguma coisa do budismo.

homem totalmente inculto, para me dar uma pedra ou uma folha particular, ele é capaz de fazê-lo sem associar a paisagem inteira. Mas o oriental – em particular, quando se trata de uma mente escrupulosa – é totalmente incapaz de dar uma parte de informação definida. De certa forma, é o mesmo que acontece com pessoas cultas: você pede a um homem culto uma pequena informação e ficaria perfeitamente satisfeito com um sim ou não, mas ele dirá "sim, sob tais circunstâncias" e "não, sob tais circunstâncias", e no fim das contas você não sabe do que se trata. Claro, para outros indivíduos cultos, essa é uma informação excelente: uma mente treinada obteria uma informação muito definida desse modo, mas para a mente comum isso é menos do que nada. Em minhas muitas conversas com filósofos indianos, lembro-me de que as respostas deles pareciam menos um "sim, sob tais e tais circunstâncias" e mais um "sim e não, sob tais não circunstâncias". Nós achamos que é uma espécie de complexidade desnecessária, mas, ao olhar cuidadosamente para o que eles nos dão, na verdade vemos que é uma imagem maravilhosa; obtemos uma visão da coisa toda.

O melhor exemplo com o qual me deparei é a história que me foi contada pelo Professor McDougall[289], sobre sua tentativa de se informar sobre o conceito de Tao. Pois bem, o Professor McDougall é um homem cujo modo de pensar não se encaixaria na mentalidade oriental, mas naturalmente ele era bastante curioso sobre o significado dos conceitos deles. Ele, então, perguntou a um aluno chinês o que este entendia por Tao, esperando uma resposta clara em uma única palavra. Por exemplo, os missionários jesuítas chamavam o Tao simplesmente de "Deus", uma tradução que pode ser defendida, embora não dê conta do conceito chinês de Tao. Ele também foi traduzido como "providência", e Wilhelm o chamou de *Sinn*, ou "sentido". Todos esses são aspectos definidos de uma coisa que é muito mais indefinida e incompreensível do que qualquer um desses termos; até mesmo o conceito de "Deus" é muito mais definido do que o conceito de Tao. O aluno chinês lhe disse muitas coisas, mas McDougall não conseguiu entender. Por fim, depois de muitas tentativas do chinês – que, apesar de sua polidez, ficou impaciente –, o aluno pegou McDougall pela manga, levou-o à janela e perguntou-lhe: "O que você vê lá fora?" O professor respondeu: "Eu vejo árvores". "E o que mais?" "O vento está soprando e as pessoas estão caminhando na rua." "E o que mais?" "O céu e as nuvens e um bonde." "Bem, isso é Tao", disse o aluno chinês. Isso lhes dá uma ideia do modo como a mente oriental opera.

---

289. William McDougall (1871-1938), psicólogo social britânico que lecionou em Oxford, Harvard e Duke. Muitas de suas teorias eram impopulares nos círculos acadêmicos, inclusive as que apoiavam o lamarckismo e a pesquisa psíquica. Cf. "O valor terapêutico da ab-reação", OC 16/2, § 255-293.

Graças a essa história, na verdade, fui razoavelmente capaz de compreender os argumentos de meus interlocutores indianos. Mantive essa experiência em mente, e isso me ajudou a compreender a mentalidade deles. Eles não conseguiam compreender o que eu queria dizer por "inconsciente coletivo", assim como eu não conseguia entender o que eles queriam dizer por "superconsciência", até que vi que era aquilo que acontece em um estado de *samadhi* ou *dhyana*. *Samadhi* significa para eles a condição da superconsciência. Ou o tântrico compreenderia se você falasse de *bodhi* ou de *sahasrara* ou da consciência *ajna*[290]. Todos esses termos, na verdade, descrevem o que nós chamamos de inconsciente coletivo. Claro, o próprio termo "inconsciente coletivo" mostra como abordamos o problema, assim como os termos deles mostram a maneira como eles o abordam. Vejam, esses dois modos dependem do que a pessoa chama de realidade. Quando eles dizem que você deveria "perceber", ou falam sobre "a percepção da verdade", eles se referem a algo inteiramente diferente do que nós o faríamos. Não entrarei em uma longa e complicada definição filosófica da realidade, porque vocês sabem o que ela significa no sentido ocidental. Assim, em contraste com o que supomos que a realidade seja, o indiano se refere à sua própria percepção consciente da realidade, não a uma coisa tangível como esta mesa, que é realidade para nós. Mas isso é *maya* para o indiano – isso é ilusão.

Pois bem, aqui está outra questão. A Srta. Hannah diz: "O verso 'Eu sou Zaratustra, o sem-deus! Eu cozinho todo acaso em *minha* panela. E somente quando ele está bem cozido é que eu lhe dou boas-vindas como *meu* alimento' ainda me incomoda. Essas palavras em si mesmas *necessariamente* implicam uma identificação com Deus? Ou poderiam significar: 'Eu pego todo acaso (*Zufall*) que recai sobre meu destino; sofro sua dor até que a última gota esteja cozida em minha panela, pois só desse modo posso digeri-lo'? Os versos seguintes deixam claro que Nietzsche se identificou, como de hábito, com Deus, mas o verso sobre o cozinhar não seria, em si, uma daquelas verdades profundas que brilham ao longo do *Zaratustra*?"

Aqui, de novo, se trata de uma passagem que poderia ter um duplo sentido. Nesse caso, decidi não ser benévolo demais com o texto de Nietzsche, pois ele diz "em *minha* panela", "*meu* alimento", e prossegue claramente se identificando com Deus. Por esse motivo, tomei isso como parece ser: "Eu sou o autor do meu destino;

---

290. *Ajna* e *sahasrara* representam os dois chacras mais elevados na ascensão da Kundalini. No centro *ajna* ou o "Lótus do Comando", a mente é "completamente liberta da limitação dos sentidos", e em sahasrara se experiencia a "completude e dissolução do mundo do som, forma e contemplação" (Zimmer/Philosophies, p. 515, 585). *Bodhi*: conhecimento, sabedoria, iluminação.

eu até mesmo escolho o meu acaso e digo que é meu acaso", e não do modo como você, com muito mais benevolência, o interpretaria. É necessária muita gentileza para ver esse sentido mais profundo nele. Mas é possível. É claro que estamos totalmente livres para dizer que esse caso parece uma providência, como podemos dizer de qualquer evento casual que ele *certamente* é um caso de providência. A questão é apenas: temos evidência o bastante para fazer uma afirmação como essa? Se não, seria melhor não jogarmos com hipóteses desse tipo. Há certamente uma quantidade razoável de evidências no *Zaratustra* sobre esse peculiar aspecto duplo das coisas. Estamos agora nos movendo por capítulos em que tropeçamos constantemente em passagens nas quais um significado é aparente, e todavia outro também o é – em que existem dois aspectos: um aspecto de verdade profunda e um aspecto de *ressentiment*, crítica etc. Esse é frequentemente o caso nesses produtos; uma espécie de material psicológico cru estava simplesmente jorrando dele, e ele não teve tempo de criticá-lo ou de perguntar ao material: "O que você significa?" Esse elemento de autocrítica é inteiramente ausente no *Zaratustra*. Por isso eu digo de forma repetida, se Nietzsche apenas tivesse se perguntado: "Por que eu digo isso? Por que essa figura está emergindo de mim? O que isso significa para mim?", porém essas questões nunca aparecem, ou só de maneira indireta. Veremos agora um caso desse tipo em nosso texto. Mas isso simplesmente lhe acontece, não é obra dele. Por isso somos forçados a aplicar muita crítica, e quando ele não nos dá corda o bastante para explicar de um modo benévolo, eu não faço isso, pois não quero exagerar minha benevolência; caso contrário, crio resistências a Nietzsche em mim mesmo. Vejam, quando você tem de ser gentil e paciente o tempo todo, torna-se sórdido por trás dos panos – eu subitamente explodiria de uma vez por todas e mandaria o *Zaratustra* como um todo para o inferno.

Srta. Hannah: A última coisa que eu gostaria de ser era benévola.

Prof. Jung: Sim, mas aqui isso aconteceu com você; na minha opinião, você foi demasiado simpática e compreensiva.

Srta. Hannah: Perguntei porque você disse que aquelas palavras só poderiam ser usadas em uma inflação ou até mesmo na megalomania, e eu senti que eu mesma poderia tê-las usado.

Prof. Jung: É claro que você poderia usá-las se as tirasse do contexto e se concentrasse exclusivamente nesse verso, mas, no contexto, sua interpretação se torna um pouco duvidosa. Pois bem, temos aqui uma questão da Sra. Jay: "Na quarta-feira passada, você tocou nos paralelos entre Parsifal/Zaratustra e Wagner/Nietzsche. Poderia ir um pouco mais longe nisso? Você falou alguma coisa sobre a ferida de Amfortas e sobre a lança que a curou. Qual é a relação com Zaratustra? É que ambos se tornam sábios por meio da compaixão?"

Esse é um capítulo em si; se fôssemos tratar dessa questão, deveríamos estar lendo *Der Fall Wagner*[291], em que temos todo o problema, em vez do *Zaratustra*. Também esse paralelo entre o mistério do Graal e o significado do *Zaratustra* deve permanecer uma mera alusão por ora. Mas fugiria muito do razoável supor que Nietzsche/Zaratustra e Parsifal tinham em comum serem "sábios por meio da compaixão". Esse é um ponto que não seria bem-vindo em Nietzsche. No fim do *Zaratustra*, ele amaldiçoa a compaixão, portanto ele está justamente do outro lado; essa é uma das coisas que explica a diferença entre os pontos de vista deles. Vejam, enquanto ser humano, Wagner nada tinha de compassivo, ao passo que Nietzsche certamente sofria por sua grande compaixão pelo mundo; por isso ele amaldiçoa a compaixão e Wagner a louva. Frequentemente vemos isso.

Então encontro aqui várias citações e observações sobre a questão da *apokatastasis*. Uma passagem que eu tinha em mente não foi mencionada, mas é claro que todas essas passagens das epístolas de São Paulo e do Apocalipse – que têm a ver com uma espécie de retorno ao paraíso – referem-se à *apokatastasis*, à restauração final de todas as coisas a Deus, de quem elas emanaram. De uma condição perfeita tudo caiu em uma condição imperfeita, e mediante a ação do salvador tudo retornará ao estado de perfeição no fim. Esse retorno à perfeição é a *apokatastasis*. Há inúmeras passagens no Novo Testamento em que encontramos essa ideia da restauração completa de tudo que se degenerou e se tornou imperfeito pela queda do primeiro homem – a queda da criação de Deus. Claro que é uma questão interessante por si só que isso tenha acontecido. Pode-se dizer que Deus tinha feito as coisas imperfeitas com um propósito muito definido, mas a mente humana aparentemente não consegue compreender isso – caso contrário, não teríamos teólogos. Vamos, agora, prosseguir nosso texto. Vocês se lembram de que estávamos falando daquele modo de amar – com grande amor e grande desprezo.

> Mas por que falo eu onde ninguém tem *meus* ouvidos? Ainda é uma hora cedo demais para mim aqui.
>
> Sou o meu próprio precursor entre esse povo, meu próprio cacarejar por vielas escuras.
>
> Mas a hora *deles* está chegando! E também a minha chega! A cada hora eles se tornam menores, mais pobres, mais infecundos – pobres ervas! pobre terreno!

Sua atitude é a mesma que no capítulo anterior: desdém por seu mundo contemporâneo, desprezando as menores pessoas. Isso é claramente um *ressentiment*

---

291. Nietzsche publicou *O caso Wagner* em 1888. Seu primeiro – e mais benigno – tratamento de Wagner foi o último ensaio das *Considerações extemporâneas*, "Richard Wagner em Bayreuth". *Humano, demasiado humano* foi publicado em 1878 e 1879, uma obra que Wagner considerou indicativa de um colapso nervoso por parte de Nietzsche. E *Nietzsche contra Wagner* foi publicado em 1895.

contra as pessoas que não conseguem apreciá-lo. Bem, é "humano, demasiado humano" – pode ser compreendido. Eu lhes contei como ele foi recebido com suas novas ideias, por isso teria sido um milagre se ele não tivesse tido um grande ressentimento contra uma reação dessas. Ele continua:

> E *logo* deverão ficar como erva seca e estepe, e, deveras, cansados de si mesmos – e sedentos de *fogo*, mais do que de água!
>
> Ó hora abençoada do raio! Ó mistério antes do meio-dia! – Um dia farei deles fogos que se alastram e arautos com línguas de fogo: – deverão anunciar um dia, com línguas de fogo: Está chegando, está próximo *o grande meio-dia*!
>
> Assim falava Zaratustra.

Há muita coisa do Antigo Testamento nessa passagem: o Senhor Deus sendo o fogo vivo que devorará os povos. Nietzsche ali está se identificando com a deidade como um profeta do Antigo Testamento, e o estilo imita a linguagem dos profetas. Sua alusão significa evidentemente que ele vai incendiar todo aquele joio. Mas significa ainda mais: significa também uma descida do Espírito Santo na forma de línguas de fogo, não para devorar as pessoas, mas para transformá-las em arautos. Assim, a destruição pelo fogo, do Antigo Testamento, se associa aqui ao milagre pentecostal da descida do Espírito Santo na forma de fogo que incendeia as línguas deles, que lhes dá o dom da *glossolalia*, de falar em línguas estranhas. Assim, o fogo não é apenas destrutivo, é também produtivo: produz o dom de línguas. Essa é uma espécie de mensagem de que o fogo tem um duplo aspecto: um negativo – destruição – e um positivo – esse dom do Espírito Santo. Pois bem, o simbolismo do fogo não tem um papel pequeno nos sonhos, por isso, se nos for permitido tratar essa metáfora de discurso como uma imagem onírica, devemos compará-la com sonhos nos quais ocorre fogo. Um fogo irromper na casa da pessoa, por exemplo, é um tema muito habitual. O que o tema do fogo significa nos sonhos?

Sra. Crowley: Significa uma grande perturbação no inconsciente.

Sra. Fierz: Uma eclosão de emoção.

Prof. Jung: Sim, uma eclosão emocional lançando chamas. E considera-se que uma eclosão de emoção seja quente. Por quê?

Srta. Hannah: Porque fere.

Prof. Jung: Não, frequentemente as pessoas não são nem um pouco feridas – os outros é que são.

Observação: Ela as aquece.

Prof. Jung: Sim, quando você tem uma emoção, o sangue quente sobe para a cabeça: você fica com a cabeça avermelhada. Por isso emoções violentas são sempre simbolizadas por fogo, sangue ou calor. Todas as línguas são repletas de tais metáforas, por conta dessa condição fisiológica. Quando alguém o está enfurecendo, você se mantém frio enquanto não sente o sangue subindo à sua cabeça; pode administrar a situação, pode calmamente dizer: "Você me deixa furioso". Mas, no momento em que você sente que o sangue está ficando quente, não pode mais controlar a situação, inflama-se como uma chama, explode em uma raiva violenta. Esse fato é a razão para a chamada "teoria das emoções de James-Lange"[292]. Dizem que, enquanto a causa incitadora não acarreta uma perturbação fisiológica, a dilatação dos vasos sanguíneos ou uma aceleração dos batimentos cardíacos, por exemplo, a pessoa não tem nenhum afeto, nenhuma emoção; no entanto, assim que há essa reação fisiológica, a pessoa tem o afeto psicológico como uma consequência. A dilatação dos vasos sanguíneos e a aceleração dos batimentos cardíacos são o primeiro efeito, e então se segue a emoção psicológica. Isso realmente ocorre assim. É claro, tudo isso se segue em uma rápida sucessão, mas é verdade que a reação fisiológica é que causa o afeto psicológico. O medo, por exemplo, é causado pelo fenômeno cardíaco; depois disso acontece o verdadeiro pânico. Uma coisa pode ser horrível ou perigosa, e mesmo assim você sabe como lidar com ela enquanto o seu coração não reagiu; mas, quando o seu coração reage, você entra em pânico, no medo verdadeiro, pois isso tira o seu chão. Você sente que está liquidado, desmoralizado – você sufoca. Por isso eles fizeram essa teoria curiosa. Mas é um fato que, enquanto você consegue controlar a sequência fisiológica, pode controlar a situação; e, quando seu coração começa a disparar, ou quando sua cabeça fica cheia de sangue, você não é mais capaz disso.

Pois bem, esses fenômenos fisiológicos estão na base dessas imagens. O fogo simboliza emoções, e sonhar com fogo significa uma situação muito crítica, por conta de afetos intoleráveis. Sonhar que um fogo irrompeu no porão ou no sótão de sua casa significa que em algum lugar na sua psicologia haverá uma forte emoção. Um fogo no sótão será na cabeça; você será incendiado por certas ideias. Se é no porão, será no abdômen e no que quer que o abdômen represente; o fogo começará de baixo. Poderá ser uma paixão sexual ou uma fúria terrível ou qualquer outra emoção violenta baseada em instintos animais. Quando é no sótão, poderia vir de uma insinuação da *anima* ou do *animus*. Nas mulheres, o fogo frequentemente começa na cabeça; os instintos poderiam estar perfeitamente tranquilos e toda a situação normal, mas o *animus* talvez tenha uma concepção errada ou passe o julgamento errado, e então há uma terrível confusão.

Mas é claro que Nietzsche acalenta uma espécie de esperança mística de que esse fogo, o meio-dia, virá. Ele frequentemente fala do meio-dia, da grande hora mística. O que isso significa?

---

292. Teoria a que chegaram, de modo independente, William James, nos Estados Unidos, em 1884, e C. G. Lange, na Dinamarca, um ano depois.

Resposta: O máximo grau de calor às 12 horas.

Observação: O mundo todo sofre pelo sol.

Prof. Jung: Não, Nietzsche gosta do sol.

Sra. Fierz: É a hora de Pã, da natureza.

Prof. Jung: Bem, sim, o pavor pânico, a hora dos fantasmas no sul, e Nietzsche também está tocando bastante essa nota. Mas isso não seria uma explicação; não podemos pressupor que isso se aplicasse a todo o mundo, e o meio-dia, para ele, é sempre um momento de completa realização.

Srta. Wolff: É o momento em que Zaratustra será revelado ao mundo.

Prof. Jung: Sim. No capítulo chamado "No meio-dia", vocês verão que é o momento da completa revelação de Zaratustra. E o que é a revelação?

Sra. Schlegel: A chegada do super-homem.

Prof. Jung: Sim, o evangelho de Nietzsche é o *Zaratustra*, a mensagem do super-homem para o mundo, a ideia de que o homem, esse mundo humano, deveria desenvolver o super-homem. O que isso significa psicologicamente?

Sra. Baumann: Para o próprio Nietzsche, significou o meio da vida, a mudança para a segunda metade da vida; portanto, Zaratustra é o si-mesmo, o não eu.

Prof. Jung: Você está certa. Ele escreveu o *Zaratustra* quando tinha 38 ou 39 anos, o meio-dia da vida; o *Zaratustra* é a experiência do meio-dia, da grande transformação que ocorre aos 36 anos[293]. É claro que só em casos excepcionais a transformação se torna consciente, e então é sempre uma grande revelação. Mas o que o meio-dia de fato significa psicologicamente – e literalmente?

Sra. Crowley: Não seria o ponto mais pleno da consciência?

Prof. Jung: Absolutamente. A luz do sol é o dia, e a consciência é o dia do homem. A consciência coincide com o dia e é provavelmente tão miraculosa quanto era para a criança que perguntava por que o sol brilhava só durante o dia. A criança ainda não tinha chegado à conclusão de que o dia e o sol são idênticos, e nós provavelmente não chegamos à conclusão de que a consciência é o dia, o sol, a luz – ou a esquecemos. Por isso, quando você está inconsciente, nos sonhos, ou quando fala sobre a consciência, sempre fala em termos de ver; e, como você só pode ver na luz, usa termos derivados da luz. Quando se torna consciente de algo, você diz: *"Now it dawns upon me"** – *ein Licht ging mir auf*[294]. Temos inúmeros termos como esse; se você examinar as metáforas relacionadas ao fenômeno da consciên-

---

293. Mais comumente, Jung falou do começo do segundo período da vida, mais reflexivo, como começando entre os 35 e os 40 anos, em geral.

* "Agora me dei conta"; literalmente, seria como: "Agora amanhece sobre mim" [N.T.].

294. Literalmente, "uma luz se acendeu em mim".

cia, descobrirá que nós sempre falamos em termos da luz, de ver. Quando entende ou percebe algo que está sendo dito, você diz: *"Yes, I see"* ("Sim, eu vejo"). Por que você não diz *"I hear"* ("Eu escuto"), que seria, na verdade, mais adequado? "Eu vejo" significa simplesmente "concordo com você, tomo nota disso". Você não diz "eu escuto", pois isso tem a ver com uma outra coisa, que está abaixo da consciência. Nesse caso, você diz "eu escuto": Senhor, eu escuto sua ordem, eu obedeço, eu recebo suas palavras, não na consciência, mas um pouco mais abaixo, no meu coração. Escutar vai para o coração, relaciona-se com o sentimento, ao passo que ver se relaciona com os olhos, o intelecto, a mente.

Portanto o meio-dia significa a consciência perfeita, completa, a totalidade, o próprio *comble* [ápice; em francês no original (N.T.)] e pico da consciência, e isso evidentemente é o super-homem, o homem com uma consciência absolutamente superior. E Zaratustra tenta ensinar os seus contemporâneos a desenvolver a consciência deles, tornarem-se conscientes do paradoxo moral da consciência, do fato de que você não é apenas um indivíduo moral, mas também, por outro lado, o caráter mais desprezível; que você não é apenas generoso, mas também avarento; que você não é apenas corajoso, mas também um covarde; que você não é apenas branco, mas também negro. Ser plenamente consciente desse paradoxo é o que eu chamaria de a consciência do super-homem. Por isso será meio-dia quando ele aparece, quando o sol tiver chegado à sua culminância. Mas isso significa, ao mesmo tempo, a destruição de todo o joio, de todas aquelas pessoas sem valor que são incapazes de produzir essa consciência paradoxal. Naturalmente, nós estaríamos incluídos nesse joio, pois uma consciência perfeita é uma condição muito excepcional. E aqui Nietzsche desaba – desaba sobre a imperfeição do homem. Vejam, ele tem a mesma aspiração que se encontra no iogue da Índia, por exemplo, que também tenta alcançar a superconsciência em que se pode dizer, não meramente em palavras, mas de fato: "Eu sou o caçador e o caçado; eu sou o sacrificador e o sacrificado". Isso é exatamente como a consciência paradoxal de Nietzsche – que você é e não é, que você é tanto isso quanto aquilo. Essa é uma tal realização que os indianos há muito tempo perceberam que ninguém é capaz de realizar essa superioridade sem passar por infinitas práticas de ioga em todos os diferentes aspectos. Eles até mesmo chegaram à conclusão de que o mais elevado grau de consciência, a mais completa ausência de ilusão, só é alcançada na morte.

Vejam, Nietzsche tinha muito pouco conhecimento do Oriente. O único conhecimento que estava disponível a ele era a filosofia de Schopenhauer, e esse não é o veículo correto para a filosofia indiana, pois Schopenhauer só conhecia o que era então chamado de *Oupnekhat*, uma tradução latina de uma coletânea maometana muito incompleta dos *Upanishads*. Nós temos agora uma tradução da obra original, mas qualquer conhecimento que as pessoas tinham dela era então misturado com filosofia budista e alemã. Quando Nietzsche era um jovem, isso o impressionou muito; percebemos o que isso significou para ele ao lermos o capítulo sobre Schopenhauer nas *Unzeitgemässige Betrachtungen*[295]. Estou mais ou menos convencido de que sua ideia do super-homem se originou ali, nessa ideia da pessoa que é capaz de erguer um espelho para a vontade cega, de modo que a vontade primordial cega que criou o mundo possa ser capaz de ver sua própria face no espelho do intelecto. Essa é realmente, em grande medida, a ideia indiana, como a educação psicológica que Buda tentou dar à sua época, a ideia de olhar o espelho do conhecimento ou da compreensão para destruir o erro e a ilusão do mundo. Isso é repetido interminavelmente nos seus textos e sermões e na cadeia *nidana* de causas. Buda sempre diz que a chegada à existência causa tais e tais desejos e ilusões, e que o homem avança por essa cadeia de causas e efeitos, invariavelmente terminando na doença, na velhice e na morte; e o único meio de interromper essa cadeia inexorável de causa e efeito é o conhecimento e a compreensão.

Essa é a própria essência do budismo, e se torna componente integrante da filosofia de Schopenhauer, em que Nietzsche a encontrou. Ele provavelmente estava inconsciente dessa derivação das concepções budistas em Schopenhauer, e até onde sei não há alusões a isso na literatura, mas psicologicamente essa seria a verdadeira fonte. E Nietzsche é um homem em quem se pode encontrar a estranha faculdade da criptomnésia, em que algo que a pessoa leu ou escutou grava uma impressão no seu inconsciente, que mais tarde é literalmente reproduzida. Tivemos aquele exemplo famoso no período passado do seminário, em que Zaratustra aparecia na ilha vulcânica e foi visto descendo pelas chamas do vulcão à procura do cão do inferno, Cérbero. Essa passagem, como vocês se lembram, é uma citação quase literal de um livro da biblioteca do avô de Nietzsche, o pastor Oehler, que ele leu aos 11 anos de idade, ou antes dessa data. Eu descobri isso por *Frau* Föster-Nietzsche, que me ajudou a localizar a época. Coincidiu de eu também ter lido o livro, por isso, quando deparei mais tarde com a passagem no *Zaratustra*, isso me trouxe à tona a lembrança dessa história, particularmente o detalhe sobre os coelhos. Esse é um caso semelhante, portanto é bastante possível que a figura do super-homem seja em parte derivada das ideias budistas que ele obteve de Schopenhauer[296], e do conceito de Prajapati ou do *Purusha* na versão do *Oupnekhat*.

Vejam, *Purusha* é o homem original, o *homo maximus*. Ou, se não se estiver inclinado a pressupor essa derivação, o *Purusha* ou o super-homem ou o *homo maximus* seria contudo um arquétipo. Que o mundo tenha a forma de um ser humano

---

295. "Schopenhauer educador" (1874), o terceiro ensaio das *Considerações extemporâneas*.

296. Cf. 15 de junho de 1938, n. 281.

ou de um super-homem é uma ideia que se encontra em Swedenborg, e, de outras formas, na Índia e na China, e também desempenha um grande papel na alquimia; o *Purusha* é uma ideia arquetípica.

Sra. Crowley: Pensei que o super-homem fosse um pouco diferente.

Prof. Jung: Você está totalmente certa, ele não é o *Purusha* dos *Upanishads*. O *Purusha* é também um criador do mundo como Prajapati, e ele é um conceito colateral como o Atma. Claro que se pode dizer que há toda a diferença do mundo entre o conceito do *Purusha* e o conceito do Atma, mas de novo se vê ali, pelo modo como os próprios indianos manejam o conceito, que o Atma e o Prajapati e o *Purusha* são praticamente a mesma coisa. Para nossos propósitos, não há motivo para insistir nos diferentes aspectos ou tons de significado desse conceito; é o que chamaríamos na psicologia de "si-mesmo" – ou seja, a totalidade do consciente e do inconsciente. O *Purusha* é um fato psíquico, não só um conceito psicológico; o si-mesmo não é um fato psíquico, mas um fato arquetípico, uma experiência. Ocorre o mesmo com a ideia de Cristo na Idade Média, ou com a ideia que Cristo tinha de si mesmo e de seus discípulos quando disse: "Eu sou a videira e vós sois os ramos". Ou o mesmo com aquelas primitivas representações iconográficas de Cristo como a serpente zodiacal levando as doze constelações, os signos do zodíaco, representando os doze discípulos; ou levando os dozes discípulos, cada qual com uma estrela sobre a cabeça. Essas são representações antigas, significando o percurso das constelações zodiacais ao longo do ano, com Cristo como o caminho da serpente ou como o caminho do zodíaco. Cristo representa o ano cristão contendo os doze discípulos, assim como a serpente zodiacal contém as doze constelações do zodíaco. Ele é o indivíduo, o si-mesmo, contendo um grupo de doze que perfaz o todo.

Daí a representação de Cristo na forma de *Rex Gloriae*, o rei da glória, cercado pelos quatro evangelistas, formando uma mandala. As mandalas medievais sempre representaram Cristo dessa forma – Cristo no trono do centro, e nos quatro cantos os evangelistas: o anjo, o touro, o leão e a águia. Isso até mesmo se tornou uma ornamentação apreciada nos séculos XII e XIII; é vista frequentemente nas portas de catedrais ou como ilustração em livros. E isso também significa o grande indivíduo, o grande si-mesmo contendo os outros – eles são apenas partes – o que é exatamente a ideia do universo sendo o *homo maximus*, cada qual tendo seu lugar específico nesse grande homem. As pessoas cultas estão na cabeça, e os soldados e homens de ação estão nos braços, e céu e inferno também estão contidos no *homo maximus*. Assim, na fonte da filosofia de Schopenhauer repousa essa antiga ideia. É claro que a ideia em si não ocorre em Schopenhauer, mas a psicologia dos *Upanishads*, pela qual ele é afetado, é associada a essa ideia. O *Hiranyagarbha* – o chamado germe de ouro, ou o ovo de ouro, ou a criança de ouro – é outra forma de

Prajapati. Prajapati estava fazendo *tapas*, meditando em si mesmo, incubando a si mesmo, e se tornou o *Hiranyagarbha*, o grão de ouro, a criança de ouro, que é, de novo, o símbolo do si-mesmo[297]. Esse é, pode-se dizer, o *homo minimus*, a menor forma – ou seja, o germe do *homo maximus* em cada indivíduo.

Esse tipo de desenvolvimento do simbolismo também se encontra no Egito: Osíris foi originalmente a parte imortal do rei; então, mais tarde, das pessoas nobres ou ricas; e então, na época imediatamente anterior ao cristianismo, Osíris começou a descer ao coração de todos; todos tinham uma alma imortal ou divina. E a ideia desse grande si-mesmo nascido ou contido em todos se tornou uma verdade essencial do cristianismo; Cristo era comido por todos. Eles o comiam e bebiam na sagrada comunhão. Assim eram impregnados por Cristo; Cristo vivia neles. Isso era o Osíris que vem à vida em todos. Osíris também era representado como o trigo crescendo de seu caixão; era a sua ressurreição na forma de trigo. E Cristo é o trigo; por isso a hóstia tem de consistir em farinha de trigo feita do grão que cresce do chão. A mesma ideia existia nos mistérios eleusinos muito antes de Cristo aparecer: na *epopteia* o sacerdote mostrava a espiga de trigo como o filho da terra, com o anúncio de que a terra tinha suscitado o filho, o *filius*[298]. Isso era um evangelho quase como o evangelho cristão, e se conectava com a esperança da vida eterna após a morte – os mistérios de Elêusis instilavam essa grande esperança. Vejam, é exatamente como a ideia da sagrada comunhão, o pão e o vinho sendo Cristo. Assim, Cristo impregna a todos: Ele cria um germe em todos que é o grande si-mesmo.

O cristianismo é outra fonte das ideias de Nietzsche, é claro, mas, como ele não criticou seu próprio pensamento, ele nunca descobriu isso. Sua ideia era de que estava pregando uma verdade inteiramente diferente de qualquer outra. Esse é o mesmo erro infernal que a Igreja cometeu, não na época de Cristo, mas mais tarde, quando eles se apropriaram da mensagem cristã – a ideia de que o deus tinha descido à terra pela primeira vez, que era uma nova verdade que nunca tinha existido antes. Ainda somos prejudicados por essa crença. A teologia tenta fazer parecer que ninguém nunca teve tais ideias antes, quando, na verdade, essas ideias eram conhecidas no mundo todo; mas eles têm uma tremenda resistência contra

---

297. "Aquele que é a fonte e a origem dos deuses, que [   ] contemplou o germe de ouro (*Hiranya garbha*) quando ele nasceu. Possa ele nos dotar de intelecto límpido" (*Svetasratara Upanishad* 4.12, Hume, p. 404).

298. Em seu "The Meaning of the Eleusinian Mysteries" (O significado dos mistérios eleusinos), nas Conferências Eranos de 1939, Walter F. Otto (1874-1958) explica esse ritual na *epopteia*, a iniciação nos mistérios maiores. Ele atribui a Hipólito de Roma o relato de como a espiga de trigo era mostrada. A palestra aparece em *The Mysteries* (vol. 2, *Papers from the Eranos Yearbook*, ed. Joseph Campbell, Princeton, B.S. XXX, 1955).

esses paralelos; os consideram incômodos. A Igreja Católica é um pouco mais inteligente nesse aspecto. Eles chamam qualquer paralelo histórico de uma antecipação; dizem que Deus mostrou a verdade repetidamente no passado, não só no Antigo Testamento mas também em religiões pagãs – no mito de Ísis e Osíris, por exemplo. Visto que só tolos poderiam negar essa analogia, a Igreja Católica a admite e diz que Deus permitiu a antecipação da verdade que deveria vir, que em uma espécie de modo indistinto e incorreto eles perceberam a verdade última: Deus se tornando homem, Deus nascendo da Virgem, o sacrifício e o papel do salvador.

Assim, até mesmo a ideia de Nietzsche do super-homem nada tem de nova, é um simbolismo antiquíssimo, e por isso penso que estamos totalmente justificados em reduzir essa ideia à sua fonte histórica. Ele tinha amplo material para manejar sua ideia pelo lado cristão por conta de sua família; e o *background* filosófico também é bem-estabelecido, visto que foi um grande admirador de Schopenhauer, que muito o influenciou. Essas ideias entraram nele e o resultado último foi a produção de uma doutrina de mistério muito semelhante às doutrinas de mistério que mencionei, seja o mistério de *Purusha* no Oriente, ou o mistério do salvador no sincretismo helenista que inclui o mistério do salvador no cristianismo. E ele usa o mesmo tipo de fantasmagoria: o fogo supremo, por exemplo, que vai devorar o joio, destruir as pessoas que não estão prontas para receber o salvador e aceitar a mensagem; e a inspiração e a transubstanciação, por assim dizer, daqueles que recebem as línguas de fogo do Espírito Santo. Eles anunciarão e continuarão a mensagem. Ele chama isso de o grande meio-dia. Vejam, esse é o dia do julgamento, com o grande sol da justiça, quando não mais haverá noite. E não haverá dor, pois todos os malfeitores serão assados no inferno ou queimados, e o mundo com seus erros e imperfeições terá chegado ao fim. Essa é a boa e velha ideia cristã da redenção suprema com toda a parafernália do Apocalipse.

Vejam, o simbolismo do fogo também tem esse aspecto: quando o fogo irrompe em uma casa, o pânico está próximo, e o pânico é a insanidade. Vê-se isso em casos práticos, quando as pessoas têm ideias estranhas e ficam emocionais demais sobre elas, no medo de que algo possa acontecer à sua razão. Se você consegue impedi-las de entrar em um verdadeiro pânico, frequentemente as salva, pois, quando você vê como a insanidade começa, os estágios pelos quais as pessoas passam antes de se tornarem insanas, você percebe que é sempre o pânico que realmente as deixa loucas. Enquanto elas puderem observar sem ficar emocionais demais acerca daquilo, estão salvas; é o pânico que põe as pessoas nesses estados anormais. Assim, o fogo é aqui a grande revelação, mas de uma natureza muito diferente: é a revelação da insanidade. Agora vamos omitir o próximo capítulo, porque Nietzsche apenas segue sentindo seu ressentimento contra as pessoas pequenas, e o exagerando a tal ponto que toda sua natureza se cansa disso. Não é ele próprio, realmente, é sua situação psicológica que já não pode mais aguentar isso. Desse modo, algo vai acontecer no capítulo intitulado "Do passar além". Ele começa da seguinte forma:

> Assim, lentamente passando por muitos povos e diversas cidades, Zaratustra retornava, fazendo rodeios, à sua montanha e sua caverna. E eis que inesperadamente chegou também ao portão da *grande cidade*: mas ali saltou-lhe ao encontro um louco que babava, com as mãos estendidas, e barrou-lhe o caminho. Esse era o mesmo louco que o povo chamava de "o macaco de Zaratustra": pois ele tirava alguma coisa do fraseado e da cadência de suas falas e também gostava de tomar empréstimos ao tesouro de sua sabedoria. E o louco assim falou a Zaratustra [...].

Onde encontramos esse louco antes?

Sra. Crowley: O arlequim que saltou sobre ele.

Prof. Jung: Sim, e qual era a situação exatamente?

Srta. Hannah: O equilibrista surgiu na corda, e o louco o seguiu e saltou sobre ele. Então o primeiro perdeu a cabeça e caiu.

Prof. Jung: E quem era o equilibrista?

Observação: Nós dissemos que era a sombra.

Sra. Crowley: Era o próprio Nietzsche.

Prof. Jung: Sim, ou pode-se dizer que o homem inferior de Zaratustra/Nietzsche. Então quem seria o louco?

Srta. Hannah: Suponho que ele fosse, na verdade, o lado negativo do si-mesmo.

Prof. Jung: Sim, nós o interpretamos como o aspecto negativo, um medo esmagador do poder inevitável e inexorável do destino que o estava seguindo. Era a insanidade, é claro, pois, quando o equilibrista cai no chão, Nietzsche o conforta, dizendo o quê?

Srta. Hannah: "Tua alma morrerá antes do teu corpo."

Prof. Jung: Assim profetizando seu próprio destino: seu corpo viveu por mais onze anos depois que ele ficou totalmente louco. Pois bem, esse é o mesmo louco? Esse louco era o macaco de Zaratustra?

Sra. Fierz: Poderíamos dizer que Nietzsche, nos capítulos que acabamos de ler, estava se comportando, de certo modo, como um equilibrista, por isso ele seria o mesmo.

Prof. Jung: Bem, isso seria uma mera repetição daquela primeira cena. E isso é absolutamente típico da maneira como o inconsciente opera. Primeiro, há, em geral, uma alusão a determinada situação, e então o tema se prolonga, retornando de tempos em tempos em uma forma mais definida, em uma aplicação mais definida.

Isso se vê em uma série de sonhos. Já nos primeiros sonhos se vê um simbolismo definido, e ele se repete constantemente, tornando-se cada vez mais elaborado, cada vez mais típico. Assim, temos aqui uma repetição da primeira cena: ou seja, o equilibrista é o próprio Nietzsche menosprezando a humanidade, rebaixando e insultando seus contemporâneos, esquecendo-se o tempo todo de que ele é uma daquelas pobres coisinhas que vivem em grandes cidades, que são humanas e imperfeitas e incapazes, e que têm todos os vícios debaixo do sol. E algo nele não compreende, e ele deveria ver isso; que aquilo que ele não pode apreender é o que o agita e irrita tanto. Por um lado, ele é um grande filósofo, um grande gênio, mas não vê, por outro lado, que ele é quase infantil.

Por exemplo, ele escreveu cartas à sua irmã chamando-a de "minha querida Lama", e essa criancice mostra que ainda existe algo de menino nele que não abriu mão da linguagem do jardim da infância. E como esse lado de seu caráter poderia seguir o grande gênio? Vejam, Nietzsche não sabia onde a ideia do super-homem começou, nem a ideia do eterno retorno. Para ele, foi uma grande revelação. Ele não sabia que essas ideias tinham prevalecido por muitos séculos. Não sabia que a ideia do eterno retorno era praticamente tão antiga quanto a humanidade – a humanidade histórica, pelo menos. Ele pensa que é o primeiro homem a descobri-las. É como um menininho com olhos espantados entrando no mundo dessas ideias. Ele tinha uma educação histórica, bem como uma mente, portanto tinha a capacidade de se criticar, mas nunca o fez. Por ser uma criança, ele simplesmente brincava. Uma criança não quer saber por que está brincando justamente com esse boneco, ou de onde ele vem, ou por que tem tal e tal estilo; é simplesmente esse boneco, e mais ninguém tinha um boneco como esse, ou brincava de um jogo como esse. É sua invenção. Claro, pode ser que a ideia tenha surgido para a criança sem transmissão consciente – ninguém disse que a criança tinha de brincar daquele jeito – mas, na verdade, todas as crianças brincam assim.

Sra. Crowley: Seria psicologicamente possível que ele estivesse zombando de seus contemporâneos porque se sentia, ele próprio, sendo afastado do mundo, que era um modo peculiar de se separar do mundo, que sentisse a insanidade mas não soubesse o que fazer a respeito?

Prof. Jung: Isso também é verdade, é um fenômeno bem conhecido. É um pontapé de despedida. É como a raposa dizendo que as uvas estão verdes demais, quando na verdade ela não pode alcançá-las. Assim, quando uma pessoa está convencida de que tem de desistir de um relacionamento, por exemplo, sempre é tentada a inventar todo tipo de coisa sobre o parceiro para explicar a separação. Esse é o caso com Nietzsche, e também é a razão para suas ideias de perseguição. Pessoas que acham difícil se separar da humanidade inventam todo tipo de coisa – que os seres humanos são todos diabos que estão contra elas, por exemplo – para explicar a si mesmas por que se afastam dos outros. Inventam essas histórias porque algo nelas quer ir embora, se separar; sentem isso, e isso precisa ser explicado, então o explicam com essas ideias. E isso é como o começo da insanidade. O ressentimento de Nietzsche é realmente excessivo. É patológico, por isso podemos explicá-lo como uma preparação para a insanidade final.

Palestra IV
9 de novembro de 1938

Prof. Jung: Na última vez, começamos o capítulo 51, "Do passar além". Nesse rodeio de volta à sua caverna, como vocês se lembram, Zaratustra chegou inesperadamente ao portão da grande cidade. Mas é questionável qual era sua intenção ali. Nos capítulos precedentes, ele vinha depreciando as pessoas pequenas que vivem em casas pequenas nas quais ele tem de se abaixar para entrar, então por que ele se detém nessa cidade?

Sra. Fierz: Poderíamos dizer que ele estava se transformando em missionário; Zaratustra os considera tolos, por isso quer dizer como eles deveriam ser.

Prof. Jung: Isso é bem possível. Mas, psicologicamente, o que diríamos em um caso assim? Reparem que Zaratustra se detém ali "sem se dar conta".

Sra. Fierz: Que alguma coisa nele, da qual Zaratustra é inconsciente, quer estar entre eles.

Sra. Baumann: Parece como se Zaratustra tivesse um desejo secreto de entrar em contato com esse homem inferior, pois aqui ele não o está depreciando; é alguma coisa secreta nele que quer isso.

Prof. Jung: Exatamente, ele é atraído. Quando uma pessoa deprecia alguma coisa com muito rigor, que conclusão se pode tirar?

Sra. Crowley: Que essa coisa o fascina.

Prof. Jung: Exatamente. Vemos isso nas sociedades para a prevenção da imoralidade. Existem as histórias mais incríveis. Lembro-me do caso de um membro de uma dessas louváveis organizações: um homem que tinha feito uma coleção de cinco mil imagens pornográficas, que ele ofereceu à sociedade para serem queimadas; e eles só aceitaram esse presente tão generoso sob a condição de que pudessem primeiro estudar a coleção minuciosamente, de modo que todo mundo soubesse o quanto as pessoas são realmente terríveis. Assim, eles tiveram um encontro em que as cinco mil fotos foram cuidadosamente examinadas e todos ficaram devidamente chocados. Pessoas que são fascinadas pela imoralidade frequentemente se juntam a tais sociedades. Há outro caso maravilhoso: o secretário de uma sociedade internacional para prevenir o vício subitamente desapareceu, e, ao mesmo tempo, a polícia capturou um homem procurado há muito tempo, por conta de seus ataques sexuais a rapazes em Berlim. Ele não diria quem era, mas descobriram que o secretário internacional tinha desaparecido, e logo ele foi identificado. Assim, a razão para Zaratustra parar nessa cidade é que ele sente uma ímpia atração. A cidade é a conexão com toda aquela ralé, a multidão de miseráveis não seres que ele depreciou, e ainda assim ele não consegue deixar de lado. Então aparece o louco que babava. Já tinha surgido uma vez no início do livro, em que o equilibrista praticamente foi morto pelo louco que saltou sobre ele na corda. E nós dissemos na semana passada que o equilibrista era o próprio Nietzsche, e que ele lá predisse seu próprio destino. Suas frequentes alusões à dança sempre aludem ao dançarino nele próprio. Pois bem, o que essa dança realmente significa?

Sra. Crowley: Teria algo da mesma natureza que o espírito dançarino de Shiva?

Prof. Jung: Sim, esse é o mesmo símbolo, e o que a dança de Shiva denota?

Sra. Crowley: É tanto o lado criativo quanto o destrutivo. É o movimento da natureza, a sua completa expressão.

Prof. Jung: Isso é estético, mas se vocês a considerarem psicologicamente, qual é a característica do dançarino Shiva?

Resposta: Que ele dança em cima dos mortos.

Prof. Jung: Sim, ele é frequentemente representado dançando em cima de um cadáver, mas esse é um caso particular; ele então é uma fêmea, uma espécie de Kali dançando na forma de Shiva. Ele parece exatamente como se fosse uma mulher. Isso se refere a uma lenda especial de Kali. O cadáver, nesse caso, não é um cadáver, mas sim o corpo do próprio Shiva, e ela é uma espécie de Shakti – Shiva tem muitos aspectos. A história é que Kali, certa vez, estava em um tal acesso de fúria com tudo e todos que ela dançou em cima dos cadáveres no cemitério e ninguém conseguia pará-la. Finalmente pediram a seu marido Shiva que a interrompesse, e a única forma que ele sabia era colocando-se entre os cadáveres, por isso ela dançou por cima dele. Mas, quando o pé dela o tocou, ele olhou para cima, e ela viu que era seu marido, e então, instantaneamente, parou de dançar e abaixou a cabeça, envergonhada; estava chocada por seu pé ter pisado no próprio marido. Por essa história vocês podem ver qual é a atitude mental denotada pela dança. Como vocês se sentiriam se fossem um dos muitos cadáveres e um demônio como esse estivesse dançando em cima de vocês?

Sra. Sigg: É a mesma ideia de quando dizemos em alemão: *Ich pfeife auf alles*[299].

---

299. *Ich pfeife auf alles*: "Pouco me importa".

Prof. Jung: Exatamente. É muito temerário, realmente cruel. Uma atitude como essa poderia ser chamada de completamente desumana. Assim, o dançarino Shiva é muito indelicado; é a crueldade e a indiferença da natureza que destrói sem nenhum remorso. Ele é um sonho de êxtase e, nessa condição, cria e destrói mundos – uma espécie de atitude lúdica sem nenhuma responsabilidade, sem nenhum relacionamento até mesmo com a obra da própria pessoa. E quem teria uma atitude dessas – quero dizer, dentro do alcance humano? Que espécie de mente ou de tipo?

Sra. Crowley: Um tipo extremamente criativo.

Prof. Jung: Nem toda mente criativa é assim.

Sra. Sigg: Uma intuição desequilibrada.

Prof. Jung: Não exatamente uma intuição desequilibrada, mas desenfreada, uma intuição que perambula sem nenhuma relação com o indivíduo humano. Quando a intuição é inteiramente lúdica, ela se comporta assim. Por isso, sempre que Nietzsche está lidando com temas particularmente difíceis ou dolorosos, ele inventa a dança, e então passa por sobre as coisas mais difíceis e questionáveis como se não estivesse em nada preocupado. Isso é o que a intuição desenfreada faz. Quando temos de lidar com tais pessoas na realidade, obtemos algo desse tipo, vemos então que tudo lhes é realmente indiferente. Só importa na medida em que coincida de estar no holofote da própria intuição delas, e tem um papel enquanto se encaixar no esquema delas. Quando não se encaixa mais, não importa em nada. Assim, elas manejam as pessoas e as situações do mesmo modo; o que quer que estejam focalizando é subitamente destacado como *a* coisa, e no momento seguinte não é nada – acabou. A intuição caminha por passadas largas, estabelece-se e pula fora no instante seguinte. Por isso os intuitivos nunca colhem o que cultivam; eles plantam seus campos e então os deixam para trás, antes que estejam prontos para a colheita. Pois bem, essa atitude dançante, a atitude intuitiva, é sempre compensada por qual tipo de atitude inconsciente?

Sra. Sigg: É realmente desespero na raiz.

Prof. Jung: Não, isso não é uma atitude compensatória, é talvez uma reação pessoal.

Sra. Sigg: Penso que Nietzsche dançava quando estava em total desespero. Ao fim, quero dizer.

Prof. Jung: Oh, sim, às vezes, mas ele nem sempre está desesperado. Qual é a atitude compensatória para a intuição, para essa dança?

Sra. Fierz: É a sensação.

Prof. Jung: Naturalmente. Uma relação quase patológica com a realidade é a atitude compensatória. Pode-se chamá-la de espírito de gravidade. Por isso os intuitivos desenvolvem todo tipo de problemas físicos, distúrbios intestinais, por exemplo, úlceras no estômago ou outros tipos de problemas físicos realmente graves. Pelo fato de negligenciarem o corpo, este reage contra eles. Assim, Nietzsche negligencia o homem comum, aquelas pessoas pequenas que ele depreciou, e então chega o momento em que toda a pequenez desse homem que vive no corpo o subjuga. Nietzsche é exatamente como o equilibrista, e agora, mais uma vez, encontra o louco que babava. Vocês se lembram da passagem em que ele se queixa de que aquelas pessoas pequenas não o escutam, mas quem não o escuta é ele próprio. Ele não sabe que está, na verdade, depreciando o pequeno homem nele próprio, ele próprio como o indivíduo real que leva uma existência visível no corpo. E, não percebendo isso, salta sobre si mesmo. E diz: "Sou o meu próprio precursor entre esse povo". E pergunta: "Mas por que falo eu onde ninguém tem *meus* ouvidos?" Na verdade, ele não escuta o que diz a si mesmo; não percebe que está, na prática, pregando para seu próprio homem inferior. Por isso ele é o louco que pula sobre si mesmo, exatamente a situação já descrita no começo do livro. Vejam, o louco é a sombra, a coisa que é deixada para trás; o equilibrista dança à frente, e atrás dele está uma sombra muito ativa, idêntica ao homem inferior, com o homem que não está à altura do equilibrista, o homem que está embaixo, vendo-o dançar nas alturas. O tempo todo em que Nietzsche se identifica com Zaratustra – dizendo tantas coisas contundentes – é seguido por uma sombra hostil que terá sua vingança. Portanto o louco é uma sombra ativada que se tornou perigosa porque Nietzsche o desconsiderou completamente e por tempo demais. Sob tais condições, uma figura inconsciente pode se tornar um oponente muito perigoso. Pois bem, o louco é chamado de "macaco de Zaratustra". Por que um macaco?

Sra. Fierz: Ele ainda não é homem, ainda está no estágio animal.

Prof. Jung: Exatamente. A sombra não é apenas o homem inferior, mas também o homem primevo, o homem peludo, o homem macaco. Uma pessoa imitadora é chamada de macaco, por exemplo, assim como o diabo era o macaco de Deus, significando alguém que está sempre fazendo a mesma coisa, aparentemente, mas de um modo muito inferior, uma espécie de má imitação. Mas isso é exatamente o que a sombra faz. É como sua sombra se comporta à luz do sol; ela caminha como você, faz os mesmos gestos, mas tudo de um modo muito incompleto, porque ela não é um corpo. E quando a sombra se separa de você, cuidado! Eu falei anteriormente daquele filme maravilhoso, *O estudante de Praga*, em que o diabo tirou do espelho o reflexo do estudante e levou embora, e então essa figura da sombra, a segunda personalidade do estudante, começou a viver por si só, e se comportou de um modo em essência inferior[300]. Essa foi a raiz da tragédia naquela história, e é o

---

300. Cf. 20 de junho de 1934, n. 125.

que acontece aqui. O equilibrista se retira tanto da esfera humana, coloca-se em uma corda tão acima das cabeças da multidão, que ele também se separa de sua própria personalidade inferior. Desse modo, a sombra ganha em força, e, conforme Nietzsche avança em direção à grandiosa figura de Zaratustra, sua sombra recua para o homem-macaco, e finalmente se torna um macaco, compensando, assim, o avanço grande demais rumo à identificação com Zaratustra. Essa é a árvore que cresce para os céus e cujas raízes, como o próprio Nietzsche disse, devem necessariamente alcançar o inferno. E isso cria tanta tensão que logo será atingida a zona de perigo em que a mente, sob tal tensão, colapsará.

Dr. Frey: Não deveria ser o macaco de Nietzsche, em vez do de Zaratustra?

Prof. Jung: Não, é o macaco de Zaratustra. Zaratustra é um arquétipo e por isso tem a qualidade divina, e ela sempre se baseou no animal. Por isso os deuses são simbolizados como animais – até mesmo o Espírito Santo é uma ave; todos os deuses antigos e os deuses exóticos são ao mesmo tempo animais. O velho sábio realmente é um grande macaco, o que explica seu fascínio peculiar. O macaco naturalmente apresenta a sabedoria da natureza, como qualquer animal ou planta, mas a sabedoria é representada por um ser que não é consciente de si mesmo, e que por isso não pode ser chamado de sabedoria. Por exemplo, o vagalume representa o segredo de fazer luz sem calor; o homem não sabe como produzir 98% da luz sem nenhuma perda de calor, mas o vagalume tem o segredo. Se o vagalume pudesse ser transformado em um ser que *soubesse* que possuía o segredo de fazer luz sem calor, esse seria um homem com um *insight* e um conhecimento muito maior do que nós alcançamos; seria talvez um grande cientista ou um grande inventor, que transformaria nossa técnica atual. Portanto o velho sábio – nesse caso, Zaratustra – é a consciência da sabedoria do macaco. É a sabedoria da natureza que é natureza em si, e se a natureza fosse consciente de si mesma, seria um ser superior de conhecimento e compreensão extraordinários. O vagalume é um animal muito primitivo, ao passo que o macaco é um animal altamente desenvolvido, por isso podemos supor que a sabedoria encarnada no macaco é de um valor imensamente maior do que o segredo relativamente desimportante do vagalume.

Essa é a razão pela qual os primitivos se sentem tão impressionados ou fascinados pelo animal. Eles dizem que o mais sábio de todos os animais, o mais poderoso e divino de todos os seres, é o elefante, e em seguida vem a píton ou o leão, e só então vem o homem. O homem de modo algum está no topo da criação; o elefante é muito maior, não só por conta de seu tamanho e sua força física, mas por sua peculiar qualidade de divindade. E realmente a aparência de sabedoria em um grande elefante é tremendamente impressionante. Portanto esse macaco é o macaco de Zaratustra, e não de Nietzsche, que não é em si mesmo uma pessoa tão ridícula que poderia ser caracterizada como um macaco, nem contém a sabedoria extraordinária que precisaria da completa insensatez de um macaco como compensação. Naturalmente, o macaco nunca é o símbolo da sabedoria, mas de insensatez, porém a insensatez é a compensação necessária para a sabedoria. De fato, não existe sabedoria real sem insensatez. Frequentemente se fala do tolo sábio. Na Idade Média, o homem sábio na corte do rei, o filósofo mais inteligente, era o bobo; com toda a sua tolice, ele podia dizer verdades profundas. E naturalmente o bobo era um macaco, por isso ele era autorizado a imitar e zombar até mesmo do rei, como um macaco faria; um macaco é a representação apalhaçada do homem no reino animal. Pois bem, essa sombra ativada, que só aparece mediante a identificação de Nietzsche com Zaratustra, está em seu encalço novamente, mas não do mesmo modo perigoso como no começo. Por que aparentemente foi muito mais perigoso no começo?

Sra. Fierz: Foi então uma espécie de visão do que aconteceria, e agora está lentamente acontecendo.

Prof. Jung: Sim, no começo, Nietzsche não foi diretamente confrontado com o macaco, mas com um equilibrista, por isso se poderia considerar aquilo uma imagem de advertência: se você se identificar com esse equilibrista, deve ter cuidado, ou a sombra irá em seu encalço. Mas isso só será uma advertência na medida em que a pessoa a *considere* uma advertência; a pessoa poderia ter um sonho de advertência e não se permitir ser advertido. Portanto Nietzsche foi, de certo modo, advertido, mas a tragédia é que ele não levou isso em consideração. Dessa vez é Nietzsche que é confrontado pelo louco, e o caso parece ser menos perigoso. Aparentemente ele pode lidar com isso, mas, na verdade, é mais perigoso, pois a profecia do começo está se realizando: Nietzsche está agora na corda. Por isso ele encontra o louco, que está prestes a saltar sobre ele, e isso é extremamente perigoso, embora não o pareça aqui. Evidentemente é, de certo modo, impressionante quando o louco que babava subitamente aparece com as mãos estendidas. Nietzsche poderia ter ficado chocado, mas aparentemente não ficou. Ele diz:

> Esse era o mesmo louco que o povo chamava de "o macaco de Zaratustra": pois ele tirava alguma coisa do fraseado e da cadência de suas falas e também gostava de tomar empréstimos ao tesouro de sua sabedoria.

Aqui está a conexão com a sabedoria que Zaratustra representa, e se o macaco gosta de tomar empréstimos da fonte da sabedoria, é porque ele simplesmente toma do que ele é; essa sabedoria é sua própria estrutura. É até mesmo ele próprio.

> [...] E o louco falou assim a Zaratustra: "Ó Zaratustra, aqui é a grande cidade: aqui nada tens a procurar e tens tudo a perder. Por que pretendes vadear esse lamaçal? Tem compaixão por teus pés! É melhor cuspires na porta da cidade e dares meia-volta!"

Pois bem, por que a sombra fala assim?

Sra. Jung: Porque um arquétipo não faz parte da coletividade.

Prof. Jung: Esse é um aspecto, mas há outro.

Srta. Hannah: Porque ele sabe que verá novamente tudo fora de si próprio, será a mesma coisa mais uma vez.

Prof. Jung: É isso. Assim, qual é o benefício de entrar na cidade? Ele fará a mesma coisa de novo: depreciará aquelas pessoas, se colocará em uma alta corda e, então, cairá novamente. A sombra é muito útil ao dizer a Zaratustra para não repetir o mesmo absurdo, não entrar na cidade para depreciar aquelas pessoas, pois, na verdade, está depreciando a si mesmo. Claro, isso não é dito nessas palavras. Essa é a lacuna da sombra que não consegue se expressar precisamente, assim como é a lacuna da natureza que também se mostra em nossos sonhos. As pessoas reclamam: "Por que o sonho não me fala diretamente? Por que não diz: 'Não faça isso ou aquilo', ou 'você deveria se comportar de tal e tal modo'? Por que é tão desumano?" Tenho certeza de que todos vocês já pensaram isso sobre seus sonhos. É a coisa mais exasperante que os sonhos não falem diretamente. Certos sonhos são tão extraordinários, vão tão direto ao ponto – ainda assim, são sempre ambíguos. Pois bem, por que a natureza se comporta assim?

Srta. Hannah: Porque ela não consegue diferenciar.

Prof. Jung: Sim, o inconsciente é a natureza, a reconciliação dos pares de opostos. É isso e aquilo, e não importa. Por ser uma eterna repetição, morte e nascimento e morte e nascimento, continuamente e para sempre, não importa se as pessoas vivem ou morrem, não importa se elas já viveram ou vão viver. Isso tudo está contido na natureza. E assim o inconsciente dá a você esse e aquele aspecto de uma situação. Mas, se você é sábio, usa isso como uma fonte de informação. Como eu sempre digo, usa-se o compasso para navegar, mas nem mesmo o compasso mostra o caminho – ele sequer mostra exatamente onde fica o polo norte, pois o polo norte magnético não é idêntico ao polo norte geográfico. Portanto o compasso é um meio muito duvidoso. Desde que você tenha informação definida quanto à posição do polo norte, pode usar o compasso como um meio válido de orientação. E é o mesmo com o inconsciente: desde que você saiba sobre as leis dos sonhos, pode usá-los. O sonho é a natureza, e como usá-lo depende de você; ele nunca diz que você *deveria*, só diz "*é assim*". O inconsciente mostra tal e tal reação, mas não diz se é certa ou errada, ou que conclusões você deveria tirar; você é livre para tirar determinadas conclusões, assim como é livre para usar o compasso – ou não. Portanto o louco, sendo a sombra, não é evidentemente a consciência de Nietzsche, mas Nietzsche/Zaratustra em sua versão negativa; e assim, também a sabedoria está em sua versão negativa. O louco lhe dizer para não entrar na cidade é apenas como um sonho. Isso é meramente uma compensação para a tendência de Nietzsche de entrar na cidade, e, como isso vai contra os instintos, como é completamente fútil continuar repetindo a mesma coisa, o inconsciente simplesmente diz: "Não vá sempre do mesmo modo; você se virou para a direita tempo o bastante, agora vá uma vez para a esquerda". Desse modo, o que o louco diz é muito confuso, e vocês verão agora como Nietzsche o considera. Ele o interpreta de modo completamente errado.

Sra. Sigg: Mas, no começo do livro, o louco falou bem claramente. Ele disse para sair da cidade, que ele só escapou do perigo da cidade porque foi humilde o bastante para carregar o cadáver. Mas Nietzsche não conhecia o significado.

Prof. Jung: Esse é um ponto muito bom. Foi mostrado a Nietzsche que ele deveria carregar o cadáver, e ele o carregou, o que foi uma proteção. Não consigo me lembrar se nós lidamos com essa questão, mas você consegue nos dizer o que isso significa?

Sra. Sigg: Não entendi totalmente. Acho que é como a ideia de carregar o cadáver na obra de Zimmer, *Die Geschichte vom indischen König mit dem Leichnam*. Mas não está só na mitologia indiana. O mesmo tema foi usado pelo nosso maior pintor, Dürer; por nosso maior autor de hinos eclesiais, Paul Gerhard; e por nosso maior músico, Johann Sebastian Bach[301]. Dürer o usou em sua imagem da Trindade, em que o rei, o Deus Pai, carrega o Cristo morto em seus braços; Paul Gerhard usou em um de seus hinos mais belos; e Bach introduziu vários versos desse hino em sua música da Paixão. E seu arranjo da antiga melodia do hino é perfeito no acompanhamento do verso que toca o nosso problema. Acho que isso ocorre com muita frequência na arte. Mas parece ser uma lei para uma pessoa criativa que o rei nele deva carregar o cadáver.

Prof. Jung: Sim, a interpretação desse mito pelo Professor Zimmer foi de que o rei teve de carregar um cadáver como uma espécie de maldição, e que por isso aprendeu a grande sabedoria. Esse é um mito maravilhoso, uma extraordinária peça de psicologia. O cadáver representa o *corpus*, o corpo. A palavra inglesa *corpse* [cadáver] vem do latim, *corpus*; e a palavra alemã *Leichnam* vem do alto-alemão médio, *Lîcham*, que também significa simplesmente corpo. Assim, a proteção contra a inflação, contra a possessão por um arquétipo, é carregar o fardo – em vez do cadáver, apenas "um fardo", o que é uma espécie de abstração. Carregar o fardo é um tema vindo dos cultos de mistério. É chamado de *transitus*, que significa ir de um lugar a outro, e ao mesmo tempo suportar alguma coisa; isso evidentemente não é expresso pela palavra *transitus* em si.

---

301. Sobre *The king and the corpse, tales of the soul's conquest of evil*, cf. anteriormente, 18 de maio de 1938, n. 243. Albrecht Dürer (1471-1528), pintor e gravurista alemão; Paul Gerhard (1607-1676), poeta alemão e autor de hinos e de outras canções; Johann Sebastian Bach (1696-1750), músico e compositor alemão.

Sra. von Roques: Há uma história de que os homens sábios entram no mundo em uma determinada cidade, carregando o fardo dos deuses – as relíquias que os deuses lhes deram – em uma mala em suas costas, e então eles devem encontrar um lugar na terra para morar.

Prof. Jung: O fardo seria o corpo – os deuses o deram ao homem.

Sr. Allemann: Carregar a cruz não seria a mesma coisa?

Prof. Jung: Absolutamente. E no culto de Átis eles carregavam o abeto que representa a própria Cibele ou o deus. E no culto mitraico o deus Mitra carregava o mundo nos ombros. E Hércules carregou o universo que Atlas tinha suportado antes. No mistério cristão, é a cruz, a árvore morta, um símbolo da mãe. Eu citei em *Transformações e símbolos da libido* uma antiga lenda inglesa, um diálogo entre a mãe, a cruz e Maria. Maria acusou a cruz: "Cruz, tu és a madrasta malvada de meu filho". É o mesmo que a mãe, a mãe cruz – exatamente a ideia que subjaz ao culto de Átis[302].

Sra. von Roques: Enéas carregando o pai seria a mesma coisa?

Prof. Jung: Provavelmente, mas não sei se esse mito foi alguma vez usado como uma lenda de mistério, ao passo que Mitra carregando o touro era parte da doutrina de mistério. Lembro-me, nessa conexão, de um sonho que um clérigo teve quando criança: por volta dos 5 anos de idade, ele teve o sonho do clérigo. Sonhou que estava em um vaso sanitário [*water-closet*; cf. o jogo de palavras logo adiante (N.T.)] que ficava fora da casa, e subitamente alguém o obrigou a carregar toda aquela casinha nas costas. Ele fez um desenho disso para mim, dizendo que, na verdade, essa casa nunca teria uma forma dessas. E não viu que o esboço, a planta da casa, era assim:

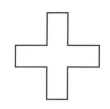

Ele tinha de carregar o banheiro com todos os conteúdos. E isso é onde estamos todos trancados [*closeted*] – nesse corruptível corpo de imundície – e temos de carregá-lo. Uma criança de 5 anos de idade teve essa indicação do inconsciente.

A Sra. Baumann acabou de chamar minha atenção para o fato de que a lenda do rei e do cadáver existe em uma tradução inglesa chamada *The Vikram and the Vampire*[303]. E fui indagado sobre o cadáver – por que é justamente um cadáver. Uma razão é que isso se baseia nessa conexão linguística, *corpse* [cadáver] e *corpus*, e *Leichnam* e *Lîcham*. Há uma espécie de identidade nas próprias palavras, o que vem do fato de que o corpo, sendo matéria, é considerado como morto em si, só vivendo na medida em que é animado por Prana, um sopro de vida que o habita.

---

302. Para um relato mais completo desse diálogo, cf. OC 5, § 412-415.

303. Sir Richard Burton, *Vikram and the Vampire or Tales of Hindu Devilry, from the Baital-Pachisi* [Vikram e o vampiro ou histórias de diabruras hindus de Baital-Pachisi] (Londres, 1870).

Daí a mesma palavra ser usada para o corpo vivo e o corpo morto. Isso também se vê na ideia do fardo: Mitra carrega um touro morto, o touro sacrificado, ou está na ação de sacrificar ou matar o touro, como no relevo de Heddernheim, no museu de Wiesbaden, reproduzido em *Transformações e símbolos da libido*[304]. Então, no outro lado desse relevo, Mitra e Hélio são descritos conversando sobre a condição do touro morto, que está em um estado de se transformar em todo tipo de coisas vivas[305]. No cristianismo, a cruz é um corpo morto em si mesmo, como um homem com braços estendidos. Daí em uma antiga representação medieval Cristo estar de pé diante da cruz, não crucificado. Quando alguém está diante da luz do sol com os braços estendidos, lança uma sombra como a cruz, por isso a cruz representa a sombra, o corpo morto.

Pois bem, o que o corpo vivo representa é um grande problema. Claro, o simbolismo histórico, pelo que sabemos, refere-se ao animal. A vida do corpo é vida animal. Não há diferença, em princípio, entre a fisiologia do macaco e a nossa própria fisiologia; nós temos a fisiologia de um animal de sangue quente. Outra analogia é com a planta e, pois, com a árvore. Daí a cruz de Cristo ser também chamada de a árvore; Cristo foi crucificado sobre a árvore. E uma antiga lenda diz que a madeira da cruz foi tirada da árvore do paraíso, que foi cortada e transformada nas duas colunas, Jaquim e Boaz, em frente ao Templo de Salomão. Então elas foram jogadas fora, e redescobertas e transformadas na cruz. Assim, Cristo foi sacrificado na árvore da vida, e no *transitus* ele a carregou. A planta ou a árvore sempre se refere a um crescimento ou a um desenvolvimento não animal, e isso seria o desenvolvimento espiritual. A vida do corpo é vida animal; é instintiva, contém sangue quente e é capaz de se mover. Então dentro do corpo está o desenvolvimento espiritual ou mental, e isso é sempre expresso como o crescimento de uma flor ou uma planta milagrosa ou uma árvore extraordinária, como a árvore que cresce de cima para baixo, com as raízes no céu e os ramos para a terra. Isso é um simbolismo tanto ocidental quanto oriental. A famosa árvore da ioga cresce de cima para baixo, e Ruysbroeck, o místico flamengo, usa o mesmo símbolo para o desenvolvimento espiritual dentro do misticismo cristão[306]. Assim, no primeiro caso, o corpo ou o cadáver significaria o animal – temos de carregar o animal sacrificado –, e outro aspecto é que temos de carregar o nosso desenvolvimento espiritual, que também faz parte da natureza, que tem igualmente a ver com a natureza.

---

304. Cf. OC 7.

305. Para o relevo de Heddernheim, cf. OC 5, fig. 66.

306. Jan van Ruysbroeck (1293-1381). Cf., p. ex., *The Spiritual Espousals* [*As esponsais espirituais*] (Trad. Eric College. Nova York, 1953, lâmina I, B, a).

Há então mais um ponto a considerar. De modo ocasional, em minhas experiências com pacientes – não só nessa lenda de Vikram –, trata-se menos de um cadáver do que de uma coisa morta em geral, uma espécie de preocupação com o morto. Isso corresponde ao fato de que o corpo é uma espécie de conglomerado de unidades ancestrais chamadas de unidades mendelianas. Nosso rosto, por exemplo, obviamente consiste em certas unidades herdadas de nossa família; nosso nariz vem de um ancestral do século XVIII, e nossos olhos talvez sejam de um parente do século XVII. O lábio inferior saliente, que é típico dos Habsburgos espanhóis, data da época de Maximiliano; isso é uma unidade mendeliana que ocasionalmente aparece de uma maneira muito pronunciada em certos indivíduos. Também há uma tendência insana nos Habsburgos espanhóis, que apareceu no século XV e então desapareceu, e que, segundo a lei mendeliana, reapareceu dois séculos depois. E há uma família inglesa chamada Whitelock, que é caracterizada pelo fato de que a maioria dos membros – particularmente os masculinos – tem uma mecha de cabelo branco no centro da cabeça; por isso eles são chamados de Whitelock ["mecha branca" (N.T.)]. Essa é, de novo, uma unidade de uma especial tenacidade. Assim, todo o nosso corpo consiste em unidades herdadas de nosso lado paterno ou materno, de nosso clã ou tribo particular ao longo dos séculos.

Pois bem, cada unidade tem também um aspecto psíquico, pois a psique representa a vida ou a essência viva do corpo. Assim, a psique do homem contém todas essas unidades, também, de certo modo, uma representação psicológica; um determinado traço de caráter é peculiar ao avô; outro, ao tataravô, e assim por diante. Assim como o corpo deriva dos ancestrais, a psique também deriva deles. É como uma espécie de quebra-cabeça, um tanto desconexo, não soldado adequadamente no início, e então o desenvolvimento mental do caráter, o desenvolvimento da personalidade, consiste em juntar o quebra-cabeça. O quebra-cabeça é representado nos sonhos, às vezes, pelo tema de um aglomerado de pequenas partículas, pequenos animais ou moscas ou pequenos peixes ou partículas de minerais, e esses elementos desconexos e díspares têm de ser reunidos por meio de um processo peculiar. Esse é o principal tema da alquimia. Começa com a ideia de totalidade, representada como um círculo. Isso é chamado de "caos", ou de "massa confusa", e consiste em todo tipo de elementos, um conjunto caótico, mas tudo em uma massa. A tarefa do alquimista começa aqui. Essas partículas devem ser arrumadas por meio da quadratura do círculo. A ideia simbólica é arrumar as partículas em uma espécie de eixo semelhante ao cristal, o que é chamado de quaternidade, ou *quaternion*, ou *quadrangulum*, o quatro, e a cada ponto se dá uma qualidade particular.

Isso é o que nós chamaríamos de diferenciação das funções psicológicas. Vejam, é fato que certas pessoas começam com um dom intuitivo, por exemplo, que se tornará a principal função delas, a função pela qual elas se adaptarão. Um homem que nasceu com um bom cérebro naturalmente usará sua inteligência para se adaptar; não usará seus sentimentos, que não estão desenvolvidos. E um homem que é muito musical certamente usará seu dom musical para fazer sua carreira, e não sua faculdade filosófica, que é praticamente inexistente. Assim, uma pessoa usará seus sentimentos, outra, seu senso de realidade, e assim por diante, e a cada vez haverá um produto unilateral. O estudo desses produtos humanos unilaterais me levou à ideia das quatro funções, e hoje em dia nós pensamos que não deveríamos ter apenas uma função diferenciada, mas sim levar em consideração que há outras, e que uma verdadeira adaptação ao mundo requer as quatro funções – ou pelo menos mais de uma. E isso é algo como as ideias daqueles velhos alquimistas que queriam produzir, a partir do caos, um arranjo simétrico da quaternidade. Os quatro cantos do círculo indicam as regiões do fogo, do ar, da água e da terra, e quando são arrumados completarão no centro a *quinta essentia*, a quinta essência; as quatro essências estão nos cantos, e no centro está a quinta. Esse é o famoso conceito da *quinta essentia*, uma nova unidade que também é chamada de *rotundum*, a rotundidade, ou a coisa redonda completa. É de novo aquele círculo do início, mas esse círculo tem agora a *anima mundi*, a alma do mundo, que estava escondida no caos. A princípio, todos os elementos estavam completamente misturados nesse caos redondo, e o centro estava escondido; então o alquimista desemaranha esses elementos e os arruma em uma figura regular, como um cristal. Essa é a ideia da pedra filosofal na qual a coisa redonda original reaparece, e dessa vez é o corpo espiritual, a coisa etérea, a *anima mundi*, o microcosmo redimido.

O tema do aglomerado de peixinhos ou de outros pequenos objetos também é encontrado na alquimia, representando os elementos desconjuntados. E aparece frequentemente nos sonhos de crianças. Lidei com um caso desses em um de meus seminários de sonhos no Swiss Federal Institute of Technology (ETH), uma criança que morreu inesperadamente, cerca de um ano depois de ter produzido uma série de sonhos dos mais extraordinários, praticamente todos contendo o tema do aglomerado. Houve um sonho cosmológico em que ficou claramente visível como o aglomerado entra na existência, ou como é sintetizado, e como é dissolvido no aglomerado. As unidades mendelianas se juntam fisiologicamente, assim como psiquicamente, e se desintegram de novo. Isso antecipou a morte dela; sua psique estava frouxamente conectada, e, quando algo adverso aconteceu, se dissolveu nessas unidades. Pois bem, cada uma dessas partículas é uma unidade mendeliana na medida em que está viva; por exemplo, o seu nariz está vivo. Você vive na medida em que essas unidades mendelianas estão vivas. Elas têm almas, são dotadas de vida psíquica, a vida psíquica desse ancestral; ou você pode chamá-la de parte de uma alma ancestral. Assim, uma vez que somos como nosso nariz, ou podemos nos concentrar em nosso nariz, tornamo-nos imediatamente idênticos ao avô que tinha o nosso nariz. Se acontece de nosso cérebro ser exatamente como o do nosso bisavô, somos idênticos a ele, e nada pode evitar isso – temos de funcionar como se estivéssemos inteiramente possuídos por ele. É difícil, ou quase impossível, indicar o tamanho de unidades mendelianas; algumas são maiores, algumas são menores, e assim você tem áreas grandes ou pequenas de almas ancestrais dentro de si. Em todo caso, você é uma coleção de espíritos ancestrais, e o problema psicológico é de que maneira encontrar você mesmo nessa multidão. Em algum lugar você também é um espírito – em algum lugar você tem o segredo de seu padrão particular.

Pois bem, isso está no círculo do caos, mas você não sabe onde, e então você tem de passar por todo esse procedimento da quadratura do círculo para encontrar a *quinta essentia* que é o si-mesmo. Os alquimistas diziam que ela era de uma cor azul celeste porque estava no céu, e como era redonda, globular, a chamavam de "o céu em nós". Essa é a ideia deles do si-mesmo. Assim como estamos contidos no céu, estamos contidos no si-mesmo, e o si-mesmo é a *quinta essentia*. Então, quando uma pessoa está ameaçada de dissolução, é justamente como se essas partículas não pudessem ser unificadas, como se as almas ancestrais não se juntassem. Estou lhes dizendo tudo isso para explicar esse outro aspecto do morto: não é apenas o corpo morto, mas os espíritos dos mortos. Desse modo, se um primitivo quer se tornar um curandeiro, um homem superior, deve ser capaz de falar com os mortos, deve ser capaz de reconciliá-los, pois os mortos são os autores das doenças, causando todo o problema para a tribo; e então o curandeiro é chamado porque é considerado capaz de falar com os espíritos ancestrais e fazer um compromisso com eles, aplacá-los ou integrá-los adequadamente. Isso é necessário a todos, para que se desenvolvam mental e espiritualmente. Ele tem de reunir esses espíritos e fazer deles um todo, integrá-los; e essa difícil tarefa, o processo de integração, é chamada de carregamento do cadáver dos ancestrais, ou fardo dos ancestrais.

Sra. von Roques: Há um exemplo muito claro em um mito irlandês. O herói Fionn[307] sai com sua mãe. Primeiro, ela o carrega; então, depois de algum tempo,

---

307. Um personagem favorito dos contos populares irlandeses, trata-se do Finn, de *Finnegans Wake* [de James Joyce (N.T.)], que Jung leu ao menos em parte em sua publicação em série como *Work in Progress* (OC 15, § 165).

eles mudam e Fionn carrega a mãe, mas gradualmente perde partes dela, até ter apenas os pés, e então os joga em um lago pertencente a uma bruxa. Fionn entra na casa da bruxa, e ela lhe diz que ele deve ir pescar no lago, então ele apanha dois peixes que são os pés da mãe. Depois disso, Fionn tem de cozinhá-los e nenhuma parte pode ficar com manchas de um fogo quente demais. Mas ficam manchados, e então ele coloca seu dedo polegar neles e o queima. A partir desse dia, ele fica sábio quando chupa o dedo polegar.

Prof. Jung: Isso é parte desse tipo de mistério, a integração e a desintegração. Ser carregado pela mãe significa ser carregado pelo inconsciente, e carregar a mãe significaria, evidentemente, carregar o inconsciente. A mãe – como a base, a fonte, a origem de nosso ser – sempre significa a totalidade do mundo dos espíritos, e, ao carregá-la, a pessoa está fazendo o que Cristo fez; Cristo carregou sua mãe (a cruz) e também todo seu céu e seu inferno ancestrais. Assim, o passado foi cumprido. Sendo de sangue régio (do Rei Davi), Cristo teve de carregar a promessa do passado, e, para cumpri-la, teve de se tornar rei de um mundo espiritual. A ideia cristã da pesca milagrosa de peixes também significa a integração de todas as partes em uma. Por exemplo, o anel do papa, o Anel do Pescador, é um entalhe com a pesca milagrosa de peixes gravada nele. O mesmo tema está no livro chamado *O pastor de Hermas*, em que a multidão é representada por pessoas que vêm dos quatro cantos do mundo. Cada qual traz uma pedra ou é, ele próprio, uma pedra, e encaixam as pedras e a si mesmos em uma torre; então, de imediato, as pedras se fundem sem quaisquer juntas visíveis, o que, de modo evidente, forma uma unidade extraordinariamente forte. Isso simboliza a construção da igreja. Dizia-se que Hermas era o irmão do segundo bispo de Roma, e o principal problema então era a construção da igreja. Mas isso também é um símbolo da individuação.

Sr. Baumann: Há documentos sobre a construção das pirâmides, nos quais se diz que a superfície era feita de pedras muito diversas – alabastro, granito, calcário etc. –, e as juntas eram feitas tão cuidadosamente que nem mesmo uma lâmina de faca poderia ser colocada entre elas.

Prof. Jung: Sim, possivelmente é a mesma ideia, a construção simbolizando a unidade, sem espaços nas juntas. E assim as unidades mendelianas originais, de algum modo desconjuntadas e inadaptadas, são reunidas com tanta precisão e proximidade que não podem mais ser separadas. Se se separam na vida, isso significa esquizofrenia, a dissociação da mente. Há casos em que uma ou outra dessas unidades não conseguem se encaixar, e isso pode ser a causa de uma neurose, ou uma psicose latente, ou alguma outra perturbação. É como uma espécie de inclusão. Chamo isso de *Einschlüsse*, que significa algo trancafiado. É como aqueles fenômenos peculiares em que se descobre que um teratoma contém partes de um embrião, dentes ou dedos ou cabelo ou algo como um olho. São partes de um feto não terminado que foram incluídos no corpo do gêmeo. Os mesmos fenômenos também ocorrem em condições mentais – uma segunda personalidade, um gêmeo psicológico incluído no organismo psíquico. Isso pode causar muitos problemas. Temos um caso desses também no seminário sobre os sonhos[308].

---

308. Cf. *Dream Sem.*, p. 311.

Palestra V
16 de novembro de 1938

Prof. Jung: Falávamos, na semana passada, sobre a multidão do homem coletivo no inconsciente de um indivíduo, e mencionei a ideia dos filósofos medievais de que o desenvolvimento alquímico – que evidentemente é um desenvolvimento psicológico – começa do *caos*. Eles compreendiam o caos como uma multidão de fragmentos de unidades, que representavam como uma assembleia dos deuses, como os deuses olímpicos, por exemplo. No Egito, havia uma pequena companhia e uma grande companhia de deuses, com a peculiaridade de que o último da série da grande companhia sempre era duplo, mas contado como uno. Essa é uma ideia muito estranha que se encontra no livro *Os deuses egípcios*, de Wallis Budge, sob o título "As companhias dos deuses"[309]. E essa mesma ideia existe na alquimia, na incerteza sobre o 3 ou o 4 ou o 7 e o 8. É como se o último número fosse sempre duplo, o que quer que isso signifique; só mencionei para chamar a atenção de vocês para isso. Essas companhias representam a multidão psíquica, ou a qualidade multitudinária do inconsciente. O inconsciente consiste na multidão e, por isso, é sempre representado por uma multidão de seres coletivos. O inconsciente coletivo é projetado na multidão, a multidão o representa, e o que chamamos de "psicologia de massas" é realmente a psicologia do inconsciente. Por isso, a psicologia da multidão é psicologia arcaica. Essa peculiaridade de nosso inconsciente foi percebida muito tempo atrás. Essas companhias dos deuses a representavam, e na Idade Média isso se tornou a ideia de caos dos alquimistas. Naquela época, a velha ideia da assembleia dos deuses, do panteão, tinha praticamente desaparecido, ou tinha sido reduzida a um deus trino.

Os três originalmente eram uma companhia, realmente uma tríade, mas, sob a influência do monoteísmo, ela foi destilada ou sublimada em uma unidade. Contudo a Trindade ainda contém a ideia da tríade, e foi uma tremenda dificuldade para a mente ocidental produzir a ideia das três pessoas em uma. Como ninguém leva

---

309. E. A. Wallis Budge, *The Gods of the Egyptians*, 2 vol. Londres, 1904.

isso a sério hoje em dia, como ninguém se preocupa, isso deixou de ser um problema; mas, no momento em que é levado a sério, a pessoa será confrontada com esse extraordinário enigma de transformar três em um. É uma espécie de compromisso, uma tentativa de dar uma cabeça para a multidão do inconsciente coletivo. Vejam, o monoteísmo original, como o javismo em Israel, ou o monoteísmo de Amenotepe IV, no Egito, foi possível porque era uma espécie de reforma contra um pano de fundo de politeísmo extremo. Havia os deuses dos babilônios e dos fenícios, por exemplo, e Javé era o deus de Israel, mas de modo algum o único. Ao longo do tempo, ele tinha passado pela evolução característica dos deuses egípcios – praticamente cada deus no Egito chegou à honra do criador do mundo. Às vezes era o deus de Heliópolis, outras vezes, o de Tebas, ou de alguma outra cidade, e cada qual era considerado o criador do mundo. Havia uma espécie de antagonismo entre os sacerdotes, uma ambição de tornar o deus deles o único. Esse foi o monoteísmo original; porém, mais tarde, na Antiguidade romana e helenística, por exemplo, houve fortes tentativas de criar o deus único; os escritores da época já começaram a falar em deus único, independentemente do cristianismo.

Por exemplo, vocês podem se lembrar de uma lenda de tempos muito remotos que eu citei aqui antes, sobre o capitão do mar que chegou em Óstia e pediu uma audiência imediata com o imperador, para lhe dar uma notícia muito importante: quando o navio estava passando por uma ilha grega, eles ouviram por lá um tremendo clamor, na noite em que se aproximaram, e descobriram que as pessoas estavam chorando e se lamentando porque o grande deus Pã tinha morrido. Como vocês sabem, Pã originalmente era um deus muito menor, um demônio local inferior dos campos, mas seu nome sugere o grego *tò pan*, que significa "o Todo", "o universo", e assim ele se tornou um deus universal. Essa foi uma séria tentativa de monoteísmo a partir do politeísmo. A grande reforma de Buda na Índia foi uma tentativa semelhante contra a imensa multidão de 2,5 milhões de deuses hindus. Buda reduziu todos eles à figura única do perfeito, o próprio Buda – nesse caso, um homem, mas com a ideia da perfeição absoluta. Como vocês sabem, no budismo até mesmo os deuses devem se tornar humanos, devem nascer como homens para ser redimidos. Um deus é meramente um ser que vive muito mais do que o ser humano comum, e sob circunstâncias muito mais favoráveis; ele vive talvez por éons de tempo, mas ainda assim o fim chegará. Considerava-se que até mesmo os deuses supremos, os chamados Brahmas, tinham seu tempo designado e então também eles chegariam subitamente ao fim; quando o carma deles fosse cumprido, morreriam ou renasceriam. Isso é descrito em um dos textos budistas que mencionei aqui; quando o carma dos seres semidivinos que cercam Brahma é cumprido, eles subitamente desaparecem, não resta nada. Assim, temos inúmeras evidências da ideia da multidão que se transforma em um único ser supremo.

Trouxe para vocês hoje algumas imagens do caos alquímico. A primeira é uma representação clássica, o frontispício do *Songe de Poliphile*. Na parte de baixo da página, o caos está na forma de um círculo contendo fragmentos irregulares que também são caracterizados pelos signos planetários. Essa é uma companhia de deuses – os signos planetários, como vocês sabem, referem-se aos deuses. Por exemplo, o aço é o signo de Marte; o estanho, o signo de Júpiter; a prata, o signo da lua; e o cobre, o signo de Vênus. Às vezes, em vez desses fragmentos, os deuses são apresentados como uma coleção de minerais ou de metais na caverna subterrânea, como se tivessem se degenerado em corpos terrestres.

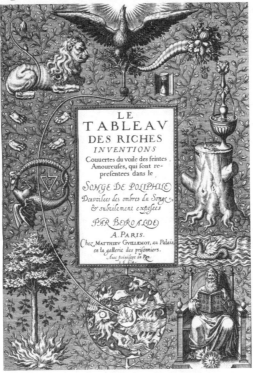

Agora quero mostrar a vocês o chamado pergaminho Ripley. É do Museu Britânico, um manuscrito do século XVI. Nele, o caos não é uma coleção de fragmentos, mas sim uma esfera escura, representada como a base do processo alquímico. Vapores exalam dessa esfera escura de caos. É uma espécie de representação cósmica, como a terra em um estado primordial, um globo ainda incandescente do qual esses vapores saem. Então, a partir desse globo gaseificado incandescente, todo o procedimento alquímico começa, e ascende à companhia dos deuses no alto. A ideia é que os gases são espíritos ou seres etéreos que se desenvolvem, se transformam e finalmente revelam sua natureza como a sociedade dos deuses. E todos esses deuses agora contribuem para o vaso no qual a *coniunctio* acontece, a partir do qual surge o ser divino. Esse é o *Puer Aeternus*, ou a *Rebis*, o hermafrodita. Então ocorre outro tipo de *coniunctio*, que faz parte de outro sistema de pensamento, o qual encontraremos agora no *Zaratustra*, a saber, a união com o ser cérebro-espinhal, o sapo, a serpente ou o lagarto. É uma espécie de *anima* que se une ao *Puer Aeternus* e juntos eles fazem o hermafrodita. E aqui também existe a ideia da árvore *nyagrodha* que cresce do alto, com as raízes no céu. Disso deriva a parte feminina do deus masculino. Essa é a unidade, a *quinta essentia*, da sociedade dos deuses, a síntese da transformação da companhia dos deuses no ser único, o processo iniciado na esfera escura que representa o caos. A esfera redonda é também frequentemente representada pelo *ouroboros* que come a própria cauda.

Representações semelhantes ocorrem na psicologia prática: esses símbolos se repetem com razoável frequência no início do processo de individuação. Mostrarei a vocês o original de uma imagem inconsciente que usei para ilustrar uma de minhas palestras em Eranos[310]. A própria paciente é representada como crescendo atada à pedra – em outras palavras, identificada com o inconsciente que é a terra. Os rochedos têm formato de ovo, e realmente significam ovos, ou a substância da semente que deve ser transformada. O estágio seguinte está nessa imagem do raio que atinge a terra, e, em vez do ser humano, há um esfera incandescente perfeitamente redon-

---

310. Jung apresentou seu artigo "Estudo empírico do processo de individuação" na Conferência Eranos de 1933. Revisado e ampliado, ele aparece em OC 9/1 com seu título original. As duas pinturas, com outras do mesmo caso, são reproduzidas em cores depois da p. 289 [da edição brasileira, publicada pela Editora Vozes (N.T.)].

da, como a terra em uma condição incandescente primordial, separada do caos ao redor – um pouco de caos é agora cortado do caos circundante, como no frontispício do *Songe de Poliphile*. O raio significa a influência que subitamente inicia o processo de individuação: a saber, essa separação de uma determinada área de caos. É como se o indivíduo, conforme descrito aqui, tivesse sido parcialmente enterrado no caos, apenas a parte superior do corpo dela estando separada. Como vocês veem, ela foi distinguida, um ser à parte com uma consciência dela própria, mas nos pavimentos inferiores ela não estava separada do universo, poderíamos dizer. E então, a partir desse raio, ela subitamente aparece como um todo, um círculo ou um globo, separado da *participation mystique* com o caos, ou, como diríamos, com o inconsciente coletivo. Ela ainda é um pedaço de caos, e todo pedaço contém caos, é caos, tem qualidade caótica, mas o desenvolvimento posterior dessa série leva a uma diferenciação desse globo incandescente primordial.

Temos agora aqui duas fotografias de imagens feitas por outro paciente. Na primeira, tem-se a impressão de uma condição terrivelmente retalhada: parece uma espécie de teias de aranha. Esse é um estado de completo caos, com muitas divisões, e uma análise detalhada mostra que é um corpo humano dissolvido;

pode-se identificar um olho e, no original, que é maior, podemos divisar outros órgãos e sangue. Isso apontaria para uma condição esquizofrênica, mas é uma esquizofrenia líquida, não um caso congelado – uma psicose latente, não muito grave, mas perigosa o bastante. É como se essas divisões afiadas, como uma madeira rachada ou um gelo com pontas afiadas, pudessem acabar cortando todo o ser humano em fragmentos. Então o estágio seguinte é a grande serpente, e aqui vemos a associação íntima. Ela própria está quase esmagada pelos anéis de uma enorme serpente. Isso de novo é caos, mas na forma do grande leviatã, assim como o caos é frequentemente representado na alquimia pelo *ouroboros*, o grande dragão. Essa mudança ocorre praticamente de um dia para o outro. Em um dia, no início, ela estava perfeitamente caótica, e o movimento seguinte foi uma transformação do caos original na serpente do caos. Isso foi um grande avanço, pois o caos então estava em uma forma e as separações tinham desaparecido; aquela espécie de caos morto tinha ganhado vida na forma da grande serpente original. Em outras pala-

vras, o caos perdeu sua qualidade multitudinária e se tornou, por assim dizer, personificado; foi reunido e formatado em um ser uno, um representante do sistema cérebro-espinhal.

Fisiologicamente, isso significaria, talvez, a transição do estado do sistema nervoso simpático para o sistema cérebro-espinhal. Tudo o que está no estado do sistema simpático tem o caráter de uma multidão, e se o sistema simpático é perturbado, frequentemente ocorrem sonhos que apontam para a dissolução ou a desintegração do corpo, sonhos de morte – ou pode ser a morte mental, um tipo de destruição do cérebro, tendo o caráter de uma multidão. Esse é um sintoma particularmente importante para o médico ao fazer um diagnóstico ou um prognóstico. Tenho uma série de sonhos de crianças nos quais a multidão ocorre na forma de aglomerados de formigas ou moscas. Mencionei um caso, na semana passada, em que toda a série de sonhos foi premonitória da morte da criança, os sonhos anteciparam o fim; ela morreu cerca de um ano depois, de uma doença aguda. Eu recebi os sonhos antes de a criança ter ficado doente e imediatamente tive uma impressão fatal, mas não tive certeza se significava esquizofrenia ou a dissolução do corpo. Nem sempre se pode explicar, mas estava totalmente claro que significava algo de fatal.

Às vezes podemos chegar a uma conclusão quanto à localização do problema. Tive um outro caso, um homem que era, ele próprio, médico e alienista. Ele tinha tido uma estranha série de ataques de paralisia, e o diagnóstico foi de paralisia geral do insano (GPI), mas não havia infecção sifilítica. Esse homem e alguns de seus colegas pensaram que fosse epilepsia, ou um distúrbio psicogênico – que não havia qualquer problema com seu sistema nervoso, que ele fosse apenas histérico –, e ele me procurou para um diagnóstico. Queria saber exatamente do que se tratava, pois os ataques eram bastante alarmantes. Como não havia sintomas suficientemente decisivos, perguntei-lhe sobre seus sonhos, e descobri que ele tinha tido um sonho muito marcante em uma época em que estava especialmente preocupado com sua doença. Sonhou que estava em um lugar vazio, talvez um desfiladeiro, onde anteriormente tinha existido um lago. Este tinha deixado um acúmulo de lodo no qual um animal pré-histórico, um mamífero semelhante a um rinoceronte, tinha sido apanhado e se tornou fossilizado. Eu supus que o sonho teria a ver com sua condição, levando em conta que ele próprio era um médico, é claro, por isso formulei o seguinte argumento para mim mesmo: há algum problema com o sistema nervoso – seus sintomas não me deram nenhuma impressão de serem psicogênicos – e o animal no sonho é um animal pré-histórico relativamente inferior, pertencente a um estágio de desenvolvimento diferente do cérebro em relação à época atual, por isso deve se referir aos estratos inferiores, às glândulas abaixo do cérebro principal. Como esses animais têm um pequeno e inexpressivo desenvolvimento cerebral, só a parte inferior do cérebro estaria desenvolvida, e aqui se localiza a sede da doença. Mas que tipo de doença? Bem, houve uma inundação que deixou um acúmulo. O que pode ser? Excesso de água provavelmente em uma das cavidades, em um dos ventrículos do cérebro, uma inundação, uma inflamação, causando esse soro que contém muito material fibroso flutuante, de modo que, quando baixa o nível da água, ela deixa um acúmulo. Portanto devem ser os resíduos de um processo inflamatório que ocorreu nos ventrículos.

Então investiguei a história dele e revelou-se que pouco antes dessa doença ter começado, ele teve um recrudescimento de uma antiga ferida sofrida na guerra, uma fratura exposta na coxa, com uma infecção muito grave. A coisa toda foi curada e nada restou, ainda assim esses sintomas começaram pouco depois. Eu lhe contei meu palpite e ele desconhecia, é claro; era um modo muito arriscado de chegar a um diagnóstico. Mas ele foi então a um dos grandes especialistas em cérebro da Harley Street, que disseram que deviam ser os resíduos de uma inflamação do ventrículo. Pois bem, no caso desse outro paciente, o caos se tornou personificado ou sintetizado no movimento seguinte pela serpente, que é um animal cérebro-espinhal inferior. Uma forma superior seria um desses paquidermes pré-históricos, um mamífero de sangue quente.

Agora tenho aqui mais duas representações em que o simbolismo é muito claro. Eles são do *Viridarium*, um livro que contém várias imagens simbólicas atribuí-

das a velhos alquimistas famosos. Essa coleção foi feita por Michael Majer, que é do século XVI, mas a imagem que estou mostrando a vocês é atribuída a Avicena o Árabe, um alquimista do século XIII[311]. Uma águia está voando no alto, segurando uma corrente em suas garras, que desce à terra, onde um sapo permanece atado à outra ponta. O verso que a acompanha diz: "*Bufonum terrenum Aquile conjuge voltanti, in nostra cernes arte magisterium*" ("Une o sapo terrestre à águia voadora e compreenderás o segredo de nossa arte").

A águia voadora pode ser comparada à águia de Zaratustra, representando o espírito ou a mente, ou um ser-pensante voador que consiste em ar, e o sapo corresponde à sua serpente, limitando-se a pular na terra, um animal completamente ctônico. A segunda imagem mostra a companhia dos deuses planetários no interior da terra.

---

311. Michael Maier (Majer), alquimista do século XVI, foi uma grande fonte do acervo alquímico de Jung. Daniel Stolcius de Stolcenberg, *Viridarium Chymicum*... (Frankfurt em Main, 1624). Avicena, séculos X-XI, filósofo persa e médico.

Agora prosseguiremos o capítulo 51, "Do passar além". Como vocês sabem, essa cidade é uma representação da multidão; simboliza o homem coletivo no próprio Nietzsche, e já questionamos qual era seu propósito ao se demorar ali. Já tendo depreciado bastante o homem coletivo, por que ele deveria se permitir ser irritado por ele de novo? E então o louco aparece e o alerta para não entrar na cidade. É como se Nietzsche/Zaratustra tivesse estado totalmente inconsciente do que estava de fato procurando naquele lugar, e tivesse dito a si mesmo: "Não seja louco, você sabe que despreza essa gente. Por que deveria entrar na cidade? O que você perdeu lá?" E é como se essa tendência, essa reação, tivesse então se personificado. Pois bem, vocês diriam que esse louco era patológico ou anormal? Eu diria que esse louco faz sentido.

> Por que passarias a vau por essa lama? Tem compaixão por teus pés! É melhor que cuspas nos portões da cidade e dês meia volta!
>
> Aqui é o inferno para pensamentos de eremitas: aqui grandes pensamentos são fervidos vivos e cozidos até ficarem pequenos.
>
> Aqui apodrecem os grandes sentimentos: aqui somente os sentimentozinhos secos podem matraquear!
>
> Não sentes já o odor dos abatedouros e tabernas do espírito? Não fumega esta cidade com o vapor do espírito abatido?
>
> Não vês as almas dependuradas como trapos gastos e imundos? – E ainda fazem jornais com esses trapos!

Não ouves como o espírito se tornou aqui jogo de palavras? Ele vomita um asqueroso jorro de palavras! – E ainda fazem jornais com essa água suja de palavras. Atiçam-se uns aos outros, mas não sabem a quê! Exaltam-se uns aos outros, mas não sabem por quê! Tilintam com seu latão, retinem com seu ouro.

São frios e buscam calor na aguardente; são acalorados e buscam refresco em espíritos congelados; são todos enfermos e viciados em opiniões públicas.

Como vocês veem, o louco deprecia a grande cidade; ele está realmente reiterando as palavras de Zaratustra. Mas isso é contra a tendência aparente de Zaratustra. Nós supomos que ele quer se diferenciar do homem coletivo, ter certeza de que não é como aquela gentalha, aquela *canaille*, e dizer ao seu mundo como se deveria realmente ser. Mas, em vez de ir para sua casa na caverna, ele se demora ali, no portão da cidade, e então o louco aparece dizendo justamente o que ele vinha dizendo a si mesmo. Isso é muito desconcertante. Por que esse louco – obviamente uma figura compensatória – deveria simplesmente repetir as palavras de Zaratustra? Ainda assim, ele parece ter uma intenção nobre: qual seja, impedir Zaratustra de entrar nesse lamaçal. Pois bem, esse é um exemplo típico do modo como certos sonhos operam. Vocês sabem ao que me refiro?

Sra. Fierz: Não sei ao que você se refere, mas pensei que fosse uma espécie de espelho.

Prof. Jung: Absolutamente, sim.

Sra. Fierz: E uma espécie de espelho exagerado, mas que mostra tudo de maneira aguda, de modo que o homem tenha a chance de ver o que está fazendo.

Prof. Jung: Que ele tenha uma chance, é isso. Aqueles dentre vocês que se interessam pelos sonhos inevitavelmente vão se deparar com certos sonhos que explicitam isso; ou seja, sonhos que parecem a princípio operar em uma direção que é justamente a direção da qual você tem medo. Você pensa: "Muito ruim", pois, em vez de compensar, o sonho diz: "Vá em frente, siga essa estrada" – pintando a estrada em cores maravilhosas. Você pode ver isso em histórias de amor, por exemplo, que em todos os aspectos são absolutamente erradas e destrutivas, mas o sonho diz: "Apenas vá em frente, esse é o caminho certo, não é maravilhoso?" – e eles forçam as pessoas, talvez de modo totalmente contrário ao julgamento do analista, a um caminho obviamente errado porque é um caminho destrutivo. Então você, de modo evidente, sente que tem de fazer alguma coisa a respeito, mas a única coisa aberta a você é negar a teoria da compensação dos sonhos, dizer: "Sua consciência é absolutamente destrutiva, e seus sonhos também" – e isso não é o que se chama de compensação.

A Índia tem uma ideia muito útil a esse respeito. A ideia deles da grande ilusão, *maya*, não é mera tolice. Poderíamos perguntar por que o deus criaria o mundo em que só existe sua própria ilusão, mas *maya* tem um propósito. Vejam, a matéria é Prakrti, a contrapartida feminina do deus, a deusa que adula Shiva – o criador cego que não se conhece – ou Prajapati, outro nome do criador. Na filosofia Samkhya, Prakrti dança *maya* para o deus, repetindo o processo da grande ilusão inúmeras vezes, de modo que ele possa entender a si próprio em todos os seus infinitos aspectos. Portanto o véu de *maya* é uma espécie de teatro particular no qual o deus pode ver todos os aspectos dele próprio e assim se conscientizar. A única chance de o deus criador conhecer a si mesmo é quando Prakrti está encenando para ele. E isso apesar do fato de se tratar de sua ilusão, de que é *maya*, e que deveria ser dissolvida porque a ilusão significa sofrimento, e o sofrimento deveria ser dissipado. Poderíamos dizer: "Pare sua ilusão o mais rápido possível, sua ilusão o fará sofrer". Contudo Prakrti continua dançando *maya*, porque o ponto não é que você não deveria sofrer, mas que você não poderia estar cego, que você deveria ver todos os aspectos. Portanto a compensação está lá, apenas em uma escala muito maior do que pensamos. Se você tem sonhos que recomendam o caminho errado, o caminho destrutivo, é que eles têm o propósito – como a dança de Prakrti – de mostrar a você todos os aspectos, de lhe dar uma experiência plena do seu ser, até mesmo a experiência da sua destrutividade. É um jogo horrível: há casos que são simplesmente trágicos, e você não pode interferir. A natureza é terrível, e de modo frequente me pergunto: não se deveria interferir? Mas de fato não se pode fazê-lo, é impossível, pois o destino deve ser cumprido. Aparentemente, para a natureza, é mais importante que se tenha consciência, entendimento, do que se evitar o sofrimento.

Portanto esse louco está agora desempenhando o útil papel errado, ele prossegue o grande erro de Zaratustra ao depreciar o homem coletivo. Uma determinada quantidade de crítica é totalmente certa – ele deveria ver e conhecer o homem coletivo –, mas é inútil depreciá-lo, porque então está simplesmente depreciando seu próprio corpo, sua existência terrena, o homem ordinário que é o verdadeiro apoiador da vida. Sozinho em sua mente, ele não vive; é o homem coletivo banal que vive, o homem que leva adiante sua existência em um quarto aquecido e come três vezes ao dia e até mesmo ganha dinheiro para custear suas necessidades. Essa criatura muito comum é o incentivador da vida, e se Nietzsche deprecia essa parte de si mesmo, ele repudia a vida, se autoexila. Então ele se torna nada mais do que os pensamentos de um anacoreta, que naturalmente serão destruídos quando entrarem em contato com a coletividade. Assim, o louco está realmente tentando afastar Zaratustra do homem coletivo, e se Zaratustra continua retornando à cidade grande, isso indica um desejo muito irrealizado, ou uma necessidade, de entrar em contato de novo com o homem coletivo, apesar do fato de tê-lo depreciado conscientemente. Pois bem, acho que podemos deixar esse louco que exagera e compensa a atitude de Zaratustra e ver como Zaratustra reage ao próprio exagero:

"Cala-te!", exclamou Zaratustra. "Já me enojaste demais com teu discurso e com teu jeito!

"Por que moraste tanto tempo no pântano, tornando-te tu mesmo rã e sapo?"

O louco estava falando exatamente no estilo de Zaratustra, e agora subitamente Zaratustra se volta contra ele – como se ele, Zaratustra, não tivesse dito a mesma coisa. O que está acontecendo aqui?

Srta. Hannah: É um caso de ter de se encontrar consigo mesmo, não?

Prof. Jung: É verdade. Quando você mantém uma posição exagerada e então a encontra objetivamente, ou você é incapaz de reconhecê-la, ou a recusa, a nega. Isso funciona deste modo, eu tenho um bom exemplo: eu tinha um tio que era um gênio mecânico, e quando Edison inventou o fonógrafo, ele leu a respeito e fez um para si próprio. A esposa do meu tio era uma espécie de Xantipa – embora claro que tivesse sua razão também, vocês podem imaginar que um homem desses não é muito fácil para uma esposa –, e certa vez ela foi até ele e lhe fez um sermão furioso. Ele, enquanto isso, tranquilamente deixou que o fonógrafo registrasse aquilo. Então, no dia seguinte, quando ela tinha se acalmado, ele disse: "Preciso te mostrar algo divertido" – e ligou o fonógrafo. Então ela respondeu: "Isso não é verdade, eu nunca disse uma coisa dessas!" Ela simplesmente negou a objetivação de si própria. Assim, o papel do louco funcionou do mesmo modo: o louco tomou a própria mente de Zaratustra e a objetivou, e quando Zaratustra viu isso, negou completamente, acusando o louco de ter vivido por tanto tempo no pântano que se tornou uma rã e um sapo. Essas metáforas são muito interessantes. O que significam?

Sra. Fierz: O pântano é o lugar de nascimento de formas inferiores de vida, e uma rã ou um sapo são uma forma inferior do corpo humano.

Prof. Jung: Bem, o fato interessante é que a rã ou o sapo são a primeira tentativa da natureza de fazer um ser com duas pernas e dois braços e sem cauda. Essa é a primeira versão do homem, mas estão no nível dos animais de sangue frio. Vejam, independentemente do que se possa pensar de uma analogia dessas, pelo lado biológico, essa analogia foi feita. Não é invenção minha que o homem surja do pântano – do inconsciente – em que todas as pequenas feras abundam, onde a vida começa a se desenvolver praticamente dos germes. O pântano é um lugar extremamente fértil, cheio de vida inferior; cada gota nele é repleta de vida inferior, e essa é uma imagem excelente do inconsciente coletivo, em que tudo respira e procria. E então surge um homem primitivo, quase inumano, uma forma muito inferior que é quase inaceitável. Existe um conto de fadas a esse respeito: uma princesa que perdeu sua bola de ouro. Ela caiu em uma fonte e se perdeu, e o sapo era o único que podia mergulhar lá e buscá-la. Mas a princesa tinha de se submeter a uma série de condições que, a longo prazo, transformaram o sapo em um príncipe, o redentor.

Vejam, é muito apropriado que o louco seja chamado de "sapo", visto que é um ser muito primitivo, uma espécie de animal inferior que surge do inconsciente coletivo. Claro, ele deveria ser aceito pela consciência, e aqui de novo Nietzsche comete um erro trágico: não reflete a respeito, não tenta explicar essa figura a si mesmo, nunca se detém para perguntar por que o louco deveria aparecer e o que isso significa. Se apenas pudesse perceber que o louco estava repetindo suas próprias palavras, imediatamente tiraria a conclusão: "*Eu* tenho sido o louco, Prakrti me mostra que eu sou o louco". E então se perguntaria: "Mas por que eu falo como um louco? Bem, algo está me enlouquecendo, algo está me atacando".

E veria que o sapo, um homem inferior, o louco que foi chamado de macaco de Zaratustra, seu si-mesmo mais primitivo – tudo isso queria atingi-lo. Então ele poderia se perguntar: "Mas por que essa coisa inferior quer me atingir?" E a resposta obviamente seria: "Por que eu estou diferenciado demais, elevado demais, frágil e aéreo demais; tenho uma mente exagerada". Ele poderia então concluir que o homem-sapo era o portador das boas notícias; poderia ver que o inconsciente estava lhe oferecendo algo que seria muito útil. Enquanto ele está falando, o inconsciente aflui e lhe dá esse simbolismo sadio e útil, mas ele só o usa como um novo meio de depreciar um aparente opositor.

Essa ideia de que o homem primitivo do inconsciente coletivo é um sapo, nós a encontramos de novo, ao menos em uma ilusão, no pergaminho Ripley, em que o dragão está perseguindo um pequeno sapo[312]. O sapo é o ser que vem de baixo, e o dragão – originalmente o *ouroboros* – representa o caos subjacente, e naturalmente ele tentará apanhar o sapo e impedi-lo de se tornar a coisa do alto, pois o sapo se torna o *Puer Aeternus*; aparecerá na assembleia dos deuses. Poderíamos chamar a assembleia dos deuses de "cérebro", e lá no cérebro, na consciência, o sapo aparece como o *Puer Aeternus* mais o ser que vem de cima. Bem acima está uma fêmea com uma cauda de salamandra e os pés de um sapo; é metade sapo ou lagarto e metade humano. Essa é uma típica representação antiga da *anima*, ou da consorte dos deuses. Na Índia, vemos essa figura na famosa escultura de pedra em Mahabalipuram, onde o nascimento do Rio Ganges é representado como uma deusa, fêmea em cima e serpente embaixo. E essa é a representação clássica de Lilith, a primeira mulher de Adão, que também é identificada com a serpente na árvore do conhecimento no paraíso, o suposto diabo que diz a Adão e Eva que eles deveriam comer do fruto. E é o mesmo naquelas imagens alquímicas, o que significa que a fêmea é só parcialmente humana, e parcialmente ela é um animal cérebro-espinhal, metade mulher, metade serpente, presa nas partes inferiores do sistema nervoso.

---

312. Sir George Ripley (*c*. 1415-1490) foi um alquimista inglês muito citado por Jung na *Obra Completa*.

Pois bem, Zaratustra prossegue insultando o louco:

"Em tuas próprias veias não corre um sangue pantanoso, podre e espumante, por teres aprendido a assim coaxar e blasfemar?

Por que não foste à floresta? Ou lavraste a terra? O mar não está cheio de ilhas verdejantes?"

Ele só se torna consciente desse ótimo conselho quando o insulto é objetivado.

"Eu desprezo o teu desprezo; e, se me advertiste – por que não advertiste a ti mesmo?"

É realmente incrível que um homem em seu juízo perfeito pudesse escrever tais contradições. Se ele apenas pudesse ter parado, esperado um momento e perguntado: "Mas o que eu fiz? O que estou fazendo?" É irritante como aquilo que hoje em dia se lê nos jornais.

"Apenas do amor devem alçar voo meu desprezo e meu pássaro admoestador: não do pântano!"

Ele acha que levaria isso em conta se uma águia dourada aparecesse e o servisse em uma bandeja dourada. Mas um sapo do pântano! O que há de bom em alguma coisa vinda do inconsciente, do pântano dentro da pessoa! Isso é o preconceito cristão.

Chamam-te meu macaco, ó louco que baba: mas eu te chamo meu porco grunhidor – com teus grunhidos, estragas inclusive meu elogio da loucura.

Aqui ele descobre que contém até mesmo um porco grunhidor, um ser especialmente ruim, um porco com o nariz no lodaçal, um animal sujo e nojento. Mas é claro que não percebe o que isso significa.

O que foi então que te fez grunhir? Que ninguém te *lisonjeasse* o bastante: por isso te puseste nessa imundície para teres motivo para muito grunhir.

Essa é uma tremenda percepção, realmente, por isso seria de se esperar alguma humildade. Após um tal reconhecimento, poderíamos quase esperar que Nietzsche levasse o que está dizendo um pouco mais em consideração.

Para teres motivo de muita *vingança*! Pois vingança, ó louco vaidoso, é todo o teu espumar, eu bem te adivinhei!

Mas não ele próprio. Ele vê bem onde o louco está errado, mas infelizmente não sabe que ele próprio é o louco.

Mas tuas palavras de louco *me* prejudicam, mesmo quando estás certo! E, ainda que as palavras de Zaratustra fossem mil vezes certas: tu, com minhas palavras, sempre – *farias* errado!

Porque é contra ele.

Assim falava Zaratustra; e ele olhou para a grande cidade, suspirou e longamente ficou em silêncio. Por fim, assim falou:

Também me enoja essa grande cidade, não apenas esse louco. Num e noutro não há o que melhorar, não há o que piorar.

Ai dessa grande cidade! – E eu gostaria de já enxergar a coluna de fogo em que ela será consumida!

Pois tais colunas de fogo devem preceder o grande meio-dia. Mas este tem seu tempo e seu destino.

E esse ensinamento te dou, ó louco, como despedida: onde não se pode mais amar, deve-se – *passar além*!

Assim falava Zaratustra, e passou além do louco e da grande cidade.

Portanto ele, na verdade, amava a grande cidade: essa foi a razão para Zaratustra esperar tanto. Mas por que ele depreciou o que amava? Exatamente como ele diz ao louco: por que eles não o lisonjeavam o bastante. Por isso ele tem desejos de vingança, está ressentido. É aflitivo que Nietzsche não perceba isso. Pois bem, há uma metáfora peculiar no último verso, as colunas de fogo. Por que *colunas* de fogo?

Sra. Sigg: Está no Antigo Testamento, a coluna de fogo no deserto (Ex 13,21).

Prof. Jung: Sim, Javé conduzindo seu povo no deserto, de dia uma coluna de nuvem, à noite uma coluna de fogo. Javé é um deus flamejante, um fogo devorador. Essa é uma visão muito protestante, absolutamente no estilo do Antigo Testamento. Significa: "Quero que o fogo de Javé caia sobre as cabeças da multidão, como em Sodoma e Gomorra. Quero que a coluna de fogo devore essa gentalha". Esse seria para ele o grande meio-dia, o fogo devorador de Javé seria o sinal de que o grande meio-dia estava começando. Mas então ele próprio seria consumido, é claro. Por ele querer isso para o homem coletivo comum nele próprio, ele quer isso para seu próprio corpo; mas sua alma morrerá primeiro, justamente porque seu corpo é consumido. Esse é o fogo da loucura, a explosão da paixão louca. Como nos sonhos, um fogo na casa sempre significa uma explosão de paixão ou um pânico. Assim, esse fogo, o fogo de Javé, é uma espécie de pânico destruidor, e é o deus terrível. O temor a Deus é tão importante quanto o amor a Deus, pois ele não é apenas um Deus amoroso, mas também terrível; caso contrário, qual seria o seu poder? O homem nunca aprecia o que é amável – ele aprecia aquilo de que tem medo. Assim, a maldição que Nietzsche pronuncia aqui funciona diretamente contra o seu corpo, contra a criatura humana banal nele próprio, na qual ele vive. Por essa maldição, ele prepara sua própria perdição. Ele acha que essa coluna de fogo precede o grande meio-dia, mas isso seria o holocausto. Se esse fogo vier, será uma terrível conflagração. Insisto muito nessas passagens, porque estamos agora exatamente no início do holocausto.

Palestra VI
30 de novembro de 1938

Prof. Jung: No capítulo precedente, como vocês se lembram, Zaratustra teve aquele diálogo com o louco que repetia praticamente tudo que Zaratustra havia dito. Ele assumiu o papel de Zaratustra com o óbvio propósito de torná-lo consciente de alguma coisa. Pois bem, o que o louco estava pretendendo?

Sra. Crowley: Nós já não dissemos: ser um espelho? Era espelhar a sombra dele, em certo sentido.

Prof. Jung: Bem, é uma compensação, exatamente como nos sonhos. Nietzsche, em sua identificação com Zaratustra, deprecia o homem coletivo sem perceber que ele próprio é um homem coletivo, por isso está, na verdade, depreciando a si mesmo. E assim ele cria uma lacuna entre sua consciência e o fato biológico de que ele é como todo mundo; seu estômago, seu coração, seus pulmões são exatamente como os órgãos de todo mundo. A única diferença entre ele e o homem comum é que seus pensamentos vão um pouco mais longe e sua mente é um pouco mais rica. Claro que ele pode criticar o homem coletivo, mas depreciá-lo representa um *ressentiment* contra si próprio, criando, como eu disse, uma tremenda lacuna, uma cisão, em sua própria personalidade. Pois bem, quando a pessoa vai ao extremo em uma empreitada como essa, geralmente encontra uma reação da parte do inconsciente; a pessoa tem um sonho ou alguma outra experiência que mostra o que ela está fazendo. Assim, esse encontro com o louco bem poderia ser um sonho; como se ele tivesse sonhado com um louco o atacando e dizendo, curiosamente, o que Nietzsche já tinha dito. A partir disso, vemos que Nietzsche é idêntico ao louco – o louco é apenas outro lado ou outro aspecto dele próprio –, e quando, aos gritos, ele cala o louco, isso significa que está calando aos gritos a si mesmo. Ele até mesmo cria o louco uma segunda vez, como vocês veem, para lhe mostrar o que ele deveria fazer, mas o faz de maneira inconsciente e ingênua, sem perceber que, na verdade, está corrigindo a si próprio, suas próprias visões. E, como isso é feito inconscientemente, o que podemos esperar no capítulo subsequente?

Srta. Hannah: Uma repetição.

Prof. Jung: Sim, ele prossegue no mesmo estilo, pois não percebeu a experiência. Assim que se deu esse episódio, ele simplesmente prossegue como antes, como se nada tivesse acontecido. Até mesmo o título do capítulo seguinte, "Dos apóstatas", mostra que ele continua a depreciar seus contemporâneos, dando vazão a todo seu ressentimento. Por exemplo, ele diz no quarto verso:

> Em verdade, alguns deles moviam as pernas como um dançarino, e o riso de minha sabedoria lhes acenou: então refletiram. Acabo de vê-los curvados – arrastando-se para a cruz.

Ele agora está atacando os bons cristãos, e isso continua por todo esse capítulo e o próximo, "O regresso". Não vale a pena gastar muito tempo com essas observações críticas, por estarem tão claramente baseadas no seu ressentimento. Só quero chamar a atenção de vocês para o final de "O regresso", no qual ele diz:

> Os coveiros cavam doenças para si mesmos. Sob velhos escombros descansam vapores ruins. Não se deve revolver o lamaçal. Deve-se viver nas montanhas.

Aqui ele finalmente alcança uma espécie de *insight*. Ele estava apenas fazendo covas antes; fez covas para todas as pessoas que estava criticando, dizendo que todas elas deviam ser aniquiladas, incineradas como madeira ou joio. Mas chega à conclusão aqui de que, na verdade, não vale a pena fazer covas – é até mesmo desagradável. No texto alemão, se diz *Die Totengräber graben sich Krankheiten an*, que significa que eles fizeram covas para outros por tanto tempo que até mesmo lhes contraíram as suas doenças. Um certo *insight* começa a surgir, e por isso ele diz que não se deve revolver o lamaçal: ele contém demasiados vapores ruins – deve-se, isso sim, viver nas montanhas. Essa, evidentemente, é outra conclusão errada. As regiões inferiores são perfeitamente comuns e normais: só são ruins porque ele as torna ruins. Infelizmente, ele tem certos pensamentos que transcendem às regiões inferiores, mas isso não quer dizer que ele seja idêntico àqueles altos pensamentos. A esse respeito, ele é exatamente como o tenor que acha que é idêntico às suas notas altas; mas o tenor é um homem muito comum, e quanto mais se identifica com suas belas notas altas, mais inferior seu caráter será, ainda que apenas mediante a compensação. Assim, o *insight* de Nietzsche permanece apenas um meio *insight*; ele não tira as conclusões corretas, e novamente faz o esforço de se erguer do lamaçal das outras pessoas. Ele diz:

> Com narinas venturosas respiro novamente a liberdade das montanhas! Finalmente redimido se acha meu nariz do cheiro de todo burburinho humano!

Essa é sua extraordinária ilusão. Ele pensa, quando está subindo para a Engadina, enchendo seus pulmões com o maravilhoso ar das montanhas, que tinha se livrado de si mesmo. Mas ele leva consigo todo o burburinho coletivo, porque ele próprio é o homem comum.

> Por agudos ventos titilada, como que por espumantes vinhos, minha alma *espirra* – espirra e brinda a si mesma: Saúde!

O espirro se refere ao primeiro espirro do recém-nascido. Os primitivos supõem que, no momento em que a criança espirra [ou inspira] pela primeira vez depois do nascimento, a alma entra no corpo. No Gênesis se diz que Deus insuflou o sopro de vida nas narinas de Adão, que nesse momento se tornou uma alma viva. Esse é o momento do espirro. Assim, quando acontece de um rei negro espirrar, toda a multidão se inclina por cerca de cinco minutos e o congratula, pois significa que uma nova alma entrou no rei; em outras palavras, um acréscimo de vida, libido, mana, energia vital. Por isso dizemos "saúde" quando alguém espirra, pois ainda está viva a velha ideia arquetípica de que uma nova alma entrou no corpo quando espirramos. É um momento afortunado, mas também perigoso, pois não se tem certeza de que tipo de alma possa ser, por isso se deve dizer *"Prosit!"* ["Saúde!"; em alemão no original (N.T.)], "saúde, boa sorte", esperando, desse modo, tornar propício o momento, fazer dele um momento afortunado. Uma alma maligna ancestral ou qualquer alma maligna pode estar pairando sobre uma pessoa, e por esse bom voto tenta-se impedir a sua entrada, ou transformar a má sorte em boa sorte. Assim, Nietzsche compreende o momento em que deixa as regiões inferiores como uma espécie de renascimento de sua própria alma, como se uma nova alma tivesse entrado nele.

Sra. Baumann: Em inglês, o costume antigo era dizer *"God bless you"* ["Deus te abençoe" (N.T.)] quando alguém espirrava.

Prof. Jung: Sim, esse é o mesmo mantra propiciatório. E vocês veem que ele, aparentemente, também denota o momento de uma mudança da mente. Ele tinha se ocupado demais com as pessoas inferiores, e agora percebe que, por ser o coveiro delas, poderia ser infectado pelas doenças delas. Assim, há uma espécie de renovação. Pois bem, o que podemos esperar depois disso?

Sra. Fierz: Que o caráter da nova alma se tornará visível.

Prof. Jung: Sim, podemos esperar uma mudança. Poderíamos esperar que seu contínuo sermão sobre a miséria e a inferioridade de seus semelhantes chegasse ao fim. Como uma nova alma significa um acréscimo de vida, poderíamos esperar algo mais positivo. Nos últimos capítulos, ele se tornou tão negativo e estéril que foi até mesmo chato. O capítulo 54, a seguir, chama-se "Dos três males" – o que não soa muito esperançoso, mas logo no início algo lhe aconteceu: ele tinha tido um sonho. Um sonho frequentemente acompanha ou denota uma nova situação, um novo acesso de libido, um novo aumento de energia. Após o espirro, é bastante apropriado que à noite ele tivesse o sonho correspondente, mostrando uma situação inteiramente nova, uma mudança de mente, provavelmente para melhor. Ele diz:

Num sonho, no último sonho da manhã, eu estava hoje sobre um promontório, para além do mundo, segurava uma balança e *pesava* o mundo.

Oh, cedo demais chegou a aurora: despertou-me com o seu ardor, a ciumenta! Ela tem sempre ciúmes de como ardem meus sonhos matinais.

Mensurável para aquele que tem tempo, sopesável para um bom pesador, sobrevoável para asas fortes, adivinhável para quebra-nozes divinos: assim encontrou meu sonho o mundo: Meu sonho, um marinheiro audaz, metade navio, metade ciclone, silencioso como as borboletas, impaciente como os falcões: como teve hoje paciência e tempo para pesar o mundo!

Teria lhe falado em segredo a minha sabedoria, a minha risonha, alerta sabedoria diurna que faz troça de todos os "mundos infinitos"? Pois ela fala: "Onde há força, lá também o *número* se torna senhor: pois tem mais força".

Com quanta segurança olhava o meu sonho para esse mundo finito, sem curiosidade, nem por novidades, nem por velharias, sem medo, sem súplica; como se uma maçã inteira se oferecesse à minha mão, uma maçã de ouro, madura, de pele fresca, suave, sedosa: assim se me ofertava o mundo; como se uma árvore me acenasse, frondosa, voluntariosa, curvada para formar um encosto e até um apoio o pé do caminhante cansado: assim encontrava-se o mundo sobre meu promontório; como se mãos graciosas me trouxessem um relicário – um relicário aberto, para encanto de olhos pudicos e veneradores: assim vinha hoje o mundo ao meu encontro.

Não enigma bastante para afugentar o amor dos homens, não solução suficiente para adormecer a sabedoria dos homens: uma coisa humanamente boa era hoje para mim o mundo do qual se dizem coisas tão más!

Nossa hipótese de que o espirro era um bom presságio é respaldada por esse início. Ele descobriu um aspecto mais positivo, que se torna particularmente óbvio no parágrafo: "Como algo humanamente bom veio ele a mim, este sonho e consolador do coração!" Ele deveria ter acrescentado "do qual [ou seja, do mundo (N.T.)] eu falei tão negativamente", mas isso não é percebido porque todo o processo de pensamento é peculiarmente inconsciente. Há uma falta desse espelhamento porque Nietzsche nunca se põe de lado, vendo uma coisa ou refletindo sobre tal coisa: ele está meramente no processo. Assim, a coisa toda acontece em uma espécie de *clair-obscure*, no crepúsculo, e sempre se sente falta de uma reação humana da parte dele. Ele é o próprio processo. Vejam, ele diz que o sonho é um marinheiro audaz, metade navio, metade ciclone; há, na verdade, três figuras. Mas o marinheiro de modo algum é o navio e de modo algum é o ciclone – essa é uma imagem híbrida, e é muito característico do próprio Nietzsche. O sonho funcionou de novo como uma espécie de espelho, que seu intelecto deveria ter fornecido. Porém, se seu intelecto não fornece, o sonho fornecerá. Esse é geralmente o caso com pessoas que não pensam, que se orgulham de viver às cegas, fluindo como um rio sem nenhuma autorreflexão. Então o inconsciente funciona como um espelho; o sonho assume a função do intelecto.

Em geral somos simplesmente incapazes – mesmo tentando – de pensar ou perceber o que vivemos. Nós simplesmente vivemos sem saber o que vivemos, e é claro que seria uma tarefa quase sobre-humana perceber a si mesmo completamente. Os filósofos indianos são cientes desse fato, muito mais do que nós no Ocidente. Nós louvamos uma vida que seja simplesmente viver, que não é realmente vivida porque não há sujeito, mas apenas um objeto para ela. Uma vida que leva um homem de roldão nos parece maravilhosa. Não há sujeito porque nós só sabemos da vontade que inibe a vida; usamos nosso intelecto ou força de vontade para inibir a vida. E sabemos muito pouco sobre refletir e espelhar a vida, acompanhar essa vida. Por isso sabemos tão pouco sobre uma mentalidade simbólica, uma mente simbólica que cria e ao mesmo tempo formula a vida. O Oriente é plenamente ciente de nossa incapacidade peculiar para conhecer o que estamos vivendo, e lá eles insistem sobre o *perceber*; frequentemente se ouve essa palavra lá. E então os ocidentais dizem: "Perceber o quê?" Bem, perceber o que se é, o que se vive, o que se faz. A um estrangeiro, essa conversa é desconcertante, mas se a pessoa é capaz de entrar um pouco mais na mente oriental, vê o que eles querem dizer, e então percebe profundamente o fato de que nós não percebemos o bastante. Assim, qualquer filosofia oriental – ou melhor, ioga, pois ela não é filosofia, no sentido ocidental – começa com as questões: "Quem sou eu? Quem é você?" Essas são questões filosóficas *par excellence* que o iogue apresenta a seus discípulos, pois a meta e o propósito da filosofia oriental é essa percepção completa da coisa que vive, da coisa que *é*. E eles têm essa ideia porque estão cientes do fato de que a consciência humana está sempre por trás dos fatos; ela nunca se move como o fluxo da vida. A vida é, de certo modo, rica demais, rápida demais, para ser plenamente percebida, e eles sabem que a pessoa só vive completamente quando sua mente de fato acompanha sua vida, quando a pessoa não vive mais do que pode refletir com seu pensamento, e quando não pensa mais do que é capaz de viver. Se a pessoa pudesse dizer isso de si mesma, haveria uma garantia de que ela realmente estava vivendo.

O que é uma vida ou um mundo do qual não se está ciente? Se há um grande tesouro que ninguém sabe que existe, é como se não houvesse tesouro algum. Schopenhauer, que foi influenciado pela filosofia budista, foi praticamente o único no Ocidente a perceber que o mundo não existiria se não soubéssemos que ele existe; isso é o *sine qua non* da existência. A consciência é muito pouco apreciada no Ocidente; todos falam como se o mundo fosse existir mesmo além da consciência[313]. Mas não temos certeza alguma de que algo exista para além da consciência. Enquanto a América não tinha sido descoberta, nosso mundo prosseguiu como se ela não estivesse lá, a América só começou a existir quando a descobrimos. Portanto é fútil discutir a possibilidade de que algo exista a não ser que saibamos que existe.

Pois bem, Nietzsche estava em uma condição mais ou menos inconsciente praticamente durante todo o tempo em que escrevia esse livro, e isso se mostra muito claramente nessa imagem híbrida do marinheiro, do navio e do ciclone, pois o seu sonho é ele próprio. Ele próprio é o marinheiro e o navio e o ciclone: "Silencioso como as borboletas, impaciente como os falcões". O sonho começa com a afirmação de que ele está de pé sobre um promontório. Por que justamente um promontório? Ele tinha estado na planície, no meio do burburinho humano, na grande cidade em que o pântano da humanidade fica, e agora está buscando a solidão. Eu tive a impressão de que ele tinha subido à atmosfera clara e maravilhosa da Engadina, de que ele estava respirando o ar puro seis mil pés acima do bem e do mal. Mas acontece que ele está em um promontório, e esse é geralmente um ponto de terra íngreme que se projeta para o mar.

Sra. Baumann: Mas não é um promontório comum, pois ele está fora do mundo.

Prof. Jung: Você tem razão, mas eu gostaria de uma formulação mais definida.

Sra. Jung: Na realidade, há uma espécie de promontório no lago de Sils, e este era um dos lugares favoritos de Nietzsche.

Prof. Jung: É verdade. Parte do *Zaratustra* foi concebida em um promontório na realidade. Sua canção da eternidade foi criada no chamado Chastè, que é um pequeno promontório que se projeta no Silsersee. Há uma inscrição ali para comemorar isso.

Sra. Sigg: Outro lugar favorito de Nietzsche, o lugar de que ele mais gostava, era o promontório de Porto Fino.

Prof. Jung: Sim, ele trabalhou no *Zaratustra* ali também, e está falando dessa passagem sobre o mar; obviamente sua imagem não se refere ao lago de Sils, mas ao Mediterrâneo: Porto Fino fica na Riviera. Assim, a ideia de um promontório desempenha um papel importante e muito concreto na mente de Nietzsche. Mas é claro que também é um símbolo, por isso, o que significa quando um homem chega a um promontório?

Sra. Schlegel: O fim do mundo.

---

313. Jung, ao tornar Schopenhauer tão distinto nesse aspecto, provavelmente está apenas pensando naqueles que influenciaram fortemente Nietzsche. Outros idealistas como Berkeley e Hegel não figuram de forma proeminente na formação filosófica de Nietzsche (nem de Jung). Como ocasionalmente explica, Jung não quer dizer que o universo é meramente um conteúdo da consciência humana, mas sim que, para os propósitos da vida, o que está fora da consciência é como se não existisse.

Prof. Jung: Sim, como o [Cabo] Finisterra ou Fim da Terra: são promontórios; ele realmente está no fim do mundo onde a infinidade do mar começa. E o que isso significa psicologicamente?

Sr. Allemann: Onde a consciência dele termina e o inconsciente começa.

Prof. Jung: Sim, ele chega ao fim do conhecimento consciente, das visões conscientes, *terra firma*, e está agora frente a frente com o mar infinito e indefinido, que sempre foi um símbolo do estado inconsciente da mente, onde novas coisas podem começar. Alguma coisa pode emergir do mar. Por ora, ele definitivamente chegou ao fim.

Sra. Crowley: Ele realmente estava aniquilando o mundo.

Prof. Jung: Sim, nada de bom tinha restado no mundo dele. Tudo se tornou negativo e foi espezinhado, e agora ele está no fim de sua corda, poderíamos dizer – ali está o Finisterra. Assim, ele poderia esperar que uma nova ilha aparecesse, ou que ele descobrisse novos conteúdos. Daí a imagem do marinheiro audaz, do navio e do ciclone; essa imagem, o processo mental dele, o leva para o mar. Mas ao que mais esse processo o leva? Para sopesar um planeta, onde ele teria de estar?

Sra. Baumann: Fora do mundo.

Prof. Jung: Claro, em algum lugar no espaço. E então como a terra aparece?

Sra. Fierz: Como uma espécie de maçã.

Prof. Jung: Sim, portanto esse ciclone, ou essa aventura que ele está enfrentando, agora o leva não só para além da humanidade, mas para além do planeta, em uma espécie de condição extramundana; ele assume sua posição no espaço e olha a terra de cima, como se fosse Deus. Onde encontramos esse simbolismo – onde o mundo aparece como uma maçã?

Sra. Wolff: O *Reichsapfel*.

Prof. Jung: Sim, a maçã que representa o mundo na mão do imperador. Não era realmente uma maçã, mas um globo dourado que o imperador segurava na mão na coroação, denotando que ele estava *in loco Dei*, que ele era o tenente de Deus. Por isso a cabeça dele era o sol, e sua coroa exprimia os raios celestiais saindo do sol. E o *pallium*, a túnica da coroação, simbolizava o firmamento, decorado com estrelas e com os signos zodiacais. Seu corpo era coberto de estrelas, ordenamentos e decorações, como os antigos reis babilônicos e os reis da Assíria. Revestir-se de estrelas no corpo significava que eles eram deuses. O rei era uma manifestação ou uma encarnação da deidade na terra, por isso ele era capaz de carregar a terra na palma da mão. Nietzsche aqui deslizou involuntariamente para o papel da deidade, e está agora sopesando a terra em sua mão; a partir desse ponto de vista muito distante ele está julgando o mundo. De onde essa imagem – sopesar o mundo na balança – vem?

Resposta: Do Apocalipse.

Sra. Fierz: Do Egito.

Prof. Jung: Sim, está no Apocalipse, e havia uma cerimônia egípcia em que o coração era sopesado. É uma ideia muito antiga. No *Livro dos mortos*, de Sir Wallis Budge, há uma imagem do coração do rei sendo sopesado. Só o coração do rei era sopesado inicialmente; e então, muito mais tarde, na era ptolomaica, quando Osíris se tornou o Osíris pessoal de todos, esse capítulo do *Livro dos mortos* foi aplicável aos ritos funerários de qualquer pessoa comum. Assim, originalmente, só o coração do rei era sopesado. Se fosse constatada sua retidão, ele podia entrar na vida eterna, e se se constatasse seu desvalor, ele era atirado ao Tefnut, o monstro metade hipopótamo, metade crocodilo, do submundo, que engolia os corações dos homens cujas más ações tinham peso maior do que o peso das boas ações. Esta é a imagem aqui: Zaratustra está sopesando o mundo como se este fosse o coração, para julgar seu valor. Esse é um dos casos mais claros de identificação de Nietzsche com o Deus todo-poderoso.

Pois bem, há uma ideia peculiar nestes dois parágrafos:

– como se uma maçã inteira se oferecesse à minha mão, uma maçã de ouro, madura, de pele fresca, suave, sedosa: assim se me ofertava o mundo;

– como se uma árvore me acenasse, frondosa, voluntariosa, curvada para formar um encosto e até um apoio o pé do caminhante cansado: assim encontrava-se o mundo sobre meu promontório.

Isso é bem interessante. É como se ele tivesse encontrado uma árvore crescendo nesse promontório, com uma maçã dourada pendurada ali, e como se tivesse sopesado essa maçã na balança do seu julgamento. Nosso pressuposto era que ele tinha rodopiado para o espaço como um navio arrastado por um ciclone, e daquelas distâncias cósmicas do espaço estava agora julgando o mundo, pois o mundo, visto de fora, parece do tamanho de uma maçã. Não estávamos preparados para essa imagem da árvore no promontório. Por isso surge aqui a suspeita de que duas imagens estão misturadas e interferindo. E essa outra imagem, um marinheiro audaz, metade navio e metade ciclone, é perfeitamente absurda. Assim, essa é uma contaminação inconsciente de imagens que facilmente passam despercebidas ao se ler o texto. Se pensarmos a respeito, sabemos que ela é impossível como imagem, mas, relendo-a, ela afunda em nossa mente sem suscitar qualquer comentário adicional, pois de alguma forma ela combina com a condição peculiar das imagens no inconsciente. Qual é essa condição?

Srta. Hannah: Contaminação. Há uma mistura de tudo, por isso nada aparece puro.

Prof. Jung: Sim, elas são intercambiáveis; tudo pode ser misturado com tudo. Infelizmente, é impossível observar o inconsciente sem perturbá-lo, pois ele já foi perturbado no momento em que você o olhou. É como tentar observar o processo no interior do átomo; no instante da observação, uma perturbação é criada – ao observar, você produz distorção. Mas vamos supor que você possa observar o inconsciente sem perturbar nada: você, então, veria alguma coisa que não conseguiria definir, porque tudo estaria misturado com tudo, até mesmo nos mínimos detalhes. Não é que certos fragmentos reconhecíveis disso e daquilo estão se misturando ou se contatando ou se sobrepondo: eles são átomos perfeitamente irreconhecíveis, de modo que você é incapaz até mesmo de entender a que tipo de corpos eles por fim acabarão pertencendo – átomos irreconhecíveis produzindo formas que são impossíveis de entender. Se um sonho, por exemplo, emerge dessa profundeza do inconsciente, você não consegue recordá-lo, ou se, por uma grande sorte, você for capaz de recordar um detalhe dele, é completamente caótico e quase impossível de interpretar. A razão pela qual você não consegue se lembrar de sonhos é que os fragmentos dos quais eles são compostos são pequenos demais para serem reconhecíveis; você não consegue dizer do que um fragmento faz parte, ou o que ele seria se integrado em uma conexão mais tangível. Pois bem, essa árvore de pé no promontório no fim da consciência dele é certamente a ideia da árvore-mundo sobre a qual o sol é uma maçã, e todo o universo, os planetas, o céu estrelado, justamente as flores e frutos. Mas essa árvore está de pé no promontório *dele*.

Sr. Bash: Não seria aqui a ideia como a árvore com as maçãs douradas das Hespérides na borda do mundo – que ele encerrou sua vida consciente e se lança como as almas fazem?

Prof. Jung: Sim, o jardim das Hespérides no Ocidente, no fim do mundo conhecido na Antiguidade; isso seria essa *finis terrae* em que a árvore cresce. É claro que o jardim das Hespérides é uma aplicação da ideia arquetípica – de que, quando você chega ao fim das coisas, encontrará por fim essa árvore. Mas você também encontra a árvore no início das coisas. E onde isso seria?

Srta. Hannah: No Jardim do Éden.

Prof. Jung: Sim, com as maçãs maravilhosas.

Sra. Crowley: Também na lenda de Osíris há uma árvore maravilhosa, que todos os pássaros sobrevoam.

Prof. Jung: Você quer dizer que ele se transforma em uma árvore? Isso também está no fim das coisas. E nas sagas germânicas, quando o fim do mundo surge, o que acontece para o último casal?

Sra. Brunner: Eles voltam para a árvore.

Prof. Jung: Para Yggdrasil, a árvore-mundo. E o primeiro casal veio de árvores. Havia a mesma ideia na Pérsia.

Pois bem, acabaram de me indagar sobre o sonho e o inconsciente, em referência à condição peculiarmente fragmentária do inconsciente, da qual eu estava falando. Essa condição fragmentária é o inconsciente sem perturbação, o presumível estado das imagens em uma condição verdadeiramente inconsciente. É impossível ter uma experiência completa de um estado como esse, pois, na medida em que você experiencia o inconsciente, você o toca, o perturba; quando os raios da consciência alcançam o inconsciente, ele é imediatamente sintetizado. Daí, repito, não ser possível ter uma experiência imediata do estado original ou elementar do inconsciente. Certos sonhos se referem a isso, ou eu não ousaria falar desse estado, mas tais sonhos só acontecem sob condições muito extraordinárias, seja sob condições tóxicas ou na vizinhança da morte ou na infância muito tenra, quando ainda existe uma espécie de tênue memória da condição inconsciente da qual a primeira consciência emerge.

Foi em conexão com essas observações que me indagaram por que, no início do tratamento analítico, os sonhos são geralmente muito mais completos, mais sintetizados, mais plásticos, do que nos estágios posteriores. Esse fato, na verdade, nada tem a ver com a condição original ou essencial do inconsciente; tem muito a ver com a condição peculiar da consciência no começo do tratamento analítico e perto do fim ou em estágios posteriores dele. No início, há uma consciência muito fragmentária na qual muitas coisas que deveriam pertencer à consciência não estão representadas. Esses conteúdos são semiconscientes; são representações obscuras ou conteúdos obscuros, que não são completamente negros. Não estão em uma condição completamente inconsciente, mas em uma condição relativamente inconsciente, e formam uma parte substancial do subconsciente pessoal[314]. É uma espécie de franja de semiobscuridade, e, porque há tão pouca luz, as pessoas supõem que nada podem ver. Elas não gostam de olhar; elas se desviam, e por isso deixam lá muitas coisas que poderiam ver bem melhor se se dessem ao trabalho de serem conscientes. Daí Freud falar muito corretamente em repressões. As pessoas negligenciam os conteúdos dessa franja de consciência porque ela é mais ou menos incompatível com seus ideais, com as tendências a que aspiram. Mas elas têm uma vaga consciência de alguma coisa ali, e quanto mais existe dessa consciência, mais há esse fenômeno de repressão. Há uma desatenção intencional, uma preferência de não ver ou de não conhecer essas coisas, mas, se tão somente se voltassem para elas, poderiam vê-las.

É um fato, pois, que existem tais conteúdos altamente sintéticos no inconsciente, a sombra, por exemplo, dos quais muitas pessoas são inconscientes – embora não totalmente inconscientes. Elas têm uma noção bastante astuta de que algo está errado com elas do outro lado. Essa figura altamente sintetizada aparece

---

314. Em suas obras publicadas, Jung raramente usava o conceito de "subconsciente", mas aqui este serve para distinguir o pessoal do coletivo no vasto campo que está fora da consciência.

em sonhos e nos informa sobre essa outra esfera inconsciente. E esses sonhos são sintéticos porque são construídos com esse material sintético, que bem poderia ser consciente. Frequentemente é uma espécie de negligência que não é consciente. Pois bem, se você analisar esse material, se você integrá-lo à consciência, gradualmente removerá os conteúdos sintéticos do inconsciente e vai clarear essa esfera crepuscular, o chamado subconsciente, de modo que o inconsciente coletivo poderá aparecer. O inconsciente coletivo é um estado de caos absoluto – um caos atômico – e que não pode se tornar consciente; apenas figuras sintetizadas podem se tornar conscientes. Assim como você não consegue ver o mundo atômico sem aplicar todo tipo de meios para torná-lo visível, também não consegue entrar no inconsciente, a não ser que existam certas figuras sintetizadas. Pois bem, esses sonhos posteriores são bem menos claros, bem menos sintéticos do que aqueles do início, porque você removeu todas as partes sintéticas, por elas serem capazes de se tornar conscientes. Mas o inconsciente coletivo não é inclinado a se tornar consciente, mas precisa de condições muito especiais para que se torne consciente. Ele requer uma condição subjetiva peculiar, uma espécie de condição fatal – que você esteja vitalmente ameaçado por uma situação externa ou interna, por exemplo, ou que você esteja profundamente conectado com a mente geral em uma crise muito grave. Sob tais condições, o inconsciente coletivo atrai tanta consciência que começa a sintetizar; então forma as figuras compensatórias para o consciente.

Assim, quando o caso é muito grave, mesmo na segunda ou na terceira ou na centésima primeira parte de sua análise, você pode subitamente desenvolver um sonho altamente sintético, que evidentemente tem o caráter de um grande sonho, uma grande visão; tais sonhos, de modo frequente, têm um caráter visionário. Mas todos os sonhos comuns nesse ínterim são singularmente caóticos e aparentemente não muito significativos. A regra é que, quando você passou pelo procedimento analítico inevitável, será deixado no fim com muito poucos sonhos, quase nenhum por meses. É claro que, na verdade, você sempre sonha, mas são impossíveis de lembrar, apenas uma mera série de fragmentos. Quando acontece de você se lembrar de tal material onírico, este é muito distorcido, uma sequência caótica e confusa, às vezes muito difícil de interpretar. É claro que com os sonhos que você consegue lembrar é possível lidar, pois eles são mais ou menos sintéticos. Na primeira parte de uma análise, pois, os sonhos são sintéticos e bem compostos devido ao fato de que vivem de material sintético. No fim, todo o material sintético acabou, e você geralmente não pode se lembrar dos sonhos; só muito raramente terá algum importante. Mas isso é como deveria ser. Vejam, os sonhos são, para mim, não auxílios para o sono, como diz Freud, mas distúrbios do sono. Quando você se lembra de seus sonhos da noite toda, teve um sono muito leve. Por isso é perfeitamente normal quando os sonhos são fracos ou parecem falhar por completo; e se você raramente tem um sonho importante, isso é tudo o que você poderia desejar. Vejam, isso nada tem a ver com a questão teórica do estado efetivo do inconsciente sem a interferência da consciência. Bem, a Sra. Baumann tem agora uma contribuição sobre o simbolismo da árvore.

Sra. Baumann: Achei muito interessante que, na mitologia pré-histórica da ilha de Creta, da qual praticamente nada é conhecido, há outro exemplo de uma árvore do mundo. Em uma imagem estampada em um sinete dourado chamado de "Anel de Nestor", a árvore é descrita em conexão com cenas do submundo. O tronco da árvore e dois grandes ramos dividem a imagem em quatro cenas. Na primeira, há duas borboletas e duas crisálidas sobre a cabeça da deusa-mãe, e elas parecem representar as almas de um homem e de uma mulher que se saúdam com surpresa. Na parte inferior da imagem, há uma cena de julgamento, e a deusa-mãe está atrás de uma mesa na qual um grifo está sentado, enquanto as almas são trazidas perante ela por estranhos seres com cabeça de pássaro. Outro ponto é que, em alguns dos túmulos, foram encontradas miniaturas de balanças feitas de ouro. São tão pequenas que devem ser simbólicas, e uma borboleta é esculpida em cada um dos discos dourados que formam a balança, de modo que parece como se as almas fossem sopesadas como borboletas, não como corações, como no Egito. O desenvolvimento mais elevado da civilização minoica em Creta foi contemporâneo ao do Egito, seus inícios mais remotos datam de 3000 a.C.

Prof. Jung: Essa é uma contribuição notável ao simbolismo da árvore e da borboleta. Vocês se lembram de que Nietzsche aplica esse símbolo da borboleta a si mesmo – muito apropriadamente, pois ninguém vai além do mundo, para fora do campo de gravidade, onde poderia ver o mundo como uma maçã, a não ser que se tornou uma alma. Deve-se ser uma espécie de fantasma para ir a tais distâncias. Sair do corpo e se tornar o espírito ou a própria alma denota uma espécie de *ekstasis*. Pois bem, temos várias associações sobre essa árvore, e deveríamos tentar compreender o que isso significa na prática, quando Nietzsche alcança o promontório, o fim do seu mundo, o fim de sua consciência, e ali encontra a árvore. Vocês ouviram que a árvore é sempre o símbolo do fim bem como do início, do estado anterior ao homem e do estado após o homem.

Sr. Bash: A árvore não seria o símbolo do *collectivum* do qual o homem é diferenciado e no qual seus elementos se dissolvem?

Prof. Jung: Certamente. E por que esse *collectivum* é simbolizado pela árvore?

Sra. Sachs: A árvore significa a vida vegetativa.

Prof. Jung: Sim. Poderia ser a serpente ou qualquer outro animal ou a terra, mas não, é a árvore, e a árvore significa algo de específico; esse é um símbolo peculiar. É a árvore que nutre todas as estrelas e os planetas; e é a árvore da qual vêm os primeiros pais, os pais primordiais da humanidade, e na qual o último casal, também representando o todo da humanidade, é enterrado. Isso, é claro, significa que a consciência vem da árvore e se dissolve na árvore novamente – a consciência da vida humana. E isso certamente aponta para o inconsciente coletivo e para um *collectivum*. Portanto a árvore representa um tipo particular de vida do inconsciente coletivo, qual seja, a vida vegetativa, como a Sra. Sachs diz corretamente. Pois bem, qual é a diferença entre a vida da planta e a vida do animal?

Srta. Wolff: Duas coisas: a planta fica enraizada no lugar e só é capaz de se mover ao crescer, e o sistema respiratório da planta é diferente daquele dos animais de sangue quente.

Prof. Jung: Sim, uma árvore é incapaz de se mover no espaço, a não ser no momento do crescimento, enquanto o animal pode se deslocar. E todos os animais são parasitas das plantas, ao passo que a árvore vive dos elementos. Ou se pode dizer que a planta é o tipo de vida que está mais próximo dos elementos, uma transição, por assim dizer, ou a ponte entre o animal e a natureza inorgânica.

Dr. Escher: A planta vive do sol.

Prof. Jung: A fonte de energia da vida da planta é o sol, mas isso vale para os animais também, visto que eles são parasitas das plantas. Mas a planta depende imediatamente da luz do sol, que também é um dos elementos da vida, ao passo que o animal só depende dela indiretamente. É claro que nós precisamos da luz do sol, a maioria dos animais pereceria sem a luz do sol, embora existam alguns adaptados a viver sem ela.

Dr. Wheelwright: Na vida da planta, o anabolismo excede o catabolismo. Isto é, enquanto a árvore está viva, ela cresce, ao passo que os seres humanos param de crescer em um determinado ponto, e seus corpos começam a regredir.

Prof. Jung: Sim, outra característica da vida vegetativa é que continua a crescer até o fim, ao passo que, em certo momento, um animal cessa o crescimento.

Sra. Sigg: A árvore recebe sua nutrição de cima e de baixo, o que, de certo modo, é como o homem.

Prof. Jung: Sim, em contradição com o animal que exprime sua vida em movimento horizontal. Pode-se afirmar que a vida vegetativa é vertical; ela funciona vivendo de baixo para cima ou de cima para baixo. Daí a vida vegetativa ser também outro aspecto da psique dentro de nós mesmos. Portanto a planta sempre é símbolo do quê?

Resposta: Da alma.

Sra. Crowley: Da experiência psíquica.

Srta. Hannah: Da vida impessoal.

Prof. Jung: Eu diria mais definidamente da espiritualidade. A planta representa o desenvolvimento espiritual, e este segue leis que são diferentes das leis da vida animal, biológica; por isso o desenvolvimento espiritual é sempre caracterizado pela planta. Por exemplo, o lótus é muito típico como o símbolo da vida espiritual na Índia; ele cresce da absoluta escuridão, a partir da profundeza da terra, e emerge por meio da água escura – do inconsciente – e floresce acima da água, onde é o assento do Buda. Ou vários deuses podem aparecer no lótus.

Sra. Crowley: Não há também essa ideia de um movimento serpentino?

Prof. Jung: Oh, sim, esse é outro detalhe que aponta para a serpente, e a serpente é um animal. As raízes da árvore têm esse óbvio caráter serpentino, e plantas aquáticas se parecem com serpentes. Assim também as plantas que ficam debaixo d'água parecem ter movimentos serpentinos devido ao fluxo da água; a água fluindo sobre um corpo flexível naturalmente dá esse efeito ondulatório. Duas coisas ali se juntam: a saber, essa parte da psique que se aproxima da vida da planta é a serpente – ou seja, o sistema cérebro-espinhal, que desce e se transforma no sistema vegetativo, o sistema nervoso simpático. E ali nos aproximamos da forma mais baixa de vida, uma vida sedentária que se enraíza no lugar, como a anêmona do mar e aquelas colônias de sifonóforos que são exatamente como plantas; e todos eles têm o movimento ondulatório que é característico do sistema nervoso simpático. Portanto mesmo em animais podemos ver a transição às plantas, e isso é indicado pelo menos no sistema nervoso mais antigo do mundo, o sistema nervoso simpático; nós ali estamos na fronteira da vida da planta. Se temos alguma ideia da vida da planta é mediante essa analogia.

Pois bem, a planta ou a árvore está claramente além da experiência humana, mas a serpente está dentro da experiência humana. Ou seja, você pode experienciar a vida do sistema cérebro-espinhal dentro de seu próprio corpo, mas não pode experienciar a vida da árvore em seu próprio corpo; você não tem qualquer conexão, todo o seu ser é totalmente diferente do de uma planta. Por isso a árvore representa, poderíamos dizer, uma experiência transcendental, algo que transcende o homem está além dele; existe antes de seu nascimento e depois de sua morte, uma vida que o homem não tem dentro de si mesmo. Assim, ele não tem nenhuma experiência própria, embora curiosamente ele encontre o símbolo disso na árvore. Vejam, uma árvore sagrada significa, para um primitivo, a vida dele. Ou, às vezes, as pessoas plantam uma árvore quando uma criança nasce, com a ideia da identidade entre elas. Se a árvore se mantém bem e sadia, a saúde da criança será boa; se a criança morre, a árvore morrerá; ou, se a árvore morre, a criança morrerá. Essa antiga ideia é uma representação desse sentimento no homem de que a vida dele está ligada a outra vida. É como se o homem sempre tivesse sabido que era, como qualquer outro animal, um parasita das plantas, que ele pereceria se não existissem plantas. Claro que isso é uma verdade biológica, e também é uma verdade espiritual, na medida em que nossa psique só pode viver mediante uma vida parasitária do espírito. Daí não causar surpresa, quando você chega ao fim de sua vida consciente, ir para um promontório como Nietzsche o fez, que você comece a perceber a condição sobre a qual sua vida se baseia em última instância. E então aparece a árvore, esta que é a origem de nossa vida assim como nossa futura morada, o sarcófago no qual nosso cadáver desaparecerá; é o lugar da morte ou do renascimento.

Sr. Bash: Como você explicaria enquanto símbolos espirituais todos os símbolos totêmicos, por exemplo, que quase sempre são animais?

Prof. Jung: Existem, é claro, muitos símbolos de fatos psíquicos. Se o símbolo é um animal totêmico, trata-se claramente do que um animal significa: ou seja, trata-se da reconciliação ou da reunião do homem com seu sistema cérebro-espinhal, ou, mais provavelmente, com seu sistema simpático. Mas não com árvore. A árvore simboliza algo muito mais elevado e muito mais profundo. Ela tem um caráter especificamente transcendental. Por exemplo, é bem mais maravilhoso quando uma árvore fala com você do que quando um animal fala com você. A distância entre o homem e o animal não é muito grande; mas entre a árvore e o animal há uma distância infinita, daí ser um símbolo mais primitivo e, contudo, mais avançado. Daí encontrarmos a árvore como um símbolo da ioga, ou da graça divina no cristianismo. É um simbolismo muito avançado e, ao mesmo tempo, extremamente primitivo.

Sr. Allemann: Uma diferença importante é que a árvore está no Tao, seguindo a natureza absolutamente e aceitando tudo – não há impulso separado; ao passo que em todo animal existe esse impulso.

Prof. Jung: Sim, e daí o desvio em relação à lei divina. O animal já é, de certo modo, um desvio em relação à lei divina, porque não se entrega de maneira absoluta e indiferente a todas as condições fornecidas pelo criador, mas é capaz de se esquivar delas. E o homem, com sua consciência, tem uma oportunidade de desvio bem mais maravilhosa. A árvore simboliza o tipo de vida que não pode se desviar uma polegada sequer da lei divina, da lei absoluta das condições; está enraizada no lugar, exposta a todo inimigo que a atacar. Existe uma história muito interessante em um dos tratados budistas, o *Samyutta Nikaya*, sobre o *deváta* de uma árvore; é uma espécie de alma da árvore, um ser semidivino vivendo em uma árvore. A história descreve o desespero do *deváta* ao ver que os cupins estão se aproximando da árvore, pois ela não pode se afastar. O *Samyutta Nikaya* é uma coleção original de histórias contadas pelos discípulos de Buda e contém muitas afirmações autênticas do próprio Buda, o que, portanto, remontaria ao século VI a.C.

Palestra VII
7 de dezembro de 1938

Prof. Jung: Aqui está uma contribuição muito valiosa da Sra. Baumann, uma fotografia do anel de Nestor, famoso *intaglio* [entalhe] com a representação da árvore do mundo.

E aqui está uma contribuição da Sra. Crowley sobre a árvore no Egito: "Nos textos primitivos das pirâmides, há uma passagem na qual o faraó, no caminho a Re, encontra uma árvore da vida na ilha misteriosa, situada no meio do Campo das Oferendas. 'Este Rei Pepi foi para a grande ilha no meio do Campo das Oferendas, por sobre a qual os deuses fazem as andorinhas voarem. As andorinhas são as estrelas imperecíveis. Elas dão a este Rei Pepi esta árvore da vida, a partir da qual elas vivem, e das quais Ye-Pepi e a Estrela da Manhã podem simultaneamente viver'.

Essa imagem pertence, antes que à fé de Osíris, à religião solar do antigo reino, por volta de 3000 a.C."[315]

---

315. A Sra. Crowley se vale de James Breasted (que cita o texto da Pirâmide de 1212-1216), *The*

Essa árvore na fotografia não é exatamente a árvore do mundo, mas tem mais o aspecto da árvore da vida, o que é chamado na Índia de "árvore soma", a árvore *nyagrodha*. Como vocês sabem, a árvore tem muitos aspectos diferentes. Ela aparece primeiro em antigas mitologias como a árvore cósmica, a árvore do desenvolvimento – da evolução cósmica bem como humana, como a grande árvore das sagas germânicas, Yggdrasil. Outro aspecto mais específico é a árvore da vida, a árvore que dá vida aos seres humanos e aos animais e ao universo. E essa árvore também tem o aspecto do eixo do mundo; os ramos acima são o reino dos céus; as raízes embaixo formam o reino da terra, o mundo inferior; e o tronco é o eixo do mundo em torno do qual o mundo todo gira, e ao mesmo tempo um centro doador de vida ou a artéria principal da vida em todo o mundo. Assim, a árvore é mais ou menos equivalente à coluna vertebral em um corpo humano. Como vocês sabem, no interior do cerebelo, uma parte no centro se ramifica de tal modo que tem uma aparência de árvore e é chamada de *arbor vitae*, a árvore da vida. Também este famoso símbolo de Osíris, o Tet, é um tipo de forma de árvore.

É identificado com o *sacrum*, a parte da coluna vertebral que está inserida no meio da bacia pélvica, e também se refere a toda a extensão da coluna vertebral, que dá a sustentação ao corpo e leva as artérias ao longo da espinha dorsal. Esses fatos anatômicos são os mesmos nos animais, por isso é natural que praticamente sempre tenham sido conhecidos. Além disso, sabia-se que as artérias transportavam o sangue, que era considerado a sede da alma, portanto o sangue é em si mesmo um símbolo da alma, assim como o calor e a respiração simbolizam o sangue, a essência indispensável da vida. E outro aspecto da árvore é a árvore do conhecimento. É a portadora da revelação: da árvore surgem vozes; no sussurrar do vento na árvore, palavras podem ser discernidas, ou os pássaros que vivem na árvore falam com alguém.

Temos infinito material como evidência dessas tradições. A árvore do paraíso, por exemplo, é realmente uma só árvore, mas com aspecto triplo: a árvore que leva a evolução do mundo, a árvore que dá vida ao universo e a árvore que dá entendimento ou consciência. E existe a ideia indiana da árvore sagrada invertida. E a *nyagrodha* é a árvore sagrada de Buda no Templo da Relíquia do Dente Sagrado, em Bodh Gaya, o famoso local budista de peregrinação e culto no Ceilão. É realmente uma figueira, e se parece com um salgueiro. A árvore soma também é sagrada no hinduísmo. De acordo com sua mais antiga definição, soma é uma bebida vivificante ou embriagante, mas também é chamada de árvore porque tem a qualidade vivificante. Não se vê nenhuma semelhança com uma árvore, ainda

---

Dawn of Conscience (Nova York, 1933), p. 134.

assim, porque é vivificante, elas são equiparadas. Esse é o modo primitivo de pensar: quando duas coisas funcionam do mesmo modo, embora sejam completamente incomensuráveis, considera-se que sejam uma mesma coisa. Por exemplo, coisas que dão vida à maneira de nutrição são idênticas. Eles dizem que uma espécie de poder vital ou mana circula por essas diferentes coisas, as unifica, tornando-as uma.

E a árvore é um símbolo muito central na tradição cristã, tendo até mesmo assumido a qualidade de morte – assim como Yggdrasil não é apenas a origem da vida, mas também o fim da vida. Assim como a vida se origina na árvore, tudo termina na árvore da evolução; o último casal entra na árvore de novo e desaparece ali. Por isso a múmia de Osíris se transforma em uma árvore. E Cristo termina na árvore. Como eu lhes disse, considerava-se que a cruz cristã tinha sido feita da madeira da árvore da vida, que tinha sido cortada depois da queda dos primeiros pais e usada mais tarde para os dois obeliscos ou as duas colunas – Jaquim e Boaz –, em frente ao Templo de Salomão. Estes são análogos às colunas ou aos obeliscos egípcios que ladeavam o caminho pelo qual a barca solar ia e vinha. Uma está agora em Roma, e a outra, em Paris, mas, felizmente, restam algumas em Karnak. Quando o Templo de Salomão foi destruído, aquelas duas colunas foram jogadas em um dos lagos do vale do rio e, muito mais tarde, redescobertas, e a tradição diz que a cruz foi feita da madeira dessas antigas vigas. Portanto, Cristo foi crucificado na árvore da vida. Daí aquelas imagens medievais em que Cristo é representado como crucificado em uma árvore com ramos e folhas e frutos. E essa ideia de Cristo na árvore não é apenas medieval – há também uma famosa representação antiga de Cristo entre as videiras. Vocês se lembram?

Sra. Baumann: O cálice de Antioquia.

Prof. Jung: Sim. Ele está agora nos Estados Unidos em uma coleção particular, mas foi descoberto juntamente com outros antigos recipientes de prata no fundo de um poço ancestral, e considera-se que ele seja parte do tesouro de uma igreja cristã primitiva que tinha sido jogado no poço, na época em que Juliano o Apóstata perseguia os cristãos e destruía suas igrejas. Consiste em uma obra de filigrana de prata em torno de uma taça também de prata, muito mais antiga; sugeriu-se que pudesse ser o cálice que Cristo usou na Última Ceia. Mas o cálice é mais notável pelo seu simbolismo: Cristo é representado como sentado entre as folhas e as uvas nos ramos de uma enorme videira que é como uma árvore. Essa é a forma antiga tradicional na qual os Césares eram frequentemente descritos. Há uma representação muito semelhante do Imperador Augusto, ligando-o a Dionísio ou Baco. Pois bem, Cristo era intimamente associado a Baco no início de nossa era, e também a Orfeu, como sabemos por aquela famosa inscrição no selo gnóstico. Orfeu e Baco eram, ambos, antigos deuses de mistério do período. O livro de Eisler,

Orpheus – The Fisher, nos dá o simbolismo peculiar daqueles cultos báquicos de mistério[316]. De acordo com as descobertas arqueológicas, em Pompeia, por exemplo, o simbolismo do peixe e da pesca fazia parte de um culto contemporâneo – ou provavelmente um pré-culto – a Baco. O selo ao qual me referi está em Berlim, e representa indubitavelmente a crucificação, com a inscrição "Orfeu-Baco"; portanto, aqueles dois deuses pagãos eram obviamente competidores de Cristo naqueles dias. Também sabemos por outras fontes que havia um deus de mistério como Orfeu, que por isso também era chamado de "Orfeu" e era explicado pelo mesmo simbolismo como Orfeu e Dionísio. Essa representação de Cristo também se liga àquelas antigas tradições acerca da árvore da vida, e a crucificação significaria, segundo esse simbolismo, um retrocesso ou uma recessão de Cristo para a árvore da qual ele originalmente surgiu. Por isso, no diálogo medieval, Maria é confrontada com a cruz como a mãe que deu nascimento a Cristo e igualmente lhe tirou a vida.

Srta. Wolff: Existem antigas representações medievais da árvore genealógica de Cristo. Nos ramos, como os frutos da árvore, estão os profetas e todos os ancestrais de Cristo. As raízes da árvore crescem do crânio de Adão, e Cristo é seu fruto central e mais precioso.

Prof. Jung: Bem, a árvore às vezes cresce do umbigo de Adão, e nos ramos, como você diz, sentam-se os profetas e os reis do Antigo Testamento, ancestrais de Cristo, enquanto no topo da árvore está o Cristo triunfante. Que a vida comece com Adão e termine com Cristo é a mesma ideia, ou, poderíamos dizer, o destino da madeira da cruz é um paralelo dessa tradição ou desse simbolismo. Portanto a árvore é um símbolo encontrado em quase toda parte com uma série de significados um pouco diferentes. Eu lhes dei os aspectos principais, mas há alguns outros menores. Agora chegamos a essa árvore no promontório e também à grande maçã inteira. Vou ler aqueles dois parágrafos de novo:

> – como se uma maçã inteira se oferecesse à minha mão, uma maçã de ouro, madura, de pele fresca, suave, sedosa: assim se me ofertava o mundo;
>
> – como se uma árvore me acenasse, frondosa, voluntariosa, curvada para formar um encosto e até um apoio ao pé do caminhante cansado: assim encontrava-se o mundo sobre meu promontório.

Esse é um modo extraordinário de formular isso, inimaginável se você o entender como um mundo. Nossa ideia do mundo como uma espécie de globo daria uma imagem estranha sobre esse promontório. Mas uma árvore faz sentido, e um pouco adiante veremos que ele se refere a uma árvore no promontório de novo.

---

316. Robert Eisler, autor de *Orpheus – The Fisher* [Orfeu – O pescador] (Londres, 1921). Ele falou em Eranos em 1935 sobre "O enigma do Evangelho de São João".

Portanto poderíamos dizer que o promontório representa o que na imaginação dele? Onde está a árvore da vida?

Observação: No Jardim do Éden.

Prof. Jung: Claro, no paraíso. Aqueles que ouviram minha preleção alemã se lembrarão de que falei de *bodhi-druma*, a árvore *bodhi*. Pois bem, onde fica a árvore *bodhi*?

Sra. Brunner: No paraíso, no terraço redondo da iluminação.

Prof. Jung: Sim, e o texto o chama de "mandala *bodhi*". É o *circulus quadratus*, uma espécie de *circumambulatio*, e no centro está a árvore *bodhi*. Portanto o promontório é o Jardim do Éden. E ele é caracterizado pelo quê?

Sra. Fierz: Pelos quatro rios.

Prof. Jung: Sim. A árvore está no centro e os quatro rios que saem do Jardim do Éden compõem uma mandala típica. E a mandala *bodhi* também contém a ideia da construção quadrada interna, cujos cantos são idênticos aos pontos cardeais do horizonte.

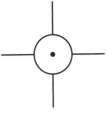

Norte, sul, leste e oeste são chamados de quatro cantos do mundo, ou de quatro ventos, e isso dá a base, o padrão natural, para a quadratura do círculo. E dentro do círculo fica uma espécie de *stupa*, um recipiente, no qual estão as relíquias sagradas. A coisa mais preciosa, a *cinta mani*, a pérola que não tem preço, está contida no recipiente no centro do templo com quatro cantos.

E se investigarmos isso psicologicamente, chegaremos ao fato de que a consciência tem quatro cantos, por assim dizer, quatro diferentes modos ou aspectos, que chamamos de quatro funções, pois, como a consciência psicológica é a origem de toda a apercepção do mundo, ela naturalmente abrange tudo, até mesmo o sistema desse eixo, a partir dessa base, como uma espécie de ponte necessária para toda observação de fatos. Por exemplo, ao olhar por um telescópio, você observa uma cruz dentro dos finos fios pelos quais você mede a posição de tudo no seu campo de visão. Essa é uma imagem exata da nossa consciência, e a base indispensável de toda compreensão, de todo discernimento; é uma qualidade intrínseca da consciência que haja quatro elementos ou quatro diferentes aspectos. Você também poderia dizer trezentos e sessenta, mas deve ser uma divisão regular do horizonte e a divisão mais satisfatória é por quatro. Naturalmente pode ser dividida por cinco ou por seis ou por três, mas isso é mais complicado ou, de certo modo, não tão satisfatório. Se você quiser dividir um círculo, seria melhor fazê-lo de modo transversal. Se eu lhes der a tarefa de dividi-lo por cinco, tenho certeza de que vários de vocês não saberiam como fazê-lo – isso exigiria todo tipo de instrumentos. Dividir um círculo por quatro é o modo mais fácil e mais simples, e isso deriva do fato de que coincide com a constituição da consciência.

Você deve ter uma função que lhe diga que alguma coisa *é*, e isso é sensação. E você deve ter uma função que lhe diga o que a coisa é, e isso é chamado de pensamento. E então uma função que lhe diga o que isso vale para você, e isso é sentimento. Você teria, então, uma orientação completa para o momento, mas o eixo do tempo não é considerado: há um passado e um futuro, que não estão dados no momento presente, por isso você precisa de uma espécie de adivinhação para saber de onde essa coisa vem e para onde vai, e isso é chamado de intuição. Pois bem, se vocês sabem de mais alguma coisa, me digam. Vejam, isso lhes dá uma imagem completa. Não temos nenhum outro critério que eu conheça, e não precisamos de nenhum outro – eu pensei muitas vezes a esse respeito, mas nunca pude encontrar nenhum outro. A partir dos dados que essas quatro funções me dão, tenho uma imagem completa. A mesma coisa acontece na lógica: quando examinamos cuidadosamente os aspectos da causalidade, por exemplo, chegamos à raiz quádrupla. Schopenhauer até mesmo escreveu um tratado intitulado *Über die vierfache Wurzel des Satzes vom Grunde* [Sobre a quadrúplice raiz do princípio de razão suficiente], e ela realmente tem quatro aspectos aos quais nada podemos acrescentar[317]. Assim como não podemos acrescentar alguma outra dimensão ao horizonte quando nomeamos os quatro pontos, os quatro cantos; isso basta, está completo.

Aparentemente os antigos já tinham uma intuição sobre isso. A afirmação de que a alma é um quadrado, e de que o quatro é o número de todas as coisas vivas, foi atribuída a Pitágoras por seus discípulos; ele provavelmente teve uma visão ou uma intuição importante sobre essa verdade. Vocês podem seguir em frente especulando sobre isso para sempre – existe um vasto material para especulação. Por exemplo, o principal material de construção do corpo é o carbono, e o carbono ou o carvão é caracterizado quimicamente pelo número quatro: ele é sobretudo tetravalente; e o diamante é carbono nativo cristalizado no sistema isométrico, frequentemente na forma de octaedros. E vocês sabem que o *lapis philosophorum*, a pedra, é, de modo frequente, chamada de "pedra branca" ou "luz branca", essa transparência perfeita que provém da escuridão absoluta. O carvão é negro, e o diamante da água mais pura é composto da mesma substância. Sabemos disso agora, mas, naqueles dias, é claro, ninguém conhecia a fórmula química de um diamante; pensava-se que fosse como um rubi ou uma esmeralda. Pois bem, o promontório que se projeta, sobressai no oceano, parece estar metade no mar e metade em *terra firma*, portanto é algo entre o mar e a terra. Isso lembra vocês do quê?

---

317. A dissertação inaugural de Schopenhauer, *Sobre a quadrúplice raiz do princípio de razão suficiente*, foi publicada em 1813.

Resposta: De uma mandala que está metade na terra e metade no céu.

Prof. Jung: Sim, é como as famosas *stupas* de Sanchi ou de Anuradhapura no Ceilão, a mandala composta de duas tigelas, uma enfiada na terra e a outra com a metade acima, no ar. As duas tigelas compõem um globo, e considera-se que a que está embaixo contém os restos do Senhor Buda. Portanto esse promontório no inconsciente de Nietzsche é, na verdade, um lugar de individuação, o próprio lugar central. Ele está no lugar do imperador. Ali a maçã lhe é dada. E há sempre um aumento da personalidade ali; é o lugar da coroação, o lugar da exaltação. Nas iniciações de mistério, o iniciante escala os sete degraus planetários até aquele lugar em que é adorado como Hélio, o deus sol; ele é supremo, ali se tornando o primeiro homem sob a árvore do paraíso, ou o último homem, aquele que, ao fim de seus dias, é novamente confrontado com a árvore. Portanto Nietzsche está realmente na origem e também no topo do mundo. Essa é a psicologia da mandala, isso é o que as mandalas significam e o porquê de serem feitas ou imaginadas; elas indicam o lugar sagrado, a condição sagrada, em que o homem está no começo e também no topo do mundo, onde ele é a criança recém-nascida e, ao mesmo tempo, o senhor do universo. Pois bem, ele prossegue com o "como se":

> como se mãos graciosas me trouxessem um relicário – um relicário aberto, para encanto de olhos pudicos e veneradores: assim vinha hoje o mundo ao meu encontro.

O que dizer sobre esse relicário "aberto, para encanto de olhos pudicos e veneradores"?

Srta. Wolff: No texto alemão é um santuário, portanto deve significar uma caixa para relíquias, uma coisa sagrada.

Prof. Jung: Você tem toda a razão. O santuário geralmente contém a figura sagrada ou a relíquia, os objetos de adoração mais preciosos. E isso respalda o que dizíamos sobre o promontório e os conteúdos da mandala.

Sra. Baumann: Gostaria de saber se o fato de ser um relicário, com ossos mortos dentro dele, poderia ter algo a ver com o fato de que ele não menciona água aqui. Isso poderia querer dizer que essa é a árvore da morte, e não a árvore da vida. Não há menção dos quatro rios do paraíso ou da água da vida. A árvore da vida quase sempre é associada com a fonte de água viva, mas aqui não há nenhuma referência – e isso parece estranho, pois Zaratustra frequentemente mencionou uma fonte.

Prof. Jung: A ideia de água está completamente ausente, e é verdade, como você diz, que a água geralmente é associada à árvore. Como vocês se lembram, aos pés da Yggdrasil há uma dupla fonte nas cores alquímicas, o que é notável.

Também a árvore de Ferécides, na mitologia grega, é sempre associada à ideia de fertilidade[318].

Srta. Wolff: Mas o texto de Nietzsche implica não uma fonte, mas o mar.

Prof. Jung: O mar é também a água da vida sob certas condições, mas não exatamente a água doadora da vida, e sim a água *preservadora* da vida. A água doadora da vida é geralmente água doce, como uma fonte. Essa ideia está ausente aqui, e o porquê disso é uma questão. Bem, nós temos de afirmar os fatos: simplesmente é assim. E esse santuário sem dúvida exprime a ideia de que uma coisa muito preciosa está contida ou mostrada aqui para o encanto de olhos adoradores. Isso também faz lembrar certos temas cristãos.

Sra. Brunner: A hóstia?

Prof. Jung: Sim, é claro, mas por que não ser simples? Há algo muito mais próximo. Vocês nunca viram uma adoração típica?

Srta. Foote: O Cristo Menino.

Prof. Jung: Sim, pensem no Natal: existe a árvore. A adoração do Menino que se dá sob a árvore ou perto da árvore. E aqui estamos no Advento e não nos lembramos disso! Nietzsche prossegue:

> não enigma bastante para afugentar o amor dos homens, não solução suficiente para adormecer a sabedoria dos homens: uma coisa humanamente boa era hoje para mim o mundo do qual se dizem coisas tão más!

Se vocês meditarem sobre essa sentença à luz do que vimos no simbolismo, poderão compreender muito do sonho de Nietzsche. Pois bem, vocês suporiam que isso foi um sonho, ou foi uma assim chamada invenção poética, ou foi uma visão? Temos essas três possibilidades.

Sra. Fierz: A visão de uma mulher não lhe seria subjacente? Ao longo de todo esse texto a imagem de uma mulher é sugerida. Primeiramente há a maçã com sua pele suave; dela vem a árvore que acena, e então as mãos graciosas que trazem um relicário. O texto também diz que o mundo *está* no promontório, justamente como se fosse uma pessoa. Isso me lembra a estátua de *Frau Welt* na catedral de Basileia, que Nietzsche deve ter conhecido; a mulher com rosto sorridente e diabos e macacos atrás dela. Após ter olhado só para os diabos e os macacos por tanto tempo, é como se Nietzsche finalmente pudesse ver *Frau Welt* sorrindo. De todo modo, a imagem de uma mulher está sempre por baixo.

---

318. Ferécides de Siros foi um mitólogo ou cosmólogo de meados do século VI a.C. – em algumas listas, um dos Sete Sábios.

Prof. Jung: Minha questão é se é uma visão ou um sonho ou uma invenção. Você assim estaria a favor de uma visão, o que quer que ela possa significar. Chegaremos a isso.

Sr. Allemann: Certamente não é uma invenção poética; pode ser um sonho ou uma visão.

Prof. Jung: E por que você supõe que não pode ser uma invenção poética?

Sr. Allemann: Porque ela é certeira. Deve vir diretamente do inconsciente, não poderia ser uma invenção.

Prof. Jung: Sim, ela vai muito fundo, absolutamente ao âmago das coisas. É tão incrivelmente rica, não podemos supor que uma mera invenção pudesse exprimir a essência de todas as mitologias, de todos os credos, em três linhas. É impressionante demais.

Sra. Jung: Há para mim algo não totalmente satisfatório em toda essa imagem, porque ela contém uma inflação. Duvido que alguém pudesse ter o sentimento de estar no topo do mundo se estivesse no centro da mandala.

Prof. Jung: É verdade, tudo isso é visto através do terrível véu da inflação. Mas nós lançamos fora, por este momento, esse triste véu da inflação, para ver o que aparece por trás do véu, para fazer justiça ao *background*. Devemos ser críticos em relação ao que está em primeiro plano, certamente. Existe esse insatisfatório elemento de inflação, e ele se identifica com isso. A atitude dele evidentemente não é correta, de modo algum. Isso prova ainda mais que não é uma invenção. Ele próprio não a entende, não sabe o que está acontecendo. Mas não pode evitar; não pode fazer nada contra isso. *Essa coisa* aparece em toda a confusão e o tumulto da consciência muito restrita dele; a velha imagem que está no fundo de todas as experiências religiosas se manifesta. Por exemplo, se eu contasse a James Joyce aquilo que se manifesta em seu *Ulisses*, ele negaria, assim como Spitteler negaria que alguma coisa se manifestaria por entre as muralhas de seu preconceito[319]. Todavia se manifestou, e assim também aconteceu a Nietzsche; apesar de sua atitude, de sua inflação e de sua identificação, a imagem eterna irrompe por toda aquela névoa e se torna visível – ao menos para nós.

Srta. Hannah: Acho que deve ter sido um sonho, porque está demasiado distante de seu ponto de vista consciente.

Prof. Jung: Você acha que é um sonho. O que você diz, Sra. Schevill?

Sra. Schevill: Acho que deve ser uma visão, porque, no início do capítulo, ele diz: "Num sonho, no último sonho da manhã", e essa geralmente é a hora da che-

---

319. Sobre a resposta ambivalente de Jung a *Ulisses*, cf. OC 15. Jung se irritou com a afirmação de Spitteler de que suas obras eram meras histórias e de modo algum simbólicas.

gada da visão. É o fim dos sonhos da noite e o começo do dia e da chegada da consciência. Por isso, as duas coisas se juntam na visão.

Prof. Jung: Sim. Fisiologicamente é verdade: a curva do sono cai muito e depois, gradualmente, se ergue de novo. Saímos da consciência e, então, nos reaproximamos da consciência pela manhã; os sonhos são, assim, cada vez mais associados à consciência. Desse modo, quando ele enfatiza o último sonho da manhã, isso provavelmente quer dizer que foi a última coisa que ainda estava no inconsciente, mas já misturada com a consciência. Comparando isso com sonhos de pacientes em geral, eu diria que foi uma visão. É sintético demais para ser um sonho; um sonho é mais grotesco. Nada há nada de grotesco nesse caso. É tremendamente sintético, na verdade; essa imagem de estar em um promontório sopesando o mundo é sintetizada ao máximo. Não poderíamos esperar isso de um sonho. Um sonho pode ser muito poderoso e muito belo, mas usaria uma linguagem não tão próxima da consciência; seria algo mais como a tradição primitiva, ou haveria alusões óbvias a certas formações míticas.

Vejam, ele poderia ter igualmente dito: "Eu estou agora de pé sobre um parapeito de pedra que sobressai no oceano e atrás de mim está a terra dos viventes. Estou olhando para o mar infinito, o símbolo da morte, da não existência; e estou sopesando a vida, o todo da existência, tudo da humanidade, contra esse fato da não humanidade, esse fato que existia antes da humanidade e que existirá depois da humanidade, quando o homem não existir mais". Nietzsche foi o homem que, quando olhou para os Alpes, percebeu o sentimento: *Crimen laesae majestatis humanae*[320]. Aquelas geleiras e aqueles picos e aqueles campos de neve – todo aquele mundo primevo de gelo não sabe nem precisa do homem; ele será ele próprio, viverá sua própria vida, a despeito do homem. Não se preocupa minimamente com o homem. Esse também é o horror do animal de sangue frio: uma serpente simplesmente não leva o homem em consideração. Ela pode rastejar até o bolso dele, comportar-se como se ele fosse um tronco de árvore. Um mundo é humano e o outro é inumano, antes do homem e depois do homem, e Nietzsche está agora sopesando os dois mundos em sua balança. Assim, ele sopesa seu próprio mundo, o mundo do qual ele é proveniente; esse é quase um pensamento consciente, e é, de modo evidente, um resultado lógico direto dos capítulos anteriores, em que ele chegou à conclusão de que tudo era *maya* e que as pessoas podiam ir para o inferno – serem queimadas como palha era a única coisa para a qual elas eram boas. Ele está no fim do mundo e tem de sopesar a questão de se a existência em geral vale a pena ou não. Vale a pena viver, seguir em frente? Se vocês consideram os capítulos anteriores e se colocam no lugar dele, perceberão; mas se não percebem

---

320. Queixa vexatória sobre a majestade humana.

o que veio antes, se não têm um coração sensível, naturalmente são confrontados com um grande enigma. Mas não é "enigma bastante para afugentar o amor dos homens". Ele diz agora:

> Como eu agradeço a meu sonho matinal eu haver assim pesado o mundo hoje cedo! Como algo humanamente bom veio ele a mim, este sonho e consolador do coração!

Devemos entrar um pouco em detalhes sobre isso. Ele fala de "algo humanamente bom". O que quer dizer?

Sra. von Roques: Bem e mal juntos.

Prof. Jung: É certo que se algo é humano, é bom e mau, mas ele não se refere ao mal aqui.

Sra. Sigg: Poderia significar algo que permanece em proporções humanas, não tão amplo nem tão alto.

Prof. Jung: Essa é uma boa ideia.

Srta. Hannah: Pensei que isso o fez não odiar tanto as pessoas.

Prof. Jung: Sim, é positivo, depois de ele ter dito tantas coisas negativas. Ele deve ter medo dos seres humanos, porque eles vão revidar quando o ouvirem.

Srta. Hannah: Ele tem medo da vingança – que façam o mesmo a ele.

Prof. Jung: Sim, essa é a razão para Nietzsche ser tão crítico sobre as pessoas – ele antecipa a vingança e a má compreensão delas. Nietzsche estava tremendamente interessado na questão de como o *Zaratustra* seria considerado pelo público, se o depreciariam como ele os tinha depreciado. Havia inúmeras razões para temer que o público rejeitasse seu livro; após ter dito coisas tão desagradáveis, Nietzsche naturalmente deve esperar uma má resposta. Mas essa visão lhe dá um sentimento positivo, depois de todo aquele sentimento negativo; tem um caráter humano, poderíamos dizer, e um efeito humanizador. Ele já não é um pária do mundo, um exilado que levou a si mesmo para a solidão. Nietzsche acumulou tanto preconceito sobre o mundo que levou a si mesmo para o isolamento no promontório, e sua visão tem um suavizante efeito reconciliador. E ele também parece perceber – e isso com certeza é importante – que a expressão "algo humanamente bom" alude a algo realmente humano. Isso fica evidente nas linhas às quais a Sra. Fierz aludiu: "como se mãos graciosas me trouxessem um relicário". Portanto é uma espécie de personificação da coisa humanamente boa que leva esse relicário ou esse presente reconciliador para ele. Aqui quase nos é permitido considerar uma personificação, e a figura de uma mulher é o mais provável. Mas a árvore é o principal simbolismo nos versos imediatamente precedentes. Vejam, a árvore produz as maçãs, o alimento da imortalidade, as maçãs douradas das Hespérides, ou as maçãs revivificantes da árvore da sabedoria. E a própria árvore frequentemente é personificada como uma mulher; nos antigos livros alquímicos, por exemplo, às vezes o tronco da árvore é uma mulher, e da sua cabeça crescem os ramos com as maçãs douradas, o fruto que dá nova vida àqueles que estão presos no Hades. Isso faz lembrar da famosa visão de Arisleu, uma das primeiras visões, ou a única realmente grande, na alquimia latina. Na alquimia grega há outras, as visões de Zósimo, por exemplo, ou de Crates[321].

Em sua visão, Arisleu vê a si mesmo e seus companheiros à beira do mar, em uma terra em que nada prospera; os campos não são férteis, o gado é estéril, e as pessoas também são estéreis, pois os homens copulam com homens e as mulheres, com mulheres. Por isso, o rei, o Rex Marinus, o chama e lhe pergunta o que fazer acerca disso. E Arisleu lhe diz que ele precisa de um filósofo em seu país, e recomenda que os dois filhos do rei – Gabricus e Beya –, que tinham nascido do cérebro dele, deveriam agora copular. Mas, ao fazê-lo, o príncipe Gabricus morre (em algumas versões dessa história, fala-se que Beya o engoliu), por isso o rei fica muito triste. Arisleu, contudo, promete revivificar o príncipe com a ajuda de Beya. O rei então prende Arisleu e seus companheiros com o príncipe morto e Beya em uma casa de vidro com três paredes, na profundeza do mar; a casa é como três recipientes ou alambiques de vidro, contidos um no outro. Ali Arisleu é aquecido, praticamente fervido, de modo que está em uma grande aflição. Ele também sofre de fome, assim como o herói na barriga da baleia-dragão sempre sofre de fome; mas, nesse caso, o herói se sustenta cortando e comendo partes do corpo do monstro, geralmente o fígado, *die Leber*, que é a vida [em alemão, *Leben* (N.T.)] e a alma, segundo ideias primitivas. Ele se alimenta da vida do monstro. E agora, na casa de vidro, Arisleu tem outra visão: vê seu mestre Pitágoras e lhe pede ajuda. Pitágoras envia um homem chamado Horfoltus (também chamado Harpócrates), que traz os frutos de uma árvore mística àqueles que estão capturados sob o mar – no inconsciente. Pelo alimento, que é o *pharmakon athanasias*, o remédio da imortalidade, o príncipe é trazido de volta à vida, e as vidas de Arisleu e de seus companheiros são renovadas. Todos eles são libertos de sua prisão, e Gabricus e Beya dominam o país a partir de então. Eles têm muitos filhos, e seu povo e seu gado e seus campos se tornam todos férteis e prósperos.

Esse velho mito é muito claramente um arquétipo psicológico da iniciação, ou do reavivamento de uma atitude que tinha desaparecido, se tornado estéril e inútil, e assim desaparecido no inconsciente, no qual teve de ser fervido e renovado. E é também um velho mito primaveril, a renovação da vegetação.

---

321. Zósimo de Panópolis, um gnóstico e alquimista do século III, registrou várias visões que Jung comentou extensamente (cf. OC 13, § 85-144). Talvez valha a pena notar também que Zósimo, em algumas ocasiões, citou textos zoroástricos e considerava Zoroastro um profeta do nível de Jesus. Arisleu foi um alquimista lendário, o suposto autor da *Turba Philosophorum*, que está incluída no compêndio *Theatrum Chemicum*, 6 vol. (Estrasburgo, 1602-1661). O *Livro de Crates* é ainda outro texto alquímico, provavelmente de um grego antigo, mas transmitido por eruditos árabes medievais e reimpresso em *La chimie au moyen age*, editado por Marcellin Berthelot (Paris, 1893, vol. III, p. 50).

A árvore da qual o fruto maravilhoso provém é, como eu disse, representada como uma mulher em certo tratado alquímico. E há outras imagens em que a árvore vivificadora é representada como uma mulher, ou em que a mulher vivificadora é representada por uma árvore. Vemos isso também em meras figuras ornamentais. Isso é usado como um tema ornamental naqueles famosos candelabros medievais, por exemplo, em que a árvore é representada pelos chifres de um cervo crescendo na cabeça de uma mulher – geralmente uma espécie de ninfa com seios nus que se curvam para baixo e os chifres de cervo acima, cada ramo dos chifres carregando uma luz. Essa é a mulher iluminadora. Está, pois, totalmente dentro do simbolismo quando encontramos aqui a ideia de que mãos graciosas carregam o relicário ou a caixa na direção dele. De acordo com a ideia primitiva, seria a árvore-alma personificada que, em sua gentileza, lhe dá a joia. Pois bem, como a árvore é o mundo, e como existe essa associação com a mulher, a árvore seria o aspecto positivo desse mundo que ele tinha depreciado. É como se a sua visão lhe estivesse dizendo: "Este é o mundo, e quando você chega ao fim das coisas e começa a sopesar o mundo – quando você realiza o juízo final, como se fosse o senhor do universo –, chega à conclusão de que este mundo é a mãe natureza e que ela é gentil e humana". Portanto é uma visão inteiramente compensatória, e é totalmente compreensível que ele tenha um sentimento muito positivo a esse respeito. Mas ele não percebe o que isso significa, por isso não pode fazer o uso correto disso. Não diz a si mesmo: "Aqui eu cometi um grande erro. Eu deveria perceber que o mundo e a humanidade não são tão ruins, afinal de contas". Ele estaria em uma moldura mental muito melhor. Claro que ele já está em uma moldura mental de certo modo melhor, mas não sai de seu estado de inflação. Assim, ele prossegue:

> E, para que eu faça como ele durante o dia, dele aprendendo e imitando o que é melhor: vou agora pôr na balança as três piores coisas e sopesá-las humanamente bem.

Como vocês veem, ele está apoiando sua moldura mental superior, continuando aquele papel que, na verdade, lhe foi imposto por sua solidão. Ele deveria dizer: "Infelizmente fui forçado a ser o último homem e o homem no início do mundo. Infelizmente me converti no próprio filho de Deus". Mas ele desfruta disso, e isso é seu infortúnio.

Quem ali ensinou a abençoar, também ensinou a amaldiçoar: quais são, no mundo, as três coisas mais bem amaldiçoadas? Essas eu porei na balança.

> *Volúpia, ânsia de domínio e egoísmo*: essas três foram até agora as mais bem amaldiçoadas e às quais foi imposta a pior e mais falsa reputação – essas três vou agora sopesar humanamente bem.

Pois bem! Aqui está o meu promontório e ali o mar: *esse* rola até meus pés, peludo, lisonjeador, o velho, fiel monstro-cão de cem cabeças que eu amo.

Pois bem! Aqui vou segurar a balança sobre o mar que rola: e também uma testemunha escolho, para que observe – a ti, árvore solitária, a ti, de forte aroma e ampla copa, que eu amo!

Diante de sua árvore – que significa vida, conhecimento, sabedoria, consciência –, ele está agora sopesando os três vícios que carregam a maldição: volúpia, ânsia de domínio e egoísmo. Aqui vemos o quão moderno Nietzsche realmente é e até que ponto é um psicólogo. Se tivesse vivido em nossos dias, ele não poderia ter evitado ser um analista; teria se lançado a isso imediatamente. Ele era, de fato, mais um psicólogo do que qualquer filósofo, exceto os mais antigos, um psicólogo na medida em que percebeu que a filosofia é, *au fond*, psicologia. Ela é simplesmente uma declaração feita por uma psique individual e não significa mais do que isso. Podemos ver, pela declaração que faz aqui, até que ponto ele é um psicólogo moderno. O que Nietzsche antecipa nesses três vícios?

Srta. Hannah: O presente.

Sra. Fierz: Freud, Adler e você.

Prof. Jung: Sim. Volúpia, o princípio da luxúria, é Freud; ânsia de domínio é Adler; e egoísmo – isso sou eu, perfeitamente simples. Vejam, minha ideia, de fato, é o processo de individuação, que é puro egoísmo. E considera-se que Freud é nada mais do que sexo; e Adler, nada mais do que poder. Esses são os três aspectos – e reparem, na ordem certa. Primeiro veio Freud; depois, Adler, que tinha mais ou menos a minha idade, mas foi discípulo de Freud mais cedo. Eu o encontrei na sociedade freudiana quando fui a Viena pela primeira vez; ele já trabalhava nas premissas, e eu era recém-chegado – portanto, certamente a ânsia de domínio vem em seguida. E o meu é o último, e peculiarmente inclui os outros dois, pois a volúpia e a ânsia de domínio são apenas dois aspectos do egoísmo. Escrevi um pequeno livro dizendo que Freud e Adler olhavam para a mesma coisa por lados diferentes: Freud da perspectiva do sexo e Adler da perspectiva da vontade de poder. Eles observavam os mesmos casos, mas por ângulos diferentes[322]. Qualquer caso de histeria ou qualquer neurose pode ser explicada igualmente tanto pelo lado de Freud quanto pelo lado de Adler, seja como desejos sexuais insatisfeitos, seja como vontade de poder frustrada. Assim, isso é, sob todos os aspectos, uma clara antevisão do modo como as coisas realmente se desenvolveram. Nietzsche era realmente um sujeito extraordinário. E é verdade que "essas três coisas foram até agora as mais bem amaldiçoadas e a elas foi imposta a pior e mais falsa reputa-

---

322. *The Psychology of the Unconscious*, OC 7/1, § 1-201.

ção". Bem, dividam isso pela metade – ele é sempre um pouco exagerado –, pois a reputação não é absolutamente falsa; é má, admito, mas não é realmente falsa, pois essas três coisas são vícios indiscutíveis. Não há dúvidas sobre isso.

Mas vejam, nosso ponto de vista religioso é que todo vício é errado e precisa de alguma retificação. Não estamos suficientemente cientes de que até mesmo uma coisa má tem dois lados. Você não pode dizer que qualquer um daqueles vícios é inteiramente mau. Se fosse inteiramente mau e você quisesse ser moralmente decente, não conseguiria viver. Você não pode impedir a volúpia, pois ela *existe*; não pode impedir o poder, pois ele *existe*; e não pode impedir o egoísmo, pois ele *existe*. Se você os impedisse, morreria quase imediatamente, pois sem egoísmo você não consegue existir. Se você desse toda a sua comida aos pobres, não restaria nada, e se você não comer nada, morrerá – e então não restará ninguém para dar comida a eles. Você não pode deixar de funcionar; aqueles vícios são funções em si mesmos.

Um julgamento como esse provém do pressuposto de que alguém poderia estabelecer uma verdade definitiva, poderia decidir que tal e tal coisa era definitivamente má, por exemplo; mas nunca podemos. Em nenhum momento se pode fazer uma declaração dessas, pois ela sempre depende de *quem* a fez e sob que circunstâncias. Não há vício do qual possamos dizer que é mau sob todas as condições, pois todas aquelas condições podem ser alteradas e diferentes, e elas sempre são diferentes em casos diferentes. Você só pode dizer que uma coisa acontece sob tais e tais condições, e, pressupondo que outras condições acontecem na mesma linha, que a coisa é então provavelmente má. Você pode julgar até esse ponto, ou pode dizer que tal e tal coisa é em si mesma má sob tais e tais condições, mas todas as exceções sofrem quando são expostas à realidade. Assim, o erro que cometemos é o de emitir um julgamento moral como se ele fosse possível, como se pudéssemos de fato emitir um julgamento moral geral. Isso é exatamente o que não podemos fazer. Quanto mais você investiga o crime, quanto mais o sente, menos é capaz de julgá-lo, pois descobre que, quando vai fundo o bastante, esse crime foi extremamente significativo, que foi inevitável naquele momento – tudo levou a ele. Foi simplesmente a coisa certa, seja para a vítima, seja para quem cometeu o crime. Como você pode dizer que aquele homem particular era mau, ou que a vítima era má e o mereceu? Quanto mais você sabe sobre a psicologia do crime, menos pode julgá-lo; quando viu muitos casos desse tipo, você simplesmente desiste.

Por outro lado, se você desiste do julgamento, desiste de uma função vital em si mesmo – qual seja, seu ódio, seu desprezo, sua revolta contra o mal, sua crença no bem. Assim, você chega à conclusão de que não pode desistir de julgar; de fato, na prática, você tem de julgar. Quando um homem invade uma casa ou mata pessoas, você deve pará-lo; é perturbador viver em uma cidade em que tais coisas são permitidas, e por isso você deve parar esse sujeito. E como você faz isso?

Bem, você deve colocá-lo na cadeia ou decapitá-lo ou algo assim. E, certamente, se alguém perguntar por que você coloca esse homem na cadeia, você dirá que é porque ele é um homem mau. Sim, ele é mau, você não pode fugir disso. Mesmo se você fizer algo que é contrário à ideia geral de moralidade, não importa como você *pensa* sobre isso, você se sente incômodo, tem ataques de consciência – de fato, desenvolve uma muito má consciência. Talvez não seja aparente. Um homem pode dizer: "Oh, eu não tenho uma má consciência sobre o que fiz enquanto souber que mais ninguém sabe disso". Mas eu ouço uma confissão dessas de um homem que me procura com uma neurose, sem saber que sua neurose se deve ao fato de que ele ofendeu sua própria moralidade. E assim ele exclui a si mesmo, pois, na medida em que tem uma neurose, ele está excluído da humanidade normal; sua neurose, seu isolamento, deve-se ao fato de que ele próprio é um associal, e isso se deve ao fato de que ele é amoral, portanto está excluído do intercurso social regular.

Quando infringe aquelas leis morais, você se torna um exilado moral, e sofre por esse estado, pois sua libido já não pode fluir livremente de você para relações humanas; você está sempre bloqueado pelo segredo de seus delitos. Assim, você sofre de uma acumulação indevida de energia que não consegue ser liberada, e está em uma espécie de contraste e oposição para com seu entorno, o que certamente é uma condição anormal. E não adianta você ter ideias particularmente iluminadas sobre bem e mal – como Nietzsche, que disse que estava para além do bem e do mal e não aplicava categorias morais. *Isso* aplica categorias morais para você; você não pode escapar do juiz em você mesmo. Vejam, todo o sistema moral em que vivemos foi promovido pela história, por milhares de anos de treinamento. Baseia-se em arquétipos do comportamento humano. Por isso encontramos as mesmas leis nas sociedades mais inferiores, assim como nas mais elevadas. De fato, não existe diferença fundamental entre as leis de uma sociedade primitiva e aquelas de uma sociedade altamente desenvolvida; os aspectos podem ser diferentes, mas os princípios são os mesmos. Todo mundo sofre quando infringe a lei instintiva a partir da qual a moralidade universal cresce. Não importa quais são suas convicções; algo está contra você, e você sofre de uma correspondente desintegração da personalidade, a qual pode equivaler a uma neurose.

Pois bem, em um caso desses, você pode ter de pecar contra seu melhor julgamento. Por exemplo, você observa um ser humano claramente forçado a um determinado curso de vida, a um tipo de delito e, compreendendo-o, você pode ter piedade desse um indivíduo, pode sentir compaixão, pode até mesmo admirar a coragem com a qual ele vive. Você pensa: "Não é maravilhoso, magnífico, o modo como ele ou ela carrega aquele fardo terrível, vive com essa imundície?" Contudo você tem de dizer que isso é mau, e, se não o fizer, não está aceitando a si mesmo. Você comete um pecado contra sua própria lei e não está cumprindo sua própria moralidade, que é instintiva. E tampouco faz justiça àquele outro sujeito, pois o sujeito que tem de viver assim deve saber que está cometendo delitos, e se você lhe disser que admira a coragem dele, ele dirá: "Obrigado, isso é muito agradável, mas você vê que eu *preciso* sofrer pelo meu delito". Um homem é desonrado pelo fato de não ser adequadamente punido. Seu delito deve ser punido, deve ter compensação, ou por que diabos ele se arriscaria a uma punição? As coisas não permitidas são repletas de vitalidade, pois, para experimentá-las, você corre algum risco. Assim, se você se negar a emitir um julgamento depreciativo, talvez prive seu próximo da única recompensa dele. Ele é meramente atraído pelo perigo, pela aventura, pelo risco de ser imoral, o que é maravilhoso, de certo modo; e você deve recompensá-lo e chamá-lo de autor de delitos. E se isso acontecer a você mesmo, se você mesmo se comporta mal, será forçado a admitir que é um autor de delitos, e isso lhe dá uma satisfação peculiar. Você pode se arrepender, por exemplo, e não há satisfação maior e mais maravilhosa do que se arrepender de uma coisa do fundo de seu coração. Tenho certeza de que muitas pessoas cometem pecados meramente para se arrepender; é maravilhoso demais, uma espécie de volúpia. Você deve assisti-los quando fazem isso. Vá a encontros religiosos; ali você verá isso.

Portanto, quando você considera todo esse problema, por qualquer lado que observar, chega à conclusão de que é perfeitamente compreensível que aquelas coisas sejam más. E é também totalmente compreensível que as pessoas não consigam evitar vivê-las, fazê-las, e, ao mesmo tempo, ninguém pode evitar amaldiçoar as pessoas que fazem aquilo. Por isso, o que quer que aconteça, deve acontecer, é inevitável: essa é a comédia da vida. Sabemos que é uma comédia, sabemos que é ilógica, mas é a vida, e temos de viver isso se quisermos simplesmente viver. Se você não quiser viver, pode sair de todo esse absurdo; não precisa emitir o julgamento. Mas, no momento em que deixa de amaldiçoar uma transgressão, ou a chama de "nada mais do que" um vício, ou diz que é admirável que esse homem seja capaz de cometer tais crimes maravilhosos – tanta coragem de vida! –, então você já não é real, mas está no caminho da neurose, um mero excêntrico. A vida está no meio de toda essa comédia, pois é essencialmente uma comédia, e quem compreende que é ilusão, *maya*, pode sair dela – desde que seja sua hora. Então ele não corre o risco de uma neurose, porque está, então, no caminho certo. Assim, na segunda metade da vida, você pode começar a compreender que a vida é uma comédia de ponta a ponta, sob todos os aspectos, e que nada é totalmente verdade, e que nem mesmo isso é totalmente verdade; e, com esse *insight*, você lentamente começa a sair da vida sem correr o risco de uma neurose.

Período do inverno:

janeiro a fevereiro de 1939

Palestra I
18 de janeiro de 1939

Prof. Jung: Antes do Natal, paramos no capítulo 54, "Dos três males". Chegamos quase ao fim da primeira parte, mas ainda há um ponto, nos dois últimos versos, sobre os quais eu gostaria de falar.

> Por qual ponte vai o hoje para o algum dia? Sob qual coação o que é alto se obriga a descer ao que é baixo? E o que ordena ao mais alto que ainda – continue se elevando?

> Agora a balança está quieta e equilibrada: três difíceis questões eu lancei, três difíceis respostas estão no outro prato.

Pois bem, para ligar o que está por vir com o passado, devemos perceber onde estamos no *Zaratustra*. Como ele chega a esses três males? Vocês se lembram de que eles são a volúpia, a ânsia de domínio e o egoísmo. Qual é a conexão aqui? É muito difícil, mas absolutamente necessário, manter a mente clara ao percorrer o *Zaratustra*; é fácil se perder na selva de seu discurso. Por isso é muito útil conhecer o tema geral com o qual estamos ocupados, a tendência geral de todo o argumento, não apenas do último capítulo, mas de todos os capítulos anteriores.

Sra. Brunner: Ele está sempre abordando o homem inferior.

Prof. Jung: Exatamente. Todos os capítulos anteriores lidam com o problema do homem inferior, ou da sombra. E quando encontramos pela primeira vez a sombra?

Resposta: Quando o louco o abordou no início do livro.

Prof. Jung: E qual foi a atitude dele então?

Resposta: Ele depreciou a sombra.

Prof. Jung: Ele não apenas depreciou o homem inferior nele próprio, mas a coletividade em geral, representando o homem inferior, pois a coletividade é praticamente sempre sombria, sempre inferior, já que, quanto mais as pessoas estão juntas, mais se tornam inferiores. Recentemente foi publicado um artigo no *Neue Zürcher Zeitung* sobre um livro, intitulado *A alma da massa*, no qual um homem exprimiu seu desacordo com a ideia de que o indivíduo é rebaixado em uma multidão[323]. É evidente que todo mundo em uma multidão pensa que *ele* é um membro igual, que é até mesmo superior àquela ralé. Reparem no modo como a multidão em um teatro se entreolha! Todo mundo pensa sabe Deus o que de si mesmo, algo maravilhoso. Por isso todos eles usam suas melhores roupas e joias, para que todos os outros vejam que eles são as pessoas superiores. Eles até mesmo se levantam nas fileiras da frente e viram as costas para a orquestra – em uma posição na qual todos os vejam – e dão a seus rostos um ar de importância, esticam suas barrigas e erguem os olhos para os camarotes. Mas isso, é claro, só mostra o quão inferiores eles são. O fato é que, quando está em uma multidão, um homem é inferior, não importa que ideia possa ter sobre sua grandeza. A moralidade de uma multidão é inferior à moralidade de cada indivíduo em uma multidão. Uma multidão é naturalmente esmagadora, visto que milhares são mais do que um, então um é subjugado; e ser subjugado ou subjugar os outros é inferior. Por isso, o que você pode fazer? Está simplesmente capturado na inferioridade e também é inferior.

Nietzsche deprecia não só sua própria inferioridade, mas também a sombra nas massas, o homem coletivo. Eu muitas vezes assinalei a estupidez disso, pois ele vive do homem inferior – talvez um homem-macaco, talvez uma psicologia simiesca. Mas esse é o estofo da vida e a fonte da qual nós florescemos, de modo que não adianta depreciá-la. Em seu ataque ao homem inferior e em seus argumentos acerca dele, Nietzsche não pode evitar descobrir certas verdades; ele está agora prestes a reconhecer os deméritos da sombra como grandes méritos. Assim, ao negar ou depreciar a sombra, Nietzsche entra na casa pela porta dos fundos. Por exemplo, ele diz que o homem coletivo é um brutamontes inferior, e então lentamente percebe o mérito da brutalidade; começa a reconhecer que os motivos que movem o homem coletivo são na verdade virtudes. Assim, ele toma os três deméritos marcantes do homem-sombra, sua volúpia, sua cobiça por poder e sua cobiça em si mesmo, seu egoísmo, e os transforma em virtudes. Ele vai agora se preocupar com esse tema. Mas diz aqui algo que é de importância especial; ele pergunta: "Por qual ponte vai o hoje para o algum dia? Sob qual coação o que é alto se obriga a descer ao que é baixo? E o que ordena ao mais alto que ainda – continue se elevando? –" Vocês conseguem dar a resposta?

Srta. Hannah: A individuação.

Sra. Fierz: Eu diria simplesmente vivendo.

---

323. É quase certo que Jung está se referindo aqui ao livro *A rebelião das massas*, de José Ortega y Gasset, que foi publicado na Espanha em 1930 e traduzido anonimamente para o inglês em 1932 (Nova York). É esse livro do filósofo espanhol que popularizou a expressão "homem-massa".

Prof. Jung: Não, é tão simples que vocês não veem. Já está dito aqui: pela volúpia, pela ânsia de domínio e pelo egoísmo. Ali a balança está em equilíbrio. Vejam, essas coisas são poderes da vida, por isso realmente são méritos. São virtudes vitais porque são necessidades vitais, na medida em que constroem a ponte para o algum dia. Virtudes e elevadas realizações sempre são um fim; o incompleto é um começo. O incompleto, o indiferenciado é a ponte para o amanhã; o fruto que não está maduro, ou que é um mero germe hoje, é o fruto maduro de dois meses depois. E quais são as forças que movem o mundo – que coagem o alto a descer ao que é baixo, por exemplo? Certamente não são os méritos, pois eles o ajudam a se elevar ainda mais. Ele corretamente diz que isso "ordena ao mais alto que ainda – continue se elevando", ou seja, que se afaste do inferior, pois o esforço para compensar o vício obriga você a grandes alturas de virtude. Se você não tivesse de combater uma sombra muito profunda, nunca criaria uma luz. Só quando está muito escuro você faz uma luz, só quando está sofrendo por um vício você começa a desenvolver a virtude que o ajudará a continuar se elevando. Assim também, se você está no alto, o que o ajuda a descer aos baixos? Justamente esses vícios. Pela volúpia, pela vontade de poder, você pode se rebaixar, pode se deteriorar. O homem que assume poder sobre os outros simplesmente se rebaixa à perda de poder deles. Esse homem lhes dá o poder que eles querem, mas que ele tem. Ele está exatamente tão baixo quanto aqueles dominados por ele. O escravo não está abaixo do tirano; o escravo recebe o poder do tirano, e o tirano toma poder do escravo. É a mesma moeda, quer você a tome de alguém, quer você a dê a alguém. E é assim com o poder, ou com a volúpia, ou com o egoísmo: é a mesma coisa. Mas esses são os poderes que fazem as coisas se moverem. Infelizmente, a coisa boa, a coisa elevada, a virtude, é sempre uma realização, sempre um cume, e o cume não leva mais longe. Só quando você está embaixo pode subir, assim como depois do cume você só pode descer. Mas, se não há nada embaixo, você não pode descer. Essa é a ideia de Nietzsche e ela deve ser considerada.

Sra. Fierz: Por que é só nesse momento que a balança está nivelada?

Prof. Jung: Há uma espécie de *enantiodromia* aqui, como assinalei.

Sra. Fierz: É porque ele ainda não aceitou essas três coisas?

Prof. Jung: Mas ele aceitou.

Sra. Fierz: Então por que não desce?

Prof. Jung: Ah, esse é o estilo de Nietzsche. Ele reconhece a coisa, mas outras pessoas devem colocá-la em prática. Ele meramente a prega, mas isso não lhe diz respeito. Ele não percebe, quando prega a limpeza da casa, que poderia se tratar de sua própria casa. Todos os demais têm de limpar a casa, porque a casa dele está suja. É como aquelas pessoas que sempre falam sobre as ervas daninhas nos jardins dos outros, mas que nunca capinam o próprio quintal. Ele nunca pergunta: "Pois bem, o que isso significa para mim?" Nunca voltar os olhos para si mesmo é a tragédia desse livro; caso contrário, Nietzsche se beneficiaria dele. Mas ele procura outra coisa, fama, ou que outras pessoas o aprovassem. É como se ele não quisesse saber se isso também era certo para ele. Vejam, ele reconhece essas coisas más como poderes importantes da vida, mas de novo chega à conclusão de que evidentemente aquelas pessoas comuns *não* reconhecem esses fatos, que elas desacreditam esses poderes da vida; de novo vemos que a sombra – que consiste justamente naquelas qualidades – é depreciada sob esse pressuposto. Naturalmente, o homem inferior não reconhece o aspecto filosófico, mas é movido por essas forças, vive a sombra; e, sendo subjugado por essas forças, ele percebe o lado mau delas. Por isso o homem inferior gosta de ser ensinado sobre como ser diferente, sobre como se desvencilhar desses poderes.

Vejam, um homem que não se sente à vontade em sua casa não se apega à própria vida pessoal e corpórea, e assim não percebe até que ponto é subjugado por esses poderes sombrios. Tal homem naturalmente chega à conclusão – a qual Nietzsche alcança – de que esses são méritos porque ele não os possui, não os vê nem os toca. Ao passo que quem está agrilhoado, aprisionado, por esses poderes – que sabe que não pode se desvencilhar da volúpia, da ânsia de domínio, do egoísmo – ouve de bom grado que pode se libertar desses males. Esses são os poderes do inferno, e aqui está o ouro que ajudará você a sobrepujá-los. Para ele, faz sentido libertar-se, porque está demasiadamente sob a sugestão deles. Mas quem está totalmente fora, e não afetado por esses poderes, retornará de bom grado a eles, pois, para essa pessoa, tais poderes significam algo positivo. À distância isso parece bom, como a besta loura, uma maravilhosa besta voluptuosa, uma poderosa besta egoísta, uma espécie de César Bórgia. O pobre, amável, semicego Professor Nietzsche não é nada mais do que isso, de modo que poderia obter algo da barba ruiva de César Bórgia, ou algo da voracidade e do poder do leão, ou da brutalidade sexual de um touro, isso naturalmente lhe pareceria tanto melhor. Assim, ele começa a depreciar novamente as tristes criaturas que não podem ver o quão maravilhosos são esses três vícios. No sexto verso antes do fim da segunda parte, ele diz, falando desse bem-aventurado egoísmo:

> Ruim: assim chama ele a tudo que se prostra e se ajoelha servilmente, aos olhos que pestanejam sem liberdade, aos corações deprimidos e ao falso estilo submisso, que beija com lábios amplos e covardes.
>
> E pseudossabedoria [...].

Essa é uma má tradução de *After-Weisheit*. Em vez de "pseudossabedoria", deveria ser "sabedoria fingida".

E pseudossabedoria: assim chama ele a tudo que gracejam os servos, idosos e cansados; e, em especial, toda a feia, delirante, demasiado engenhosa tolice dos sacerdotes!

Os pseudossábios, porém, todos os sacerdotes, os cansados do mundo e aqueles cuja alma é de natureza feminina e servil – oh, que terríveis peças pregaram desde sempre no egoísmo!

E que precisamente isto fosse considerado e chamado virtude, pregar terríveis peças no egoísmo! E "sem-ego" – assim desejariam ser, com bom motivo, todos esses covardes e aranhas-de-cruz cansados do mundo!

Ele simplesmente continua depreciando o homem comum por não ver que maravilhosas vantagens, que maravilhosos poderes da vida, são esses três vícios, sem levar em conta que há pessoas que são simplesmente as prisioneiras desses poderes. Ele só vê a si mesmo e projeta-se ingenuamente em todo o mundo, como se seu caso fosse o universal. Ele saiu de si mesmo com sua intuição, não está em seu corpo, mas é um número abstrato, e como um número abstrato sente, sem o sangue circulando nos pés, nas mãos e no corpo para lhe dar alguma relação com tais coisas? É claro que ele gostaria de ser um pouco subjugado pelos poderes da vida, mas a maioria das pessoas é vítima da vida, e você faz um grande favor ao lhes mostrar o caminho para fora do cativeiro – não para dentro dele. Vocês podem imaginar o efeito se ele pregar tais ideias àqueles que estão no cativeiro, que são egoístas e sofrem por seu egoísmo; agora eles devem perceber que o egoísmo é uma grande virtude, que eles devem ser mais egoístas, ter mais vontade de poder. Então os homens inferiores se tornam a escória; eles são realmente a ralé que não eram antes. Talvez eles fossem modestos, e agora se tornam imodestos, pois os vícios dos quais eles sofrem – e houve uma época em que eles sabiam que sofriam disso – são agora chamados de virtudes. Assim, eles tomam o poder, e vejam no que se torna um sujeito como Nietzsche! O que ele produziu é justamente o contrário do que tentou produzir. Se apenas tivesse olhado para trás uma vez, teria visto a sombra atrás dele, e então teria sabido o que ele produziu. Mas ele nunca teria tido a percepção que Aníbal, por exemplo, teve. Vocês se lembram de que Aníbal teve um sonho notável quando estava a caminho de Roma: sentiu que algo o estava seguindo e que ele não deveria voltar a cabeça para ver o que era; mas ele voltou a cabeça e viu que era um terrível dragão monstruoso que devastava um mundo todo. Como vocês sabem, o resultado de sua campanha contra Roma foi a destruição total de Cartago, o que não era exatamente o plano dele, não era o que ele estava buscando. Mas isso é o que frequentemente acontece às pessoas que não veem a sombra; elas acham que só pretendem o melhor para uma nação ou para o mundo inteiro, nunca considerando o fato do que elas realmente produzem. Se olhassem para trás, veriam. Aníbal viu o que ele produziu: primeiro a Itália e, depois, Cartago foram definitiva e completamente destruídas.

Vejam, sempre se deveria perguntar *quem* está ensinando determinada coisa. Como se importasse o que o homem diz; só importa que *ele* diz, não *o que* ele diz. Para criticar algo, você deve sempre perguntar *quem* disse isso. Por exemplo, suponha que você está em uma má situação financeira e que alguém aparece e lhe diz para repassar para ele suas contas, que ele cuidará de tudo, que ele assumirá a responsabilidade. Mas eu pergunto: quem é esse sujeito que vai assumir a responsabilidade? Então descobrimos que ele já passou por uma dezena de falências, que é, na verdade, um vigarista, e alguém que pusesse nas mãos deles seus problemas seria um louco.

E assim, ao ler uma filosofia, não é apenas o pensamento em si que importa, mas o homem que produziu esse pensamento. Pergunte o que o pensamento significou para ele, pois, ao ler aquelas palavras, é inevitável compará-las com o que ele próprio foi. Ou quem faz um sermão? Volte à realidade dele e veja se combina. Vejam, a partir do contexto podemos concluir aqui que um *condottiere* do Renascimento, um sujeito terrível, estava falando, quando, na verdade, encontramos um homem gentil, muito nervoso, semicego, que sofre dores de cabeça e não toca o mundo em lugar nenhum; ele está encolhido em um canto de uma casinha na Engadina e não perturba nem uma mosca. Então diríamos que ele estava aparentemente monologando e que devemos inverter a coisa e ver o que estava acontecendo. E decidiríamos que isso deveria ser propagado sobretudo em círculos universitários, mas proibido a qualquer criatura comum e instintiva; que deveria ser transmitido a médicos e professores que sofrem de insônia e dores de cabeça, e que mais ninguém o deveria ler. Vejam, se o homem inferior de Nietzsche pudesse ouvir o que ele, o homem de cima, estava pregando, sua profecia estaria certa, qual seja:

> Mas para todos eles está chegando o dia, a transformação, a espada da justiça, o grande meio-dia: muita coisa será então revelada!

Revelada a *Herr* Professor Nietzsche, como veem.

> E quem proclama o Eu sadio e sagrado e o egoísmo bem-aventurado, em verdade também proclama aquilo que sabe e profetiza: "*Vê, ele está chegando, ele está próximo, o grande meio-dia!*"

Para o Professor Nietzsche, realmente vivendo em Sils Maria, seria o grande meio-dia, em que a noite se junta ao dia, em que todas as coisas se tornam completas, em que ele poderia se reunir à sua sombra. Mas para mais ninguém.

Chegamos agora ao capítulo seguinte: "Do espírito de gravidade". Nietzsche nunca teria falado do espírito de gravidade se tivesse realmente descido ali alguma vez. Ele nunca tocou a sombra, mas a projetou em outras pessoas. Se tivesse contatado a própria sombra, esse capítulo não teria nenhum propósito. Mas ele percebe aqui que algo o está derrubando, sente a gravidade, um peso enorme, e por isso se segue o capítulo "Do espírito de gravidade". Vejam, ele ainda está pairando a seis mil pés acima do bem e do mal, ainda evita os três males que são virtudes tão grandes, e assim sente o peso, a gravidade das coisas. Ele corretamente começa com as palavras: "Minha língua – é do povo", não dele próprio. O estranho é que aqui ele não está falando como se fosse o Professor Nietzsche: a sombra, o homem inferior está falando a partir dele porque o homem inferior quer ser escutado. E Nietzsche não percebe isso – apesar do fato de que ele é o megafone das piores pessoas. Vejam, essa é uma antecipação muito importante.

> Minha língua – é do povo: falo de modo grosseiro e franco demais para os coelhos de seda [...].

Isso está traduzido de modo estúpido [a versão em inglês diz *Angora rabbits*, "coelhos Angorá" (N.T.)]. Nietzsche usa a palavra *Seidenhasen* ["coelhos de seda" (N.T.)]. Coelhos são animais muito covardes e estúpidos, muito ternos, com pele sedosa; isso não quer dizer coelhos Angorá, mas sim que os oponentes dele são coelhos melindrosos, sensíveis, tolos e de mente estreita, vivendo em buracos e roendo tocos de repolho. É claro que todos eles são professores da Universidade de Basileia. Decerto existem alguns assim, mas ele próprio faz parte deles: *ele* é melindroso e sensível e se encolhe a qualquer toque grosseiro. Qualquer vento frio o afeta. Ele não pode viver em Basileia por conta das brumas no inverno.

> [...] E ainda mais estranhas soam minhas palavras para todos os borra-tintas escrevinhadores.

Quem vive de tintas e de escrevinhar?

> Minha mão – é uma mão de tolo [...].

Isso significa: a mão da minha sombra, essa é a obra da minha sombra. Mas ele não se dá conta disso.

> [...] ai de todas as mesas e paredes e o que mais tiver lugar para rabiscos e arabescos de tolo!

Ele está preenchendo o espaço vazio em torno de si com o barulho de suas palavras, demonstrando as próprias ideias; ninguém mais está preocupado com elas. Assim como outras pessoas escrevem o nome de seus amados nas paredes, ou piadas obscenas, ou o próprio nome, como se isso fosse de interesse para mais alguém que não elas mesmas. Daí ele dizer isso dos próprios sermões; o próprio falatório, sua sabedoria é voz do tolo.

> Meu pé – é um pé de cavalo [...].

Quem tem um pé de cavalo? O diabo. Por isso ele não é apenas um tolo, mas também o diabo.

> [...] com ele troto e galopo à rédea solta, para lá e para cá, alegre como o diabo de tanto correr.

Temos aqui a imagem. Ele tem pés de cavalo, por isso não pode impedir seus pés de fugirem com ele. Ele está correndo para cima e para baixo pelos campos – como se isso fosse particularmente útil para os campos. Ele é simplesmente destrutivo, correndo como um cavalo louco. Se Jakob Burckhardt tivesse sido malicioso, poderia ter dito que Nietzsche era como um touro louco em uma loja de porcelana, ou como um rinoceronte em um canteiro de flores. Não o fez porque era educado demais, e porque definitivamente tinha medo de Nietzsche. E aqui Nietzsche toma as palavras de sua boca; está criticando a si mesmo:

> Meu estômago – será um estômago de águia? Pois gosta principalmente de carne de cordeiro. Sem dúvida, é um estômago de pássaro.

Vocês acham que um pássaro tem um bom estômago?

Sra. Fierz: Eles podem engolir tudo, e depois transformam isso em uma bola no estômago e a cospem.

Prof. Jung: É o que se chama de *Gewölle*.

Sra. Fierz: E eles têm uma espécie de pedra no estômago, de modo que podem triturar as coisas.

Prof. Jung: Sim, como bolas de ferro. Mas o estômago de Nietzsche era tão fraco que ele sofria com vômitos e assim por diante – um contraste extraordinário! Então o seu estômago de águia gostar particularmente de digerir carne de cordeiro se refere ao quê?

Sra. Fierz: Ao Cordeiro no cristianismo.

Prof. Jung: Sim, muito certamente se refere ao *Agnus Dei*, portanto a águia é um comedor de deus. Naturalmente Cristo, como o *Agnus Dei*, o Cordeiro de Deus, estaria morto, um cordeiro morto, e isso é o que águias de fato comem; e Nietzsche é o grande devorador do cristianismo, e tem um excelente estômago. Pois bem, esse não é o Nietzsche consciente, mas a sombra falando o tempo todo, e caberia a Nietzsche perceber que algo tinha sido dito, e que porventura era ele próprio que estava falando. Então, como qualquer indivíduo razoável faria, ele perguntaria o que isso queria dizer. Assim como vocês naturalmente perguntariam, se alguém lhes dissesse que tinha escrito tal e tal coisa: "Mas como você chegou a isso? O que isso significa para você?" Desse modo, Nietzsche poderia dizer a si mesmo: "Águias têm olhos maravilhosos, mas você é semicego; pássaros têm estômagos maravilhosos, mas o seu estômago é fraco". Se ele fosse um avestruz, isso teria sido o apogeu do estômago, porque – proverbialmente – eles podem até mesmo digerir pregos de ferro! E mais: "Você diz que é um diabo destruidor devastando os campos de trigo dos camponeses, mas você vê que é um tolo, preenchendo cada espaço vazio com essa escrita tola. Pois bem, que raios isso quer dizer?" Mas é só hoje, aparentemente, que começamos a nos fazer esse tipo de questionamento, ou a refletir sobre tais coisas. Antigamente, só parecia importante que algo tinha sido dito, não importa por quem. Ao menos essa era a psicologia de Nietzsche – algo tinha sido dito –, acontece que eu disse algo; não que *eu* disse, mas que eu tenha dito *algo*. Esse preconceito é muito importante psicologicamente: ou seja, que só a coisa externa importa, a coisa que é produzida, e não a pessoa pela qual ela é produzida. Então ele prossegue:

> Nutrido de coisas inocentes e em pouca quantidade, pronto e impaciente para voar, voar embora – eis agora a minha natureza: como ela não teria algo da natureza dos pássaros?

Como vocês interpretam isso?

Sra. Fierz: É na verdade uma ilusão sobre a natureza dos pássaros, pois por que eles deveriam ser nutridos de coisas inocentes?

Prof. Jung: Ah, mas o Cordeiro, o *Agnus Dei*, é comida inocente, e isso é muito adequado! É muito agradável da parte das águias comerem cordeiros inocentes ou as galinhas inocentes; por isso são tão apreciadas pelos camponeses! Isso simplesmente quer dizer também que a ave de rapina não é um animal particularmente construtivo e é muito odiada pela humanidade. E o que "pronto e impaciente para voar embora" significa?

Srta. Hannah: Ele ainda está querendo fugir do homem inferior, viver acima dele.

Prof. Jung: Bem, é a sombra falando. Essa é uma expressão francesa: *prendre son vol*. Ele está agora em pleno voo, pode voar até o topo. Essa é a libertação da sombra. E o que acontece quando a sombra é liberta – quando se torna um pássaro?

Sra. Fierz: Ela vai descer sobre algo.

Prof. Jung: Sim, atacar uma presa. Pois bem, que tipo de imagem vocês veem? Existe uma imagem famosa da Antiguidade.

Sra. Fierz: Ganimedes.

Prof. Jung: Claro, capturado pela águia de Zeus. E temos outra conexão.

Sra. Jung: Prometeu.

Prof. Jung: Sim, esse é o caso clássico. Ali a águia encontrou sua presa e praticamente a matou. Assim, quando a sombra se reveste de asas e se torna uma ave, quando a sombra é liberta, é uma coisa independente, autônoma, e se atira sobre Nietzsche e o leva para outro mundo. Por fim, a águia vai devorar a vida dele exatamente como a águia de Zeus comeu o fígado de Prometeu quando este foi preso a uma rocha, preso à terra. Então temos toda a história. Ele diz:

> E sobretudo que eu seja inimigo do espírito de gravidade, isso é da natureza do pássaro: e, em verdade, inimigo mortal, arqui-inimigo, protoinimigo! Oh, para onde não voou e se extraviou minha inimizade?

Essa é uma declaração sobre a atitude da ave de rapina que está agora pronta para voar. A sombra fala aqui como uma águia; tornou-se um ser volátil, um pássaro, e como tal é inimiga do espírito de gravidade. Tivemos passagens o bastante, anteriormente, em que Zaratustra exprimiu sua repulsa particular pelo espírito de gravidade, por tudo o que o derrubasse, e aqui isso chega ao apogeu. Sua ideia é que a própria natureza do pássaro é inimiga do espírito de gravidade, e ele não pode fazer o suficiente para fortalecer essa inimizade. Ele a repete três vezes: "Em verdade, inimigo mortal, arqui-inimigo, protoinimigo!" Ele quer exprimir um contraste total, irremediável, coisas que nunca se juntam, e até mesmo admite que sua inimizade é tão grande que pode desencaminhar – "se extraviou", diz ele. Vejam, ele se identifica aqui completamente com o pássaro, e nossa inferência é que se trata de uma águia, pois ele fala de um estômago de águia e é uma ave de rapina que mata cordeiros. E isso significa um espírito inimigo do cristianismo e de todas as coisas inocentes, e particularmente inimigo do homem inferior, do espírito de gravidade que é mantido preso na terra. Assim, é um ser intensamente inimigo da humanidade comum ou de tudo o que é humano. É inevitável pensar aqui no animal totêmico do lugar de onde Nietzsche vem, como sendo mais ou menos o modelo de tal simbolismo. E qual é esse animal totêmico?

Sra. Crowley: A águia.

Prof. Jung: Esse é o animal totêmico do país todo, mas o *background* imediato de Nietzsche era minha querida cidade de Basileia, e existe o basilisco, uma espécie de dragão alado com uma cauda de escorpião, também uma coisa voadora, mas com um ferrão muito venenoso no fim de sua cauda. Pois bem, uma das características das pessoas oriundas de Basileia é sua *médisance* [maledicência; em francês no original (N.T.)], seu ferrão venenoso. Existe uma história de que, na Idade Média, quando acontecia de um galo botar um ovo – em todo caso, pressupunha-se que ele o fizera, pois ninguém mais poderia ter produzido aquele ovo –, a polícia prendia o galo. Acontecia um julgamento, e o juiz proclamava a sentença: o galo era condenado à morte, entregue a seu executor e queimado como um herege, pois, se um galo produz um ovo no país em que o basilisco é o animal totêmico, é muito possível que um sapo descubra esse ovo e o incube; e, quando um sapo incuba o ovo de um galo, um basilisco irá emergir. Então o animal totêmico teria se tornado real, o que teria sido a mais terrível catástrofe para a cidade de Basileia.

Por isso o galo tinha de ser declarado um bruxo e removido. Que esse caso acontecesse em Basileia é evidentemente a expressão do medo que eles tinham do animal totêmico. Portanto o animal totêmico é uma realidade na Suíça. Há outra cidade aqui em que eles mantêm o animal totêmico vivo: Berna.

Dizem que a palavra "Berna" vem de *Bär*, mas essa é evidentemente a etimologia vulgar. O fato é que, no antigo assentamento céltico-romano – que ficava não exatamente em Berna, mas na península contígua, com o rio fazendo um laço ali –, foi escavada a *Dea Artio*, uma deusa ursa. Portanto já existia ali um santuário dessa deusa pré-cristã, o que explica por que o totem local é o urso. E essa ideia ainda está de tal modo viva em Berna que eles têm de ter ursos vivos no *Bärengraben* [Parque dos Ursos; em alemão no original (N.T.)] para sentir que está tudo bem. Como os primitivos, quando perderam seu totem, estão liquidados. Daí termos de levar tais alusões muito a sério. Nesse caso, a ave coincide com a águia, a ave que é característica para o país todo. Vocês podem agora tirar suas conclusões se quiserem. Não precisamos fazer isso publicamente; podemos fazê-lo em meditação privada. Assim, Nietzsche diz:

> Sobre isso eu até poderia cantar uma canção [...].

Eu também poderia cantar uma canção!

> [...] – e *vou* cantar: embora eu me encontre só na casa vazia e tenha de cantá-la para meus próprios ouvidos.

Não há ninguém para ouvir, ninguém entenderia; ele estava totalmente sozinho com essa intuição, é claro, em seus dias. Pois bem, na parte seguinte, vamos pular os quatro primeiros versos, e então continua:

> Deve-se aprender a amar a si mesmo – é o que ensino – com um amor íntegro e sadio: de modo que se possa suportar estar consigo mesmo e não vaguear de lá para cá.

Essa é uma ideia muito sensata, uma intenção muito boa, obviamente. No verso anterior encontramos uma medida de precaução e uma percepção:

> Não, decerto, com o amor dos enfermos e alquebrados: pois neles até o amor-próprio cheira mal!

Assim, estamos certos de que ele não se refere ao autoerotismo egoísta de um ser mórbido. Mas, quando a pessoa diz: "É claro que não me refiro a esse tipo terrível de amor-próprio, essa atitude egocêntrica de neuróticos!", deve ter certeza de que ela própria não é uma neurótica. Caso contrário, um indivíduo indiscreto de nossos dias questionará: "É *você* aquele com o tipo certo de amor?" E então a pessoa precisa estar segura de que tem a ficha limpa, de que não sofre de egocentrismo ou neurose. Por isso, quando Nietzsche diz que não se refere a esse tipo malcheiroso de amor-próprio, isso não basta, pois *quem* vinha falando? A sombra, o homem inferior, que, como sabemos, até mesmo se tornou um pássaro que, com o tempo, pode se atirar sobre Nietzsche, tirá-lo do chão e levá-lo embora. Esse pássaro é o louco que pulou sobre ele naquela primeira visão fatal. Quando Nietzsche-Zaratustra era um equilibrista, o louco que pulou sobre ele, como se estivesse voando, já era esse pássaro maligno que tomaria posse dele; e esse louco causaria a queda, até mesmo a morte, do pobre equilibrista, cuja mente estaria morta antes de seu corpo. Essa era então a profecia. Assim, quando o homem-pássaro está falando – como definitivamente estava no capítulo anterior e ainda está aqui –, temos de ser críticos, pois até mesmo uma verdade funciona do modo errado quando dita pelo homem errado; o meio certo nas mãos do homem errado funciona mal. Voltaremos aos primeiros versos dessa segunda parte do capítulo, em que ele diz:

> Quem um dia ensinar os homens a voar, deslocará todos os marcos de limites [...].

Quem pode ensinar os homens a voar é o voador, o homem-pássaro, e ele consequentemente vai deslocar todos os marcos de limites. Portanto não mais haverá quaisquer fronteiras definidas. O que isso significa?

Sra. Fierz: Significa simplesmente o caos.

Prof. Jung: Sim, a indistinção. Ninguém sabe o que pertence a si próprio e o que pertence a seus vizinhos; será uma completa mistura. O homem-pássaro produz caos.

> [...] para ele, os marcos mesmos voarão pelos ares [...].

Pois bem, o que são realmente os marcos de limites? O que você chamaria de um marco de limite, Srta. Hannah?

Srta. Hannah: Algo que está sempre lá, a que a pessoa está absolutamente acostumada.

Prof. Jung: Bem, você está acostumada a almoçar. Isso é também um marco de limite? Por favor, me deem uma descrição definida de um marco de limite.

Sr. Allemann: Todas as leis ou as convenções, tudo o que foi exatamente definido, como as duas sebes por entre as quais um caminho se estende. Se elas desaparecerem no ar, você não saberá onde está.

Prof. Jung: Sim, um marco de limite é uma característica definida de uma região. Pode ser uma pedra fronteiriça, uma sebe, um rio, uma colina, uma árvore – qualquer traço proeminente de uma paisagem é um marco de limite. E se todos esses traços voarem pelos ares – o que, é claro, é uma imagem perfeitamente absurda –, o que acontecerá?

Sr. Allemann: Nenhuma orientação é possível.

Prof. Jung: Sim, mas devemos ser concretos. Quando um marco de limite voa pelos ares, o que acontece?

Sra. Fierz: Então a gravidade parou.

Prof. Jung: Sim. Mas se isso realmente acontecesse na terra, se não houvesse gravidade, nada mudaria no momento, mas eu só precisaria pressionar esta mesa e flutuaria no ar e lá permaneceria. Vocês levantam suas cadeiras e elas vão para o teto com vocês. O menor choque faz sua casa subir pelos ares, e tudo o mais, a superfície toda do planeta, estaria flutuando no espaço. Portanto Nietzsche descreve aqui uma condição em que a gravidade é eliminada completamente, em que todo marco de limite sobe pelos ares. E o texto prossegue:

> [...] e esse alguém batizará de novo a terra – de "a Leve".

A terra não tem qualquer peso, é a leve. Ele obliterou a gravidade, a própria terra se torna uma ave. É claro que isso é a loucura.

> A avestruz corre mais velozmente do que o mais rápido cavalo [...].

Ele não poderia suprimir a avestruz devido ao estômago dela, e os cascos do cavalo, o diabo, devem ser trazidos de novo...

> [...] mas também enfia a cabeça pesadamente na terra pesada: assim também o homem que não consegue voar.

Nem ele conseguiria suprimir essa imagem, porque é de novo uma oportunidade de depreciar o homem inferior que já é um pássaro, mas ele ainda tem a cabeça enfiada na terra. Ele está de novo depreciando a sombra, mas a sombra ainda está falando. A sombra depreciar a si mesma é a astúcia diabólica do inconsciente. Os velhos padres da Igreja já assinalavam que o diabo não é perigoso enquanto aparecer com garras e um rabo, ou enquanto proferir blasfêmia ou fizer alguém pecar. Ele nem mesmo é perigoso quando lê a Bíblia e canta hinos. Mas, quando o diabo diz a verdade, cuidado! Você então tem de perguntar *quem* disse isso, e, visto que isso nunca é perguntado, ali mora o maior perigo. Então é como supor que o tenor com uma voz maravilhosa tem um caráter nobre.

> Pesadas são, para ele, terra e vida; e assim *quer* o espírito de gravidade! Mas, quem quiser ficar mais leve, tornando-se pássaro, tem de amar a si mesmo: – é o que ensino *eu*.

Eis o demônio, o homem-pássaro que diz que você não pode se livrar do espírito de gravidade sem amar a si mesmo. Vejam, esse amor a si mesmo serve aos objetivos do homem-pássaro, portanto esse não é o ensinamento correto. Ele leva ao aniquilamento total da ordem e da lei, bem como da natureza, a natureza que é pesada e que tem marcos de limites definidos. Isso perturba a ordem natural das coisas, criando seres que não têm nenhum solo embaixo dos pés. Transforma tudo de pesado que tem seu próprio lugar na natureza, sua unicidade, em algo indistinto, e significa a destruição e a dissolução de todos os valores definidos. O fim é uma sopa: tudo está na sopa. Essa grande verdade deve ser confrontada com severa crítica, pois o espírito ou o homem-pássaro vai ensinar sua verdade a todos, de maneira indiscriminada. Ele diz que é preciso aprender a amar a si mesmo com um amor íntegro e sadio, mas todo mundo está pronto para entender e aceitar tal ensinamento? É evidentemente muito questionável se isso é certo para todo mundo. Por isso, cabe perguntar: "Você aplica esse ensinamento a si mesmo? Você amou a si mesmo com esse amor? Mostre-me o resultado". E então o Professor Nietzsche é produzido, com um estômago perturbado, tomando um sonífero todas as noites. É esse o homem-pássaro ou o homem-espírito, ou em todo caso um homem superior? Não, é um pobre homem doente.

Mas a verdade dessa sentença é válida sob certas circunstâncias; se você entender adequadamente o que significa amar a si mesmo com um amor íntegro e sadio, que a pessoa deve suportar estar consigo e não vaguear de lá para cá, então é uma verdade excelente. Se isso é dito ao homem certo, pelo homem certo, no momento certo, é uma verdade excelente, e uma das tarefas mais modernas, mais morais que você pode imaginar, pois você tem de amar a si mesmo justamente como você é, e então já não existe depreciação do homem inferior: não existe depreciação alguma. Então você é forçado a até mesmo amar o homem inferior em você mesmo, o homem-macaco, talvez; assim, você tem de ser gentil com o próprio zoológico – se puder perceber o que isso significa. É difícil perceber, pois você tem de amá-los com um tal amor que você seja capaz de suportar estar consigo mesmo. Pois bem, como você pode suportar estar com seu zoológico, a não ser que tenha seus animais nas jaulas? A única coisa a fazer é ter jaulas, talvez jaulas muito agradáveis com diferentes espécies de plantas aquáticas e coisas do tipo, uma espécie de aquário como Hagenbeck faz para seus animais: fossos profundos em torno das jaulas, sem grades de ferro[324]. É como se eles estivessem livres, mas não estão. Então, como veem, vocês só podem dizer: "Eu sou um homem civilizado, mas meu zoológico tem de ser cuidado". Vocês podem fazer um zoológico muito cultural de si mesmos, se amarem seus animais.

Por exemplo, pode-se deixar animais inocentes – antílopes, gazelas e animais assim – caminhando, desde que eles não possam escapar. Mas, se escaparem, você perdeu alguma coisa. Mesmo seus pássaros devem ser mantidos em uma *volière* [gaiola; em francês no original (N.T.)]; mas ela pode ser espaçosa e bem equipada,

---

324. Carl Hagenbeck (1844-1913), *Von Tieren und Menschen* (Berlim, 1909); versão resumida, trad. H. S. R. Eliot e A. G. Thacker (Londres, 1909), sob o título de *Beasts and Men* [Feras e homens]. Hagenbeck foi um pioneiro alemão do zoológico moderno.

de modo que eles têm uma espécie de Jardim do Éden. Essa era a ideia original: o Jardim do Éden era uma espécie de jaula para o homem e os animais, da qual ninguém podia escapar sem entrar no deserto, ou um zoológico em que os animais tinham uma existência prazerosa e não podiam comer-se entre si. Isso seria muito incômodo para as aves de rapina, por isso devemos supor que elas obtinham carne de cavalo de fora, talvez, como não comiam maçãs. Essa evidentemente é uma imagem inteiramente diferente daquela com a qual Nietzsche sonhou. Mas, se você não amar seu zoológico, não vejo como poderia suportar estar consigo mesmo. Você não poderia estar na jaula dos macacos ou com as serpentes – seria desconfortável demais, e você não amaria a si mesmo quando exposto às agruras dia e noite, ao mau cheiro e também ao perigo. Assim, você deve produzir uma existência relativamente decente para si mesmo. Você provavelmente tem uma casinha simpática perto do zoológico, talvez lá dentro, ao lado da gaiola de pássaros, onde você não cheira os lobos ou as raposas. Eles estão um pouco mais longe, assim como o serpentário. Isso deve ser nada mais, nada menos do que um pequeno Jardim do Éden, no qual você é o senhor divino caminhando e desfrutando das diferentes espécies de animais e plantas.

Sra. Jung: Você disse anteriormente que a sombra estava falando. Pois bem, do ponto de vista da sombra, seria compreensível que ele quisesse perder sua gravidade, de modo a se tornar mais diferenciado.

Prof. Jung: Sim, a sombra estava falando, mas nós agora separamos da sombra toda aquela sentença e a consideramos uma verdade impessoal. Nós a colocamos sob condições em que o homem certo usa os meios certos no momento certo com as pessoas certas. Supomos as melhores condições possíveis para essa verdade. Aqui ela não está na melhor condição possível, porque é dita pelo homem-pássaro, para todo mundo, indiscriminadamente; e isso é um grande perigo, pois o homem inferior não a compreenderá adequadamente. Se você ensina o homem inferior a seguir a volúpia dele, seguir sua paixão por poder, a ter tudo do seu próprio jeito, logo terá um caos comunista; esse seria o resultado inevitável de tal ensinamento. Mas aqui estamos imaginando que essa verdade agora é dita não pelo homem-pássaro, mas pelo homem certo; não a todo mundo, mas às pessoas certas; não a qualquer momento no mundo, mas agora, aproveitando o momento certo, pois uma verdade no momento errado pode ter um efeito totalmente errado. Ela deve ser dita no momento correto. Vejam, quando supomos que as coisas estão no seu melhor, podemos, então, fazer um extrato dessa verdade, que é universal. E isso é um tremendo problema, é claro. Como vamos lidar com todos os diferentes aspectos da natureza humana? Se você ama o homem inferior, se você ama todas aquelas qualidades inferiores, como deveria, o que isso significa?

Por exemplo, se você ama moscas e piolhos, o que também tem de fazer até certo grau, eles simplesmente acabarão por devorá-lo. Mas se você tem outros animais que tem de amar, então deve dar a cada parte de si mesmo uma existência decente. Assim, naturalmente, os diferentes tipos de animais controlarão uns aos outros. As aves de rapina impedirão uma superabundância de ratos ou de outros pequenos parasitas. Os grandes animais de rapina comerão muitas das ovelhas e das vacas, de modo que não haverá uma superprodução de leite e manteiga e assim por diante. É exatamente o mesmo na constituição humana: há inúmeras unidades com propósitos definidos, e cada qual pode crescer muito em comparação a todas as outras, se você insistir em uma unidade particular. Mas, se você ama a si mesmo, tem de amar o todo, e a parte tem de se submeter às necessidades do todo, no interesse da democracia. Você pode dizer que isso é perfeitamente ridículo, mas nós *somos* ridículos. A administração da situação psicológica total, assim como a administração de um país, consiste em muitas coisas ridículas. Como toda a natureza, é grotesca – todos os animais estranhos que vocês conhecem, mas eles existem, e o todo é uma sinfonia, afinal de contas. Se é unilateral, você perturba o todo: você perturba essa sinfonia e ela se torna caos. Então também é uma excelente verdade que não deveríamos vaguear de lá para cá, como Nietzsche define isso:

> Esse vaguear batiza a si mesmo de "amor ao próximo": foi com essa expressão que melhor mentiram e fingiram até hoje, especialmente aqueles que pesavam para todos.

Essas são as pessoas que dizem a todos o quanto os amam ou o que eles deveriam fazer para o próprio bem deles, sempre pressupondo que sabem o que é o melhor para eles. Ou as pessoas que querem se livrar de si mesmas, por isso se descarregam nos outros. Há certos preguiçosos que querem se livrar de seu próprio destino, por isso o depositam em outra pessoa ao amá-la. Eles se atiram no pescoço de uma pessoa dizendo "amo você", e assim colocam sua mala nas costas dela; chamam isso de amor. Ou vão a uma pessoa e a encarregam do que ela deveria realmente fazer, e *eles* nunca fazem. Nunca se perguntam o que é bom para si mesmos, mas sabem exatamente o que é bom para o outro. Faça você primeiro e então saberá se realmente é bom. Portanto Nietzsche aqui diz aos outros que eles deveriam voar – como se *ele* pudesse. Ele os engana como enganou a si mesmo. É o mecanismo pelo qual ele culpa o amor cristão. Mas há amor cristão e amor cristão. Quando alguém aplica o amor cristão do jeito certo, é uma virtude do mais alto mérito; mas, se utiliza mal o amor cristão para colocar seus próprios fardos em outras pessoas, é imoral, um agiota, um enganador. Vejam, se ele ama outras pessoas com o propósito de usá-las, não é amor; ele simplesmente usa o amor como um pretexto, um véu sob o qual esconde seus próprios interesses egoístas.

Para realmente amar outras pessoas, ele deve primeiro dar evidências de que pode amar a si mesmo, pois amar a si mesmo é a tarefa mais difícil. Amar outra pessoa é fácil, mas amar o que você é, a coisa que é você mesmo, é exatamente como se fosse abraçar um ferro incandescente: ele queima, e isso é muito doloroso. Por isso, amar outra pessoa em primeiro lugar é sempre uma fuga que todos esperamos, e todos gostamos disso quando somos capazes de fazê-lo. Mas, a longo prazo, isso volta a nós. Você não pode permanecer longe de si mesmo para sempre, tem de retornar, tem de chegar a esse experimento, saber se você realmente consegue amar. Essa é a questão – se você consegue amar a si mesmo, e esse será o teste. Assim, quando Nietzsche culpa o amor cristão, está simplesmente culpando o próprio perfil.

Palestra II
25 de janeiro de 1939

Prof. Jung: Paramos na segunda parte do capítulo 55, no verso:

> Deve-se aprender a amar a si mesmo – é o que ensino – com um amor íntegro e sadio: de modo que se possa suportar estar consigo mesmo e não vaguear de lá para cá.

Como vocês se lembram, isso é dito em conexão com todos os capítulos precedentes acerca do homem-sombra. Nietzsche falou tanto sobre ele, e o depreciou tão frequentemente, que quase poderíamos esperar que uma reação ocorresse: ele deveria se desenvolver para além disso. Quando ocupamos nossa mente com um objeto por algum tempo, particularmente quando se trata de um objeto – ou sujeito – tão emocional quanto a sombra, somos quase que forçados a uma reação. Trate-se da sombra ou de qualquer outra figura inconsciente, a preocupação é de um tipo raro, emocional, e somos levados ao seu problema: nós nos tornamos quase que identificados com ela. O fato de Nietzsche depreciar a sombra mostra até que ponto ele já se identifica com ela, e sua vituperação é realmente um meio de se separar dessa sombra. Encontramos frequentemente pessoas xingando coisas com as quais estão conectadas de modo demasiado íntimo e reagindo a elas: tais coisas então desenvolvem resistências internas e fazem esforços para se libertar. Por isso, parece como se pudéssemos agora esperar que algo ocorresse, e aqui temos um traço de algo novo – quase se poderia dizer que um caminho para lidar com a sombra de maneira adequada –, embora não possamos esperar de Nietzsche, em sua vaga inconsciência, que lide muito clara ou adequadamente com a sombra. Contudo os caminhos se sugerem por si mesmos. Até mesmo em sonhos, em que a pessoa também está em uma condição inconsciente, podem surgir afirmações mais ou menos claras que você pode usar, se, com consciência, pode compreendê-las. Ao passo que, se você as deixa no estado onírico, elas têm apenas um efeito tênue, e você nunca consegue realmente usá-las.

Por isso frequentemente me perguntam de que adianta ter um sonho curador ou útil quando você não consegue compreendê-lo. Esse é exatamente o motivo de tentarmos compreender os sonhos, pois o fato de ter um sonho útil não significa que você seja realmente muito ajudado. Você pode ser beneficiado mesmo se não o compreender – ele pode ter um efeito positivo – mas, via de regra, é um efeito transitório. É desimportante demais, tênue demais, e desaparece rápido demais, de modo que praticamente nada acontece. Então é para ganhar terreno, ampliar nossa compreensão sobre eles, que fazemos o esforço de interpretar os sonhos. É exatamente como se você tivesse descoberto que há ouro no solo debaixo de seus pés; você precisa desenterrá-lo, ou ele sempre permanecerá ali. Ou você pode saber que há 3 ou 4% de ouro em uma determinada pedra, ainda assim ele está tão distribuído na substância da pedra que não é de nenhuma utilidade para você. Por isso você deve inventar um procedimento químico especial para extrair aquele ouro; então você o obtém, mas isso requer seu esforço consciente ou até mesmo científico.

É claro que, no caso de Nietzsche, não há nada do tipo; ele está em uma espécie de processo onírico. Ele nada juntamente com a correnteza de seus problemas, e só com nosso conhecimento de psicologia somos capazes de ver o que eles realmente são. O problema de como compensar a sombra aparece na superfície e desaparece, e então aparece novamente, como um tronco arrastado por um rio lamacento; e não há ninguém ali para pescar aquele tronco e fazer uma boa viga com ele. Ele é simplesmente arrastado pela corrente de suas associações, e traz à tona algo de grande valor, mas somos nós que sabemos que é de grande valor. Ele também tem um sentimento de que isso vale alguma coisa, mas é como se não soubesse que poderia transformar aquele tronco em um mastro que talvez fosse o fundamento de uma ponte, ou que poderia ser modelado como um barco para levá-lo ao longo do rio. Por isso o abandona, ele passa, e forma uma parte do grande rio, do eterno movimento da vida, e o rio desce para o mar. Está chegando ao fim. O livro começa com a afirmação de que este é o declínio de Zaratustra, o pôr do sol – o rio está se aproximando do fim; e a mera corrente revela muitas coisas, mas nada surge disso porque não há ninguém para fazer um anzol e pescar algo. O que ele diz aqui é uma grande e extraordinariamente útil verdade, a fórmula a partir da qual ele poderia lidar com a sua sombra ou sobrepujá-la. Mas, se realmente percebesse isso, teria de riscar com um lápis azul todos os capítulos anteriores, pois ele não estaria depreciando a sombra, já que também *seria* sua sombra. E como ele poderia amar a si mesmo se depreciа a si mesmo? Não poderia culpar o homem inferior, pois amar a si mesmo significa amar a própria totalidade, e ela inclui o homem inferior.

Vejam, a ideia no cristianismo é amar o menor de nossos irmãos, e, enquanto ele está fora de nós, é uma oportunidade magnífica. Todos esperamos que o menor de nossos irmãos esteja, graças a Deus, fora de nós, pois forjamos uma imagem maravilhosa quando colocamos um mendigo em nossa mesa e o alimentamos, e pensamos: "Não sou grandioso? Um sujeito imundo como esse e eu o alimentando na minha mesa!" E o diabo evidentemente não é preguiçoso nesse aspecto: ele fica bem diante de nós e nos sussurra ao ouvido que maravilhoso coração nós temos, como ouro, e nos congratulamos por ter feito isso. E todo mundo diz: "Ele não é um sujeito maravilhoso?!" Mas como fica quando acontece de o menor dos irmãos com que deparamos na estrada da vida ser nós mesmos? Tenho feito essa questão a certos teólogos, mas eles só podem sussurrar que não sabem. Caso contrário, pareceria como se estivessem sendo gentis com o menor de seus irmãos neles próprios, que não o desprezam por conta da inferioridade dele; mas a prática comum é que eles depreciam a si mesmos, de modo que, de novo, todo mundo dirá: "Que grande sujeito! Que autocrítica! Ele vê seus erros, seus vícios, e repreende a si mesmo". E então toda a coletividade concordará.

Pois bem, Nietzsche descobriu a verdade, que se você tem de ser gentil com o menor de seus irmãos, também tem de ser gentil quando o menor de seus irmãos vem a você na forma de você mesmo, e assim ele chega à conclusão: "Ama a ti mesmo". O ponto de vista cristão coletivo é: "ama teu próximo" – e eles silenciam a segunda parte: "como a ti mesmo". Nietzsche inverte isso; diz: "Ama a ti mesmo" – e esquece o "como tu amas teu próximo". Esse é o ponto de vista anticristão e, portanto, a verdade é falsificada dos dois modos. Deveria ser, na verdade: "Ama teu próximo como tu amas a ti mesmo; ou ama a ti mesmo como tu amas teu próximo". Essa é a verdade completa – se é que você ama, ou se pode se permitir amar. Poderíamos também dizer: "Odeia teu próximo como te odeias, ou odeia a ti mesmo como odeias teu próximo". A compreensão de Nietzsche é completa, poderíamos dizer – só que ele não percebe isso. A pessoa *deveria* amar a si mesma, *deveria* aceitar o menor de seus irmãos em si mesma, e suportar estar consigo e não vaguear de lá para cá. E como podemos suportar alguma coisa se não podemos suportar a nós mesmos? Se a humanidade toda fugisse de si mesma, a vida consistiria por princípio em fugir o tempo todo. Mas não se trata disso; a criação de Deus não foi destinada a fugir de si mesma. Se o tigre fugir de si mesmo e comer maçãs, ou se um elefante fugir de si mesmo para estudar na biblioteca da universidade, ou se um homem se tornar um peixe, é uma perversão total. Por isso, o próprio fundamento da existência, a verdade biológica, é que cada ser é tão interessado em si mesmo que de fato ama a si mesmo, assim cumprindo as leis de sua existência. O indivíduo se vê cortado de suas raízes se tenta usar as raízes de outras pessoas. Na medida em que fugimos de nós mesmos, estamos tentando usar as raízes de outras pessoas, ser parasitas de outras pessoas, e isso é uma perversidade, uma monstruosidade. Esse desvio ou essa separação de si mesmo é o que Nietzsche chama de "vaguear de lá para cá", e ele explica no parágrafo seguinte:

Esse vaguear batiza a si mesmo de "amor ao próximo": foi com essa expressão que melhor mentiram e fingiram até hoje, especialmente aqueles que pesavam para todos.

Aqui ele faz uma afirmação que é absolutamente verdadeira. O amor cristão ao próximo é exatamente isto: amar seu próximo e suprimir a segunda parte da sentença. Nesse caso, você está fugindo de si mesmo, por isso vai até seu próximo como o homem que não se ama, e então naturalmente sobrecarrega o próximo com a tarefa de amar você. Você o ama na esperança de que ele vai amá-lo novamente porque você mesmo não se ama. Porque você não se alimenta a si mesmo, diz a seu próximo que o ama, com a secreta esperança de que ele o alimente. Ou, como você mesmo não ganha dinheiro por você, diz a seu próximo que o ama, na esperança de que ele lhe dê dinheiro. Isso é abominável. Significa: "Eu te dou para que tu me dês", e isso não é exatamente o que chamamos de amor. É uma conspiração, ou uma insinuação, ou uma intenção, um plano definido para obter alguma coisa para você mesmo, e isso contradiz a própria ideia de amor. Assim, quando você se odeia e finge amar seu próximo, isso é mais do que suspeito, é veneno. Vejam, quando você não pode amar a si mesmo, então, de certo modo, não pode amar; portanto, é realmente um fingimento dizer que você ama seu próximo. O amor do homem que não consegue se amar é defeituoso quando ele ama outra pessoa. É como dizer que a pessoa não consegue pensar seus próprios pensamentos, mas só consegue pensar os pensamentos de outras pessoas. Mas isso não é pensar; é mero papagaiar, uma farsa, uma fraude – a pessoa está simplesmente jogando areia nos olhos de outras pessoas. Portanto, se você está cheio de desejos e necessidades e finge amar outras pessoas, isso é meramente para que elas preencham o que você realmente deseja e precisa. Isso é o que Nietzsche está enfatizando. Ele, então, prossegue:

E, em verdade, não é este um mandamento para hoje e amanhã, *aprender* a se amar. Entre todas as artes, é antes a mais sutil, mais astuciosa, a derradeira e a mais paciente.

Isso é perfeitamente verdadeiro: poderíamos chamar isso de uma grande arte, e eu diria uma grande filosofia, porque aceitar nossa própria inferioridade é a coisa mais difícil que vocês podem imaginar. Requer mais do que arte: requer muita filosofia, até mesmo religião, para tornar duradouro esse vínculo entre você e sua sombra. Quando Nietzsche supõe que é uma arte, e até mesmo a mais elevada arte, ele não o enfatiza bastante, pois não percebe do que se trata. Ele continua:

Pois tudo que é de si próprio se acha bem escondido do possuidor; de todas as cavernas de tesouros, a própria é a última a ser escavada – assim dispõe o espírito de gravidade.

Ele pensa que a preguiça, ou o que quer que nos impeça de escavar nosso próprio tesouro, é o espírito de gravidade. Tudo porque se considera isso não um tesouro, mas um buraco negro repleto de espíritos malignos.

> Quase no berço nos dão pesados valores e palavras: "bem" e "mal" – é como se chama esse dote. Por causa dele nos perdoam que vivamos.

Isso significa que as categorias morais são uma herança pesada, até mesmo perigosa, porque são instrumentos que tornam impossível integrar a sombra. Nós a condenamos e por isso a reprimimos.

> E deixam que vão a si as criancinhas, a tempo de impedir que elas amem a si próprias: assim dispõe o espírito de gravidade.

Aqui há uma clara referência ao quê?

Srta. Hannah: À observação de Cristo.

Prof. Jung: Sim, portanto vemos que ele se refere ao cristianismo o tempo todo.

> E nós – carregamos fielmente o que nos dão em dote, em duros ombros e por ásperas montanhas! E, se suamos, nos dizem: "Sim, a vida é um fardo!"
>
> Mas apenas o homem é um fardo para si mesmo! [...]

Essa é uma afirmação muito importante de um ponto de vista psicológico. Nós esquecemos repetidas vezes que nosso destino, nossas vidas, são simplesmente nós mesmos; é, de certo modo, nossa escolha o tempo todo. É claro, pode-se dizer que nós nascemos sob condições esmagadoras, mas as condições não dependem do clima, não dependem da estrutura geológica da superfície da terra, não dependem da eletricidade ou da luz do sol. Dependem do homem, de nossos contemporâneos, e nós estamos incluídos. Nós nascemos no mundo do pós-guerra, mas somos as pessoas que vivem lá. Nós temos a psicologia que produz um mundo do pós-guerra, por isso estamos nele, participando daquelas condições, e, se temos responsabilidades sociais, é porque somos os autores desse tipo de psicologia. Se todo mundo, em seu próprio lugar e em seu próprio eu, corrigisse a atitude que acarretou essas condições, elas não existiriam. Assim, só podemos concluir que, o que quer que encontremos, na medida em que é feito pelo homem, é aquilo que nós escolhemos, o resultado de nossa psicologia peculiar. Estamos sempre inclinados a dizer: "Oh, se *eles* não tivessem feito isso ou aquilo". Mas quem são eles? Nós somos eles também, pois, se você tomar um homem da multidão que você acusa, e perguntar-lhe quem são "eles", ele dirá: "*Você!*" Você está na mesma multidão, a vida é você mesmo e, se a vida é difícil de suportar, é porque é muito difícil de suportar você mesmo. Esse é o maior fardo, a maior dificuldade.

> [...] Isso porque ele leva nos ombros muitas coisas alheias. Tal como o camelo, põe-se de joelhos e deixa que o sobrecarreguem bastante.

Isso é lógico? Ele acabou de dizer "mas apenas o homem é um fardo para si mesmo", e agora ele o chama de fardo da vida. É o fardo de si mesmo, o homem é o fardo.

Sra. Jung: Eu pensei que isso se referia ao que ele disse antes, que se ensina às pessoas o bem e o mal e, como ele pensa que essas são coisas alheias, poderia ser a isso que ele se refere como fardo.

Prof. Jung: De fato. Nietzsche decerto supõe que essas coisas não teriam crescido no indivíduo se não o tivessem ensinado isso. Mas, na medida em que essas chamadas coisas alheias estão nele próprio, ele participa disso: ele também é um dos que compartilham de tais conceitos.

Observação: Eu pensei que poderia querer dizer que ele tem de carregar o fardo devido a outras pessoas.

Prof. Jung: Oh, sim, podemos enumerar várias coisas que são impostas à pessoa pelas chamadas condições externas. Por exemplo, uma pessoa com uma persona condenável pode dizer que as circunstâncias a forçaram a ter essa persona. Talvez ela seja rígida, orgulhosa, não dê a ninguém acesso a si mesma; talvez ela recuse tudo e seja obstinada, e pode explicar exatamente por que é tudo isso, pode dar uma lista completa das causas que a tornaram uma coisa dessas. Pode dizer que, se seus pais tivessem se comportado de um modo diferente, ela seria totalmente diferente, ou a Sra. Assim e Assim, ou seu professor na universidade, ou sua esposa, seus filhos, seus tios e suas tias – todos eles explicam a atitude dela. E isso seria perfeitamente verdadeiro. Mas então alguém pergunta: "Por que o irmão dela, que viveu com ela na mesma família, é uma pessoa inteiramente diferente, com uma atitude inteiramente diferente para com a vida? Estava sob a mesma influência, esteve na mesma escola, teve a mesma educação; mas escolheu uma atitude diferente, fez uma seleção diferente". Portanto não é verdade que essas condições externas tenham sido a causa de ela ser o que é; aquela pessoa escolheu aquelas condições externas para ser o que ela é. Se outra pessoa as tivesse escolhido, as mesmíssimas condições teriam sido transformadas em algo totalmente diferente. E a vida de um é miserável por conta de sua atitude, e a vida do outro é muito mais agradável por conta de *sua* atitude. A vida do indivíduo é ele quem faz. Assim, quando a pessoa é sobrecarregada por uma doutrina moral, é porque a escolhe. E outra pessoa, ensinada pela mesma coisa, não dá a mínima para essa doutrina moral. Encara-a de modo leve, talvez não acredite nela, ou a modela segundo suas próprias preferências. Não é de modo algum sobrecarregada, porque não escolheu ser sobrecarregada, não aceitou isso. Você não pode culpar circunstâncias externas, só pode culpar a si mesmo por assumir essa persona, por se permitir ser envenenado pelas circunstâncias.

Assim, Nietzsche incorre aqui em uma contradição completa, pois o homem é sua própria dificuldade, e se há alguém a culpar é ele mesmo, porque a escolheu, a engoliu. Não foi crítico o bastante, ou preferiu fazer uma seleção especial de circunstâncias para provar seu ponto, que é ele mesmo. E, se isso se prova errado, talvez, a longo prazo, não é o mundo que está errado: é ele próprio. Daí, quando ele diz: "Tal como o camelo, põe-se de joelhos e deixa que o sobrecarreguem bastante", só podemos dizer: "Bem, sim, ele *é* um camelo, ele é um asno". Mas por que Nietzsche diz um camelo? Ele escreve em alemão, e quando um alemão diz *Kamel*, inevitavelmente percebe o duplo sentido do termo. Para um falante de alemão, um camelo não é necessariamente o maravilhoso navio do deserto que lealmente carrega suas cargas, um verdadeiro servo do homem, o altamente apreciado animal doméstico do nômade. Claro, ele sabe disso, mas quando digo a um homem "você não passa de um camelo", ele nunca pensará que é o verdadeiro servo de Deus. Ele sabe exatamente o que eu quis dizer, e me processará por difamação. Assim, quando Nietzsche se designa a si mesmo de camelo, precisa de todo esse exagero para não ver o que seu inconsciente realmente quer dizer, pois ele é esse sujeito que aceita ser sobrecarregado, o camelo que se ajoelha e absorve tudo aquilo que lhe foi ensinado.

Em especial o homem forte, resistente, no qual é inerente a veneração [...].

Ele tem de se congratular por todas as coisas que carregou. Sim, é agradável se não for estúpido.

[...] um excesso de valores e palavras pesadas e *alheias* põe ele sobre si – e então a vida lhe parece um deserto!

Bem, é o camelo que está fazendo isso; ele se permite ser sobrecarregado; essa é justamente a diferença entre o homem e o camelo. Um homem sabe quando o limite é alcançado e o quanto é razoável carregar, mas um camelo, em princípio, não sabe isso ao certo. Supostamente é um animal bastante estúpido, e bem merece esse "e então a vida lhe parece um deserto".

E, em verdade! Também muita coisa *própria* é difícil de carregar! [...]

Aqui ele não consegue se impedir de chegar a si mesmo. Naturalmente teria chegado a si mesmo muito antes, se tivesse percebido o que estava dizendo, mas só agora começa a lhe ocorrer que é difícil carregar a si mesmo. Isso só mostra, de novo, o quão pouco ele percebe no momento o significado de suas palavras, porque ele o diz, é de se imaginar que o conheça, mas não o conhece: ele simplesmente escorre. Tão pouco quanto o rio sabe o que está carregando, ele sabe o que está dizendo. É como se estivesse lentamente acordando e chegando à conclusão de que até mesmo algo que é realmente nosso, que é parte de nossa psicologia, é difícil de carregar. Assim, ele está agora seguindo no mesmo estilo, lentamente percebendo que essa coisa tem grande alcance, que até mesmo alcança as profundezas da psicologia.

> [...] E muito do interior do homem é como a ostra, ou seja, repugnante, escorregadio e difícil de agarrar.

Essa é a resistência que naturalmente se sente contra o fato de que a sombra é uma realidade; pode-se falar muito sobre ela, mas percebê-la é outra coisa,

> de maneira que uma casca nobre, com nobres adornos, precisa interceder a seu favor. Mas também essa arte se deve aprender, a de *ter* casca, aparência formosa e sagaz cegueira!

Não se pode acrescentar muito aqui. É perfeitamente verdadeiro. Mas eu diria que, nesse momento, seria muito importante se ele pudesse penetrar na casca.

> E engana sobre muita coisa no homem o fato de muitas cascas serem pobres, tristes, cascas demais. Muita força e bondade oculta não é jamais adivinhada; os mais deliciosos petiscos não acham apreciadores!

Sim, é preciso admitir que, às vezes, até mesmo grandes valores são escondidos, mas também coisas que não são particularmente valiosas. Vamos agora pular os parágrafos seguintes e ir para:

> Em verdade, aprendi também a esperar, e bastante – mas somente esperar *por mim* [...].

Enfatizo essa passagem apenas porque ela logo será completamente contraditada. A ideia de aprender a esperar, aprender a paciência, seria de fato uma boa percepção, e particularmente ser paciente consigo mesmo. Esse seria o maior trunfo. Significaria que ele saberia como lidar consigo, que ele saberia o que significa suportar a si mesmo, ser gentil consigo mesmo, carregar a si mesmo. Fica-se, é claro, profundamente impressionado com essa imensa verdade, mas aqui de novo é preciso compreender que Nietzsche não percebe o que está dizendo. Se ele realmente estivesse esperando por si mesmo, por que deveria esperar pelo homem? Por que ele espera pelo momento em que possa abandonar seu isolamento para descer ao homem sobrecarregado? Vemos o quanto vale esse grande *insight* pelo segundo parágrafo depois desse:

> Com escadas de corda aprendi a escalar muitas janelas, com pernas ágeis subi em altos mastros: estar sobre altos mastros do conhecimento não me pareceu bem-aventurança pequena – cintilar como pequenas flamas sobre altos mastros: uma luz pequena, decerto, mas um grande consolo para navegantes e náufragos perdidos!

Assim, quando ele está isolado, quando está esperando por si mesmo, está, na verdade, esperando por um naufrágio em algum lugar, esperando ser um farol de orientação para navegantes naufragados, mas, graças aos céus, não por ele mesmo. Ele deve esperar que muitas pessoas sofrerão naufrágio, caso contrário ele não teria função. Pois bem, o que é essa cintilação em altos mastros?

Srta. Wolff: O fogo de santelmo.

Prof. Jung: Sim, uma descarga elétrica que tem lugar quando há uma grande tensão elétrica. Vê-se isso também nas montanhas antes de uma tempestade: a eletricidade sai do alto da montanha, sente-se isso diretamente. Portanto ele se compara a uma espécie de fenômeno elétrico que só acontece nos picos de montanhas muito elevadas. Essa é a verdade: ele está escalando um mundo de pensamentos muito elevados. Está no topo de mastros muito altos, justamente como uma chama cintilante, um fogo-fátuo que nunca se assenta, não tem raízes – uma função intuitiva apenas. Claro, esse é apenas um olhar de relance para a psicologia dele. Pois bem, o capítulo seguinte, "De velhas e novas tábuas", deveria se chamar, na verdade, "De velhas e novas tabuletas", como as tabuletas de escritos cuneiformes. Essa foi a ideia original, o paralelo das placas cuneiformes nas quais a lei de Moisés foi inscrita. Naqueles dias, tudo era escrito em argila, que era, então, queimada. Portanto temos velhas e novas leis, e aqui podemos esperar mais algum código de prescrições sobre como lidar com o homem inferior. Ele começa:

> Aqui me acho sentado, esperando, com velhas tábuas partidas ao meu redor, e também novas tábuas inscritas pela metade. Quando chegará minha hora? – A hora de minha descida, meu declínio: pois ainda uma vez eu irei aos homens.

Isso significa: "Por que diabos eu deveria ficar comigo mesmo? Por que não posso fugir de vez do insuportável si-mesmo?" – o que evidentemente chegaria a ele com tremenda percepção. Vejam, quando ele é uma luz cintilante em altos mastros, está fugindo de si mesmo. Ele só está nos mastros mais altos, e o que há embaixo? Aparentemente, ele não sabe. Não percebe que todas as suas intuições nada significam se elas não se tornam realidade nele próprio. Ele é a *materia* por meio da qual essas intuições deveriam vir à vida, tornarem-se realmente verdadeiras, e então ele saberia o que elas querem dizer. Ele mal pode esperar por sua descida do alto dos mastros, mas isso não significa ir a si mesmo, à sua realidade humana comum, mas sim à multidão; significa um público com quem falar e a quem dizer o que eles deveriam ser. Ele diz:

> Por essa hora espero agora [...].

Teria sido melhor dizer: "Eu espero por mim mesmo", mas não, ele espera pela hora em que possa desistir da tarefa de si mesmo.

[...] pois primeiro devem me chegar os sinais de que é a *minha* hora – o leão rindo e o bando de pombas.

Pensem nessa imagem: um leão rindo e um círculo de pombas em torno dele. Pois bem, acho que aqui há uma pequena incerteza sobre essa questão de estar a sós consigo e descer à humanidade. Vejam, no caso de Nietzsche, tratava-se realmente de solidão física, e homem significava para ele apenas a sociedade. Claro, suportar a si mesmo não significaria sentar no observatório no topo do Monte Branco, onde não há ninguém na maior parte do ano. Não há oportunidade de encontrar a si mesmo; você não encontra a si mesmo em uma solidão total como essa, apenas cai em seu próprio inconsciente. O que se quer dizer é que você deveria estar *consigo mesmo*, não sozinho, mas consigo, e você pode esperar estar consigo mesmo em uma multidão. Na medida em que você está em conexão com outras pessoas, faz sentido você estar consigo, mas não faz qualquer sentido se você está meramente sozinho, porque a solidão, se é um pouco exagerada, favorece mais o tornar-se inconsciente. Por isso, um ser humano que quer perder a si mesmo busca a solidão como um meio seguro de se tornar inconsciente de si mesmo. Mas o ponto é *não* ser inconsciente: o ponto é a pessoa imaginar o seu inconsciente, mas estando consigo mesma.

Essa solidão forçada, ou escolhida, na qual Nietzsche viveu, foi uma tentação e uma das razões pelas quais ele se perdeu no inconsciente. Devido à sua peculiar falta de percepção, entrou naquela veloz correnteza que o arrastou. Se tivesse sido forçado a se explicar para várias pessoas cuja conexão ele não poderia permitir-se perder, Nietzsche teria sido forçado à autopercepção; mas, se ninguém diz nada, não há contradição, oposição nem discussão. Ele então não é forçado a se agarrar a alguma coisa, inclusive a si mesmo. Ele pode deixar-se ir, pode deixar-se desaparecer no grande rio subterrâneo do inconsciente, em que a pessoa necessariamente perde a autopercepção. Ele desejar companhia, querer descer de sua solidão à humanidade, é totalmente certo; mas, na medida em que falha em perceber que não possui a si mesmo em sua solidão, mas sim é possuído, então muito certamente, quando descer para junto de outras pessoas, para a humanidade em geral, ele estará como que possuído. Então ele estará como que cercado por uma muralha de vidro, isolado contra a humanidade, pois está possuído por um inconsciente indigesto. Se tivesse digerido seu inconsciente, se tivesse estado em conexão com pessoas que não poderia ter perdido, ele teria constantemente rompido aquela muralha de isolamento. Se você observar um homem que está perdido no inconsciente, possuído pelo inconsciente, simplesmente identificado com ele, sempre sentirá esse isolamento peculiar, essa muralha de vidro; você o vê, e ele vê você, mas não há conexão. Você não consegue tocá-lo; ele está como que removido do contato humano. Onde quer que você encontre uma pessoa sobre quem você tenha esse sentimento – desde que não seja você mesmo e que esteja projetando –, pode ter certeza de que essa pessoa está possuída.

Eu contei a vocês o mito alquímico de Arisleu e de seus companheiros. Vocês se lembram de que ele entrou na casa de vidro com três paredes sob o mar, o que significa que ele entrou no inconsciente e foi capturado pela casa de vidro com três paredes. Vejam, isso é correto psicologicamente; ele não estava apenas sob o mar – o que seria o bastante, por si só –, mas estava até mesmo trancado em uma casa de vidro com três paredes, o que significa que estava completamente isolado contra seu entorno. Claro, isso também pode ter um aspecto positivo: não existe situação tão ruim que não tenha algum aspecto redentor. Em tal isolamento, você pode desenvolver um tal calor que queime o vidro, no fim. Nesse caso de Arisleu, foi a preparação para a ressurreição, um renascimento. Que estivesse tão terrivelmente quente dentro da casa de vidro é evidentemente difícil de compreender, mas aquecida por dentro. Outra imagem é o velho homem em uma casa de vidro que está tão quente que o vapor da transpiração dele recobre as paredes de vidro e se torna uma substância preciosa, porque sublimada; é o orvalho de Gideão, no Antigo Testamento. E essa é a água maravilhosa, divina ou eterna, pela qual se produz transformação. Assim, por esse isolamento, ou dentro desse isolamento, algo emerge de você, algo é forçado a sair de você na sua condição torturada. A mesma situação é descrita na história bíblica dos três homens na fornalha de fogo em que um "quarto" aparece. Esse quarto é o Redentor, o anjo de Deus. Claro, não é dito ali que ele foi o resultado ou a consequência dos três, mas, na alquimia, a ideia é que, pelo aquecimento dos três, o quarto aparece. Vejam, a casa de vidro na qual Arisleu e seus companheiros, ou o velho homem, sofrem com o calor, é uma espécie de cabana de suor, tal como a constatamos nos índios norte-americanos. Na Índia, é chamada de *tapas*, que significa criar um calor fértil, uma espécie de incubação, a incubação de si mesmo pela evaporação. Permanecendo nesse isolamento, a pessoa é aquecida, e então algo emana, que é a substância preciosa procurada.

Mas não é fácil mostrar psicologicamente qual é essa substância. Se fosse, aqueles velhos filósofos não teriam usado um simbolismo tão variado para explicá-la. Essa *aqua divina*, a água divina, já foi simbolizada de inúmeras maneiras – se eu disse que foram mil, é pouco –, de modo que vocês podem ter certeza de que ninguém jamais exprimiu o que ela realmente é, e podem ter certeza de que, se eu tentasse formular isso, enfrentaria os mesmos obstáculos. Mas sabemos o que aconteceu com Nietzsche em seu isolamento: essa figura semidivina de Zaratustra, a palavra de Zaratustra, escorreu dele, um rio de material psíquico personificado. Zaratustra representa o si-mesmo, e essa coisa maravilhosa que é produzida pelo esforço, ou empreitada, ou pelo *opus* da filosofia hermética, é o *lapis philoso-*

phorum. Portanto o ser divino, uma espécie de corpo sutil, divino ou semidivino, também foi chamado de *lux moderna*, que é maior do que qualquer luz no mundo. É algo como o próprio Cristo, um Cristo que vem depois de Cristo, um novo Salvador. Ou é o Paráclito, o Consolador, que foi prometido por Cristo. Ou a água batismal que traz uma nova fertilidade ao mundo, uma transformação de algo vil em algo que é valioso – portanto, existe a ideia de redenção.

Pois bem, Zaratustra é tudo isso também: a água da redenção. Ele tenta renovar o mundo, transformar o homem no super-homem que deveria emergir do rio de Zaratustra ou da casa de vidro. Portanto, nesse caso, a água divina é esse fluxo de ideias ou revelações significativas e úteis que emergem do estado de tortura no fogo. E é de novo um caso daquele antigo simbolismo do herói que, em nome da humanidade – ou de seu povo, ou de seus amigos – desce à barriga do monstro, onde é tão quente que ele perde todo seu cabelo. Ele está totalmente careca quando sai, como um recém-nascido – o que é evidentemente a ideia. Então ele traz para fora os espíritos dos mortos, os pais dele, os amigos dele, todas as coisas que tinham sido devoradas pela grande besta do tempo, e assim renova o mundo. Isso é basicamente a mesma coisa, sempre o mesmo velho mito. E, em nossos dias, poderíamos dar uma interpretação psicológica dessa água divina como uma espécie de produto espiritual – espiritual com o sentido de sublimado –, algo simplesmente evaporado ou transpirado dele, a expressão de imensa tortura. Assim, esse estado de isolamento real, de solidão real, pode ser produtivo.

Mas o que estamos procurando realmente é o resultado. É realmente útil? Realmente o ajudou? Nietzsche teve uma percepção plena do que produziu? Ou ele é aquele que inadvertidamente caiu no vale dos diamantes e pensou que eles eram cascalhos ou apenas pedras semipreciosas? Temo que ele seja como um alquimista que encontrou um pó vermelho ou amarelo ou branco, sem jamais saber que isso era *a* coisa, ou só percebendo isso pela metade. Claro, o próprio Nietzsche tinha em alta conta o *Zaratustra*. Foi uma revelação para ele; até mesmo sabia que tinha encontrado um deus, daí ele ter chamado isso de uma experiência dionisíaca. Na primeira edição alemã desse livro há alguns comentários sobre a compreensão pelo próprio Nietzsche do *Zaratustra*, e também temos outras evidências, a partir das quais podemos concluir que, para ele, foi realmente uma espécie de revelação divina. Nietzsche realmente pensou que tinha produzido algo como uma nova religião. Mas essa é de novo uma ideia equivocada, pois ninguém pode fundar uma nova religião. É uma experiência do homem, e tudo o mais é uma questão de história. Ninguém poderia dizer, ou profetizar, que uma coisa que uma pessoa produziu é uma revelação.

Por exemplo, Mestre Eckhart teve uma revelação extraordinária da verdade; portanto, ele foi o sujeito que poderia ter sido seguido por um grande movimento religioso. Mas nada aconteceu. Pelo contrário, uma seita que foi influenciada por Mestre Eckhart, e que se intitulou de Irmãos do Espírito Livre, tornou-se uma espécie de salteadores. Foram tão devorados pelo espírito e pelo sentimento da futilidade da vida que roubavam pessoas na estrada, tiravam o dinheiro delas e o gastavam. Diziam que não era bom para as pessoas ter dinheiro – que era pecaminoso –, por isso deviam tirá-lo delas; era um mérito destruí-lo. Estavam mandando-o à eternidade. Eram uma espécie de anarquistas espirituais. Isso é o que se seguiu, e por 600 anos Mestre Eckhart submergiu. Seus escritos foram condenados e mal se sabia de sua existência. Ele morreu a caminho de Roma, onde deveria dar uma explicação sobre suas ideias, e suas obras só foram descobertas pouco a pouco, aqui e ali nas bibliotecas da Suíça. Em Basileia temos um de seus manuscritos, em sua própria caligrafia, mas só por volta de meados do século XIX uma edição de suas obras foi realizada. Agora, é claro, temos praticamente o *opus* todo. Vejam, esse é um caso em que ninguém poderia ter previsto qual seria o desenvolvimento; ele era completamente anacrônico. E também Nietzsche era anacrônico, pois as pessoas não estavam prontas para compreender essas verdades, particularmente porque estas eram tão intrincadas, por assim dizer. Não estavam na superfície; temos muito trabalho para explicar suas ideias específicas. Elas todas nadam por uma única corrente com tanto discurso, tanta ostentação, tantas contradições, que nunca sabemos se isso é realmente valioso ou não. Por exemplo, poderíamos concluir, quando Nietzsche diz "ama a ti mesmo", que isso era apenas egocêntrico; as pessoas tiraram as conclusões mais ridículas do *Zaratustra*.

Vemos basicamente a mesma coisa no modo como se lidou com a revelação cristã nos séculos subsequentes. Ela não se desenvolveu até a percepção do que o próprio Cristo quis dizer, como sabemos pelos evangelhos. Por exemplo, ele disse "eu vos deixarei um Consolador"[325], o que significa que o espírito santo [*holy spirit*] deveria ficar no lugar dele próprio, que todo mundo deveria ser preenchido pelo espírito santo. Ou seja, o Espírito Santo [*Holy Ghost*], esse Consolador, deveria ser uma fonte de revelação original em todas as pessoas. E o que a Igreja fez disso? Eles monopolizaram Cristo como Deus, o que coloca a coisa toda no passado. O Cristo poderia ser tornado real novamente pelos ritos da Igreja, por sua encarnação nos elementos físicos, o pão e o vinho, mas essa era a prerrogativa da Igreja, acontecia mediante a palavra mágica da Igreja – ou seja, dos sacerdotes. Caso contrário, a existência de Cristo ficava no passado, e o Espírito Santo era meramente a prerrogativa da assembleia dos altos sacerdotes. Se alguém estivesse convencido de que possuía uma revelação do Espírito Santo, teria entrado em água quente, ou,

---

325. "E eu rogarei ao Pai e Ele vos dará outro Consolador, para que convosco permaneça para sempre" (Jo 14,16).

na verdade, em fogo quente*, por ter tais ambições. Assim, até mesmo a claríssima intenção de Cristo de deixar um Consolador foi obstruída. Não deu certo, e a coisa toda se tornou muito diferente do que Ele pretendia. Ninguém poderia ter previsto isso. O momento ainda não era propício, ainda não estava maduro, e realmente não se pode ver como seria possível para todo mundo ser uma fonte de revelação. Naqueles dias – e mesmo hoje – seria perfeitamente impossível; ninguém poderia fundar qualquer organização desse tipo com base em tal absurdo. Uma pessoa diria: "Meu deus tem três – ou quatro ou cinco – cabeças", e ninguém se importaria. Por isso a Igreja teve de reprimir qualquer tentativa nessa direção. Vejam, temos de ser cuidadosos com tudo o que Nietzsche diz. Eu tento dar tanto os aspectos positivos quanto os negativos, de modo que vocês possam ver Nietzsche por todos os lados, um homem que recebeu uma espécie de revelação, mas ainda assim uma mente que estava obscurecida, uma compreensão que não era totalmente competente, por isso ele era incapaz de perceber o significado de suas próprias palavras.

Pois bem, aqui ele está antecipando a descida ao homem: "Pois ainda uma vez eu irei aos homens". E uma imagem surge diante de seu olho interior sobre como isso parecerá, porque, quando a hora *dele* chegar, esse leão sorridente com o bando de pombas aparecerá. Isso é extraordinário, e vocês se lembram de que sempre que Nietzsche usa uma imagem dessas há algo por trás. Quando ele escreveu isso, certamente não o representou a si mesmo concretamente, ou teria compreendido que seria possível exprimi-lo também em outras palavras. Que paralelo vocês poderiam dar – uma espécie de metáfora proverbial que seria um equivalente para esse leão sorridente e o bando de pombas?

Srta. Welsh: O leão que está com o cordeiro?

Prof. Jung: Bem, esse é outro aspecto, a ideia quiliástica do estado no qual os pares de opostos são unidos, em que o animal de rapina é unido ao animal inocente.

Sra. Brunner: O *Salonlöwe*.

Prof. Jung: Sim, o leão de salão, o *bel homme* na sala de estar com um bando de garotas em torno dele. E há também o galo e as galinhas. Essa é uma metáfora muito explícita para alguém cujo público contém grande número de mulheres.

Srta. Wolf: Talvez esteja fora do contexto, mas eu gostaria de lembrar a primeira aparição do leão no capítulo chamado "Das três metamorfoses": primeiro, o camelo; em seguida, o leão; e, depois, a criança. Pode haver alguma conexão.

---

* A expressão get into hot water – literalmente "entrar em água quente" – significa, de maneira metafórica, estar em uma situação delicada, espinhosa, sujeita a críticas ou a punições; "em fogo quente" é possivelmente uma alusão de Jung a um castigo típico dos condenados por heresia, a fogueira da Inquisição [N.T.].

Prof. Jung: Sim, e agora ele está experimentando como o leão faria. Que ele realmente se refere a algo desse tipo fica bem evidente pelo parágrafo seguinte:

> Entrementes falo comigo mesmo, como uma pessoa que tem tempo. Ninguém me conta algo novo: assim, conto-me a mim mesmo.

Portanto o leão sorridente é obviamente ele próprio com um público, e as pombas são aves especificamente femininas.

Sr. Allemann: É a ave de Astarte, e de Afrodite.

Prof. Jung: Sim, ou de Vênus, a forma asiática de Afrodite. Portanto o leão sorridente está cercado por pombinhos. A pomba também é o símbolo do Espírito Santo, visto que a natureza do Espírito Santo é extremamente feminina. Como isso é mostrado – e segundo qual interpretação?

Srta. Hannah: Como Sophia.

Prof. Jung: Sim, a interpretação gnóstica, que também desempenhou um grande papel quase que dentro da Igreja: os "Atos de Tomé" contêm aquela famosa invocação do Espírito Santo como a mãe. E encontramos ampla evidência da interpretação gnóstica também em *Pistis Sophia*. O Espírito Santo era considerado a esposa de Deus e a mãe de Cristo, e Maria era, ela própria, o Espírito Santo. Há a mesma ideia na segunda parte do *Fausto*[326].

Dr. Frey: Ele também não é interpretado como a Igreja?

Prof. Jung: Oh, sim, mas essa é a interpretação oficial. Que a Igreja fosse a encarnação do Espírito Santo foi o modo como eles ensinaram isso, a Igreja como a grande mãe sendo muito claramente o resultado ou a produção do Espírito Santo, a cristalização, por assim dizer. Portanto esse bando de pombas significa realmente uma assembleia de pombinhos. E quanto ao leão sorridente?

Sra. Sigg: Talvez essa conexão do leão e das pombas seja uma recordação da *Piazza di St. Marco*, em Veneza[327].

Prof. Jung: Você tem toda a razão. E lembrem-se, o leão barroco frequentemente está sorrindo. Essa combinação de pombas e do leão sorridente na *Piazza di St. Marco* é certamente a origem externa; é muito impressionante, e Nietzsche

---

326. Os "Atos de Tomé" contêm a invocação do Espírito Santo como mãe: "Vinde, Pomba Divina, mãe de dois jovens gêmeos. Vinde Mãe Oculta, revelada apenas nas ações" (Mead*, p. 423). Sobre a *Pistis Sophia*, cf. Mead*, p. 471-472. Jung frequentemente se refere a essa parte do *Fausto II* quando lida com o Reino das Mães. Em uma tradução vitoriana: *"Ye Mothers, in your name, who set your throne / In boundless Space, eternally alone, / And yet companioned! All the forms of Being, / In movement, lifeless, ye are round you seeing"* (*Faust*. Trad. Bayard Taylor, 1888) [Vós, Mães, em vosso nome, quem estabeleceu vosso trono/ no espaço infinito, eternamente sós / E ainda assim acompanhadas! Todas as formas do Ser, / Em movimento, inertes, girais em torno de vossa visão" (N.T.)].

327. Nietzsche frequentemente ia a Veneza, especialmente para visitar seu jovem amigo músico, Peter Gast.

evidentemente estava sob essa impressão. Mas e quanto à interpretação do leão? Essa é apenas a origem externa da imagem.

Sra. Fierz: O leão é o animal do verão mais quente, de grande calor, e isso se relacionaria com o que você disse sobre o calor do homem solitário. E, se o leão está sorrindo, isso significaria que Nietzsche tinha começado a gostar disso.

Prof. Jung: Ele vê alguma luz!

Sra. Fierz: Sim, é um tipo de aceitação do humor daquilo, em vez do anjo terrível que ele sempre exprimiu antes. Quero dizer, é um estado de ânimo contraditório.

Sr. Allemann: Não seria o homem sábio que está cima de tudo e ri da tolice do mundo?

Prof. Jung: Essa é a imagem, você tem toda a razão. Mas há também uma piada secreta por trás, que a Sra. Fierz estava agora mesmo tentando formular. Vejam, ao interpretar o leão, temos de levar em consideração que ele é um antigo símbolo do sol, e particularmente o sol em julho e agosto, o *domicilium solis*. Portanto, por milhares de anos, o leão simbolizou a época mais quente do ano; é o próprio sol flamejante. E o sol era um deus muito poderoso, frequentemente o único deus, claro que com sua consorte, a lua. O sol e a lua eram representações do poder divino, os pais divinos no céu. Pois bem, devemos supor que havia uma época na qual o leão não ria. Se ele estivesse sempre rindo, não haveria motivo para sequer mencionar isso; poderíamos pensar que fosse meramente um animal tolo – pois as pessoas que sempre riem são tolas, ao passo que as pessoas que só riem às vezes podem ser muito espertas. Assim, quando o leão não ri, está obviamente em uma condição na qual as coisas não se movem ou se desenvolvem como ele gostaria; mas, quando vem a realização, quando ele vê uma luz adiante ou quando uma porta se abre, ele ri: "Ah, aí está!" Nietzsche não vê isso exatamente, mas sente algo do tipo – que ele poderia ser o leão da sala de estar com o amável bando de pombinhos. Supõe-se que os pombinhos fizessem um círculo em torno dele, como os pombos na *Piazza di St. Marco* estão por toda a parte, pululando em torno da estátua do leão, portanto se trata da fêmea pairando em torno dele. Zaratustra repetidas vezes se compara com o pôr do sol e o nascer do sol, ou com o sol que surge das nuvens escuras, ou da caverna, e assim por diante. É muito claro, pois, que esse leão é Zaratustra, e ele está rindo porque vê a realização, sente uma consumação. A consumação é um círculo, e aqui há um círculo de pombinhos. É Shakti girando em torno de Shiva. Essa é evidentemente uma ideia grandiosa, e não necessariamente algo do que rir. Mas, quando isso se torna concreto, o deus animal em Nietzsche ri. Então Eros surge, e é claro que todos dirão: "Sempre lhe disse isso, esse é o fim". Como Erasmo escreveu a um amigo quando Lutero se casou: "*Ducit monachus monacham*" – o que significa: "Esse é o fim da história: o monge se casou com a freira". Nós diríamos, hoje em dia, que ele simplesmente teve um pouco de diversão por conta de seu celibato, e devemos agora esperar e ver o que ocorre com o casamento. Então o animal ri e diz: "Isso é o que eu estava procurando". Não se esqueçam de que, no fim do *Zaratustra*, ocorre "A festa do asno", e, quando enlouqueceu, Nietzsche produziu uma literatura chocantemente erótica. Esta foi destruída pela sua cuidadosa irmã, mas o Professor Overbeck teve um vislumbre sobre ela, e há muitas evidências de sua condição patológica. Ele não conseguiu reter essa informação – ela escapou –, pois, quanto mais longe flui o rio, mais baixo ele vai, e por fim chega ao fundo. Zaratustra se transforma em seu oposto, praticamente, pela lei da *enantiodromia*. O livro começa com aquela grande solidão espiritual, e no fim vêm os ditirambos dionisíacos. Agora chega o asno, belo e forte, mas o asno é o símbolo da volúpia, o que Nietzsche, como filólogo, sabia muito bem. E, quando nós nos voltamos para seus poemas, vemos o mesmo elemento.

Srta. Wolff: Outro significado da imagem do leão e das pombas poderia ser o seguinte: nas linhas imediatamente anteriores, Zaratustra diz que está esperando por sua hora da descida e do declínio. Uma vez mais, pela última vez, ele pretende descer à humanidade. A imagem do leão e das pombas dá a ideia de como essa descida é produzida. A imagem, de certo modo, corresponde ao símbolo astrológico do curso solar. A posição mais alta do sol, seu maior calor e sua força são expressos pelo signo de Leão. Então se segue Virgem, que é o primeiro signo do declínio do sol. Virgem corresponderia aqui ao círculo das pombas, as aves femininas, e as aves de Afrodite. Portanto o leão, ou o sol, ou o herói, é confrontado com o princípio feminino, e isso leva ao declínio de Zaratustra.

Prof. Jung: A hora da descida é a hora do surgimento de *Yin*, a substância feminina.

Srta. Wolff: E, pelo surgimento do princípio feminino, a imagem do herói sempre é sobrepujada.

Palestra III
1 de fevereiro de 1939

Prof. Jung: Temos aqui uma questão da Srta. Hannah: "Falando do camelo, Nietzsche diz: 'Um excesso de valores e palavras pesadas e *alheias* põe ele sobre si'. Como Nietzsche deveria pregar a si mesmo e na verdade prega a outras pessoas, essas 'palavras pesadas' não se acrescentariam ao seu fardo? E não seriam os 'valores' do melhor inimigo os mais irritantes dentre todos os 'valores', e assim Nietzsche não teria de carregar esse aborrecimento como uma compensação por depreciar sua sombra projetada? Nesse sentido, estaria correta a palavra *alheias*? [Isso é um pouco complicado!] Em outras palavras, a projeção, apesar do aparente alívio, na verdade não aumentaria o peso de carregar-se a si mesmo?"

Bem, só podemos dizer que sim, aumenta. Essa é a desvantagem de qualquer projeção: só é um alívio aparente; é como um narcótico: só aparentemente você está jogando fora o fardo. Na verdade, ele não pode ser jogado fora porque pertence aos próprios conteúdos, como parte da totalidade de sua personalidade. Mesmo se ela se torna inconsciente, faz parte de você, e se você a descarta, ainda assim está ligado a ela. É como se existisse uma conexão elástica entre esse jogar fora as coisas e você mesmo. Assim, ocorre uma espécie de autoengano quando projetamos. Claro, você não pode *fazer* projeções: elas *existem*; é um engano quando alguém fala em *fazer* uma projeção, pois, nesse momento, ela já não é uma projeção, mas sua propriedade. Não pode ser separada justamente nesse momento, talvez; ela pode perdurar como uma projeção relativa, mas, em todo caso, você sabe de sua conexão com essa coisa particular. Assim, quaisquer tipos de medidas neuróticas – uma projeção, uma repressão ou uma transferência, por exemplo – são meros autoenganos que acontecem a você, e têm realmente um efeito muito transitório. A longo prazo, não são nenhum benefício. Caso contrário, seria maravilhoso: poderíamos simplesmente nos descarregar. Há certos movimentos religiosos que treinam as pessoas justamente nesse aspecto: ensinando-as a descarregar.

No muito moderno Movimento de Oxford, você descarrega todos os seus pecados em cima de Cristo; qualquer coisa que o esteja incomodando ou irritando, você entrega a Cristo e Ele cuida disso[328]. E eu tenho uma paciente muito devota – ela não está no Movimento de Oxford, mas na Idade Média –, e, sempre que alguma coisa corre mal ou que ela quer algo, talvez algo imoral, como enganar (o que ela não pode aceitar em si mesma), simplesmente descarrega isso em Cristo. Faz com que Ele tome conta daquilo para ela. Então, maravilhosamente, Cristo decide acerca de uma trapaça muito moderna, como sonegar impostos, por exemplo. Ela tem um sistema econômico maravilhoso: uma determinada quantidade para os pobres em um envelope, uma determinada quantidade para os hospitais em outro, e assim por diante, e não lhe é permitido tirar nada para um propósito diferente. Mas Cristo pode decidir que ela pode facilmente pegar cinco francos do envelope dos pobres para pagar o chofer de táxi. Se ainda tiver alguma dor na consciência, ela me pergunta, sem me dizer que Cristo já decidiu, e, como em geral me acontece de concordar com Cristo, ela tem total confiança em mim, porque eu também a ajudo a enganar os pobres ou o Estado. Vejam, esse princípio deve ser quebrado. É impossível viver de acordo com princípios; você deve permitir as exceções necessárias a toda regra. Caso contrário, não existirá regra alguma. Assim, Cristo decide no sentido mais elevado das realidades vivas. Ela não seria capaz de decidir por si mesma, devido a uma consciência excessivamente estreita. Claro, é uma condição mental muito medieval, mas muitas pessoas hoje em dia ainda estão vivendo na Idade Média. Elas são absolutamente incapazes de decidir por si mesmas, portanto precisam de uma figura como Cristo ou Deus que possa decidir para elas.

Meu ponto de vista sobre as projeções, portanto, é que elas são inevitáveis. Você é simplesmente confrontado com elas; estão lá e ninguém está sem elas, pois a qualquer momento uma nova projeção pode se infiltrar no seu sistema – você não sabe de onde, mas subitamente descobre que parece quase como se você tivesse uma projeção. A princípio nem mesmo está seguro disso; pensa que está tudo bem com você e que se trata do outro sujeito, até alguém chamar sua atenção para isso, dizer que você está falando um pouco demais daquele sujeito – e, afinal de contas, qual é sua relação com ele? Então parece que existe uma espécie de fascínio. Ele pode ser de um caráter particularmente mau, e isso, de certo modo, é fascinante, e faz você falar dele dia e noite; você está fascinado justamente pelo que deprecia nele. Pois bem, a partir disso você pode inferir sua própria condição: sua atenção está particularmente atraída; esse mal fascina você. Porque você o tem, é seu próprio mal. Você pode não saber o quanto é seu, mas pode ter certeza de que é bastante; e, à medida que o tem, você o aumenta, pois, como Cristo diz, "a todo aquele

---

328. O Movimento de Oxford foi uma tentativa, datada de 1833, dentro do clero de Oxford, de reinstalar na Igreja da Inglaterra certas doutrinas e rituais da Igreja Católica Romana.

que tem será dado", de modo que tenha em abundância (cf. Mt 25,29). Onde há a possibilidade de fazer uma projeção, mesmo que pequena, você é tentado a aumentá-la. Se um asno passa carregando um saco no lombo, você diz: "Oh, ele pode carregar também meu guarda-chuva, pois já está carregando alguma coisa". Se um camelo passa por você, tudo o que você não quer carregar simplesmente pula do seu bolso para o lombo daquele animal.

Há pessoas que até mesmo atraem projeções, como se estivessem destinadas a carregar fardos, e outras que estão sempre perdendo seus próprios conteúdos, projetando-os, de modo que têm uma consciência particularmente boa ou são pessoas particularmente vazias, pois seu entorno tem de carregar todo o fardo delas. Pessoas vazias, ou pessoas que têm uma excelente opinião sobre si mesmas e valorizam virtudes impressionantes, sempre têm em seu entorno alguém para carregar todo o mal delas. Isso é literalmente verdade. Por exemplo, pode acontecer que os pais não estejam cientes de seus conteúdos, e por isso os filhos têm de vivê-los. Lembro-me de um caso, um homem, que não tinha sonho algum. Eu lhe disse que isso era anormal, sua condição era tal que ele devia ter sonhos, caso contrário alguém no seu entorno devia tê-los. A princípio, pensei que fosse a esposa dele, mas ela não tinha nenhuma quantidade excessiva, e eles não lançaram nenhuma luz no problema dele. Mas seu filho mais velho, com 8 anos de idade, tinha muitos sonhos incríveis, que não caberiam à idade dele de modo algum. Assim, eu disse ao homem que perguntasse ao filho sobre os sonhos deste e os trouxesse a mim, então eu os analisei como se fossem dele próprio. E aqueles eram seus próprios sonhos, e finalmente, por esse procedimento, chegaram até ele, e o filho foi liberto[329].

Tais coisas podem acontecer: uma projeção é uma coisa muito tangível, uma espécie de coisa semissubstancial que forma um fardo, como se tivesse um peso real. É exatamente como os primitivos o compreendiam, um corpo sutil. Os primitivos – e também os tibetanos e muitos outros povos –, na medida em que estão cientes de tais coisas, compreendem as projeções como uma espécie de projéteis, e é claro que desempenham um papel sobretudo na magia deles. Feiticeiros primitivos lançam tais projéteis. Há três monastérios no Tibete mencionados nominalmente pelo Lama Kazi Dawa Samdup – o famoso erudito tibetano que trabalhou com John Woodroffe e Evans-Wentz – onde as pessoas são treinadas na arte de fazer projeções[330]. E esse termo era usado pelos alquimistas para a *performance*

---

329. Ao mencionar esse caso (OC 17), Jung identifica os problemas do pai como eróticos e religiosos.

330. O Lama Kazi Dawa Samdup foi o tradutor do *Bardo Thodol* ou *Liberation by Hearing on the After Death Plane*, que W. Evans-Wentz compilou e editou como *The Tibetan Book of the Dead* (cf. *Tibetan*); John Woodroffe (Avalon), *The Serpent Power* (Madras, 3. rev., 11. ed., 1931), é uma interpretação da ioga Kundalini.

final na produção do ouro. Supunha-se que eles projetavam a matéria vermelha – ou a tintura ou a água eterna – no chumbo ou na prata ou no mercúrio, e que por esse ato a transformavam em ouro ou na pedra filosofal. É interessante que eles próprios explicavam a produção da pedra como uma projeção. Isso equivale a dizer que é algo desvinculado da pessoa; você desvincula alguma coisa e a estabelece como uma existência independente e a coloca fora de si mesmo. Pois bem, isso pode ser bastante legítimo na medida em que se trata de objetificar conteúdos; ou pode ser muito ilegítimo se usado com propósitos mágicos, ou se é uma simples projeção em que você se livra de alguma coisa. Mas as pessoas não devem ser diretamente culpadas por fazer outras pessoas sofrerem sob tais projeções, porque não estão conscientes delas.

Vejam, toda a nossa vida mental, nossa consciência, começou com projeções. Nossa mente, sob condições primitivas, estava inteiramente projetada, e é interessante que aqueles conteúdos internos, que constituíram o fundamento da consciência real, foram projetados no espaço mais longínquo – nas estrelas. Por isso a primeira ciência foi a astrologia. Essa foi uma tentativa do homem de estabelecer uma linha de comunicação entre os objetos mais remotos e ele próprio. Então ele lentamente apanhou de volta, para junto de si, todas aquelas projeções no espaço. O homem primitivo – bem, até inclusive os tempos modernos – vive em um mundo de objetos animados. Daí aquele termo de Tylor, "animismo", que é simplesmente o estado de projeção em que o homem experiencia seus conteúdos psíquicos como partes dos objetos do mundo. Pedras, árvores, seres humanos, famílias, todas essas coisas estão vivas juntamente com minha própria psique e por isso eu tenho uma *participation mystique* com elas[331]. Eu as influencio e sou influenciado por elas de um modo mágico, que só é possível porque há um laço de identidade. O que aparece no animal, digamos, é idêntico a mim mesmo porque *é* eu mesmo – é uma projeção. Assim, nossa psicologia tem sido realmente uma espécie de união, uma confluência de projeções. Os velhos deuses, por exemplo, eram muito claramente funções psíquicas, ou eventos, ou certas emoções; alguns são pensamentos e alguns são emoções definidas. Um deus furioso é nossa própria fúria. Uma deusa como Vênus ou Afrodite é, em grande medida, nossa própria sexualidade, mas projetada. Porém, visto que essas figuras foram desinfladas, na medida em que não existem mais, gradualmente nos tornamos conscientes de ter essas qualidades ou conceitos; falamos de *nossa* sexualidade. Ela não era um conceito nos primeiros

---

331. Edward Burnett Tylor (1832-1917), antropólogo evolucionista britânico, inventou o conceito de "animismo" para explicar como "a noção de uma alma-fantasma, enquanto o princípio animador do homem", pode ser facilmente estendida a "almas de animais inferiores, e até mesmo a objetos inertes [...]". Cf. *Primitive Culture*, 2 vol. (Gloucester, Mass., 1958; orig. 1917), vol. I, p. 145.

séculos, mas sim o deus, Afrodite ou Cupido ou Kama ou qualquer nome pelo qual fosse chamada. Então, lentamente, absorvemos essas projeções, e esse acúmulo construiu a consciência psicológica.

Porém, na medida em que nosso mundo ainda é animado até certo grau, ou tendo em vista que ainda estamos em *participation mystique*, nossos conteúdos ainda são projetados; ainda não o recolhemos. O futuro da humanidade provavelmente será que nós tenhamos recolhido todas as nossas projeções, embora eu não saiba se isso é possível. É mais provável que uma quantidade razoável de projeções ainda persista, e que elas continuarão sendo perfeitamente inconscientes para nós mesmos. Mas não as fizemos; elas são parte de nossa condição, parte do mundo original no qual nascemos, e é apenas nosso progresso moral e intelectual que nos torna conscientes delas. Portanto a projeção em uma neurose é meramente um caso entre muitos; dificilmente se poderia sequer chamá-la de um caso anormal, mas é mais visível – óbvia demais. Hoje em dia, poderíamos supor que uma pessoa estaria consciente de sua sexualidade e que não pensaria que todas as outras pessoas são umas pervertidas anormais: por estar inconsciente dela, a pessoa pensa que os outros estão errados. Claro, essa é uma condição anormal, e para qualquer indivíduo normal, equilibrado, ela parece absurda. É um exagero, mas estamos sempre inclinados a funcionar assim até certo ponto: repetidamente acontece de algo ser impressionante e óbvio em outro indivíduo, mas que não foi em nada impressionante em nós mesmos. O pensamento de que poderíamos ser assim nunca chega perto de nós, mas nós empaticamente insistimos que aquele outro sujeito é que tem tal e tal peculiaridade. Sempre que isso acontece, deveríamos nos perguntar: por acaso eu não tenho essa peculiaridade, por fazer tanto estardalhaço a respeito?

Vejam, sempre que você faz uma declaração emocional, há uma razoável suspeita de que esteja falando de seu próprio caso; em outras palavras, que exista uma projeção, por causa de sua emoção. E você sempre tem emoções onde não está adaptado. Se estiver adaptado, você não precisa de nenhuma emoção; uma emoção é apenas uma explosão instintiva que denota que você não estava à altura de sua tarefa. Quando não sabe como lidar com uma situação ou com pessoas, você se torna emocional. Como não está adaptado, teve uma ideia errada da situação, ou, em todo caso, não usou os meios corretos, e consequentemente houve uma projeção. Por exemplo, você talvez projete a noção de que uma determinada pessoa é particularmente sensível e que, se você lhe dissesse algo desagradável, ela responderia de tal e tal modo. Por isso você não diz nada, embora ela não fosse mostrar essa reação, pois foi uma projeção. Você espera até sentir uma emoção, então a deixa escapar, e é claro que ela então é muito mais ofensiva. Você esperou demais. Se tivesse falado em tempo, não teria havido uma emoção. E geralmente as piores consequências não estão naquele indivíduo, mas em você mesmo, pois você não gosta de magoar seus próprios sentimentos, não quer ouvir sua própria voz soando desagradável e dura e áspera. Você quer manter a ideia de que é muito simpático e gentil, o que naturalmente não é verdade. Portanto, qualquer projeção certamente aumenta o peso que você tem de carregar.

Sr. Bush: Você então endossa o conceito de Dewey de que, sempre que há um conflito entre o indivíduo e seu entorno, a projeção é uma expressão desse conflito e uma tentativa provisória de se livrar dele?[332]

Prof. Jung: Bem, eu evitaria a ideia do conflito, porque nem sempre se pode confirmar a existência de um conflito; é simplesmente falta de adaptação, é você não estar à altura da situação. Isso muito frequentemente causa um conflito, é verdade, mas não necessariamente é *causado* por um conflito. Penso que chegamos mais perto da raiz da questão quando chamamos isso de falta de adaptação, porque ser emocional já é estar a caminho de uma condição patológica. Qualquer emoção é um estado excepcional, não um estado normal. O eu é momentaneamente suprimido pela emoção: a pessoa perde a cabeça, e esse é um estado excepcional. Por isso os primitivos sempre temem as emoções em si mesmos, assim como em seus companheiros. Uma emoção sempre tem um efeito mágico, por isso eles evitam pessoas emocionais, acham que elas são perigosas e que poderiam usar de bruxaria ou ter uma má influência. Assim, ter uma emoção é estar a caminho de uma condição mórbida; e, como uma condição mórbida sempre decorre de uma adaptação inferior, poderíamos já chamar a emoção de uma adaptação inferior. Uma antiga definição de doença é que esta é um estado de adaptação insuficiente – a pessoa está incapacitada, e por isso em um estado inferior de adaptação –, e isso também é verdade sobre a emoção.

Dr. Frey: Mas você não pode esquecer o lado positivo da emoção. No fogo da emoção o si-mesmo é criado.

Prof. Jung: Isso mesmo. A emoção é, por outro lado, um meio pelo qual você pode sobrepujar uma situação em que está inferiorizado; a emoção pode, então, carregar você para além do obstáculo. Esse é o valor positivo da emoção. Portanto é como aquela minha paciente que não ousa decidir por si mesma, mas deixa que Cristo decida por ela. Isso a carrega por um longo caminho, naturalmente; ele pode carregá-la muito além dos escrúpulos morais dela, de modo que ela pode fazer algo que não é muito agradável ou razoável. E essa é evidentemente a emoção dela – Cristo é a emoção dela.

---

332. O Sr. Bush está aludindo ao ensinamento de Dewey de que as dificuldades que impedem a ação costumeira promovem o pensamento para resolver o problema. Cf., p. ex., *Democracy and Education* (Nova York, 1916), *passim*.

Sra. Sigg: Será que ela, talvez já na juventude, não projetava alguns conteúdos do *animus* na figura de Cristo? Assim, em vez de dizer que o *animus* era o líder dela, ela diz que Cristo é o líder dela.

Prof. Jung: Ela naturalmente teve a educação cristã e farejou uma oportunidade maravilhosa, como todos os bons cristãos fazem, para dizer que Cristo *existe* para facilitar a vida, eliminar nossas dores. Dizem a nós que existe um bom deus, um pastor dos homens, que carregará nosso fardo. E qualquer um que diga que não sabe como decidir e que deixa que Cristo decida, será considerado um exemplo de bondade: que homem devoto! Que crença em Deus! Assim, não causa surpresa que ela tenha adotado esse mecanismo. Vejam, ela está longe de qualquer teoria do *animus*; a teoria do *animus* não funcionava na Idade Média. Existem figuras muito mais tangíveis do que o *animus*; com ela, é a coisa real, não apenas uma *façon de parler* [um modo de dizer; em francês no original (N.T.)]. Isso beira a magia.

Sra. Jung: Parece-me que há casos em que é mais adaptativo ter uma emoção do que não ter nenhuma; não é normal não ter emoções.

Prof. Jung: Poderíamos dizer que, em certas circunstâncias, seria mais normal ter uma emoção, mas também poderíamos imaginar o domínio da situação sem uma emoção, e se você *consegue* lidar com ela, eu não a chamaria de emoção. Por exemplo, imaginem um paciente que se comporta de um modo que não posso suportar – talvez ele não escute absolutamente. Eu digo: "Você não está escutando". Mas isso não causa nenhuma impressão. Então eu continuo: "Se você não escutar, não ganhará nada por seu trabalho". Ele não registra. Eu insisto: "Bem, se você não escuta, se você não chega a lugar nenhum, só posso te mandar embora". Ele não registra. Então eu concluo que isso é obviamente uma "surdez mental". "Droga! Fora daqui!" Isso é primitivo e é registrado. Eu posso chutar alguém porta afora – se é necessário, você tem de fazê-lo –, e então pouco importa. Há pessoas que precisam ser maltratadas. Ao lidar com primitivos africanos, não adianta *dizer*-lhes coisas. É uma ideia civilizada que você possa dizer às pessoas o que elas deveriam ou não deveriam fazer. Frequentemente me pedem para dizer a tal e tal nação como eles deveriam se comportar, que não é razoável se comportar como elas o fazem. Como se isso causasse alguma impressão! Claro, você pode aplicar emoção, mas então não é emoção, é uma força. Você tem uma emoção quando você mesmo é movido; quando move outros, não é necessariamente sua emoção – isso se torna sua força, seu poder. Você pode usar a emoção como força, quando a força é necessária. Mas isso é totalmente diferente de ser influenciado; isso está a caminho da morbidez, uma adaptação inferior. Ao passo que falar de modo forte significa que a pessoa está adaptada, pois aqui há um bloco de chumbo e você não pode escová-lo com uma pluma, mas tem de aplicar uma alavanca. Portanto eu entendo a emoção no sentido de uma influência, em que a pessoa é afetada por uma explosão de seu próprio inconsciente.

Mas evidentemente isso pode ser muito útil. Em uma situação excepcional, por exemplo, ou em um momento de perigo, você sofre um choque terrível e entra em pânico – está absolutamente inferiorizado –, mas isso o faz pular tão alto que você pode superar o obstáculo por uma espécie de milagre[333]. [...]

Outro exemplo é aquela história que ocasionalmente citei, do homem em uma caça a um tigre na Índia, e que escalou uma árvore próxima do poço d'água, onde esperava que o tigre aparecesse. Estava sentado nos galhos da árvore quando o vento da noite soprou, e ele entrou em um pânico inexplicável e pensou que devia descer. Então disse a si mesmo que aquilo era uma absoluta tolice. Ele estava na árvore para ficar fora do alcance do tigre, e descer significaria se lançar às mandíbulas dele. Assim, seu medo diminuiu e ele se sentiu normal de novo. Mas uma nova rajada de vento ocorreu, e ele de novo entrou em pânico. Uma terceira rajada ocorreu, e ele não pôde mais aguentar – desceu. Então veio uma quarta rajada, mais forte do que antes, e a árvore desabou no chão. Tinha sido devorada pelos cupins. Eu li essa história em um relato missionário, e o título era: "O dedo de Deus". Deus ajudou aquele homem a descer da árvore, ele interferiu.

Mas, quem quer que tenha viajado pela selva sabe que, quando você acampa à noite, deve sempre examinar as árvores. Naturalmente, você acampa debaixo de uma árvore por conta do abrigo, mas jamais deve ser debaixo de árvores que você não tenha examinado. Mesmo árvores que ainda têm sua folhagem podem já ter sido escavadas por cupins, em um grau perigoso. Mas você pode ver isso, e, se uma árvore estiver em condição tão má que uma rajada de vento a derrube, você inevitavelmente teria reparado, particularmente quando a escalou. Além disso, a árvore é recoberta por canais. Os cupins nunca se expõem à luz do sol, mas sempre trabalham no escuro, fazendo túneis na terra vermelha até que haja um buraco na árvore; e quando uma árvore estiver realmente tão suja e apodrecida, você sente que está oca quando a toca. Assim, aquele homem poderia facilmente ter visto que ela não era segura, mas, em sua excitação com a caça ao tigre, não reparou nisso. Claro, um homem que vai caçar tigres na selva não é um bebê; ele sabia disso, mas, em sua excitação, não prestou atenção a isso de forma consciente, ou pensou que não era tão ruim, afinal de contas. Ele poderia ter estado ciente disso, mas simplesmente não estava. Então o vento soprou, e ele tomou conhecimento – e, quando você está a vários metros de altura, existe o perigo de uma queda feia. Assim, certamente foi a mão de Deus – foi sua emoção que o tirou do alcance do perigo. Nesse

---

333. Jung repete aqui a história de um homem que, confrontando uma enorme serpente, pula sobre um muro.

sentido, a emoção pode produzir um milagre; pode ter um efeito positivo em uma situação tão única. Mas muitas pessoas têm emoções em situações muito banais, que não são em nada únicas. Elas têm emoções a respeito de qualquer bobagem oriunda de pura tolice e preguiça; elas têm emoções em vez de usar suas mentes.

Vamos agora prosseguir nosso texto. Vocês se lembram de que estávamos ocupados com aquele simbolismo muito edificante do leão sorridente e do bando de pombas. Vamos pular algumas das páginas seguintes e observar a quarta parte. Esse capítulo consiste em uma série de partes que contém as velhas e as novas tábuas, um sistema de valores, uma espécie de decálogo como as leis de Moisés, mas uma edição muito moderna. A quarta parte diz:

> Olha, eis aqui uma nova tábua: mas onde estão meus irmãos, que a levem comigo ao vale e aos corações de carne?
>
> Assim exige meu grande amor aos mais distantes: *não tenhas consideração pelo teu próximo*! O homem é algo que deve ser superado.

Aqui temos uma declaração que já encontramos. Em vez de amar seu próximo, Nietzsche enfatiza o contrário: "Não tenhas consideração pelo teu próximo". Que engano ele comete aqui?

Sr. Allemann: Ele vai demasiadamente para o outro lado.

Prof. Jung: Sim, a sugestão original era: "Ama teu próximo", com a famosa omissão da segunda parte: "como a ti mesmo". Mas ele só pensa na primeira parte, e então faz a declaração anticristã: "Não tenhas consideração pelo teu próximo", e a necessária compensação "como a ti mesmo" é de novo omitida. Mas, se você não pode amar a si mesmo, não pode amar a si mesmo[334]. [...] Sempre que você diz que ama ou odeia seu próximo, é simplesmente a mesma coisa, pois é uma declaração não compensada, está faltando o si-mesmo. Então o que significa que "o homem é algo que deve ser superado"? Vejam, Nietzsche não sustenta que ele é o único ser vivo. Ele também fala de irmãos, e quando algum irmão diz: "Não tenhas consideração pelo Sr. Nietzsche ou pelo Sr. Zaratustra"? E então? Se todo mundo supera todo mundo, todo mundo nega todo mundo, e qual é o resultado?

Sra. Jung: Ele só quer considerar o *Übermensch*.

Prof. Jung: Naturalmente, pois, na medida em que ele considera que ele próprio é o *Übermensch*, ninguém pode superá-lo ou saltar por cima dele; todo mundo tem de considerá-lo. Ele deve ser considerado e não tem de considerar ninguém porque eles só merecem ser saltados. Assim, naturalmente só pode existir um úni-

---

334. Nietzsche frequentemente proclamou a importância – a necessidade – do autoamor. Por exemplo, "A alma nobre tem reverência por si mesma" (*Além do bem e do mal*, 276). Ou também "Devemos temer quem odeia a si mesmo, pois seremos vítimas de sua cólera e de sua vingança" (*Aurora*, 517). Duas sentenças repetitivas estão omitidas aqui.

co super-homem; se existissem mais, eles seriam saltados uns pelos outros o tempo todo e a história toda seria em vão. Seria exatamente como aqueles meninos que encontraram um sapo. Um deles disse: "Aposto contigo cinco francos que você não comeria esse sapo". E o outro respondeu: "Se você me der cinco francos, eu comerei o sapo". Ele não pensava que o outro tivesse cinco francos, mas de fato tinha, por isso ele comeu o sapo. Então, depois de algum tempo, eles encontraram outro sapo, e o que tinha perdido cinco francos ficou furioso, por isso disse: "Você vai me devolver os cinco francos se eu comer esse sapo?" E o outro disse que sim, por isso ele comeu o sapo. Então, depois de algum tempo, os dois tiveram indigestão e disseram um ao outro: "Por que comemos aqueles sapos?" E esse seria o caso se existissem dois ou três super-homens. Eles comeriam um ao outro e então perguntariam: "Por que, afinal de contas, nós nos tornamos super-homens?" Se Nietzsche não estivesse em uma pressa tão infernal, pararia e pensaria e veria que bobagem ele estava dizendo. O texto prossegue:

> Há muitos caminhos e modos de superação: deves *tu* cuidar disso! Mas somente um bufão pensa: "O homem também pode ser *saltado*".

Que distinção Nietzsche está fazendo aqui quando diz que o homem também pode ser saltado – por um bufão, não se esqueçam, *ein Narr*?

Srta. Hannah: Ele está falando daquela vez em que o bufão saltou sobre o equilibrista.

Prof. Jung: E o que o faz pensar nisso? Algo deve tê-lo lembrado dessa cena.

Sra. Baumann: Ele praticamente acabou de dizer a mesma coisa com palavras diferentes.

Sra. Jung: Em alemão está *das überwunden werden muss*, não *übersprungen*.

Prof. Jung: É isso, ele faz uma diferença entre saltar por sobre uma coisa, e superá-la ou ultrapassá-la, uma distinção um tanto sutil que não deveria ser omitida. Talvez nos versos seguintes possamos obter alguma luz sobre isso. Ele prossegue:

> Supera a ti mesmo também em teu próximo […].

Não tem nada a ver com isso, mas existe obviamente uma distinção, na mente dele, entre saltar e superar, o que o leva a pensar no louco que saltou sobre o equilibrista e o matou. Ele também superou o homem de certo modo, mas saltando sobre ele. Essa é apenas uma alusão, mas nos permite sentir que ele tem a diferença em mente e que evidentemente pretende fazer uma discriminação.

Dr. Wheelwright: É a diferença entre a conquista intuitiva e a conquista real.

Prof. Jung: Sim, uma tentativa intuitiva seria saltar, ignorando a realidade; e superar seria antes uma tentativa laboriosa de ultrapassar ou sobrepujar o homem. Assim, o que ele entende por superar é um esforço, talvez uma obra real, em todo caso um procedimento extenso e laborioso – não deveria ser apenas um salto intuitivo. É uma distinção crítica e muito importante, de modo que é de novo espantoso que ele não insista nisso. Valeria muito a pena permanecer aqui por algum tempo e explorar essa distinção. Nós deveríamos então ouvir como ele compreende o procedimento pelo qual o homem comum de hoje se transformaria no super-homem; ele seria forçado a dizer como imagina esse procedimento. Mas aqui ele simplesmente toca nisso e imediatamente segue adiante, dizendo:

[...] e um direito que podes arrebatar, não deixes que te seja dado!

Isso significa, em primeiro lugar, que ser um super-homem é um direito, e você pode arrebatá-lo, roubá-lo: você não precisa esperar até que lhe seja dado. Até mesmo se alguém estivesse pronto a dá-lo a você, você não deve esperar. Rápido, tome-o pela força. Vejam, ele está apenas tergiversando sobre esse ponto crítico. Se alguém realmente sério, que realmente queira saber, perguntar: "Mas, afinal, como o homem pode se transformar no super-homem, como isso é feito? Diga-me!", ele diz apenas que seria tolice saltar. Mas o que deveria ser feito ele não diz. Assim, ele se comporta intuitivamente em relação ao problema, só toca no ponto, e evidentemente esse é *o* ponto. Mais uma vez, temos de lamentar que Nietzsche seja meramente intuitivo; ele está sempre nessa pressa infernal, nunca se assenta com o problema e o mastiga para ver o que resultará. Ele muito claramente sente que aqui está alguma coisa rasa, uma zona de perigo, por isso a menciona – e então imediatamente segue adiante. Assim, não se vê como essa transição do homem comum ao super-homem pode ser realizada: a questão mais interessante no todo do *Zaratustra*, se tratarmos de questões práticas – se tentássemos aplicá-lo.

Sra. Sigg: Não poderia ser que nós temos uma espécie de sistema autorregulador na psique, que nos ajuda a mantê-la equilibrada?

Prof. Jung: Nós o temos, na medida em que realmente estamos equilibrados, mas, se a pessoa está desequilibrada, está apenas desequilibrada – o mecanismo está fora de serviço. Claro, Nietzsche é um tipo muito unilateral, um sujeito no qual uma função é demasiadamente diferenciada, e à custa de outras. É um pensador especulativo, ou nem sequer especulativo – ele não reflete muito. Nietzsche é sobretudo intuitivo, e isso em um grau muito elevado. Uma pessoa assim salta por sobre os fatos da sensação, das realidades, e naturalmente isso é compensado. Esse é o problema ao longo de todo o livro. Por cerca de dois anos trabalhamos os capítulos da sombra no *Zaratustra*, e a sombra está rastejando cada vez para mais perto dele, sua função inferior, a sensação. A realidade atual está rastejando cada vez para mais perto, com uma terrível ameaça e um terrível temor. E, quanto mais perto chega, mais ele salta no ar, como aquele homem que viu a cascavel atrás de si. Ele realiza as proezas acrobáticas mais extraordinárias para não tocar ou ver sua sombra. Assim, temos, por um lado, sua extrema intuição, e, por outro, a sombra sempre chegando mais perto.

Dr. Frey: Mas ele não estava mais perto do problema no início – quando carregou o cadáver e o enterrou na árvore?

Prof. Jung: Sim, e não apenas no início. Ao longo do *Zaratustra*, ele aparentemente lida com a sombra várias vezes; sua mente ou sua psique parece funcionar como a psique de qualquer pessoa funciona. Sempre há tentativas de lidar com o problema. Mas então ele novamente pula fora e não lida com isso de maneira adequada: as coisas ficam complicadas, e ele as deprecia e reprime. Por exemplo, vocês se lembram daquele capítulo não muito distante, em que o louco apareceu e falou exatamente como Zaratustra, depreciando as humildes pessoas inferiores. E Nietzsche não pôde aceitar isso; depreciou o louco, apesar do fato deste estar repetindo suas próprias palavras, praticamente. Vejam, essa foi uma tentativa da sombra, disfarçando-se a si mesma na linguagem de Zaratustra, dizer: "Eu sou você, eu falo como você, agora me aceite". Quando você vê uma pessoa amaldiçoando outra e a citando – "Ele até mesmo diz isso e aquilo" –, você sabe que essas são as visões daquele próprio sujeito, daquele que está reclamando. E se você disser: "Mas isso é o que você também diz", poderia ocorrer a ele que, aquilo que ele estava depreciando no outro, era tão parecido consigo mesmo que ele não o via. Portanto Nietzsche poderia ter dito a si mesmo: "Como o louco fala minha própria língua, ele não é idêntico a mim? Não somos um e o mesmo?" E lembrem-se: há passagens em que ele fala de Zaratustra como o louco.

Alguns de vocês certamente se lembram daquele famoso *soreites syllogismos* que fiz no primeiro seminário do *Zaratustra*. Essa é uma figura de conclusão lógica, uma afirmação sem precondições; como as premissas são verdadeiras, a conclusão é verdadeira. Provei ali que cada figura que encontramos no *Zaratustra* é o próprio Nietzsche. Portanto ele é a sombra, e se Nietzsche tão somente tivesse parado para pensar por um momento, teria visto isso. Mesmo aqui há uma oportunidade: Nietzsche diz que o homem é algo que deve ser superado, que é o que o louco mostrou a ele. Mostrou o que se deveria ou não se deveria fazer, pois lá o equilibrista morreu, lá Nietzsche deveria ter aprendido que o homem é morto por esse salto, que ele próprio seria morto. E ele fez lá a famosa profecia de que sua mente morreria antes que seu corpo. Vejam, aqui novamente ele lembra o louco; portanto, aqui novamente tem uma chance de compreender que é idêntico a ele, por estar saltando por sobre o homem. O que ele quer dizer por superar o homem? Ele nunca nos mostrou como isso é feito. Definitivamente ele sente aqui que algo está errado; sente que deveria fazer uma distinção, de modo que o louco possa ser removido, de modo que ele não tenha de reconhecer o bufão. Esse é evidentemente um ponto muito importante; esperaríamos aqui uma evidência definitiva de que Zaratustra não é o bufão. Nietzsche deveria parar aqui e explicar a diferença entre saltar e superar. Mas, tendo tocado nisso um pouco, ele se afasta como se tivesse tocado em ferro em brasa. Vai mais longe, e chega a dizer, sobre a superação: "Não espere até obter isso legitimamente. Tome pela força, corra, antecipe-se. Isso deve ser pego imediatamente". Vocês ouviram esse tom antes; ouviram em setembro: *Es muss jetzt sein und jetzt sofort*. Não espere até que surja naturalmente, tome-o pelo meio que for, não há tempo para esperar. Essa é a natureza do vento: o vento não espera, o vento se move, e rápido, imediatamente. Mais adiante, Nietzsche chega a essa afirmação de que o vento está em ação. Agora pularemos o que se segue e iremos à sexta parte:

> Ó meus irmãos, a primícia sempre será sacrificada. Mas agora somos nós as primícias!
>
> Todos nós sangramos em secretos altares de sacrifícios, todos nós assamos e ardemos em honra de velhos ídolos.

Para saber como ele chega a essa ideia, devemos observar o fim da parte precedente.

> Não se deve querer fruir quando não se dá fruição. E – não se deve *querer* fruir!
>
> Pois fruição e inocência são as coisas mais vergonhosas: nenhuma das duas quer ser buscada. Deve-se *tê-las* – mas deve-se antes buscar a dor e a culpa!

Que tipo de linguagem é essa?

Sra. Crowley: É a linguagem cristã.

Prof. Jung: Sim, soa exatamente como Tertuliano, que conclamava seus jovens cristãos a buscar a arena em vez de evitá-la. Esse é um ensinamento extremamente cristão. Por isso a parte seguinte começa com essa ideia de que ele e seus irmãos são primogênitos que devem ser sacrificados.

Sra. Sigg: É como a linguagem do Novo Testamento, Cristo sendo o primogênito.

Prof. Jung: E o que isso significa?

Sr. Allemann: Os primeiros frutos sempre foram sacrificados.

Prof. Jung: Sim, os romanos chamavam as primícias da primavera, sacrificadas aos deuses, de *ver sacrum* [em latim, primavera sagrada (N.T.)]. A analogia cristã para esse costume ou rito pagão é que Cristo, sendo o primogênito de Deus, é sacrificado. Nietzsche está agora, aparentemente, em uma disposição muito cristã, e seria de se perguntar o que produziu isso nele.

Sra. Crowley: No capítulo anterior, ele não estava dizendo que tinha trazido uma nova religião ao homem? Estávamos discutindo isso.

Prof. Jung: Essa é a razão geral. "Zaratustra" é o nome do fundador de uma religião, e é claro que isso é algo como que uma nova religião. Também os novos mandamentos que ele dá no lugar dos velhos sugerem uma nova religião. Mas qual é o pensamento imediato que produz essa analogia cristã?

Dr. Wheelwright: É a reação contra o desejo de criar uma coisa rapidamente. É uma compensação para isso.

Prof. Jung: Eu explicaria isso, antes, como uma reação imediata contra tocar o ferro quente, a sombra. Por isso ele diz para tomar rapidamente esse direito a ser um super-homem. Pule, tome pela força, não espere até que lhe seja dado por um procedimento regular! Ele quase diz que não quer saber em que consiste a superação. Sente que isso significaria uma longa dissertação, na qual deveria se demorar por muito tempo para nos dizer como passar do homem comum ao estado do super-homem. E isso é irritante para ele, porque é apenas realidade. Essa é a impaciência da reação intuitiva contra a percepção semiconsciente de que essa superação significa algo em que ele não poderia se demorar sem se colocar em uma situação delicada.

Sra. Jung: Porque ele quebrou as velhas tábuas e erigiu uma nova lei, ele é a primícia dessa nova lei e, ao mesmo tempo, a vítima.

Prof. Jung: Isso é verdade, mas quero saber a transição lógica no texto.

Srta. Hannah: Uma pessoa não pode entrar em uma nova religião como essa sem lidar com sua velha religião, o que ele não fez. Ele saltou por sobre ela; não entrou em nenhum acordo com sua velha religião.

Prof. Jung: Isso é verdade, mas você não consegue ver no texto como essa transição é feita na realidade?

Srta. Hannah: Estamos todos assando e ardendo em honra de velhos ídolos, e as coisas novas também assam e ardem, mas ele não se deu ao trabalho de descobrir o que o está assando e ardendo.

Prof. Jung: Sim, mas quero estabelecer a conexão entre a quinta e a sexta parte. No fim da quinta parte, vemos que ele assumiu uma atitude extremamente cristã, o que explica, no início da sexta parte, que ele seja uma primícia que deve ser sacrificada. Agora eu pergunto: como ele entra nessa atitude cristã?

Sra. Baumann: Somos autorizados a ler algo que você não leu? Há os dois últimos versos da quarta parte:

> Aquilo que fazes, ninguém pode fazer por ti. Vê, não existe retribuição.
>
> Quem não pode comandar a si mesmo, deve obedecer. E muitos *podem* comandar a si mesmos, mas ainda falta muito para que também obedeçam a si!

Prof. Jung: Ali você pode estabelecer a conexão. Pois bem, Sra. Baumann, qual é a conexão entre o fim da quinta parte e o começo da sexta? O que se segue daí – ou por que ele diz isso?

Sra. Baumann: Por ter dito isso, ele se torna um sacrifício.

Prof. Jung: Mas como você explica isso?

Sra. Baumann: Ele está saltando intuitivamente, mas em baixo sente o mesmo, pois está pregando que é possível apreender alguma coisa de imediato, sem superá-la. Então se segue isso, sobre comandar e obedecer.

Sr. Allemann: Ele diz que não há retribuição, *Es gibt keine Vergeltung*, e então tem de perceber a retribuição, tornar-se um sacrifício.

Sra. Fierz: Mas isso não se segue diretamente, quando você quer encontrar um modo de superar a si mesmo, que um modo então se apresente? Mas esse é o modo cristão, por isso ele pensa nisso de forma involuntária.

Prof. Jung: Bem, você e a Srta. Hannah estão certas, mas eu queria que vocês estabelecessem a conexão no texto.

Srta. Hannah: Ele diz que a pessoa deveria comandar a si mesma, mas ele não consegue comandar sua sombra. Ele pensa que consegue, mas não consegue, e por isso tem de ser sacrificado. Ele é aquele que tem de ser comandado, e comete o terrível equívoco de pensar que comanda.

Prof. Jung: Isso de novo está perto da verdade – ele próprio o diz.

Sr. Bash: A sombra, então, não é o elemento que ainda permanece nele próprio e em contraste com o super-homem, que o comanda, mas não conscientemente, não em consonância com seu ideal ostentado do super-homem, de modo que ele obedece – mas em certo sentido não obedece – a si mesmo?

Prof. Jung: Bem, os parágrafos subsequentes elucidam o ponto. Mas eu gostaria que vocês estabelecessem a conexão mediante a quinta parte, começando na quarta. Vejam, Nietzsche pula sua própria declaração de que seria preciso superar o homem, pois ele não sabe como isso é feito, e isso é desagradável. Por isso ele salta para longe disso, e diz para tomarmos o direito a ser o super-homem; não esperemos pelo desagradável procedimento que é nos transformarmos no super-homem. Mas, é claro, isso ainda o incomoda: afinal, como isso é feito? É como fazer uma declaração muito ampla com uma dúvida na mente sobre se isso é certo. Então isso começa a preocupar e a incomodar você. Enquanto está falando coisas grandiosas, aquilo abre seu caminho, mais e mais. Continua irritando você. Portanto esse problema que ele pulou não está completamente extinto, aparece de novo em: "Quem não pode comandar a si mesmo, deve obedecer". Isso aponta imediatamente para os mandamentos – digamos que os mandamentos de Moisés –, e esse, de fato, é o modo pelo qual alguma coisa pode ser feita. Você simplesmente comanda, faz uma declaração e diz: "Tu deves". De modo geral, essa é a intenção dele aqui; em vez de mostrar o caminho, ele ordena, faz leis, leis de comportamento ou leis de pensamento, e assim estabelece um novo sistema de mandamentos por meio dos quais a pessoa pode superar ou ultrapassar. Mas qualquer um pode comandar a si mesmo? Obviamente há muitas pessoas que não podem. Esse é o início das dúvidas de Nietzsche sobre a possibilidade desse desenvolvimento rumo ao super-homem. Por exemplo, minha sombra não me obedecerá. Bem, então, minha sombra simplesmente *tem* de obedecer. "E muitos *podem* comandar a si mesmos, mas ainda falta muito para que também obedeçam a si!" O que isso significa?

Sr. Allemann: Muitos podem ver o que seria bom para eles, mas não conseguem encontrar o caminho para fazer isso.

Prof. Jung: O homem pode inventar todo tipo de caminhos. Ele pode dizer: "Essa é a coisa certa a fazer", e comandar a si mesmo para fazê-la. Mas vocês chamariam isso de auto-obediência? A quem vocês estariam obedecendo então? Vejam, o caso comum de comportamento moral é que você obedeça a um mandamento que você ouve ou que você mesmo inventa. Você dá uma ordem e diz: "Eu penso que esta é a coisa certa a fazer neste caso? Vou fazê-la". Mas vocês então obedeceram ao si-mesmo?

Sra. Fierz: Não, Sr. Jung.

Prof. Jung: Sim, se *eu* penso que é bom para todo mundo, logo *eu* devo fazê-lo, estou obedecendo à opinião pública. Isso não é o si-mesmo. Ou você está obedecendo ao seu inconsciente, ou ao diabo: *ele* pensa e você faz; assim, você obedeceu a um fantasma. O mandamento foi simplesmente dado pelo inconsciente, por um louco, talvez. Por isso você deveria examinar os fantasmas que estão sussurrando em seu ouvido, pois você nunca tem certeza sobre de quem é tal voz. O espírito pode dizer coisas muito estranhas às vezes, por isso, como diz São Paulo: *prüfet die Geister*[335]. Aquela minha antiga paciente me diz que Cristo às vezes faz piadas obscenas, particularmente na igreja, o que é chocante e torna difícil para ela manter a teoria de que é Cristo. Não digo que isso esteja errado: acontece como uma compensação necessária para uma atitude devota que não é muito real. Então, necessariamente, você tem de obedecer a fantasias obscenas para ver quem você é. Assim, o fato de você ser capaz de comandar a si mesmo não significa que isso seja uma coisa especialmente boa de se fazer, ou que o si-mesmo seja realmente a fonte desse mandamento. Até mesmo um homem que consegue comandar a si mesmo, e que é capaz de obedecer a seu próprio mandamento, pode não obedecer ao si-mesmo. Essa passagem revela uma dúvida profunda de Nietzsche sobre a utilidade de seus mandamentos.

Ainda assim, é o único modo conhecido – não conhecemos outros modos. Por exemplo, suponha que você está em uma situação psicológica na qual se sente muito inferior e da qual gostaria de sair. Então você vai a um pastor comum e pede o conselho dele, e ele diz que você deveria fazer tal e tal coisa. Mas você conhece aquilo tanto quanto ele, e que é exatamente o que você não pode fazer. A razão pela

---

335. "Ponha à prova os espíritos" (1Jo 4,1).

qual você não vai a um pastor é porque você sabe exatamente o que ele dirá; você sabe que aquilo será feito na forma de um mandamento ou de uma ordem, porque é o modo como isso é conhecido. E Nietzsche ingenuamente tenta o mesmo modo ao fazer novos mandamentos, pois esse é o único modo que *ele* conhece – esse tem sido praticamente o único modo por 2 mil anos. Mas que Deus pudesse trabalhar em você mesmo por um lento e doloroso procedimento não é, por razões curiosas, aceito. Por que essa ideia, verdadeiramente uma ideia religiosa que nos daria confiança em Deus, não é geralmente aceita? Por que deveríamos sofrer a lei o tempo todo?

Srta. Wolff: Porque nós *queremos* uma lei. Nós queremos ser irresponsáveis, e por isso esperamos ser guiados. Nós mesmos não somos exceções. Dizemos: "Eu não sei o que fazer, mas terei um sonho a respeito". Assim, alguém está decidindo por nós, estamos nos livrando de todo problema moral.

Prof. Jung: Sim, você sempre pode dizer: "Oh, eu não preciso pensar; simplesmente me comporto segundo a lei". Isso nos dá uma espécie de segurança. A lei é uma direção segura e um cajado confiável, assim não precisamos nos preocupar. Mas por que não deveríamos supor que Deus pudesse trabalhar em nós?

Sra. Fierz: Porque ele não é inteiramente bom.

Prof. Jung: Exatamente – nem tão inteiramente confiável; há certo risco a respeito. Deus poderia fazer algo nada convencional.

Sra. Flower: Posso perguntar como saber se é Deus que está respondendo?

Prof. Jung: Esse é exatamente o ponto. Se soubéssemos com certeza, *nós* poderíamos fazer uma lei. A atitude católica é muito sensata nessas questões. Eles dizem: "Qualquer um pode sugerir qualquer coisa e chamar isso de palavra do próprio Deus, e como nós sabemos? Bem, nós temos a tradição da Igreja, o colégio dos cardeais, o concílio dos sacerdotes, e esse enorme aparato é uma medida com a qual decidir. Se isso concorda com a sagrada tradição, é bom, se não concorda, é ruim". Mas, se decidirmos assim, o que acontece a Deus?

Sra. Baumann: Ele é eliminado.

Prof. Jung: Sim, e quem o está eliminando?

Sra. Sigg: O homem na coletividade.

Prof. Jung: Bem, os papas e os cardeais ou os padres do concílio decidem sobre essas questões. Existe uma história curiosa sobre o concílio. Eles não sabiam o que fazer sobre certos livros, por isso os puseram sob o altar, na esperança de que Deus decidisse sobre eles. Então certos livros foram milagrosamente pegos e colocados *em cima* do altar, por isso eles decidiram que esses eram os livros certos, e que os outros, que permaneceram embaixo, não eram bons. Assim, é realmente a obra do próprio homem, a mente do próprio homem, que decide que tal coisa é boa e a outra é ruim. A atitude da Igreja Católica é perfeitamente legítima, porque é construída com base no sistema de mandamentos; a Igreja deve dar orientação segura.

A Igreja é o estábulo para o rebanho ou para as ovelhas, para que não se percam ou sejam atacadas pelos lobos. Elas estão bem-protegidas dentro das muralhas da Igreja. Isso faz sentido, e por isso a Igreja corretamente diz: *extra ecclesiam nulla salus*, "fora da Igreja não há salvação", só perdição. Mas a questão é: *é só perdição?* Ou é possível que Deus seja livre? Porque, de acordo com a doutrina da Igreja, Deus não pode ser livre, tendo limitado a si mesmo aos mandamentos da Igreja. Claro que, teoricamente, eles dizem: "Naturalmente Deus é livre, a vontade de Deus é suprema e ele pode decidir. Mas, na prática, como Deus instituiu os sacramentos, ele não pode abandoná-los. Assim, se o rito do batismo é ministrado, a graça estará lá. Em outras palavras, quando o sacerdote é consagrado pela bênção apostólica e realiza o rito do batismo ou qualquer outro rito sacramental do modo correto, o rito tem um efeito mágico sobre Deus. Deus tem de estar ali e não recuará de sua promessa, não abandonará suas próprias instituições, apoiará o rito com a presença de sua graça. Por esse argumento, a Igreja evita a objeção de que acredita em magia, de que um padre está fazendo magia ao realizar o rito correto. De fato, na prática, Deus é limitado: está aprisionado pelos ritos mágicos da Igreja – não pode parar de dar a sua graça. E, como Ele nunca prometeu dar a sua graça a nada mais, nada mais recebe a graça de Deus. Assim, a pessoa é mantida inteiramente na Igreja. Se Deus quiser operar, deve ser na, e por meio da Igreja; não pode operar fora da Igreja, nem publicar outras atualizações, talvez um Testamento ainda mais novo. A última edição apareceu 2 mil anos atrás – nada novo desde então. Seria muito perturbador se houvesse, pois estaria fora do dogma, e isso não pode ser rebatido. Assim, toda a nossa ideia de desenvolvimento espiritual é inteiramente ligada à ideia de mandamentos.

Palestra IV
8 de fevereiro de 1939

Prof. Jung: A Sra. Crowley chama a nossa atenção para o fato de que a máxima "Ama teu próximo como a ti mesmo" já está contida no Levítico, capítulo 19, versículo 18: "Não te vingarás e não guardarás rancor contra os filhos do teu povo. Amarás o teu próximo como a ti mesmo: eu sou o Senhor".

Ainda estamos ocupados com a questão da transição da quarta parte do capítulo 56, com a qual lidamos, para a sexta parte. Vocês pensaram a respeito?

Srta. Hannah: Eu pensei a respeito, mas estou confusa. Gostaria que você repetisse a questão.

Prof. Jung: Vocês se lembram de que nós pulamos a quinta parte e fomos para a sexta, que começa assim: "Ó meus irmãos, a primícia sempre será sacrificada". Minha questão era: como Nietzsche chega à ideia da primícia? Para o que – ou a quem – isso claramente aponta?

Srta. Hannah: Ao cordeiro cristão, na verdade.

Prof. Jung: Sim, ao próprio Cristo, que é a primícia entre os mortos, *der erste der Toten*, o Cordeiro pascal que é sacrificado na primavera. Mas como Nietzsche chega a essa ideia desde a quarta parte desse capítulo? Qual é a transição? Por favor, atenham-se ao que o próprio Nietzsche diz no texto.

Sra. Brunner: Ele prega a superação de si mesmo a si mesmo, mas percebe que não pode superar a si mesmo, por isso é lançado de volta à mentalidade cristã.

Prof. Jung: Isso está bem perto da verdade.

Sra. Sigg: Penso que não deveríamos negligenciar o fato de que esse capítulo tem por título "De velhas e novas tábuas", e a questão da primícia, a razão pela qual a primícia deve ser sacrificada, é tratada justamente nesse capítulo, no qual a quebra das tábuas é discutida. Há uma clara conexão. Assim, penso que a identificação com Moisés tem um enorme papel no *Zaratustra*, visto que Moisés é aquele que quebra as velhas e faz as novas tábuas.

Prof. Jung: A ideia das primícias se baseia na lei mosaica, mas o próprio Moisés nada tem a ver com essa questão da transição da quarta parte para a sexta parte.

Observação: Ele diz: "Não tenhas consideração", e então isso é posto contra ele. De imediato, ele enfrenta a própria falta de consideração, pois a própria pessoa é o próximo de si mesma.

Prof. Jung: Sim, você também está bem perto da verdade.

Sr. Bash: Parece-me que há duas correntes de pensamento aqui: em primeiro lugar, um sentimento de sua própria inadequação, a que é dada expressão na sentença: "E muitos *podem* comandar a si mesmos, mas ainda falta muito para que também obedeçam a si!" Então ele diz, posteriormente, que não se deveria buscar a fruição, que se deveria, isso sim, buscar a culpa e a dor. Gostaria de saber se isso não tem uma aplicação pessoal para ele próprio, como o primeiro revelador de uma nova religião, o que ele de modo bastante autoconsciente é, e se ele não sente ainda sua própria inadequação para realizar suas profecias. Ele é o primeiro profeta do super-homem, mas não é o super-homem, e nunca consegue ser; além disso, sente que ele próprio deve ser superado, que ele próprio não deve comandar, mas deve ser sacrificado ao verdadeiro super-homem, que ainda está por vir.

Prof. Jung: Você tem razão, e tocou no ponto decisivo nessa questão de buscar a culpa e a dor. Essa é uma atitude extremamente cristã, pela qual o cristianismo tardio foi acusado; ou seja, que a moralidade consiste sobretudo em fazer coisas desagradáveis, que, para ser moral, devemos, por princípio, fazer coisas desagradáveis. Em certos momentos da Idade Média, o ideal mais elevado de piedade, a atitude ética mais elevada, era que se deveria realmente buscar a tortura, que se deveria buscar apenas a culpa e a dor. Isso representa uma completa repressão do homem natural, mediante uma atitude ética muito unilateral. Bem, podemos agora reconstruir a ponte interna de pensamento. Vejam, Nietzsche sempre nos induz a pular coisas, a sobrevoá-las como ele sobrevoa abismos, criando a ilusão de que existe uma ponte. Nós pensamos ter transposto um obstáculo muito facilmente, quando na verdade apenas o ignoramos. Não o atravessamos, não trabalhamos para superá-lo, nós simplesmente fizemos um voo intuitivo – pulando como um gafanhoto – e o ignoramos. Assim, precisamos nos acalmar e nos forçar a ir mais fundo no significado subjacente das palavras dele, de modo a nos tornarmos cientes das enormes dificuldades que ele simplesmente deixa para trás.

Recordem que, na quarta parte, ele é de novo lembrado do bufão, do louco que pensa exatamente como ele. Capítulo após capítulo, Nietzsche depreciou o homem coletivo, mostrou que este não tem nada de bom, é sem valor. Disse coisas tão negativas sobre o homem natural que, no fim, ele próprio admite que só um louco poderia falar assim. Ocorre-lhe a percepção de que está falando quase como o bufão que saltou sobre o equilibrista. Por isso ele diz que só um louco pensaria que o homem comum pode ser "saltado" – é preciso *superá-lo*. Pois bem, nesse caso, poderíamos realmente esperar – como em lugares parecidos anteriores –

uma explicação do método, ou do caminho, para integrar esse homem inferior, de modo que ele não seja meramente saltado. Mas aqui ele diz: "Supera a ti mesmo também no teu próximo", como se isso fosse diferente de saltar a ti mesmo também no teu próximo, embora ele não diga em que consiste a superação. Em vez de ir às profundezas do problema, ele simplesmente pega outra palavra, como se alguma coisa tivesse assim sido feita. Mas nada é feito. Ele imediatamente se impacienta de novo e diz: "[...] e um direito que podes arrebatar, não deixes que te seja dado!" – em nome dos céus, não espere, você deve antecipar o super-homem, agarrar o resultado mesmo se você não tem o direito a ele, não seja paciente, não espere até que o super-homem naturalmente cresça em você. Pois bem, alguma coisa poderia ser mais saltadora do que uma atitude dessas? Ele salta por sobre o homem comum o tempo todo.

Vejam, o homem natural espera até que uma coisa venha a ele. Usurpar um lugar significa muito espasmo e cãibra, ele deve fazer um esforço enorme para agarrar algo que não vem a ele naturalmente. Se você força a pessoa a lançar-se a uma conclusão, ou a usurpar um direito que viria, de qualquer modo, está forçando-a a uma atitude inteiramente não natural. Tudo isso demonstra claramente que ele não pretende, de modo algum, levar o homem inferior em consideração: novamente o homem inferior é saltado. Então, nessa declaração de que "muitos *podem* comandar a si mesmos, mas ainda falta muito para que também obedeçam a si!", existe a dúvida se até mesmo alguém que aparentemente está no comando de si mesmo pode obedecer a sugestões do si-mesmo. A dúvida muito justificada é naturalmente suscitada nele, se ele próprio seria capaz de obedecer ao comando de um si-mesmo que é pensado como sendo supremo, ou ao menos superior ao "eu" que é capaz de comandar a si mesmo. Como o Sr. Bash assinalou, Nietzsche tem o sentimento de que ele próprio não pode viver à altura dessa atitude heroica superior. Ainda assim, na quinta parte, ele pressupõe uma atitude que é de novo super-heroica, qual seja: não se deveria buscar prazer, mas sim dor e culpa. Essa é uma atitude muito inatural, pois qualquer ser natural busca prazer: ele é mórbido se não o faz. E o que Nietzsche disse antes sobre as pessoas que são tão degeneradas que só querem sofrer? Agora ele adota essa atitude simplesmente porque ela se encaixa no que ele disse sobre o tratamento do homem inferior – que o homem inferior é e deve ser saltado, sendo o *superar* meramente um outro tipo de *saltar*. Assim, ele coerentemente chega a essa conclusão de que o homem inferior não deve ser levado em conta, pois o ideal é procurar apenas dor – e nada de agrado, por favor, nada de prazer.

Nós ouvimos isso antes. Uma atitude super-heroica como essa leva diretamente à figura de Cristo, que supera a fraqueza do homem, que se sacrifica e se identifica com o Cordeiro pascal. Essa não é uma crítica ao problema de Cristo;

essa atitude – ou esse símbolo – foi necessária então, mas ninguém está autorizado a se identificar a tal ponto com Cristo, a não ser que possa ter a mesma atitude. Lembrem-se: Nietzsche *tem* essa atitude agora. Ele é mais do que medieval nessa busca da culpa e da dor: nós somos os seguidores de Zaratustra, somos as primícias, só vivemos para ser sacrificados. Essa é a atitude que vocês encontram agora respaldada na Alemanha: é o humor e a atitude de *ver sacrum*, e ela certamente salta por sobre o homem inferior. Vejam, há uma corrente contínua de pensamento ao longo desses capítulos, uma espécie de subcorrente cristã, que claramente vem à superfície agora, e passa a impressão de que Nietzsche, como um indivíduo cristão ou um indivíduo que teve outrora uma educação cristã, ainda assim jamais compreendeu o que o cristianismo realmente significava. Aparentemente era algo que acontecia meramente em igrejas, ou na cabeça.

E agora, no momento em que as ideias dogmáticas são descartadas, elas subitamente reaparecem em uma atitude psicológica. Essa é a tragédia do nosso tempo. Tudo que era um credo na Idade Média, tudo de ideal que as pessoas mantinham diante dos olhos, se perdeu, e está agora na carne. Assim, vemos toda uma nação se tornando realmente cristã de certa forma, mas sem a ideia de cristianismo – até mesmo com uma ideia anticristã. Mas a ideia de que todo mundo deve agora ser um sacrifício é essencialmente cristã. Não importam todas as coisas que você perde e que a vida seja muito dura de qualquer modo: todo mundo deve se sacrificar. Isso é *plus papal que le pape* [mais papal do que o papa; em francês no original (N.T.)], mais cristão do que nunca. Não sabemos de nenhuma época na história em que um papa ou um bispo teria educado sua nação como a Alemanha está sendo agora educada sob uma chamada regra anticristã; é muito pior do que foi, sem misericórdia, sem redenção, sem explicação. É feito em nome do Estado, mas é uma atitude completamente cristã. Porém essa é a lógica de Nietzsche, e ocorreu como uma condição política ou sociológica. Nesses parágrafos, nós temos o mesmo tipo de pensamento, o mesmo desenvolvimento. O imaginário cristão é abolido; ainda assim, o fato psicológico do cristianismo persiste. É como se aquela criança tivesse sido decapitada; enquanto tinha uma cabeça, era humana, mas agora não tem cabeça. Existe simplesmente o corpo da criança com toda a sua força, fazendo justamente o que ela fazia antes, mas sem cabeça, sem nenhuma compreensão do que está fazendo. E assim, naturalmente, todo mundo tem de ser sacrificado, não no altar de algum templo ou deidade ou igreja, mas no altar do Estado – uma ficção. Nietzsche continua na sexta parte:

[...] Mas agora somos nós as primícias!

Todos nós sangramos em secretos altares de sacrifícios, todos nós assamos e ardemos em honra de velhos ídolos.

Na Idade Média, eles assavam e ardiam os heréticos, e agora as pessoas estão fazendo isso a si mesmas, em honra do Estado ou em nome dele. O que é aparentemente uma concepção avançada é, na verdade, um velho ídolo, e por trás disso há deuses pagãos que não são nomeados. Mas eles estão secretamente encarnados no Estado.

> O que temos de melhor ainda é jovem: isso atrai os velhos paladares. Nossa carne é tenra, nossa pele é somente uma pele de cordeiro – como não atrairíamos velhos sacerdotes de ídolos?

Como vocês explicam essa passagem?

Sra. Brunner: Ele é o Cordeiro pascal.

Prof. Jung: Sim, isso está claro, mas compreendido não como um sacrifício, exatamente, e mais como a vítima de um velho sacerdote de ídolo. Pois bem, quem são os velhos sacerdotes de ídolos?

Srta. Hannah: Não é Wotan? Eles de fato sacrificavam ovelhas no início do movimento do Novo Paganismo, não?

Prof. Jung: Sim, sacrificavam. E o velho Wotan tinha sacrifícios humanos oferecidos a ele: prisioneiros de guerra eram suspensos em uma árvore e trespassados em sua honra, porque esse era o tipo de rito sacrificial pelo qual o próprio Wotan tinha passado, quando foi suspenso na árvore do mundo e ferido pela lança. Seu próprio destino original era repetido no sacrifício dos prisioneiros de guerra. Claro, o deus de nosso tempo é Cristo, e seu símbolo é o cordeiro: ele foi o cordeiro sacrificado. Por isso, se as pessoas deviam ser sacrificadas em sua honra, isso deveria ser uma repetição de seu próprio mito; deveriam ser sacrificadas como ovelhas. Ora, que as ovelhas são extremamente gregárias é até mesmo proverbial, por isso essas grandes multidões deveriam ser abatidas: rebanhos de ovelhas seriam o sacrifício adequado. De que modo fácil tais sacrifícios de ovelhas poderiam ser executados na realidade?

Srta. Hannah: Pela guerra.

Prof. Jung: Sim, nós temos uma excelente maquinaria para esse propósito: em poucos segundos vários milhares de pessoas poderiam ser mortas. Assim, a matança coletiva, a matança das ovelhas, pode ser feita tecnicamente de modo muito fácil pela guerra. A guerra é a faca sacrificial pela qual isso pode ser realizado. Mas a faca sacrificial nada faz por si mesma – uma mão guia a faca; portanto, se a guerra é a faca sacrificial, quem, então, é o sacerdote?

Srta. Wolff: O Estado que ordena a guerra.

Prof. Jung: Sim, mas o Estado é considerado um conceito moderno, e por trás do Estado existem as antigas deidades; portanto, quem seria o sacerdote sacrificial na realidade?

Srta. Hannah: Wotan.

Prof. Jung: Você pode dizer Wotan, ou seria um deus da guerra; esse é o antigo ídolo. O Estado é meramente o pretexto moderno, um escudo, uma fantasia, um conceito. Na realidade, o antigo deus da guerra segura a faca sacrificial, pois é na guerra que as ovelhas são sacrificadas. O rebanho cristão de ovelhas está agora sem um pastor; é levado ao sacrifício das primícias e morto gregariamente, o modo mais eficaz sendo a guerra. Essa é a psicologia que ameaça a Europa de modo geral. O antigo pastor acabou em praticamente todos os países – o rebanho não é mais levado por um pastor benévolo. Até mesmo o papa, ou qualquer bispo no passado, era um pastor mais benévolo do que o Estado. O Estado é impessoal, um poder obscuro, o poder que domina as massas – e essa é sempre uma deidade bárbara. Assim, em vez de representantes humanos ou de um ser divino pessoal, temos agora os obscuros deuses do Estado – em outras palavras, os obscuros deuses do inconsciente coletivo. É a velha assembleia de deuses que começa a operar de novo porque nenhum outro princípio está acima. Onde não existe nenhum princípio condutor reconhecido, o inconsciente coletivo surge e assume o controle. Se nossa *Weltanschauung* não existe mais ou é insuficiente, o inconsciente coletivo interfere. Sempre que falhamos em nossa adaptação, sempre que não temos alguma ideia condutora, o inconsciente coletivo aparece, e na forma dos velhos deuses. Os velhos deuses então irrompem em nossa existência: os velhos instintos começam a assolar novamente.

Esse não é apenas o problema da Alemanha; a Alemanha é apenas um sintoma. É assim em todos os países. Por exemplo, a França acabou com os velhos pastores. Não foi a ideia do pastor que voltou na França, mas sim a ideia do lobo: ou seja, a dissolução e a desintegração do povo pelas ideias socialistas. Então os lobos aparecem. Com os alemães, a ideia do pastor permaneceu, mas assumiu a forma do velho deus-vento que sopra todas as folhas secas de uma vez, um estranho tipo de pastor, um velho feiticeiro. Mas esse é apenas o outro aspecto. O efeito é exatamente o mesmo, quer se trate de lobos – que também matam gregariamente –, quer se trate do tipo errado de pastor. É a mesma condição por toda a terra que causa a doença. Os velhos deuses estão retornando à vida, de novo em uma época na qual eles deveriam ter sido suplantados há muito tempo, e ninguém consegue ver isso. Esse é agora o problema daqueles velhos sacerdotes de ídolos.

Srta. Wolff: Na primeira parte do capítulo 9, "Do novo ídolo", Nietzsche diz a mesma coisa, quase literalmente: o Estado é o novo ídolo.

Prof. Jung: Sim. Logo antes vinha o capítulo "Da guerra e dos guerreiros", seguindo, então, por "Do novo ídolo". Ali já temos a mesma ideia.

Srta. Wolff: Gostaria de saber se, nesse capítulo com o qual estamos lidando agora, os velhos ídolos e os velhos sacerdotes não são para Nietzsche os sacerdotes cristãos – como se toda a ideia sacrificial fosse revertida e os velhos sacerdotes ou ídolos estivessem trucidando a nova ideia.

Prof. Jung: Naturalmente, para ele é como se fossem os velhos sacerdotes cristãos. Mas, na verdade, eles nunca foram capazes de controlar uma nação como está sendo feito agora pelo Estado.

Srta. Wolff: Mas ele não diz que é uma nação aqui. As primícias parecem ser ele próprio e algumas outras.

Prof. Jung: Claro que não – porque ele não sabia disso. Se pudesse ter visto isso claramente, nunca teria falado tão claramente. Só na medida em que são pessoas modernas é que eles são primícias. Pessoas modernas seguem Zaratustra. Mas ele não viu que estava realmente antecipando todo o desenvolvimento futuro, que haveria uma época na qual o que ele diz aqui se tornaria verdade. É como se todo o mundo tivesse ouvido falar de Nietzsche, ou lido seus livros, e conscientemente provocado isso. É claro que não o fizeram. Ele simplesmente escutou esse processo subterrâneo do inconsciente coletivo, e foi capaz de perceber isso – falou disso, mas ninguém mais reparou. Contudo, todos eles se desenvolveram nessa direção, e teriam se desenvolvido nessa direção mesmo se não tivesse existido nenhum Nietzsche, pois eles nunca compreenderam isso. Talvez eu seja o único que se dá ao trabalho de esmiuçar tanto, indo aos detalhes do *Zaratustra* – esmiuçar demais, algumas pessoas podem pensar. Assim, ninguém, de fato, se dá conta do quanto ele estava conectado com o inconsciente e, pois, com o destino da Europa em geral, é o mesmo problema no mundo inteiro.

Sra. Crowley: Gostaria de saber se algo que você disse na semana passada pode ser outro modo de ver isso; você se referiu à projeção e à influência, e falou dos antigos deuses sendo reassimilados pelo homem moderno, porque nós assumimos as virtudes deles ou os poderes deles, e isso foi feito sobrepujando-os. Pois bem, você não poderia dizer, de certo modo, que esse complexo do mundo moderno – que eu vejo como um complexo de salvador, em vez de um complexo de ovelha, pois todo mundo quer salvar – é a mesma ideia? Nós realmente assimilamos o Deus cristão, mas saltando, e não superando ou ultrapassando. Nós produzimos a sombra do Deus cristão, pois isso foi feito pela influência em vez de pela percepção. Isso é o que você quer dizer, não?

Prof. Jung: Sim, foi saltando. Se você simplesmente o destrói, você cria um fantasma do velho valor e é possuído por essa coisa. Assim, quando nós destruímos o cristianismo – claro que aconteceu, ele estava destruído, em grande medida ele se autodestruiu –, o fantasma do cristianismo foi deixado, e estamos agora possuídos. O sacrifício cristão é agora produzido na atualidade, na carne. E foi assim quando as pessoas lançaram fora os velhos deuses. Elas então tinham o conflito de suas emoções em si mesmas, e tinham de assumir uma atitude que as resgatasse daquelas batalhas e intrigas que os deuses sempre tinham. Por isso essas religiões de salvadores surgiam, salvando as pessoas em relação aos deuses nelas mesmas. Eles eram então deuses planetários; era a influência astrológica, o medo contínuo da *heimarmene*[336], toda essa compulsão das más estrelas. A alma era sobrecarregada com a influência das más estrelas; era o chamado manuscrito impresso na alma quando ela descia à terra por meio das esferas dos planetas. E isso tinha de ser lavado por um salvador; as pessoas tinham de ser salvas da lei inexorável dos velhos deuses. Os velhos deuses não foram exatamente destruídos pelo cristianismo: eles morreram antes que Cristo surgisse. Por isso Augusto foi obrigado a regressar a velhos ritos e cerimônias latinas, para fazer algo a fim de restaurar a velha religião que já estava se esgotando. Ela simplesmente se tornou obsoleta, e então as pessoas já estavam preenchidas com o que os deuses tinham sido antes. Os deuses se integraram nelas.

Portanto, assim que você não consiga chamar um afeto por um determinado nome – por exemplo, Cupido –, ele está em você. Se você não pode dizer que ele está em algum lugar no espaço, no planeta Marte, talvez, ele deve estar em você, e não pode estar em nenhum outro lugar. Isso causa uma desordem psicológica. Estamos, aparentemente, muito distantes desses velhos fatos, porque não percebemos o poder dos arquétipos; e não percebemos a mentalidade de uma época em que havia muitos deuses, não sabemos como seria se fôssemos cercado por poderes divinos, superiores, demoníacos. Temos a concepção poética, mas isso não se parece em nada com a realidade. Assim, não sabemos o que significa ter vivido em uma época em que esses velhos deuses desciam sobre o homem, em que se tornavam fatores subjetivos, magia imediata. Uma onda de superstição atravessou o mundo naquela época, os primeiros séculos em Roma estavam repletos de feiticeiros e amuletos e magias de todas as descrições. As pessoas eram como que assoladas por parasitas supersticiosos, pois não sabiam como se defender. Por isso faziam as coisas mais incríveis para se livrar do enxame de deuses que tinha se instalado sobre elas como moscas ou pulgas. Isso explica o extraordinário desejo delas de serem redimidas, libertas – serem retiradas daquele terrível aglomerado de vermes que infestava o mundo.

Pois bem, assim como o que aconteceu na Antiguidade, um fenômeno paralelo – claro que não exatamente a mesma coisa – está tendo lugar em nossos tempos, quando o mundo cristão medieval está começando a desaparecer. A verdade essencial retorna a nós. Tudo o que estava em um céu metafísico está agora caindo sobre nós, e assim ocorre de o mistério da morte sacrificial de Cristo – que

---

336. *Heimarmene*: destino, na visão de Poimandres.

foi celebrada incontáveis milhões de vezes pelas massas – estar se mostrando agora como uma experiência psicológica para todo mundo. Então o sacrifício do cordeiro é assimilado em *nós*: estamos nos tornando os cordeiros, e os cordeiros são destinados ao sacrifício. Nós nos tornamos gregários como se fôssemos ovelhas, e certamente acontecerá um sacrifício. Pois bem, vamos prosseguir com nosso texto. Nietzsche diz aqui:

> *Dentro de nós mesmos* ainda habita ele, o velho sacerdote de ídolos [...].

É claro que Nietzsche não quer dizer com isso o que nós interpretaríamos; ele se refere aos velhos sacerdotes que pregavam uma espécie de religião metafísica, e que nós, como nossa crença, ainda apoiamos esse velho preconceito. O que ele diz é verdade, mas de um modo inteiramente diferente, de um modo psicológico. O velho sacerdote de ídolo é *realmente* um velho sacerdote de ídolo, uma figura arquetípica do deus-sacerdote ou do deus sacrificado; e "dentro de nós mesmos ainda habita ele" significa que não deveríamos nunca esquecer que os velhos deuses – Wotan ou qualquer outro – ainda estão prontos a surgir de novo quando formas outrora válidas se tornam obsoletas.

> [...] que assa para banquete o que temos de melhor. Ah, meus irmãos, como não se sacrificariam as primícias?

Isso significa o sacrifício total, e eles estão todos destinados a morrer a morte sacrificial ritual para produzir redenção, como Cristo escolheu a morte para se transformar. E no que ele se transformou mediante sua morte?

Srta. Hannah: No corpo sutil.

Prof. Jung: Você nunca leu isso no Novo Testamento!

Srta. Hannah: O corpo imperecível, o corpo da ressurreição.

Prof. Jung: Essa é a interpretação de Paulo, mas, segundo o dogma, o que Cristo se tornou depois de sua morte?

Resposta: Deus.

Prof. Jung: Sim, a segunda pessoa da Trindade. Ele se tornou o Logos, e então voltou para Deus, para o estado metafísico no qual sempre esteve; tendo sido homem, voltou para Deus. Assim, quando somos sacrificados, supõe-se que todos retornemos a Deus. Agora pularemos a sétima parte e iremos para o último verso da oitava parte:

> "Ai de nós! Viva nós! O vento do degelo sopra!" – Assim pregai, ó meus irmãos, por todas as ruas!

Aqui nós temos Wotan, o vento do degelo. Quando as coisas estão, de modo geral, em um impasse, quando nada acontece e as coisas não estão decididas, então alguém tem certeza de ver Wotan se preparando. Há lendas sobre ele ter sido visto como um andarilho e, logo em seguida, uma guerra ter irrompido. Quando Wotan aparece, é como o vento do degelo na primavera que derrete o gelo e a neve, como Nietzsche diz aqui muito claramente. Agora iremos à nona parte:

> Há uma velha ilusão chamada bem e mal. A roda dessa ilusão girou, até agora, em torno de adivinhos e astrólogos.
>
> Outrora se *acreditava* em adivinhos e astrólogos: e *por isso* se acreditava que "tudo é destino: tu deves, pois tens de!"

Isso se refere à Antiguidade, como vocês veem.

> Então se começou a desconfiar de todos os adivinhos e astrólogos: e *por isso* se acreditava que "tudo é liberdade: tu podes, pois queres!"

Isso se refere aos tempos modernos, exatamente o que eu vinha assinalando. Passaremos agora à décima primeira parte, terceiro parágrafo:

> Um grande tirano poderia vir, um astucioso monstro que, com sua clemência ou inclemência, compelisse e espremesse tudo que é passado: até que este se tornasse uma ponte para ele, e prenúncio, arauto e canto de galo.

O que ele antecipa aqui?

Srta. Hannah: O ditador.

Prof. Jung: Sim, um grande sujeito que solde a coisa toda com um martelo, eliminando o passado, fazendo dele uma ponte para o futuro. Essa é uma visão maravilhosa do futuro.

> Mas este é o outro perigo e minha outra compaixão: – a memória de quem é da plebe remonta até o avô – com o avô, porém, o tempo acaba.

O que é isso?

Srta. Hannah: Todos os ditadores vêm da plebe.

Prof. Jung: Conforme os conhecemos hoje, eles vêm da plebe, e as ideias dele remontam apenas até o avô – isso é a coisa curiosa. Isso seria o século XIX ou por volta disso. Antes do avô, o tempo acaba; não existe tempo. Esse é o caso com os primitivos. A chamada época do *alcheringa* ou *altjiranga* é anterior à do avô[337]. Vejam, nenhum primitivo conhece nada anterior ao avô, pois os tempos heroicos em que os grandes milagres aconteciam, a época da criação, foi a época anterior àquela em que o avô viveu. Só umas poucas gerações atrás, diríamos, mas, para o primitivo, ela é completamente distante: o conhecimento deles sobre o passado não vai além. Antes do avô era o *Urzeit*, o *alcheringa*, quando as coisas maravilhosas aconteciam. Isso é exatamente o que Nietzsche diz aqui. Vemos exemplos de tal primitivismo no exame de recrutas para o exército. Eles ouviram falar de Na-

---

337. Almas ancestrais, metade humanas e metade animais, são reinvocadas pelos aborígenes australianos em um ritual religioso. Cf. OC 9/2, § 114. Jung aprendeu sobre isso por *Primitive Mythology*, de Lucien Lévy-Bruhl. Cf. 23 de maio de 1934, n. 66.

poleão – ele foi contemporâneo de Guilherme Tell e de César. Tudo isso aconteceu praticamente na mesma época; os antigos romanos vieram imediatamente antes de Napoleão, e Martinho Lutero e o professor Tal e Tal estão muito próximos. Eles não têm nenhum sentimento acerca da extensão do tempo e apresentam uma extraordinária ausência de visão histórica, com apenas algumas tênues cenas em suas cabeças sobre heróis no passado, e elas estão todas misturadas. A descoberta da América teria a ver com o Gênesis.

Sr. Bash: Não haveria um paralelo com essa impressão na mitologia grega, em que há apenas três gerações de deuses – Saturno, Cronos e Zeus – e, antes disso, nada?

Prof. Jung: Sim, esse é o fato muito primitivo. O avô é o limite máximo; antes do avô, o tempo chega ao fim. A época homérica na Grécia é um paralelo absoluto com a época *altjiranga*. Os *altjirangamitjinas*, para seus descendentes primitivos, são os heróis daquele tempo em que não havia tempo; assim como se consideravam as famílias nobres da Grécia descendentes de Agamêmnon ou de Odisseu ou de algum outro dos heróis homéricos. Além disso, os heróis dos tempos homéricos eram metade homens, metade bestas, o que explica o fato de o primeiro fundador de Atenas, Cécrope, ser metade homem e metade serpente; e Erecteu era cultuado na forma de uma serpente sob o Erecteion na Acrópole. Havia a ideia de que os heróis se transformam em serpentes depois da morte. A ideia dos heróis sendo metade animais também se relaciona com o fato de que todos os deuses tinham atributos animais. Até mesmo os evangelistas tinham atributos animais. E os ancestrais animais foram simbolizados por animais totêmicos heráldicos, como o leão britânico e o unicórnio, ou a águia, ou o galo na França. Os povos orientais têm águias porque elas têm mais a ver com o vento: aves são seus animais totêmicos. Assim, essas antigas ideias deixaram seus vestígios.

Pois bem, Nietzsche tem uma intuição sobre o perigo de que esse grande ditador pudesse ser da ralé, e que os pensamentos dele remontariam ao seu avô, o que significa que ele teria ideias de certo modo antiquadas. E isso é verdade quanto aos ditadores realmente proeminentes do presente, o próprio Hitler, por exemplo. Em seu livro *Mein Kampf*, vemos que um conjunto de suas ideias vêm do socialismo – ele o imita, toma certas ideias do socialismo (ele próprio diz que é apenas um pouco melhor) –, e o outro conjunto é da Igreja Católica. O socialismo é um aspecto do cristianismo realizado – o amor fraterno com a consequente desordem; e o outro aspecto é a Igreja Católica – a disciplina, a organização e a consequente prisão. Esses são os dois principais traços de suas ideias, das ideias do avô. Agora veremos o que Nietzsche diz sobre isso:

> Assim todo o passado é abandonado: pois poderia suceder que um dia a plebe se tornasse senhora e afogasse todo o tempo em águas rasas.

Isso obviamente é possível quando o líder vem da plebe, que a plebe possa chegar ao topo; frequentemente aconteceu de um ditador ser carregado pelas massas que ele despertou. Agora ele vem com o remédio:

> Por isso, ó meus irmãos, é necessário ter uma nova nobreza, que seja inimiga de toda plebe e toda tirania e novamente escreva a palavra "nobre" em novas tábuas.

O remédio para todos os hábitos e perigos do ditador seria uma espécie de oligarquia, alguns poucos dominadores de qualidade nobre, de nascimento nobre. Mas essa evidentemente é a ideia de qualquer ditador. O partido comunista é a nobreza na Rússia; eles são muito mais bem pagos do que qualquer um, têm automóveis etc., e dominam o trabalhador que nada tem a dizer. É um mero escravo, pior do que nos velhos tempos feudais. Na Alemanha, eles também estão imitando essa ideia de nobreza. Naquelas escolas das *Ordensburgen*, os jovens SS recebem uma educação que os transformam em uma nova ordem de cavaleiros – os cavaleiros do novo Estado. Tudo isso é previsto, exatamente como Nietzsche diz aqui. Mas é claro que ele não quer dizer isso; ele quer dizer uma verdadeira nobreza – não uma que é feita, mas uma que cria a si mesma. Por isso, ele diz:

> Pois são necessários muitos e diferentes nobres *para que haja nobreza*! [...]

Pessoas que são nobres em si mesmas, não *feitas* em uma espécie de nobreza, recebendo um título ou prerrogativas sociais, como é o caso da Alemanha. Particularmente na Rússia, eles receberam prerrogativas sociais como membros do partido comunista.

> [...] Ou, como um dia falei em alegoria: "Justamente isso é divino, que haja deuses, mas nenhum Deus!"

Portanto, o que ele quer dizer com o sacrifício dos muitos é que eles são assim transformados em deuses. Isso corrobora o que estávamos pressupondo, que, se a pessoa prossegue a atitude cristã de autossacrifício – sacrifício total ou matança total –, o resultado inevitável, segundo o dogma cristão, é a transformação. Desse modo, os deuses deveriam ser feitos. Qualquer morte sacrificial tem esse significado. Isso era verdade nos mistérios, e os primitivos sempre submeteram os iniciados a uma morte simbólica. Entre os kavirondos, uma tribo na África Oriental, dizia-se aos jovens homens, nas iniciações da puberdade, por exemplo, que eles iriam, então, morrer, ou que eles já estavam mortos e transformados em novos seres, uma espécie de espíritos; eles recebiam um novo nome, não conheciam sua própria família – a mãe deles já não era mãe deles, e assim por diante. Eles eram refeitos como uma espécie de seres espirituais. Em tempos modernos, é claro, acontece mais frequentemente que os jovens não passem pelas iniciações. Eles não são encorajados a fazê-lo, estupidamente, pelos oficiais, que, se são militares, não acreditam nisso e não se importam, de todo modo; e, se são missionários, são absolutamente contrários a isso, porque não é cristão. Eles não entendem e têm mesmo um preconceito contra isso. Mas aqueles que passaram por iniciação dizem que os refratários não são humanos; não passam de animais, pois não têm a qualidade espiritual que só pode ser adquirida mediante a morte sacrificial.

Sra. Baumann: Os indígenas americanos têm outra expressão para isso: eles falam de pessoas cruas e pessoas cozidas[338].

Prof. Jung: Isso é muito bom. É exatamente a mesma ideia. Aqueles que são cozidos passaram pela dor e pela tortura do fogo, transformaram-se mediante a dor. A essência disso é, evidentemente, uma morte sacrificial. Vejam, desse modo a ideia cristã se infiltra no homem e se torna real – ela se realiza; mas ela então acontece às cegas, o que é, ou pode ser, extremamente perigoso. Isso explica a situação atual na Europa. O Estado comunista é igual ao Estado do ditador na medida em que funciona. Se é meramente socialista, não funciona, mas simplesmente se desintegra, como vocês viram na França. Por isso, automaticamente, alguém deve unificar a coisa e dizer: "Agora temos de implantar a ordem". Portanto eles são praticamente o mesmo: um está se separando, o outro é a desintegração. As pessoas dizem que isso não deveria ser assim; é claro que nunca é ideal. Ambas as formas de vida social levam à condição mais insatisfatória, porque estão realizando automaticamente a ideia que antes era condutora. Mas ela agora é cega; simplesmente acontece na realidade, e o significado se perdeu. Assim, a ideia de Nietzsche de que deveria existir uma nova nobreza, uma oligarquia das pessoas boas e valiosas, é a ideia socialista – todos os líderes socialistas são naturalmente pessoas maravilhosas! Na verdade, é claro, são corruptas. Os ditadores deveriam ser pessoas maravilhosas, mas olhem para eles! Certamente deveria haver uma nobreza, mas ela não pode ser feita; isso só pode crescer. Se é do destino que exista uma tal nobreza, ela deve crescer de algum modo. Mas certamente não é um fenômeno social, pelo menos não no início. Temos um fenômeno paralelo no cristianismo primitivo, na ideia dos eleitos: "Muitos são chamados, poucos são escolhidos" para formar o reino dos céus, ou o Reino de Deus (Mt 22,14). Essa é a nobreza, mas ela se coloca contra o mundo. Essa era a nobreza natural daqueles dias.

Sra. Crowley: Não seria a *enantiodromia* no progresso do cristianismo? Cristo era o eleito – o único –, e com ele um punhado de pessoas que nada tinham a ver com o Estado; e agora nós temos de novo o único e os muitos que só têm a ver com o Estado.

---

338. Cf. Claude Lévi-Strauss, *The Raw and the Cooked* [O cru e o cozido] (trad. J. e D. Weightman, Nova York, 1969).

Prof. Jung: Cristo era o pastor, o líder, uma espécie espiritual de ditador. Tudo isso está contido na sua compreensão de que seu reino não era deste mundo, mas sim um reino espiritual de Deus – essa forma de nobreza. Não era um fenômeno sociológico, mas espiritual, pois é apenas a contradição das questões espirituais com as mundanas que cria essa nobreza.

Sra. Jung: Ele diz pouco antes, na quarta parte ("Mas assim é nossa maneira" etc.) que as ovelhas ou as pessoas gregárias realmente pedem o ditador, e por isso em um Estado socialista ou comunista deve haver um ditador. A nobreza, por outro lado, não é gregária: ela consiste em indivíduos.

Prof. Jung: Exato. A nobreza não pode ser uma questão gregária. Por isso eu digo que não pode ser um fenômeno social. Chamo-a de espiritual, mas você pode chamá-la de uma questão psicológica. Essas pessoas devem ter nobreza de alma. Caso contrário, é uma ideia completamente impossível.

Srta. Hannah: Não seria a mesma ideia de Buda: as pessoas que estão fora da roda?

Prof. Jung: Absolutamente. Buda formou esse tipo de nobreza; a sanga budista é a comunidade dos eleitos que abandonaram as ilusões do mundo. Aqueles que não participam na cegueira de *maya*, que se libertaram da roda dos *Samskaras* – o ciclo das encarnações repetidas –, aqueles que saíram do estado de concupiscência são os eleitos, os líderes. Era o mesmo no maniqueísmo, em que o termo *electus* significava um grau definido de iniciação. Inclusive é possível que Mani, que conhecia a tradição cristã, visto que viveu em 220 d.C. ou 230 d.C., tenha obtido essa ideia dos eleitos de São Paulo, que se baseou na tradição cristã: "Muitos são chamados e poucos são escolhidos" – *electus*.

Srta. Wolff: Há uma ideia paralela nos cultos de mistério da Antiguidade, mas ali não havia *electus*, porque, sendo iniciada por seu próprio esforço, a pessoa se tornava especial ou proeminente: a pessoa se tornava "deificada".

Prof. Jung: Sim, nos cultos de mistério pagãos, ou entre os primitivos, os iniciados eram submetidos àqueles mistérios, e a realização lhes acontecia; enquanto no budismo ou no maniqueísmo ou no cristianismo era realmente uma realização individual ser um *electus*. Naturalmente, quanto mais uma coisa é uma instituição, mais se torna uma espécie de máquina, de modo que qualquer um, praticamente, pode se tornar um escolhido. Na Idade Média, qualquer príncipe mundano podia se tornar sacerdote. Ele era simplesmente submetido à consagração de um modo mecânico, e não se tratava, de modo algum, de uma realização espiritual, mas inteiramente uma questão mundana. É claro que esse tipo de coisas se deteriora após algum tempo. Então aquele sistema, que tinha se tornado uma fábrica de consagração de sacerdotes, foi destruído. As ideias espirituais desapareceram devido à rotina. Daí, a Reforma.

Mas precisamos dizer mais uma palavra sobre esta última sentença: "Justamente isso é divino, que haja deuses, mas nenhum Deus!" Sabemos que Nietzsche declarou que Deus morreu, e aqui parece como se Deus não tivesse morrido; ou seja, como se não houvesse um Deus pessoal ou monoteísta, mas houvesse divindade. Na linguagem de Meister Eckhart, seria a deidade, não Deus[339]. O elemento divino, o fator divino, ainda existe, mas não na forma do Deus monoteísta, e Nietzsche pensa aqui em uma transformação peculiar: qual seja, que pela abolição do cristianismo o elemento divino deixará a ideia dogmática de Deus e se encarnará no homem, de modo que haverá *deuses*. Essa é uma espécie de intuição de um processo de individuação no homem, que por fim leva à deificação do homem ou ao nascimento de Deus no homem. Então somos confrontados com esse dilema: é a deificação do homem ou o nascimento de Deus no homem?

---

339. Mestre Eckhart usa "deidade" quando sua ênfase é em mais de um membro da Trindade, como em "[...] a pessoa na deidade – por um lado, o genitor ou Pai; por outro lado, o descendente [...]". Cf. "Commentary on John". *In: Meister Eckhart* (trad. Bernard McGuise, Nova York, 1981, p. 143).

Palestra V
15 de fevereiro de 1939

Prof. Jung: Encontro aqui duas contribuições. A primeira é uma oração, mas, como não sou Deus, não posso atendê-la. A outra é da Sra. von Roques: "Há um conto de fadas russo sobre um czar que mandou seus três filhos 'procurar seus rastros e colher suas flores'. Os dois filhos mais velhos não conseguem, embora recebam os melhores cavalos. Mas o filho mais jovem pega o cavalo mais pobre, transforma o animal (matando-o e por magia) no melhor dos garanhões, senta-se nele olhando para trás e assim cavalga até a adega de seu avô, fortalecendo-se ao beber do vinho do avô, tira a sela e os arreios de cabeça, e então é capaz de cumprir sua tarefa. Nesse caso, o 'avô' (morto) é regressão *pour mieux sauter*, e é provavelmente *pars pro toto* para *todo o outro lado*. (Talvez seja o primeiro passo no caminho.) Sentir-se em casa ali lhe dá (ao herói) a força e as possibilidades necessárias".

Não tenho total clareza sobre isso.

Sra. von Roques: Nietzsche diz no quarto verso na décima primeira parte: "a memória de quem é da plebe remonta até o avô – com o avô, porém, o tempo acaba". Nessa história, também há um remontar, mas tem um significado mais positivo; com Nietzsche, é negativo.

Prof. Jung: Naturalmente seria negativo, mas é também um significado positivo – que o avô, como o termo denota [em inglês, *grandfather*; em alemão, *grossvater* (N.T.)], é o pai engrandecido. No seu conto de fadas, o avô é o ser primordial que faz a grande questão, ou estabelece a grande tarefa.

Sra. von Roques: O pai estabelece a tarefa, e então o herói remonta ao avô.

Prof. Jung: Bem, na verdade o avô estabelece a tarefa. Ele é a origem, pois é o represente de *altjiranga*, que significa psicologicamente o representante do inconsciente coletivo. Como o inconsciente coletivo, mediante os arquétipos, estabelece a tarefa, é com frequência chamado diretamente de "avô". Os primitivos usam esse mesmo termo. Eles chamam esses poderes que levam as pessoas a fazerem determinadas coisas de "avôs". Estes são os originadores das artes e dos ofícios, por exemplo, e têm o conhecimento da região, da plantação e da caça, o conhecimento das ervas medicinais, e assim por diante; tudo isso é obra do avô: ele ensinou. Mas por "avô" eles querem dizer o metade homem, metade besta, que existia no início, na época do *alcheringa*, quando eles realizaram todos aqueles trabalhos e aquelas tarefas na terra que se tornaram os modelos para a humanidade – o que eles devem fazer para atingir seus fins. Por exemplo, o metade homem, metade besta – o que quer que fosse – certa vez foi a um lugar em que plantou arroz, o que significa que se transformou em arroz, tornou-se o homem-arroz, como vocês ainda podem ver. Uma planta de arroz tem raízes, um caule, uma cabeça, e até mesmo cabelo na cabeça; as raízes são os pés, o caule é o corpo e o pescoço, o grão é a cabeça, e as espiguetas são o cabelo. Portanto, fica claro que o avô se transformou em arroz. E depois se transformou em outra coisa, talvez um pássaro. Até mesmo acredita-se que ele se transformou em uma enxada, que claramente consiste em uma cabeça e um pescoço e um corpo.

Sra. von Roques: Então o herói retorna ao avô, e Nietzsche também.

Prof. Jung: Sim, o avô é simplesmente a imagem primordial do herói: o herói é encarnado no avô; ou o avô é o primeiro modelo do que um herói deveria ser. O chefe de um determinado totem aquático, por exemplo, é uma espécie de neto do avô, pois ele conhece melhor o que o avô *alcheringa* fez para produzir a água – ele talvez se transformou em chuva –, por isso repetirá por uma cerimônia mágica o que o ancestral *alcheringa* fez: será o fazedor de chuva. Nietzsche é pura depreciação. Para ele, a época do avô não transmite absolutamente nenhum significado, a não ser o que é obsoleto e antiquado – até mesmo um velho absurdo. Só falamos da outra significância do avô devido à observação peculiar de Nietzsche: "Com o avô, porém, o tempo acaba". Ele diz que as pessoas que têm as visões do avô nunca veem mais atrás, mas meramente repetem as maneiras e as palavras do avô, porque esse é o único conhecimento de história que eles possuem. Porém, curiosamente, isso se encaixa – é exatamente o que acontece com os primitivos. Para além da terceira ou da quarta geração, não há nada. Então vem a época do *alcheringa*, e ali o tempo é paralisado: como os centro-australianos dizem, o tempo quando não há tempo. Só quando o homem apareceu houve tempo, e mesmo então, tendo um tempo, eles ainda estão cercados por nenhum tempo, pois o *altjiranga* é eterno. Portanto os avôs – metade homens, metade bestas – apenas foram para o subterrâneo; eles se afundaram na terra e deixaram certas pedras ou árvores ou colinas de plantas como suas relíquias. Daí haver certos lugares sagrados nos quais suas respectivas cerimônias são celebradas, e elas não podem ser celebradas em nenhum outro lugar.

Em tempos modernos, fazendeiros tomaram terras que originalmente pertenciam aos nativos, e, se lhes acontece de ocupar um desses lugares sagrados, o primitivo foi, desse modo, assassinado. As cerimônias vitais só podem ser celebradas naquele único lugar, e se ele é usado para a agricultura ou qualquer outro propósito, é dessacralizado. Eles não podem realizar os ritos *alcheringa* porque o alimento necessário não é fornecido. O relacionamento com a natureza foi perdido porque o relacionamento com os ancestrais foi perdido – só ali os *altjirangamitjinas* estão presentes e acessíveis. É como se a conexão deles com a natureza tivesse sido cortada, e então aquelas pessoas estão condenadas; elas decaem quando perdem a conexão interior. Todas aquelas tribos primitivas são férteis e abastadas enquanto vivem em seus redutos naturais e têm seu relacionamento religioso natural com a natureza, mas, no momento em que isso é rompido, tudo se perde. Formam, então, uma espécie de proletariado físico e mental – não servem para nada. Como o chamado "garoto da missão" na África, que não serve para nada. Ele é um animal falando uma espécie de gíria cristã que não entende. Vê-se imediatamente que é tudo bobagem. Eles dizem: "Eu sou um bom cristão como você, conheço todos aqueles sujeitos, Johnny e Marky e Lukey"; e, quando indagados sobre Jesus, eles dizem que é um gafanhoto e cantam um hino: "Jesus, nosso gafanhoto". Pregar para tais pessoas uma religião altamente desenvolvida, que nem mesmo nós compreendemos, é completamente ridículo. Nossos missionários fazem pura magia lá: ensinam-lhes orações que eles repetem com seus lábios, mas que seus corações não conseguem acompanhar. É claro que o missionário é inculto demais para compreender o que está fazendo. Até mesmo na Igreja Católica – em que os padres supostamente têm uma boa formação – é preciso procurar muito para encontrar alguém que possa nos contar sobre o simbolismo da missa ou de qualquer outro rito; eles são apenas magicamente capturados e não sabem o que estão fazendo.

Gostaria agora de falar de novo sobre a sentença no fim da décima primeira parte: "Justamente isso é divino, que haja deuses, mas nenhum Deus!" Nietzsche exprime aqui algo que nunca disse antes, mas nós falamos disso no começo, quando Nietzsche fez a declaração de que Deus está morto. Dissemos, então, que, com essa declaração, ele dissolveu a concepção outrora prevalecente de um Deus existente por direito próprio. Ele destruiu essa projeção – o pressuposto de que existe um Deus totalmente separado do homem, pois, como Deus não é um mero pressuposto da razão pura, mas um fato muito emocional, um fato muito psicológico, um fato até mesmo psíquico*, você priva esse fato de uma morada quando diz que Deus está morto. Desse modo, você está dizendo que Deus não existe mais, mas Nietzsche quer dizer até mesmo que não há Deus, que Deus não existe. Então esse fato psicológico que foi chamado originalmente de "Deus" não tem lugar. Dei-

---

* *Psychic fact*; não fica clara a distinção que Jung veria aqui entre fato "psicológico" e "psíquico", a não ser que consideremos a acepção "paranormal", mediúnica, que o adjetivo *psychic* também abriga [N.T.].

xou de ser visível onde você esperaria encontrá-lo, não importa a forma como você o projetava no espaço – digamos, um ancião venerável com uma barba branca, um pai sentado em um trono no céu e cercado por um coro de anjos cantando eternamente. Alguma ideia como essa foi destruída. Em um caso como esse, o fato psicológico, que é Deus, retorna ao inconsciente e pode-se dizer que Deus está morto.

O próprio Nietzsche imediatamente reage com uma inflação e uma dissociação, como vimos. Assim, ele tem de produzir a partir de si mesmo essa figura peculiar – Zaratustra – para ter alguma coisa no lugar do fato – Deus. Zaratustra é o sábio, o grande profeta, o fundador de uma religião, algo como o mensageiro do próprio Deus, como qualquer grande fundador de uma religião é considerado. Cristo é considerado o filho de Deus; e Maomé é considerado ao menos o mensageiro ou o profeta de Deus, como Moisés, por exemplo, é um mensageiro de Deus, trazendo a lei divina. E assim Zaratustra é a face de Deus, o Anjo da Face (*angelus* significa mensageiro); ele é o que, no Islã místico, no sufismo, chamam de "verde", o deus visível Chidr. O profeta, ou o mensageiro, ou o anjo do deus, é sempre o deus visível. Como todas essas religiões têm uma ideia de deus que é inimaginável, você não pode fazer um retrato da deidade, mas pode ao menos fazer um retrato do mensageiro de Deus, do Anjo da Face (essa é a expressão cabalista; ele é chamado de *metatron*)[340].

Nietzsche ficou inflado pela regressão da imagem do Deus no inconsciente, e isso o força a se equilibrar por uma nova projeção na forma de Zaratustra. Mas Zaratustra é o próprio Nietzsche. Por isso, ao longo de todo o texto, Nietzsche está em algum lugar entre o homem Nietzsche e Zaratustra, o mensageiro de Deus: eles mal podem ser separados. Só em alguns lugares se torna aparente que Zaratustra muito provavelmente está falando, e em outros lugares é mais provável que seja Nietzsche. Mas aqui, em seu decálogo, no qual ele produz as novas tábuas que são destinadas à humanidade, ele percebe o que acontece quando alguém declara que Deus está morto. Ele pensa aqui mais ou menos nos termos de seu público. Supõe que eles ouviram suas palavras e que todos concordam com ele de que Deus está morto. Mas então todos eles são deuses. Aqui ele percebeu que, se declara que Deus está morto, ele é então o deus; e se todos os seus ouvintes ou os seus discípulos têm a mesma convicção, eles também se tornam deuses: Deus regressa neles. A projeção original da imagem de Deus está destruída, assim Deus entra neles e eles são deuses. Mas vocês conhecem o modelo cristão desse processo? Há um exemplo maravilhoso no Novo Testamento. Claro que é, de certa forma, incômodo para os teólogos.

---

340. *Metraton*, uma palavra encontrada no *Zohar*, é mais um nome para o homem primordial, o primeiro si-mesmo humano que continua a existir em todos os seus descendentes. Cf. OC 13, § 168.

Srta. Wolff: Depois que Cristo morreu e subiu ao Céu, o Espírito Santo desce sobre os discípulos em Pentecostes.

Prof. Jung: Exato, o milagre de Pentecostes. Cristo disse que deixaria um Consolador, o Paráclito, e o espírito de Deus desceu sobre cada um dos presentes naquela reunião. Assim como o Espírito Santo foi visto descendo sobre Cristo na forma de uma pomba no momento de seu batismo no Jordão – ele então foi transformado no filho de Deus. Então, se o Espírito Santo desce sobre cada um dos discípulos, eles também são transformados em filhos de Deus: cada um deles se torna um Cristo, um filho imediato de Deus. Essa era a ideia de Cristo. Mas a Igreja desconsiderou esse fato, apesar de autêntico. Ele não pode ser descartado do Novo Testamento como uma interpolação muito tardia. É relatado no Ato dos Apóstolos, como um peculiar fenômeno *post mortem*, um dos autênticos efeitos *post mortem*; e, na medida em que ainda celebramos Pentecostes na Igreja, ele deveria ser levado em conta. Ele foi levado em conta até certo ponto. Vocês sabem em qual instituição o Espírito Santo realmente dá o caráter de divindade?

Sra. Schlegel: Na consagração dos sacerdotes.

Prof. Jung: Sim, na chamada sucessão apostólica na Igreja Católica. A ideia é que São Pedro recebeu a bênção imediata do Senhor, portanto ficou no lugar do Senhor. Era o representante do Senhor, e São Pedro transmitiu a bênção a seus sucessores, os bispos de Roma. A sucessão apostólica prossegue ao longo dos séculos na Igreja Católica. É algo como um dom do Espírito Santo, assim como a emanação de Cristo seria o Espírito Santo. A bênção apostólica é um pequeno Espírito Santo, uma pequena parcela de mana entregue a São Pedro e a seus sucessores, e por isso ela dá um caráter absolutamente indestrutível ao sacerdote, o *character indelebilis*. Se quem recebeu a bênção apostólica for excomungado, ou mesmo se for um criminoso, o *character indelebilis* não pode ser retirado dele. Ele é marcado por esse toque. Essa é uma prerrogativa especial: só o sacerdote tem um *character indelebilis*, por isso ele é separado do resto da humanidade como um excepcional super-homem. Ele mantém uma prerrogativa divina; tendo recebido a bênção apostólica, o que significa uma parte de Cristo, o *character indelebilis* do sacerdote é um grau menor de deificação. Por isso ele pode realizar os ritos, e, acima de tudo, a transubstanciação na missa, que é um milagre. A chefe de um convento, a abadessa, não pode celebrar a missa, por isso todo convento tem um sacerdote afiliado que, por meio de seu *character indelebilis*, pode fazê-lo por elas. Elas dependem inteiramente dele, porque só um homem pode receber esse caráter divino.

Mas, se o Espírito Santo *in toto* desce sobre as pessoas, elas recebem a marca plena da divindade. A forma divina entra nelas, e elas são até mesmo mais do que os sacerdotes; elas *estão* no lugar da deidade – assim como Cristo, tendo recebido a marca de Deus mediante o Espírito Santo, *está* no lugar de Deus. Ele é a segunda pessoa da Trindade, entre o Espírito Santo e o Pai. Na medida em que Cristo prometeu que deixaria um Consolador, e uma vez que esse Consolador desceu sobre os discípulos, eles receberam a marca divina e *estão* no lugar de Cristo – não apenas São Pedro. Ele foi eleito pelo próprio Cristo e recebeu a bênção apostólica, mas os outros têm o caráter divino. A Igreja, porém, não se demora sobre isso; a Igreja não gosta dessa ideia: nenhuma conclusão jamais foi extraída disso.

Sra. Brunner: Já São Paulo escreveu contra isso.

Prof. Jung: Sim, logo no início esse fato foi acobertado. Era impossível naqueles dias. Não poderia ser mantido, porque incluía o fato de que Deus não estava fora, mas significava que ele estava dentro daquelas pessoas.

Srta. Wolff: Mas então logicamente a mesma coisa deveria acontecer depois da sagrada comunhão, porque Cristo está na hóstia; ao comê-la, come-se Cristo.

Prof. Jung: Sim, seria preciso extrair a mesma conclusão disso. E os primitivos de fato tiram uma conclusão como essa. Eles pensam que, ao comer o animal totêmico, integram em si mesmos todas as virtudes dele; na medida em que o animal totêmico é o ancestral da tribo, eles integram todas as qualidades que originalmente fizeram a tribo. Os ancestrais originais criaram a tribo, transformando-se nos primeiros homens e nas primeiras mulheres da tribo – a ideia original da criação sendo não a criação a partir do nada, mas transformação. Como se no Gênesis, em vez de criar o céu e a terra, Deus no início se transformasse no céu e na terra. Nós ainda temos um vestígio dessa ideia primitiva em um texto clássico de Alexandria, a chamada *Tabula Smaragdina*, a Tábua de Esmeralda. A história é que, no túmulo de Hermes Trismegisto (o "três vezes grande"), uma Tábua de Esmeralda foi encontrada, na qual estava gravado um texto que dizia que o mundo foi criado no início por adaptação. Essa é uma ideia muito peculiar. Adaptação significa adequar uma coisa à outra, ou transformar uma coisa em uma imagem; alguém adapta uma coisa a si ou a um determinado uso. Por exemplo, a ideia de que Deus criou o homem à sua imagem é adaptação.

Mas, se Deus cria uma imagem de si próprio, qual é a diferença? Como essa imagem representa a deidade, então, se é uma imagem viva, é a deidade. É a face da deidade, o Anjo da Face. É o homem, e, como o Anjo da Face é o poder e a virtude do próprio Deus, o homem é isso também; ele é feito à imagem de Deus, criado por meio de adaptação. No texto da *Tabula Smaragdina*, todo o mundo é feito à imagem de Deus, portanto o mundo representa Deus, é Deus, é o Deus imaginável, perceptível, compreensível, acessível. Por isso o mundo é essencialmente redondo, pois Deus é redondo, perfeito. É dito no Gênesis que o próprio Deus ficou satisfeito com o estado de coisas, o que significa que este era perfeito, como sua imagem – com exceção do segundo dia. Ele então criou as duas coisas – ali Ele fez uma cisão no mundo, e não disse que isso era bom. A mesma ideia está na antiga religião zoroástrica, em que a cisão fatal entre Ormazd e Ahriman vem de uma dúvida, ou de um pensamento de dúvida, na mente divina, portanto isso talvez tenha ocorrido por conta dessa influência persa. De todo modo, temos o fato incontestável de que o *binarius* que Deus criou no segundo dia nunca o satisfez totalmente. Não fui eu quem descobriu – um velho alquimista escreveu um longo artigo sobre isso[341]. Isso, porém, é só um parêntese. Eu quis dar a vocês uma história dessa afirmação peculiar de que há uma espécie de continuação inconsciente do problema do Espírito Santo no Ato dos Apóstolos. Essa ideia continuou. Permaneceu como uma questão em aberto que nunca foi respondida adequadamente, e é bastante compreensível por que ela não pôde ser respondida.

Sra. Jung: A fé na eficácia do Espírito Santo parece não ter sido muito grande, pois o *character indelebilis* não é estendido ao sacerdote enquanto pessoa humana, mas só na medida em que é um sacerdote. Se o Espírito Santo fosse realmente eficaz, a pessoa toda deveria ser influenciada por ele.

Prof. Jung: Deveria ser, mas não é.

Sra. Jung: Se se acredita que ele é real, então seu efeito também deveria ser real.

Prof. Jung: Absolutamente, mas você sabe que era totalmente óbvio que o *character indelebilis* não se mostrava na pessoa. Daí esse pensamento não poder ser levado a cabo – ele era impossível. Mesmo com a bênção apostólica, não era crível que todos aqueles velhos bispos fossem divinos. Bem, é claro que o homem nunca foi divino, tal como as pessoas compreendem a divindade.

Srta. Wolff: Quando o papa assumiu seu caráter de infalibilidade, ele se conectou com essa ideia do Espírito Santo?

Prof. Jung: Oh, totalmente. A infalibilidade do papa é exatamente o mesmo que o *character indelebilis*, só que muito mais. Um sacerdote, por meio de seu *character indelebilis*, não seria capaz de estabelecer um dogma, ao passo que o papa, sendo o sucessor imediato de São Pedro, estando no lugar do Senhor – não como um ser humano, lembrem-se, mas *in officio* – é preenchido com o Espírito Santo. Ele é uma espécie de encarnação do Espírito Santo, por isso ele *pode* estabelecer um dogma.

Srta. Wolff: Ele só é infalível ao estabelecer o dogma?

Prof. Jung: Sim, só nessa função ele é infalível; como o chefe do colégio dos cardeais, ele pode estabelecer um dogma por sua decisão suprema. Mas nem mesmo como o papa ele tem um caráter infalível.

---

341. A segunda coisa criada introduziu distinção (portanto consciência, no sistema de Jung) no que tinha sido serenamente único. Essa observação foi feita por Gerhard Dorn, um médico alquímico alemão do século XVI, cujos escritos estão reunidos em *Theatrum Chemicum* (Estrasburgo, 1659).

Srta. Wolff: Eu gostaria de perguntar, em conexão com a questão da Sra. Jung: não se considera que um sacerdote está morto enquanto ser humano? Por isso seu lado humano não entraria em consideração. Quero dizer, seu caráter humano não é importante para o sacerdote; ele está como que morto enquanto ser humano; portanto, é claro que aquelas prerrogativas não se estenderiam à sua humanidade, que é desimportante.

Prof. Jung: Isso é perfeitamente verdadeiro. A humanidade dele é, de certo modo, completamente desimportante, se ele é visto enquanto sacerdote. Mas, se ele é um patife, então onde seu *character indelebilis* se mostra?

Srta. Wolff: Ele pode ser excomungado.

Prof. Jung: Naturalmente, por conta de sua humanidade falível, que não é tocada pelo *character indelebilis* de seu sacerdócio. Mas seria de se esperar que ele fosse tocado se o *character indelebilis* realmente existe, e essa era a suposição original. Tanto era a suposição que Tertuliano estava convencido de que um homem que tinha recebido o batismo não podia pecar mais, e se pecasse de novo, seria preciso descobrir se ele tinha sido batizado do jeito correto. E mesmo se não se pudesse detectar uma falha, seria preciso repetir o rito. Então, se ele pecasse de novo, estaria perdido, condenado ao inferno eterno: então Deus simplesmente não tinha permitido que o rito do batismo funcionasse nesse caso.

Sra. Jung: Penso que o fato de um sacerdote ter de se confessar mostra que eles são considerados como seres humanos; se eles fossem considerados inexistentes enquanto seres humanos, não teriam de se confessar.

Prof. Jung: Sim, até o papa tem um confessor. Vocês acabaram de ler nos jornais sobre a última confissão dele. Por um lado, o papa é um ser humano, e, por outro, é um sacerdote, e ele tem esse caráter divino no mais alto grau porque, além da consagração como um sacerdote, ele é o representante do Senhor.

Sra. Flower: O Espírito Santo é transferido pela imposição de mãos na cerimônia?

Prof. Jung: Sim, na consagração do padre, o bispo transmite a bênção apostólica pela imposição de suas mãos. O mana passa pela mão, assim como Cristo transmitiu o mana divino por suas mãos. Essa também é uma prerrogativa do bispo; o padre não pode transmiti-la. Supõe-se que o bispo contenha mais mana. Essas são ideias muito primitivas e, portanto, peculiarmente corretas.

Sra. Crowley: Quando eles faziam essa separação entre o ofício do sacerdote e seu lado humano, não seria como a dúvida na mente da deidade, quando separou céu e terra?

Prof. Jung: É claro que é isso psicologicamente, mas a Igreja não tem qualquer intenção de criar uma dissociação entre o caráter humano do sacerdote e a sua divindade. A experiência mostra, contudo, que há uma pequena lacuna lamentável entre ambos, o que evidentemente tem a ver com o fato de que Deus criou o *binarius*, o duo, essa cisão que ele não chamou de boa. Talvez ele tenha pensado: "Agora não estou totalmente seguro de que isso é certo". A ideia persa original era que ele próprio não estava totalmente seguro de que o dogma seria favorável.

Pois bem, Nietzsche cumpre, pode-se dizer, uma expectativa inconsciente, pois volta e meia, na Idade Média, essa ideia do Espírito Santo desempenhou um papel muito grande. Vocês sabem onde?

Sra. Flower: Com os albigenses?

Prof. Jung: Sim, os albigenses supunham que a descida do Espírito Santo foi o princípio religioso ativo, mas essa perspectiva não foi elaborada pela Igreja[342]. Ainda assim, na Idade Média, eles já começaram a falar no Reino do Pai, representando o Antigo Testamento; no Reino do Filho, representando o Novo Testamento; e no terceiro *Reich*, representando o Reino do Espírito Santo. Esse é o gancho místico nesse termo que "pega" – que o terceiro *Reich* é o Reino do Espírito Santo. Infelizmente o Espírito Santo tem a qualidade de vento; é um vento do degelo, é *pneuma*. Por isso um vento poderoso encheu a casa quando da descida do Espírito Santo. Mas ele pode ter dois aspectos: a qualidade de vento que é exterior, física, e então é um reino em que o deus-vento domina, um deus do sopro e do vento; ou pode ser o espírito interior. E é possível que as duas coisas aconteçam ao mesmo tempo, que uma seja reação contra a outra. O exterior muito frequentemente instiga a criação do interior; o aspecto exterior desfavorável pode produzir uma reação que contém o verdadeiro significado, ou a coisa significativa, ao passo que as exterioridades são totalmente enganosas. Isso de novo explica algo que definitivamente pertence a essa parte. Estamos agora chegando à décima segunda parte, em que o argumento que começamos é continuado: estamos na corrente do pensamento do próprio Nietzsche.

> Ó meus irmãos, eu vos dirijo e consagro a uma nova nobreza [...].

Ele está concedendo consagração a todos os seus discípulos imaginários, seus irmãos. Consagrá-los significa que ele lhes concede a bênção apostólica, que ele está de posse do Espírito Santo ou da bênção apostólica originalmente recebida do próprio Cristo, e portanto ele os dirige a uma nova nobreza.

> [...] deveis tornar-vos procriadores e cultivadores e semeadores do futuro.

Ele os está enviando ao mundo, como Cristo também disse que saíssem ao mundo e pregassem o evangelho.

---

342. Os albigenses eram membros de uma seita cátara do sul da França (Albi), entre os séculos XI e XIII.

> Em verdade, não a uma nobreza que pudésseis comprar como os merceeiros e com ouro de merceeiros, pois muito pouco valor tem aquilo que tem preço.
>
> Não de onde vindes farei que seja vossa honra, mas aonde ireis! Vossa vontade e vossos pés, que desejam ir além de vós mesmos – seja isso vossa nova honra!

Fica claro, pelo texto, que ele compreende o novo caráter deles como uma vontade para o futuro, que o ouro que será obtido lhes dá sua nobreza. A tarefa que ele lhes dá, e a meta, é o mana. Portanto não é porque eles receberam um caráter do passado: é, antes, a tarefa designada a eles que lhes dá seu significado e sua meta. Em outras palavras, não importa quem você é, desde que sua meta seja tal e tal; você querer atingir determinada meta lhe dá caráter, não o que você é, mas o que você está procurando. Claro que esse é um ponto de vista muito importante. É realmente verdade que um indivíduo não é caracterizado só pelo que era originalmente, por nascimento e por disposição herdada; ele também é aquilo que está buscando. Sua meta o caracteriza – mas não de maneira exclusiva, pois você às vezes estabelece para si mesmo uma tarefa que é meramente compensatória para aquilo que você é na realidade. Não é uma meta inteiramente válida, na medida em que sua disposição original não é válida sob todas as condições. Sua própria condição pode ser falha – você pode ter uma disposição deficiente. Qualquer disposição humana é, de algum modo, imperfeita, e, quanto mais é imperfeita, mais você busca uma meta de perfeição que compensa o seu defeito. Mas então a meta é igualmente deficiente. Então a meta não coincide com as metas das outras pessoas, e sob essas condições você, na verdade, não colabora com eles.

Por exemplo, um caráter generoso com certa tendência ao esbanjamento naturalmente buscará economia. E uma pessoa parcimoniosa, ou alguém que sofre de uma pobreza autoimposta, naturalmente buscará riquezas. Mas como essas duas metas coincidem? Por isso de modo algum é indiferente de onde você vem ou o que você era originalmente. Depende muito de onde você parte, se parte de uma base que em si mesma é sólida ou sadia, ou se você parte de uma base deficiente. E quando você diz "a *minha* meta é tal e tal", você talvez esteja usando uma espécie de *slogan*, e não sabe que tipo de meta isso pode ser. Não significa que você é aquele que atingirá essa meta, ou que você é sequer alguém que trabalhará por isso de um modo satisfatório. Em todo o fazer existe sempre a questão: "*Quem* está fazendo isso? *Quem* é o homem que é tão disposto a aceitar a responsabilidade?"[343] [...]

---

343. Aqui é cortado um episódio repetido.

Aqui de novo Nietzsche simplesmente oscila para o outro lado. Ele pensa que um homem é santificado, quase deificado, pela grande meta que tem em mente. Mas ele poderia ser um tolo miserável que nunca conseguiria atingir tal meta, que só tem essa meta porque é um tolo. Claro, vocês podem dizer: "Não temos nenhuma meta, não vamos a lugar algum, mas temos qualidade, temos caráter" – e isso tampouco é bom. Você deve ter as duas coisas: deve ter qualidade, virtude, eficiência *e* uma meta, pois de que adiantam as qualidades se elas não servem a um determinado fim? Mas Nietzsche simplesmente oscila para o outro extremo, com a negação completa de todos os valores passados, de toda a verdade do passado, como se ele fosse estabelecer ideias totalmente novas, como se não houvesse nenhum passado digno de menção. Desse modo, ele criaria pessoas que esqueceram tudo sobre si mesmas. Seriam agora pessoas totalmente diferentes, como nunca tinham sido antes – seres inteiramente novos, capazes de uma enorme realização. Como se isso fosse possível! Uma meta só pode ser realizada *se* existe o estofo pelo qual – e por meio do qual – você pode realizar a meta. Se o estofo sob o qual você trabalha não vale nada, você não pode levar a cabo seu objetivo. Pois bem, mais adiante, ele diz:

> E tampouco que um espírito que eles chamavam de santo tenha conduzido vossos ancestrais a terras prometidas que *eu* não posso louvar: pois ali onde cresceu a pior de todas as árvores, a cruz – naquela terra não há o que louvar!

Ele obviamente está se referindo às cruzadas à Terra Santa.

> E, em verdade, aonde quer que esse "espírito santo" conduzisse seus cavaleiros, sempre andavam, *na frente* dessas marchas – cabras, gansos e atravessados aloprados!

Aqui ele menciona o Espírito Santo, portanto estávamos seguindo sua ideia subjacente. Nietzsche, em geral, percebe lentamente, em parágrafos subsequentes, o que estava subjacente antes. Isso, de forma lenta, emerge à superfície, e se você for perspicaz o bastante pode adivinhar o que vai jorrar a partir do que está por baixo. Assim, agora é inevitável que ele lembre o Espírito Santo e o quão perto está do simbolismo do cristianismo. Mas, em contradição com o Espírito Santo que no passado levou os antepassados à cruz, o ensinamento de Nietzsche teria, evidentemente, um outro fim em vista; sua grande meta é a criação do super-homem – o que quer que o super-homem possa ser. Mas qual é a meta do cristianismo? É realmente a cruz – se você a considerar de modo histórico, não moral? É claro que nossa teologia nos diz que o Espírito Santo nos leva à cruz, mas essa é apenas uma verdade parcial. Cristo não se referiu a isso. Ele não deixou seu Consolador para nos levar à cruz.

Sra. Sachs: Ele se referiu a encontrar o Reino de Deus.

Prof. Jung: Sim, a ideia cristã primitiva era que todos estávamos indo para o Reino de Deus, de modo algum para a cruz. Essa é uma incompreensão posterior e moralista. A mensagem cristã original era que o Reino de Deus estava se aproximando e que estávamos todos nos preparando para ele, portanto ele também era uma meta, e definitivamente uma meta social no futuro próximo. Claro, se queria dizer espiritualmente, ainda assim tinha seus aspectos sociais: era uma comunidade de santos, uma condição maravilhosa na qual todos os conflitos seriam resolvidos. O super-homem é basicamente a mesma ideia, uma espécie de homem redimido vivendo em uma condição espiritual inteiramente nova. Portanto a ideia de Nietzsche não é tão diferente, mas é simplesmente outra palavra para o reino do céu ou o reino de Deus; é agora o reino do homem, mas o super-homem, um homem-deus, não mais o homem comum. Imediatamente antes, ele diz algo muito interessante que nós passamos por alto: "Vossa vontade e vossos pés, que desejam ir além de vós mesmos – seja isso vossa nova honra!" (terceiro verso da décima segunda parte). O que isso significa?

Sra. Brunner: Ele alude de novo ao conceito de saltar por sobre o homem primitivo.

Prof. Jung: Bem, seria sempre possível fazer uma imagem vívida das metáforas dele, e o que surpreende aqui é a vontade. Onde está a vontade?

Sra. Crowley: Na cabeça.

Prof. Jung: Sim, a vontade começa na cabeça, pois não existe vontade que não seja um pensamento: a pessoa sempre tem uma meta, um objetivo em mente. A vontade é um fenômeno totalmente consciente. E os pés estão no outro extremo, e há algo entre ambos.

Srta. Hannah: O corpo.

Observação: O coração.

Prof. Jung: O corpo todo: o coração é apenas um dos vários chacras que estão entre ambos. Portanto você deve ir adiante com a cabeça e os pés, e considera-se que eles ultrapassem você. Mas isso significaria que a sua cabeça poderia sair voando dos ombros, subir mais alto que o seu corpo, e assim também os seus pés. Seus pés se afastam com você, e sua cabeça também, e tudo que está entre ambos, todo o homem praticamente, talvez seja carregado – ele não sabe o que lhe acontece, provavelmente é apenas largado para apodrecer. É uma metáfora feia. Eu a chamaria de uma metáfora esquizofrênica, uma dissociação. É como se a vontade tivesse se libertado do corpo, e os pés tivessem se dissociado do corpo e, então, fossem embora por si mesmos: eles se separam e se elevam de você, e tudo mais é largado. Portanto a coisa que chega à terra do super-homem é nada mais do que uma cabeça e dois pés: tão somente uma cabeça caminhando. Isso é terrivelmente grotesco. Parece como se houvesse inúmeras oportunidades em um tal reino do céu para marchar, os pés perambulando com nada mais do que cabeças sobre eles. Mas como as coisas começaram na Alemanha? Com o marchar. E eles estão todos possuídos por uma vontade – vontade e pés: qualquer outra consideração tinha desaparecido. Essa é realmente uma metáfora extraordinária. É uma espécie de signo abreviado do homem, um hieróglifo.

Sr. Bash: Há um paralelo interessante a isso em *Figures of Earth*, de James Branch Cabell, no modo peculiar como Dom Manuel serve Miséria por trinta dias na floresta[344]. Miséria é simplesmente uma cabeça que se move, por isso podemos considerar que tenha pés. E cada um dos trinta dias é um ano para ele, mas ele permanece lá para ganhar de Miséria a alma da pessoa que ele amava, resgatá-la do Hades.

Prof. Jung: Esse é um simbolismo muito adequado para a miséria, pois o coração do corpo é absolutamente deixado fora do jogo. E se você for por sua vontade, só chegará a uma condição miserável, pois o homem não acompanha. Ele é abandonado, verdadeiramente superado.

Sra. Crowley: Também é profético de outro modo, se você pensar na maquinaria, no voo etc. – ninguém mais caminha.

Prof. Jung: Oh, mas esses o fazem. Eles não podem dirigir automóveis porque não os têm. Agora prosseguimos (nono verso da décima segunda parte):

> Ó meus irmãos, vossa nobreza não deve olhar para trás, mas *adiante*! Deveis ser exilados de todas as terras pátrias e avoengas!

Isso acontecerá, eles serão desenraizados, pois é o corpo, o sentimento e os instintos que nos conectam com o solo. Se você desiste do passado, naturalmente se separa do passado; perde suas raízes no solo, sua conexão com os ancestrais totêmicos que habitam em seu solo. Você se volta para frente e se distancia, e tenta conquistar outras terras, porque está exilado de seu próprio solo. Isso é inevitável. Os pés irão embora e a cabeça não pode retê-los porque também está procurando por alguma coisa. Essa é a Vontade, sempre perambulando pela superfície da terra, sempre buscando alguma coisa. É exatamente o que o Lago da Montanha, o chefe Pueblo, me disse: "Os americanos são totalmente insanos. Estão sempre buscando; nós não sabemos o que estão procurando". Bem, há demasiada cabeça e também há demasiada vontade, demasiada perambulação, e nada enraizado.

Srta. Hannah: Concordo totalmente com o lado negativo, mas a passagem não poderia também ter um significado positivo? Nós dissemos, na última vez, que a nova nobreza eram pessoas que tinham se afastado da roda e trazido seus *Samska-*

---

344. James Branch Cabell (1879-1958), um romancista norte-americano irônico e satírico, publicou *Figures of Earth* (1921) dois anos depois de sua obra mais conhecida, *Jurgen*, que causou furor por conta de sua sexualidade aberta.

ras ao fim. Tais pessoas não seriam capazes de dispensar o olhar para trás, para os caminhos ancestrais, pois não estão na mandala e não são capazes de olhar para todos os quatro lados mediante os portais das quatro funções?

Prof. Jung: É claro que esse é o modo como Nietzsche compreendia isso, mas estamos distantes dele e não podemos evitar olhar para isso da perspectiva de eventos subsequentes. Olhando pela perspectiva da Alemanha tal como ela estava naqueles dias, compreende-se que eles realmente sofriam com o peso do passado. Naturalmente, eles começariam a pensar: "Se pelo menos houvesse um novo vento em algum lugar que afastasse toda essa poeira velha, de modo que pudéssemos nos mover e respirar de novo". Eles obteriam o *Wandertrieb*[345], sentiriam ter de sair desse fardo de chumbo do passado e da tradição. Mas não se pode pregar isso unilateralmente. Se a pessoa vai longe demais, se perde muito a conexão com o passado, perde a conexão com seus ancestrais.

Sra. Jung: O Dr. Heyer fez uma observação muito boa com relação a isso, quando falou, em sua palestra em Ascona, sobre todo esse marchar e pisotear a terra para se livrar da mãe[346]. Penso que isso também significa o passado.

Prof. Jung: Exato. Definitivamente existe uma tentativa de fugir do peso da terra – do espírito de gravidade, como Nietzsche o chama –, e isso é absolutamente justificável enquanto o peso predomina, enquanto se está realmente reprimido. Mas, se você se afasta em excesso, esquece o passado, perde a conexão.

Sra. Flower: Essa nova análise dá um retrato assustador do que está acontecendo na Alemanha, quanto a ser unilateral ao se tentar fugir do passado.

Prof. Jung: A Rússia é um exemplo ainda melhor. A Rússia estava inteiramente reprimida pelo passado, sofrendo sob um enorme peso de velhas tradições, portanto havia o desejo de abrir o caminho, seguir para frente, mas então tudo se tornou unilateral. Esse é o terrível perigo da inconsciência. Assim que você se livra de um mal, cai em outro, do fogo para a água e da água para o fogo. Se você ao menos pudesse suportar e ver os dois lados! Se você quiser se livrar de uma tradição cristã, tente compreender o que o cristianismo realmente é, para obter o verdadeiro valor – talvez você possa retornar ao verdadeiro valor do cristianismo. Ou, se você se mover para mais longe, não diga que o cristianismo era totalmente errado. É só que nós tínhamos a ideia errada sobre ele. Destruir toda a tradição, como já aconteceu na Espanha e na Rússia e está prestes a acontecer em vários outros lugares, é um erro muito lamentável. E isso está expresso pela cabeça que caminha com dois pés e nada entre eles. Nietzsche diz: "Deveis ser exilados de todas as

---

345. *Wandertrieb*: o impulso de perambular, a paixão de perambular.

346. G. R. Heyer, um neurologista alemão, proferiu uma palestra sobre "A Grande Mãe na psique do homem moderno" na Conferência Eranos, em 1938.

terras pátrias e avoengas!" Como você pode estar conectado aos deuses ctônicos, como você pode estar conectado ao seu próprio sangue, ao seu solo, se está desenraizado de tudo isso? O passado é realmente a terra; todo o passado afundou na terra, como aqueles primitivos dizem. Os ancestrais, as pessoas do *alcheringa*, foram para debaixo da terra, e as pessoas deles devem permanecer lá, porque lá – e somente lá – podem contactá-las, em nenhum outro lugar. Essa é uma verdade tamanha para eles que não podem sequer sonhar em tomar outro país, porque perderiam contato com os espíritos e seriam feridos. As mulheres obteriam os espíritos ancestrais errados, e então os filhos teriam as almas erradas. Eles não podem viver no país de outra tribo – isso é absolutamente impossível. Só podem viver onde seus ancestrais totêmicos foram para o subterrâneo. Essa é uma verdade eterna, e, quem a contrariar, obtém as almas ancestrais erradas, influências erradas; ficam desconectadas, perdem seus instintos, e a civilização deles se torna tensa e inatural. Eles sofrem de uma pronunciada dissociação entre o consciente e o inconsciente. O inconsciente está com os ancestrais nas entranhas da terra, e a consciência deles é uma cabeça sobre dois pés, constantemente marchando em um terrível desassossego. Esse é o desassossego de nossa época, sempre buscando – buscando o corpo ancestral perdido, buscando os instintos ancestrais. Mas eles só serão encontrados no lugar em que foram para o subterrâneo.

Sra. Crowley: No mito do herói, não é uma de suas funções assimilar seus ancestrais?

Prof. Jung: O verdadeiro herói é engolido pela terra – a mãe, o dragão, a baleia – e aparentemente ele afunda, desce aos ancestrais totêmicos, mas retorna com eles e os traz de volta. Esse é o herói adequado de acordo com a mitologia, não aquele que foge com uma vontade e dois pés. Agora ele diz:

> *A terra de vossos filhos* deveis amar: seja este amor vossa nova nobreza – a terra ainda não descoberta, no mais longínquo mar! É essa que ordeno a vossas velas que busquem![347]

Ele dirige seus discípulos para as maiores distâncias, o mais longe possível de suas origens. E não a si mesmos eles deveriam buscar essa terra, mas para seus filhos, o que é pior ainda. Vejam, em um país como a Inglaterra, em que as pessoas tinham um egoísmo muito sadio, e onde cada geração procurava aumentar sua riqueza e conforto, eles deixavam condições muito dignas para sua descendência. Mas e se eles tivessem corrido atrás de todos os países do mundo e se depositado lá, o que teria sido deixado para os filhos? Nada. Quando você negligencia seu pró-

---

347. A última citação de *Assim falava Zaratustra* feita por Jung é do capítulo 56 da parte III. Quatro outras seções dessa parte e toda a parte IV permanecem sem seu comentário.

prio bem-estar, buscando o bem-estar dos filhos, deixa aos filhos uma má herança, uma impressão muito má do passado. Se você se tortura para produzir alguma coisa para os filhos, dá-lhes a imagem de uma vida torturada. Por isso, fora com tudo isso. Está tudo errado, diz a criança, e comete o outro erro. Se você está sempre preparando a felicidade dos filhos, não sabe como procurar sua própria felicidade, nem seus filhos aprendem a procurar a deles. Eles, por sua vez, podem prosseguir preparando a felicidade dos netos de vocês, e os netos, a dos bisnetos de vocês, e assim a felicidade está sempre em algum lugar no futuro. Você pensa que a felicidade é algo a ser atingido no futuro, que você não pode atingir, mas que seus filhos atingirão. Assim você preenche sua vida com ambições quanto a esse reino por vir, e que nunca vem. Cada geração está fazendo alguma coisa para isso. Todos eles se torturam para que os filhos atinjam a felicidade, mas os filhos crescem e são os mesmos tolos que nós somos. Eles recebem o mesmo mau ensinamento.

Tentem fazê-la [a felicidade (N.T.)] aqui e agora, para vocês mesmos. Esse é um bom ensinamento. Então os filhos tentarão também fazê-la aqui e agora para eles mesmos – então ela pode chegar ao mundo real. Não sejam inaturais e não busquem a felicidade na geração seguinte. Se vocês estão preocupados demais com seus filhos e netos, simplesmente os sobrecarregam com os débitos que vocês contraíram. Ao passo que, se vocês não contraírem qualquer débito, se vocês simplesmente viverem e se tornarem o mais feliz possível, deixarão as melhores condições para os seus filhos. Em todo caso, vocês deixarão um bom exemplo de como cuidar de si mesmo. Se os pais podem cuidar de si mesmos, os filhos também poderão. Não procurarão a felicidade dos netos, mas farão o que for necessário para terem, eles próprios, uma razoável quantidade de felicidade. E assim, quando toda uma nação está se torturando em nome dos filhos, uma herança de miséria é tudo o que eles deixam para o futuro, uma espécie de promessa não cumprida. Assim, em vez de dizerem "eu faço isso pelos filhos – isso pode acontecer no futuro", tentem fazê-lo para si mesmos aqui e agora. Então vocês verão se é possível ou não. Se vocês o postergarem para os filhos, deixarão algo que não ousaram cumprir, ou que talvez tenham sido estúpidos demais para cumprir; ou, se vocês tivessem tentado cumpri-lo, poderiam ter visto que era impossível, ou totalmente absurdo de qualquer modo. Ao passo que, se o deixarem para o futuro, deixarão menos do que nada para os filhos – apenas um mau exemplo.

Acesse
www.livrariavozes.com.br/ethzurique
para conferir os volumes das palestras de Jung no ETH de Zurique publicados pela Editora Vozes

Palestras de C.G. Jung no ETH de Zurique

Entre 1933 e 1941, C.G. Jung lecionou no Instituto Federal de Tecnologia de Zurique (ETH). Ele foi nomeado professor dessa instituição em 1935. Isso representou uma retomada de sua carreira universitária após um longo hiato, desde a sua renúncia ao cargo de professor da faculdade de medicina da Universidade de Zurique em 1914. Durante esse tempo, a atividade de ensino de Jung foi constituída principalmente por uma série de seminários no Clube Psicológico de Zurique, que eram restritos ao quadro de membros formado por seus próprios alunos, e pelas palestras no ETH, abertas aos estudantes do Instituto, ao público em geral e aos seguidores de Jung.

Em 1930, Jung parou de trabalhar em seu *Livro vermelho* e voltou-se para o estudo comparativo do processo de individuação, começando com sistemas esotéricos orientais, como o Yoga Kundalini. Em um sentido crítico, ele tentou agora apresentar as ideias formuladas pela primeira vez no *Livro vermelho* na forma do que pode ser chamado de interpretação alegórica. A publicação do *Livro vermelho*, e a sua aclamação pública, apresenta agora o momento ideal para olhar para quais assuntos Jung se voltou depois da escrita daquele livro e permite que seu pensamento seja compreendido sob uma nova luz. O *locus-chave* para isso são as palestras do ETH, uma vez que essas palestras estão no centro da atividade intelectual de Jung na década de 1930 e, além disso, fornecem a base do seu trabalho nas décadas de 1940 e 1950. Assim, essas preleções constituem uma parte crítica da obra de Jung, e que ainda não recebeu a atenção e o estudo que merece. Elas constituem o "elo perdido" entre o seu trabalho no *Livro vermelho* e a sua próxima grande monografia de 1944, *Psicologia e alquimia*.

As palestras do ETH foram divididas em oito volumes. Elas estão sendo traduzidas pela Editora Vozes na medida em que são disponibilizadas ao público pela Philemon Foundation.

Conecte-se conosco:

f facebook.com/editoravozes

@editoravozes

𝕏 @editora_vozes

▶ youtube.com/editoravozes

© +55 24 2233-9033

www.vozes.com.br

Conheça nossas lojas:
www.livrariavozes.com.br

Belo Horizonte – Brasília – Campinas – Cuiabá – Curitiba
Fortaleza – Juiz de Fora – Petrópolis – Recife – São Paulo

EDITORA VOZES LTDA.
Rua Frei Luís, 100 – Centro – Cep 25689-900 – Petrópolis, RJ
Tel.: (24) 2233-9000 – E-mail: vendas@vozes.com.br